2023年版 イチから身につく

行政書士

合格の

トリセツ

基本テキスト

はしがき

　『2023年版行政書士合格のトリセツ基本テキスト』をご購入いただき、ありがとうございます。

　本書は、行政書士の試験合格に向けて初めて学習する方にとって、

①とにかくわかりやすいこと

②無理なく読み進められること

③合格レベルの知識を身につけられること

の3点にとことんこだわり、『独学者ファースト』をコンセプトに作成したテキストです。

　試験勉強で最も大切なことは、「学習を続けること」です。しかし、初学者にとって文字ばかりのテキストではすぐに嫌気がさしてしまうことでしょう。

　そこで本書では、以下の点を踏まえて、試験に必要な知識を学習できるように工夫しました。

● 『講義図解』では、イラストや図表をふんだんに盛り込み、学習内容を視覚的にイメージしやすくしました。

● 側注の『野畑のズバッと解説』では、本文で説明すると長くなる大切なポイントを端的に記述しました。

● 『過去問チャレンジ』を数多く掲載することで、学習した内容をすぐに確認できるようにしただけでなく、本試験でどのように出題されるのかを知ることができるようにしました。

● 『ちょっと一息』では、私が普段の講義で話している学習法や裏話について掲載しました。

初めて合格のトリセツを執筆した際には、「生みの苦しみ」がありましたが、版を重ねるにつれ、また別の「育ての苦しみ」がありました。

　その甲斐もあって、よりわかりやすく、読むたびに新たな発見がある。そんなテキストに仕上がったと自負しています。

　「予備校に通いたいけど、様々な事情で通えない。」そんな受験生の方々に、本書を読むことで少しでも講義を受けている感覚になってもらえれば幸いです。

　本書を利用される皆さんが、1人でも多く 2023 年度行政書士試験に合格されることを願ってやみません。

※本書の内容は、2022 年 9 月 1 日現在、2023 年 4 月 1 日時点において施行されると考えられる法令に基づいています。

2022 年 10 月吉日

LEC 専任講師　野畑淳史

野畑先生の**トリセツ的**オリエンテーション

行政書士試験の基本的な特徴を知っておきましょう。

先生、トリセツを使って勉強を
はじめようと思うんですが、
どう勉強したらいいのかがわかりません！

大丈夫です。
私にお任せください。

行政書士試験の**特徴**

- 300点のうち、**180点**を取れば誰でも**合格**できある試験です。

- **60%** 正解できれば**合格**できるため、いわゆる**難問には手を出さず**、基本的な問題を確実に正解できるようにすることが何より大切です。

- 行政書士試験は、**法律初学者でも合格**できる試験です。

法律初学者の私でも
頑張れそうな気がしてきました！

それは良かったです。
次に、行政書士試験で出題される
科目について見ていきましょう。

行政書士試験の出題科目を知っておきましょう。

まずは、出題科目と配点を確認しましょう。

よろしくお願いします！

知っトク！ 行政書士試験の**科目**と**配点**

科目	出題形式	配点	割合
基礎法学	択一式2問	8点	2.7%
憲法	択一式5問・多肢選択式1問	28点	9.3%
行政法	択一式19問・多肢選択式2問・記述式1問	112点	37.3%
民法	択一式9問・記述式2問	76点	25.3%
商法会社法	択一式5問	20点	6.7%
一般知識	択一式14問	56点	18.7%
		計　300点	

全体の60%以上

行政法と民法の配点がとても高いんですね！

この2科目をしっかり学習しておくと、合格がグッと近づきます。
次は、科目ごとの特徴について見ていきましょう。

行政書士試験の科目ごとの特徴を知っておきましょう。

憲法の特徴と学習法

配点 28/300

■ どんなことを学習するの？

→ 国民の人権を守るために国が守らなければならないルールを学習します。

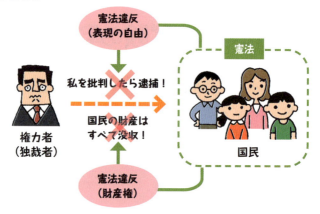

■ 憲法の目標正答数は？

- 5肢択一式……5問中 **3** 問の正答
- 多肢選択式……1問出題されますが、空欄4つのうち3つの正答を目指しましょう。

■ 憲法の特徴と学習法は？

- よく、「行政書士の憲法は難しい」と言われますが、出題テーマがある程度決まっています。基礎的な問題を確実に得点できるようにしておけば十分です。

難問は正解できなくても合格できます。
テキストに記載されている内容を押さえて、
基本的な問題を取りこぼさないようにしましょう。

わかりました！

◻ どんなことを学習するの？

→ 日常生活で起こるトラブルを解決するためのルールを学習します。

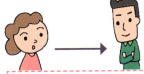

注文した商品が届いたけど壊れていた！
こんな時、どんなことが言えるんだろう？

民法ではこうなっています
- 修理してもらう
- 代わりの商品を送ってもらう
- 契約を解除して、返金してもらう
- 損害を賠償してもらう

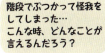

階段でぶつかって怪我をしてしまった…
こんな時、どんなことが言えるんだろう？

民法ではこうなっています
- ぶつかった時に壊れた時計の修理代金の請求
- 怪我の治療費の請求
- 働けない期間の生活費の請求

◻ 民法の目標正答数は？

- 5肢択一式……9問中 **6** 問の正答
- 記述式……2問出題されますが、そのうち1問は完答、1問は50%程度の解答を目指しましょう。

◻ 民法の特徴と学習法は？

- 事例問題が多いので、「誰が」「誰に」「何をした」のかがわかるように図を書いて整理したり、問題をたくさん解いて慣れることが大切です。

例えば
こんなイメージで書いてみましょう

❶売買（錯誤）　❷売買（転売）
A　　B　　C
❸取り消したから土地を返せ！

勉強する際は、まずトリセツの「講義図解」で事例のイメージをつかむことから始めてみましょう。

イラストの多いトリセツなら複雑な事例もイメージしやすそうですね！

行政法 の特徴と学習法

▪ どんなことを学習するの？

→ 国民の生活のために必要な行政活動の基本的なルールを学習します。

納得できない場合にどうしたらいいんだろう？

税金を払ってください

営業を停止しなさい

行政機関

▪ 行政法の目標正答数は？

● 5肢択一式……19問中 **14** 問の正答

● 多肢選択式……2問出題されますが、空欄8つのうち6つの正答を目指しましょう。

● 記述式……1問出題されますが、50%程度の解答を目指しましょう。

▪ 行政法の特徴と学習法は？

● 行政法は配点が最も高い科目なので、条文や判例の内容を正確に記憶しておく必要があります。基礎的な問題が多いため、満遍なく学習して取りこぼさないようにしましょう。

行政法はとっつきにくい科目ですが、繰り返し学習すれば必ず得点源にできる科目です。

何度も繰り返すことが大切な科目なんですね。わかりました。

知っトク！ 商法・会社法の特徴と学習法

🟡 どんなことを学習するの？

→ 個人商店や会社の営利活動に関するルールを学習します。

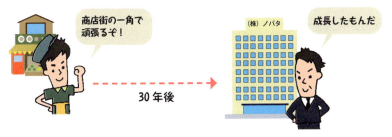

商店街の一角で頑張るぞ！

（株）ノバタ

成長したもんだ

30年後

🟡 商法・会社の目標正答数は？

● 5肢択一式……5問中 **2** 問の正答を目指しましょう。

🟡 商法・会社の特徴と学習法は？

● 細かい知識が要求される科目で、高得点を狙うには多くの時間を費やさなければなりません。配点は高くないため、頻出論点に絞って学習し、民法や行政法の学習に時間を割くようにしましょう。

科目ごとに学習法がだいぶ違うんですね。

範囲を絞って学習することが大切です。まずはトリセツのAランクに絞って学習しましょう。

知っトク！ 基礎法学の特徴と学習法

■ どんなことを学習するの？

→ 法律の用語や基礎知識を学習します。

同じように見えるけど、どう違うんだろう？

法律用語
「**みなす**」と「**推定する**」の違い
「**直ちに**」と「**速やかに**」の違い

■ 基礎法学の目標正答数は？

● 5肢択一式……2問中**1**問の正答を目指しましょう。

■ 基礎法学の特徴と学習法は？

● 配点が低い割に出題範囲が広く、難問が出題されることもあります。学習時間を割き過ぎないように、メリハリをつけて学習しましょう。

テキストと過去問以外には手を出さずに、1問正解できれば十分と割り切る気持ちが大切です。

深入りは禁物なんですね。

■ どんなことを学習するの？

→ 世の中の出来事や様々な制度について幅広く学習します。

なるほど、
世の中では
こんな出来事や
仕組みがあるのか

政治

情報通信　社会

経済

■ 一般知識の目標正答数は？

● 5 肢択一式……14 問中 **8** 問の正答を目指しましょう。

■ 一般知識と学習法は？

● 14 問中 6 問以上正解できなければ、それだけで不合格となってしまうという「基準点」があります。

● 政治・経済・社会や情報通信用語など、世の中の基本的な仕組みから時事的な内容まで幅広く出題されますが、選挙制度や社会保障制度など、頻出テーマから優先的に学習することで効率よく学習することができます。

わかりました。
ニュースもできるだけ
見るようにします。

何をどこまで学習したらいいか
不安になってしまう科目ですが、
テキストで基本的な仕組みを
学習しておけば大丈夫です。

「合格のトリセツ」の基本的な使い方を知っておきましょう。

先生、科目のイメージもついたので、そろそろ勉強を始めようと思います。

いよいよですね。では、勉強を始める前にトリセツの効果的な活用法について説明しておきましょう。

野畑先生直伝！「合格のトリセツ」効果的活用法

🚩 1周目は、まずは**時間をかけずにざっくり**と読み進めましょう。

🚩 2周目は、**テーマごとに時間をかけてじっくり**読みましょう。テキストにある「過去問チャレンジ」にも挑戦してください

🚩 3周目以降は、**苦手なテーマを重点的に何度も繰り返し**読んだり、赤シートを使って重要なキーワードをどんどん覚えていきましょう。
「あと回しOK」を読んだり、トリセツ基本問題集にチャレンジするのもおすすめです。

繰り返した分だけ知識が定着して合格に近づきます！

何度も繰り返し学習するようにします！

テキストを使った無料動画もあります。ぜひ活用してくださいね！

受験生必見！　〜勉強の仕方あれこれ〜

最後に、
私がよく受験生に質問される
勉強法について紹介します。

Q まとめノートや間違いノートは作ったほうがいいでしょうか？

A メリット・デメリットを知った上で作るなら OK です。

自作ノートのメリット・デメリットについて

メリット……………………………………………………………………
- 直前期に苦手な分野を集中的に学習できます。
- 「これだけやれば大丈夫」という安心感を得られます。

デメリット…………………………………………………………………
- まとめることに満足してしまい、結局使わないまま試験日を迎える可能性があります。
- ある程度学習が進んでからノートを作らないと、単なるテキストの書き写しになってしまいます。

これは、
受験生あるあるですね。

どうしても覚えられない項目は、
スマホで撮って待ち受けにしておいたり、
色々と工夫してみましょう。

勉強に集中できない時はどうしたらいいでしょうか？

 計画の見直しをしたり、以前解けた問題の確認作業をしましょう。
気分が乗らない時は、好きなテレビや動画を見ながらでもできる作業をしておくと後が楽になります。

先生、好きなテレビに
集中し過ぎてしまいそうです…

その時は、
思いっきりテレビに集中してください。
休むのも受験勉強ですよ。

 模試は受けたほうがいいですか？

 メリットが多いので、ぜひ受けてください。

模試を受けるメリット

- 模試を基準に、「ここまで仕上げる」という明確な目標設定ができます。
- 本試験と同じ問題数を同じ時間で解くことで、ペース配分を考えることができます。
- 初見の問題と向き合うことで、自分の弱点を客観的に分析できます。

いろんな意味で模試を受験することは
大切なんですね。

1回だけではなく、
複数回受験するとより効果的です。

 法改正や最新判例など、試験に関する最新情報はどこで入手
できますか？

A LEC の公式サイトや、講師ブログを活用しましょう。
最新情報や学習法など、受験生が知りたい情報が簡単に手に
入ります。
　　[のばたーの行政書士受験生応援ブログ]

先生のブログで情報収集ができるなら、
独学で勉強する私でも安心ですね。

受験生の皆さんが
合格できるように応援しています。
頑張ってくださいね！

本書の便利な使用方法

持ち運びに便利な「５分冊セパレート方式」

本書は、通勤・通学などの外出時に持ち運びがしやすいように「５分冊セパレート方式」を採用しています。

第1分冊：	**憲法**
第2分冊：	**民法**
第3分冊：	**行政法**
第4分冊：	**商法・基礎法学・一般常識**
第5分冊：	**行政書士試験六法**

５分冊化の手順

❶ 各冊子を区切っている白い厚紙を本体に残し、色紙が表紙の冊子をつまんでください。

❷ 冊子をしっかりとつかんで手前に引っ張り、取り外してください。

※ 白い厚紙と色紙が表紙の冊子は、のりで接着されていますので、丁寧に分解・取り外してください。なお、分解・取り外しの際の破損等による返品・交換には応じられませんのでご注意ください。

背表紙を保護。見た目もきれいな「分冊背表紙シール」

背表紙シールを貼ることで、分冊の背表紙を保護することができ、見た目もきれいになります。

テーマが見つけやすい「インデックスシール」

各章の冒頭にインデックスシールを貼ることで、学習したいテーマが見つけやすくなります。

インデックスシールの貼り方

❶ 付録のシールをミシン目にそって切り離してください。

❷ 章の冒頭ページの右側にグレーで、シールを貼る目印がありますので、タイトルと同じタイトルのシールを貼ってください。

ここにシールを貼ってネ！

背表紙シールの貼り方

❶ 付録の背表紙シールをミシン目にそって切り離してください。

❷ 赤の破線（┄）をハサミ等で切り取ってください。

❸ 切り取ったシールをグレーの線（─）で山折りに折ってください。

❹ 分冊の背表紙にシールを貼ってください。

本書の特長と効果的活用法

1 科目別ガイダンス

これから学習する科目について、本試験の出題傾向、学習方法、学習のポイント、本試験に向けた学習対策をまとめた「科目別ガイダンス」を各科目の冒頭に収録しています。学習を始める前に必ず読むようにしましょう。

過去 10 年の出題傾向

過去の本試験に出題された項目に●が入っています。複数年出題されている項目は出題頻度が高いことを表していますので、特に意識して学習しましょう。

学習法

科目全体の概要と学習法を説明しています。過去の出題傾向などから科目によって学習法が違いますので、学習前に一読しておきましょう。

科目別ガイダンス

憲法

● 過去 10 年の出題傾向

■ 人権

項目	11	12	13	14	15	16	17	18	19	20
人権の分類	●			●		●		●		
人権享有主体			●			●				
人権の限界					●					
幸福追求権						●				
法の下の平等		●			●					
自由権	●		●		●		●		●	
受益権										
参政権		●						●		
社会権	●									

■ 統治

項目	11	12	13	14	15	16	17	18	19	20
権力分立										
国会		●			●		●			
内閣			●					●		
裁判所	●			●		●				●
天皇										
財政										
地方自治										
憲法改正										

● 憲法の学習法

憲法は、択一式で5問・多肢選択式で1問出題されます。行政法や民法と比べると出題数が少なく、対策を怠りがちな科目ですが、実はこの憲法の出来が合否を分けることが少なくありません。

また、行政法とのつながりも強い科目ですので、行政法を学習した後に、もう一度憲法を学習すると理解が深まるでしょう。

● 学習のポイント

1 総論

憲法とはどのようなルールなのかを学習します。「国民の人権を守るために権力を分立させる」という考え方を理解しておきましょう。

2 人権

日本国憲法で保障される人権について学習します。この分野では多くの判例が登場しますが、合憲か違憲かの「結論」だけでなく、なぜそのような結論になったのか、「理由」を押さえることが重要です。

第1編 憲法

科目別ガイダンス

本試験対策

本試験には、「5肢択一式」「多肢選択式」「記述式」という3種類の出題形式があります。それぞれの出題形式に合わせた対策をまとめていますので、対策を理解した上で学習を進めるようにしてください。

● 本試験対策

■ 5肢択一式（5問出題：20点）

憲法の択一式問題は、易しい問題と難しい問題の差が大きいのが特徴です。本試験問題の最初のほうで出題される関係上、「受験生にプレッシャーを与えるため」の捨て問が例年出題されています。

そのような問題は正解できなくても合否に影響はありません。本書をベースにして、易しい問題を確実に正解できるようにしておきましょう。

■ 多肢選択式（1問出題：8点）

判例を題材にした穴埋め形式の問題が出題されます。本書に掲載されている有名判例からの出題も多いですが、年によっては見たこともない判例から出題されることもあります。そのような場合には、「どの人権に関する判例か。自分が勉強した判例の言い回しはどうだったか」を思い出し

2 本文

本書の学習にあたっては、「本文」をしっかり読むことを心がけましょう。「本文」には、効率よく学習するために様々な要素が盛り込まれています。それぞれの要素の意味を理解してから学習を始めましょう。

章扉

各章で学習する重要な内容を図示しています。まずは図でイメージをつかんでから学習を始めましょう。

はじめに

各節を学習するにあたって押さえるべきポイントを記載しています。学習前に必ず読み、効率よく学習しましょう。

学習のポイント

科目ごとの学習ポイントについて過去の出題傾向を踏まえてまとめています。科目によって押さえるポイントが異なりますので、しっかり読んで効率よく学習しましょう。

重要度

重要度が高い順にA、B、Cで表していますので、メリハリを付けた学習が可能です。特に、2回目以降の学習の際は重要度Aの項目はしっかり復習し、理解できるように学習しましょう。

ここがポイント

本文内容の要点をまとめています。繰り返し学習することで、理解を深めてください。

過去問チャレンジ

本文内容に則した過去問を掲載しています。学習した知識定着の確認のためにも必ず問題を解くようにしましょう。

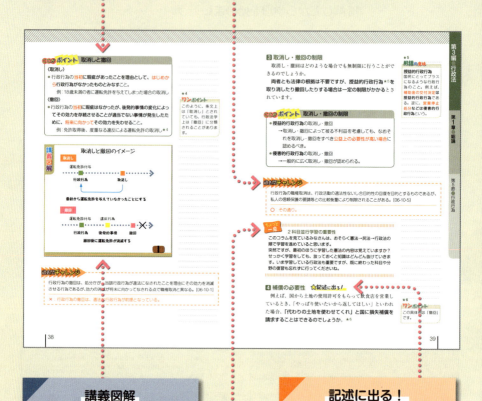

講義図解

複雑な仕組みや制度などをイラストや図表で示しています。『見て覚える』ようにしましょう。

記述に出る！

記述式問題で問われる可能性が高い論点です。条文・判例を意識しながら学習しましょう。

ちょっと一息

本文内容と関連したコラムなどちょっとした息抜きのコーナーです。読み飛ばしてもかまいませんが、読むとトクすることがあるかもしれません。

野畑講師が説明！
本書の使い方動画！

登録不要・視聴無料で、
いつでもアクセスできます。

※動画の視聴開始日・終了日は、
　専用サイトにてご案内いたします。
※視聴の際の通信料はお客様負担となります。

QRコード
からの
アクセスは
こちら

URL
lec-jp.com/gyousei/book/
member/torisetsu/2023.html

側注

●ナビゲーション
各項目で学習するポイントを示しています。学習前に目を通しておきましょう。

●ワンポイント
本文内容の補足事項や注意点になります。本書の理解をさらに深められますのでしっかり読みましょう。

●野畑のズバッと解説
本文内容を理解するうえでの補足事項や本試験に向けた注意事項を記載しています。

●用語の意味
語句の意味や定義を記載しています。本文内容と一緒に覚えましょう。

●あとまわしOK
1回目の学習では読み飛ばして、2回目以降の学習の際に読んでもらいたい内容を記載しています。

目 次

第❶分冊

第1編　憲法

第❷分冊

第2編　民法

第❸分冊

第3編　行政法

第❹分冊

第4編　商法

第**⑤**分冊

行政書士試験六法

行政書士試験概要

① 試験概要

　試験概要は変更される場合がありますので、一般財団法人　行政書士試験研究センターのホームページ等でご確認ください。

■試験日

11月第2日曜日

■試験時間

午後1時〜午後4時（3時間）

■受験資格

年齢・学歴・国籍等に関係なく、どなたでも受験できます。

■受験手数料

10,400円

■受験手続

受験願書の配布・受付：例年7月下旬〜8月下旬
願書の提出先：一般財団法人　行政書士試験研究センター
受験申込みは、①郵送による申込みと、②インターネットによる申込みがあります。

■合格発表

例年1月の第5週に属する日に、一般財団法人　行政書士試験研究センターの掲示板に、合格者の受験番号が掲示されます。掲示後、受験者全員に合否通知書が郵送されます。

② 試験科目・配点

■試験科目

(1) 法令等〔択一式（5肢択一式／多肢選択式）・記述式〕 46問

憲法、民法、行政法（行政法の一般的な法理論、行政手続法、行政不服審査法、行政事件訴訟法、国家賠償法、地方自治法を中心とする。）、商法（会社法）、基礎法学

※法令については、2023年4月1日現在施行されている法令に関して出題される予定です。

(2) 一般知識等〔択一式〕 14問

政治・経済・社会、情報通信・個人情報保護、文章理解

■配点

試験科目	出題形式		問題数	配点
法令等	択一式	5肢択一式	40問	160点
		多肢選択式	3問	24点
	記述式		3問	60点
	法令編計		**46問**	**244点**
一般知識等	択一式	5肢択一式	14問	56点
	合計		**60問**	**300点**

　行政書士試験では、5肢択一式の形式で出題される問題が中心ですが、多肢選択式・記述式の形式による問題も出題されています。

● 5肢択一式

> 問題3　人権の享有主体性をめぐる最高裁判所の判例に関する次の記述のうち、妥当でないものはどれか。
>
> 1　わが国の政治的意思決定またはその実施に影響を及ぼすなど、外国人の地位に照らして認めるのが相当でないと解されるものを除き、外国人にも政治活動の自由の保障が及ぶ。
> 2　会社は、自然人と同様、国や政党の特定の政策を支持、推進し、または反対するなどの政治的行為をなす自由を有する。
> 3　公務員は政治的行為を制約されているが、処罰対象となり得る政治的行為は、公務員としての職務遂行の政治的中立性を害するおそれが、実質的に認められるものに限られる。
> 4　憲法上の象徴としての天皇には民事裁判権は及ばないが、私人としての天皇については当然に民事裁判権が及ぶ。
> 5　憲法が保障する教育を受ける権利の背後には、子どもは、その学習要求を充足するための教育を施すことを、大人一般に対して要求する権利を有する、との観念がある。

『1～5の選択肢から正解を選ぶ』形式です。例年、法令等科目40問（160点）と一般知識等科目14問（56点）が出題されています。

5肢択一式には、2つの出題パターンがあります。1つは、5つの選択肢の中から正しいもの（または誤っているもの）を1つ選んで解答するものです。もう1つは、ア～オなどの5つの選択肢の中から正しいもの（または誤っているもの）を探し、それらを正しく組み合わせている選択肢を1つ選んで解答するものです。

5肢択一式の問題を解くためには、必ずしも語句を「書ける」ようにしておく必要はありません。しかし、普段から「基本的な条文」等の語句を「書ける」ようにしておけば、多肢選択式・記述式の問題に対応しやすくなるだけでなく、頭の中が整理されて、5肢択一式の問題も効率よく解けるようになります。効果的な学習方法の1つとしておすすめします。

● 多肢選択式

問題42　次の文章の空欄　ア　～　エ　に当てはまる語句を、枠内の選択肢（1～20）から選びなさい。

　　行政指導とは、相手方の任意ないし合意を前提として行政目的を達成しようとする行政活動の一形式である。

　　行政手続法は、行政指導につき、「行政機関がその任務又は　ア　の範囲内において一定の行政目的を実現するために特定の者に一定の作為又は不作為を求める指導、　イ　、助言その他の行為であって処分に該当しないもの」と定義し、行政指導に関する幾つかの条文を規定している。例えば、行政手続法は、行政指導　ウ　につき、「同一の行政目的を実現するため一定の条件に該当する複数の者に対し行政指導をしようとするときにこれらの行政指導に共通してその内容となるべき事項」と定義し、これが、　エ　手続の対象となることを定める規定がある。

　　行政指導は、一般的には、法的効果をもたないものとして処分性は認められず抗告訴訟の対象とすることはできないと解されているが、行政指導と位置づけられている行政活動に、処分性を認める最高裁判決も出現しており、医療法にもとづく　イ　について処分性を認めた最高裁判決（最二判平成17年7月15日民集59巻6号1661頁）が注目されている。

1	通知	2	通達	3	聴聞	4	所掌事務	5	告示
6	意見公募	7	担当事務	8	基準	9	勧告	10	命令
11	弁明	12	審理	13	担任事務	14	告知	15	自治事務
16	指針	17	要綱	18	規則	19	所管事務	20	指示

　『文章の空欄（ア～エの4つ）に入る語句を語群（20個）から選ぶ』形式です。例年、3問（24点）が出題されています。配点は1問8点ですが、空欄1つにつき2点ずつが与えられます。空欄に入る語句は必ず20個の語群の中にありますから、語群をよく確認することも大事です。

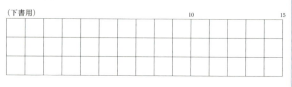

問題45　Aは、Bとの間で、A所有の甲土地をBに売却する旨の契約（以下、「本件契約」という。）を締結したが、Aが本件契約を締結するに至ったのは、平素からAに恨みをもっているCが、Aに対し、甲土地の地中には戦時中に軍隊によって爆弾が埋められており、いつ爆発するかわからないといった嘘の事実を述べたことによる。Aは、その爆弾が埋められている事実をBに伝えた上で、甲土地を時価の2分の1程度でBに売却した。売買から1年後に、Cに騙されたことを知ったAは、本件契約に係る意思表示を取り消すことができるか。民法の規定に照らし、40字程度で記述しなさい。なお、記述にあたっては、「本件契約に係るAの意思表示」を「契約」と表記すること。

（下書用）

　　　　　　　　　　　　　　　　　　　　　　　　　　　　　10　　　　　　　　　　　15

『**問題に対する解答を 40 字程度で記述する**』**形式**です。例年、3 問（60 点）が出題されています。配点は 1 問 20 点ですが、解答に示された理解の度合いに応じて、部分点が与えられます。解答にあたっては、①問題文に示された事例を正確に把握し、②どのような条文・判例が問題となっているかを判断し、③解答を 40 字程度で適切に表現するというステップが必要です。

■科目別配点（2021 年度実績）

　問題数が多く、配点も高く、5 肢択一式のほかに多肢選択式と記述式からも出題される**「行政法」**が最も重要な科目になります。次に重要なのが、記述式が 2 問出題される**「民法」**です。この**「行政法」**と**「民法」**の 2 科目で法令科目の配点全体の約 8 割を占めていますので、この 2 科目と記述式の攻略が、行政書士試験合格へのカギになります。

	出題形式	科目	問題数	配点
法令等	5 肢択一式	基礎法学	2 問	8 点
		憲法	5 問	20 点
		行政法	19 問	76 点
		民法	9 問	36 点
		商法・会社法	5 問	20 点
	多肢選択式	憲法	1 問	8 点
		行政法	2 問	16 点
	記述式	行政法	1 問	20 点
		民法	2 問	40 点
一般知識等	5 肢択一式	政治・経済・社会	8 問	32 点
		情報通信・個人情報保護	3 問	12 点
		文章理解	3 問	12 点
合計			60 問	300 点

■合格基準点

　次の要件のいずれをも満たした者を合格とします。
(1)　行政書士の業務に関し必要な法令等科目の得点が、満点の 50％（122 点）以上である者。
(2)　行政書士の業務に関連する一般知識等科目の得点が、満点の 40％（24 点）以上である者。
(3)　試験全体の得点が、満点の 60％（180 点）以上である者。

3 受験者数・合格者数・合格率推移

　年度ごとの合格率にずいぶん差がありますが、これは行政書士試験が「相対評価」ではなく「絶対評価」の試験であるためです。つまり、「成績上位から○○％が合格」というような、いわゆる「定員」を設けていないため、その年度の問題の難易度がそのまま合格率に反映するのです。

　言い換えると、**合格率を気にせずに、合格基準点を超えることだけを目指して**学習すればよいということです。

	受験者数	合格者数	合格率
2001年度	61,065	6,691	10.96%
2002年度	67,040	12,894	19.23%
2003年度	81,242	2,345	2.89%
2004年度	78,683	4,196	5.33%
2005年度	74,762	1,961	2.62%
2006年度	70,713	3,385	4.79%
2007年度	65,157	5,631	8.64%
2008年度	63,907	4,133	6.47%
2009年度	67,348	6,095	9.05%
2010年度	70,586	4,662	6.60%
2011年度	66,297	5,337	8.05%
2012年度	59,948	5,508	9.19%
2013年度	55,436	5,597	10.10%
2014年度	48,869	4,043	8.27%
2015年度	44,366	5,820	13.12%
2016年度	41,053	4,084	9.95%
2017年度	40,449	6,360	15.72%
2018年度	39,105	4,968	12.70%
2019年度	39,821	4,571	11.48%
2020年度	41,681	4,470	10.72%
2021年度	47,870	5,353	11.18%

※ 2021 年度試験における男女比（占有率）
　受験者数　　男性：33,133 人（69.2%）、女性：14,737 人（30.8%）
　合格者数　　男性：3,900 人（72.9%）、女性：1,453 人（27.1%）
　合格率　　　男性：11.78%、女性：9.86%
　　　　　　　一般財団法人　行政書士試験研究センターホームページより。

〈執筆者〉

野畑 淳史（のばた あつし）

愛知県名古屋市出身。2012年よりLEC専任講師として初学者向け・学習経験者
向け講座を担当。法律初学者でも分かりやすい講義と、試験問題を分析した出
題予想に定評がある名古屋の人気講師。2019年度より合格講座憲法・基礎法学
収録担当講師となる。
（ブログ）https://ameblo.jp/nobattagyousei/

2023年版 行政書士 合格のトリセツ 基本テキスト

2020年 2 月 5 日　第 1 版　第 1 刷発行	
2022年11月15日　第 4 版　第 1 刷発行	

執　筆●野畑 淳史
編著者●株式会社　東京リーガルマインド
　　　　LEC総合研究所　行政書士試験部

発行所●株式会社　東京リーガルマインド
　　　　〒164-0001　東京都中野区中野4-11-10
　　　　アーバンネット中野ビル
　　　　LECコールセンター　✉0570-064-464
　　　　　　受付時間　平日9：30～20：00/土・祝10：00～19：00/日10：00～18：00
　　　　　　※このナビダイヤルは通話料お客様ご負担となります。
　　　　書店様専用受注センター　TEL 048-999-7581 / FAX 048-999-7591
　　　　　　受付時間　平日9：00～17：00/土・日・祝休み
　　　　www.lec-jp.com/

カバー・本文イラスト●矢寿 ひろお
本文デザイン●株式会社 桂樹社グループ
印刷・製本●情報印刷株式会社

©2022 TOKYO LEGAL MIND K.K., Printed in Japan　　　ISBN978-4-8449-5847-5

行政書士 LEC渾身の書籍ラインナップ

万全の インプット！

「行政書士 合格のトリセツ」シリーズ

初学者にも おすすめ

見やすさ、分かりやすさ、使いやすさにこだわった2冊

くり返しの 学習で 知識定着

基本テキスト

「独学者ファースト」で分かりやすい！科目別に分冊できて持ち運びにも便利

基本問題集

基本テキストに完全リンク。問題と解説が見開き形式で、取り組みやすい構成が特長

「出る順行政書士」シリーズ

目的に合わせた多彩なラインナップで学習効率アップ！

リンク

合格基本書

合格に必要な知識を凝縮。一項目「見開き完結型」で、効率学習に最適

購入特典 法改正情報（PDF）

合格問題集

合格基本書に完全対応。LEC厳選の過去問＋オリジナル問題を200問収録

購入特典 行政法 一問一答 条文ドリル(PDF)

充実の アウトプット！

ウォーク問 過去問題集 ①法令編

過去10年分の本試験問題を分析し、各科目の体系項目別に分類

購入特典 行政書士試験 徹底分析 (PDF)

良問厳選 肢別過去問題集

全2500肢で出題論点を総チェック！一肢ごとの明確な解説で重要度を表示

購入特典 最新年度プラスα 問題(PDF)

直前の総仕上げ！

ウォーク問 過去問題集 ②一般知識編

過去10年分の本試験問題を分析し、各科目の体系項目別に分類

購入特典 行政書士試験徹底分析(PDF)

最重要論点 250

近年の試験傾向を徹底的に分析。合格に必要な重要論点を250項目にまとめて収録

購入特典 重要事項100肢チェック(PDF)

当たる！ 直前予想模試

模試で本試験の臨場感を体験！LEC講師陣による出題予想と重要論点も収録

購入特典 直前アドバイス(PDF)

40字記述式・多肢選択式問題集

本試験出題科目のオリジナル問題を120問以上掲載。得点力を徹底強化！

購入特典 問題で学ぶ重要判例(PDF)

購入特典

「出る順行政書士」シリーズは購入特典(PDFファイル)付き！

QRコードからカンタンアクセス！応募方法など、詳細は各書籍にてご確認ください。

行政書士試験

試験日 例年11月第2日曜日

申込期間：例年7月下旬～8月下旬

※特典の名称・内容は変更となる場合があります。
※書籍の内容・表紙デザイン等は、実際と異なる場合がございますので、予めご了承ください。

2023年合格目標
行政書士S式合格講座

S式合格講座　カリキュラム

STEP **1**

スキマ時間に基礎をすばやくインプット

STEP **2**

インプットした知識を定着させるために、一問一答アプリや過去問でアウトプット

S式合格講座 INPUT

テキスト INPUT

※テキストはPDFデータで提供いたします。製本・印刷版は別売りオプションとなります。

スキマ時間学習　自宅学習

一問一答アプリ OUTPUT

過去問題集 OUTPUT

※過去問は別売りです。

スキマ時間学習　自宅学習

S式合格講座

S式合格講座＋記述対策セット

講座の詳しい内容やお申し込みはこちら➡

- 全60時間
  1ユニット15分のスキマ時間学習で行政書士試験に合格！
- 独学の方の知識の総整理にも最適！
- 講義やWebテキスト・一問一答アプリ・模擬試験まで
  セットで始めやすい低価格　45,000円〜

STEP3
10月

行政書士試験において
配点の高い記述対策で
合格をより確実に

STEP4
10月〜11月

試験に慣れるために、
模試で本番シミュレーション

S式記述対策講座
INPUT
OUTPUT

スキマ時間学習

ファイナル模試
OUTPUT

自宅学習

行政書士本試験

2023年合格目標 LEC行政書士模擬試験のご案内

LECの模試は申込者、受験者数ともに業界最大規模！

2023年7.8月　　　　　　　9月

STEP 1 腕試し

到達度確認模試 [全2回]

早い段階で、どの科目で得点できているか、どの分野が弱点になっているのかを把握し、その後の学習方針を決める材料として活用しましょう。

STEP 2 実力確認

全日本公開模試 [全2回]

本試験と同形式の演習で本番のシミュレーションを行います。学習の集大成となる模試で自身の実力をチェック！

解説冊子が見開きだから、復習がしやすい！

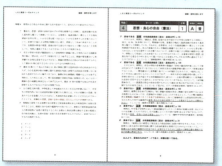

POINT 問題（左）と解説（右）を見開きで対応させています。同時に読み進めることができるので、非常に便利です。また、各問、重要度・難易度を表示。復習の優先度が目で見て分かります。

記述式答案も細かく添削指導！

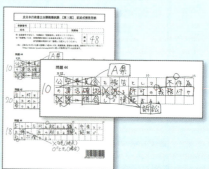

POINT 自身の作成した答案がそのまま確認できるので、どこが得点源になったのかはもちろんのこと、試験中には気がつかなかった誤字などの小さな見落としもしっかり確認できます。

講座・模試の詳細は、LEC行政書士サイトをご確認ください→

※模試のみの販売は2023年6月頃を予定しています。

昨年4,714名が選んだ実績のある模擬試験で本番のシミュレーションを！
すべての模試で成績処理&解説講義あり！全国の会場で受験可能です！

10月

STEP 3 総仕上げ ▶▶▶ STEP 4 ラストチェック

ファイナル模試 [全1回]

自身の得意・不得意を見極め、残り1ヵ月の学習戦略を練る指標とします。得意分野を伸ばすか、苦手分野を攻めるか。自身の判断が合否のカギを握ります。

厳選！直前ヤマ当て模試 [全1回]

本試験前に行われる最後の模試。受験生ならここだけは押さえておいてもらいたいテーマを中心に最終確認を行います。

模試の成績・添削答案は、『Score Online』でスピーディーに閲覧！

個人成績表・総合成績表・記述式の添削済み答案は、所定の公開日にMyページ内にデータでアップします。答案提出から成績公開までの時間を短くすることで弱点分析・復習の時間をより多く確保します。

詳細な成績表で、自分の弱点を把握できる！

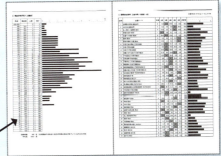

POINT 得点分布図はもちろん、選択肢別の回答率、問題毎の正解率など、復習に役立つ情報が満載です。「正解率」の高いものから優先的に復習して、効率的な学習を実現しましょう！

LEC Webサイト ▷▷▷ **www.lec-jp.com/**

情報盛りだくさん！

 資格を選ぶときも，
講座を選ぶときも，
最新情報でサポートします！

▷最新情報
各試験の試験日程や法改正情報，対策講座，模擬試験の最新情報を日々更新しています。

▷資料請求
講座案内など無料でお届けいたします。

▷受講・受験相談
メールでのご質問を随時受付けております。

▷よくある質問
LECのシステムから，資格試験についてまで，よくある質問をまとめました。疑問を今すぐ解決したいなら，まずチェック！

▷書籍・問題集（LEC書籍部）
LECが出版している書籍・問題集・レジュメをこちらで紹介しています。

充実の動画コンテンツ！

 ガイダンスや講演会動画，
講義の無料試聴まで
Webで今すぐCheck！

▷動画視聴OK
パンフレットやWebサイトを見てもわかりづらいところを動画で説明。いつでもすぐに問題解決！

▷Web無料試聴
講座の第1回目を動画で無料試聴！気になる講義内容をすぐに確認できます。

LEC 全国学校案内

＊講座のお問合せ，受講相談は最寄りのLEC各校へ

LEC本校

■ 北海道・東北

札　幌本校　　　　☎011(210)5002
〒060-0004 北海道札幌市中央区北4条西5-1　アスティ45ビル

仙　台本校　　　　☎022(380)7001
〒980-0022 宮城県仙台市青葉区五橋1-1-10　第二河北ビル

■ 関東

渋谷駅前本校　　　☎03(3464)5001
〒150-0043 東京都渋谷区道玄坂2-6-17　渋東シネタワー

池　袋本校　　　　☎03(3984)5001
〒171-0022 東京都豊島区南池袋1-25-11　第15野萩ビル

水道橋本校　　　　☎03(3265)5001
〒101-0061 東京都千代田区神田三崎町2-2-15　Daiwa三崎町ビル

新宿エルタワー本校　☎03(5325)6001
〒163-1518 東京都新宿区西新宿1-6-1　新宿エルタワー

早稲田本校　　　　☎03(5155)5501
〒162-0045 東京都新宿区馬場下町62　三朝庵ビル

中　野本校　　　　☎03(5913)6005
〒164-0001 東京都中野区中野4-11-10　アーバンネット中野ビル

立　川本校　　　　☎042(524)5001
〒190-0012 東京都立川市曙町1-14-13　立川MKビル

町　田本校　　　　☎042(709)0581
〒194-0013 東京都町田市原町田4-5-8　町田イーストビル

横　浜本校　　　　☎045(311)5001
〒220-0004 神奈川県横浜市西区北幸2-4-3　北幸GM21ビル

千　葉本校　　　　☎043(222)5009
〒260-0015 千葉県千葉市中央区富士見2-3-1　塚本大千葉ビル

大　宮本校　　　　☎048(740)5501
〒330-0802 埼玉県さいたま市大宮区宮町1-24　大宮GSビル

■ 東海

名古屋駅前本校　　☎052(586)5001
〒450-0002 愛知県名古屋市中村区名駅4-6-23　第三堀内ビル

静　岡本校　　　　☎054(255)5001
〒420-0857 静岡県静岡市葵区御幸町3-21　ペガサート

■ 北陸

富　山本校　　　　☎076(443)5810
〒930-0002 富山県富山市新富町2-4-25　カーニープレイス富山

■ 関西

梅田駅前本校　　　☎06(6374)5001
〒530-0013 大阪府大阪市北区茶屋町1-27　ABC-MART梅田ビル

難波駅前本校　　　☎06(6646)6911
〒542-0076 大阪府大阪市中央区難波4-7-14　難波フロントビル

京都駅前本校　　　☎075(353)9531
〒600-8216 京都府京都市下京区東洞院通七条下ル2丁目
東塩小路町680-2　木村食品ビル

京　都本校　　　　☎075(353)2531
〒600-8413 京都府京都市下京区烏丸通仏光寺下ル
大政所町680-1 第八長谷ビル

神　戸本校　　　　☎078(325)0511
〒650-0021 兵庫県神戸市中央区三宮町1-1-2　三宮セントラルビル

■ 中国・四国

岡　山本校　　　　☎086(227)5001
〒700-0901 岡山県岡山市北区本町10-22　本町ビル

広　島本校　　　　☎082(511)7001
〒730-0011 広島県広島市中区基町11-13　合人社広島紙屋町アネクス

山　口本校　　　　☎083(921)8911
〒753-0814 山口県山口市吉敷下東 3-4-7　リアライズⅢ

高　松本校　　　　☎087(851)3411
〒760-0023 香川県高松市寿町2-4-20　高松センタービル

松　山本校　　　　☎089(961)1333
〒790-0003 愛媛県松山市三番町7-13-13　ミツネビルディング

■ 九州・沖縄

福　岡本校　　　　☎092(715)5001
〒810-0001 福岡県福岡市中央区天神4-4-11　天神ショッパーズ
福岡

那　覇本校　　　　☎098(867)5001
〒902-0067 沖縄県那覇市安里2-9-10　丸姫産業第2ビル

■ EYE関西

EYE 大阪本校　　　☎06(7222)3655
〒530-0013　大阪府大阪市北区茶屋町1-27　ABC-MART梅田ビル

EYE 京都本校　　　☎075(353)2531
〒600-8413　京都府京都市下京区烏丸通仏光寺下ル
大政所町680-1 第八長谷ビル

LEC提携校

* 提携校はLECとは別の経営母体が運営をしております。
* 提携校は実施講座およびサービスにおいてLECと異なる部分がございます。

■ 北海道・東北

八戸中央校【提携校】　☎0178(47)5011
〒031-0035　青森県八戸市寺横町13　第1朋友ビル　新教育センター内

弘前校【提携校】　☎0172(55)8831
〒036-8093　青森県弘前市城東中央1-5-2
まなびの森　弘前城東予備校内

秋田校【提携校】　☎018(863)9341
〒010-0964　秋田県秋田市八橋鯲沼町1-60
株式会社アキタシステムマネジメント内

■ 関東

水戸校【提携校】　☎029(297)6611
〒310-0912　茨城県水戸市見川2-3092-3

所沢校【提携校】　☎050(6865)6996
〒359-0037　埼玉県所沢市くすのき台3-18-4　所沢K・Sビル
合同会社LPエデュケーション内

東京駅八重洲口校【提携校】　☎03(3527)9304
〒103-0027　東京都中央区日本橋3-7-7　日本橋アーバンビル
グランデスク内

日本橋校【提携校】　☎03(6661)1188
〒103-0025　東京都中央区日本橋茅場町2-5-6　日本橋大江戸ビル
株式会社大江戸コンサルタント内

新宿三丁目駅前校【提携校】　☎03(3527)9304
〒160-0022　東京都新宿区新宿2-6-4　KNビル　グランデスク内

■ 東海

沼津校【提携校】　☎055(928)4621
〒410-0048　静岡県沼津市新宿町3-15　萩原ビル
M-netパソコンスクール沼津校内

■ 北陸

新潟校【提携校】　☎025(240)7781
〒950-0901　新潟県新潟市中央区弁天3-2-20　弁天501ビル
株式会社大江戸コンサルタント内

金沢校【提携校】　☎076(237)3925
〒920-8217　石川県金沢市近岡町845-1　株式会社アイ・アイ・ピー金沢内

福井南校【提携校】　☎0776(35)8230
〒918-8114　福井県福井市羽水2-701　株式会社ヒューマン・デザイン内

■ 関西

和歌山駅前校【提携校】　☎073(402)2888
〒640-8342　和歌山県和歌山市友田町2-145
KEG教育センタービル　株式会社KEGキャリア・アカデミー内

■ 中国・四国

松江殿町校【提携校】　☎0852(31)1661
〒690-0887　島根県松江市殿町517　アルファステイツ殿町
山路イングリッシュスクール内

岩国駅前校【提携校】　☎0827(23)7424
〒740-0018　山口県岩国市麻里布町1-3-3　岡村ビル　英光学院内

新居浜駅前校【提携校】　☎0897(32)5356
〒792-0812　愛媛県新居浜市坂井町2-3-8　パルティフジ新居浜駅前店内

■ 九州・沖縄

佐世保駅前校【提携校】　☎0956(22)8623
〒857-0862　長崎県佐世保市白南風町5-15　智翔館内

日野校【提携校】　☎0956(48)2239
〒858-0925　長崎県佐世保市椎木町336-1　智翔館日野校内

長崎駅前校【提携校】　☎095(895)5917
〒850-0057　長崎県長崎市大黒町10-10　KoKoRoビル
minatoコワーキングスペース内

沖縄プラザハウス校【提携校】　☎098(989)5909
〒904-0023　沖縄県沖縄市久保田3-1-11
プラザハウス　フェアモール　有限会社スキップヒューマンワーク内

※上記は2022年9月1日現在のものです。

書籍の訂正情報の確認方法と
お問合せ方法のご案内

このたびは，弊社発行書籍をご購入いただき，誠にありがとうございます。
万が一誤りと思われる箇所がございましたら，以下の方法にてご確認ください。

1 訂正情報の確認方法

発行後に判明した訂正情報を順次掲載しております。
下記サイトよりご確認ください。

www.lec-jp.com/system/correct/

2 お問合せ方法

上記サイトに掲載がない場合は，下記サイトの入力フォームより
お問合せください。

lec.jp/system/soudan/web.html

フォームのご入力にあたりましては，「Web教材・サービスのご利用について」の
最下部の「ご質問内容」に下記事項をご記載ください。

・対象書籍名（○○年版，第○版の記載がある書籍は併せてご記載ください）

・ご指摘箇所（具体的にページ数の記載をお願いします）

お問合せ期限は，次の改訂版の発行日までとさせていただきます。
また，改訂版を発行しない書籍は，販売終了日までとさせていただきます。

※インターネットをご利用になれない場合は，下記①～⑤を記載の上，ご郵送にてお問合せください。
①書籍名，②発行年月日，③お名前，④お客様のご連絡先（郵便番号，ご住所，電話番号，FAX番号），⑤ご指摘箇所
　送付先：〒164-0001 東京都中野区中野4-11-10 アーバンネット中野ビル
　　　　　株式会社東京リーガルマインド 出版部 訂正情報係

・正誤のお問合せ以外の書籍の内容に関する質問は受け付けておりません。
　また，書籍の内容に関する解説，受験指導等は一切行っておりませんので，あらかじめ
　ご了承ください。

・お電話でのお問合せは受け付けておりません。

講座・資料のお問合せ・お申込み

LECコールセンター  0570-064-464

受付時間：平日9：30～20：00/土・祝10：00～19：00/日10：00～18：00

※このナビダイヤルの通話料はお客様のご負担となります。

※このナビダイヤルは講座のお申込みや資料のご請求に関するお問合せ専用ですので，書籍の正誤に関
　するご質問をいただいた場合，上記「②正誤のお問合せ方法」のフォームをご案内させていただきます。

分野別セパレート本の使い方

各分冊を取り外して、
手軽に持ち運びできます！

①白い厚紙を本体に残し、
　色紙のついた冊子だけを
　手でつかんでください。
②冊子をしっかりとつかん
　だまま手前に引っ張って、
　取り外してください。

※この白い厚紙と色紙のついた冊子は、のりで接着されていますので、
　丁寧に取り外してください。
　なお、取り外しの際の破損等による返品・交換には応じられませんの
　でご注意ください。

2023年版　イチから身につく

行政書士

合格の

トリセツ

基本テキスト

第1分冊

第1編　憲法

LEC東京リーガルマインド

第1編　憲法

第 **1** 編

憲法

著者の**野畑講師**が解説！

書籍購入者限定
無料講義動画

QR コード
からの
アクセスは
こちら

本書の中から重要ポイントをピックアップして講義しています。

※動画の視聴開始日・終了日は、
　専用サイトにてご案内いたします。
※ご視聴の際の通信料はお客様負担と
　なります。

URL
lec-jp.com/gyousei/book/member/
torisetsu/2023.html

過去10年の出題傾向

■人権

項　目	12	13	14	15	16	17	18	19	20	21
人権の分類		●		●		●	●			
人権享有主体				●		●				
人権の限界		●								
幸福追求権			●		●					●
法の下の平等	●	●	●		●			●		
自由権		●	●		●	●	●	●	●	●
受益権										
参政権							●	●		
社会権	●						●	●	●	

■統治

項　目	12	13	14	15	16	17	18	19	20	21
権力分立										
国会	●	●	●		●				●	●
内閣	●		●			●	●	●		
裁判所		●	●	●	●			●	●	●
天皇	●		●	●			●			
財政	●			●		●				
地方自治			●	●	●					●
憲法改正						●				

出題傾向を把握して、
効率よく学習しましょう。

憲法の学習法

　憲法は、**択一式で5問・多肢選択式で1問**出題されます。行政法や民法と比べると出題数が少なく、対策を怠りがちな科目ですが、実はこの憲法の出来が合否を分けることが少なくありません。

　また、行政法とのつながりも強い科目ですので、行政法を学習した後に、もう一度憲法を学習すると理解が深まるでしょう。

学習のポイント

1　総論

　憲法とはどのようなルールなのかを学習します。
　「国民の人権を守るために権力を分立させる」という考え方を理解しておきましょう。

2　人権

　日本国憲法で保障される人権について学習します。
　この分野では多くの判例が登場しますが、合憲か違憲かの「結論」だけでなく、なぜそのような結論になったのか、「理由」を押さえることが重要です。
　また、試験で直接問われるわけではありませんが、イメージしやすいように重要判例には事案を掲載しています。ぜひ参考にしてください。

3　統治

　国家権力である「国会」「内閣」「裁判所」の役割について学習します。
　この分野で得点するには、とにかく条文の正確な知識が必要です。図や表でイメージをつかんだ後は、該当箇所の条文を確認するようにしましょう。コツコツと繰り返すことが重要です。

本試験対策

■ 5肢択一式（5問出題：20点）

憲法の択一式問題は、**易しい問題と難しい問題の差が大きい**のが特徴です。本試験問題の最初のほうで出題される関係上、「受験生にプレッシャーを与えるため」の捨て問が例年出題されています。

そのような問題は正解できなくても合否に影響はありません。本書をベースにして、**易しい問題を確実に正解できる**ようにしておきましょう。

■ 多肢選択式（1問出題：8点）

判例を題材にした穴埋め形式の問題が出題されます。本書に掲載されている有名判例からの出題も多いですが、年によっては見たこともない判例から出題されることもあります。そのような場合には、「どの人権に関する判例か。自分が勉強した判例の言い回しはどうだったか」を思い出すと適切な語句を選択できる可能性が高まります。

総論

この章で学ぶこと

「憲法ってどんなルール？」

「憲法は大切だ！」という話はよく耳にしますが、そもそも「憲法」ってどのようなルールなのでしょうか？

簡単にいうと、憲法が権力者から国民の人権を守るバリアのような存在です。

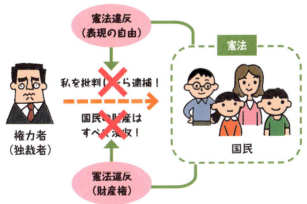

このように「憲法」は権力者から国民の人権を守ってくれる心強い味方なのです。

この章では、憲法に関する基本的な知識を学習します。

第1節 条文の構成・判例の表記

はじめに

本節では、これから法律を学習するうえで必要な条文の構成・判例の表記について説明します。
初めて法律を学習する方は、最初に一読しておいてください。

1 条文の構成

重要度 **C**

　私たちが机の中の引き出しから物を探し出すとき、きちんと整理されていなければ探し出すのに時間がかかってしまいますよね。

　法律も同じで、私たち国民が守るべき**ルールを探しやすくするような工夫がされている**のです。

ここが ポイント　条文の構成★1

条	憲法第7条
項	1　天皇は、内閣の助言と承認により、国民のために、左の国事に関する行為を行ふ。
号	一　憲法改正、法律、政令及び条約を公布すること。
号	二　国会を召集すること。

憲法や法律の条文は箇条書きになっていて、「憲法第7条」のように、「条」で分けて表記される。
さらに、その「条」を分けるのに「項」や「号」を使う。

ナビゲーション

法律の学習が初めての方は、まず条文の読み方をマスターしましょう。

★1
ワンポイント

「憲法7条1項2号の内容は?」と聞かれたら、「国会を召集すること」という部分を指します。

2 判例の表記

重要度

お金の貸し借りで問題が起こった場合や、国の対応に不満があった場合、私たちは裁判を起こし、最終的な判断を受けることができます。

裁判所が下した判断は、後に同じような裁判が起こされた際の**参考**とされます。

> **ナビゲーション**
> 実例で軽く確認しておきましょう。

ここが ポイント 判例の表記

● マクリーン事件（<u>最大判</u> <u>昭53.10.4</u>）の意味
  ↓　　　　　↓
  最高裁判所の**大法廷**★1　　昭和53年10月4日に
  で行われた裁判　　　　下された判決

● ノンフィクション「逆転」事件（<u>最判</u> <u>平6.2.8</u>）の意味
  ↓　　　　↓
  最高裁判所の**小法廷**★1　　平成6年2月8日に
  で行われた裁判　　　　下された判決★2

> ★1
> **用語の意味**
> **大法廷**
> 最高裁判所裁判官15人全員で判断する法廷。
> **小法廷**
> 最高裁判所裁判官のうち5人で判断する法廷。

> ★2
> **ワンポイント**
> 最高裁判所の前身である大審院が出した判決であれば、「大判昭10.8.10」のような表記になります。

> 地方裁判所や高等裁判所で行われる裁判もありますが、試験対策として最高裁判所の判例を学習します。

第2節 憲法の意味

はじめに

ここから本格的な行政書士試験の学習が始まります。
この節の学習内容が試験で直接問われる可能性は低いですが、
憲法を学習するうえで必要な知識になります。法律用語に慣れ
るという感覚で読み進めるとよいでしょう。

1 憲法とは

重要度 C

皆さんは「憲法がどのようなものか」を知っていますか？
「憲法」という言葉を耳にする機会は増えましたが、よく
わからないという方も多いと思います。

ここではまず、**憲法とは何か**について学習します。

ここが ポイント　憲法とは

憲法とは、国家権力を制限し、国民の人権を守るためのルール
である。
→国民ではなく、国が守らなければならないルール。★1★2

国をまとめるにはリーダーが必要ですが、そこに**権力が集
中すると国民の人権が侵害**されてしまいます。そこで、憲法
の出番となります。★3

講義図解

憲法の意義（国民の人権を守る）

憲法違反
（表現の自由）

私を批判したら逮捕！

国民の財産は
すべて没収！

憲法違反
（財産権）

権力者
（独裁者）

憲法

国民

ナビゲーション

まずは憲法のとても
重要な基本のテーマ
です。

★1
ワンポイント

民法や道路交通法な
どは、私たち国民が
守らなければならな
いルールです。

★2
あとまわしOK

ルールがどのような
内容であれば憲法と
いえるかについては
様々な考えがありま
すが、国家権力を制
限し、国民の人権を
守るという内容の憲
法を「立憲的意味の
憲法」といいます。

★3
ワンポイント

天皇または摂政、国務
大臣、国会議員、裁判
官、その他公務員には
憲法尊重擁護義務が
あります（99条）。
ただし、一般国民は
含まれていません。

さらに、独裁者を生み出さないために、**権力を３つに分け、それぞれの機関に担当**させることにしました。★4

★4
ワンポイント
詳しくは第3章「統治」で学習します。

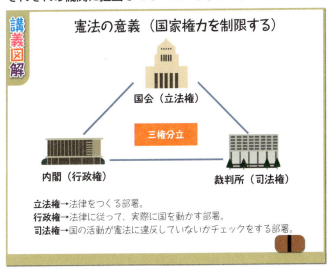

憲法の意義（国家権力を制限する）

国会（立法権）

三権分立

内閣（行政権）　　　　　　裁判所（司法権）

立法権→法律をつくる部署。
行政権→法律に従って、実際に国を動かす部署。
司法権→国の活動が憲法に違反していないかチェックをする部署。

2　憲法の最高法規性

重要度 **C**

　日本には、民法や刑法等、様々な法律（ルール）がありますが、憲法は「国の最高法規」とされていて、憲法に違反する法律をつくったり、法律を無視した活動をしたりすることはできません。もしそのようなことが行われた場合、裁判所が「憲法違反」という判断をします。★1

ナビゲーション
ここでは、憲法と法律との関係について理解しておきましょう。

★1
野畑の ズバッと解説
法律が憲法に違反するかどうかを判断する権限のことを「**違憲審査権**」といい、**裁判所に与えられています**（詳しくは第3章「統治」で学習します）。

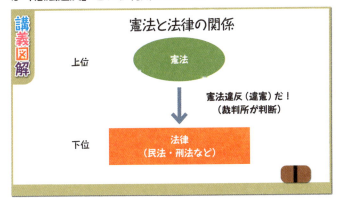

憲法と法律の関係

上位

憲法

憲法違反（違憲）だ！
（裁判所が判断）

下位

法律
（民法・刑法など）

憲法第98条（最高法規性）
1項　この憲法は、国の最高法規であつて、その条規に反する法律、命令、詔勅及び国務に関するその他の行為の全部又は一部は、その効力を有しない。
（2項略）

憲法第81条（違憲審査権）★2
最高裁判所は、一切の法律、命令、規則又は処分が憲法に適合するかしないかを決定する権限を有する終審裁判所である。

★2
あとまわしOK
98条2項には「条約の遵守」とありますが、通説では憲法が優位とされ、日本が外国と締結した条約についても、憲法違反かどうか判断することができます。

3　憲法の基本原理

重要度 **C**

　憲法で最も重要な考え方として、①基本的人権の尊重、②国民主権、③平和主義の三大原理を掲げています。

ナビゲーション
ここでは、国民主権の意味をよく理解しておきましょう。

[日本国憲法の三大原理]

基本的人権の尊重	人が生まれながらにして持つ人権は、国家によって侵害されない。
国民主権★1	国の政治を最終的に決定するのは国民である。
平和主義	過去の戦争についての反省に基づき、戦争の放棄を宣言する。

この三大原理は憲法の前文★2に記載されていて、憲法全体に共通する考え方が示されています。

★1
野畑のスパッと解説
国民全員が集まって政治をすることはできないので、選挙で代表者を選ぶシステムが採用されています（間接民主制）。

★2
用語の意味
前文
憲法がどのような目的でつくられたのかが記載されている、本でいえば「まえがき」の部分です。

条文

憲法前文
　日本国民は、正当に選挙された国会における代表者を通じて行動し、われらとわれらの子孫のために、諸国民との協和による成果と、わが国全土にわたつて自由のもたらす恵沢を確保し、政府の行為によつて再び戦争の惨禍が起ることのないやうにすることを決意し、ここに主権が国民に存することを宣言し、この憲法を確定する。そもそも国政は（以下略）

ここが ポイント　前文の法的性質 ★3

- 前文には法規範性が**ある**。
  - →憲法前文の規定に違反する内容の法律を作成したり処分をしたりすることは許されない。
- 前文には裁判規範性が**ない**。
  - →前文の規定は、裁判を提起するための根拠にはならない。

★3

あとまわしOK

前文の内容を改正するには、**憲法改正手続（96条）**が必要と考えられています。

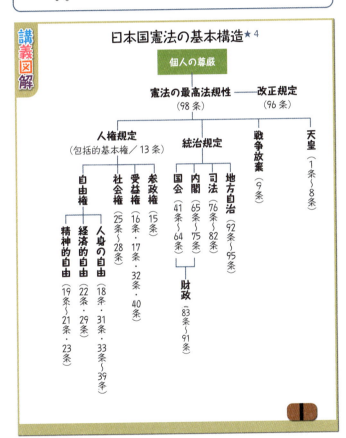

講義図解　日本国憲法の基本構造 ★4

個人の尊厳

憲法の最高法規性 ──── 改正規定
（98条）　　　　　　（96条）

人権規定　　統治規定　　戦争放棄　　天皇
（包括的基本権／13条）　　　　　　（9条）　　（1条〜8条）

自由権　社会権　受益権　参政権　国会　内閣　司法　地方自治
　　　（25条〜28条）（16条・17条・32条・40条）（15条）（41条〜64条）（65条〜75条）（76条〜82条）（92条〜95条）

精神的自由（19条〜21条・23条）
経済的自由（22条・29条）
人身の自由（18条・31条・33条〜39条）

財政（83条〜91条）

★4

ワンポイント

この図を暗記する必要はありません。これから学習する憲法にどのようなことが書かれているのかをおおまかに確認しておきましょう。

最初に読んだ際によくわからなくても、先に進むことでわかるようになります。
立ち止まらずにどんどん読み進めましょう。

MEMO

第2章

人権

この章で学ぶこと

「人権の保障と制約」

　日本国憲法では様々な人権が規定されています。

　国はこれらの人権を侵害してはいけませんが、ほかの国民との関係や、社会全体のことを考えて人権を制約することは可能です。

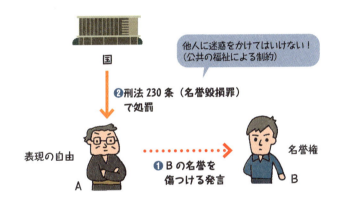

他人に迷惑をかけてはいけない！
（公共の福祉による制約）

❷刑法230条（名誉毀損罪）で処罰

表現の自由　　A　　❶Bの名誉を傷つける発言　　B　名誉権

それは困るんだけど

みんな、○○党を応援しよう！

ストライキだ！今日は出勤しないぞ！

公務員

日本国民

　この章では人権に関する様々な判例が登場します。

　「どのような人権が保障されるのか？」

　「どのような場合にその人権が制約されるのか？」

を意識して学習しましょう。

第1節 人権の分類

はじめに

この節では、「人権の分類」について学習します。
各人権の詳細は後に学習しますが、まずはおおまかに人権の種類について理解しておきましょう。

1 人権の分類

重要度 **C**

日本国憲法では、様々な人権が保障されています。

詳しくは第6節以降で学習しますが、ここではまず全体像をイメージしておきましょう。

ここが ポイント **憲法とは**

- **自由権**
  - 精神的自由（表現の自由・信教の自由等）
  - 経済的自由（職業選択の自由等）
  - 人身の自由（奴隷的拘束および苦役からの自由等）
- **社会権**（生存権、教育を受ける権利等）
- **参政権**（公務員の選定・罷免権、被選挙権）
- **受益権**（裁判を受ける権利等）

人権の中でも最初に主張されたのが自由権です。

社会権が主張されたのは20世紀に入ってからなので、**「20世紀的人権」**ともよばれます。★1

ナビゲーション

人権の分類としては、自由権と社会権が重要になります。
まず、2つの違いを理解しておきましょう。

★1
ワンポイント

初めて社会権の保障が明記されたのは、1919年にドイツで制定されたワイマール（ヴァイマル）憲法です。

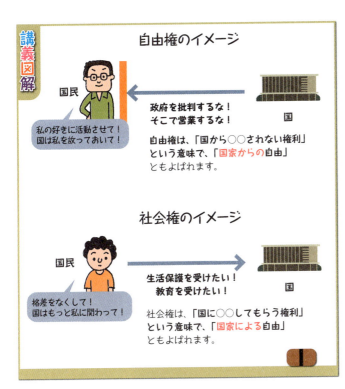

第2節 人権享有主体

はじめに

この節では、「人権を誰にどの程度保障するのか？」を学習します。

人権享有主体は、憲法の中ではよく出題されるテーマであり、出題パターンもある程度限定されていますので、初学者の方は本書の図表や重要判例を繰り返し確認するようにしてください。

1 外国人の人権

重要度 **A**

「日本では外国人にも人権が保障されますか？」と聞かれたとき、あなたは何と答えますか？

実は、すべての人権が外国人に保障されているわけではありません。

では、どのような人権が外国人に保障されているのでしょうか？

ここが ポイント 外国人の人権

権利の性質上、**日本国民のみをその対象としていると解されるもの**を除き、在留する外国人に対しても及ぶ。

［外国人の人権保障 ①］…憲法で保障されるかどうか

出入国の自由	出国の自由 ○（最大判昭32.12.25） 入国の自由 ×（最大判昭32.6.19） 再入国★1の自由（一時旅行の自由）× （森川キャサリーン事件／最大判平4.11.16）
在留の権利	×（マクリーン事件／最大判昭53.10.4）
政治活動の自由	（原則として）○（マクリーン事件／最大判昭53.10.4）

「出国と政治活動は保障される！」と覚えても大丈夫です。ここで重要判例である「マクリーン事件」について詳しく見ておきましょう。

ナビゲーション

このテーマは、過去にも繰り返し出題されています。ただし、難しい問題は出題されていないので、確実に正解できるようにしておきましょう。

★1

用語の意味

再入国
日本にいる外国人が一度他国に出国し、また、入国すること。

過去問**チャレンジ**

外国人は、憲法上日本に入国する自由を保障されてはいないが、憲法22条1項は、居住・移転の自由の一部として海外渡航の自由も保障していると解されるため、日本に在留する外国人が一時的に海外旅行のため出国し再入国する自由も認められる。[07-6-5]

×：わが国に在留する外国人は、憲法上、外国へ一時旅行する自由を保障されているものではありません（森川キャサリーン事件／最判平4.11.16）。

重要判例　**マクリーン事件**（最大判昭53.10.4）

【事案】法務大臣が、外国人の在留期間の更新申請を、在留中の政治活動（ベトナム戦争反対のデモ活動）を理由に不許可とした。★2

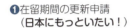

外国人にも政治活動の自由や在留の権利があるはずだ！

❶在留期間の更新申請
（日本にもっといたい！）

❷不許可処分
（政治活動をしていたのでダメ）

マクリーン　　　　　　法務大臣

【争点】●外国人に政治活動の自由が保障されるか？
　　　　●外国人に在留することを要求する権利は保障されるか？

【判旨】●政治活動の自由は、わが国の政治的意思決定またはその実施に影響を及ぼす活動等、**外国人の地位にかんがみ、これを認めることが相当でないもの**を除き、保障される。
　　　　●在留外国人に、**在留の権利は保障されない**。★3

結局のところ、法務大臣の更新不許可処分は違法ではないとされました。

★2 **ワンポイント**
外国人が日本への滞在を延長するには、法務大臣の在留許可が必要ですが、この許可が認められませんでした。
「事案」を覚える必要はありませんが、どのような事件だったのかを知っておくと理解しやすくなります。

★3 **野畑の**
ズバッと解説
外国人の政治活動が保障されるとしても、**法務大臣がその活動を「危険」と判断した場合は在留更新が認められない可能性がある**ということです。

過去問**チャレンジ**

政治活動の自由は、わが国の政治的意思決定またはその実施に影響を及ぼす活動等、外国人の地位にかんがみこれを認めることが相当でないと解されるものを除き、その保障が及ぶ。[15-3-3]

○：その通り（マクリーン事件／最大判昭53.10.4）。

［外国人の人権保障 ②］…憲法で保障されるかどうか

選挙権	**国政選挙権** × **地方選挙権** × ※憲法で保障されないが、法律で永住者等に**地方選挙権**を付与する措置を講ずることはできる（最判平7.2.28）。★4★5
管理職就任権	**外国人の管理職就任権** × ※**日本国民**である職員に限って管理職に昇任することができることとする措置をとることは許される（東京都保健師管理職選考受験資格確認等請求事件／最大判平17.1.26）。
社会権 ★6	**外国人の社会権** × 限られた財源のもとで福祉的給付を行うにあたり、**自国民を在留外国人より優先的に扱うことも許される**（塩見訴訟／最判平元.3.2）。

★4
野畑のズバッと解説
選挙権は、国民主権の原理から、「日本国民に限って保障される人権」の1つと考えられているからです。

★5
ワンポイント
地方選挙権は憲法で保障されないのが前提なので、**付与しないからといって憲法違反ではありません**。

★6
あとまわしOK
社会権については、第9節で学習します。

過去問チャレンジ

日本に在留する外国人のうちでも、永住者等であってその居住する区域の地方公共団体と特に緊密な関係を持っている者に、法律によって地方公共団体の長、その議会の議員等に対する選挙権を付与することは、憲法上禁止されない。[07-6-2]

〇：その通り（最判平7.2.28）。

2　法人の人権

重要度 **B**

外国人にも原則として人権が保障されることは学習しましたが、ここでは、**株式会社や士業団体等の「法人」に人権が保障されるかどうか**について学習します。

ナビゲーション

このテーマは、頻出ではありません。八幡製鉄政治献金事件と南九州税理士会事件の概要を押さえておきましょう。

ここが ポイント　法人の人権

権利の性質上可能な限り、法人にも人権は保障される。★1

> ここでは、試験で出題される可能性のある「法人の政治活動の自由」について2つの判例を取り上げます。

★1
ワンポイント

民法や道路交通法などは、私たち国民が守らなければならないルールです。

重要判例　八幡製鉄政治献金事件（最大判昭45.6.24）

【事案】株式会社の代表取締役が会社名でB政党に政治献金をしたことから、A政党を支持する株主が取締役の責任を追及した。

> なぜB政党に献金するんだ！　そもそも、会社の営利に関係ないじゃないか！

A政党を支持
株主

> 業界に有利な政策を出してもらうために必要な献金だ！

B政党に献金
株式会社

【争点】●株式会社が政治献金をすることはできるか？
【判旨】●**政治資金の寄付も**政治的行為をなす自由の一環として認められる。★2

★2

野畑の ズバッと解説

会社の営利活動に有利な政策をしてもらうために**政治献金することは、会社の目的の範囲内の行為**といえます。

重要判例 **南九州税理士会事件** （最判平8.3.19）

【事案】税理士会が、会の決議に基づいて税理士法を業界に有利な方向に改正するための工作資金として会員から特別会費を徴収する決議を行ったが、会員たちがこれに反対した。

なぜB政党に献金するんだ！そもそも、税理士会の活動と関係ないじゃないか！

A 政党を支持

会員

業界に有利な政策を出してもらうために必要な献金だ！

B 政党に献金

税理士会

【争点】●税理士会が、政治団体に対して寄付をすることはできるか？
【判旨】●税理士会は、強制加入団体★3であり、会員に実質的には脱退の自由も認められず、様々な思想を持つ者が存在することが予定されている。
●税理士会が政党等に金員を寄付することは、会の目的の範囲外の行為として無効である。★4

八幡製鉄政治献金事件と南九州税理士会事件について、重要な点を比較しておきましょう。

講義図解

法人の人権★5

株式会社
（営利活動）

税理士会
（会員の指導）

株主に脱退の自由あり

会員に脱退の自由なし

政治献金も営利活動の一環

政治献金は会員の指導と関係ない

↓

↓

目的の範囲内の活動とされ適法

目的の範囲外の活動とされ違法

過去問チャレンジ

会社は、自然人と同様、国や政党の特定の政策を支持、推進し、または反対するなどの政治的行為をなす自由を有する。[17-3-2]

○：その通り（八幡製鉄政治献金事件／最大判昭45.6.24）。

3 公務員の人権 重要度 **B**

公務員にも人権が保障されることについては変わりません。

ただ、**中立性・公平性の観点から、政治活動等において一般国民よりも強い制約**が課せられることになります。

公務員の人権で問題となるのは、**政治活動と争議行為（ストライキ）**です。

ナビゲーション

このテーマは近年出題されるようになってきました。少し難しいですが、繰り返し本書を読んで理解を深めてください。

[公務員の人権] ★1

	一般国民	公務員
政治活動	憲法21条「表現の自由」で保障される	国家公務員法で禁止 →合憲（目黒（堀越）事件／最判平24.12.7）
争議行為（ストライキ）	憲法28条「労働基本権」で保障される	国家公務員法で禁止 →合憲（全農林警職法事件／最大判昭48.4.25）

★1
ワンポイント

公務員のストライキで役所や警察が休みになってしまうと、国民が困ってしまうため、法律で禁止されています。

次に、公務員の政治活動について問題となった目黒事件を見てみましょう。

目黒（堀越）事件（最判平24.12.7）

【事案】公務員（目黒社会保険事務所の職員）として勤務していたA が、選挙において、特定政党を支持する目的をもってマンションなどに政党紙を配ったことが、国家公務員法等で禁止している「政治的行為」にあたるとして起訴された。

公務員の政治活動も憲法で保障されるはずだ！

A
公務員

公務員は公平中立でなければならないので、政治活動は禁止！

国

【争点】● 法律で禁止される「政治的行為」とは何か？
　　　　● 政党紙の配布行為は「政治的行為」にあたるか？

【判旨】●「**政治的行為**」とは、公務員の職務の遂行の政治的中立性を損なうおそれが、**観念的なものにとどまらず、現実的に起こり得るもの**として実質的に認められるものを指す。★2
　　　　● **管理職的地位にない**者が行った**配布行為**は、国家公務員法で禁止されている**政治的行為に該当しない**。

政党紙の配布は適法（無罪）と判断されました。

[「政治的行為」に該当するか？] ★3

	誰が配布行為を行ったか	政治的行為にあたるか
目黒（堀越）事件 （最判平24.12.7）	管理職的地位にない者	あたらない（無罪）
世田谷事件 （最判平24.12.7）	管理職的地位にある者	あたる（有罪）

同じ政党紙の配布行為にもかかわらず、管理職だったかどうかで結論が変わる点に気をつけてください。

★2
野畑の ズバッと解説

すべての政治活動を禁止しているわけではなく、国民の信頼を損なうような活動に限って禁止していることに注意してください。

★3
野畑の ズバッと解説

同じ政党紙の配布行為でも、**管理職的地位にある者が行えば**周囲への影響力が高まり、国民の信頼を損なうおそれが強くなるため、このような結論の違いとなります。

4 在監者の人権 　重要度 **C**

在監者にも人権は保障されますが、**逃亡の防止・監獄内の秩序維持**ということを踏まえ、**一般国民とは異なる制約**が課せられます。

ナビゲーション

このテーマは頻出ではありません。
さらっと確認して、次に進みましょう。

[在監者の人権]

どのような制約か？	制約は合憲か？
拘置所長による喫煙の禁止	**合憲** →喫煙の自由は、あらゆる時、所において保障されなければならないものではないから（喫煙禁止事件／最大判昭45.9.16）。
拘置所長による新聞閲読の制限	**合憲** →未決拘禁者★1に新聞の閲読を許した場合に、**拘置所内の秩序の維持に放置することのできない程度の障害が生ずる相当の蓋然性（がいぜんせい）★2**があるから（よど号ハイジャック記事抹消事件／最大判昭58.6.22）。

★1★2

用語の意味

未決拘禁
犯罪容疑で逮捕された者が、判決確定までの間、刑事施設に収容されている状態のこと。

相当の蓋然性
「かなり高い確率」という意味。

特に、「よど号ハイジャック記事抹消事件」の「相当の蓋然性」というキーワードを押さえましょう。

第3節 人権の限界

はじめに

この節では、「人権の限界」について学習します。
公共の福祉は憲法を理解するうえで重要なテーマであり、私人間効力は、試験でもよく出題されるテーマです。
最初は難しく感じるかもしれませんが、ここを理解することが大切です。

1 公共の福祉

重要度 C

　憲法では表現の自由等、様々な人権が保障されています。**では、表現の自由が保障されているからといって、他人の名誉を傷つけるような発言をすることは許されるのでしょうか？**

　人権は無制限に認められるべきでなく、**他者との関係で制限される**可能性があります。これを「**公共の福祉**による制約」といいます。

ここが ポイント　公共の福祉とは

人権は保障されるべきであるが、他者の人権を犠牲にしてまで絶対的に保障するべきではない（**他者加害**の防止）。★1

条文

憲法第13条（個人の尊重、生命・自由・幸福追求の権利の尊重）
　すべて国民は、個人として尊重される。生命、自由及び幸福追求に対する国民の権利については、**公共の福祉に反しない限り**、立法その他の国政の上で、最大の尊重を必要とする。★2

ナビゲーション

試験で直接問われることは少ないですが、これからよく出てくる言葉になるので理解しておきましょう。

★1

野畑の ズバッと解説

これに対して、判断能力に乏しい**未成年者**を保護するために飲酒・喫煙等を制限する考え方を「**パターナリスティック**な制約」（**自己加害の防止**）といいます。

★2

あとまわしOK

表現の自由を規定した条文には「公共の福祉で制限できる」という文言はありませんが、制限できると考えられています（一元的内在制約説）。

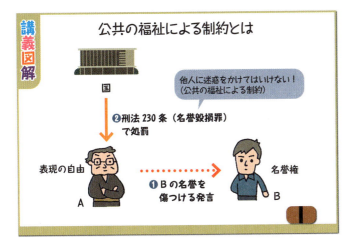

講義図解

公共の福祉による制約とは

国

他人に迷惑をかけてはいけない！
（公共の福祉による制約）

❷刑法230条（名誉毀損罪）
で処罰

表現の自由

A

❶Bの名誉を
傷つける発言

名誉権

B

2 私人間[★1] 効力

重要度 **A**

憲法は、「国が守るべきルール」であることから、例えば企業（私人）が従業員（私人）を不当に差別した場合、憲法の規定を直接適用することはできないとされています。

講義図解

「憲法を直接適用できない」とは？

従業員（私人）　　企業（私人）

あなたの信仰している宗教が嫌いだから解雇します！

そんな理由で差別するなんて憲法14条に違反だ！

私人同士の争いで憲法は使えない。

ナビゲーション

私人間効力は、数年ごとに出題されています。
間接適用説の考え方をしっかり理解して、判例知識を押さえましょう。

★1
用語の**意味**

私人間
一般市民・企業同士という意味。

条文

★2

憲法第14条（法の下の平等、貴族制度の否認、栄典の限界）[★2]
1項　すべて国民は、法の下に平等であつて、人種、信条、性別、社会的身分又は門地により、政治的、経済的又は社会的関係において、差別されない。
（2項・3項略）

ワンポイント

14条は、国民が「国」から不当に差別を受けないという意味です。

しかし、**不当な差別は一般人同士でも認めるべきではありません**。では、どのように考えるのでしょうか？

ここが ポイント　私人間の人権問題

私人間のトラブルを解決するためにつくられた民法の規定を通じて、憲法を間接的に適用する（間接適用説）。

講義図解

間接適用とは？

従業員（私人）　　　企業（私人）

あなたの信仰している宗教が嫌いだから解雇します！

そんな理由で差別するなんて民法90条で無効だ！

民法を使って争えばOK！

『差別は憲法14条違反！』と主張して争うことはできないが、『差別は公の秩序（一般道徳）に反するので民法90条で無効だ！』と主張して争うことができるということ。★3

★3

野畑の ズバッと解説

従業員が主張しているのは「民法」ですが、その中に「憲法（差別は禁止）」の考え方が盛り込まれています。
これが間接適用説のイメージです。

条文

民法第90条（公序良俗 <ruby>公序良俗<rt>こうじょりょうぞく</rt></ruby>）

公の秩序又は善良の風俗に反する法律行為は、無効とする。

次に、憲法の規定が私人間に間接適用されるとした判例を確認しておきましょう。

重要判例　三菱樹脂事件（最大判昭48.12.12）

【事案】 Xは、3カ月の試用期間を設けてY会社に採用されたが、大学在学中の学生運動歴につき虚偽の申告をしたため、本採用を拒否された。

過去の学生運動を理由に採用しないのは憲法違反だ！

X

本採用するかどうかは会社の自由だ！

Y会社

【争点】 ●私人同士の争いに憲法は直接適用されるか？
●特定の思想を持っている者の雇用を拒むことはできるか？

【判旨】 ●憲法はもっぱら**国または公共団体**と**個人との関係**を規律するものであり、**私人同士の関係**を**直接規律することを予定するものではない。**★4
私人同士の関係は、**民法の適切な運用**によって、その間の適切な調整を図ることができる。
●企業は、経済活動の一環としてする**契約締結**の自由を有し、いかなる者を雇い入れるかについて、原則として自由にこれを決定することができるのであって、**特定の思想、信条を有する者**の雇い入れを拒んでも、それを当然に違法とすることはできない。★5

★4
ワンポイント
判旨の内容から、間接適用説を採用していることを読み取ってください。

★5

野畑の
ズバッと解説
誰を雇用するかは企業の自由ということですが、**一度雇用した者を一方的に解雇することは原則認められない**としています（今回のXは試用期間中ではありましたが、「一度雇用した者の解雇」という位置づけです）。

過去問チャレンジ

企業者が、労働者の思想信条を理由に雇い入れを拒むことは、思想信条の自由の重要性に鑑み許されないが、いったん雇い入れた後は、思想信条を理由に不利益な取り扱いがなされてもこれを当然に違法とすることはできない。[13-4-5]

×：雇い入れを拒むことは原則許されますが、雇い入れた後に不利益な取り扱いをすることは原則として違法となります（三菱樹脂事件／最大判昭48.12.12）。

ちょっと一息

三菱樹脂事件のちょっと興味深い話

三菱樹脂事件の当事者となった男性は、この最高裁判決（昭和48年）の3年後に和解し、三菱樹脂株式会社に復職しています。本採用拒否（昭和38年）から実に13年もの間大企業を相手に争い、勝ち取った結果ということになります。さらにその後、子会社の社長まで務めていることから、会社側も男性の熱意と能力を認めていたのではないでしょうか。
「決して諦めない姿勢」、受験勉強でも大切な要素の1つですね。

重要判例　**日産自動車事件**（最判昭56.3.24）

【事案】Xの勤務するY会社の就業規則では、当時男性55歳、女性50歳が定年とされていた。

女性であることのみを理由に差別するのは憲法違反だ！

会社規則に従って退職してください！

従業員X　　　　　　　　　Y会社

【争点】● 女性の定年年齢を男子より低く定める就業規則は憲法や民法に反しないか？

【判旨】● Y社の就業規則中、女子の定年年齢を男子より低く定めた部分は、もっぱら女子であることのみを理由として差別した不合理なものとして**民法90条**により**無効**である。　★6

★6
ワンポイント
「**民法90条により**」という表現に注目してください。
間接適用説なので、「**14条を直接適用する**」といった問題は誤りとなります。

過去問チャレンジ

性別による差別を禁止する憲法14条1項の効力は労働関係に直接及ぶことになるので、男女間で定年に差異を設けることについて経営上の合理性が認められるとしても、女性を不利益に扱うことは許されない。[13-4-3]

✗：14条の規定は私人間には直接適用されません（日産自動車事件／最判昭56.3.24）。

［その他、私人間効力に関する判例］

私立学校の生徒退学処分	私立大学において、政治活動を行った学生に退学処分を行ったとしても、それは**学長の裁量**★7**に任せられ、違法ではない**（昭和女子大事件／最判昭49.7.19）。
憲法9条と売買契約	**9条は**、その憲法規範として有する性格上、**私法上の行為**の効力を直接規律することを目的とした規定ではなく、**私法上の行為**に対しては原則として**直接適用されない**（百里基地訴訟／最判平元.6.20）。★8

★7
用語の意味

裁量
自分の判断で物事を処理すること。

★8
野畑のズバッと解説

自衛隊の基地にするために行った国と私人の土地売買契約について、反対派が「**その契約は憲法9条（平和主義）に反するから無効だ！**」と主張することは認められませんでした。

条文

憲法第9条（戦争放棄、軍備及び交戦権の否認）

1項　日本国民は、正義と秩序を基調とする国際平和を誠実に希求し、国権の発動たる戦争と、武力による威嚇又は武力の行使は、国際紛争を解決する手段としては、永久にこれを放棄する。

2項　前項の目的を達するため、陸海空軍その他の戦力は、これを保持しない。国の交戦権は、これを認めない。

ちょっと一息

法律の学習は2周目以降が勝負

ここまで本書を読み進めてみて、「難しいな」と感じた方もいらっしゃると思います。これは法律科目の学習全般に通じるものですが、「最後まで読み進めると最初のほうの内容がわかる」ということがよくあります。最初からすべて理解しようと思わずに、まずは最後までざっと読み通すことがとても重要です。

本書を繰り返し読むことによって少しずつ理解が深まり、問題も解けるようになっていきますので、安心して学習を進めてください。

第4節 幸福追求権

はじめに

この節では、「日本国憲法に規定されていない人権」の保障について学習します。

本テーマは本試験でも頻出です。新しい人権が13条の「幸福追求権」によって導かれることを前提に、それがどのような場合に制限されるのかを意識しましょう。

1 幸福追求権

重要度 **A**

1 新しい人権

憲法には様々な人権規定がありますが、**「プライバシーの権利」は明記されていません。★1**

プライバシーの権利は、現代社会では重要な権利だと認識されていますが、**人権として認められないのでしょうか?**

ここが ポイント 新しい人権

憲法に規定のない人権は、「**幸福追求権**」として13条で保障される（**新しい人権**）。

講義図解

新しい人権のイメージ

国民　　　　　　　　警察

無断で写真撮影

私にはプライバシーの権利がある！勝手に写真を撮らないで！

13条（幸福追求権）を根拠に主張する

ナビゲーション

このテーマは頻出です。主要な判例を繰り返し読み込んで、過去問と照らし合わせてみましょう。

★1

ワンポイント

憲法が制定された頃には、まだ「プライバシー」というものの認識が薄かったということもあり、憲法に規定されませんでした。

憲法第13条（個人の尊重、生命・自由・幸福追求の権利の尊重）

　すべて国民は、**個人として尊重**される。生命、自由及び**幸福追求**に対する国民の権利については、**公共の福祉に反しない限り**、立法その他の国政の上で、**最大の尊重を必要とする**。

[新しい人権として認められたもの] ★2

いわゆる肖像権	●みだりに★3その容ぼう・姿態を撮影されない自由（京都府学連事件／最大判昭44.12.24）
プライバシー権	●みだりに前科等を公表されない利益（ノンフィクション「逆転」事件／最判平6.2.8）等 ●みだりに指紋押捺を強制されない自由（指紋押捺拒否事件／最判平7.12.15） ●個人に関する情報をみだりに第三者に開示または公表されない自由（住基ネット訴訟／最判平20.3.6）等

これから、具体的な判例を確認していきます。すべて、「新しい人権」として保障されたものになりますが、それがどのような場合に制限されるのかに注目してください。

② みだりに容ぼう等を撮影されない自由★4

重要判例 京都府学連事件（最大判昭44.12.24）

【事案】学生Aがデモ行進に参加した際に、行進方法が許可条件に違反すると判断した警察官が、違法な行進状況等を確認するために、デモ隊の先頭部分を無断で撮影した。

許可なく写真を撮るのは人権侵害だ！

証拠保全のために行ったものであり、適切だ！

学生A　　　　　国

【争点】●同意なく国家機関から写真撮影をされない自由は、人権として保障されるか？
　　　　●写真撮影が許されるのは、どのような場合か？

★2
野畑の スパッと解説

新しい人権として保障されるのは、**人間らしく生きていくうえで本当に必要なものに限られます**（人格的利益説）。
これまでに、「環境権」や「氏の変更を強制されない自由」などが主張されましたが、判例が新しい人権として正面から認めているのはいわゆる「肖像権」や「プライバシー権」くらいです。

★3
用語の意味

みだりに
「理由もなく」という意味。

★4
ワンポイント

みだりに容ぼう等を撮影されない自由が人権として認められることを前提に、「**それがどのような場合に制限されるのか？**」という視点で判旨を読んでみてください。

【判旨】
- 個人の私生活上の自由の一つとして、何人も、その承諾なしに、みだりにその容ぼう等を撮影されない自由を有するものというべきである。
- しかし、「現に犯罪が行なわれもしくは行なわれたのち、間がないと認められる場合」であって、「しかも証拠保全の必要性および緊急性」があり、かつ「その撮影が一般的に許容される限度をこえない相当な方法をもって行われる場合」には、警察官の写真撮影は許容される。★5

★5
野畑の ズバッと解説

本判例では、写真撮影の対象となる犯人の近くにいたために写りこんでしまった第三者がいたとしても、許されるともしています。

警察官の写真撮影は合憲と判断されました。

過去問チャレンジ

何人も、その承諾なしにみだりに容貌等を撮影されない自由を有するので、犯罪捜査のための警察官による写真撮影は、犯人以外の第三者の容貌が含まれない限度で許される。[11-3-1]

×：第三者である個人の容ぼう等が含まれていても、許容される場合があります（京都府学連事件／最大判昭44.12.24）。

ちょっと一息

時代背景を知っておこう

法の判例を見ていると、よく「学生運動」という言葉が出てきます。

学生運動は、戦後の日本、特に日米安全保障条約の改定やベトナム戦争が行われた1960年代から頻発していました。現在のデモ活動とは異なり、時には警察と衝突し、死者が出るような事件もありました。思想信条は様々ですが、多くの学生が政治に関心を持っていた昭和時代。そうした時代背景を知っておくと、憲法の判例が少し理解しやすくなるかもしれません。

3 前科等に関わる事実を公表されない利益

重要判例 ノンフィクション「逆転」事件 (最判平6.2.8)

【事案】ノンフィクション小説「逆転」の中で、過去に傷害事件で有罪判決を受けたAの実名が使用された。

実名で前科に関わる事実を公表するのはプライバシーの侵害だ！

A

実名を載せて執筆する自由もあるはずだ！

作家

【争点】● 有罪判決を受けた者が、前科を公表されない利益を主張できるか？
● 前科の公表は、どのような場合に許されるのか？

【判旨】● 過去に有罪判決を受けた者は、みだりに右の前科等に関わる事実を公表されないことにつき、**法的保護**に値する利益を有する。
● **事件それ自体を公表することに歴史的または社会的な意義**が認められるような場合には、事件の当事者についても、**その実名を明らかにすることが許される**。★6

★6

野畑の**ズバッと解説**

その他にも、**選挙に出馬する候補者の前科履歴**は、国民にとって関心が高い内容になるため、**公表が許される場合**が考えられます。

結果として、小説内での実名使用は認められませんでした。

過去問チャレンジ

前科は、個人の名誉や信用に直接関わる事項であるから、事件それ自体を公表することに歴史的または社会的な意義が認められるような場合であっても、事件当事者の実名を明らかにすることは許されない。[11-3-2]

× ： 事件それ自体を公表することに歴史的または社会的な意義が認められるような場合には、実名を明らかにすることが許されます（ノンフィクション「逆転」事件／最判平6.2.8）。

重要判例 グーグル検索結果削除請求事件 (最決平29.1.31)

【事案】児童買春により逮捕され、罰金刑となったXが、検索事業者（グーグル）に対して、事件について書き込まれたウェブサイトの検索結果の削除を求めた。

プライバシー保護のため、事件の記事を検索結果に表示されないようにしてほしい。

X

検索結果の公表は、情報流通の基盤として必要だ。

グーグル

【決旨】
- 個人のプライバシーに属する事実をみだりに公表されない利益は、法的保護の対象となるというべきである。
- 他方、**検索結果の提供は検索事業者自身による表現行為という側面**を有する。
- また、検索事業者による検索結果の提供は、現代社会においてインターネット上の情報流通の基盤として大きな役割を果たしている。
- 検索事業者による特定の検索結果の提供行為が違法とされ、その削除を余儀なくされるということは、上記方針に沿った一貫性を有する表現行為の制約であることはもとより、**検索結果の提供を通じて果たされている上記役割に対する制約でもある**といえる。
- 検索結果の提供行為が違法となるかは、当該事実を公表されない法的利益と当該ＵＲＬ等情報を検索結果として提供する理由に関する諸事情を比較衡量して判断すべきである。★7★8
- その結果、**当該事業を公表されない法的利益が優越することが明らかな場合**には、当該URL等情報を削除することを求めることができる。

★7
野畑のズバッと解説
ノンフィクション「逆転」事件と異なり、児童買春が与える社会的影響の大きさも、削除請求が認めらなかった要因の１つでした。

★8
ワンポイント
過去の逮捕歴をツイッターから削除することを求め、認められた判例もあります（最判令4.6.24）。

結果として、Xの削除請求は認められませんでした。

❹ 氏名等の個人情報

重要判例 早稲田大学講演会参加者名簿事件 （最判平15.9.12）

【事案】私立大学Ｙが、講演会開催にあたって入手した参加者名簿を警察に提供したことに対し、Ｘらがプライバシーの侵害を主張した。

名簿の提供行為はプライバシーの侵害だ！

Ｘ

警備のために必要な提供行為だ！

Ｙ大学

【争点】
- 大学に提供した氏名等の個人情報は、プライバシー情報として保護されるか？

【判旨】
- 大学が講演会の主催者として学生から参加者を募る際に収

集した参加申込者の**学籍番号、氏名等の情報**は、大学が個人識別等を行うための単純な情報であって、その限りにおいては秘匿性の高いものではない。

- しかし、それを他人にはみだりに開示されたくないと考えるのは自然なことであり、**参加申込者のプライバシーに係る情報**として法的保護の対象となる。★9

★9
ワンポイント

氏名等の個人情報は、個人の内面に関わるような秘匿性の高い情報ではないとされていますが、プライバシー保護の必要があるとしていることに注意してください。

> Xの主張が認められ、Y大学は損害賠償を支払うこととなりました。

5 プライバシー権の性質

さて、ここまでプライバシーに関する様々な判例を見てきましたが、**そもそもプライバシー権とはどのような意味を持っているのでしょうか？**

ここが ポイント　プライバシー権の性質

- 個人の私生活をみだりに公開されないという消極的側面。
- 自己に関する情報をコントロールするという積極的側面。

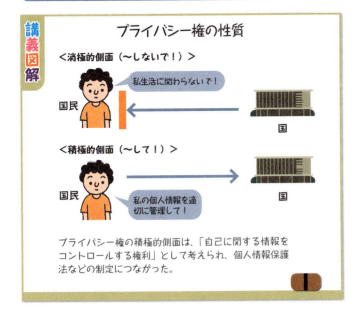

講義図解

プライバシー権の性質

＜消極的側面（～しないで！）＞

国民　→　私生活に関わらないで！　←　国

＜積極的側面（～して！）＞

国民　→　私の個人情報を適切に管理して！　→　国

プライバシー権の積極的側面は、「自己に関する情報をコントロールする権利」として考えられ、個人情報保護法などの制定につながった。

第5節 法の下の平等

はじめに

この節では、「法の下の平等」について学習します。
本テーマは、毎年のように試験で出題されます。違憲判決を中心に、少し細かいところまで押さえるようにしてください。

1 法の下の平等

重要度 **A**

条文

憲法第14条（法の下の平等、貴族制度の否認、栄典の限界）
1項　すべて国民は、**法の下に平等**であつて、**人種、信条、性別、社会的身分又は門地**により、政治的、経済的又は社会的関係において、**差別されない**。
（2項・3項略）

14条では、「**すべて国民は、法の下に平等であつて、**人種、信条、性別、社会的身分又は門地により、政治的、経済的又は社会的関係において、**差別されない。**」としています。★1

では、「**法の下**」「**平等**」とはどのような意味なのでしょうか？

ここが ポイント 「法の下」の意味

● 法律を個人に等しく適用しなければならない。
→ 「**法適用の平等**」
● 適用する法律の内容も平等でなければならない。
→ 「**法内容の平等**」

ナビゲーション

法の下の平等に関しては、少し細かいところまで出題されます。
表だけでなく、次ページ以降の重要判例を何度も読むようにしましょう。

★1

野畑の スパッと解説

「人種、信条、性別…」とあるのはあくまで例えばの話であって、それ以外なら差別をしてもかまわないという意味ではありません（「例示列挙」といいます）。

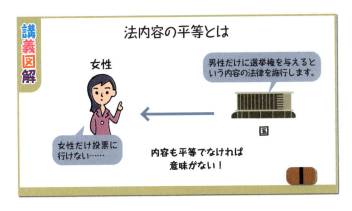

講義図解　法内容の平等とは

ここがポイント　「平等」の意味

個人の現実の差異に着目した合理的な区別を認める。

→「相対的平等」 ★2

★2
ワンポイント

これに対して、個人の能力・性別・年齢等の差異を無視して、すべて一律に取り扱うことを「絶対的平等」といいます。

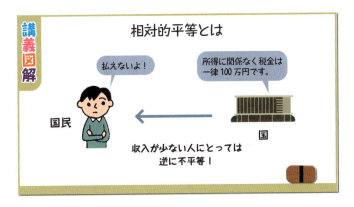

講義図解　相対的平等とは

[法の下の平等に関する判例] ★3

尊属殺人罪	普通殺人罪に比べ刑が重い尊属殺人罪を規定した刑法（当時）の規定 →違憲（尊属殺重罰規定違憲判決／最大判昭48.4.4）
非嫡出子の相続分	非嫡出子の相続分を嫡出子の2分の1とする民法（当時）の規定 →違憲（非嫡出子相続分違憲決定／最大決平25.9.4）

＊次ページに続く。

★3
あとまわしOK

このほかに、夫婦同姓を義務づけている民法の規定が憲法違反ではないかと争われ、合憲と判断された判例もあります（最大判平27.12.16）。

再婚禁止期間	女性にのみ6カ月の再婚禁止期間を定める民法（当時）の規定 →100日を超える部分は違憲 （再婚禁止規定違憲事件／最大判平27.12.16）
認知による 国籍取得制限	日本人である父と外国人である母の間に生まれた子が認知を受けた場合に、父母が婚姻していないと日本国籍が取得できない国籍法（当時）の規定 →違憲（国籍法3条1項違憲判決／最大判平20.6.4）

特に重要な判例について、これから詳しく見ていきましょう。

重要判例 **尊属殺重罰規定違憲判決**（最大判昭48.4.4）

【事案】父親を殺害した子Aが、普通殺人罪よりも刑の重い尊属殺人罪で起訴された。★4

尊属殺人罪に死刑か無期懲役しかないのはおかしい！

父親を殺したのだから罪が重くなって当然だ！

A　　　　　　　　国

【争点】● 刑法に規定された尊属殺人罪は、14条に違反するか？

【判旨】● 尊属殺人罪制定の目的は、**尊属に対する尊重報恩**★5であり、その点について不合理とはいえない（尊属殺人罪を設けることは自体は**合憲**）。
しかし、尊属殺の法定刑が**死刑または無期懲役刑のみに限られている点はあまりに厳しく、14条に違反する**（尊属殺人罪の刑があまりに重すぎるという点で**違憲**）。★6

ここが ポイント **尊属殺人罪について**

● 立法目的：親殺しは道徳的に許されないから、法定刑を加重（重く）した。
　　→刑を加重すること自体は**合憲**
● 達成手段：法定刑は死刑か無期懲役に限る。
　　→加重の程度が極端すぎるので**違憲**

★4
ワンポイント
刑法の尊属殺人罪は憲法違反とされました（現在は廃止されています）。

★5
用語の意味
尊重報恩
「両親や祖父母は大切に」という道徳的な考え方。

★6
ワンポイント
「刑を重くすること自体が不合理で違憲」ではないことに注意してください。

過去問チャレンジ

尊属に対する殺人を、高度の社会的非難に当たるものとして一般殺人とは区別して類型化し、法律上刑の加重要件とする規定を設けることは、それ自体が不合理な差別として憲法に違反する。[16-7-4]

✕：加重要件を設けること自体は不合理な差別とはいえません（尊属殺重罰規定違憲判決／最大判昭 48.4.4）。

重要判例 非嫡出子相続分違憲決定（最大決平 25.9.4）

【事案】非嫡出子★7の相続分を嫡出子の2分の1とする民法（当時）の規定が憲法14条違反かどうか争われた。

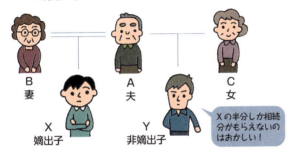

X の半分しか相続分がもらえないのはおかしい！

B 妻　A 夫　C 女
X 嫡出子　Y 非嫡出子

【争点】● 同じ子であるにもかかわらず、相続分に違いを設けている民法の規定は14条に違反するか？

【決旨】● 非嫡出子の相続分を嫡出子の2分の1とする民法900条4号但書（当時）の規定は、立法府の**裁量権**を考慮しても、嫡出子と嫡出でない子の法定相続分を区別する**合理的な根拠**は失われていたというべきであり、**14条に違反する**。★8

★7
用語の意味

嫡出子
婚姻届を提出している夫婦の間に生まれた子。
非嫡出子
婚姻届を提出していない男女の間に生まれた子。

★8
野畑のズバッと解説

過去には、同じような事案で合憲の判断がされていましたが、時代の流れとともに考えも変化し、本決定が出されました。

過去問チャレンジ

法定相続分について嫡出性の有無により差異を設ける規定は、相続時の補充的な規定であることを考慮しても、もはや合理性を有するとはいえず、憲法に反する。[16-7-3]

○：その通り（非嫡出子相続分違憲決定／最大決平 25.9.4）。

国籍法3条1項違憲判決（最大判平20.6.4）

【事案】日本人である父と外国人である母の間に生まれた非嫡出子が、日本国籍取得届を提出したが、国籍法（当時）の規定により認められなかった。★9

婚姻していない

父（日本人）　母（外国人）

非嫡出子（生まれた後に父から認知）

国籍法の規定は憲法違反だ！

国籍法
- 夫婦が婚姻したら日本国籍をもらえる。
- 生まれる前に認知されたら日本国籍をもらえる。
- 生まれた後に認知されたら日本国籍をもらえない。←今回の事案

【争点】● 生後認知★10を受けた場合だけ、日本国籍が取得できない国籍法の規定は14条に違反するか？

【判旨】● 国籍法の規定により、日本人の父から出生後に認知された非嫡出子のみが日本国籍取得について著しい差別的取扱いを受けている。
国籍法3条1項（当時）の規定は、合理性を欠いた過剰な要件を課すものとなっており、14条に違反する。★11

★9
ワンポイント
男性側は日本人女性と既に婚姻しており、その外国人女性と婚姻することはありませんでした。

★10
用語の意味
認知
主に男性が婚姻届を出していない間に生まれた子を自分の子と認めること。

★11
野畑のズバッと解説

生まれたときに父と母が結婚しているかどうかは、子どもにとってどうしようもないことで、そのことだけで国籍が取得できるかどうかが決まってしまうのは、平等ではないということです。

2　一票の格差

重要度 **A**

選挙権は、国民が政治に参加する重要な権利であり、平等である必要があります。では、形式的に「1人1票」が保障されていれば問題ないのでしょうか？

ここでは、「一票の格差」について学習します。

ここがポイント　選挙権と法の下の平等

選挙権については、「1人1票」という平等だけでなく、**有権者の投票価値の平等**まで求められる。
→「一票の格差」問題

ナビゲーション
このテーマは頻出です。一票の格差問題について理解した後、本書記載の判例を繰り返し読み込みましょう。
また、日本の選挙制度については第6編「一般知識」で学習しますので、その学習が終わった後に読み返すと理解が深まります。

講義図解

一票の格差とは ★1 ★2

 A選挙区
国会議員

 B選挙区
国会議員

1人選ぶ ↑　　↑ 1人選ぶ

有権者1万人
（1/10,000票）
一票の価値5（重い）

有権者5万人
（1/50,000票）
一票の価値1（軽い）

一票の価値が選挙区で異なるのは、
憲法違反ではないか？

★1

ワンポイント

この2つの選挙区を比べた場合、A選挙区に住んでいる住民の1票には、B選挙区に住んでいる住民と比べ、5票分の価値があるということです。

★2

野畑のスパッと解説

選挙制度は、国会が公職選挙法で定めており、一票の格差を修正するには法改正をしなければなりません。
日本の選挙制度については、第6編「一般知識」で学習します。

 一票の格差問題については、これまでにも数多くの裁判が行われています。その中でも特に有名な判例について確認しておきましょう。

重要判例　衆議院議員定数不均衡訴訟 （最大判昭51.4.14）

【事案】昭和47年に行われた衆議院議員総選挙について、千葉一区の有権者が、一票の格差が1対4.99に広がっていることは憲法14条に違反するとして争った。★3

一票の格差が生まれるような選挙制度を定めた公職選挙法は憲法違反だ！

一票の格差は許容範囲だ！

有権者　　　　　　国

【争点】● 14条は、投票価値の平等まで要求しているか？
● 一票の格差が違憲となるのはどのような場合か？

【判旨】● 14条1項に定める法の下の平等は、選挙権の内容、すなわち各選挙人の投票の価値の平等まで要求している。
● 投票価値の不平等が明らかに合理性を欠くに至り、かつ合理的期間内にそれが是正されない場合は違憲となる。
最大格差が5対1となり、それが約8年間是正されなかった公職選挙法の議員定数配分規定は全体として違憲である。★4

★3

ワンポイント

当時は中選挙区制といって、現在の小選挙区制とは違う選挙制度が採用されていました。

★4

あとまわしOK

違憲と判断されましたが、選挙自体は無効とせず、選挙のやり直しは行われませんでした（事情判決の法理といいます）。

ここが ポイント　一票の格差が違憲となる場合 ★5

❶ 一票の格差が合理性を欠く+合理的期間内に法改正がされなかった。

→公職選挙法は違憲

❷ 一票の格差は合理性を欠くが、合理的期間内に法改正がされていた。

→公職選挙法は違憲状態 ★6

❸ 一票の格差が**合理性を欠いていない**。

→公職選挙法は合憲

★5

ワンポイント

どのような場合に違憲となり、または違憲状態となるかがとても重要です。

★6

用語の意味

違憲状態

違憲の一歩手前の状態で、「次の選挙までに格差が是正されなければ違憲にする」という裁判所の判断（実際には違憲としないことが多い）。

過去の衆議院議員選挙、参議院議員選挙では「違憲状態」とされたものが多いですが、2017年の衆院選、2019年の参院選についてはともに「合憲」の判断をしています。

過去問チャレンジ

選挙人の投票価値の不平等が明らかに合理性を欠き、かつ合理的期間内に法改正がされなかった場合、公職選挙法の議員定数配分規定は違憲となる。[11-7-5改題]

○：その通り（衆議院議員定数不均衡訴訟／最大判昭51.4.14）。

第6節 自由権

はじめに この節から、いよいよ具体的な人権の学習に入ります。
自由権は、「国家からの自由」ともよばれ、人権の中でも古くから主張されてきたものです。試験でも頻出なので、表現の自由を中心に対策をしておく必要があります。

1 思想・良心の自由　　重要度 C

条文

憲法第19条（思想及び良心の自由）
　思想及び良心の自由は、これを侵してはならない。

　私たちがどのような世界観や人生観を持っていても、それを国が否定したりすることはできません。
　憲法19条では、「思想及び良心の自由は、これを侵してはならない。」とし、**国民の思想・良心の自由を保障**しています。

ここが ポイント　思想・良心とは

その人の**世界観**や**価値観**のこと。
　→どのような考えを持つのかはその人の自由であり、国が規制することはできない。★1★2

ナビゲーション
このテーマの重要度は高くありませんが、謝罪広告事件はチェックしておいてください。

★1
野畑の ズバッと解説
個人がどのような思想を抱いても、それだけで他人に迷惑をかけることはありません。
つまり、「**公共の福祉による制約**」はありえないということになります。

★2
ワンポイント
思想・良心の自由には、思想の告白を強制されない「**沈黙の自由**」も含まれます。

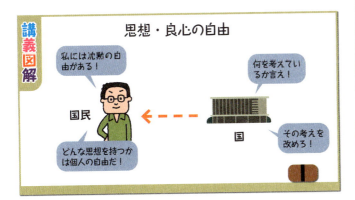

思想・良心の自由

講義図解

私には沈黙の自由がある！

何を考えているか言え！

国民

国

どんな思想を持つかは個人の自由だ！

その考えを改めろ！

思想・良心の自由について問題となった「謝罪広告事件」について確認しておきましょう。

★3
用語の**意味**

謝罪広告
加害者が被害者に対して謝罪の意を新聞広告等で表明すること。

重要判例　謝罪広告事件（最大判昭31.7.4）

【事案】選挙に立候補したXが、選挙運動中に対立候補者であるYの名誉を毀損したとして、裁判所がXに対して謝罪広告★3を命じた。

国家機関による謝罪広告の強制は、思想・良心の自由を侵害している！

X

名誉毀損に対して謝罪しなさい！

裁判所

【争点】● 裁判所による謝罪広告の強制は、憲法19条に反しないか？

【判旨】● 裁判所が謝罪広告の掲載を命ずることは、**単に事態の真相を告白し、陳謝の意を表明する**にとどまる程度のものであれば、思想・良心の自由を侵害することにはならない。

裁判所による謝罪広告の強制は合憲と判断されました。

過去問チャレンジ

憲法19条の「思想及び良心の自由」は、国民がいかなる思想を抱いているかについて国家権力が開示を強制することを禁止するものであるため、謝罪広告の強制は、それが事態の真相を告白し陳謝の意を表するに止まる程度であっても許されない。[09-5-2]

× ：「単に事態の真相を告白し陳謝の意を表明するにとどまる程度のもの」であれば許されます（謝罪広告事件／最大判昭31.7.4）。

ちょっと一息　人権の歴史を知ろう①

人権は「生まれながらにしてすべての人が持っている権利」ですが、その裏には、多くの人たちがまさに血と汗と涙を流して権力者から勝ち取ったという歴史があります（いわゆる「革命」です）。
人権の歴史については、第6編「一般知識」で扱うことになりますが、歴史を知ることで憲法は、よりわかりやすくなります。

2 信教の自由

ナビゲーション

信教の自由は、「政教分離原則」に関する知識を深めることが重要です。
本書に記載されている判例をしっかりと押さえておきましょう。

条文

憲法第20条（信教の自由、国の宗教活動の禁止）

1 項　信教の自由は、何人に対してもこれを保障する。いかなる宗教団体も、国から特権を受け、又は政治上の権力を行使してはならない。

2 項　何人も、宗教上の行為、祝典、儀式又は行事に参加することを強制されない。

3 項　国及びその機関は、宗教教育その他いかなる宗教的活動もしてはならない。

1 信教の自由と限界

　私たちは、好きな宗教を信仰する自由があり、**国が特定の宗教の信仰を強制したり、弾圧したりすることは許されません**。

　20条1項では、「**信教の自由は、何人に対してもこれを保障する。**」と規定し、信教の自由を保障しています。

[信教の自由] ★1

信仰の自由	どの宗教を信仰するか、もしくはしないかは個人の自由。 →公共の福祉による制約なし
宗教的行為の自由	どのような宗教活動をするかは個人の自由。 →公共の福祉による制約あり
宗教的結社の自由	どのような宗教団体をつくるかは個人の自由。 →公共の福祉による制約あり

 ここで、有名な「宗教法人オウム真理教解散命令事件」を確認しておきましょう。

★1

野畑の スパッと解説

宗教の信仰自体は他人に迷惑をかけませんが、宗教活動や宗教団体をつくることによって、**信仰が表現された場合、他人に迷惑をかける場合があります。**
その場合は、公共の福祉による制約が必要になります。

重要判例 宗教法人オウム真理教解散命令事件 （最決平 8.1.30）

【事案】宗教法人オウム真理教の毒ガス生成行為が宗教法人の解散
事由にあたるとして出された解散命令が、信教の自由を侵害
するとして争われた。

> 国家機関による解散命令は、信教の自由を侵害する！

> 国民に迷惑をかけたオウム真理教は解散させる！

X　　　　　国

【争点】●宗教法人の解散命令は、憲法20条に違反しないか？

【決旨】●宗教法人の解散命令の制度は、**もっぱら世俗的**★2目的に
よるものであって、合理的である。

●解散命令によってXやその信者らが行う**宗教活動に何らか
の支障を生ずる**ことが避けられないとしても、その支障は、
解散命令に伴う**間接的**で**事実上**のものにとどまる。★3

●よって、**解散命令は、憲法20条1項に反しない**。

★2
用語の意味

世俗的
世間一般的という意味（宗教的なものではないという意味）。

★3
野畑のズバッと解説

解散命令によって、施設が使えない等の支障は生じますが、個人で信仰すること自体を禁止するものではありません。その意味で支障は「**間接的で事実上のもの**」にとどまるということです。

過去問チャレンジ

解散命令などの宗教法人に関する法的規制が、信者の宗教上の行為を法的に制約する効果を
伴わないとしてもそこに何らかの支障を生じさせるならば、信教の自由の重要性に配慮し、規
制が憲法上許容されるか慎重に吟味しなければならない。[16-6-5]

○：その通り（宗教法人オウム真理教解散命令事件／最決平 8.1.30）。

2 政教分離原則
せいきょうぶん り げんそく

20条3項では、「**国及びその機関は、宗教教育その他いか
なる宗教的活動もしてはならない。**」としており、これを『**政
教分離原則**』といいます。

では、なぜ政教分離原則が規定されているのでしょうか？

しかし、国と宗教の関わりをすべて排除することもできないため、**どの程度まで関わり合いを認めるかが問題**となります。

[政教分離原則に関する判例]

市が地鎮祭に対して公金支出	**合憲**（津地鎮祭事件／最大判昭52.7.13）
県が靖国神社に対して玉串料として公金支出	**違憲**（愛媛玉串料事件／最大判平9.4.2）
市が神社を管理する町内会に対して無償で土地を貸与	**違憲**（砂川空知太神社事件／最大判平22.1.20）
公立学校が宗教を理由に剣道を受講できない者に代替措置を講じる	**合憲**（エホバの証人剣道受講拒否事件／最判平8.3.8）★5
市が一般社団法人の所有する「孔子廟」について、公園敷地を無償提供	**違憲**（孔子廟訴訟／最大判令3.2.24）

上記の中では、特に「津地鎮祭事件」と「愛媛玉串料事件」が重要です。

★4
あとまわしOK
国が政教分離の制度を守ることによって、国民の信教の自由がより強く守られることになります。
このことを、「**制度的保障**」といいます。

★5
あとまわしOK
宗教上の理由で剣道を受講できない学生に対して、レポート提出など**代替措置**をとったとしても、特定の宗教のみを援助したとはいえず、政教分離原則に**反しない**とされました。

津地鎮祭事件 (最大判昭52.7.13)

【事案】三重県津市が、市体育館の起工にあたり、神道式地鎮祭 ★6 を挙行し、これに対して公金を支出した。

神道式地鎮祭に公金を支出するのは政教分離原則違反だ！

工事の安全を願っただけで、宗教的な意味はない！

住民　　　　　　　　　市

【争点】● 神道式地鎮祭は、政教分離原則に反するか？

【判旨】● 政教分離原則とは、国家が宗教との関わり合いを持つことを全く許さないとするものではなく、宗教と関わる行為の**目的**及び**効果**にかんがみ、それが**相当とされる限度**を超えるものと認められる場合にこれを許さないとするものである。
● 地鎮祭の**目的**は、もっぱら**世俗的**なものと認められ、その効果は神道を**援助**し、またはほかの宗教を**圧迫**するものとは認められない。★7
● 地鎮祭への**公金支出**は、政教分離原則に**反しない**。

地鎮祭への公金支出は合憲と判断されました。

ここが ポイント 国と宗教の関わり合い

● 国と宗教の関わり合いが全く認められないわけではない。
　→**相当限度を超える**関わり合いを持つことを**禁止**する。
● 相当限度を超えるかどうかの判断は、
　❶ なぜ、国がその宗教と関わったのかという**目的**と、
　❷ 関わったことによってどのような**効果**（影響）が生じたのか
　の2点から判断する（**目的効果基準**）。★8

★6

用語の意味

地鎮祭
工事の無事を願って、神職を招いて行うお祓いのこと。

★7

野畑の スバッと解説

地鎮祭は建物を建てる際に行われますが、あくまで「形式上行っている」というのが世間一般です。
市が行う場合も同じように考えるということです。

★8

ワンポイント

近年では、目的効果基準を使わずに結論を出した判例もありますが、試験対策として目的効果基準は重要です。

過去問チャレンジ

市の主催により市体育館の起工式を神道式地鎮祭として行うことは、その目的が社会の一般的慣習に従って儀礼を行うという専ら世俗的なものであっても、憲法第20条3項により禁止されている宗教的活動にあたる。[95-26-4]

✕：地鎮祭の目的が、もっぱら世俗的なものと認められ、その効果も神道を援助し、またはほかの宗教を圧迫するものとは認められないため、「宗教的活動」にあたりません（津地鎮祭事件／最大判昭52.7.13）。

重要判例　愛媛玉串料事件（最大判平9.4.2）

【事案】愛媛県が、靖国神社等に奉納する玉串料等を公金から支出した。

玉串料を公金から支出するのは政教分離原則違反だ！

玉串料の奉納は、戦没者遺族への擁護であり、少額であるから問題はない！

住民　　　　　　　　県

【争点】● 玉串料への公金支出は、政教分離原則に反するか？

【判旨】● 神社自体がその境内において挙行する重要な祭祀に際して**玉串料を奉納することは、地鎮祭の場合とは異なり、一般人が社会的儀礼の一つに過ぎないと評価しているとは考え難い。**
● 県が玉串料を靖国神社に奉納したことは、**その目的が宗教的意義を持ち、その効果が神道に対する援助になる。**
● よって、**玉串料の公金支出は、政教分離原則に反する。**　★⓪

★9
野畑のスパッと解説
地鎮祭と異なり、わざわざ神社に出向いて玉串料を納める行為は、世間一般的ではないという判断です。

玉串料の公金支出は違憲と判断されました。

過去問チャレンジ

神社が主催する行事に際し、県が公費から比較的低額の玉串料等を奉納することは、慣習化した社会的儀礼と見ることができるので、当然に憲法に違反するとはいえない。[16-6-3]

✕：玉串料の奉納は、一般人が本件の玉串料等の奉納を社会的儀礼の一つに過ぎないと評価しているとは考え難いとしています（愛媛玉串料事件／最大判平9.4.2）。

近年、新たに出された違憲判決について確認しておきましょう。

重要判例　孔子廟訴訟 （最大判令3.2.24）

【事案】般社団法人の所有する孔子廟について、那覇市長が公園敷地を無償提供した。

公園敷地を無償で提供するのは政教分離原則に反する！

宗教団体に提供したわけではなく、政教分離原則に反しない！

住民　　　　　　　　　　市

【争点】●公園敷地の無償提供は、政教分離原則に反するか？

【判旨】●当該施設の性格、当該免除をすることとした経緯、当該免除に伴う国公有地の無償提供の態様、これらに対する一般人の評価等、諸般の事情を考慮し、社会通念に照らして総合的に判断する。★10

●孔子の生誕の日に行われる祭礼は、孔子の霊を迎え、これを崇め奉るという宗教的意義を有する儀式というほかはなく、本件施設については、一体としてその宗教性を肯定することができる。

●本件設置許可の期間は3年とされているが、公園の管理上支障がない限り更新が予定されているため、継続的に利益を享受することとなる。

●公園敷地の無償提供は、政教分離原則に反する。★11

★10
ワンポイント
津地鎮祭事件や、愛媛玉串料事件と異なり、「目的効果基準」を使わずに判断しました。

★11
野畑のスパッと解説
孔子廟の観光資源としての意義や歴史的価値を考慮しても、一般人の目から見て市が特定の宗教を優遇していると評価されてもやむを得ないと判断されました。

ちょっと一息

人権の歴史を知ろう②

世界の憲法を見ると、「信教の自由」が規定されていない国が多くあります。確かに、思想・良心の自由や、表現の自由を保障することで信教の自由も保障できるとも考えられますが、日本では江戸時代のキリスト教弾圧や、明治時代以降の国家と神社神道の過剰な結びつきの反省から、信教の自由が明文で規定されているのです。

3 表現の自由

重要度 A

ナビゲーション

表現の自由は本試験で頻出です。項目ごとの基本事項を理解したうえで、判例知識を蓄えていきましょう。

条文

憲法第21条（集会・結社・表現の自由、検閲の禁止、通信の秘密）
1項　集会、結社及び言論、出版その他**一切の表現の自由は、これを保障**する。
2項　**検閲は、これをしてはならない。通信の秘密**は、これを侵してはならない。

1 表現の自由の保障

　私たちは毎日様々な形で、自分の考えていることを表現していますが、**国が正当な理由なく、国民の表現活動を制約することは21条で禁止**されています。

　表現の自由は、数ある人権の中で最も重要なものといわれますが、それはなぜでしょうか？

ここが ポイント　表現の自由の意味

● 表現活動によって、自己の人格を発展させることができる。
　→自己実現の価値
● 表現活動によって、国民が政治的意思決定に関与することができる。
　→自己統治の価値★1

★1

ワンポイント

消費税の増税に賛成か反対かについて、皆で集まり議論することは、「自己統治の価値」のあらわれです。

講義図解

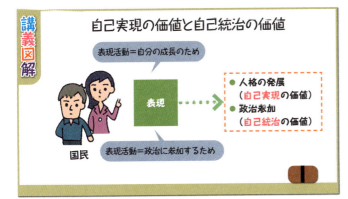

自己実現の価値と自己統治の価値

表現活動＝自分の成長のため
表現活動＝政治に参加するため
国民
表現
● 人格の発展（自己実現の価値）
● 政治参加（自己統治の価値）

　このように、**表現の自由はほかの人権と比べても特に重要なもの**とされており、国が国民の表現活動を規制することは

原則禁止されます。

　そして、国民に正確な情報が入ってこなければ、正しい表現活動ができなくなるため、国民には「**知る権利**」などが保障されています。★2

[表現の自由で保障されるもの]

知る権利	保障される
報道の自由	保障される
取材の自由	保障されない（十分尊重に値する）★3
法廷でメモを取る自由	保障されない（尊重に値する）

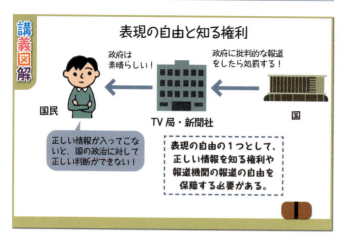

講義図解

表現の自由と知る権利

政府は素晴らしい！

政府に批判的な報道をしたら処罰する！

国民

TV局・新聞社

国

正しい情報が入ってこないと、国の政治に対して正しい判断ができない！

表現の自由の1つとして、正しい情報を知る権利や報道機関の報道の自由を保障する必要がある。

報道の自由や取材の自由が問題となった「博多駅テレビフィルム提出命令事件」を中心に見てみましょう。

★2

野畑の
スパッと解説

表現の自由は、「政治に参加する」という意味を持つ点で、経済的な自由（職業選択の自由等）よりも重要だと考えられています。
このことから、表現の自由を規制する法律は、職業選択の自由を規制する法律よりも厳しい基準で裁判所が違憲かどうかを判断することになります（「二重の基準論」といいます）。

★3

ワンポイント

「取材の自由は保障される」といったような引っかけがあるので注意しましょう。

重要判例 博多駅事件 （最大決昭44.11.26）

【事案】 学生と機動隊員が衝突した事件で、裁判所がテレビ放送会社に撮影したテレビフィルムを証拠として提出するよう命令した。★4

取材フィルムの提出命令は取材の自由を侵害する！

テレビ放送会社

取材フィルムは公正な裁判の実現のために必要だ！

裁判所

【争点】
● 報道機関の取材の自由と報道の自由は21条で保障されるか？
● 裁判所のフィルム提出命令は、取材・報道の自由を侵害しないか？

【決旨】
● 報道の自由は、国民の「知る権利」に奉仕するものなので、21条の保障のもとにある。
● 取材の自由は、報道が正しい内容を持つために必要なものであるため、21条の精神に照らし、十分尊重に値する。
● しかし、取材の自由は公正な裁判の実現のために必要であれば、ある程度制約することはやむを得ず、テレビフィルムの提出命令は合憲である。★5

★4
ワンポイント
裁判で真実を明らかにするには、事件に関する証拠が必要なため、裁判所が提出命令を出しました。

★5
野畑の スパッと解説
取材の自由と公正な裁判の実現の両方を比べた結果、公正な裁判の実現のほうが優先されました。
裁判で証拠が提出されるかされないかで、有罪か無罪か変わってしまうことを考えると、取材の自由が制限されても仕方がないという理解をしてください。

過去問チャレンジ

報道の自由は、憲法第21条の精神に照らし、十分尊重に値する。[04-5-2改題]

× · 報道の自由は、憲法21条の保障のもとにあります（博多駅事件／最大決昭44.11.26）。

レペタ訴訟（最大判平元.3.8）

★6
ワンポイント
昔は、傍聴人がメモを取ることはできず、司法記者クラブに所属している記者だけがメモを取ることができました（現在では傍聴人もメモを取ることができます）。

【事案】米国弁護士レペタ氏が日本の裁判を研究するため法廷でメモを取ろうとしたが、裁判長がそれを拒否した。★6

> 傍聴人がメモを取る自由は、憲法で保障されるはずだ！

米国弁護士
レペタ氏

> メモを取ることを禁止したのは、公正かつ円滑な訴訟の実現のためだ！

裁判所

【争点】●傍聴人がメモを取る行為は、21条で保障されるか？

【判旨】●法廷でメモを取る自由は、21条の精神に照らして、**尊重**に値し、故なく妨げられてはならない。

●しかし、筆記行為の自由（法廷でメモを取る自由）は21条1項の規定によって直接保障されている**表現の自由**そのものとは異なる制約であるから、その制限または禁止には、表現の自由に制約を加える場合に一般に必要とされる**厳格な基準**が要求されるものではない。★7

★7
野畑の
スパッと解説
法廷でメモを取る行為は、「**十分尊重に値する**」ではなく「**尊重に値する**」とされています。
よって、**法廷でメモを取る自由**は、報道の自由や取材の自由よりも強く制限されることになります。

> 法廷でメモを取ることを一般傍聴人（今回であればレペタ氏）に対して禁止した裁判長の措置は憲法に反しないとされました。

過去問チャレンジ

ちょっと一息

レペタ訴訟のちょっと興味深い話

いわゆるレペタ訴訟において、レペタ氏にメモを取る行為を禁止した裁判長の措置は合憲とされましたが、実はこの訴訟をきっかけに、裁判所は一般傍聴人にメモを取ることを原則認めるようになりました。このことから、レペタ氏は日本において「知る権利」を世界標準にまで引き上げた人物とされています。

ちなみに、レペタ氏は2012年5月3日（憲法記念日）に、LECで特別講演会を行っています。参加された方は皆、レペタ氏の発言に耳を傾け、メモを取っていたとかいなかったとか……。

[その他、表現の自由に関連する判例]

刑事裁判における証言拒絶	認められない（石井記者事件／最大判昭27.8.6）。★8
民事裁判における証言拒絶	認められる（NHK記者事件／最決平18.10.3）。
取材行為の限界	取材相手の人格の尊厳を著しく蹂躙するような取材行為は、正当な取材行為の範囲を逸脱する（西山記者事件／最決昭53.5.31）。

★8

野畑の
スパッと解説

刑事裁判について記者の証言拒絶が認められなかったのは、その証言によって被告人が罪に問われるかどうかに大きく関わるからです。

取材の自由は十分尊重に値するとされていますが、相手の弱みに付け込むような不当な取材行為は認められません。

過去問チャレンジ

取材の自由は取材源の秘匿を前提として成り立つものであるから、医師その他に刑事訴訟法が保障する証言拒絶の権利は、新聞記者に対しても認められる。[04-5-4]

× : 証言拒絶の権利は、刑事訴訟については認められませんでした（石井記者事件／最大判昭27.8.6）。

2 表現の自由に対する制約

　いくら表現の自由が保障されるとしても、**他人に迷惑をかけるような表現については公共の福祉により規制**されます。

　ここでは、**表現活動をどのように規制するのか**が問題となります。

ここがポイント　表現の自由の規制方法★9

内容規制…表現内容（中身）を規制
内容中立規制…表現内容に関わらない規制（方法・場所・時間等を規制）

★9

ワンポイント

内容規制のほうが、内容中立規制よりも厳しい規制となります。

過去問チャレンジ

表現の内容規制とは、ある表現が伝達しようとするメッセージを理由とした規制であり、政府の転覆を煽動する文書の禁止、国家機密に属する情報の公表の禁止などがその例である。[20-4-1]

○ : その通り。

表現の自由の規制方法

内容規制…表現内容（中身）を規制する。

国民

こんな内容の演説はダメ！
（演説自体が禁止される）

国

内容中立規制…表現内容に関わらない規制
（方法・場所・時間等を規制）

国民

こんな場所で演説するのはダメ！
（場所を変えれば演説ができる）

国

 表現の自由に対する規制が問題となった判例をチェックしておきましょう。

重要判例 船橋市西図書館蔵書破棄事件 （最判平17.7.14）

【事案】公立図書館の図書館職員が図書に対する否定的な評価から107冊の書籍を廃棄したことに対して、その書籍の著作者が国家賠償請求を行った。

 個人的な好みで不公正な取り扱いをすることは、表現の自由の侵害だ！

A
著作者

 私の思想に反するので、この本は廃棄する！

図書館職員

【争点】●著作物の管理にあたって、職員が不公正な取り扱いをすることは21条に反しないか？

【判旨】●著作者の思想の自由、表現の自由は、憲法により保障された基本的人権である。
　　　　●公立図書館の職員である**公務員**が、図書の廃棄について、著作者または著作物に対する**独断的な評価や個人的な好み**によって不公正な取り扱いをしたときは、当該図書の**著作者の人格的利益**★10を侵害するものとして国家賠償法上**違法**となる。★11

★10
用語の**意味**

人格的利益
人として生きるために必要であり、守られるべき利益のこと。

★11
ワンポイント

図書館職員が特定の図書を廃棄する行為は「内容規制」であることを理解してください。

重要判例 立川宿舎反戦ビラ配布事件（最判平 20.4.11）

【事案】Xらは、「自衛隊のイラク派兵反対」と記載したビラを自衛隊宿舎に投函する目的で、管理者および居住者の承諾を得ずに、同宿舎内に立ち入った。この立入り行為について、住居侵入罪（刑法130条）で起訴された。

表現の自由の1つとして、ビラは自由に配布できるはずだ！

X

他人が管理する場所に無断で侵入する行為は許されない！

検察官

【争点】● 政治的意見を記載したビラの配布を目的とした立入り行為を処罰することは、21条1項に違反しないか？

【判旨】● 政治的意見を記載したビラの配布は、表現の自由の行使ということができるが、21条1項も表現の自由を絶対無制限に保障したものでなく、その手段が他人の権利を不当に害するようなものは許されない。

● 本件は、表現そのものを処罰することが問題となっているのではなく、表現の手段すなわちビラの配布のために「人の看守する邸宅」に管理権者の承諾なく立ち入ったことを処罰することが問題となっている。★12

● たとえ表現の自由の行使のためといっても、このような場所に管理権者の意思に反して立ち入ることは、管理権者の管理権を侵害するのみならず、そこで私的生活を営む者の私生活の平穏を侵害する。

★12
ワンポイント
判旨から、「**内容中立規制**」であることを読み取ってください。

許可のない住居の立入りを、刑法の住居侵入罪で処罰することは憲法に反しないとされました。

次の文章は、ある最高裁判所判決の一節（一部を省略）である。空欄［ ア ］〜［ エ ］に当てはまる語句を選びなさい。

（略）…憲法21条1項も、［ ア ］を絶対無制限に保障したものではなく、公共の福祉のため必要かつ合理的な制限を是認するものであって、たとえ思想を外部に発表するための手段であっても、その手段が他人の権利を不当に害するようなものは許されないというべきである。本件では、［ イ ］を処罰することの憲法適合性が問われているのではなく、［ ウ ］すなわちビラの配布のために「人の看守する邸宅」に［ エ ］権者の承諾なく立ち入ったことを処罰することの憲法適合性が問われているところ…（以下略）［13-41改題］

出版の自由	集会の手段	良心そのもの	出版それ自体	管理
居住の手段	居住・移転の自由	表現の自由	集会それ自体	
良心の表出	集会の自由	出版の手段	表現の手段	居住それ自体
所有	表現そのもの			

ア…表現の自由　イ…表現そのもの　ウ…表現の手段　エ…管理

多肢選択式とは？

このような、空欄補充型の問題形式のことを「多肢選択式」といい、憲法と行政法で出題されます。
一見するとかなり難しそうですが、有名な判例の判旨を題材にした問題が多いのが特徴で、本書の赤字部分を覚えておくことで対応できる問題も多いです。ある程度学習が進んだら対策を始めましょう。

3 検閲の禁止

21条2項では、「検閲は、これをしてはならない。」と規定されています。

では、なぜ検閲は憲法で禁止されているのでしょうか？

そして、**そもそも「検閲」とはどのような意味なのでしょうか？**

なぜ検閲は禁止されるのか？

出版社 ← この本の発刊は禁止する！ 国（行政）
（世の中に出回る前に止める）

人の目に触れる前に国がチェックするのは、
表現の自由に対する最も危険な制約
↓
検閲は**絶対**禁止★13

★13
野畑の
ズバッと解説

現政権を批判するような記事を書いた新聞の発刊が禁止されてしまえば、国民の「表現の自由」が侵害されることにもなるため、検閲は禁止されています。

「検閲」とはどのようなものか、
詳しく見ておく必要があります。

ここが**ポイント**　検閲の定義★14

❶ 行政権が主体となって、
❷ 思想内容等の表現物を対象とし、
❸ その全部または一部の発表の禁止を目的とし、
❹ 対象とされる一定の表現物につき網羅的一般的に、
❺ 発表前にその内容を審査したうえで、
❻ 不適当と認めるものの発表を禁止すること。

※この6つすべてに該当すれば検閲、1つでも該当しなければ検閲ではない。

★14
ワンポイント

いきなり丸暗記しようとするのではなく、検閲に関する判例と合わせて押さえるようにしましょう。

検閲に関する判例として、有名な「北方ジャーナル事件」を確認しておきましょう。

重要判例 北方ジャーナル事件 （最大判昭61.6.11）

【事案】 元旭川市長で北海道知事選挙の候補者Xを批判攻撃する記事を掲載した雑誌「北方ジャーナル」が、発売前に名誉毀損を理由に、裁判所によって差し止められた。

 裁判所の事前差止めは、憲法に反する！

出版社

 他者の名誉が侵害される場合、事前差止めは許される！

裁判所

【争点】
- 裁判所の事前差止めは「検閲」に該当するか？
- 事前抑制はいかなる場合に許されるか？

【判旨】
- **裁判所による出版物の事前差止めは、「検閲」にはあたらない。**
- **表現行為に対する事前抑制は、** 表現の自由を保障し検閲を禁止する21条の趣旨に照らし、**表現行為に対する事前差止めは、原則として許されない。**★15
- ただ、そのような場合であっても、①その表現内容が真実ではなく、またはそれがもっぱら公益を図る目的のものでないことが明白であって、かつ、②被害者が重大にして著しく回復困難な損害を被るおそれがあるときは、例外的に事前差止めが許される。★16

 裁判所の事前差止めは検閲にあたらず、出版物の差止めが認められました。

野畑のズバッと解説

★15

差止めを命じている**裁判所は「司法権」**であり、「行政権」ではないことから、検閲にはあたらないとされました。
とはいえ、事前に出版物の発売が規制されることに変わりはないため、**原則として事前差止めは禁止**とされています。

★16

ワンポイント

少し細かいですが、裁判所の**事前差止めが認められる要件**を押さえておきましょう。

ここがポイント 検閲と事前差止め

- 検閲…絶対禁止（例外なし）
- 裁判所による事前差止め…原則禁止（例外的に認められる場合がある）

過去問チャレンジ

検閲とは、公権力が主体となって、思想内容等の表現物を対象として、発表前にその内容を審査し、不適当と認めるときは、その発表を禁止することであるから、裁判所が表現物の事前差止めの仮処分を行うことは、検閲に当たる。[97-22-2]

× ：裁判所による出版物の事前差止めは、「検閲」にはあたりません（北方ジャーナル事件／最大判昭61.6.11）。

［その他、検閲に関する判例］

税関検査	わいせつビデオについて、税関検査により輸入が認められなかった。 →税関検査は**検閲にあたらない** （税関検査事件／最大判昭59.12.12）。★17
教科書検定	高校用教科書として検定申請をしたが、文部大臣（当時）により不合格の判定を受けた。 →教科書検定は**検閲にあたらない** （第１次家永教科書事件／最判平5.3.16）。★18

「検閲」の定義6つすべてに該当しないと検閲にあたらないとされています。
最高裁判所の判例で検閲と認められた事例はありません。

★17
野畑の**ズバッと解説**
わいせつビデオは、**既に海外で発表されていた**ので、「発表の禁止」にあたりません。

★18
野畑の**ズバッと解説**
教科書検定に不合格でも、**一般図書として発刊できる**ため、「発表の禁止」や「発表前の審査」にあたりません。

過去問チャレンジ

教科書検定による不合格処分は、発表前の審査によって一般図書としての発行を制限するため、表現の自由の事前抑制に該当するが、思想内容の禁止が目的ではないから、検閲には当たらず、憲法21条2項前段の規定に違反するものではない。［19-6-2］

✕：判例は、教科書検定は、「一般図書としての発行を何ら妨げるものではなく、発表禁止目的や発表前の審査などの特質がないから、検閲に当たら」ないとしています（第１次家永教科書事件／最判平5.3.16）。

④ 集会・結社の自由

　インターネットが普及して、私たちはいつでもどこでも表現活動をすることができるようになりましたが、やはり**同じ場所に集まって情報や意見交換をすることも重要な表現活動**です。

　そこで21条では、**集会・結社の自由を保障**し、国が正当な理由なく集会の解散を命じることができないようにしています。

ここがポイント 集会・結社の自由

- 集会・結社の自由…憲法で**保障される**。
- 集団行動の自由…「動く集会」として憲法で**保障される**。 ★19
  ※ただし、両者とも**公共の福祉**による制約がある。

★19
ワンポイント
デモ行進をする際、**事前に公安委員会の許可を受けなければならないとした条例は**合憲と判断した判例があります（東京都公安条例事件／最大判昭35.7.20）。

4 学問の自由

重要度 **C**

条文

憲法第23条（学問の自由）
学問の自由は、これを保障する。

ナビゲーション
学問の自由は、ほかの自由権と比べると過去の出題実績が少ない分野です。
最初のうちは、「学問の自由」の内容と「大学の自治」の意味について理解しておく程度でかまいません。

学問の自由に関する憲法の規定は非常にシンプルですが、**次の3つの意味**が含まれています。

ここがポイント 学問の自由の内容

❶学問を研究すること。（**学問研究の自由**）
❷それらを発表すること。（**研究発表の自由**）
❸教授して後世に伝えていくこと。（**教授の自由**）
　※学問の自由はすべての国民に保障されるが、特に**「大学」**における学問の自由を保障している。 ★1★2

★1
ワンポイント
戦前に、東京大学の美濃部達吉教授が「天皇機関説」という学説を発表した結果、出版物の発行が禁止されたり、国会議員の職を追われたりしました。

そして、大学は学問研究の中心となる場であり、大学と学問は切っても切れない関係にあるため、**「大学内部のことは大学で決める」**という大学の自治が認められています。

大学の自治について、重要な判例が「東大ポポロ事件」です。

★2
あとまわしOK
小・中学校のいわゆる義務教育において、教師に**完全な教授の自由**は認められません。

重要判例 東大ポポロ事件 （最大判昭38.5.22）

【事案】東京大学の公認サークル「ポポロ劇団」の演劇発表が教室で行われている最中、観客の中に潜入していた警察官を発見した学生Xは、その警察官に暴行を加えた。その後、Xは、「暴力行為等処罰二関スル法律」1条違反で起訴された。★3

潜入していた警察官への暴行は、大学の自治を守るためだ！

警察官の大学構内への立入りは、大学の自治を侵害しない！

X
学生

国

【争点】● 警察官が大学構内に立ち入ることは、大学の自治を侵害しないか？

【判旨】● 本件集会は、真に学問的な研究と発表のためのものではなく、実社会の政治的社会的活動であり、大学の学問の自由と自治は、これを享有しないといわなければならない。
● 本件の集会に警察官が立ち入ったことは、大学の学問の自由と自治を侵害しない。★4

★3
ワンポイント
ポポロ劇団は当時、反政府的（共産主義的）な学生運動を行っているとして、警察官に目をつけられていました。

★4
野畑のズバッと解説
大学の自治を主張できるのは、「大学側」であって「学生側」ではないと判断されています。

過去問チャレンジ

大学の構内における学生の集会が真に学問的な研究又はその結果の発表のためでなく、実社会の政治的社会的活動にあたる場合にも、その集会は大学の学問の自由と自治の保障を受ける。[93-22-5]

×：集会が真に学問的な研究またはその結果の発表のためのものでなく、実社会の政治的社会的活動にあたる行為をする場合には、大学の有する特別の学問の自由と自治は享有しません（東大ポポロ事件／最大判昭38.5.22）。

5　居住・移転・職業選択の自由

重要度 A

条文

憲法第22条（居住・移転・職業選択の自由、外国移住・
国籍離脱の自由）
1項　何人も、公共の福祉に反しない限り、**居住、移転及び職業
選択の自由**を有する。
2項　何人も、**外国に移住し、又は国籍を離脱する自由**を侵され
ない。

　私たちは、**国に強制されることなく、好きな場所に住んだ
り、好きな職業に就いたりすることができます。**★1

　しかし、大型ショッピングセンターが無秩序に建設されて
しまうと、個人商店の経営が成り立たなくなりますし、誰で
も医者になることができると、国民の生命や健康が害される
おそれがあるため、**一定の規制を受けることになります。**

ここが ポイント　職業選択の自由の規制 ★2

❶**国民の健康を守る**ため、医師免許がない者の開業を認めない。
→**消極目的**のための規制

❷**個人商店（社会的弱者）を守る**ため、ショッピングセンター
の出店を規制する。
→**積極目的**のための規制

［職業選択の自由に関する判例］★3

小売市場開設に おける距離制限	距離制限は**積極**目的の規制 →**合憲**（小売市場距離制限事件／最大判昭 47.11.22）
薬局開設におけ る距離制限	距離制限は**消極**目的の規制 →**違憲**（薬局距離制限事件／最大判昭50.4.30）
酒類販売におけ る免許制	免許制は**国家の財政**目的の規制 →**合憲**（酒類販売業免許事件／最判平4.12.15）

最初のうちは、「薬局距離制限事件」以外は
すべて合憲という覚え方でも大丈夫です。

ナビゲーション

「表現の自由」ほどで
はありませんが、よ
く出題されています。
「消極目的規制」など
難しい言葉も出てき
ますが、本書で示し
た判例の知識を押さ
えておきましょう。

★1
ワンポイント

22条1項には書かれ
ていませんが、職業
を選択する自由だけ
でなく、選択した職
業を続けるための「**営
業の自由**」も保障さ
れています。

★2
**野畑の
スバッと解説**

①については、「**他人
に迷惑をかけてはい
けない**」という**公共
の福祉**による規制で、
②については「**経済
的弱者の保護**」とい
う国の**政策**による規
制です。
「なぜ規制するのか」
という目的で分ける
考え方を「**規制目的
二分論**」といいます。

★3
ワンポイント

このテーマの判例を
正確に理解するのは
大変です。基本的に
は表の中を覚えれば
問題は解けますので、
最初のうちはあまり
深入りしなくても大
丈夫です。

重要判例 小売市場距離制限事件 （最大判昭47.11.22）

【事案】Xは、大阪府知事の許可を受けないで、その所有する建物を
小売市場★4にするため、小売商に貸し付けたが、小売商業
調整特別措置法違反で起訴された。

（既存の市場）←――――――――→（新規の市場）
　　　　一定の距離、離さなければ
　　　　　　　開設できない

X

国

距離制限規定は、営業
の自由の侵害だ！

中小企業保護政策としての
距離制限規定は合憲だ！

【争点】●小売市場開設の距離制限規定は22条1項に反しないか？

【判旨】●社会経済の分野において、法的規制措置を講ずる必要があ
るとしても、どのような対象について、どのような手段・
態様の規制措置が適切であるかは、<u>立法</u>政策の問題として、
<u>立法府</u>★5の<u>裁量的判断</u>にまつほかはない。★6

●小売市場開設の<u>距離制限</u>は、<u>経済的</u>基盤の弱い小売商を相
互間の<u>過当競争による共倒れ</u>から保護するためにとられた
措置である。

●距離制限規定は、目的において、国が社会経済の調和的発
展を企図するという観点から<u>中小企業保護</u>政策の一方策と
してとった措置ということができ、一応の合理性を認める
ことができる。

●また、その規制の手段・態様においても、**著しく不合理で
あることが明白であるとは認められない**から、22条1項に
<u>反しない</u>。★7

ここが ポイント 判例解説

●なぜ小売市場に距離制限規定を設けたのか？
　→過当競争による共倒れを防ぐ、経済基盤の弱い中小企業
　　保護のため（<u>積極</u>目的規制）。

●距離制限規定に合理性はあるか？
　→合理性は<u>認められる</u>（距離制限規定は<u>合憲</u>）。

★4
用語の意味

小売市場
一定地域（建物）に
小売店舗が集まって
いる所。

★5
用語の意味

立法府
国会のこと。

★6
**野畑の
スパッと解説**

いかに裁判官が「法
律のプロ」であって
も、「経済のプロ」と
は限りません。
そのため、**基本的に
は国会で決めた政策
を尊重するという考
え方**をとっています。

★7
あとまわしOK

積極目的規制の場合、
**規制が著しく不合理
であることが明白な
場合に限り違憲**とな
ります（よほどおかし
な規制でない限りは
憲法違反とはならな
いという意味です）。

重要判例　薬局距離制限事件 （最大判昭50.4.30）

【事案】Xが広島県知事に薬局の開設申請を行ったところ、薬局開設の適正配置規制に違反するとして、不許可処分を受けた。

（既存の薬局）　◀━━━━━▶　（新規の薬局）

一定の距離、離さなければ
開設できない

X　　　　　　　　　　　　　　　　　　　国

距離制限規定は、営業の自由の侵害だ！

薬局の距離制限規定は、医薬品の適正な供給と品質維持のために必要だ！

【争点】●薬局開設の距離制限規定は、22条1項に反しないか？

【判旨】●薬局の適正配置規制は、**主として国民の生命及び健康に対する危険の防止という**消極**的、警察的目的のための規制措置**である。

●薬局等の偏在―競争激化―薬局等の経営の不安定―不良医薬品の供給の危険という事由は、**薬局の距離制限規制の**必要性**と**合理性**を肯定するに足りない。**

●したがって、薬局の距離制限規定は、**22条1項に反し、無効**である。★8★9

ここが ポイント　判例解説

●なぜ薬局に距離制限規定を設けたのか？

→過当競争により経営不振となった薬局が、国民に不良医薬品を販売することを防ぎ、国民の健康を守るため（消極目的規制）。

●距離制限規定に合理性はあるか？

→合理性は**認められない**（距離制限規定は**違憲**）。

★8
あとまわしOK

距離制限規定は違憲とされましたが、**医薬品の販売を許可制にしたこと自体は必要かつ合理的**としています。

★9
あとまわしOK

消極目的規制の場合、**現在の規制より緩やかな規制方法で目的が達成されるのであれば、現在の規制は**違憲**となります**（距離制限という厳しい規制を設けなくても、ほかに不良医薬品が出回らないような対策が立てられるのであれば、距離制限規定は違憲という意味です）。

過去問チャレンジ

医薬品の供給を資格制にすることについては、重要な公共の福祉のために必要かつ合理的な措置ではないとして、違憲判決が出ている。[09-4-ア改題]

× ：薬局の距離制限については違憲とされたが、医薬品の供給を資格制にしていることは違憲とはしていません（薬局距離制限事件／最大判昭50.4.30）。

6 財産権

重要度 **C**

条文

憲法第29条（財産権の保障）

1項　財産権は、これを侵してはならない。

2項　財産権の内容は、**公共の福祉に適合**するやうに、**法律で**これを定める。

3項　私有財産は、正当な補償の下に、これを公共のために用ひることができる。

私たちは、**自分で土地（財産）を持つ**ことができ、その土地を自由に使うことができます。そして、私たちが努力して得た財産を、国が正当な理由なく奪うことは許されません。★1

ここがポイント　財産権の意味

● 自分で財産を持ち、自由に使用することができる権利（**私有財産制**）。

● 持っている財産を正当な理由なく奪われない権利（具体的**財産権の保障**）。

私有財産制は、私たちにとっては当たり前のような気がしますが、社会主義体制の国では、私有財産が認められておらず、財産はすべて国に管理されることになります。

ナビゲーション

財産権は、過去にあまり出題されていません。

損失補償は第3編「行政法」で詳しく学習するので、ここでは流し読み程度でかまいませんが、「森林法事件」の結論が違憲であるということは押さえておいてください。

★1

野畑のズバッと解説

確かに国民の財産権は保障されるべきですが、国が税金を徴収したり、道路を拡張するために土地を収用したりすることは、**公共の福祉（社会全体の利益）**のために認められます。

公共の福祉と損失補償 ★2 ★3

道路を拡張するために
あなたの土地が必要です。
代わりにお金を払います。

国

土地所有者

国民に特別な損失が発生する場合、
財産を補填する必要がある。

＜参考＞土地収用法
第46条の2（抜粋）
土地所有者又は土地に関して権利を有する関係人は、
補償金の支払を請求することができる。

★2

あとまわしOK

通常は、各法律に損失補償の規定が置かれていますが、仮に規定がなかったとしても、29条3項を使って国に損失補償の請求をすることは可能です。

★3

あとまわしOK

財産権に関して、共有森林について持分価額2分の1以下の共有者からの分割請求権を制限していた**森林法の規定が29条2項**に**反し違憲**であるとした判例があります（森林法事件／最大判昭62.4.22）。

過去問チャレンジ

公共の福祉のために必要な制限であっても、一般的に当然に受忍すべきものとされる制限の範囲を超えて、財産上の特別の犠牲を課したと認められる場合には補償請求をする余地がある。[97-38-3]

〇：その通り。

7 人身の自由 重要度 B

　国は正当な理由なく国民の身体を拘束してはいけません。

　当たり前のような気もしますが、過去には警察官が突然やってきて、身に覚えのない罪で逮捕されてしまったり、何も言い分を聞いてもらえず刑務所に入れられてしまうということがありました。

　そのような事実を踏まえ、**憲法では「人身の自由」が保障**されています。

ナビゲーション

これまでのテーマと異なり、判例だけでなく、条文を聞いてくる問題が出題されます。
直前期でもかまいませんので、重要な条文には目を通しておきましょう。

1 適正手続の保障

憲法第31条（法定手続の保障）
　何人も、法律の定める手続によらなければ、その生命若しくは
自由を奪はれ、又はその他の刑罰を科せられない。

　31条では、国民に刑罰を科すときには決められた手続に則
り、**事前の告知や弁解★1の機会を与えなければならない**と
しています。

ここがポイント　31条の意味

❶ 刑罰を科すまでの**手続**は法律で決めておかなければならな
い。
　　→**手続の法定**

❷ 手続の**内容**も適正でなければならない。
　　→**内容の適正**

❸ 手続だけでなく、**実体**も法律で決めておかなければならない。
　　→**実体の法定**（罪刑法定主義★2）

❹ **実体**も適正でなければならない。
　　→**実体の適正**

★1
用語の意味
告知と弁解
事前にどのような理
由でどの刑罰が科せ
られるのかを伝え、
それに対して反論す
る機会を与えること。

★2
用語の意味
罪刑法定主義
犯罪と刑罰はあらか
じめ法律で決めてお
かなければならない
という考え方。
憲法に明文規定はな
いが、当然のルール
として解釈されてい
る。

★3
ワンポイント
「パン1つ盗んだら死
刑」と刑法で決めた
としても、それは31
条に違反するという
ことになります。

講義図解　31条のイメージ★3

犯罪 ┈┈┈→ 刑罰

刑罰を科すための手続を
❶ 法律で決めておく。
❷ 告知と弁解の機会を設ける。

罪刑法定主義 ┈┈ ❸ そもそも、何をしたら罪になるの
　　　　　　　　　　かを法律で決める。
　　　　　　　　❹ 罪と刑罰のバランスも適正にする。

　31条は「刑事手続」について適用されますが、「**行政手続**」
にも**適用されるのかが問題**となります。

この点について、「成田新法事件」という有名な判例があります。

重要判例 成田新法事件（最大判平4.7.1）

【事案】運輸大臣（現国土交通大臣）が、成田新法に基づきXの所有する家屋の使用禁止命令を出したが、Xには事前に告知と聴聞の機会が与えられていなかった。★4

活動拠点を事前手続なく使用禁止にするのは憲法31条違反だ！

空港の安全を守るために、緊急の必要があった！

X　　　　国

【争点】● 告知・聴聞の機会を与えることなく家屋の使用を禁止する処分と成田新法は31条に反しないか？

【判旨】● 31条の定める法定手続の保障は、**直接には刑事手続に関するものである**が、**行政手続については、それが刑事手続ではないとの理由のみで、そのすべてが保障の枠外にあると判断するべきではない。**

● しかし、**行政手続は、刑事手続とその性質においておのずから差異があり、常に必ず告知や聴聞の機会を与えることを必要とするものではない。**★5

● 成田新法について、告知、弁解、防御の機会を与える旨の規定がなくても、**憲法31条に反しない。**

ここが ポイント 行政手続と31条

刑事手続と同じように、行政手続にも適正手続が要求されるが…

刑事手続→**慎重に進める**必要がある。

行政手続→**迅速に進める**必要がある。

この違いから、行政手続に関しては、常に告知と聴聞の機会が必要とされるわけではない。

★4
ワンポイント
成田新法は、成田空港の建設反対派（過激派）を抑えるために、空港の安全を確保する目的で制定されたものです。

★5
野畑の ズバッと解説
国民に刑罰を科す場合は慎重に手続を進める必要がありますが、例えば多くの国民から税金を徴収する行政活動は、迅速に行う必要があります。**行政手続の迅速性は、行政法を学習するうえで重要な考え方になります。**

憲法31条は刑事手続を念頭においており、行政手続などの非刑事手続については、その趣旨が適用されることはない。[07-7-3]

× : 行政手続については、それが刑事手続ではないとの理由のみで、そのすべてが保障の枠外にあると判断するべきではありません（成田新法事件／最大判平4.7.1）。

2 令状主義★6

33〜38条では、**被疑者や被告人**★7 の**権利**について定められています。

★6

ワンポイント

このあたりについては、軽く条文を見ておく程度で十分です。

条文

憲法第33条（逮捕に対する保障）

何人も、現行犯として逮捕される場合を除いては、権限を有する司法官憲★8 が発し、且つ理由となつてゐる犯罪を明示する**令状によらなければ、逮捕されない。**

★7

用語の意味

被疑者
犯罪の疑いをかけられて、捜査対象となっているが、起訴はされていない者。

被告人
犯罪の疑いをかけられて、起訴された者。

★8

用語の意味

司法官憲
裁判官のこと。

ここがポイント　逮捕令状

- 目的…行政による**不当逮捕**を防ぐため。
- 原則…逮捕するには令状が必要。
- 例外…**現行犯**の場合には令状がなくてもよい。

何人も、権限を有する司法官憲が発し、かつ理由となっている犯罪を明示する令状によらなければ、いかなる場合も逮捕されない。[95-25-5]

× : 現行犯として逮捕される場合は、令状は不要です（33条）。

条文

憲法第35条（住居侵入、捜索・押収に対する保障）

1項　何人も、その住居、書類及び所持品について、侵入、捜索及び押収を受けることのない権利は、第33条の場合を除いては、正当な理由に基いて発せられ、且つ捜索する場所及び押収する物を明示する令状がなければ、侵されない。

2項　捜索又は押収は、権限を有する司法官憲が発する各別の令状により、これを行ふ。

ここが ポイント 捜索・押収令状

- 目的…行政による**不当捜索**を防ぐため。
- 原則…捜索するには令状が必要。
- 例外…**逮捕に伴う**場合は令状がなくてもよい。 ★9

★9
ワンポイント

逮捕令状がある場合や、現行犯逮捕の場合には、捜索令状を取る必要はないということです。

条文

憲法第37条（刑事被告人の諸権利）

1項　すべて刑事事件においては、被告人は、**公平な裁判所の迅速な公開裁判を受ける権利**を有する。★10

2項　刑事被告人は、すべての証人に対して審問する機会を充分に与へられ、又、公費で自己のために強制的手続により証人を求める権利を有する。

3項　刑事被告人は、**いかなる場合にも**、資格を有する弁護人を依頼することができる。被告人が自らこれを依頼することができないときは、国でこれを附する。

憲法第38条（不利益な供述の強要禁止、自白の証拠能力）

1項　何人も、**自己に不利益な供述を強要されない**。★11

2項　**強制、拷問若しくは脅迫による**自白又は**不当に長く抑留若しくは拘禁された後の自白**は、これを**証拠とすることができない**。

3項　何人も、**自己に不利益な唯一の証拠が本人の自白である場合**には、有罪とされ、又は**刑罰を科せられない**。

★10
あとまわしOK

裁判が15年以上も行われなかった事案において、**迅速な公開裁判を受ける権利が侵害された**と認められた判例があります（高田事件／最大判昭47.12.20）。

★11
ワンポイント

38条はいわゆる「黙秘権」を保障した規定ですが、**氏名は原則として不利益な供述にあたらない**とされています。

過去問チャレンジ

強制、拷問若しくは脅迫による自白又は不当に長く抑留若しくは拘禁された後の自白は、これを証拠とすることができない。[03-5-4]

〇：その通り（38条2項）。

3 刑罰法規の不遡及・二重処罰の禁止★12

39条では、国民に刑罰を科す際のルールが定められています。

条文

憲法第39条（刑罰法規の不遡及、二重刑罰の禁止）★12

何人も、**実行の時に適法であつた行為又は既に無罪とされた行為**については、刑事上の責任を問はれない。又、**同一の犯罪**について、**重ねて刑事上の責任を問はれない**。

★12
ワンポイント

39条については、第5編「基礎法学」の分野で出題される可能性もあります。次のページの講義図解を見て、内容を理解しておくとよいでしょう。

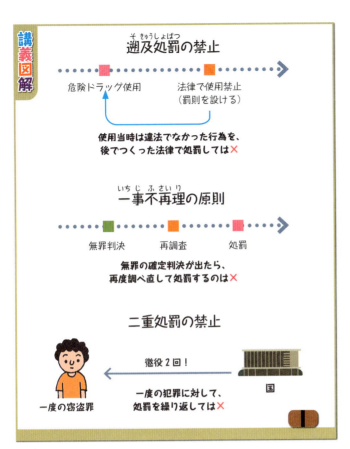

講義図解

遡及処罰の禁止

危険ドラッグ使用　　法律で使用禁止
（罰則を設ける）

使用当時は違法でなかった行為を、
後でつくった法律で処罰しては✕

一事不再理の原則

無罪判決　　再調査　　処罰

無罪の確定判決が出たら、
再度調べ直して処罰するのは✕

二重処罰の禁止

懲役2回！

国

一度の窃盗罪

一度の犯罪に対して、
処罰を繰り返しては✕

ちょっと一息

問題を「見る」ことの重要性

初めて法律を学習する受験生にありがちなことですが、「テキストの内容をある程度覚えるまでは問題を見ない」というのは大きな間違いです。

確かに、最初のうちは知識もあいまいで、問題を見ても解けないことが多いでしょう。

しかし、問題を見てみないことには、「何を覚えたらその問題が解けるのか」を知ることができません。効率よく学習をするためにも、早い段階から問題を「見る」ことをオススメします。最初のうちは解けなくても大丈夫です。

第7節 受益権

はじめに

本節では、「受益権」を学習します。
受益権は本試験でほとんど出題実績のないテーマになりますので、最初は飛ばしてしまってもかまいません。余裕ができたら確認するようにしてください。

1 受益権

重要度 **C**

　人権が保障されているといっても、それが侵害されてしまった場合に助けを求めることができなければ意味がありません。

　そこで、憲法では、**日本に住む者が国に様々なことを請求できる権利（受益権）**を保障しています。

ここが ポイント　受益権とは

個人の権利保護のため、国家に一定の行為を請求する権利
● 請願権（16条）★1
● 裁判を受ける権利（32条）
● 刑事補償請求権（40条）
● 国家賠償請求権（17条）★2

条文

憲法第16条（請願権）
　何人も、損害の救済、公務員の罷免、法律、命令又は規則の制定、廃止又は改正その他の事項に関し、**平穏に請願する権利**を有し、何人も、かかる請願をしたためにいかなる差別待遇も受けない。

ナビゲーション

過去にほとんど出題されたことのない分野です。
最初のうちは一度目を通しておく程度で十分です。

★1

野畑の ズバッと解説

請願権は憲法上の権利ですが、あくまで希望を述べる権利を保障しただけなので、国は請願に応じた回答をする義務はありません。

★2

ワンポイント

17条を具体化したのが、国家賠償法です。国家賠償法は第3編「行政法」で学習します。

過去問チャレンジ

日本国憲法は、「両議院は、国民により提出された請願書を受けることができる。」と定めるにとどまるが、いわゆる請願権を憲法上の権利と解するのが通説である。[05-5-3]

× : そのような規定はなく、請願権は16条で保障されています。

条文

憲法第17条（国及び公共団体の賠償★3責任）
　何人も、公務員の不法行為により、**損害を受けたときは**、法律の定めるところにより、**国又は公共団体に、その賠償を求めることができる。**

憲法第32条（裁判を受ける権利）
　何人も、**裁判所において裁判を受ける権利を奪はれない。**

憲法第40条（刑事補償★4）
　何人も、**抑留又は拘禁された後、無罪の裁判を受けたときは、**法律の定めるところにより、**国にその補償を求めることができる。**

★3★4
用語の意味

賠償
国の**違法**な活動によって生じた損害を補てんすること。
補償
国の**適法**な活動によって生じた損害を補てんすること。

過去問チャレンジ

何人も、抑留又は拘禁された後、無罪の判決を受けたときは、法律の定めるところにより、国にその補償を求めることができる。[91-23-4]

○ : その通り（40条）。

第8節 参政権

はじめに

本節で学習する「参政権」は、人権としてはかなり重要ですが、行政書士試験においてはそこまで頻出ではありません。余裕がなければ、第6編「一般知識」で選挙に関する制度を学習してからこのテーマの学習に入っても大丈夫です。

1 選挙権

重要度 **B**

条文

憲法第15条（公務員の選定罷免権、公務員の性質、普通選挙・秘密投票の保障）

1項　公務員を選定し、及びこれを罷免することは、国民固有の権利である。

2項　すべて公務員は、**全体の奉仕者**であつて、一部の奉仕者ではない。

3項　公務員の選挙については、**成年者による普通選挙**を保障する。

4項　すべて選挙における**投票の秘密は、これを侵してはならない**。選挙人は、その選択に関し公的にも私的にも責任を問はれない。

ナビゲーション

憲法での出題は少ない分野ですが、在外日本人選挙権剥奪違法確認等請求事件は、数少ない違憲判決として重要です。
その他、選挙制度の詳細については第6編「一般知識」で学習します。

1 選挙権の保障と選挙の原則

選挙権は、私たち国民の代表者を決めるうえで重要な権利となり、憲法でも保障されています。

憲法には直接規定されていませんが、選挙には次の基本原則があります。★1

★1

野畑の スパッと解説

15条1項は「国民固有の権利」とあるので、外国人に選挙権は認められていません。

[選挙の基本原則] ★2

普通選挙	財産・納税額・身分などによって制限を設けず、**一定年齢に達した者全員**に選挙権を認めること
平等選挙	選挙権の**価値の平等**を認めること
自由選挙	有権者の**自由な意思**による投票を認めること
直接選挙	有権者が**候補者**に**直接**投票することを認めること
秘密選挙	誰に投票したかを**秘密**にすることを認めること

★2
ワンポイント
普通選挙と平等選挙が混同しやすいので注意してください。「平等選挙」はP40でも学習した「一票の格差問題」に関連します。

過去問チャレンジ

地方自治と国民主権を有機的に連動させるため、都道府県の知事や議会議長が自動的に参議院議員となり、国会で地方の立場を主張できるようにすることは、直接選挙の原則に反する。[18-6-エ改題]

○：選挙で参議院議員を選出していないため、直接選挙の原則に反します。

2 在外日本人の選挙権

　外国に住んでいる日本人は、日本国内の選挙について投票する権利が保障されているのでしょうか。

この点について争われた訴訟について確認しておきましょう。

重要判例　在外日本人選挙権剥奪違法確認等請求事件（最大判平17.9.14）

【事案】選挙権を行使するには、選挙人名簿に登録されていなければならないが、在外国民はその登録がなされず、国政選挙において選挙権を行使することができなかった。

外国にいる日本人が選挙権を行使できないのは憲法違反だ！

在外国民

在外国民のための選挙制度を設けるかどうかは国会が判断する！

国

【争点】●公職選挙法（当時）が海外に住む日本人に選挙権行使を認めないことが15条等に反するか？

【判旨】●国民の選挙権またはその行使を制限することは原則として許されず、国民の選挙権またはその行使を**制限するために**は、そのような制限をすることがやむを得ないと認められる事由がなければならない。

●選挙権を制限することなしには選挙の公正を確保しつつ選挙権の行使を認めることが事実上不能ないし著しく困難であると認められる場合でない限り、やむを得ない事由があるとはいえない。

●本件選挙において在外国民が投票をすることを認めなかったことについては、やむを得ない事由があったとは到底いうことはできず、**公職選挙法が投票を認めないことは15条1項等に**反する。★3

外国にいる日本国民に、投票を認めないことは違憲とされました。

★3
野畑の
ズバッと解説

在外日本人が選挙権を行使できる制度をつくることが、技術的に不可能であれば仕方がないですが、**可能であるにもかかわらず国会が制度をつくらなかった点が**問題となりました。
その後、公職選挙法が改正され、在外選挙人名簿に登録でき、郵便等の投票も可能になりました。

過去問チャレンジ

国民の選挙権の制限は、そのような制限なしには選挙の公正を確保しつつ選挙権の行使を認めることが著しく困難であると認められる場合でない限り、憲法上許されない。[11-4-1改題]

〇：その通り（在外日本人選挙権剥奪違法確認等請求事件／最大判平17.9.14）。

❸ 在外日本人の国民審査権

外国に住んでいる日本人は、日本国内における最高裁判所裁判官の国民審査権を行使することができるのでしょうか。

この点について争われた訴訟について確認しておきましょう。

重要判例 　在外日本人国民審査権確認等請求訴訟 ★4 （最大判令4.5.25）

【事案】最高裁判所の裁判官の任命に関する国民審査に関する審査権を行使するには、選挙人名簿に登録されていなければならないが、在外国民はその登録がなされず、審査権を行使することができなかった。

★4
ワンポイント

最高裁判所裁判官の国民審査については、P113で学習します。

外国にいる日本人が審査権を行使できないのは憲法違反だ！

在外国民に審査権を認めるかどうかは国会が判断する！

在外国民 国

【争点】●国民審査法が海外に住む日本人に国民審査権行使を認めないことが15条等に反するか？

【判旨】●国民の審査権又はその行使を制限することは原則として許されず、審査権又はその行使を制限するためには、そのような制限をすることが やむを得ない と認められる事由がなければならない。

●国民審査権を制限することなしには国民審査の公正を確保しつつ審査権の行使を認めることが事実上不可能ないし著しく困難であると認められる場合でない限り、やむを得ない事由があるとはいえない。

●在外国民の審査権の行使を可能にするための立法措置が何らとられていないことについて、やむを得ない事由があるとは到底いうことができず、国民審査法が審査権の行使を認めないことは15条1項等に反する。★5

★5
野畑の ズバッと解説

内容としては、概ね**在外日本人選挙権剥奪違法確認等請求事件**と同じです。在外日本人に国民審査権を行使させることが技術的に可能であったにもかかわらず国会が制度をつくらなかった点が問題となりました。

外国にいる日本国民に、審査権の行使を認めないことは違憲とされました。

4 立候補の自由

15条1項では、選ぶ自由（選挙権）のみ規定されていますが、**立候補の自由（被選挙権）についても保障される**と考えられています。

ここが ポイント　立候補の自由

立候補の自由は15条1項で保障される。★6
→選挙権と被選挙権は表裏一体の関係だから

★6
あとまわしOK

立候補の自由と、労働組合の統制権が問題となった判例として、三井美唄炭鉱事件があります（P86で学習します）。

第9節 社会権

はじめに

人権最後のテーマとして、社会権を学習します。
試験でもよく出題されるので、自由権との違いを意識しながら
判例知識を確認するようにしてください。

1 生存権

重要度 **A**

自由権は、「国から〇〇されない権利」という意味で、「国家からの自由」ともよばれますが、**社会権は、「国に〇〇してもらう権利」**という意味で、「国家による自由」ともよばれます。

条文

憲法第25条（生存権、国の生存権保障義務）
1項　すべて国民は、健康で文化的な最低限度の生活を営む権利を有する。
2項　国は、すべての生活部面について、社会福祉、社会保障及び公衆衛生の向上及び増進に努めなければならない。

25条1項では、**国民すべてが人間らしい生活を営むことができるよう、「生存権」**を保障しています。

しかし、国民の生活を保障するためには多くの国家予算が必要となるため、**誰にどのような保障をするのかは、国の判断に任されています。**

ナビゲーション

社会権は、自由権に次いでよく出題されるテーマです。
生存権・教育を受ける権利・労働基本権について、本書記載の判例を繰り返しチェックしておきましょう。

ここが ポイント　生存権の法的性格

生存権は、国民の**具体的**権利ではない。★1

→国民は、25条を根拠に生活保護の請求は**できない**。

→国会のつくった**法律**（生活保護法）があって、はじめて請求ができる。

→その中で、国民に生活保護を認めるかどうかは国の**裁量**で決められる。

 生存権については、「朝日訴訟」という有名な判例があります。

重要判例　朝日訴訟（最大判昭42.5.24）

【事案】入院療養中のため生活・医療扶助を受けていたXは、兄からの仕送りがあるという理由でこれらの公的扶助を打ち切られた。

生活保護を打ち切るのは憲法25条に反する！

朝日さん

生活保護基準は国が自由に決められる！

国

【争点】● 憲法25条はどのような性格の規定なのか？

【判旨】● 憲法25条1項は、すべての国民が健康で文化的な最低限度の生活を営み得るように**国政を運営すべきことを国の責務**として宣言したにとどまり、**直接個々の国民に対して具体的**権利を賦与したものではない。★2

● 何が健康で文化的な最低限度の生活であるかの**認定判断**は、**厚生大臣**（当時）の**裁量**に任されており、直ちに違法ということにはならない。★3

● ただし、現実の生活条件を無視して著しく低い基準を設定する等、憲法および生活保護法の趣旨・目的に反し、**裁量権の限界を超えた**場合または**裁量権を濫用**した場合には、**違法な行為として司法審査**の対象となる。

● 本件厚生大臣（当時）の認定判断は**違法ではない**。

過去問チャレンジ

日本国憲法第25条は、直接個々の国民に対して具体的請求権を付与しているものである。
[98-22-2]

× : 25条1項は、直接個々の国民に対して具体的権利を付与したものではありません（朝日訴訟／最大判昭42.5.24）。

ちょっと一息

朝日訴訟のちょっと興味深い話

朝日訴訟の原告となった朝日さんは、裁判の途中で亡くなってしまいました。そこで、朝日さんの養子夫妻が訴訟を続けましたが、「生活保護を受ける権利」は朝日さんだけのものであって、養子夫妻が相続できるものではないとして、訴訟が終了してしまいました（この話は、第3編「行政法」でも学習します）。

通常であれば、ここで裁判官が具体的な意見を述べることはないのですが、本判決は、「なお、念のため…」として裁判官が25条の性格について述べています。

[その他、生存権に関する判例]

障害福祉年金と児童扶養手当の併給禁止	併給調整を行うかどうかは、**立法府の裁量の範囲に属する**（堀木訴訟／最大判昭57.7.7）。
外国人に対する障害福祉年金の支給拒否★4	社会保障上の施策において在留外国人をどのように処遇するかについては、国はその限られた財源のもとで福祉的給付を行うにあたり、自国民を在留外国人より優先的に扱うことも許される（塩見訴訟／最判平元.3.2）。

★4

ワンポイント

「塩見訴訟」については、外国人の人権保障（P18）でも学習しました。

2　教育を受ける権利

重要度 **B**

条文

憲法第26条（教育を受ける権利、教育の義務、義務教育の無償）
1項　すべて国民は、法律で定めるところにより、**その能力に応じて、ひとしく教育を受ける権利**を有する。
2項　すべて国民は、法律の定めるところにより、その保護する**子女に普通教育を受けさせる義務**を負ふ。**義務教育は、これを無償とする**。

ナビゲーション

このテーマでは、「旭川学テ事件」が重要です。子どもの教育内容を決定する権利は誰が持つのかを意識しておきましょう。

1 子どもの学習権

　教育は、人が豊かに生きるために必要不可欠なものです。

　26条1項では、「すべて国民は」とされていますが、特に、自ら学習することができない**子どもが、国に適切な教育を求める権利（子どもの学習権）**という意味合いが強くなっています。★1

★1
戦前は、子どもに家業を手伝わせるため学校に行かせない（行かせられない）といったことがありました。

子どもの学習権

教育をしてほしい！

教育環境を整えてほしい！

→ 国

親や国の一存で、子どもが教育を受ける機会が奪われないように規定された人権

ここがポイント　教育を受ける権利の内容

- 学習権→子どもが等しく教育を受ける権利、大人にそれを要求する権利
- 社会権的意義→教育条件の整備
- 参政権的意義→主権者の育成
- 自由権的意義→国家の干渉の排除

2 教育内容の決定権

　26条2項では、子どもに普通教育を受けさせる義務を国民（特に親）に負わせていますが、国も教育を施す義務を負うと考えられるため、**子どもの教育内容を決定する権利が誰にあるのか**が問題となります。

教育権の所在について判断された「旭川学テ事件」について学習しておきましょう。

旭川学テ事件（最大判昭51.5.21）

【事案】昭和36年に文部省（現文部科学省）が全国中学生統一の学力テストを実施しようとしたところ、テストの実施を妨害した教師Xらが起訴された。

学力テストは教育に対する不当な介入だ！

国には子どもの教育内容を決定する権限がある！

X
教師

国

【争点】●憲法上、普通教育機関において教師には教授の自由が保障されるか？
　　　●教育内容を決定する権利（子どもの教育権）は誰に帰属するのか？

【判旨】●**普通**教育においては、教師に一定程度の教授の自由は認められるが、**完全**な教授の自由を認めることはできない。★2
　　　●みずから学習することのできない**子ども**は、その学習要求を充足するための教育を自己に施すことを**大人一般に対して要求する権利**を有する。
　　　●**親**や**教師**だけでなく、**国**も必要かつ相当と認められる範囲において、教育内容を決定する権能を有する。★3
　　　●よって、**学力テスト**は**適法**である。★4

★2
野畑のズバッと解説
大学と異なり、小・中学校の子どもは教師を選べないことや、教師によって教わる内容が大幅に異なるのは問題があるからです。

★3
野畑のズバッと解説
結局のところ、子どもの教育権は誰かが独占するものではなく、親・教師・国がそれぞれ役割に応じて分担すべきということです。

★4
ワンポイント
学力テストは適法とされましたが、この事件の影響を受け、2007年まで中止されることになりました。

過去問チャレンジ

憲法が保障する教育を受ける権利の背後には、子どもは、その学習要求を充足するための教育を施すことを、大人一般に対して要求する権利を有する、との観念がある。[17-3-5]

○：その通り（旭川学テ事件／最大判昭51.5.21）。

❸ 義務教育の無償

　26条2項では、「義務教育は、これを無償とする。」とありますが、これは**授業料の無償**という意味であって、仮に教科書代金を徴収しても、**憲法には違反しない**ということになります（最大判昭39.2.26）。★5

★5
ワンポイント
現在、小・中学校の教科書代金については、「義務教育諸学校の教科用図書の無償措置に関する法律」によって無償となっています。

過去問チャレンジ

憲法は義務教育を無償とする旨を規定しているが、これは、授業料を徴収しないことを意味し、教科書、学用品、その他の教育に必要な一切の費用まで無償としなければならないことを定めたものではない。[99-22-2]

○：その通り（最大判昭 39.2.26）。

3　労働基本権　重要度 **B**

1　労働基本権とは

条文

憲法第28条（勤労者の団結権・団体交渉権その他団体行動権）
　勤労者の団結する権利及び団体交渉その他の団体行動をする権利は、これを保障する。

ナビゲーション

労働基本権は頻出ではありませんが、「労働三権」の内容と「三井美唄炭鉱事件」について理解しておきましょう。

　使用者（会社）と労働者の関係では、労働者が弱い立場に置かれます。
　そこで28条では、**労働者を保護するために労働基本権を保障**しました。

[労働三権] ★1

団結権	労働者の**団体（労働組合）を組織**する権利。
団体交渉権	労働組合が使用者に対して**労働条件について交渉する**権利。
団体行動権（争議権）	使用者に労働者の要求を認めさせるため、**争議行為（ストライキ＝就労の放棄）を行う。** ★2

労働基本権については、「三井美唄炭鉱事件」という判例が重要です。

★1
野畑の スバッと解説

憲法で労働基本権が保障されているということは、労働組合に対し国が理由なく解散を命じることはできないということになります。

★2
ワンポイント

正当な争議行為については、刑事上の責任を負わされず、民事上の責任も免除されます。

三井美唄炭鉱事件 （最大判昭43.12.4）

【事案】市議会議員選挙では組合統一候補を応援することとされていたにもかかわらず、Aが独自の立場で立候補したため、組合は、Aの組合員としての権利を停止した。★3

私には立候補の自由がある！

A

組合の統制が取れないので処分する！

労働組合

★3
ワンポイント
組合の中で勝手に立候補されると、票が割れて組合が支持する候補者が当選できなくなる可能性があるため、立候補者を制限したという背景があります。

【争点】●立候補の自由と、組合の統制権はどちらが優先されるか？

【判旨】●労働組合は、その目的を達成するために必要であり、かつ、合理的な範囲内においてその組合員に対する統制権を有する。
●立候補の自由は、選挙権の自由な行使と表裏の関係にあるから、15条1項により保障される。
●労働組合が、統一候補者以外の者に立候補を思いとどまるように勧告、説得することは当然なしうるが、立候補を取りやめなければ統制違反者として処分するということは許されない。★4

★4
野畑の
ズバッと解説
判例は組合の統制権を認めつつ、立候補の自由との関係で限界があるとしました。

組合員の立候補の自由と、労働組合の統制権を比べたうえで、処分は違法と判断されました。

過去問チャレンジ

組合員の生活向上のために、統一候補を決定し、組合を挙げてその選挙運動を推進することなども労働組合の活動として許されるので、組合の方針に反し対立候補として立候補した組合員を統制違反者として処分することも許される。[12-7-1]

×：統制違反者として処分することは許されません（三井美唄炭鉱事件／最大判昭43.12.4）。

組合員が労働組合に臨時組合費を納入する義務があるかどうか争われた事件もあります。

[臨時組合費の納入について] 国労広島地本事件（最判昭50.11.28）

徴収の目的	納入義務の有無
労働者の権利利益に直接関係する立法や行政措置を促進するための活動費用★5	組合員に納入義務あり。
いわゆる安保反対闘争実施の活動費用★5	組合員に納入義務なし。
いわゆる安保反対闘争により不利益処分を受けた組合員を救援する費用	組合員に納入義務あり。

2 労働基本権と公務員

　公務員は、15条2項において「全体の奉仕者」とされていることから、労働基本権についても一定の制限が及んでいます。★6

ここが ポイント　公務員の労働基本権

原則：公務員にも労働基本権は保障される。★7

例外：公務員の地位と職務の公共性を理由に、国民全体の共同利益の見地から、必要やむを得ない限度の制限を加えることは許される。

※公務員の争議行為（ストライキ）を一律全面的に禁止した国家公務員法の規定は28条に反しない（全農林警職法事件／最大判昭48.4.25）。

公務員に労働基本権が保障されることを前提に、様々な理由から、ストライキを禁止することは合憲とされています。

過去問チャレンジ

労働基本権は、勤労者の経済的地位の向上のための手段として認められたものであって、それ自体が自己目的ではなく、国民全体の共同利益の見地からの制約を受ける。[08-4-4]

○：その通り（全農林警職法事件／最大判昭48.4.25）。

MEMO

統治

この章で学ぶこと

「三権分立と国会・内閣・裁判所の役割」

国民の人権を守るためには、独裁者を生み出さない仕組みが必要です。

日本国憲法では、国家権力を３つに分けることによってそれを実現しました。

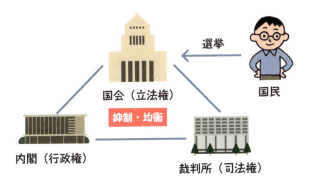

また、地方自治の制度を設けることによって、権力が国に集中しないような仕組みもとられています。

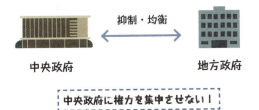

この章では、国会・内閣・裁判所の役割を条文を中心に学習します。

最初のうちは取っつきにくいですが、諦めずに繰り返し学習することが大切です。

第1節 権力分立

はじめに

ここから、統治分野の学習が始まります。
人権分野と異なり、条文を正確に押さえることが重要です。
まずは、なぜ国家権力を分ける必要があるのかを理解してください。

1 権力分立

重要度 **C**

第1章でも学習しましたが、憲法は、「**国家権力**を制限し、**国民の人権**を守る」ために存在します。

これまで様々な人権について学習してきましたが、その**人権を真の意味で守るためには国家権力を分けて互いを監視する必要**があります。

> **ここが ポイント** 権力分立とは ★1
>
> ● 3つに区分した国家権力を、異なる機関に担当させるように「**分離**」する。
>   →権力の集中を防ぐ。
> ● 相互に「**抑制・均衡**」を保たせる。
>   →互いを監視する。

ナビゲーション

試験で直接問われるわけではないですが、これから学習する「国会」「内閣」「裁判所」がなぜ存在するのかを理解するうえで重要です。

★1
ワンポイント

権力の抑制・均衡についてはこれから学習しますが、具体例として、**裁判所は国会のつくった法律に対して違憲審査**権を持ち、国会は裁判官の非行を裁く**弾劾裁判所**の設置権を持っていることが挙げられます。

講義図解

権力分立のイメージ

選挙

国会（立法権）

国民

抑制・均衡

内閣（行政権）

裁判所（司法権）

そして、**国民が選挙によって代表者を選び、この国の政治の最終決定権を持つ**という「国民主権」原理も、前文や1条によって規定されています。★2

ワンポイント

「主権」という言葉の意味は様々ですが、その中の1つが、「**国政の在り方を最終的に決定する力**」というものです。

条文

憲法第1条（天皇の地位・国民主権）

天皇は、日本国の象徴であり日本国民統合の象徴であつて、この地位は、**主権の存する日本国民の総意**に基く。

第2節　国会

はじめに

本節では、国会の役割や仕組みについて学習します。
細かい数字等も登場しますので、難しく感じてしまう分野ですが、まずは大枠をつかむために、何度も本書を読み返すようにしてください。

1 国会の地位

重要度 **B**

1 国民の代表機関

条文

憲法第43条（両議院の組織）
1項　両議院は、全国民を代表する選挙された議員でこれを組織する。
2項　両議院の議員の定数は、法律でこれを定める。

　国会議員は、どの選挙区から選出されたとしても、「**全国民の代表者**」であり、国会議員が集まる国会は、国民の代表機関とされます。★1

ナビゲーション

統治分野の学習は、条文知識が重要です。国会の地位については試験で頻出ではありませんが、条文の意味を理解するようにしてください。

★1
ワンポイント

国会議員は、自己の信念に基づいてのみ発言し、選挙母体の言いなりになってはなりません（「自由委任の原則」といいます）。

過去問チャレンジ

議員は議会で自己の信念のみに基づいて発言・表決すべきであり、選挙区など特定の選出母体の訓令に法的に拘束されない。[11-6-4改題]

○：その通り。

2 国権の最高機関

条文

憲法第41条（国会の地位、立法権）
　国会は、**国権の最高機関**であつて、国の唯一の**立法機関**である。

　憲法41条には、**国会**は「**国権の最高機関**」とされていますが、これにはどのような意味があるのでしょうか？

ここが ポイント　「国権の最高機関」の意味★2

国民の代表機関である国会が、特に重要な国家機関であることを政治的に強調したものであり、**特別な意味はない**（政治的美称説）。

3 唯一の立法機関

　41条ではさらに、国会は「**唯一の立法機関**」とありますが、これがどのような意味なのかについても確認しておきましょう。

[唯一の立法機関]

国会中心立法の原則★3	国会だけがルールをつくるという原則。
国会単独立法の原則★4	国会だけでルールがつくれるという原則。

過去問チャレンジ

国法は全国一律の規制を行うものであり、地域の特性に鑑み特別の地域に限って規制を行ったり、規制の特例措置をとったりすることは許されない。[11-1-4]

× . 95条に基づいて特別の地域に限った法律を制定することも許されます。

4 両院制

　国会は、国の政治の中心であり、慎重な議論を重ねる必要があります。そこで、**衆議院と参議院という2つの場**が設けられています（42条）。
　ここでは、衆議院と参議院の特徴について確認しておきましょう。

★8
野畑の ズバッと解説
条文の文言通り、「国会が三権の中で最高」と考えると、権力分立で重要な均衡（バランス）が崩れてしまうため、政治的美称説で考えます。

★9
ワンポイント
最高裁判所の中で適用される「最高裁判所規則」は、国会ではつくられずに最高裁判所でつくるので、国会中心立法の原則の例外となります。

★10
ワンポイント
特定の地域（例：広島市）だけに適用される法律をつくる場合には、国会の議決のほかに地域住民による投票が必要（95条）になり、これは国会単独立法の原則の例外となります。

憲法第45条（衆議院議員の任期）
　衆議院議員の任期は、4年とする。但し、衆議院解散の場合には、その期間満了前に終了する。

憲法第46条（参議院議員の任期）
　参議院議員の任期は、6年とし、3年ごとに議員の半数を改選する。

ここがポイント 衆議院議員と参議院議員の任期★5

衆議院…任期4年で解散制度**あり**。
参議院…任期6年で解散制度**なし**。
　※3年ごとに選挙で**半数**を入れ替える。

　両議院の**召集**や**開会・閉会**は同時に行われ、**衆議院**が解散されたときは**参議院**も同時に閉会となります（54条2項本文）。

講義図解

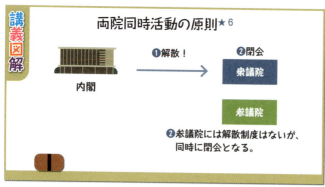

両院同時活動の原則★6

❶解散！
❷閉会
衆議院
参議院

内閣

❷参議院には解散制度はないが、同時に閉会となる。

[議院の活動原則]

独立活動の原則	両院は、原則として**独立に議事を行い**、議決をする（明文規定なし）。
同時活動の原則	両院は同時に召集され、閉会する（54条2項）。
会期不継続の原則★7	会期中に議決に至らなかった案件は、**後会に継続しない**（国会法68条）。
一事不再議の原則★8	一度議院が議決した案件については、**同一会期中に再びこれを審議しない**（明文規定なし）。

★11
ワンポイント
衆議院議員は一度にすべて入れ替えるので「総選挙」といいますが、参議院議員は半数を入れ替えるので「通常選挙」といいます。

★12
野畑のズバッと解説
衆議院の解散中に、国会で決めなければならないことがある場合、内閣は閉会中の参議院議員を緊急に集めることができます（参議院の緊急集会／54条2項但書）。

★13
野畑のズバッと解説
通常国会で審議中の法律案が両院で可決されないまま会期を終えた場合、原則として、その法律案は廃案となり、次の臨時会では最初から審議し直すことになります。

★14
野畑のズバッと解説
一度可決された法律案について、もう一度審議し直すことはしないということです。

憲法に規定されている活動原則は、「同時活動の原則」だけなので注意してください。

衆議院議員の任期について

衆議院議員の任期は4年ですが、実際は様々な理由により衆議院が解散され、任期満了前に選挙が行われます。戦後の日本において、衆議院が任期満了を迎えたのは2020年時点において三木武夫内閣時代（1976年）の一度しかありません。それとは対照的に、参議院については解散制度がないため、原則として参議院議員は6年間の任期を全うします。じっくり腰を据えて議論を交わすことができるのが参議院の特徴です。

2 国会の活動　重要度 A

1 会期

　国会は年中開会しているわけではなく、例年1〜6月まで開かれる通常国会以外は、必要に応じて召集される会期制という仕組みを採用しています。

[国会の種類]

通常国会（常会）	毎年1回召集される（52条）。
臨時国会	必要に応じて臨時に召集される（53条）。 ※内閣が召集を決定する。★1
特別国会（特別会）	衆議院の解散総選挙後30日以内に召集される（54条1項）。★2

講義図解

国会の会期

1月　　　6月　　　12月

通常国会　　　臨時国会

予算等の審議　　必要があれば召集

この間に衆議院の解散があった場合、総選挙後に特別会が召集される。

ナビゲーション

このあたりから、細かい数字が出てきます。試験でもよく引っかけてきますので、数字は頑張って覚えるようにしましょう。

★1
あとまわしOK

衆議院か参議院どちらかの総議員の4分の1以上の要求があれば、内閣は臨時国会の召集を決定しなければなりません。

★2
ワンポイント

衆議院の「任期満了による総選挙」後に召集されるのは臨時国会です。

通常国会の会期は150日であることや、1回に限り延長できること等、細かいルールは憲法ではなく国会法で規定されています。

過去問チャレンジ

国会の常会は、毎年2回これを召集する。[98-23-2]

× : 国会の常会は、毎年1回これを召集します（52条）。

❷ 決議要件

国会では、多数決の原理に基づいて様々な事柄を決定します。

多数決＝過半数が原則ですが、**重要事項を決める場合はより多くの賛成が必要**になります。★3

[決議要件]

原則	出席議員の**過半数**（56条2項）
例外	出席議員の**3分の2以上** ①資格争訟裁判★4で議員の議席を失わせる場合（55条） ②秘密会の開催の決定（57条1項但書） ③懲罰により議員を除名★5する場合（58条2項） ④衆議院で法律案を再可決する場合（59条2項）
	総議員の**3分の2以上** ①憲法改正の発議（96条1項）

いますぐに覚えようとしなくても大丈夫ですが、試験までには覚えておくようにしましょう。

過去問チャレンジ

両議院は、出席議員の過半数で議決したときは、秘密会を開くことができる。[98-23-3]

× : 両議院は、出席議員の3分の2以上の多数で議決したときは、秘密会を開くことができます（57条1項但書）。

★3
ワンポイント
総議員の**3分の1以上**の出席がなければ、議事を開くことができません（56条1項）。

★4 ★5
用語の意味
資格争訟裁判
議員の資格について争いがある場合に、それを国会でチェックすること（裁判所で行うわけでないことに注意してください）。
除名
議員に対する懲罰の中でも最も重い処分。「国会議員をクビにする」というイメージです。

3 衆議院の優越

国会の議決は、衆議院と参議院両方で可決される必要がありますが、**重要事項について意見が一致しない場合**、国の政治が止まってしまう危険性があります。

そこで、憲法では「衆議院の優越」を採用しています。

条文

憲法第59条（法律案の議決、衆議院の優越）
1項 法律案は、この憲法に特別の定のある場合を除いては、両議院で可決したとき法律となる。
2項 衆議院で可決し、**参議院でこれと異なつた議決をした法律**案は、**衆議院で出席議員の３分の２以上の多数で再び可決し**たときは、法律となる。
3項 前項の規定は、法律の定めるところにより、衆議院が、**両議院の協議会★6を開くことを求める**ことを妨げない。
4項 参議院が、衆議院の可決した法律案を受け取つた後、国会休会中の期間を除いて**60日以内に、議決しないとき**は、衆議院は、**参議院がその法律案を否決したもの**とみなすことができる。

[衆議院の優越] ★7

	衆議院が優越	両議院が対等
議決の価値の優越	①**法律案**の議決（59条） ②**予算**の議決（60条2項） ③**条約承認**の議決（61条） ④**内閣総理大臣の指名**の議決（67条）	①皇室の財産授受についての議決（8条） ②予備費の支出の承諾（87条2項） ③決算の審査（90条1項） ④憲法改正の発議（96条1項）
権限の優越	①**予算**先議権（60条1項） ②**内閣不信任**決議権（69条）★8	

★6 **用語の意味**
両院協議会
衆議院と参議院で意見が分かれた際に設けられる話し合いの場のこと。

★7 **ワンポイント**
衆議院の優越を覚えてから、「それ以外はすべて両議院が対等」という考え方です。

★8 **野畑のスパッと解説**
参議院にも「内閣問責決議権」がありますが、これは憲法で規定されておらず、可決されても内閣の総辞職は強制されません。

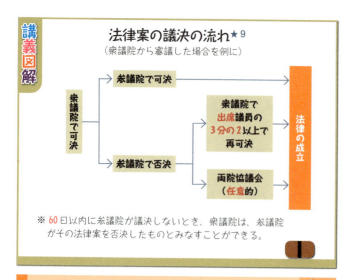

法律案の議決の流れ ★9
（衆議院から審議した場合を例に）

衆議院で可決
→ 参議院で可決 → 法律の成立
→ 参議院で否決 → 衆議院で出席議員の3分の2以上で再可決 → 法律の成立
→ 両院協議会（任意的）

※ 60日以内に参議院が議決しないとき、衆議院は、参議院がその法律案を否決したものとみなすことができる。

★9
ワンポイント

最初の衆議院での可決は出席議員の過半数の賛成、2回目の衆議院での可決は出席議員の3分の2の賛成が必要です（参議院の意見を無視することになるため、より多くの賛成を必要としました）。

条文

憲法第60条（衆議院の予算先議と優越）
1項　予算は、さきに衆議院に提出しなければならない。
2項　予算について、参議院で衆議院と異なつた議決をした場合に、法律の定めるところにより、両議院の協議会を開いても意見が一致しないとき、又は参議院が、衆議院の可決した予算を受け取つた後、国会休会中の期間を除いて30日以内に、議決しないときは、衆議院の議決を国会の議決とする。

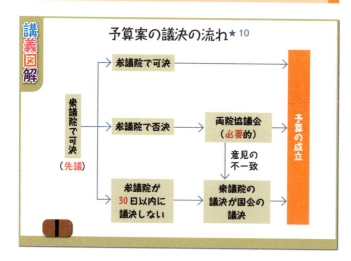

予算案の議決の流れ ★10

衆議院で可決（先議）
→ 参議院で可決 → 予算の成立
→ 参議院で否決 → 両院協議会（必要的） → 意見の不一致 → 衆議院の議決が国会の議決
→ 参議院が30日以内に議決しない → 衆議院の議決が国会の議決

★10
ワンポイント

法律案などは、先に参議院で審議することもできますが、予算は必ず先に衆議院で審議する必要があります。

ここが ポイント　法律案の議決との違い

- 必ず**衆議院**から審議をする（先議権）。
- 意見が割れたら**両院協議会**を必ず開く（法律案の場合は**任意**的）。
- 衆議院による**再可決**制度なし（法律案の場合は**衆議院**で**再可決**が必要）。
- 参議院の「議決しない期間」が**30日以内**（法律案の場合は**60**日）。

条文

憲法第61条（条約の国会承認と衆議院の優越）
　条約の締結に必要な国会の承認については、前条第2項の規定を準用★11する。

★11
用語の意味

準用
別の条文の規定を同じように適用すること。今回であれば、60条2項の規定を条約承認の場面でも使うということ。

講義図解

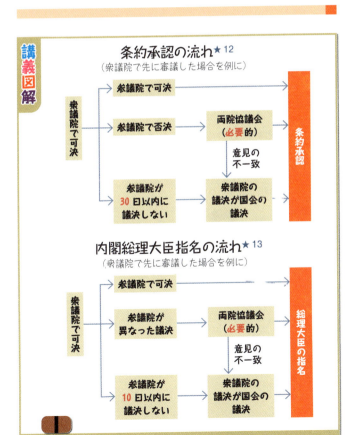

条約承認の流れ★12
（衆議院で先に審議した場合を例に）

内閣総理大臣指名の流れ★13
（衆議院で先に審議した場合を例に）

★12
ワンポイント
条約の承認は、衆議院に先議権がないこと以外は予算案の議決と全く同じ流れになります。

★13
ワンポイント
内閣総理大臣の指名は、衆議院に先議権がないことと、参議院の「議決しない期間」が10日であること以外は予算案の議決と全く同じ流れになります。

[国会の議決] ★14

	参議院の議決がなされない期間	両院協議会	参議院で異なる議決があった場合
法律案	60日	任意的	衆議院で出席議員の3分の2以上で再可決すると成立する
予算	30日	必要的	衆議院の議決が国会の議決となる
条約			
内閣総理大臣の指名	10日		

★14
ワンポイント
まずは講義図解で流れをイメージして、まとめの図表で覚えるとよいでしょう。

過去問チャレンジ

内閣総理大臣の指名について両議院が異なった議決をした場合に、両議院の協議会を開いても意見が一致しないときは、衆議院の議決を国会の議決とする。[95-23-3]

○：その通り（67条2項）。

3 国会議員の地位 　　　重要度 **A**

国会議員が全国民のために活動するにあたって、①**歳費受領権**、②**不逮捕特権**、③**免責特権**という3つの特権が与えられています。★1

3つの特権について、詳しく見ていきましょう。

★1
ワンポイント
「国会議員」の特権であり、「国務大臣（総務大臣や財務大臣など）」の特権ではないことに注意してください。

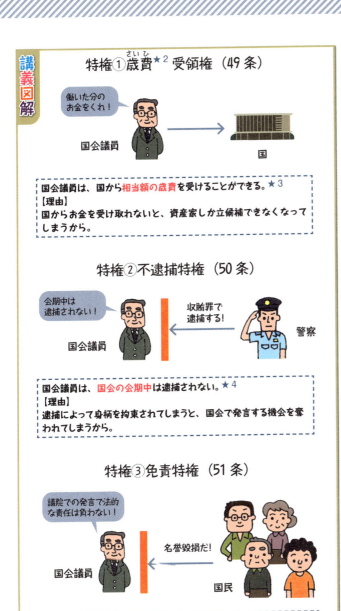

講義図解

特権①歳費★2 受領権 (49条)

国会議員「働いた分のお金をくれ!」→ 国

国会議員は、国から相当額の歳費を受けることができる。★3
【理由】
国からお金を受け取れないと、資産家しか立候補できなくなってしまうから。

特権②不逮捕特権 (50条)

国会議員「会期中は逮捕されない!」←「収賄罪で逮捕する!」警察

国会議員は、国会の会期中は逮捕されない。★4
【理由】
逮捕によって身柄を拘束されてしまうと、国会で発言する機会を奪われてしまうから。

特権③免責特権 (51条)

国会議員「議院での発言で法的な責任は負わない!」←「名誉毀損だ!」国民

国会議員は、議院で行った発言については責任を負わない。★5
【理由】
議員の自由な発言を保障することで、国会でのより活発な議論を促したいから。

★2
用語の意味

歳費
給料のこと。

★3
あとまわしOK

歳費は在任中減額することができます（裁判官の報酬が減額できないことと比較しておきましょう。P113）。

★4
あとまわしOK

会期中でも逮捕される場合の例外として、①現行犯逮捕の場合②所属議院の許可を得た場合があります（憲法ではなく、国会法で決められています）。

★5
あとまわしOK

民事上の不法行為責任や、刑事上の名誉毀損罪には問われませんが、所属議院から懲罰を受けることはあります。

1 両議院の議員は、法律の定める場合を除いては、国会の会期中逮捕されず、会期前に逮捕された議員は、開会後直ちにこれを釈放しなければならない。[12-4-2]

×：会期前に逮捕された議員は、その「議院の要求があれば」、会期中これを釈放しなければなりません（50条）。

2 国務大臣は、議院で行った演説、討論または表決について、院外で責任を問われない。[12-4-4]

×：「両議院の議員」には免責特権が認められていますが、「国務大臣」としてした発言については免責特権が認められていません。

---

4 国会の権能と議院の権能

重要度 **A**

国会の権能とは、「国会で行う仕事」という意味で、**衆議院と参議院の両方で行うもの**になります。

また、**議院の権能とは、「各議院で行う仕事」**という意味で、**衆議院と参議院が各自で行うもの**になります。

[国会の権能と議院の権能] ★1

国会の権能	議院の権能
①法律の制定（59条）	①議員逮捕の許諾および釈放の要求（50条）
②弾劾裁判所★2の設置（64条）	②議員の資格争訟の裁判（55条）
③内閣総理大臣の指名（67条）	③会議の公開の停止（57条1項）
④条約の承認（73条3号）	④役員の選任（58条1項）
⑤租税の決定（84条）	⑤議院規則の制定（58条2項）
⑥国費支出および債務負担行為の議決（85条）	⑥議員の懲罰（58条2項）
⑦予備費の議決（87条）	⑦国政調査権（62条）
⑧皇室経費の議決（88条）	⑧国務大臣の出席要求（63条）
⑨決算の審査（90条）	
⑩憲法改正の発議（96条）	

ナビゲーション

覚えることが多く、投げ出したくなるテーマですが、一度に覚えようとせず、本試験まで繰り返し確認するようにすれば大丈夫です。

★1
ワンポイント

すべて覚えるのは大変なので、まずは赤字になっているものが、国会の権能なのか議院の権能なのかを間違えないようにしましょう。

★2
用語の意味

弾劾裁判
裁判官を辞めさせる裁判のことを弾劾裁判といいますが、これは裁判官が行うのではなく、国会議員で構成されたメンバーで行います。

弾劾裁判所の設置と国政調査権については、ここで条文も確認しておきましょう。

条文

憲法第64条（弾劾裁判所）★3
1項　国会は、罷免の訴追を受けた**裁判官を裁判する**ため、**両議院の議員で組織する弾劾裁判所を設ける**。
2項　弾劾に関する事項は、法律でこれを定める。

憲法第62条（議院の国政調査権）★4
両議院は、**各々国政に関する調査を行ひ**、これに関して、**証人の出頭及び証言並びに記録の提出を要求**することができる。

国政調査権は、広く行政権や司法権にも及びますが、権力分立の関係から限界もあります（補助的権能説）。

ここが ポイント　国政調査権の限界

司法権の独立（76条3項）を侵すことになるような国政調査権の行使は認められない。

　例：現に係属中の事件に関する裁判官の訴訟指揮に関する調査

　※ただし、立法の運用調査など、**裁判とは異なる目的に基づくもの（並行調査）であれば許される**。

過去問チャレンジ

両議院は、各々国政に関する調査を行い、これに関して、証人の出頭及び逮捕並びに物品の押収を要求することができる。[95-23-4]

✕：逮捕や物品の押収の要求は認められていません（62条）。認められているのは、証人の出頭および証言ならびに記録の提出の要求です。

第3節 内閣

はじめに

本節では、内閣の仕組みや役割について学習します。
国会ほど細かい条文知識は要求されませんが、国会の権能と内閣の権能の区別がつけられるように準備をしておきましょう。

1 内閣の組織と権能

重要度 **A**

1 内閣の組織

憲法65条では、「行政権は、内閣に属する。」としていますが、その内閣はどのような組織なのでしょうか。

ここが ポイント 内閣の組織

- 内閣は、リーダーである**内閣総理大臣**およびその他の**国務大臣**★1でこれを組織する（66条1項）。
- 内閣総理大臣は、**国会議員**の中から**国会**の議決でこれを指名する（67条1項）。
- 内閣総理大臣は、**国務大臣**を任命する（68条1項）。
  ※**過半数**は、**国会議員**の中から選ばれなければならない。

講義図解

内閣の組織

❶議決で**国会議員**の中から指名
（**天皇**が任命）★2

国会

内閣総理大臣

❷過半数は、**国会議員**の中から任命★3★4

内閣

国務大臣

ナビゲーション

まずは、内閣がどのような組織なのかを押さえましょう。

★1 用語の意味

国務大臣
財務大臣や法務大臣など、各専門部署のリーダーのこと。

★2 ワンポイント

「**国会議員**から」ですので、例えば**参議院議員**から内閣総理大臣を選ぶこともできます。

★3 ワンポイント

「**過半数**は」ですので、国会議員ではない人（大学教授等）を国務大臣にすることもできます。

内閣総理大臣と国務大臣は、文民（軍人ではない人）でなければなりません（シビリアンコントロールといいます）。

★4
野畑の ズバッと解説

大臣を「任命する」ということは、「辞めさせる」こともできます（68条2項）。そして、これらの決定に国会の同意や閣議決定は必要ありません。

過去問チャレンジ

内閣総理大臣は、衆議院議員の中から、国会の議決で指名する。[14-6-1]

× ：参議院議員から選ぶこともできます（67条1項）。

❷ 内閣の権能と内閣総理大臣の権能

内閣の権能とは「内閣で行う仕事」という意味で、何ができるのかがあらかじめ憲法で規定されています。同じように、内閣総理大臣の権能も憲法で規定されています。

★5
ワンポイント

国会の権能や議院の権能よりは重要度が下がります。太字（赤字）の箇所を中心に「内閣の権能だ」ということを覚えてください。

[内閣の権能] ★5

一般行政事務 （73条）	①法律を誠実に執行し、国務を総理する ②外交関係を処理する ③条約を締結する ④法律の定める基準に従い、官吏に関する事務を掌理する ⑤予算を作成して国会に提出する ⑥憲法および法律の規定を実施するために、政令を制定する ⑦恩赦★6を決定する
国会との関係	①臨時会の召集決定（53条前段） ②参議院の緊急集会を求める（54条2項但書） ③衆議院の解散の決定（7条柱書・7条3号・69条）
裁判所との関係	①最高裁判所長官の指名（6条2項） ②最高裁判所裁判官の任命（79条1項） ③下級裁判所裁判官の任命（80条1項）
天皇との関係	①国事行為に対する助言と承認（3条）

★6
用語の意味

恩赦
国家に特別なことがあった場合、刑を減刑したり執行を免除したりすること。
過去には沖縄の本土復帰の際などに恩赦が行われたことがあります。

過去問チャレンジ

内閣は、事前ないし事後に国会の承認を得ることを条件として、条約を締結する権能をもっている。[04-7-4]

○：その通り（73条3号）。

ここがポイント　内閣総理大臣の権能

❶内閣を代表して、行政各部を指揮監督する（72条）。

❷内閣を代表して**議案**を国会に提出し、一般国務および外交関係について国会に報告する（72条）。★7

❸国務大臣に対する**訴追**★8に同意する（75条）。

❹法律および政令に、主任の国務大臣とともに連署する（74条）。

❺議案について発言するため議院に出席する（63条）。

内閣のメンバーが集まって物事を決める場を「閣議」といいますが、閣議については憲法に規定されていません（内閣法に規定があります）。

★7
野畑のズバッと解説
法律をつくるのは内閣ではなく国会なので、内閣側で「こういう法律をつくってほしい」という提案書を国会に提出する必要があります。

★8
用語の意味
訴追
検察官の起訴のこと。大臣が犯罪の疑いをかけられても、総理大臣が同意しなければ起訴されないということです。

過去問チャレンジ

内閣総理大臣は、内閣を代表して議案を国会に提出する。[98-24-3]

○：その通り（72条）。

2　内閣の総辞職　重要度 A

内閣総辞職とは、**内閣総理大臣と国務大臣の全員が一斉に辞める**という意味です。どのような場合に内閣総辞職となるかについても憲法で規定されています。

ナビゲーション
どのような場合に内閣が総辞職することになるのかについて、時間をかけてゆっくり学習しましょう。

1 内閣不信任決議

内閣総理大臣は、国会の議決により指名されることは先ほど学習しました。これは、国会の信頼のもとに内閣という組織が成り立っていることを意味しています。★1

では、もし国会の信頼が得られないような状態になった場合、内閣はどのような対応を取るべきでしょうか？

ここが ポイント　内閣不信任決議と衆議院の解散 ★2

- 内閣は、**衆議院**で不信任の決議案を可決し、または**信任の決議案を否決**したときは、**10日以内**に衆議院が解散されない限り、**総辞職**をしなければならない（69条）。
- **衆議院議員総選挙**の後に初めて国会の召集があったときは、内閣は、**総辞職**をしなければならない（70条）。

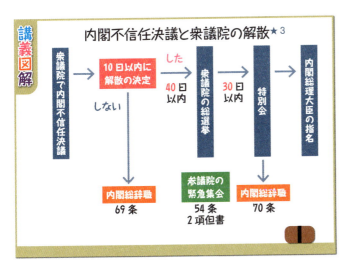

講義図解　内閣不信任決議と衆議院の解散 ★3

衆議院で内閣不信任決議 → 10日以内に解散の決定

した → 40日以内 → 衆議院の総選挙 → 30日以内 → 特別会 → 内閣総理大臣の指名

しない → 内閣総辞職　69条

参議院の緊急集会　54条2項但書

内閣総辞職　70条

衆議院を解散させてもさせなくても、内閣は総辞職することになります。★4

★1
野畑の ズバッと解説
国会の信任のもとに内閣が成り立っていることを、「**議院内閣制**」といいます（第6編「一般知識」で大統領制との違いについて学習します）。

★2
野畑の ズバッと解説
衆議院が不信任決議を可決していなくても、内閣は衆議院を解散することができます（過去に、小泉内閣が郵政民営化の是非を国民に問うために衆議院を解散したことがあります）。

★3

ワンポイント
数字と総選挙後に開かれる国会については、と（10）し（40）み（30）ちゃんは特別（特別会）と覚えましょう。

★4
野畑の ズバッと解説
解散前の国会議員と解散総選挙後の国会議員はメンバーが変わっているため、新しくなったメンバーの信頼のもとに内閣が存在しなければならないことから、**内閣総理大臣も選び直す必要がある**からです。

② 内閣総理大臣が欠けたとき

死亡等で内閣総理大臣が欠けた場合にも、内閣は総辞職するものとされています（70条）。★5

③ 内閣総辞職後の職務

内閣は総辞職した後も、新たに内閣総理大臣が任命されるまでは引き続き職務を行うものとされています（71条）。

過去問チャレンジ

内閣は、衆議院で不信任の決議案が可決されたとき、直ちに総辞職しなければならない。[14-6-3]

×：10日以内に衆議院を解散させないときに総辞職となります（69条）。

ちょっと一息

統治分野の学習法

統治分野に入って、急に条文がたくさん出てきて困惑している方も多いのではないでしょうか。

この分野の学習法は、

①「講義図解」や「ここがポイント」で全体像（流れ）を把握する。
②該当箇所の条文や表を見る。
③問題を解いてみて引っかけポイントを知る。

の3つです。

何か1つでも欠けると、途端に学習効率が落ちてしまいますので、最初は面倒だと感じるかもしれませんが、この3つを意識して繰り返し学習しましょう。

第4節 裁判所

はじめに

本節では、裁判所の仕組みや役割について学習します。
統治分野ではめずらしく判例の知識が出題されますので、人権分野を学習するような気持ちで臨んでください。

1 法律上の争訟と司法権の限界

重要度 **A**

1 法律上の争訟（そうしょう）

裁判所に対する一般人のイメージは、「争いごとが起こったときにどちらが正しいか判断してくれる場所」ではないでしょうか。

しかし、いくら**裁判所といえども、判断できる事件と判断できない事件があります**。

ナビゲーション

法律上の争訟と司法権の限界については、しっかり理解しておかないと解けない問題が出題されます。

ここが ポイント　裁判所が判断できる事件（裁判所法3条1項）

- 「**法律上の争訟**」に該当する場合★1
  ※❶当事者間の**具体的な権利義務**や**法律関係**の存否に関する紛争で、❷それが**法律**を適用することにより終局的に解決することができる場合
- **法律**で特別に「**裁判する**」と決められている場合

★1

野畑の スバッと解説

「貸したお金を返せ」と相手を訴える裁判は、国民個人の権利義務が問題となっているため、法律上の争訟にあたります。

法律上の争訟にあたらず、裁判所で判断しないとされた2つの判例を知っておきましょう。

[法律上の争訟に関する判例]

具体的な事件性がない	**＜原告の主張＞** 警察予備隊は憲法9条違反である。 **＜判旨＞** 裁判所が、具体的な事件を離れて抽象的に法律命令等の合憲性を判断する権限はない（警察予備隊訴訟／最大判昭27.10.8）。★2
法律で解決できない	**＜原告の主張＞** 「板まんだら」は本物か偽物か。 **＜判旨＞** 信仰の対象の価値または宗教上の教義に関する判断は、裁判所の審査すべきものではない（板まんだら事件／最判昭56.4.7）。★3

野畑のズバッと解説 ★2

訴えた国民が警察予備隊（自衛隊の前身）に拘束されたり暴行を加えられたりするわけではなかったため、具体的な権利義務の侵害がないとされました。

野畑のズバッと解説 ★3

「板まんだら」は宗教上の教えが書かれた板のことですが、**それが本物かどうかは法律を使ってもわからず、解決できない**ものとされました。

裁判所の審査対象とされない事例を理解しましょう。

過去問チャレンジ

具体的な権利義務ないしは法律関係に関する紛争であっても、信仰対象の価値または教義に関する判断が前提問題となる場合には、法令の適用による解決には適さず、裁判所の審査は及ばない。[15-6-1]

○：その通り（板まんだら事件／最判昭56.4.7）。

2 司法権の限界

　裁判所が判断できる事件であっても、様々な事情から判断を避けるケースがあります。

[司法権の限界に関する判例]

裁判所の審査対象としないもの	理由
議院の自律権	国会の法律制定の議事手続には、両院の自主性を尊重し、裁判所の司法審査は及ばない（警察法改正無効事件／最大判昭37.3.7）。
裁量行為	立法や行政の裁量に任されている行為については、原則として司法審査の対象とはならない（朝日訴訟／最大判昭42.5.24）。★4

ワンポイント ★4

朝日訴訟については、P81でも学習しています。

統治行為	高度に政治性のある行為については、裁判所による司法審査が可能であっても、対象から除外される（苫米地事件／最大判昭35.6.8）。★5
部分社会の法理	自律的な規範を持つ団体内部の紛争には、司法審査が及ばない。

「判断しようと思えばできる（法律上の争訟ではある）が、様々な事情からあえて判断を避けるケース」が司法権の限界です。

過去問チャレンジ

衆議院の解散は高度の政治性を伴う国家行為であって、その有効無効の判断は法的に不可能であるから、そもそも法律上の争訟の解決という司法権の埒外にあり、裁判所の審査は及ばない。[15-6-3]

× ： 衆議院の解散については、法律上の争訟にはあたりますが、司法権の限界として裁判所の審査が及ばないとしています（苫米地事件／最大判昭35.6.8）。

団体の内部事項に関する行為については少し細かいところまで出題されるため、補足しておきます。

ここがポイント　団体の内部事項に関する行為

- 地方議会における議員の**出席停止**処分（最大判令2.11.25）
    → 司法審査あり。
- 地方議会における**議員の除名**処分
    → 司法審査あり。
- 地方議会議長の議員に対する**発言の取消命令**（最判平30.4.26）
    → 司法審査なし。
- 大学の**単位**不認定（富山大学事件／最判昭52.3.15）
    → 司法審査なし。
- 大学の**卒業**不認定
    → 司法審査あり。★6

★5

野畑の
ズバッと解説

日米安保条約が憲法9条違反かどうか争われた訴訟において、条約については原則司法審査の対象とはしないとされました。このほかにも、内閣総理大臣が衆議院を突然解散したことが憲法違反だと主張した訴訟についても、衆議院の解散は司法審査の対象としないとされました。

★6

野畑の
ズバッと解説

単位不認定と異なり、卒業不認定は学生に与える影響が大きいため、裁判所で判断すべき問題とされました。

過去問チャレンジ

大学による単位授与行為（認定）は、純然たる大学内部の問題として大学の自律的判断にゆだねられるべきものであり、一般市民法秩序と直接の関係を有すると認めるにたる特段の事情がない限り、裁判所の審査は及ばない。[15-6-2]

○：その通り（富山大学事件／最判昭52.3.15）。

2 裁判所の組織

重要度 **B**

1 司法裁判所の組織

憲法において、裁判所は、「最高裁判所」と「下級裁判所」に分けられます（76条1項）。

ナビゲーション

ここは条文中心の出題になります。
国会や内閣よりも出題頻度は少ない分野です。

条文

憲法第76条（司法権、裁判所、特別裁判所の禁止、裁判官の独立）

1項　すべて司法権は、**最高裁判所**及び法律の定めるところにより設置する**下級裁判所**に属する。★1

2項　特別裁判所は、これを設置することができない。行政機関は、**終審として**裁判を行ふことができない。★2

3項　すべて裁判官は、その良心に従ひ独立してその職権を行ひ、この憲法及び法律にのみ拘束される。

★1
ワンポイント

戦前に置かれていた軍法会議のように、**司法権の系列から外れた独立の裁判組織（特別裁判所）を設置することはできません**（76条2項前段）。

★2
あとまわしOK

行政機関が終審として裁判をすることはできません（76条2項後段）が、**前審として裁判を行うことは認められています**。
例えば、行政不服審査法に基づく行政機関の裁決は前審としての裁判といえます（詳しくは第3編「行政法」で学習します）。

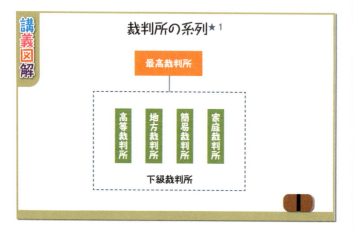

裁判所の系列★1

最高裁判所

高等裁判所　地方裁判所　簡易裁判所　家庭裁判所

下級裁判所

2 裁判官

不正な裁判が行われないように、**憲法では裁判官に手厚い身分保障**をしています（78条、79条など）。

[裁判官の身分保障など] ★3

	最高裁判所 裁判官	下級裁判所 裁判官
指名および任命	長官 **内閣**が指名し、**天皇**が任命（6条2項）	最高裁判所の指名した者の名簿によって、**内閣**が任命（80条1項本文）
	その他の裁判官 **内閣**が任命（79条1項）	
任期	**なし**	10年（80条1項本文）
定年	あり（79条5項）	あり（80条1項但書）
報酬減額	在任中減額**なし**（79条6項）★4	在任中減額**なし**（80条2項）★4
罷免事由	①**心身の故障**により職務を執行できない（78条） ②**弾劾裁判所**による罷免（78条） ③**国民審査**による罷免（79条2項・3項）★5	①心身の故障により職務を執行できない（78条） ②弾劾裁判所による罷免（78条）

★3
あとまわしOK
頻出ではないので、余裕がなければこの表自体あとまわしでもOKです。

★4
ワンポイント
国会議員の歳費（49条）は減額されることがありますが、**裁判官**の報酬は在任中減額されません。

★5
ワンポイント
最高裁判所の裁判官のみ、衆議院議員選挙の際に国民審査の対象となります（罷免すべきという意見が多数であれば罷免されます）。

重要度 **B**

1 裁判所の規則制定権

最高裁判所は、訴訟に関する手続、弁護士、裁判所の内部規律、司法事務処理に関する事項について、**規則を定めることができます**（77条1項）。

ナビゲーション

頻出テーマではありませんが、違憲審査の方法については理解しておきましょう。

司法に関するルールは国会ではなく裁判所で決められるということですが、これは「国会中心立法の原則」の例外といえます。

過去問チャレンジ

最高裁判所は、裁判所の内部規律・司法事務処理に関し規則を制定することができるが、訴訟手続や弁護士に関する定めは法律事項であるから、規則で定めることはできない。[14-7-4]

× ：最高裁判所は、訴訟手続や弁護士に関する事項についても規則を定めることができます（77条1項）。

2 違憲審査の方法

人権分野では、様々な「違憲判決」を学習してきましたが、裁判所が法律や行政活動を憲法違反と判断できるのは、**憲法**で「**違憲審査権**」が与えられているからです。

条文

憲法第81条（法令等の違憲審査権）★1
　最高裁判所は、一切の法律、命令、規則又は処分が憲法に適合するかしないかを決定する権限を有する終審裁判所である。

★1
ワンポイント

憲法には規定がありませんが、**条約**も違憲審査の対象とすることができます。
また、「最高裁判所は」とありますが、**下級裁判所にも違憲審査権があります**。

ここで問題となるのは、**裁判所がどのタイミングで違憲審査権を行使することができるか**です。

ここがポイント 違憲審査権の行使

日本の裁判所は、**具体的な争訟**が提起されている場合に限り、違憲審査権を行使することができる（**付随的違憲審査制**）。

講義図解

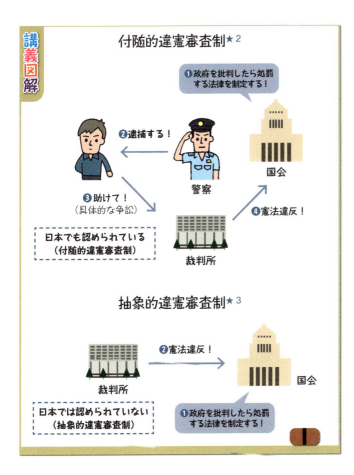

付随的違憲審査制★2

❶政府を批判したら処罰する法律を制定する！

❷逮捕する！

国会

警察

❸助けて！
（具体的な争訟）

❹憲法違反！

裁判所

日本でも認められている
（付随的違憲審査制）

抽象的違憲審査制★3

❷憲法違反！

裁判所

国会

日本では認められていない
（抽象的違憲審査制）

❶政府を批判したら処罰する法律を制定する！

★2
ワンポイント
日本のほかに、アメリカも付随的違憲審査制です。

★3
ワンポイント
ドイツでは抽象的違憲審査制が採用されています。

3 違憲判決★4

　違憲判断の方法としては、大きく分けて**「法令違憲判決」**と**「適用違憲判決」**の2つがあります。

★4
用語の意味
判決
裁判官が下す結論のこと。

ここが ポイント　法令違憲と適用違憲

- **法令違憲**★5

  法令そのものを違憲とする判決。

  ※違憲判決が出されたら、**実質的に国会はその法律を改廃しなければならない**（個別的効力説）。

- **適用違憲**★6

  法令そのものは違憲としないが、問題（裁判）となっている事件の当事者にそれを適用したことを違憲とする判決。

  ※違憲判決が出されても、法律自体が違憲とはされないため、**国会はその法律を改廃しなければならないわけではない。**

［法令違憲判決一覧］★7

①尊属殺重罰規定違憲判決（最大判昭48.4.4）

②衆議院議員定数不均衡訴訟（最大判昭51.4.14）

③薬局距離制限事件（最大判昭50.4.30）

④衆議院議員定数不均衡訴訟（最大判昭60.7.17）

⑤森林法事件（最大判昭62.4.22）

⑥郵便法免責規定違憲判決（最大判平14.9.11）

⑦在外日本人選挙権剥奪違法確認等請求事件（最大判平17.9.14）

⑧国籍法3条1項違憲判決（最大判平20.6.4）

⑨非嫡出子相続分規定訴訟（最大決平25.9.4）

⑩再婚禁止規定違憲事件（最大判平27.12.16）

⑪在外日本人国民審査権確認等請求訴訟（最大判令4.5.25）

★5

野畑の スパッと解説

P37〜38で学習した刑法の尊属殺人罪のように、「**法律の存在自体が憲法違反**」という場面を想定してください。

★6

野畑の スパッと解説

法令自体は憲法違反ではないが、「**適用すべきではない人に間違って法令を適用してしまった**」という場面をイメージしてください。

★7

ワンポイント

適用違憲とされた判決も重要ですが、まずは法令違憲判決の11個を押さえてください。

4　裁判の公開

　重要度 **C**

　裁判は人の一生を左右します。**国家による不当な裁判が行われないよう、憲法では裁判の公開を規定**しています（82条）。

ナビゲーション

出題可能性は高くありません。
通常事件の対審以外は絶対公開と押さえておけば十分です。

[裁判の公開]

	対審★1	判決
通常事件	原則→公開 例外→裁判官の全員一致で公の秩序または善良の風俗を害するおそれがあると決した場合は非公開	常に公開
政治犯罪、出版に関する犯罪、憲法の第3章（国民の権利及び義務）で保障する国民の権利が問題となっている事件	常に公開	

★1
用語の意味

対審
裁判の当事者同士が裁判官の目の前で主張を述べること。

国民の関心が高いとされる事件については、非公開にできないということです。

過去問チャレンジ

裁判の判決は、いかなる場合も、公開法廷で行わなければならない。[98-25-4]

○：その通り（82条）。

第5節 天皇

はじめに

本節では、天皇について学習します。
直前期に天皇の地位と国事行為をチェックしておく程度で十分なので、時間がない方はあとまわしにしても大丈夫です。

1 天皇

重要度 **C**

1 天皇の地位

日本における天皇の歴史は古く、過去には天皇が直接政治を行っている時代もありました。

現代における天皇は、**日本国の象徴**であり、その地位は**日本国民の総意**に基づくとされています（1条）。★1

2 天皇の国事行為

天皇は**国政に関する行為は行わず、国事に関する行為のみ**を行うとされています（4条）。そして、**国事行為を行うには内閣の助言と承認**が必要です（3条）。★2★3

[天皇の国事行為]

6条の国事行為	①内閣総理大臣の任命 （国会の指名により、天皇が任命） ②最高裁判所長官の任命 （内閣の指名により、天皇が任命）
7条の国事行為	①憲法改正・法律・政令および条約を公布すること。 ②国会を召集すること。 ③衆議院を解散すること。 ④国会議員の総選挙の施行を公示すること。 ⑤国務大臣その他の官吏の任免および外交上の委任状等を認証すること。 ⑥大赦・特赦・減刑・刑の執行の免除および復権を認証すること。 ⑦栄典を授与すること。 ⑧外交文書等を認証すること。 ⑨外国の大使および公使を接受すること。 ⑩儀式を行うこと。

ナビゲーション

過去にほとんど出題実績がなく、直前期に天皇の国事行為につき確認しましょう。

★1
ワンポイント

皇位は世襲制であり、皇室典範という法律で規定されています。

★2

野畑のズバッと解説

天皇が単独で政治的判断を行うことがないように、内閣の助言と承認が必要とされています。

★3

野畑のズバッと解説

国事行為は、天皇が形式的に行う行為のことです。例えば、法律を制定するのは国会ですが、天皇はそれを形式的に国民に知らせるという「公布」を行います。

第6節 財政

はじめに

本節では、国の財政（経済活動）について学習します。
このテーマで学習する内容は、第3編「行政法」や第6編「一般知識」とも関わってきますので、一度最後まで本書を読み終えた後にもう一度確認すると理解が深まります。

1 財政の基本原則　重要度 B

　国が活動するためには多くのお金が必要になりますが、だからといって、ある日突然、税金を2倍にされても困ります。

　そこで、**国が国民から税金を取るには、国会でつくられた法律または法律の定める条件によらなければならない**とされています（84条）。

ここが ポイント　租税法律主義

● 新たに租税を課し、または現行の租税を変更するには、**法律**または**法律の定める条件**によることを必要とする（**租税法律主義**）。
● 租税とは、反対給付を伴わず徴収されるものである。★1

　では、「税金」ではない形で国民から徴収する金銭についても法律で決めておかなければならないのでしょうか？

ここが ポイント　国民健康保険「料」と租税法律主義★2

● 国民健康保険「税」として徴収
　　→あくまでも形式が税なので、憲法84条が**直接適用**される。
　　→具体的に法律で決めておくべき。
● 国民健康保険「料」として徴収
　　→租税ではないが強制的に徴収されるため、租税に**類似する**性質を有し、憲法84条の**趣旨が及ぶ**。
　　→できる限り具体的に法律で決めておくべき。★3

ナビゲーション

財政は、数年に1回のペースで出題されていますので、対策を怠らないようにしましょう。

★1

野畑の ズバッと解説

税金を払ったからといって、国が個人に何かをしてくれるわけではありません。つまり、「**見返りなく徴収される**」ということです。

★2
ワンポイント

国民健康保険は、市町村によって「税」形式で徴収するところと、「料」方式で徴収するところに分かれています。

違いがわかりにくいですが、次の過去問チェックを解けるようにしておけば大丈夫です。

★3
ワンポイント

結局はどちらの場合も法律で決めておくべきなのですが、**租税ではない保険料については84条が直接適用されないことに注意**しておきましょう。

過去問チャレンジ

> 市町村が行う国民健康保険の保険料は、租税以外の公課ではあるが、賦課徴収の強制の度合いにおいては租税に類似する性質を有するので、憲法84条の趣旨が及ぶ。[10-6-エ]
>
> **〇**：その通り。

2 予算・決算　　　　重要度 **C**

予算★1を組んだり、国費を支出したりする場合にも、それが適切であるかどうか国民のチェックが必要であるという考えから、**国会の議決に基づくことが要求**されています（85条）。

また、**決算★2**（実際にどれくらいの収入・支出があったか）についても、**事後に会計検査院★3で検査**がされ、**結果が国会に報告される**ことになっています（90条）。

ナビゲーション

憲法ではあまり出題されませんが、一般知識と関連するテーマなので、時間のない方は第6編「一般知識」の学習時に確認すれば大丈夫です。

1 予算

ここが ポイント　　1年間の予算を立てるには

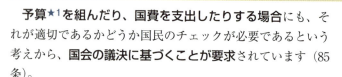

- 予算は、会計年度★4ごとに、**内閣**が作成し、これを**国会**に提出した後、**国会の議決を経て成立**する（86条）。
- 予見し難い予算の不足に充てるため、**国会の議決に基づいて予備費を設けることができ、内閣の責任で支出できる**（87条1項）。**★5**
- 予備費の支出について、**内閣**は**事後**に**国会の承認**を得なければならない（87条2項）。

★1★2★3
用語の意味

予算
見積もりのこと。
決算
一会計年度における収支報告のこと。
会計検査院
国の財政執行が適切かどうかを監視・検査する行政機関のこと。

★4
用語の意味

会計年度
4月1日から翌年3月31日までの1年間のこと。

❷ 国費の支出

ここが ポイント 国がお金を出すには

国費を支出し、または国が債務を負担するには、**国会**の議決に基づく必要がある（85条）。

★5 野畑の ズバッと解説

大規模災害等、予備費でも対応できない場合は、**補正予算を組んで対応**します（憲法に規定はありません）。

❸ 決算

ここが ポイント 実際に使ったお金のチェックも必要

- 国の収入支出の**決算**は、すべて毎年**会計検査院**がこれを検査する（90条）。
- **内閣**は、次の年度に、その検査報告とともに、これを**国会**に提出しなければならない（90条）。

過去問チャレンジ

国の歳出の決算は毎年会計検査院の検査を受けなければならないが、収入の見積もりに過ぎない歳入の決算については、会計検査院の検査を受ける必要はない。[15-7-5]

× : 歳出だけでなく歳入も、決算は会計検査院の検査を受けなければなりません（90条）。

第7節 地方自治

はじめに

本節では、地方自治について学習します。
第3編「行政法」で地方自治を学習する前に、なぜ憲法に地方自治の規定があるのか、「地方自治の本旨」とは何かを簡単に押さえておきましょう。

1 地方自治の本旨

重要度 **C**

これまでに、国家権力を国会・内閣・裁判所に分け、互いに監視することを学習しました。

この考え方は、「中央政府（国）」対「地方政府（地方）」にもあてはまります。★1

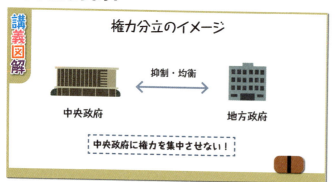

権力分立のイメージ

抑制・均衡

中央政府 ⟷ 地方政府

中央政府に権力を集中させない！

憲法でも、地方自治に関する規定が置かれており、基本原則が示されています。

条文

憲法第92条（地方自治の基本原則）
　地方公共団体の組織及び運営に関する事項は、地方自治の本旨に基いて、法律でこれを定める。

ナビゲーション

憲法での出題はほとんどありません。本書でも概要だけにとどめていますので、詳細は行政法（地方自治法）で学習すると考えてください。

★1
ワンポイント

戦前の憲法には、地方自治に関する規定がなく、あくまで地方政府は中央政府の一組織として扱われていました。

ここが ポイント 地方自治の本旨とは ★2

地方自治の本旨には、大きく2つの意味がある。

● 国から独立した存在として、国の関与を受けず事務を処理する（**団体自治**）。

● 住民の意思に基づいて、地方政治を行う（**住民自治**）。

★2
あとまわしOK

地方公共団体が議会を設置したり、条例を制定できたりするのは「団体自治」のあらわれです（93条1項、94条）。
また、知事や地方議会議員を住民の直接選挙で選ぶことができるのは、「住民自治」のあらわれです（93条2項）。

過去問チャレンジ

地方公共団体の組織及び運営に関する事項は、地方自治の本旨に基づいて、法律でこれを定める。[98-26-ウ]

O：その通り（92条）。

第8節 憲法改正

はじめに

本節では、憲法改正について学習します。
昨今、憲法改正に関する議論がなされていますが、試験対策としては、日本国憲法を改正するためにどのような手続が必要かを押さえておく必要があります。

1 憲法改正

重要度 **B**

　国の最高法規である憲法を改正するには、様々な手続を経なければなりません。★1★2

条文

憲法第96条（憲法改正の手続）
1項　この憲法の改正は、**各議院の総議員の3分の2以上の賛成で、国会が、これを発議**し、国民に提案してその承認を経なければならない。この承認には、**特別の国民投票又は国会の定める選挙の際行はれる投票**において、**その過半数の賛成**を必要とする。
2項　憲法改正について前項の承認を経たときは、**天皇**は、**国民の名**で、この憲法と一体を成すものとして、**直ちにこれを公布**する。

講義図解

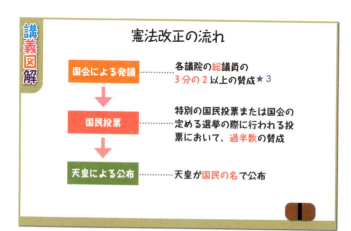

ナビゲーション

講義図解で改正手続をイメージし、96条を確認するようにしてください。

★1 野畑の ズバッと解説

憲法の前文も、憲法の一部と考えられているため、**前文を変更するには憲法改正手続が必要**です。

★2 野畑の ズバッと解説

憲法の根幹となるルール（三大原理／P10）を変更するような改正をすることはできません。

★3 ワンポイント

出席議員ではなく、「**総議員**」の3分の2以上の賛成が必要です。

過去問チャレンジ

憲法の改正は国会が発議するが、両議院の意見が一致しない場合には、衆議院の議決が国会の発議となる。[01-7-2]

× : 憲法改正の発議において、衆議院の優越はありません。

ちょっと一息　お疲れさまでした！

これで憲法の学習は終了です。
「生まれて初めて法律の勉強をした」という方もいらっしゃったのではないでしょうか？
一度読んだだけでは理解できなくても、繰り返すことによって理解は深まっていきます。
がんばりましょう！

●語句索引

あ行

旭川学テ事件……84
朝日訴訟……81, 110
新しい人権……30
違憲審査権……114
石井記者事件……55
板まんだら事件……110
一事不再議の原則……94
一事不再理の原則……73
一票の格差……40, 41
NHK 記者事件……55
愛媛玉串料事件……47, 49
エホバの証人剣道受講拒否事件……47

か行

会期不継続の原則……94
会計検査院……120, 121
外国人の管理職就任権……18
外国人の社会権……18
学問の自由……62
間接適用……26
議院規則の制定……102
議院の権能……102
議員の資格争訟の裁判……102
議院の自律権……110
議員の懲罰……102
喫煙禁止事件……23
基本的人権の尊重……10
義務教育の無償……84
京都府学連事件……31
グーグル検索結果削除請求事件……33
警察法改正無効事件……110
警察予備隊訴訟……110
決算……120, 121
検閲……58, 59
憲法改正……124
憲法改正の発議……102

公共の福祉……24

公共の福祉……24
孔子廟訴訟……47, 50
幸福追求権……30
公務員の人権……21
公務員の労働基本権……87
小売市場距離制限事件……64, 65
国政選挙権……18
国政調査権……102, 103
国籍法 3 条 1 項違憲判決……38, 40
国民主権……10, 91
国労広島地本事件……87
国会単独立法の原則……93
国会中心立法の原則……93
国会の会期……95
国会の権能……102
国権の最高機関……93
子どもの学習権……83

さ行

在外日本人選挙権剥奪違法確認等請求事件
……77
在外日本人国民審査権確認等請求訴訟……78
在監者の人権……23
罪刑法定主義……69
最高法規……9
再婚禁止規定違憲事件……38
財産権……67
財政……119
裁判官の身分保障……113
裁判所の系列……112
裁判の公開……116, 117
歳費受領権……100, 101
裁量行為……110
塩見訴訟……18, 82
資格争訟裁判……96
自己実現の価値……51
自己統治の価値……51
私人間効力……25

●判例索引

MEMO

MEMO

合格の
れっく
LEC
東京リーガルマインド

分野別セパレート本の使い方

各分冊を取り外して、
手軽に持ち運びできます！

①白い厚紙を本体に残し、
　色紙のついた冊子だけを
　手でつかんでください。
②冊子をしっかりとつかん
　だまま手前に引っ張って、
　取り外してください。

※この白い厚紙と色紙のついた冊子は、のりで接着されていますので、
　丁寧に取り外してください。
　なお、取り外しの際の破損等による返品・交換には応じられませんの
　でご注意ください。

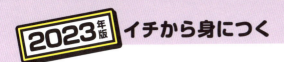

行政書士

合格のトリセツ

基本テキスト

第2分冊

第2編 民法

LEC東京リーガルマインド

第2編　民法

第2編

民法

 著者の**野畑講師**が解説！

書籍購入者限定
無料講義動画

 QRコード
からの
アクセスは
こちら

本書の中から重要ポイントをピックアップして講義しています。

※動画の視聴開始日・終了日は、
　専用サイトにてご案内いたします。

※ご視聴の際の通信料はお客様負担と
　なります。

URL

lec-jp.com/gyousei/book/member/
torisetsu/2023.html

● 過去10年の出題傾向

■ 総則

項　目	12	13	14	15	16	17	18	19	20	21
民法序論										
能力	●	●		●					●	
失踪宣告	●									●
意思表示		●	●	●		●			●	
代理	●				●		●	●		
時効		●			●	●		●		

■ 物権法

項　目	12	13	14	15	16	17	18	19	20	21
物権総論						●				●
不動産物権変動		●					●		●	●
動産物権変動		●					●	●		
所有権			●	●	●					
占有権				●						
用益物権	●							●		
担保物権	●	●	●	●	●	●	●	●	●	●

■ 債権法

項　目	12	13	14	15	16	17	18	19	20	21
債権の意義									●	
債権の効力・解除				●						
責任財産の保全		●	●		●					●
債権の消滅							●			
多数当事者間の債権債務関係	●		●			●				
債権譲渡・債務引受			●			●			●	●

項　目	12	13	14	15	16	17	18	19	20	21
契約総論		●		●					●	●
契約各論	●	●	●	●	●	●	●	●	●	●
事務管理・不当利得・不法行為	●	●	●	●	●	●	●	●		●

■家族法

項　目	12	13	14	15	16	17	18	19	20	21
親族法		●	●	●	●		●	●	●	
相続法	●					●				●

民法の学習法

民法は、**択一式で9問・記述式で2問**出題されます。

行政書士試験においては、**行政法の次に配点が高く、合否を大きく分ける重要な科目**です。憲法や行政法と異なり、「事例形式」での出題も多いので、ただ条文を覚えるだけでなく、それを事例にあてはめる力も必要とされます。

約120年ぶりに大改正された民法が2020年度から出題されていますが、初学者の皆さんはあまり気にせずに本書の内容を習得することを心がけてください。過去に民法の学習をしたことのある方は、知識が混同しないように気をつけましょう。

学習のポイント

1 総則

「総則」は、民法全体に関わる分野です。総則の後に学習する「物権」や「債権」の内容が登場することもありますが、細かいことは気にせずに、まずはどんどん学習を進めていきましょう。民法の学習がすべて終わった後にもう一度総則の学習をすると、より理解が深まります。

2 物権法

所有権など、「物」に対する権利を学習します。

試験でよく問われる物権とそうでない物権があるので、メリハリをつけて学習することが大切です。「誰が」「誰に対して」「どのような主張をすることができるか」を押さえておくと、記述式問題にも対応できるようになります。講義図解でイメージをつかむことも重要です。

3 債権法

代金請求権や損害賠償請求権など、「人」に対する権利を学習します。

行政書士試験の民法の中で最も出題されるのが債権法の分野であり、民法改正で最も変更点の多い分野でもあります。物権法以上に多くの人物が登場しますので、事例を整理できるように図を書く練習をしておきましょう。

4 家族法

夫婦関係や親子関係などの「親族」に関するルールと、財産相続や遺産分割などの「相続」に関するルールを学習します。以前はあまり出題されていませんでしたが、近年は記述式でも出題されるようになりました。私たちにとって一番身近なルールでもありますので、興味を持って学習するように心がけましょう。

本試験対策

■ 5肢択一式 (9問出題：36点)

総則2問・物権法2問・債権法4問・家族法1問が出題の基本です。

例年2〜3問はかなり細かいことを聞いてくる問題が出題されますが、そのような問題は合否に影響しないため、頻出論点をいかに取りこぼさないかが重要です。

■ 記述式 (2問出題：40点)

分野を問わず、例年2問出題されます。

ある事例（揉め事）を解決するために適用すべき条文や判例理論を書かせる問題が多いので、講義図解の事例をしっかり確認し、該当する条文を何度も読んでおくことが重要です。

■民法／記述式問題の出題内容

年度	出題内容	
2006年度	売買（手付） （債権各論）	抵当権（物上代位） （担保物権）
2007年度	正当防衛（720条） （債権各論）	金銭債務の特則 （債権総論）
2008年度	賃貸借（信頼関係破壊法理） （債権各論）	債権譲渡の対抗要件 （債権総論）
2009年度	連帯保証と求償 （債権総論）	177条の「第三者」 （物権）
2010年度	弁済による代位 （債権総論）	不法行為と相殺 （債権総論）
2011年度	代価弁済と抵当権消滅請求 （担保物権）	表見代理と使用者責任 （総則・債権各論）
2012年度	検索の抗弁 （債権総論）	遺留分減殺請求 （相続）
2013年度	無権代理人に対する責任追及 （総則）	盗品の回復 （物権）
2014年度	詐害行為取消権 （債権総論）	他人の権利の売買における 善意の売主の解除権 （※民法改正により削除） （債権各論）
2015年度	占有の性質の変更 （物権）	嫡出否認の訴え （親族）
2016年度	売主の担保責任 （債権各論）	離婚に伴う財産分与 （親族）
2017年度	債権譲渡禁止特約 （債権総論）	不法行為に基づく損害賠償請求権の 消滅時効等 （債権各論）
2018年度	制限行為能力者の相手方の催告権 （総則）	書面によらない贈与 （債権各論）
2019年度	共有物の変更・管理 （物権）	第三者のためにする契約 （債権各論）
2020年度	第三者による詐欺 （総則）	背信的悪意者からの転得者 （物権）
2021年度	債権譲渡禁止特約 （債権総論）	土地工作物責任 （債権各論）

総則

この章で学ぶこと

「民法の共通ルール」

　総則では、民法の共通ルール、特に「契約が有効か無効か」について学習します。皆さんが持っている時計を売りたいと考えた場合、買主として様々な人が登場します。

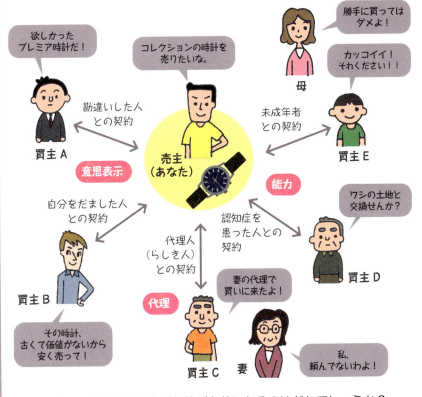

　この中で、あなたが結んだ契約が有効になるのはどれでしょうか？
総則の学習が終わる頃にはわかるようになっていることでしょう。
それでは、民法の学習をはじめましょう。

第1節 民法序論

はじめに

この節では、民法を身近に感じてもらうことを目的として、日常的に行う「売買契約」を例に話をします。どのような場合に売買契約が成立するのか、約束を守らなかったらどうなるかについておおまかに理解するようにしてください。

1 民法とは

重要度 **C**

　これから学習する「民法」は、私たち一般市民同士が生活をするうえで、守るべきルールが書かれている法律です。

　例えば、私たちが日常的に行っている「売買」も、民法では契約としてルールが規定されています。★1

講義図解

売買契約の成立 ★1

第555条（売買）
売買は、❶当事者の一方がある財産権を相手方に移転することを約し、相手方がこれに対してその代金を支払うことを約することによって、❷その効力を生ずる。

1,000万円で売ります　　1,000万円で買います

A 売主

❶売買契約の成立
❷1,000万円払って！（代金債権）
❷土地を引き渡して！（引渡債権）

B 買主

555条の意味
❶要件（○○なら〜）
売ります、買いますという約束をしたら
❷効果（○○が発生する）
売主の代金請求権（債権★2）と買主の代金支払義務（債務★2）
買主の土地引渡請求権（債権）と売主の土地引渡義務（債務）が
発生する。★3

ナビゲーション
契約を結ぶと発生する、債権と債務について理解しておきましょう。

★1
野畑のズバッと解説

誰とどのような内容の契約をするのかは原則として自由だという原則を、**契約自由の原則**といいます。

★2
用語の意味
債権
人に何かを請求できる権利。
債務
人に何かをしなければならない義務。

★3
ワンポイント
このように、債権と債務は表裏の関係ですが、図で示すときは債権のみ記載するのが基本です。

身近な売買契約でイメージをつけると、民法の世界が見えてきます。

この後、普通であればお互いに土地を引き渡したり代金を払ったりしますが、例えば、売主が土地の引渡しをしなかった場合、どのようなことになるのでしょうか。

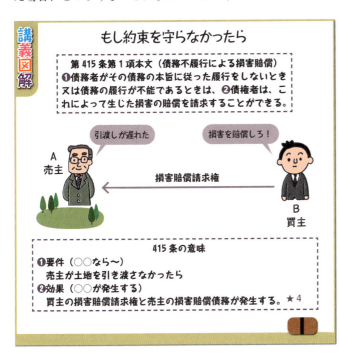

講義図解

もし約束を守らなかったら

第415条第1項本文（債務不履行による損害賠償）
①債務者がその債務の本旨に従った履行をしないとき又は債務の履行が不能であるときは、②債権者は、これによって生じた損害の賠償を請求することができる。

引渡しが遅れた

損害を賠償しろ！

A 売主

損害賠償請求権

B 買主

415条の意味
①要件（○○なら〜）
　売主が土地を引き渡さなかったら
②効果（○○が発生する）
　買主の損害賠償請求権と売主の損害賠償債務が発生する。★4

★4
ワンポイント
約束を果たさなかったペナルティと考えてください。
このほかにも、買主（債権者）は裁判所の助けを借りて、売主（債務者）の土地を強制的に取得することができます（414条1項）。

民法では、契約を中心とした具体的な事例が数多く出題されます。問題を見て簡単な図が書けるようにしておきましょう。

第2節 能力

はじめに

この節では、契約をするために必要な「能力」について学習します。特に試験でも頻出の行為能力について、しっかり学習するようにしてください。

1 能力とは

 重要度 **C**

私たちが3,000万円の土地を買う契約をした場合、3,000万円を払わなければならないのは当たり前のことです。

しかし、契約をしたのが4歳の子どもだったり、15歳の中学生だったりする場合はどうでしょうか。

民法では、1人で契約ができるかどうかを、①権利能力、②意思能力、③行為能力の3つが備わっているかで判断します。

[契約に必要な能力]

	どのような能力か	いつ手に入るか
権利能力	自分の名前で契約をしたり、財産を持ったりすることができる能力	生まれたとき
意思能力	自分のした契約の中身が理解できる能力	8～10歳頃★1
行為能力	1人で完全な契約をすることができる能力	18歳

ナビゲーション

これから学習する各能力について、軽く確認しておくくらいで十分です。

★1
ワンポイント

権利能力や行為能力と違って、意思能力をいつ取得するかどうかは民法に規定がありません。

ここからは、それぞれの能力に関する論点を確認していきます。

2 権利能力

重要度 **C**

権利能力は、人が生まれてきたときに取得できます（3条1項）。言い換えれば、生まれる前の胎児には権利能力がないことになりますが、それでは問題が生じるため、①相続（886条1項）、②不法行為に基づく損害賠償請求（721条）、③遺贈（965条）については、胎児が生きて生まれてきた場合に限って、遡って権利能力を認めることとしました。

ナビゲーション

あまり出題されていませんが、胎児出生前の代理については確認しておきましょう。

講義図解

胎児の権利能力（相続の場合）

胎児Dに権利能力がないと、Aの財産を相続できない！

相続については、生きて生まれてきた胎児Dにも権利能力を認め、遺産相続できるようにした。★1

出生したら、ここから権利能力を取得していたことにする！

★1 ワンポイント

このように、「生きて生まれてくること」を条件に胎児の権利能力を認めるという考え方を停止条件説といいます。

★2 野畑のスバッと解説

父AがXに殺された場合、Dが生まれた後であれば母BがDを代理して損害賠償請求をすることができますが、Dが生まれてくる前に代理して損害賠償請求をすることはできません。

ここがポイント 胎児出生前の代理

胎児が生きて生まれてきたら、遡って権利能力を取得する（大判昭7.10.6）。

→胎児が生まれてくる前は権利能力がない。
→親が胎児を代理することはできない。★2

過去問チャレンジ

胎児に対する不法行為に基づく当該胎児の損害賠償請求権については、胎児は既に生まれたものとみなされるので、胎児の母は、胎児の出生前に胎児を代理して不法行為の加害者に対し損害賠償請求をすることができる。[12-27-1]

×：胎児は生きて生まれてくるまでは権利能力を持たないため、胎児の母は、胎児の出生前に胎児を代理して不法行為の加害者に対し損害賠償請求をすることができません。

3 意思能力

重要度 **C**

　例えば、4歳の子どもが3,000万円の土地を買うという売買契約を結んだとしても、その意味を理解しているとはいえません。

　この場合、**4歳の子どもは「意思無能力者」**とされ、契約は無効★1となります（3条の2）。★2

ナビゲーション
意思能力の規定は、民法改正により新設されました。

★1
用語の意味
無効
契約を締結しても、その効果である債権と債務は発生しないこと。

★2
ワンポイント
小さい子どもだけでなく、重度の認知症の方や泥酔状態の者も意思無能力者となります。

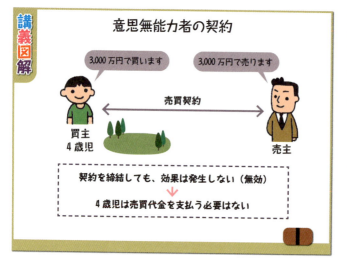

意思無能力者の契約

3,000万円で買います　　3,000万円で売ります

買主 4歳児　　売買契約　　売主

契約を締結しても、効果は発生しない（無効）
↓
4歳児は売買代金を支払う必要はない

4　行為能力と制限行為能力者制度　重要度 A

例えば、権利能力があり、意思能力もある15歳の中学生が契約をした場合、その契約は有効となります。

とはいえ、やはり未成年者は判断能力が十分ではなく、不必要な契約をしてしまうこともあります。

そこで、民法は「制限行為能力者制度」というルールをつくり、未成年者など判断能力に乏しい者を保護するために契約を取り消すことができるとしました。★1

[制限行為能力者]

未成年者	18歳未満の者（2022年4月1日から）
成年被後見人（7条）	①判断能力を欠き、②家庭裁判所で後見開始の審判を受けた者
被保佐人（11条）	①判断能力が著しく不十分で、②家庭裁判所で保佐開始の審判を受けた者
被補助人（15条1項）	①判断能力が不十分で、②家庭裁判所で補助開始の審判を受けた者

低い　高い

判断能力

保護の必要性

高い　低い

まずは、行為能力と制限行為能力者制度との関係を理解しましょう。

ここがポイント　制限行為能力者の保護

行為能力とは、**1人で完全な契約をすることができる能力**のこと。

＜制限行為能力者制度＞

❶判断能力が十分でない者には1人で契約をさせず、**保護者**をつける。

❷保護者の同意なく勝手に契約をした場合、契約を**取り消**して★2**最初**からなかったことにできる。★3

ナビゲーション

能力の中では最もよく出題されています。いきなり覚えようとするのではなく、制度趣旨を理解するようにしましょう。

★1 ワンポイント

未成年者だけでなく、大人でも病気やケガにより判断能力が衰えることがあります。そのような方々を守るために、**後見・保佐・補助の制度**が設けられています。

★2 用語の意味

取消し

取消しの意思表示をすることにより、有効な契約だったものを**最初からなかった**ことにすること。

★3 野畑のズバッと解説

未成年者や認知症の方には1人で契約をさせず、仮にしてしまったとしても取り消すことにより財産の流出を防ぐことができます。

制限行為能力者のした契約
15歳の未成年者が親の同意なく時計を買った場合

C
保護者

同意なし

A
買主
未成年者

❷取消し！

❶売買契約

B
売主

取消しにより、売買契約は最初からなかったことになり、
時計の売買代金はAのもとに戻ってくる。★4

↓

未成年者のもとから財産が出ていくのを防ぐことができる

★4
ワンポイント
契約の**取消し**は、保護者Cだけでなく、**未成年者A**からもすることもできます。

---

5 未成年者

重要度 **A**

❶ 未成年者の法律行為（契約）

　ここからは、未成年者★1が契約をする際のルールについて学習します。

　先ほどの講義図解で確認したように、**未成年者が親の同意なく勝手に契約をした場合、その契約は**取消し**の対象となり**ますが、一定の例外もあります。

　年齢18歳を持って成年とします（4条）。

よく出題されています。
法定代理人の同意が不要な行為を中心に押さえるようにしましょう。

★1
ワンポイント
2022年4月1日から、民法の成年年齢が20歳から18歳に引き下げられました（4条）。

[未成年者の法律行為（契約）]

原則	未成年者単独で行うことができない。 親などの法定代理人の**同意**がない契約は取り消すことができる（5条2項）。
例外	未成年者が単独で行うことができる。 ①単に**権利**を得る、または**義務を免れる**行為（5条1項但書） ★2 　例：時計をただでもらう。 　　　借金を免除してもらう。 ②法定代理人から**処分を許された財産**を処分する行為（5条3項） 　例：**学費**のためにもらったお金を**学費**に充てる。★3 　　　使い道を指定されずにもらったお小遣いを使う。 ③法定代理人から営業を許された行為（6条1項） 　例：親が経営するお店で店番をする。

❷ 法定代理人の追認

　未成年者が契約をしたときには親の同意がなかったが、**後で親が契約を認めた（追認した）**場合には、「事後の同意」があったと考えられるため、その**契約は取り消す**ことができ**なくなります**（122条）。

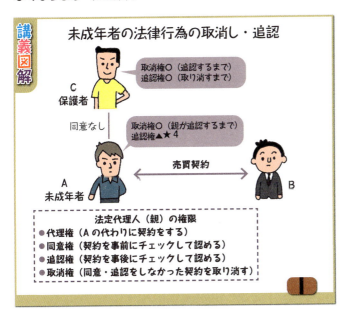

未成年者の法律行為の取消し・追認

取消権〇（追認するまで）
追認権〇（取り消すまで）

C
保護者

同意なし

取消権〇（親が追認するまで）
追認権▲★4

売買契約

A
未成年者

B

法定代理人（親）の権限
- 代理権（Aの代わりに契約をする）
- 同意権（契約を事前にチェックして認める）
- 追認権（契約を事後にチェックして認める）
- 取消権（同意・追認をしなかった契約を取り消す）

★2

野畑の ズバッと解説

未成年者がただ得をするだけであれば、親の同意は不要ですが、「時計をただでもらう代わりに、1日働く」という**負担付贈与**契約は、未成年者がただ得をするだけではないので、**親の同意が必要**です。

★3

ワンポイント

学費のためにもらったお金を、**テレビゲームの購入**に充てた場合は親の同意が必要です。

★4

あとまわしOK

Aが**未成年者**のうちは、法定代理人（親）の同意を得なければ追認することはできませんが、Aが**成年**になり、かつ、取消権を有することを知った後に追認することはできます（124条）。

❸ 取消しの効果

　契約が取り消されると、最初から契約をしていなかったものと扱われます（121条）。そのため、**すでにもらっている代金などがあれば、それを相手方に返さなければなりません**（121条の2）。

　本来は、もらった代金全額を返す必要がありますが、**制限行為能力者を保護するため、「現存利益」を返せばよい**とされています。★5

★5
ワンポイント
ここでは未成年者を例に挙げていますが、ほかの制限行為能力者の契約が取り消された場合も同じです。

「現存利益」とは何かが重要なので、詳しく見ていきましょう。

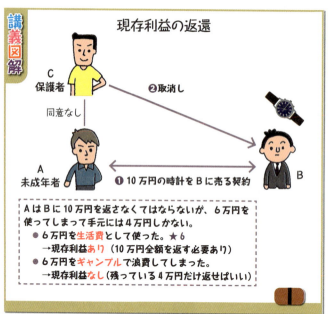

講義図解

現存利益の返還

C
保護者

②取消し

同意なし

A
未成年者

❶10万円の時計をBに売る契約

B

AはBに10万円を返さなくてはならないが、6万円を使ってしまって手元には4万円しかない。
- 6万円を**生活費**として使った。★6
  →現存利益**あり**（10万円全額を返す必要あり）
- 6万円を**ギャンブル**で浪費してしまった。
  →現存利益**なし**（残っている4万円だけ返せばいい）

★6
野畑のズバッと解説
本来、生活費は自分の財布から出すものなので、仮に生活費の6万円を時計の売却代金から出したのであれば、自分の財布に6万円が残っているはずなので、それを返還しなさいという考え方です。

過去問チャレンジ

未成年者であるBが親権者の同意を得ずにAから金銭を借り入れたが、後に当該金銭消費貸借契約が取り消された場合、BはAに対し、受領した金銭につき現存利益のみを返還すれば足りる。[11-27-オ]

○：その通り（121条の2第3項）。

6 成年被後見人

重要度 **A**

1 後見・保佐・補助の制度

　未成年者だけでなく、大人でも病気やケガにより判断能力が衰えることがあり、このような方々の財産を守るために、**後見・保佐・補助の制度**が設けられています。

> まずは、判断能力が最も不足している方のための「後見制度」について学習します。

2 成年被後見人の法律行為（契約）

　判断能力を**欠く**状態であり、家庭裁判所で**後見開始の審判**を受けた者は成年被後見人として保護されることとなります（7条・8条）。★1

　この場合、ほとんどすべての契約を保護者である成年後見人が行うことになります（9条）。

[成年被後見人の法律行為（契約）]

原則	成年被後見人は**単独で行うことができない**（9条本文）。成年後見人の**同意**があっても**取り消すことができる**。★2
例外	**日用品**の購入など、**日常生活**に関する行為は単独でできる。★3 ※後で**取り消す**ことができない（9条但書）。 　例：トイレットペーパーの購入

> 講義図解を見ながら、未成年者の場合と比較してみましょう。

ナビゲーション

成年被後見人については、よく出題されています。どのような契約でも原則として取り消すことができることに注意しましょう。

★1

野畑のズバッと解説

判断能力がない者がすべて成年被後見人とは限りません。**家庭裁判所のチェック**を受けて、はじめて成年被後見人となります。

★2

ワンポイント

事前に**同意**をしてあげても、期待した契約ができる可能性が低いため、**同意**をしていても取消しができるとしています。

★3

野畑のズバッと解説

日用品の購入は、額が低く、財産流失の心配が少ないため単独でできるとしています。

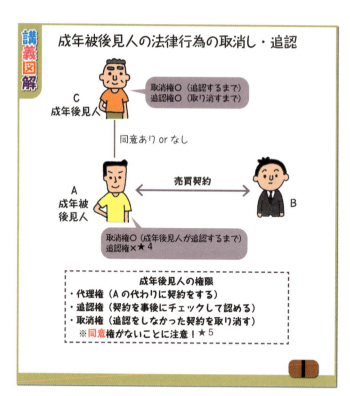

講義図解 成年被後見人の法律行為の取消し・追認

C 成年後見人
取消権〇（追認するまで）
追認権〇（取り消すまで）

同意あり or なし

A 成年被後見人 ⟷ 売買契約 ⟷ **B**

取消権〇（成年後見人が追認するまで）
追認権×★4

成年後見人の権限
・代理権（Aの代わりに契約をする）
・追認権（契約を事後にチェックして認める）
・取消権（追認をしなかった契約を取り消す）
　※同意権がないことに注意！★5

★4
あとまわしOK

Aが成年被後見人のうちは、自分でした契約を追認することはできません（成年後見人の同意を得て追認することも認められていません）が、Aの後見開始の審判が取り消され、かつ、取消権を有することを知った後に追認することはできます（124条）。

★5
野畑のズバッと解説

本来、同意をした契約は取り消すことができなくなりますが、成年後見人の場合は同意をしても取り消すことができるので、このことを「同意権がない」と表現します。

過去問チャレンジ

成年被後見人の法律行為について、成年後見人は、これを取り消し、または追認することができるが、成年被後見人は、事理弁識能力を欠く常況にあるため、後見開始の審判が取り消されない限り、これを取り消し、または追認することはできない。[12-27-4]

×：成年被後見人は、制限行為能力者である間も、みずからの法律行為を取り消すことができます（120条1項）。

7 被保佐人

重要度 A

1 被保佐人の法律行為（契約）

判断能力が著しく不十分な状態であり、家庭裁判所で保佐開始の審判を受けた者は被保佐人として保護されることとなります（11条・12条）。

この場合、不動産の売買や借金など、重要な契約をするときには保護者である保佐人の同意が必要となります（13条）。

ナビゲーション

成年被後見人と同様によく出題されています。どのような契約をする場合に保佐人の同意が必要になるかを中心に押さえましょう。

> 成年被後見人と違って、判断能力がまったくないわけではないので、危ない契約に限って同意がなければ取り消せるようにしています。

［被保佐人の法律行為（契約）］

原則	被保佐人は単独で行うことができる。 ※同意がなくても取り消すことができない。
例外	13条1項に規定されている重要な行為については、保佐人の同意が必要 ※同意がなければ取り消すことができる。 ［例］ ①元本を領収し、または利用すること ②借財または保証をすること ③不動産その他重要な財産に関する権利の得喪を目的とする行為をすること★1

野畑のズバッと解説

不動産はすべて同意の対象ですが、動産（時計や車など）については、高額なものとそうでないものがあるため、重要なものを扱う場合のみ同意が必要となります。

過去問チャレンジ

AがBに対してA所有の動産を譲渡する旨の意思表示をした。Aが、被保佐人であり、当該意思表示に基づく譲渡契約の締結につき保佐人の同意を得ていない場合、Aおよび保佐人は常に譲渡契約を取り消すことができる。［10-27-2改題］

× ：動産を譲渡する行為は必ずしも同意が必要とはいえず、保佐人の同意を得ていない場合に常に取り消すことができるわけではありません。

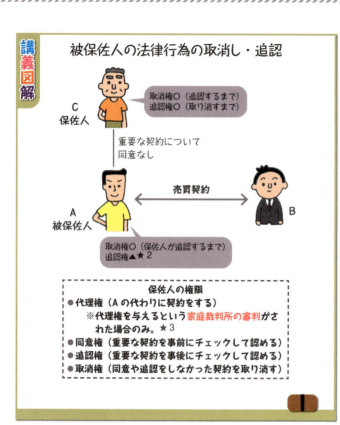

被保佐人の法律行為の取消し・追認

講義図解

C 保佐人
取消権〇（追認するまで）
追認権〇（取り消すまで）

重要な契約について
同意なし

A 被保佐人 ←→ 売買契約 ←→ B

取消権〇（保佐人が追認するまで）
追認権▲★2

保佐人の権限
- 代理権（Aの代わりに契約をする）
  ※代理権を与えるという家庭裁判所の審判がされた場合のみ。★3
- 同意権（重要な契約を事前にチェックして認める）
- 追認権（重要な契約を事後にチェックして認める）
- 取消権（同意や追認をしなかった契約を取り消す）

「被保佐人」と「成年被後見人」の違いをしっかり確認しておきましょう。

★2 あとまわしOK

Aが被保佐人のうちは、保佐人の同意を得なければ追認することはできませんが、Aの保佐開始の審判が取り消され、かつ、取消権を有することを知った後に追認することはできます（124条）。

★3 野畑のズバッと解説

被保佐人はある程度判断能力があるので、保佐人に勝手に契約をされたくないと思うかもしれません。そこで、原則として保佐人には代理権を与えないこととし、本人の請求か同意がある場合のみ、家庭裁判所の審判で代理権が与えられることになっています。

過去問チャレンジ

家庭裁判所は、本人や保佐人等の請求によって、被保佐人のために特定の法律行為について保佐人に代理権を付与する旨の審判をすることができるが、本人以外の者の請求によってその審判をするには、本人の同意がなければならない。[15-27-ウ]

〇：その通り（876条の4第1項・2項）。

8 被補助人

重要度 C

1 被補助人の法律行為（契約）

判断能力が**不十分**な状態であり、家庭裁判所で**補助開始の審判**を受けた者は被補助人として保護されることとなります（15条・16条）。★1

この場合、**重要な契約を含むほとんどの契約は被補助人が単独で行うことができます**（17条）。

[被補助人の法律行為（契約）]

原則	被補助人は**単独で行うことができる**（17条1項本文）。 ※同意がなくても**取り消す**ことができない。
例外	13条1項に規定されている重要な契約のうち、家庭裁判所の審判によって**同意**が必要とされた特定の行為をする場合には、**補助人の同意が必要**（17条1項但書）。 ※同意がなければ**取り消す**ことができる。

補助人が特に危険と判断した重要な契約をするときだけ、補助人の同意が必要となります。

ナビゲーション

被補助人については、ほかの制限行為能力者と比べて過去の出題は少ないです。
まずは成年被後見人や被保佐人をマスターするようにしましょう。

★1
野畑の
ズバッと解説

本人以外の者が補助開始の審判を請求する場合には、**本人の同意が必要**です（15条2項）。
判断能力が被保佐人よりもあるので、被補助人となるかどうかも自分で判断できることとしました。

過去問チャレンジ

家庭裁判所は、本人や配偶者等の請求により、補助開始の審判をすることができるが、本人以外の者の請求によって補助開始の審判をするには、本人の同意がなければならない。[15-27-エ]

O：その通り（15条2項）。

講義図解

被補助人の法律行為の取消し・追認

C 補助人
取消権○（追認するまで）
追認権○（取り消すまで）

指定した特定の重要な契約について同意なし

A 被補助人 ← 売買契約 → B

取消権○（補助人が追認するまで）
追認権▲★2

補助人の権限
- 代理権（Aの代わりに契約をする）
  ※代理権を与えるという**家庭裁判所の審判**がされた場合のみ。★3
- 同意権（指定した重要な契約を事前にチェックして認める）
- 追認権（指定した重要な契約を事後にチェックして認める）
- 取消権（同意や追認をしなかった契約を取り消す）
  ※同意権を与えるという**家庭裁判所の審判**がされた場合のみ。

制限行為能力者制度は保護する者の権利に違いがありますので表でしっかり確認しましょう。

［制限行為能力者制度のまとめ］★4

	代理権	同意権	取消権	追認権
親権者または未成年後見人	○	○	○	○
成年後見人	○	×	○	○
保佐人	△※1	○	○	○
補助人	△※1	△※1	△※2	△※2

※1……原則はないが、家庭裁判所の審判で与えられる。
※2……同意権が与えられた場合のみ。

★2
あとまわしOK

Aが**被補助人**のうちは、補助人の同意を得なければ追認することはできませんが、Aの**補助開始の審判**が取り消され、かつ、取消権を有することを知った後に追認することはできます（124条）。

★3
ワンポイント

原則として代理権がないことについては、保佐人の場合と同様です。

★4
ワンポイント

表の○×△だけを覚えても問題は解けません。まずは本文の内容をしっかり押さえるようにしてください。

9 制限行為能力者の相手方の保護 重要度 **B**

1 相手方の催告権（さいこくけん）

制限行為能力者と契約をした相手方は、**いつ契約が取り消されるかどうかわからない**という不安定な立場に置かれます。

そこで、相手方には**1カ月**以上の期間を定めて「**追認するかしないか**」の返答を求める**催告**権が認められています（20条）。

講義図解

相手方の催告権

C 保護者 ← 追認するか 取り消すか決めてくれ！

A 制限行為能力者 ←→ 売買契約 ←→ B

保護者に追認してもらってくれ！

＜催告したのに返事がなかった場合＞
- **B**が、**判断能力のある者**に対して催告した。
  - 例：保護者C、成年になった後のAに催告した。
    後見、保佐、補助開始の審判が取り消された後のAに催告した。
    →確答なければ**追認した**ものとみなす★1。★2
- **B**が、**判断能力のない者**に対して催告した。
  - 例①：未成年者A・成年被後見人Aに催告した。
    →催告したことを主張できない（98条の2）。
  - 例②：被保佐人A・被補助人Aに催告した。
    →確答なければ**取り消された**ものとみなす。★3

例①②の区別が難しい場合は、「少なくとも追認みなしではない」と押さえておくだけでも問題は解けます。

ナビゲーション

相手方の催告権については、過去に記述式でも問われたことがあります。催告したのに返事がなかった場合にどうなるのかを押さえておきましょう。

★1
用語の意味

みなす
法律上、その事実があるとして扱うこと。後で「そうではなかった」と主張しても覆らない（「推定する」の場合は、「そうではなかった」と主張したら覆る可能性がある）。

★2

野畑の ズバッと解説

取り消すかどうかの判断ができるはずなのに返事をしないと、「**契約は取り消さない＝追認する**」と判断されてしまうということです。

★3
野畑の ズバッと解説

制限行為能力者に催告しても、それが保護者に伝わらない可能性もあるため、**返事がなかった場合でも追認みなし**とはなりません。

❷ 制限行為能力者の詐術

いかに制限行為能力者であっても、例えば「私は成年者です」と偽って契約をした場合にまで保護する必要性はありません。

このような場合、制限行為能力者やその保護者は取消権を行使することができなくなります（21条）。★4

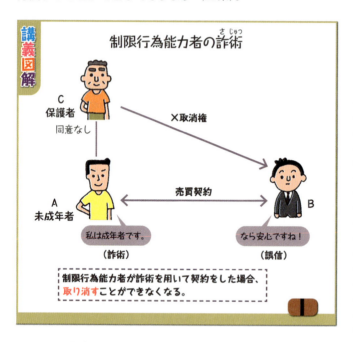

講義図解

制限行為能力者の詐術（さじゅつ）

C
保護者
同意なし

×取消権

A
未成年者

売買契約

B

私は成年者です。
（詐術）

なら安心ですね！
（誤信）

> 制限行為能力者が詐術を用いて契約をした場合、取り消すことができなくなる。

ここがポイント 「詐術（さじゅつ）」とは？

- 積極的な行動（身分証明書を偽造）
  → 詐術にあたる。
- 単なる黙秘（契約時に制限行為能力者であることを告げない）
  → 詐術にあたらない。
- 黙秘＋α（相手方が勘違いするような発言をした）★5
  → 詐術にあたる。

★4
ワンポイント
詐術を行った制限行為能力者だけでなく、保護者も取消権を行使できなくなることに注意してください。

★5
ワンポイント
黙秘していた場合でも、それが制限行為能力者のほかの言動などとあいまって、相手方を誤信させ、または誤信を強めたと認められるときは詐術にあたります（最判昭44.2.13）。

過去問チャレンジ

1 Aは成年被保佐人であるBとの間で、Bの所有する不動産を購入する契約を締結したが、後日Bが制限行為能力者であることを知った。Aは、1ヶ月以上の期間を定めて、Bに対し保佐人の追認を得るべき旨を催告したが、所定の期間を過ぎても追認を得た旨の通知がない。この場合、その行為は追認されたものとみなされる。[09-30-ア]

×：この場合は、「取り消された」ものとみなされます（「少なくとも追認ではない」という考え方で解答できます）。

2 制限行為能力者が、相手方に制限行為能力者であることを黙秘して法律行為を行った場合であっても、それが他の言動と相まって相手方を誤信させ、または誤信を強めたものと認められるときは、詐術にあたる。[20-27-5]

○：その通り。

第3節 失踪宣告

はじめに

この節では、失踪宣告について学習します。失踪宣告の種類や要件を中心に押さえておきましょう。

1 失踪宣告 しっ そう せん こく

重要度 **B**

1 失踪宣告とは

ある日突然、家族が失踪してしまったとします。もちろん、帰りを待ち続けたいという気持ちはあるでしょうが、**生死不明の場合、その者の財産を**相続**したり**再婚**したりすることができません。**

そこで、民法では**生死不明者を死亡した者とみなし、財産を**相続**したり**再婚**したりできる失踪宣告制度が**設けられています（30条）。

ナビゲーション

頻出テーマではないですが、失踪宣告によりいつ死亡したと扱われるのか、失踪者が生きて帰ってきたらどうするのかを中心に押さえておきましょう。

講義図解

失踪宣告とは

❶生死不明
❸死亡扱い

❷失踪宣告の申立て

A 夫　　B 妻　　家庭裁判所

BはAの財産を相続したり、再婚したりすることができる。

❷ 普通失踪と特別失踪

失踪宣告には、①**普通失踪**と、②**特別失踪**の２つがあります。

> 両者の違いを押さえることが重要です。表で確認しておきましょう。

[普通失踪と特別失踪] ★1

	普通失踪	特別失踪
要件	①失踪者の生死が **7年間**不明であること。 ②利害関係人の請求があること。★2 ③家庭裁判所の審判があること。	①危難（戦争・災害）の去った後**1年間**生死が不明であること。 ②利害関係人の請求があること。★2 ③家庭裁判所の審判があること。
効果	**7年経った**時に死亡したものとみなされる。★3	**危難の去った**時に死亡したとみなされる。★3

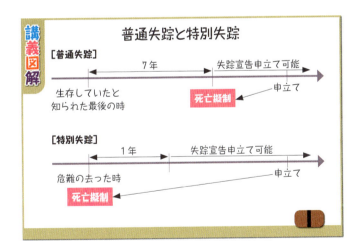

普通失踪と特別失踪

[普通失踪]
生存していたと知られた最後の時 ── 7年 ── 失踪宣告申立て可能
死亡擬制 ← 申立て

[特別失踪]
危難の去った時 ── 1年 ── 失踪宣告申立て可能
死亡擬制 ← 申立て

★1
ワンポイント
どちらも、「帰ってこない」ことは共通していますが、**特別失踪**はその中でも事件や災害に巻き込まれた可能性が高い場合を想定しています。

★2
野畑のズバッと解説
利害関係人に、**検察官**は含まれません。妻が望まないのに、国の人間が、「夫を死んだことにする」のは望ましくないからです。

★3
あとまわしOK
失踪宣告を受けた者が別の場所で生きていた場合、その場所で**権利能力**が認められます。

❸ 失踪宣告の取消し

　失踪宣告がされても、**失踪者がどこかで生存していて、家族のもとに帰ってくる**ことがあるかもしれません。

　その場合、**本人**や**利害関係人**が、**家庭裁判所**に失踪宣告の取消しを請求する必要があります（32条）。 ★4

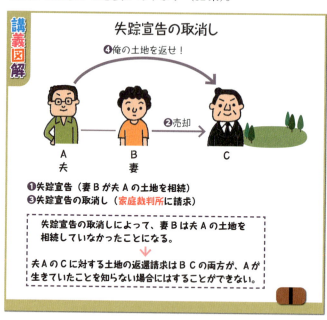

講義図解

失踪宣告の取消し

❹俺の土地を返せ！

A 夫　　　B 妻　　　C

❷売却

❶失踪宣告（妻Bが夫Aの土地を相続）
❸失踪宣告の取消し（**家庭裁判所**に請求）

失踪宣告の取消しによって、妻Bは夫Aの土地を相続していなかったことになる。
↓
夫AのCに対する土地の返還請求はBCの両方が、Aが生きていたことを知らない場合にはすることができない。

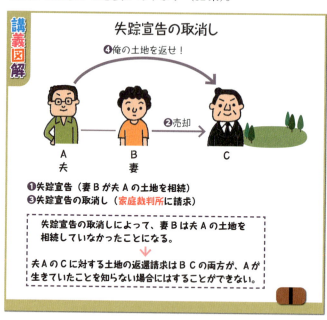

★4

ワンポイント

失踪宣告を認めてもらうのが**家庭裁判所**なので、取り消してもらう場合も**家庭裁判所**に認めてもらう必要があります。

★5

用語の意味

善意
ある事実を知らないこと。
悪意
ある事実を知っていること。

★6

野畑のズバッと解説

もともとの土地の所有者はAですが、Aが生きていたことをBC両方が**知らなかった**場合、そちらの保護を優先するということです。

★7

あとまわしOK

BがCと再婚した後にAの失踪宣告が取り消された場合、BC両方とも**善意**であればABの婚姻は復活せず、BCの婚姻は有効のままとなります。

ここがポイント　失踪宣告の取消し

● BC両方とも**善意** ★5 の場合
　→ BC間の売買契約は**有効**となる（土地はCのもの）。★6★7
● BCのどちらかまたは両方が**悪意** ★5 の場合
　→ BC間の売買契約は**無効**となる（土地はAのもの）。

過去問チャレンジ

失踪の宣告を受けた者は、死亡したものとみなされ、権利能力を喪失するため、生存することの証明がなされ失踪の宣告が取り消された場合でも、失踪の宣告後その取消し前になされた行為はすべて効力を生じない。[12-27-2]

✕ : 死亡したものとみなされるが、権利能力は喪失しません。また、失踪宣告後その取消し前に、当事者の一方または双方が悪意でした行為は効力を生じませんが、当事者双方が善意でした行為は効力を生じます。

第4節 意思表示

はじめに

この節では、意思表示について学習します。意思表示に問題があった場合の解決方法について、事例とセットで押さえるようにしてください。

1 意思表示とは

重要度 **B**

第1節でも学習したように、売買契約は、「買います」という申込みの意思表示と、「売ります」という承諾の意思表示で成立し、約束通りの代金を払ったり、物を引き渡す債務が発生したりします。

しかし、この意思表示に何らかの問題があった場合に備えて、民法では①心裡留保、②虚偽表示、③錯誤、④詐欺、⑤強迫の5つを規定しています。

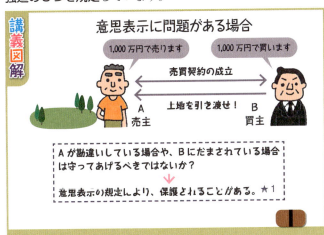

ナビゲーション

法律の学習が初めての方は、まず条文の読み方をマスターしましょう。

★1

野畑の ズバッと解説

AがBに脅されて嫌々土地を売ると言ってしまった場合（強迫）や、勘違いで売ると言ってしまった場合（錯誤）などを想定してください。

これから学習する5つの意思表示の問題論点を先にまとめて見ておきましょう。

[意思表示に問題があった場合] ★2

心裡留保 （93条）	Aが売るつもりがないのに冗談で売ると言った。	「売る」という表示に対応する意思がない。 （動機の錯誤を除く）
虚偽表示 （94条）	Aが財産隠しのためにBと通謀して土地を売ったことにした。	
錯誤 （95条）	Aが売るつもりがないのに勘違いで売ると言った。	
詐欺 （96条）	AがBからだまされて売ってしまった。	「売る」という表示に対応する意思はあるが、そこにBの不当な干渉がある。
強迫 （96条）	AがBから脅されて売ってしまった。	

★2
ワンポイント
この表はあくまで参考程度です。
ここでは民法にどのような規定があるのかをざっと確認するくらいで大丈夫です。

2 心裡留保（93条） 重要度 **B**

1 心裡留保とは

心裡留保とは、**売るつもりがないのに売るという意思表示**をすることです。

ナビゲーション
ほかの意思表示と比べると出題実績は少ないですが、選択肢の1つで出題される可能性があるのでしっかり学習しておきましょう。

講義図解

心裡留保のイメージ

10円で売る気はないけど。

車を10円で売るよ。

ありがとう。

A B

Aが、自分の所有する車を冗談でBに10円で売ると言った。
↓
この場合、AよりBを保護すべきなので、
原則としてAはBに車を売らなければならない。

ここが ポイント　心裡留保の処理方法

＜原則＞

心裡留保による意思表示は**有効**（93条1項本文）。

（Aは車を10円で売らなければならない）

＜例外＞

相手方が意思表示が真意ではないことについて**悪意**の場合や、**善意でも過失★1があった**場合は**無効**（93条1項但書）。★2

（Aは車を10円で売らなくてもよい）

★1
用語の意味

過失
不注意のこと。

★2
野畑の スパッと解説

Aの冗談をBが信じた場合は**有効**にして、Bを保護しますが、Bが最初から知っていたり明らかな冗談を見抜けなかったりした場合は保護する必要がないため**無効**とします。

過去問チャレンジ

AがBに対してA所有の動産を譲渡する旨の意思表示をした。Aが、高額な動産を妻に内緒で購入したことをとがめられたため、その場を取り繕うために、その場にたまたま居合わせたBを引き合いに出し、世話になっているBに贈与するつもりで購入したものだと言って、贈与するつもりがないのに「差し上げます」と引き渡した場合、当該意思表示は原則として有効である。[10-27-4改題]

○：その通り（93条1項本文を確認しておきましょう）。

2 第三者の保護

　契約の当事者である2人の間では無効だとしても、**ほかの人との関係ではどうでしょうか。**

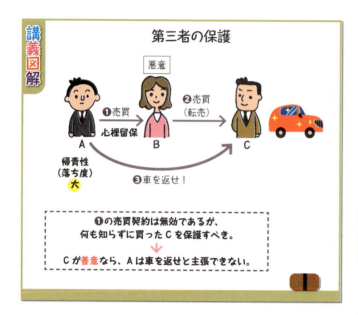

第三者の保護

悪意

A ❶売買 心裡留保 → B ❷売買（転売） → C 🚗

帰責性（落ち度）**大**

❸車を返せ！

> ❶の売買契約は無効であるが、
> 何も知らずに買った C を保護すべき。
> ↓
> C が善意なら、A は車を返せと主張できない。

★3

ワンポイント

93条2項の規定は、民法改正で新しく追加されました。

★4

野畑の スパッと解説

冗談を言った（帰責性のある）Aと、何も知らずに車を買ったC、どちらを保護すべきかという考え方です。

ここが ポイント　心裡留保と第三者

心裡留保による意思表示の無効は、**善意**の第三者に対抗できない（93条2項）。★3★4

　（Cが**善意**の場合には、Aは車を返せと主張できない）

3 虚偽表示（94条）

1 虚偽表示とは

虚偽表示とは、相手方と示し合わせてお互いに売る気も買う気もないのにウソの意思表示をすることです。

ナビゲーション

虚偽表示は、意思表示の中でもよく出題されています。
第三者の保護に関するルールを中心に学習しておきましょう。

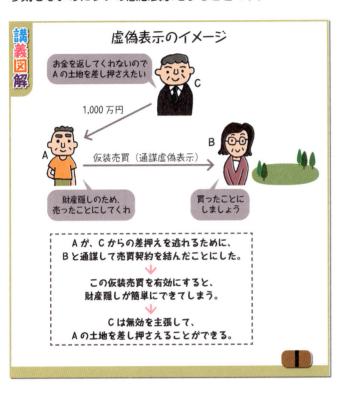

講義図解

虚偽表示のイメージ

お金を返してくれないのでAの土地を差し押さえたい C

1,000万円

A　　　仮装売買（通謀虚偽表示）　　　→ B

財産隠しのため、売ったことにしてくれ

買ったことにしましょう

Aが、Cからの差押えを逃れるために、
Bと通謀して売買契約を結んだことにした。
↓
この仮装売買を有効にすると、
財産隠しが簡単にできてしまう。
↓
Cは無効を主張して、
Aの土地を差し押さえることができる。

ここが ポイント　虚偽表示の処理方法

虚偽表示による意思表示は無効（94条1項）。★1
（Cは仮装売買の無効を主張して、Aの土地を差し押さえることができる）

★1

野畑の スパッと解説

契約をした当事者であるAやBも無効を主張できますが、Aにお金を貸したCも無効を主張できるのがポイントです。

❷ 第三者の保護

　心裡留保の場合と同様、転売等により第三者が登場した場合には、その者を保護する必要が出てきます。

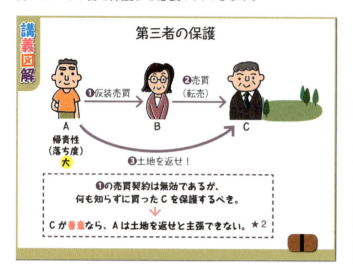

第三者の保護

❶の売買契約は無効であるが、
何も知らずに買ったCを保護するべき。
↓
Cが善意なら、Aは土地を返せと主張できない。★2

ここがポイント　虚偽表示と第三者

虚偽表示による意思表示の無効は、善意の第三者に対抗できない（94条2項）。★3

　（Cが善意の場合には、Aは土地を返せと主張できない）

> 虚偽表示については、誰が「第三者」に該当するかどうかも試験で出題されます。特に重要なものについて、講義図解で確認しておきましょう。

★2
ワンポイント
この考え方は、心裡留保の場合と同じです。

★3
ワンポイント
第三者であるCの側から無効を主張することができます。

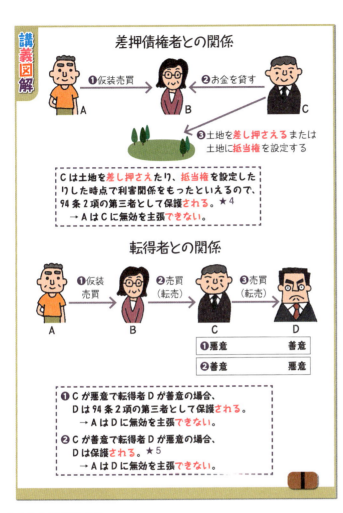

講義図解

差押債権者との関係

① 仮装売買　　A → B
② お金を貸す　　B ← C
③ 土地を差し押さえる または土地に抵当権を設定する

Cは土地を差し押さえたり、抵当権を設定したりした時点で利害関係をもったといえるので、94条2項の第三者として保護される。★4
→ AはCに無効を主張できない。

転得者との関係

① 仮装売買　A → B
② 売買（転売）　B → C
③ 売買（転売）　C → D

	C	D
❶	悪意	善意
❷	善意	悪意

❶ Cが悪意で転得者Dが善意の場合、
　Dは94条2項の第三者として保護される。
　→ AはDに無効を主張できない。
❷ Cが善意で転得者Dが悪意の場合、
　Dは保護される。★5
　→ AはDに無効を主張できない。

★4
野畑の ズバッと解説
もし、Cがお金を貸しているだけの状態であれば、まだ土地に対して利害関係がないので第三者としては扱われません（このようなCを一般債権者といいます）。

★5
野畑の ズバッと解説
❷の場合、Cが善意の時点でAはCに無効主張ができず、土地は完全にCの物になっているため、そのCから土地を買ったDが悪意でも関係ないということです。

過去問チャレンジ

Aが自己の所有する甲土地をBと通謀してBに売却（仮装売買）した。Bの一般債権者FがA・B間の仮装売買について善意のときは、Aは、Fに対して、Fの甲土地に対する差押えの前であっても、A・B間の売買の無効を対抗することができない。[08-27-オ改題]

× ：一般債権者は、差押えをしなければ、94条2項の第三者にあたらないので、Aは、Fが差押えをする前であれば、Fに対して、AB間の売買の無効を対抗することができます。

4 錯誤（95条）

1 錯誤とは

錯誤とは、**自分の勘違いで意思表示をしてしまった場合の**ことです。★1

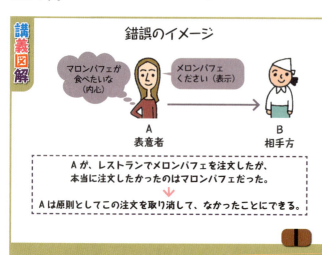

錯誤のイメージ

マロンパフェが
食べたいな
（内心）

メロンパフェ
ください（表示）

A
表意者

B
相手方

Aが、レストランでメロンパフェを注文したが、
本当に注文したかったのはマロンパフェだった。

↓

Aは原則としてこの注文を取り消して、なかったことにできる。

ここが ポイント　表示行為の錯誤の処理方法

<原則>…表意者保護

　錯誤による意思表示は**有効**であるが、錯誤が契約の目的およ
び取引上の通念に照らして重要なものであるときは**取り消す**
ことができる（95条1項）。★2★3

　（Aは注文をなかったことに**できる**）

<例外>…相手方保護

　表意者に**重過失**があった場合、**取消し**の主張ができない（95
条3項柱書）。★4

　（Aは注文をなかったことに**できない**）

※相手方Bが①**悪意**か**重過失**の場合、②表意者Aと**同一の錯誤**
に陥っていた場合は、取消しの主張ができる（95条3項1号・2号）。

②の例として、AとBの両方が安物の腕時計を高
級腕時計と勘違いしていた場合が挙げられます。

ナビゲーション

錯誤は試験でも頻出
のテーマです。どの
ような場合に錯誤取
消が主張できるかど
うかを理解するよう
にしましょう。

★1
ワンポイント

通常の錯誤には、①
内容の錯誤（メロン
パフェとマロンパフェ
を同じものだと勘違
いしていた場合）、②
表示上の錯誤（メロ
ンパフェとマロンパ
フェを言い間違えて
注文した場合）があり
ます（95条1項1号）。

★2
野畑の
スバッと解説

簡単にいえば、**契約**
の重要な部分につい
て勘違いがあった場
合のことです。例え
ば、委任契約や賃貸
借契約の際に「頼む
相手」「貸す相手」を
間違えた場合が考え
られます。

★3
ワンポイント

錯誤は**無効**ではなく、
「**有効**だが**取り消す**こ
とができる」である
ことに注意してくだ
さい（民法改正で変
更されました）。

2 動機の錯誤（基礎事情の錯誤）

さきほど学習した錯誤の例は、内心（マロンパフェ）と表示（メロンパフェ）がズレている場合でした。これに対し、内心と表示はズレていないけれども動機（きっかけ）に錯誤がある場合のことを**動機の錯誤**といいます。

★4 野畑のズバッと解説

契約を取り消される相手のことを考える必要もあるため、少し注意すれば勘違いを防げた（重過失があった）場合であれば、取り消すことができないとしています。

★5 野畑のズバッと解説

世の中の勘違いの多くは動機の錯誤とよばれるものです。この場合に錯誤取消を認めると、正常な経済活動が成り立たなくなってしまう可能性があるため、原則として取消しができないこととしました。

ここがポイント　動機の錯誤の処理方法

＜原則＞

動機の錯誤については、原則として取消しを主張できない。★5

（Aは取消しを主張できない）

＜例外＞

表意者が法律行為の基礎となる事情（動機）を相手方に表示していた場合は、錯誤取消を主張できる（95条1項2号・2項）。★6

（Aがなぜ土地を買おうと思ったのかという動機をBに説明していれば、取消しを主張できる）

★6 ワンポイント

動機の表示は明示的なものだけでなく、黙示的なものでも認められます。

❸ 第三者の保護

心裡留保や虚偽表示の場合と同様、**転売等により第三者が登場した場合には、その者を保護する必要**が出てきます。

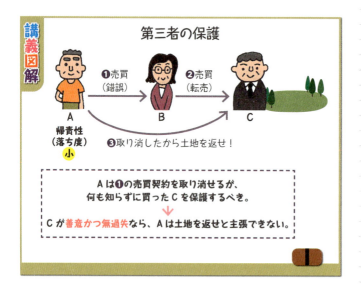

講義図解

第三者の保護

❶売買（錯誤）　❷売買（転売）

A　B　C

帰責性（落ち度）小

❸取り消したから土地を返せ！

Aは❶の売買契約を取り消せるが、
何も知らずに買ったCを保護するべき。
↓
Cが**善意かつ無過失**なら、Aは土地を返せと主張できない。

ここがポイント　錯誤と第三者

錯誤による意思表示の取消しは、**善意かつ無過失**の第三者に対抗できない（95条4項）。★7

（Cが**善意かつ無過失**の場合には、Aは土地を返せと主張できない）

ここで、「善意」と「善意かつ無過失」の違いについて理解しておきましょう。

★7

野畑のズバッと解説

心裡留保や**虚偽表示**の場合と異なり、Aが積極的にウソをついたりしているわけではない（Aにそこまで落ち度がない）ため、Aが取消しを主張しやすい基準にしています。

ここがポイント 「善意」と「善意かつ無過失」の違い

- **善意**のみ…知らなければ、過失があっても保護される★8
    - →Cが保護され**やすい**（Aが無効を主張**しにくい**）。
    - ※Aの落ち度が**大きい**場合に使う基準（心裡留保・虚偽表示）。
- **善意かつ無過失**…知らないだけでなく、過失がまったくなかった場合にだけ保護される。★9
    - →Cが保護され**にくい**（Aが取消しを主張**しやすい**）。
    - ※Aの落ち度が**小さい**場合に使う基準（錯誤・詐欺）。

★8
ワンポイント
調べたらわかったはずなのに、怠った場合は善意でも過失があるといえます。

★9
ワンポイント
調べてもわからなかった場合は、善意かつ無過失といえます。

5 詐欺（96条）

重要度 **A**

1 詐欺とは

詐欺とは、人をだまして都合のよい意思表示をさせることをいいます。

ナビゲーション
詐欺は強迫とともに試験で出題されることが多いです。
善意かつ無過失の第三者が登場した場合の結論の違いに気をつけましょう。

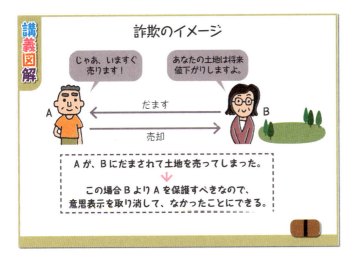

講義図解

詐欺のイメージ

じゃあ、いますぐ売ります！

あなたの土地は将来値下がりしますよ。

A ← だます ← B
A → 売却 → B

Aが、Bにだまされて土地を売ってしまった。
↓
この場合BよりAを保護すべきなので、意思表示を取り消して、なかったことにできる。

ここがポイント 詐欺の処理方法

詐欺による意思表示は**取り消す**ことができる（96条1項）。★1
（Aは土地を取り返すことができる）

★1
ワンポイント
詐欺は錯誤と同じく、**無効**ではなく、「**有効**だが**取り消す**ことができる」であることに注意してください。

❷ 第三者の保護

　錯誤等と同様に、転売等により第三者が登場した場合には、その者を保護する必要が出てきます。

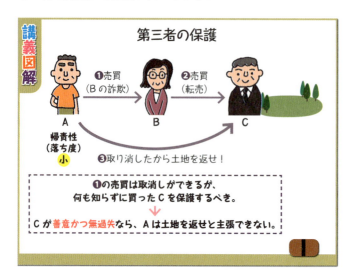

講義図解

第三者の保護

❶売買（Bの詐欺）　❷売買（転売）

A　　B　　C

帰責性（落ち度）**小**

❸取り消したから土地を返せ！

❶の売買は取消しができるが、
何も知らずに買ったCを保護するべき。
↓
Cが**善意かつ無過失**なら、Aは土地を返せと主張できない。

ここが ポイント　詐欺と第三者

詐欺による意思表示の取消しは、**善意かつ無過失**の第三者に対抗できない（96条3項）。★2

（Cが**善意かつ無過失**の場合には、Aは土地を返せと主張できない）

★2 野畑のズバッと解説

錯誤の場合と同じく、Aがウソをついたりしているわけではないため、Aが取消しを主張しやすい基準にしています（民法改正で変更されました）。

過去問チャレンジ

AからBに不動産の売却が行われ、BはこれをさらにCに転売したところ、AがBの詐欺を理由に売買契約を取消した場合に、Cは善意かつ無過失であれば保護される。[08-29-1改題]

〇：その通り（96条3項）。

3 第三者による詐欺

　詐欺の基本的な事例は、だました人が契約をするパターンですが、**だました人以外が契約をするパターン**もあります。

講義図解

第三者による詐欺のイメージ

あなたの土地は将来値下がりしますよ。　C

❶詐欺

A　　　❷売買　　　→　B

じゃあ、いますぐ売ります！

> Aが、Cにだまされて土地をBに売ってしまった。
> ↓
> Aは、Bに**悪意**や**過失**があった場合しか取り消すことができない。

ここが ポイント　第三者による詐欺

第三者による詐欺は、**相手方が悪意の場合や、善意でも過失が**あった場合に取り消すことができる（96条2項）。★3
（Bが**善意かつ無過失**の場合には、Aは取消しを主張できない）

★3
野畑の ズバッと解説
Bが何も知らない状態でいきなり「取り消したい」と言われても困ってしまうため、このような規定が設けられています。

6 強迫（96条）

重要度 **A**

1 強迫とは

　強迫とは、人を脅して都合のよい意思表示をさせることをいいます。

ナビゲーション

強迫は詐欺とともに出題されることが多いです。詐欺と違って強迫された側に落ち度がないことを理解しておきましょう。

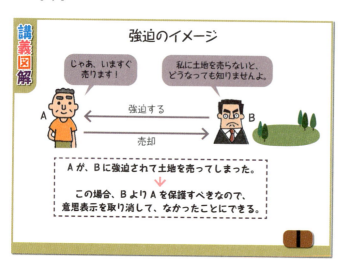

講義図解

強迫のイメージ

じゃあ、いますぐ売ります！

私に土地を売らないと、どうなっても知りませんよ。

A ← 強迫する B

売却 →

A が、B に強迫されて土地を売ってしまった。

↓

この場合、B より A を保護すべきなので、意思表示を取り消して、なかったことにできる。

ここが ポイント　強迫の処理方法

強迫による意思表示は**取り消す**ことができる（96条1項）。

　（Aは土地を取り返すことができる）

ここまでは詐欺と同じですが、詐欺以上に強迫をされた人は保護すべきという考え方から、第三者との関係で結論が変わります。

2 第三者の保護

詐欺の場合と異なり、強迫には転売などによる第三者を保護する規定がありません。

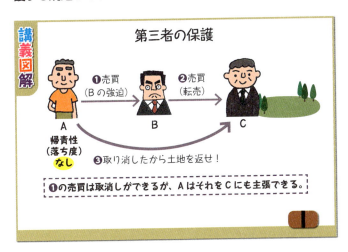

講義図解

第三者の保護

❶売買
（Bの強迫）

❷売買
（転売）

A

帰責性
（落ち度）
なし

B

C

❸取り消したから土地を返せ！

❶の売買は取消しができるが、AはそれをCにも主張できる。

★1
ワンポイント

Cが悪意でも善意無過失でも取消しができることに注意してください。Cも保護すべきですが、Aには落ち度がないため、ここではAの保護を徹底しています。

ここが ポイント　強迫と第三者

強迫による意思表示の**取消し**は、第三者に対抗**できる**（反対解釈／96条3項）。★1

（Cが善意かつ無過失の場合でもAは取消しを主張**できる**）

ちょっと
一息

民法は事例が命

ここまで民法の学習をしてみて、憲法との違いを感じられたでしょうか？
憲法では判例や条文の言い回しを覚えているかどうかが問題を解くポイントになりましたが、民法では判例や条文を具体的な事例にあてはめて考えることがポイントとなります。本書では講義図解で事例解説をしていますので、まずは自分で講義図解をまねて事例の図を書く練習をしてみましょう。

🔢 第三者による強迫

詐欺の場合と異なり、強迫には第三者による強迫の規定もありません。

第三者による強迫のイメージ

Aが、Cに強迫されて土地をBに売ってしまった。
↓
Aはこの売買契約をなかったことにできる。

★2
ワンポイント
Bが悪意でも善意無過失でも取消しができることに注意してください。Bも保護すべきですが、Aには落ち度がないため、ここではAの保護を徹底しています。

ここが ポイント　第三者による強迫

第三者による強迫は、**取り消す**ことができる。★2

（Bが**善意かつ無過失**の場合でもAは取消しを主張**できる**）

過去問チャレンジ

Aが自己所有の甲土地をBに売却する旨の契約をした。AがDの強迫によって本件売買契約を締結した場合、この事実をBが知らず、かつ知らなかったことにつき過失がなかったときは、AはDの強迫を理由として本件売買契約を取り消すことができない。[14-28-3]

× : 相手方に対する意思表示について第三者が強迫を行った場合、相手方がその事実を知っているか、知ることができたかどうかにかかわらず、その意思表示を取り消すことができます。

第５節 代理

はじめに

この節では、代理について学習します。代理が成立するための要件のほかに、無権代理や表見代理など様々なルールが登場しますので、１つ１つ理解しながら学習を進めてください。

1 代理

1 代理とは

民法では、**自分の代わりに契約をしてきてもらうために、代理という制度**が設けられています。

成年被後見人のように、自分で契約ができない場合だけでなく、契約の交渉が苦手な人が得意な人に任せるといった場合にも利用されます。

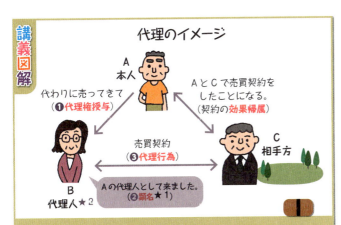

講義図解

代理のイメージ

A 本人

代わりに売ってきて（❶**代理権授与**）

AとCで売買契約をしたことになる。（契約の**効果帰属**）

売買契約（❸**代理行為**）

C 相手方

Aの代理人として来ました。（❷**顕名**★1）

B 代理人★2

ここが ポイント　代理の成立要件

❶本人からの**代理権授与行為**があること。

❷代理人が**顕名**すること。

❸代理権の範囲内で**代理行為（契約）**が行われること。

ナビゲーション

代理の基本について学習します。
途中で「無権代理」という言葉が出てきますが、その箇所は無権代理の学習が終わったら確認するようにしてください。

★1

用語の意味

顕名

代理人が本人のためにすることを示すこと。例えば代理人Bが「Aの代理人であるB」と相手方Cに伝えること。

★2

ワンポイント

代理人は、相手方と交渉して契約を結ぶ必要があるため、**意思**能力が必要になりますが、**行為**能力は**不要**です（102条本文）。

2 任意代理と法定代理

代理には、①法律で自動的に代理権が与えられる**法定代理**と、②**本人が代理権を与える任意代理**があります。

[代理権の範囲]

法定代理	代理権の範囲は、法律で決められる。 例：成年被後見人に対する成年後見人
任意代理	代理権の範囲は、本人が決めた内容による。★3 例：本人から土地の売却の代理を頼まれた者

3 自己契約・双方代理の禁止 ☆記述に出る！

代理人は、本人に最も利益となるような契約をしなければなりません。

自己契約や双方代理は、そのような趣旨に反するため原則として禁止されています（108条1項）。★4★5

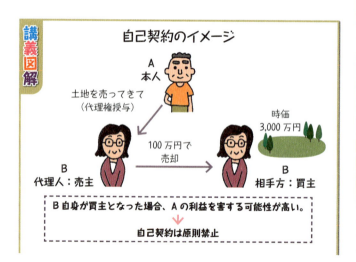

講義図解

自己契約のイメージ

A
本人

土地を売ってきて
（代理権授与）

100万円で
売却

時価
3,000万円

B
代理人：売主

B
相手方：買主

B自身が買主となった場合、Aの利益を害する可能性が高い。
↓
自己契約は原則禁止

★3
ワンポイント
代理権の範囲が決められていない場合、①**保存行為**（家の修理等）、②**利用・改良行為**（家のリフォーム等）を行うことができます（103条）。処分行為（家を売ること）はできません。

★4
あとまわしOK
自己契約や双方代理をしてしまった場合、**無権代理**（代理権がないのに代理行為をした）として処理することとなります

★5
ワンポイント
自己契約・双方代理は、①**本人があらかじめ許諾している**場合や、②**債務の履行**（例：売買契約後のACの登記手続を同じ司法書士Bに代理させる）の場合には認められます（108条1項但書）。

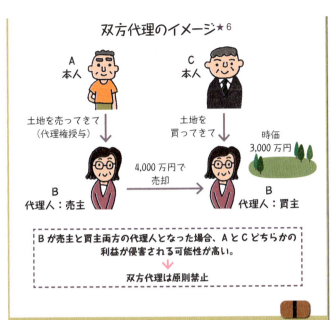

双方代理のイメージ ★6

A 本人 → 土地を売ってきて（代理権授与） → B 代理人：売主 → 4,000万円で売却 → C 本人 → 土地を買ってきて → B 代理人：買主

時価 3,000万円

Bが売主と買主両方の代理人となった場合、AとCどちらかの利益が侵害される可能性が高い。
↓
双方代理は原則禁止

★6
野畑の ズバッと解説

講義図解のように、高く売ってしまうとCに不利益になり、逆に安く売ってしまうとAに不利益となってしまうため、双方代理は原則として禁止されています。

過去問チャレンジ

A所有の建物を売却する代理権をAから与えられたBが、自らその買主となった場合に、そのままBが移転登記を済ませてしまったときには、AB間の売買契約について、Aに効果が帰属する。[09-27-3]

× ：本問は自己契約であり、無権代理となります。本人Aが追認等をしない限り効果は帰属しません。

ちょっと一息　やる気が出ないとき

学習を続けていると、どうしてもやる気が出ないときがあります。「やる気は出ないけど、勉強はしないと不安だ」という状態になったときは、「勉強に役立つ作業」をしましょう。
例えば、解いた問題集の番号をテキストの余白に書き込んだりする作業は、テレビを見ながらでも、音楽を聴きながらでもできますし、やる気が出ないときにやっておくと、その後やる気が出たときに役立ちます。

❹ 代理権の濫用 ☆記述に出る！

　代理人が、与えられた代理権を悪用して私腹を肥やそうとする場合があります。

　そのため、**民法では代理権の濫用の規定**が設けられています（107条）。

代理権の濫用のイメージ

A
本人

土地を売ってきて
（代理権授与）

B
代理人：売主

売却 →

C
相手方：買主

（内心）代金着服（自分のため）
（表示）Aの代理人として来ました（Aのため）。

代理人Bの売却行為は有効である。
↓
しかし、Aの保護を考え、CがBの代金着服について
悪意や有過失の場合は無権代理となる。

ここが ポイント　代理権の濫用

＜原則＞
　代理権の濫用による契約は有効である。
　（Aは土地をCに渡さなければならない）

＜例外＞
　相手方が悪意の場合や、善意有過失の場合は無権代理となる（107条）。★7
　（Aが追認しない限り、土地をCに渡さなくてもよい）

★7
野畑の スバッと解説

自分のためにという内心と、本人のためにという表示のズレが心裡留保に似ているという点に着目してください。
　一点違うのは、相手方が悪意や善意有過失の場合、心裡留保は無効であるのに対し、代理権の濫用は無権代理になるというところです。

5 顕名

　顕名とは、代理人が本人の名を示して、本人に効果が帰属する旨（「本人のためにすること」（99条1項））を表示することをいいます。

顕名のイメージをつかんでおきましょう。

顕名のイメージ

A 本人

代わりに売ってきて（❶代理権授与）

B 代理人

売買契約（❸代理行為）

C 相手方

Aの代理人として来ました。（❷顕名）

顕名がある…契約の効果が A に帰属する。
　　　　　（A と C の契約として考える）
顕名がない…契約の効果が B に帰属する。
　　　　　（B と C の契約として考える）★8★9

★8

ワンポイント

顕名がない場合でも、相手方CがBを代理人であると知っている（悪意の）場合や、知ることができた（有過失の）場合、契約の効果はAに帰属します。

★9

あとまわしOK

顕名がなかった場合、BとCの契約は「他人物売買」として処理されます（561条参照）。

6 復代理（ふくだいり）

契約を頼まれた代理人が病気やケガで動けなくなった場合等、不測の事態に備えて、**民法では代理人がさらに代理人を選ぶ復代理という制度**が設けられています（104条）。

講義図解

復代理のイメージ ★10

A
本人

代理権授与

B
代理人

選任

C
復代理人

効果帰属
（AとDの契約となる）

売却

D

Aの代理人として来ました。
（顕名）★11

代理人が任意代理なのか法定代理なのかで、復代理人を選ぶことができる要件が異なります。

［復代理人の選任］

任意代理 （104条）	原則として復代理人を選任**できない**。 ①**本人の許諾**があるとき。 ②**やむを得ない事由**があるときは選任**できる**。★12
法定代理 （105条）	復代理人は代理人が自由に選任**できる**。★13

★10
ワンポイント
復代理人が選ばれても、代理人は代理権を失わないため、代理人も本人のために活動することができます。

★11
ワンポイント
復代理人は本人の代理人として活動するため、「本人Aの代理人」と顕名する必要があります。

★12
野畑のズバッと解説
任意代理の場合、本人Aは代理人Bを信頼して任せているはずなので、原則として復代理人を選任できないこととしました。

★13
野畑のズバッと解説
法定代理の場合、代理人である親Bが子Aの不動産を売却しようと思っても、知識がなく困ることがあるため、自由に復代理人を選任できるとしています。

7 代理行為の瑕疵（かし）

代理の場合、実際に契約の交渉をするのは代理人です。

代理人が詐欺にあった場合や、代理人が詐欺をした場合などは、**代理人基準**で考えます。

様々なケースが考えられますが、ここでは詐欺の場合を考えます。

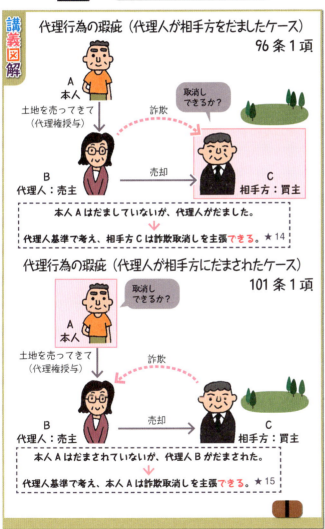

講義図解

代理行為の瑕疵（代理人が相手方をだましたケース）

96条1項

A 本人

土地を売ってきて（代理権授与）

詐欺

取消しできるか？

B 代理人：売主

売却

C 相手方：買主

本人Aはだましていないが、代理人がだました。

↓

代理人基準で考え、相手方Cは詐欺取消しを主張**できる**。 ★14

代理行為の瑕疵（代理人が相手方にだまされたケース）

101条1項

取消しできるか？

A 本人

土地を売ってきて（代理権授与）

詐欺

B 代理人：売主

売却

C 相手方：買主

本人Aはだまされていないが、代理人Bがだまされた。

↓

代理人基準で考え、本人Aは詐欺取消しを主張**できる**。 ★15

★14

野畑のズバッと解説

「代理人Bがだました＝本人Aがだました」と考えてください。

★15

野畑のズバッと解説

「代理人Bがだまされた＝本人Aがだまされた」と考えてください。

過去問チャレンジ

代理人は本人のために自ら法律行為を行うのであるから、代理行為の瑕疵は、代理人について決する。[12-28-3改題]

○：その通り（101条1項・2項）。

2 無権代理

1 無権代理とは

　本人から頼まれたわけでもないのに、**勝手に本人の代理人として相手方と契約をしてしまった場合**のことを無権代理といいます（113条）。

　無権代理の場合、**勝手に契約されてしまった本人**の保護と、代理権があると思って契約をした**相手方**の保護の両方を考える必要があります。

ナビゲーション

無権代理は試験でも頻出です。
本人ができることと相手方ができることをしっかり押さえるようにしましょう。

無権代理のイメージ★1

A
本人

効果帰属？

代理権なし

売却
（無権代理行為）

B
無権代理人：売主

C
相手方：買主

BがAに無断で、Aの代理人として土地をCに売ってしまった。
↓
Bの売却行為は無権代理となり、
Aが追認しないと有効にならない。

★1
ワンポイント

頼んでいないけれど勝手に契約をする無権代理と、頼んではいるけどそれ以上の契約をする無権代理（「100万円借りてきて」と頼んで1億円借りてくる等）があります。

2 本人の保護

　無権代理行為が行われた場合、本人には①**追認拒絶**権と、②**追認**権が認められています。

本人の保護

代理権なし

B
無権代理人：売主

売却
（無権代理行為）

A
本人

❶**追認拒絶**権もしくは
❷**追認**権

C
相手方：買主

土地をCに渡したくない。
　→❶**追認拒絶**権行使で無効にする。
土地をCに渡してもいい。
　→❷**追認**権行使で有効にする（113条）。★2 ★3

★2
野畑のズバッと解説

勝手に土地を売られた場合、契約を認めたくないのが通常ですが、**1,000万円**の土地を無権代理人が**3,000万円**で売った場合、本人は契約を**追認**するメリットがあります。

★3 ワンポイント

無権代理行為を追認した場合、**無権代理行為**をした日から契約が**有効**だったと考えます。
追認した日ではないことに気をつけてください（116条）。

3 相手方の保護

　無権代理行為が行われた場合、相手方には①**催告**権、②**取消**権、③**無権代理人の責任追及**が認められています。

相手方の保護

A 本人

❶催告権もしくは
❷取消権

代理権なし

売却
（無権代理行為）

❸責任追及

B
無権代理人：売主

C
相手方：買主

本人Ａが無権代理行為を追認するかどうか知りたい。
→❶催告権行使（114条）
無権代理行為を取り消して、取引を中止したい。
→❷取消権行使（115条）★４
無権代理人Ｂに履行の請求や損害賠償を追及したい。
→❸無権代理人の責任追及（117条）

相手方保護の制度について、表でまとめておきましょう。

[相手方保護の制度のまとめ]

催告権 （114条）	本人に**相当期間を定めて催告**をする。 ※確答なければ本人は**追認拒絶**したものとみなされる。	**悪意**でも行使できる。
取消権 （115条）	本人が**追認**するまでの間は無権代理行為を取り消すことができる。	**善意**の場合に行使できる。
無権代理人の責任追及 （117条）	以下の要件を満たす場合、無権代理人に対して、**契約の履行**または**損害賠償**の請求ができる。 ①代理人が代理権を証明できないとき ②本人の**追認**が得られないとき★５ ③無権代理人が**制限行為能力者**でないこと ④相手方が**取消**権を行使していないこと★５	**善意無過失**の場合に行使できる。★６

★４

ワンポイント

本人の**追認**と、相手方の**取消し**は早い者勝ちです。本人の追認が早ければ、その後に相手方は取消権を行使することができません。

★５

野畑のズバッと解説

本人の追認がある場合は、契約が有効になるため責任追及を認める必要性がなく、相手方が取消しをした場合は、「**契約が最初からなかった＝無権代理もなかった**」ということになるためです。

★６

あとまわしOK

無権代理人が、代理権がないことについて**悪意**の場合、相手方は善意・**有過失**でも責任追及できます（117条2項2号但書）。

3 無権代理と相続

重要度 A

無権代理が行われた状況で、本人や無権代理人が死亡して相続が開始することがあります。

 無権代理と相続は、パターン化された事例しか出題されません。
講義図解でしっかりと事例を押さえましょう。

1 無権代理人が本人を単独相続した場合

講義図解

無権代理人が本人を単独相続した場合

A
本人

❷ A死亡
（B相続）

❶売却
（無権代理行為）

B
無権代理人：売主

C
相手方：買主

無権代理人Bが本人Aの土地を勝手に売った後、無権代理人が本人を相続した場合、無権代理行為は有効か？
→無権代理行為は**有効**となる（最判昭40.6.18）。★1 ★2

 ナビゲーション

無権代理の論点として出題される可能性があります。
難しく感じるところですが、1つ1つ事例を押さえておけば得点源にできます。

★1
野畑の
ズバッと解説

無権代理人が勝手に土地を売っておいて、自分が相続した場合に土地の返還を主張するのはあまりに身勝手だということです。

★2
あとまわしOK

無権代理人Bを相続した者が、その後本人Aを相続した場合も、無権代理人が本人を相続したものとして扱われます（最判昭63.3.1）。

❷ 無権代理人が本人を単独相続した場合 （本人の追認拒絶があった場合）

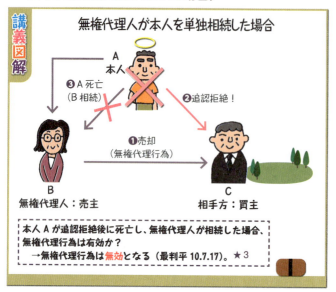

講義図解

無権代理人が本人を単独相続した場合

❸A死亡
（B相続）

❷追認拒絶！

❶売却
（無権代理行為）

A 本人

B 無権代理人：売主

C 相手方：買主

本人Aが追認拒絶後に死亡し、無権代理人が相続した場合、
無権代理行為は有効か？
→無権代理行為は **無効** となる（最判平10.7.17）。★3

★3

野畑の ズバッと解説

本人が追認拒絶をした時点で、無権代理行為は **無効** であることが決まっていますので、無権代理人が無効を主張して土地の返還を求めることが **できる** ことになります。

❸ 無権代理人が本人を共同相続した場合

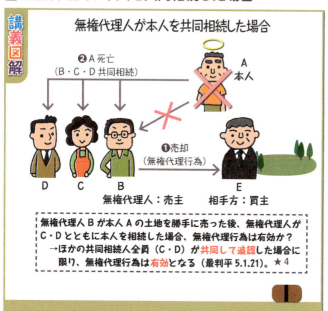

講義図解

無権代理人が本人を共同相続した場合

❷A死亡
（B・C・D共同相続）

A 本人

❶売却
（無権代理行為）

D　C　B 無権代理人：売主

E 相手方：買主

無権代理人Bが本人Aの土地を勝手に売った後、無権代理人が
C・Dとともに本人を相続した場合、無権代理行為は有効か？
→ほかの共同相続人全員（C・D）が **共同して追認** した場合に
限り、無権代理行為は **有効** となる（最判平5.1.21）。★4

★4

野畑の ズバッと解説

無権代理人が単独相続した場合は、単純に有効とすればよかったのですが、共同相続の場合、ほかの共有者のことも考える必要があるため、このような考え方となります。

❹ 本人が無権代理人を単独相続した場合

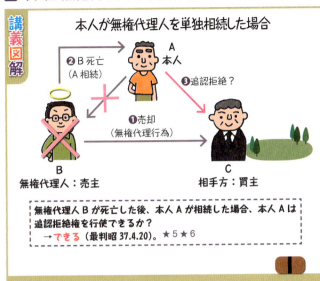

本人が無権代理人を単独相続した場合

- A 本人
- ❷ B死亡（A相続）
- ❸ 追認拒絶？
- ❶ 売却（無権代理行為）
- B 無権代理人：売主
- C 相手方：買主

無権代理人Bが死亡した後、本人Aが相続した場合、本人Aは追認拒絶権を行使できるか？
→ **できる**（最判昭37.4.20）。★5 ★6

★5
ワンポイント
本人はもともと追認拒絶権を行使**できる**立場にあります。

★6
あとまわしOK
本人Aは、無権代理人Bの地位（立場）を相続してしまうため、相手方から無権代理人の責任を追及された場合、それを拒むことは**できません**（最判昭48.7.3）。

過去問チャレンジ

Aが死亡してBがAの妻Dと共に共同相続した場合、Dの追認がなければ本件売買契約は有効とならず、Bの相続分に相当する部分においても当然に有効となるものではない。[16-28-5]

○：その通り。

4 表見代理

重要度 **A**

❶ 表見代理とは

　無権代理行為は本人が追認拒絶した場合は無効となり、相手方は土地を取得することができません。

　そこで、**無権代理人に代理権があると信じた者を保護するために、表見代理という制度**が設けられています。

ナビ ゲーション
表見代理は、無権代理と同様に出題される可能性があります。どのような場合に表見代理が成立するかを押さえるようにしましょう。

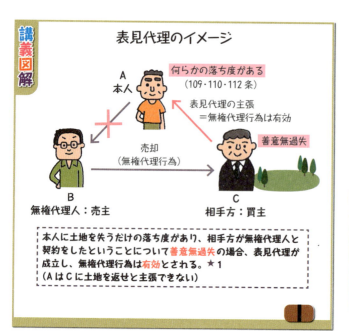

表見代理のイメージ

講義図解

A
本人

何らかの落ち度がある
（109・110・112 条）

表見代理の主張
＝無権代理行為は有効

善意無過失

売却
（無権代理行為）

B
無権代理人：売主

C
相手方：買主

本人に土地を失うだけの落ち度があり、相手方が無権代理人と
契約をしたということについて **善意無過失** の場合、表見代理が
成立し、無権代理行為は **有効** とされる。★1
（AはCに土地を返せと主張できない）

★1

野畑の
ズバッと解説

通常、無権代理の場合には本人の落ち度がないので本人の保護を優先しますが、本人に何らかの落ち度があれば、相手方の保護を優先して考えます。

本人の落ち度について、民法は次の
3つのパターンを想定しています。

［表見代理の種類］

	本人の落ち度（帰責性）	相手方の状況★2
代理権授与表示の表見代理（109条1項）	代理権を**与えていない**のに、与えたかのような表示をした。 例：代理権を与えるつもりがないのに、委任状を交付した。	善意無過失
権限外の行為の表見代理（110条）	私法上の代理権を与えた。 例：100万円の融資を受ける代理権を与えたが、1,000万円借りてきた。	善意無過失
代理権消滅後の表見代理（112条1項）	過去に代理権を与えていた。 例：代理人を解任されたにもかかわらず、代理人として契約をした。	善意無過失

★2

野畑の
ズバッと解説

本人の落ち度は小さいので、相手方は「**善意無過失**」である必要があります。

ここからは、試験で問われる可能性の高い、「権限外の行為の表見代理」について詳しく見ていきましょう。

2 権限外の行為の表見代理（110条）

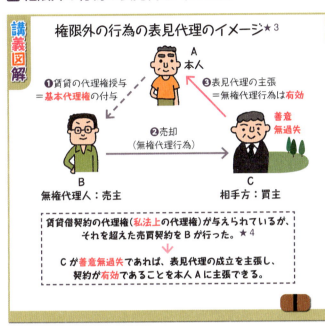

講義図解

権限外の行為の表見代理のイメージ★3

A 本人

❶賃貸の代理権授与
＝**基本代理権**の付与

❸表見代理の主張
＝無権代理行為は**有効**

B 無権代理人：売主

❷売却
（無権代理行為）

善意
無過失

C 相手方：買主

賃貸借契約の代理権（私法上の代理権）が与えられているが、それを超えた売買契約をBが行った。★4

Cが**善意無過失**であれば、表見代理の成立を主張し、契約が**有効**であることを本人Aに主張できる。

「基本代理権」にあたるものとあたらないものを次の表でまとめておきましょう。

[基本代理権]

	基本代理権となるか？	表見代理は成立するか？
私法上の代理権	基本代理権に**あたる**。	**する**
勧誘業務の代行権限	基本代理権に**あたらない**。	**しない**
公法上の代理権	原則：基本代理権にあたらない。 例外：登記申請の代理権は、基本代理権に**あたる**。★5	原則：**しない** 例外：**する**

★3
野畑のズバッと解説

109条（代理権授与表示の表見代理）は代理権がないことが前提ですが、110条は代理権が一応あるのが前提です。

★4
ワンポイント

本人が私法上の代理権を与えていることが必要になります。事例のように賃貸借契約の代理権は私法上の代理権となりますが、役所に印鑑証明書を取りに行ってもらう代理権は公法上の代理権となり、表見代理は成立しません。

★5
ワンポイント

法務局に登記を申請する代理権は、公法上の代理権ですが、契約という私法上の取引の一環としてされた場合は、基本代理権となります（最判昭46.6.3）。

代理人は、与えられた権限の範囲で本人のために法律行為を行うのであるから、権限を逸脱して法律行為を行った場合には、それが有効となる余地はない。[12-28-4改題]

×：権限外の行為の表見代理が成立し、有効となる余地があります。

❸ 無権代理との関係

　相手方が表見代理と無権代理人の責任追及の両方を主張できる場合、**あえて表見代理の主張をせず、無権代理人に対して責任追及**をすることができます。★6

講義図解

無権代理と表見代理の関係

A
本人

表見代理の主張○

善意無過失

売却（無権代理行為）

責任追及○

B
無権代理人：売主

C
相手方：買主

相手方Cは、
❶本人Aに表見代理の成立を主張してもよいし、
❷無権代理人Bに責任追及をしてもよい。

★6

ワンポイント

表見代理は相手方保護の制度であるため、無権代理人側から、「表見代理の成立」を主張することはできません。

第6節 無効・取消し

はじめに

この節では、無効・取消しについて学習します。
無効や取消しについては、意思能力や意思表示の箇所でも登場
しましたが、ここではより具体的に学習します。

1 無効

重要度 **C**

法律行為（契約）が無効である場合、その効果は**最初から
生じていません**。

法律行為の無効は、①**誰でも主張することができ**、②**誰に
対しても主張することができる**のが原則です。★1

例外的に、主張できる人や相手方に制限がある場
合があります。下記の表で整理しておきましょう。

ナビゲーション

無効についてはあま
り出題されていませ
ん。何度か軽く確認
しておくくらいで十
分です。

★1

野畑のズバッと解説

無効な行為を追認し
ても**有効**とはなりま
せんが、当事者が無
効な行為であること
を知って追認した場
合、**新たな行為をし
たもの**とみなされま
す（119条但書）。

[無効について]

	意味	例
原則 （絶対的無効）	誰からでも、誰に対して も主張できる	・公序良俗違反（90条）
例外 相対的無効	主張権者や相手方に対し て制限がある	・**意思無能力**（3条の2） ※表意者側のみ主張可 ・**心裡留保**（93条） ・**虚偽表示**（94条） ※善意の第三者に主張で きない。

1 取消しの効果・取消権利者

取消しは、いったん有効に成立した意思表示を**最初からなかったことにする**制度です（121条）。

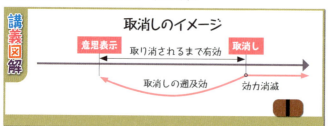

講義図解

取消しのイメージ

意思表示　　取り消されるまで有効　　取消し

取消しの遡及効　　効力消滅

ナビゲーション

取消しは、無効よりも出題される可能性が高いテーマです。取消権者を中心に確認しておきましょう。

民法上、取消しができる者を確認しておきましょう。

[取消権者]

制限行為能力による取消し （120条1項）	錯誤・詐欺・強迫による取消し （120条2項）
①制限行為能力者 ★1 ②上記①の代理人 ③上記①の承継人（相続人等） ④同意をすることができる者 （保佐人や同意権付与の審判を受けた補助人）	①瑕疵ある意思表示をした者 ②上記①の代理人 ③上記①の承継人（相続人等）

★1
ワンポイント

制限行為能力者自身も取り消すことができることに注意してください。また、他の制限行為能力者の法定代理人としてした行為については、当該他の制限行為能力者が含まれます。

過去問チャレンジ

成年被後見人の法律行為について、成年後見人は、これを取り消し、または追認することができるが、成年被後見人は、事理弁識能力を欠く常況にあるため、後見開始の審判が取り消されない限り、これを取り消し、または追認することはできない。[12-27-4]

×：成年被後見人は、制限行為能力者である間も、みずからの法律行為を取り消すことができる（120条1項）。

2 取り消すことができる行為の追認

　追認とは、取り消すことができる行為を取り消さないことに確定する行為です（122条）。★2★3

> 追認することができる者は、取消権者と同じです（122条）。

3 取消権の期間制限

　取消権は、**追認をすることができる時から5年間**行使しないときは、時効によって消滅してしまいます（126条前段）。★4

　また、**行為の時から20年**を経過したときにも取り消すことができなくなります（126条後段）。

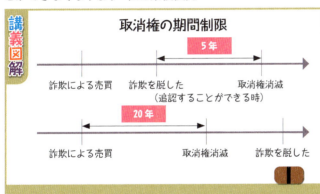

講義図解

取消権の期間制限

5年

詐欺による売買　　詐欺を脱した　　　取消権消滅
　　　　　　　　（追認することができる時）

20年

詐欺による売買　　　　取消権消滅　　詐欺を脱した

3 無効・取消し後の原状回復義務 　重要度 **B**

　契約が無効であったり取り消されたりした場合には、**お互いに受け取った物を返還**しなければなりません（原状回復義務/121条の2第1項）。

★2
ワンポイント

追認は、原則として①**取消しの原因となっていた状況が消滅し、**かつ②**自分に取消権があることを知った後**にしなければ効力を生じません（124条1項）。

★3
あとまわしOK

例えば、詐欺により土地を売ってしまった者が、相手方に土地を引き渡してしまった場合、**追認したとみなされます**（法定追認/125条参照）。

★4
あとまわしOK

「追認をすることができる時」とは、取消しの原因となった状況が消滅し、かつ、取消権を有することを知った時です（124条1項）。

ナビゲーション

民法改正で新設されたテーマです。
原状回復義務の内容を押さえておきましょう。

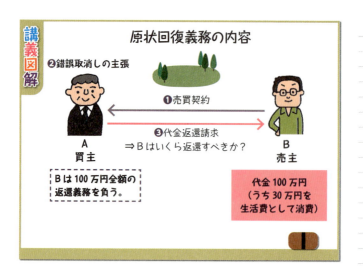

講義図解 原状回復義務の内容

❷錯誤取消しの主張

❶売買契約

A 買主

B 売主

❸代金返還請求
⇒Bはいくら返還すべきか？

Bは100万円全額の返還義務を負う。

代金100万円
（うち30万円を生活費として消費）

［原状回復義務の内容］

原則	**全額**の返還義務（121条の2第1項）
例外①	**無償行為**に基づく債務の履行として給付を受けた者は、給付を受けた当時その行為が**無効**であることを知らなかったとき（取消しの場合は**取消可能**であることを知らなかったとき）は、**現存利益**を返還すればよい（121条の2第2項）。★1 　　例：AB間の契約が贈与契約で、Bが金銭を受け取った場合。
例外②	行為の時に①**意思能力**を有しなかった者、および②**制限行為能力者**であった者は、**現存利益**の返還でよい（121条の2第3項）。★2 　　例：Bが未成年者だった場合。

★1
ワンポイント
無償行為の例として、贈与契約が挙げられます。

★2
ワンポイント
「現存利益」の意味については、P16で学習済です。

第 7 節　時効

はじめに　この節では、時効について学習します。時効は総則だけでなく、物権法や債権法とも関連する論点が多いのが特徴です。民法の学習が一度終わってからあらためて時効の分野を確認するようにしましょう。

1　時効とは

　重要度 C

　時効とは、**ある状態が一定期間続くことにより、その状態通りの権利の取得や消滅を認める制度**です。

ナビゲーション

取得時効と消滅時効があるということがわかれば十分です。

[時効の種類]

取得時効	一定期間の経過により**権利を取得する。** 例：他人の土地を使い続けると、自分の土地になる。
消滅時効	一定期間の経過により**権利・義務が消滅する。** 例：お金を貸して、取り立てることなくそのままにしておくと、返せと主張できなくなる。

2　取得時効

重要度 A

1 取得時効とは

　他人の物を一定期間使い続けた者は、その物の所有権を取得することができます（162条）。★1

 講義図解

取得時効のイメージ

B が占有

A 所有の土地

A 所有の土地の上に、B が勝手に建物を建てて長期間住んでいる。

↓

B は、取得時効の要件を満たせば、A の土地の所有権を取得できる。

ナビゲーション

取得時効については成立要件が重要です。繰り返し確認して覚えるようにしましょう。

★1

野畑の スバッと解説

使わない土地の権利であれば、使いたい人にあげたほうが有効活用されるというイメージを持っておきましょう。

❷ 取得時効の要件

[取得時効の要件（162条）・効果（144条）] ★2

要件	① 「他人の物」を占有すること ② 「所有の意思」をもって占有すること（自主占有）★3 ③ 「平穏かつ公然★4」に占有すること ④ 「善意無過失」の場合は10年間占有を継続すること 　　「悪意」の場合は20年間占有を継続すること ⑤ 「援用」すること
効果	占有開始の時点から制約のない完全な所有者であったことになる。★5 →所有権のみならず、地上権・永小作権・地役権・不動産賃借権など、所有権以外の財産権についても時効取得できる。

「占有継続」については、占有承継という論点があります。

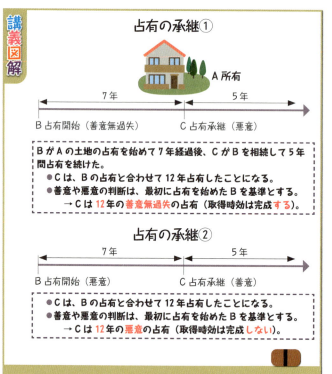

講義図解

占有の承継①

A 所有

7年 ｜ 5年

B 占有開始（善意無過失）　　C 占有承継（悪意）

Bが A の土地の占有を始めて7年経過後、Cが B を相続して5年間占有を続けた。
- C は、B の占有と合わせて12年占有したことになる。
- 善意や悪意の判断は、最初に占有を始めた B を基準とする。
  → C は12年の善意無過失の占有（取得時効は完成する）。

占有の承継②

7年 ｜ 5年

B 占有開始（悪意）　　C 占有承継（善意）

- C は、B の占有と合わせて12年占有したことになる。
- 善意や悪意の判断は、最初に占有を始めた B を基準とする。
  → C は12年の悪意の占有（取得時効は完成しない）。

★2
ワンポイント
これら要件すべての取得時効を主張する者が裁判で証明するのは難しいので、①所有の意思、②平穏かつ公然、③善意は推定され、原則として証明しなくてもよいとされています（186条1項）。

★3
ワンポイント
人の物を盗んだ者は、所有の意思があるとされますが、人の物を借りた者は所有の意思がないとされます（詳しくは「占有権」で学習します）。

★4
用語の意味
平穏かつ公然
暴力的な手段でなく普通にという意味。

★5
あとまわしOK
取得時効が完成した土地に抵当権が設定されていた場合、時効取得により抵当権は消滅し、何の負担もない土地の所有権を手にすることになります（原始取得といいます）。

❶前の人の占有は足せる
❷足した場合、善意・悪意の判断は前の
　人基準となる
と考えましょう。

過去問チャレンジ

Aは、甲不動産をその占有者Bから購入し引渡しを受けていたが、実は甲不動産はC所有の不動産であった。Bが善意無過失で7年間、Aが悪意で3年間占有した場合、Aは甲不動産を時効取得できる。[17-30-4]

◯：その通り（Aは10年の善意無過失の占有になるから）。

3 消滅時効

重要度 **B**

1 消滅時効とは

　権利を取得した後に何もしないまま一定期間経過すると、権利が消滅することになります（166条）。

ナビゲーション

取得時効ほどではないですが、過去に出題実績があります。細かい数字が登場しますが、覚えるのはあとまわしでかまいません。

消滅時効のイメージ

金銭消費貸借契約

金返せ！
（10年間行使しない）

A
債権者

B
債務者

AがBに対して
10年間権利を行
使しないと、債
権が消滅する。
（BはAにお金を
返さなくてもよ
くなる）

[消滅時効の要件・効果（主なもの／166条）] ★1

	起算点 ★2	時効期間	具体例
①一般の債権 ★3 （166条）	知った時から	5年	契約から生じる一般的な債権 （貸金債権）
	権利を行使できる時から	10年	契約以外から生じる債権 （過払金返還請求権）
②債務不履行に基づく人の生命または身体の侵害による損害賠償請求権 ★4 （167条）	知った時から	5年	医療事故による損害賠償請求権
	権利を行使できる時から	20年	安全配慮義務違反による損害賠償請求権
③不法行為に基づく損害賠償債権 （724条）	被害者またはその法定代理人が損害および加害者を知った時から	3年	交通事故で大破した自動車の損害賠償請求権
	不法行為の時から	20年	
④人の生命または身体を害する不法行為による損害賠償請求権 ★4 （724条の2）	被害者またはその法定代理人が損害および加害者を知った時から	5年	交通事故でケガをした場合の損害賠償請求権
	不法行為の時から	20年	
⑤債権または所有権以外の財産権 （166条2項）	権利を行使することができる時から	20年	地上権

消滅時効については、いつからカウントがスタートするかが論点となります。

★1

あとまわしOK

同じ損害賠償請求でも、根拠が「債務不履行」の場合と、「不法行為」の場合があります。

★2

ワンポイント

消滅時効の起算点（カウントスタート）には、①知った時から（主観的起算点）と②権利を行使することができる時（客観的起算点）の2つがあります。

★3

ワンポイント

所有権は時効で消滅しないので注意してください（相手から取得時効を主張されて、結果的に所有権を失うことはあります）。

★4

野畑の スパッと解説

「物が壊れた」よりも「ケガをした」ほうが重大なので、損害賠償請求ができる期間が長くなっています（民法改正により区別されました）。

3 消滅時効の客観的起算点

消滅時効の客観的起算点は、「**権利を行使することができる時から**」とされています（166条1項2号など）。

では、「権利を行使することができる時」とは具体的にいつを指すのでしょうか。

[消滅時効の客観的起算点] ★5

①確定期限付き債権 ★6	**期限到来時**から 例：令和元年10月31日に支払う約束 （その日が来たらカウントスタート）
②不確定期限付き債権	**期限到来時**から 例：次に雨が降ったら支払う約束 （その日が来たらカウントスタート）
③停止条件付き債権 ★6	**条件が成就した時**から 例：試験に合格したら支払う約束 （その日が来たらカウントスタート）
④期限の定めのない債権	**債権成立の時**から 例：支払い期日を決めなかった。 （契約した日からカウントスタート）
⑤履行不能による損害賠償請求権	**本来の債務の履行を請求できる時**から 例：令和元年10月31日に建物を引き渡す約束だったが、売主の失火により滅失した。 （令和元年10月31日にカウントスタート）
⑥不法行為に基づく損害賠償請求権	**不法行為の時**から 例：何者かに突き飛ばされてケガをした。 （突き飛ばされてケガをした時からカウントスタート）

★5
ワンポイント
過去にあまり出題はされていないので、時間がなければあとまわしで大丈夫です。

★6
ワンポイント
期限：将来の発生が**確実**なもの
条件：将来の発生が**不確実**なもの
と理解しておきましょう

4 時効の援用・放棄

1 時効の援用

　取得時効・消滅時効ともに、時効の効果を得るためには直接利益を受ける者が必要な期間を経過した後に時効の利益を主張する必要があります。この主張を時効の援用といいます(145条)。

> 当事者のほかに、誰が時効の援用をすることができるのかが、試験対策上のポイントになります。
> 頑張って覚えてください。

ナビゲーション

時効の援用権者と時効の利益の放棄が重要論点です。
繰り返し本書を確認して知識を定着させましょう。

[時効の援用権者] ★1

時効の援用ができる者	・保証人（145条） ・物上保証人（145条） ・抵当不動産の第三取得者（145条） ・詐害行為の受益者
時効の援用ができない者	・一般債権者 ・後順位抵当権者

★1
ワンポイント

試験では、「保証人…援用できる」「詐害行為の…できる」といったように、問題文の最初と最後を見て解ける問題がほとんどです。
保証人など、この表に書かれているものはこれから詳しく学習しますので、一度民法全体を学習した後にこの表を見返すようにしてください。

講義図解

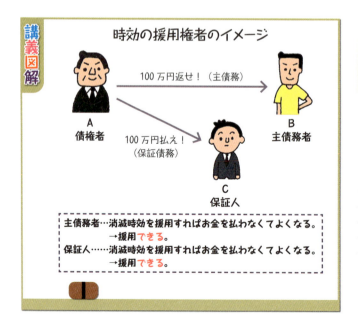

時効の援用権者のイメージ

A 債権者 — 100万円返せ！（主債務）→ B 主債務者

A 債権者 — 100万円払え！（保証債務）→ C 保証人

主債務者…消滅時効を援用すればお金を払わなくてよくなる。
　　→援用できる。
保証人……消滅時効を援用すればお金を払わなくてよくなる。
　　→援用できる。

過去問チャレンジ

AのBに対する甲債権につき消滅時効が完成した。甲債権のために保証人となったDは、甲債権が消滅すればAに対して負っている債務を免れる地位にあるため、甲債権につき消滅時効を援用することができる。[16-27-イ改題]

〇：その通り。

2 時効の利益の放棄

時効の利益の放棄とは、**時効が援用できるにもかかわらず、それをしないという意思表示**をすることです。

時効の利益の放棄のイメージ

100万円返せ！（10年間行使しない）

A 債権者 → B 債務者

Bがお金を返したくないと考えた場合。
→時効を**援用する**

Bがお金を返したいと考えた場合。
→**時効の利益の放棄をする**★2

★2
野畑の **スバッと解説**
もともとはお金を借りているわけですから、**きちんと返したいと思う人は時効の利益の放棄ができる**ようにしています。

ここが ポイント　時効の利益の放棄

時効の利益は、あらかじめ放棄することができない（146条）。
　※時効完成**前**の放棄は、認められない。★3
　　時効完成**後**の放棄は、認められる。

★3
ワンポイント
お金を借りる際の契約内容に「将来時効が完成しても援用しないこと」を盛り込むことはできません。

3 時効完成後の債務の承認

時効が完成した後に債務者が債務の承認★4をした場合、どのような効果が現れるのでしょうか。

★4
ワンポイント
承認
債務の存在を認めること。
例：支払い猶予の申入れ

時効完成後の債務の承認のイメージ

100万円返せ！（10年間行使しない）

2週間待って！（債務の承認）

A 債権者　　　　　　　　　　　B 債務者

Bが時効完成していることを**知りながら**Aに対して、
「あと2週間待ってくれたら支払う」と言った場合。
　→**時効の利益の放棄**として扱う。

★5

野畑の スパッと解説

時効の利益を放棄していなくても時効の援用を認めてしまうと、返済を期待した相手方を害することになるため、援用を認めないこととしました。

ここが **ポイント** 時効完成後の債務の承認

● 時効完成を**知りながら**債務の承認をした。
　→時効の利益の放棄と**なる**。

● 時効の完成を**知らずに**債務の承認をした。
　→時効の利益の放棄と**ならない**が、**信義則**上時効の援用ができなくなる（最大判昭41.4.20）。★5

5 時効の完成猶予・更新

重要度 **A**

1 概要

　債権者が一定期間権利を行使しないと取得時効や消滅時効が完成してしまいますが、一定期間内に権利を行使した場合はどうなるのでしょうか。

ナビゲーション

民法改正により大きく変わった部分になります。時効の完成猶予・更新の具体例をチェックしておきましょう。

債権者が権利を行使した場合、大きく分けて「時効の完成猶予」と「時効の更新」という2つの効果が発生します。

[時効の完成猶予と更新]

時効の完成猶予	猶予事由が発生しても、時効の進行自体は**止まらない**が、本来の時効期間の満了時期を過ぎても一定期間は時効が完成しないとする制度
時効の更新	一定の完成猶予事由が終了したり、債務者から権利の承認★1があったりした場合、それまで経過した期間は時効完成にとってまったく無意味なものとなり、**新たに時効が進行を開始する。**

イメージしやすくするために、債権者の権利行使について具体例を見ていきましょう。

2 裁判上の請求

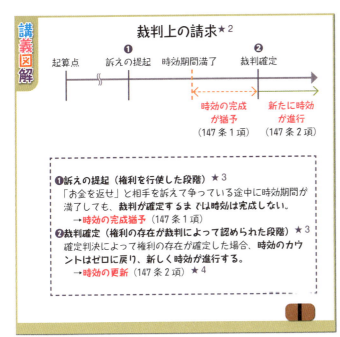

講義図解

裁判上の請求★2

起算点　❶訴えの提起　時効期間満了　❷裁判確定

時効の完成が猶予（147条1項）　新たに時効が進行（147条2項）

❶訴えの提起（権利を行使した段階）★3
「お金を返せ」と相手を訴えて争っている途中に時効期間が満了しても、**裁判が確定するまで**は時効は完成しない。
→**時効の完成猶予**（147条1項）

❷裁判確定（権利の存在が裁判によって認められた段階）★3
確定判決によって権利の存在が確定した場合、**時効のカウントはゼロに戻り、新しく時効が進行する。**
→**時効の更新**（147条2項）★4

★1
ワンポイント
債務者自身がお金を借りていることを認めた場合、時効のカウントはゼロに戻ります（債務の承認は**時効の更新**事由です）。

★2
用語の意味
裁判上の請求
相手を訴えること。

★3
野畑のズバッと解説

債権者が権利を行使した段階→**時効の完成猶予事由**
権利の存在が裁判等によって認められた段階→**時効の更新事由**
と考えましょう。

★4
あとまわしOK
仮差押え・仮処分については、裁判上の請求のように強い効力はなく、**時効の完成猶予**事由となっています（149条）。

❸ （裁判外の）催告

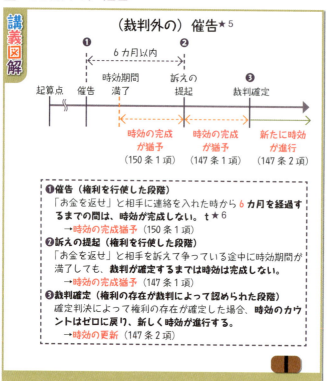

講義図解

（裁判外の）催告 ★5

- ❶ 催告
- ❷ 訴えの提起
- ❸ 裁判確定

6カ月以内

起算点 — 催告 — 時効期間満了 — 訴えの提起 — 裁判確定

時効の完成が猶予（150条1項）　時効の完成が猶予（147条1項）　新たに時効が進行（147条2項）

❶催告（権利を行使した段階）
「お金を返せ」と相手に連絡を入れた時から**6カ月を経過するまでの間は、時効が完成しない。** t ★6
→時効の完成猶予（150条1項）

❷訴えの提起（権利を行使した段階）
「お金を返せ」と相手を訴えて争っている途中に時効期間が満了しても、**裁判が確定するまでは時効は完成しない。**
→時効の完成猶予（147条1項）

❸裁判確定（権利の存在が裁判によって認められた段階）
確定判決によって権利の存在が確定した場合、**時効のカウントはゼロに戻り、新しく時効が進行する。**
→時効の更新（147条2項）

★5
用語の**意味**

催告
裁判ではなく、口頭や郵便で「土地を返せ」「お金を返せ」と主張すること（裁判外の請求ともいいます）。

★6
ワンポイント
催告による時効の完成猶予は一度きりです。
繰り返し催告できてしまうと、延々と時効の完成が猶予される結果になってしまうからです。

> 上記は、債権者が権利行使をした場合ですが、天災など様々な事由で権利行使ができない場合も、一定期間時効の完成が猶予されます（161条参照）。

❹ 協議を行う旨の合意による時効の完成猶予

お金の貸し借りについてトラブルとなっている場合でも、できれば裁判ではなく話し合いで解決したいと思う当事者は多いでしょう。

しかし、話し合いが長引いた結果、時効の完成が間近に迫ってしまうこともあります。

そこで、**当事者の協議により、一定期間時効の完成を猶予できる仕組み**が設けられました（151条）。

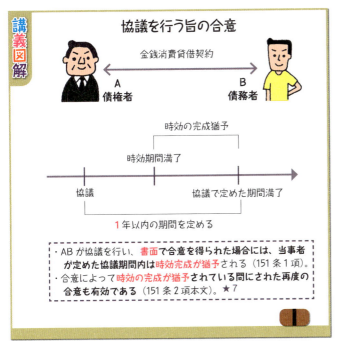

講義図解

協議を行う旨の合意

金銭消費貸借契約

A 債権者 ←→ B 債務者

時効の完成猶予

時効期間満了

協議　協議で定めた期間満了

1年以内の期間を定める

・AB が協議を行い、**書面**で合意を得られた場合には、当事者が定めた協議期間内は**時効完成が猶予**される（151 条 1 項）。
・合意によって**時効の完成が猶予**されている間にされた再度の合意も有効である（151 条 2 項本文）。★7

★7
野畑の ズバッと解説

当事者同士で話し合った結果であれば、**2回目の時効完成猶予も認められます。**
債権者が一方的に行う催告が一度しかできないことと比較してください。

ちょっと一息

予備校の無料動画を活用しよう

一人で勉強を続けていると、不安になったり、やる気が出なくなったりすることがあります。そんなときは、予備校の無料動画を活用してみてください。私もそうですが、全国の受験生に向けた無料動画を不定期に配信しています。

動画を視聴すると、不安が払しょくされたり、「頑張らなきゃ！」という気持ちになったりしますし、何よりも受験の最新情報を得ることができます。ぜひ、予備校の無料動画を活用してください。

MEMO

物権法

「物に対する権利」

物権法では、物に対する権利を学習します。

　私たちが自分で買った物を自由に使えたり、盗まれたときに返せと言えるのは、民法では所有権という物権を主張できるからです。

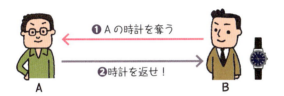

　また、不動産のような高額資産の所有者が誰であるかを確認できるような登記制度も設けられています。

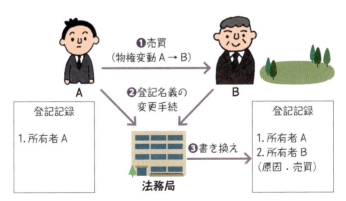

このように、物権法では「所有権という物権を持っていると何ができるのか」「所有権という物権を他人に主張するためにはどうしたらいいのか」といった内容を学習します。

第1節 物権総論

はじめに

この節では、物権の基礎について学習します。物権とは何か、物権を持っているとどのような請求ができるかを押さえるようにしましょう。

1 物権とは

物権とは、**物を支配して利益を受けることのできる権利**です。

例えば、時計を買った者は時計に対して所有権という物権を持ち、自由に使ったり誰かに貸したりすることができます。

そして、「自分は所有者だ」ということを誰に対しても主張できます。

ここが ポイント　物権と債権の違い★1

- 物権…**物**に対する権利
  - →誰に対しても主張できる。
- 債権…特定の**人**に対する権利
  - →契約の相手（不法行為の場合は加害者）にしか主張できない。

ナビゲーション

ここから物権法の学習に入りますが、債権との違いを理解するところから始めましょう。

★1 ワンポイント

物権と債権の違いは、留置権と同時履行の抗弁権の違いなど、これから学習する論点を理解するうえで重要です。

2 物権の種類

重要度 C

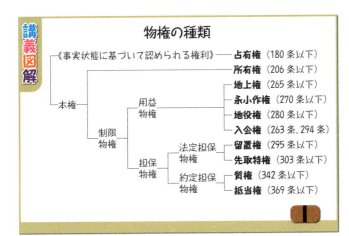

講義図解

物権の種類

《事実状態に基づいて認められる権利》── **占有権**（180 条以下）

本権 ── **所有権**（206 条以下）

制限物権
- 用益物権
  - **地上権**（265 条以下）
  - **永小作権**（270 条以下）
  - **地役権**（280 条以下）
  - **入会権**（263 条、294 条）
- 担保物権
  - 法定担保物権
    - **留置権**（295 条以下）
    - **先取特権**（303 条以下）
  - 約定担保物権
    - **質権**（342 条以下）
    - **抵当権**（369 条以下）

ナビゲーション

これから1つ1つの物権を詳しく見ていくので、ここですべてを覚える必要はありません。
一度学習した後にこの表を見たら、「この物権はどんな内容だったかな」と思い出してみてください。

3 物権的請求権

重要度 A

1 物権的請求権の種類

例えば、自分の時計が誰かに奪われた場合、「返せ」と主張できます。

当たり前のことかもしれませんが、**民法の世界では、「所有権に基づく返還請求権」を行使している**ことになります。

ナビゲーション

物権的請求権の具体例3つを理解しておきましょう。

3つの物権的請求権について、所有権を例に具体例を学習しておきましょう。

物権的請求権 ★1

物権的返還請求権

❶ Aの時計を奪う

❷時計を返せ！

A　　　　　　　　　B

物権的妨害排除請求権 ★2

❶ Aの土地の上に勝手に建物を建てた

❷建物を取り壊せ！

A　　　　　　　　　B

物権的妨害予防請求権

❶ Aの敷地に入ろうとしている

❷入ってこないでくれ！

A　　　　　　　　　B

物権的請求権は、侵害者（B）に故意または過失がなくても行使できます。

★1

あとまわしOK

物を使用する権利があるのに、それが侵害された場合に行使できるのが物権的請求権です。
抵当権は物を使用する権利ではないので、抵当権が付いている建物が不法占拠されても、原則として抵当権に基づく妨害排除請求権を行使することはできません。

★2

あとまわしOK

Aの土地の上に勝手に建物を建てたBが、Cに建物を譲渡した場合、原則としてAは現在建物を使用しているCに対して妨害排除請求権（建物の収去請求）をすることになりますが、建物の登記がB名義のままであれば、Bに対しても妨害排除請求権を行使することができます。

過去問チャレンジ

Dが所有する丙土地の上に、Eが権原なく丁建物を建設し、自己所有名義で建物保存登記を行った上でこれをFに譲渡したが、建物所有権登記がE名義のままとなっていた場合、Dは登記名義人であるEに対して丁建物の収去を求めることができる。[17-31-5]

○：その通り（FにもEにも求めることができます）。

第２節 不動産物権変動

はじめに

この節では、不動産の物権変動について学習します。数多くの事例が登場しますが、落ち着いて１つずつ理解することで得点源にすることも可能です。

1 不動産物権変動総説

重要度 **A**

1 不動産物権変動とは

私たちが土地や建物を買う際に気をつけなければならないのは、「所有者は誰なのか」ということです。

そこで、国は「登記制度」というものを設け、法務局に行けばその不動産の所有者がわかるという仕組みを採用しています。

ナビゲーション

不動産物権変動は試験でも頻出です。
177条の第三者に該当する者・しない者をしっかり覚えて本試験に臨みましょう。

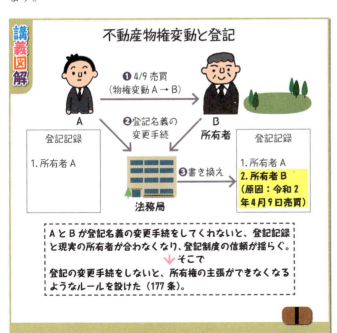

不動産物権変動と登記

❶ 4/9 売買
（物権変動 A → B）

A

登記記録

1. 所有者 A

❷ 登記名義の変更手続

法務局

❸ 書き換え

B
所有者

登記記録

1. 所有者 A
2. **所有者 B**
（原因：令和2年4月9日売買）

AとBが登記名義の変更手続をしてくれないと、登記記録と現実の所有者が合わなくなり、登記制度の信頼が揺らぐ。
↓ そこで
登記の変更手続をしないと、所有権の主張ができなくなるようなルールを設けた（177条）。

不動産に関する**物権変動**は、登記をしなければ第三者に対抗することができない。

❷ 177条の第三者

177条では、登記をしなければ「第三者」に所有権を主張できないとしていますが、**どのような者が第三者となるのか**が問題となります。★1

[177条の第三者]

第三者にあたる例	第三者にあたらない例
①二重譲渡の譲受人	①当事者およびその相続人
②抵当権、地上権等の制限物権者	②無権利者
③不動産賃借人★2	③不法行為者・不法占拠者
	④背信的悪意者

まずは、典型的な不動産の二重譲渡の例を確認しましょう。

第三者にあたる例：不動産の二重譲渡

❶売買　❷売買　登記

所有権主張✕

A が B に土地を売却したが、登記名義は A のままだった。
↓
その後、A は C にも同じ土地を売却し、登記名義を C に移した。
↓
この場合、
❶登記をもらわなかった B は C に所有権を主張**できず、**
❷登記をもらった C は B に所有権を主張**できる。** ★3★4
※土地の所有者は C という扱いになる。

★1
ワンポイント

判例では、177条の第三者を「①**当事者もしくはその包括承継人以外の者で、**②**登記の欠缺（けんけつ）を主張するにつき正当な利益を有する者。**」としています（大判明41.12.15）。

★2
あとまわしOK

詳しくは「賃貸借」の箇所で学習します。

★3
野畑の スパッと解説

契約の先後ではなく、登記の先後で勝ち負けを決めるのがポイントです。B は①の契約で土地の所有者になったはずですが、登記を移さなかったペナルティを受けたとも考えられます。

★4
ワンポイント

自由競争の原理から、B が先に土地を買ったことを知っていても（**悪意でも**）、登記を受けた C は保護されます。

講義図解

第三者にあたらない例①：不法占拠者

A　登記

❶売買

❷所有権主張○

B

C　不法占拠

AがBに土地を売却したが、登記名義はAのままだった。
　　　　　　　　↓
Bは登記がなくても不法占拠者であるCに
所有権の主張が**できる**。★5

第三者にあたらない例②：背信的悪意者★6

A

❶売買　❷売買

B

❸所有権主張○

登記

C　背信的悪意者

AがBに土地を売却したが、登記名義はAのままだった。
　　　　　　　　↓
背信的悪意者CがAから土地を買い受け、登記をしたとしても、
BはCに所有権を主張**できる**。★7

背信的悪意者Cからの転得者Dがいた場合、
D自身が背信的悪意者でない限り、Dは登記
があれば保護されます。

★5

野畑の**ズバッと解説**

いくら登記がないとはいえ、土地を買った所有者であるBと、何も権利のない不法占拠者Cでは、所有者Bを優先するということです。

★6

用語の**意味**

背信的悪意者
Bに登記がないことを知っているだけでなく、そこに目をつけて「高値で売りつけてやろう」という意思でAから土地を買った者のように、悪意であって、かつ、登記の欠缺（けんけつ）（不存在）を主張することが信義に反する者のこと。

★7

野畑の**ズバッと解説**

ただの悪意者に対しては登記がなければ所有権を主張できませんが、背信的悪意者は保護に値しないので、Bは登記がなくても所有権を主張できます。

2　登記が必要な物権変動

重要度

売買契約以外にも、様々な理由で物権変動が起こります。
ここからは、登記が必要な物権変動について学習します。

様々な事例が登場しますが、パターンは決まっています。
それぞれどう処理するのかを覚えてください。

1 取消しと登記

契約を取り消すと一度移転した所有権が戻ってきます。★1
その場合に第三者が存在した場合、**もともとの所有者と第三者のどちらを所有者とするかが問題**となります。

ナビゲーション

民法の中でも超重要テーマです。
「○○前」「○○後」で使うルールが異なるため、問題を解く際に気をつけるようにしてください。

★1 ワンポイント

正確にいうと、契約を取り消した場合は最初から契約がなかったことになるので、物権変動はなかったことになりますが、ここでは取消しによって物権変動があったと考えます。

★2 ワンポイント

取消しの時点で第三者Cがいた場合は、Cが善意か悪意かを基準にします。

★3 野畑のズバッと解説

96条は、取消しの時点で第三者がいた場合を想定しているため、今回は適用されません。
その代わり、②の取消しでB→Aの物権変動が、③の売買でB→Cの物権変動があったと考え、これが二重譲渡に似ているため177条を適用して登記の先後で優劣をつけることとしました。

[取消しと第三者の扱い]

	Aが制限行為能力・強迫を理由に取消し	Aが錯誤・詐欺を理由に取消し
取消前の第三者C	Aの勝ち	原則：Aの勝ち 例外：Cが善意無過失ならCの勝ち（95条4項、96条3項）
取消後の第三者C★4	AとC、先に登記したほうの勝ち（177条）	AとC、先に登記したほうの勝ち（177条）

★4
ワンポイント

取消後の第三者Cに対しては、取消理由に関係なく登記で優劣を決めます。

過去問チャレンジ

1 AからBに不動産の売却が行われ、BはこれをさらにCに転売したところ、AがBの詐欺を理由に売買契約を取り消した場合に、Cは善意かつ無過失であれば登記を備えなくても保護される。［08-29-1改題］

○：その通り。この事例のCは「詐欺取消前」の第三者であり、96条3項が適用されます。

2 AからBに不動産の売却が行われた後に、AがBの詐欺を理由に売買契約を取り消したにもかかわらず、Bがこの不動産をCに転売してしまった場合に、Cは善意かつ無過失であっても登記を備えなければ保護されない。［08-29-2改題］

○：その通り。この事例のCは「詐欺取消後」の第三者であり、177条が適用されます。

❷ 解除と登記

　契約をしたが相手が代金を支払わない場合、売主は契約を解除して契約そのものをなかったことにできます。そこで、**取消しと同じように第三者との関係が問題**となります。★5

★5
ワンポイント
解除については債権法で詳しく学習します。

★6
ワンポイント
詐欺取消前の第三者との違いは、第三者Cが悪意でも登記があれば保護されるということです。

★7
ワンポイント
解除後の第三者との違いは、Cに登記がなければ、Aに登記がなくてもAが勝つという点です。

★8
ワンポイント
解除後の第三者は、詐欺取消後の第三者と同じく登記の先後で優劣を決めます。

[解除と第三者の扱い]

解除前の第三者C	原則：Cに登記がなければAの勝ち
	例外：Cに登記があれば、Cの勝ち（545条1項但書）
解除後の第三者C	AとC、先に登記したほうの勝ち（177条）

❸ 取得時効と登記

　不動産を時効取得した場合にも物権変動が起こるため、第三者との関係が問題となります。

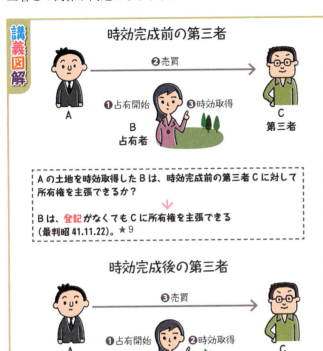

講義図解

時効完成前の第三者

❷売買

A　→　C 第三者

❶占有開始　❸時効取得

B 占有者

> A の土地を時効取得した B は、時効完成前の第三者 C に対して所有権を主張できるか？
> ↓
> B は、**登記**がなくても C に所有権を主張できる（最判昭 41.11.22）。★9

時効完成後の第三者

❸売買

A　→　C 第三者

❶占有開始　❷時効取得

B 占有者

> A の土地を時効取得した B は、時効完成後の第三者 C に対して所有権を主張できるか？
> ↓
> ● C に**登記**がある場合、B は C に所有権を主張できない。
> ● B に**登記**がある場合、B は C に所有権を主張できる。★10 ★11

★9 野畑のスパッと解説

土地を巡って争う関係にあるのはBとCの2人なので、**この2人は「第三者」ではなく「当事者」に近い関係**にあるといえるので、登記は不要です。

★10 ワンポイント

時効完成後の第三者も、**登記**の先後で優劣を決めます。

★11 あとまわしOK

時効完成後の第三者Cが**登記**した後に、さらに占有者Bが取得時効に必要な期間占有を続けた場合には、Bは登記がなくても新たな時効取得をCに主張することが可能です（最判昭36.7.20）。

[取得時効と第三者の扱い]

時効完成前の第三者C	Bの勝ち
時効完成後の第三者C	BとC、先に**登記**したほうの勝ち（177条）

時効援用者が**起算点を任意に選択**して、時効完成時期を早めたり遅らせたりすることはできない（最判昭35.7.27）。

講義図解

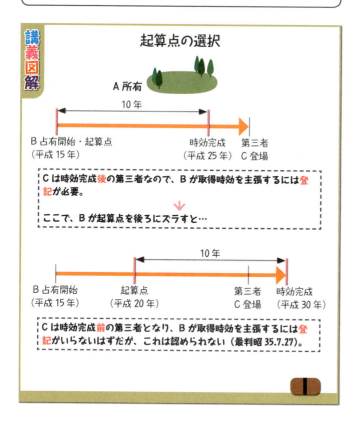

起算点の選択

A 所有

10 年

B 占有開始・起算点　　　　　　　　時効完成　第三者
（平成15年）　　　　　　　　　（平成25年）　C 登場

C は時効完成**後**の第三者なので、B が取得時効を主張するには**登記**が必要。

↓

ここで、B が起算点を後ろにズラすと…

10 年

B 占有開始　　　起算点　　　　　　第三者　時効完成
（平成15年）　（平成20年）　　　　C 登場　（平成30年）

C は時効完成**前**の第三者となり、B が取得時効を主張するには**登記**がいらないはずだが、これは認められない（最判昭35.7.27）。

過去問チャレンジ

不動産の取得時効の完成後、占有者が、その時効が完成した後に当該不動産を譲り受けた者に対して時効を主張するにあたり、起算点を自由に選択して取得時効を援用することは妨げられない。[13-28-4]

× : 起算点を自由に選択して取得時効を援用することはできません。

4 相続と登記

　不動産を相続した場合にも物権変動が起こるため、第三者との関係が問題となります。

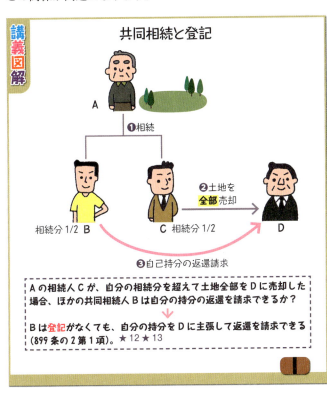

共同相続と登記

❶相続

❷土地を **全部** 売却

相続分 1/2 B　　C 相続分 1/2　　D

❸自己持分の返還請求

Aの相続人Cが、自分の相続分を超えて土地全部をDに売却した場合、ほかの共同相続人Bは自分の持分の返還を請求できるか？

↓

Bは**登記**がなくても、自分の持分をDに主張して返還を請求できる（899条の2第1項）。★12 ★13

★12

野畑の ズバッと解説

もともとCは土地全部の所有権を相続しているわけではないので、**自分の持分以外は無権利**です。無権利者Cから土地を買ったDも、Cの持分以外は無権利なので、Bは登記がなくてもDに持分の返還を請求できます。

★13

あとまわしOK

Cが相続放棄をした場合、CからDへの売却が相続放棄の前でも後でも、Bは土地の所有権をDに主張できます（939条／最判昭42.1.20）。

5 遺産分割と登記

　相続開始後に、共同相続人が遺産分割をした場合にも物権変動が起こるため、第三者との関係が問題となります。

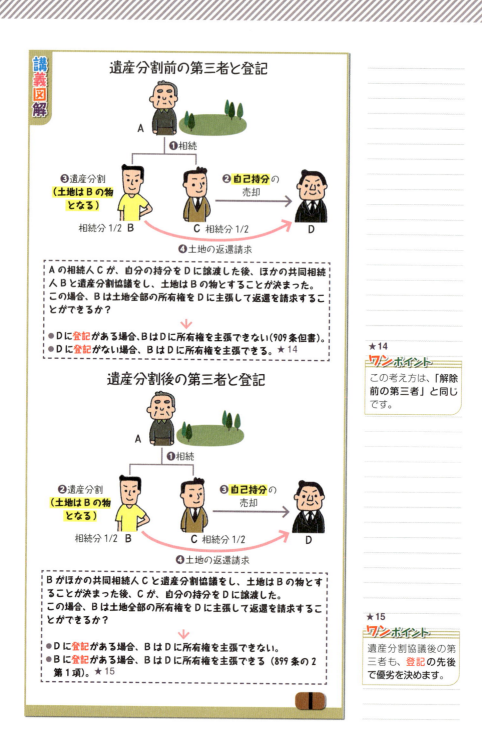

遺産分割前の第三者と登記

❶相続

❸遺産分割
（土地はBの物となる）

❷自己持分の
売却

相続分 1/2 B C 相続分 1/2 D

❹土地の返還請求

Aの相続人Cが、自分の持分をDに譲渡した後、ほかの共同相続人Bと遺産分割協議をし、土地はBの物とすることが決まった。この場合、Bは土地全部の所有権をDに主張して返還を請求することができるか？

↓

● Dに登記がある場合、BはDに所有権を主張できない（909条但書）。
● Dに登記がない場合、BはDに所有権を主張できる。★14

遺産分割後の第三者と登記

❶相続

❷遺産分割
（土地はBの物となる）

❸自己持分の
売却

相続分 1/2 B C 相続分 1/2 D

❹土地の返還請求

Bがほかの共同相続人Cと遺産分割協議をし、土地はBの物とすることが決まった後、Cが、自分の持分をDに譲渡した。この場合、Bは土地全部の所有権をDに主張して返還を請求することができるか？

↓

● Dに登記がある場合、BはDに所有権を主張できない。
● Bに登記がある場合、BはDに所有権を主張できる（899条の2第1項）。★15

★14
ワンポイント
この考え方は、「解除前の第三者」と同じです。

★15
ワンポイント
遺産分割協議後の第三者も、登記の先後で優劣を決めます。

結局のところ、遺産分割協議と第三者については、「解除と第三者」とまったく同じ考え方で解決するということになります。

[遺産分割と第三者の扱い]

遺産分割前の第三者D	原則：Dに**登記**がなければBの勝ち 例外：Dに**登記**があれば、Dの勝ち（909条但書）
遺産分割後の第三者D	BとD、先に**登記**したほうの勝ち（899条の2第1項）

第3節 動産物権変動

はじめに

この節では、動産物権変動について学習します。不動産物権変動とは異なり、即時取得という特別ルールがあることなどが特徴です。試験でもよく出題されていますので、しっかりと対策をしておきましょう。

1 動産物権変動総説

これまで、不動産の物権変動を考えてきましたが、実際に私たちの生活の中では、お茶や服や時計など、動産の売買が数多く行われています。

動産については不動産のような登記制度がないため、誰が所有者として権利を主張できるのかが問題となります。

ナビゲーション

この後よく登場する「引渡し」について学習します。
特に占有改定による引渡しについて理解するようにしましょう。

講義図解

動産物権変動と引渡し

❶売買（物権変動 A → B）
❷時計の引渡し

A　　　　　　　　　B

動産には登記制度がない。
↓
所有者として振る舞いたいなら、購入したBはせめて**引渡し**を受けておくべき。
↓ そこで
引渡しを受けないと、所有権の主張ができなくなるようなルールを設けた（178条）。

ここが ポイント 178条

動産に関する物権の譲渡は、その動産の引渡しがなければ、第三者に対抗することができない。

講義図解

動産物権変動と第三者

❶売買 ❷売買 ❸引渡し

A

所有権主張 ×

B 第三者 C

AがBに時計を売却したが、引渡しを受けていなかった。

↓

その後、AはCにも同じ時計を売却し、Cに引き渡した。

この場合、
❶引渡しを受けなかったBはCに所有権を主張できず、
❷引渡しを受けたCはBに所有権を主張できる。
※時計の所有者はCという扱いになる。

動産の場合は、「登記」が「引渡し」に変わったと考えれば大丈夫ですが、引渡しには以下の4パターンがあるので注意してください。

[動産引渡しの種類] ★1

方法	例
現実の引渡し（182条1項）	Aが所持していた時計を実際にAからBに手渡した。
簡易の引渡し（182条2項）	AがBに時計を貸して、Bがこれを所持している場合に、BがAに頼んでその時計を売ってもらった。
占有改定（183条）	Aが売った時計をBがすぐには引き取れないので、**しばらくAが保管している。**
指図による占有移転（184条）	Aが時計をCに保管してもらっていた場合、AがCに対して、新しい所有者Bのために時計を占有することを命じ、**Bがこれを承諾した。** ★2

★1
野畑の ズバッと解説

占有改定による引渡しだけ変わらずAのもとに時計があることに注目してください。ほかの引渡しについては、時期こそ異なりますがAから他の人に時計は移動しています。

★2
ワンポイント

時計を保管している**C**ではなく、**B**が承諾をするというのがポイントです。

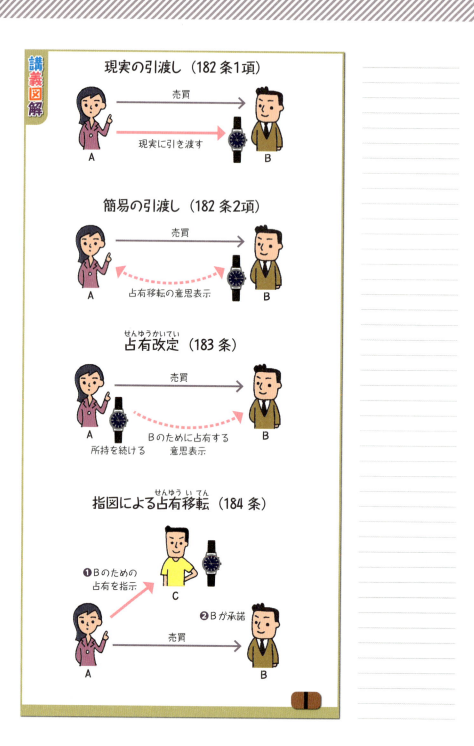

現実の引渡し（182条1項）

売買

現実に引き渡す

A / B

簡易の引渡し（182条2項）

売買

占有移転の意思表示

A / B

占有改定（183条）

売買

Bのために占有する
意思表示

所持を続ける

A / B

指図による占有移転（184条）

❶Bのための
占有を指示

C

❷Bが承諾

売買

A / B

2 即時取得

重要度 **A**

1 即時取得とは

先ほど学習したように、動産には登記制度がないため、所有者でない者から時計や車を買ってしまうということがありえます。そこで、**民法では所有者でない者を所有者と信じて動産を買ったりした者を保護する即時取得**という制度が設けられています（192条）。

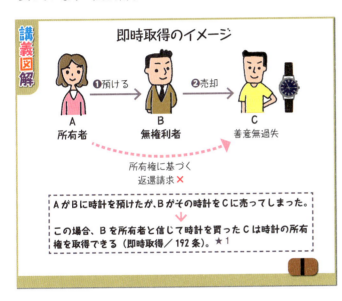

即時取得のイメージ

A 所有者 ❶預ける→ B 無権利者 ❷売却→ C 善意無過失

所有権に基づく返還請求 ✕

A が B に時計を預けたが、B がその時計を C に売ってしまった。
↓
この場合、B を所有者と信じて時計を買った C は時計の所有権を取得できる（即時取得／192条）。★1

即時取得が成立するための要件を確認しておきましょう。

［動産即時取得の要件］

目的物の要件	①登記・登録制度のない**動産**であること
前主Bの要件	②**無権利者・無権限者**が占有していること
取得行為の要件	③**有効な取引行為**が存在していること★2
取得者Cの要件	④**平穏・公然・善意・無過失**であること ⑤前主の占有を取得すること（**引渡し**を受けること）★3

ナビゲーション

即時取得は、動産物権変動の中では一番よく出題される論点です。
どのような場合に即時取得が成立するのかを押さえるようにしましょう。

★1
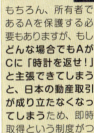
野畑のズバッと解説

もちろん、所有者であるAを保護する必要もありますが、もしどんな場合でもAがCに「時計を返せ！」と主張できてしまうと、日本の動産取引が成り立たなくなってしまうため、即時取得という制度がつくられました。

★2
ワンポイント

売買や贈与等は取引行為ですが、**相続**や他人の傘を間違えて持って帰ってきた場合などは取引行為ではないため即時取得は成立しません。

★3
ワンポイント

CがBから引渡しを受けることですが、この引渡しには「**占有改定**」が含まれません。

即時取得と制限行為能力者 ★4

[事例①] 制限行為能力者の保護を重視するケース

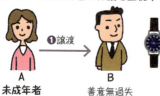

A
未成年者
❷取消し

❶譲渡 →

B
善意無過失

> 未成年者Aが、法定代理人の同意を得ずに自己の動産を善意
> 無過失のBに売却し引き渡した場合、Bは当該動産の所有権
> を即時取得することが**できない**（時計は**A**のもの）。

[事例②] 取引の安全を重視するケース

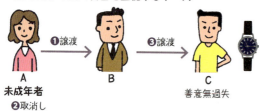

A
未成年者
❷取消し

❶譲渡 →

B

❸譲渡 →

C
善意無過失

> 未成年者Aが、法定代理人の同意を得ずに自己の動産をBに
> 売却した後に取消しをした。
> その後Bは善意無過失のCに動産を売却、引き渡した場合、
> Cは当該動産の所有権を即時取得することが**できる**（時計は
> **C**のもの）。

★4
野畑の ズバッと解説

事例①の場合は、取引の安全より**制限行為能力者の保護を優先**しますが、事例②の場合は、**取引の安全**を優先します。

過去問チャレンジ

A所有のカメラをBが処分権限なしに占有していたところ、CがBに所有権があると誤信し、かつ、そのように信じたことに過失なくBから同カメラを買い受けた。Bは、Cにカメラを売却し、以後Cのために占有する旨の意思表示をし、引き続きカメラを所持していた場合、Cについて即時取得が成立する。[11-29-ウ改題]

× ：本事例のBからCへの引渡しは「占有改定による引渡し」であり、占有改定では即時取得は成立しません。

❷ 盗品・遺失物の特則

即時取得の目的物が盗品または遺失物だった場合には、特別なルールが適用されます。★5

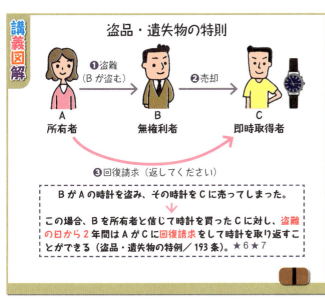

講義図解

盗品・遺失物の特則

A 所有者 → ❶盗難（Bが盗む） → B 無権利者 → ❷売却 → C 即時取得者

❸回復請求（返してください）

> BがAの時計を盗み、その時計をCに売ってしまった。
> ↓
> この場合、Bを所有者と信じて時計を買ったCに対し、盗難の日から2年間はAがCに回復請求をして時計を取り返すことができる（盗品・遺失物の特例／193条）。★6 ★7

盗まれた場合でも即時取得は成立しているので、「返して」と請求する必要があります。

★5

野畑のズバッと解説

即時取得は成立していることに注意してください。
通常のケースでは、A自身がBに預けるなどして時計を手放していますが、今回のケースはそうではないため、特別にAを保護するルールが設けられました。

★6

ワンポイント

盗難または遺失の日から2年間という期間制限がかけられています。

★7

あとまわしOK

Cが時計を競売（オークション）で買ったり、同種の物を販売したりする商人（業者）から善意で買った場合には、AはCが払った代価を弁償しなければ回復請求ができません（194条）。

第4節 所有権

はじめに

この節では、所有権について学習します。物権の王様ともいえ、基本の権利となるため試験でもよく出題されています。特に共有についてはしっかり理解をするようにしてください。

1 所有権の意義

重要度 C

これまでの学習でも、所有権は何度も登場してきましたが、民法では、**目的物を①使用、②収益、③処分する権利**とされています。

所有権の中でも、試験で出題されやすい論点を中心に学習します。

ナビゲーション
所有権がどのような権利かを軽く確認しておきましょう。

2 相隣関係

重要度 B

いわゆる「隣人トラブル」というのは様々な要因で起こります。特に、**自分の土地と他人の土地の使用関係についてトラブルが多いため、民法では相隣関係というルールを設けて**います。

1 隣地通行権

日本は国土が狭いため、土地を有効活用する必要があります。

そこで、他人の土地を通行しなければ公道に出られない場合は、他人の土地を通ることができます（210条1項）。

ナビゲーション
試験でまれに出題されます。
隣地通行権を中心に確認しておきましょう。
また、2021年の民法改正により、境界に関するルールが変更されました。出題可能性は高くないと思われます。

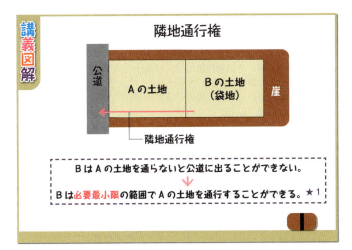

講義図解

隣地通行権

公道

A の土地

B の土地（袋地）

崖

隣地通行権

BはAの土地を通らないと公道に出ることができない。

↓

Bは**必要最小限**の範囲でAの土地を通行することができる。★1

★1
ワンポイント

BはAに対して、通行地の損害に対して償金を支払う必要があります（212条本文）。Bは自分の土地の所有権登記がなくても、AやAから土地を取得した者に隣地通行権を主張できます。

過去問チャレンジ

甲土地を所有するAは、甲土地に隣接するB所有の乙土地を通行している。甲土地が乙土地に囲まれて公道に通じていない場合、AがBに対して隣地通行権を主張するためには、Aは甲土地の所有権の登記を具備していなければならない。[12-29-1改題]

×：所有権の登記がなくても隣地通行権を主張できます。

2 境界

　いくら自分の土地とはいえ、他人の土地との境界線ギリギリまで建物を建ててよいわけではありません。

　民法では、**境界に関して様々なルール**を規定しています。

境界に関するルールの一部が2021年の民法改正により変更されました。
変更後のルールを知っておきましょう。

【境界に関するルール】

隣地の使用 （209条1項）	土地の所有者は、次に掲げる目的のため**必要な範囲内**で、隣地を**使用することができる**。ただし、**住家**については、その居住者の**承諾**がなければ、立ち入ることができない。★2 ①境界またはその付近における障壁、建物その他の工作物の築造、収去または修繕 ②境界標の調査または境界に関する測量 ③233条3項の規定による枝の切取り
継続的給付を受けるための設備の設置権等（213条の2第1項）	土地の所有者は、他の土地に設備を設置し、または他人が所有する設備を使用しなければ電気、ガスまたは水道水の供給その他これらに類する継続的給付を受けることができないときは、継続的給付を受けるため**必要な範囲**内で、他の土地に**設備を設置**し、または他人が所有する**設備を使用**することができる。★3
境界線の設置 （223条）	土地の所有者は、隣地の所有者と**共同の費用**で、境界標を設けることができる。
竹木の切除および根の切取り（233条1項・4項）	・土地の所有者は、隣地の竹木の枝が境界線を越えるときは、**その竹木の所有者に、その枝を切除させる**ことができる。★4 ・土地の所有者は、隣地の竹木の根が境界線を越えるときは、**その根を切り取る**ことができる。
境界線付近の建築の制限（234条1項）	建物を築造するには、**境界線から50センチメートル以上の距離**を保たなければならない。

★2

ワンポイント

この場合、隣地の所有者および隣地を現に使用している者のために**損害が最も少ない**日時・場所・方法を選ばなければならず、隣地の所有者または隣地を現に使用している者が損害を受けたときは、隣地の使用をした土地の所有者に**償金**を請求することができます（209条2項・4項）。

★3

ワンポイント

この場合、土地所有者は他の土地または他人が所有する設備のために**損害が最も少ない**ものを選ばなければならず、損害に対して**償金**を支払わなければなりません。ただし、この償金は**1年**ごとに支払うことができます（213条の2第2項・第5項）。

★4

ワンポイント

竹木の所有者に枝を切除するよう**催告**したにもかかわらず、**相当の期間内**に切除しないときは、土地の所有者が枝を切り取ることができます（233条3項1号）。

3 共有

重要度 **A**

1 共有関係

　自分の所有物を確認してみると、多くは自分1人で所有しているものだと思いますが、**車や土地等を兄弟や夫婦共同で所有**していることもあります。

　このような状態を**共有**といいます。

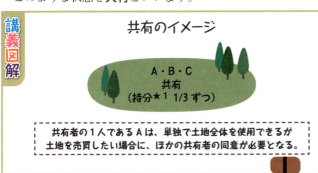

共有のイメージ

A・B・C
共有
（持分★1 1/3ずつ）

共有者の1人であるAは、単独で土地全体を使用できるが土地を売買したい場合に、ほかの共有者の同意が必要となる。

試験対策として、次ページの表が重要です。

ナビゲーション

共有は、所有権の中でも最も重要な論点です。
また、2021年に大きな改正があった箇所でもあるので、表や講義図解をうまく活用して学習してください。

★1
用語の**意味**

持分
所有権の割合のこと。共有者間で決まりがなければ、持分は平等と考える。

【共有物の使用関係】 ★2

	意義	要件	具体例
使用行為 （249条1項）	共有物の利用行為 ★3	**単独**で可能	共有土地全体の利用
保存行為 （252条5項）	共有物の原状を維持する行為	**単独**で可能	・共有物の修繕 ・妨害排除請求
管理行為 （252条1項 等）	共有物の性質を変えることなく、これを利用または改良する行為	**持分の価格の過半数**の同意	・共有物の管理者の選任および解任 ・共有物を使用する共有者がいる場合に、他の共有者に共有物を使用させる ・所定の期間を超えない賃借権等の設定 ・共有物の賃貸借契約の解除
変更行為 （251条1項）	共有物の性質もしくは形状またはその両者を変更すること ★4	**共有者全員**の同意	・共有物の売買契約 ・共有物の売買契約の解除 ・田を宅地に変更すること

他の共有者の所在がわからなかったり、返答をしない共有者がいる場合の対応について確認しておきましょう。

どのような場合に	どのようなことができるか
共有物の変更に際して、共有者が**他の共有者を知ることができず**、またはその**所在を知ることができないとき**	裁判所は、**共有者の請求**により、他の共有者以外の共有者の**同意**を得て共有物に変更を加えることができる旨の裁判をすることができる（251条2項）。
共有物の管理に際して、 ①共有者が**他の共有者を知ることができず**、またはその**所在を知ることができないとき** ②共有者が**他の共有者に対し相当の期間**を定めて共有物の管理に関する事項を決することについて**賛否を明らかにすべき催告を**した場合において、他の共有者がその期間内に**賛否を明らかにしないとき**	裁判所は、**共有者の請求**により、他の共有者以外の共有者の**持分の価格の過半数**の同意で共有物の管理に関する事項を決することができる旨の裁判をすることができる（252条2項）。

★2

野畑のスバッと解説

以前の民法では、共有物の使用関係や、共有者の所在がわからない場合の対応について曖昧な点が多かったため、2021年の改正により具体化されることになりました。

★3

ワンポイント

共有物を使用する共有者は、**原則として**他の共有者に対し、**自己の持分**を超える**使用の対価**を**償還する義務**を負います（249条2項）。

★4

ワンポイント

共有物に変更を加える行為であっても、その形状または効用の**著しい変更を伴わないもの**（軽微変更）については、**他の共有者の同意を必要とせず**、持分の価格の**過半数**の同意で決めることができます（251条1項かっこ書・252条1項）。

ここが ポイント　共有物の不法占拠者に対する行為

- 共有物である土地を不法に占拠する者に対して、**各共有者は単独**でその共有持分**全部**の返還を請求することができる。
- 共有物である土地を不法に占拠する者に対して、**各共有者は単独**で損害賠償請求をすることができるが、その額は**自己の持分の割合**による。★5

★5
ワンポイント

全体の損害額が900万円だった場合、AがDに請求できる額は**自己の持分（1/3）である300万円が限度**となります。

講義図解　不法占拠者に対する行為

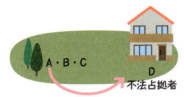

A・B・C

D
不法占拠者

・立退き要求
・損害賠償請求

共有者の1人である**A**は、不法占拠者**D**に対して
❶ 単独で**妨害排除請求**ができる。
❷ 単独で**損害賠償請求**ができる。
※ 額は**自己の持分**の範囲に限られる。

過去問チャレンジ

A、BおよびCが甲土地を共有し、甲土地上には乙建物が存在している。DがA、BおよびCに無断で甲土地上に乙建物を建てて甲土地を占有使用している場合、Aは、Dに対し、単独で建物の収去および土地の明渡しならびに土地の占拠により生じた損害全額の賠償を求めることができる。[16-29-ア改題]

× : Aは単独で土地の明渡しを請求できますが、損害賠償については自己の持分の範囲でしか請求できません。

❷ 共有物分割請求

　共有者が1人で土地を所有したくなった場合、**いつでも**共有物の分割を請求できます。分割には、①現物分割、②代金分割、③価格賠償の3つがあります（256条1項）。★6

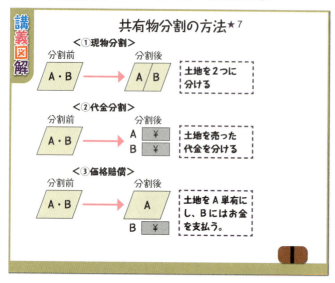

共有物分割の方法★7

<①現物分割>
分割前　A・B　→　分割後　A｜B
　　土地を2つに分ける

<②代金分割>
分割前　A・B　→　分割後　A ¥ / B ¥
　　土地を売った代金を分ける

<③価格賠償>
分割前　A・B　→　分割後　A / B ¥
　　土地をA単有にし、Bにはお金を支払う。

共有物を分割したいが、他の共有者の所在がわからない場合の対応について確認しておきましょう。

どのような場合に	どのようなことができるか
共有者が**他の共有者を知ることができず**、または**その所在を知ることができない**とき	裁判所は、**共有者の請求**により、その共有者に所在等不明共有者の持分を取得させる旨の裁判をすることができる（262条の2第1項前段）。★8

★6

ワンポイント

5年以内の期間であれば、共有物分割をしないという特約を結ぶこともできます（256条1項但書）が、登記をしておかないと第三者に主張することができません。

★7

ワンポイント

共有物分割は原則として**協議**で行い、まとまらない場合や所在不明の共有者がいて協議することができない場合は**裁判**で行います（258条1項）。
裁判分割の場合は、**現物分割**もしくは**価格賠償**が原則となります（258条2項）。

★8

あとまわしOK

請求した共有者が2人以上あるときは、請求をした各共有者に、所在等不明共有者の持分を、請求した各共有者の持分の割合で按分して取得させます（262条の2第1項後段）。

過去問チャレンジ

各共有者は、いつでも共有物の分割を請求することができるから、たとえ共有者間で5年間の共有物分割禁止の契約があった場合でも同契約は無効である。[10-29-ア改題]

×：5年を超えない共有物分割禁止特約は有効です。

4　所有者不明土地・建物の管理制度　重要度 C

　民法では、財産を管理する人がいない場合の財産管理制度として、不在者財産管理制度（25条以下）や相続財産管理制度（951条以下）がありますが、適切な管理がなされず放置されている等の問題がありました。

　そこで、**2021年の民法改正により、裁判所が、利害関係人の請求により、必要があると認めるときに、所有者不明土地・建物管理人を選任して、その管理人による管理を命ずることが可能**となりました（264条の2以下）。

制度の概要についてまとめた表を確認してみましょう。

管理命令の要件	選任された管理人の管理の対象となる範囲★1★2
①所有者を知ることができず、またはその所在を知ることができない ②利害関係人の請求 ・土地等の管理不全により不利益を被るおそれがある隣接地の所有者 ・土地等を時効取得したと主張する者 ・土地等を取得してより適切な管理をしようとする民間の買受希望者　　　　　　　　　等 ③裁判所が必要であると認める	・所有者不明土地・建物 ・土地・建物にある所有者の動産、売却代金等

★1

あとまわしOK

対象が建物の場合は、**借地権等の敷地権も対象**となります（264条の8第2項）。

★2

ワンポイント

選任された管理人は、対象の土地等の管理処分権を**専属的**に有し、**保存行為や利用・改良行為を行うことができます**が、**土地等の売却等については、裁判所の許可が必要**です（264条の3、264条の8第5項）。

所有者の存在が明らかであっても、管理が行き届いていない場合、他者への権利侵害につながるおそれがあります。

　そこで、**2021年の民法改正により、裁判所が、利害関係人の請求により、必要があると認めるときに、管理不全土地・建物管理人を選任して、その管理人による管理を命ずることが可能**となりました（264条の9以下）。

 制度の概要についてまとめた表を確認してみましょう。

管理命令の要件	選任された管理人の管理の対象となる範囲★1★2
①所有者による管理が不適当であることによって、他人の権利または法律上保護される利益が侵害され、または侵害されるおそれがある ②利害関係人の請求 ・隣地の擁壁が劣化により倒壊し、それにより土砂崩れのおそれがある土地の隣地の所有者 ・ゴミの不法投棄を土地等の所有者が放置したことにより臭気や害虫が発生し、これにより被害を受けている者　　　　　　等 ③裁判所が必要であると認める	・管理不全土地・建物 ・土地・建物にある所有者の動産、売却代金等★3

★1
あとまわしOK
対象が建物の場合は、**借地権等の敷地権も対象**となります（264条の14第2項）。

★2
ワンポイント
選任された管理人は、対象の土地等の**管理処分権を有し、保存行為や利用・改良行為を行うことができ**ますが、それ以外の行為を行うには**裁判所の許可**が必要です（264条の10、264条の14第4項）。

★3
野畑のズバッと解説
管理人の管理処分権限は、**専属的**ではないので、対象の土地等の所有者は、従来どおり**管理や処分**を行うことができます。

第5節 占有権

はじめに
この節では、占有権について学習します。所有権と似ている権利ですが「誰でも物を持っていれば主張できる権利」という特徴を理解することが重要です。

1 占有権とは

重要度 **B**

1 占有権とは

民法では、「ただその物を持っている状態」の人にも占有権という権利を認めています。

取得時効に必要な期間他人の物を使用している者や、他人から物を借りている人も占有者となり、占有権の主張が認められています。

2 自主占有と他主占有

占有には、①所有の意思のある自主占有と、②所有の意思がない他主占有に分かれます。★1

[所有の意思の有無]

自主占有	「所有の意思」を持ってする占有 例：物の買主、窃盗犯人	取得時効は成立する
他主占有	「所有の意思」のない占有 例：賃借人	取得時効は成立しない

ナビゲーション
あまり出題実績はありませんが、自主占有と他主占有の例は押さえておきましょう。

★1
ワンポイント
所有の「意思」といっていますが、所有の意思があるかないかは、ある立場で占有しているかどうかで判断されます。
賃借人が「自分の物にしてやろう」と心の中で思っていたとしても他主占有となります。

2 占有訴権

重要度 **A**

占有者は、占有が侵害された場合に、①占有保持の訴え（198条）、②占有保全の訴え（199条）、③占有回収の訴え（200条）を裁判所に提起することができます（占有訴権）。★1

ナビゲーション
占有権の中では最も重要です。
特に占有回収の訴えについて要件を確認しておきましょう。

占有訴権

①占有保持の訴え
- ❶ Aの占有する建物を不法占拠
- ❷出ていけ！

A　B

②占有保全の訴え
- ❶ Aの敷地に入ろうとしている
- ❷入ってこないでくれ！

A　B

③占有回収の訴え ★2
- ❶ Aの占有する時計を奪う
- ❷時計を返せ！

A　B

★1

ワンポイント

物権的請求権と同じようなことが主張できますが、**所有者ではないという点で、占有訴権の行使には制限がかけられています。**

★2

ワンポイント

占有権を侵害された者が所有者だった場合、**占有訴権以外にも、所有権に基づく返還請求権等を行使**することもできます。

★3

ワンポイント

占有を「奪われたとき」に**詐取（だまし取られた）**や**遺失**は**含まれません。**

ここが ポイント 占有回収の訴え

- 占有を**奪われた**ときから**1年間**しか行使できない（201条3項）。★3
- 占有を奪った者から**善意**で占有を承継した者には、占有回収の訴えを提起できない（200条2項）。

過去問チャレンジ

Aは、自己所有の土地につき、Bとの間で賃貸借契約を締結した（賃借権の登記は未了）。AがBにこの土地の引渡しをしようとしたところ、この契約の直後にCがAに無断でこの土地を占拠し、その後も資材置場として使用していることが明らかとなった。Cは明渡請求に応ずる様子もない。この場合、Bは占有回収の訴えに基づき土地明渡し請求をすることができる。[08-30-エ改題]

× ：CはBが引渡しを受ける前からすでに占拠しているので、Bは「占有を奪われた」とはいえません。

第6節 用益物権

はじめに

この節では、用益物権について学習します。あまり出題が多いわけではないので、時間がなければあとまわしでもかまわないテーマになります。

1 用益物権とは

重要度 **C**

用益物権とは、「**他人の土地**」を一定の範囲で使用したり**収益したりする権利**のことです。★1

例えば、他人の土地に建物を建てて住んだり、畑をつくって栽培したりする場合などに利用されます。

ナビゲーション

他人の土地を使える権利が４つある、程度の確認で十分です。

[用益物権の種類]

地上権 （265条以下）	他人の土地において、工作物や竹木を所有するために、その土地を使用する権利
永小作権 （270条以下）	小作料を支払って耕作または牧畜をすることを目的として、他人の土地を利用する権利
地役権 （280条以下）	自己の土地の便益を高めるために、他人の土地を使用する権利
入会権 （263条、294条）	一定の地域住民が、山林原野を共同管理し、収益する権利

★1
野畑の ズバッと解説

用益物権は、所有権と異なり**限られた範囲での使用権である**ため、**制限物権とも**よばれます。

試験対策としては、地役権を学習しておけば十分です。

2　地役権

重要度 B

1 地役権とは

　地役権は、**自分の土地（要役地）の便益を高めるために、他人の土地（承役地）を使用する権利**です（280条）。

　例えば、Bが所有している土地から最短で公道に出るために、Aの土地を通行する必要がある場合、通行地役権を設定すれば通行が可能となります。★1★2

通行地役権

地役権設定契約

Aの土地を通らせて

A　　　B

公道

Aの土地（承役地）　　Bの土地（要役地）　　崖

最短ルートである必要はない

BがAの土地に通行地役権を設定すれば、Aの土地を通って公道に出ることができる。★2

2 要役地・承役地の移転

　地役権を設定した後に承役地が移転した場合や、**要役地が移転した場合**を考えてみましょう。

ナビゲーション

用益物権の中では一番出題されています。地役権の移転や時効関係について、講義図解を見ながら理解するようにしましょう。

★1
ワンポイント

通行地役権のほかに、**日照を確保するため目の前の土地に建物を建てさせないと**いった**日照地役権**も設定することができます。

★2
ワンポイント

Bは**隣地通行権**（P98）を主張してAの土地を通ることもできますが、その場合は**必要最小限**の範囲に限定されます。

C は要役地の**所有権移転登記**があれば、地役権の登記が
なくても承役地所有者 A に地役権を主張できる。★3

B は**地役権の登記**がなければ、原則として承役地の新所有者 C に
地役権を主張することができない。★4

★3
ワンポイント
隣地通行権は**所有権
の登記**がなくても主
張できたことと比較
してください。

★4
野畑のスパッと解説
地役権の登記がなけ
れば、C が A から土
地を買うときに「自
分の土地には B の地
役権が付いている」
ということに気づけ
ないからです。

③ 地役権の時効取得

地役権は時効によっても取得することができます。時効に
必要な要件は所有権と同じですが、**土地の共有者の1人が時
効によって取得した場合**には、以下のようなルールがありま
す。

ここがポイント　地役権と時効

- 地役権の時効取得は、**継続的**に行使され、かつ**外形上認識
することができるもの**に限られる（283条）。★5
- 共有地の**共有者の1人**が時効によって地役権を取得すると、
ほかの共有者もそれを取得する（284条1項）。
- 共有者に対する時効の更新・完成猶予は、**共有者全員**につ
いて生じなければ、効力を生じない（284条2項・3項）。

★5
ワンポイント
通行地役権の場合、時
効取得には**要役地所
有者**による通路の開
設が必要となります
（最判昭30.12.26）。

要役地が共有の場合の時効関係について確認しておきましょう。

地役権と時効取得

前提：もともと、AB は地役権を有していなかった

A が通行し続けて地役権を時効取得した

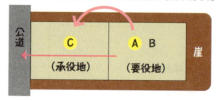

公道　C（承役地）　A B（要役地）　崖

> A が通行地役権を時効取得すると、共有者 B も時効取得できる（284 条 1 項）。★6

C が時効の完成を阻止するため、
完成猶予・更新手続をとった

公道　C（承役地）　A B（要役地）　崖

> C が A に対して地役権の時効完成猶予・更新手続をとったとしても、共有者 B に対しては効力を生じない（284 条 2 項・3 項）。★6

★6

野畑の スパッと解説

地役権は、「取得しやすい」と押さえましょう。

過去問チャレンジ

甲土地を所有するAは、甲土地に隣接するB所有の乙土地を通行している。Aは、少なくとも20年にわたって、自己のためにする意思をもって、平穏、かつ、公然と乙土地の一部を通行していれば、A自らが通路を開設していなくても、乙土地上に通行地役権を時効取得することができる。[12-29-4改題]

× ：地役権の時効取得の要件である「継続的に行使」といえるためには、要役地所有者Aによる通路開設が必要です。

ちょっと一息

メリハリをつけよう

民法はとにかく範囲が広いのが特徴です（条文数が1,000以上あります）。しかし、試験によく出る分野は限られているため、初学者のみなさんは一度本書をざっと確認した後、2周目以降はA・Bランクを中心に学習するようにしましょう。Cランクの論点は、A・Bランクの問題が解けるようになってからで十分です。

メリハリをつけるのが民法の学習ポイントの1つだということを忘れないでくださいね。

第７節 担保物権

はじめに

この節では、担保物権について学習します。ほかの物権と異なり、「債権の回収を確実にする仕組み」としてつくられた物権だということを意識しながら学習するようにしてください。

なお、根抵当権、譲渡担保権については、難解かつ正答率も低いため、本書では割愛しています。

1 担保物権

重要度 **B**

担保物権とは、簡単にいうと**「お金の回収を確実にする権利」**です。例えば、銀行が融資をする際に、債務者の土地を担保としておけば、最悪お金を返してもらえなかったとしても土地の競売代金から優先的に回収することができます。

民法に規定されている担保物権には、①**抵当権**、②**質権**、③**留置権**、④**先取特権**があります。

担保物権には、4つの共通ルールがあります。

ナビゲーション

担保物権の性質について、たまに出題されています。付従性と物上代位性について、意味がわかるようにしておきましょう。

[担保物権の性質] ★1

付従性	担保の目的物となる**債権が発生しなければ担保物権は発生せず、また債権が消滅すれば担保物権も消滅**する。 例：借金を返したら抵当権も自動的に消える。
随伴性	被担保**債権が移転すれば担保物権もこれに伴って移転**する。 例：債権が譲渡されたら抵当権も移る。
不可分性	担保権者が**債権全額の弁済を受けるまで、目的物の全部についてその権利を行使**することができる。 例：借金を半分返しても、抵当権は半分にならない。
物上代位性	担保権者は、その**担保目的物の売却、賃貸、滅失または損傷によって債務者が受けるべき金銭その他の物に対しても担保権を行使**することができる。 例：担保になっている建物が燃えてなくなっても、火災保険金から優先回収できる。

★1
ワンポイント

この表はすぐに覚えようとしなくても大丈夫です。
担保物権の学習が終わったら確認するようにしてください。

2 抵当権

重要度 **A**

1 抵当権とは

抵当権は、**不動産を債務の担保として、債務が弁済されないときはその不動産を競売にかけて、売却代金から優先的に回収を受けることができる権利**です（369条）。

抵当権は契約により設定されます。
抵当権の設定契約がある場合とない場合で
比較してみましょう。

ナビゲーション

抵当権は担保物権の中でも頻出です。学習する内容が多いですが、繰り返し本書を読み込んで少しずつ知識を深めていってください。

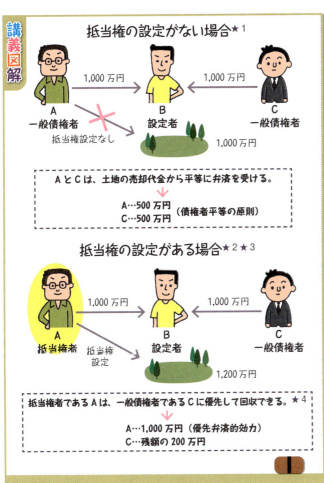

講義図解

抵当権の設定がない場合 ★1

A 一般債権者 → 1,000万円 → B 設定者 ← 1,000万円 ← C 一般債権者

抵当権設定なし ✕

1,000万円

> **AとCは、土地の売却代金から平等に弁済を受ける。**
> ↓
> A…500万円
> C…500万円 （債権者平等の原則）

抵当権の設定がある場合 ★2 ★3

A 抵当権者 → 1,000万円 → B 設定者 ← 1,000万円 ← C 一般債権者

抵当権設定

1,200万円

> **抵当権者であるAは、一般債権者であるCに優先して回収できる。★4**
> ↓
> A…1,000万円 （優先弁済的効力）
> C…残額の200万円

★1
ワンポイント
この事例のAやCのように、お金を貸しただけで何も担保を取っていない者のことを一般債権者といいます。

★2
ワンポイント
土地に抵当権の設定を受けたAのことを抵当権者、土地を担保に差し出したBのことを抵当権設定者といいます。

★3
ワンポイント
通常は、お金を借りたBの土地に抵当権を設定しますが、他人Dの土地に抵当権を設定することもできます。
この場合のDのことを物上保証人といいます。

★4
野畑のズバッと解説
物権vs債権は、物権のほうが強いというイメージを持っておくとよいでしょう。

2 抵当権の順位

1つの不動産に対して、抵当権を2つ以上設定することもできますが、**抵当権も物権であるため、その優劣は登記の先後で決める**ことになります。

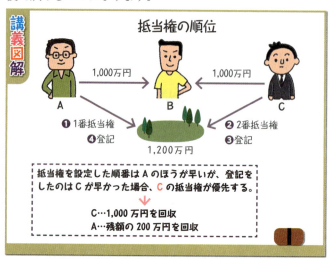

抵当権の順位

A → 1,000万円 → B ← 1,000万円 ← C

❶1番抵当権
❹登記

1,200万円

❷2番抵当権
❸登記

> 抵当権を設定した順番はAのほうが早いが、登記をしたのはCが早かった場合、Cの抵当権が優先する。
> ↓
> C…1,000万円を回収
> A…残額の200万円を回収

3 抵当権と第三取得者の関係

抵当権が付いている土地や建物を購入した場合、その者は第三取得者とよばれます。

第三取得者の所有権と抵当権者の抵当権の優劣についても、**登記の先後で決める**こととなります。

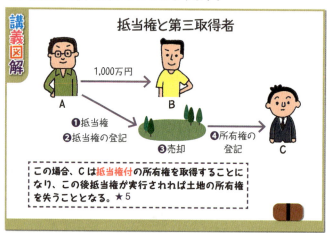

抵当権と第三取得者

A → 1,000万円 → B → ❸売却 → 土地 → ❹所有権の登記 → C

❶抵当権
❷抵当権の登記

> この場合、Cは抵当権付の所有権を取得することになり、この後抵当権が実行されれば土地の所有権を失うこととなる。★5

★5

あとまわしOK

Cがこの土地を失いたくなければ、①抵当権者Aに対して抵当権消滅請求をする（379条）か、②抵当権者Aからの請求に応じて代価を弁済して抵当権を消滅させる方法（378条）があります。

4 抵当権の効力　⭐記述に出る！

　抵当権者は、**利息その他の定期金を請求する権利を有する**ときは、その満期となった**最後の2年分**についてのみ、その抵当権を行使することができます（375条）。

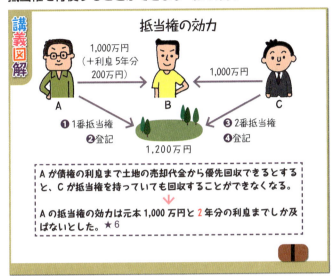

講義図解

抵当権の効力

1,000万円（＋利息 5年分 200万円）

1,000万円

A　❶1番抵当権　❷登記

B　1,200万円

C　❸2番抵当権　❹登記

> Aが債権の利息まで土地の売却代金から優先回収できるとすると、Cが抵当権を持っていても回収することができなくなる。
>
> ↓
>
> Aの抵当権の効力は元本 1,000 万円と **2** 年分の利息までしか及ばないとした。★6

★6

野畑のズバッと解説

375条は、Aのほかに債権者（後順位抵当権者）がいる場合に適用されます。Cがいなければ、AはBに対して元本と利息5年分を土地から回収することができます。
Bの側からAに対して「1,000万円と2年分の利息を払うから抵当権を消してくれ」と都合のいい主張をすることはできません。

過去問チャレンジ

抵当権者が、被担保債権について利息および遅延損害金を請求する権利を有するときは、抵当権者は、原則として、それらの全額について優先弁済権を行使することができる。[18-30-5]

✕：抵当権者は、利息その他の定期金を請求する権利を有するときは、原則として、その満期となった最後の2年分についてのみ、その抵当権を行使することができます。

5 物上代位

　物上代位とは、**抵当権者がその担保目的物の売却、賃貸、滅失または損傷によって債務者が受けるべき金銭その他の物に対しても担保権を行使することができる**というものです（372条・304条）。

 条文はわかりにくいですが、次の講義図解でイメージしてみましょう。

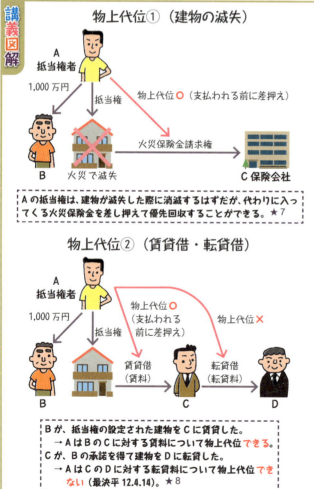

講義図解

物上代位① （建物の滅失）

A 抵当権者
1,000万円
抵当権
物上代位 ○（支払われる前に差押え）
火災保険金請求権
B　火災で滅失
C 保険会社

> Aの抵当権は、建物が滅失した際に消滅するはずだが、代わりに入ってくる火災保険金を差し押えて優先回収することができる。★7

物上代位② （賃貸借・転貸借）

A 抵当権者
1,000万円
抵当権
物上代位 ○（支払われる前に差押え）
物上代位 ✕
B
賃貸借（賃料）
C
転貸借（転貸料）
D

> Bが、抵当権の設定された建物をCに賃貸した。
> →AはBのCに対する賃料について物上代位**できる**。
> Cが、Bの承諾を得て建物をDに転貸した。
> →AはCのDに対する転貸料について物上代位**できない**（最決平12.4.14）。★8

★7
ワンポイント

Aは火災保険金がBに支払われる**前**に差押えをしなければなりません。

★8
野畑のスバッと解説

債務者であるBがお金を返さないので、Bの賃料がAに取られるのは当たり前ですが、Bがお金を返さないことでCの転貸料がAに取られるのはおかしいからです。
ただし、BとCを同視できるような事情があれば、転貸料にも物上代位できます。

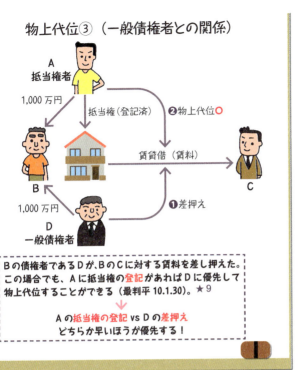

物上代位③（一般債権者との関係）

A
抵当権者

1,000万円

抵当権（登記済）　❷物上代位 ○

賃貸借（賃料）

B

C

1,000万円

❶差押え

D
一般債権者

Bの債権者であるDが、BのCに対する賃料を差し押えた。この場合でも、Aに抵当権の登記があればDに優先して物上代位することができる（最判平10.1.30）。★9

Aの抵当権の登記 vs Dの差押え
どちらか早いほうが優先する！

★9
ワンポイント

Aの物上代位による差押えとDの差押えの先後で優劣を決めるわけではないことに注意してください（物権は債権に優先するので、抵当権者に有利な基準となっているというイメージを持ちましょう）。

[物上代位の可否]

①目的物の売却による代金請求権	○
②目的物の滅失、損傷によって設定者が受けるべき保険金の請求権	○
③第三者が抵当権の目的不動産を滅失または損傷させた場合に生ずる所有者の不法行為に基づく損害賠償請求権	○
④賃料債権	○
⑤転貸賃料債権	原則 ×
⑥買戻代金債権	○

過去問チャレンジ

抵当不動産が転貸された場合、抵当権者は、原則として、転貸料債権（転貸賃料請求権）に対しても物上代位権を行使することができる。[18-30-4改題]

× ：原則として、転貸債権には物上代位権を行使できません。

❻ 抵当権の侵害　⭐記述に出る！

　抵当権には不動産を使用する権限があるわけではないため、抵当不動産が不法占拠されていても抵当権に基づく妨害排除請求はできないはずですが、**不動産の価値が下がってしまうような場合には例外的に妨害排除請求をすることができます**。

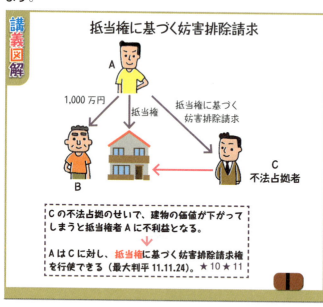

抵当権に基づく妨害排除請求

1,000万円
抵当権
抵当権に基づく
妨害排除請求

A

B

C
不法占拠者

Cの不法占拠のせいで、建物の価値が下がってしまうと抵当権者Aに不利益となる。

AはCに対し、抵当権に基づく妨害排除請求権を行使できる（最大判平11.11.24）。★10 ★11

★10

あとまわしOK

Cが不法占拠者ではなく、賃借人だったとしても、**賃貸借契約**が**競売手続の妨害**のために結ばれたものだった場合は、同じようにAはCに対して抵当権に基づく妨害排除請求権を行使することができます（最判平17.3.10）。

★11

あとまわしOK

抵当不動産の所有者が、抵当不動産を適切に維持管理することが期待できない場合には、抵当権者は**直接自己に明渡し**を求めることができます（最判平17.3.10）。

ここが　ポイント　抵当権に基づく妨害排除請求ができるための要件

抵当不動産の**交換価値の実現**が妨げられ、抵当権者の**優先弁済権行使が困難**になるような状態がある場合（最大判平11.11.24）。

過去問チャレンジ

第三者が抵当不動産を不法占有することによって同不動産の交換価値の実現が妨げられ、抵当権者の優先弁済権の行使が困難となるような状態があるときは、抵当権に基づく妨害排除請求権が認められる。[17-31-2改題]

⭕：その通り。

7 法定地上権

　地上権は、他人の土地を使用する権利ですが、これから法定地上権という制度を学習する前提としてまず次の講義図解を確認してください。

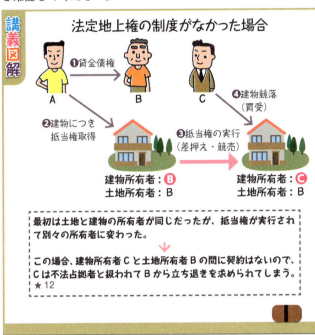

講義図解

法定地上権の制度がなかった場合

❶貸金債権
A → B　　C

❹建物競落
（買受）

❷建物につき
抵当権取得

❸抵当権の実行
（差押え・競売）

建物所有者：**B**　　建物所有者：**C**
土地所有者：B　　　土地所有者：B

最初は土地と建物の所有者が同じだったが、抵当権が実行されて別々の所有者に変わった。

↓

この場合、建物所有者Cと土地所有者Bの間に契約はないので、Cは不法占拠者と扱われてBから立ち退きを求められてしまう。
★12

★12
ワンポイント

講義図解と異なり、Bの土地に抵当権が設定され、後に抵当権が実行された場合、建物所有者B、土地所有者Cとなり、やはり建物所有者Bは立ち退きを求められる結果となります。

　このようなことが想定されるため、一定の要件さえ満たせば、**土地に対して自動的に地上権が成立し、建物所有者が建物を取り壊さずに住み続けることができるという制度**をつくりました。これが**法定地上権**です（388条）。

ここが ポイント 法定地上権成立の要件（388条）★13

❶抵当権設定当時、建物が存在していたこと。
❷抵当権設定当時、**土地・建物が**同一所有者だったこと。
❸土地・建物の一方または双方に抵当権が設定されていること。
❹競売が行われて、土地と建物が別々の所有者となったこと。

★13
ワンポイント

法定地上権が成立するかしないかで、法律関係が大きく変わってしまうため、成立の要件が明確に規定されています。

どのような場合に法定地上権が成立するのか、要件（特に①と②）のパターンを確認しましょう。

[要件①：抵当権設定当時に建物が存在していたこと]

事例	抵当権実行により法定地上権が成立するか？
更地に抵当権が設定された後に、建物が建てられた場合（要件①を満たさない）。	成立**しない** （大判大4.7.1）
土地に抵当権が設定された後に建物を取り壊し、建物が再築された場合（要件①を満たす）。	成立**する** （大判昭10.8.10）
土地および地上建物に共同抵当権が設定された後、当該建物が取り壊され、新たに建物が建築された場合（要件①を満たす）。	成立**しない** （最判平9.2.14）★14

★14
ワンポイント
この事例だけ、要件①を満たしていても、法定地上権が成立しないと覚えておけば大丈夫です。

過去問チャレンジ

Aが自己所有の土地と建物に共同抵当権を設定した後、建物が滅失したため、新たに建物を再築した場合において、Aが抵当権の被担保債権について弁済することができなかったので、土地についての抵当権が実行され、その土地は買受人Bが取得した。この場合、再築の時点での土地の抵当権が再築建物について土地の抵当権と同順位の共同抵当権の設定を受けたなどの特段の事由のない限り、再築建物のために法定地上権は成立しない。[11-30-4]

〇：その通り。

[要件②：抵当権設定当時に土地・建物が同一所有者だったこと] ★15

事例	抵当権実行により法定地上権が成立するか？
抵当権設定当時、土地と建物とが同一所有者に属していたが、その後各別の所有者に属することとなった場合（要件②を満たす）。	成立**する** （大判大12.12.14）
抵当権設定当時、土地と建物の所有者が別人であったが、その後同一の所有に属することとなった場合（要件②を満たさない）。	成立**しない** （最判昭44.2.14）

★15
ワンポイント
要件②に関しては、例外はないと考えてください（要件がみたされているかどうかだけで答えを出すことができます）。

ここまでは抵当権者が1人の事例でしたが、抵当権者が複数いる事例についても確認しておきましょう。

[抵当権者が複数いる場合の法定地上権]

事例	抵当権実行により法定地上権が成立するか？
土地に1番抵当権が設定された当時は土地と建物の所有者が異なっていたが、2番抵当権が設定された当時は双方の所有者が同一となった場合	成立**しない** （最判平2.1.22）
建物に1番抵当権が設定された当時は土地と建物の所有者が異なっていたが、2番抵当権が設定された当時は双方の所有者が同一となった場合	成立**する** （大判昭14.7.26）

ここが ポイント 抵当権者が複数いる場合の考え方

最初に抵当権を設定した人（1番抵当権者）基準では要件を満たしていないが、後に抵当権を設定した人（2番抵当権者）基準では要件を満たしている場合。

→ 「**1番抵当権者**」を基準に考える。★16

※**土地**に抵当権を設定した1番抵当権者にとって、法定地上権が成立すると困る（土地の価値が**下がる**から）。

→**法定地上権は成立させない。**★17

※**建物**に抵当権を設定した1番抵当権者にとって、法定地上権が成立しても困らない（建物の価値は**上がる**から）。

→法定地上権を成立**させる。**★17

★16
野畑の ズバッと解説
1番抵当権者が抵当権を設定する際、「**法定地上権は成立しない**」と考えていることを理解してください。

★17
野畑の ズバッと解説
法定地上権が成立すると、その**土地**を他人に使わせないといけないため、価値は**下がり**ます。
反対に、建物にとってみれば底地が他人の物であっても使える根拠となり、価値は**上がり**ます。

過去問チャレンジ

AがBから土地を借りてその土地上に建物を所有している場合において、Aは、その建物上に甲抵当権を設定したが、Bから土地を取得した後に、さらにその建物に乙抵当権を設定した。その後、Aは、甲抵当権の被担保債権について弁済できなかったので、甲抵当権が実行され、その建物は買受人Cが取得した。この場合、この建物のために法定地上権は成立しない。[11-30-3]

×：建物を目的とする1番抵当権設定時に土地と建物とが同一所有者に属していなくても、2番抵当権設定時に当該要件を満たしていれば、抵当権が実行されたときは、その建物のために法定地上権が成立します。

最後に、土地や建物が共有の事例を見ていきましょう。

★18

ワンポイント

土地について法定地上権が成立すると土地の価値が下がるため、**土地共有の場合は成立しない**と考えてください。

[土地・建物が共有の場合]

事例	抵当権実行により法定地上権が成立するか？
建物が共有の場合	成立**する**
土地が共有の場合	成立**しない**★18

⑧ 土地と建物の一括競売

　土地について抵当権を設定した**後**に建物が建てられた場合、本来なら土地だけを競売することになりますが、**必要であれば建物も一括して競売にかけることができます**（389条1項）。

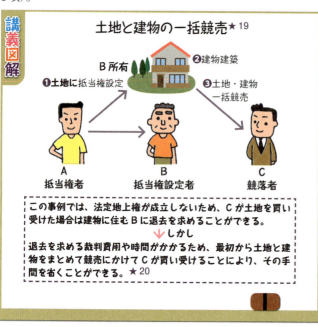

土地と建物の一括競売★19

❶土地に抵当権設定
B所有
❷建物建築
❸土地・建物一括競売

A 抵当権者
B 抵当権設定者
C 競落者

この事例では、法定地上権が成立しないため、Cが土地を買い受けた場合は建物に住むBに退去を求めることができる。
↓しかし
退去を求める裁判費用や時間がかかるため、最初から土地と建物をまとめて競売にかけてCが買い受けることにより、その手間を省くことができる。★20

★19

ワンポイント

抵当権設定当時に土地の上に建物がないため、法定地上権の要件を満たしていない点に気をつけてください。

★20

あとまわしOK

一括競売を「することができる」なので、強制ではありません。また、抵当権は土地にしか設定されていないため、優先回収を受けられるのは**土地**の競売代金だけです。

⑨ 抵当権と賃借権

　抵当権が設定されている土地や建物を誰かに貸すことは問題なくできます。ただし、**借主は自分の賃借権を抵当権者に主張することができません**（抵当権が実行されたら退去しなければなりません）。

　これでは借り手がいなくなってしまうため、**民法では「抵当権者の同意の登記」という制度**が設けられています（387条1項）。★21

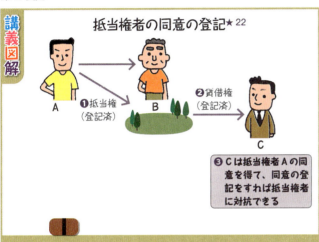

講義図解

抵当権者の同意の登記★22

❶抵当権
（登記済）

A

B

❷賃借権
（登記済）

C

❸Cは抵当権者Aの同意を得て、同意の登記をすれば抵当権者に対抗できる

★21

ワンポイント

賃借権については、債権法の「契約各論」で詳しく扱うので、その後に確認するようにしてもかまいません。

★22

野畑のズバッと解説

賃借権も登記できますが、それよりも先に抵当権が登記されていれば賃借権は抵当権に勝てません。
この状況で、**本来ならば優先しているはずの抵当権者の同意**が得られれば、賃借権は抵当権に勝てることにしました。

⑩ 建物明渡し猶予制度　⭐記述に出る！

　抵当権が設定されている建物を借りて住んでいる場合、**抵当権が実行されたら建物賃借人は立ち退かなければなりません**。

　これでは安心して住むことができないため、**民法では「建物明渡し猶予制度」**が設けられています（395条1項）。

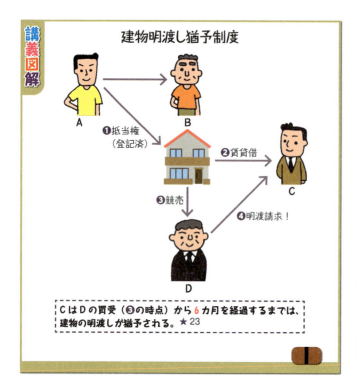

建物明渡し猶予制度

❶抵当権
（登記済）

❷賃貸借

❸競売

❹明渡請求！

A B C D

CはDの買受（❸の時点）から**6カ月**を経過するまでは、建物の明渡しが猶予される。★23

★23

ワンポイント

6カ月は明渡しが猶予されるとはいえ、Cはタダで住み続けられるわけではありません。

Dが**相当の期間**を定め、Cに対して**1カ月**分以上の**使用対価**の支払いを求めたのに支払わない場合、Dは6カ月の経過を待たずに明渡しを求めることができます。

過去問チャレンジ

Hは甲建物を抵当権の実行による競売により買い受けたが、甲建物には、抵当権設定後に従前の所有者より賃借したIが居住している。HはIに対し、相当の期間を定めて甲建物の賃料1ヶ月分以上の支払いを催告したが、期間経過後もIが賃料を支払わない場合には、Hは買受け後6ヶ月を経過した後、Iに対して建物の明け渡しを求めることができる。[09-30-エ]

×：この場合には、6カ月の経過を待たずに明渡しを求めることができます（395条2項）。

3 質権

重要度 **C**

1 質権とは

　質権は、**動産や不動産などを債務の担保として手元に置く**ことにより**債務の履行を促し、債務が弁済されないときはその不動産を競売にかけて、売却代金から優先的に回収を受ける**ことができる権利です（342条）。★1

ナビゲーション

2019年に出題されましたが、出題実績はほとんどありませんので、時間がなければ抵当権の学習を優先させてください。

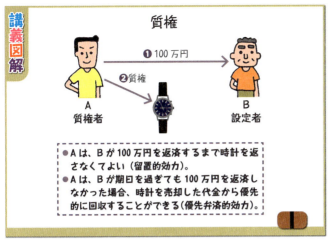

講義図解

質権

❶ 100万円

❷質権

A
質権者

B
設定者

- Aは、Bが100万円を返済するまで時計を返さなくてよい（留置的効力）。
- Aは、Bが期日を過ぎても100万円を返済しなかった場合、時計を売却した代金から優先的に回収することができる（優先弁済的効力）。

★1
野畑の
ズバッと解説

抵当権と異なり、質権設定は**占有の移転**が要件となります。
BからAへ質物の引渡しが必要ですが、**占有改定**による引渡しでは質権は設定されたことになりません。

質権は、動産だけでなく不動産や債権にも付けることができますが、ここでは不動産質と動産質の違いを確認しておきましょう。

❷ 動産質と不動産質 ☆記述に出る！

[動産質と不動産質]

動産質	・対抗要件は**占有の継続**（352条）。 ・動産質権者が物を奪われた場合、**占有回収の訴え**によって質物を取り戻すことができるが、**質権に基づく返還請求**はできない（353条）。 ・動産質権者は、設定者の**承諾**がなければ質物を使用収益できない（298条2項・297条）。★2
不動産質	・対抗要件は**登記**（177条）。 ・不動産質権者が物を奪われた場合、**登記**があれば**質権に基づく返還請求**ができる。 ・不動産質権者は、設定者の**承諾**がなくても質物を使用収益できる（356条）。★2

★2
ワンポイント

ここでの「使用収益」とは、質物を自分で使ったり、誰かに貸して賃料を得たりすることなどです。

過去問チャレンジ

動産質権者は、継続して質物を占有しなければ、その質権をもって第三者に対抗することができず、また、質物の占有を第三者によって奪われたときは、占有回収の訴えによってのみ、その質物を回復することができる。[19-31-1]

○：その通り（352条、353条）。

4 留置権

重要度 **B**

❶ 留置権とは

留置権とは、**他人の物の占有者が、その物に関して生じた債権の弁済を受けるまで、その物を留置することができる権利です**（295条）。★1

ナビゲーション

抵当権ほどではないですが、過去の出題実績があります。成立要件と対抗要件を中心に確認しておきましょう。

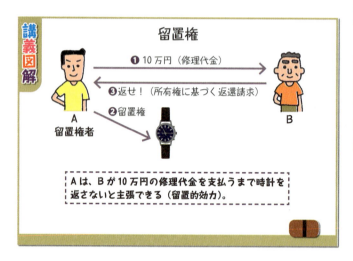

留置権

❶ 10万円（修理代金）

❸ 返せ！（所有権に基づく返還請求）

❷ 留置権

A
留置権者

B

A は、B が 10万円の修理代金を支払うまで時計を返さないと主張できる（留置的効力）。

★1

ワンポイント

抵当権や質権と異なり、留置権や先取特権は、契約がなくても自動的に発生する担保物権（法定担保物権）です。

❷ 留置権の成立要件

ここが ポイント 留置権の成立要件（295条）

❶ 債権と目的物との間の牽連（けんれん）関係★2。

❷ 債権が弁済期にあること。

❸ 留置権者が他人の物を占有していること。

❹ 占有が不法行為によって始まったものでないこと。★3

この中では、「要件① 債権と目的物の牽連関係」が重要です。

★2

用語の意味

牽連関係
つながりという意味。修理代金と修理した時計には牽連関係があるとされる。

★3

あとまわしOK

最初は適法な占有でも、後に不法な占有に変わった場合は留置権を主張できません。

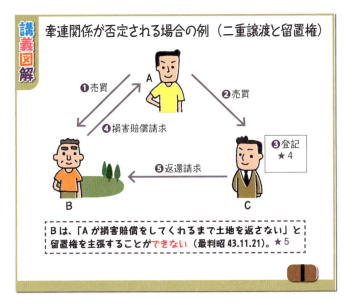

講義図解 牽連関係が否定される場合の例（二重譲渡と留置権）

❶売買
❷売買
❹損害賠償請求
❸登記 ★4
❺返還請求

A / B / C

Bは、「Aが損害賠償をしてくれるまで土地を返さない」と留置権を主張することが**できない**（最判昭43.11.21）。★5

★4
ワンポイント
Cが登記を備えた時点で、AB間の売買契約は履行不能（412条の2第2項）となります。

★5
野畑のズバッと解説
Bが土地を留置しても、Aが損害賠償をしてくれる可能性が高くなるわけではないため、留置権を認める意味がありません。

[牽連関係] ○…留置権を主張できる　×…留置権を主張できない

- パソコンの修理代金とパソコン（○）
- パソコンの修理代金と以前に債務者から借りていた時計（×）
- 賃借建物の費用償還請求権と建物の留置（○）
- 建物買取請求権と賃貸借契約終了後の土地の留置（○）
- 造作買取請求権と賃貸借終了後の建物の留置（×）
- 不動産が二重譲渡され、第二買主が先に所有権移転登記を備えたため、第一買主が所有権を取得できなくなったことにより売主に対して取得した履行不能による損害賠償債権と不動産の留置（×）

過去問チャレンジ

Aがじ所有の建物をBに売却し引き渡したが、Cから所有権を取得して移転することができなかった場合、Bは、Cからの建物引渡請求に対して、Aに対する損害賠償債権を保全するために留置権を行使することはできない。[15-30-3]

○：その通り。

❸ 留置権の対抗要件

留置権の対抗要件は物の**占有**であり、**占有**が続いている限り、所有者が変わっても留置権を主張できます。★6

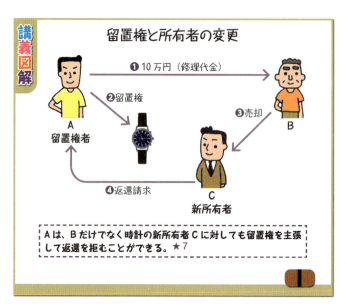

留置権と所有者の変更

❶ 10万円（修理代金）

A 留置権者

❷留置権

❸売却

B

❹返還請求

C 新所有者

A は、B だけでなく時計の新所有者 C に対しても留置権を主張して返還を拒むことができる。★7

過去問チャレンジ

A は自己所有の建物を B に売却し登記を B に移転した上で、建物の引渡しは代金と引換えにすることを約していたが、B が代金を支払わないうちに C に当該建物を転売し移転登記を済ませてしまった場合、A は、C からの建物引渡請求に対して、B に対する代金債権を保全するために留置権を行使することができる。[15-30-1]

〇：その通り。

❹ 留置物の保管・使用

留置権者は、**留置物の保管について善管注意義務**★8を負います。

物の保存に必要な使用を除き、**所有者の承諾**がなければ留置物を使用することができません（298条1項・2項）。★9

★6
ワンポイント
留置物が動産でも不動産でも、**対抗要件は占有**です。

★7
あとまわしOK
債権法で学習する同時履行の抗弁権は、所有者が変わった場合に主張することはできません。

★8
用語の意味
善管注意義務
善良な管理者の注意義務の略。自分の物以上に注意して扱いなさいという意味。

★9
ワンポイント
仮に善管注意義務に違反した場合や、所有者の承諾なく目的物を使用した場合、**所有者は留置権の消滅**を請求して、目的物の返還を求めることができます（298条3項）。

5 先取特権

重要度 C

1 先取特権とは

　先取特権とは、**法律の定める一定の債権を有する者が、債務者の財産について、ほかの債権者に優先して弁済を受けることのできる権利**のことです（303条）。★1

講義図解

先取特権（一般先取特権を例に）

給与債権　　貸金債権

A　　B　　C

先取特権

債務者の総財産
（車、土地など）

AとCはともに一般債権者だが、Bに対して給与（雇用関係の）債権を持っているAが優先してBの総財産から回収できる。★2

講義図解で取り上げたもの以外に、先取特権には様々な種類があります。

2 先取特権の種類

　先取特権には、**①一般先取特権、②動産先取特権、③不動産先取特権の３つ**があり、それぞれに優先弁済権があります。

ナビゲーション

先取特権は過去に出題実績がありますが、かなり細かい知識を持っていないと解けない問題が多く、正答率も低い傾向があるので、初学者の方は無理に学習する必要はありません。

★1
ワンポイント

先取特権も、留置権と同じく法定担保物権です。

★2
野畑の ズバッと解説

同じ債権でも、給与債権のほうが生活に直結するため、先に優先弁済を受けられることとしました。

[先取特権の種類] ★3★4

一般先取特権（306条）	債務者の総財産から優先弁済を受けることができる。 ↓ 第1順位：共益費用の先取特権 　第2順位：雇用関係の先取特権 　第3順位：葬式費用の先取特権 　第4順位：日用品供給の先取特権（329条1項）
動産先取特権（311条）	債務者の特定の動産から優先弁済を受けることができる。 ↓ 第1順位：不動産賃貸の先取特権・旅館宿泊の先取特権・運輸の先取特権 　第2順位：動産保存の先取特権 　第3順位：動産売買の先取特権など（330条1項）
不動産先取特権（325条）	債務者の特定の不動産から優先弁済を受けることができる。 ↓ 第1順位：不動産保存の先取特権 　第2順位：不動産工事の先取特権 　第3順位：不動産売買の先取特権（331条1項）

3 第三取得者との関係

　不動産先取特権の場合は、抵当権と同じように登記ができますが、動産の先取特権は登記することができません。

　そこで、**動産先取特権が付いている動産を取得した第三者には、先取特権が行使できないというルール**が設けられています（333条）。

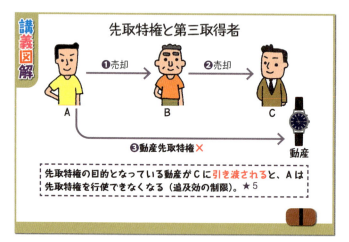

先取特権と第三取得者

A ―❶売却→ B ―❷売却→ C　動産

❸動産先取特権✕

先取特権の目的となっている動産がCに引き渡されると、Aは先取特権を行使できなくなる（追及効の制限）。★5

4 先取特権と物上代位

先取特権にも、抵当権と同じように物上代位が認められています（304条1項）。

物上代位にも様々な事例がありますが、ここでは動産先取特権と物上代位の事例を取り上げます。

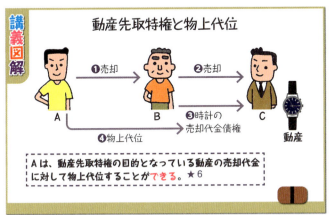

講義図解

動産先取特権と物上代位

❶売却 → ❷売却 →
A → B → C
❸時計の売却代金債権
❹物上代位
動産

Aは、動産先取特権の目的となっている動産の売却代金に対して物上代位することができる。★6

★6

野畑のズバッと解説

AはCの時計に対して直接動産先取特権を行使して競売にかけることはできませんが、Bが持っている売却代金に物上代位してそこから回収することはできるということです。

過去問チャレンジ

動産売買の先取特権に基づく物上代位につき、動産の買主が第三取得者に対して有する転売代金債権が譲渡され、譲受人が第三者に対する対抗要件を備えた場合であっても、当該動産の元来の売主は、第三取得者がその譲受人に転売代金を弁済していない限り、当該転売代金債権を差し押さえて物上代位権を行使することができる。[14-30-3]

×：動産売買の先取特権者は、物上代位の目的債権が譲渡され、対抗要件が備えられた後は、物上代位権を行使できません。

ちょっと一見　物権がわかると総則がわかる

ここまでで、物権の学習が終了です。物権では「登記」や「抵当権」といったものを学習しました。この言葉は、総則でも登場していましたね。最初はイメージがつかなかったかもしれませんが、ここであらためて総則の復習をすると理解度が深まります。

これは、債権を学習した後に総則を復習する場合も同じです。民法は一度全体を学習してからが勝負だと思ってください。引き続き頑張りましょう！

MEMO

債権法

この章で学ぶこと

「人に対する権利」

債権法では、人に対する権利を学習します。

人は契約をすることによって、代金を請求したり、土地の引渡しを請求できる権利を取得します。

売買契約

❶売買契約の成立

1,000万円で売ります　　　1,000万円で買います

❷1,000万円払って！
（代金債権）

❸土地を引き渡して！
（引渡債権）

土地　　売主　　　　　　　　　　　買主

また、契約で決めた約束を守らない場合、発生した損害を賠償をしなければなりません。

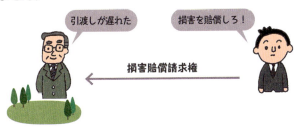

引渡しが遅れた　　　　損害を賠償しろ！

損害賠償請求権

このように、債権法では契約を中心とした人間関係を学習することになります。

債権法

第1節 債権の意義

はじめに

この節では、債権・債務とは何かについて学習します。債権と物権の違いや、債権の種類について理解を深めておきましょう。

1 債権と債務

重要度 **C**

1 債権・債務の発生

これまでの学習の中で何度も債権・債務という言葉が使われてきました。

債権と債務は、①**契約で発生する場合**と、②**契約以外で発生する場合**があります。

ナビゲーション

これまでに何度も債権・債務という言葉が登場してきましたが、ここではその確認をしていきます。

講義図解

契約で発生する場合（売買を例に）

1,000万円で売ります 1,000万円で買います

❶売買契約の成立

❷1,000万円払って！（代金債権）

❸土地を引き渡して！（引渡債権）

土地　売主　買主

契約以外で発生する場合（不法行為を例に）★1

❶暴行を加える

❷損害を賠償して！（損害賠償債権）

加害者　被害者

★1

あとまわしOK

このほかに、事務管理・不当利得でも、契約以外で債権・債務が発生します。

2 物権と債権

　物権は誰に対しても主張できる権利ですが、債権は特定の相手にしか主張することができない権利です。

　そこで、**物権と債権が対立した場合、原則として**物権**が優先する**こととなります。

物権と債権の対立

①賃貸借契約
A 所有者 ⇔ B 借主

②車を使わせて！

Bは賃借権という**債権**を持つ

③売買契約

C 購入者

④車を返せ
（所有権に基づく返還請求）

車

Cは車の所有権という**物権**を持つ

Bの賃借権…**A に対して**「車を使わせて」という権利
Cの所有権…**誰に対しても**「自分は車の所有者である」ことを主張できる権利
↓
CがBに所有権に基づいて返還請求をした場合、Bは賃借権を理由に返還を拒むことができない。★2 ★3

★2
ワンポイント

先の賃貸借契約より、後の売買契約が優先するともいえるため、これを「売買は賃貸借を破る」と表現することもあります。

★3
あとまわしOK

住むために土地や建物を借りている場合には、立ち退かなくていいような特別ルールが適用されます（詳しくは「賃貸借」で学習します）。

2 債権の種類

重要度 **C**

　人に何かを請求できる権利が債権ですが、「何を請求できるか」は契約の内容によって変わります。

ナビゲーション

あまり出題される分野ではないので、一度学習した後は、たまに見返す程度で十分です。

ここでは、特定物（中古車）を買った場合と、不特定物（新車）を買った場合の引渡しを例に学習します。

1 特定物債権

物の引渡しを求める債権の中で、**物の個性**に着目して取引した場合は特定物債権となります。

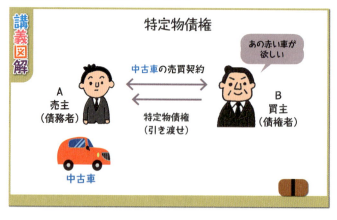

特定物債権

あの赤い車が欲しい

中古車の売買契約

A
売主
（債務者）

特定物債権
（引き渡せ）

B
買主
（債権者）

中古車

★1

野畑の スパッと解説

特定物は「世の中にそれしかないもの」なので、**債務者には引き渡すまで慎重に扱うという善管注意義務**が課せられています。

ここが ポイント 　特定物債権における債務者の義務

- 目的物が滅失したときは、履行不能となる（代わりの物がないから）。
- 債務者は、目的物を引き渡すまで**善管注意義務**を負う（400条）。★1★2
- 所有権は、**契約成立**時に移転する。

★2

あとまわしOK

善管注意義務に違反すると債務不履行責任を負います（415条）。

 特定物の品質は、契約や社会通念（取引業界の一般常識）によって定まります。品質を定めることができない場合、履行期の現状のまま引き渡せばよいことになっています（483条）。

2 不特定物債権（種類債権）

物の引渡しを求める債権の中で、**物の個性**に着目せず、種類と量を指示して取引した場合は不特定物債権となります。

講義図解

不特定物債権

新車の売買契約

A
売主
（債務者）

B
買主
（債権者）

不特定物債権
（引き渡せ）

新車

ここが ポイント 不特定物債権（特定前）における債務者の義務

● 目的物が滅失した場合、債務者は代わりの物を調達して引き渡す義務を負う。★3

● 債務者は、善管注意義務を負わない。

● 所有権は、目的物が特定したときに移転する。

3 不特定物の特定

不特定物であっても、どこかのタイミングで「これ」と特定しなければ引渡しができません。そこで、不特定物がいつ特定するかが重要となります。★4

ここが ポイント 特定の要件

❶ 債務者が物の給付をなすに必要な行為を完了したこと。★5

❷ 債務者が債権者の同意を得て給付すべき物を指定したこと。

4 利息債権

民法上、お金を貸す契約をしただけで利息を請求することはできず、「別途利息を取る」という意思表示をしなければなりません。

ここが ポイント 利息債権

● 利息を生ずべき債権に別段の定めがないとき
→ 法定利率は年3%（404条1項・2項）★6

★3
ワンポイント
単に「米1キロ」というように、品質が定められていない場合は、中等の品質を有する物を給付しなければなりません（401条1項）。

★4
ワンポイント
特定した後は、債務者は特定物債権の場合と同じ義務を負います。

★5
あとまわしOK
債務者が債権者の所まで持参する場合は、持参して提供したときに特定し、債権者が債務者の所まで取りに行く場合は、債務者が目的物を準備・分離・通知したときに特定します。

★6
ワンポイント
法定利率は3年ごとに見直しされます（404条3項）。

第2節 債権の効力

はじめに

この節では、債務不履行について学習します。どのような場合に損害賠償の責任を負うのかを押さえましょう。

1 債務不履行

重要度 **A**

1 債務不履行とは

債務不履行とは、**債務者が債務の本旨に従った履行をしないこと**をいいます。

債務不履行には、①**履行遅滞**、②**履行不能**、③**不完全履行**の3つがあります。

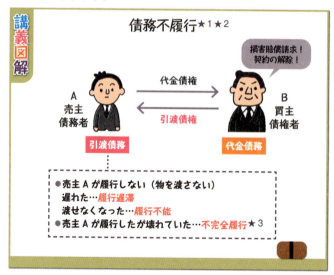

債務不履行★1★2

損害賠償請求！契約の解除！

A 売主 債務者 ——代金債権→ B 買主 債権者
←引渡債権——

引渡債務　代金債務

- 売主Aが履行しない（物を渡さない）
  遅れた…**履行遅滞**
  渡せなくなった…**履行不能**
- 売主Aが履行したが壊れていた…**不完全履行**★3

契約解除については、P181で詳しく扱います。

ナビゲーション

債務不履行は試験でもよく出題されますので、しっかりと準備をしておきましょう。

★1 ワンポイント

買主が代金を支払わない場合にも債務不履行となりますが、金銭債務の場合は特別ルールがあるため、後で扱います。

★2 ワンポイント

債務不履行の場合、原則として債権者は生じた損害の賠償を請求できますが、債務者に帰責事由がない場合には請求できません（415条1項）。

★3 あとまわしOK

引き渡された物に欠陥があった場合、「契約不適合責任」の問題になります（詳しくは「売買契約」で学習します）。

2 履行遅滞

履行遅滞で問題となるのは、いつから履行遅滞になるのかどうかです。履行遅滞の時期については次の通りです。

[履行遅滞の時期]

確定期限のある債務	期限が到来した時（412条1項）
不確定期限のある債務	期限到来後に債権者から履行の請求があった時または債務者が期限の到来を知った時のいずれか早い時（412条2項）
期限の定めのない債務	債権者から履行の請求があった時（412条3項）

不確定期限とは、例えば「私が死んだらこの時計をあげる」といった約束の場合です。

3 履行不能

履行不能とは、例えば契約の目的物である建物が燃えて滅失してしまった場合などですが、**物理的に履行できないだけでなく、債務の履行が社会通念に照らして不能であるときも履行不能と考えます**（412条の2第1項）。

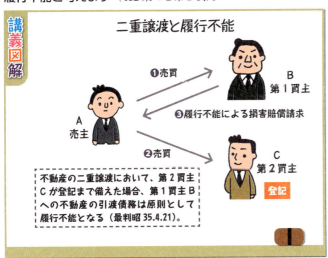

二重譲渡と履行不能

❶売買　B　第1買主

❸履行不能による損害賠償請求

A　売主

❷売買　C　第2買主　登記

不動産の二重譲渡において、第2買主Cが登記まで備えた場合、第1買主Bへの不動産の引渡債務は原則として履行不能となる（最判昭35.4.21）。

4 履行遅滞中の履行不能

例えば、契約の目的物である建物の引渡しが遅れている状態で建物が燃えてしまい、買主に引き渡せなくなってしまった場合、民法上どのように処理されるのでしょうか。

履行遅滞中の履行不能

A
売主
債務者

売買契約 →

B
買主
債権者

❷落雷による履行不能

❶履行遅滞

売主Aが、履行期である5月1日に建物を引き渡すのを忘れていた（履行遅滞）。

↓

その後、5月10日に落雷で建物が滅失してしまった（履行不能）。

この場合、履行不能となったことについてAに責任はないが、履行遅滞の段階でAに責任があるため、**Aの帰責事由により履行不能になったとみなされる**（413条の2第1項）。★4

★4

ワンポイント

結果として、売主Aは **損害賠償** 責任を負うことになります（415条1項）。

5 損害賠償請求

債務者に **帰責事由がない** 場合を除き、損害賠償責任を負います（415条1項）。

> 損害賠償請求のいろいろな要素について、しっかり見ていきましょう。

[損害賠償について]

損害賠償の方法	特約がなければ金銭で支払う（417条）。
損害賠償の範囲	原則：通常生ずべき損害の範囲に限られる（416条1項）。★5 例外：当事者（債務者）が特別の事情を予見することができた場合、特別の事情によって生じた損害も含まれる（416条2項）。★6
過失相殺	債務不履行の発生などについて、債権者にも過失があった場合には、裁判所がこれを考慮して損害賠償責任の有無および賠償額を定める（418条）。★7
損害賠償額の予定	当事者の間で、債務不履行の際の損害賠償額をあらかじめ決めておくことができる（420条）。この場合、裁判所は予定額を無効としたり、減額したりすることができる。

過去問チャレンジ

特別の事情によって生じた損害につき、債務者が契約締結時においてその事情を予見できなかったとしても、債務不履行時までに予見可能であったと認められるときは、債務者はこれを賠償しなければならない。[16-33-5]

○：その通り（416条2項）。

6 金銭債務の特則

　物の引渡債務と異なり、**代金債務などの金銭債務には特別なルールが規定**されています。

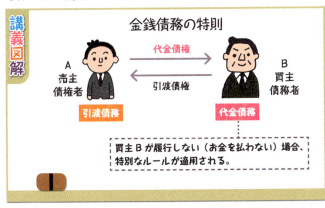

金銭債務の特則

A 売主 債権者 ── 代金債権 →
B 買主 債務者 ← 引渡債権 ──

引渡債務　代金債務

買主Bが履行しない（お金を払わない）場合、特別なルールが適用される。

★5
ワンポイント
購入した建物が履行不能となった場合、履行不能時の建物の価格が通常生ずべき損害です。

★6
ワンポイント
土地の引渡しが履行不能となった後に、土地の価格が上昇していた場合、債務者（売主）がそれを予見すべきであれば、債権者（買主）は上昇した現在の価格を損害賠償として請求できます。

★7
ワンポイント
損害額が1,000万円でも、債権者の過失が20％あったとされた場合、賠償額は800万円に減額されてしまいます。

ここが ポイント　金銭債務の特則

- 金銭債務には履行不能がない（履行遅滞となる）。
- 債権者は、損害の証明が不要（419条2項）。
- 債務者は、不可抗力を抗弁とすることができない（419条3項）。★8

★8

ワンポイント

支払期日に地震が起きて支払いに行けなかったとしても、履行遅滞となります。

第３節 責任財産の保全

はじめに

この節では、責任財産の保全制度について学習します。債権者代位権と詐害行為取消権という２つの制度が登場しますが、ともに「お金を回収するための制度」という意識で学習することが重要です。

1 債権者代位権

重要度 **A**

1 債権者代位権とは

　例えば、お金を貸したにもかかわらず債務者が支払ってくれないときは、債権者は債務者の財産を差し押さえて競売にかけることができます。しかし、**債務者の手元に財産がなければ回収することができません**。そこで、**民法では債権者代位権という制度を設けています**。

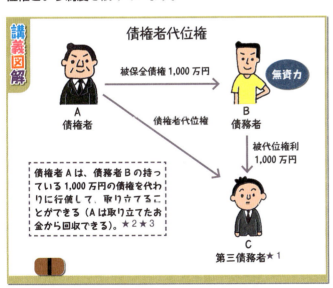

講義図解

債権者代位権

被保全債権 1,000 万円

A 債権者 ── 債権者代位権 ── B 債務者（無資力）

被代位権利 1,000 万円

C 第三債務者★1

債権者Ａは、債務者Ｂの持っている 1,000 万円の債権を代わりに行使して、取り立てることができる（Ａは取り立てたお金から回収できる）。★2★3

ナビゲーション

試験でもよく出題されている重要論点です。最終的には詐害行為取消権との比較ができるようにしておくのが理想です。

★1
用語の意味
第三債務者
Ａから見て債務者Ｂの債務者であるＣのこと。

★2

野畑のズバッと解説
空っぽになっているＢの財布にお金を入れて、そこからＡが回収するイメージです。

★3
ワンポイント
ＡはＢの代理人でないにもかかわらず、自分の債権を保全するために債権者代位権を行使することができます。

他人の権利を勝手に行使することになるため、債権者代位権を行使するためにはいくつかの要件を満たす必要があります。

❷ 債権者代位権の要件

ここが ポイント 債権者代位権の要件（423条）

❶ 被保全債権★4が**金銭債権**であること。★5

❷ 債務者が**無資力**であること。★5

❸ 債務者が**被代位権利**★4を行使していないこと。★6

❹ 被保全債権が**弁済期**にあること。

※**時効の完成猶予**などの**保存行為**は、**弁済期**前でも債権者代位権を行使できる。

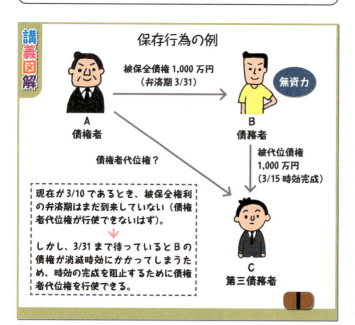

講義図解

保存行為の例

被保全債権 1,000万円
（弁済期 3/31）

A 債権者 → B 債務者 【無資力】

債権者代位権？

被代位債権 1,000万円
（3/15 時効完成）

C 第三債務者

現在が3/10であるとき、被保全権利の弁済期はまだ到来していない（債権者代位権が行使できないはず）。

↓

しかし、3/31まで待っているとBの債権が消滅時効にかかってしまうため、時効の完成を阻止するために債権者代位権を行使できる。

★4

用語の意味

被保全債権
債権者が回収したい債権のこと。

被代位権利
債務者の代わりに行使する権利のこと。

★5

ワンポイント

①②については、例外もあります（債権者代位権の転用事例として後で学習します）。

★6

ワンポイント

債務者BがCを訴えたが敗訴してしまった場合、債権者Aは債権者代位権を行使できません。

3 代位行使できない権利

　債権者代位権の要件を満たしても、すべての債権を代位行使できるわけではありません。**特定の権利者のみが行使できる一身専属権**★7 **などは債権者代位権の対象外**となります。★8

> 「夫婦だから」「親子だから」認められるような権利は、一身専属権とされ、債権者代位権の対象外となります。

過去問チャレンジ

債権者は、債権の弁済期前であっても、債務者の未登記の権利について登記の申請をすること（いわゆる保存行為）について、代位行使することができる。［16-32-1改題］

○：その通り。

4 行使の方法・範囲など

［債権者代位権の行使方法など］

行使方法	裁判上でも裁判外でも行使できる。
行使できる範囲	目的債権が可分な場合（金銭など） →被保全債権額の範囲内で行使できる（423条の2）。★9 目的債権が不可分な場合（物の引渡しなど） →被保全債権額を超えて行使することができる。★10
請求の内容	代位行使した債権の目的が金銭・動産の引渡し →直接自己に引き渡すように請求できる（423条の3）。★11 代位行使した債権の目的が不動産登記請求権の場合 →直接自己名義に移転するよう請求できない（債務者名義に移転するよう請求できるだけ）。

★7
用語の意味

一身専属権
離婚請求権や認知請求権などで、「その人が行使するかどうかを決める」必要があるもの。

★8
あとまわしOK

認知請求権などは債権者代位権の対象外ですが、離婚に伴う財産分与請求権や慰謝料請求権については、債務者が権利行使を決めて、具体的な金額が確定した場合に限り債権者代位権の対象となります（最判昭58.10.6）。

★9
ワンポイント
被保全債権1,000万円、被代位権利500万円の場合、500万円まで行使できます。

★10
ワンポイント
被保全債権1,000万円、被代位権利が2,000万円の不動産の引渡請求権の場合、不動産全部の引渡しを求めることができます。

5 債権者の権利行使

　債権者代位権が行使された場合であっても、債務者は、被代位権利について、自ら取立てその他の処分をすることができます（423条の5前段）。★12

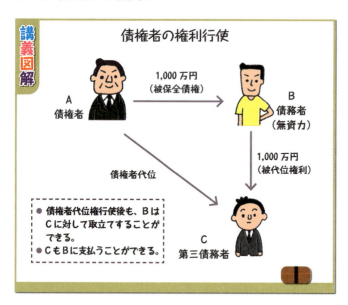

債権者の権利行使

1,000万円
（被保全債権）

A
債権者

B
債務者
（無資力）

1,000万円
（被代位権利）

債権者代位

● 債権者代位権行使後も、Bは
　Cに対して取立てすることが
　できる。
● CもBに支払うことができる。

C
第三債務者

★11

野畑の
スバッと解説

債権者代位権を行使
しても、金銭や動産
を債務者が受け取っ
てくれなければ意味
がありません。そこ
で、債権者自身がそ
れを受け取って管理
できるようにしてい
ます。

★12

ワンポイント

債権者代位権が行使
された場合であって
も、Bの債権である
ことに変わりはない
からです。

6 債権者代位権の転用

　被保全債権が金銭債権ではない場合でも債権者代位権を行使できる場合があります（債権者代位権の転用）。

債権者代位権の転用が認められる
ケースは限られていますので、事例
ごと押さえるようにしましょう。

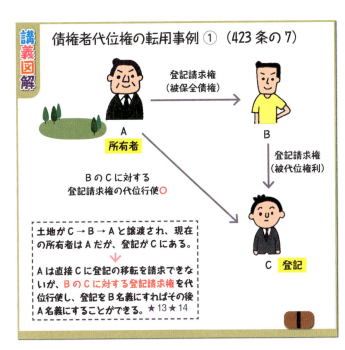

講義図解

債権者代位権の転用事例 ① （423条の7）

登記請求権
（被保全債権）

A
所有者

B

BのCに対する
登記請求権の代位行使〇

登記請求権
（被代位権利）

C **登記**

> 土地がC→B→Aと譲渡され、現在の所有者はAだが、登記がCにある。
>
> ↓
>
> Aは直接Cに登記の移転を請求できないが、**BのCに対する登記請求権**を代位行使し、登記をB名義にすればその後A名義にすることができる。★13 ★14

次の事例では、借りた土地に不法占拠者がいる場合には、債権者代位権を利用して賃借人を保護する必要があります。

★13
ワンポイント

登記は、物権変動を正確に記録する必要があります。今回は所有権がC→B→Aと移っているため、登記もC名義→B名義→A名義と書き換える必要があるので、直接C名義→A名義にはできないということです。

★14
野畑のズバッと解説

今回の事例では、Aの被保全債権は**金銭債権**ではなく、Bも**無資力**ではありませんが、**債権者代位権の行使を認めないと所有者であるA名義に登記を移すことができない**ため、認めることとしました。

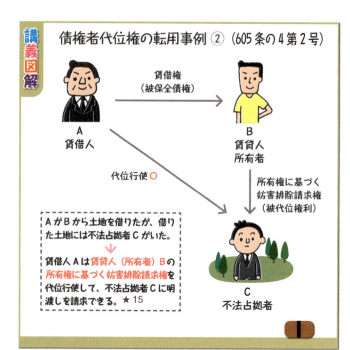

講義図解

債権者代位権の転用事例 ② （605条の4第2号）

A 賃借人 ── 賃借権（被保全債権） ──→ B 賃貸人 所有者

代位行使 ○

所有権に基づく
妨害排除請求権
（被代位権利）

C 不法占拠者

> AがBから土地を借りたが、借りた土地には不法占拠者Cがいた。
> ↓
> 賃借人Aは**賃貸人（所有者）Bの所有権に基づく妨害排除請求権**を代位行使して、不法占拠者Cに明渡しを請求できる。★15

★15
野畑のズバッと解説

たとえ不法占拠者でも、賃借人の賃借権（債権）を行使して明渡しを求めることができません。そこで、債権者代位権の転用を認めることとしました。

過去問チャレンジ

AはBから同人の所有する建物を賃借する契約を締結したが、その建物の引渡しが行われていない状態のもとでそれをCが権原なく占有してしまった場合において、Aが、自己の賃借権を保全するためにBに代位して、Cに対して建物の明渡しを請求するときは、Aは、建物を直接自己へ引き渡すことを請求することができる。[05-27-エ]

○：その通り。

---

2 詐害行為取消権

重要度 **A**

1 詐害行為取消権とは

　債権者が債務者にお金を貸したときには財産があったにもかかわらず、嫌がらせ目的でその財産を第三者に譲渡してしまった場合、**債権者がその契約を取り消して財産を債務者のもとに戻すという詐害行為取消権という制度**が設けられています。

ナビゲーション

債権者代位権と同様、試験で出題される可能性が高い論点です。しっかり学習しておきましょう。

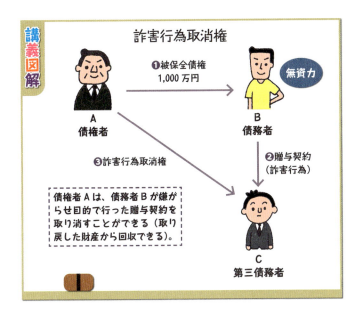

講義図解

詐害行為取消権

❶被保全債権
1,000万円

A
債権者

B
債務者

無資力

❸詐害行為取消権

❷贈与契約
（詐害行為）

債権者Aは、債務者Bが嫌がらせ目的で行った贈与契約を取り消すことができる（取り戻した財産から回収できる）。

C
第三債務者

どのような場合に詐害行為取消権が行使できるのか、要件について確認しましょう。

❷ 詐害行為取消権の要件

ここが ポイント 詐害行為取消権の要件（424条）

❶被保全債権が**金銭債権**であること。

❷被保全債権が**詐害行為の前の原因**に基づいて生じたものであること（424条3項）。

❸被保全債権が**強制執行**により実現できるものであること（424条4項）。

❹債権者を**害する**行為であること。★1

❺債務者に**詐害意思**があること（424条1項本文）。

❻受益者が**悪意**であること（424条1項但書）。

④について、債務者のどのような行為が詐害行為となるか確認しましょう。

★1

あとまわしOK

離婚に伴う財産分与については、原則として詐害行為とはなりませんが、**財産分与の額が不当に過大**であり、財産隠しと認められるような場合には詐害行為となります（最判平12.3.9）。

講義図解

相当の対価を得てした財産の処分行為
（424条の2）

[原則] 詐害行為と**ならない**。★2

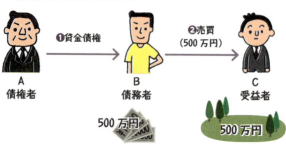

★2
ワンポイント

500万円の不動産が500万円の現金に変わったと考えれば、Bの財産が減少しているわけではないからです。

[例外] 詐害行為と**なる**。★3

(1) 不動産の換金等による財産の種類の変更により、債務者が債権者を害する行為（隠匿・無償供与等）をするおそれを**現に生じさせる**ものであること。

(2) 債務者が、その行為の当時、対価として取得した金銭等について**隠匿等の処分**をする意思を有していたこと。

(3) 受益者が、その行為の当時、債務者の隠匿等の処分をする意思を**知っていた**こと。

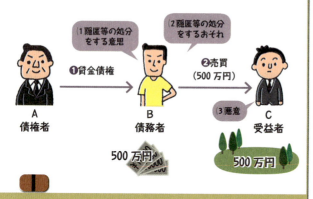

★3
野畑のスパッと解説

(1)不動産が現金に変わることにより財産隠しをしやすくなり、(2)債務者が実際に財産隠しをする意思を持って、(3)受益者がそれを知りながら不動産を購入した場合に、詐害行為となります。

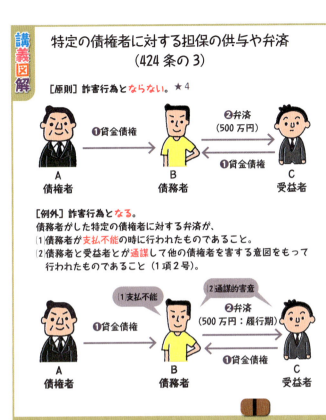

講義図解　特定の債権者に対する担保の供与や弁済（424条の3）

[原則] 詐害行為と**ならない**。★4

- A 債権者 →❶貸金債権→ B 債務者
- B 債務者 →❷弁済（500万円）→ C 受益者
- C →❶貸金債権→ B

[例外] 詐害行為と**なる**。
債務者がした特定の債権者に対する弁済が、
⑴ 債務者が**支払不能**の時に行われたものであること。
⑵ 債務者と受益者とが**通謀**して他の債権者を害する意図をもって行われたものであること（1項2号）。

- A 債権者 →❶貸金債権→ B 債務者
- ⑴支払不能
- ⑵通謀的害意
- B 債務者 →❷弁済（500万円：履行期）→ C 受益者
- C →❶貸金債権→ B

★4
ワンポイント

Cも債権者であることに変わりはなく、債務者が弁済することは当然の義務だからです。

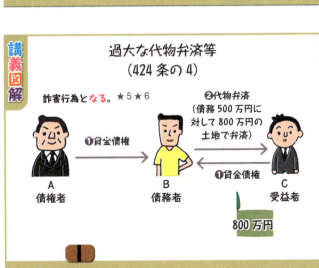

講義図解　過大な代物弁済等（424条の4）

詐害行為と**なる**。★5 ★6

- A 債権者 →❶貸金債権→ B 債務者
- B 債務者 →❷代物弁済（債務500万円に対して800万円の土地で弁済）→ C 受益者
- C →❶貸金債権→ B
- 800万円

★5
野畑のズバッと解説

この場合、**300万円**分が過大な代物弁済となり、取消しが可能です。

★6
あとまわしOK

代物弁済を**弁済期前**に行った場合は、不必要な弁済と考えられるため、代物弁済が過大かどうかを問わず、詐害行為となり、取消しが可能となることがあります（424条の3第2項）。

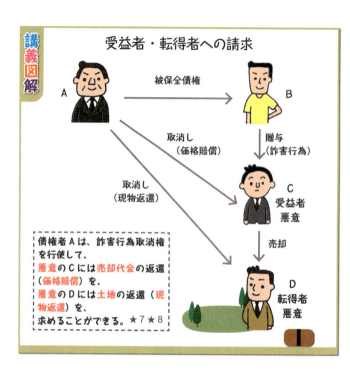

受益者・転得者への請求

講義図解

A → B 被保全債権

B → C 贈与（詐害行為）

C 受益者 悪意

C → D 売却

D 転得者 悪意

取消し（価格賠償）

取消し（現物返還）

債権者Aは、詐害行為取消権を行使して、
悪意のCには**売却代金**の返還（**価格賠償**）を、
悪意のDには**土地の返還**（**現物返還**）を、
求めることができる。★7 ★8

★7

野畑の ズバッと解説

詐害行為があったことを知らない場合にまで取消しを認めるとかわいそうなので、**悪意**の場合にだけ取消しの主張ができます（424条1項但書）。

★8

ワンポイント

取消しをCに主張しても、土地はすでにDのもとにあるため、土地の代わりに手に入っている売却代金を求めることができるとしています。

[詐害行為取消権の行使の条件]

受益者	転得者	効果
善意	善意	受益者・転得者のいずれに対しても行使**でき**ない。
善意	悪意	受益者・転得者のいずれに対しても行使**でき**ない。★9
悪意	善意	**受益者**に対してのみ行使できる（価格賠償）。
悪意	悪意	**受益者**に対して価格賠償、**転得者**に対して現物返還のいずれもなしうる。

★9

ワンポイント

このケースのみ、悪意者に対して詐害行為取消権が行使できません。

❸ 行使の方法・範囲など

[詐害行為取消権の行使方法など]

行使方法	**裁判上**でしか行使できない（424条1項）。★10
行使できる範囲 ★10	目的債権が可分な場合（金銭など） →被保全債権額の**範囲内**で取消しができる（424条の8）。 目的債権が不可分な場合（物の引渡しなど） →被保全債権額を**超えて**取消しができる。

★10

ワンポイント

詐害行為取消権を裁判上で行使する場合、被告（訴えられる人）は債務者ではなく**受益者**や**転得者**となります。

| 請求の内容 ★11 | 詐害行為を取り消して、金銭や動産の返還を求める場合
→**直接自己に引き渡すように請求できる**（424条の9）。
詐害行為を取り消して、不動産登記の移転を請求する場合
→**直接自己名義に移転するよう請求できない**（債務者名義に移転するよう請求できるだけ）。 |
| 行使期間 ★12 | 債務者が詐害行為をしたことを債権者が知った時から**2**年、もしくは詐害行為の時から**10**年（426条）。 |

★11
ワンポイント
行使できる範囲や、請求の内容については、債権者代位権と同じです。

★12
ワンポイント
債権者代位権を裁判上で行使する場合には期間制限はないことと比較してください。

4 債権者代位権と詐害行為取消権の比較

　債権者代位権と詐害行為取消権はともに責任財産を保全する制度ですが、下記のような相違点があります。

［債権者代位権と詐害行為取消権の比較］ ★13

		債権者代位権 （423条）	詐害行為取消権 （424条）
被保全権利		原則：**金銭債権** 例外：**転用**の場合には特定債権でもよい。	**金銭債権**
要件	債務者の無資力	原則：**必要** 例外：**転用**の場合には不要	**必要**
	被保全債権の成立時期	制限**なし**	詐害行為**前**に成立していることが必要
	被保全債権の弁済期	原則：**弁済期**にあることが必要 例外：保存行為の場合不要	制限**なし**
	主観的要件	**なし**	①**債務者の詐害意思** ②**受益者の悪意**
	時効	**なし**	債権者が知った時から**2**年もしくは行為の時から**10**年
行使方法		**裁判上・裁判外**	**裁判上**

★13
ワンポイント
いきなり2つを比較しようとせずに、まずは1つ1つじっくり学習したうえで、最後のまとめとしてこの表を活用してください。

　債権者代位権と詐害行為取消権の相違点を説明することができるようにすることが目標です。

第 4 節　債権の消滅

この節では、債権の消滅について学習します。契約などで発生した債権がどのように消滅するのか、弁済と相殺に分けて学習します。

1　弁済

重要度 **B**

■ 弁済とは

例えば、売買契約によって発生した代金債権や引渡し債権は、実際に代金を支払ったり物を引き渡したりしたときに消滅します（473条）。

このような行為を弁済といいます。★1

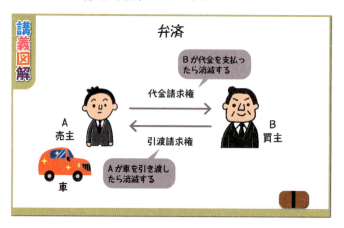

■ 弁済の提供

弁済は、債務者からの弁済提供と、債権者の受領によって完成します。

では、**債務者が車を持って行ったにもかかわらず、債権者が受け取ってくれなかった場合はどうなるのでしょうか。**

ナビゲーション

このテーマの中では、弁済の提供や、第三者弁済が重要になります。

★1

ワンポイント

相手の承諾を得て、代金の代わりに時計を渡して債務を消滅させることもできます（代物弁済／482条）。

ここが ポイント　弁済の提供

債務者が弁済の提供をしたが、債権者が受け取らなかった場合、**債権は消滅**しないが、今後債務者は**債務不履行責任**を負わない（492条）。★2

弁済の提供方法が試験で問われたことがあるので、詳しく見ておきましょう。

★2
野畑の
ズバッと解説
債務者としてやるだけのことをやったのに、後で債務不履行を理由に損害賠償請求されるのはかわいそうなので、**債務不履行責任**を負わせないこととしました。

★3
あとまわしOK
債権者が契約の無効を主張し、**受領拒絶の意思**を明確にしている場合には口頭の提供も不要です（最大判昭32.6.5）。

［弁済の提供の方法］

原則	**現実**の提供が必要（493条本文）。 　例：車を相手の住所まで持って行く。
例外	債権者が**あらかじめ受領を拒んだ**場合や債務の履行について**債権者の行為が必要**な場合は、**口頭の提供**で足りる（493条但書）。★3 　例：車を引き渡す準備ができたことを債権者に通知する。

債権者が受け取ってくれないことがわかっていれば、現実に持って行く意味がないので、口頭の提供で足りるとしました。

過去問チャレンジ

債権者があらかじめ弁済の受領を拒んでいる場合、債務者は、口頭の提供をすれば債務不履行責任を免れるが、債権者において契約そのものの存在を否定する等弁済を受領しない意思が明確と認められるときは、口頭の提供をしなくても同責任を免れる。[18-31-4]

〇：その通り（493条／最大判昭32.6.5）。

3 第三者弁済

　例えば、お金を貸した債権者からすれば、**債務者以外の者に返してもらっても問題ない**と考えているでしょう。

　民法でも、**債務者以外の第三者が弁済することを認めています**。

どのような場合に第三者弁済が認められるかが重要です。

[第三者弁済の可否]

	正当な利益を有する第三者 ★4	正当な利益を有しない第三者 ★5
原則（474条1項）		○
債務の性質上第三者弁済を許さないものである場合（474条4項）		×
当事者が第三者の弁済を禁止、もしくは制限する旨を表示した場合（474条4項）		×
債務者の意思に反する場合（474条2項）	○	原則：× 例外：○（債権者が知らなかった場合）
債権者の意思に反する場合（474条3項）	○	原則：× 例外：○（第三者が債務者の委託を受けて弁済する場合で、債権者がそれを知っている場合）

★4
ワンポイント
正当な利益を有する第三者の例として、保証人・物上保証人などが挙げられます。

★5
ワンポイント
正当な利益を有しない第三者の例として、親子・友人などが挙げられます。

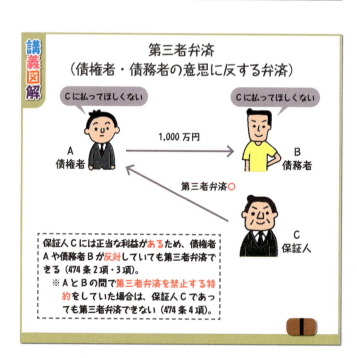

講義図解

第三者弁済
（債権者・債務者の意思に反する弁済）

Cに払ってほしくない

Cに払ってほしくない

A 債権者 — 1,000万円 → B 債務者

第三者弁済○

C 保証人

保証人Cには正当な利益が**ある**ため、債権者Aや債務者Bが**反対**していても第三者弁済できる（474条2項・3項）。
　※AとBの間で**第三者弁済を禁止する特約**をしていた場合は、保証人Cであっても第三者弁済できない（474条4項）。

4 求償権と弁済による代位

　保証人が債権者に第三者弁済した場合、**債務者に対して求償権を取得します。**★6

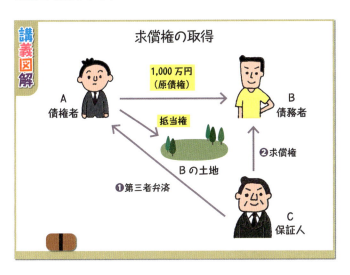

講義図解

求償権の取得

A 債権者　→　1,000万円（原債権）　→　B 債務者

抵当権

B の土地

❶第三者弁済

❷求償権

C 保証人

　上記事例で債権者Aが抵当権を持っていた場合、**保証人C はAが持っていた抵当権を取得することができます**（弁済による代位／499条）。★7★8

講義図解

弁済による代位

B 債務者

もともとはAが持っていた債権がCに移転

原債権　求償権

B の土地

抵当権

もともとはAが持っていた抵当権がCに移転

C 保証人

★6
野畑の ズバッと解説
債務者が1円も払っていないことになるため、**保証人には債務者に「立て替えてやった分を払え」と主張する権利が与えられ**ています。

★7
野畑の ズバッと解説
Aが持っていても使わなかった抵当権なので、**新たに求償権を取得したCに活用してもらうための**ルールが設けられました。

★8
ワンポイント
正確には、**債権者A が持っていた債権（原債権）と抵当権がセットでCに移転**することになります。

❺ 受領権者としての外観を有する者に対する弁済

通常、債務者は債権者以外の者に弁済をしても**無効**です。

しかし、債権者に「見える」者に対して弁済した場合は**有効**となり、**債権が消滅する**ことがあります（478条）。★9★10

★9

ワンポイント

①印鑑と預金通帳を所持する者や、②債権者の代理人と称した者などが、受領権者としての外観を有する者に該当します。

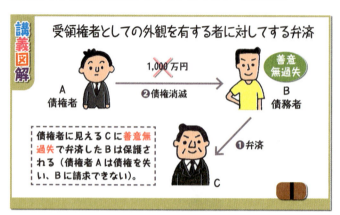

講義図解

受領権者としての外観を有する者に対してする弁済

A 債権者 — 1,000万円 ②債権消滅 → B 債務者（善意無過失）

①弁済 → C

債権者に見えるCに**善意無過失**で弁済したBは保護される（債権者Aは債権を失い、Bに請求できない）。

★10

ワンポイント

「受取証書」を持参した者も、受領権者としての外観を有する者に該当します（民法改正により変更されました）。

❻ 代物弁済

代物弁済とは、本来の給付と異なる他の給付をなすことによって、本来の債権を消滅させる債権者と弁済者との契約をいいます（482条）。

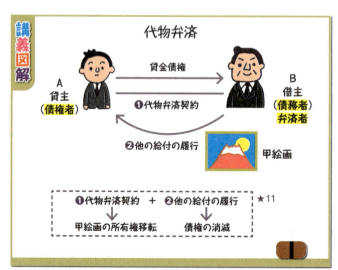

講義図解

代物弁済

A 貸主（債権者） — 貸金債権 → B 借主（債務者）弁済者

①代物弁済契約

②他の給付の履行 → 甲絵画

❶代物弁済契約 ＋ ❷他の給付の履行 ★11
↓ ↓
甲絵画の所有権移転 債権の消滅

★11

ワンポイント

甲絵画の所有権は原則として契約時に移転しますが、債権の消滅は甲絵画をAに引き渡した時になります。

ここが ポイント　代物弁済契約の成立と債権の消滅時期

- 代物弁済契約は、**当事者の意思表示**のみで効力を生じる（諾成契約）。
- 実際に**債権（債務）**が消滅するのは、**債務者**が**債権者**に**代物を給付**した時。★12

★12
ワンポイント
動産であれば**引き渡した**時、不動産であれば**移転登記**をした時に債権が消滅します。

2 相殺

重要度 **B**

1 相殺とは

例えば、AとBがお互いに100万円を貸しあっている場合、通常はAがBに、BがAに100万円を現金で支払わないと債権が消滅しませんが、これを**意思表示だけで消滅させること**を相殺といいます（505条）。

ナビゲーション
相殺は過去に記述式でも出題されたことがあります。
複雑に感じる部分もあるかもしれませんが、落ち着いて1つずつ理解するようにしてください。

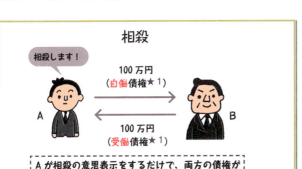

講義図解

相殺

相殺します！

100万円
（自働債権★1）

A　　　　　　　　　　B

100万円
（受働債権★1）

Aが相殺の意思表示をするだけで、両方の債権が消滅する（お互いにお金を払ったことになる）。

★1
ワンポイント
「相殺しよう」と言った人が持っている債権を**自働**債権、その逆を**受働**債権といいます。
仮に、Bが相殺しようと言った場合、Bから伸びている矢印が**自働**債権になります。

2 相殺の要件

ここが ポイント　相殺の要件

❶ 双方の債権が**対立**していること。
❷ 双方の債権が**同種の目的**を有すること。
❸ 双方の債権が**弁済期**にあること。
❹ 双方の債権が**有効**に存在すること。★2

★2
ワンポイント
❹の論点として、自働債権が**時効**で消滅していたとしても、その債権が**時効消滅**前に相殺できる状態であれば相殺できるという例外があります（508条）。

この中では、③の要件が重要です。実際には双方の債権が弁済期になくても相殺できることがあります。

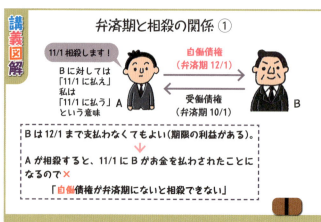

講義図解 弁済期と相殺の関係 ①

11/1 相殺します！

Bに対しては「11/1 に払え」私は「11/1 に払う」A という意味

自働債権（弁済期 12/1）

受働債権（弁済期 10/1）　B

Bは 12/1 まで支払わなくてもよい（期限の利益がある）。
↓
Aが相殺すると、11/1 にBがお金を払わされたことになるので ✕
「自働債権が弁済期にないと相殺できない」

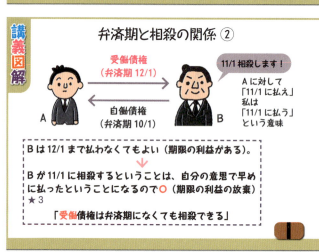

講義図解 弁済期と相殺の関係 ②

受働債権（弁済期 12/1）

A　自働債権（弁済期 10/1）　B

11/1 相殺します！

Aに対して「11/1 に払え」私は「11/1 に払う」という意味

Bは 12/1 まで払わなくてもよい（期限の利益がある）。
↓
Bが 11/1 に相殺するということは、自分の意思で早めに払ったということになるので 〇（期限の利益の放棄）
★3
「受働債権は弁済期になくても相殺できる」

★3
ワンポイント
相殺の相手方Aの弁済期は 11/1 の時点ですでに過ぎているため、相殺を認めてもAが不利益になることはありません。

過去問チャレンジ

AがBに対して平成20年5月5日を弁済期とする300万円の売掛代金債権を有し、BがAに対して平成20年7月1日を弁済期とする400万円の貸金債権を有している。この場合に、平成20年5月10日にAがBに対してする相殺は効力を生ずる。[08-34-ア改題]

〇：その通り。

3 相殺が禁止される場合

　相殺の要件を満たしていても、**様々な理由から相殺が禁止される場合**があります。

> **ここが ポイント　相殺が禁止される場合**
>
> ❶相殺が許されない債権である場合。
> ❷当事者が相殺禁止の特約をした場合。
> ❸**受働**債権が不法行為等に基づく損害賠償債権である場合。★4
> ❹**受働**債権が差押禁止債権である場合。
> ❺**自働**債権の取得**前**に**受働**債権が差し押さえられた場合。

この中では、③と⑤が重要です。

講義図解

不法行為等と相殺（509条）

相殺します！

A 加害者

自働債権（貸金債権）→

←受働債権（損害賠償債権）

B 被害者

Aが相殺すると、Bの意思に関係なく損害賠償債権が消えてしまう。
[問題点]
● お金を貸している人は、不法行為をしても相殺すれば大丈夫ということになってしまう（不法行為を誘発させてしまう）。
● 損害賠償金が被害者の手元に入らないと困る（被害者が保護されない）。

↓そこで

受働債権が
❶**悪意**による不法行為に基づく損害賠償請求権の場合★5
❷**人の生命・身体の傷害**により発生した損害賠償請求権の場合
は相殺できないとした（509条1号・2号）。★6

★4
ワンポイント
Bの側から相殺した場合（自働債権が不法行為の損害賠償債権の場合）は、相殺することができます。

★5
あとまわしOK
相殺を禁止したのは、わざと（悪意で）不法行為をしたうえで相殺することを防止するためなので、**過失による不法行為の場合は、受働債権が不法行為に基づく損害賠償債権でも相殺することができます。**

★6
あとまわしOK
人の生命・身体の傷害については、特に被害者を保護する必要があるため、不法行為が**悪意**によらないものであっても相殺できません。また、**債務不履行**が原因となっている場合でも、相殺できません。

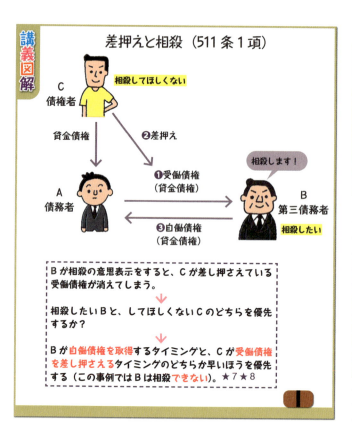

講義図解

差押えと相殺（511条1項）

C 債権者 — 相殺してほしくない

貸金債権

②差押え

A 債務者

①受働債権（貸金債権）

③自働債権（貸金債権）

B 第三債務者 — 相殺したい

相殺します！

Bが相殺の意思表示をすると、Cが差し押さえている受働債権が消えてしまう。

↓

相殺したいBと、してほしくないCのどちらを優先するか？

↓

Bが自働債権を取得するタイミングと、Cが受働債権を差し押さえるタイミングのどちらか早いほうを優先する（この事例ではBは相殺できない）。★7★8

★7
ワンポイント

この場合、どちらの債権の弁済期が早いかは関係ありません。試験では様々な日付を使って引っかけようとしてきますが、見るべきポイントは自働債権取得の日付と受働債権の差押えの日付だけです。

★8
あとまわしOK

差押え後に取得した債権が差押え前の原因に基づいて生じたものであるときは、その第三債務者は相殺を債権者に対抗できます（511条2項本文）。

過去問チャレンジ

A銀行がBに対して平成19年7月30日に期間1年の約定で貸し付けた400万円の貸金債権を有し、他方、BがA銀行に対して平成20年7月25日を満期とする400万円の定期預金債権を有していたところ、Bの債権者CがBのA銀行に対する当該定期預金債権を差し押さえた。この場合に、平成20年8月1日にA銀行がBに対してする相殺は効力を生ずる。[08-34-ウ]

○：その通り。

第５節 多数当事者間の債権債務関係

はじめに

この節では、多数当事者間の債権債務関係を扱います。これまでと違い、登場人物が多くなるため苦手意識を持つ受験生が多いですが、本書を活用して理解を深めてください。

1 分割債務

例えば、A・B・Cの3人がお金を出し合ってXから600万円の車を購入した場合、**原則として各自200万円の債務を負うことになります**（分割債務／427条）。

ナビゲーション

分割債権・債務自体が試験で問われる可能性は低いです。
この後学習する連帯債務をより理解しやすくするという位置づけで軽く確認しておけば十分です。

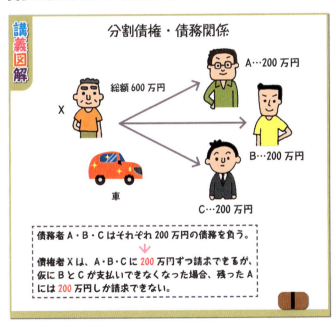

分割債権・債務関係

総額600万円

X

車

A…200万円

B…200万円

C…200万円

債務者A・B・Cはそれぞれ200万円の債務を負う。
↓
債権者Xは、A・B・Cに200万円ずつ請求できるが、仮にBとCが支払いできなくなった場合、残ったAには200万円しか請求できない。

2 連帯債務

1 連帯債務とは

　先ほどの分割債権・債務関係では、債権者にとって不利益になる可能性があります。そこで、**より確実に債権を回収できるように、連帯債務という制度が設けられています**（436条）。★1

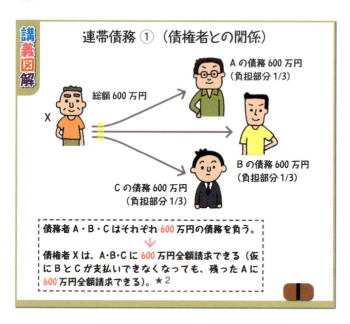

連帯債務 ①（債権者との関係）

講義図解

X　総額600万円

Aの債務600万円
（負担部分1/3）

Bの債務600万円
（負担部分1/3）

Cの債務600万円
（負担部分1/3）

債務者A・B・Cはそれぞれ600万円の債務を負う。
↓
債権者Xは、A・B・Cに600万円全額請求できる（仮にBとCが支払いできなくなっても、残ったAに600万円全額請求できる）。★2

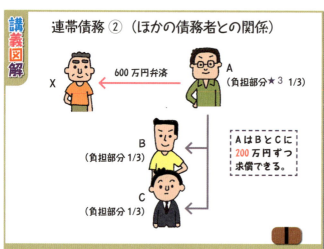

連帯債務 ②（ほかの債務者との関係）

講義図解

X　←　600万円弁済　A（負担部分★3 1/3）

B（負担部分1/3）

C（負担部分1/3）

AはBとCに200万円ずつ求償できる。

ナビゲーション

過去によく出題されている重要テーマです。「相対効」「絶対効」の意味と具体例を把握しておきましょう。

★1
ワンポイント

連帯債務は①**法令の規定**または②**当事者の意思表示**によって成立します。
①の例として、共同不法行為（719条）があります。

★2
野畑のズバッと解説

このように、債権者Xにとっては**連帯債務のほうが有利**といえます。

★3
用語の意味

負担部分

連帯債務において、**各自が責任を負う金額の割合**のこと。当事者で取決めがなければ平等の割合となる。
今回であれば、A・B・Cともに600万円×1/3の200万円が負担部分となる。

ここがポイント 負担部分の意味

債務者の負担部分に応じた額（200万円）だけ債権者XがA・B・Cに請求できるわけではない（債権者XはA・B・Cに600万円請求できる）。

債務者の負担部分と、債権者の請求額は関係ないことに注意しましょう。

2 連帯債務者の1人に生じた事由の効力

原則として、**連帯債務者の1人に生じたことは、他の連帯債務者には影響しません**（相対効の原則）。

ただし、**一定の場合には、連帯債務者の1人に生じたことがほかの連帯債務者にも影響する**ことになります（絶対効）。★4

★4
ワンポイント
民法改正で大幅に変更されたので、以前学習したことのある方は気をつけましょう。

[前提]

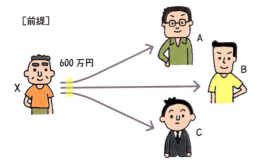

X 600万円 → A / B / C

[連帯債務の効力]

★5
ワンポイント
時効の知識が曖昧な方は、総則の時効の箇所を読み返しておいてください。

相対効 （441条）	**履行の請求**★5 　例：債権者Xが債務者Aにだけ裁判上の請求をした。 　　→XA間のみ時効の完成猶予事由となる。 **承認**★5 　例：債務者Aだけが債権者Xに債務の承認をした。 　　→XA間のみ時効の更新事由となる。 **免除** 　例：債権者Xが債務者Aにだけ払わなくてもいいと言った。 　　→Aの債務だけ消滅する。 **時効の完成**★5 　例：債務者Aだけ消滅時効が完成した。 　　→Aの債務だけ消滅する。

	連帯債務の性質上当然のもの
	弁済・代物弁済・相殺など★7
	例：債務者Aが債権者Xに弁済した（弁済）。 →Aだけでなく、B・Cの債務も消滅する。
	例：債務者Aが債権者Xに対して持っている反対債権 で相殺した（相殺）。 →Aだけでなく、B・Cの債務も消滅する。
絶対効 （438条 〜 440条） ★6	債権者に不利なもの（債権が消滅するもの）
	更改・混同★8・**ほかの連帯債務者が反対債権を有する 場合の履行拒絶**
	例：債務者Aの債務を消滅させて、代わりに時計の引 渡し債務を発生させる契約をした（更改）。 →Aだけでなく、B・Cの債務も消滅する。
	例：債務者Aが死んで、債権者Xが相続した（混同）。 →Aだけでなく、B・Cの債務も消滅する。
	例：債務者Cが債権者Xに対して債権を持っている場 合に、XがAに支払いの請求をした（ほかの連帯 債務者が反対債権を有する場合の履行拒絶）。 →AはCの負担部分の限度で弁済を拒むことがで きる。

過去問チャレンジ

連帯債務において、債権者が連帯債務者の1人に対してした債務
の履行の請求は、他の債務者にも効力を生じる。[11-31-エ改題]

✕：債務の履行の請求は相対効であり、ほかの債務者に効力を
生じません。

★6
ワンポイント

債権者と連帯債務者
の特約により、相対
効とされているもの
を絶対効とすること
ができます（441条
但書）。

★7
野畑のズバッと解説

もし、弁済が相対効
だったら、債権者Xが
600万円 ×3＝1,800
万円も回収できるこ
とになってしまうの
で、絶対効になるの
は当然です。

★8
用語の意味

更改
いままでの債務を消
滅させて、新しい債
務を成立させること。
混同
相続などにより、債
権者と債務者が同一
人物となること（自分
で自分にお金を払う
意味がないため、債
権債務は消滅する）。

相殺が絡む事例について
確認しておきましょう。

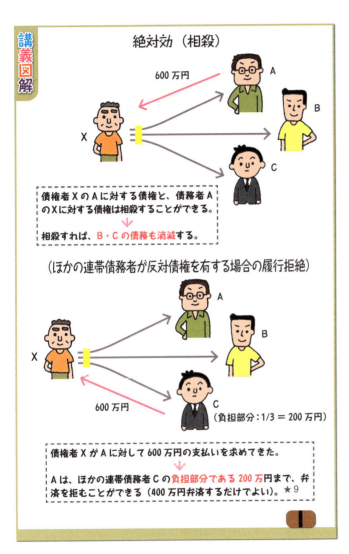

講義図解

絶対効（相殺）

600万円

X　A　B　C

債権者XのAに対する債権と、債務者A
のXに対する債権は相殺することができる。

↓

相殺すれば、**B・Cの債務も消滅**する。

（ほかの連帯債務者が反対債権を有する場合の履行拒絶）

X　A　B　C

600万円

（負担部分：1/3 ＝ 200万円）

債権者XがAに対して600万円の支払いを求めてきた。

↓

Aは、ほかの連帯債務者Cの**負担部分である200万円**まで、弁
済を拒むことができる（400万円弁済するだけでよい）。★9

★9

ワンポイント

Aは弁済を拒むこと
ができるだけで、C
の債権を使って相殺
できるわけではない
ことに注意してくだ
さい。

債務者が債権者に反対債権を持っている場合（相殺できる場合）の事例は比較できるようにしておいてください。

過去問チャレンジ

連帯債務において、連帯債務者の1人が債権者に対して債権を有する場合には、その連帯債務者が相殺を援用しない間は、その連帯債務者の負担部分の限度において、他の連帯債務者は、債権者に対して債務の履行を拒むことができる。[11-31-ア改題]

○：その通り。

3 保証

重要度 **A**

1 保証とは

保証とは、**債務者が弁済できなくなったときのために債務者の代わりに弁済する者を立てておくこと**で、債権の回収をより確実なものとする制度です。

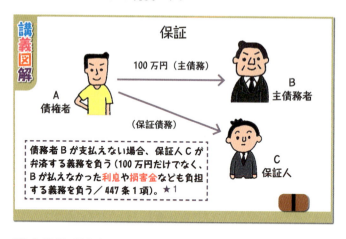

講義図解

保証

A 債権者 → 100万円（主債務） → B 主債務者

（保証債務） → C 保証人

債務者Bが支払えない場合、保証人Cが弁済する義務を負う（100万円だけでなく、Bが払えなかった利息や損害金なども負担する義務を負う／447条1項）。★1

2 主債務者と保証人の関係

主債務者と保証人間は、原則として、①主債務者に起こった事由は保証人に影響する（絶対効）、②保証人に起こった事由は主債務者に影響しない（相対効）という関係にあります。

ナビゲーション

保証は連帯債務と同様に試験での頻出論点です。
保証の性質をしっかり理解しておくことが大切です。

★1
ワンポイント

保証人となる契約のことを保証契約といいますが、これは債権者AとCの間で結ばれ、書面によらない保証契約は無効です（446条2項）。
通常は、BとCの間で保証委託契約（保証人になってほしいという契約）が結ばれますが、CはBに黙って保証人となることもできます（委託を受けない保証）。

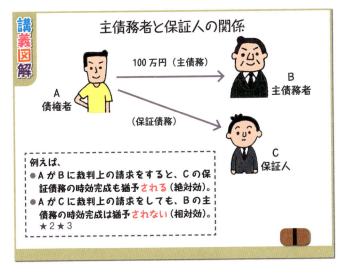

講義図解

主債務者と保証人の関係

100万円（主債務）

A 債権者

B 主債務者

（保証債務）

C 保証人

例えば、
- AがBに裁判上の請求をすると、Cの保証債務の時効完成も猶予**される**（絶対効）。
- AがCに裁判上の請求をしても、Bの主債務の時効完成は猶予**されない**（相対効）。★2 ★3

3 催告の抗弁権と検索の抗弁権

保証人が弁済する義務を負っているとはいえ、順番としては先に主債務者が弁済するべきです。そこで民法は、①催告の抗弁権と、②検索の抗弁権という2つの権利を保証人に与えています。

ここがポイント　催告の抗弁権と検索の抗弁権

<催告の抗弁権>
- 債権者Aが、主債務者Bに請求しないで、いきなり保証人Cに請求してきた場合、保証人Cは**まず主債務者Bに請求すべき旨**を主張することができる（452条）。★4 ★6

<検索の抗弁権>
- 債権者Aが主債務者Bに催告した後でも、保証人Cはさらに**主債務者Bに弁済の資力**があり、**執行が容易なこと**を証明して、まず、**主債務者Bの財産に執行**すべき旨を主張することができる（453条）。★5 ★6

❹ 求償権

　保証人が債権者に弁済した場合、**主債務者やほかの保証人に求償することができます**。

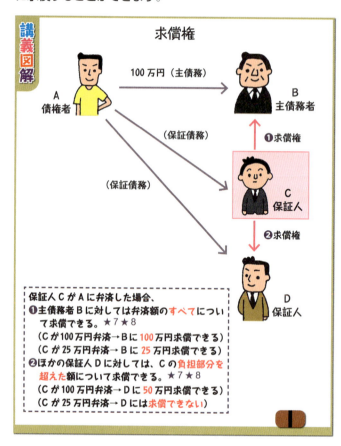

講義図解

求償権

100万円（主債務）

A 債権者

B 主債務者

（保証債務）

❶求償権

C 保証人

❷求償権

（保証債務）

D 保証人

保証人CがAに弁済した場合、
❶主債務者Bに対しては弁済額の**すべて**について求償できる。★7 ★8
（Cが100万円弁済→Bに**100万円**求償できる）
（Cが25万円弁済→Bに**25万円**求償できる）
❷ほかの保証人Dに対しては、Cの**負担部分**を**超えた額**について求償できる。★7 ★8
（Cが100万円弁済→Dに**50万円**求償できる）
（Cが25万円弁済→Dには**求償できない**）

★7
ワンポイント

保証人同士では連帯債務と同じように負担部分があります。
この事例であれば、保証人C・Dはそれぞれ50万円が負担部分です。

★8
あとまわしOK

Bから委託を受けた保証人と、委託を受けなかった保証人では、主債務者に求償できる額に違いが出ることがあります（459条2項・462条）。難しいので、委託を受けた保証人のほうがたくさん求償できるという理解をしておけば十分です。

❺ 債権者の保証人に対する情報提供義務

　主債務者が債権者に弁済しないと、利息などがどんどん増えていき、最終的には保証人が負担しなければならない可能性が出てきます。

　保証人にとって主債務者の履行状況を確認することは重要であるため、**債権者は保証人から主債務者の履行状況に関する情報を求められた場合、それに応じなければなりません**（458条の2）。★9

★9
あとまわしOK

委託を受けた保証人に対しては情報提供義務がありますが、**委託を受けない**保証人に対しては情報提供義務がありません。

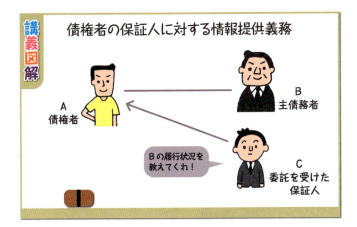

講義図解 債権者の保証人に対する情報提供義務

A 債権者

B 主債務者

Bの履行状況を教えてくれ！

C 委託を受けた保証人

⑥ 事業に係る債務についての保証契約

事業に関して融資を受ける場合は、多額になりがちです。

そこで、**事業に係る債務について、個人が保証をすることは原則として禁止されています**（465条の6第1項）。★10

ここが ポイント 個人保証の禁止とその例外

＜原則＞

● 事業に係る債務について、**個人**は保証することはできない。

＜例外＞

● 次の場合に限り、個人保証の効力が認められる。

❶ 保証人となろうとする個人が、保証契約もしくは根保証契約締結**前1カ月**以内に作成された公正証書によって、保証債務を履行する意思を表示した場合（465条の6）

❷ 経営者保証（主たる債務者が法人の場合において、保証人となろうとする者が当該法人の理事・取締役等である場合）またはこれに準じる場合（465条の9）

★10
ワンポイント
保証人が**法人**の場合には適用がありません（465条の6第3項）。

　連帯保証とは、**保証人が主債務者と連帯して債務を負担する約束をした場合の保証のこと**です（454条）。

　連帯債務と同様、債権者にとっては通常の保証よりも有利になる点があります。

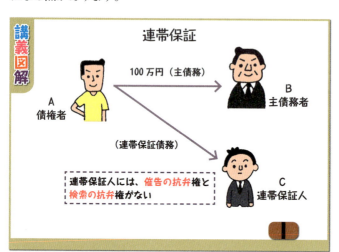

連帯保証

100万円（主債務）

A 債権者

B 主債務者

（連帯保証債務）

連帯保証人には、**催告の抗弁**権と **検索の抗弁**権がない

C 連帯保証人

[連帯保証と通常保証]

通常の保証と 同じ点	主債務者に生じたことは、**すべて連帯保証人に影響する。** 　例：主債務の時効完成が猶予された場合、連帯保証 債務の時効完成も猶予される。
通常保証と 異なる点	・催告の抗弁権・検索の抗弁権がない（454条）。★1 ・連帯保証人に生じたことは、**連帯債務の絶対効の規定に従う**（458条）。★2 　例：債権者が死亡して、連帯保証人が相続した 場合、混同の効果は主債務者にも及び、主債 務も消滅する。 ・分別の利益★3がない。 　例：連帯保証人が2人いても、それぞれが主債務 全額を負担する義務を負う。

ナビゲーション

連帯保証は、連帯債務の性質と保証の性質の両方を兼ね備えていますので、連帯債務と保証を理解した後に学習することをおすすめします。

★1

ワンポイント

つまり、債権者Aがいきなり連帯保証人に支払いを請求してきた場合、連帯保証人Cは拒むことができないということです。

★2

ワンポイント

弁済・更改・相殺・混同は連帯債務では絶対効であり、これらのことが連帯保証人に起こった場合は**主債務者に影響する**ということです。
裁判上の請求や免除、消滅時効の完成は相対効なので、**連帯保証人に起こっても主債務者に影響しません。**

★3

用語の意味

分別の利益
保証人が複数いる場合に、主債務を平等に分割した額のみを負担すること。

過去問チャレンジ

連帯保証において、債権者が連帯保証人に対してした債務の履行の請求は、主たる債務者に対して効力が生じることはなく、主たる債務について時効の完成猶予および更新の効力は生じない。[11-31-エ改題]

〇：その通り。債権者が連帯保証人に対してした債務の履行の請求は、主債務者に影響しません。なお、主債務者に生じた事由はすべて連帯保証人に影響します（この点は、通常保証と連帯保証は同じ）。

第6節 債権譲渡・債務引受

はじめに

この節では、債権譲渡・債務引受について学習します。債務引受については、民法改正により新しく条文に掲載されたという点が特徴的ですが、重要度が高いのは債権譲渡になります。

1 債権譲渡

重要度 **A**

1 債権譲渡とは

土地や建物などが自由に譲渡できるのと同様に、**財産的な価値がある金銭債権も自由に譲渡ができます**（466条）。

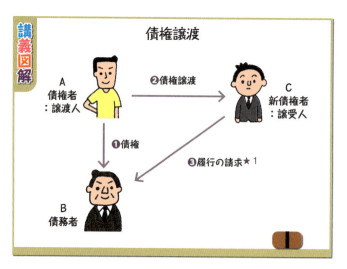

債権譲渡

ナビゲーション

過去には記述で出題されたこともある論点です。債権の二重譲渡の事例を中心に学習しておきましょう。

★1
野畑のスバッと解説

Aの債権がそのままCに移転するので、債権の弁済期がまだ到来していなければ、譲受人Cは債務者Bに履行を請求することが**できません**。

2 譲渡禁止特約と債権譲渡

AとBの契約で、あらかじめ**「債権譲渡は禁止する」**という取決めをすることができます（譲渡禁止特約）。

この取決めがあるにもかかわらず、債権譲渡が行われた場合はどうなるのでしょうか。

ここが ポイント　譲渡禁止特約と債権譲渡

＜原則＞

譲渡禁止特約を無視した債権譲渡は**有効**（466条2項）。★2

＜例外＞

譲渡禁止特約の存在について、譲受人Cが**悪意**もしくは**善意かつ重過失**の場合、債務者Bは譲渡禁止特約を主張**できる**（466条3項）。★3

3 債務者に対する対抗要件

債権譲渡が行われたとしても、債務者がそれを知らなければ誰に払ったらよいかわからなくなります。

そこで、**譲受人が新しい債権者であることを債務者に主張するためには、①譲渡人から債務者への通知か、②債務者の承諾がなければならない**こととしました（467条1項）。★4

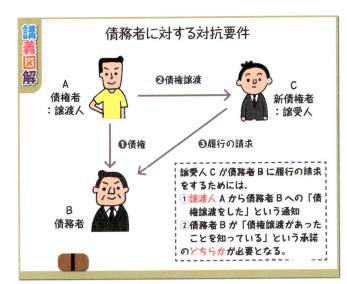

債務者に対する対抗要件

A　債権者：譲渡人

❷債権譲渡

C　新債権者：譲受人

❶債権

❸履行の請求

B　債務者

譲受人Cが債務者Bに履行の請求をするためには、
①譲渡人Aから債務者Bへの「債権譲渡をした」という通知
②債務者Bが「債権譲渡があったことを知っている」という承諾
のどちらかが必要となる。

4 第三者に対する対抗要件

債権譲渡があったことを第三者に主張するためには、①譲渡人から債務者への通知を**確定日付のある証書**で行うか、②債務者の承諾を**確定日付のある証書**で行う必要があります（467条2項）。★5

★2

あとまわしOK

預貯金債権に譲渡制限特約が付いているにもかかわらず、債権譲渡をした場合、譲受人が悪意もしくは善意かつ重過失のときは**債権譲渡自体が無効**となります（466条の5第1項）。

★3

ワンポイント

債務者Bは譲渡禁止特約を主張して譲受人からの履行の請求を拒むことができます。

★4

ワンポイント

「**譲渡人**」からの通知が必要であるということに注意してください。「**譲受人**」からでは簡単に嘘をつくことができてしまうからです。

★5

ワンポイント

具体的には、内容証明郵便や公正証書で通知・承諾を行わなければならないということです。

第三者に対する対抗要件については、「債権の二重譲渡」の例を押さえましょう。

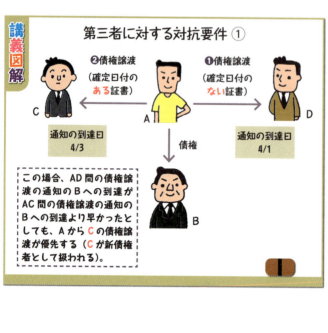

第三者に対する対抗要件 ①

❷債権譲渡（確定日付の**ある証書**）

❶債権譲渡（確定日付の**ない証書**）

C

A

D

通知の到達日 4/3

債権

通知の到達日 4/1

B

この場合、AD間の債権譲渡の通知のBへの到達がAC間の債権譲渡の通知のBへの到達より早かったとしても、AからCの債権譲渡が優先する（**C**が新債権者として扱われる）。

講義図解

第三者に対する対抗要件 ②

❷債権譲渡
（確定日付の**ある証書**）

❶債権譲渡
（確定日付の**ある証書**）

C ← A → D

通知の到達日
4/1

債権

通知の到達日
4/3

B

AからC、AからDへの債権譲渡が両方とも確定日付のある証書でBに通知されている場合、通知が先に債務者Bのもとに**到達**したほうを優先する。

↓

この場合、通知が債務者Bに**到達**するのが早かった**C**が優先する（**C**が新債権者として扱われる）。★6★7

★6
ワンポイント

「確定日付」が早いかどうかではなく、「証書の到達」が早いかどうかで優劣を決めるということに気をつけてください。
債務者としては、先に通知が届いたほうに弁済する可能性が高いからです。

★7
あとまわしOK

同時に届いた場合や、どちらが先に届いたのかわからない（先後不明）の場合は、先に履行の請求をしてきたほうが債権者として扱われます（最判昭55.1.11）。

2 債務引受　　重要度 C

1 債務引受とは

債務者でない者が、他人の債務を引き受けることを債務引受といいます。債務引受には、①免責的債務引受と、②併存的債務引受の2つがあります。

免責的債務引受と併存的債務引受の違いについて確認しておきましょう。

ナビゲーション

債務引受は、民法改正によって条文化されました。免責的債務引受と併存的債務引受の違いを押さえておきましょう。

2 免責的債務引受

債務者でない者が債務を引き受け、**もともとの債務者が債務を免れる場合が免責的債務引受**です（472条1項）。

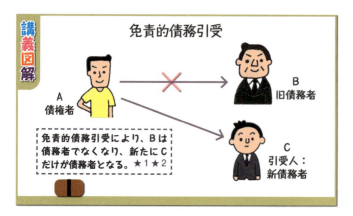

★1
ワンポイント
免責的債務引受は、債権者Aと引受人Cの契約ですることができ（472条2項）、Bの意思に反していても**有効**です。

★2
ワンポイント
債務者Bと引受人Cの間で契約をする場合は、**債権者Aの承諾が必要**です（472条3項）。

★3
ワンポイント
併存的債務引受も、債権者Aと引受人Cの契約ですることができ（470条2項）、Bの意思に反していても**有効**です。

★4
ワンポイント
併存的債務引受契約も、債務者Bと引受人Cの間で契約をする場合は、**債権者Aの承諾が必要**です（470条3項）。

❸ 併存的債務引受

債務者でない者が債務を引き受け、**もともとの債務者とともに債務を負担する場合**が併存的債務引受です（470条1項）。

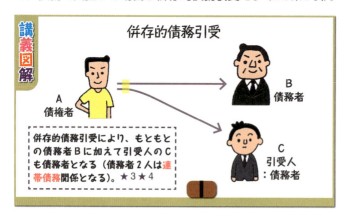

過去問チャレンジ

併存的債務引受があった場合、別段の意思表示がないときは、債務者（原債務者）と引受人は、債権者に対し、それぞれ等しい割合で分割債務を負う。[14-32-ウ改題]

× ：併存的債務引受があった場合、原債務者と引受人は、債権者に対して連帯して債務を負います。

第7節 契約総論

はじめに

この節では、契約の種類や基本的なルールについて学習します。同時履行の抗弁権や危険負担など、聞き慣れない言葉が出てきますが、具体例を押さえることで理解が深まり、問題が解けるようになります。

1 契約の成立

重要度 C

契約は、原則として**申込み（買いたい）**の意思表示と**承諾（売ってもいい）**の意思表示が揃った場合に成立します（522条1項）。申込みの意思表示と承諾の意思表示は、**ともに相手方に到達**した時に効力が生じます（到達主義／97条1項）。

ナビゲーション

ほとんど出題実績のないところなので、一読しておけば十分です。

2 契約の種類

重要度 C

民法では、**日常生活でよく行う契約を典型契約として13種類規定**しており、様々な目線から各契約を分類しています。

ナビゲーション

表をまるごと覚える必要はありません。「こんな分類があるんだ」くらいの気持ちで見ておく程度で十分です。

[典型契約（重要なもののみ）]

	双務契約or 片務契約★1	有償契約or 無償契約★1	諾成契約or 要物契約★1
贈与	片務	無償	諾成
売買	双務	有償	諾成
消費貸借	片務	無償 （利息付きは有償）	要物 （書面の場合諾成）
使用貸借	片務	無償	諾成
賃貸借	双務	有償	諾成
請負	双務	有償	諾成
委任	片務 （報酬付きは双務）	無償 （報酬付きは有償）	諾成

★1

用語の意味

双務契約・片務契約
契約によってお互いに義務が発生すれば双務契約、どちらかだけなら片務契約。
有償契約・無償契約
経済的な支出をする契約が有償契約、しない契約が無償契約。
諾成契約・要物契約
約束だけで成立する契約が諾成契約、約束＋物の引渡しで成立する契約が要物契約。

寄託	片務 （報酬付きは双務）	無償 （報酬付きは有償）	諾成
組合	双務	有償	諾成

3 同時履行の抗弁権　重要度 B

1 同時履行の抗弁権とは

　民法上の多くの契約が双務契約であり、お互いに債務を負っています。この場合、**自分が債務を履行しても、相手が履行してくれなければ不公平なので、「相手がやらなければ自分もやらない」という主張を認める**ことにしています（同時履行の抗弁権／533条）。

ナビゲーション

同時履行の抗弁権だけで1問出題されるわけではありませんが、選択肢の1つとなることがあります。

同時履行の抗弁権

代金払って！

A 売主 → B 買主

時計渡して！

時計

代金 ¥10000

AがBに時計を引き渡す前に、Bに対して代金を請求してきた。
↓
Bは「時計をもらうまで代金は払わない」と主張することができる。★1

★1
ワンポイント

もちろん、Aからも「代金を払ってくれるまで時計を渡さない」と主張することができます。

★2
野畑のズバッと解説

「自分は一度持って行ったのだから、代金を払ってくれ」と主張しても、相手は同時履行の抗弁権を主張できるということです。

ここがポイント　同時履行の抗弁権

- 同時履行の抗弁権を主張し続けた結果、**弁済期を過ぎたとしても、履行遅滞とならない。**
- 一度物を提供したが受け取ってもらえなかった場合、**再度物の提供をする必要がある**（大判明44.12.11）。★2
- 裁判で同時履行の抗弁権が主張されると、裁判所は引換給付判決★3をすることになる（大判明44.12.11）。

★3
用語の意味

引換給付判決
お互いに義務を果たしなさいという判決のこと。

❷ 同時履行の関係の有無

何と何が同時履行の関係となるかについては、下記の表の通りです。

[同時履行の関係の有無]

同時履行の関係にある	・弁済と受取証書（領収書）の交付。★4 ・契約取消・解除における双方の原状回復義務。 ・**請負人の目的物引渡義務と注文者の報酬支払い義務。** ・建物買取請求権が行使された場合の、土地引渡義務と建物代金支払義務。★5
同時履行の関係にない	・弁済と債権証書（借用証書）の返還（弁済が先履行）。★4 ・弁済と担保権消滅手続（弁済が先履行）。 ・**建物の明渡しと敷金の返還（建物明渡しが先履行）。** ・**請負人の仕事完成義務と注文者の報酬支払義務（仕事完成が先履行）。** ・造作買取請求権が行使された場合の、建物明渡義務と造作代金支払義務（建物明渡しが先）。★6

重要なものはこの後の学習で登場しますので、ここで無理に覚えようとしなくても大丈夫です。安心してください。

❸ 同時履行の抗弁権と第三者 ☆記述に出る！

同時履行の抗弁権は、**契約から発生した権利であり、契約当事者以外の者に対して主張することはできません。**

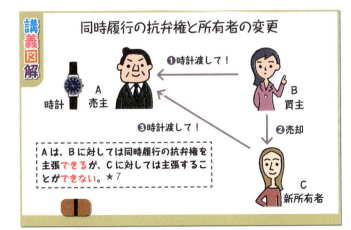

講義図解

同時履行の抗弁権と所有者の変更

❶時計渡して！

時計 A 売主

B 買主

❷売却

❸時計渡して！

C 新所有者

Aは、Bに対しては同時履行の抗弁権を主張できるが、Cに対しては主張することができない。★7

★4
ワンポイント

お金を払うことと領収書を交付することは同時履行の関係にありますが、お金を返すことと借用証書を返還することは同時履行の関係ではないので、気をつけてください。

★5
あとまわしOK

借りた土地に上に建物を建てた場合、契約終了後に賃借人は建物を買い取ってくれと請求できます。賃貸人の建物買取義務と借りた土地の引渡義務が同時履行の関係にあるということです。

★6
あとまわしOK

借りた建物にエアコン等を設置した場合、契約終了後に賃借人はエアコンを買い取ってくれと請求できます。賃貸人のエアコン買取義務と賃借人の建物の引渡義務が同時履行の関係にないということです。

★7
野畑のズバッと解説

この場合のAは時計に対して留置権を持ちます。
留置権は物権なので、契約以外の第三者であるCにも主張できます。

過去問チャレンジ

Aが自己所有の事務機器甲（以下、「甲」という。）をBに売却する旨の売買契約（以下、「本件売買契約」という。）が締結されたが、BはAに対して売買代金を支払わないうちに甲をCに転売してしまった。Aが甲をまだBに引き渡していない場合において、CがAに対して所有権に基づいてその引渡しを求めたとき、Aは、Bから売買代金の支払いを受けていないときは、同時履行の抗弁権を行使してこれを拒むことができる。[13-29-2改題]

✕：同時履行の抗弁権は、契約当事者以外の第三者に主張することができません。

4 危険負担

 重要度 **B**

危険負担とは、例えば**建物の売買契約締結後、引渡し前に**おいて、落雷など売主（債務者）の**帰責事由**によらずに建物が滅失して売主の引渡債務が履行不能となった場合、買主（債権者）が代金の支払いを拒むことができるかという問題です（536条）。★1

危険負担の事例について確認しておきましょう。

危険負担

消えないことに注意！

代金債権

滅失　　A　　　　　　　　　　　　B
　　　　売主：　　　　　　　　　　買主：
　　　　債務者　　建物引渡債権　　債権者
建物　　　　　　履行不能で消滅

代金支払いを拒むことができるか？

❶建物が売主（債務者）A・買主（債権者）B双方の帰責事由なく滅失した場合。
→買主（債権者）Bは、売主（債務者）Aからの代金支払いの請求を拒むことが**できる**（536条1項）。
❷建物が買主（債権者）Bの帰責事由により滅失した場合。
→買主（債権者）Bは、売主（債務者）Aからの代金支払いの請求を拒むことが**できない**（536条2項）。★2

ナビゲーション

危険負担は過去にもあまり出題されていませんが、民法改正により大きく制度が変更されました。本書で基本事項を確認しておきましょう。

★1

あとまわしOK

建物が買主に引き渡された後は、買主は代金支払いを拒むことはできません（567条1項）。

★2

野畑の

ズバッと解説

代金債権は消えていませんが、原則として買主（債権者）は代金支払いを拒めます。代金債権を消滅させて契約関係を解消したければ、別途契約の**解除**をしなければなりません（542条1項1号）。

5 解除

重要度 **A**

1 解除の意義

　解除とは、**契約が締結された後に、当事者の一方的な意思表示によって、契約が最初からなかったのと同じ状態に戻す**ための制度です。

　例えば、債務者が債務を履行しない場合に、その契約を打ち切ってほかの者と契約を結ぶ際に活用されます。

ナビゲーション
解除は債務不履行とセットで出題される可能性がある重要論点です。

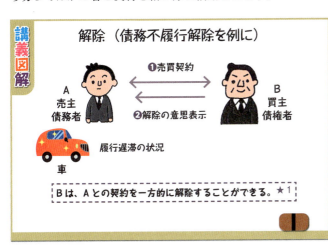

解除（債務不履行解除を例に）

❶売買契約
❷解除の意思表示

A
売主
債務者

B
買主
債権者

履行遅滞の状況

車

Bは、Aとの契約を一方的に解除することができる。★1

★1
ワンポイント
債務者Aに帰責事由のない履行遅滞であっても、Bは契約の解除をすることができます。損害賠償請求は債務者に帰責事由がない場合には損害賠償請求できないことと比較してください（民法改正により変更されました）。

2 解除の種類

　解除には、①**約定解除**（当事者の契約で解除原因を決めておく）、②**合意解除**（当事者双方の意思で契約を解除する）、③**法定解除**（債務不履行の場合の解除）があります。

試験対策としては、③法定解除が重要です。

❸ 法定解除（債務不履行に基づく解除）

　履行遅滞を原因として解除するためには、下記要件を満たす必要があります。

> **ここが ポイント　債務不履行解除の要件（541条）**
>
> ❶債務者が**履行期に債務を履行しない**こと。
> ❷債権者が**相当の期間**を定めて**履行の催告**をすること。★2★3
> ❸債務者が**相当の期間内**に履行しないこと。
> ❹**相当の期間**経過時における債務不履行が軽微でないこと。
> ❺解除の**意思表示**をすること。

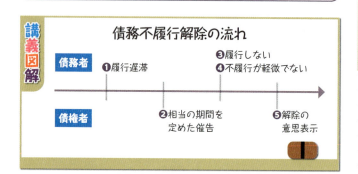

講義図解　債務不履行解除の流れ

債務者　❶履行遅滞　　❸履行しない　❹不履行が軽微でない

債権者　❷相当の期間を定めた催告　❺解除の意思表示

★2

野畑の スパッと解説

債務者がただ忘れているだけかもしれないので、解除の前に一度債務者に履行を促す催告をすることとしています。

★3

ワンポイント

あまりにも短い期間を定めた催告や、期間の定めのない催告でも有効であり、**客観的に相当な期間**を経過すれば解除することができます。

過去問チャレンジ

Aが、その所有する建物をBに売却する契約を締結したが、その後、引渡し期日が到来してもAはBに建物を引き渡していない。Bが、期間を定めずに催告した場合、Bは改めて相当の期間を定めて催告をしなければ、当該売買契約を解除することはできない。[13-31-イ]

×：期間を定めずにした催告でも、客観的に相当な期間を経過すれば解除することができます。

履行遅滞解除の要件として、「催告」がありますが、場合によっては催告なしで解除できる場合があります。

ここが ポイント　催告が不要な場合（542条1項各号）

❶債務の**全部の履行が不能**であるとき

　例：売買の目的物である建物が火災により全部焼失した場合。

❷債務者がその**債務の全部の履行を**拒絶する意思**を明確に表示**したとき

　例：売買の目的物である建物について売主が買主に対して引渡しを拒絶する意思を書面で強固に表示した場合や、繰り返し表示した場合。

❸**債務の一部の履行が不能である**場合または債務者がその**債務の一部の履行を**拒絶する意思**を明確に表示**した場合において、残存する部分のみでは契約をした目的を達することができないとき

　例：オスとメスの動物を繁殖用に購入したが、引渡しの前にメスが死亡した場合や、売主がメスの引渡しを拒絶した場合。

❹契約の性質または当事者の意思表示により、**特定の日時または一定の期間内に履行をしなければ契約をした目的を達することができない場合**（定期行為）において、債務者が履行をしないでその時期を経過したとき

　例：クリスマスケーキを洋菓子店に注文したが、クリスマスが終わってからその洋菓子店がクリスマスケーキを届けた場合。

❺債務者がその債務の履行をせず、**債権者が催告をしても契約をした目的を達するのに足りる履行がされる見込みがないことが明らかであるとき**

　例：建物の建築を注文したが、建築工事の進捗状況からして期日までに完成する見込みがない場合。

4 解除権の不可分性

　当事者の一方が複数いる場合、**契約の解除はその**全員**からまたはその**全員**に対してする**必要があります（544条1項）。
★4

★4
野畑のズバッと解説

解除されたのに「私は聞いていない」だとか「私は認めていない」ということになると、話が複雑になってしまうため、この規定が設けられています。

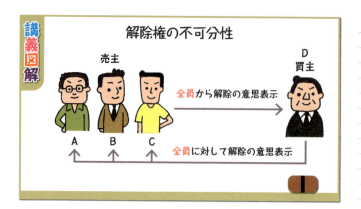

解除権の不可分性

売主

D 買主

A B C

全員から解除の意思表示 →

← 全員に対して解除の意思表示

過去問チャレンジ

AとBが、その共有する建物をCに売却する契約を締結したが、その後、AとBは、引渡し期日が到来してもCに建物を引き渡していない。Cが、当該売買契約を解除するためには、Aに対してのみ解除の意思表示をするのでは足りない。[13-31-ウ]

○：その通り（544条1項）。

5 解除の効果

　契約を解除すると、最初からその契約はなかったことになるため、**各自が 原状回復 義務を負う**ことになります（545条1項）。★5

★5
あとまわしOK

解除権を行使して金銭や物を返還する場合、受領の時からの利息や果実も返還しなければなりません（545条2項・3項）。

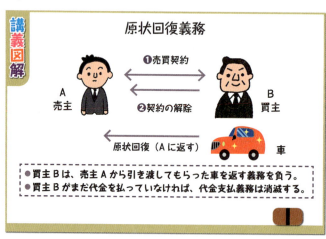

原状回復義務

A 売主

❶売買契約 →
←

❷契約の解除

← 原状回復（Aに返す）　車

B 買主

● 買主Bは、売主Aから引き渡してもらった車を返す義務を負う。
● 買主Bがまだ代金を払っていなければ、代金支払義務は消滅する。

第 8 節 契約各論

はじめに

この節では、具体的な契約について確認します。様々な契約が登場しますが、売買・賃貸借がよく出題されているので、先にこの 2 つを学習するのも 1 つの方法でしょう。

1 贈与契約

重要度 **B**

1 贈与契約とは

贈与契約とは、**当事者の一方がある財産を無償で相手方に与える契約**です（549条）。★1

講義図解

贈与契約

時計を引き渡せ！

時計

A
贈与者

B
受贈者

2 書面によらない贈与の解除

軽率な贈与を防止するため、**書面によらない（口頭で行った）贈与はいつでも解除することができます**が、**すでに履行が終わった部分**については**解除できない**とされています（550条）。

「履行が終わった」の意味を理解することが重要です。

ナビゲーション

贈与契約は記述式でも出題されたことがありますが、出題頻度はそれほど高くありません。
書面によらない贈与を中心に学習しておきましょう。

★1

あとまわしOK

贈与契約は、贈与者だけが債務を負う片務契約なので、同時履行の抗弁権は発生しませんが、**負担付き贈与契約**（例：お小遣いをあげる代わりに、庭の草むしりをする）の場合は双務契約に近い性質となるので、**同時履行の抗弁権**が発生します（553条）。

★2

ワンポイント

不動産の場合、引渡し「または」登記の移転となっていることに注意してください。

ここが ポイント 「履行が終わった」の意味

<動産の場合>
　引渡し（占有改定による引渡しを**含む**）。

<不動産の場合>
　引渡しまたは登記の移転。★2

過去問チャレンジ

Aは、自己所有の甲建物をBに贈与する旨を約した。本件贈与が口頭によるものであった場合、贈与契約は諾成契約であるから契約は成立するが、書面によらない贈与につき贈与者はいつでも解除することができるため、甲がBに引き渡されて所有権移転登記手続が終了した後であっても、Aは本件贈与を解除することができる。[15-33-1改題]

×：履行が終わった部分は解除できず、不動産の所有権移転登記手続の終了は「履行が終わった」場合に該当するためです。

2 売買契約　　　　　　　重要度 **A**

1 売買契約とは

　売買契約とは、**当事者の一方が財産を相手方に移転することを約束し、それに対して相手方が代金を支払うことを約束する契約**です（555条）。

ナビゲーション

売買契約は試験でも頻出です。特に担保責任についてしっかり学習しておくようにしましょう。

講義図解

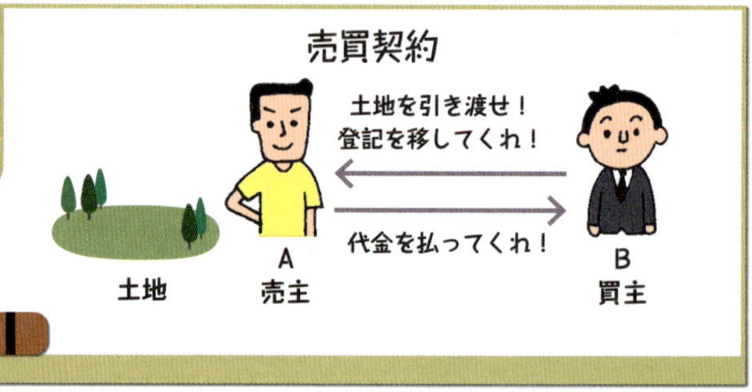

売買契約

土地を引き渡せ！
登記を移してくれ！

代金を払ってくれ！

土地　　A 売主　　　　　B 買主

> 売買契約については、①手付、②契約不適合責任の２つが重要論点となります。

２ 手付

　手付とは、**契約を結ぶ際に当事者の一方（買主）から相手方に渡される金銭**などを指します。

　手付には様々な種類がありますが、大きく分けると①**証約手付**と、②**解約手付**の２つに分けられます。

講義図解

売買契約（手付）

手付として 100 万円交付

A
売主

B
買主

土地

手付は、
❶ A と B が契約をした証拠となる（証約手付）
❷ 相手に**債務不履行**がなくても、A が手付を**倍額**にして B に返したり、B が手付を**諦めたり**すれば一方的に契約を解除できる（解約手付／ 557 条）★1
の意味を持つ。

★1
ワンポイント
当事者が何も言わなくても、解約手付と**推定**されます（557条1項）。

ここが**ポイント**　解約手付による解除

❶ **相手方**が**履行**に**着手**していないこと。★2
❷ **買主**が解除する場合は手付を**放棄**し、**売主**が解除する場合は手付の**倍額**を返還すること（557条1項）。

※手付の返還は、**現実の提供**が必要。

★2
野畑の
ズバッと解説
契約の相手が引渡しや代金支払いの準備を進めているにもかかわらず解除を認めると**相手の信頼を裏切ることになるため**、制限されています。

３ 契約不適合責任（担保責任）★3　⭐ **記述に出る!**

　売買契約の売主には、品質や数量などについて、契約内容に沿った物を引き渡す義務が課せられています。

　もし、**売主の引き渡した物が契約内容に合わなかった場合**、どのような責任を負うのでしょうか。

★3
ワンポイント
担保責任は、民法改正により「契約不適合責任」として内容が大幅に変わりました。以前学習したことのある方は気をつけてください。

契約内容の不適合の例

契約不適合責任
の追及

A
売主

← B
買主

雨漏り
（欠陥）

BがAから買った建物には、雨漏りがするという欠陥があった。

この場合、BはAに対して、
①追完請求（雨漏りを直せ）★4
②代金減額請求（欠陥がある分、安くしろ）
③解除（欠陥があるから契約を打ち切る）
④損害賠償請求（濡れた家財道具の損害を賠償しろ）
が言える。

 民法ではどのような場合に契約不適合責任を追及できるのかが重要です。
条文ごとの事例を押さえるようにしましょう。

◢ 契約不適合責任が追及できる場合

契約不適合責任（①追完請求、②代金減額請求、③解除、④損害賠償請求）は、以下の場合に追及することができます。

［契約不適合責任が追及できる場合］

種類、品質または数量が契約内容に適合しない場合 ★5	例：購入した建物に欠陥があった場合。購入したパソコンの数が足りなかった場合（562～564条）。
移転した権利が契約の内容に適さない場合	例：購入した土地に他人の優先する地上権が設定されていて使えなかった場合（565条本文）。
権利の一部が移転されない場合（一部他人物売買）	例：売買された土地の一部が他人所有であって、売主が真の所有者から所有権を取得できなかった場合（565条かっこ書）。★6

★4
ワンポイント
①～③は売主Aの帰責事由がなくても請求できますが、④の損害賠償請求は帰責事由がない場合には請求できません。

★5
ワンポイント
建物の売買契約ではなく、パソコン10台の売買契約だったとして8台しか引き渡しがなかった場合、残りの2台の追完請求をすることもできます（562条1項本文）。

★6
ワンポイント
売買された土地のすべてが他人所有だった場合（全部他人物売買）や、購入した土地に抵当権が設定されていてその抵当権が実行されてしまった場合は、通常の債務不履行として損害賠償請求・解除のみすることができます（土地の権利がまったく手に入らないのに代金減額などを請求する意味がないからです）。

⑤ 買主の権利の期間制限（566条）

買主が契約不適合責任を追及できる場合でも、**一定期間が経過すると追及できなくなります**。

[買主の権利の期間制限]

目的物の種類または品質に関して契約内容に適合しない場合	**＜原則＞** 買主がその不適合を**知った時から1年以内**にその旨を売主に通知しないときは、追完請求・代金減額請求・損害賠償請求・契約の解除をすることができなくなる（失権効／566条本文）。★7 **＜例外＞** 売主が引渡しの時に不適合について**悪意**または**重過失**の場合、不適合を売主に通知しなくても各種権利を行使できる（566条但書）。
目的物の数量および権利に関して契約内容に適合しない場合	566条の適用はなく、不適合を売主に通知しなくても各種権利を行使できる。★8

★7
野畑のズバッと解説

売主としては品質に問題があると気づくのが難しく、目的物を引き渡した後は履行が終了したと思っているため、保護する必要があるからです。

★8
野畑のズバッと解説

品質に問題がある場合と異なり、数量不足は比較的気づきやすいため、売主を保護する必要性が低いからです。

566条の適用がない場合でも、通常の消滅時効のルールは適用されます（知った時から5年、引渡しを受けた時から10年で時効消滅します／166条1項）。

3 賃貸借

重要度 A

① 賃貸借とは

賃貸借とは、**当事者の一方がある物の使用収益を相手方にさせることを約束し、相手方がこれに賃料を払うことおよび引渡しを受けた物を契約が終了したときに返還することを約束することで成立する契約**です（601条）。★1

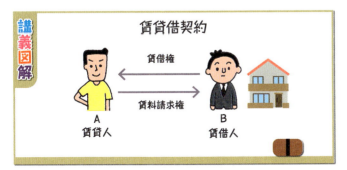

ナビゲーション

賃貸借は売買と並んで試験で頻出の論点になります。
特に不動産賃借権の物権化と敷金について重点的に学習しておきましょう。

★1
あとまわしOK

賃貸借契約の存続期間は、民法では最長50年ですが、住むために不動産を借りる場合は借地借家法のルールが適用され、最長期間の制限はありません。

❷ 賃貸人・賃借人の義務

賃貸借契約における賃貸人と賃借人の義務については下記の通りです。

[賃貸人・賃借人の義務]

賃貸人の義務	①目的物を使用、収益させる義務（601条） ②**修繕**義務（606条１項） ③**費用償還**義務（608条） ※必要費（例：屋根の修理費用）→賃借人が支出したときは**直ちに**請求可 ※有益費（例：エアコンの設置費用や下水の開設費用） →**賃貸借契約終了**時に、**価値が現存**していれば請求可★2
賃借人の義務	①**賃料支払**義務（601条） ②**目的物の保管**義務（400条） ※賃借人は保管について**善管注意**義務を負う。 ③目的物返還義務と**原状回復**義務（601条） ※賃借物を受け取った後に生じた損傷があれば、それをもとに戻す義務を負う（621条本文）。★3

賃借人が賃貸人に修繕が必要である旨を通知し、または賃貸人がその旨を知ったにもかかわらず、賃貸人が相当の期間内に必要な修繕をしないときは、賃借人が修繕することもできます（607条の2）。

過去問チャレンジ

Aは自己所有の甲建物をBに賃貸した。本件賃貸借において、Bが甲建物のために必要費および有益費を支出した場合、特約がない限り、Bはこれらの費用につき、直ちにAに対して償還請求することができる。[12-33-1]

× ：有益費については「契約終了時」に償還請求することができます。

★2

ワンポイント

この場合、賃貸人が①賃借人が支出した費用、②価値の増加を算定した金額のどちらかを選択して支払うこととなります。

★3

ワンポイント

建物の経年劣化によるものや、通常の使用で損傷したもの（家具の設置による床のへこみなど）についての原状回復義務は**ありません**（621条かっこ書）。

3 不動産賃借権の物権化

通常の賃貸借契約では、その後に所有者が変わってしまった場合に、賃借人は新所有者に賃借権を主張することができません。★4

しかし、**土地や建物の賃貸借の場合は、所有者が変わっても賃借権を主張できる**場合があります。

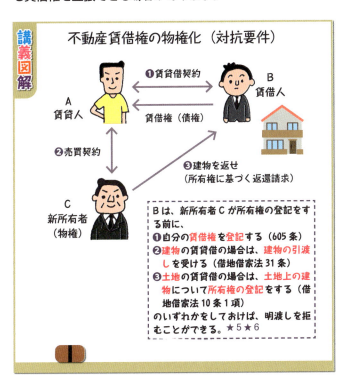

不動産賃借権の物権化（対抗要件）

講義図解

● 賃貸借契約
A 賃貸人
B 賃借人
賃借権（債権）
❷ 売買契約
❸ 建物を返せ
（所有権に基づく返還請求）
C 新所有者（物権）

Bは、新所有者Cが所有権の登記をする前に、
❶自分の賃借権を登記する（605条）
❷建物の賃貸借の場合は、建物の引渡しを受ける（借地借家法31条）
❸土地の賃貸借の場合は、土地上の建物について所有権の登記をする（借地借家法10条1項）
のいずれかをしておけば、明渡しを拒むことができる。★5★6

問題を解く際に、賃借権が物権化しているか、していないかを見抜くことが重要となります。講義図解の破線の枠内の①〜③をしっかり押さえましょう。

★4
ワンポイント
これは、**債権と物権の違い**によるものです。詳しくはP133を確認してください。

★5
野畑のズバッと解説
賃借権が所有権に劣るのは、「債権対物権」だからです。
賃借権という債権が物権に変わったと考えられれば、「物権対物権」で、先に対抗要件を備えたほうが優先します。

★6
ワンポイント
賃借権が物権化すると、賃借建物や土地に不法占拠者がいた場合、「賃借権に基づく妨害排除請求権」を行使して明渡しを求めることができます（605条の4）。
物権化していない場合は、賃貸人の所有権を代位行使して対応することになります。

❹ 賃貸目的物の新所有者と賃借人との関係 ☆記述に出る！

　先ほどの講義図解で説明した通り、賃借人の賃借権が物権化していれば、新所有者は賃借人に明渡しを請求することができません。

　この場合、**原則として新所有者は賃貸人の地位を自動的に取得し、新賃貸人となります**（605条の2第1項）。

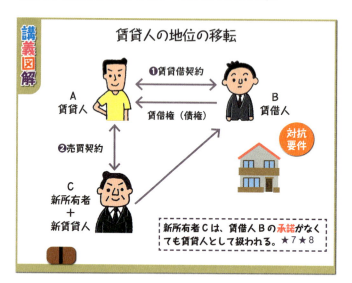

★7
ワンポイント

この場合でも、新賃貸人Cが賃借人Bに賃料を請求したり解除を請求したりする場合には、Cは所有権の登記をしておく必要があります（605条の2第3項）。

★8
あとまわしOK

AとCの合意があれば、賃貸人の地位を移転させないこともできます（605条の2第2項）。

過去問チャレンジ

Aは、B所有の甲土地上に乙建物を建てて保存登記をし、乙建物をCが使用している。
Aが、Bとの間の土地賃貸借契約に基づいて乙建物を建て、Cとの間の建物賃貸借契約に基づいてCに乙建物を使用させている場合、乙建物の所有権をAから譲り受けたBは、乙建物についての移転登記をしないときは、Cに対して乙建物の賃料を請求することはできない。[13-32-イ]

〇：その通り（605条の2第3項）。

5 敷金関係 ★9　　☆記述に出る！

アパートを借りる際に、「敷金は家賃の2カ月分」などといった説明を受けることがあります。

敷金とは、**契約期間中に賃借人が負担する賃料や原状回復により発生する費用を担保する目的で賃貸人に差し入れる金銭のこと**です（622条の2）。★10

> 敷金については、①返還請求権の発生時期、②敷金の承継が重要です。

[敷金返還請求権の発生と敷金承継]

敷金返還請求権の発生時期	目的物の**明渡時**に発生する（622条の2第1項第1号）。★11 ※賃借人は、敷金の返還と目的物の明渡しの同時履行を主張**できない**（最判昭49.9.2）。
敷金の承継	**＜賃貸人の交代の場合＞** 賃貸不動産の所有権とともに賃貸人の地位が新所有者に移転した場合、**敷金は旧賃貸人に対する未払い賃料**があればこれに充当され、**残額**については新賃貸人に移転**する**（605条の2第4項）。 **＜賃借人の交代＞** 賃借権が譲渡された場合、特別の事情のない限り、**敷金に関する旧賃借人の権利義務関係は、新賃借人に承継されない**（622条の2第1項2号）。

★9
ワンポイント
民法改正により、敷金に関する規定が新設されました。

★10
野畑のズバッと解説
賃貸人は、賃借人が賃料を払わなかったり、原状回復費用を払わなかったりした場合に、敷金から差し引くことができます。

★11
野畑のズバッと解説
順番としては、①契約終了→②明渡しとなりますが、契約終了時に敷金返還請求権が発生すると、明渡しの際に原状回復の必要が発覚した場合に費用を敷金から差し引くことができなくなるため、**明渡時**となっています。

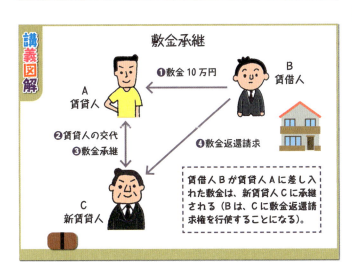

Aは自己所有の甲建物をBに賃貸しその際、BがAに対して敷金を交付した。AがFに甲建物を特段の留保なく売却した場合、甲建物の所有権の移転とともに賃貸人の地位もFに移転するが、B・F間の賃貸借の終了時にFはBに対して本件敷金の返還義務を負わない。[12-33-5改題]

×：賃貸人の地位の移転に伴い、敷金も新賃貸人に移転します。

6 賃借権の譲渡・転貸

例えば、10万円で借りたマンションを15万円で又貸しすることを転貸といい、賃借権自体を他人に譲ることを賃借権の譲渡といいますが、これらは賃貸人の承諾が必要であり、無断転貸・譲渡をすると契約を解除される可能性があります。★12

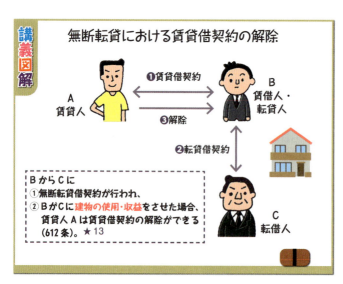

無断転貸における賃貸借契約の解除

A 賃貸人
①賃貸借契約
③解除
B 賃借人・転貸人
②転貸借契約
C 転借人

BからCに
①無断転貸借契約が行われ、
②BがCに建物の使用・収益をさせた場合、賃貸人Aは賃貸借契約の解除ができる（612条）。★13

★12
ワンポイント
適法に転貸が行われた場合、賃借人は賃借人のままですが、賃借権の譲渡が行われた場合、賃借人は契約関係から離脱します。

★13
ワンポイント
この場合でも、転貸借契約が賃貸人Aに対する背信（裏切り）行為と認めるに足らない特段の事情がある場合には解除ができません（信頼関係破壊の法理／最判昭28.9.25）。

7 賃貸借契約の解除と転貸借

賃貸人の承諾がある転貸借契約が行われた後に賃貸借契約が解除された場合、転貸借契約はどうなるのでしょうか。

[賃貸借契約の解除と転貸借]

| 合意解除の場合 | 賃貸借契約の解除を、**転借人に対抗できない**（613条3項本文）。★14
※賃貸人は転借人に明渡しを請求**できない**。 |
| 債務不履行解除（法定解除）の場合 | 賃貸借契約の解除を、**転借人に対抗できる**（613条3項但書）。★14
※賃貸人は転借人に明渡しを請求**できる**。 |

★14
野畑のズバッと解説

賃借人Bの債務不履行による解除はやむを得ませんが、**合意解除の場合は転借人Cへの嫌がらせ目的で行われる可能性がある**ため、このような結論の違いとなります。

講義図解

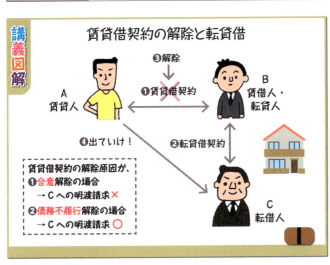

賃貸借契約の解除と転貸借

③解除
A 賃貸人
①賃貸借契約
B 賃借人・転貸人
④出ていけ！
②転貸借契約
C 転借人

賃貸借契約の解除原因が、
❶**合意**解除の場合
　→ Cへの明渡請求 ✕
❷**債務不履行**解除の場合
　→ Cへの明渡請求 ○

過去問チャレンジ

Aは自己所有の甲建物をBに賃貸した。BがAの承諾を得て甲建物をDに転貸したが、その後、A・B間の合意により本件賃貸借が解除された場合、B・D間の転貸借が期間満了前であっても、AはDに対して甲建物の明渡しを求めることができる。[12-33-3]

✕：賃貸人が適法に賃借物を転貸した場合には、賃貸人は、賃借人との間の賃貸借を合意により解除したことを転借人に対抗することができず、明渡しを請求することができません。

4　使用貸借・消費貸借

重要度 **C**

　人に何かを借りる契約として、賃貸借契約のほかに使用貸借・消費貸借契約があります。

賃貸借・使用貸借・消費貸借の違いは、次の表の通りです。

ナビゲーション

使用貸借と消費貸借はあまり出題されていない分野です。
時間のない方は飛ばしてしまっても大丈夫です。

[賃貸借・使用貸借・消費貸借の比較]

	消費貸借	使用貸借	賃貸借
性質	借りた物を消費し、同種・同等・同量の別の物を返還する	借りた物そのものを返還する	
有償か無償か	無償（無利息の場合） 有償（利息付きの場合）	無償	有償
諾成か要物か	要物契約（書面によらない場合）★1 諾成契約（書面の場合）	諾成契約	
借主が死亡した場合	借主死亡の場合、契約は相続人に承継される。	借主死亡の場合、契約は終了する。	借主死亡の場合、契約は相続人に承継される。

★1
あとまわしOK

□約束だけでお金の貸し借りの契約が成立すると危険なので要物契約となっていますが、書面でする場合は契約の危険性をあらかじめ認識することができるため諾成契約となります。

5 請負契約

重要度 **B**

1 請負契約とは

　請負契約とは、**当事者の一方がある仕事を完成することを約束し、相手方がその仕事の結果に対して報酬を支払うことを約束することによって成立する契約**をいいます（632条）。★1

ナビゲーション

請負契約は売買・賃貸借ほどではないですが、出題実績があります。本書の事例をベースに理解を深めてください。

★1
ワンポイント

請負契約には様々なものがありますが、建物を完成させるという事例がよく出題されるため、本書では建物完成の請負契約を例に説明しています。

講義図解

請負契約

❶建物を完成させてくれ！
❷建物を引き渡してくれ！

A
請負人

❷報酬を払ってくれ！

B
注文者

ここがポイント 請負契約

● **請負人が仕事を完成**した後に、注文者が**報酬を支払う**関係。★2
　→報酬の支払いと仕事の完成は**同時履行の関係ではない**。

● **請負人は、原則として仕事を別の者に請け負わせることができる**。

★2
あとまわしOK

契約の解除などにより仕事が完成しなかったとしても、注文者が**利益**を受けるときは、請負人はその**利益の割合**に応じて報酬の請求をすることができます（634条）。

報酬の支払いと完成建物の引渡しは同時履行の関係にあるので注意しましょう。

過去問チャレンジ

木造建物建築工事についての発注者Aと受注者Bとの間で締結された請負契約について、Aの請負代金の支払いは、Bの本契約の目的物の引渡しと同時になされるものとする。[11-34-ア改題]

○：その通り。報酬は、仕事の目的物の引渡しと同時に、支払わなければなりません（633条）。

❷ 請負人の担保責任（契約不適合責任）

請負人が建物を完成させたとしても、**欠陥があり契約の内容に適合していない場合**には、注文者は請負人に対して担保責任（追完請求・報酬減額請求・損害賠償請求・解除）を追及できます（559条）。★3

★3
ワンポイント
請負人の担保責任は、**売買契約の場合の売主の契約不適合責任と同じ**です。

注文者が提供した材料の性質や、注文者が与えた指図によって不適合が生じた場合、原則として契約不適合責任の追及ができません（636条）。

❸ 請負契約の終了

請負契約は、以下の理由によって終了します。

［請負契約の終了原因］

通常の終了原因	①仕事の完成。 ②債務不履行による解除（541条・542条）。 ③担保責任による解除（559条・564条）。
請負特有の終了原因	①注文者による解除（641条）。★4 　※注文者は、いつでも請負人に損害を賠償して契約を解除できる。 ②注文者の破産による解除（642条）。★4 　※注文者が破産した場合、請負人または破産管財人★5は契約の解除ができる。

★4
野畑のズバッと解説
途中で不要になった建物を完成させる理由はありませんし、注文者が破産した以上報酬を取ることが期待できないため、このような規定があります。

★5
用語の意味
破産管財人
破産者の財産を適切に管理する者のこと。

6 委任契約

重要度 **B**

1 委任契約とは

委任とは、**当事者の一方が法律行為をなすことを相手方に委託し、相手方がこれを承諾することによって生じる契約**をいいます（643条）。

講義図解

委任契約

A 受任者

不動産を高く
売却してきてくれ！

報酬を払ってくれ！
（特約がある場合）

B 委任者

委任契約については、受任者・委任者にどのような義務が課せられているかが重要です。

[受任者・委任者の義務]

受任者 の義務	①注意義務（644条） ・有償委任の場合：**善管注意**義務を負う。 ・無償委任の場合：**善管注意**義務を負う。★1 ②委任事務を処理する義務（644条の2） ・原則として、**受任者は自ら委任事務を処理しなければならない。**★2 ③その他の義務 ・報告義務（645条） ・受領した物の引渡し義務・権利移転義務（646条）
委任者 の義務	①報酬支払義務（648条）★3 ・原則**なし**。 ※特約で定めた場合のみ**あり**。 ②その他の義務 ・受任者の請求に応じて費用を前払いする義務（649条） ・受任者が立て替えた費用の償還義務（650条1項）

ナビゲーション

委任契約は請負契約や事務管理との比較で出題されることがあります。受任者・委任者の主要な義務について確認しておきましょう。

★1
ワンポイント

報酬を取らなくても**善管注意**義務が課せられることに注意してください。

★2
野畑のズバッと解説

請負と異なり、委任は信頼関係を重視する契約のため、頼まれた仕事は自ら処理することが求められます。

★3
あとまわしOK

契約の解除などにより事務が終了しなかったとしても、**受任者は履行の割合に応じて報酬の請求を**することができます（648条3項）。

過去問チャレンジ

委任が無償で行われた場合、受任者は委任事務を処理するにあたり、自己の事務に対するのと同一の注意をもってこれを処理すればよい。[12-32-4]

× : 無償委任の場合でも、善良な管理者の注意をもって処理する義務を負います。

② 委任契約の終了

委任契約は、以下の理由によって終了します。

[委任契約の終了原因]

各当事者による任意解除	各当事者は、**いつでも**契約を解除できる（651条1項）。 ※相手方に**不利**な時期に解除する場合または委任者が受任者の利益をも目的とする委任を解除する場合は、やむを得ない事由がある場合を除き**損害賠償**が必要（651条2項）。★4
委任特有の終了事由	①当事者が死亡・破産した場合（653条1号・2号） ②受任者が後見開始の審判を受けた場合（653条3号）

★4
ワンポイント
相手方に不利な時期でも、**損害を賠償すれば解除できる**点に気をつけてください。

---

7 寄託契約

重要度 **C**

寄託とは、**当事者の一方が相手方のために物の保管をすることを約束して、相手方がこれを承諾することによって効力を生ずる契約**をいいます（657条）。

ナビゲーション
寄託契約は過去にほとんど出題されていません。時間がなければ飛ばしてしまっても大丈夫です。

講義図解

寄託契約

うちのペットを預かってくれ！

A 受寄者

報酬を払ってくれ！（特約がある場合）

B 寄託者

[受寄者・寄託者の義務] ★1

受寄者 の義務	①注意義務 ・有償寄託の場合：**善管注意**義務を負う（400条）。 ・無償寄託の場合：**自己の財産におけるのと同一の注意** **義務**を負う（659条）。 ②目的物返還義務
寄託者 の義務	①報酬支払義務（665条・648条） ・原則**なし**。 ※特約で定めた場合のみ**あり**。 ②その他の義務 ・受寄者が受けた損害についての賠償義務（661条） ・費用前払い義務（665条・649条） ・立替え費用償還義務（665条・650条）

★1
ワンポイント
時間がなければ、注意義務だけ押さえておいてください（委任と要比較です）。

過去問チャレンジ

寄託が無償で行われた場合、受寄者は他人の物を管理するにあたり、善良なる管理者の注意をもって寄託物を保管しなければならない。[12-32-5]

×：無償寄託は自己の財産に対するのと同一の注意をもってこれを処理すればよいとされています。

8 組合契約

重要度 **C**

組合契約とは、**2人以上が出資して共同の事業を営むこと**
を約束することで成立する契約をいいます（667条）。

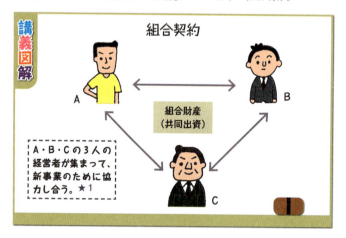

講義図解

組合契約

組合財産
（共同出資）

A

B

C

A・B・Cの3人の
経営者が集まって、
新事業のために協
力し合う。★1

ナビゲーション
過去に出題実績がありますが、そこまで重要な契約ではありません。
時間がなければあとまわしにしてください。

★1
ワンポイント
新しい会社をつくるわけではないことに注意してください。

［組合について］

業務の決定	・業務執行者がいなければ、**組合員の頭数の過半数**で決定する（670条1項）。 ・業務執行者がいた場合、**業務執行者の頭数の過半数**で決定する（670条3項）。
組合員の脱退	・存続期間を定めなかった場合、**原則としていつでも脱退できる**（678条1項本文）。 ・存続期間が定められていた場合、**やむを得ない事由**がない限り、脱退できない（678条2項）。
組合財産について	・組合員は、**清算前**に組合財産の分配を請求することができない（676条3項）。★2 ・組合債権者は、組合財産だけでなく、**組合員の個人財産**にも強制執行することができる。★3

★2

野畑のズバッと解説

メンバーが欠けると目的を達成できなくなるかもしれないため、**原則として脱退できず**、財産の分配**請求もできない**こととしています。

★3

ワンポイント

組合の借金を、組合員個人が背負うというイメージを持ってください。

過去問チャレンジ

組合契約で組合の存続期間を定めない場合に、組合員はやむを得ない事由があっても、組合に不利な時期に脱退することはできない。[13-33-3改題]

× : やむを得ない事由がある場合には、組合に不利な時期であっても脱退することができます。

ちょっと一息 問題、解いていますか？

ここまで学習を進めてきたみなさん、進度に合わせて問題は解いていますか？ 覚えた知識も、問題にあてはめる練習をしないとなかなか解けるようになりません。

本書にある「過去問チャレンジ」や別売りの基本問題集をうまく活用して知識が定着しているかを確認することが重要です。最初からすべて解ける人はいません。繰り返しチャレンジすることが大切です。民法も3分の2が終わりました。あと少し、頑張りましょう！

第9節 事務管理・不当利得・不法行為

はじめに

この節では、契約以外の関係について学習します。事務管理・不当利得・不法行為について、まずはどのような事例かを知ることが大切です。

1 事務管理

重要度 **C**

1 事務管理とは

事務管理とは、**法律上の義務がないのに他人のためにその事務を管理する行為**をいいます（697条）。

他人のために行動するという点では委任契約と同じですが、契約関係がないのが一番の違いです。

事務管理は、不法行為ほどではないですが、委任との比較で出題されたことがあります。
委任との違いについて学習しておきましょう。

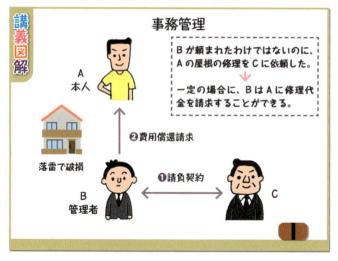

講義図解

事務管理

Bが頼まれたわけではないのに、Aの屋根の修理をCに依頼した。

↓

一定の場合に、BはAに修理代金を請求することができる。

A 本人

落雷で破損

B 管理者

❷費用償還請求

❶請負契約

C

ここが ポイント　事務管理の要件

● 法律上の義務がないこと。
● 他人の事務を管理すること。
● 他人のためにする意思があること。★1★2
● 本人の意思および利益に適合していること。

② 委任との比較

委任と事務管理について、以下のような相違点があります。

[委任と事務管理の比較] ★3

	受任者	事務管理者
善管注意義務	○（644条）	原則 ○ 例外 ×（緊急事務管理の場合）
報告義務	○（645条）	○（701条・645条）
引渡し義務	○（646条）	○（701条・646条）
報酬支払請求権	特約があれば ○（648条）	×
費用前払い請求権	○（649条）	×
費用償還請求権	○（650条1項）	有益費につき ○ （702条1項）
代弁済請求権	○（650条2項）	有益な債務を負担した場合 ○（702条2項・650条2項）
損害賠償請求権	○（650条3項）	×

事務管理は見返りを求めて行うものではないので、後で報酬を請求することはできません。

★1
野畑の ズバッと解説

他人のためとはいえ、勝手にやってしまうことに問題はありますが、相互扶助（助け合い）の精神を尊重することも大切です。事務管理はこの点のバランスを考えてつくられています。

★2
あとまわしOK

「他人のため」とされていますが、自己のためにする意思と併存してもよいとされています（共有不動産の管理費用の支払い等）。

★3
ワンポイント

時間に余裕のない方は①報酬支払請求、②費用前払い請求、③損害賠償請求についてだけ、委任と事務管理を比較しておきましょう。

過去問チャレンジ

AはBのためにある事務処理を行った。これが委任契約の場合において、事務の処理に関して費用を要するときは、Bに対しその費用の前払いを請求することができるのに対し、事務管理の場合には、Bに対し事務の管理により生じる費用の前払いを請求することができない。[10-32-イ改題]

○：その通り。

2 不当利得

重要度 **C**

1 不当利得とは

　不当利得とは、**法律上の正当な理由なしに他人の財産または労務から利得を得て、これによって他人に損失を及ぼした者に対して、その利得の返還を命ずる制度**です（703条・704条）。

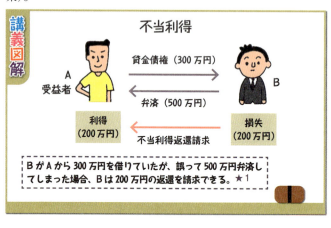

不当利得

貸金債権（300万円）

A
受益者

弁済（500万円）

B

利得
（200万円）

損失
（200万円）

不当利得返還請求

BがAから300万円を借りていたが、誤って500万円弁済してしまった場合、Bは200万円の返還を請求できる。★1

ナビゲーション

少し難しいテーマです。初学者の方は基本的な事項だけ押さえておけば合否に影響はないでしょう。

★1
ワンポイント

利得について**善意の受益者A**は、**現存利益**の範囲でBに返還すればよいとされています（703条）が、**悪意の受益者A**は全額に利息等を加えて返還する必要があります（704条）。

2 不当利得の特則

　支払う義務がないにもかかわらず、相手方に弁済してしまった場合などには、不当利得返還請求ができなくなることがあります。

[不当利得の特則]

非債弁済 （705条）	弁済者が、**債務が存在しないことを**知りながら**債務の弁済として給付した場合には給付したもの**の返還を請求できない。★2
期限前の弁済 （706条）	債務者は、**弁済期前に弁済した場合でも給付した**ものの返還を請求できない。★3

＊次ページに続く。

★2

野畑の
ズバッと解説

債務がないのにあえて弁済するという者を保護する必要はありません。

★3

野畑の
ズバッと解説

債務がある場合に弁済期前に払ってしまったとしても、もともと払う必要があったわけですから、取り戻しを認める必要性がありません。

他人の債務の弁済（707条）	債務者でない者が錯誤によって弁済し、債権者が善意で証書を滅失・損傷したり、担保を放棄したり、その債権が時効消滅した場合、弁済者は給付したものの返還を請求できない。★4
不法原因給付（708条）	不法の原因（社会的に非難されるような行為をした場合）による給付であるときは、原則として給付したものの返還を請求できない。

不当利得の特則の中では、不法原因給付が一番重要です。

★4

野畑の ズバッと解説

お金を返してもらった債権者が借用証書を捨ててしまい、貸したという証拠がなくなってしまうことがあります。
707条はそのような債権者を保護する規定です。

★5

野畑の ズバッと解説

不法原因給付は、反社会的な行動をした者は保護に値しないという、「クリーンハンズの原則」という考え方です。

★6

ワンポイント

公の秩序または善良の風俗に反する契約は無効とされています（90条）。

★7

ワンポイント

既登記不動産の場合、引き渡しただけでは給付とされないため、不当利得返還請求権を行使できます。

不法原因給付 ★5

A
贈与者：給付者

❶愛人関係を維持するための贈与契約 ← 90条により無効 ★6

❷不当利得返還請求 ✕

B
受贈者：受益者

不法原因：愛人関係維持のための贈与契約
給付：❶未登記不動産の場合は引渡し
　　　❷既登記不動産の場合は登記 ★7
↓
AはBに不当利得返還請求権を行使して、不動産の返還を請求できない。

目的物が時計や車などの動産の場合、「引渡し（占有改定を含まない）」が給付となります。

「似ていること」に気づける力

学習を進めていくと、「あれ、これどこかで見たような…」という感覚になることがあります。いま学習している不法原因給付の「給付」にあたるかどうかは、贈与契約の「履行が終わった」の論点とよく似ています。似ていることに気づけるのは力がついてきた証拠です。気になったらすぐに確認するクセをつけましょう。

過去問チャレンジ

Aは、配偶者がいるにもかかわらず、配偶者以外のBと不倫関係にあり、その関係を維持する目的で、A所有の甲建物をBに贈与した。A名義の登記がなされた甲建物がBに引き渡されたときには、Aは、Bからの甲建物についての移転登記請求を拒むことはできない。[13-34-4]

× : 既登記不動産については、引渡しだけでは「給付」にあたらず、不法原因給付となりません。

3　一般的不法行為　　　　　重要度 A

1 不法行為とは

　不法行為とは、**他人に損害を及ぼす違法な行為であって、加害者がその損害を賠償すべき義務を負うこと**をいいます（709条以下）。

　加害者と被害者の間に契約はありませんが、損害を責任ある加害者に賠償させるため、不法行為のルールが設けられています。

ナビゲーション

不法行為は試験でも頻出です。まずは通常の不法行為の事例を確認するようにしてください。

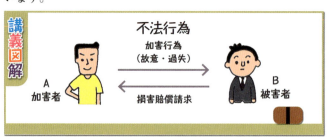

不法行為

加害行為
（故意・過失）

A
加害者

→

損害賠償請求

B
被害者

ここが ポイント　不法行為の要件

❶加害者に**故意**または**過失**があること。★1

❷加害者に**責任能力**★2があること。

❸他人の権利または法律上保護される利益（プライバシー・名誉等）を侵害したこと。

❹損害が発生していること。

❺加害者の行為と被害者の損害との間に**相当因果関係**があること。

★1
ワンポイント

裁判で**被害者B**は、**「加害者Aに故意または過失があった」**ことを立証する必要があります（立証できなければ負けてしまうということです）。

★2
用語の意味

責任能力
自分が行った行為が法律上非難されるものであることを判断できる能力のこと。およそ12歳程度で責任能力があるとされる。

加害者に責任能力がなかった場合が問題となりますが、この点については後で解説します。

❷ 被害者以外の者の慰謝料請求　⭐記述に出る！

例えば、交通事故で夫をなくした妻や子は直接の被害者でないですが、その精神的な苦痛は計り知れません。

そこで、**民法では被害者以外の近親者についても固有の慰謝料請求を認めています**（711条）。

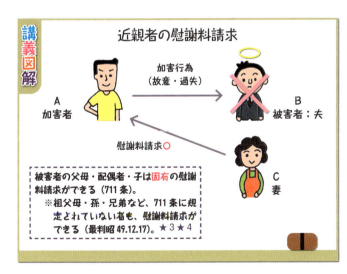

近親者の慰謝料請求

加害行為
（故意・過失）

A
加害者

B
被害者：夫

慰謝料請求○

C
妻

被害者の父母・配偶者・子は固有の慰謝料請求ができる（711条）。
※祖父母・孫・兄弟など、711条に規定されていない者も、慰謝料請求ができる（最判昭49.12.17）。★3★4

★3
ワンポイント

夫が死亡したわけではないが傷害を負ってしまった場合は、「死亡した場合と比肩すべき精神上の苦痛」を受けたと認定されれば固有の慰謝料を請求できます（最判昭33.8.5）。

★4
あとまわしOK

被害者の相続人である妻や子は、被害者の慰謝料請求権を相続したうえで加害者に請求することもできます（最大判昭42.11.1）。

他人の不法行為により夫が死亡した場合には、その妻は、相続によって夫本人の慰謝料請求権を行使できるので、妻には固有の慰謝料請求権は認められていない。[14-34-2]

× ：妻には固有の慰謝料請求権が認められます。

❸ 過失相殺

　不法行為について**被害者にも過失があった場合**において、**裁判所の考慮により損害賠償額が減額される**ことがあります（722条2項）。★5★6

過失相殺には、「被害者側の過失」という論点があります。

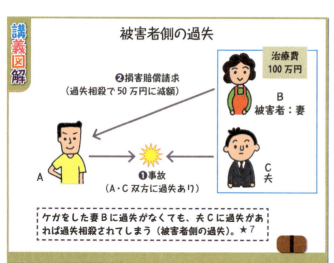

被害者側の過失

治療費
100万円

❷損害賠償請求
（過失相殺で50万円に減額）

B
被害者：妻

A

❶事故
（A・C双方に過失あり）

C
夫

ケガをした妻Bに過失がなくても、夫Cに過失があれば過失相殺されてしまう（被害者側の過失）。★7

[被害者側の過失]

被害者側の過失が肯定された例	①子の損害賠償請求における親の過失。②妻の損害賠償請求における夫の過失。　※**婚姻関係**が破綻している場合は除く。
被害者側の過失が否定された例	園児の損害賠償請求における引率中の保育士の過失。

★5
野畑のスバッと解説

歩行者が歩きながらスマホを操作していた際に事故に遭ってしまった場合、歩行者にも過失があると判断される可能性があるということです。

★6
あとまわしOK

過失相殺をするかどうかは裁判所が任意に決定できます（722条2項）。

★7
ワンポイント

被害者と**身分上ないしは生活関係上一体をなす**とみられるような関係にある者に過失があるときは、被害者側の過失として過失相殺の対象となります（最判昭51.3.25）。

過去問チャレンジ

A（3歳）は母親Bが目を離した隙に、急に道路へ飛び出し、Cの運転するスピード違反の自動車にひかれて死亡した。CがAに対して負うべき損害賠償額を定めるにあたって、BとAとは親子関係にあるが、BとAとは別人格なので、Bが目を離した点についてのBの過失を斟酌することはできない。［15-34-3改題］

× ： 交通事故において、幼児の父母の監督上の過失は被害者側の過失として斟酌されます（被害者側の過失）。

4 消滅時効

不法行為に基づく損害賠償請求権も、**一定期間行使しなければ時効によって消滅**してしまいます（724条）。

［消滅時効期間］ ★8

人の生命・身体を侵害する 不法行為（724条の2）	①被害者が損害および加害者を**知った** 　時から**5年** または ②**不法行為の時から20年**
それ以外の不法行為 （724条）	①被害者が損害および加害者を**知った** 　時から**3年** または ②**不法行為の時から20年**

★8

野畑のズバッと解説

同じ不法行為でも、人の命にかかわるようなものについてはより長い期間、損害賠償請求ができるように、消滅時効期間が長くなっています（民法改正により区別されました）。

4 特殊的不法行為 　　　　　　　　　　重要度 A

1 一般的不法行為との違い

　一般的不法行為は、加害者自身が損害賠償責任を負うものですが、**特殊的不法行為については、直接の加害者ではない者が損害賠償責任を負う**こととなります。

　　特殊的不法行為の中でも、特に重要なものについて具体例を確認しましょう。

2 監督者責任

　例えば、責任能力のない6歳の子どもが加害者になった場合、被害者は子どもに損害賠償を請求することができません。

　この場合、**子どもを監督する責任のある両親に対して、損害賠償を請求することができます**（714条1項）。★1

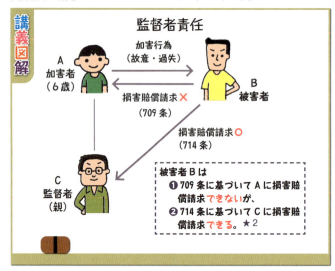

監督者責任

A 加害者（6歳）　→ 加害行為（故意・過失）　B 被害者

損害賠償請求✕（709条）

損害賠償請求○（714条）

C 監督者（親）

被害者Bは
❶ 709条に基づいてAに損害賠償請求 **できない**が、
❷ 714条に基づいてCに損害賠償請求 **できる**。★2

ナビゲーション

特殊的不法行為も試験では頻出です。こちらは事例が限られているので、条文ごとの事例を頭に入れることからはじめましょう。

★1
あとまわしOK

子どもに責任能力があっても（例えば15歳であっても）、一定の場合には親が監督者責任を負うことがあります（最判昭49.3.22）。

★2
ワンポイント

監督者は、①監督義務を怠らなかったこと、または②怠らなくても損害が発生したという立証をすれば監督者責任を免れます（714条1項但書）。

★3
野畑のスパッと解説

使用者責任の規定は、利益拡大のために従業員を使用している会社に対してリスクも負担させるべきだという報償責任の原理に基づいています。

❸ 使用者責任

　例えば、タクシー運転手が交通事故を起こしてしまった場合、被害者は加害者であるタクシー運転手に損害賠償請求ができますが、さらに一定の要件を満たせば、タクシー会社にも損害賠償を請求することができます（715条）。★3

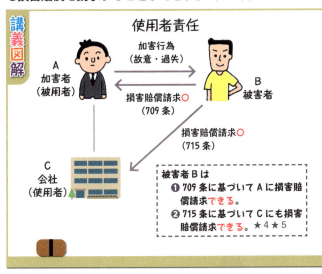

使用者責任

加害行為
（故意・過失）

A
加害者
（被用者）

B
被害者

損害賠償請求〇
（709条）

損害賠償請求〇
（715条）

C
会社
（使用者）

被害者Bは
❶ 709条に基づいてAに損害賠償請求できる。
❷ 715条に基づいてCにも損害賠償請求できる。★4★5

使用者責任については、要件をしっかりと確認しておくことが重要です。

［使用者責任の要件（715条）］

使用者と被用者との間に使用関係があること	雇用関係でなくても、一定の指揮監督に属する関係であればよい（最判昭42.11.9）。 例：兄が弟の運転に指示を出した結果、交通事故が発生した（兄が使用者責任を負う）。
被用者による加害が、事業の執行についてなされること	行為の外形からみて、**あたかも被用者の職務の範囲内の行為に属するとみられる場合**も含む。★6 例：勤務時間外に、会社のタクシーを運転中に交通事故を起こした（会社は使用者責任を負う）。

★4
ワンポイント
使用者が①被用者の**選任**およびその**事業の監督**について相当の注意をしたとき、または②相当の注意をしても損害が発生したという立証をすれば責任を免れます（715条1項但書）。

★5
あとまわしOK
使用者が被害者に損害を賠償した場合には、「**損害の公平な分担という見地から信義則上相当と認められる限度**」において被用者に求償することができます（715条3項／最判昭51.7.8）。また、被用者が賠償した場合も、「**損害の公平な分担という見地から相当と認められる額**」について、使用者に求償（逆求償）することができます（最判令2.2.28）。

★6
野畑のズバッと解説

何も知らない人が見て、「仕事中に事故を起こしてしまったんだ」と考えられるのであれば、「事業の執行」にあたるということです。

飲食店の店員が出前に自動車で行く途中で他の自動車の運転手と口論となり、ついには同人に暴力行為を働いてしまった場合には、事業の執行につき加えた損害に該当せず、店員の使用者は、使用者責任を負わない。[09-34-3]

× : この場合も、店員の暴行は「事業の執行について」にあたり、使用者責任が成立します。

❹ 土地工作物責任

例えば、建物設置の瑕疵により屋根が崩落して通行人がケガをしてしまった場合、**通行人はまず、①その建物を現在占有している賃借人に対して、その次に②建物の所有者に対して損害賠償を請求**できます（717条1項）。

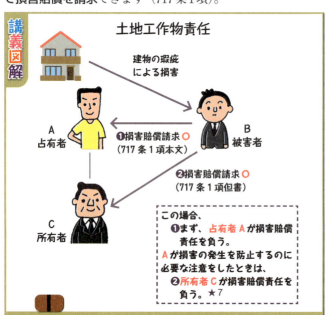

講義図解

土地工作物責任

建物の瑕疵
による損害

A 占有者
❶損害賠償請求 ○
（717条1項本文）

B 被害者

❷損害賠償請求 ○
（717条1項但書）

C 所有者

この場合、
❶まず、**占有者A**が損害賠償責任を負う。
Aが損害の発生を防止するのに必要な注意をしたときは、
❷**所有者C**が損害賠償責任を負う。★7

★7
ワンポイント
占有者は責任を免れる可能性がありますが、**所有者は責任を免れることができません**（無過失責任）。

借家の塀が倒れて通行人が怪我をした場合、塀の占有者である借家人は通行人に対して無過失責任を負うが、塀を直接占有していない所有者が責任を負うことはない。[09-34-5]

× : 占有者である借家人が免責された場合、所有者が責任を負うことになります。

5 共同不法行為

例えば、数人から暴行を受けてケガをしてしまった者は、**それぞれに全額の損害賠償を請求できます**（719条）。

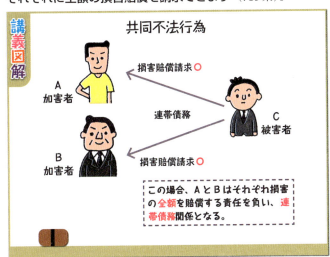

講義図解

共同不法行為

A 加害者 ← 損害賠償請求 ○

C 被害者

連帯債務

B 加害者 ← 損害賠償請求 ○

この場合、AとBはそれぞれ損害の**全額**を賠償する責任を負い、**連帯債務**関係となる。

ちょっと一息

債権の学習が終わったら

ここまでで、債権の学習が終了です。お疲れ様でした。
以前の「ちょっと一息」でもお話ししましたが、債権まで学習を進めてから総則の復習をすると、以前はよくわからなかったことがすんなり頭に入ってくるようになります。先に進みたい気持ちはわかりますが、一度このあたりで総則の復習をしてみましょう。きっと新たな理解・発見がありますよ！

MEMO

第4章

家族法

この章で学ぶこと

「家族に関するルール」

家族法では、その名の通り、家族に関するルールを学習します。

結婚や離婚など、民法上夫婦となるための要件や、夫婦関係を解消するための要件を学習します。

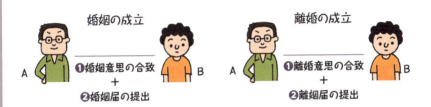

婚姻の成立	離婚の成立
A ❶婚姻意思の合致 + ❷婚姻届の提出 B	A ❶離婚意思の合致 + ❷離婚届の提出 B

また、家族が亡くなった際の財産相続についても、家族法で学習します。

相続人の範囲

第2順位の相続人

父 —— 母

常に相続人

兄　妹　死亡　配偶者

第3順位の相続人

子　子

第1順位の相続人

家族法

第1節　親族法

はじめに　この節では、親族法について学習します。婚姻や親子関係など、私たちに身近な法律関係を扱うため、無理に暗記しようとするのではなく、ときには「常識」を働かせて考えてみることも大切です。

1　親族の範囲

重要度 **C**

1　親族法とは

親族法とは、「家族に関するルール」のことです。

夫婦や親子などの法律関係を定めることで、家族関係をめぐって紛争が生じた際の解決に役立てることができます。

2　親族の範囲

民法では、親族の範囲を①**6親等内の血族**★1、②**配偶者**、③**3親等内の姻族**★1 としています。

ナビゲーション

親族の範囲が直接出題されるわけではありません。
ほかの分野の学習の際にわからなければ、ここに戻ってきて確認するような形で十分です。

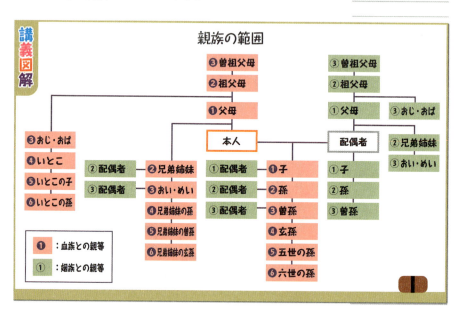

例えば、「本人」からみて祖父母や兄弟は2親等の血族であり、配偶者の祖父母は2親等の姻族となります。

★1
用語の意味

血族
血のつながっている親や子の関係。
姻族
配偶者の両親など、血はつながっていないが一定の関係があるもの。

2 婚姻

重要度 **A**

1 婚姻の成立

婚姻（法律上の夫婦関係）は、①**婚姻意思の合致**と、②**婚姻の届出により成立**します。

婚姻の成立

A
B

❶婚姻意思の合致
＋
❷婚姻届の提出

ナビゲーション

婚姻は過去にもよく出題されている論点です。婚姻意思を中心に学習しておきましょう。

[婚姻の成立]

婚姻意思の意味	真に夫婦としての生活共同体をつくる実質的意思であり、当事者の意思の合致がなくてはならない。★1 ※自分の子どもに日本国籍を取得させるためだけに婚姻する場合、婚姻意思があるとはいえない（最判昭44.10.31）。
婚姻意思がない場合	婚姻は無効。★2

★1
ワンポイント

婚姻意思はあるが、届出をしていない場合、**法律上は婚姻関係にありません**（**内縁・事実婚**とよばれます）。

★2
ワンポイント

婚姻意思は**婚姻届**の**作成**時だけでなく、**届出**時にも存在しなければなりませんが、当事者に**事実上**の夫婦共同生活が存在していたとすれば、**届出**時に昏睡状態であったとしても原則として婚姻は**有効**となります（最判昭44.4.3）。

自分の子どもに嫡出子（後で学習します）の身分を与えるためだけに婚姻する場合も、実質的意思を欠き無効となります。

❷ 婚姻障害

婚姻意思の合致と届出があっても、**一定の場合には婚姻の取消**原因となります（婚姻障害）。★3

[婚姻障害]

	婚姻障害
婚姻適齢（731条）	婚姻は18歳にならなければ、することできない。★4
重婚禁止（732条）	配偶者のある者は重ねて婚姻できない。
再婚禁止期間（733条1項）	女が再婚するには**婚姻解消または取消しの日から100日経過後**でなければならない。
近親婚の禁止（734条1項）	**直系血族または3親等内の傍系血族間**では婚姻できない。
直系姻族間の婚姻禁止（735条）	**直系姻族**間では婚姻できない。
養親子関係間の婚姻禁止（736条）	養子、その配偶者、直系卑属、その配偶者と養親、その直系尊属との間では婚姻できない。

❸ 婚姻の効果

婚姻が成立すると、身分上・財産上に様々な変化が生じます。

[婚姻の効果① 身分上の効力]

夫婦同氏（750条）	婚姻の際に定めるところに従い、夫または妻の氏を名乗る。
同居・協力・扶助義務（752条）	夫婦は同居し、互いに協力し扶助しなければならない。
夫婦間の契約取消権（754条）	夫婦間でした契約は、婚姻中**いつでも**、夫婦の一方からこれを取り消すことができる。★5

★3
ワンポイント
表の中は無理して覚えなくても大丈夫ですが、婚姻障害は「**無効**原因」ではなく「**取消**原因」であることに気をつけてください。

★4
ワンポイント
2022年4月1日から、女性の婚姻が16歳から18歳に引き上げられて、男女ともに18歳となりました。

★5
ワンポイント
「婚姻中」といえるためには、婚姻関係が実質的に存在していることが必要で、**離婚していないが関係が破綻状態**であれば、**夫婦間の契約取消権は認められません**（最判昭42.2.2）。

[婚姻の効果② 財産上の効力]

夫婦別産制 （762条1項）	①夫婦の一方が**婚姻前から有する**財産 ★6 　例：婚姻前に夫名義で買った車は夫の財産 ②婚姻中自己の名で得た財産 　例：婚姻中に夫名義で得た給料は夫の財産
婚姻費用の分担 （760条）	夫婦は、その資産、収入その他一切の事情を考慮して、**婚姻から生ずる費用**を分担する。
日常家事債務 （761条）	夫婦の一方が日常の家事に関して第三者と契約をしたときは、他の一方は、これによって生じた債務について、連帯してその責任を負う。 　例：夫が契約した新聞の定期購読契約について、 　　　妻も購読代金を支払う義務を負う。

★6
ワンポイント
夫婦どちらのものか**不明の財産は、夫婦の共有財産と推定**されます（762条2項）。

過去問チャレンジ

民法の規定によれば夫婦間の契約は婚姻中いつでも取り消すことができるが、婚姻が実質的に破綻しているような場合には契約を取り消すことができない。[15-35-エ改題]

○：その通り。

4 内縁

内縁とは、**婚姻意思はあるが婚姻届を提出していない場合の男女のこと**をいいます。

法律上は夫婦ではないので、民法の婚姻の規定は適用されませんが、**判例では内縁夫婦に一部の規定を適用する**としています。★7

★7
野畑のズバッと解説
日本では法律婚を優先しますが、事実婚は届出がないこと以外に法律婚との違いがないため、**できる限り内縁配偶者を保護したい**という考えです。

[内縁に準用される規定・されない規定]

準用される規定（主なもの）	準用されない規定
①同居・協力・扶助の義務 （752条）	①姻族関係の発生（725条3号）
②婚姻費用分担義務（760条）	②夫婦同氏の原則（750条）
③日常家事債務の連帯責任 （761条）	③子の嫡出性（772条）
④離婚の際の財産分与の規定 （768条）★8	④配偶者の相続権（890条）
	⑤夫婦間の契約取消権（754条）

★8
ワンポイント

死亡による内縁関係解消の場合に、財産分与の規定を準用することはできません（最判平12.3.10）。内縁配偶者に相続権を認めるのと同じ結果になってしまうからです。

3 離婚

重要度 **B**

1 離婚の成立

　離婚は、①離婚意思の合致と、②離婚の届出により成立します。★1

離婚の成立

A　❶離婚意思の合致 ＋ ❷離婚届の提出　B

ナビゲーション

離婚については婚姻ほど重要ではありません。裁判離婚の要件について軽く確認する程度で十分です。

★1
ワンポイント

離婚意思は婚姻意思と異なり、離婚届を提出したいという形式的な意思で足ります。ただ単に生活保護の受給を継続するために離婚の届出をした場合でも、その離婚は有効となります（最判昭57.3.26）。

❷ 裁判離婚

離婚は、当事者間の協議や調停で行うのが原則ですが、**一定の離婚原因があれば、裁判離婚**が認められます（770条1項）。

[裁判離婚の要件]

①不貞行為（770条1項1号）★2
②悪意の遺棄（770条1項2号）
③3年以上の生死不明（770条1項3号）
④回復の見込みのない強度の精神病（770条1項4号）
⑤その他、婚姻を継続し難い重大な事由（770条1項5号）★3

❸ 離婚の効果

婚姻が成立すると、身分上・財産上に様々な変化が生じます。

[離婚の効果]

姻族関係の終了 （728条1項）	配偶者の父母との関係など、**姻族**関係は**当然に終了**する。★4
復氏 （767条1項）	婚姻によって氏を改めた者は**離婚によって復氏**する。 ※離婚後3カ月以内の届出により、離婚時に称していた氏を称することができる（767条2項）。★4
親権 （819条1項・2項）	離婚により、子の親権は父または母の**単独**親権となる。

★2
あとまわしOK
離婚は、不貞行為等をされた側から求めるのが原則ですが、**有責配偶者（不貞行為等をした側）**からも、一定の要件を満たせば離婚の請求が**認められます**（最大判昭62.9.2）。

★3
ワンポイント
家庭内暴力（DV）などは、「その他、婚姻を継続し難い重大な事由」に該当する可能性があります。

★4
あとまわしOK
配偶者が死亡した場合、配偶者は**復氏**せず、姻族関係も終了しません。
届出をすることで復氏し（751条）、姻族関係終了の意思表示により姻族関係が終了します（728条2項）。

過去問チャレンジ

離婚をした場合には、配偶者の親族との間にあった親族関係は当然に終了するが、夫婦の一方が死亡した場合には、生存配偶者と死亡した配偶者の親族との間にあった親族関係は、当然には終了しない。[13-35-エ]

○：その通り。

4 実親子

1 法律上の親子関係

民法では、親子の関係についても規定しています。

実親子関係としては、①婚姻関係にある者との間に生まれた子である**嫡出子**と、②婚姻関係ない者との間に生まれた**非嫡出子**（婚外子）があります。

[法律上の実親子関係]

嫡出子	父との関係でも、母との関係でも**法律上の親子関係が発生する**。
非嫡出子	母との関係では当然に法律上の親子関係が発生するが、父との関係では、**認知**がない限り法律上の親子関係が発生しない。★1

2 嫡出子

生まれた子が本当に自分の子であるかどうかについて、**民法では「嫡出推定」という規定**があります。

これにより、法律上自分の子かどうか判断されることになります。

[嫡出推定]

推定される嫡出子	婚姻成立の日から200日経過後または婚姻の解消の日から300日以内に生まれた子は、婚姻中に懐胎したものと推定する（772条2項）。★2 ※妻が婚姻中に懐胎した子は夫の子と推定する（772条1項）
推定されない嫡出子	内縁関係が先行し、婚姻成立の日から200日以内に生まれた子。

嫡出子については、推定される嫡出子と推定されない嫡出子の区別が重要です。

ナビゲーション

実親子関係は、過去に記述式でも出題されたことがあります。嫡出推定と否定するための裁判を押さえておきましょう。

★1
ワンポイント

非嫡出子の場合、父からの認知がなければ、父が死亡した場合に財産を相続できないことになります。

★2
野畑のズバッと解説

「結婚してからこれだけ期間が空いていれば自分の子だろう」「離婚からこれだけしか期間が空いていなければ自分の子だろう」といった感覚です。

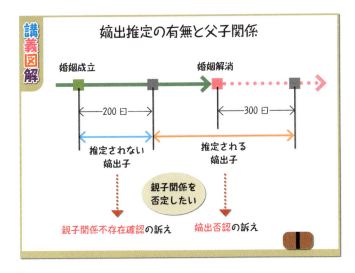

講義図解

嫡出推定の有無と父子関係

婚姻成立 — 200日 — 婚姻解消 — 300日

推定されない嫡出子

推定される嫡出子

親子関係を否定したい

親子関係不存在確認の訴え

嫡出否認の訴え

推定される嫡出子と推定されない嫡出子とでは、父子関係を否定する際の訴訟に違いがあります。★3

[嫡出推定と父子関係の否定手段]

	子の分類	父子関係の否定手段
①婚姻成立の日から200日後に生まれた場合★4 ②婚姻解消から300日以内に生まれた場合（772条）	推定される嫡出子	嫡出否認の訴え（775条）
婚姻成立の日から200日以内に生まれた場合	推定されない嫡出子	親子関係不存在確認の訴え

過去問チャレンジ

Bは、Aとの内縁関係の継続中に懐胎し、その後、Aと適法に婚姻をし、婚姻成立後150日を経てCを出産した場合において、AがCとの間に父子関係が存在しないことを争うには、嫡出否認の訴えではなく、親子関係不存在確認の訴えによらなければならない。[10-34-2]

〇：その通り。

3 非嫡出子

　非嫡出子の場合、父の認知によらなければ法律上の親子関係が発生しません。

　認知には、①父が自発的に自分の子と認める任意認知（779条）と、②裁判により父子関係を確定させる強制認知（787条）があります。★5

★5
あとまわしOK

父が子を認知する際、原則として子の承諾は不要ですが、**成年の子を認知する場合は子の承諾が必要です**（782条）。

---

5 養親子

重要度 **B**

1 養親子関係

　例えば、①代々酒屋を営んできたが後継ぎがいない場合や、②家庭的に恵まれない子に温かい家庭を与える場合に、養子縁組制度が活用されます。★1

　養子縁組がされると、養子は養親の嫡出子となります。

2 普通養子と特別養子

[普通養子と特別養子] ★2

	普通養子 （792～817条）	特別養子★3 （817条の2～817条の11）
成立要件	①縁組意思の合致 ②届出	①養親となる者の請求 ②家庭裁判所の審判
家庭裁判所の許可	未成年者を養子にする場合は必要	不要
養親適格	20歳以上（配偶者はなくても可）	①配偶者のある者 ②25歳以上 ※夫婦の一方が25歳以上であれば他方は20歳以上でよい
養子適格	①養親より年長でないこと ②養親の尊属でないこと	原則：15歳未満★3
父母の同意	不要	必要
試験養育期間	なし	縁組審判の請求時から6カ月以上
実親との関係	終了しない	原則：終了する

ナビゲーション

養親子関係については、普通養子縁組と特別養子縁組の比較が重要です。

★1
野畑のズバッと解説

通常、①の場合は普通養子縁組を、②の場合は特別養子縁組を利用します。

★2
ワンポイント

恵まれない子に温かい家庭を与えるための**特別養子縁組のほうが厳格な要件**となっています。

★3
あとまわしOK

特別養子縁組については、2019年の民法改正（2020年4月1日施行）により、養子適格が原則として15歳未満になる等の変更がありました（817条の5第1項・2項）。

特別養子縁組の場合、実親との関係がなくなることに注意してください。子にとっては、養親を唯一の親として人生を再スタートさせることになります。

過去問チャレンジ

I・J夫婦が、K・L夫婦の子M（10歳）を養子とする旨の縁組をし、その届出が完了した場合、MとK・L夫婦との実親子関係は終了する。[16-35-5]

✕：普通養子縁組の場合、実親との関係は存続します。

6 利益相反行為 ☆記述に出る！ 重要度 **B**

　親権者である親は、未成年の子を代理する権限を持ちますが、**親と子の利益が相反する行為は利益相反行為とよばれ、民法で禁止されています**（826条1項）。この場合、**親は子のために特別代理人の選任を家庭裁判所に請求する必要があります**。

利益相反は過去に出題されたことがあります。出題される事例はある程度決まっているので、本書の事例で学習しておけば大丈夫です。

講義図解

利益相反行為の例★1

❶死亡
A 父
B 母
❷遺産分割協議
C 未成年の子

父Aが死亡し、母Bと未成年の子Cが相続人の場合
↓
BがCを代理して、遺産分割協議をすることは利益相反行為となる（Cのために特別代理人の選任を家庭裁判所に請求しなければ無権代理となる）。★2

★1

ワンポイント

利益相反行為をした場合、無権代理として扱われるため、子のCが成年になった後に追認しない限り、遺産分割協議は有効となりません（最判昭46.4.20）。

★2

ワンポイント

仮に、母Bが子Cに有利になるような遺産分割協議をしたとしても利益相反行為となります。

［その他、利益相反行為の例］

利益相反行為に あたる	・ 母が自分の名義で借金をして、子の土地に抵当 権を設定する。
利益相反行為に あたらない	・ 母が子の名義で借金をして、子の土地に抵当権 を設定する。 ・ 母が友人の借金のために子の不動産に抵当権を 設定する。

実際はどうあれ、客観的に「母が有利」「子に不利」
な状況になる可能性がある場合は、利益相反行為
にあたるということです。

過去問チャレンジ

親権者が、自らが債務者となって銀行から借り入れを行うにあたって、子の所有名義である土
地に抵当権を設定する行為は、当該行為がどのような目的で行なわれたかに関わりなく利益相
反行為にあたる。[14-35-エ]

〇：その通り。

第2節 相続法

はじめに

この節では、相続法について学習します。行政書士試験では相続に関する複雑な計算はほとんど出題されないため、相続に関する知識を定着させることに注力してください。

1 相続

重要度 **A**

1 相続の順位と法定相続分

親族法では、親族の範囲について学習しました。ここでは、人が死亡した場合に誰がどれくらいの割合で財産を相続できるかについて学習します。

[相続の順位と法定相続分（900条）] ★1

相続人	法定相続分
第1順位（子がいる場合） 配偶者と子	配偶者＝1/2 子＝1/2
第2順位（子がいない場合） 配偶者と直系尊属	配偶者＝2/3 直系尊属＝1/3
第3順位（子も直系尊属もいない場合） 配偶者と兄弟姉妹	配偶者＝3/4 兄弟姉妹＝1/4

死亡した者（被相続人）の財産は、相続分に応じて共有となり、その後の遺産分割によって各相続人の単独所有となります。

ナビゲーション

相続関係について様々なルールを学習します。
一度見ただけで理解するのは難しいかもしれませんが、何度も繰り返し学習することで徐々に理解していきましょう。

★1
ワンポイント

遺言によって各自の相続分が指定されている場合は、指定された相続分の割合で相続することになります（指定相続分）。

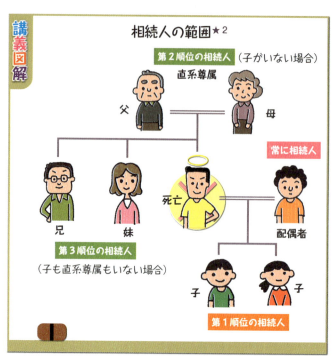

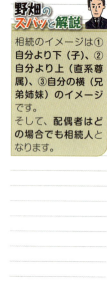

★2

野畑の ズバッと解説

相続のイメージは①自分より下（子）、②自分より上（直系尊属）、③自分の横（兄弟姉妹）のイメージです。
そして、**配偶者**はどの場合でも相続人となります。

2 代襲相続

相続の開始前に相続人である子や兄弟姉妹が死亡している場合、**その相続人の子が代わりに相続する代襲相続制度**が設けられています（887条2項・889条2項）。★3★4

> 代襲相続は少し複雑なので、講義図解でイメージをつかんでおきましょう。

★3

野畑の ズバッと解説

被相続人からみて、子・孫といったように、下の世代に財産が受け継がれるように規定されています。

★4

あとまわしOK

死亡以外にも、相続欠格・廃除がされている場合にも代襲相続されますが、相続の放棄がされている場合には代襲相続されません。

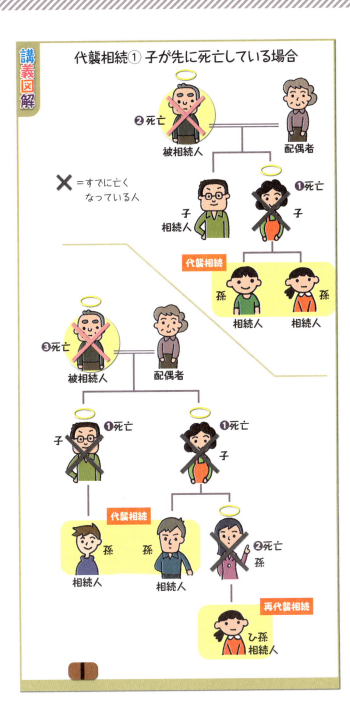

講義図解 代襲相続① 子が先に死亡している場合

❷死亡
被相続人

配偶者

✕=すでに亡く
なっている人

子
相続人

❶死亡
子

代襲相続

孫
相続人

孫
相続人

❸死亡
被相続人

配偶者

子
❶死亡

❶死亡
子

代襲相続

孫
相続人

孫
相続人

❷死亡
孫

再代襲相続

ひ孫
相続人

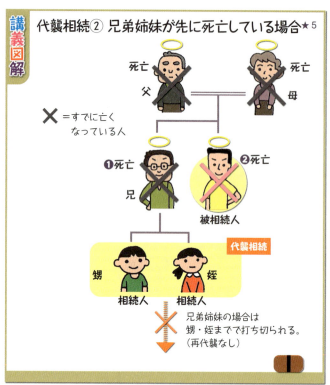

講義図解

代襲相続② 兄弟姉妹が先に死亡している場合★5

死亡 父
死亡 母

✕ = すでに亡くなっている人

❶死亡 兄
❷死亡 被相続人

代襲相続

甥 相続人　姪 相続人

兄弟姉妹の場合は甥・姪までで打ち切られる。（再代襲なし）

★5

野畑の ズバッと解説

被相続人からみて、甥っ子や姪っ子の子どもとの関係性は薄いため再代襲はされません。

3 相続の欠格・廃除

　子が親を殺してしまった場合や虐待していた場合は、相続人としてふさわしくありません。

　そこで民法には、①**相続欠格**（891条）、②**相続人の廃除**（892条）**という2つのルール**が設けられています。

相続の欠格

> 子のCは相続人であるが、父A を故意に殺害したために刑に処せられた場合には自動的に相続権を失う（891条）。★6★7

相続人の廃除

> 子のCは相続人であるが、父Aを虐待していた場合において、父Aから家庭裁判所に子のCを相続人から廃除する請求がされていると、相続権を失う（892条）。★8

このほかに、父Aに対する重大な侮辱や、著しい非行があった場合にも廃除の対象となります。

［欠格と廃除の比較］

	相続欠格（891条）	廃除（892条）
対象者	すべての相続人	遺留分を有する相続人★9
効力	法律上当然に発生	家庭裁判所に対する廃除の請求により発生
効果	相続資格の喪失★10	相続資格の喪失★10

★6
野畑の ズバッと解説
死亡したAの心情を考えれば、自分の財産をCに相続してもらいたくないはずなので、自動的にCの相続権を奪うこととしています。

★7
ワンポイント
このほかにも、子Cが父Aの遺言書を偽造した場合や、強迫して自分に有利な遺言書を書かせた場合にも欠格となります。

★8

野畑の ズバッと解説
欠格の場合ほどひどくはないにせよ、父Aからすれば子Cに相続させたくないという気持ちはあるはずなので、家庭裁判所への請求により、子Cの相続権を奪う制度が設けられています。

★9
あとまわしOK
遺留分がない兄弟姉妹は廃除の対象ではありません（遺留分については後で学習します）。

★10
ワンポイント
両者とも父Aの相続資格を失うだけなので、子Cは母Bが死亡した場合には相続することができます。

相続欠格においては、その効果は一定の欠格事由があれば法律上当然に生ずるが、相続人の廃除においては、その効果は被相続人からの廃除請求による家庭裁判所の審判の確定によって生ずる。[09-35-イ]

○：その通り（891条、892条）。

4 相続の承認・放棄

　相続人として財産を相続するかしないかは自分で選択します。**相続をしたい場合は①相続の承認をし、相続をしたくない場合は②相続放棄を選択する**ことになります。

[相続の承認・放棄]

単純承認	相続人が被相続人の権利義務をすべて相続すること（920条）。★11
限定承認	相続によって得た財産の限度においてのみ被相続人の債務を弁済すべきことを留保して、被相続人の権利義務を相続する（922条）。
相続放棄	相続財産を一切相続しないこと（939条）。★12

★11
ワンポイント
相続があったことを知ってから**3**カ月経過すると、自動的に**単純承認**となります（921条2号）。

★12
ワンポイント
相続開始**前**の承認、放棄はできません。

講義図解

限定承認のイメージ

自宅は手放したくないけど、3,000万円も借金を背負いたくない…

A 相続人

亡き父の財産 時価300万円の自宅

亡き父の負債 3,000万円の借金

相続人Aは、裁判所に限定承認の申立てを行い、自宅の時価相当額（300万円）を債権者に支払うことによって自宅を相続することができる（残り2,700万円の借金は相続しない）。

原則は単純承認なので、限定承認や相続放棄をしたい場合は、家庭裁判所に申述する必要があります。

過去問チャレンジ

Aは2010年10月1日に死亡したが、Aには、Dに対する遺贈以外の遺言はなく、その死亡時に妻B、長男C、長女Dおよび次男Eがいた。Bが2010年10月1日にAの死亡を知った場合において、Bは、その時から3ヵ月以内に単独で限定承認をすることができ、相続人全員で共同してする必要はない。[12-35-ア改題]

×：相続人が数人あるときは、限定承認は、共同相続人が共同してしなければなりません。

2　遺産分割　重要度 B

1 遺産分割とは

　共同相続人は、相続開始後に遺産分割協議をすることができます。**遺産分割協議で、相続財産が誰のものになるのかが確定**します（907条）。

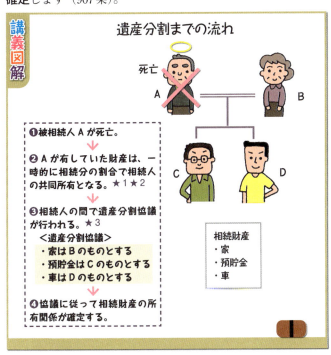

講義図解

遺産分割までの流れ

死亡 A ── B

❶被相続人Aが死亡。

❷Aが有していた財産は、一時的に相続分の割合で相続人の共同所有となる。★1★2

❸相続人の間で遺産分割協議が行われる。★3
　<遺産分割協議>
　・家はBのものとする
　・預貯金はCのものとする
　・車はDのものとする

❹協議に従って相続財産の所有関係が確定する。

C　D

相続財産
・家
・預貯金
・車

ナビゲーション

遺産分割の意味と、民法改正で新しく追加された配偶者居住権について学習しておきましょう。

★1

野畑のズバッと解説

相続財産は、遺産分割協議が行われるまでは相続人全員で管理しあっていると考えてください。

★2

ワンポイント

Aの遺言と異なる遺産分割であっても、共同相続人全員の合意があれば有効です。

★3

あとまわしOK

遺産分割協議で定めた債務を履行しない者がいる場合に、ほかの相続人は債務不履行を理由として解除することはできませんが、相続人全員の合意があれば解除して協議をやり直すことができます。

協議が調わない場合、家庭裁判所に分割を請求することができます（907条2項）。

Aは2010年10月1日に死亡したが、Aには、Dに対する遺贈以外の遺言はなく、その死亡時に妻B、長男C、長女Dおよび次男Eがいた。Aの死亡の時から5年以内にB、C、D、Eの協議により遺産分割がなされない場合には、B、C、D、Eは、全員で家庭裁判所に対し遺産分割を申し立てなければならない。[12-35-オ改題]

×：民法上、遺産分割に期限はなく、遺産分割の申立義務もありません。

2 長期間経過後の遺産分割

所有者が不明の不動産の中には、遺産分割がなされないまま長期間経過し、相続に関する証拠等がなくなってしまうことで遺産分割がより困難になり、そのまま放置されているケースが数多くあります。

そのため、**2021年の民法改正によって、相続開始から10年を1つの契機として、遺産分割を促進する仕組み**が作られました。

【長期間経過後の遺産分割について】

原則	相続開始時から**10年を経過した後は、特別受益や寄与分を考慮しない**（904条の3第1項本文）。
例外	以下の場合は、特別受益や寄与分が考慮**される**（904条の3第1項1号・2号）。★4 ・相続開始時から**10年経過前**に、相続人が家庭裁判所に遺産の分割請求をしたとき ・相続開始時から**10年の期間満了前6か月以内**に、遺産分割請求をすることができないやむを得ない事由が相続人にあった場合で、当該事由消滅時から6か月経過前に、当該相続人が家庭裁判所に遺産の分割請求をしたとき

3 遺産分割の対象

被相続人の財産のうち、**遺産分割をするまで相続人間の共有となるもの**と、**相続開始と同時に相続分に応じて分割されるもの**があります。

★4
野畑の スバッと解説

相続人が生前に贈与を受けている場合（＝もらいすぎ）や、生前に療養看護に努めた場合（＝もっとあげるべき）の調整として、特別受益や寄与分の制度がありますが、相続開始から長期間経過すると関連する証拠がなくなってしまうため、原則として考慮しないこととされました。

[遺産共有となるもの・ならないもの]

遺産共有となる	共同相続された**普通預金債権**、通常貯金債権および定期貯金債権（最大決平28.12.19）★5
遺産共有とならない	**不法行為に基づく損害賠償債権**などの可分債権（最判昭29.4.8）

4 配偶者居住権

配偶者が遺産分割で居住建物を取得した場合、預貯金等の分配を受けられない可能性があります。

そこで、**民法は配偶者が居住建物に住みつつ預貯金等の分配も受けられる制度**を設けました。これが**配偶者居住権**です（1028条、1030条）。★6★7

> 配偶者居住権のイメージをつかんでおきましょう。

講義図解

配偶者居住権がない場合（旧法）

事例 相続人が妻および子、遺産が自宅（2,000万円）および預貯金（3,000万円）だった場合
妻と子の相続分＝1：1（妻2,500万円、子2,500万円）

被相続人

遺産

住む場所はあるけど、生活費が不足しそうで不安。

2,000万円

3,000万円

妻（母）　自宅の所有権（2,000万円）預貯金500万円

子　預貯金2,500万円

★5
あとまわしOK
預金債権は、遺産分割が行われるまでは共有状態なので、1人の相続人が勝手に使うことができません。しかし、**当面の生活費や葬式費用をまかなうため、一定額は遺産分割前に使用することができます**（909条の2）。

★6
ワンポイント
配偶者居住権は民法改正によってつくられた新制度です。

★7
あとまわしOK
相続開始時に被相続人の居住建物に無償で居住していた配偶者は、**一定期間は居住建物を無償で使用する権利**があります（配偶者短期居住権／1037条）。

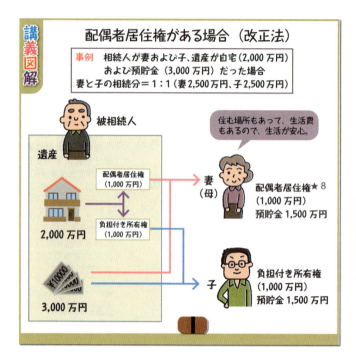

講義図解

配偶者居住権がある場合（改正法）

事例　相続人が妻および子、遺産が自宅（2,000万円）
および預貯金（3,000万円）だった場合
妻と子の相続分＝1：1（妻2,500万円、子2,500万円）

被相続人

遺産

配偶者居住権
（1,000万円）

負担付き所有権
（1,000万円）

2,000万円

¥10000

3,000万円

住む場所もあって、生活費もあるので、生活が安心。

妻
（母）

配偶者居住権★8
（1,000万円）
預貯金 1,500万円

子

負担付き所有権
（1,000万円）
預貯金 1,500万円

★8
ワンポイント

配偶者居住権の存続期間は、配偶者の終身の間（亡くなるまで）とされています（1030条）。

ここがポイント 配偶者居住権

- 配偶者居住権は譲渡することが**できない**（1032条2項）。
- 配偶者居住権を第三者に対抗するためには、配偶者居住権の**設定登記**をしなければならない（1031条2項・605条）。
- 配偶者は、**善良な管理者の注意**をもって、居住建物の使用および収益をしなければならない（1032条1項）。

3 遺言　　　　　　　　　　　　　　　　重要度 **C**

1 遺言（いごん）の種類

　遺言は、生前の自分の意思を残すために認められています。
　民法では遺言書作成についていくつかのルールを規定しています。

ナビゲーション

遺言は過去にあまり出題されていません。遺言の種類と撤回の基本について学習しておけば十分です。

[遺言の種類]

自筆証書遺言 (968条)	遺言者自らが全文・日付・氏名を自書し、これに押印する（検認★1必要）。 ・機械を用いてつくられた遺言は無効。 ・年月日が特定できるような記載でなければ無効。★2 ・遺言者を特定できるような記載でなければ無効。
公正証書遺言 (969条)	証人2人以上の立会いの下、公証人に遺言の趣旨を原則として口授し、**公証人が筆記する（検認不要）**。★3
秘密証書遺言 (970条)	証人2人以上の前に封書を提出して、自己の遺言書である旨を伝え、**2証人が日付を記入する（検認必要）**。

誰が遺言書を書いたかわかればいいので、ペンネーム等の記載も有効です。

2 遺言の撤回

遺言は、亡くなる者の最後の意思表示であるため、**後の遺言で前の遺言を撤回することができます**（1022条）。

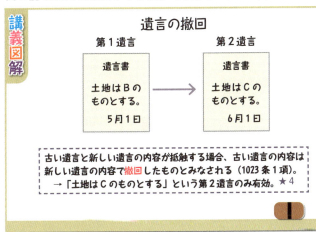

遺言の撤回

古い遺言と新しい遺言の内容が抵触する場合、古い遺言の内容は新しい遺言の内容で撤回したものとみなされる（1023条1項）。
→「土地はCのものとする」という第2遺言のみ有効。★4

★1
用語の意味

検認
家庭裁判所で遺言書の内容を確認すること。

★2
ワンポイント

遺言書を書いた日がわかればいいので「2016リオデジャネイロオリンピックの開会式の日」と記した遺言は有効です。

★3
野畑のズバッと解説

公正証書遺言は、公証人が遺言内容を聞きながら書いているため、家庭裁判所の検認作業が不要です。

★4
あとまわしOK

この後、第2遺言を撤回したとしても、第1遺言が当然に復活するわけではありませんが、Cからの強迫等により第2遺言が書かれたのであれば、撤回により第1遺言が復活します（1025条）。

遺留分とは、**一定の相続人が最低限取得できる相続財産の割合のこと**です（1042条）。★1

例えば、妻のいる夫が全財産を愛人に与えるという遺言を残して死亡した場合でも、**遺留分を有する妻は、愛人に対して遺留分の侵害額に相当する金銭の支払いを請求する**ことができます（遺留分侵害額請求／1046条）。

ナビゲーション

遺留分については過去に記述式でも出題されていますが、頻出論点ではありません。時間のない方は基本事項の確認にとどめておきましょう。

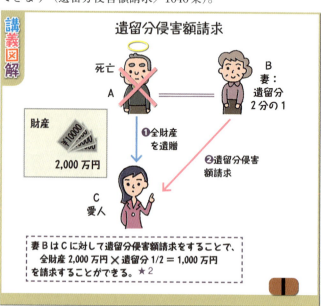

講義図解

遺留分侵害額請求

死亡 A

B 妻：遺留分 2分の1

財産 ¥10000 2,000万円

❶全財産を遺贈

❷遺留分侵害額請求

C 愛人

> 妻BはCに対して遺留分侵害額請求をすることで、全財産2,000万円 × 遺留分1/2 = 1,000万円を請求することができる。★2

★1
ワンポイント

遺留分を持つ相続人は、①配偶者、②子、③直系尊属です（兄弟姉妹にはありません）。

★2
あとまわしOK

遺留分の割合は、①直系尊属だけが相続人の場合は、被相続人の財産×1/3、②それ以外の場合は、被相続人の財産×1/2です（1042条1項）。

> 遺留分の放棄は、相続放棄と異なり相続開始前でもすることができますが、家庭裁判所の許可が必要です（1049条1項）。

ちょっと一息

民法終了、お疲れ様でした！

これで民法の学習がすべて終了です。お疲れ様でした！
まずはここまで読み進めた自分を褒めてあげてください。これから行政法の学習に進んでいきますが、常に民法を復習する時間をつくるようにしてください。行政書士試験合格に向けて必要なのは、とにかく民法と行政法を固めることです。引き続き頑張っていきましょう！

●語句索引

● 判例索引

令和

MEMO

分野別セパレート本の使い方

**各分冊を取り外して、
手軽に持ち運びできます!**

①白い厚紙を本体に残し、
　色紙のついた冊子だけを
　手でつかんでください。
②冊子をしっかりとつかん
　だまま手前に引っ張って、
　取り外してください。

※この白い厚紙と色紙のついた冊子は、のりで接着されていますので、
　丁寧に取り外してください。
　なお、取り外しの際の破損等による返品・交換には応じられませんの
　でご注意ください。

2023年版 イチから身につく

行政書士

合格の

トリセツ

基本テキスト

第3分冊

第3編 行政法

LEC東京リーガルマインド

第3編　行政法

第3編 行政法

著者の**野畑講師**が解説！

書籍購入者限定
無料講義動画

 QRコードからのアクセスはこちら

本書の中から重要ポイントをピックアップして講義しています。

※動画の視聴開始日・終了日は、
　専用サイトにてご案内いたします。

※ご視聴の際の通信料はお客様負担と
　なります。

URL
lec-jp.com/gyousei/book/member/
torisetsu/2023.html

● 過去10年の出題傾向

■ 行政法総論

項目	12	13	14	15	16	17	18	19	20	21
行政法の基本原理	●									●
行政組織法	●	●						●		
行政活動の種別										
行政立法	●		●	●		●				●
行政行為	●	●	●		●	●	●	●	●	●
行政上の強制手段		●	●	●	●	●	●	●	●	
行政調査			●							
行政契約	●	●				●		●		
行政指導	●				●			●	●	
行政計画	●						●			

■ 行政手続法

項目	12	13	14	15	16	17	18	19	20	21
行政手続法総説			●			●				
処分	●	●	●	●	●	●	●	●	●	●
行政指導			●	●	●	●	●	●	●	●
届出										
命令等制定手続	●			●			●	●		
適用除外	●		●	●			●	●		

■ 行政不服審査法

項目	12	13	14	15	16	17	18	19	20	21
行政不服審査法総説		●	●		●	●	●			
審査請求	●			●	●	●	●	●	●	●
再調査の請求・再審査請求					●	●		●	●	●
教示			●			●				
適用除外										

■ 行政事件訴訟法

項目	12	13	14	15	16	17	18	19	20	21
行政事件訴訟法総説		●								
取消訴訟（抗告訴訟）		●		●		●		●	●	●
無効等確認訴訟（抗告訴訟）	●			●	●	●			●	●
不作為の違法確認訴訟（抗告訴訟）				●	●		●			
義務付け訴訟（抗告訴訟）		●	●			●	●	●	●	
差止め訴訟（抗告訴訟）				●		●	●		●	
当事者訴訟	●	●		●			●			
民衆訴訟・機関訴訟				●	●		●			
教示				●		●				

■ 国家賠償法・損失補償

項目	12	13	14	15	16	17	18	19	20	21
国家賠償法	●	●		●	●	●	●	●	●	●
損失補償			●		●		●	●		

■ 地方自治法

項目	12	13	14	15	16	17	18	19	20	21
地方自治法の意義	●	●	●	●		●	●			
地方自治団体の種類		●		●	●	●				
地方公共団体の事務					●	●	●		●	
地方公共団体の組織	●		●	●		●		●		●
住民の権利		●	●	●		●	●		●	
条例・規則	●	●	●	●	●		●			●
公の施設			●			●		●		●
国の関与	●				●	●			●	

行政法の学習法

行政法は、択一式で19問・多肢選択式で2問・記述式で1問出題されます。

全科目の中で最も配点が高く、まさしく「**行政法を制するものは行政書士試験を制する**」ということになります。

行政法は、憲法や民法と比べると馴染みが薄く、聞き慣れない用語も多いため、苦手意識を持つ方が多い科目ですが、知識さえあれば得点できる問題も多いです。

いきなり暗記しようとせず、まずは本書を一読し、**行政法全体のイメージをつかむ**ことが大切です。

学習のポイント

1 行政法総論

例年**2～3問**出題されます。

ここで学習するのは、「国民の権利（人権）を守りながら、どのように行政活動を行うのか」という考え方なので、憲法や民法と異なり、行政法総論では具体的な条文がほとんど登場しません。

ある意味、「行政法学」という学問の学習でもあるので、初学者の方は取っつきにくく感じるかもしれませんが、本書ではできるかぎり具体例やイメージ図を使って説明をしていますので、理解するうえで活用してください。

2 行政手続法

例年**2～3問**出題されます。

行政が活動する際のおおまかな基準や流れを示したものが行政手続法です。

この分野では具体的な条文があるため、総論に比べて学習しやすいですが、正確な知識がないと間違えてしまうような問題も出題されます。重要条文は繰り返し確認するようにしましょう。

3　行政不服審査法

例年 **2 ～ 3 問**出題されます。

行政活動に不服がある場合、国民がクレームをつける際のルールについて学習します。

2016 年から、全面改正された行政不服審査法が出題されています。審理員制度や行政不服審査会への諮問制度などの改正論点や、審査請求の流れを意識しながら学習することが重要です。

4　行政事件訴訟法

例年 **3 ～ 4 問**出題されます。

行政不服審査法と同様、行政活動に不服がある場合、国民がクレームをつける際のルールについて学習します。

行政事件訴訟法では条文だけでなく、判例知識も問われますので、判例を押さえておくことが重要です。また、記述式で出題されることも多いため、「どのような場合にどのような訴訟を起こすべきか」という観点で学習することが大切です。

5　国家賠償法・損失補償

例年 **2 ～ 3 問**出題されます。

国家賠償法は、わずか6条しかありませんので、学習の中心は判例となります。

行政事件訴訟法ほど多くの判例が登場するわけではないので、比較的得点しやすい分野です。

損失補償については、憲法の知識が必要となることもあります。憲法 29 条 3 項の損失補償とセットで学習しておきましょう。

6　地方自治法

例年 **3 ～ 4 問**出題されます。

対策をあとまわしにしてしまう受験生が多い分野ですが、私たちの生活に身近な都道府県・市町村の仕組みや、現在

進行中の「地方分権」の基本についての学習なので、興味を持って取り組むようにしましょう。

また、出題の可能性のある箇所とない箇所がはっきりしているので、メリハリある学習を心がけましょう。

本試験対策

■ 5肢択一式（19問出題：76点）

出題数が民法の2倍以上なので、ここでの取りこぼしが多いと合格が難しくなります。

よくわからない肢があっても、**正解に直結する肢は基本的な内容であることが多い**ので、本書の内容をしっかり押さえた後はなるべく早い段階から過去問などに取り組むようにしましょう。

■ 多肢選択式（2問出題：16点）

憲法と同様に、**判例を題材にした穴埋め形式の問題**が出題されます。その判例自体を見たことがなくても、空欄の前後関係から正解にたどり着くことができる問題が多いのが特徴です。焦らずに問題と向き合うことが大切です。

■ 記述式（1問：20点）

行政事件訴訟法や行政法総論からの出題が多いのが特徴です。

民法と同様、過去に択一式で出題された問題が記述式として出題される傾向があるので、ある程度択一式の過去問が解けるようになったら、「これが記述式だったら何を記載すればいいのか」という観点で問題を見直すと効果的です。

■ 行政法／記述式問題の出題内容

年度	出題内容
2006年度	原告適格を欠く場合の判決（行政事件訴訟法）
2007年度	申請に対する対応（行政手続法）
2008年度	訴訟類型・被告適格（行政事件訴訟法）
2009年度	取消判決の拘束力（行政事件訴訟法）
2010年度	事情判決（行政事件訴訟法）
2011年度	即時強制（行政法総論）
2012年度	形式的当事者訴訟（行政事件訴訟法）
2013年度	狭義の訴えの利益を欠く場合の判決（行政事件訴訟法）
2014年度	公の施設（地方自治法）
2015年度	原処分主義（行政事件訴訟法）
2016年度	秩序罰（行政法総論）
2017年度	行政上の義務の履行を求める訴訟（行政法総論）
2018年度	訴訟類型・被告適格（行政事件訴訟法）
2019年度	処分等の求め（行政手続法）
2020年度	訴訟類型・被告適格（行政事件訴訟法）
2021年度	行政指導の中止等の求め（行政手続法）

MEMO

総論

この章で学ぶこと

「行政活動の迅速性と国民の権利保護」

　行政は、国民に対して様々なサービスを提供してくれますが、財源確保のために税金を徴収しなければなりません。

　迅速に税金を徴収したいという行政側の目的を達成しつつ、国民の権利を守るためにはどうしたらいいのか。行政法総論ではそのような考え方を学習します。

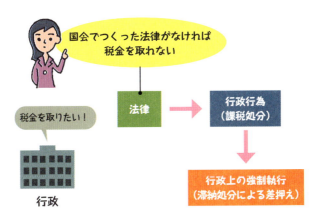

税金は多数の国民から一斉に徴収する必要がある。

行政行為という形式で一方的に支払い義務を課す。

国民が払わなければ、徴税吏員が強制的に財産を差し押さえて徴収する。

第1節 行政法の基本原理

はじめに

この節では、行政法世界の基本ルールについて学習します。
暗記事項もありますが、法律による行政の原理などをしっかり
理解することで、まずはイメージをつかみましょう。

1 法律による行政の原理

重要度 **B**

1 行政活動の特徴

　私たちが安心して生活を送るために、警察や消防等の行政
サービスは欠かせません。そして、これらは私たちが納めた
税金によってまかなわれています。

　本格的な行政法の学習に入る前に、税金がどのように徴収
されるかについて簡単に見ておきましょう。★1

講義図解

課税処分（税金を払いなさい）

国民　　　　　　　　　　　行政

支払うといわなくても、払わなければならない
（支払いを拒否すると、財産が差し押さえられる）。

　税金の徴収のほかにも、行政は不衛生な飲食店を営業停止
にしたり、違法建築物を強制的に撤去したりすることもあり
ます。

　このように、**行政活動は強制力を伴うことが多いのが特徴**
です。

ナビゲーション

試験によく出るとい
うわけではないです
が、これから学習す
る行政法全体を理解
するうえで重要な知
識です。

★1
野畑の ズバッと解説

税金を徴収する際に、
「契約」の手続を踏ん
でいては多くの国民
から税金を徴収する
ことができません。
多数の国民を相手に
する行政活動には、
強制力を持たせる必
要があります。

ここが ポイント 行政活動の特徴

行政活動には、強制力を伴うものが多い。

※行政は、常に**不特定多数の国民を相手に活動**しなければならず、**活動が迅速かつ円滑に行われる必要**があるから。

しかし、このような強制的な行政活動を無制限に認めてしまうと、国民の権利が侵害されてしまいます。

そこで、**行政活動を行うには、国民のつくったルールである法律に基づかなければならない**という考え方が生まれました。

ここが ポイント 法律による行政の原理

国民の権利を守るために、行政活動は法律に基づいて行わなければならない（**法律による行政の原理**）。

この基本原則は、さらに3つに分けることができます。

［法律による行政の原理］

法律の法規創造力 ★2	国民の権利義務に変動を及ぼす一般的ルール（法規）を創造するのは、国会が制定する法律に独占されているという原則。
法律の優位 ★3	あらゆる行政活動は、「法律」の定めに違反してはならないという原則。
法律の留保	一定の行政活動については、法律に基づかなければ行うことができないという原則。

試験対策で重要なのは「法律の留保の原則」です。詳しく見ておきましょう。

★2
野畑の スパッと解説

憲法で学習した、「**国会中心立法の原則**」と同じと考えてください。

★3
野畑の スパッと解説

法律があるのであれば、その法律に従わなければならないということです。

法律がないとできない行政活動は何か？

→ **権力的★4**に **国民の権利・自由を侵害**するような行政活動を行う場合だけ、法律の根拠が必要（侵害留保説）。★5

- 行政が国民から税金を取る（課税処分）
  - → **法律が ないとできない。**
  - ※税金は一方的に徴収されるから。
- 行政が国民に補助金を与える（交付決定）
  - → **法律が なくてもできる。**
  - ※補助金を与えるかどうかは一方的に決められるが、それは国民が損をしないから。
- 行政が国民と契約をする
  - → **法律が なくてもできる。**
  - ※契約を結ぶかどうかは国民の意思で決められるから。

★4
用語の意味
権力的
行政から一方的にという意味。

★5
野畑の スバッと解説

すべての行政活動について、法律がないとできないわけではありません。
「行政が国民にマイナスになるようなことを一方的に決めるときには法律が必要」というのが侵害留保説の考え方です。

過去問チャレンジ

土地利用を制限する用途地域などの都市計画の決定についても、侵害留保説によれば法律の根拠が必要である。[09-8-1]

○：その通り（計画によって土地利用が制限されるため）。

ちょっと一息
行政法総論学習のポイント

行政法総論では、行政があることをするのに「法律の根拠が必要か」という問題がよく出題されます。もちろん、その都度暗記してしまうのも1つの手ですが、その前に「侵害留保説の考え方だったらどうか」ということを自分で考えてみることが大切です。また、「行政活動の迅速性・円滑性」については、行政法を学習するうえでは必ず意識すべきものです。
なかなか大変だとは思いますが、頑張りましょう！

2 行政法の一般原則

重要度 A

　民法には、「信義則」や「権利濫用の禁止」などの一般原則が条文に規定されていますが、**行政法には規定されていません。**

　では、行政法の世界に一般原則は存在しないのでしょうか？

ナビゲーション

試験に頻出のテーマです。繰り返し同じような問題が出題されているので、過去問を確実に解けるようにしておいてください。

[行政法の一般原則]

信義誠実の原則（信義則）	行政は**国民の期待を裏切るような行動をしてはならない**という原則
権限濫用禁止の原則	行政が**持っている権限を不当に行使してはならない**という原則
平等原則	行政は**正当な理由なく国民を差別的に取り扱ってはならない**という原則
比例原則	行政は、**目的達成のために適切な手段をとらなければならない**という原則

[信義誠実の原則（信義則）に関する判例]

租税の賦課行為（最判昭62.10.30）	租税法律関係について、信義則の適用には慎重を要し、租税法規の適用における**納税者間の平等、公平**という要請を犠牲にしてもなお当該課税処分に係る課税を免れしめて**納税者の信頼**を保護しなければ正義に反するといえるような特段の事情があることを要する。
宜野座村工場誘致政策変更事件（最判昭56.1.27）	村長の交替に伴う工場誘致政策の変更自体はやむを得ないとしても、それによって特定の者が被った積極的損害に対して**何ら代替的措置をも講じない**ことは、信頼保護の原則に反する。 ★1
公務員失職の主張（最判平19.12.13）	有罪判決を受けた公務員はその時点で失職していたはずであるが、刑事事件で有罪判決を受けたことを隠し、ほぼ27年にわたって公務員として勤務した者に対して、国が有罪判決時に失職したと主張することについて、信義則に反し、権利の濫用にあたるものということは**できない**。 ★2

★1

野畑の スバッと解説

誘致政策（計画）の変更は仕方がないにしても、企業が損害を被ったのにもかかわらず、村が何も対策しなかったことが信頼保護の原則に反するとされました。

★2

野畑の スバッと解説

行政が「27年前に失職していた」と主張したことに対して、「信頼保護の原則に反する」と主張することはできないということです。

信頼保護の原則と租税の賦課行為については、講義図解でイメージをつけておきましょう。

租税関係と信頼保護の原則

長年固定資産税が課されていなかった土地に、突然税金が課せられることになった。

所有者

課税処分
（固定資産税を払いなさい）

行政

いきなり税金を取るなんて、信頼保護の原則に反する！

この場合に信頼保護の原則を認めると、きちんと税金を払っているほかの国民との間で不公平感が生まれる。

→租税関係において、原則として信頼保護の原則は適用されない。

過去問チャレンジ

課税処分において信義則の法理の適用により当該課税処分が違法なものとして取り消されるのは、租税法規の適用における納税者間の平等、公平という要請を犠牲にしてもなお、当該課税処分に係る課税を免れしめて納税者の信頼を保護しなければ正義に反するといえるような特別の事情が存する場合に限られる。[12-8-3]

○：その通り。

3 行政法の適用範囲 重要度 A

国や地方公共団体と国民との間で適用されるルールのことを「公法」といい、国民同士の間で適用されるルールのことを「私法」といいます。

このように、ルールの適用範囲が決まっていますが、**公法が適用される分野でも、私法が適用されることもあります。**

ナビゲーション

このテーマも試験では頻出です。本書で理解を深め、過去問を確実に解けるように準備しておきましょう。

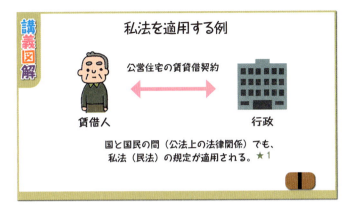

私法を適用する例

公営住宅の賃貸借契約

賃借人 ⟷ 行政

国と国民の間（公法上の法律関係）でも、
私法（民法）の規定が適用される。★1

★1
ワンポイント
公営住宅法（公法）
に公営住宅の使用関
係に関するルールは
ありませんが、民法
（私法）の規定を適用
するということです。

　しかし、**公法上の法律関係に私法の適用がない場合**もあり
ます。

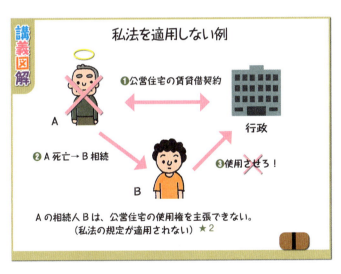

私法を適用しない例

❶公営住宅の賃貸借契約

A 行政

❷A死亡→B相続

❸使用させろ！

B

Aの相続人Bは、公営住宅の使用権を主張できない。
（私法の規定が適用されない）★2

★2
野畑の
ズバッと解説
民法では、賃借人の
賃借権は相続の対象
ですが、このルール
が公営住宅では適用
されないということ
です。
公営住宅法は、低額
所得者に対して低廉
な家賃で住宅を賃貸
するための法律です
が、**Aの所得が低かっ
たとしても、相続人
Bの所得が低いとは
限らないから**という
のが理由です。

これらをまとめた次の表をしっ
かり確認しておきましょう。

[行政法の適用範囲] （民法の適用あり〇　適用なし✕）

国税滞納処分の差押え （最判昭31.4.24）	〇	国税滞納処分による差押えには、民法の対抗要件の規定が適用される。
公営住宅の使用関係 （最判昭59.12.13）	〇	公営住宅の使用関係については、原則として民法および借地借家法の適用がある。
自治体の契約と双方代理 （最判平16.7.13）	〇	普通地方公共団体がその関連団体と契約を結ぶ場合、当該普通地方公共団体の長が代表して行う契約の締結には民法の規定が類推適用される。
農地買収処分と 民法177条 （最大判昭28.2.18）	✕	私経済上の取引の安全を保障するために設けられた民法177条の規定は適用されない。
公営住宅法と相続 （最判平2.10.18）	✕	公営住宅の入居者が死亡した場合には、その相続人が公営住宅を使用する権利を当然に承継すると解する余地はない。
建築基準法65条と 民法234条 （最判平元.9.19）	✕	防火地域または準防火地域内にある外壁が耐火構造の建築物について、建築基準法により外壁を隣地境界線に接して設けることができる。★3

★3

ワンポイント

民法234条1項では、建物建築の際に50cm以上空けなければならないとされていますが、その規定を使わずに外壁を設けることができるということです。

> 一見難しそうに感じますが、同じような問題が繰り返し出題されているだけなので、基本的には〇✕を覚えるだけでも対応できます。

過去問チャレンジ

公営住宅の使用関係については、原則として公法関係と解されるので、法令に特別の定めがない限り、民法の規定は適用されない。[13-10-4]

✕：公営住宅の使用関係については、原則として民法および借地借家法の規定が適用されます。

第2節 行政組織法

はじめに

本節では、行政組織について学習します。
テーマによっては近年出題されていないものもありますので、
メリハリをつけて学習するようにしましょう。

1 行政主体

重要度 **B**

行政主体とは、**自己の名と責任で行政活動を行う法人**を意味しますが、簡単にいってしまえば「**国**」や「**地方公共団体**」のことです。★1

例えば、株式会社の社長がみなさんと土地の売買契約を結んだ場合、それは**株式会社とみなさんの間で結んだ売買契約**となります。

同じように、**東京都知事が都民との間で土地の売買契約を結んだ場合、東京都と都民の間で結んだ売買契約**となります。

ナビゲーション

講義図解でイメージをつかんだ後は、何が行政主体にあたるかを理解できれば十分です。

★1

ワンポイント

行政主体とされるのは、①**国**、②**地方公共団体**のほかに、③**独立行政法人**などもあります。

講義図解

行政主体のイメージ

東京都（行政主体）

効果帰属（何かあれば
東京都が責任を負う）

売買契約

都民

東京都知事（行政機関）

行政機関とは、**行政主体のために様々な活動を行う人や組織のこと**です。

行政主体が自ら行動することは当然できないため、実際には行政機関（東京都知事など）が意思決定などを行っています。

[行政機関の分類] ★1

行政庁	行政主体の**意思、または判断を決定**し、それを**外部に表示する権限**を持つ行政機関。 例 独任制★2：各省の大臣、都道府県知事、市町村長、税務署長など。 合議制★3：内閣、公正取引委員会など。
補助機関	行政庁の**職務を補助**するために、**日常的な事務を行う**行政機関。 例：各省の事務次官・局長、副知事・副市町村長、一般職員など。
執行機関	国民に対して、**行政目的を実現するために必要とされる実力を行使**する権限を有する行政機関。 例：警察官、消防職員、徴税職員、自衛官など。
監査機関	すべての行政機関の**事務や会計の処理を検査**し、その適否を**監査する**行政機関。 例：会計検査院、監査委員など。
諮問機関	行政庁から**諮問を受けて、審議、調査し、意見を具申**★4**する**行政機関。 例：中央教育審議会、法制審議会など。
参与機関	行政庁の意思を法的に拘束する議決を行う行政機関。 例：電波監理審議会、司法試験委員会など。

ナビゲーション

最近はあまり出題されていませんが、行政機関の種類と具体例をセットで押さえておくと安心です。

★1
ワンポイント
定義と具体例をセットで押さえるようにしてください。

★2★3
用語の意味
独任制
一人で意思決定をする制度。
合議制
複数人が集まって、話し合いで意思決定をする制度。

★4
用語の意味
具申
詳しく伝えること。

ここが ポイント　執行機関と補助機関の違い

● 執行機関は実力行使を**する**。
● 補助機関は実力行使を**しない**。

ここが ポイント 諮問機関と参与機関の違い

- 諮問機関の意見は行政庁を法的に拘束**しない**。★5
- 参与機関の意見は行政庁を法的に拘束**する**。

★5
ワンポイント
諮問機関に諮問せずに行った処分は違法となります。

執行機関と補助機関を逆にする、諮問機関と参与機関を逆にする引っかけに気をつけてください。

過去問チャレンジ

行政主体の意思を決定し、これを外部に対して表示する権限を有する行政機関のことを行政庁という。[01-8-3]

O：その通り。

3 行政機関相互の関係

重要度 **B**

　例えば県知事は、法律で割り振られた仕事を自分で行うのが原則ですが、場合によっては副知事に任せることができます。

　仕事の任せ方については、**大きく分けて権限の代理と権限の委任という考え方**があります。

ナビゲーション
最近の出題はありませんが、権限の代理・委任を区別できるようにしましょう。

[権限の代理と委任]

権限の代理 （権限の移動**なし**）	行政庁の権限の全部または一部を**ほかの行政機関が代理機関として、代わりに行使する**こと。 　法定代理：法律の根拠が**必要**。★1 　授権代理：法律の根拠が**不要**。★2
権限の委任 （権限の移動**あり**）	権限を有する行政庁が、その権限の一部を**ほかの行政機関に移譲し、これをその行政機関の権限として行使させる**ことをいう。 　法律の根拠が**必要**。

★1
ワンポイント
法定代理とは、例えば「県知事が亡くなった場合には副知事が権限を行使する」とあらかじめ決めておくことです。

★2
ワンポイント
授権代理とは、例えば県知事が必要に応じて副知事に権限を行使させることです。

文章だけだと難しく感じてしまうので、講義図解でイメージをつかみましょう。

権限の代理

処分権限の代理 →

権限 行政機関
（県知事）

行政機関
（副知事）

処分（県知事の
名前で行う）

処分権限は県知事に残したまま、
副知事が代わりに行使する。
↓
処分について何か問題があったときは、
県知事が責任を負う。★3

★3

野畑の ズバッと解説

権限の代理は、「仕事
を任せるが、何かあっ
たら責任は俺が取
る！」という「よい上
司」をイメージしてく
ださい。

権限の委任

処分権限の委任 →

行政機関
（県知事）

権限 行政機関
（副知事）

処分（副知事の
名前で行う）

処分権限を副知事に移し、
副知事が自分の権限として行使する。
↓
処分について何か問題があったときは、
副知事が責任を負う。★4

★4

野畑の ズバッと解説

権限の委任は、「仕事
を任せるが、何かあっ
たら責任はお前が取
れ！」という「悪い上
司」をイメージしてく
ださい。

過去問チャレンジ ▶

行政庁の権限の委任がなされた場合においては、委任した行政庁はその権限を失い、委任を
受けた機関が自己の名と責任でその権限を行使する。[96-33-2]

○：その通り。

4 国の行政組織

重要度 **B**

憲法において、**内閣は行政権を担当する**こととなっており、国家行政組織法において、**国の行政組織を統括する**こととなっています。

ナビゲーション

このテーマは、一般知識で問われる可能性もあります。新しくできた組織を中心に押さえておきましょう。

講義図解

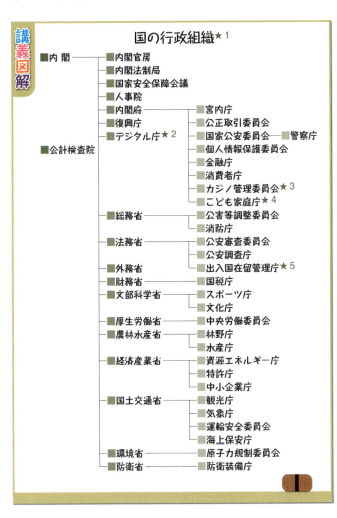

国の行政組織★1

- ■内閣
  - ■内閣官房
  - ■内閣法制局
  - ■国家安全保障会議
  - ■人事院
  - ■内閣府
    - ■宮内庁
    - ■公正取引委員会
    - ■国家公安委員会——■警察庁
    - ■個人情報保護委員会
    - ■金融庁
    - ■消費者庁
    - ■カジノ管理委員会★3
    - ■こども家庭庁★4
  - ■復興庁
  - ■デジタル庁★2
  - ■総務省
    - ■公害等調整委員会
    - ■消防庁
  - ■法務省
    - ■公安審査委員会
    - ■公安調査庁
    - ■出入国在留管理庁★5
  - ■外務省
  - ■財務省
    - ■国税庁
  - ■文部科学省
    - ■スポーツ庁
    - ■文化庁
  - ■厚生労働省
    - ■中央労働委員会
  - ■農林水産省
    - ■林野庁
    - ■水産庁
  - ■経済産業省
    - ■資源エネルギー庁
    - ■特許庁
    - ■中小企業庁
  - ■国土交通省
    - ■観光庁
    - ■気象庁
    - ■運輸安全委員会
    - ■海上保安庁
  - ■環境省
    - ■原子力規制委員会
  - ■防衛省
    - ■防衛装備庁
- ■会計検査院

★1
ワンポイント

内閣府や各省のもとに、**委員会**や**庁**が置かれています。
これらは、主任大臣の統括のもとにありながら、**組織的には省の内部部局（内局）とは異なる独立性**があります（外局といいます）。

★2
ワンポイント

2021年9月から**内閣**に**デジタル庁**が設置されました。

★3
ワンポイント

内閣府の外局として、2020年1月からカジノ管理委員会が設置されました。

★4
ワンポイント

内閣府の外局として、2023年4月からこども家庭庁が設置される予定です

★5
ワンポイント

法務省の外局として、2019年4月から出入国在留管理庁が設置されました。

5 国家公務員

重要度 B

1 国家公務員の種類

行政組織の中では、公務員が実際の職務にあたっています。
公務員の種類として、①**一般職**と②**特別職**があります。★1

[公務員の種類]

一般職	特別職以外の国家公務員。 例：総務省の一般職員	国家公務員法の適用 →**あり**
特別職	法律に列記されている国家公務員。 例：内閣総理大臣・国務大臣等	国家公務員法の適用 →**なし**

2 公務員に対する処分

公務員には手厚い身分保障がありますが、**場合によっては
公務員にとって不利益な分限処分や懲戒処分が行われます。**
★2★3

[分限処分] 職務を十分に果たすことが期待できないとき

降給	人事院規則で定める事由に該当するとき（75条2項）
降任	❶人事評価等に照らして、勤務実績がよくないとき（78条1号）
免職	❷心身の故障のため、職務の遂行に支障があり、またはこれに堪えないとき（78条2号） ❸その官職に必要な適格性を欠くとき（78条3号） ❹官制もしくは定員の改廃または予算の減少により廃職または過員を生じたとき（78条4号）
休職	❶心身の故障のため、長期の休養を要するとき（79条1号） ❷刑事事件に関し起訴されたとき（79条2号）

[懲戒処分] 公務員としての義務を果たさないとき

戒告	❶国家公務員法などに基づく命令に違反したとき（82条1項1号）
減給	❷職務上の義務に違反しまたは義務を怠ったとき（82条1項2号）
停職	
免職	❸国民全体の奉仕者たるにふさわしくない非行があったとき（82条1項3号）

ナビゲーション

このテーマも、近年
は出題されていませ
ん。あとまわしにして
も大丈夫です。

★1
ワンポイント

地方公務員について
も、国家公務員とほ
ぼ同じなので、本書
では国家公務員のみ
を扱います（このペー
ジで記載している条
文番号は、国家公務
員法です）。

★2
あとまわしOK

分限処分や懲戒処分
に不服があるものは、
第三者機関的な人事
院に対してのみ審査
請求ができます（90
条1項）。
通常の処分に対する
審査請求と異なるの
で注意してください。

★3
ワンポイント

分限処分と懲戒処分
の種類を覚えておく
程度で十分です。

過去問**チャレンジ**

国家公務員のうち一般職公務員に対する法律上の懲戒処分の種類は、免職・降任・休職・減給の4種類である。[15-26-4]

× : 免職・停職・減給・戒告の4種類です。

ちょっと一息

出題傾向の変化について

行政書士試験の問題にもトレンド（流行り）というものがあります。

2015年頃までは、行政組織や国家公務員法についてよく出題されていましたが、近年ではめっきり出題されなくなりました。

これは、2016年に行政不服審査法が改正された際に出題数を2問から3問に増やしたことが影響しているとされています。当然、過去問には10年前の問題が掲載されていたりしますが、テーマによっては出題可能性が低くなっているものもあります。

効率のよい学習をするためにも、本書の「科目別ガイダンス」を確認しながら、最近の出題傾向を知ってください。

---

6 公物（こうぶつ）

重要度 **C**

1 公物とは

公物とは、**道路や公園、学校**など、国や地方公共団体によって**直接公の目的のために使われている物**のことです。

公物は、利用目的によって①**公用物**と②**公共用物**に分かれます。★1

ナビゲーション

2019年に久しぶりに出題されましたが、重要度は低いので、時間のない方はあとまわしにしても大丈夫です。

★1
ワンポイント

このほかにも分類の仕方はありますが、ここでは利用目的による分類のみ扱います。

[公物の分類]

公用物	直接、国または公共団体が使用するもの。 例：官公庁の建物
公共用物	直接、一般公衆が共同で使用するもの。 例：道路・公園

❷ 公物の消滅

公物自体が燃えてなくなったりした場合、もちろん公物は消滅しますが、**公物の使用をやめた（公用廃止した）場合も、公物は消滅します。** ★2

公物の消滅については、取得時効が成立するかどうかという論点があります。

公物の時効取得

公の目的に使われていない公物を
取得時効に必要な期間占有

↓

公物の取得時効が認められるか？

公物

ここが ポイント　公物の時効取得 ★3

● 公物が明示的に公用廃止されていた場合
　→取得時効が成立 **する**。
● 公物が黙示的に公用廃止されていた場合。
　→取得時効が成立 **する**（最判昭51.12.24）。

過去問チャレンジ

公物であっても、長年の間事実上公の目的に使用されず、公共用財産として維持すべき理由がなくなった場合など黙示の公用廃止があったとみられる場合には、行政庁の明確な公用廃止の意思表示がなくても、時効取得できるとするのが最高裁判所の判例である。[00-10-カ]

○：その通り。

★2

野畑の ズバッと解説

国が公用廃止の意思表示をしても、当然物自体がなくなるわけではありませんが、公物の対象ではなくなるということです。

★3

ワンポイント

結局のところ、公用廃止が明示的でも黙示的でも、取得時効は成立 **する**と覚えれば大丈夫です。

第3節 行政活動の種別

はじめに

本節では、行政活動の種類について学習します。
最初のうちは理解しづらいかもしれませんが、一度行政法の学習を終えた後に確認することによって、行政法全体の理解を深めることができます。

1 行政活動の種別

重要度 **C**

　行政活動には、税金の徴収やまちづくり計画など様々なものがあります。

　ここでは、**行政活動の種類について**学習します。

[行政活動の分類]

行政立法 P27～ （権力的★1）	政令や省令の制定のような**行政機関による規範の制定行為**。
行政行為 P32～ （権力的）	行政庁が**法律に基づき公権力の行使として行う権力的な行為**であり、かつ具体的に相手方である国民の権利義務を変動させる行為。
行政契約 P60～ （非権力的★2）	行政主体等が**行政目的を達成するために締結する契約**。
行政指導 P63～ （非権力的）	行政が**行政目的を達成するため、国民に対して任意的な協力を求める行為**。
行政計画★3 P65～ （権力的／非権力的）	行政において**作成・決定される計画**。
行政上の強制執行 P48～ （権力的）	行政上の義務を**義務者が自発的に履行しない場合**に、この義務の強制的実現を図る行為。
即時強制 P55～ （権力的）	義務の賦課行為なく、国民の財産や身体に強制を加える行為。
行政調査★3 P58～ （権力的／非権力的）	行政による**情報収集活動**。

ナビゲーション

これから学習する行政活動について記載された図表がありますが、項目ごとに学習するので、ここでは一読する程度でかまいません。

★1★2
用語の意味

権力的
一方的にという意味。
非権力的
一方的ではないという意味。

★3
ワンポイント

行政計画や行政調査は、行政が一方的に行うものとそうでないものがあります。

ここが ポイント　行政活動の選択

行政目的達成のため、**適切な手段（活動）を選択し行動**する。

目的：広く国民から税金を徴収したい

手段：行政行為　＋　行政上の強制執行
　　　（課税処分）　（滞納処分による差押え）

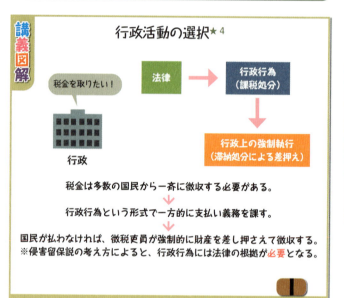

講義図解

行政活動の選択 ★4

税金を取りたい！

行政

法律　→　行政行為（課税処分）
　　　　　↓
　　　　行政上の強制執行
　　　　（滞納処分による差押え）

税金は多数の国民から一斉に徴収する必要がある。
↓
行政行為という形式で一方的に支払い義務を課す。
↓
国民が払わなければ、徴税吏員が強制的に財産を差し押さえて徴収する。
※侵害留保説の考え方によると、行政行為には法律の根拠が必要となる。

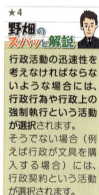

★4

野畑の スパッと解説

行政活動の迅速性を考えなければならないような場合には、行政行為や行政上の強制執行という活動が選択されます。
そうでない場合（例えば行政が文具を購入する場合）には、行政契約という活動が選択されます。

第4節 行政立法

はじめに

本節では、行政立法について学習します。
定義だけでなく、判例知識も出題されるため、1つ1つ正確な
知識を習得するよう心がけましょう。

1 行政立法

重要度 **A**

1 行政立法とは

　行政が活動するためには、原則として国民の代表である国
会議員たちがつくった法律が必要だということは既に学習し
ました。

　しかし、**あまりに詳細なルールについてまで国会で決める
のは難しいため、行政でつくることが認められています。**★1★2

ナビゲーション

行政立法は試験でも
頻出テーマになりま
す。行政立法の分類
や判例をしっかり確
認するようにしてく
ださい。

★1

野畑の
ズバッと解説

行政立法は法律では
ないので、制定改廃
について国会での議
決は不要です。

★2

あとまわしOK

国民のチェックが入
らないという問題点
に対しては、行政手
続法における「意見
公募手続」の採用で
対応しています（詳
しくは行政手続法で
学習します）。

講義図解

行政立法のイメージ

国会

学校教育法第33条
小学校の教育課程に関する事項は、第
29条及び第30条の規定に従い、文部
科学大臣が定める。

学校教育に関する大枠は、国会がつくった法律で決めておく。

文部科学大臣

学校教育法施行規則第50条
小学校の教育課程は、国語、社会、算
数、理科、生活、音楽、図画工作、家
庭、体育及び外国語の各教科（以下こ
の節において「各教科」という。）、特
別の教科である道徳、外国語活動、総
合的な学習の時間並びに特別活動によ
つて編成するものとする。

学校教育に関する詳細は、時代に合わせて文部科学大臣が決める。

❷ 行政立法の分類

　行政立法は、その内容が**国民の権利義務に関わるもの**かどうかによって、①**法規命令**と②**行政規則**に分類されます。

[行政立法の分類] ★3 ★4

法規命令 （法律の根拠が必要）	委任命令	法律の**個別具体的**な委任により、国民の権利義務に**直接影響を与える**命令 例：政令・省令
	執行命令	権利義務の内容それ自体ではなく、**内容実現のための手続（詳細）を定める**命令 例：規則
行政規則 （法律の根拠は不要）		国民の権利義務に直接影響を**与えない**命令 例：訓令・通達

★3
ワンポイント
この表や講義図解の内容から出題される可能性がありますので、何度も確認するようにしましょう。

★4
あとまわしOK
行政立法として法律上「告示」とよばれるものがありますが、これには法規としての性質があるものとないものがあります（例えば、**学習指導要領は法規としての性質を有する告示**とされています）。

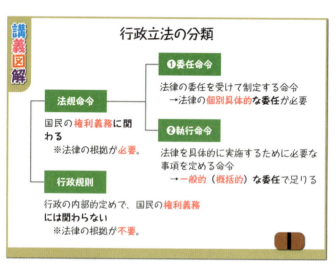

行政立法の分類

法規命令
国民の**権利義務に関わる**
※法律の根拠が**必要**。

❶**委任命令**
法律の委任を受けて制定する命令
→法律の**個別具体的**な委任が必要

❷**執行命令**
法律を具体的に実施するために必要な事項を定める命令
→**一般的（概括的）**な委任で足りる

行政規則
行政の内部的定めで、国民の**権利義務には関わらない**
※法律の根拠が**不要**。

過去問チャレンジ

行政機関は、多くの場合、自らその活動のための基準を設定する。この種の設定行為および設定された基準は、通例、［ア］と呼ばれる。この［ア］には、行政法学上で［イ］と［ウ］と呼ばれる2種類の規範が含まれる。[17-42改題]

行政指導指針　行政処分　行政規則　施行規則　定款　行政立法　処分基準　解釈基準　法規命令
職務命令　政令　省令　告示　訓令　通達　審査基準　委任命令　附款　裁量基準　執行命令

ア…行政立法　イ…法規命令　ウ…行政規則

❸ 法規命令

　法規命令は、**国民に対するルールなので、つくるには法律の根拠が必要**です。

　法規命令（特に委任命令）は、**法律が「この部分に関しては行政に任せる」としている部分に関してのみつくることができます**が、ここには下記のような問題が生じます。

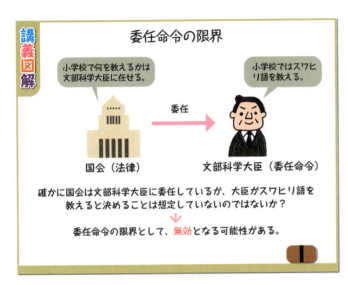

講義図解

委任命令の限界

小学校で何を教えるかは文部科学大臣に任せる。

小学校ではスワヒリ語を教える。

委任

国会（法律）　　→　　文部科学大臣（委任命令）

確かに国会は文部科学大臣に委任しているが、大臣がスワヒリ語を教えると決めることは想定していないのではないか？
↓
委任命令の限界として、無効となる可能性がある。

　委任命令の限界に関する判例は重要です。
　次の表で確認しましょう。

[委任命令の限界に関する判例] ★5

サーベル事件 (最判平2.2.1)	銃砲刀剣類所持等取締法（銃刀法）は、「美術品として価値のある刀剣類」については登録を経たうえでの所持を認めているが、銃砲刀剣類登録規則がそれを日本刀に限定していた。 →銃刀法の委任の趣旨を逸脱せず有効。
接見を制限する 監獄法施行規則 (最判平3.7.9)	旧監獄法には、「接見の立会いに関する制限は法務省令で定める」という規定があったが、監獄法施行規則では、「14歳未満の者は在監者と接見できない」とされていた。 →監獄法の委任の趣旨を逸脱し無効。★6
児童扶養手当法 施行令事件 (最判平14.1.31)	児童扶養手当法の委任を受けた児童扶養手当法施行令には、「子が父から認知を受けると児童扶養手当の支給を停止する」という規定があった。 →児童扶養手当法の委任の趣旨を逸脱し無効。★7
医薬品ネット 販売事件 (最判平25.1.11)	薬事法には医薬品のネット販売に関する規制について明確に規定されていなかったが、薬事法施行規則には郵便等販売の規制が厳格に規定されていた。 →薬事法の委任の趣旨を逸脱し無効。

上記の判例は本試験でも頻出です。
しっかりチェックしておきましょう。

★5
ワンポイント
「有効か無効か」という結論を押さえておけば解ける問題がほとんどです。

★6

野畑のズバッと解説
法律は「原則接見できる」としているのに、委任命令で「原則接見できない」としてしまったことが問題となっています。

★7

野畑のズバッと解説
父が子を認知したら、必ず生計が維持されるわけではないのに、委任命令で「支給を停止する」としてしまったことが問題となっています。

過去問チャレンジ

1 児童扶養手当法施行令が、父から認知された婚姻外懐胎児童を児童扶養手当の支給対象となる児童の範囲から除外したことは、社会観念上著しく妥当性を欠き、裁量権を濫用したものとは認められないので、児童扶養手当法の委任の範囲を逸脱した違法な規定と解することはできない。[14-9-ウ]

×：判例は、「父から認知された婚姻外懐胎児童を除外することは、法の趣旨、目的に照らし両者の間の均衡を欠き、法の委任の趣旨に反するものといわざるを得ない」としています（最判平14.1.31）。

2 文部省令が、登録の対象となる文化財的価値のある刀剣類の鑑定基準として、美術品として文化財価値を有する日本刀に限る旨を定めたことは、銃砲刀剣類所持等取締法の趣旨に沿う合理性を有する鑑定基準を定めたものというべきであるから、これをもって法の委任の趣旨を逸脱する無効のものということはできない。[14-9-ア]

○：その通り。

❹ 行政規則

　行政規則（訓令・通達等）は、「行政内部のルール」であるため、国民を拘束するものではありません。

　したがって、行政は**法律の根拠がなくても行政規則をつく**ることができます。★8

ここがポイント　行政規則（通達）

- ●通達を発するのに法律の根拠は**不要**。★9
- ●通達に拘束されるのは行政であり、**国民**や**裁判官**は拘束されない。
- ●通達に**処分性**はなく、**抗告訴訟**の対象とはならない。（**取消訴訟**を提起することはできない）

「処分性」については行政事件訴訟法で学習します。

過去問チャレンジ

通達によって示された法令解釈の違法性が訴訟において問題となったとき、裁判所は、行政庁の第一次的判断権の尊重の原則により、それが重大明白に誤りでない限り、当該通達で示された法令解釈に拘束される。［10-9-4］

×：裁判所は、法令の解釈にあたって通達で示された解釈とは異なる独自の解釈をすることができます。

★8
ワンポイント
通達の例として、国税庁長官から各税務署に対して、税金の徴収に関してのルールを発することが考えられます。

★9
野畑のズバッと解説
通達の内容によっては、国民の権利義務に関わることもありますが、そのような通達であっても法律の根拠は不要とされています。

第5節 行政行為

はじめに

本節では、行政法総論で最も重要な行政行為について学習します。行政行為の大枠をつかんだ後は、本書を何度も読み直し、テーマごとの出題論点を押さえていくようにしてください。

1 行政行為の意義・分類

重要度 A

1 行政行為の意義

「行政活動の種別」でも学習しましたが、**行政は多数の国民に対して迅速な対応が求められます。**

その際に選択される行政活動として、**行政行為**があります。

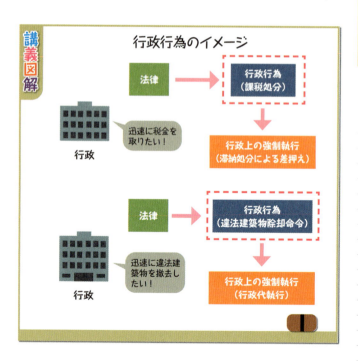

ナビゲーション

行政行為は、行政法総論の中でも特に重要なテーマとなります。覚えることも多いですが、まずは行政行為がどのような性質のものなのか理解するところからはじめましょう。

ここが ポイント　行政行為の定義

行政庁が**法律**に基づき**公権力の行使**として行う**権力**的な行為であり、かつ具体的に相手方である国民の権利義務を**変動**させる行為。

2 行政行為の分類

　行政行為は、行政庁の意思表示を要素とするかしないかにより、①**法律行為的行政行為**と②**準法律行為的行政行為**の2つに分けられます。

> あまり難しく考える必要はありません。
> 講義図解でイメージをつかんでおけば十分です。

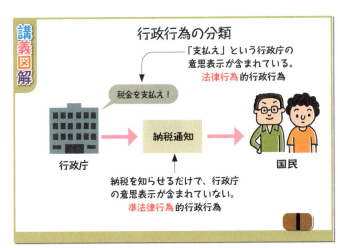

講義図解

行政行為の分類

「支払え」という行政庁の意思表示が含まれている。
法律行為的行政行為

税金を支払え！

行政庁 → 納税通知 → 国民

納税を知らせるだけで、行政庁の意思表示が含まれていない。
準法律行為的行政行為

★1
ワンポイント
課税処分については、法律の範囲内で生活困窮者に対し減税措置や免税措置をとる判断もできると考えられます。

★2
ワンポイント
納税通知は、納税が決定している者に対して送付する必要があり、行政が送付しないという判断をすることはできないと考えられます。

ここが ポイント　法律行為的行政行為と準法律行為的行政行為

● 法律行為的行政行為
　　→裁量の幅が**広い**（行政が自分の判断で行いやすい）★1
● 準法律行為的行政行為
　　→裁量の幅が**狭い**（行政が自分の判断で行いにくい）★2

［行政行為の分類① 法律行為的行政行為］ ★3

★3

	分類	意義	具体例
命令的行為	下命	国民に作為や不作為を命じる行為	・違法建築物の除去 ・租税賦課 ・営業停止
命令的行為	免除	法律等で課されている義務を、特定の場合に免除する行為	・租税免除 ・授業料免除
命令的行為	**許可**	**法律で禁止されていることを、特定の場合に解除する行為** ★4	・**自動車免許** ・**医師免許** ・**各種営業許可**
形成的行為	**特許**	**特別の権利や能力を新たに設定する行為**	・**外国人の帰化の許可** ・**河川占用許可** ・**公有水面埋立** ・**公務員の任命**
形成的行為	**認可**	**私人間の契約等の法律行為に介入し、その法律上の効果を完成させる行為** ★5	・**農地権利移動の許可** ・公共料金改訂認可
形成的行為	代理	第三者がなすべき行為を行政機関が代わって行う	・土地収用裁決 ・特殊法人の役員の任命

この中では、許可と特許の違いがわかりにくいです。間違えないようにしっかり区別できるようにしておきましょう。

ここが ポイント　許可と特許の違い★6

● 許可の例：自動車免許

　自動車の運転は、**もともと誰でもできるはずだが、危ないので国が規制している**（「できる」が前提）。

　　→一定の技量がある場合、原則全員に免許を与えなければならない（裁量の幅が狭い）。

● 特許の例：公務員の任命

　国が公務員制度をつくらなければ、**国民は公務員になることができない**（「できない」が前提）。

　　→一定基準をクリアしていても、公務員にふさわしい人間でないと判断された場合、採用されないことがある（裁量の幅が広い）。

★3
ワンポイント
分類と具体例がズレているものがよく問われます。
例えば、「外国人の帰化の許可」は、分類上は「特許」となっています。

★4
あとまわしOK
無許可で行った営業上の取引行為は**有効**ですが、無許可営業者が行政から処罰されることがあります。

★5
あとまわしOK
無認可で行った行為は**無効**となります（無許可行為との引っかけに注意）。

★6
ワンポイント
許可も特許も法律行為的行政行為なので、裁量の幅は広いですが、その中でもさらに狭い・広いがあるということです。

過去問チャレンジ

1 自動車の運転免許は、免許を受けた者に対し、公道上で自動車を運転することができるという新たな法律上の地位を付与するものであるから、行政行為の分類理論でいうところの「特許」に該当する。[07-10-1]

×：自動車の運転免許は、行政行為の分類理論でいうところの「許可」にあたります。

2 道路交通法に基づく自動車の運転免許は、伝統的に行政裁量が広く認められると解されてきた行政行為である。[11-10-ア改題]

×：自動車の運転免許は、行政行為の分類理論でいうところの「許可」にあたり、行政裁量は広く認められていません。

[行政行為の分類② 準法律行為的行政行為]

分類	意義	具体例
確認	**特定の事実または法律関係の存否を、公の権威をもって確定する行為**★7	・発明の特許 ・**建築確認**
公証	特定の事実または法律関係の存否を公に証明する行為	・証明書の交付 ・運転免許証の交付
通知	特定または不特定多数の人に対して一定の事実を知らせる行為	・納税の督促
受理	他人の行為を有効な行為として受け付ける行為	・各種の申請の受理

★7
ワンポイント
準法律行為的行政行為については、確認を押さえておく程度で十分ですが、**全体として行政裁量が認められない**ことは押さえておくとよいでしょう。

2 行政行為の効力

重要度 **A**

　行政活動を迅速かつ円滑に行うために、行政行為には特別な効力があるとされています。

[行政行為の効力]

公定力	たとえ行政行為が**違法なもの**であっても、**当然無効とされる場合**を除いて、権限を有する国家機関により**取り消される**までは有効な行政行為として扱われる。
不可争力	行政行為後、**一定の期間が経過**すると、**国民の側**からその行政行為の効力を争うことができなくなる。★1
自力執行力	行政行為によって命じられた義務を国民が履行しない場合、**裁判所**を使わずに行政庁自ら義務者に強制執行し、義務の内容を実現することができる。★2
不可変更力	紛争解決を目的とする行政行為は、一度行うと、**行政庁自ら**変更することができない。★3

ナビゲーション
このテーマも試験では頻出です。行政行為がどのような効力を持つのかをしっかり押さえておきましょう。

★1

野畑のズバッと解説
「国民の側から」争うことができなくなるだけで、「行政の側から」行政行為を取り消すことはできることに注意してください。

行政行為の効力のイメージ

迅速に税金を取りたい！

法律 → 行政行為（課税処分）

↓

行政上の強制執行（滞納処分による差押え）

行政

- 課税処分が間違っていても、国民がクレームを出すまで手続は進む（**公定力**）。
- 一定期間が過ぎると、国民がクレームを出すことができなくなる（**不可争力**）。
- 国民が税金を滞納した場合、裁判所のチェックを受けずに徴税職員が財産を差し押さえる（**自力執行力**）。

↓

行政活動の迅速性を確保するため

★2

野畑のズバッと解説

行政行為に自力執行力があるとしても、自力執行を行うには法律の根拠が必要です（財産の差押えについては、国税徴収法という法律に基づいて行っています）。

★3

あとまわしOK

不可変更力だけは、すべての行政行為に認められる効力ではありません（審査請求に対する結論である「**裁決**」等に認められます）。

過去問チャレンジ

1 行政行為は不可争力を有するから、行政行為に取り消しうべき瑕疵がある場合でも、行政事件訴訟法に定める出訴期間の経過後は、行政庁は、当該行政行為を取り消すことはできない。[99-34-3]

×：不可争力とは、一定の期間が経過すると、「国民の側から」はその行政行為の効力を争うことができなくなるというものですが、処分庁が職権で当該行政行為を取り消すことはできます。

2 行政行為で命じた義務が履行されない場合は、行政行為の有する執行力の効果として、行政庁は、法律上の根拠なくして当然に当該義務の履行を強制することができる。[99-34-2]

×：行政上の強制執行は、法律上の根拠がなければ行うことができません。

3 行政行為の瑕疵

重要度 **A**

1 瑕疵ある行政行為

　①法律に違反して行った行政行為（**違法な行政行為**）や、②違反はしていないが行うべきではなかった行政行為（**不当な行政行為**）は「瑕疵ある行政行為」とよばれます。

> 瑕疵ある行政行為は、さらに、取り消されるまで有効なものと、取り消されるまでもなく無効なものに分かれます。

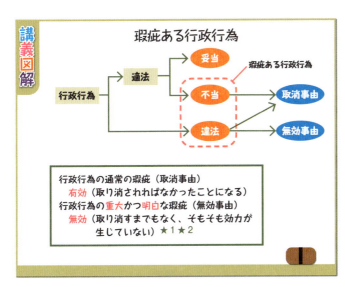

ナビゲーション

このテーマも頻出です。違法な行政行為と不当な行政行為を押さえた後は、取消しと撤回の違いをしっかりと押さえるようにしてください。

★1 **野畑のズバッと解説**

イメージとして、「税金が普段より多く課せられた」場合が取消事由で、「支払う必要のない税金が課せられた」場合が無効事由と考えてください。

★2 **あとまわしOK**

取消事由と無効事由の区別は、国民が裁判で争う際に問題となります（取消訴訟か無効確認訴訟か、どちらで争うのかという問題と関係します）。

2 行政行為の取消しと撤回　☆記述に出る！

　一度行われた**行政行為の効力を失わせる**ためには、①取消しと、②撤回の２つの方法があります。★3

★3 **ワンポイント**

取消し・撤回の定義と具体例をしっかり押さえるようにしましょう。

〈取消し〉

● 行政行為の**当初**に瑕疵があったことを理由として、**はじめから**行政行為がなかったものとみなすこと。

> 例：18歳未満の者に運転免許を与えてしまった場合の取消し

〈撤回〉

● 行政行為の**当初**に瑕疵はなかったが、**後発的事情の変化**によってその効力を存続させることが適当でない事情が発生したために、**将来に向かって**その効力を失わせること。

> 例：免許取得後、度重なる違反による運転免許の取消し★4

★4
ワンポイント
このように、条文上は「取消し」とされていても、行政法学上は「撤回」に分類されることがあります。

講義図解

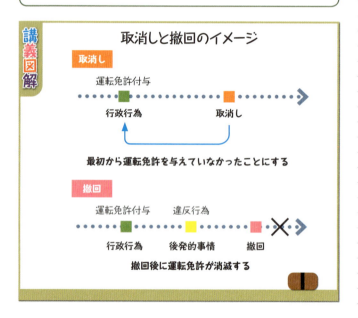

取消しと撤回のイメージ

取消し
運転免許付与
行政行為　　取消し
最初から運転免許を与えていなかったことにする

撤回
運転免許付与　違反行為
行政行為　　後発的事情　　撤回
撤回後に運転免許が消滅する

過去問チャレンジ

行政行為の撤回は、処分庁が、当該行政行為が違法になされたことを理由にその効力を消滅させる行為であるが、効力の消滅が将来に向かってなされる点で職権取消と異なる。[06-10-1]

× : 行政行為の撤回は、適法な行政行為が前提となっています。

③ 取消し・撤回の制限

取消し・撤回はどのような場合でも無制限に行うことができるのでしょうか。

両者とも法律の根拠は不要ですが、**授益的行政行為★5を取り消したり撤回したりする場合は一定の制限がかかる**とされています。

ここが ポイント　取消し・撤回の制限

● **授益**的行政行為の取消し・撤回
→取消し・撤回によって被る不利益を考慮しても、なおそれを取消し・撤回をすべき**公益上の必要性**が高い場合に認めるべき。
● **侵害**的行政行為の取消し・撤回
→一般的に広く取消し・撤回が認められる。

過去問チャレンジ

行政行為の職権取消は、行政活動の適法性ないし合目的性の回復を目的とするものであるが、私人の信頼保護の要請等との比較衡量により制限されることがある。[06-10-5]

O：その通り。

ちょっと一息

2科目並行学習の重要性

このコラムを見ているみなさんは、おそらく憲法→民法→行政法の順で学習を進めていると思います。
突然ですが、最初のほうに学習した憲法の内容は覚えていますか？　せっかく学習をしても、放っておくと知識はどんどん抜けていきます。いま学習している行政法も重要ですが、既に終わった科目や分野の復習も忘れずに行ってくださいね。

④ 補償の必要性

例えば、国から土地の使用許可をもらって飲食店を営業しているとき、「やっぱり使いたいから返してほしい」といわれた場合、「代わりの土地を使わせてくれ」と国に損失補償を請求することはできるのでしょうか。★6

★6
ワンポイント
この具体例は「撤回」です。

ここが ポイント　撤回における損失補償の要否

- 許可による使用権の対価に対する**補償は原則として**不要。
- 例外として、使用許可を受けるにあたり対価の支払いをしているが当該行政財産の使用収益によりその対価を償却するに足りないと認められる期間内に撤回が行われた場合等に限って補償が必要。★7

> 「タダで使わせてもらっている場合は補償を受けられない」が、「お金を出して使わせてもらっている場合は補償が受けられる場合がある」と理解しておきましょう。

過去問チャレンジ

事業者に対する行政財産の目的外使用許可が所定の使用期間の途中で撤回された場合に、撤回を行った行政主体に損失補償の責任が生じるのは、許可に際して損失補償をする旨の取り決めを行ったときに限られる。[13-9-1]

×：損失補償をする旨の取り決めを行ったとき以外にも、対価の支払いをしている場合等にも補償が認められる可能性があります。

[取消しと撤回の比較]

	取消し	撤回
原因	最初から違法だった	最初は適法だった
法律の根拠	不要	不要
取消(撤回)権者	処分庁、上級行政庁	原則として処分庁のみ
効果	遡及効	将来効
補償	不要	原則不要

5 違法性の承継　☆記述に出る!

　行政行為は、通常1回で完結するものですが、例外的に2つ以上の行政行為が連続することによって1つの法的効果が発生する場合があります。

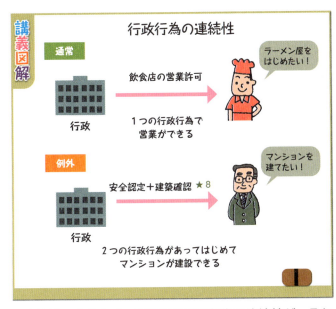

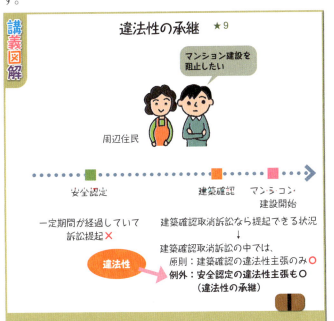

違法性の承継とは、**先行する行政行為の違法性が、それを前提とする後続の行政行為の違法事由となること**をいいます。

★8
ワンポイント

マンション建設の際には、敷地と道路が一定以上接している必要（接道要件）がありますが、都道府県知事から安全認定を受ければ、接道要件は適用されません。

★9
野畑のスバッと解説

このように考えれば、建築確認自体に違法性がない場合でも、「安全認定が違法だ」と主張することによりマンション建設を阻止することができます（実際に行われた訴訟では住民側が勝訴しました）。

6 瑕疵ある行政行為が有効となる場合

行政行為に瑕疵があれば、取消しや無効となったりしますが、**相手方の信頼保護の観点から有効とされる場合**があります。

[瑕疵の治癒・違法行為の転換・理由の差替え] ★10

瑕疵の治癒	行政行為の**瑕疵が軽微**であり、欠けていた要件が事後的に満足たされた場合に、当該行政行為を有効なものとして扱うこと。 例：農地買収計画の閲覧期間が法令の定めより1日短かったが、期間内に関係者全員が閲覧を済ませていた場合。
違法行為の転換	本来は瑕疵があるため違法な行政行為であるが、それを**別の行政行為**としてみると瑕疵がなく要件を満たしている場合に、これを別の行政行為として有効なものとして扱うこと。 例：死者に対して土地の買収処分をしたときに、これを相続人に対してしたものと考えて有効な買収処分として扱う場合。
理由の差替え	同一の行政行為について、**理由を変更することでその適法性を維持する**こと。 例：飲食店営業申請に対して拒否処分を出す際の理由が適切でないと考えられる場合に、適切と思われる理由に変更すること（最判平11.11.19）。

★10
あとまわしOK
最近はあまり出題されていないので、余裕がなければこの表はあとまわしでも大丈夫です。

過去問チャレンジ

行政処分が処分行政庁の意図した行政処分としては法定の要件を満たさず違法であるにもかかわらず、これを他種の行政処分とみれば、その法定要件が満たされており適法と考えられる場合に、これを取り消すことなく、その効力を維持するような取扱いは、判例では一切認められていない。[95-34-2]

× ：判例は、一定の場合に違法行為の転換を認めています。

4 行政裁量

重要度 A

　法律による行政の原理からすれば、人権侵害の可能性がある行政行為を行う場合の要件は、あらかじめ法律で事細かに決めておくことが理想です。

　しかし、**行政の活動は多岐にわたるため、すべての活動を想定して法律を制定することは不可能であり、仮に可能であったとしても今度は行政の活動に支障をきたす可能性**が出てきます。

　そこで、**行政裁量**という考え方が登場します。

ここが ポイント　行政裁量とは

法律により行政庁に認められた判断の余地のこと。★1

【例：医師法】

第7条

1　医師が第4条各号のいずれかに該当し、又は①**医師としての品位を損するような行為**のあつたときは、厚生労働大臣は、②**次に掲げる処分**をすることができる。

　一　戒告

　二　3年以内の医業の停止

　三　免許の取消し

> **厚生労働大臣が、**
>
> ❶**処分の要件をみたすか**★2
>
> 　（「医師としての品位を損するような行為」に当たるか）
>
> ❷**どのような処分をするか**★2
>
> 　（戒告にするのか、業務停止にするのか、免許を取り消すのか）
>
> **を自分の判断で決めることができる。**

　このような場合、行政庁の自由な裁量で物事を決めることができますが、それが**あまりに不適切な場合には違法な行政行為として取消しの対象**となります。

ナビゲーション

理解するのに時間がかかるテーマですが、試験ではよく出題されます。有名な判例についてしっかり読み込んでおくようにしましょう。

★1

野畑の スバッと解説

簡単にいうと、法律ではおおまかなことだけ決めておいて、実際の判断は行政庁に任せるということです。

★2

ワンポイント

①については「要件裁量」、②については「効果裁量」といいます。

ここがポイント 裁量に対する司法審査

行政庁の裁量処分については、**裁量権**の範囲をこえ、またはその**濫用**があった場合に限り、裁判所は、その処分を取り消すことができる（行政事件訴訟法30条）。★3

何をもって裁量権の逸脱・濫用があったかの判断基準については、大きく3つに分かれます。

[裁量権の逸脱・濫用の判断基準] ★4

実体的審査	・**事実誤認** 例：人違いの懲戒処分 ・**平等原則違反** 例：特定の個人を差別した補助金交付決定 ・**比例原則違反** 例：些細な不正に対する不当に重い懲戒処分 ・**動機不正** 例：風俗店の開業を阻止するために行った児童施設の設置許可処分★5
判断過程審査	・**他事考慮・考慮不尽** 例：信仰上の理由から剣道の受講を拒否する学生に対して、代替措置を講ずることなく下した退学処分。
手続的審査	行政庁の裁量判断が、**公正な手続によって行われたか**に着目し、公正な手続によって行われていなかった場合には、裁判所が行政庁の処分を違法と判断する。 例：営業許可の取消処分を出す際、相手方が意見を述べる機会を与えなければならないのに、与えなかった。

[行政裁量に関する判例] ★6

外国人の在留許可の更新（マクリーン事件／最大判昭53.10.4）	出入国管理令に在留期間の更新事由が概括的に規定され、その判断基準が特に定められていないのは、**更新事由の有無の判断を法務大臣の裁量に任せ、その裁量権の範囲を広汎なものとする趣旨**である。 →外国人の更新拒否処分は**違法ではない**。
エホバの証人剣道受講拒否事件（最判平8.3.8）	信仰上の理由による剣道実技の履修拒否を、代替措置につき何ら検討することもなく、原級留置処分さらに退学処分をした高専校長の措置は、**考慮すべき事項を考慮しておらず、または考慮された事実に対する評価が明白に合理性を欠き、その結果、社会通念上著しく妥当を欠く処分**をしたものである。★7 →学生に対する退学処分は**違法である**。

呉市学校施設使用不許可事件（最判平18.2.7）	公立学校の目的外使用の不許可処分は、**重視すべきでない考慮要素を重視するなど、考慮すべき事項を十分考慮しておらず、その結果**社会通念に照らし著しく妥当性を欠いたものということができる。 →目的外使用の不許可処分は**違法である**。	★7 **あとまわしOK** 裁判所が処分の適否を審査するにあたっては、**校長と同一の立場に立って判断すべきものではない**としています。
個人タクシー事件（最判昭46.10.28）	個人タクシー事業の免許にあたり、申請人に対し公正な手続によって免許の許否につき判定すべきところ、それに反する審査手続により免許申請を却下した処分は、**公正な手続によって免許申請の許否につき判定を受けるべき申請人の**法的利益を侵害するものである。 →免許の却下処分は**違法である**。	
伊方原発訴訟（最判平4.10.29）	原子炉施設の安全性に関する被告行政庁（内閣総理大臣）の判断の適否が争われる原子炉設置許可処分の取消訴訟における裁判所の審理、判断は、原子力委員会等の専門技術的な調査審議及び判断を基にしてされた被告行政庁の判断に不合理な点があるか否かという観点から行われるべき。 →原子炉設置の許可処分は**適法である**。	

行政裁量の判例は重要です。結論だけでなく、理由もチェックするようにしてください。

過去問チャレンジ

法務大臣は、本邦に在留する外国人から再入国の許可申請があったときは、わが国の国益を保持し出入国の公正な管理を図る観点から、申請者の在留状況、渡航目的、渡航の必要性、渡航先国とわが国との関係、内外の諸情勢等を総合的に勘案した上で、法務大臣に委ねられた出入国管理上の合理的な裁量に基づいて、その許否を判断する。[12-26-2]

O：その通り。

5 行政行為の附款

重要度 **B**

ナビゲーション

ほかの行政行為の論点よりは出題可能性が下がりますが、条件・期限の違いくらいは押さえておくようにしましょう。

　例えば、私たちが行政庁に「道路を使わせてください」という許可申請をしたとします。それに対して行政は「使わせるか使わせないか」だけでなく、「使用料を払ってくれたら使わせる」という判断をすることができます。

　このように、行政行為に条件を付けることを附款といいます。

ここが ポイント 附款のイメージ

道路の占用を許可する ＋ 占用料の納付を命じる
　（行政行為）　　＋　　（附款）
※附款も**行政行為**の一部なので、附款を付すには法律の根拠が**必要**となる。
※附款に瑕疵がある場合、原則として行政行為**全体**が違法となる。

［附款の種類］

条件	将来発生するかどうかが**不確実**な事実にかからせる附款 ・道路工事が完成したら、路線バス事業の免許を与える（停止条件）。 ・指定期間内に運輸事業を開始しないと、免許を失効させる（解除条件）。
期限	将来発生するかどうかが**確実**な事実にかからせる附款 ・3月31日から道路の占用を許可する（始期）。 ・3月31日まで道路の占用を許可する（終期）。
負担★1	行政行為に伴う**特別の義務**を命ずる附款 ・自動車運転免許に付加される「眼鏡等使用」 ・河川占用許可に対する「占用料の納付」
撤回権の留保	特定の場合に行政行為を**撤回**する権利を留保する附款 ・県庁での売店営業を許可するが、県側に事情の変更があれば撤回する。

★1 野畑のズバッと解説

条件はそれが満たされないと行政行為の効力が発生しなかったり、失われたりしますが、**負担はそれが満たされなくても行政行為の効力が失われるわけではありません。**

過去問チャレンジ

自動車の運転免許の期限として、免許証に記載されている「〇年〇月〇日まで有効」という条件は、行政行為の附款理論でいうところの「期限」に該当する。[07-10-3]

〇：その通り。

第6節 行政上の強制手段

はじめに

本節では、行政上の強制手段について学習します。
試験では行政行為とともに頻出です。どのような場合にどのような強制手段をとることができるのか、しっかり押さえておく必要があります。

1 行政上の強制手段とは

重要度 **B**

　これまで、行政活動の迅速化の観点から、行政行為について学習してきましたが、例えば**行政行為で税金を払う義務を国民に課したとしても、実際に払ってくれなければ意味がありません。**

　そこで、行政目的を達成するために、**税金を払わない国民に対し強制的に税金を徴収するという行政活動**が必要になります。

行政行為と同じくらいよく出題されるテーマになります。どのような強制手段があるのか、具体例とともに押さえるようにしてください。

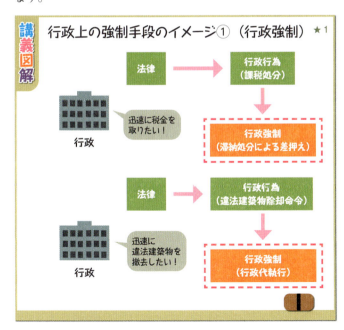

講義図解

行政上の強制手段のイメージ①（行政強制） ★1

法律 → 行政行為（課税処分）

行政「迅速に税金を取りたい！」

行政強制（滞納処分による差押え）

法律 → 行政行為（違法建築物除却命令）

行政「迅速に違法建築物を撤去したい！」

行政強制（行政代執行）

★1
野畑の スパッと解説

行政強制は、**将来に向かって国民に履行を強制する**性質があります。

また、違法建築物が建てられないように、建築確認を受けなかった場合は罰金を科すような仕組みを設けることも、行政目的達成のためには必要です。

★2

野畑の ズバッと解説

行政罰は、**過去の義務違反に対する制裁**という側面があります（「罰金があるから、違反しないでおこう」という気持ちにさせる意味もあります）。

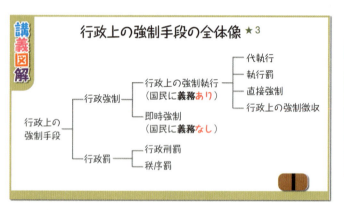

★3

ワンポイント

この全体像は、一度学習した後にじっくり確認するようにしてください。
もし意味がわからないものがあれば、詳しく説明してあるページに戻って確認しましょう。

2　行政上の強制執行

 重要度 **A**

1 行政上の強制執行の分類

　行政上の強制執行は、行政上の義務を国民が履行しない場合に、強制力をもって履行を確保するものです。

どのような強制方法があるのか次の図表で確認しておきましょう。

ナビゲーション

代執行を中心に、行政上の強制執行は試験でも頻出です。
定義と具体例をセットで押さえておくことがポイントです。

［行政上の強制執行の分類］★1

代執行 （行政代執行法）	代替的作為^{だいたいてきさくい}義務★2の不履行について、行政庁または行政庁の指定する第三者が義務者に代わって義務の内容の実現を図り、これに要した費用を義務者本人から徴収する方法。 　　例：違法建築物の強制撤去
執行罰 （砂防法）	義務の不履行について、一定の期限を定めて履行を督促し、期限までに履行されないときには一定の過料を科すことにより、義務者に経済的・心理的圧力を加えて義務の履行を確保する方法の強制執行。★3 　　例：砂防指定地において土石の採取をするごとに過料を科す。
直接強制 （成田国際空港の安全確保に関する緊急措置法）	義務を履行しない（代替的・非代替的、作為・不作為を問わない）義務者自身の身体または財産に対して直接実力を加えて義務の内容を実現する方法の強制執行。 　　例：空港周辺の施設を強制的に封鎖する。
強制徴収 （国税徴収法）	公法上の金銭給付義務の不履行について、強制的な手段によって義務が履行されたのと同様の結果を実現すること。★4 　　例：納税しない者の財産を差し押さえる。

ここがポイント　行政上の強制執行と法律の根拠

- 行政上の強制執行を行うにはすべて**法律**の根拠が必要。
  - ※**条例**で代執行のルールを決めたり、直接強制のルールを決めたりすることはできない。
- 代執行については、**行政代執行**法という共通ルールがつくられているが、直接強制等については、共通ルールがつくられていない。★5
  - ※直接強制等を行いたければ、その都度根拠となる法律をつくらなければならない。

成田空港周辺の施設を封鎖する直接強制は、いわゆる成田新法を根拠に行うことができますが、羽田空港周辺の施設を封鎖する直接強制は、根拠となる法律がないので行うことができません。

★1
ワンポイント
行政上の強制執行は、**すべて法律の根拠が必要**で、**条例**で定めることはできません。

★2
用語の意味
代替的作為義務
他人でも代わりに行うことができる義務のこと。例えば、違法建築物の撤去は所有者以外でもできるので、代替的作為義務となる。

★3
ワンポイント
執行罰は、義務が履行されるまで**繰り返し科すことができる**のが特徴です（後述の行政罰と比較してください）。

★4
ワンポイント
強制徴収は、税金の滞納だけでなく、保育所の保育料や、給食費などの徴収にも使われます。

★5
ワンポイント
行政代執行法は、行政上の強制執行の一般法といわれています。

過去問チャレンジ

不作為義務、非代替的作為義務の履行にかかる直接強制、執行罰の仕組みについては、一般法の根拠はないので、法律もしくは条例による個別の根拠が必要である。[07-9-1]

×：直接強制、執行罰の仕組みについては、法律による個別の根拠が必要です。

2 代執行

行政上の強制執行の中でも、代執行は特に重要です。

ここでは、代執行手続について詳しく学習します。★6

ここがポイント 代執行の定義

代替的作為義務の不履行について、行政庁または行政庁の指定する第三者が義務者に代わって義務の内容の実現を図り、これに要した費用を義務者本人から徴収する方法の強制執行。

★6 **ワンポイント**
代執行については、行政代執行法の条文からの出題が多いです。6条しかないので、しっかり読み込んでおくようにしましょう。

講義図解

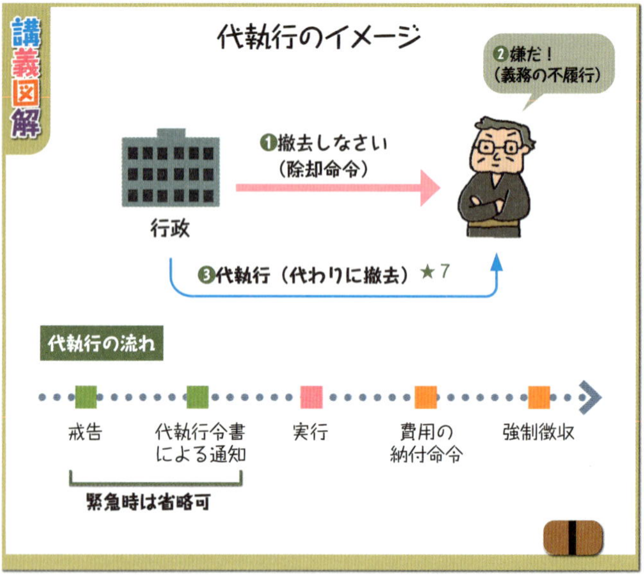

代執行のイメージ
❷嫌だ！（義務の不履行）
❶撤去しなさい（除却命令）
行政
❸代執行（代わりに撤去）★7
代執行の流れ
戒告
代執行令書による通知
実行
費用の納付命令
強制徴収
緊急時は省略可

★7 **ワンポイント**
代執行は、①**ほかの手段**によってその履行を確保することが**困難**であり、②不履行を放置することが**著しく公益**に反すると認められる場合にしかすることができません（行政代執行法2条）。

ここはイメージをつかむだけでなく、行政代執行法の条文もしっかり確認しておく必要があります。

行政代執行法第1条

行政上の義務の履行確保に関しては、別に法律で定めるものを除いては、この法律の定めるところによる。

ここが ポイント 条文解説

行政上の義務の強制は、原則として代執行の形式で行い、直接強制など、**ほかの行政強制を行うには、個別の法律を制定しなければならない。** ★8

★8

野畑の ズバッと解説

行政代執行法1条の規定から、行政代執行法が義務履行確保の一般法とよばれています。

過去問チャレンジ

行政上の義務履行確保に関しては、行政代執行法が一般法とされ、別に法律で定めるところを除いては、この法律の定めるところによる。[11-8-1]

○：その通り。

行政代執行法第2条

法律（法律の委任に基く命令、規則及び条例を含む。以下同じ。）により直接に命ぜられ、又は法律に基き行政庁により命ぜられた行為（他人が代つてなすことのできる行為に限る。）について義務者がこれを履行しない場合、ほかの手段によつてその履行を確保することが困難であり、且つその不履行を放置することが著しく公益に反すると認められるときは、当該行政庁は、自ら義務者のなすべき行為をなし、又は第三者をしてこれをなさしめ、その費用を義務者から徴収することができる。

- **代替的作為**義務の不履行の場合において、
  ❶ ほかの手段によってその**履行を確保**することが困難であり、
  ❷ その不履行を放置することが**著しく公益**に反すると認められる場合に限り代執行ができる。
- 法律だけでなく、**条例**を根拠に義務を命じる場合にも代執行ができる。 ★9

「〇市建築基準条例」に違反する建築物の除却命令に従わない場合にも、代執行ができるということです。

条文

行政代執行法第3条

1項　前条の規定による処分（代執行）をなすには、相当の履行期限を定め、その期限までに履行がなされないときは、代執行をなすべき旨を、予め文書で戒告しなければならない。

2項　義務者が、前項の戒告を受けて、指定の期限までにその義務を履行しないときは、当該行政庁は、代執行令書をもつて、代執行をなすべき時期、代執行のために派遣する執行責任者の氏名及び代執行に要する費用の概算による見積額を義務者に通知する。

3項　非常の場合又は危険切迫の場合において、当該行為の急速な実施について緊急の必要があり、前2項に規定する手続をとる暇がないときは、その手続を経ないで代執行をすることができる。

過去問チャレンジ

行政代執行法は、法令違反の是正が目的とされているから、義務の不履行を放置することが著しく公益に反しない場合であっても、代執行が可能である。[05-12-5]

✕：義務の不履行を放置することが著しく公益に反しない場合には、代執行はできません。

ここがポイント 条文解説

❶相当の履行期限を定め、その期限までに履行がなければ代執行をする旨をあらかじめ**文書**で**戒告**★10する。

❷指定期限までに履行がなければ、**代執行令書**により、**代執行をする時期、派遣する責任者の氏名、代執行にかかる費用**の概算額を通知する。

　　※❶❷の手続は、非常の場合などに省略することができる。

★10
用語の意味

戒告
警告とほぼ同じ意味。

過去問チャレンジ

行政代執行では、緊急の必要性が認められ正規の手続をとる暇がない場合には、代執行令書による通知手続を経ないで代執行をすることができる。[05-12-3]

○：その通り。

条文

行政代執行法第4条
　代執行のために現場に派遣される執行責任者は、その者が執行責任者たる本人であることを示すべき証票を携帯し、要求があるときは、何時でもこれを呈示しなければならない。

ここがポイント 条文解説

執行責任者は、**証票**を携帯し、**相手方からの要求**があるときは呈示（ていじ）しなければならない。★11

★11
ワンポイント

要求がなければ呈示しなくてもよいことに注意しくください。

条文

行政代執行法第5条
　代執行に要した費用の徴収については、実際に要した費用の額及びその納期日を定め、義務者に対し、文書をもつてその納付を命じなければならない。

行政代執行法第6条
1項　代執行に要した費用は、国税滞納処分の例により、これを徴収することができる。
（2項・3項略）

代執行にかかった費用を納期日までに納めなかった場合、**国税を滞納**した場合と同じ手続（強制徴収）で徴収される。 ★12

❸ 行政行為と民事上の強制執行

　法律で、**行政上の強制徴収ができるとされている場合**に、**民事上の強制執行を行うことはできない**とされています。

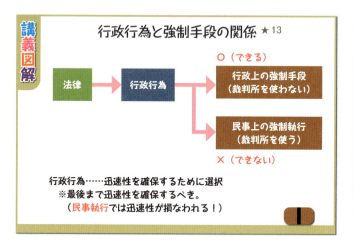

講義図解

行政行為と強制手段の関係 ★13

○（できる）

行政上の強制手段
（裁判所を使わない）

民事上の強制執行
（裁判所を使う）

×（できない）

行政行為……迅速性を確保するために選択
※最後まで迅速性を確保するべき。
（民事執行では迅速性が損なわれる！）

★12

野畑のズバッと解説

代執行費用は税金ではありませんが、「国税滞納処分→強制徴収」と同じ手続で強制徴収できるとしています。

★13

野畑のズバッと解説

移動手段に例えると、目的地まで急ぐために最初に高速道路を選んだのであれば、目的地までずっと高速道路を使わなければならない（一般道に下りてはならない）ということです。

過去問チャレンジ

公法上の金銭債権について法律で行政上の強制徴収の手段が認められている場合でも、一般私法上の債権と同様に裁判所に訴えを提起して当該債権の実現を図ることができる。
[99-35-5]

×：行政上の強制徴収が認められている場合には、民事上の強制執行を利用することはできません。

3 即時強制

重要度 A

即時強制は、直接強制と似ていますが、**義務がないにもかかわらず、身体や財産に直接実力を加える**点に違いがあります。

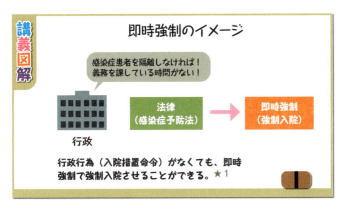

即時強制のイメージ

感染症患者を隔離しなければ！
義務を課している時間がない！

行政

法律
（感染症予防法）　→　即時強制
（強制入院）

行政行為（入院措置命令）がなくても、即時強制で強制入院させることができる。★1

ナビゲーション

即時強制は、直接強制との違いを聞いてくる問題がよく出題されます。
前提として義務があるかないかに着目してください。

★1
ワンポイント

このほかにも、即時強制の例として、**消防法に基づく消火活動のための立ち入り**や、**道路交通法に基づく違法駐車車両のレッカー移動**などがあります。

[直接強制と即時強制]

	直接強制	即時強制
法律の根拠	必要	必要
条例でも定めることができるか	できない	できる
前提としての行政行為	ある（課せられている義務がある）	なし（課せられている義務がない）

過去問チャレンジ

義務の不履行があった場合、直接に義務者の身体や財産に実力を加えることを即時強制という。[09-10-2]

×：即時強制は、義務の不履行があった場合に実力を加える手段ではありません。

4 行政罰

1 行政罰の意義

　行政上の強制手段が、**将来の義務履行確保の手段として用いられる**のに対し、行政罰は**過去の義務違反に対する制裁として用いられます。**

　両者の目的は異なりますが、制裁をおそれて義務を履行するという側面を考えると、行政罰も義務履行確保の手段の1つともいえます。

ナビゲーション

学習した行政上の強制手段との比較や、行政刑罰と秩序罰の違いを押さえることが重要です。

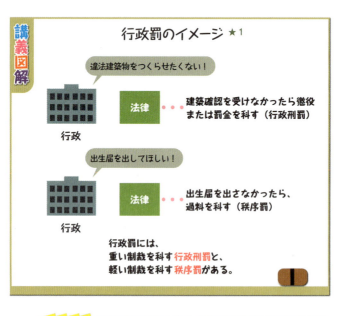

行政罰のイメージ ★1

違法建築物をつくらせたくない！

行政 → 法律 ・・・ 建築確認を受けなかったら懲役または罰金を科す（行政刑罰）

出生届を出してほしい！

行政 → 法律 ・・・ 出生届を出さなかったら、過料を科す（秩序罰）

行政罰には、
重い制裁を科す**行政刑罰**と、
軽い制裁を科す**秩序罰**がある。

★1

ワンポイント

執行罰は、義務が履行されるまで繰り返し科すことができますが、**行政罰は1回しか科すことができない**ことに注意してください。

ここが ポイント　行政刑罰

- 刑法に規定のある刑罰（懲役・禁錮・罰金・拘留・科料）を科す。
  - →行政刑罰を科すには、**裁判所**が**刑事訴訟**法に定める手続による。★2
- 二重処罰の禁止（憲法39条）が適用される。
  - →1つの義務違反に対して、**行政刑罰**を2つ科してはならない。★3
- **両罰規定**を設けることができる。
  - →違反者のみならず、雇用者（企業）も処罰される。

★2

野畑の
ズバッと解説

刑事罰を科すには、慎重な手続による必要があります。その手続を規定しているのが**刑事訴訟**法であり、行政刑罰の場合にも適用されます。

★3

ワンポイント

行政刑罰と秩序罰の併科など、**行政刑罰＋行政刑罰でなければ併科できます。**

ここがポイント 秩序罰

比較的軽微な義務違反に対して、過料を科す。★4

→法律違反者に秩序罰を科すには、**裁判所**が**非訟事件手続**法
に定める手続による。

→条例違反者に秩序罰を科すには、**地方公共団体の長**が、**地
方自治**法に定める手続により、**行政行為**の形式で科す。

★4
野畑の
ズバッと解説

秩序罰の場合、重い刑罰を科すわけではないので、**刑事訴訟法に定めるような慎重な手続は不要**という理解をしてください。

「〇市路上喫煙禁止条例」に違反した場合は、市長の行政行為により過料が科せられますが、2,000円ほどの低額な場合がほとんどなので、市長が直接支払えと命じることができるようにしています。

過去問チャレンジ

行政庁が行政上の義務を履行しない者に対して、行政上の秩序罰である過料を科す場合には、刑事訴訟法の適用を受ける。[97-34-5]

× ：法令に基づく過料は、裁判所が非訟事件手続法に従って科し、地方公共団体の条例に基づく過料は、地方自治法に基づいて地方公共団体の長が行政行為の形式で科します。

5 新たな義務履行確保の手段

これまで学習してきた代執行等の義務履行確保手段以外に
も、**行政が違反者の住所や氏名を公表することで、義務を履
行させる**といった手段が用いられることがあります。

ここがポイント 義務履行確保手段としての公表

義務履行確保手段としての公表を行うには、法律の根拠が必要
とされる。★1

例：大臣が正当な理由なく容器包装をリサイクルしない業者に
勧告をしたが、業者が従わない場合に企業名を公表する。

★1
野畑の
ズバッと解説

国民に情報提供をするための公表（例：食中毒が起きた店舗を公表する場合）については、法律の根拠は**不要**とされていますが、実際には法律で規定されていることが多いです。

第7節 行政調査

はじめに

本節では、行政調査について学習します。
試験では頻出ではありませんが、憲法の「適正手続の保障」と
関連する内容もありますので、時間のある方は憲法も復習して
おくようにしましょう。

1 行政調査

重要度 **C**

1 行政調査とは

　行政調査とは、行政機関によって行われる**行政目的達成の
ための情報収集活動のこと**です。

　行政調査には、**強制力があるかどうか**によって、下記のよ
うに分けられます。

ナビゲーション
行政調査は頻出の
テーマではありませ
ん。概要といくつか
の判例を押さえてお
けばよいでしょう。

[行政調査の種類]

強制調査	調査を拒否する者に対し、**その意思に反して物理的強制力を行使する**調査。 　例：脱税事件調査のための臨検・捜索	法律の根拠 →**必要**
間接強制を伴う調査	物理的強制を直接行使することはできないが、**調査を拒否した場合には罰則を科す**調査。 　例：税務調査としての質問・検査	法律の根拠 →**必要**
任意調査	相手方の**任意の協力に基づいて行われる**調査。 　例：警察官による職務質問	法律の根拠 →**不要**

侵害留保説の考え方から、強制力を伴う調査を
行うには法律の根拠が必要とされています。

❷ 行政調査に関する判例

[行政調査に関する判例まとめ]

警察官による所持品検査 (最判昭53.6.20)	警察官による所持品検査は、明文の規定はないが、警察官職務執行法2条1項の任意手段である**職務質問の付随行為として認められる**。所持人の承諾なく行った所持品検査も、強制にわたらない限り、許容される場合がある。
自動車の一斉検問 (最決昭55.9.22)	警察官による自動車の一斉検問は、明文の規定はないが、「交通の取締」を警察の責務として定めた警察法2条1項を根拠として認められ、交通違反多発地域などにおいて、**相手方の任意の協力**のもと、自動車利用者の自由を不当に制約しない方法で行われる限り適法である。
目的外利用の禁止 (最決平16.1.20)	法律によって与えられた調査権限は、当該調査を必要とする行政目的のために用いなければならず、ほかの目的(犯則事件の調査や捜査)のために用いることは許されない。★1★2

★1
ワンポイント

行政調査(税務調査)で得た資料をそのまま刑事捜査(脱税捜査)に利用することは認められません。

★2
あとまわしOK

このほかに、税務調査にも憲法35条の適正手続の規定が適用されますが、**税務調査について裁判所の令状は不要**とした判例があります(川崎民商事件/最大判昭47.11.22)。

過去問チャレンジ

自動車検問は国民の自由の干渉にわたる可能性があるが、相手方の任意の協力を求める形で、運転手の自由を不当に制約するものでなければ、適法と解される。[08-26-4]

〇:その通り。

第 8 節 行政契約

はじめに

本節では、行政契約について学習します。
民法で学習した契約と異なる部分もあるため、その点を注意しながら本書を読み進めてください。

1 行政契約

重要度 B

1 行政契約とは

行政契約とは、**行政主体が行政目的を達成するために締結する契約**のことです。

行政行為のように行政が一方的に行うものではなく、**民法の契約のように、申込みと承諾の意思表示によって成立**します。

> ナビゲーション
>
> 行政契約は、行政行為ほどではないですが、出題が考えられるテーマです。行政行為との違いを意識しながら学習しましょう。

行政契約は、行政と行政の間で行われるものもありますが、まずは行政と国民の間で行われる行政契約について理解しましょう。

講義図解

行政契約のイメージ

法律**不要** - - - → 行政契約 ──────→ **民事**執行
（公用車の購入契約）（裁判所を介した強制履行）

車を引き渡して

代金払って

行政　　　　　　　　　　国民

行政行為のように、一方的に行うものではないため
法律の根拠は**不要**。

ここが ポイント 行政契約上の義務の不履行

行政行為から発生した義務ではないため、履行確保の手段は**行政**上の強制執行ではなく、**民事**上の強制執行となる。

2 行政契約の種類

行政契約は、どのような分野で行うかによって下記のように分類されます。

[行政契約の種類]

準備行政における契約	行政活動に必要な物を調達・整備するために行われる契約 　例：文具や公用車の購入契約
給付行政における契約	国民に行政サービスを提供するために行われる契約 　例：水道供給契約
侵害行政における契約★1	国民の権利・自由を制限するために行われる契約 　例：公害防止協定★2

3 行政契約と契約自由の原則

民法上の契約には、「契約自由の原則」というものがありますが、**行政契約については契約自由の原則が制限される場合**があります。

講義図解 契約自由の原則の制限

水道供給契約の申込み

行政　　拒否　許されるか？　　国民

契約自由の原則をそのまま適用すると、国民生活に支障が生じる。
↓
行政は、**正当な理由**がなければ申込みを拒んではならない。★3
（水道法15条1項で、契約自由の原則を制限）

★1
野畑の ズバッと解説
侵害行政においては、本来、行政行為の形式で行うことが想定されますが、法律の根拠が不要な行政契約の形式で行うことで、柔軟な対応ができるというメリットがあります。

★2
用語の意味
公害防止協定
工場事業者に対して「一定以上の排ガスを出したら損害賠償金を支払う」などという契約を結ぶことをいう。

★3
野畑の ズバッと解説
給水が可能であっても、将来的に水不足になることが確実に予測される場合は、給水契約の申込みを拒むことも許されます（福岡県志免町給水拒否事件／最判平11.1.21）。

市町村は、給水契約の申込みに応じる義務があるが、現に給水が可能であっても、将来において水不足が生じることが確実に予見される場合には、給水契約を拒むことも許される。[16-25-1]

○：その通り。

❹ 行政契約に関する判例

[行政契約に関する判例まとめ]

指名競争入札（最判平18.10.26）	村の発注する公共工事の指名競争入札★4に長年指名を受けて継続的に参加していた業者を、ある年度以降、**主たる営業所が村内にない等を理由として全く指名せず入札に参加させなかった村の措置**は、社会通念上著しく妥当性を欠き違法である。
武蔵野市教育施設負担金事件（最判平5.2.18）	市がマンションを建築しようとする事業主に対して、行政指導として求めた寄付金を拒否したことを受け、**市が給水契約を拒否したことは、本来任意で納付を求めるべき行政指導の限度を超えるものとして違法**である。
公害防止協定（最判平21.7.10）	市町村が産業廃棄物処理業者と締結した公害防止協定において、施設の使用期限を定めた場合、業者が県から受けた許可が効力を有する期間内に事業または施設が廃止されるとしても違法ではない。★5

★4
用語の意味

指名競争入札
特定の条件により発注者側が指名した者同士で競争に付して契約者を決める方式（原則は、希望者すべてを参加させる一般競争入札という方式）。

★5
野畑のズバッと解説

県から受けた許可に使用期限の定めがなくても、**処理施設が設置される市町村との間で行政契約を結び、使用期限を決めたのであれば、それに拘束される**ということです。

地方公共団体が事業者との間で締結する公害防止協定については、公法上の契約に該当すると解されるので、根拠となる条例の定めがない限り、当該協定に法的拘束力は生じない。[13-10-3]

✕：公害防止協定には、法的拘束力が生じるとされています。

ちょっと一息 とにかく先に進もう

あと少しで、行政法総論が終わります。
聞き慣れない言葉が多かったりして、苦痛に思われた方も多いのではないでしょうか。ほかの科目もそうですが、最初は理解できなくても、全範囲を学習した後にもう一度復習してみるとすんなり理解できることが多々あります。はじめのうちは、深く考えすぎることなく、最後までどんどん本書を読み進めてみてください。

第9節 行政指導

はじめに

本節では、行政指導について学習します。
行政指導については、この後の行政手続法（P83〜）でも学習しますので、初学者の方は本節を軽く確認する程度にとどめ、行政手続法の学習後に戻ってくると効率がよいでしょう。

1 行政指導

重要度 **B**

1 行政指導とは

　行政指導は、**行政から特定の国民に対して、任意の協力を求めてはたらきかけるもの**です。

　あくまで行政側からの「お願い」や「アドバイス」なので、**行政行為のような強制力はありません。**

ナビゲーション

行政指導は、この後に学習する行政手続法や行政事件訴訟法でも詳しく取り上げますので、最初のうちはおおまかに確認する程度でかまいません。

講義図解

行政指導のイメージ

お断りします！

寄付に協力をお願いします！

行政　　　　　　　　　　　X

国民は従う必要がなく、従わなかった場合でも不利益な扱いを受けない。

過去問チャレンジ

行政指導は、行政目的を実現するために一定の作為又は不作為を求める指導、勧告、助言等の行為であり、講学上、行政処分の一種として分類されている。[96-35-1]

×：行政指導は、強制力を伴わない点で、講学上、行政処分とは区別されています。

❷ 行政指導に関する判例

[行政指導に関する判例まとめ]

品川マンション事件（最判昭60.7.16）	マンションの建築確認を申請した者が、反対派の住民との紛争を解決するよう行政指導を受けたが、最終的に指導に従わない判断をしたところ、行政指導が継続されているとして、建築確認が留保された。 →行政指導に任意に従っているうちは、行政庁が建築確認の留保を続けることが違法とはされない。 →しかし、業者が行政指導にはもはや協力できないとの意思を表明している場合に、建築確認の留保を続けることは違法である。★1
病院開設中止の勧告（最判平17.7.15）	一般的に行政指導は抗告訴訟（取消訴訟）の対象となるものではないが、医療法に基づく病院開設中止勧告は、抗告訴訟の対象となる。

★1

野畑のズバッと解説

行政指導は強制力を伴うものであってはいけません。このケースだと、行政指導に従わなければ建築確認が下りないことになってしまうので違法と判断されました。

> この判例は、行政事件訴訟法で詳しく学習しますので、あとまわしにしてしまってかまいません。

過去問チャレンジ

医療法の規定に基づき都道府県知事が行う病院開設中止の勧告は、行政処分に該当しない。
[12-18-1]

×：医療法の規定に基づく病院開設中止の勧告は、行政処分に該当します。

ちょっと一息

日頃の学習と身近なニュースをつなげよう

行政指導は、実に様々な場面で活用されていますが、「行政指導」という言葉が使われないこともあります。

例えば、新型コロナウイルス流行による緊急事態宣言下での、都道府県知事から飲食店への「休業要請」も、行政指導にあたります。

ニュースを見る際には、自治体や国の行政活動が行政指導なのか行政行為（処分）なのかを意識すると、行政法を身近に感じることができるかもしれません。

第10節 行政計画

はじめに

本節では、行政計画について学習します。
行政計画は、行政事件訴訟法の「処分性」と関連して出題されることがありますので、行政事件訴訟法の終了後にあらためて本節を確認すると理解が深まります。

1 行政計画

重要度 **C**

1 行政計画とは

行政計画とは、**行政活動の目標およびその目標達成のための計画**を指します。

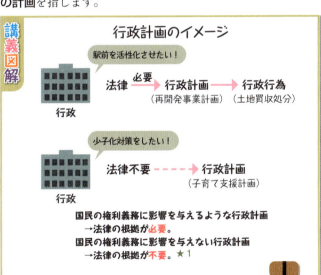

行政計画のイメージ

ナビゲーション

行政計画は、行政法総論の中ではたまに出題される程度ですが、行政事件訴訟法の中で判例知識が問われることがあります。

★1
野畑のスバッと解説

侵害留保説の考え方に立った場合、このような結論の違いとなります。

土地利用を制限する用途地域などの都市計画の決定についても、侵害留保説によれば法律の根拠が必要である。[09-8-1]

O：その通り。

② 行政計画に関する判例

［行政計画に関する判例まとめ］

宜野座村工場誘致政策変更事件（最判昭56.1.27）	地方公共団体のような行政主体が一定内容の将来にわたって継続すべき施策を決定した場合でも、その施策が社会情勢の変動等に伴って変更されることがあることはもとより当然であって、地方公共団体は原則として一度行った決定に拘束されない。★2
都市計画法上の用途地域指定の処分性（最判昭57.4.22）★3	都市計画法上の用途地域の指定における効果は、一般的抽象的なものに過ぎず、個人に対する具体的な権利侵害を伴うものではないため、抗告訴訟の対象となる処分に該当しない。
土地区画整理事業計画の処分性（最判平20.9.10）★3	土地区画整理事業の事業計画の決定は、地区内の宅地所有者の法的地位に変動をもたらすものであり、抗告訴訟の対象となる処分に該当する。

★2
ワンポイント
この判例は、P.13の「信義誠実の原則」でも扱っています。そちらも合わせて確認しておきましょう。

★3
あとまわしOK
この2つの判例は、行政事件訴訟法で詳しく学習しますので、いまは飛ばしてしまってかまいません。

地方公共団体が、将来にわたって継続すべき一定内容の施策を決定した後に、社会情勢の変動等が生じたとしても、決定された施策に応じた特定の者の信頼を保護すべき特段の事情がある場合には、当該地方公共団体は、信義衡平の原則により一度なされた当該決定を変更できない。[12-8-1]

×：損害を補償するなどの代償的措置を講ずれば、一度なされた決定を変更できます。

第2章

行政手続法

この章で学ぶこと

「行政活動の事前チェック」

例えば、飲食店を経営するためには役所から営業許可をもらう必要があります。

せっかく営業許可をもらったのに、理由もなくその許可が取り消されてしまったとしたら、憲法で保障されている営業の自由の侵害につながります。

そこで、行政手続法では許可を取り消す際の基準を示すことや、反論の手続を規定しています。

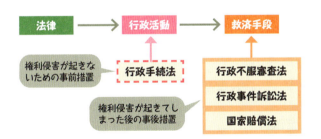

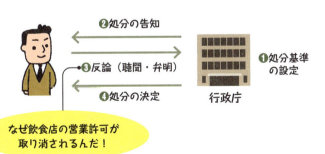

第1節 行政手続法総説

はじめに

本節では、行政手続法の概要を学習します。
行政のどのような活動が、行政手続法の対象となっているか、目的条文を繰り返し確認するようにしてください。

1 行政手続法の役割

重要度 **B**

1 行政手続法とは

　不適切な行政活動によって、国民の利益が侵害された場合、私たちは裁判所に訴えるなどして救済を求めることができます。しかし、そのような**不適切な行政活動が行われないようなルールづくりを行うことも大切**です。

　このような趣旨のもとに、行政手続法が制定されています。

ナビゲーション

これから学習する行政手続法の概要を学習します。
まずは全体像を理解してください。

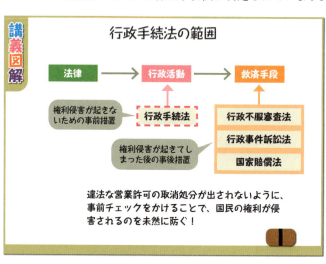

講義図解

行政手続法の範囲

法律 → 行政活動 → 救済手段

権利侵害が起きないための事前措置　行政手続法

権利侵害が起きてしまった後の事後措置　行政不服審査法　行政事件訴訟法　国家賠償法

違法な営業許可の取消処分が出されないように、事前チェックをかけることで、国民の権利が侵害されるのを未然に防ぐ！

2 行政手続法の内容

　では、行政手続法はどのような行政活動に対するルールを定めているのでしょうか。

ここが ポイント 行政手続法の内容 ★1

- 処分 ┬ 申請に対する処分（5条〜11条）
　　　 └ 不利益処分（12条〜31条）

- 行政指導（32条〜36条の2）

- 処分等の求め（36条の3）

- 届出（37条）

- 命令等を定める手続（38条〜45条）

　※行政契約や行政計画についての手続規定は置かれていないことに注意。

★1
ワンポイント

この中では、処分に関する手続がよく出題されます。処分は、これまで学習してきた「行政行為」とほぼ同じ意味だと考えてください。

講義図解

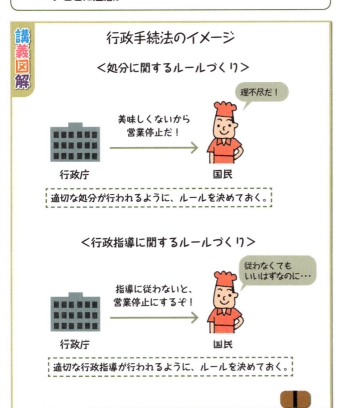

行政手続法のイメージ

＜処分に関するルールづくり＞

理不尽だ！

美味しくないから
営業停止だ！

行政庁 → 国民

適切な処分が行われるように、ルールを決めておく。

＜行政指導に関するルールづくり＞

従わなくても
いいはずなのに…

指導に従わないと、
営業停止にするぞ！

行政庁 → 国民

適切な行政指導が行われるように、ルールを決めておく。

❸ 行政手続法の目的

条文

行政手続法第1条（目的等）

1項 この法律は、処分、行政指導及び届出に関する手続並びに命令等を定める手続に関し、共通する事項を定めることによって、行政運営における公正の確保と透明性（行政上の意思決定について、その内容及び過程が国民にとって明らかであることをいう。第46条において同じ。）の向上を図り、もって国民の権利利益の保護に資することを目的とする。

（2項略）

ここが ポイント　条文解説

行政手続法は、「行政運営における**公正の確保**と**透明性の向上**」を図ることで、「国民の**権利利益**を保護する」ことを目的とする。★2

★2
ワンポイント

いわゆる「**目的条文**」は**重要**です。穴埋め問題にも対応できるようにしておいてください。

過去問チャレンジ

行政手続法は、行政運営における公正の確保と透明性の向上を図り、もって国民の権利利益の保護に資することを目的とする。[09-12-2]

○：その通り。

第2節 処分

はじめに

本節では、行政手続法の対象となる「処分」について学習します。条文を正確に覚えることも重要ですが、常に手続の流れを意識するようにしてください。

1 申請に対する処分（5条〜11条）　重要度 A

1 申請に対する処分とは

よくテレビなどで「行政処分」という言葉を聞きますが、**処分には大きく分けて「申請に対する処分」と「不利益処分」**があります。ここでは、申請に対する処分について学習します。

ナビゲーション

行政手続法の中でも、頻出テーマになります。この後に学習する不利益処分との違いに着目してください。

ここがポイント　申請に対する処分

法令に基づき、行政庁の**許認可等**を求める行為であって、それに対して行政庁が**諾否の応答**をすべきこととされているもの（2条3号）。

例：飲食店の営業許可申請に対する許可処分もしくは拒否処分

申請に対する処分をするための流れを確認しておきましょう。

講義図解　申請に対する処分の流れ ★1

❷申請 →

← ❹処分（許可・拒否）の決定

❶審査基準の設定

❸審査

行政庁

★1

野畑のズバッと解説

申請に対する「拒否処分」は不利益処分ではないことに気をつけてください。

❷ 審査基準の設定（5条）

　審査基準とは、どのような場合に許可処分を出すのかを判断する際の基準となるものです。 ★2

> 審査基準については、表を使って義務の内容を覚えるようにしましょう。

★2

ワンポイント

この後に出てくる「処分基準」と混同しないようにしましょう。

★3

用語の意味

法的義務
必ず定めなければならないという意味。

★4

ワンポイント

ホームページやパンフレットなどで公にする法的な義務が課せられますが、**申請者の求めに応じて書面で交付する義務は課せられていません**。

［審査基準の設定・公表］

審査基準を定めること	必ず定めなければならない。 →法的義務 ★3 ※定めるにあたっては、できる限り具体的なものとしなければならない。
審査基準を公にすること	必ず公にしなければならない。 ★4 →法的義務

過去問チャレンジ

　行政庁は、申請に対する処分については、審査基準を定めるものとされ、申請者から求めがあった場合は、これを書面で交付しなければならない。[11-11-3]

× ：審査基準を定め、公にすることは法的義務ですが、申請者の求めに応じて書面を交付する義務は課せられていません。

❸ 標準処理期間（6条）

　標準処理期間とは、**申請が事務所に到達してから処分が出されるまでにかかるおおよその目安となるもの**です。 ★5

> 標準処理期間についても、義務の内容が重要です。

★5

野畑のズバッと解説

役所にも繁忙期があるため、定めた標準処理期間を守ることができない可能性があることから、**努力義務**とされています。

★6

用語の意味

努力義務
できる限り定めるべきという意味。

［標準処理期間の設定・公表］

標準処理期間を定めること	定めるよう努めるものとする。 →努力義務 ★6
標準処理期間を定めたときに公にすること	公にしなければならない。 →法的義務

申請に対する処分について、申請がその事務所に到達してから当該申請に対する処分をするまでに通常要すべき標準的な期間を定めることは、担当行政庁の努力義務にとどまり、義務とはされていない。[16-12-1]

○：その通り。

4 審査の応答（7条）

申請が**到達したら、行政は遅滞なく審査を開始しなければなりません。**★7

[審査の応答]

申請が到達した場合	**遅滞なく**当該申請の審査を開始しなければならない。
要件に適合しない申請だった場合	申請書に不備があるなど、法令に定められた申請の形式上の要件に適合しない申請については、 ①**速やかに**申請者に対し**相当の期間を定めて当該申請の補正を求めるか、**★8 または ②当該申請により求められた**許認可等を拒否**しなければならない。

5 理由の提示（8条）

許認可の拒否処分がされた場合、なぜ拒否されたのかがわからなければそれを修正して正しい申請をし直すことができません。

そこで、**拒否処分をする場合には原則として理由の提示が義務付けられています。**★9

[理由の提示]

原則	**拒否**処分と同時に、当該処分の理由を**示さなければならない。**
例外	①審査基準が数量的指標その他の客観的指標により明確に定められている場合で、 ②当該申請がこれらに適合しないことが申請書の記載または添付書類その他の申請の内容から明らかであるとき →**申請者の求め**があったときに理由を示せばよい。★10

★7
野畑のズバッと解説
申請が届いても応答義務がなければ、何カ月も審査がされなくても適法になってしまいます。そこで、7条では行政に申請に対する**応答義務**を課しています。

★8
ワンポイント
補正できる場合であっても、それを求めずに拒否処分を出すことができます。

★9
ワンポイント
「拒否処分」をする際に理由の提示が求められるのであり、「許可処分」の際には理由の提示は不要です。

★10

野畑のズバッと解説
「未成年者には許可は出せない」と審査基準で定めている場合に、未成年者が申請をした場合、当然拒否処分がされますが、この場合は例外の①②に該当することになります。

6 情報の提供（9条）

行政は、申請者からいつ頃処分が出されるのか、もしくは申請に必要な書類は何かなど、**申請に関する質問を受けた際にはできる限り答えるよう努力義務が課せられています**。 ★11

[情報の提供]

処分の時期の見通しについて	申請者の求めに応じ、当該申請に係る審査の進行状況および当該申請に対する処分の時期の見通しを示すよう努めなければならない。 →努力義務
申請書の記載や添付書類について	申請をしようとする者または申請者の求めに応じ、申請書の記載および添付書類に関する事項その他の申請に必要な情報の提供に努めなければならない。 →努力義務

7 公聴会の開催（10条）

申請に対して許可処分が出されることによって、申請者以外の者に影響が出るケースが考えられます。

このような場合に、行政は**公聴会を開くよう努力義務が課せられています**。 ★12

[公聴会の開催]

公聴会の開催	必要に応じ、公聴会の開催その他の適当な方法により当該申請者以外の者の意見を聴く機会を設けるよう努めなければならない。 →努力義務

★11
ワンポイント
あまり細かく出題されないので、「努力義務」ということだけ押さえておけば十分です。

★12
ワンポイント
10条もあまり細かく出題されないので、「努力義務」ということだけ押さえておけば十分です。

8 複数行政庁の関与（11条）

　例えば、バーやスナックを開業しようと考えた場合、複数の申請を出し、許可処分を受ける必要があります。

　その際、下記のようなことが起こったら、申請者にとっては不利益な状況となります。★13

★13
ワンポイント

11条もあまり細かく出題されませんが、審査の遅延防止は法的義務であり、審査の促進は努力義務であることに注意しましょう。

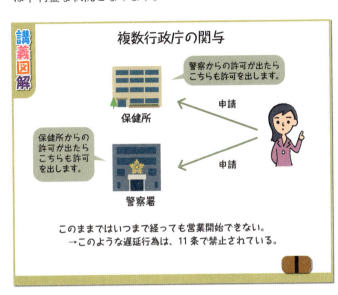

[複数行政庁の関与]

審査の遅延防止	行政庁は、申請の処理をするにあたり、ほかの行政庁において同一の申請者からされた関連する申請が審査中であることをもって自らすべき許認可等をするかどうかについての審査または判断をことさらに遅延させるようなことをしてはならない。 →法的義務
審査の促進	複数の行政庁は、必要に応じ、相互に連絡をとり、当該申請者からの説明の聴取を共同して行う等により審査の促進に努めるものとする。 →努力義務

1 不利益処分とは

　これまで、申請に対する処分について学習してきましたが、ここでは営業許可の取消処分などの「不利益処分」について学習します。

ここが ポイント　不利益処分

行政庁が、法令に基づき、**特定の者**を名あて人として、直接に、これに**義務**を課し、またはその**権利**を制限する処分（2条4号）。

　例：飲食店の営業停止処分・営業許可の取消処分

不利益処分をするための流れを
確認しておきましょう。

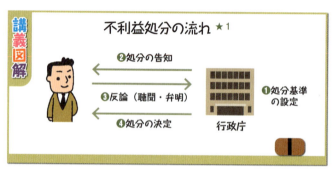

不利益処分の流れ ★1

❷処分の告知
❸反論（聴聞・弁明）
❹処分の決定

❶処分基準
の設定
行政庁

ナビゲーション

不利益処分は、行政手続法の中で最も出題されるテーマとなります。聴聞手続など、「流れ」を意識しておくと、細かい条文知識が頭に入りやすくなります。

★1 ワンポイント

いきなり不利益処分が出されるわけでなく、事前に反論の機会が与えられるところに特徴があります。

2 処分基準の設定（12条）

　処分基準とは、**どのような場合に不利益処分を出すのかを判断する際の基準**となるものです。

処分基準については、審査基準と比較
して押さえるようにしましょう。

[処分基準の設定・公表]

処分基準を定めること	定めるよう**努める**ものとする。 →**努力**義務 ※定めるにあたっては、できる限り**具体的**なものとしなければならない。
処分基準を公にすること	**公にするよう努めるものとする。** →**努力**義務

過去問チャレンジ

不利益処分について、処分基準を定め、かつ、これを公にしておくことは、担当行政庁の努力義務にとどまり、義務とはされていない。[16-12-3]

○：その通り。

[審査基準と処分基準の比較] ★2

	対象	定めること	公にしておくこと
審査基準	申請に対する処分	**法的**義務	**法的**義務
処分基準	不利益処分	**努力**義務	**努力**義務

3 理由の提示（14条）

不利益処分をする場合には、**なぜそれがなされるかという理由を提示する**必要があります。★3

[理由の提示]

原則	名あて人に対し、**同時**に、当該不利益処分の理由を示さなければならない。
例外	当該理由を示さないで処分をすべき**差し迫った必要**がある場合、処分後**相当の期間内**に、理由を示さなければならない。 ※当該名あて人の所在が判明しなくなったときや、その他処分後において理由を示すことが困難な事情があるときを除く。

★2
野畑のズバッと解説
営業停止処分などは、状況に応じて柔軟に対応する必要があることから、**定めることや公にすることは努力**義務となっています。

★3
あとまわしOK
申請に対する拒否処分の場合の理由の提示との違いを意識しましょう。

行政手続法は、不利益処分をする場合にはその名宛人に対し同時に当該不利益処分の理由を示さなければならないと定める一方、「当該理由を示さないで処分をすべき差し迫った必要がある場合はこの限りでない。」としている。[17-12-3]

○：その通り。

4 意見陳述手続（13条）

営業許可の取消処分など、**不利益処分をしようとする場合は、処分の名あて人となるべき者に対して意見陳述の機会を与える**こととしています。

ここがポイント　意見陳述手続の種類

● 聴聞手続…**口頭**で意見を述べる機会を与える（慎重な手続）。

→ ❶営業許可の**取消**処分、❷資格または地位を直接に剥奪する処分、❸名あて人が法人である場合における役員の解任処分など、重い処分の場合。

● 弁明の機会の付与…**書面**で意見を述べる機会を与える（簡易迅速な手続）。

→ 上記❶〜❸以外の処分（営業**停止**処分など、比較的軽い処分）の場合。★4★5

行政手続法13条には「営業停止処分」という言葉はありませんが、①〜③以外の処分であるため、弁明の機会の付与となります。

公益上、緊急に不利益処分をする必要があるなど、一定の場合には聴聞も弁明の機会の付与も不要な場合があります（13条2項各号）。

一度なされた処理業の許可を知事が取り消す場合には、相手方に対して聴聞を実施しなければならないが、処理業の許可申請を拒否する処分をする場合には、申請者に弁明の機会を付与すべきこととされる。[12-11-4]

✕：申請を「拒否」する処分は不利益処分ではなく申請に対する処分であるため、行政手続法上、聴聞手続や弁明の機会の付与を行う必要はありません。

5 聴聞（15〜28条）

（1）聴聞通知

行政庁は、不利益処分を行う前に、**処分の名あて人となる者に対して意見を述べる機会が与えられていることを伝えな**ければなりません。

[聴聞通知（15条）]

①誰が ②誰に ③何を 通知するか （15条1項）	①行政庁は、聴聞を行うにあたっては、聴聞を行うべき期日までに相当な期間をおいて、②不利益処分の名あて人となるべき者に対し、③次に掲げる事項を書面により通知しなければならない。★6 ・予定される不利益処分の内容および根拠となる法令の条項 ・不利益処分の原因となる事実 ・聴聞の期日および場所 ・聴聞に関する事務を所掌する組織の名称および所在地
教示すべきこと★7 （15条2項）	①聴聞の期日に出頭して意見を述べ、証拠書類等を提出し、または聴聞の期日への出頭に代えて陳述書および証拠書類等を提出することができること。 ②聴聞が終結するときまでの間、当該不利益処分の原因となる事実を証する資料の閲覧を求めることができること。
名あて人が所在不明の場合 （15条3項）	①必要事項を記した書面をいつでもその者に交付する旨を当該行政庁の事務所の掲示場に掲示し、 ②掲示を始めた日から2週間を経過したときに、当該通知がその者に到達したものとみなされる（公示送達）。

★6
ワンポイント
聴聞の通知は書面に限ります（口頭での通知は認められません）。

★7
野畑のズバッと解説

一般市民は、聴聞手続の中で何ができるかを知らないことが多いので、できることを伝える必要があります。

相手方に通知できなくても行政が手続を進められるように、公示送達の規定が設けられています。

過去問チャレンジ

行政庁は、聴聞を行うに当たっては、不利益処分の名あて人となるべき者に対し、聴聞の期日及び場所を通知しなければならないが、差し迫った必要がある場合には、書面によらず口頭でこれを行うことができる。[11-11-2]

✕：差し迫った必要がある場合でも、口頭による通知は認められていません。

（2）聴聞手続

　聴聞手続においては、**主宰者が選ばれ、司会進行役を務め**ます。

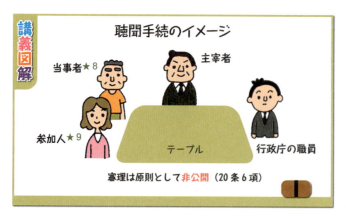

講義図解

聴聞手続のイメージ

当事者 ★8　　　　主宰者

参加人 ★9　　　　テーブル　　　　行政庁の職員

審理は原則として非公開（20条6項）

★8
ワンポイント
代理人を選任して、聴聞手続を任せることもできます（16条1項）。

★9
ワンポイント
不利益処分に利害関係を持つ者は、主宰者の許可を受けて参加することができ、主宰者から参加を求められることもあります（17条1項）。

★10
ワンポイント
この表は「誰が」「いつ」「何ができるか」に着目しながら何度も確認するようにしてください。

★11
ワンポイント
聴聞において、主宰者の許可が必要なものは①質問、②補佐人（通訳者等）の参加、③参加人の参加の3つだけと覚えておきましょう。

★12
ワンポイント
調書は「各期日ごとに」、報告書は「聴聞終結後」に作成しなければなりません。

[聴聞手続の流れ] ★10

主宰者	聴聞の開始（20条1項）	主宰者が、行政庁の職員に予定される処分の内容や事実等を説明させる。
当事者	補佐人の同行（20条3項）	当事者または参加人は、主宰者の許可を得て、補佐人とともに出頭することができる。★11
当事者	当事者または参加人の質問（20条2項）	当事者または参加人は、聴聞の期日に出頭して、意見を述べ、および証拠書類等を提出し、ならびに主宰者の許可を得て行政庁の職員に対し質問を発することができる。
当事者	陳述書等の提出（21条1項）	当事者または参加人は、聴聞の期日への出頭に代えて、主宰者に対し、聴聞の期日までに陳述書および証拠書類等を提出することができる。
主宰者	続行期日の指定（22条1項）	主宰者は、聴聞の期日における審理の結果、なお聴聞を続行する必要があると認めるときは、さらに新たな期日を定めることができる。
主宰者	聴聞調書および報告書の作成（24条1項〜3項）	主宰者は、①各期日ごとに聴聞の審理の経過を記載した調書②聴聞終結後速やかに不利益処分の原因となる事実に対する当事者等の主張に理由があるかどうかについての意見を記載した報告書を作成し、行政庁に提出しなければならない。★12
当事者	聴聞調書および報告書の閲覧請求（24条4項）	当事者または参加人は、聴聞調書および報告書の閲覧を求めることができる。

聴聞手続終了後、その結果を踏まえ行政庁が
不利益処分をするかどうかを決定します。

[不利益処分の決定]

| 行政庁 | 不利益処分の決定をするときは、調書の内容および報告書に記載された主宰者の意見を十分に参酌★13してこれをしなければならない（26条）。 |

★13
用語の意味

参酌
ほかと比べ合わせて
参考にすること。

過去問チャレンジ

1 聴聞の主宰者は、聴聞の終結後、速やかに報告書を作成し、調書とともに行政庁に提出しなければならない。[17-13-2]

　　O：その通り。

2 行政庁は、不利益処分の決定をするときは、調書の内容および報告書に記載された聴聞の主宰者の意見を十分に参酌してこれをしなければならない。[17-13-5]

　　O：その通り。

(3) 弁明の機会の付与（30条〜31条）

　営業許可の取消処分等とは異なり、**営業停止処分等、比較的軽い不利益処分を行おうとする場合は、簡易的な弁明の機会の付与という意見陳述手続**となります。★14

[弁明の機会の付与の通知（30条）]

①誰が ②誰に ③何を 通知するか	①行政庁は、弁明書の提出期限までに相当な期間をおいて、②不利益処分の名あて人となるべき者に対し、③次に掲げる事項を書面により通知しなければならない。 ・予定される不利益処分の内容および根拠となる法令の条項 ・不利益処分の原因となる事実 ・弁明書の提出先および提出期限
教示すべきこと	なし　※聴聞手続の場合と比較
名あて人が所在不明の場合	①必要事項を記した書面をいつでもその者に交付する旨を当該行政庁の事務所の掲示場に掲示し、②掲示を始めた日から2週間を経過したときに、当該通知がその者に到達したものとみなす。

★14
ワンポイント

聴聞手続と異なり、
**意見陳述を原則書面
で行うところに特徴**
があります（行政庁
が口頭ですることを
認めたときは口頭審
理となります）。

聴聞手続の規定のうち、弁明の機会の付与にも準用されるもの
は、①**代理人**（16条）、②**公示送達**（15条3項）の2つのみ。

※弁明の機会の付与を口頭で行うことが認められる場合で
も、主宰者の選定等は不要。

過去問チャレンジ

弁明の機会の付与における弁明は、行政庁が弁明を記載した書面ですることを認めたときを除
き、口頭で行うものとされている。[11-11-4]

× : 弁明の機会の付与は原則として書面であり、例外的に口頭で行うことが認められてい
ます。

ちょっと一息 条文の素読をすべきか？

本試験直前期になると、よく「条文を素読しなさい。とにかく読みまくりなさい」という講
師がいます。もちろん、私も同じようなことをいいますが、本当にただ何も考えずに条文を
読むだけではあまり効果がありません。条文を読むときは、「問題」を意識してください。そ
の条文が問題ではどのように出題されていたのかを考えながら読むことで、条文の素読は真
の効果を発揮します。

第3節 行政指導

はじめに

本節では、行政手続法の対象となる行政指導について学習します。

行政指導についても、条文の正確な知識が要求されます。特に行政指導の中止の求めや処分等の求めに関する規定が重要です。

1 行政指導（32条～36条の2）

重要度 **A**

1 行政指導とは

行政法総論でも学習しましたが、行政指導は行政行為（処分）とは異なり、**行政から国民に対して、任意の協力を求めてはたらきかけるもの**です。

とはいえ、過度な行政指導は国民にとって不利益を生ずるため、行政手続法にルールが規定されています。

ナビゲーション

行政法総論で学習した内容と重複する箇所もあります。
P.63も確認してください。

ここが ポイント 行政指導

行政機関がその任務または**所掌事務**の範囲内において一定の行政目的を実現するため**特定**の者に一定の作為または不作為を求める指導、勧告、助言その他の行為であって**処分**に該当しないもの（2条6号）。

行政指導に関する基本ルールについて確認しましょう。

行政指導のイメージ

行政

寄付に協力を
お願いします！

お断りします！

X

国民は従う必要がなく、従わなかった場合でも
不利益な扱いを受けない。

[行政指導の基本ルール]

行政指導の一般原則（32条）	・当該行政機関の任務または所掌事務の範囲を逸脱してはならない。★1 ・その相手方が行政指導に従わなかったことを理由として、不利益な取扱いをしてはならない。
申請に関連する行政指導（33条）	申請の取下げまたは内容の変更を求める行政指導にあっては、申請者が当該行政指導に従う意思がない旨を表明したにもかかわらず当該行政指導を継続すること等により当該申請者の権利の行使を妨げるようなことをしてはならない。
許認可等の権限に関連する行政指導（34条）	許認可権限を行使することができない場合または行使する意思がないにもかかわらず、権限を行使し得る旨をことさらに示すことにより相手方に当該行政指導に従うことを余儀なくさせるようなことをしてはならない。
行政指導の方式（35条）	行政指導に携わる者は、その相手方に対して、当該行政指導の趣旨および内容ならびに責任者を明確に示さなければならない。 ※書面の交付を求められた場合は、行政上支障がない限り書面を交付しなければならない。

★1
ワンポイント
労働問題に対処するのは厚生労働省であるにもかかわらず、総務省が行政指導をしてはならないということです。

過去問チャレンジ

1 行政指導に携わる者は、とくに必要がある場合には、当該行政機関の任務または所掌事務の範囲に属さない事項についても行政指導を行うことができる。[10-13-2]

×：行政機関の任務または所掌事務の範囲に属さない事項について行政指導を行うことはできません。

2 申請に関する行政指導に携わる者は、申請の内容が明白に法令の要件を満たしていない
場合であって、申請内容の変更を求める行政指導について申請者が従う意思のない旨を
表明したときは、申請の取り下げがあったものとみなすことができる。[10-13-4]

× : 行政指導に従う意思がない旨を表明した場合に、申請の取下げがあったものとみ
なすことができるという規定は存在しません。

2 複数の者に対する行政指導（36条）

　例えば、ガソリン価格の高騰を抑えるために、経済産業省が各石油会社に行政指導をしたとします。その際、**指導内容が石油会社によって異なってしまうことを避けるために、あらかじめ共通の内容（行政指導指針）を定めておく必要があります。**

[行政指導指針]

行政指導指針を定めること	**法的**義務
行政指導指針を公にすること	**法的**義務 ※行政上特別の支障がある場合を除く

3 行政指導の中止の求め（36条の2）

　いくら行政指導に強制力がないといっても、不適切な行政指導を受け続けるのは避けたいところです。

　そこで、**違法だと思われる行政指導については、中止の申出をすることができます。** ★2

講義図解

行政指導の中止の求め

❶法律に基づく行政指導

行政機関

❷中止の求め（**書面**による）

法律違反だ！

ここがポイント 行政指導の中止の求め

● **法律**に基づく行政指導のみ、中止の申出ができる。★3
● **行政指導の相手方**のみ、中止の申出ができる。
● 申出は**書面**によらなければならない。

★2
ワンポイント
行政手続法は、「事前手続」を定めたものですが、**行政指導の中止の求めは、例外的に「事後手続」を定めたもの**になります。

★3
野畑のズバッと解説

行政指導自体は法律の根拠がなくても行うことができますが、**中止の求めは法律に根拠のある行政指導**に限られます。

④ 処分等の求め（36条の3）

　本来、処分や行政指導は、行政側の判断で行うべきものですが、法令違反の是正のための処分や行政指導が行われていないと考える場合、その**処分や行政指導を行うよう求めることができます。**

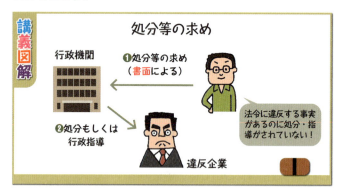

ここがポイント　処分等の求め

- 行政指導については、**法律**に基づくもののみ、申出ができる。
- **誰でも**申出ができる。★4
- 申出は**書面**によらなければならない。

★4
野畑のズバッと解説
行政指導の中止の求めと異なり、「**誰でも**」申出をすることができます。

第4節 届出

本節では、行政手続法の対象となる届出について学習します。過去にほとんど出題されていないため、時間のない方は37条を読んでおくだけで十分です。効率のよい学習を心がけましょう。

1 届出（37条）

重要度 **C**

例えば、市役所に提出する**出生届は、飲食店の営業許可申請と異なり、提出した後に何か返事を期待するものではありません**。これが、申請と届出の違いとなります。

ここがポイント　届出

- 行政庁に対し一定の事項の通知をする行為（**申請に該当するものを除く**）であって、法令により直接に当該通知が義務付けられているものをいう（2条7号）。
- 届出が**形式上**の要件に適合している場合は、当該届出が法令により当該届出の提出先とされている機関の事務所に**到達し**たときに、当該届出をすべき手続上の義務が履行されたものとする（37条）。★1

ナビゲーション

行政手続法の中では出題可能性が低いテーマです。軽く確認するだけで大丈夫です。

★1

あとまわしOK

届出書の記載事項に形式上の不備がある場合、届出義務を尽くしたことにはなりません。

過去問チャレンジ

形式上の要件に適合する届出については、提出先とされる機関の事務所に届出書が到達したときに届出の義務が履行されたものとする。[16-13-5]

O：その通り。

第5節 命令等制定手続

はじめに

本節では、行政手続法の対象となる命令等の制定について学習します。
中心は意見公募手続になるので、流れを押さえながら知識を正確にしていってください。

1 命令等制定手続

重要度 A

　憲法でも学習したように、国会は私たち国民の代表者の集まりであり、そこでつくられた法律には私たちの意見も反映されていることになります。

　ところが、**行政がつくる命令や規則には、法律のように私たちの意見が反映されているとはいえません。** ★1

　そこで、**行政がルールをつくる際には広く国民の意見を募集する**ものとしました。

ここがポイント　命令等の種類

- 法律に基づく命令・規則（2条8号イ）
  → 行政立法における「**法規命令**」
- 審査基準・処分基準・行政指導指針（2条8号ロ・ハ・ニ）
  → 行政立法における「**行政規則**」

まずは講義図解で意見公募手続のおおまかな流れを押さえましょう。

ナビゲーション

命令等制定手続は、処分や行政指導と同様、頻出テーマとなります。意見公募手続の流れを意識しながら、条文知識を習得しましょう。

★1
ワンポイント

行政法総論で「**行政立法**」**とよばれていたもの**だと考えてください。これを機に行政立法の復習をしておくとより理解が深まります。

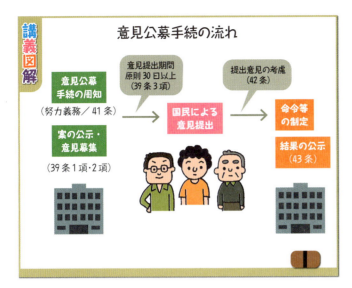

[意見公募手続の流れ]

意見公募手続の周知（41条）	命令等制定機関は、意見公募手続を実施して命令等を定めるにあたっては、必要に応じ、当該意見公募手続の実施について周知するよう**努める**とともに、当該意見公募手続の実施に関連する情報の提供に**努める**ものとする。
意見公募手続の期間等（39条）★2	・命令等制定機関は、命令等を定めようとする場合には、当該命令等の案およびこれに関連する資料をあらかじめ公示し、**意見の提出先および意見提出期間を定めて広く一般の意見を求めなければならない**（39条1項）。 ・意見提出期間は、原則として公示の日から起算して**30日以上**でなければならない（39条3項）。★3 ・**30日以上**の意見提出期間を定めることができない**やむを得ない理由**があるときは、**30日**を下回る意見提出期間を定めることができる（40条1項）。 　※この場合においては、当該命令等の案の公示の際その理由を明らかにしなければならない。
提出意見の考慮（42条）	命令等制定機関は、意見公募手続を実施して命令等を定める場合には、**意見提出期間内に提出された意見を十分に考慮**しなければならない。★4

★2
野畑の ズバッと解説
39条は法的義務なので、**意見公募手続を実施しないで定めた命令等は原則として違法**です。

★3
あとまわしOK
公益上、緊急に命令等を定める必要がある場合等は、意見公募手続が不要となります（39条4項各号）。

★4
ワンポイント
提出意見を「考慮」とあるだけなので、**必ず提出意見を取り入れなければならないわけではありません**。

意見を公募してもしなくても、行政側は公示する義務があります。

[結果の公示]

意見公募手続を実施した場合 (43条1項)	命令等制定機関は、意見公募手続を実施して命令等を定めた場合には、当該**命令等の公布**と**同時期**に、次に掲げる事項を公示しなければならない。 ・命令等の題名 ・命令等の案の公示の日 ・提出意見（**提出意見が**なかった場合にあっては、その旨）★5 ・提出意見を**考慮した結果およびその理由**
意見公募手続を実施しなかった場合 (43条5項)	**命令等の公布**と同時期に、次に掲げる事項を公示しなければならない。 ・命令等の題名および趣旨 ・**意見公募手続を**実施しなかった**旨およびその理由**
意見公募手続を実施したが命令等を定めなかった場合 (43条4項)	下記事項を公示しなければならない。 ・意見公募手続を**実施したが命令等を定めなかった旨** ・命令等の題名 ・命令等の案の公示の日

★5

ワンポイント

提出意見がなかった場合でも、それ（提出意見がなかったこと）を公示しなければならないことに注意してください。

過去問チャレンジ

意見公募手続を実施して命令等を定めた場合には、当該命令等の公布と同時期に、結果を公示しなければならないが、意見の提出がなかったときは、その旨の公示は必要とされない。[16-12-2]

× : 提出意見がなかった場合にはその旨を公示する必要があります。

第6節 適用除外

 はじめに

本節では、行政手続法の対象にならない適用除外について学習します。
一見すると覚えることが多く見えますが、試験で問われる論点は限られています。ほかの論点の学習が落ち着いたら本節を意識するようにすれば十分です。

1 処分・行政指導についての適用除外　重要度 C

　これまで、処分や行政指導に関する基本ルールを学習してきましたが、**すべての処分や行政指導にこの基本ルールが適用されるわけではありません。**

　ここでは、**処分・行政指導についての適用除外**について学習します。

適用除外について、次の表をいきなりすべて覚える必要はありません。繰り返し確認するうちに身についていけば十分です。

ナビゲーション

試験では頻出ではありませんが、たまに出題されますので、ほかの論点をすべて学習した後に、過去問で問われている知識を中心に確認しましょう。

［処分・行政指導についての適用除外］

①本来の行政権の行使とはやや異質な手続★1	
1号	国会（両院または一院）または議会の議決によってされる処分
2号	裁判所・裁判官の裁判により、または裁判の執行としてされる処分
3号	国会の両院もしくは一院もしくは議会の議決を経て、またはこれらの同意もしくは承認を得たうえでされるべきものとされている処分
4号	検査官会議で決すべきものとされている処分および会計検査の際にされる行政指導
5号	刑事事件に関する法令に基づいて検察官、検察事務官または司法警察職員がする処分および行政指導

★1
ワンポイント
国会や裁判所などは「行政」ではないので、行政手続法は適用されません。

＊次ページに続く。

6号	国税または地方税の犯則事件に関する法令〔中略〕に基づいて国税庁長官、国税局長、税務署長、国税庁、国税局もしくは税務署の当該職員、税関長、税関職員または徴税吏員〔中略〕がする処分および行政指導ならびに金融商品取引の犯則事件に関する法令〔中略〕に基づいて証券取引等監視委員会、その職員〔中略〕、財務局長または財務支局長がする処分および行政指導

②特別の規律で律せられるべき手続★2

7号	学校、講習所、訓練所または研修所において、教育、講習、訓練または研修の目的を達成するために、学生、生徒、児童もしくは幼児もしくはこれらの保護者、講習生、訓練生または研修生に対してされる処分および行政指導
8号	刑務所、少年刑務所、拘置所、留置施設、海上保安留置施設、少年院、少年鑑別所または婦人補導院において、収容の目的を達成するためにされる処分および行政指導
9号	公務員（国家公務員・地方公務員）または公務員であった者に対してその職務または身分に関してされる処分および行政指導
10号	外国人の出入国、難民の認定または帰化に関する処分および行政指導

③処分の性質上、行政手続法の適用になじまない手続★3

11号	もっぱら人の学識技能に関する試験または検定の結果についての処分
12号	相反する利害を有する者の間の利害の調整を目的として、法令の規定に基づいてされる裁定その他の処分（その双方を名宛人とするものに限る）および行政指導
13号	公衆衛生、環境保全、防疫、保安その他の公益に関わる事象が発生しまたは発生する可能性のある現場において警察官もしくは海上保安官または〔中略〕その他の職員によってされる処分および行政指導
14号	報告または物件の提出を命ずる処分その他その職務の遂行上必要な情報の収集を直接の目的としてされる処分および行政指導
15号	審査請求、再調査の請求その他の不服申立てに対する行政庁の裁決、決定その他の処分
16号	前号に規定する処分の手続または第三章に規定する聴聞もしくは弁明の機会の付与の手続その他の意見陳述のための手続において法令に基づいてされる処分および行政指導

★2
ワンポイント

外国人に関する処分については入管法（出入国管理及び難民認定法）等に詳しいルールが設けられているので、行政手続法は適用されません。

★3
ワンポイント

審査請求に関する裁決（処分）については行政不服審査法に詳しいルールが設けられているため、行政手続法は適用されません。

公務員の懲戒処分には、行政手続法の定める不利益処分の規定が適用されるので、これを行うに当たっては、行政手続法の定める聴聞を行わなければならない。[13-26-5]

× : 公務員または公務員であった者に対してその職務または身分に関してされる処分および行政指導については、行政手続法の処分に関する規定は適用されません（3条1項9号）。

2 地方公共団体における適用除外

重要度 A

　地方公共団体の機関が行う処分や行政指導などについても、**行政手続法の適用が除外されるケース**があります。★1

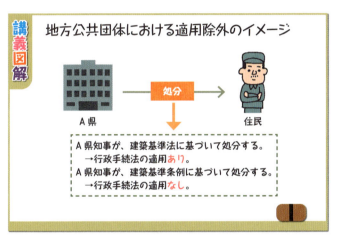

講義図解

地方公共団体における適用除外のイメージ

処分
A県 → 住民

A県知事が、建築基準法に基づいて処分する。
→行政手続法の適用あり。
A県知事が、建築基準条例に基づいて処分する。
→行政手続法の適用なし。

ナビゲーション

地方公共団体における適用除外はよく出題されています。
まとめの表を覚えて、問題にあてはめる練習をしておきましょう。

★1
ワンポイント

地方公共団体には、「行政手続条例」を制定する努力義務が課せられており（46条）、現実に各地方公共団体がその実情に則した行政手続条例を定めているため、行政手続法の規定が適用除外されても問題ありません。

[地方公共団体における適用除外のまとめ] ★2

	何を根拠に行うか	
	法律・命令	条例・規則
処分	適用あり	適用なし
行政指導	適用なし	適用なし
届出	適用あり	適用なし
命令等	適用なし	適用なし

★2
野畑のズバッと解説

条例を根拠に処分をするのであれば、その手続も行政手続法でなく行政手続条例に従えばよいということです。

結局のところ、法律・命令に基づく処分と届出のみ、行政手続法の適用があることになります。

地方公共団体の機関として行政指導に携わる者は、法令に根拠を有する処分に関する行政指導の場合と条例に根拠を有する処分に関する行政指導の場合のいずれについても、行政手続法の行政指導に関する規定の適用を受けない。[10-13-1]

○：その通り。

第3章

行政不服審査法

この章で学ぶこと

「行政不服審査」

　例えば、飲食店の営業停止処分が出されてしまった場合、救済手段の1つとして行政不服審査があります。

　2014年に改正された行政不服審査法には、どのような行政活動に対して不服を申し立てることができるのか、行政不服審査はどのような流れで行われるのかを規定しています。

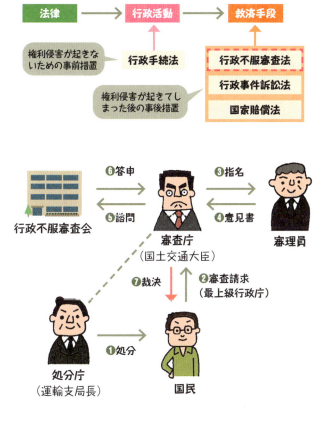

第1節 行政不服審査法総説

はじめに

本節では、行政不服審査法の概要を学習します。
合わせて行政救済法の基本的な考え方も理解するよう努めてください。

1 行政不服審査法の概要

重要度 **B**

1 行政救済法とは

行政手続法によって、行政庁が処分をする際のルールが定められているとしても、やはり納得のいかない処分がされることがあります。

そこで、行政庁の処分に対して不服を申し立てる制度が構築されています。

行政救済法には、「行政不服審査法」「行政事件訴訟法」「国家賠償法」の3つがあります。

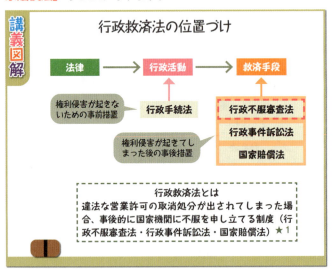

ナビゲーション

ここからは、国民の事後救済を目的とした法律を学習します。行政不服審査法の中身に入る前に、行政救済法の大枠をつかんでください。

★1

ワンポイント

原則として、処分の取消しを求めて行政不服審査を申し立てるか、行政事件訴訟を提起するかは**国民が自由に選択できます**（自由選択主義／行政事件訴訟法8条1項本文）。

ここからは、行政庁の処分に対して、行政側に不服を申し立てる「行政不服審査法」について学習します。★2

2 行政不服審査法の目的

条文

行政不服審査法第1条（目的等）
1項　この法律は、行政庁の**違法**又は**不当**な処分その他公権力の行使に当たる行為に関し、国民が**簡易迅速**かつ**公正な手続**の下で広く行政庁に対する**不服申立て**をすることができるための制度を定めることにより、国民の**権利利益の救済**を図るとともに、**行政の適正な運営**を確保することを目的とする。
（2項略）

ここが ポイント 条文解説

- 行政庁の「違法な処分」だけでなく、「不当な処分」も対象となる。★3
- 国民が、「簡易迅速」かつ「公正な手続」のもとで不服を申し立てることができる制度である。★4

過去問チャレンジ

取消訴訟においては処分の適法性のみを争うことができるが、行政不服申立てにおいては処分の適法性のみならず、処分の不当性をも争うことができる。[06-16-5]

O：その通り。

3 不服申立ての種類

　私たちが行政に不服を申し立てる場合、①**審査請求**、②**再調査の請求**、③**再審査請求の3つの方法**があります。

まずは審査請求についてしっかり学習し、その後に再調査の請求を学習するようにしましょう。

第2節 審査請求

はじめに

本節では、行政不服審査法に規定されている審査請求について学習します。

行政手続法の聴聞手続と同じように、流れを意識しながら条文を確認しいていくことで、知識の混同を防ぐことができます。

1 審査請求の概要

重要度 **B**

❶ 審査請求の流れ

行政に対する不服申立ては、**原則として審査請求の形式で**行います。

詳しくはこの後に学習しますが、まずは審査請求の流れをつかんでおきましょう。

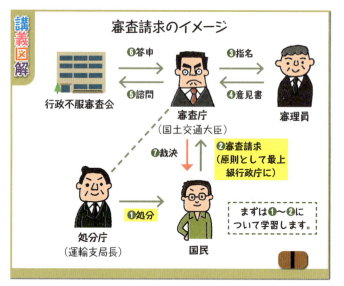

講義図解

審査請求のイメージ

ナビゲーション

ここではまず、審査請求のイメージをつかむことを意識してください。

★1

野畑のズバッと解説

処分を出した行政庁に判断してもらうよりも、管轄の一番上の上司に判断してもらうほうが適切な判断が期待できると考えられています。

★2

あとまわしOK

処分庁が大臣の場合には、大臣の上級行政庁は内閣ですが、行政不服審査法では上級行政庁がないものと扱われて、その大臣に審査請求をします。

ここがポイント　審査請求のポイント

- 原則として処分を出した行政庁（処分庁）ではなく、**最上級行政庁**に審査請求をする（4条4号）。★1
- 審査請求を受けた行政庁（審査庁）が独断で判断するのではなく、**審理員**や第三者機関である**行政不服審査会**の判断も踏まえて判断する。★2
- 処分だけでなく、**不作為**★3も審査請求の対象となる（2条、3条）。

★3
用語の意味

不作為
法令に基づいて申請をしたのに、行政庁から何も応答がないこと。

過去問チャレンジ

審査請求人は、国の機関が行う処分について処分庁に上級行政庁が存在しない場合、特別の定めがない限り、行政不服審査会に審査請求をすることができる。[17-15-2]

✕：処分庁に上級行政庁がない場合の審査請求は、当該処分庁に対して行うことになります（4条1号）。

2 審査請求人

　行政庁の処分や不作為について審査請求ができる者について、行政不服審査法に規定があります。

[審査請求ができる者]

処分についての 審査請求（2条）	行政庁の**処分に不服がある者**。★4
不作為についての 審査請求（3条）	法令に基づき行政庁に対して**処分についての申請**をした者。★5

★4

野畑のスパッと解説

原子力発電所の設置許可処分について不服がある周辺住民が審査請求することができる可能性があるということです。

★5
野畑のスパッと解説

申請をした者しか審査請求ができないことに気をつけてください。

そのほか審査請求に関わる者として、代理人や総代等があります。

[代理人・総代] ★6

総代 (11条)	多数人が共同して審査請求をしようとするときは、**3人を超えない総代**を互選することができる。 ※審査請求の**取下げ**以外の一切の行為ができる。
代理人 (12条)	審査請求は、代理人によってすることができる。 ※**特別の委任**があれば**取下げ**も含め、一切の行為ができる。
利害関係人 (13条)	・利害関係人は、**審理員**の許可を得て、当該審査請求に参加することができる。★7 ・**審理員**は、必要があると認める場合には、利害関係人に対し、当該審査請求に参加することを求めることができる。

> 代理人は取下げができる可能性がありますが、総代はありませんので注意してください。

③ 審査請求期間

　処分に対する審査請求には**期間制限**があり、一定の期間を過ぎると審査請求ができなくなります（18条）。★8

[審査請求期間]

主観的審査請求期間（知った日基準）	処分があったことを**知った日の翌日**から起算して**3カ月**を経過したときは、することができない。 ※正当な理由があるときは審査請求できる。
客観的審査請求期間（処分日基準）	処分が**あった日の翌日**から起算して**1年**を経過したときは、することができない。 ※正当な理由があるときは審査請求できる。

> 例えば、処分があった日から5年後に知った場合、そこから3カ月以内であっても審査請求はできません。

過去問チャレンジ

処分についての審査請求は、原則として、処分があったことを知った日の翌日から起算して60日以内に、しなければならない。[04-15-3改題]

✕：処分があったことを知った日の翌日から3カ月以内にしなければなりません。

★6
あとまわしOK
そのほかに、**法人でない社団（権能なき社団）**でも、代表者の定めがあるものは**その名（社団名）**で審査請求をすることができます（10条）。

★7
ワンポイント
審理手続において、審理員の許可が必要なものは①**質問**、②**補佐人**（通訳者等）の参加、③**参加人**の参加の3つだけです。これは、行政手続法の聴聞手続における主宰者の許可と同じなので、押さえておいてください。

★8
ワンポイント
不作為の場合には審査請求期間がないことに注意してください。

---

4 標準審理期間

行政手続法の標準処理期間のように、審査請求が審査庁に到達してから裁決が出るまでの目安となる期間のことを標準審理期間といいます（16条）。

[標準審理期間の設定・公表] ★9

標準審理期間を定めること	定めるよう**努める**ものとする。 →**努力**義務
標準審理期間を定めたときに公にすること	公にしなければならない。 →**法的**義務

★9
ワンポイント

定めることは**努力**義務、定めたときに公にすることは**法的**義務という内容は、**行政手続法における標準処理期間と同じ**です。

5 審査請求の方式

審査請求は、原則として審査請求書という書面を提出して行います（19条1項）。★10

★10
ワンポイント

法律や条例で、「口頭でできる」とされている場合は、例外的に口頭で審査請求ができます。

2 審査請求の審理手続

重要度 A

ここから、**審査請求の審理手続**について学習していきます。あらためて、審査請求全体のイメージをつかんでおきましょう。

ナビゲーション

審査請求のメインテーマを学習することになります。行政手続法における聴聞手続と同じような形で、流れを意識しながら学習するようにしてください。

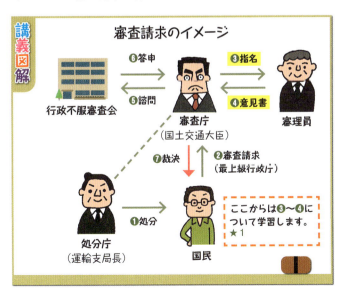

審査請求のイメージ（講義図解）

- ⑥答申
- ③指名
- ⑤諮問
- ④意見書
- 行政不服審査会
- 審査庁（国土交通大臣）
- 審理員
- ⑦裁決
- ②審査請求（最上級行政庁）
- ①処分
- 処分庁（運輸支局長）
- 国民
- ここからは③〜④について学習します。★1

★1
ワンポイント

審査請求が不適法で**却下**する場合には、③〜⑥の手続は不要です。

1 審理員の指名

審査請求の審理は、審査庁（例えば、国土交通大臣）自身が行うのではなく、所属する職員の中から処分に関わっていない等の要件を満たす者を、審理手続を行う者（審理員）に指名して行います。★2

ここがポイント　審理員

- 審査庁は、審理員となるべき者の名簿を作成するよう**努める**ものとする（17条）。
- **審査請求に係る処分**もしくは当該処分に係る再調査の請求についての決定に**関与**した者または審査請求に係る**不作為に係る処分**に**関与**し、もしくは**関与**することとなる者は、審理員となることができない（9条2項1号）。★3

過去問チャレンジ

審理員は、審査庁に所属する職員のうちから指名され、審査庁となるべき行政庁は、審理員となるべき者の名簿を作成するよう努めなければならない。[16-15-2]

〇：その通り。

2 審理の方式

行政不服審査は、「**簡易迅速**」に国民を救済するための制度です。そこで、**審理手続も裁判のような口頭審理ではなく、書面審理という形式**をとっています。★4

★2
野畑の
ズバッと解説
処分に関わった者が審理員になると、公平な判断ができない可能性が高くなるめです。

★3
あとまわしOK
行政手続法には、処分に関わる者が主宰者になれないという規定はありません（行政手続法19条参照）。

★4
ワンポイント
ここでは、審査請求の流れのうち、審理員が中心となる審理手続をクローズアップしています。

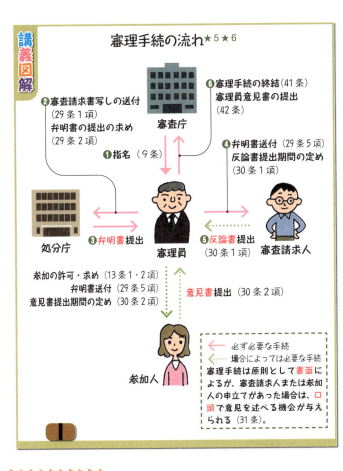

用語の意味

弁明書
審査請求に対する処分庁の弁明が記載された書面。

反論書
審査請求人が弁明書に反論がある際に提出する書面。

意見書
参加人が意見を伝えるための書面。

ワンポイント
①誰が誰に送る書面なのか、②必ず送らないといけない書面なのか、を押さえることが重要です。

過去問チャレンジ

審査請求がなされたときは、審理員は、審査請求書または審査請求録取書の写しを処分庁等に送付して、その反論書の提出を求めることができる。[06-14-3改題]

×：審理員が処分庁に求める書面は「弁明書」です。

---

3 証拠調べ

審理員の職権もしくは審査請求人の申立てによって、審理に必要な証拠を調べることができます。

[証拠調べ]

物件の提出要求（33条）	①審査請求人もしくは参加人の**申立て**
参考人の陳述・鑑定要求（34条）	
検証（35条）	②審理員の**職権**
審理関係人への質問（36条）	

3 審理手続の終結と行政不服審査会への諮問 重要度 A

審理員は、必要な審理を終えたと認めるときは、**審理手続を終結し**、審査庁に対して**審理員意見書を提出**します（41条、42条）。

ナビゲーション

審理員意見書の提出から、行政不服審査会への諮問までの流れも試験対策として重要です。

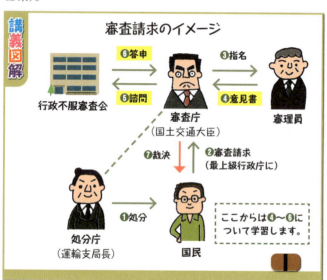

講義図解

審査請求のイメージ

ここからは❹〜❻について学習します。

[審理手続終結後の流れ]

審理手続の終結	審理員	・必要な審理を終えたと認めるときは、審理手続を終結する（41条1項）。 ・遅滞なく、**審理員意見書**を作成し、速やかに、**これを事件記録とともに**、審査庁に提出しなければならない（42条1項・2項）。
行政不服審査会への諮問	審査庁	**審理員意見書**の提出を受けたときは、原則として行政不服審査会等に諮問しなければならない（43条1項）。★1

★1

あとまわしOK

審査請求人から諮問を希望しない旨の申出があった場合、諮問は行われません（参加人が反対した場合を除きます／43条1項4号）。

4 審査請求の裁決

重要度 A

審査庁が行政不服審査会等から**答申を受けたとき**は、遅滞なく裁決を行います（44条）。★1

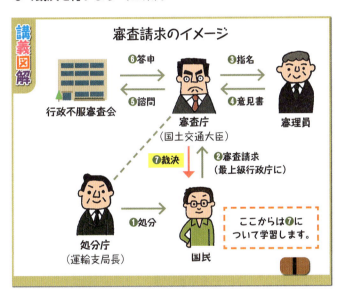

審査請求のイメージ

❻答申　❸指名　❺諮問　❹意見書
行政不服審査会　審査庁（国土交通大臣）　審理員
❼裁決　❷審査請求（最上級行政庁に）
❶処分
処分庁（運輸支局長）　国民
ここからは❼について学習します。

ナビゲーション
このテーマでは、裁決の種類が重要です。特に却下と棄却を混同しないように注意してください。

★1 ワンポイント
ここでは、処分に対して裁決がなされたことを前提に話を進めますが、**不作為に対する裁決も同じ**ように考えてください。

1 裁決の種類

審査庁の裁決には、①**却下**、②**棄却**、③**認容**があります。★2

★2 ワンポイント
裁決は、**裁決書**によりしなければならず、**口頭**で行うことはできません（50条）。

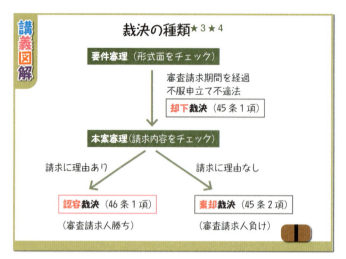

講義図解

裁決の種類 ★3 ★4

要件審理（形式面をチェック）

↓ 審査請求期間を経過
不服申立て不適法

却下裁決（45条1項）

本案審理（請求内容をチェック）

請求に理由あり → **認容裁決**（46条1項）
（審査請求人勝ち）

請求に理由なし → **棄却裁決**（45条2項）
（審査請求人負け）

★3

野畑のズバッと解説

却下は内容を確認せずに審査請求を終えることで、棄却は内容を確認したうえで、処分は違法・不当ではないと判断することです。
却下と棄却を引っかける問題に注意してください。

★4

ワンポイント

認容裁決が出された場合のみ、処分が取り消されることになります。

★5

ワンポイント

事情裁決は「棄却裁決」であることに注意してください。

② 事情裁決

　例えば、**ダムの建設許可処分が違法**だとしても、完成したダムを壊して元通りにすることは難しく、周辺都市に水を供給できないという問題も生じます。

　そのような場合に出されるのが、**事情裁決**です。★5

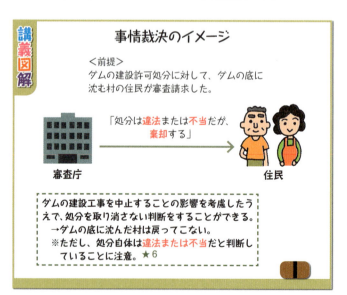

講義図解

事情裁決のイメージ

＜前提＞
ダムの建設許可処分に対して、ダムの底に沈む村の住民が審査請求した。

審査庁 →「処分は**違法**または**不当**だが、**棄却**する」→ 住民

ダムの建設工事を中止することの影響を考慮したうえで、処分を取り消さない判断をすることができる。
→ダムの底に沈んだ村は戻ってこない。
※ただし、処分自体は**違法**または**不当**だと判断していることに注意。★6

★6

野畑のズバッと解説

事情裁決のメリットとして、審査庁が「違法または不当」と判断していることから、国家賠償請求訴訟で勝ちやすいという点があります。

ここが ポイント 事情裁決の条文

- 審査請求に係る処分が**違法**または**不当**ではあるが、これを取り消し、または撤廃することにより**公の利益**に著しい障害を生ずる場合において、審査請求人の受ける損害の程度、その損害の賠償または防止の程度および方法その他一切の事情を考慮したうえ、処分を取り消し、または撤廃することが**公共の福祉**に適合しないと認めるときは、**審査庁は、裁決で、当該審査請求を棄却**することができる（45条3項前段）。
- 事情裁決をする場合、審査庁は、裁決の**主文**で、当該**処分が違法**または**不当**であることを宣言しなければならない（45条3項後段）。

過去問チャレンジ

事情裁決は、行政事件訴訟法の定める事情判決と同様、処分が違法であるときに一定の要件の下で行われるものであって、処分が違法ではなく、不当であるにとどまる場合において行われることはない。[12-15-5改題]

✕：事情裁決は、処分が違法である場合のみならず、処分が不当である場合にもすることができます。

3 変更裁決

審査庁が①処分庁自身の場合や、②上級行政庁の場合、審査請求を認容したうえで処分を別の内容に変更する裁決をすることができます。★7

★7
ワンポイント
審査方が①②でない場合（管轄違いの場合）は、変更裁決をすることができません。

講義図解

変更裁決

「6カ月の営業停止処分を3カ月に変更する」

審査庁 ……… 処分庁自身・処分庁の上級行政庁

審査請求人に**不利益**な変更をすることはできない（48条）。
※営業停止処分→営業許可の取消処分は**✕**

裁決においては、処分を変更することが許される場合でも、これを審査請求人の不利益に変更することはできない。[09-14-5]

◯：その通り。

4 義務付け裁決 ☆記述に出る！

例えば、営業許可申請の拒否処分についての審査請求に理由があるとして認容裁決が出された場合、拒否処分が取り消されることになりますが、許可処分が出されるわけではありません。ここで**再び拒否処分が出されてしまうといつまで経っても営業を始めることができなくなります**。そこで、義務付け裁決の出番となります（46条2項）。★8

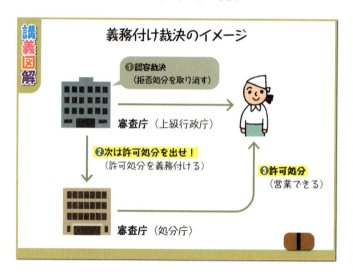

講義図解

義務付け裁決のイメージ

❶認容裁決
（拒否処分を取り消す）

審査庁（上級行政庁）

❷次は許可処分を出せ！
（許可処分を義務付ける）

❸許可処分
（営業できる）

審査庁（処分庁）

★8
ワンポイント

申請の拒否処分が取り消された場合、処分庁が再び許可処分を出すかどうかの判断をします。
そこでは通常、拒否処分は出されないはずですが、ほかに許可処分を出せない理由があると判断されれば、拒否処分が出される可能性もあります（拘束力の限界）。

ここがポイント 義務付け裁決の条文（46条2項）

法令に基づく**申請を却下**し、又は**棄却**する処分の全部又は一部**を取り消す場合**において、次の各号に掲げる審査庁は、当該申請に対して**一定の処分をすべき**ものと認めるときは、当該各号に定める措置をとる。

一　処分庁の上級行政庁である審査庁

　　当該処分庁に対し、**当該処分**をすべき旨を命ずること。

二　処分庁である審査庁

　　当該処分をすること。

過去問チャレンジ

法令に基づく申請を却下し、または棄却する処分の全部または一部を取り消す場合において、審査庁が処分庁の上級行政庁である場合、当該審査庁は、当該申請に対して一定の処分をすべきものと認めるときは、自らその処分を行うことができる。[16-16-4]

×：審査庁は、処分庁に対して当該処分をすべき旨を命ずる措置をとります。

5 裁決の効力

　裁決も行政行為の1つであるため、公定力や紛争解決を目的とする行政行為についての不可変更力などが認められますが、さらに**形成力と拘束力という2つの効力が認められます**。

[裁決の効力]

形成力	請求が認容され処分が取り消されたときは、処分**効力が直ちに失われ、最初からなかった**ことになる。★9
拘束力 ★10	・請求が**認容**され処分が取り消されたときは、その裁決は**関係行政庁を拘束する**（52条1項）。 ・申請を却下・棄却した処分が**裁決で取り消された場合**には、処分庁は、**裁決の趣旨に従い、改めて申請に対する処分**をしなければならない（52条2項）。

★9
ワンポイント
処分を出した処分庁が取り消さなくても、認容裁決の裁決書が審査請求人に送られたときに取り消されたことになります。

★10
野畑のズバッと解説
拘束力の限界による不都合を解決するために、先ほど学習した「**義務付け裁決**」の**規定**が設けられています。

> **ここが ポイント** 拘束力の限界

処分が取り消された場合、まったく同じ事情や理由で、再び拒否処分をすることはできない（**拘束力**）。

※事情や理由が異なれば、再び拒否処分をすることができる（拘束力の限界）。

⑥ 裁決の効力発生時期

審査請求の裁決は、**審査請求人に裁決書の謄本★11が送達された時に効力を生じます**（51条1項・2項）。

> これで、審査請求に関する流れは一通り学習できたことになります。あとは仮の権利保護制度である執行停止について学習します。

★11

用語の意味

謄本
原本の内容がすべて写されている文書のこと（一部の場合は抄本という）。

5 執行停止

重要度 **A**

① 執行停止制度とは

営業許可の取消処分を受けた者が審査請求をしたとしても、**認容裁決によって取り消されるまでは効力が残っているため、営業を再開することはできません**（執行不停止の原則）。

このような場合、**審査請求の審理中に処分の効力を停止するよう申し立てる**ことができます（執行停止制度／25条）。

ナビゲーション

執行停止制度は、行政事件訴訟法にも規定されています。両者の比較が重要ですが、まずは行政不服審査法の執行停止について学習しておきましょう。

講義図解

執行停止制度

❶処分の決定
（営業許可の取消し）

← 行政庁

❷ **審査請求** ← 審査請求をしている最中は、処分の効力が続いているため、営業をすることはできない（執行不停止）。

執行停止の申立て ← 審査請求をしている最中に、営業が続けられるように、**審査請求にプラスする形で申し立てる**。

❷ 執行停止の種類

執行停止には、①処分の効力の停止、②処分の執行の停止、③手続の続行の停止、④その他の措置があります。

> この中では、処分の効力の停止とその他の措置のイメージができれば十分です。

ここが **ポイント** 処分の効力の停止とその他の措置

● 処分の効力の停止

例：営業停止処分の効力を停止し、営業可能な状態にする。
★1

● その他の措置（処分の変更）

例：営業許可の取消処分を営業停止処分に変更する。

❸ 裁量的執行停止

原則として執行停止をするかどうかは審査庁の判断に任せられますが、**審査庁が誰かによってルールが変わります**（25条2項・3項）。★2★3

[審査庁が上級行政庁または処分庁の場合とそれ以外の行政庁の場合の比較]

	上級行政庁または処分庁	それ以外の行政庁
職権による執行停止	できる	できない
「その他の措置」をとること	できる	できない
処分庁への意見聴取義務	なし	あり

> 執行停止の中でもよく出題されているので、しっかり覚えましょう。

★1

あとまわしOK

①処分の効力の停止は、**それ以外の措置（②～④）によって目的を達成する**ことができるときは、することができません（25条6項）。

★2

野畑の スパッと解説

上級行政庁と処分庁は「上司と部下」の関係になるため、**上司の判断で執行停止をしたり、営業許可の取消処分を停止処分に変更したりする**など、柔軟な対応をとることができます。

★3

あとまわしOK

審理員から「執行停止をすべき旨の意見書」（40条）が提出されたときは、審査庁は、速やかに、執行停止をするかどうかを決定しなければなりません（25条7項）。

4 必要的執行停止

一定の状況下において執行停止の申立てがなされた場合、審査庁が執行停止をしなければなりません（25条4項）。

[執行停止が必要な場合]

原則 （25条4項本文）	**審査請求人の申立てがあった場合**において、処分、処分の執行または手続の続行により生ずる**重大な損害**を避けるために**緊急**の必要があると認めるときは、審査庁は、執行停止をしなければならない。
例外 （25条4項但書）	①**公共の福祉**に重大な影響を及ぼすおそれがあるとき ②**本案について理由がない**とみえるときは、執行停止をする必要はない。★4

★4
ワンポイント

審査請求の結論が棄却になる可能性が高い場合は、審理中だけ執行停止をする意味がないためです。

5 執行停止の取消し

執行停止をした後において、執行停止が**公共の福祉に重大な影響を及ぼすことが明らか**となったとき、その他事情が変更したときは、審査庁は、その**執行停止を取り消す**ことができます（26条）。

行政不服審査法の過去問について

行政不服審査法は、2014年に改正され、2016年から行政書士試験でも出題されています。旧法には審理員制度や行政不服審査会への諮問制度がなかったため、これらの分野では過去問が数年分しかありません。演習できる問題が少ないので、過去問だけに頼らず、予備校が出している問題集や模擬試験の問題を有効活用しましょう。

第3節 再調査の請求・再審査請求

はじめに

本節では、行政不服審査法に規定されている再調査の請求・再審査請求について学習します。
特に、再調査の請求について、審査請求との違いを学習することが重要です。

1 再調査の請求

 重要度 **A**

行政不服申立てには、**審査請求のほかに、再調査の請求と再審査請求による方法**があります。★1

ここでは、再調査の請求（5条）について学習します。

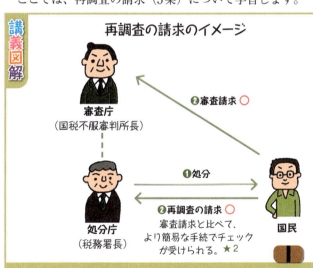

講義図解

再調査の請求のイメージ

審査庁（国税不服審判所長）

❷審査請求 ○

❶処分

❷再調査の請求 ○
審査請求と比べて、より簡易な手続でチェックが受けられる。★2

処分庁（税務署長）

国民

ナビゲーション

再調査の請求は、2014年改正で新しく設けられた制度ですが、よく出題されています。
どのような場合に再調査の請求が認められるかをしっかり押さえておいてください。

★1
ワンポイント

審査請求の対象は「処分」と「不作為」でしたが、**再調査の請求は「処分のみ」**であることに注意してください（**不作為**については再調査の請求ができません）。

★2
野畑のスパッと解説

「簡易な手続」→審理員による審理手続や、行政不服審査会への諮問手続がない、というイメージを持ってください。

ここが ポイント 再調査の請求 ★3

- **法律**で特に定められている場合に限りすることができる。
- **再調査の請求**と**審査請求**のいずれを行うかは自由。
  - ※ただし、**審査請求**を選択した場合は**再調査**の請求をすることができない（5条1項但書）。

課税処分のように、大量に行われる処分について、法律により再調査請求が認められています。

あとまわしOK

再調査の請求の場合も、代理人や執行停止の規定など、審査請求の規定の多くが準用されています。

過去問チャレンジ

個別の法律により再調査の請求の対象とされている処分は、行政不服審査法に基づく審査請求の対象とはならない。[17-14-5]

×：再調査の請求と審査請求のいずれを行うかは不服申立人の選択に委ねられています。

2 再審査請求

重要度 **C**

一度**審査請求に対する裁決がされた後、別の行政庁にもう一度審査請求をすることを再審査請求**といいます。

再審査請求は、再調査の請求と同様、**法律で特に定められている場合に限りすることができます**（6条1項）。

これまでに学習した制度の比較をしておきましょう

[審査請求・再調査請求・再審査請求の比較]

	審査請求	再調査の請求	再審査請求
個別法の根拠	不要	必要	必要
審理員制度	あり	なし	あり
第三者機関への諮問制度	あり	なし	なし

第4節 教示

はじめに

本節では、行政不服審査法に規定されている教示制度について学習します。
誤った教示がされた場合の処理について、講義図解を中心に確認しておきましょう

1 教示制度とは

重要度 B

　行政庁の処分や不作為に対して、不服申立てができるということを、一般国民が必ず知っているというわけではありません。

　そこで、**行政不服審査法には不服申立てができるということとを知らせるための教示制度**が設けられています。

ナビゲーション

審査請求や執行停止よりは出題可能性が低いです。時間がなければあとまわしでもかまいません。

[教示制度]

処分の相手方への教示（82条1項）	行政庁は、審査請求等をすることができる処分をする場合には、**処分の相手方に対し、**①当該処分につき不服申立てをすることができる旨②不服申立てをすべき行政庁③不服申立てをすることができる期間を**書面**で教示しなければならない。
利害関係人への教示（82条2項）	行政庁は、利害関係人から、①当該処分が審査請求等をすることができる処分であるかどうか②審査請求等をすべき行政庁③審査請求等をすることができる期間につき**教示を求められた**ときは、当該事項を教示しなければならない。★1

★1
野畑の ズバッと解説

行政庁からすれば、この段階で誰が利害関係人か把握していないため、教示することがそもそもできません。
なので、利害関係人から求められたときに教示をすればよいとされています。

過去問チャレンジ

利害関係人からの教示の請求で、書面による教示が求められた場合に、当該教示は口頭で行ってもかまわない。[01-16-4改題]

× ：利害関係人から書面による教示を求められた場合には、当該教示は書面でしなければなりません（82条3項）。

2 誤った教示があった場合

重要度 **B**

行政庁から誤った教示がされた場合、正しく審査請求をすることができなくなります。この場合に審査請求が却下されてしまうと国民にとって不利益であるため、救済規定が設けられています。

ナビゲーション

審査請求や執行停止よりは出題可能性が低いです。時間がなければあとまわしでもかまいません。

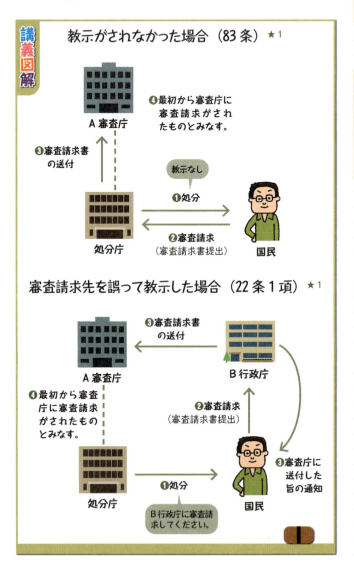

教示がされなかった場合（83条）★1

- ❹最初から審査庁に審査請求がされたものとみなす。
- A 審査庁
- ❸審査請求書の送付
- 教示なし
- ❶処分
- 処分庁
- ❷審査請求（審査請求書提出）
- 国民

審査請求先を誤って教示した場合（22条1項）★1

- ❸審査請求書の送付
- A 審査庁
- B 行政庁
- ❹最初から審査庁に審査請求がされたものとみなす。
- ❷審査請求（審査請求書提出）
- ❶処分
- 処分庁
- B行政庁に審査請求してください。
- 国民
- ❸審査庁に送付した旨の通知

★1

野畑の ズバッと解説

行政庁の教示ミスが原因なので、正しい審査請求先に書面を送付し、そのまま審査請求をスタートさせることとしています。

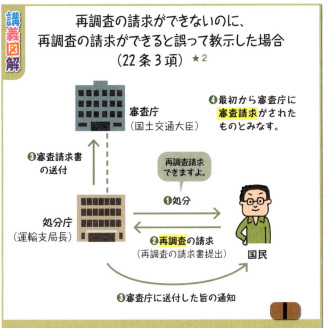

講義図解

再調査の請求ができないのに、再調査の請求ができると誤って教示した場合
（22条3項）★2

❹最初から審査庁に**審査請求**がされたものとみなす。

審査庁
（国土交通大臣）

❸審査請求書の送付

再調査請求できますよ。

処分庁
（運輸支局長）

❶処分

❷**再調査**の請求
（再調査の請求書提出）

国民

❸審査庁に送付した旨の通知

★2
野畑のズバッと解説

再調査の請求は**法律**に規定がないとできないわけですから、この場合でも**再調査の請求がスタートする**わけではありません。

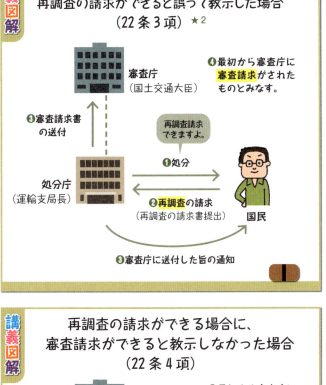

講義図解

再調査の請求ができる場合に、審査請求ができると教示しなかった場合
（22条4項）

❺最初から審査庁に**審査請求**がされたものとみなす。

審査庁
（国土交通大臣）

❹再調査の請求書の送付

審査請求できるという教示なし

処分庁
（運輸支局長）

❶処分

❷**再調査**の請求
（再調査の請求書提出）

国民

❸**申立て**

❹審査庁に送付した旨の通知★3

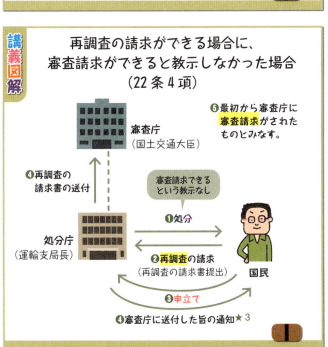

★3
野畑のズバッと解説

再調査の請求ができる場合は、審査請求を行うこともできます（**自由選択主義**）。
しかし、**審査請求できるという教示がなければ**、それを知らずに再調査の請求を行ってしまうことがあります。
そのため、**申立て**により再調査の請求を審査請求に変更することを認めています。

処分庁が誤って審査請求すべき行政庁でない行政庁を教示し、当該行政庁に審査請求書が提出された場合、当該行政庁は処分庁または本来の審査請求すべき行政庁に審査請求書を送付しなければならない。[14-15-イ]

○：その通り。

第5節 適用除外

はじめに

本節では、行政不服審査法の適用除外について学習します。行政手続法の適用除外と同じく覚える箇所が多いですが、無理せず余裕ができたときに確認すれば大丈夫です。

1 適用除外

重要度 **C**

行政手続法と同様、**行政不服審査法の規定が適用されない例外**があります（7条1項各号）。★1

[行政不服審査法の適用除外]

一般行政庁の審査に適しない場合 ★2	①国会の両院もしくは一院または議会の議決によって行われる処分 ②裁判所もしくは裁判官の裁判により、または裁判の執行として行われる処分 ③国会の両院もしくは一院もしくは議会の議決を経て、またはこれらの同意もしくは承認を得たうえでされるべきものとされている処分 ④検査官会議で決すべきものとされている処分
さらに慎重な手続で判断すべき場合 ★3	⑤当事者間の法律関係を確認し、または形成する処分で、法令の規定により当該処分に関する訴えにおいてその法律関係の当事者の一方を被告とすべきものと定められているもの ⑥刑事事件に関する法令に基づいて検察官、検察事務官、司法警察職員がする処分 ⑦国税または地方税の犯則事件に関する法令〔中略〕に基づいて、国税庁長官、国税局長、税務署長、国税庁、国税局もしくは税務署の当該職員、税関長、税関職員または徴税吏員〔中略〕がする処分および金融商品取引の犯則事件に関する法令〔中略〕に基づいて証券取引等監視委員会、その職員〔中略〕、財務局長または財務支局長がする処分

＊次ページに続く

ナビゲーション

本テーマは頻出ではないため、行政手続法の適用除外同様、いきなりすべてを覚えようとする必要はありません。

★1

ワンポイント

原則として処分については審査請求をすることができますが、**例外としてできない場合を適用除外として条文で規定して**います（**一般概括主義**といいます）。

★2

ワンポイント

国会や裁判所などは「行政」ではないので、行政不服審査法は適用されません。

処分の性質上から一般法で対象とすべきでない場合★4	⑧学校、講習所、訓練所または研修所において、教育、講習、訓練または研修の目的を達成するために、学生、生徒、児童もしくは幼児もしくはこれらの保護者、講習生、訓練生または研修生に対してされる処分 ⑨刑務所、少年刑務所、拘置所、留置施設、海上保安留置施設、少年院、少年鑑別所または婦人補導院において、収容の目的を達成するためにされる処分 ⑩外国人の出入国または帰化に関する処分 ⑪もっぱら人の学識技能に関する試験または検定の結果についての処分 ⑫行政不服審査法に基づく処分（第5章第1編第1款＜行政不服審査会の設置及び組織＞の規定に基づく処分を除く）

★4
ワンポイント

脱税に関する調査の一環で行われた処分についてはより慎重に判断する必要があるため、行政不服審査法は適用されません。

★3
ワンポイント

外国人に関する処分については入管法等に詳しいルールが設けられているので、行政不服審査法は適用されません。

行政手続法の適用除外と同様に、いきなりすべてを覚えようとする必要はありません。

過去問チャレンジ

外国人の出入国に関する処分は、行政不服審査法の審査請求の対象とならない。[05-14-イ改題]

○：その通り。

行政事件訴訟法

この章で学ぶこと

「行政事件訴訟」

行政活動に不服がある場合の解決手段として、簡易迅速な行政不服審査だけではなく、慎重な判断のもとに解決を求める行政事件訴訟があります。

この章では、取消訴訟を中心とした行政事件訴訟について学習します。

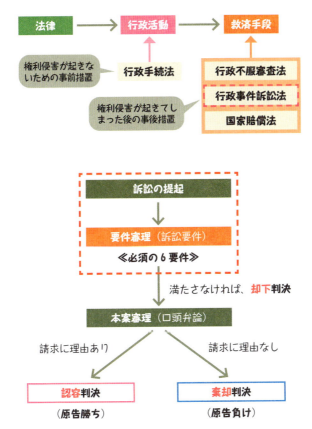

行政事件訴訟法

第1節 行政事件訴訟法総説

はじめに

本節では、行政事件訴訟法の概要について学習します。
訴訟類型については、記述式でもよく出題される重要論点になります。
一通り行政事件訴訟法を学習したら、必ず本節に立ち返ってください。

1 行政事件訴訟法の概要

重要度 **B**

1 行政事件訴訟法とは

行政事件訴訟法は、行政不服審査法と同様、**事後的な救済を求める制度**として位置づけられています。

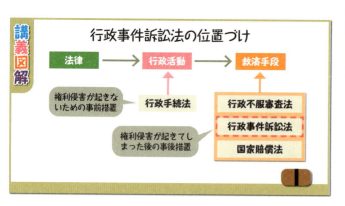

行政事件訴訟法の位置づけ

ナビゲーション

このテーマでは訴訟類型が重要です。
最初は大雑把に確認して、一度行政事件訴訟法の学習を終えた後にもう一度戻って学習するようにしてください。

ここが ポイント 行政事件訴訟と行政不服審査

● 簡易迅速な**書面**審理による行政による救済制度
　　→行政不服審査
● 慎重な**口頭**審理による裁判所による救済制度
　　→行政事件訴訟

原則として、処分の取消しを求めて行政不服審査を申し立てるか、行政事件訴訟を提起するかは**国民が自由に選択できる（自由選択主義／8条1項本文）**。

② 訴訟類型

　私たちが裁判を起こす理由は、行政庁の処分を取り消してもらいたかったり、逆に処分を出してもらいたかったり等、様々です。

　行政事件訴訟法には、**国民が何を求めるのかによって、様々な訴訟の種類を設けています**。

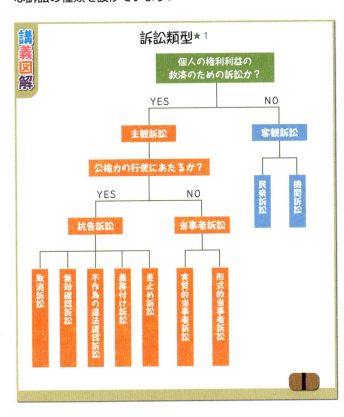

★1
ワンポイント
行政事件訴訟法を一度学習した後に、この講義図解を確認してください。その際に、各訴訟の具体例が思い浮かぶようになっていれば、学習が進んでいるといえます。

訴訟ごとの典型的な事例を押さえておくと、記述対策に役立ちます。

- 主観訴訟（抗告訴訟と当事者訴訟）
  - →国民の**権利利益の保護**を目的とする訴訟
    - 例：違法な課税処分を取り消してもらいたい（取消訴訟）。
    - 営業許可申請を出したのに応答がないので、早く処分を出すように言ってもらいたい（不作為の違法確認訴訟）。
    - 例：収用裁決における補償金額を増額してほしい（形式的当事者訴訟）。
- 客観訴訟（機関訴訟と民衆訴訟）★2
  - →個人の権利利益とは別に、行政の**適法性**や客観的な**法秩序の維持**を目的とする訴訟
    - 例：国の関与に対し、県が起こす訴訟（機関訴訟）。
    - 市議会議員が、市の予算を私的流用していることに対して、返還を求める訴訟（民衆訴訟）。選挙の無効を争う訴訟（民衆訴訟）。

★2

野畑の ズバッと解説

本来、裁判所の役割は国民の権利利益の救済なので、それ以外については司法審査の対象外となるところですが、**法律で決められている場合に限って、客観訴訟として司法審査をする**こととしています（42条）。

過去問チャレンジ

公職選挙法に定める選挙無効訴訟は、国民の選挙権に関する訴訟であるから、当事者訴訟である。[09-18-5]

✕：公職選挙法に定める選挙無効訴訟は、民衆訴訟に分類されます。

第2節 取消訴訟（抗告訴訟）

はじめに
本節では、取消訴訟について学習します。
行政事件訴訟法のメイン論点になりますので、ほかの訴訟の学習に入る前にしっかりと内容を理解しておくようにしましょう。
その中でも訴訟要件は頻出です。

1 取消訴訟の概要

重要度 A

1 取消訴訟の意義

例えば、**営業停止処分を取り消してもらいたい**、**審査請求の結果出された裁決を取り消してもらいたい**という場合には、**取消訴訟を提起する**ことになります。

ここが ポイント　取消訴訟とは

取消訴訟は、行政庁の処分・裁決（および公権力の行使にあたる行為）について、その全部または一部の取消しを求め、その処分・裁決の法的効力を遡って消滅させる訴えをいう（3条2項・3項）。★1

講義図解

取消訴訟の流れ★2

```
訴訟の提起
   ↓
要件審理（訴訟要件）
   ↓　満たさなければ、却下判決
本案審理（口頭弁論）
```

請求に理由あり　　　　　　　　　　請求に理由なし

認容判決	棄却判決
（原告勝ち）	（原告負け）

ナビゲーション

取消訴訟は、行政事件訴訟法の中でも頻出です。
自由選択主義や原処分主義など、難しい言葉が出てきますが、諦めずにチャレンジしましょう。

★1 ワンポイント

処分の取消訴訟と裁決の取消訴訟がありますが、まずは処分の取消訴訟について学習しましょう。

★2 ワンポイント

この流れの中でよく出題されるのは「訴訟要件」です。次ページ以降の内容をしっかり押さえることが重要です。

❷ 取消訴訟と審査請求の関係（自由選択主義）

　行政庁の処分に対して、**行政による簡易迅速な審理が行われる審査請求**と、**中立的な立場の裁判所による慎重な審理が行われる取消訴訟**のどちらを選択するかは、国民の自由となっています（8条1項）。

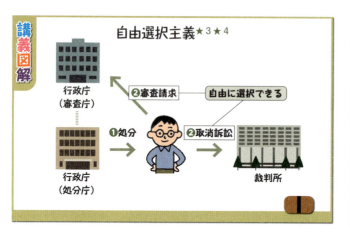

講義図解

自由選択主義★3★4

行政庁（審査庁）
②審査請求
自由に選択できる
①処分
②取消訴訟
行政庁（処分庁）
裁判所

★3
野畑のズバッと解説
同じ処分に対して審査請求と取消訴訟の両方を行ってもかまいません。

★4
ワンポイント
個別の**法律**で、審査請求に対する裁決を経た後でなければ取消訴訟を提起できないとされている場合は、審査請求を先にする必要があります（審査請求前置主義／8条1項但書）。

❸ 原処分主義

　例えば、営業停止処分の取消しを求めて審査請求を行ったが棄却裁決を受けた場合、**①営業停止処分（原処分）の取消訴訟を提起することも、②棄却裁決の取消訴訟を提起すること**もできます。

　しかし、ここで**原処分主義というルールが適用される**ことに注意が必要です（10条2項）。

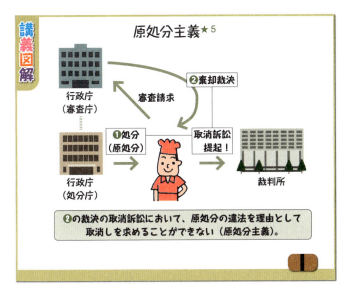

講義図解

原処分主義 ★5

② 棄却裁決

行政庁（審査庁）

審査請求

① 処分（原処分）

取消訴訟提起！

行政庁（処分庁）

裁判所

②の裁決の取消訴訟において、原処分の違法を理由として取消しを求めることができない（原処分主義）。

★5

野畑の ズバッと解説

裁決の取消訴訟で主張できるのは、「棄却裁決が違法だから取り消せ」ということだけです。
処分を取り消してもらいたければ、処分の取消訴訟を提起しなければなりません。

ここが ポイント 処分性

処分の取消しの訴えとその処分についての審査請求を棄却した裁決の取消しの訴えとを提起することができる場合には、**裁決**の取消しの訴えにおいては、**処分の違法**を理由として取消しを求めることができない（10条2項）。★6

★6

あとまわしOK

個別の法律で、原処分に対して訴訟提起ができないとされている場合は、裁決の取消訴訟を提起するしかないので、原処分の違法も裁決取消訴訟で主張できます（裁決主義）。

過去問チャレンジ

違法な処分に対する審査請求について、審査庁が誤って棄却する裁決をした場合、審査請求人は、裁決取消訴訟により、元の処分が違法であったことを理由として、棄却裁決の取消しを求めることができる。［14-14-2］

×：裁決の取消訴訟では、元の処分が違法であったことを理由として取消しを求めることができません。

2 訴訟提起と要件審理

重要度

取消訴訟を提起するためには、訴状という書類を裁判所に提出しなければなりません。そして、裁判所はまず正しい訴訟提起がされているかをチェックすることになります（要件審理）。

ナビゲーション

このテーマで学習する訴訟要件は試験でも頻出です。
判例や条文を押さえた後は、とにかく問題を解いて知識が定着しているかを確認するようにしてください。

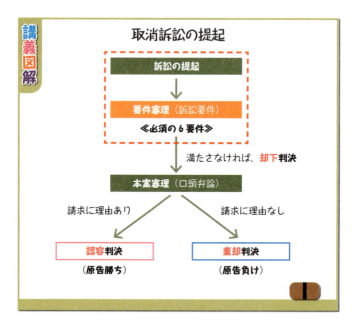

講義図解

取消訴訟の提起

訴訟の提起

↓

要件審理（訴訟要件）
≪必須の6要件≫

満たさなければ、**却下**判決

本案審理（口頭弁論）

請求に理由あり　　　　請求に理由なし

認容判決　　　　　　**棄却判決**
（原告勝ち）　　　　　　（原告負け）

ここが ポイント　要件審理（訴訟要件）

❶**処分性**（取消訴訟の対象となる行政活動なのか?）
❷**原告適格**（訴える資格のある人なのか?）
❸**狭義の訴えの利益**（争い続ける必要があるのか?）
❹**被告適格**（訴えた相手は正しいのか?）
❺**管轄裁判所**（訴えた裁判所は正しいのか?）
❻**出訴期間**（訴えられる期間を過ぎていないか?）

> どれか1つでも欠けたら、訴訟**却下**判決が出される。★1

★1
ワンポイント

訴訟要件が欠けた場合、**棄却判決**ではなく**却下判決**となります。
間違えやすいので気をつけてください。

1 処分性

　裁判所は、どのような行政活動でも取り消してくれるわけではありません。ここでは、**どのような行政活動が取消訴訟の対象となるか**について学習します。

ここが ポイント　処分性

<取消訴訟の対象となる行政活動>

　公権力の主体たる国または公共団体が行う行為のうち、その行為によって、**直接国民の権利義務**を形成しまたはその**範囲**を確定することが法律上認められているもの（最判昭39.10.29）。★2

★2

野畑の スバッと解説

簡単にいうと、国民の権利義務に直接影響が出る行政活動のことで、行政行為（処分）が該当します。

処分性の有無

行政庁

営業停止処分…処分性**あり**
（取消訴訟提起**〇**）

> 処分は国民の権利を一方的に制限し、直接影響が出る。

行政庁

行政指導…原則として処分性**なし**
（取消訴訟提起**✕**）

> 行政指導は国民の権利を一方的に制限しない。★3

★3

野畑の スバッと解説

このほかにも、例えば行政立法はつくられただけでは国民の権利が直接制限されるわけではないので、原則として処分性はありません。

　実際には、行政指導にも処分性があると判断し、取消訴訟を認めた判例もあります。次の表で確認しておきましょう。

[処分性に関する判例まとめ] ★4

行政のどのような行為か★5	内容	処分性の有無
国民に法律の内容を伝える行為	輸入禁制品該当の通知（最判昭54.12.25）	〇
	反則金の納付通告（最判昭57.7.15）	×
	開発許可に係る公共施設管理者の同意（最判平7.3.23）	×
	住民票の続柄記載行為（最判平11.1.21）	×
	登録免許税の過誤納金還付の拒否通知（最判平17.4.14）	〇
	病院開設中止の勧告（最判平17.7.15）	〇
ルールをつくる行為	2項道路の一括告示（最判平14.1.17）	〇
	公立小学校の廃止を求める条例制定行為（最判平14.4.25）	×
	簡易水道料金値上げを定める条例制定行為（最判平18.7.14）	×
	保育所廃止条例制定行為（最判平21.11.26）	〇
計画を立てる行為	都市計画法に基づく都市計画区域内での用途指定（最判昭57.4.22）	×
	第二種市街地再開発事業計画決定（最判平4.11.26）	〇
	土地区画整理事業における事業計画決定（最判平20.9.10）	〇
行政内部の行為	墓地・埋葬に関する通達の処分性（最判昭43.12.24）	×
	上級庁による認可（最判昭53.12.8）	×
	国歌斉唱等に関する通達・職務命令（最判平24.2.9）	×

病院開設中止の勧告と、保育所廃止条例の制定行為についてはよく出題されています。過去問チャレンジで確認しておきましょう。

1 保育所の廃止のみを内容とする条例は、他に行政庁の処分を待つことなく、その施行により各保育所廃止の効果を発生させ、当該保育所に現に入所中の児童およびその保護者という限られた特定の者らに対して、直接、当該保育所において保育を受けることを期待し得る法的地位を奪う結果を生じさせるものであるから、その制定行為は、行政庁の処分と実質的に同視し得るものということができる。[16-19-1]

　〇：その通り。

2 (旧) 医療法の規定に基づく病院開設中止の勧告は、医療法上は当該勧告を受けた者が任意にこれに従うことを期待してされる行政指導として定められており、これに従わない場合でも、病院の開設後に、保険医療機関の指定を受けることができなくなる可能性が生じるにすぎないから、この勧告は、行政事件訴訟法3条2項にいう「行政庁の処分その他公権力の行使に当たる行為」に当たらない。[16-19-3]

　✕：(旧) 医療法の規定に基づく病院開設中止の勧告は、3条2項にいう「行政庁の処分その他公権力の行使に当たる行為」にあたります。

2 原告適格

　処分に不服があるからといって、誰でも取消訴訟が提起できるわけではありません。

　ここでは、**取消訴訟を提起することができる資格**について学習します。

ここがポイント　原告適格★6

処分の取消しを求めるにつき**法律上の利益**を有する者（9条1項）。

　→処分により自己の権利もしくは**法律上保護された利益**を侵害され、または必然的に侵害されるおそれのある者（最判昭53.3.14）。

★6 あとまわしOK

このほかに、時間に余裕ができたら、9条2項の条文を何度か読んでみてください（過去に穴埋め問題が出題されたことがあります）。

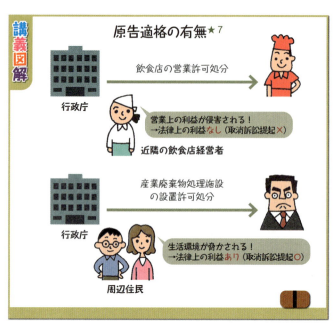

★7

野畑の ズバッと解説

営業拒否処分や設置拒否処分を受けた者に原告適格が認められるのは当たり前です。**試験で問題となるのは、直接処分を受けていない者に原告適格があるか**ということです。

処分性と同じように、原告適格が認められたケースと認められなかったケースを押さえるようにしましょう。

[原告適格に関する判例まとめ] ★8★9

内容	原告適格の有無
質屋営業法に基づく営業許可処分 （最判昭34.8.18）	× 既存業者
公有水面埋立法に基づく埋立免許処分 （最判昭60.12.17）	× 周辺水面に漁業権を有する者
地方鉄道法に基づく鉄道業者への特急料金改定の認可処分 （最判平元.4.13）	× 鉄道利用者
文化財保護法に基づく史跡指定解除処分 （最判平元.6.20）	× 学術研究者
風営法に基づくパチンコ店の営業許可処分 （最判平10.12.17）	× 周辺住民
公衆浴場法に基づく営業許可処分 （最判昭37.1.19）	○ 既存業者
森林法に基づく保安林指定解除処分 （最判昭57.9.9）	○ 地域住民

★8
ワンポイント

処分性と同じく、ここも結論重視で、表の○×がいえるようになればほとんどの問題が解けるようになります。

★9
野畑の ズバッと解説

「周辺住民に原告適格が認められるか」といった判例が多いですが、騒音など、日常生活に直接影響するような被害を受けるおそれがある場合、原則として原告適格が認められます。

航空法に基づく定期航空運送事業免許処分（最判平元.2.17）いわゆる新潟空港訴訟	○ 周辺住民
原子炉等規制法に基づく原子炉設置許可処分（最判平4.9.22）いわゆるもんじゅ訴訟	○ 周辺住民
都市計画法29条に基づく開発許可処分（最判平9.1.28）	○ 周辺住民
建築基準法上の総合設計許可（最判平14.1.22）	○ 周辺住民
都市計画事業の認可処分（最大判平17.12.7）いわゆる小田急高架訴訟	○ 周辺住民（のうち、騒音等によって著しい被害を受ける者）★10
場外車券販売施設の設置許可処分（最判平21.10.15）	✕ 周辺地域の居住者 ○ 周辺地域の医療施設関係者のうち、著しい損害を生ずるおそれが具体的に認められる場合
一般廃棄物処理業許可処分（最判平26.1.28）	○ 既存業者
産業廃棄物処理施設の設置許可処分（最判平26.7.29）	○ 周辺住民

★10
野畑のスパッと解説

周辺住民であれば必ず原告適格が認められるわけではなく、その中でも著しい損害を受ける者だけに原告適格を認めた判例もあります。

過去問チャレンジ

1 公衆浴場法の適正配置規定は、許可を受けた業者を濫立による経営の不合理化から守ろうとする意図まで有するものとはいえず、適正な許可制度の運用によって保護せらるべき業者の営業上の利益は単なる事実上の反射的利益にとどまるから、既存業者には、他業者への営業許可に対する取消訴訟の原告適格は認められない。[14-17-ア]

✕：この場合の既存業者には取消訴訟の原告適格が認められます。

2 定期航空運送事業に対する規制に関する法体系は、飛行場周辺の環境上の利益を一般的公益として保護しようとするものにとどまるものであり、運送事業免許に係る路線を航行する航空機の騒音によって社会通念上著しい障害を受けることになる者であっても、免許取消訴訟を提起する原告適格は認められない。[14-17-ウ]

✕：この場合の周辺住民には取消訴訟の原告適格が認められます。

❸ 狭義の訴えの利益

　仮に原告適格が認められたとしても、**訴訟を続ける意味が なくなった場合は却下判決により訴訟が終了**します。

　ここでは、**狭義の訴えの利益**について学習します。★11

 ここが ポイント　狭義の訴えの利益

訴訟を継続する客観的な事情や実益のこと。

★11
ワンポイント

原告適格と狭義の訴えの利益を合わせて、広義の訴えの利益とよびます。

狭義の訴えの利益の有無

令和3年5月1日に使用したい。

行政庁 →　広場の使用不許可処分

使用不許可処分の取消訴訟の審理中に、5月1日を過ぎてしまった場合、争う実益がなくなるため、狭義の訴えの利益が**失われる**。

狭義の訴えの利益についても、判例の結論が重要となります。

[狭義の訴えの利益に関する判例まとめ]★12

取消しを求める処分	訴え提起後の事情	訴えの利益
保安林指定の解除 （最判昭57.9.9）	代替施設の整備	×（消滅）
皇居外苑使用の不許可 （最大判昭28.12.23）	期日の経過	×（消滅）
生活保護の変更決定 （最判昭42.5.24）	受給者の死亡	×（消滅）
運転免許停止 （最判昭55.11.25）	処分後無違反で1年経過	×（消滅）

★12
ワンポイント

処分性や原告適格と同じく、ここも結論重視で、表の〇×がいえるようになればほとんどの問題が解けるようになります。

建築工事完了後の建築確認取消し（最判昭59.10.26）	建築工事の完了	×（消滅）
市街化区域内における開発工事終了後の開発許可取消し（最判平5.9.10）	開発工事終了	×（消滅）
公務員の免職（最判昭40.4.28）	公職の候補者への立候補	○（存続）
優良運転者の記載のない運転免許更新取消し（最判平21.2.27）	免許の有効期間の経過	○（存続）
対象文書が書証として公開された後の非公開処分取消し（最判平14.2.28）	対象文書の公開	○（存続）
保育所廃止条例制定行為の取消し（最判平21.11.26）	保育実施期間の満了	×（消滅）
パチンコ店営業停止処分の取消し（最判平27.3.3）	営業停止期間の経過	○（存続）

過去問チャレンジ

1 市立保育所の廃止条例の制定行為の取消しを求める利益は、原告らに係る保育の実施期間がすべて満了したとしても失われない。[14-18-イ]

× ：保育の実施期間がすべて満了した場合、狭義の訴えの利益は消滅します。

2 土地改良事業が完了し、社会通念上、原状回復が不可能となった場合、事業にかかる施行認可の取消訴訟は、訴えの利益を失って却下され、事情判決の余地はない。[15-16-5]

× ：土地改良事業が完了し、社会通念上、原状回復が不可能となった場合でも、事情判決による救済の余地があるため、狭義の訴えの利益は消滅しません。

困ったら「常識」で考えよう。

問題を解いていると、「こんなの見たことない」というものが出てくることがあります。その際には、「常識」で考えてみましょう。法律も判例も、私たちと同じ「人」が考えたものなので、常識に頼って正解を導くこともできます。

本試験でも、見たことがない問題が出題されることがあります。「困ったら常識で」という感覚を日頃から身につけておくようにしましょう。

4 被告適格

訴訟を進めるには、**適切な相手を被告として訴えていること（被告適格）が要求**されます。★13

ここがポイント　被告適格（11条）

❶処分をした行政庁が国または公共団体に所属する場合
→処分をした行政庁の**所属する国**または**公共団体**
例：A県知事Bの処分における被告…A県
❷処分をした行政庁が国または公共団体に所属しない場合
→処分をした行政庁
例：弁護士会の処分における被告…弁護士会
❸被告とすべき国もしくは公共団体または行政庁がない場合
→処分に係る事務の帰属する国または公共団体
例：A市長の処分が行われた後、A市がB市と合併して
C市になった…合併後のC市

5 管轄裁判所

取消訴訟は、どの裁判所に提起してもよいわけではなく、**決められた裁判所（管轄裁判所）に提起する必要**があります。

ここがポイント　管轄裁判所（12条）

●原則…**被告**の普通裁判籍の所在地★14または処分をした行政庁の所在地を管轄する裁判所
例：国の処分における管轄裁判所…東京地方裁判所
●例外…❶国を被告とする場合
→**原告**の普通裁判籍の所在地を管轄する**高等裁判所**の所在地を管轄する**地方裁判所**
例：国の処分において、名古屋市民が訴える場合、名古屋地方裁判所に訴えることができる。
❷土地の収用など、不動産または特定の場所にかかる処分の場合
→不動産または特定の場所の所在地の裁判所★15

★13
ワンポイント
記述問題において、被告適格は頻出です。間違えて記載しないように細心の注意を払ってください。

★14
用語の意味
普通裁判籍の所在地
試験対策上は、「住所地」と読み替えれば十分。

★15
ワンポイント
このほかにも例外はありますが、試験で出る可能性が高いものについて記載しています。

過去問チャレンジ

国を被告とする取消訴訟は、原告の普通裁判籍の所在地を管轄する高等裁判所の所在地を管轄する地方裁判所にも提起することができる。[10-17-オ]

○：その通り。

6 出訴期間

取消訴訟は、**あらかじめ決められている期間（出訴期間）内にしか提起することができません。**

ここが ポイント 出訴期間（14条）

- 処分または裁決があったことを**知った日から6カ月**以内
- 処分または裁決の日から**1年**以内

[審査請求期間と出訴期間の比較] ★16

	行政不服審査法（18条）	行政事件訴訟法（14条）
主観的期間	処分があったことを知った日の翌日から起算して**3カ月**以内	処分または裁決があったことを知った日から**6カ月**以内
客観的期間	処分があった日の翌日から起算して**1年**以内	処分または裁決の日から**1年**以内

★16
野畑の ズバッと解説
両者の出訴期間の違いについては、しっかり覚えておくようにしてください。特に審査請求「3カ月」と訴訟法「6カ月」の違いはひっかけ注意です！

過去問チャレンジ

行政事件訴訟法の規定により、取消訴訟は、処分のあった日から6カ月を経過したときは、提起することができない。[96-38-2改題]

×：取消訴訟は、処分のあったことを知った日から6カ月を経過したときは、提起することができません。

3 本案審理

重要度

要件審理が終わったら、いよいよ本案審理が始まり、原告と被告が法廷に立つことになります。

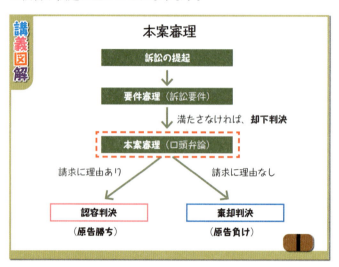

ナビゲーション

要件審理より重要度は落ちますが、取消事由の制限や訴えの変更などは講義図解でイメージをしておくとよいでしょう。

1 取消訴訟の審理手続

取消訴訟の審理手続について、行政事件訴訟法にはほとんどルールが置かれておらず、**民事訴訟における審理手続のルールが適用される**ことになります（7条）。

> **ここが ポイント**　審理手続の基本ルール（民事訴訟と共通）
>
> ● 訴訟を提起するかどうかは、原告の判断に任せられる（**処分権主義**）。
> ● 訴訟審理は、公開の法廷で口頭により行われる（**口頭主義**）。
> ● 当事者が主張した事実と提出された証拠により、裁判官が判断する（**弁論主義**）。

しかし、民事訴訟の場合と異なり、国民の相手は国家権力である行政です。**証拠を集める能力などは圧倒的に行政が上なので、このままでは原告である国民が不利**になってしまいます。

そこで、**行政事件訴訟特有のルールも設けられています**。

ここが ポイント 行政事件訴訟特有のルール

● 裁判所は、訴訟関係を明瞭にするため、必要があると認めるときは、被告である行政庁に対し、処分の理由を明らかにする資料の提出を求めることができる（釈明処分の特則／23条の2）。

● 裁判所は、必要があると認めるときは、職権で証拠調べをすることができる（職権証拠調べ／24条）。★1

★1
野畑の ズバッと解説
あくまで裁判所が証拠を集めてくるだけなので、当事者が主張しない事実まで判断してくれるわけではありません。

2 取消事由の制限 ☆記述に出る！

前節で、法律上の利益があれば取消訴訟の原告適格が認められることを学習しました。

では、原告適格を認められた者は、その後の本案審理においてどのような主張をしても許されるのでしょうか？

ここが ポイント 取消事由の制限

取消訴訟においては、自己の法律上の利益に関係のない違法を理由として取消しを求めることができない（10条1項）。

→この場合、請求「棄却」判決が出される。

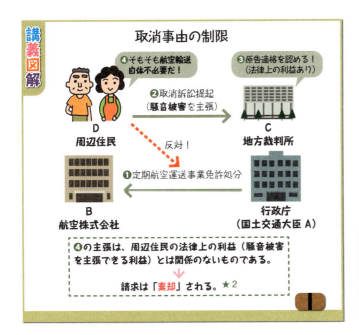

★2
野畑の ズバッと解説
原告適格は認められており、訴訟要件は満たしているので、「却下」判決ではないことに気をつけてください。

過去問チャレンジ

処分の取消訴訟において、原告は、自己の法律上の利益に関係のない違法を理由として処分の取消しを求めることはできず、こうした理由のみを主張する請求は棄却される。[16-17-ア]

○：その通り。

🔢 訴えの併合・変更

　例えば、営業停止処分に対して**処分の取消し**を求める場合は取消訴訟を提起し、**損害の賠償**を求める場合は国家賠償請求訴訟を提起しなければなりません。

　しかし、これらの訴訟は**１つにまとめたり、別の訴訟に変更したり**することが認められています。★3

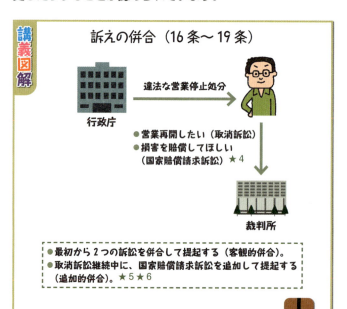

講義図解

訴えの併合（16条〜19条）

違法な営業停止処分

行政庁 →

● 営業再開したい（取消訴訟）
● 損害を賠償してほしい（国家賠償請求訴訟）★4

裁判所

● 最初から２つの訴訟を併合して提起する（客観的併合）。
● 取消訴訟継続中に、国家賠償請求訴訟を追加して提起する（追加的併合）。★5★6

★3
あとまわしOK
このほかに、取消訴訟と国家賠償請求訴訟を別々の裁判所に提起している場合、取消訴訟が行われている裁判所に国家賠償請求訴訟を移すという「移送」という手続もあります（13条）。

★4
ワンポイント
この場合の国家賠償請求訴訟のことを「関連請求」といいます。

★5
ワンポイント
取消訴訟に、関連請求である国家賠償請求訴訟を併合するという考え方です。

★6
あとまわしOK
追加的併合は、口頭弁論が終結するまでに行わないといけません。

過去問チャレンジ

処分に対する取消訴訟に当該処分の違法を理由とする国家賠償を請求する訴訟を併合して提起することは許されない。[10-19-4]

✕：取消訴訟に、関連請求に係る訴え（国家賠償請求訴訟）を併合することは許されます。

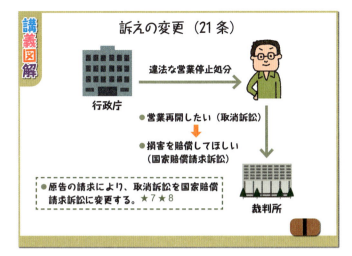

講義図解

訴えの変更（21条）

違法な営業停止処分

行政庁

- 営業再開したい（取消訴訟）
- 損害を賠償してほしい（国家賠償請求訴訟）

裁判所

- 原告の請求により、取消訴訟を国家賠償請求訴訟に変更する。★7 ★8

★7
あとまわしOK
訴えの変更は、**口頭弁論**が終結するまでに行わないといけません。

★8
野畑のスパッと解説
訴えの変更のメリットは、**取消訴訟で提出した証拠資料等がそのまま国家賠償請求訴訟に引き継がれる**ということです。

④ 訴訟参加　☆記述に出る！

　例えば、土地買収処分により土地を買収された者が当該処分の取消訴訟を提起し、請求が認容された場合、**行政庁から土地を買い受けた者は土地を返還しなければなりません。**★9

　このように、**取消訴訟は裁判に関わっていない者にも影響を与えてしまうため、訴訟参加という制度が設けられています**（22条）。

★9
ワンポイント
このように、訴訟に関わっていない者にも訴訟の効力が及ぶことを、「判決の第三者効」といいます（詳しくは後で学習します）。

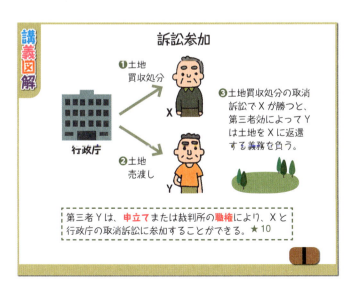

講義図解

訴訟参加

❶土地買収処分

X

❷土地売渡し

Y

❸土地買収処分の取消訴訟でXが勝つと、第三者効によってYは土地をXに返還する義務を負う。

行政庁

第三者Yは、**申立て**または裁判所の**職権**により、Xと行政庁の取消訴訟に参加することができる。★10

★10
あとまわしOK
訴訟に関わっていない行政庁も、同じように訴訟参加をすることができます（23条）。

4 判決（訴訟の終了）

1 判決の種類

　裁判所が下す最終判断のことを判決とよび、審査請求の裁決と同様に①**却下**、②**棄却**、③**認容**の３つに分かれます。★1
★2

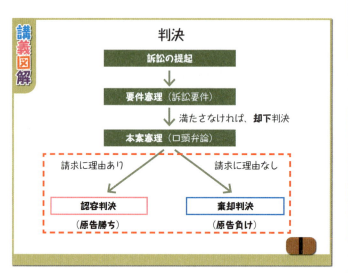

2 事情判決

　例えば、ダムの建設許可処分が**違法だとしても、完成したダムを壊して元通りにすることは難しく、周辺都市に水を供給できないという問題**も生じます。

　そのような場合に出されるのが、**事情判決**です。★3

ナビゲーション

判決については、判決の効力が重要です。また、却下と棄却の違いなど、審査請求における裁決と同じ内容のものについても押さえておきましょう。

★1

野畑のズバッと解説

却下は内容を確認せずに訴訟を終えることで、**棄却**は内容を確認したうえで、処分は違法ではないと判断することです。却下と棄却を引っかける問題に注意してください。

★2
ワンポイント

認容判決が出された場合のみ、処分が取り消されることになります。

★3
ワンポイント

事情判決も、審査請求の箇所で学習した事情裁決とほぼ同じものだと考えてください。

事情判決のイメージ

＜前提＞
ダムの建設許可処分に対して、ダムの底に沈む村の住民が取消訴訟を提起した。

「処分は違法だが、**棄却**する」

裁判所

ダムの建設工事を中止することの影響を考慮したうえで、
処分を取り消さない判断をすることができる。

ダムの底に沈んだ村は戻ってこない。
※ただし、処分自体は**違法**だと判断していることに注意。★4

★4
野畑の
ズバッと解説

事情判決のメリットとして、裁判所が「違法」と判断していることから、国家賠償請求訴訟で勝ちやすいという点があります。

ここが ポイント　事情判決の条文

- 取消訴訟については、処分または裁決が違法ではあるが、これを取り消すことにより公の利益に著しい障害を生ずる場合において、原告の受ける損害の程度、その損害の賠償または防止の程度および方法その他一切の事情を考慮したうえ、処分または裁決を取り消すことが公共の福祉に適合しないと認める**ときは、裁判所は、請求を棄却**することができる（31条1項前段）。

- この場合には、当該判決の主文において、**処分または裁決が**違法**であることを宣言**しなければならない（31条1項後段）。

過去問チャレンジ

事情判決は、処分取消しの請求を棄却する判決であるが、その判決理由において、処分が違法であることが宣言される。[15-16-1]

×：判決主文において、処分が違法であることが宣言されます。

3 判決の効力

　裁判所の判断結果である判決には、様々な効力が認められています。

[判決の効力] ★5

既判力	判決の確定により、訴訟の当事者および裁判所が、のちの裁判において、同一事項につき、判決の内容と矛盾する主張や判断を行うことが禁止される効力。
形成力	請求が認容され処分が取り消されたときは、処分効力が直ちに失われ、最初からなかったことになる。
第三者効 ★6	処分または裁決を取り消す判決は、第三者に対しても効力を有する（32条1項）。
拘束力	行政庁に対し、処分または裁決を違法とした判決の内容を尊重し、その事件について判決の趣旨に従って行動すべきことを義務付ける効力（33条1項・2項）。

★5
ワンポイント
既判力は、棄却判決の場合にも生じますが、形成力・第三者効・拘束力は認容判決だけに生じる効力です。

★6
野畑のズバッと解説
第三者効があることにより、前述した第三者の訴訟参加の規定があると考えてください。

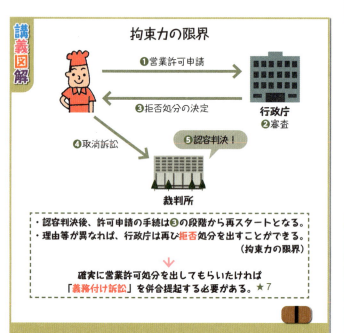

講義図解

拘束力の限界

❶営業許可申請

❸拒否処分の決定

行政庁
❷審査

❹取消訴訟

❺認容判決！

裁判所

・認容判決後、許可申請の手続は❸の段階から再スタートとなる。
・理由等が異なれば、行政庁は再び拒否処分を出すことができる。
　　　　　　　　　　　　　　　　　　（拘束力の限界）

↓

確実に営業許可処分を出してもらいたければ
「義務付け訴訟」を併合提起する必要がある。★7

★7
野畑のズバッと解説
拘束力の限界については、裁決の場合と同じですが、裁判所に許可処分を義務付けてもらうためには、国民の側から義務付け訴訟を併合提起しなければなりません。

過去問チャレンジ

申請を拒否する処分が判決により取り消された場合、その処分をした行政庁は、当然に申請を認める処分をしなければならない。[18-18-3]

✕：判決の趣旨に従い、改めて申請に対する処分または審査請求に対する裁決をしなければならないだけであり、理由等が異なれば拒否処分をすることができます。

5 執行停止

1 執行停止制度とは

　審査請求の場合と同様に、営業許可の取消処分を受けた者が取消訴訟を提起したとしても、**認容判決によって取り消されるまでは効力が残っているため、営業を再開することはできません**（執行不停止の原則／25条1項）。

　このような場合、**取消訴訟の審理中に処分の効力を停止するよう申し立てることができます**（執行停止制度／25条2項）。★1

ナビゲーション

行政不服審査法上の執行停止制度と比較するようにしてください。

★1
ワンポイント

執行停止の「提起」ではなく「申立て」といいます。記述式の際に気をつけましょう。

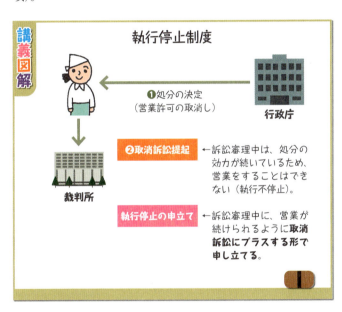

執行停止制度

❶処分の決定
（営業許可の取消し）

行政庁

❷取消訴訟提起 ←訴訟審理中は、処分の効力が続いているため、営業をすることはできない（執行不停止）。

執行停止の申立て ←訴訟審理中に、営業が続けられるように**取消訴訟にプラスする形で申し立てる。**

裁判所

2 執行停止の種類

　執行停止には、①**処分の効力の停止**、②**処分の執行の停止**、③**手続の続行の停止**があります。★2

「その他の措置」がないのが、行政不服審査法上の執行停止との違いです。

★2
あとまわしOK

①処分の効力の停止は、ほかの措置（②〜③）によって目的を達成することができるときは、することができません（25条2項但書）。

❸ 裁量的執行停止　☆記述に出る！

　裁判所による執行停止は、**職権で行うことができず、申立てによることが必要です**（25条2項）。★3

[裁判所による執行停止ができる場合]

原則 （25条2項）	処分、処分の執行または手続の続行により生ずる重大な損害を避けるため緊急の必要があるとき。★4
例外 （25条4項）	①公共の福祉に重大な影響を及ぼすおそれがあるとき、②または**本案について**理由がないとみえるときは、執行停止をすることができない。

> 執行停止ができる例外については、①「または」②です。「かつ」ではないので気をつけましょう。

過去問チャレンジ

裁判所は、処分の執行停止の必要があると認めるときは、職権で、処分の効力、処分の執行又は手続の続行の全部又は一部の停止をすることができる。[14-18-4]

✕：行政事件訴訟法は、職権による執行停止を認めていません。

❹ 内閣総理大臣の異議

　執行停止の申立てがあった場合、**内閣総理大臣は裁判所に対し異議を述べることができます**（27条1項）。★5

[内閣総理大臣の異議があった場合]

執行停止決定前 （27条4項前段）	異議があった場合、裁判所は執行停止をすることができない。
執行停止決定後 （27条4項後段）	異議があった場合、裁判所は執行停止の決定を取り消さなければならない。

過去問チャレンジ

内閣総理大臣の異議は、裁判所による執行停止決定の後に述べなければならず、決定を妨げるために決定以前に述べることは許されない。[11-17-1]

✕：執行停止の決定があった後でなくても、述べることができます。

5 行政不服審査法上の執行停止との比較

[執行停止制度の比較] ★6

	行政事件訴訟法	行政不服審査法 上級行政庁または処分庁に審査請求をした場合
原則	執行不停止（25条1項）	執行不停止（25条1項）
必要的執行停止	規定なし	規定あり（25条4項）
裁量的執行停止	申立て（25条2項）	職権または申立て（25条2項）
執行停止の取消し	申立て（26条）	職権（26条）
内閣総理大臣の異議	規定あり（27条）	規定なし

★6

ワンポイント

両方同時に覚えようとすると混乱するので、どちらかをしっかり覚えてから、もう一方と比較するとよいでしょう。

第3節　無効等確認訴訟（抗告訴訟）

はじめに

本節では、無効等確認訴訟について学習します。
取消訴訟との比較も重要ですが、行政法総論で学習した行政行為の瑕疵についても合わせて確認しておくとよいでしょう。

1　無効等確認訴訟

重要度 A

1 無効等確認訴訟とは

　行政法総論で学習したように、「**重大かつ明白な瑕疵**」がある場合、その処分は取り消されるまでもなく無効です。

　このように、行政処分が無効であることの確認を求める訴訟として、**無効等確認訴訟**があります。

講義図解

無効等確認訴訟のイメージ

親父は死んでない！

行政庁 ──相続税の課税処分──▶

処分に重大かつ明白な瑕疵があると考えられる。
↓
無効等確認訴訟の提起★1★2

2 補充的無効確認訴訟

　無効等確認訴訟は、どのような場合でも提起できるわけではなく、先ほどの課税処分に対する無効等確認訴訟以外では、**原則としてほかの訴訟で対応できない場合しか提起できない**とされています（補充的無効確認訴訟／36条後段）。

ナビゲーション

比較的よく出題されています。行政法総論の「行政行為の瑕疵」のテーマでも出題される可能性があるので、そちらもあらためて確認してください。

★1

野畑の スパッと解説

処分が無効であったとしても、行政庁は自分が出した処分が無効だと認識していないため、訴訟を提起して無効を確認してもらう必要があります。

★2

あとまわしOK

課税処分の無効を確認してもらわないと、その後に出される滞納処分によって財産が差し押さえられる可能性があるため訴訟提起の必要性があります（予防的無効確認訴訟／36条前段）。

ここが ポイント　無効等確認訴訟の原告適格

無効等確認の訴えは、

❶当該処分または裁決に**続く処分により損害を受けるおそれのある者**（予防的無効確認訴訟／36条前段）

❷その他当該処分または裁決の無効等の確認を求めるにつき**法律上の利益**を有する者で、当該処分もしくは裁決の存否またはその効力の有無を前提とする**現在の法律関係に関する訴え**によって目的を達することができないもの（補充的無効確認訴訟／36条後段）に限り、提起することができる。★3★4

講義図解　無効等確認訴訟が提起できないケース

A
県収用委員会

収用裁決（処分）
土地をYに引き渡せ

Y
起業者

X

重大かつ明白な瑕疵があるから無効だ！

Xは無効等確認訴訟を提起できるか？

Xは、Yを被告として
「自分に所有権があるのだから、土地を返してほしい」
という**民事訴訟**を提起することができる。

ほかの訴訟で対応することができるため、
無効等確認訴訟は提起**できない。**★4★5

★3
ワンポイント
補充的無効確認訴訟は少し難しいかもしれませんが、「**ほかの訴訟を提起して解決できるなら、原則として無効確認訴訟は提起できない**」という程度の理解で十分です。

★4
あとまわしOK
このように、自分に所有権がある（相手にない）ことを争うのは**民事訴訟**ですが、争点がそもそも処分が無効かどうかというところにあるため、「**争点訴訟**」とよばれています（45条）。

★5
あとまわしOK
民事訴訟が提起できるケースでも、無効確認訴訟を提起したほうがより適切であると判断された場合は、無効確認訴訟が提起できます（もんじゅ訴訟／最判平4.9.22）。

過去問チャレンジ

無効の行政行為については、それを争う訴訟として無効確認訴訟が法定されており、その無効を実質的当事者訴訟や民事訴訟において主張することは許されない。[17-9-1]

×：実質的当事者訴訟や民事訴訟は「現在の法律関係に関する訴え」にあたるため、主張することが許されます。

3 取消訴訟の規定の準用

　無効等確認訴訟において、**一部は取消訴訟と同じルールが適用**されます（38条）。

［取消訴訟の規定の準用の有無（主なもの）］ ★6

取消訴訟の規定	準用されるか
被告適格	○
管轄裁判所	○
出訴期間	×
事情判決	×
執行停止	○
判決の拘束力	○
判決の第三者効	×

★6
ワンポイント
すぐに覚えようとしなくても大丈夫ですが、**出訴期間がない**ことは**試験でも頻出**です。

過去問チャレンジ

取消訴訟、無効確認訴訟ともに、行政上の法関係の早期安定を図るという観点から、出訴期間の定めが置かれているが、その期間は異なる。[12-16-1]

×：無効確認訴訟には出訴期間の定めが規定されていません（取消訴訟の規定が準用されていません）。

第4節 不作為の違法確認訴訟（抗告訴訟）

はじめに

本節では、不作為の違法確認訴訟について学習します。
単独で出題される可能性もありますが、後述する義務付け訴訟と合わせての出題が考えられますので、両者を関連付けて学習するようにしてください。

1 不作為の違法確認訴訟

重要度 **A**

1 不作為の違法確認訴訟とは

行政手続法でも学習したように、行政庁は、国民の審査請求に対して何かしらの応答をする義務があります。

もし、**申請をしたにもかかわらず、相当な期間内に応答がなければ、不作為の違法確認訴訟を提起**することができます（37条）。

ナビゲーション

不作為の違法確認訴訟は、この後に学習する義務付け訴訟とセットで理解するようにしてください。

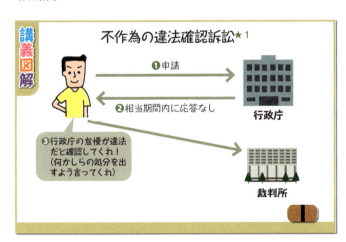

不作為の違法確認訴訟★1

❶申請

❷相当期間内に応答なし

行政庁

❸行政庁の怠慢が違法だと確認してくれ！
（何かしらの処分を出すよう言ってくれ）

裁判所

★1

野畑の ズバッと解説

不作為の違法確認訴訟で勝訴しても、その後の処分が「拒否処分」の可能性があります。確実に「許可処分」を出してもらいたければ、義務付け訴訟を併合提起する必要があります。

ここが ポイント 不作為の違法確認訴訟の原告適格

● **申請者**以外に原告適格は認められない（37条）。
● 不作為の違法確認の訴えが提起された後、申請に対する**何らかの処分**がなされれば、**狭義の訴えの利益**は消滅する。

❷ 取消訴訟の規定の準用

不作為の違法確認訴訟においても、**一部は取消訴訟と同じルールが適用されます**（38条）。

[取消訴訟の規定の準用の有無（主なもの）] ★2

取消訴訟の規定	準用されるか
被告適格	○
管轄裁判所	○
出訴期間	✕
事情判決	✕
執行停止	✕
判決の拘束力	○
判決の第三者効	✕

★2
ワンポイント

無効等確認訴訟と同様、**出訴期間の定めがないことは頻出**です。

第5節 義務付け訴訟（抗告訴訟）

はじめに

本節では、義務付け訴訟について学習します。
パターンが多いので理解しづらい分野ですが、試験で合否を分けるポイントにもなるので、講義図解等を何度も確認して理解を深めていってください。

1 義務付け訴訟

重要度 **A**

1 義務付け訴訟とは

　判決の拘束力の箇所で説明した具体例や、不作為の違法確認訴訟の箇所で説明した具体例のように、**取消訴訟や不作為の違法確認訴訟だけでは、納得のいく処分を出してもらえない可能性**があります。

　そこで、**国民が「納得のいく処分」を出してもらえるような訴訟として、義務付け訴訟が存在**します（3条6項）。

2 義務付け訴訟の種類

　義務付け訴訟には、**申請を前提としない「非申請型義務付け訴訟」**と、**申請を前提とする「申請型義務付け訴訟」の2種類**があります。

ナビゲーション

義務付け訴訟は、受験生が苦手とするテーマです。ここが理解できればほかの受験生と差をつけることができるので、まずはどのような義務付け訴訟があるのかについて理解するところから始めましょう。

講義図解

義務付け訴訟の種類

- 義務付け訴訟
  - 申請型義務付け訴訟
    - 不作為型
    - 拒否処分型
  - 非申請型義務付け訴訟

❸ 申請型義務付け訴訟　☆記述に出る！

　「申請をしたのに一向に処分が出ない」「申請をしたら拒否処分が出た」といった事態を避けるために、申請型義務付け訴訟があります。★1

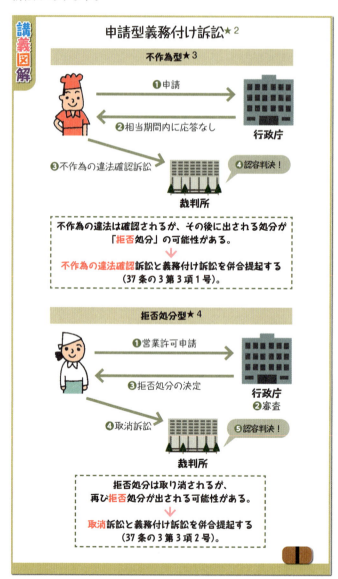

申請型義務付け訴訟★2

不作為型★3

- ❶申請
- ❷相当期間内に応答なし
- 行政庁
- ❸不作為の違法確認訴訟
- ❹認容判決！
- 裁判所

不作為の違法は確認されるが、その後に出される処分が「拒否処分」の可能性がある。
↓
不作為の違法確認訴訟と義務付け訴訟を併合提起する
（37条の3第3項1号）。

拒否処分型★4

- ❶営業許可申請
- ❸拒否処分の決定
- 行政庁
- ❷審査
- ❹取消訴訟
- ❺認容判決！
- 裁判所

拒否処分は取り消されるが、
再び拒否処分が出される可能性がある。
↓
取消訴訟と義務付け訴訟を併合提起する
（37条の3第3項2号）。

★1

野畑の
スバッと解説

義務付け訴訟を併合提起するかどうかはあくまで国民次第です。**不作為の違法確認訴訟や、取消訴訟だけの提起も認められる**ことに注意してください。

★2

あとまわしOK

義務付け訴訟には「本案勝訴要件」といって、①併合された訴訟に**理由がある**と認められ、かつ、②行政庁が処分をすべきことが根拠法令上明らかであると認められるか、しないことが**裁量権の逸脱、濫用**と認められる場合には、認容判決を出しなさいという規定があります（37条の3第5項）。

★3

ワンポイント

不作為型の義務付け訴訟については、**不作為の違法確認訴訟のデメリットとセット**で押さえておくとよいでしょう。

★4

ワンポイント

拒否処分型の義務付け訴訟については、**判決の拘束力の限界とセット**で押さえておくとよいでしょう。

❹ 非申請型義務付け訴訟　☆記述に出る！

違法建築物の除却命令など、行政処分を出すべきなのに出されていない場合に、処分を出すよう義務付けるための訴訟として、非申請型義務付け訴訟があります。

講義図解　非申請型義務付け訴訟★5

違法建築物除却処分を
出さない

行政庁　　　　　　　　違法建築物

周辺住民

処分が出されなければ、
周辺住民にとって大きな問題となる。
↓
非申請型義務付け訴訟を提起する（37条の2第1項）。

★5

あとまわしOK

非申請型義務付け訴訟にも「本案勝訴要件」が設けられており、行政庁が処分をすべきことが根拠法令上明らかであると認められるか、しないことが**裁量権の逸脱、濫用**と認められる場合には、認容判決を出しなさいという規定があります（37条の2第5項）。

ここがポイント　非申請型義務付け訴訟★6

<原告適格>

行政庁が一定の処分をすべき旨を命ずることを求めるにつき**法律上の利益**を有する者に限り、提起することができる（37条の2第3項）。

<要件>

一定の処分がされないことにより**重大な損害**を生ずるおそれがあり、かつ、その**損害**を避けるため**ほかに適当な方法**がないときに限り、提起することができる（37条の2第1項）。

★6

ワンポイント

申請型義務付け訴訟と比べて、要件が厳しくなっています（認められにくいということです）。

過去問チャレンジ

申請型と非申請型の義務付け訴訟いずれにおいても、一定の処分がされないことにより「重大な損害を生ずるおそれ」がある場合に限り提起できることとされている。[13-16-1]

✕：非申請型の義務付け訴訟のみ、「重大性」が要求されます。

5 取消訴訟の規定の準用

義務付け訴訟においても、**一部は取消訴訟と同じルールが適用**されます（38条）。

［取消訴訟の規定の準用の有無（主なもの）］

取消訴訟の規定	準用されるか
被告適格	○
管轄裁判所	○
出訴期間	✕
事情判決	✕
執行停止	✕
判決の拘束力	○
判決の第三者効	✕

ある程度学習が進んでから覚えるようにすれば大丈夫です。

2 仮の義務付け

重要度 A

義務付け訴訟を提起しても、判決が出るまでには時間がかかります。そこで、**義務付け訴訟の審理中、とりあえず処分を出してもらうことを求めていく**のが、仮の義務付け制度になります（37条の5）。

ナビゲーション

仮の義務付けは、執行停止と同様に、判決が出るまでの仮の救済制度として試験でも重要です。

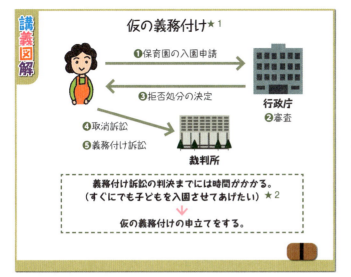

講義図解

仮の義務付け ★1

❶保育園の入園申請 → 行政庁
❸拒否処分の決定 ←
❷審査

❹取消訴訟
❺義務付け訴訟 → 裁判所

義務付け訴訟の判決までには時間がかかる。
（すぐにでも子どもを入園させてあげたい）★2
↓
仮の義務付けの申立てをする。

★1
ワンポイント
講義図解は申請型の例ですが、非申請型の場合でも仮の義務付け制度を利用することができます。

★2
野畑のズバッと解説
義務付け訴訟の審理中に、子どもが小学校入学の時期を迎えてしまったら、「狭義の訴えの利益」が消滅したとして訴訟却下判決となります。

[仮の義務付けの要件]

原則 （37条の5第1項）	①処分がされないことにより生ずる償うことのできない損害を避けるため緊急の必要があり、かつ、 ②本案について理由があるとみえるとき。 ★3
例外 （37条の5第3項）	公共の福祉に重大な影響を及ぼすおそれがあるときは、仮の義務付けをすることができない。

★3
ワンポイント
執行停止の場合と比べ、要件が厳しくなっていることに注意をしてください（「重大な損害」ではなく、「償うことのできない損害」です）。

過去問チャレンジ

申請型と非申請型の義務付け訴訟いずれにおいても、「償うことのできない損害を避けるため緊急の必要がある」ことなどの要件を満たせば、裁判所は、申立てにより、仮の義務付けを命ずることができることとされている。[13-16-4]

○：その通り。

第3編 行政法

第4章 行政事件訴訟法

第5節 義務付け訴訟（抗告訴訟）

第６節 差止め訴訟（抗告訴訟）

はじめに

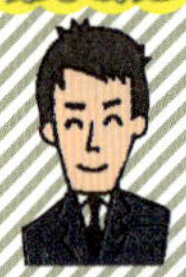

本節では、差止め訴訟について学習します。
基本的には義務付け訴訟と逆のことを求める訴訟であり、要件も義務付け訴訟と似ていますので、義務付け訴訟と合わせて学習するとよいでしょう。

1 差止め訴訟　重要度 A

1 差止め訴訟とは　★記述に出る！

義務付け訴訟は、「自分の望む処分を出してもらう」ための訴訟でしたが、これから学習する**差止め訴訟は、「自分が望まない処分を出させないようにする」ための訴訟**です（37条の４）。★1

講義図解

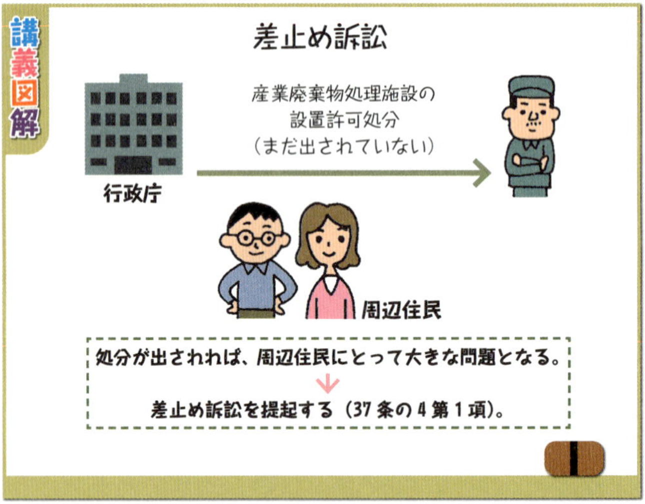
差止め訴訟
産業廃棄物処理施設の
設置許可処分
（まだ出されていない）
行政庁
周辺住民
処分が出されれば、周辺住民にとって大きな問題となる。
差止め訴訟を提起する（37条の４第１項）。

ナビゲーション
差止め訴訟も、受験生が苦手とするテーマです。どのような場合に差止め訴訟があるのかを押さえるようにしましょう。

★1 **あとまわしOK**
差止め訴訟にも「本案勝訴要件」が設けられており、①行政庁がその処分もしくは裁決をすべきでないことがその処分もしくは裁決の根拠となる法令の規定から明らかであると認められ、または②行政庁がその処分もしくは裁決をすることがその**裁量権の範囲を超え**もしくはその**濫用**となると認められる場合には、認容判決を出しなさいという規定があります（37条の4第5項）。

ここがポイント　差止め訴訟 ★2

＜原告適格＞

行政庁が一定の処分をしてはならない旨を命ずることを求めるにつき**法律上の利益**を有する者に限り、提起することができる（37条の4第3項）。

＜要件＞

一定の処分がされることにより**重大な損害**を生ずるおそれがある場合に限り、提起することができる。

※その損害を避けるため他に**適当な方法がある**場合は提起できない（37条の4第1項）。

★2
ワンポイント
裁判所に求める内容は義務付け訴訟と真逆ですが、**原告適格や要件はほぼ非申請型義務付け訴訟と同じ**です。

2 取消訴訟の規定の準用

差止め訴訟においても、**一部は取消訴訟と同じルールが適用**されます（38条）。

［取消訴訟の規定の準用の有無（主なもの）］

取消訴訟の規定	準用されるか
被告適格	○
管轄裁判所	○
出訴期間	×
事情判決	×
執行停止	×
判決の拘束力	○
判決の第三者効	×

2 仮の差止め

差止め訴訟を提起しても、判決が出るまでには時間がかかります。そこで、**差止め訴訟の審理中、とりあえず処分を出さないことを求めていく**のが、**仮の差止め制度**になります（37条の5）。

ナビゲーション

執行停止や仮の義務付けほどではありませんが、出題可能性はあります。仮の義務付けとセットで押さえるようにしてください。

講義図解

仮の差止め

行政庁

産業廃棄物処理施設の
設置許可処分
（まだ出されていない）

周辺住民

> 差止め訴訟の判決まで時間がかかる。
> （その間に処分が出てしまうかもしれない）
> ↓
> 仮の差止めの申し立てをする。

[仮の差止めの要件] ★1

原則 （37条の5第2項）	①処分がされることにより生ずる償うことのできない損害を避けるため緊急の必要があり、かつ、 ②本案について理由があるとみえるとき。
例外 （37条の5第3項）	公共の福祉に重大な影響を及ぼすおそれがあるときは、仮の差止めをすることができない。

★1
ワンポイント

仮の差止めの要件と、仮の義務付けの要件は同じだと考えてください。

第7節 当事者訴訟

はじめに

本節では当事者訴訟について学習します。
抗告訴訟との違いを理解し、形式的当事者訴訟・実質的当事者訴訟の典型例を学習するようにしてください。

1 当事者訴訟

重要度 **A**

1 当事者訴訟とは

　取消訴訟をはじめとする抗告訴訟（こうこくそしょう）は、公権力の行使（処分等）を争うものですが、そのような性質がなく、**対等な当事者間の権利利益や法律関係を争う訴訟として、当事者訴訟が**あります（4条）。

ナビゲーション

取消訴訟や義務付け訴訟などの抗告訴訟よりは重要度は落ちますが、それでもよく問われるテーマです。
形式的当事者訴訟、実質的当事者訴訟の出題ポイントは決まっていますので、本書の内容を理解し、覚えておけば大丈夫です。

講義図解

当事者訴訟

公権力の行使にあたる → Yes → 抗告訴訟
　　　　　　　　　　　 → No → 当事者訴訟

ここが ポイント 抗告訴訟と当事者訴訟 ★1

● 抗告訴訟
　→行政庁の**公権力の行使に関する不服の訴訟**（3条）
● 当事者訴訟
　<形式的当事者訴訟>
　　→当事者間の法律関係を確認しまたは形成する処分または裁決に関する訴訟で法令の規定によりその法律関係の当事者の一方を被告とするもの（4条前段）
　<実質的当事者訴訟>
　　→公法上の法律関係に関する確認の訴えその他の公法上の法律関係に関する訴訟（4条後段）

★1

野畑の スパッと解説

取消訴訟では「処分性」がない行政活動は対象となりませんでしたが、当事者訴訟では処分性の有無は問題となりません。

❷ 形式的当事者訴訟

　形式的当事者訴訟は、**当事者間の法律関係を確認しまたは形成する処分または裁決に関する訴訟で法令の規定によりその法律関係の当事者の一方を被告とするもの**です（4条前段）。

形式的当事者訴訟については、下記の事例を押さえておけば大丈夫です。

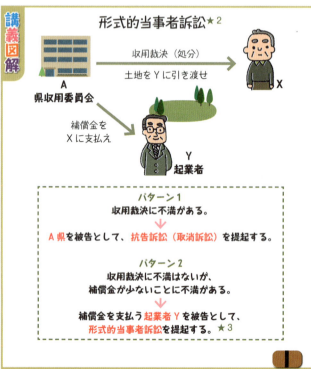

★2
ワンポイント

収用委員会（行政庁）の処分によって補償金額が定められているので、収用委員会を被告として訴えることも考えられますが、**土地収用法が補償金を支払う側の起業者を被告とする**ことを定めています。

★3
あとまわしOK

逆に、起業者Yが「補償金額が高すぎる」と考える場合は、Xを被告として形式的当事者訴訟を提起することになります。

過去問チャレンジ

土地収用法に基づく都道府県収用委員会による収用裁決において示された補償額の増額を求める土地所有者の訴えは、抗告訴訟にあたる。［10-16-イ］

×：形式的当事者訴訟にあたります。

❸ 実質的当事者訴訟

　実質的当事者訴訟は、**公法上の法律関係に関する確認の訴えその他の公法上の法律関係に関する訴訟**です（4条後段）。

> ここでは、どのような訴えが実質的当事者訴訟となるのかを覚えてください。

ここが ポイント　実質的当事者訴訟の例

- **公法上の**金銭債権の支払請求訴訟（公務員の給料）
- 憲法29条3項に基づく**損失補償請求**訴訟
- 国に対して**日本国籍**を有することの**確認**訴訟
- **選挙権**を行使できる地位にあることの**確認**訴訟
- **公務員**の地位の**確認**訴訟

> 「○○を確認してくれ！」という訴訟が典型的な実質的当事者訴訟です。

過去問チャレンジ

国に対して日本国籍を有することの確認を求める訴えを提起する場合、この確認の訴えは実質的当事者訴訟に該当する。[11-18-1]

○：その通り。

第8節 民衆訴訟・機関訴訟

はじめに

本節では民衆訴訟・機関訴訟について学習します。
行政事件訴訟法の中ではあまり出題されていませんが、地方自治法の住民訴訟の箇所で出題されるため、注意が必要です。

1 民衆訴訟と機関訴訟

重要度 **C**

民衆訴訟と機関訴訟は、取消訴訟などとは異なり、個人の権利利益が直接問題となっているわけではありませんが、**それを放置すると行政の適法性や社会秩序が維持されなくなるため、是正を求める訴訟**です。

1 民衆訴訟とは

民衆訴訟とは、**国または公共団体の機関の法規に適合しない行為の是正を求める訴訟で、選挙人たる資格その他自己の法律上の利益にかかわらない資格で提起するもの**をいいます（5条）。

講義図解

民衆訴訟 ★1

違法な公金支出だ！

神社 ← 寄付 ← 市長 ← 市民

ここが ポイント 民衆訴訟の例

● 公職選挙法における選挙無効訴訟
● 地方自治法における住民訴訟

ナビゲーション

このテーマは頻出ではありません。具体例が地方自治法に登場するので、行政法の学習がすべて終わった後に確認すると理解が深まります。

★1 野畑のズバッと解説

市長が公金から神社に寄付をしても、市民個人の権利利益に影響があるわけではありません。
しかし、憲法20条の政教分離原則に反する可能性があることから、民衆訴訟を提起して司法の判断を受けることができます。

2 機関訴訟とは

「機関訴訟」とは、**国または公共団体の機関相互間における権限の存否またはその行使に関する紛争についての訴訟**をいいます（6条）。★2

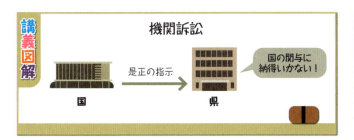

★2

野畑のズバッと解説

機関訴訟は、ほかの訴訟と異なり、国や公共団体同士で争いが起こった際に提起できる訴訟です。

ここがポイント 機関訴訟の例

- 国の関与に対する不服の訴訟
- 県知事と県議会の間で起こった紛争に対し、総務大臣が行った判断に対する不服の訴訟

過去問チャレンジ

住民訴訟は、行政事件訴訟法の定める機関訴訟であり、それに関する行政事件訴訟法の規定が適用される。［15-21-エ］

✕：住民訴訟は、行政事件訴訟法の定める民衆訴訟にあたります。

ちょっと一息　憲法は、行政法が終わった後が勝負！

本書で初めて憲法を学習した頃と比べ、みなさんは既に多くの知識を習得しています。行政法が終わってから憲法を学習すると、今まで見えてこなかったものが見えてくると思います。例えば、憲法の判例学習で「事案」を提示していますが、この事案の中に「取消訴訟」「住民訴訟」といった、行政事件訴訟法で学習した内容が多く含まれています。憲法については、行政法の学習が終わった後が勝負です。頑張りましょう！

第9節 教示

はじめに

本節では、行政事件訴訟法に規定されている教示制度について学習します。
たまにしか出題されない論点ですが、時間に余裕のある方は行政不服審査法の教示制度と比較をしておくとよいでしょう。

1 教示制度

重要度 C

行政事件訴訟を提起できるということを、一般国民が必ず知っているというわけではありません。

そこで、**行政不服審査法と同様、教示制度が設けられています**。

ナビゲーション

重要度の低いテーマです。時間がなければあとまわしでもかまいません。

[行政不服審査法との比較]

	行政不服審査法	行政事件訴訟法
相手方に対する教示	①不服申立てできる旨 ②不服申立てすべき行政庁 ③不服申立て期間	①取消訴訟の被告とすべき者 ②出訴期間 ③法律に審査請求前置の規定があるときはその旨★1
処分が口頭でされた場合の教示義務	なし	なし
利害関係人からの請求による教示	あり	なし
誤った教示をした場合の救済	あり	なし★2

★1

あとまわしOK

形式的当事者訴訟の場合、③の教示は必要ありません。

★2

ワンポイント

特に、**誤った教示をした際の救済規定**が、**行政事件訴訟法にはないこと**に気をつけてください。

第5章

国家賠償法・損失補償

この章で学ぶこと

「国にお金を請求するには？」

行政不服審査や行政事件訴訟は、主に違法な行政活動の取消しを求めるものですが、被ってしまった損害を賠償してもらうためには、国家賠償請求訴訟を提起する必要があります。

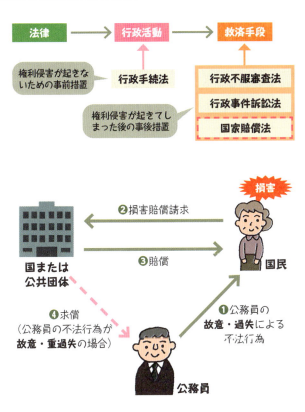

第１節 国家賠償法

はじめに

本節では、国家賠償法について学習します。
どのような場合に国家賠償法が適用されるのか、１条と２条を中心に知識を習得しておきましょう。比較的得点源になりやすい論点です。

1 国家賠償法の概要

重要度 **B**

1 国家賠償法とは

　例えば、営業停止処分について、営業再開を求めるためには取消訴訟を提起する必要がありますが、損害賠償を求めるためには別途、国家賠償請求訴訟を提起する必要があります。

　国家賠償法は、その基本ルールを定めた法律です。★1

ナビゲーション

このテーマは頻出ではありませんが、これから学習する国家賠償法のイメージをつかむことを重視してください。

★1
ワンポイント

憲法17条において、国民に国家賠償請求権が保障されています。

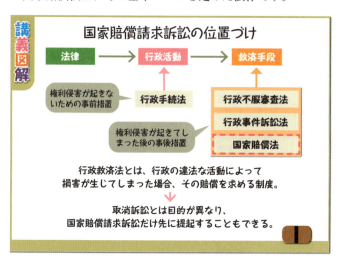

講義図解

国家賠償請求訴訟の位置づけ

法律 → 行政活動 → 救済手段

権利侵害が起きないための事前措置　行政手続法

権利侵害が起きてしまった後の事後措置　行政不服審査法／行政事件訴訟法／国家賠償法

行政救済法とは、行政の違法な活動によって
損害が生じてしまった場合、その賠償を求める制度。

取消訴訟とは目的が異なり、
国家賠償請求訴訟だけ先に提起することもできる。

2 民法との関係

　損害賠償請求については、通常民法の不法行為に関する規定が適用されますが、**相手が一般私人ではなく国や公共団体となるため、特別に国家賠償法の規定が適用される**ことになります。

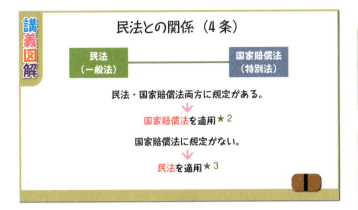

民法との関係（4条）

★2
あとまわしOK
「失火責任法」という法律がありますが、この法律も国家賠償法4条の「民法」にあたるとされます。

★3
ワンポイント
国家賠償法には損害賠償請求権の消滅時効に関する規定がないため、この部分に関しては民法を適用します。

過去問チャレンジ

国家賠償法4条に定める「民法の規定」には失火責任法も含まれる。[12-20-1改題]

○：その通り。

2 国家賠償法1条

重要度 A

国家賠償法1条は、公務員の不法行為により生じた損害に対する損害賠償について規定しています。

ナビゲーション
1条は試験でも頻出です。学習すべき項目は多いですが、1つずつ乗り越えていきましょう。

★1
ワンポイント
加害公務員自身は直接責任を負わないのがポイントです（民法の場合、加害者が責任を負うのが原則です）。

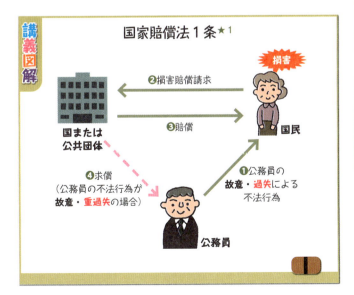

国家賠償法1条★1

ここがポイント　国家賠償法1条の要件

❶ **公権力の行使**にあたる**公務員の行為**であること

❷ **職務を行うについて**なされたものであること

❸ **違法な行為**であること

❹ **公務員に故意または過失**があること

❺ **損害の発生**があること

❶〜❺の要件について、試験に問われる
ポイントを確認しましょう。

１ 国家賠償法1条の要件（公権力の行使とは）

　公務員の行為が、「公権力の行使」にあたる場合に国家賠償請求ができるとされていますが、**どのような行為が「公権力の行使」にあたるのでしょうか。**

ここがポイント　公権力の行使とは

「公権力の行使」には処分のみならず、営造物の設置管理作用および**純粋な**私経済活動を除く**すべて**の行政活動を含む（最判平22.4.20）。★2

[公権力の行使の該当性] ★3★4

公立学校のクラブ活動中の事故についての顧問教諭の監督（最判昭58.2.18）	○
行政指導（最判平5.2.18）	○
国による国民健康保険上の被保険者資格の基準に関する通達の発出（最判平19.11.1）	○
勾留されている患者に対して拘置所職員である医師が行う医療行為（最判平17.12.8）	○
国立大学付属病院における通常の医療行為（最判昭36.2.16）	×
国家公務員の定期健康診断における保健所勤務医師による検診（最判昭57.4.1）	×

★2
ワンポイント
取消訴訟における処分性と異なり、**原則としてすべて**の行政活動が国家賠償請求訴訟の対象になるということです。

★3
ワンポイント
行政事件訴訟法の処分性のように、表の○×を覚えれば正解できますので、試験当日までコツコツ覚えるようにしましょう。

★4
野畑の ズバッと解説
公権力の行使にあたらないとされた場合、**国家賠償請求訴訟**で争うことはできませんが、通常の**民事訴訟**で争うことはできます。

過去問チャレンジ

国家賠償法1条1項にいう「公権力の行使」には、公立学校における教師の教育活動が含まれるが、課外クラブ活動中に教師が生徒に対して行う監視・指導は「公権力の行使」には当たらない。[12-20-2]

✕：課外クラブ活動中に教師が生徒に対して行う監視・指導は「公権力の行使」にあたります。

2 国家賠償法1条の要件(公務員とは) ☆記述に出る!

国家賠償法1条における「公務員」とは、どのような者を指すのでしょうか。★5

★5
ワンポイント
国家賠償請求をするうえで、必ずしも**加害公務員**を**特定**する必要はないとされています(最判昭57.4.1)。

ここがポイント 「公務員」とは

国家公務員法や地方公務員法上の公務員だけでなく、**国会議員**や**裁判官**、公務を委託された民間人も含まれる。

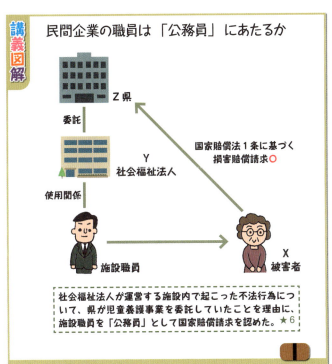

講義図解

民間企業の職員は「公務員」にあたるか

Z県

委託

Y
社会福祉法人

国家賠償法1条に基づく
損害賠償請求○

使用関係

施設職員

X
被害者

社会福祉法人が運営する施設内で起こった不法行為について、県が児童養護事業を委託していたことを理由に、施設職員を「公務員」として国家賠償請求を認めた。★6

★6
野畑のズバッと解説
国家賠償法1条に基づいて県に損害賠償請求ができる以上、**民法709条**や**715条**に基づいて、職員や社会福祉法人に損害賠償請求はできないとされました。

都道府県が児童福祉法に基づいて要保護児童を国又は公共団体以外の者の設置運営する児童養護施設に入所させたところ、当該施設の被用者がその入所児童に損害を加えたため、当該被用者の行為が都道府県の公権力の行使に当たるとして都道府県が被害者に対して1条1項に基づく損害賠償責任を負う場合であっても、被用者個人は、民法709条に基づく損害賠償責任を負わないが、施設を運営する使用者は、同法715条に基づく損害賠償責任を負う。[14-19-イ]

×：被用者個人および施設を運営する使用者は、民法に基づく損害賠償責任を負いません。

3 国家賠償法1条の要件（「職務を行うについて」とは）

国家賠償法1条における**「職務を行うについて」**とは、どのようなものを指すのでしょうか。

ここが ポイント 「職務を行うについて」とは

加害行為が**客観**的に職務行為の外形を備えるものであればよく、公務員**個人**の**主観**的意図は問わない（最判昭31.11.30）。★7

→非番の警察官が制服を着用のうえ強盗殺人を起こした事案において、国家賠償請求を認めた。

★7
野畑の ズバッと解説
第三者が見て、「公務員が仕事中に起こした」ように見えれば要件を満たすということです。

国家賠償法1条1項に規定する「公務員が、その職務を行うについて」には、公務員が私人として行った行為は、それが客観的にみて職務執行の外形を備えている場合には、含まれる。[98-37-2]

○：その通り。

❹ 国家賠償法１条の要件（「違法な行為」とは）

国家賠償法１条における**「違法行為」**とは、どのような行為を指すのでしょうか。

ここがポイント 違法の判断基準

加害公務員が**職務上、通常尽くすべき注意義務**を尽くしたか否か（奈良税務署推計課税事件／最判平5.3.11）。★8

[違法行為の該当性] ★9

事件	判断基準	結論
パトカーによる違反者追跡行為 （最判昭61.2.27）	職務目的を遂行するうえで**不必要**であるか、追跡の開始・継続もしくは追跡の方法が**不相当**であった場合は**違法である**。	適法
所得税の増額更正処分 （最判平5.3.11）	税務署長が**職務上尽くすべき注意義務**を尽くすことなく漫然と更正処分をしたと認められるような事情がある場合は**違法である**。	適法
警察官による逮捕および検察官の起訴 （最判昭53.10.20）	刑事事件において無罪の判決が確定しただけでは直ちに起訴前の逮捕・勾留・起訴後の勾留は**違法とならない**。	適法
国会議員の立法不作為 （最大判平17.9.14）	立法の内容または不作為が国民に憲法上保障されている権利を**違法に侵害するものであることが明白**な場合や、国民に憲法上保障されている権利行使の機会を確保するために所要の立法措置をとることが必要不可欠であり、それが**明白**であるにもかかわらず、**国会**が正当な理由なく長期にわたってこれを怠る場合などには、例外的に**違法となる**。	違法
薬害の発生防止に関する大臣の規制権限の不行使（クロロキン薬害事件／最判平7.6.23）	大臣が副作用による被害発生を防止するために**規制権限を行使しなかった**ことが**著しく合理性**を欠く場合は**違法である**。★10	適法
アスベスト使用に関する規制権限の不行使 （最判平26.10.9）	大臣が法令に基づく規制権限を行使しなかったことが**著しく合理性を欠く**場合は**違法である**。★10	違法

★8
野畑のスパッと解説
簡単にいうと、「注意して活動していたのに損害が発生してしまった場合」は適法、**「注意を怠って活動していて損害が発生してしまった場合」**は違法ということです。

★9
ワンポイント
結論が問われる場合と、判断基準が問われる場合がありますので、両方をセットで確認するようにしてください。

★10
野畑のスパッと解説
大臣が当時副作用を**認識することができなかった**薬害事件は**適法**、アスベスト使用による危険性を**認識することができた**アスベスト事件は**違法**という判断がされています。

過去問チャレンジ

医薬品の副作用による被害が発生した場合であっても、監督権者が当該被害の発生を防止するために監督権限を行使しなかった不作為は、不作為当時の医学的・薬学的知見の下で当該医薬品の有用性が否定されるまでに至っていない場合には、被害を受けた者との関係において国家賠償法1条1項の適用上違法となるものではない。[09-20-イ]

○：その通り。

5 国家賠償法1条の要件（「損害の発生」とは）

　損害については、民法と同じく財産的な損害だけでなく、精神的な損害も対象となります。

3 国家賠償法2条

重要度 **A**

　国家賠償法2条は、道路や河川など、**国や公共団体が設置・管理する公の営造物の瑕疵により生じた損害の賠償について規定**しています（2条）。

ナビゲーション

国家賠償法2条も、試験では頻出です。
道路・河川の判例を中心に押さえてください。

講義図解

国家賠償法2条

国または公共団体

❹求償

❷損害賠償請求

❸賠償

工事請負人等

❶設置・管理に瑕疵
損害の発生

公の造営物（道路・河川等）

国民

★1

ここが ポイント　国家賠償法2条の要件

❶ 公の営造物であること★1

❷ 設置または管理の瑕疵に基づく損害であること

❶❷の要件について、試験に問われる
ポイントを次に見ていきましょう。

★1
ワンポイント
法律で管理主体が決まっていない営造物については、それを事実上管理している自治体が管理主体として賠償責任を負います（最判昭59.11.29）。

1 国家賠償法2条の要件（「公の営造物」とは）

国家賠償法2条には「道路・河川」とありますが、これはあくまで例示的に記載しただけで、公園やパトカーなど、公の目的に利用されているものは広く公の営造物にあたります。

2 国家賠償法2条の要件（「設置または管理の瑕疵」とは）

公の営造物の設置または管理に瑕疵があれば、国や公共団体は損害賠償責任を負うことになります。

では、具体的にどのような場合に瑕疵があるといえるのでしょうか。★2

★2
ワンポイント
道路と河川に関する判例が頻出です。
道路の場合は、予算不足を理由に免責されないことに注意しておきましょう。

[設置・管理の瑕疵] ★3

道路周りに落石に対する防護柵を設置していなかった（高知国道落石事件／最判昭45.8.20）。	費用捻出に困却するとしても、道路管理に瑕疵がある。
故障車が道路に87時間以上放置されていたところ、そこに後続車が衝突した（最判昭50.7.25）。	道路の安全性を保持するために必要とされる措置をまったく講じておらず、道路管理の瑕疵がある。
交通事故を起こした直後に後続車がそれに追突した（最判昭50.6.26）。	道路の安全確保を図ることが不可能であり、道路管理の瑕疵はない。
大雨により未改修河川が氾濫し、浸水被害が生じた（大東水害訴訟／最判昭59.1.26）。★4	同種・同規模の河川の管理の一般水準および社会通念に照らして是認しうる安全性を備えていたため瑕疵はない。

★3
ワンポイント
「瑕疵」とは、営造物が通常有すべき安全性を欠いていることをいい、国および公共団体は設置・管理に過失がなくても責任を負います（無過失責任）。

★4
ワンポイント
未改修河川における安全性は、「過渡的安全性で足りる」とされます。

＊次ページに続く。

改修計画に基づいて既に改修・整備がされた河川が氾濫し、浸水被害が生じた（多摩川水害訴訟／最判平2.12.13）。★5	改修・整備がされた段階において想定された洪水から、当時の防災技術の水準に照らして通常予測し、かつ回避しうる水害を未然に防止するに足りる安全性を備えていなかったため、**瑕疵がある**。

★5
ワンポイント

改修済河川における安全性は、「**過渡的安全性では足りない**」とされます。

過去問チャレンジ

土砂崩れによる被害を防止するために多額の費用を要し、それについての予算措置が困難である場合は、道路管理者は、こうした被害についての賠償責任を免れる。[10-20-2]

× : 予算措置が困難である場合であっても、道路管理者は、賠償責任を負います。

4 国家賠償法3条

重要度 **B**

私たち国民にとって、損害賠償請求の被告を誰にするかは大きな問題です。

国家賠償法3条では、**加害公務員が所属する国や公共団体、公の営造物を管理する国や公共団体以外にも損害賠償請求ができる規定**が設けられています。

ナビゲーション

1条や2条ほど頻出ではありませんが、選択肢の1つになる可能性が高いため、講義図解の内容は理解しておいてください。

ここが ポイント 国家賠償請求訴訟の被告

● **加害公務員の所属**する国または公共団体（1条）
● 公の**営造物を設置・管理**する国または公共団体（2条）
もしくは
● 公務員の俸給、給与その他の**費用負担者**（3条1項）
● 公の営造物の設置もしくは管理の**費用負担者**（3条1項）
 ※費用負担者が賠償した場合、加害公務員の所属する国または公共団体、公の営造物を設置・管理する国または公共団体に対して求償することができる（3条2項）。

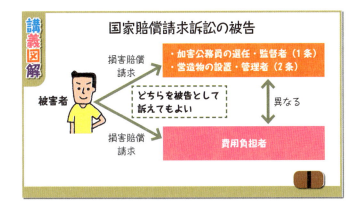

国家賠償請求訴訟の被告

過去問チャレンジ

公の営造物の管理者と費用負担者とが異なる場合、被害者に対して損害賠償責任を負うのは、費用負担者に限られる。[09-19-4]

✕：営造物の設置・管理者も損害賠償責任を負います。

5 その他（国家賠償法6条）

重要度 C

　外国人が被害者である場合、その被害者の本国で日本国民が賠償を受けられる場合に限り、当該外国人に国家賠償法が適用されます（6条）。★1

出題可能性は高くありません。一読しておく程度で十分です。

★1
野畑の
ズバッと解説

日本国民がイギリスの警察官から不法行為を受けた場合には、イギリスの国家賠償制度によって救済され、イギリス人が日本の警官から不法行為を受けた場合には、日本の国家賠償制度で救済されることになります。

相互保証主義

イギリス国内

不法行為

日本人　　イギリス人

イギリスの警察官から不法行為を受けた日本人は、イギリスの国家賠償制度で保護される。

日本国内

不法行為

日本人　　イギリス人

日本の警察官から不法行為を受けたイギリス人を、日本の国家賠償制度で保護する。

外国人が被害者である場合、国家賠償法が、同法につき相互の保証があるときに限り適用されるとしているのは、公権力の行使に関する1条の責任についてのみであるから、2条の責任については、相互の保証がなくとも、被害者である外国人に対して国家賠償責任が生じる。[11-19-3]

×：2条（営造物の設置・管理）の責任についても、相互の保障がなければ被害者である外国人に対して国家賠償責任が生じません。

第2節 損失補償

はじめに

本節では、損失補償について学習します。
国家賠償法に比べると出題可能性は落ちますが、憲法や行政事件訴訟法の形式的当事者訴訟など、これまで学習してきた内容の復習にもなる論点なので、確認を怠らないようにしましょう。

1 損失補償

重要度 **B**

1 損失補償とは

損失補償とは、国・公共団体の**適法な行政活動により加えられた国民の財産上の特別な損失に対する補償**のことです。
★1

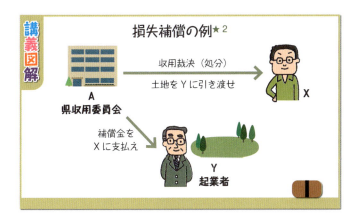

講義図解

損失補償の例★2

A 県収用委員会 → 収用裁決（処分） 土地をYに引き渡せ → X

A 県収用委員会 → 補償金をXに支払え → Y 起業者

ナビゲーション

損失補償で1問出題されるのは近年では2年に1度くらいです。これまでに出てきた損失補償を復習するつもりで読んでみてください。

★1
ワンポイント

国家賠償が、「**違法**な**行政活動**」を対象としていることと比較をしてください。

★2
野畑のズバッと解説

都市計画法における土地利用制限は、**特定の人だけに強いる特別の犠牲ではない**ため、損失補償は認められません。

[損失補償の種類]

公用収用 ★3	公益事業（道路・ダム建設等）のために必要とされる土地などを一方的に取得する方法。 　　例：土地収用法に基づく土地収用
公用制限	公益事業のために特定の土地などに対して一方的に課せられる制限。 　　例：都市計画法の都市計画地域における建築制限
行政行為の撤回	私人から、行政行為を通じて正当に当該私人が取得した権利・利益を一方的に剥奪する方法。 　　例：占用許可の撤回

② 損失補償の根拠

　損失補償の場合、国家賠償法のような一般法がないため、**土地収用法のような個別の法律によって損失補償のルールが定められています。**★4

③ 損失補償の対象

[損失補償の対象]

土地収用による移転に伴う営業利益の損失	対象と**なる**
土地収用における損失補償について、金銭ではなく代替地の提供による補償	認め**られる**
土地収用における損失補償について、長年住み慣れた土地を失うことによる精神的損失	対象と**ならない**
経済的価値でない、歴史的・社会的価値	対象と**ならない**
社会公共の秩序を維持し、国民の安全を守り、危険を防止する目的で行われる規制（消極規制・警察規制）で発生した損失 ★5	対象と**ならない**

★3
ワンポイント
形式的当事者訴訟で学習した、**土地収用法に基づく収用裁決における損失補償**が代表例です。

★4
ワンポイント
個別法に損失補償請求をすることができる旨の規定がない場合であっても、**憲法29条3項**を根拠に損失補償請求をすることができます（河川付近地制限令事件／最大判昭43.11.27）。

★5
あとまわしOK
国道の改築工事として地下通路が設置された結果、消防法違反の状態となったガソリンタンクを移設しなければならなくなった場合、その**移設にかかった費用は損失補償の範囲に含まれない**としています（ガソリンタンク事件／最判昭58.2.18）。

過去問チャレンジ

土地収用に関しては、土地所有者の保護の見地から、金銭による補償が義務付けられており、代替地の提供によって金銭による補償を免れるといった方法は認められない。[14-20-5]

×：代替地の提供による補償も認められます。

地方自治法

この章で学ぶこと

「生活に身近な地方自治の仕組み」

　地方自治法は、私たちに身近な都道府県・市町村の役割等を規定している法律です。

　地方議会や市長の仕事内容について、住民が地方政治に参加するためにどのような権利が行使できるかなどを幅広く学習します。

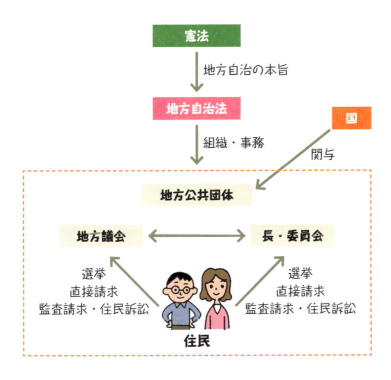

第1節 地方自治法の意義

はじめに

本節では、地方自治法の概要について学習します。
憲法とつながる論点になりますので、第1編憲法の地方自治の
ページも合わせて確認しておくと理解が深まります。

1 地方自治法の意義

国民にとって、日本全体の行く末を左右する国政はとても重要ですが、私たちの毎日の生活に直結する都道府県・市町村の政治も同じように重要なものとなります。

日本国憲法では、92条から95条までに地方自治の基本ルールを規定していますが、これをさらに具体的にしているのが地方自治法になります。★1

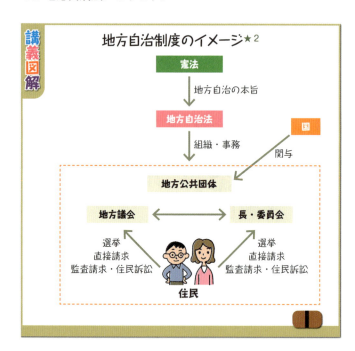

地方自治制度のイメージ★2

ナビゲーション

試験に頻出というわけではありませんが、憲法と地方自治法の関係について理解しておきましょう。

★1
ワンポイント

明治憲法では、地方自治に関する規定はありませんでした。
その後、日本国憲法が施行された1947年（昭和22年）5月3日に、地方自治法も施行されています。

★2
ワンポイント

地方自治法の学習ポイントは、主に①組織、②事務、③住民の権利、④国の関与です。

ここがポイント　憲法における地方自治の基本ルール

地方公共団体の組織および運営に関する事項は、**地方自治の本旨に基づいて、法律でこれを定める**（憲法92条）。

<**地方自治の本旨**とは>

→国から独立した存在として、国の関与を受けず事務を処理する（**団体自治**）。

→住民の意思に基づいて、地方政治を行う（**住民自治**）。★3

★3

ワンポイント

団体自治と**住民自治**を逆にして出題されることもあるので注意してください。

ここがポイント　地方自治法の目的（1条）

●地方自治の本旨に基づいて、

❶地方公共団体の区分、地方公共団体の組織および運営に関する事項の大綱を定める。

❷国と地方公共団体との間の基本的関係を確立する。

↓

●地方公共団体における**民主**的にして**能率**的な行政の確保を図り、地方公共団体の**健全な発達**を保障する。

過去問チャレンジ

地方自治法は、その目的として、「地方公共団体の健全な発達を保障すること」をあげている。[12-22-イ]

○：その通り。

第2節 地方公共団体の種類

はじめに

本節では、地方公共団体の種類について学習します。
普通地方公共団体はもちろん、特別地方公共団体についてもよく出題されていますので、どちらかに偏ることなく学習をしておきましょう。

1 地方公共団体の種類

重要度 **A**

地方公共団体には、普通地方公共団体と特別地方公共団体の2つがあります。

ナビゲーション

地方自治法の中ではよく出題されるテーマです。
覚えることが多く感じると思いますが、表をうまく活用して比較確認しながら頭に入れていきましょう。

講義図解

地方公共団体の種類

- 地方公共団体
  - **普通**地方公共団体
    - 都道府県
    - 市町村
  - **特別**地方公共団体
    - 特別区
    - 地方公共団体の組合
    - 財産区

1 普通地方公共団体

都道府県や市町村は、**普通地方公共団体**とされています（1条の3第2項）。

[普通地方公共団体]

市町村	**基礎的**な地方公共団体
都道府県	**市町村**を包括する広域の地方公共団体 ★1

普通地方公共団体の中では、市の「大都市の特例」が重要です。

★1 野畑のズバッと解説

地方自治法上、市町村と都道府県は対等の関係にあります。「包括」とは、地理的に都道府県が市町村を包み込んでいるという意味です。

[大都市制度] ★2

	指定都市（252条の19）	中核市（252条の22）
要件	人口50万以上 ★3	人口20万以上
行政区の設置	できる ★4	できない
事務配分の特例	都道府県の事務の一部を処理できる。	指定都市が処理することができる事務のうち、中核市において処理することが適当でない事務以外の事務で政令で定めるものを処理できる。

2014年の法改正により、指定都市では従来の「行政区」に代えて、「総合区」を設置することができるようになりました。

[行政区と総合区の違い]

	行政区（252条の20）	総合区（252条の20の2）
位置づけ	指定都市の内部組織	指定都市の内部組織
法人格	なし	なし
議会	なし	なし
区長の選任	市長が職員から任命	市長が議会の同意を得て選任（252条の20の2第4項）★5
区長の任期	なし	4年（252条の20の2第5項）
区長の主な事務	市長の権限に属する事務のうち、条例で定めるものを分掌し、補助的に執行する	・市長の権限に属する事務のうち、条例で定めるものを執行 ・総合区の政策・企画の立案 ・総合区のまちづくり等の事務の執行
区長の解職請求	なし	あり

行政区を設置している政令市は横浜市や名古屋市など全国で20市ありますが、総合区を設置している市はまだありません。

★2
ワンポイント
以前は特例市という制度がありましたが、中核市に統一されたため、規定が削除されました。

★3
ワンポイント
指定都市は、横浜市・名古屋市など、現在では20あります（人口が50万人以上であれば自動的に指定都市になるわけではないことに注意してください）。

★4
ワンポイント
行政区とは「名古屋市中区」などとよばれているものです。特別区の区とは異なり、行政区ごとに長や議会が置かれるわけではありません。

★5
野畑のズバッと解説
総合区は、行政区よりも区長の権限を強化して、区ごとに柔軟な政策を行うことができるようにするということです。区長の権限が強くなるので、市長の独断で決めることができず、議会の同意が必要になっています。

地方公共団体は、その権限に属する事務を分掌させる必要があると認めるときは、条例で、その区域を分けて特別区を設けることができる。[16-22-5]

×：指定都市が条例で設けることができるのは、特別区ではなく行政区です。

❷ 特別地方公共団体

　都道府県や市町村以外の組織は**特別地方公共団体**とされています。具体的には、①**特別区（東京23区）**、②**組合**、③**財産区**の3つです（1条の3第3項）。

[特別地方公共団体]

特別区 ★6★7	**都**に置かれる区のこと（281条1項）。 　　例：東京23区
組合	複数の普通地方公共団体および特別区が、**事務の一部を共同処理するために設立した組合**のこと。 　　例：A市・B市・C町でごみを共同処理するために組合を設置する。
財産区	市町村および特別区の一部で、財産または公の施設の管理・処分をする権能のみを認められた特別地方公共団体のこと。 　　例：A市内にある広大な山林を管理するために財産区を設置する。

★6
野畑の ズバッと解説
特別区は、歴史的な経緯から当初は東京都の下部組織と位置づけられていましたが、現在では普通地方公共団体の**市**とほぼ同等の事務を処理する権限を有しています。

★7
ワンポイント
2012年に、「**大都市地域における特別区の設置に関する法律**」が施行され、地方自治法281条1項の規定にかかわらず、**道府県**の区域内において、特別区の設置を行うことができるとされました。

組合について、少しイメージづけをしておきましょう。

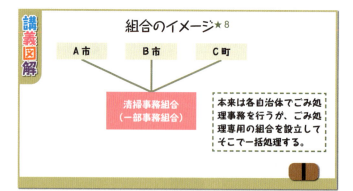

講義図解

組合のイメージ★8

A市　　B市　　C町

清掃事務組合
（一部事務組合）

本来は各自治体でごみ処理事務を行うが、ごみ処理専用の組合を設立してそこで一括処理する。

★8
野畑の ズバッと解説
簡単にいうと、「ごみ処理専門会社」をつくって、そこにすべて任せるようなイメージです。
ほかにも、消防や救急に関しても、このような組合が設立されています。

組合には、通常の一部事務組合と、広域事務を処理する広域連合の2つがあります。

過去問チャレンジ

1 特別区は、かつては特別地方公共団体の一種とされていたが、地方自治法の改正により、現在は、市町村などと同様の普通地方公共団体とされており、その区長も、公選されている。[18-22-1]

×：特別区は、特別地方公共団体です。

2 地方自治法の定める「地方公共団体の組合」は、一部事務組合及び広域連合の2種類である。[09-23-4]

○：その通り。

2 地方公共団体の連携

通常、地方公共団体は各自で事務を執行しますが、場合によってはほかの地方公共団体と連携したり、事務を任せたりといった柔軟な対応が必要です。

そこで、地方自治法では地方公共団体の連携に関する規定が設けられています。★1

ナビゲーション

過去の出題実績はほとんどありませんが、連携協約と事務の代替執行は2014年の法改正で新しくつくられた制度なので、一読しておいてください。

[地方公共団体の連携]

連携協約	地方公共団体が、**連携して事務を処理するための基本的な方針や役割分担を定める**（252条の2第1項）。 例：A市とB市で観光PRを行うための協約を締結する。
事務の委託	地方公共団体の**事務の一部の管理・執行をほかの地方公共団体に委ねる**（252条の14）。 例：A市の事務の一部をB市に委託する。 （A市は事務処理権限を失い、B市の名前で処理する）
事務の代替執行	地方公共団体の**事務の一部の管理・執行を、当該地方公共団体の名においてほかの地方公共団体に行わせる**（252条の16の2第1項）。 例：A市の事務の一部をB市に行わせる。 （A市の事務処理権限は消滅せず、B市はA市の名前で処理する）

★1

野畑の ズバッと解説

先ほど学習した組合は、会社と同様に法人設立の手続が必要ですが、**連携協約や事務の委託などはそのような手続は不要**です。

第3節 地方公共団体の事務

はじめに

本節では、地方公共団体の事務について学習します。
自治事務と法定受託事務の違いを押さえることが重要です。

1 地方公共団体の事務

重要度 **A**

地方公共団体の事務は、①自治事務（2条8号）と、②法定受託事務（2条9号）の2つに分類されています。

[地方公共団体の事務]

自治事務	法定受託事務以外の事務 ★1 例：飲食店の営業許可・小中学校の設置管理
法定受託事務	【第1号法定受託事務】 国が本来果たすべき役割に係るものであって、国においてその適正な処理を特に確保する必要があるものとして法令により都道府県・市町村・特別区が処理することとされている事務 ★2 例：戸籍事務・国政選挙に関する事務 【第2号法定受託事務】 都道府県が本来果たすべき役割に係るものであって、国においてその適正な処理を特に確保する必要があるものとして法令により市町村・特別区が処理することとされている事務 例：都知事・県知事選挙に関する事務

昔は、「機関委任事務」という分類がありましたが、現在では廃止されています。

過去問チャレンジ

自治事務とは、自らの条例またはこれに基づく規則により都道府県、市町村または特別区が処理することとした事務であり、都道府県、市町村および特別区は、当該条例または規則に違反してその事務を処理してはならない。[16-23-ア]

✕：自治事務について、地方自治法はこのような具体的な定義づけをしていません。

ナビゲーション

地方公共団体の事務は、地方自治法に細かい規定が多くありますが、ここでは試験に頻出のテーマである、自治事務と法定受託事務について学習します。

★1 ワンポイント

自治事務についての具体的な定義はありません。法定受託事務以外がすべて自治事務というざっくりとした定義です。

★2 野畑のズバッと解説

簡単にいうと「国の仕事なんだけど市町村に任せたほうが効率がよい」ものについては、法令で最初から市町村の仕事にしているということです。

第4節 地方公共団体の組織

はじめに

本節では、地方公共団体の組織について学習します。
議会でできること、長ができること、それぞれ混同しないように注意しながら知識を増やしていってください。

1 地方公共団体の組織

重要度 **C**

地方公共団体の組織は、**大きく分けて「議事機関である議会」と「執行機関である長・委員会」の2つに分類**されます。

地方公共団体の組織について、大枠をつかむために一読しておく程度でかまいません。

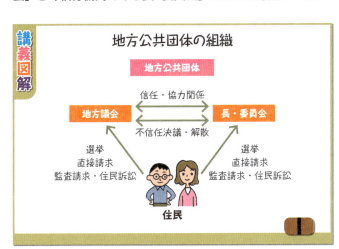

講義図解

地方公共団体の組織

地方公共団体

信任・協力関係

地方議会 ⇄ 長・委員会

不信任決議・解散

選挙
直接請求
監査請求・住民訴訟

選挙
直接請求
監査請求・住民訴訟

住民

ここがポイント 地方公共団体の組織 ★1

❶議事機関としての議会

立法権（条例制定権）を中心として、**地方自治に必要な事項を決定する機関。**

❷執行機関としての長・委員会

議事機関（議会）において議決された事項に基づき**自らの判断と責任において執行する機関。**

★1
野畑の スパッと解説

議会議員と長の双方を選挙で選ぶという点は、**大統領制に近い**ですが、議会の不信任決議権や長の解散権など、議院内閣制の要素も含まれています。

2 議会

重要度 B

都道府県や市町村など、**地方公共団体には議会が置かれま
す。**

住民の選挙で選ばれた議員たちが、条例や予算など重要事
項を議決します。

議員になるための要件や、議会の組織など、試験
で問われる論点を1つずつ見ていきましょう。

1 議会の設置

憲法93条を受けて、地方自治法が「普通地方公共団体には、
議会を置く」と定めていますが、**町村においては議会の代わ
りに町村総会を置くことができます**（94条）。★1

ここが ポイント　町村総会の設置

> **町村**では、議会を置かず、条例により有権者で構成する**町村総
> 会**を設置することができる（94条）。

2 議員の要件

議員になるための要件は、地方自治法に規定されています。

[議員について]

議員の資格 （被選挙権）	①**日本国民**であること ②**年齢25歳以上**であること ③**引き続き3カ月以上市町村の区域内に住所**を有する 　こと（18条）★2
任期	**4**年（93条1項）★3
議員定数	**条例**で定める（90条1項・91条1項）★3

★1
野畑の ズバッと解説

有権者が10万人いた
場合は代表者を選ぶ
必要があります（間
接民主制）が、100
人の場合は全員を公
民館に集めて話し合
うことも可能だから
です（直接民主制）。

★2
ワンポイント

国政選挙の被選挙権
とは異なり、**住所**要
件が課されているの
が特徴です。

★3
ワンポイント

任期は**法律**で決めら
れており、議員定数
は**条例**で定めること
に注意です。

過去問チャレンジ

地方議会の議員定数は条例で定めるが、その定数は各地方自治体が最も適正と考える人数を
定めることが可能であり、人口規模に応じた上限はない。[05-17-2改題]

○：その通り。

❸ 議会の組織

議会で議決する内容には、複雑な専門知識を要することもあります。

そこで、**条例で委員会制度を導入して、議決事項のうち特に専門性を有するものについては、少人数の議員で構成される委員会で事前に協議する**ことができます。★4

★4
ワンポイント
議会委員会の設置はすべて任意です（この後学習する、行政委員会と比較してください）。

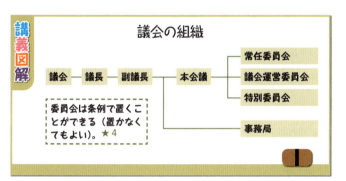

講義図解

議会の組織

議会 ― 議長 ― 副議長 ― 本会議 ― 常任委員会
　　　　　　　　　　　　　　　― 議会運営委員会
　　　　　　　　　　　　　　　― 特別委員会
　　　　　　　　　　　　　　　― 事務局

委員会は条例で置くことができる（置かなくてもよい）。★4

過去問チャレンジ

普通地方公共団体の議会は、常任委員会を必ず設置しなければならない。[95-41-1]

✕：条例で置くことができます（置かなければならないわけではありません）。

---

❹ 議会の運営

議会には、**定例会と臨時会**があります。

[定例会と臨時会] ★5

定例会	・付議事件の有無にかかわらず、定例的に招集される。 ・定例会の招集回数は、**毎年、条例で定める回数これを招集**しなければならない（102条2項）。
臨時会	必要がある場合において、招集されるもの（102条3項・4項・5項）。

★5
あとまわしOK
2012年改正によって、**条例によって定例会・臨時会の区別なく「通年の会期」を設けることができる**ことになりました（102条の2第1項）。

過去問チャレンジ

普通地方公共団体の議会のうち定例会は、毎年、規則で定める回数これを招集しなければならない。[97-42-5]

✕：条例で定める回数これを招集しなければなりません。

5 議会の権限

議会は住民を代表する機関として、**地方自治法により様々な権限**が与えられています。

[議会の権限]

議決事項 ★6	・**条例の制定・改廃**（96条1項1号） ・**予算の議決**（96条1項2号） ・決算の認定（96条1項3号）等
同意権	・長が**副知事・副市長村長・総合区長**・監査委員などを任命する際の同意（162条）
事務の調査権等	・地方公共団体の事務に関する検査権・監査請求権（98条1項・2項） ・事務に関する調査を行う権限（100条1項）★7

ここが ポイント　100条調査権

● 調査を行うために特に必要があると認めるときは、**関係人の出頭**および**証言**ならびに**記録の提出**を請求することができる（100条1項後段）。

● **自治**事務・**法定**受託事務ともに、100条調査権を行使することができる（100条1項後段。**法定**受託事務について、国の安全に関わるものは除かれる）。★8

● 正当な理由がないのに**議会**に出頭せず、もしくは**記録**を提出しないとき、**証言**を拒んだときは、6カ月以下の**禁錮**または10万円以下の**罰金**に処せられる（100条3項）。

★6
ワンポイント
自治事務・**法定**受託事務ともに、**条例**で議決事項を追加することができます（96条2項）が、法定受託事務について、国の安全に関わるものは除かれます。

★7
ワンポイント
別名「100条調査権」とよばれています。

★8
野畑の スパッと解説
法定受託事務に関する事務を調査することもできますが、限界があるという理解で十分です。

過去問チャレンジ

普通地方公共団体の議会は、法定受託事務・自治事務の区別なく、当該普通地方公共団体の事務すべてについて調査を行い、選挙人その他の関係人の出頭および証言ならびに記録の提出を請求することができる。[97-42-5]

× ：法定受託事務について、100条調査権を行使できない例外があります。

最近では、東京の築地市場の豊洲移転問題の調査のために100条調査権が行使されました。

3 執行機関

重要度 **B**

憲法93条を受けて、**都道府県には知事が、市町村には市町村長を置くこととし、地方公共団体の長として様々な権限**を与えています。

ナビゲーション

長や行政委員会についても出題実績があります。表を活用して知識を整理しておきましょう。

1 長の要件

長になるための要件は、地方自治法に規定されています。

[長について]

★1

ワンポイント

議員の資格と異なり、**3カ月の住所要件はあ**りません。

長の資格 （被選挙権）	①**日本国民**であること ②**都道府県知事は年齢30歳以上であること、市町村長は年齢25歳以上であること**（19条2項・3項）。★1
任期	**4**年（140条1項）

過去問チャレンジ

都道府県知事の被選挙権は、当該都道府県の住民ではなくとも、法定の年齢以上の日本国籍を有する者であれば認められる。[10-23-ア]

○：その通り。

2 長の補助機関

長を補助する機関として、**副知事や副市長村長、会計管理者等**が置かれます。

[長の補助機関]

★2

ワンポイント

条例で副知事・副市町村長を置かないこともできます（161条1項但書）。

	副知事・副市長村長	会計管理者
定数	**条例**で定数を定める（161条2項）★2	**1人**（168条1項）
選任方法	長が**議会の同意**を得て選任する（162条）	**職員**のうちから、長が任命する（168条2項）
任期	**4**年（163条）	**なし**
解職請求	対象と**なる**（13条2項）	対象と**ならない**

3 長の権限

地方公共団体の長には、様々な権限が与えられています。

[長の権限] ★3

統括・代表権	長は、普通地方公共団体を**統轄し、これを代表する**（147条）。
排他的執行権（長しかできないこと）	・普通地方公共団体の**議会の議決を経べき事件につきその議案を提出**すること（149条1号） ・**予算**を調製し、**およびこれを執行**すること（149条2号） ・**地方税**を賦課徴収し、分担金、使用料、加入金または手数料を徴収し、**および過料を科すること**（149条3号）など★4

★3 ワンポイント

長はこのほかにも様々な権限を持ちますが、試験対策上は排他的執行権を押さえておけば十分です。

★4 野畑のズバッと解説

この過料は、行政法総論における「秩序罰」です。
これを機に復習しておきましょう。

過去問チャレンジ

条例の制定は、議会に固有の権限であるから、条例案を議会に提出できるのは議会の議員のみであり、長による提出は認められていない。[14-23-5]

×：長は議案を議会に提出できます。

---

4 行政委員会

地方公共団体には、政治的な中立性を確保するために、長のほかに**教育委員会などの行政委員会**が置かれています。★5

[地方公共団体に置かなければならない委員会] ★6

都道府県・市町村に置かなければならないもの	教育委員会 **選挙管理委員会**（地方自治法） 人事委員会 **監査委員**（地方自治法）
都道府県におかなければならないもの	公安委員会 労働委員会 収用委員会 海区漁業調整委員会 内水面漁場管理委員会
市町村に置かなければならないもの	**農業委員会** 固定資産税評価審査委員会

★5 野畑のズバッと解説

行政委員会は、地方自治法をはじめとする法律で設置が義務付けられています。議会委員会と比較してください。

★6 ワンポイント

選挙管理委員会と**監査委員**の2つだけが、地方自治法に設置根拠があります。

4 長と議会の関係

重要度 **A**

　長と議会は、それぞれ独立の立場で地方自治体を運営しますが、長と議会の意見が対立した場合には、地方政治が停滞してしまう可能性があります。

　そこで、**議会が決めたことに対して、長がやり直しを求めたりするような制度**が設けられています。

ナビゲーション

長と議会の関係は試験でも頻出テーマとなっています。長の再議請求権の具体例をしっかり押さえるようにしてください。

これを長の再議請求権といいます。ここからは再議請求の種類と具体例を学習します。

1 長の再議請求権

　議会が決めたことに納得いかない場合、長は再議請求権を行使して、やり直しを求めることができます（176条1項）。

　この再議請求は、①**長が任意に判断する一般再議**と、②**必ず再議を求める特別再議**があります。

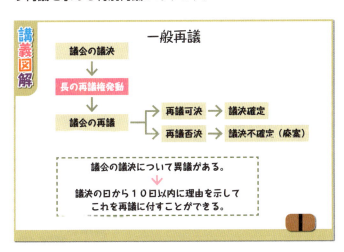

講義図解

一般再議

議会の議決
↓
長の再議権発動
↓
議会の再議 → 再議可決 → 議決確定
　　　　　 → 再議否決 → 議決不確定（廃案）

議会の議決について異議がある。
↓
議決の日から10日以内に理由を示してこれを再議に付すことができる。

［一般再議（176条）］※再議に付すのは任意

どのような状況か	再度同じ議決になった場合にどうなるか
議会の議決に異議がある場合	議会の議決が確定する。 ※条例・予算の場合、再議決には出席議員の3分の2以上の同意が必要。★1

★1
ワンポイント

通常、議会の議決は出席議員の過半数の同意です。

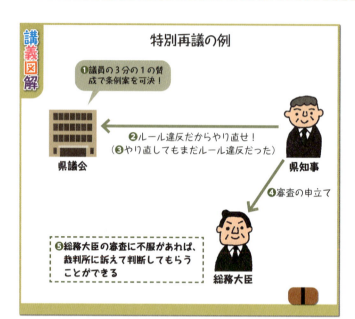

講義図解

特別再議の例

❶議員の3分の1の賛成で条例案を可決!

県議会

❷ルール違反だからやり直せ!
（❸やり直してもまだルール違反だった）

県知事

❹審査の申立て

❺総務大臣の審査に不服があれば、裁判所に訴えて判断してもらうことができる

総務大臣

★2 **ワンポイント**
特別再議については、3つのパターンをしっかり押さえるようにしましょう。

★3 **ワンポイント**
この訴訟は、行政事件訴訟法における「機関訴訟」に該当します。

★4 **用語の意味**
義務費
法令により負担する経費や、地方公共団体の義務に属する経費のこと。
例：生活保護費・道路の維持管理費など。

★5 **野畑のズバッと解説**

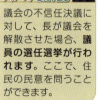

議会の不信任決議に対して、長が議会を解散させた場合、議員の選任選挙が行われます。ここで、住民の民意を問うことができます。

[特別再議（177条)] ※再議に付すのは義務★2

どのような状況か	再度同じ議決になった場合にどうなるか
①議会の議決が、その権限を超えている場合など（176条4項・7項）	21日以内に、 ①都道府県の場合は知事から総務大臣に、 ②市町村の場合は都道府県知事に審査の申立てをし、 その判断に不服があれば60日以内に裁判所へ出訴できる。★3
②義務費の削除・減額の議決がされた場合（177条1項1号）	義務費★4を予算に計上して支出できる。
③非常災害対策または感染症予防費の削除・減額の議決がされた場合（177条1項2号）	議会の議決を自らの不信任議決とみなすことができる。★5

過去問チャレンジ

当該普通地方公共団体の議会の議決がその権限を超えまたは法令もしくは会議規則に違反すると認めるときは、長は、議決の日から所定の期間内に、議会を被告として、当該議決の無効確認の請求を裁判所に行うことができる。[14-21-ウ]

× : 裁判所に出訴する前に、まず議決の日から所定の期間内に、理由を示してこれを再議に付すか、議会を解散して再選挙を行わせなければなりません。

2 不信任議決と解散

議会と長の関係が悪化した場合、適正な行政運営ができません。そこで、**議会には長の不信任議決権を、長には議会の解散権が与えられています**（178条）。★6

★6

あとまわしOK

長が議会を解散しなくても、議会は自らの判断で自主解散をすることができます（地方公共団体の議会の解散に関する特例法2条）。

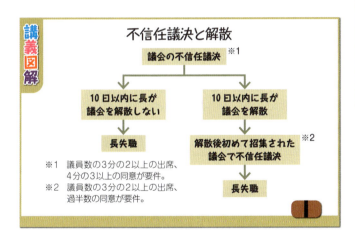

講義図解

不信任議決と解散

議会の不信任議決 ※1

- 10日以内に長が議会を解散しない → 長失職
- 10日以内に長が議会を解散 → 解散後初めて招集された議会で不信任議決 ※2 → 長失職

※1 議員数の3分の2以上の出席、4分の3以上の同意が要件。
※2 議員数の3分の2以上の出席、過半数の同意が要件。

過去問チャレンジ

当該普通地方公共団体の議会が長の不信任の議決をした場合において、長は議会を解散することができ、その解散後初めて招集された議会においては、再び不信任の議決を行うことはできない。[14-21-イ]

× : 解散後初めて招集された議会で再び不信任議決を行うことができ、可決されれば長は失職します。

❸ 長の専決処分

条例や予算の議決などは議会で決める必要がありますが、これを長の独断で決めることを**長の専決処分**といいます。

専決処分には、①**地方自治法の規定に基づく専決処分**と、②**議会の委任による専決処分**があります。

[法定専決処分（179条）] ★7

どのような状況か	専決処分をした後の対応
本来は議会の議決を経なければならない事項だが、議会が議決をしない場合や議決ができない場合など。	長は、処分をしたことを**次の会議**において議会に**報告**し、**承認**を求めなければならない。

ここが ポイント　　条例・予算の議決について専決処分を行った場合

● 議会で**不承認**とされても専決処分の効力は**失われない**とされる。

● ただし、**条例**の制定・改廃または予算に関する専決処分について不承認とされた場合は、長は、**必要な措置**を講ずるとともに、その旨を議会に**報告**しなければならない（179条4項）。★8

[議会の委任に基づく専決処分（180条）]

どのような状況か	専決処分をした後の対応
議会の権限に属する**軽易**な事項で、その議決により特に指定したものがある。	長は、処分をしたことを**次の会議**において議会に**報告**しなければならない（180条2項）。

委任に基づくということは、事前に議会の承認を得ているのと同じなので、専決処分後は報告だけでかまわないということです。

★7
あとまわしOK
副知事・副市長村長・総合区長の選任における議会の同意は専決処分の対象外となっています（179条1項但書）。

★8
野畑のズバッと解説
条例の制定や予算については、議会で決めるべき最も重要なものであるため、議会が承認しなかった場合に、長には一定の対応が求められます。

過去問チャレンジ

1 執行機関としての長、委員会及び委員は、一定の場合、議会において議決すべき事件について専決処分を行うことができる。[11-22-5]

✕：専決処分は、長にのみ認められており、行政委員会や委員には認められていません。

2 普通地方公共団体の議会の権限に属する軽易な事項で、その議決により特に指定したものは、普通地方公共団体の長において、専決処分にすることができる。[17-23-3]

〇：その通り。

ちょっと一息

専決処分のちょっと興味深い話

副知事や副市長村長の選任の同意が、長の専決処分の対象外となっていることは、先ほど学習しました。実は、過去に鹿児島県阿久根市長が専決処分を濫用して問題となったことがあり、それを踏まえて2012年に専決処分の規定が改正されることとなりました。このように、実際に問題が起こってから条文の不備を修正することが、現実に行われています。

第5節 住民の権利

はじめに

本節では、住民の権利について学習します。
直接請求制度や住民監査請求など、国政にはないシステムが採用されていますので、どのような場合にこれらの権利が行使できるのかをしっかり押さえるようにしてください。

1 選挙権・被選挙権

重要度 **A**

地方公共団体の議員・長の選挙権や被選挙権についても、地方自治法で規定されています。

［選挙権・被選挙権］ ★1

	選挙権	被選挙権
長	①**日本国民**たる年齢**18歳**以上で、②引き続き**3カ月**以上市町村の区域内に住所を有する者	①都道府県知事の場合 →**日本国民**で年齢**30歳**以上の者 ②市町村長の場合 →**日本国民**で年齢**25歳**以上の者
議員		①**日本国民**たる年齢**25歳**以上で②引き続き**3カ月**以上市町村の区域内に住所を有する者

ナビゲーション

本テーマは、これまでの学習で確認したもののまとめです。
表をみて、あらためて知識が定着しているか確認しましょう。

★1

ワンポイント

長の被選挙権だけ、**3カ月の住所要件がない**ことをしっかりと押さえておきましょう。

過去問チャレンジ

1 日本国民たる年齢満18歳以上の者で引き続き一定期間以上市町村の区域内に住所を有するものは、その属する普通地方公共団体の議会の議員及び長の選挙権を有する。[13-24-1]

○：その通り。

2 都道府県知事の被選挙権は、当該都道府県の住民ではなくとも、法定の年齢以上の日本国籍を有する者であれば認められる。[10-23-ア]

○：その通り。

2 直接請求

　地方政治では、国政と異なり一定以上の住民が署名を集めて条例の制定を求めたり、長の解職を求めたりすることができます（直接請求制度）。

直接請求のイメージ

講義図解

条例をつくれ！ → 議会の招集 →

住民　　　　　長　　　　　議会

50分の1の署名　　　　　　制定するかどうか判断

ナビゲーション

直接請求は、試験でも頻出の超重要テーマです。
まとめの表を活用してしっかり対策しておきましょう。

★1
ワンポイント

それぞれ、署名を集めて請求したら住民の要求が通るわけではありません（監査委員の監査は例外で、監査を請求したら監査が行われます）。

★2
ワンポイント

地方税の賦課徴収、施設使用料の徴収に関する条例については、直接請求をすることはできません。

★3
用語の意味

役員等
副知事・副市町村長のほかに、総合区の区長等も含まれる。

[直接請求のまとめ]

	要件	請求先	請求後の流れ★1
条例制定改廃請求★2	選挙権を有する者の総数の**50分の1以上**の者の連署	長	請求受理の日から**20日以内**に議会に付議し、その結果を通知・公表する。
事務監査請求		監査委員	**監査を実施**し、その結果を通知・公表する。
議会解散請求	選挙権を有する者の総数の**3分の1以上**の者の連署	選挙管理委員会	選挙権を有する者の**過半数**の同意があれば議会は解散する。
解職請求 議員		選挙管理委員会	選挙権を有する者の**過半数**の同意があれば失職する。
解職請求 長		選挙管理委員会	
解職請求 役員等★3		長	議会に付議し、**議会で議員の3分の2以上が出席し**その**4分の3以上の同意**があれば失職する。

いきなりすべてを覚えようとせず、まずは署名要件を、その次に請求先を、最後に請求した後の流れを押さえましょう。

1 特定の市立保育所の廃止条例の制定に関する議決を阻止するため、一定数の選挙人の署名により、地方自治法上の直接請求をすることができる。[18-26-4]

　×：条例の制定に関する「議決」を阻止することは、条例の制定改廃請求の対象ではありません。

2 普通地方公共団体の事務の執行に関する事務監査請求は、当該普通地方公共団体の住民であれば、1人でも行うことができる。[09-22-2]

　×：選挙権を有する者の総数の50分の1以上の者の連署が必要です。

3 住民監査請求

重要度

1 住民監査請求とは

　私たち住民が納めている税金は、適切に使われるべきです。

　そこで、**住民は地方公共団体の財務会計上の行為について、違法または不当な点があれば、監査委員に監査を請求する**ことができます（242条1項）。

住民監査請求のイメージ

A市の職員が税金を私的流用している！

❶監査請求　　❷監査

住民　　A市監査委員　　A市職員

ここが ポイント　住民監査請求

- **違法**または**不当**な**財務会計**上の行為および**怠る**事実が対象となる。★1
- **正当な理由があるときを除き、違法または不当な行為があった日から1年以内に請求**しなければならない（怠る事実の場合は、期間制限なし）。★2

★1
ワンポイント

「怠る事実」とは、お金を出すべきなのにお金を出さなかったことが違法または不当だということです。

★2
あとまわしOK

監査の結果、請求に理由があれば監査委員は長や議会に必要な措置をとるよう勧告しなければなりません。

- 住民であれば、**選挙権**の有無を問わず、**外国人**でも住民監査請求ができる。

過去問チャレンジ

住民監査請求の対象は、公金の支出などの地方公共団体の職員等の作為に限られ、公金の賦課徴収を怠るなどの不作為は、対象とならない。[09-24-2]

× : 財務会計上の怠る事実についても対象となります。

2 事務監査請求との違い

監査委員の監査については、**住民監査請求以外に、住民の署名を集めて監査を求める事務監査請求**があります。

[住民監査請求と事務監査請求]

	住民監査請求	事務監査請求
請求権者	住民であればよい	選挙権を有する住民 ※50分の1以上の連署
請求対象	財務会計上の行為または怠る事実	地方公共団体の事務全般
監査結果に対する訴訟	住民訴訟ができる	住民訴訟ができない

両者を比較させる問題に対応できるように準備しておきましょう。

過去問チャレンジ

住民監査請求の対象となるのは、いわゆる財務会計上の行為または怠る事実であるとされているが、こうした行為または怠る事実は、事務監査請求の対象となる当該地方公共団体の事務から除外されている。[13-21-3]

× : 事務監査請求は、地方公共団体の事務全般が対象であるため、財務会計上の行為も対象となります。

4 住民訴訟

重要度 **A**

　住民監査請求をしても、必ず納得のいく結論が得られるわけではありません。そこで、**住民監査請求をした住民は、住民訴訟を提起することができます**（242条の2）。★1

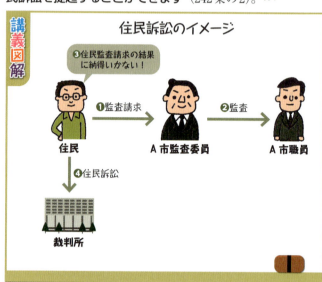

講義図解

住民訴訟のイメージ

❸住民監査請求の結果に納得いかない！

住民 ──❶監査請求──▶ A市監査委員 ──❷監査──▶ A市職員

住民 ──❹住民訴訟──▶ 裁判所

ナビゲーション

住民訴訟は、先ほど学習した住民監査請求と合わせて頻出テーマあり、特に、4号訴訟が重要です。

★1
ワンポイント

住民訴訟は、行政事件訴訟法における「民衆訴訟」に該当します。

★2
野畑の スバッと解説

行政事件訴訟で違法な行政活動しか対象とならなかったのと同様、**住民訴訟でも違法なものしか対象とならない**ことに注意してください。

★3
あとまわしOK

住民訴訟が始まっているときに、ほかの住民が別の住民訴訟を提起して同じ請求をすることはできません（別訴の禁止／242条の2第4項）。

ここが ポイント　住民訴訟

- 住民訴訟を提起することができるのは、**住民監査請求**を行った住民に限られる（住民監査請求前置主義）。
- 訴訟で判断されるのは、『**違法**』な行為・『**違法**』な怠る事実に関する場合に限られる（『**不当**』な行為は対象外）。★2
- 監査の結果または勧告の通知があった日から**30日以内**に提起しなければならない。★3

過去問チャレンジ

住民訴訟においては、住民監査請求と同様、公金支出の違法の問題のみならず不当の問題についても争うことができる。[10-24-イ]

　✕：不当の問題については争うことができません。

[住民訴訟の種類]

1号訴訟	当該執行機関または職員に対する行為の差止めの請求
2号訴訟	行政処分の取消しまたは無効確認の請求
3号訴訟	当該執行機関または職員に対する怠る事実の違法確認の請求
4号訴訟	職員等に損害賠償または不当利得返還の請求をすることを普通地方公共団体の執行機関または職員に対して求める請求★4

★4
あとまわしOK

損害賠償が高額となる可能性があるため、条例で賠償責任を**一部免除**する規定を置くことができます（243条の2第1項）。

この中で最も重要な4号訴訟のイメージをつかんでおきましょう。

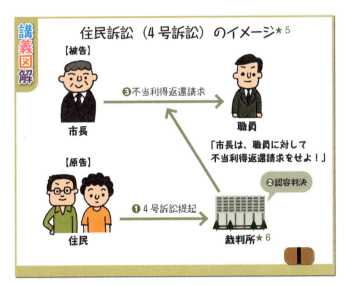

講義図解

住民訴訟（4号訴訟）のイメージ★5

★5
ワンポイント

住民は、税金を流用した職員を被告に訴えるのではなく、執行機関（今回であれば市長）を被告に訴えることになります。

★6
ワンポイント

住民訴訟は、普通地方公共団体の事務所の所在地を管轄する地方裁判所に提起することとなっています（242条の2第5項）。

過去問チャレンジ

1 違法な支出行為の相手方に損害賠償の請求をすべきであるのに長がこれをしていない場合、長に対して「当該相手方に損害賠償請求をすることを求める請求」を行うことができる。[10-24-オ]

〇：その通り。

2 他の住民による住民訴訟が係属しているときには、当該普通地方公共団体の住民であっても、別訴をもって同一の請求をすることはできない。[10-24-ウ]

〇：その通り。

第6節　条例・規則

はじめに

本節では、条例・規則について学習します。
14条と15条が中心になるので、条文とその解説を押さえるようにしてください。

1　条例

重要度 A

国会で法律がつくられるのと同様、地方議会では条例が制定されます。

条文

地方自治法第14条（条例）

1項　普通地方公共団体は、法令に違反しない限りにおいて第2条第2項の事務に関し、条例を制定することができる。

2項　普通地方公共団体は、義務を課し、又は権利を制限するには、法令に特別の定めがある場合を除くほか、条例によらなければならない。

3項　普通地方公共団体は、法令に特別の定めがあるものを除くほか、その条例中に、条例に違反した者に対し、2年以下の懲役若しくは禁錮、100万円以下の罰金、拘留、科料若しくは没収の刑又は5万円以下の過料を科する旨の規定を設けることができる。

ここが ポイント　条例

● 法令に違反しない限り、自治事務だけでなく、法定受託事務についても制定できる。

● 罰則については、法律の授権があれば設けることができる。
★1★2

ナビゲーション

これまでも条例については出てきましたが、ここではより具体的な学習をします。

★1

野畑の ズバッと解説

地方自治法14条3項が、罰則について授権していることから、条例で罰則を設けることができます。

★2

あとまわしOK

法律に罰則がないのに条例で罰則を設けたり、法律よりも厳しい罰則を設けたりしても、それが必ず違法になるわけではありません（徳島市公安条例事件／最大判昭50.9.10）。

過去問チャレンジ

地方公共団体の条例制定権限は、当該地方公共団体の自治事務に関する事項に限られており、法定受託事務に関する事項については、及ばない。[14-23-3]

× : 条例制定権限は、法定受託事務に関する事項にも及びます。

2 規則

重要度 B

条例は地方議会の議決で制定されますが、**規則は地方公共団体の長が単独で制定することができます。**

ナビゲーション
規則は条例ほど重要ではありませんが、選択肢の1つとして登場する可能性があります。

条文

地方自治法第15条（規則）
1項 普通地方公共団体の長は、法令に違反しない限りにおいて、その権限に属する事務に関し、規則を制定することができる。
2項 普通地方公共団体の長は、法令に特別の定めがあるものを除くほか、普通地方公共団体の規則中に、規則に違反した者に対し、5万円以下の過料を科する旨の規定を設けることができる。

★1
野畑のズバッと解説
14条2項で、義務を課し、または権利を制限するには原則として条例によらなければならないとしているからです。

★2
野畑のズバッと解説
15条2項が、刑罰について授権していないことから、規則で刑罰を設けることができないということです。

ここがポイント 規則

●住民の権利を制限したり、義務を課したりするような規則を設けることはできない。★1
●刑罰を設けることができない。★2
●条例と規則の内容が重複した場合、条例の規定が優先する。

規則は条例とセットで確認していきましょう。

過去問チャレンジ

普通地方公共団体の長は、その権限に属する事務に関し、規則を制定し、それに違反した者について、罰金などの刑罰の規定を設けることができる。[18-23-イ]

× : 規則で刑罰を設けることはできません。

第7節 公の施設

はじめに

本節では、公の施設について学習します。
私たちが普段利用している図書館や公園に関するものなので、
本書を読み進めながらイメージを膨らませていってください。

1 公の施設

重要度 **B**

1 公の施設とは

公の施設とは、**住民の福祉を増進する目的をもってその利用に供するための施設**のことです（244条1項）。★1★2

私たち住民が利用する**公の施設の設置・管理に関する事項**は、**条例**で定められます。

2 他の地方公共団体・住民との関係

公の施設は、例えば、A市の区域内でつくられ、A市の住民が利用することが想定されていますが、**B市の住民がまったく利用できないわけではありません**。

[他の地方公共団体との関係]

①区域外に公の施設を設置すること	関係地方公共団体と**協議**が調えばできる（244条の3第1項）。
②他の地方公共団体の公の施設を自己の住民に利用させること	※**協議**については、関係普通地方公共団体の議会の議決を経なければならない（244条の3第3項）。

ナビゲーション

公の施設においては、近年よく出題されるようになってきています。
少なくとも直前期には本書の内容を押さえておくようしておくと安心です。

★1
ワンポイント

学校、公園、道路、病院、図書館などが挙げられます。

★2
ワンポイント

正当な理由がないのに、公の施設の利用を拒んだり、不当な差別的取り扱いをしたりすることは許されません（244条2項・3項）。

1 普通地方公共団体は、公の施設の設置およびその管理に関する事項につき、その長の定める規則でこれを定めなければならない。[18-23-エ]

× ：条例で定めなければなりません。

2 公の施設は、住民の利用に供するために設けられるものであり、普通地方公共団体は、その区域外において、公の施設を設けることはできない。[17-22-4]

× ：普通地方公共団体は、その区域外においても、関係普通地方公共団体との協議により、公の施設を設けることができます。

❸ 公の施設の廃止・長期の独占的利用

公の施設は、住民の福祉を増進することを目的としているため、安易にこれを廃止するべきではなく、特定の者に長期的な独占利用をさせるべきでもありません。

[公の施設の廃止・長期独占利用]

公の施設を廃止する場合	設置管理条例を廃止する必要があるので、議会の議決が必要（96条1項1号）。 ※条例で定める重要な公の施設のうち条例で定める特に重要なものを廃止する場合は、出席議員の3分の2以上の同意が必要（244条の2第2項）。★3
公の施設を長期的に独占利用させる場合	議会の議決を要する（96条1項11号）。 ※条例で定める特に重要なものについては、出席議員の3分の2以上の者の同意が必要（244条の2第2項）。

★3
野畑の ズバッと解説
上下水道の施設などが、「条例で定める特に重要なもの」の例です。

自治体は、公の施設のうち条例で定める特に重要なものについてこれを廃止し、または特定の者に長期の独占的な使用を認めようとするときは、市町村にあっては都道府県知事の、都道府県にあっては総務大臣の認可を受けなければならない。[05-19-ウ]

× ：議会の同意は必要ですが、都道府県知事や総務大臣の認可は不要です。

2 指定管理者

重要度 **A**

公の施設の管理をすべて地方公共団体が行うよりも、民間に委託をしたほうが効率がよい場合もあります。

そこで、地方自治法では**指定管理者制度を設け、条例により民間企業に公の施設を管理させることができる**ことにしています（244条の2第3項）

ナビゲーション

指定管理者制度も、近年よく出題されています。本書の内容を中心に対策をしておきましょう。

ここが ポイント　指定管理者制度

- 指定管理者に公の施設の管理を行わせることを条例で定める（244条の2第3項）。
- 指定管理者の**指定をしようとするときは、あらかじめ議会の議決を経る必要がある**（244条の2第6項）。
- 適当と認めるときは、指定管理者にその管理する公の施設の利用に係る料金を当該指定管理者の収入として収受させることができる（244条の2第8項）。★1

★1

あとまわしOK

利用料金は原則として指定管理者が定めることとなりますが、あらかじめ**利用料金について普通地方公共団体の承認を受ける必要**があります（244条の2第9項）。

過去問チャレンジ

普通地方公共団体が、公の施設の管理を指定管理者に行わせる場合には、指定管理者の指定の手続等の必要な事項を条例で定めなければならない。[17-22-5]

〇：その通り。

第8節 国の関与

はじめに

本節では、国の関与について学習します。
どのような場合に国が地方の事務に関与できるのか、ポイントを絞って学習しましょう。

1 国の関与

重要度 **B**

1 国の関与とは

　地方自治を進めるうえで、国が地方公共団体の活動に関与することはできる限り避けるべきです。

　一方、国も国政を運営するうえで、地方政治に関与せざるを得ない場合もあります。

　そこで、**地方自治法では国の関与に関するルール**を定めています（245条）。

ナビゲーション

出題頻度は低いですが、時々出題されます。
あまり細かいことは気にせず、本書の内容に絞って学習するようにしてください。

関与に関しては様々なパターンがありますが、ここでは国が都道府県に対して関与する場合を念頭に学習しておきましょう。

2 関与の方式（国から都道府県への関与）

　国の関与には、①**助言および勧告**、②**是正の要求**、③**是正の指示**があります。

[関与の方式] ★1

	対象事務	関与の程度	関与に従う義務	代執行の可否
助言・勧告 （245条の4）	自治事務 法定受託事務	弱い	なし	できない
是正の要求 （245条の5）	自治事務	強い	あり	できない
是正の指示 （245条の7）	法定受託事務	特に強い	あり	できる

★1

野畑の スパッと解説

是正の指示に関しては、**法定受託**事務のみが対象となります（国道の管理など、国政に関わる事務だからです）。

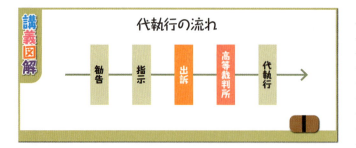

図解タイトル: 講義図解 / 代執行の流れ

勧告 → 指示 → 出訴 → 高等裁判所 → 代執行

ここが ポイント 代執行

- **法定受託**事務の処理が法令の規定に違反しているとき、またはその事務を怠っているときに、その是正のための措置を当該**普通地方公共団体**に代わって行うことができる（245条1号ト）。★2
- 代執行訴訟の第一審は**高等裁判所**となる（245条の8第3項等）。

★2

ワンポイント

代執行は、①他の方法によってその是正を図ることが困難であり、かつ、②それを放置することにより著しく公益を害することが明らかであるときに行うことができます（245条の8第1項・12項）。

過去問チャレンジ

各大臣は、その所管する法律に係る都道府県知事の法定受託事務の執行が法令の規定に違反する場合、当該都道府県知事に対して、期限を定めて、当該違反を是正すべきことを勧告し、さらに、指示することができるが、当該都道府県知事が期限までに当該事項を行わないときは、地方裁判所に対し、訴えをもって、当該事項を行うべきことを命ずる旨の裁判を請求することができる。[16-23-オ]

×：代執行訴訟の第一審は、地方裁判所ではなく高等裁判所です。

2 係争処理手続

重要度 **C**

国と地方公共団体の間に、関与に関する係争が起こった場合、それを解決する機関として**総務**省に国地方係争処理委員会が置かれています（250条の7）。★1

ナビゲーション

出題可能性は低いテーマなので、時間がなければあとまわしでもかまいません。

★1
ワンポイント

都道府県と市町村の係争については、その都度、自治紛争処理委員が選ばれ、担当となります。

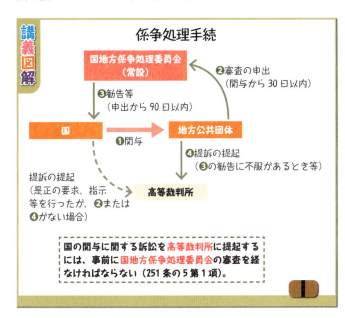

過去問チャレンジ

国と地方公共団体間の紛争等を処理する機関としては、自治紛争処理委員が廃止され、代わりに国地方係争処理委員会が設けられている。[13-23-2]

× : 自治紛争処理委員は廃止されていません。

地方自治法のことを忘れないで……

これで、行政法の学習が終わります。お疲れ様でした。

これから何度も、行政法の復習をすると思います。その際に、どうか地方自治法のことを忘れないでください。多くの受験生は、「国家賠償法までが行政法」と考えて、地方自治法の学習を疎かにしています。確かに地方自治法は取っつきにくいですが、案外得点しやすいので、忘れないであげてくださいね。

●語句索引

さ行

た行

●判例索引

昭和

平成

分野別セパレート本の使い方

各分冊を取り外して、
手軽に持ち運びできます！

①白い厚紙を本体に残し、
　色紙のついた冊子だけを
　手でつかんでください。
②冊子をしっかりとつかん
　だまま手前に引っ張って、
　取り外してください。

※この白い厚紙と色紙のついた冊子は、のりで接着されていますので、
　丁寧に取り外してください。
　なお、取り外しの際の破損等による返品・交換には応じられませんの
　でご注意ください。

2023年版 イチから身につく

行政書士

合格の トリセツ

基本テキスト

第4分冊

第4編 **商法**
第5編 **基礎法学**
第6編 **一般知識**

LEC東京リーガルマインド

第4編

商法

著者の**野畑講師**が解説！

 書籍購入者限定
無料講義動画

 QRコード
からの
アクセスは
こちら

本書の中から重要ポイントをピックアップして講義しています。

※動画の視聴開始日・終了日は、
　専用サイトにてご案内いたします。

※ご視聴の際の通信料はお客様負担と
　なります。

URL
lec-jp.com/gyousei/book/member/
torisetsu/2023.html

● 過去10年の出題傾向

■ 商法総則・商行為

項　目	12	13	14	15	16	17	18	19	20	21
商法総則			●	●	●	●				●
商行為法	●	●		●			●	●	●	

■ 会社法

項　目	12	13	14	15	16	17	18	19	20	21
会社の種類と株主の責任										
株式会社の設立	●		●	●	●	●		●	●	●
株式			●		●		●	●	●	●
機関	●	●	●	●	●	●	●	●	●	●
資本金・剰余金		●				●				●
組織再編	●									

商法の学習法

商法は、択一式で**5問**出題されます。

行政書士試験の中では出題数が少なく、範囲が広いのが特徴です。

合格者でも5問中2問程度の正答数なので、**「学習範囲を絞って、5問中2問を確実に取る」**というスタンスで学習することが重要です。

学習のポイント

1 商法総則・商行為

例年**1問**出題されます。商法の範囲も広いですが、**「商行為」**や**「民法と商法の比較」**はよく出題されています。また、2018年に改正された「運送営業」も学習をしておくべき重要論点になります。

2 会社法

例年**4問**出題されます。範囲が広く、かなり細かい内容が問われることもありますので、全範囲をまんべんなく学習するのは避け、まずは**「株式会社の設立」「株式」「機関（株主総会）」**を中心に学習するようにしましょう。

本試験対策

■ 5肢択一式（5問出題：20点）

ほかの法令科目と異なり、5肢択一式のみの出題となります。前述しましたが、かなり細かい内容が問われることもありますので、本試験でもすべての肢の○×を判断するのは難しいかもしれませんが、本書に記載されている内容をしっかり学習しておけば、正解できる問題も多いと考えられます。

MEMO

商法総則・商行為

この章で学ぶこと

「民法と商法の違い」

商法総則・商行為では、主に民法と商法の違いについて学習します。

また、誰に商法を適用するかについて、「商行為」という概念も学習します。

第1節 商法総則

はじめに

この節では、どのような場合に民法ではなく商法を適用するのかを中心に学習します。この節から例年1問出題されますので、本書を活用して基本事項を習得してください。

1 民法と商法の関係　重要度 C

　民法と商法は、ともに契約に関するルールを規定している点では共通していますが、**商法は「商売（商取引）」をしている人のことを考えたルール**が多くなっています。

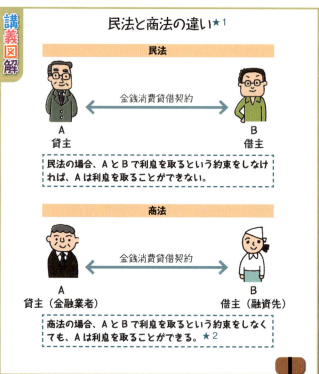

講義図解

民法と商法の違い★1

民法

金銭消費貸借契約

A
貸主

B
借主

民法の場合、AとBで利息を取るという約束をしなければ、Aは利息を取ることができない。

商法

金銭消費貸借契約

A
貸主（金融業者）

B
借主（融資先）

商法の場合、AとBで利息を取るという約束をしなくても、Aは利息を取ることができる。★2

ナビゲーション

試験に直接問われるわけではありませんが、民法と商法の関係性を理解しておくと、この後の学習がしやすくなります。

★1

野畑の ズバッと解説

友人にお金を貸すときに利息を取るか取らないかはケースバイケースですが、ビジネスで貸金業を営んでいるのであれば、営利性の追求として利息を取るのは当然と考えられるため、このような違いとなります。

★2

ワンポイント

営利性の追求以外にも、取引を迅速に行いたいという観点から、商法では民法とは異なる様々な規定が設けられています。

ここが ポイント 民法と商法の関係 ★3

- 特別法である**商法**が、一般法である**民法**に優先する。
- 特別法である**商法**に規定がないときは、一般法である**民法**が適用される。

★3
ワンポイント
一般法と特別法については、第5編「基礎法学」で詳しく学習します。

どのような場合に、民法ではなく商法が適用されるかが問題となります。

2 商法の適用

重要度 **C**

1 商法が適用される者

民法ではなく商法が適用されるには、取引をしている者が「商人」である必要があり、商人とよばれるためには、①「商行為」が行われているか、②「店舗等で物品を販売している」必要があります。★1

ナビゲーション
商行為については、過去にも出題されたことがあります。絶対的商行為と営業的商行為の違いを押さえるようにしましょう。

★1
ワンポイント
結局のところ、「商行為」が何かわからないと、「商人」に該当するかどうか（商法が適用されるかどうか）がわからないということになります。

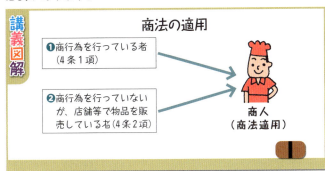

商法の適用

① 商行為を行っている者（4条1項）

② 商行為を行っていないが、店舗等で物品を販売している者（4条2項）

→ 商人（商法適用）

「商行為」とはどのような行為かを押さえておきましょう。

2 商行為

商行為には、大きく分けて①一度行っただけで商行為とされる絶対的商行為（501条）と、②繰り返し行うことで商行為とされる営業的商行為（502条）があります。

[絶対的商行為（501条）] ★2

種類	意義
①投機購買およびその実行行為（1号）	高く売るために安く買う行為や、そのようにして購入した動産・不動産や有価証券を売る行為
②投機売却およびその実行行為（2号）	先に動産・有価証券を高く売っておいて、後から安く買い入れ、その差額を取得する行為 ★3
③取引所においてする取引（3号）	金融商品取引所その他の商品取引所で行われる有価証券・商品の取引
④手形その他の商業証券に関する行為（4号）	手形の振出し・裏書・引受け・保証等の証券上の行為

[営業的商行為（502条）] ※重要なもののみ抜粋

種類	意義
①投機貸借およびその実行行為（1号）★4	ほかに賃貸する目的で動産または不動産を有償取得・賃借する行為およびそのようにして取得・賃借した動産や不動産を賃貸する行為　例：不動産賃貸業、レンタカー業、レンタルCD業
②他人のためにする製造・加工業（2号）	他人から供給を受けまたは他人の計算で買い入れた材料を製造・加工することを有償で引き受ける行為　例：精米業、クリーニング業
③運送に関する行為（4号）	陸上・海上・空中の旅客運送または物品運送を引き受ける行為　例：運送営業（569条）
④客の来集を目的とする場屋における取引（7号）★5	公衆の来集に適する設備を設けて、これを利用させることを目的とする行為　例：旅館・ホテル・飲食店・パチンコ店・碁会所の経営
⑤両替その他の銀行取引（8号）★6	金銭または有価証券の転換を媒介する行為

★2
野畑の ズバッと解説

これらの行為は営利性が強いため、一度でも行えば商人として扱われます。

★3
ワンポイント

投機売却に「不動産」は含まれないことに注意してください。

★4
ワンポイント

投機購買と投機売却は絶対的商行為ですが、投機貸借は営業的商行為であることに気をつけてください。

★5
ワンポイント

理髪業は設備よりもサービスの提供が重視されるので、「場屋における取引」にあたらないとされています（大判昭12.11.26）。

★6
ワンポイント

質屋の金銭貸付行為は「銀行取引」にあたらないとされています（最判昭50.6.27）。

過去問チャレンジ

場屋取引とは、客に一定の設備を利用させることを目的とする取引であり、営業としてこれを行うときは、商行為となる。[05-34-2]

〇：その通り（502条7号）。

3 商号

重要度 **B**

1 商号とは

商号とは、私たちが商売をする際に使用する店名のことです。

日本全国をくまなく探せば同じ店名で商売をしている商人が見つかりますが、「不正の目的」で有名店と同じ店名にすることは禁止されています（12条1項）。★1

2 名板貸し

ある商人が自分の商号を他人に使用することを認めることを名板貸しといいます（14条）。

ナビゲーション

商号については様々なルールがありますが、特に名板貸しの論点が重要です。

★1
ワンポイント

不正に商号を使用され、営業上の利益を侵害された（もしくはされそうな）者は、侵害の停止または予防を請求することができます（12条2項）。

講義図解

名板貸し

A
野畑商店

❶名板貸し　　　　❸代金支払請求

❷「野畑商店」を名乗って取引

B　　　　　　　　　　　　C
善意・無重過失

取引相手のCはAと取引をしたと勘違いして、Aに代金の支払いを請求した。

この場合、何も知らずに取引をしたCを保護すべき。

Cが善意かつ無重過失なら、Aは代金を支払わなければならない。

★2

ワンポイント

民法の「表見代理」の考え方に近いですが、①相手方Cが善意かつ無「重」過失で保護される点と、②AとBが連帯して責任を負うという点が異なります。

ここがポイント　名板貸人の責任

名板貸人が商号の使用を**許諾**しており、相手方が**善意**かつ**無重過失**の場合、名板貸人は名板借人と**連帯**して取引によって生じた債務を弁済する責任を負う（14条）。★2

過去問チャレンジ

自己の商号を使用して営業または事業を行うことを他人に許諾した商人は、当該商人が当該営業を行うものと誤認して当該他人と取引をした者に対して、当該取引によって生じた債務について当該他人と連帯して弁済しなければならない。[04-32-5改題]

○：その通り（14条）。

4　商業使用人

重要度 B

1 商業使用人とは

　商人が１人で商売するには限界があります。**実際には商品を販売する店員や、支店を管理する支配人等、多くの商業使用人が商人を補佐**しています。

試験対策上は、支配人が重要です。

ナビゲーション

このテーマでは、表見支配人からの出題が考えられます。
表見支配人の要件を押さえるようにしましょう。

❷ 支配人

　支配人とは、**商人に代わってその営業に関する一切の裁判上または裁判外の行為をする権限を持つ商業使用人**のことです（21条）。

支配人

支配人として2号店を任せる

A
野畑商店

B
支配人

2号店を任された支配人は、営業に関するすべての行為をすることができる。

★1
ワンポイント
支配人は、商人の許可を得なければ、ほかの商人の使用人となったり、自分のために商人の営業の部類に属する取引を行ったりすることができません（23条1項）。

★2
野畑のズバッと解説
2号店の営業の中で、「○○の売却はできない」と商人が決めていても、それを知らない相手方は取引が有効だと主張できます。

ここがポイント　支配人の権限

営業に関して、商人の代理人としてすべての権限を持ち、裁判になったときには商人の代理人として法廷で争うこともできる（21条1項）。**★1**

　※支配人は包括的な代理権を持ち、代理権に加えた制限は善意の第三者に対抗することができない（21条3項）。**★2**

過去問チャレンジ

支配人の代理権の範囲は画一的に法定されているため、商人が支配人の代理権に加えた制限は、悪意の第三者に対しても対抗することができない。[14-36-3]

×：悪意の第三者に対しては対抗することができます（21条3項）。

❸ 表見支配人

支配人ではない者に支配人という肩書を与えたような場合、取引相手を保護する必要性があります。そこで、民法の表見代理と同じような制度が商法にも設けられています（24条）。

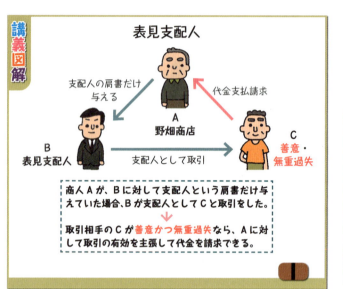

表見支配人

支配人の肩書だけ与える

代金支払請求

A
野畑商店

B
表見支配人

支配人として取引

C
善意・無重過失

商人Aが、Bに対して支配人という肩書だけ与えていた場合、Bが支配人としてCと取引をした。

↓

取引相手のCが**善意かつ無重過失**なら、Aに対して取引の有効を主張して代金を請求できる。

★3
野畑のスバッと解説

相手方は、**善意・無重過失**の場合に保護されることに注意してください。
日々大量の取引をする商法の世界では、迅速性の確保のため、多少の過失があっても保護されるようになっています（民法の表見代理と比較してみてください）。

★4
野畑のスバッと解説

表見支配人の制度は、取引の相手方保護のためにあります。裁判上の行為については取引と直結しないため、適用されません。

 **ここがポイント　表見支配人**

❶虚偽の外観の存在→支配人という肩書きがある。
❷本人（商人）の帰責性→肩書きだけ与えてしまった。
❸相手方の信頼→取引相手が**善意・無重過失**である。★3
の3つの要件を満たす場合、表見支配人は一切の**裁判外**の行為をする権限を持つものとみなされる。★4

過去問チャレンジ

商人の営業所の営業の主任者であることを示す名称を付した使用人は、相手方が悪意であった場合を除いて、当該営業所の営業に関する一切の裁判外の行為をなす権限を有するものとみなされる。[06-36-ウ]

○：その通り（24条）。

5 代理商

重要度 C

　商人のためにその平常の営業の部類に属する取引の代理または媒介をする者で、その商人の使用人でない者を代理商といいます（27条）。

　代理商には、①商人の代わりに代理人として契約を結ぶ**締約代理商**と、②商人に契約相手を紹介する**媒介代理商**があります。★1

ナビゲーション

過去にあまり出題されていません。
締約代理商と媒介代理商の違いを簡単に確認しておけば十分です。

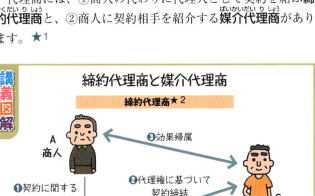

★1
野畑のズバッと解説

商人が業務を拡大する場合、やみくもに支店を出すよりも必要に応じて代理店契約を結んだほうがリスクは少ないというメリットがあります。

★2
ワンポイント

保険代理店や旅行代理店が代理商にあたります。

★3
ワンポイント

締約代理商も媒介代理商も、商人と使用人の関係ではないことに注意をしてください。

講義図解　締約代理商と媒介代理商

締約代理商★2

A 商人　B 代理店　C
①契約に関する代理権授与　②代理権に基づいて契約締結　③効果帰属

東京の保険会社Aが沖縄の商人Bに対して保険契約の代理権を与えておく。
↓
BがCと保険契約を結ぶと、その効果はAC間に帰属する。

媒介代理商★3

A 商人　B 代理店　C
①契約に関する代理権なし　②Bが業者Aを紹介する　③契約締結＋効果帰属

東京の保険会社Aが沖縄の商人Bに対して保険契約の媒介を依頼する。
↓
Bが保険会社AにCを紹介して、AとCが保険契約を結ぶ。

第2節 商行為法

はじめに

この節では、具体的に民法と商法の違いについて学習します。両者は同じ取引に関するルールですが、商法については「取引の迅速性」が重視されています。

1 民法と商法の比較

重要度 **A**

商行為を行う**商人には、商法が適用**されます。

商取引は**大量かつ継続的に行われる**ことから、迅速性が要求されるため、民法とは異なるルールが設けられています。

[民法と商法の違い] ★1

	民法	商法
代理	顕名：**必要**（民法99条1項） 本人死亡：代理権**消滅**（民法111条1項）	顕名：**不要**（504条本文） 本人死亡：代理権**不消滅**（506条）
契約の承諾	契約の申込みに対して明示または黙示の承諾がなければ契約は成立しない（民法522条1項）。	契約の申込みに対して遅滞なく諾否の通知を発しないときは**承諾**したものとみなされる（509条2項）。
多数当事者間の債務	原則として**分割**債務（民法427条）	自動的に**連帯**債務（511条1項）
保証	**通常**保証（民法454条参照）	自動的に**連帯**保証（511条2項）
報酬	原則として報酬請求**不可**（民法648条1項）	特約がなくても報酬請求**可**（512条）
金銭消費貸借の利息	原則として**無利息**（民法587条参照）	特約がなくても利息請求**可**（513条1項）
流質契約	弁済期**前**は禁止（民法349条）	弁済期**前**でも認められる（515条）

ナビゲーション

過去に何度か出題されたことがあります。民法のルールが理解できているかの確認も合わせてするとよいでしょう。

★1

ワンポイント

まず民法の規定を確認して、曖昧な部分がなければ商法の規定を確認するようにしてください。民法が中途半端な状態で商法を確認すると、知識が混同してしまいますので注意してください。

留置権 ★2	被担保債権と目的物との個別的牽連関係が**必要**（民法295条）	被担保債権と目的物との個別的牽連関係が**不要**（521条本文）

上記以外に、「商人同士の売買契約」についても独自のルールが設けられています。

★2
ワンポイント
時計の売買契約をした場合、「以前あなたから借りた車を返してほしければ、時計の代金を払え」という主張は、牽連関係がないので民法ではできませんが商法ではできるということです。

過去問チャレンジ

商人がその営業の範囲内において他人のために行為をしたときは、相当な報酬を請求することができる。[18-36-イ]

○：その通り（512条）。

2 商事売買（しょうじ ばいばい）　重要度 **B**

　商人間の売買契約については、民法と異なる特別なルールが設けられています。

ナビゲーション
商事売買は過去に出題されたことがあります。

講義図解

商事売買における民法と商法の違い

民法の場合

A 売主　❶自動車の提供　→　B 買主
❷受け取り拒否！

❸供託
（弁済したことになる）

↓

供託所

> 民法では、買主の受け取り拒否の場合は供託が原則で、ほかの人に自動車を売ってしまうという競売は、裁判所の許可をもらわないとできない。

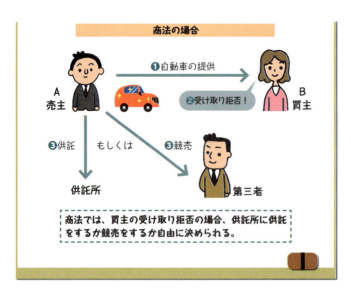

商法の場合

A 売主 → ❶自動車の提供 → B 買主

❷受け取り拒否！

A 売主 → ❸供託　もしくは → 供託所

A 売主 → ❸競売 → 第三者

商法では、買主の受け取り拒否の場合、供託所に供託をするか競売をするか自由に決められる。

[商事売買における民法・商法の違い]

	民法	商法
売主の供託・競売権	原則：供託★1（民法494条）。 例外：供託に適さない場合、裁判所の許可を得て競売できる（民法497条）。	供託をするか、裁判所の許可を得ずに競売をするかは自由に選択できる（524条）。★2
確定期売買★3の解除	解除の意思表示が必要（民法542条）。	確定期の経過により、当然に契約を解除したものとみなされ、解除の意思表示は不要（525条）。
買主が契約解除したときの目的物の保管義務	なし	あり（527条1項）

★1
用語の意味

供託
債権者が目的物を受け取ってくれない場合に、供託所という国の機関に預けることによって債務を弁済したことにしてもらうこと。

★2
野畑のズバッと解説

商人であれば、買主が目的物を受け取ってくれない場合、次の買主を探して売ることを考えるため、裁判所の許可を得ずに競売をすることを認めています。

★3
用語の意味

確定期売買
ウエディングドレスの製作のように、決められた日に必ず履行することが要求される契約のこと。

3 匿名組合
とく めい くみ あい

重要度 **C**

1 匿名組合契約とは

匿名組合とは、当事者の一方が相手方の営業のために出資をし、その営業から生ずる利益を分配することを約する契約のことです（535条）。

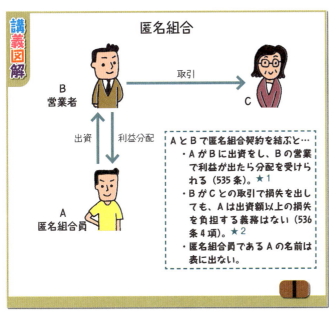

匿名組合

B 営業者 — 取引 → C

出資 ⇅ 利益分配

A 匿名組合員

A と B で匿名組合契約を結ぶと…
・A が B に出資をし、B の営業で利益が出たら分配を受けられる（535条）。★1
・B が C との取引で損失を出しても、A は出資額以上の損失を負担する義務はない（536条4項）。★2
・匿名組合員である A の名前は表に出ない。

 お金儲けはしたいが、必要以上のリスクは負いたくないし、自分の名前を出したくないと考えている場合に、匿名組合契約を活用します。

ナビゲーション

最近は出題されていませんが、本書に記載されている内容は押さえておいてください。

★1
ワンポイント

出資は、財産出資でなければならず、信用や労務による出資は認められません（536条2項）。

★2
ワンポイント

出資額の範囲内では損失を負担することに気をつけてください。
匿名組合契約終了時に出資が損失によって減少したときは、損失分を差し引いた額のみ営業者から返還されることになります（542条）。

第1章 ● 商法総則・商行為

第2節 ● 商行為法

過去問チャレンジ

匿名組合員は、信用や労務を出資の目的とすることはできず、金銭その他の財産のみをその出資の目的とすることができる。[08-40-1]

○：その通り（536条2項）。

---

4 運送営業

1 運送とは

運送とは、物品または旅客を場所的に移動させることをいいます。

商法では、①**陸上運送**（569条2号）、②**海上運送**（569条3号）、③**航空運送**（569条4号）の3つを規定しています。★1

> この中で、一番重要な陸上運送について詳しく学習します。

2 陸上物品運送

（陸上物品）運送は、**運送人が荷送人からある物品を受け取り、これを運送して荷受人に引き渡すことを約し、荷送人がその結果に対してその運送賃を支払うことを約する契約**のことです（570条）。

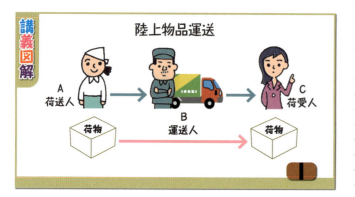

陸上物品運送

A 荷送人　B 運送人　C 荷受人

荷物　荷物

[荷送人の義務]

送り状の交付	運送人の請求により、送り状を交付しなければならない（571条1項）。★2
危険物に関する通知義務	荷送人は、運送品が引火性、爆発性その他の危険性を有するものであるときは、その引渡しの前に、運送人に対し、その旨および当該運送品の品名、性質その他の当該運送品の安全な運送に必要な情報を通知しなければならない（572条）。

ナビゲーション

運送契約については、2018年の商法改正でルールが一部変更されています。
改正後数年は出題されやすいので注意が必要です。

★1
ワンポイント

航空運送については、2018年の商法改正で新たに規定されました。

★2
ワンポイント

送り状の交付は、運送人ではなく荷送人の義務であることに気をつけてください。

過去問チャレンジ

運送人は、荷送人の請求があるときは、送り状を荷送人に交付しなければならない。[10-40-ア改題]

×：荷送人は、運送人の請求により、送り状を交付しなければなりません（571条1項）。

[運送人の義務]

損害賠償責任	**<原則>** 運送品の受取から引渡しまでの間にその運送品が滅失しもしくは損傷し、もしくはその滅失もしくは損傷の原因が生じ、または運送品が延着したときは、これによって生じた損害を賠償する責任を負う（575条本文）。★3 **<例外>** 運送人がその運送品の受取、運送、保管および引渡しについて注意を怠らなかったことを証明したときは、損害賠償責任を負わない（575条但書）。

★3 ワンポイント

貨幣、有価証券その他の高価品については、荷送人が運送を委託するにあたりその種類および価額を通知した場合を除き、運送人は、その滅失、損傷または延着について損害賠償の責任を負いません（577条1項）。

[荷受人の義務]

運送賃の支払	運送品を受け取ったときは、運送人に対し、運送賃等を支払う義務を負う（581条3項）。

過去問チャレンジ

運送人は、その運送品の受取、運送、保管および引渡しについて注意を怠らなかったことを証明するのでなければ、運送品の滅失、損傷または延着について、損害賠償の責任を免れない。[15-36-1改題]

〇：その通り（575条）。

ちょっと一息

商法・会社法はメリハリ学習が重要

LECでは受験生に対して様々なアンケートを実施しており、本試験の解答に関するアンケートでも、商法・会社法については、合格レベルの受験生でも、5問中2問程度の正解数となっています。

配点が低く、範囲の広い商法・会社法の学習の難しさを物語っているデータですが、裏を返せば合否に影響が出にくい科目ということにもなります。初学者のみなさんは、くれぐれも商法・会社法に深入りすることなく憲法・民法・行政法の3科目を中心に学習するよう心がけてください。

5 場屋営業

　場屋営業とは、一般公衆が来集するのに適した人的・物的設備を設け、客にその設備を利用させることを目的とする営業のことです（502条7号）。★1

場屋営業

宿泊施設の利用・荷物の寄託 →

A
宿泊客

B
ホテル
（場屋営業者）

> 人の出入りが多いホテルでは、宿泊客の荷物について紛失・盗難の可能性がある。
>
> 商法で、場屋営業者の責任を規定。

[場屋営業者の責任]

通常の損害賠償義務	・客より寄託を受けた物品の滅失または毀損について、それが不可抗力によることを証明しない限り、損害賠償責任を免れない（596条1項）。★2 ・客が特に寄託していない場合であっても、客が場屋中に携帯した物品が場屋営業者の不注意によって滅失または毀損したときは、場屋営業者は損害賠償責任を負う（596条2項）。
高価品の特則	貨幣、有価証券その他の高価品については、客がその種類および価額を通知して寄託したのでなければ、場屋営業者はその滅失・毀損によって生じた損害を賠償する責任を負わない（597条）。★3

★1
ワンポイント
旅館・ホテル・飲食店・パチンコ店・碁会所の経営等は場屋営業ですが、理髪店の営業はサービスの提供が主となるので、場屋営業ではありません。

★2
野畑のズバッと解説
客から寄託を受けた場合、報酬を受けない場合であっても善管注意義務を負います（595条）。民法の無償寄託と比較しておきましょう。

★3
ワンポイント
場屋営業者側が客の携帯品について責任を負わない旨を一方的に場屋内に表示したのみでは、責任を免れることができません（596条3項）。

過去問チャレンジ

場屋営業者が寄託を受けた物品が高価品であるときは、客がその種類および価額を通知してこれを場屋営業者に寄託したのでなければ、場屋営業者はその物品に生じた損害を賠償する責任を負わない。[15-36-5改題]

○：その通り（597条）。

第2章

会社法

この章で学ぶこと

「株式会社ってどんな組織？」

　会社法では、株式会社がどのような組織なのかについて学習します。

　「株主総会」や「取締役」など、ニュースなどでよく耳にする言葉が登場します。

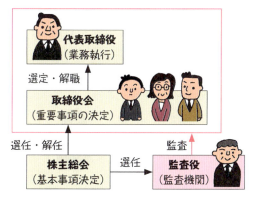

　また、株式会社の所有者ともいえる株主の権利についても学習します。

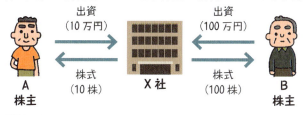

株式を多く持っている者ほど、
❶会社が利益を生み出した際により多くの配当金をもらえる権利（自益権）を持ち、
❷会社の経営に対してより多くの口を出せるような権利（共益権）を持つ仕組みになっている。

第1節 会社の種類と株主の責任

はじめに

この節では、会社の種類と株主の責任について扱います。試験で直接問われるわけではありませんが、間接有限責任の意味については押さえておくようにしましょう。

1 会社の種類

個人商人として商売をすることもできますが、より多くの資金を集めたり、信用を得たりするために、会社を立ち上げて業務拡大を目指すこともできます。

会社法では、①株式会社、②合同会社、③合資会社、④合名会社の4つの会社形態を規定しています。★1

ここから先は、株式会社について学習します。

ナビゲーション

行政書士試験では、株式会社以外はほとんど出題されないため、本書でも株式会社のみを扱うこととします。

★1
ワンポイント

現在の会社法では、「有限会社」は株式会社という扱いになっています。

2 株主の責任

株式会社では、より多くの株主から出資を受けられるように、**株主のリスクが少なくなるような仕組み**が設けられています（間接有限責任）。

ナビゲーション

試験で直接問われるわけではないですが、理解しておくと今後の学習に役立ちます。

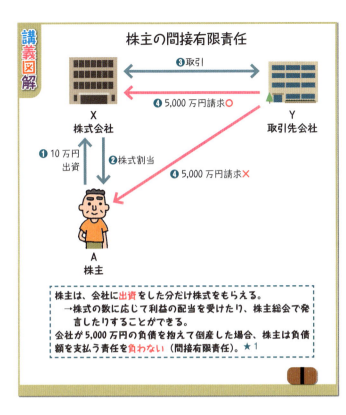

講義図解

株主の間接有限責任

❸取引

X
株式会社

❹5,000万円請求⭕

Y
取引先会社

❶10万円
出資

❷株式割当

❹5,000万円請求❌

A
株主

> 株主は、会社に**出資**をした分だけ株式をもらえる。
> →株式の数に応じて利益の配当を受けたり、株主総会で発
>   言したりすることができる。
> 会社が5,000万円の負債を抱えて倒産した場合、株主は負債
> 額を支払う責任を**負わない**（間接有限責任）。★1

★1

野畑の ズバッと解説

株主が会社の負債に
ついて直接責任を負
わない（＝間接責任）、
自分が出資した10万
円だけしか責任を負
わない（＝有限責任）、
という意味です。

第2節 株式会社の設立

はじめに

この節では、株式会社の設立について扱います。設立は頻出テーマの1つであるため、あまり時間に余裕がない方もぜひ学習しておきたいところです。「自分が会社をつくったら」という気持ちで本書を読み進めると理解が深まります。

1 会社設立の手続

重要度 **B**

株式会社を立ち上げる際には、事前に様々なことを決めておかなければなりません。株式会社の設立方法には、①**発起人のみが出資をする発起設立**と、②**発起人以外にも出資を募る募集設立の2つの方法**があります。

ナビゲーション

会社設立の流れについては、ここで一気に覚えるのではなく、一度学習した後の確認として使ってください。

★1

ワンポイント

まずはおおまかに設立の流れを理解しましょう。
次ページから流れに沿って詳細を学習します。

講義図解

会社設立の流れ★1

- 発起人による定款の作成（26条）
- 公証人による定款認証（30条）
- 設立時発行株式に関する事項の決定（32条）
- 発起人の株式引受け（25条）
- 発起人による出資の履行（34条）

発起設立
- 設立時役員等の選任（38条〜41条）
- 設立経過の調査（46条）

募集設立
- 設立時発行株式を引き受ける者の募集・申込み・割当て（57条〜60条）
- 出資の履行（63条）
- 創立総会
  - ・設立に関する事項の報告（87条）
  - ・設立時取締役等の選任（88条）
  - ・設立経過の調査（93条）

- 設立登記による会社の成立（49条）

2 発起設立

1 定款（ていかん）の作成

　まず、**会社の基本ルールである定款を作成**します。

　会社を立ち上げようとする**発起人は、定款を作成して公証人の認証を受けなければなりません**（26条1項、30条1項）。★1

 定款で決めておかなければならない事項について、押さえておきましょう。

ナビゲーション

発起設立は超重要なテーマです。本書に記載されている内容はできる限り覚えるようにしましょう。

★1
野畑のズバッと解説

不適切な会社が誕生しないように、公証人が事前にチェックをします。

ここがポイント　定款作成

- 定款は、**公証人の認証**を受けなければ効力を生じない（30条1項）。
- 定款には、以下の事項を必ず記載しなければならない（27条1号〜5号、37条）。★2★3
  - ❶**目的**
  - ❷**商号**
  - ❸**本店所在地**
  - ❹設立時に出資される**財産の価額**またはその**最低額**
  - ❺**発起人**の氏名・名称および住所
  - ❻**発行可能株式**総数
- 発起人が**会社の財産を不当に減少させるような行為**をする場合には、以下の事項を定款に記載し、**裁判所**が選任した**検査役の調査**を受けなければならない（変態設立事項／28条1号〜4号）。
  - ❶**現物出資**（金銭以外の物で出資をする）
  - ❷**財産引受**（発起人が会社の成立を条件として業者から事務用機器を購入する）
  - ❸**発起人の報酬**（発起人が会社から報酬をもらう）
  - ❹**設立費用**（設立にかかった費用を会社からもらう）

★2
ワンポイント

実際に設立に関与したかは関係なく、定款に署名したら会社法上発起人として扱われ、署名しなければ発起人として扱われません。

★3
あとまわしOK

❶〜❺は**定款認証時**に決めておく必要がありますが、❻は発起設立では**発起人全員の同意**によって、募集設立では**創立総会の決議**によって、会社が成立するまでに定めればよいことになっています（37条1項・2項）。

変態設立事項は、発起人が会社を食い物にして不当に利益を得ようとすることを防ぐための規定です。

ここがポイント　検査役の調査が不要な場合

❶ その対象となる財産の定款に記載した価額の総額が少額（500万円を超えない）の場合。

❷ その対象となる財産が市場価格のある有価証券であって、定款記載の価額が市場価格を超えない場合。

❸ 現物出資・財産引受が相当であることについて、弁護士・弁護士法人・公認会計士・監査法人・税理士または税理士法人の証明を受けた場合。

（33条10項1号～3号）

※不動産の場合には不動産鑑定士の鑑定評価も必要。

2 設立時発行株式に関する事項の決定

定款の認証を受けた後は、発起人全員の同意で、発起人が株式をいくらで引き受けるか、何株引き受けるのか等を決定します（32条1項）。★4

★4
ワンポイント
発起人は、会社設立の際に発行する株式を少なくとも1株は引き受けなければなりません（25条2項）。

過去問チャレンジ

複数の発起人がいる場合において、発起設立の各発起人は、設立時発行株式を1株以上引き受けなければならないが、募集設立の発起人は、そのうち少なくとも1名が設立時発行株式を1株以上引き受ければよい。[15-37-イ]

× ：発起設立でも募集設立でも、各発起人は設立時募集株式を1株以上引き受けなければなりません。

3 発起人の株式引受・発起人による出資の履行

発起人は、引き受けた株式について全額を払い込むか、全部の給付（現物出資）をしなければなりません（34条1項）。

ここがポイント　発起人が出資をしない場合

● 払い込みがされないときは、ほかの発起人は期日を定めてその期日までに履行しなければならない旨を通知する（36条1項）。★5

● 期日までに払い込みがなされなければ、発起人は株主となる権利を失う（36条3項）。

★5
あとまわしOK
募集設立において発起人以外の者が株式を引き受ける場合、払い込みがなされなかったときは当然に株主となる権利を失います（63条3項）。

過去問チャレンジ

設立時発行株式を引き受けた発起人が出資の履行をしない場合には、当該発起人は当然に設立時発行株式の株主となる権利を失う。[14-37-ウ]

✕：出資の履行をしない発起人は株主となる権利を直ちに失うわけではありません（36条3項）。

4 設立時役員等の選任・調査

株主になる発起人が決まった後は、**発起人の議決権の過半数**で設立時取締役等を選任します（40条1項）。★6

「取締役」というと多くの権限を持っているイメージですが、設立時取締役ができることは限られています。

★6
ワンポイント
会社成立前なので発起人はまだ株主ではありませんが、**株式1株＝1議決権という基本ルールが適用されます**（**発起人**の頭数の過半数でないことに気をつけてください）。

ここがポイント 設立時取締役の業務★7

会社成立後の取締役については、会社の経営に関して様々なことを決定する権限を有するが、設立時の取締役は下記の事項のみ行うことができる。

❶**設立手続の法令・定款違反等**の調査（46条1項、93条1項）
❷**設立登記**の申請
❸**設立時の代表取締役等**の選定・解職（47条）

★7
ワンポイント
設立時取締役の業務は「**調査**」であり、発起人の業務は「**執行**」です。設立時取締役が業務執行できるという引っかけに気をつけてください。

過去問チャレンジ

設立時取締役その他の設立時役員等が選任されたときは、当該設立時役員等が会社設立の業務を執行し、またはその監査を行う。[15-37-エ]

✕：会社設立の業務を執行するのは発起人です（46条1項、93条1項参照）。

5 設立の登記

会社設立に必要なすべての事項が決定したら、**本店所在地**で設立の登記をします（49条）。

この**登記**が**完了**したときに、**会社成立**となります

募集設立については、①定款作成、②設立時発行株式に関する事項の決定、③発起人の株式引受・発起人による出資の履行までは発起設立と同じです。

> 募集設立特有の手続について確認しておきましょう。

ナビゲーション

募集設立は、途中までは発起設立と同じです。ほかの株主を募集する方法など、募集設立特有の論点を確認しておきましょう。

1 設立時発行株式を引き受ける者の募集等

募集設立の場合は、**株主となる発起人が決まった後、より多くの資金を集めるため、さらに株主を募集することになります**（57条）。

ここが ポイント　株主の募集

- 株主の募集をするときは、発起人全員の同意により、設立時募集株式の数や払込金額などの事項を定めなければならない（58条1項・2項）。
- 株主となりたい者は、発起人に対し申込みをし、発起人は株式を申込者に割り当てる（59条3項・4項、60条1項）。

2 株式引受人の出資の履行

発起人から募集株式の**割当てを受けた株式引受人は、割り当てられた株式の数に応じた払込み**をする義務を負います（63条1項）。★1★2

ここが ポイント　株式引受人が出資をしない場合

期日までに払込みがなされなかったときは、当然に株主となる権利を失う（63条3項）。★3

> この場合、発起人が自ら株式を引き受けなければならないわけではありません。

★1
ワンポイント
株式引受人は必ず金銭で払込みをしなければなりません。発起人が現物出資をすることができることと比較してください。

★2
あとまわしOK
募集設立の場合、払込取扱機関（銀行等）が払込金の保管証明義務を負います（64条1項）。発起設立にはこのような規定がないことと比較してください。

★3
ワンポイント
最初に決められた期日までに払込みをしなければ、即時に株主となる権利を失います。
発起設立の場合と比較しておきましょう。

❸ 創立総会

発起人は、設立時募集株式の払込期日以後、遅滞なく**創立総会**★4を招集しなければなりません（65条1項）。★5

> **★4**
> **用語の意味**
> **創立総会**
> 会社成立時に株主となる者によって構成される集まりのこと。

ここがポイント　創立総会の権限

創立総会の権限は、**会社の設立**に関する事項に限られる（66条）。

❶発起人による設立事項の報告（87条）
❷設立時取締役等の選任（88条、90条）
❸設立時取締役等による調査報告（93条）
❹定款変更（96条）

> **★5**
> **あとまわしOK**
> 創立総会の決議は、**設立時株主の議決権の過半数**であって、出席した設立時株主の**議決権の3分の2**以上の多数で行います（73条1項）。

設立時取締役の権限は、発起設立の場合と同じです。

❹ 設立の登記

発起設立と同様、**会社設立に必要なすべての事項が決定し**たら、**本店所在地で設立の登記をします**（49条）。

この**登記**が完了したときに、**会社成立**となります。

ちょっと一息　会社設立は自分を主役にしよう

株式会社の設立は試験でも頻出です。少しでも興味が持てるように、「自分が会社をつくるとしたら」「行政書士として会社設立の依頼を受けたら」という気持ちを持つことが大切です。会社をつくりたいという依頼者に対して、本書に記載されていることを説明できるくらいになれば、本試験でも得点できるようになります。

会社の設立に関して、**発起人や設立時取締役が会社や第三者に損害を与えてしまった場合、損害賠償責任を負う**ことになります。

1 財産価額填補（てんぽ）責任

　現物出資や財産引受の対象となった財産の価額が、**定款に記載された価額に著しく不足する**ときは、**発起人や設立時取締役は会社に対して連帯して不足額を支払う責任**を負います（52条1項）。★1

[財産価額填補責任]

	発起設立	募集設立
設立時取締役	責任を**負う**（52条1項） ※責任を負わない例外**あり**。	責任を**負う**（52条1項） ※責任を負わない例外**なし**。
発起人（下記以外の者）	責任を**負う**（52条1項） ※責任を負わない例外**あり**。	責任を**負う**（52条1項） ※責任を負わない例外**なし**。
発起人 ・現物出資者 ・財産引受の譲渡人	責任を**負う**（52条2項柱書かっこ書） ※責任を負わない例外**なし**。 ★2	

ここが ポイント　総株主の同意による免除

発起人・設立時取締役は、**総株主の同意**があれば、財産価額填補責任を免れることができる（55条）。

> 会社の所有者である株主全員が許すのであればOKというイメージを持ってください。

ナビゲーション

出題実績はありますが、少し細かい知識が要求されるので、時間がなければあとまわしにしても大丈夫です。

★1
ワンポイント

車を300万円の価値があるとして現物出資をしたが、実際は100万円の価値しかなかった場合、100万円で300万円分の株式をもらっていることになるからです。

★2
野畑の ズバッと解説

現物出資や財産引受をした張本人である発起人は必ず責任を負いますが、それ以外の発起人や調査にあたった設立時取締役については、責任を負わない例外があります（例外が何かについては細かいので覚えなくても大丈夫です）。

過去問チャレンジ

株式会社の成立の時における現物出資財産等の価額が当該現物出資財産等について定款に記載または記録された価額に著しく不足するときは、発起人および設立時取締役は、当該株式会社に対し、連帯して、当該不足額を支払う義務を負い、この義務は、総株主の同意によっても、免除することはできない。[18-37-ア]

× ： 総株主の同意があれば免除できます（55条）。

2 任務懈怠責任

発起人や設立時取締役・設立時監査役が、その業務を誠実に行わなかったために会社に損害を生じさせてしまった場合、損害賠償責任を負うことになります（53条1項）。

ここが ポイント　総株主の同意による免除

発起人・設立時取締役・設立時監査役は、総株主の同意があれば、任務懈怠責任を免れることができる（55条）。★3

★3

野畑のズバッと解説

会社の所有者である株主全員が許すのであればOKというイメージを持ってください。

3 第三者に対する責任

発起人や設立時取締役・設立時監査役が職務を行う過程で悪意または重過失で第三者に損害を生じさせてしまった場合、第三者に対して損害賠償責任を負うことになります（53条2項）。

ここが ポイント　総株主の同意による免除

発起人・設立時取締役・設立時監査役は、総株主の同意があっても、第三者に対する責任を免れることができない（55条参照）。★4

★4

野畑のズバッと解説

会社の所有者である株主全員が許しても、相手方（損害を受けた側）が許しているかどうかはわからないため、免責することができません。

過去問チャレンジ

発起人、設立時取締役または設立時監査役がその職務を行うについて悪意または重大な過失があったときは、当該発起人、設立時取締役または設立時監査役は、これによって第三者に生じた損害を賠償する責任を負う。[18-37-エ]

○：その通り（53条2項、55条参照）。

4 会社不成立の場合の責任

設立の過程で問題が発生し、会社が成立しなかった場合、発起人は会社の設立に関してした行為について連帯して責任を負うことになります（56条）。★5

★5

ワンポイント

定款の認証にかかった手数料等は発起人が負担することになります。

第3節 株式

はじめに

この節では、「株式」について学習します。会社がどのような株式を発行できるのか、株主はどのような権利を持つのかなど、覚えることは多いですが、少しずつ知識を蓄えるようにしていきましょう。

1 株式総説

重要度 **B**

1 株式と株主

株式とは、会社が個人やほかの企業から資金を調達するために発行するものです。★1

株式を持っている者を株主といい、その会社のオーナーの1人として扱われます。

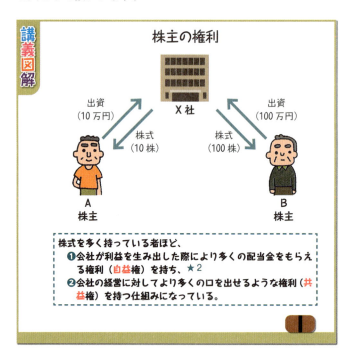

講義図解

株主の権利

X社

出資
(10万円)

株式
(10株)

出資
(100万円)

株式
(100株)

A
株主

B
株主

株式を多く持っている者ほど、
❶会社が利益を生み出した際により多くの配当金をもらえる権利（自益権）を持ち、★2
❷会社の経営に対してより多くの口を出せるような権利（共益権）を持つ仕組みになっている。

ナビゲーション

試験で直接問われる可能性はそれほど高くないですが、公開会社と非公開会社との区別は重要です。早めに理解するようにしましょう。

★1 ワンポイント

株券は原則として発行されず、株券を発行すると定款で決めた会社のみ株券が発行されます（214条）。

★2 ワンポイント

自益権の例として、剰余金配当請求権（105条1項1号、453条）が、共益権の例として議決権（105条1項3号、308条）があります。

② 株主平等原則

同じ株式数の株主が2人いる場合に、**一方の配当や議決権を優先させるような取扱いをしてはならないという原則**を、株主平等原則といいます（109条1項）。

③ 株主名簿

自分が株主であることを会社に主張するためには、**会社に備えてある株主名簿を書き換える**必要があります。

[株式譲渡の方式と対抗要件] ★3

		株券を発行する会社	株券を発行しない会社
譲渡の方式		意思表示＋株券の交付	意思表示のみで譲渡できる
対抗要件	対第三者	株券の交付	株主名簿の名義書換
	対会社	株主名簿の名義書換	

★3

ワンポイント

株券発行会社の場合、第三者に対しては株券を持っていれば自分が株主と主張できますが、会社に対しては株主名簿を書き換えておかなければ主張できないということです。

過去問チャレンジ

株券発行会社においては、株式の譲受人は、株主名簿の名義書換えをしなければ、当該会社および第三者に対して株式の取得を対抗できない。[09-38-ウ]

× ：株券発行会社の場合、第三者への対抗要件は株券の交付です（128条1項本文参照）。

4 種類株式

　株式会社は、**内容の異なる種類の株式を発行することができ、これを種類株式**といいます（108条1項）。★4

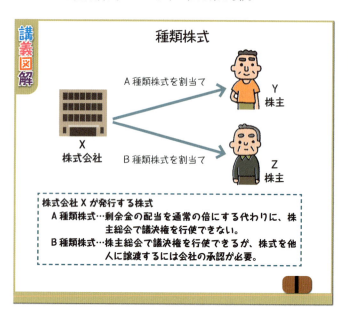

種類株式

A 種類株式を割当て → Y 株主

X 株式会社

B 種類株式を割当て → Z 株主

株式会社 X が発行する株式
A 種類株式…剰余金の配当を通常の倍にする代わりに、株主総会で議決権を行使できない。
B 種類株式…株主総会で議決権を行使できるが、株式を他人に譲渡するには会社の承認が必要。

[種類株式] 108条1項1号〜9号★5

種類	具体例
①剰余金の配当	剰余金について普通株式より多くの配当を与える。
②残余財産の分配	会社清算時の残余財産について普通株式より多く分配する。
③議決権の制限	株主総会で議決権の行使が制限される。
④譲渡制限	種類株式を譲渡する際に会社の承認が必要となる。
⑤取得請求権付	株主が会社に対して種類株式の取得を請求できる。
⑥取得条項付★6	一定事由が生じた場合に、会社が種類株式を取得できる。
⑦全部取得条項付	会社の株主総会特別決議により、該当する種類株式の全部を取得できる。
⑧拒否権付	株主総会で取締役を選任する場合、別途種類株主総会の決議がないと効力が生じない。

★4
あとまわしOK
非公開会社であれば、株主ごとに異なる取扱いをすることも許されます。
例：Xには1株につき1の議決権を与え、Yには1株につき2の議決権を与える。

★5
野畑のスバッと解説

会社の状況に応じた株式を発行することにより、より多くの資金を集めたり、他企業に買収されるのを防いだりする役割があります。

★6
ワンポイント
取得条項付種類株式は、先に取得できる条件を定款で決めておきますが、全部取得条項付種類株式は、必要がある場合に株主総会決議で全株取得を決定できるという点に大きな違いがあります。

⑨取締役・監査役 選任★7	取締役・監査役の選任を、種類株主総会で行う。

★7
あとまわしOK
取締役・監査役選任権付種類株式は、**非公開会社**のみ発行することができます。

この表を無理に覚える必要はありません。まずは①③④を押さえるようにしておけば十分です。

過去問チャレンジ

株式会社は、定款において、その発行する全部の株式の内容として、または種類株式の内容として、譲渡による当該株式の取得について当該株式会社の承認を要する旨を定めることができる。[18-38-1]

○：その通り（108条1項4号）。

5 特別な内容の株式

　株式会社は、**発行する全部の株式の内容について特別の定めをする**ことができます（107条1項）。★8

★8
ワンポイント
種類株式と似ていますが、会社が発行する株式は1種類であることに気をつけてください。

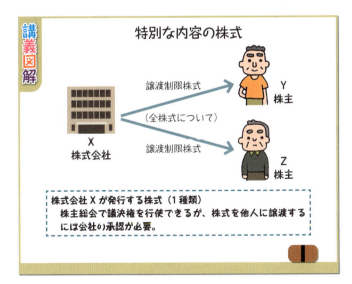

特別な内容の株式

株式会社Xが発行する株式（1種類）
　株主総会で議決権を行使できるが、株式を他人に譲渡するには公社の承認が必要。

[特別な内容の株式] 107条1項1号〜3号★9

種類	具体例
①譲渡制限付	株式を譲渡する際に会社の承認が必要となる。
②取得請求権付	株主が会社に対して株式の取得を請求できる。
③取得条項付	一定事由が生じた場合に、会社が株式を取得できる。

★9
ワンポイント

種類株式と異なり、**全部取得条項**付株式の発行は認められていないことに注意してください。

①譲渡制限付株式については、「公開会社」と「非公開会社」を区別する際に重要です。

🔢 公開会社と非公開会社

　会社法では、①発行する**すべて**の株式に譲渡制限が付けられている会社を「非公開会社（公開会社でない会社）」、②それ以外を「公開会社」としています。★10

★10
ワンポイント

会社が1株でも譲渡制限のない株式を発行することにしていれば、その会社は**公開会社**なので気をつけてください。

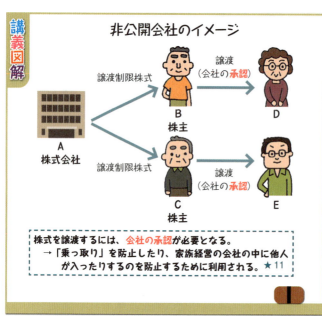

講義図解

非公開会社のイメージ

A 株式会社 → 譲渡制限株式 → B 株主 → 譲渡（会社の承認）→ D

A 株式会社 → 譲渡制限株式 → C 株主 → 譲渡（会社の承認）→ E

株式を譲渡するには、**会社の承認**が必要となる。
→「乗っ取り」を防止したり、家族経営の会社の中に他人が入ったりするのを防止するために利用される。★11

★11
野畑の ズバッと解説

「非公開会社＝規模が小さい会社」というイメージをしておくとよいでしょう。

公開会社と非公開会社の違いは、「機関」において大きくあらわれます。

「株式会社」のイメージ

「株式会社」というと、大きな会社を想定するかもしれませんが、日本の株式会社の多くが「中小企業」であり、さらにその多くが「非公開会社」です。家族経営の会社に他人が入り込むのを防ぐ目的なので、みなさんが行政書士になった後、株式会社をつくりたいという依頼者に対しては、「非公開会社」の意味をしっかりと伝える必要があります。

2 株式の譲渡

株式も財産的な価値があるため、譲渡は自由なのが原則ですが、会社法では、①定款による株式譲渡の制限、②法律の定めによる株式譲渡の制限の規定が設けられています。

> ここでは、①定款による株式譲渡の制限について詳しく扱います。

ナビゲーション
譲渡制限株式の譲渡について出題が考えられます。少し細かいですが押さえておきましょう。

1 定款による株式譲渡の制限

乗っ取り防止や家族経営というスタイルを守るために、定款で株式譲渡に会社の承認を必要とする旨を規定することができます（譲渡制限株式の発行）。

[譲渡制限株式の発行]

一部の株式にのみ譲渡制限をかける	・株主総会の特別決議★1（466条・309条2項11号） ・譲渡制限のかかる株式を有する者で構成する種類株主総会の特殊決議★2（111条2項） ※反対株主には株式買取請求が認められる（116条1項2号）。
すべての株式に譲渡制限をかける	株主総会の特殊決議（466条・309条3項1号） ※反対株主には株式買取請求が認められる（116条1項1号）。

> 譲渡制限付株式を譲渡する場合のルールについて確認しておきましょう。

★1 ★2
用語の意味

特別決議
株主総会において議決権を行使することができる株主の議決権の過半数を有する株主が出席し、出席した当該株主の議決権の3分の2以上にあたる多数で可決する。

特殊決議
株主総会において議決権を行使することができる株主の半数以上であって、当該株主の議決権の3分の2以上にあたる多数で可決する。

❷ 譲渡制限株式の譲渡

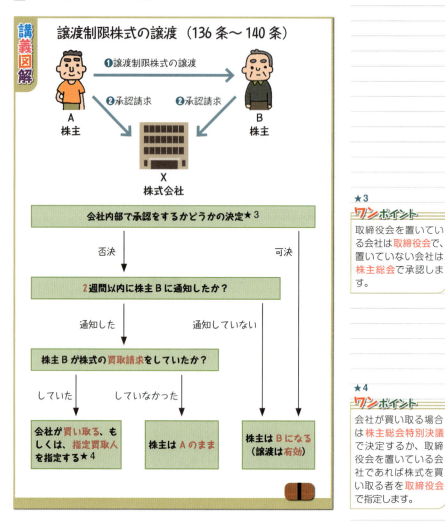

★3
ワンポイント
取締役会を置いている会社は取締役会で、置いていない会社は株主総会で承認します。

★4
ワンポイント
会社が買い取る場合は株主総会特別決議で決定するか、取締役会を置いている会社であれば株式を買い取る者を取締役会で指定します。

過去問チャレンジ

譲渡制限の定めのある株式を他人に譲り渡そうとする株主は、譲渡による株式の取得について承認をするか否かの決定をすることを会社に対して請求できる。[13-37-イ改題]

○：その通り（136条）。

3 自己株式

重要度 C

会社は一度発行した自社株式を取得して保有することができます。

ナビゲーション

自己株式については、決議機関と消却のルールを押さえておく程度で十分です。

ここが ポイント 自己株式の性質・消却

- 自己株式には、**株主総会での議決権や剰余金配当請求権がない**。
- 会社が自己の会社の株式を取得しても**株式は消滅せず、会社が株式の消却を行うことで消滅する**（178条1項）。★1
  ※**株式の消却**により会社の**発行済**株式総数は減少するが、定款に定める**発行可能**株式総数は減少しない。

★1

ワンポイント

株式の消却は、**株主総会**（取締役会を置いている会社は**取締役会**）で決定します。

過去問チャレンジ

発行済株式の総数は、会社が自己株式を消却することにより減少する。[17-38-2]

○：その通り（178条1項）。

4 株式併合・分割・無償割当

重要度 A

会社が株式を発行しすぎると株式の価値が下がってしまったり、管理コストが高くなったりします。

逆に発行数が少なすぎると1株当たりの値段が高くなりすぎて購入を控える者が出てきてしまいます。

そこで、株式発行後の調整として、①**株式併合**、②**株式分割**、③**株式無償割当て**が認められています。

ナビゲーション

過去に出題実績のあるテーマです。
まずは講義図解を確認しながらイメージづけをするようにしましょう。

それぞれの特徴を確認していきましょう。

1 株式併合

　株式併合とは、**例えば2株を1株に、1,000株を1株に
まとめること**をいいます（180条）。

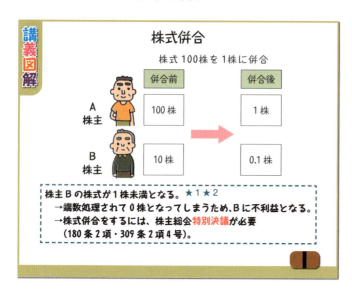

★1

野畑の
ズバッと解説

株式数を減らすこと
によって、自社株の
価格を引き上げると
いうメリットがある反
面、端数が生じた場
合に株式数が減少し
てしまうというデメ
リットもあるため、**株
主総会の特別決議が**
必要となります。

★2

あとまわしOK

端数処理の場合、会
社から金銭の補償が
あります。

2 株式分割

　株式分割とは、**例えば1株を2株に分割すること**をいいま
す（183条）。

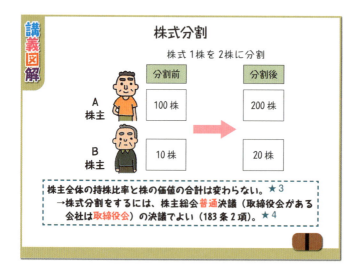

★3

野畑の
ズバッと解説

株式数を増やして、1
株当たりの価値を下
げることにより、より
多くの出資者に株式
を購入してもらうた
めに使われます。

★4

野畑の
ズバッと解説

単純にすべての株式
が分割されるだけで、
分割により不利益を
被る株主はいないた
め、**株主総会普通決
議で決定できます。**

3 株式無償割当て

株式無償割当てとは、**例えば株式1株を持っている株主に対して無償で1株の株式を割り当てること**をいいます（185条）。★5

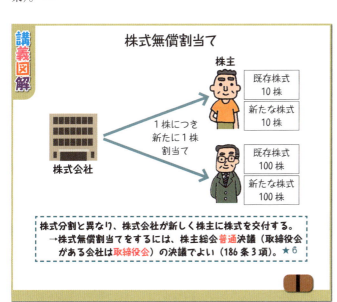

株式分割と異なり、株式会社が新しく株主に株式を交付する。
→株式無償割当てをするには、株主総会普通決議（取締役会がある会社は取締役会）の決議でよい（186条3項）。★6

★5
ワンポイント
会社が保有する自己株式を与えても、新たに株式を発行して与えてもかまいません。

★6
野畑のズバッと解説
株式が割り当てられる際に不利益を被る株主はいないため、**株主総会普通決議**で決定できます。

株式分割と無償割当ては、似ているようで違う点がいくつかあります。次の表で知識を整理しておきましょう。

[株式分割と株式無償割当ての比較]

	株式分割	株式無償割当て
決定機関	取締役会設置会社では**取締役会**、非取締役会設置会社では**株主総会（普通決議）**	定款で別段の定めがない限り、取締役会設置会社では**取締役会**、非取締役会設置会社では**株主総会（普通決議）**
効果	**同一種類**の株式の数が増加する	**同一または異なる種類**の株式を株主に取得させる
自己株式	分割割合に応じて自己株式の数が増加**する**	自己株式には株式を割り当てることが**できない**
自己株式の交付	自己株式を株主に交付することが**できない**	自己株式を株主に交付することが**できる**

5 単元株制度

重要度 **B**

単元株制度とは、**株式の一定数をまとめたものを「1単元」とし、株主の議決権を1単元に1個とする制度**のことです（188条1項）。★1

講義図解

単元株制度

100株を1単元とした場合

	制度導入前	制度導入後
A株主	100株	1単元…1議決権
B株主	10株	単元未満…議決権なし

100株を1単元とした場合、10株しか保有していない株主B（単元未満株主）の議決権は0となる。

↓

株主Bの保護のため、
①株式買取請求権…10株を会社に買い取ってもらう。
②株式売渡請求権…あと90株会社に売ってもらう。★2
が認められている。★3

ナビゲーション

過去に出題実績があります。
単元未満株主の権利について押さえておきましょう。

★1

野畑の スパッと解説

1株しか保有していない株主に対して株主総会の招集通知を送るコスト等を考えて、単元株制度を導入する会社もあります。

★2

ワンポイント

株式売渡請求権については、定款で定めた場合のみ与えられます（194条）。

単元株制度の導入は株主総会特別決議が必要ですが、廃止については取締役会の決議（取締役会を置いていないければ取締役の決定）で行います。

★3
ワンポイント
単元未満株主に**議決**
権はありませんが、
剰余金の配当請求権
や**残余財産の分配請**
求権等は認められて
います。

過去問チャレンジ

単元未満株主は、定款にその旨の定めがあるときに限り、株式会社に対し、自己の有する単元未満株式と併せて単元株式となる数の株式を売り渡すことを請求することができる。[15-38-4]

○：その通り（194条）。

6 募集株式の発行

 重要度 C

　会社の設立後に資金を調達する必要が生じた場合に、**新しく株式を発行して出資を募ることができます**（199条）。★1

[募集株式の発行]

株主割当	**既存の株主**に対して株式を割り当てて資金を調達する方法。
株主割当以外 （第三者割当）	**既存の株主以外**に対して株式を割り当てて資金を調達する方法。

第三者割当を例に、募集株式の発行について確認していきましょう。

ナビゲーション
たまに出題されますが、覚えることが多く得点しづらい分野です。あとまわしでかまいません。

★1
野畑の
ズバッと解説
銀行から融資等を受けるのも1つの手ですが、会社の借金となってしまうため、それを避けるために募集株式を発行して出資を募ります。

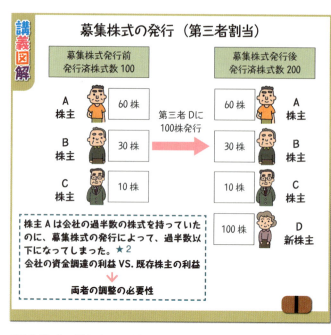

講義図解

募集株式の発行（第三者割当）

募集株式発行前 発行済株式数 100	募集株式発行後 発行済株式数 200

A株主 60株　→　第三者Dに100株発行　→　60株 A株主

B株主 30株　　30株 B株主

C株主 10株　　10株 C株主

100株 D新株主

株主Aは会社の過半数の株式を持っていたのに、募集株式の発行によって、過半数以下になってしまった。★2
会社の資金調達の利益 VS. 既存株主の利益
↓
両者の調整の必要性

★2 野畑のズバッと解説
株主Aはいままで会社の株式を過半数持っていることで会社に意見を通すことができましたが、募集株式の発行後はそれができなくなるため不利益となります。

★3 野畑のズバッと解説
規模の大きい企業を想定している公開会社の場合、迅速な資金調達のために取締役会の判断で募集株式の発行ができるようにしています（201条1項、202条3項3号）が、非公開会社の場合は既存株主の利益を重視して株主総会の特別決議を必要としています（199条2項、202条3項4号）。

［募集株式の発行と承認機関］★3

	第三者割当	株主割当
公開会社	原則：取締役会 例外：有利発行★4の場合は株主総会の特別決議	取締役会
非公開会社	原則：株主総会の特別決議 例外：取締役会へ委任可	原則：株主総会の特別決議 例外：定款で定めれば募集事項を取締役会で決定できる

★4 用語の意味
有利発行
特別に安い価格で株式を割り当てること。

募集株式発行の承認機関についてはかなり複雑なので、ほかに学習不足の箇所があればそちらを優先して学習するようにしましょう。

過去問チャレンジ

公開会社は、特定の者を引受人として募集株式を発行する場合には、払込金額の多寡を問わず、募集事項の決定は、株主総会の決議によらなければならない。[13-40-1]

× ：公開会社における株主割当以外の方法による募集事項の決定は、原則として取締役会決議によります（201条1項、202条3項3号）。

第4節 機関

はじめに

この節では、株式会社の機関について学習します。具体的に株主総会・取締役・取締役会などの機関の役割を押さえるとともに、公開会社と非公開会社の機関の違いについても理解しておきましょう。

1 機関設計

重要度 **B**

会社を運営するには様々な機関が必要ですが、**会社の規模によって必要な機関は異なります**。

そこで、会社法は会社規模に応じて柔軟な機関設計を認めています。

ナビゲーション

機関設計の基本についておおまかに確認しておく程度で十分です。

講義図解

機関設計のイメージ（非公開会社）

取締役
（業務執行）

↑ 選任・解任

株主総会
（すべての事項を決定）

＜規模の小さい会社＞
家族経営を念頭に置き、必要最低限の機関で株式会社を運営できるようにしている。★1

機関設計のイメージ（公開会社）

代表取締役
（業務執行）

↑ 選定・解職

取締役会
（重要事項の決定）

↑ 選任・解任

株主総会
（基本事項決定）

選任 → **監査役**（監査機関）
解任

監査 ↑

＜規模の大きい会社＞
会社の規模が大きい分、役割を細分化する必要があるため、取締役会や監査役の設置が強制される。★2

★1
ワンポイント

会社の判断で、取締役会や監査役を置くことは可能です。

★2
野畑のズバッと解説

株主総会＝国会
取締役会＝内閣
監査役＝裁判所
といったように、憲法の統治にあてはめると役割がわかりやすいです。

★3
ワンポイント
公開会社は必ず<u>取締役会設置会社</u>ですが、非公開会社でも<u>取締役会</u>を置くことができることに気をつけてください。

ここが ポイント 機関設計の基本 ★3

- 公開会社は、<u>取締役会</u>と<u>監査役</u>を置かなければならない。
- 非公開会社は、任意で<u>取締役会</u>を置くことができる。

 機関設計については何十パターンもあるので、あまり深入りしないようにしましょう。

2 株主総会

重要度 **A**

株主総会は会社の意思を決定する機関であり、株主によって構成されます。

1 株主総会の権限

株主総会の権限は、**取締役会を置いているかいないかで異**なります。

ナビゲーション
株主総会は試験でも頻出です。
権限や決議方法を中心に押さえておきましょう。

[株主総会の権限]

取締役会を置かない会社（取締役会非設置会社）の株主総会	会社の**すべての事項**を決定する（295条1項）★1
取締役会を置く会社（取締役会設置会社）の株主総会	会社の**基本事項のみ**を決定する（295条2項）

★1
野畑の **ズバッと解説**
家族経営の会社の場合は株主も少ないため、株主総会ですべて話し合って決めたほうが効率がいいというイメージを持ってください。

過去問チャレンジ

取締役会設置会社の株主総会は、法令に規定される事項または定款に定められた事項に限って決議を行うことができる。[14-39-1]

○：その通り（295条2項）。

 株主総会のスタイル

「株主総会」と聞くと、大きなホールに人が集まって行うというイメージを持つ方も多いかもしれません。大企業の株主総会はそのイメージ通りですが、家族経営の小さな株式会社の株主総会は、自宅のテーブルに株主（家族全員）が集まって、晩御飯を食べながら行う…なんていうこともあります。イメージと現実が違うことは、どの世界にもよくあることなんです。

2 株主総会の招集

株主総会には、①**毎年決められた時期に開かれる定時株主総会（296条1項）**と、②**必要に応じて開かれる臨時株主総会（296条2項）**があります。

どちらにしても、株主に集まってもらう必要があるため、**株主総会の招集通知が必要**になります。

[株主総会の招集通知] ★2

公開会社		2週間前までに通知
非公開会社	①書面投票制度・電子投票制度を採用	2週間前までに通知 ★3
	②取締役会設置会社（①を除く）	1週間前までに通知
	③非取締役会設置会社（①を除く）	1週間前までに通知（定款で短縮可）

余裕がなければ、「公開会社は2週間前」「非公開会社は1週間の例外がある」と押さえておきましょう。

3 議決権の行使方法

株主が株主総会で議決権を行使するには原則として会場に赴く必要がありますが、それが難しい場合に備えて会社法では、①**議決権の代理行使**、②**書面投票制度**、③**電子投票制度**が設けられています。

ここが ポイント 議決権の行使方法

- 議決権の代理行使（310条1項）
  - →会社は定款で代理人の資格を**株主**に限定できる（最判昭43.11.1）
- 書面投票制度（298条1項3号）
  - →会社法上**任意**だが、議決権を有する株主が**1,000**人以上いる会社では**必須**となる（298条2項本文）。
- 電子投票制度（298条1項4号）★4
  - →会社法上**任意**であり、書面投票制度のような**必須**規定はない。

★2
あとまわしOK

株主総会の招集権限は**取締役**にあります（296条3項）が、一定の株式を持つ株主は、**取締役**に対して株主総会の招集を請求することができます。この場合、**取締役**が招集手続を取らなければ、**裁判所**の許可を得て株主総会を招集することができます（297条）。

★3
あとまわしOK

株主全員の同意があれば、招集手続を省略することができますが、書面投票や電子投票制度を採用している会社は省略することができません（300条）。

★4

野畑のスバッと解説

中小企業にとってインターネットを使った電子投票制度の導入は負担が大きいため、必須となっていません。

公開会社において、株主に代わって株主総会に出席して議決権を代理行使する者を、当該株式会社の株主に限定する旨の定款変更をすることができる。[13-38-4改題]

○：その通り（最判昭43.11.1）。

4 決議方法

　株主総会での決議方法としては、①**普通決議**、②**特別決議**、③**特殊決議**があり、通常は普通決議ですが、重要事項を決定する際は特別決議や特殊決議となります。★5

[決議方法] ★6

	定足数	決議要件	決議事項
普通決議	議決権の過半数	出席者の議決権の**過半数**の賛成	・役員選任 ・配当、自己株取得 ・減資（資本準備金）
特別決議	議決権の過半数	出席者の議決権の**2/3**の賛成	・監査役の解任 ・株式有利発行（第三者） ・減資（資本金） ・定款変更 ・組織再編
特殊決議	規定なし	議決権を行使できる株主の**半数**以上で、かつ、議決権の**2/3**の賛成	譲渡制限の設定および変更
総株主の同意			損害賠償の免除

表を無理に覚えようとせず、「○○決議」が出てくるたびに確認する程度で十分です。

★5
ワンポイント
株主総会の議事については、**議事録を作成して10年間本店に、5年間支店に備えおく必要があります**（318条1〜3項）。

★6
あとまわしOK
株主総会の目的である事項について、議決権を有する株主**全員**が同意すれば、その提案を可決する旨の株主総会決議があったものとみなされます（319条1項）。

5 株主総会の決議取消しの訴え

株主総会の決議について**法令違反等**があった場合、株主や取締役は決議の取消しを求めて裁判所に提訴することができます。

[決議取消しの訴え]（831条1項）

誰が	株主・取締役・（監査役設置会社では）監査役
いつまでに	決議の日から**3カ月**以内
どのような場合に★9	①株主総会の**招集手続**または**決議方法**が法令もしくは定款に違反しまたは著しく不公正なとき★7 ②株主総会の決議の**内容**が定款に違反するとき★8 ③株主総会の決議について**特別利害関係人**が議決権を行使したことによって著しく不当な決議がされたとき

ここがポイント 特別利害関係人

- 問題となる議案の成立によりほかの株主と共通しない特殊な利益を獲得する株主のこと。
  - 例：取締役でもある株主が、取締役として退職慰労金を支給する決議に賛成した場合。
- 特別利害関係人にも**議決権**はあり、著しく不当な決議が成立した場合に**決議取消し**の原因となるだけである。★9

6 株主総会の決議不存在確認の訴え・決議無効確認の訴え

株主総会の**決議が存在しない**と考える者は、決議不存在確認の訴えを、決議内容が法令に違反すると考える者は、決議無効確認の訴えを提起することができます（830条）。★10

[各訴えの比較]

	出訴期間	提訴権者の制限	裁量棄却
決議取消しの訴え	3カ月	あり（株主等）	あり
決議不存在確認の訴え	なし（いつでも可）	なし（誰でも可）	なし
決議無効確認の訴え	なし（いつでも可）	なし（誰でも可）	なし

★7 **ワンポイント**
招集通知漏れが「招集手続の法令違反」の例で、定足数不足でなされた決議が「決議方法の法令違反」の例です。

★8 **ワンポイント**
定款で取締役を3人以内としているのに、4人選任してしまった場合が、「決議内容の定款違反」の例です。

★9 **あとまわしOK**
株主総会の招集の手続または決議の方法が法令または定款に違反する場合であっても、裁判所は違反する事実が**重大**でなく、かつ、決議に**影響を及ぼさない**ものであると認めるときは、その請求を棄却することができます（裁量棄却／831条2項）。

★10 **ワンポイント**
決議が「定款に違反する」場合は取消しの訴えの対象で、「法令に違反する」場合は無効確認の訴えの対象です。

3 取締役・取締役会

1 取締役

株式会社には役員として取締役が存在し、**公開会社の場合は取締役会の設置が義務付けられています**。

取締役の役割は、取締役会を置いているか置いていないかで異なります。

[取締役の役割]

取締役会を置かない会社 （取締役会非設置会社）	各取締役が会社の業務を執行する（348条1項）。
取締役会を置く会社 （取締役会設置会社）	取締役会のメンバーとして業務執行の意思決定をする（362条）。★1

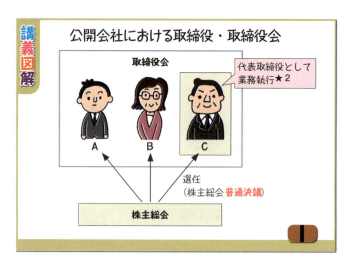

公開会社における取締役・取締役会

取締役会

代表取締役として業務執行★2

A　B　C

選任（株主総会普通決議）

株主総会

[取締役]

選任方法	株主総会普通決議（329条1項）
任期	原則として、選任後2年以内に終了する事業年度のうち最終のものに関する定時株主総会の終結の時まで（332条1項）。 ※公開会社では短縮はできるが伸長はできない。★3
資格	公開会社では、取締役の資格を株主に限定することができない（331条2項）。
員数	取締役会設置会社では3人以上必要（331条5項）。★4

ナビゲーション

株主総会と並んで出題可能性の高いテーマで、なかでも特別取締役による議決の定め等がよく出題されています。

★1
野畑の スパッと解説

取締役会設置会社において会社の顔として業務執行をするのは代表取締役になります（349条、363条）。

★2
ワンポイント

代表取締役は、取締役の中から取締役会決議で選定されます（362条2項3号・3項）。

★3
ワンポイント

非公開会社の場合は、定款で10年まで伸長できます。

★4
あとまわしOK

取締役の辞任によって、会社の取締役が2人になってしまった場合、辞任は有効ですが新たな取締役が就任するまで取締役として活動してもらう必要があります（346条1項）。

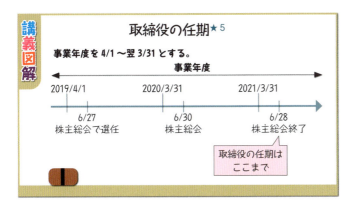

講義図解

取締役の任期 ★5

事業年度を 4/1 〜翌 3/31 とする。

事業年度

2019/4/1　　　　　　2020/3/31　　　　　　2021/3/31

6/27　　　　　　　　　6/30　　　　　　　　6/28
株主総会で選任　　　　株主総会　　　　　　株主総会終了

取締役の任期は
ここまで

過去問チャレンジ

公開会社において、取締役の任期を、選任後1年以内に終了する事業年度に関する定時株主総会の終結の時までとすることができる。[13-38-3改題]

○：その通り。 このように任期を短縮できます（332条1項）。

2 取締役会

　取締役会では、**会社の業務執行の決定や取締役の監督、代表取締役の選定・解職等**を行います（362条2項）。

[取締役会]

招集手続	**1**週間前までに通知を発する（368条）。 ※出席権限を持つもの**全員**の同意があれば招集手続を省略できる。
議決権	取締役1人につき1議決権 ※議決権の代理行使は**不可** ※特別利害関係人による議決権行使は**不可**（369条2項）★6
取締役会で決議すべき事項	①**重要な財産の処分**および**譲受け** ②**多額の借財** ③支配人その他の重要な使用人の選任および解任 ④支店その他の重要な組織の設置、変更および廃止 ⑤社債の募集 など（362条4項）★7
職務執行の監督	・取締役会は、取締役の職務執行を監督する（362条2項2号）。 ・**代表取締役**は、**3**カ月に**1**回以上、自己の職務執行の状況を取締役会に報告しなければならない（363条2項）★8

公開会社は取締役会決議により、多額の借財の決定を代表取締役に委任することができる。[12-39-エ改題]

× : 多額の借財や重要な財産の処分などは、取締役会の決議で代表取締役に委任することができません。

❸ 特別取締役による議決

取締役会は一定の事項の決定を代表取締役に委任することができますが、**重要な財産の処分**や**多額の借財**などについては取締役会で決定しなければなりません（362条4項）。

そこで、あらかじめ会社が選任した**特別取締役に重要な財産の処分**や**多額の借財**について決定させることができるような規定が設けられています（373条1項）。

覚えることが多いですが、試験でよく問われるので頑張って覚えましょう。

★9
ワンポイント

会社の取締役の中に社外取締役が存在しなければなりませんが、**社外取締役自体は特別取締役に選任されなくても問題ありません。**

★10
ワンポイント

支配人の選任や**支店の設置等**については特別取締役で決定することができません。

[特別取締役による議決の定め]

特別取締役を選任できる会社	・取締役の数が **6 人以上**の取締役会設置会社（指名委員会等設置会社を除く。）であること。 ・取締役のうち**最低 1 人**は社外取締役（過去にその会社や子会社の経営に携わったことのない者）であること。
特別取締役の選任	・特別取締役は、取締役の中から**3 人以上選任**しなければならない。★9
特別取締役だけで決定できる事項★10	①重要な財産の処分および譲受け ②多額の借財

取締役および社外取締役の員数の要件を満たせば、多額の借財の決定を特別取締役からなる取締役会に委譲することができる。[12-39-5改題]

○ : その通り（373条1項）。

4 代表取締役

代表取締役は、**社内的には業務を執行し、社外的には会社を代表する権限を持つ機関**です（349条4項、363条1項1号）。

[代表取締役の選定]

取締役会を置かない会社 （取締役会非設置会社）	取締役役全員が会社を代表するので、代表取締役の選定は不要。 ★11
取締役会を置く会社 （取締役会設置会社）	取締役の中から取締役会決議で代表取締役を選定する。

[代表取締役の終任]

代表取締役の退任	代表取締役は、**取締役を退任すると当然に代表取締役の地位を失う。** ※代表取締役を退任しても当然には取締役の地位を失わない。
代表取締役の解職	取締役会設置会社においては、取締役会決議によりいつでも代表取締役を解職することができる（362条2項3号）。

★11
ワンポイント
取締役の中で1人だけを代表にしたいときは、代表取締役を選定することができます。

4 取締役と会社の関係

取締役は会社に対して様々な義務を負いますが、特に①会社と同じ業務を行う競業取引や、②会社にとって不利になる契約をする利益相反取引については会社法上規制がかけられています。

ナビゲーション

出題がないわけではありませんが、難しいテーマなので、時間がなければあとまわしでもかまいません。

競業取引と利益相反取引の具体例を確認しておきましょう。

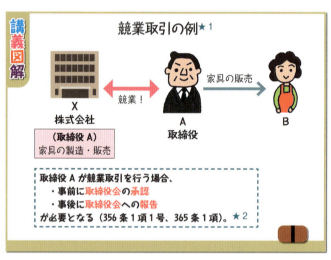

講義図解

競業取引の例 ★1

X
株式会社

（取締役 A）
家具の製造・販売

← 競業！ →

A
取締役

家具の販売 →

B

取締役 A が競業取引を行う場合、
・事前に**取締役会の承認**
・事後に**取締役会への報告**
が必要となる（356条1項1号、365条1項）。★2

★1

野畑の ズバッと解説

取締役Aが個人で家具を販売すると、会社のノウハウや顧客が取締役に流れてしまい、会社に不利益が生じてしまうため規制がかけられています。

★2

あとまわしOK

取締役会非設置会社では事前に**株主総会**の承認が必要ですが、事後の**報告**は必要ありません。

ここが ポイント 競業取引に関する取締役の責任

- 事前に会社の承認を受けた場合も、受けていない場合も競業取引は**有効**である。
- 会社の**承認**を受けたとしても、損害賠償責任を負う（423条1項）。★3
- 損害賠償責任は、**総株主の同意**ですべて免除でき（424条）、**株主総会の特別決議等**で一部免除することもできる（425条）。

★3

あとまわしOK

会社の承認を受けなかった場合は、**任務懈怠責任**（取締役としての職務を全うしなかった）として損害賠償責任を負い、取締役が得た利益の額が損害の額と**推定**されます（423条2項）。

取締役が自己または第三者のために会社の事業の部類に属する取引をしようとするときには、その取引について重要な事実を開示して、取締役会の承認を受けなければならない。[13-39-オ]

〇：その通り（356条1項1号、365条1項）。

利益相反取引（直接取引）の例

土地の売買契約

利益相反取引！

X 株式会社
（取締役A）

B

取締役が利益相反取引を行う場合、
・事前に取締役会の**承認**
・事後に取締役会への**報告**
が必要となる（356条1項2号、365条1項）。★4

★4 あとまわしOK
取締役会非設置会社では事前に株主総会の承認が必要ですが、事後の報告は必要ありません。

ここがポイント　利益相反取引に関する取締役の責任

● 事前に会社の承認を受けていない利益相反取引は**無効**となる。

● 会社の承認を受けたとしても、損害賠償責任を**負う**（423条1項）。★5

● 直接取引を行った取締役は、責任を免れることが**できない**（無過失責任／428条1項）。

● 損害賠償責任は、**総株主の同意**ですべて免除できるが（424条）、**株主総会の特別決議等**で一部免除することはできない（428条2項）。

★5 あとまわしOK
利益相反取引によって会社に損害が生じたときは、**会社の承認を受けたか受けなかったか**を問わず、取引をした取締役や取引に賛成した取締役は任務を怠ったものと推定されます（423条3項各号）。

競業取引よりも厳しい責任が課せられていると考えてください。

過去問チャレンジ

取締役会設置会社の代表取締役Ａが金銭の返済を怠った場合には、取締役会で金銭の貸付を承認した他の取締役は、Ａと連帯して会社に対する弁済責任を負う。[07-39-3改題]

○：その通り。

5 取締役の第三者に対する責任

重要度 **C**

取締役は、その職務を行った際に悪意または重過失があったときは、第三者に生じた損害を賠償する責任を負います（429条1項）。

ナビゲーション

「ここがポイント！」だけを押さえておけば十分です。

ここがポイント 取締役の第三者に対する責任

- 悪意または重過失によって第三者に損害を与えたこと（429条1項）。
- 第三者に対する損害賠償責任については総株主の同意があっても免除できない。

6 その他の機関

重要度 **C**

会社には株主総会・取締役・取締役会のほかにも、必要に応じて様々な機関が設置されます。

ナビゲーション

株主総会や取締役と比べて出題可能性は低いです。監査役を中心に確認しておきましょう。

[その他の機関]

監査役★1	取締役の職務執行の監査をする機関
監査役会	すべての監査役で組織し、監査報告の作成、監査の方針等に関する事項の決定を行う機関
会計参与	取締役と共同して株式会社の計算書類等を作成する機関
会計監査人	株式会社の計算書類の作成が適正に行われているかを監査する機関

★1

野畑の ズバッと解説

公開会社であれば取締役会の設置が強制され、取締役会設置会社であれば監査役の設置が原則です。

この中では、監査役と会計監査人が重要です。

① 監査役

監査役は、**取締役の活動が適正にかつ適法に行われているかを株主に代わって監査する機関**です（381条1項）。

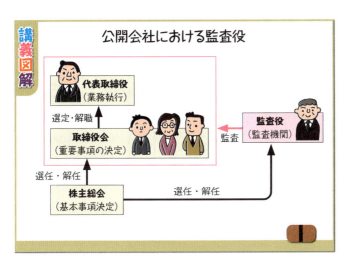

講義図解

公開会社における監査役

代表取締役
（業務執行）

選定・解職

取締役会
（重要事項の決定）

選任・解任

株主総会
（基本事項決定）

監査役
（監査機関）

監査

選任・解任

[監査役]

選任	株主総会**普通**決議（329条1項）★2
任期	選任後4年以内に終了する事業年度のうち最終のものに関する定時株主総会の終結の時まで（336条1項）。 ※公開会社では**短縮**も**伸長**もできない。★3
資格	**公開会社**では、監査役の資格を株主に限定することができない（335条1項・331条2項）。
員数	**1人**でもよい。★4

★2
ワンポイント
監査役の解任には、**株主総会特別決議**が**必要**です（339条1項・309条2項7号）。

★3
ワンポイント
取締役の任期が「**2年**」であり、短縮**できる**ことと比較してください。
非公開会社の場合、定款で**10年**まで伸長できるのは同じです。

★4
あとまわしOK
監査役会設置会社では3人以上で、**半数以上は社外監査役**である必要があります（335条3項）。

❷ 会計監査人

　会計監査人は、株式会社の計算書類の作成が適正に行われているかを監査する機関です（396条1項）。

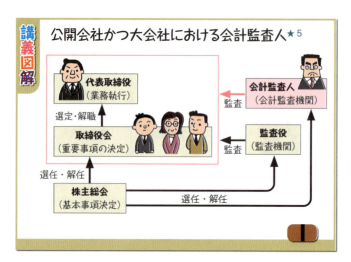

講義図解

公開会社かつ大会社における会計監査人★5

代表取締役（業務執行）

会計監査人（会計監査機関）
監査

選定・解職

取締役会（重要事項の決定）

監査役（監査機関）
監査

選任・解任

株主総会（基本事項決定）

選任・解任

★5
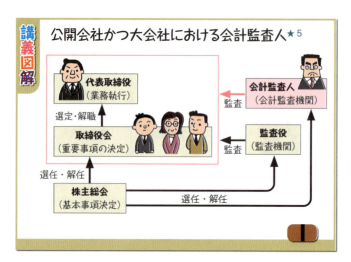
ワンポイント

公開会社であり、かつ大会社（資本金5億円以上または負債200億円以上の会社）では、監査役会と会計監査人の設置が強制されます（328条1項）。
なお、公開会社かつ大会社である監査役会設置会社においては、社外取締役の設置が強制される場合があります（327条の2参照）。

★6
ワンポイント

同じ人に引き続き仕事を任せたい場合、取締役や監査役は、任期終了時の株主総会で再任し直す必要がありますが、会計監査人は自動的に再任扱いとなります。

★7
ワンポイント

「税理士」や「税理士法人」であっても、会計監査人になることはできません。

[会計監査人]

選任	株主総会普通決議（329条1項）
任期	選任後1年以内に終了する事業年度のうち最終のものに関する定時株主総会の終結の時まで（338条1項）。★6 ※定時株主総会で解任の決議がない場合は、再任されたものとみなされる（338条2項）。
資格	公認会計士または監査法人であること（337条1項）。★7
員数	1人でもよい。

[選任・解任のまとめ]

	選任	解任	任期	資格等
取締役	普通決議	普通決議	2年	
会計参与	普通決議	普通決議	2年	税理士・税理士法人・公認会計士・監査法人
監査役	普通決議	特別決議	4年	
会計監査人	普通決議	普通決議	1年	公認会計士・監査法人自動再任あり。

7 特殊な会社形態

　これまでに学習してきた株式会社の形態のほかにも、①**指名委員会等設置会社**や、②**監査等委員会設置会社**といった特殊な会社形態が認められています。

1 指名委員会等設置会社

　通常の株式会社（公開会社）は、株主総会、取締役会、監査役を置くのが基本ですが、**指名委員会等設置会社では、①指名委員会、②監査委員会、③報酬委員会の3委員会が設置され、それぞれ取締役から選ばれる**ことになります。

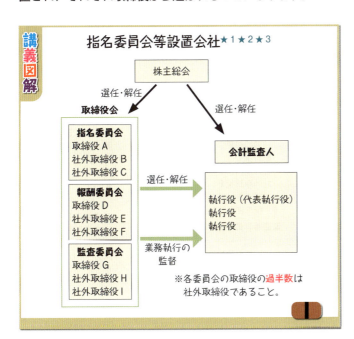

ナビゲーション

比較的よく出題されていますが、知識の混同を防ぐために、まずは通常の会社形態をしっかり押さえた後に学習するようにしてください。

★1 ワンポイント

通常の株式会社と異なり、社外取締役を導入して透明性を高めたり、業務執行の決定を執行役に任せ、取締役会はその監督に徹したりするなど、様々な違いがあります。

★2 野畑のスパッと解説

各委員会の委員は兼任できるので、2人の社外取締役と1人の取締役が各委員会を兼任すれば、取締役数は最低3人で足ります。

★3 野畑のスパッと解説

執行役は取締役と兼任できますが、監査委員とは兼任できません。

[3委員会]

指名委員会	株主総会に提出する取締役の選任・解任に関する議案の内容の決定などを行う委員会
監査委員会	執行役等の職務執行の監査、監査報告の作成などを行う委員会
報酬委員会	取締役の個人別の報酬の内容の決定などを行う委員会

❷ 監査等委員会設置会社

　監査等委員会設置会社は、日本で指名委員会等設置会社の導入が進まなかった点を考慮して、指名委員会、報酬委員会の設置を不要とし、監査等委員会のみ設置すればよいという点が特徴の会社形態です。

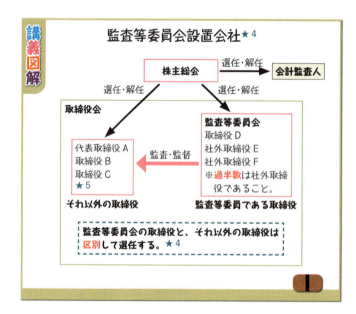

★4
野畑のスパッと解説

株主総会で取締役を選任する点は、ほかの会社形態と同じですが、監査等委員会に所属する取締役と、それ以外の取締役は区別して選任する必要があります（329条2項）。

★5
ワンポイント

監査等委員会に所属しない取締役は、社外取締役である必要はありません（331条6項参照）。

第5節 資本金・剰余金

はじめに

この節では、会社の資本金や準備金について学習します。出題可能性の高い論点ではありませんので、時間がなければあとまわしにしてください。

1 資本金

重要度 B

資本金とは、会社が最低限有しておくべき財産の基準額のことです。

会社債権者からすると、株主に直接会社の負債の支払いを請求することができないため、会社に一定以上の資本金があることが取引の基準となります。★1

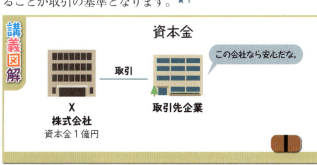

講義図解

資本金

この会社なら安心だな。

取引

X
株式会社
資本金1億円

取引先企業

ナビゲーション

まずは資本金の意味について理解しておけば十分です。余裕ができたら資本金の増加等を学習しておきましょう。

★1 ワンポイント

株主は間接有限責任しか負わないということを思い出してください。

★2 用語の意味

資本準備金
会社に何かあったときのために備蓄しておくお金のこと。

★3 あとまわしOK

資本金の額の減少に反対する債権者には、**原則として債権者保護手続をとる必要が**あります（449条各号）が、**資本金の額の増加には債権者保護手続は不要**です。

[資本金]

資本金の額	・最低額の制限なし（1円でもよい）。 ・株主となる者が会社に対して払込みまたは給付をした財産の額が、資本金となる（445条1項）。 　※その額の2分の1を超えない分は、資本金として計上しなくてもよいが、資本準備金★2として計上しなければならない（445条2項・3項）。
資本金の減少	原則として株主総会の特別決議が必要（447条1項・309条2項9号）。
資本金の増加	株主総会の普通決議で、剰余金の額を減少して資本金の額を増加させることができる（450条1項・2項）。★3

2 剰余金

重要度 C

　会社は、株主に対して剰余金の配当をすることができます（453条）。

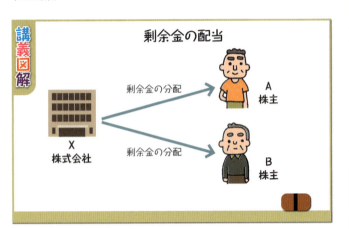

剰余金の配当

X 株式会社 → 剰余金の分配 → A 株主
X 株式会社 → 剰余金の分配 → B 株主

講義図解

ナビゲーション

資本金ほど出題されないため、時間がなければあとまわしにしても大丈夫です。

[剰余金の配当]

配当の基本	・分配可能額の範囲内であればいつでも何回でも配当できる（453条、461条1項8号）。★1 ・純資産額が300万円を下回る場合は配当できない（458条）。 ・原則は金銭配当であるが、現物配当もできる（454条4項）。
配当の決定	原則として株主総会普通決議で行われる。★2
中間配当	1事業年度の途中に1回限り、取締役会決議で剰余金の配当をすることができる（454条5項）。★3

★1
ワンポイント

自己株式について配当することはできません（453条かっこ書）。

★2
あとまわしOK

現物配当で、株主に金銭分配請求権を与えないときは、株主総会特別決議で行う必要があります（309条2項10号）。

★3
あとまわしOK

中間配当は、金銭配当に限られます。

過去問チャレンジ

株式会社は、分配可能額の全部につき、株主に対して、剰余金の配当を支払わなければならない。[18-40-2]

×：支払わなければならないわけではありません（453条、461条1項8号参照）。

第6節 組織再編

はじめに

この節では、組織再編について学習します。行政書士試験ではほとんど出題実績がありませんので、あまり深入りする必要はありません。

1 合併

重要度 **C**

合併とは、2つ以上の会社が契約によって1つの会社になることをいい、①**吸収合併**と、②**新設合併**の2つがあります。

ナビゲーション

ほとんど出題されていません。吸収合併を例に軽く確認しておけば十分です。

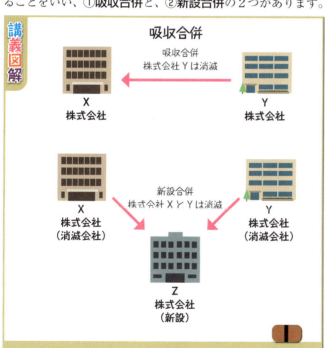

講義図解

吸収合併

吸収合併
株式会社Yは消滅

X
株式会社

Y
株式会社

新設合併
株式会社XとYは消滅

X
株式会社
（消滅会社）

Y
株式会社
（消滅会社）

Z
株式会社
（新設）

[合併の手続]

株主総会決議	原則：株主総会**特別決議**（783条1項・795条1項）★1★2
反対株主の株式買取請求	原則：**必要**（785条等）
債権者保護手続	**必要**

「5問中2問」正解を確実に

これで、商法・会社法の学習は終了です。

覚えることが多かったり、イメージがつきにくかったりで大変だったと思いますが、ここはとにかく「5問中2問」を取るための学習を心がけてください。本書での学習もいよいよ「基礎法学」「一般知識」を残すのみとなりました。あと少し、頑張りましょう！

★1

あとまわしOK

A社がB社の総株式の**90**％以上を保有していれば、B社での株主総会決議は**不要**です（略式手続／784条1項本文・796条1項本文）。

★2

あとまわしOK

A社が合併の対価として交付する財産が純資産額の**5分の1**を超えないときは、A社での株主総会決議は**不要**です（簡易手続／796条2項）。

第5編 基礎法学

著者の**野畑講師**が解説！

 書籍購入者限定
無料講義動画

 QRコード
からの
アクセスは
こちら

本書の中から重要ポイントをピックアップして講義しています。

※動画の視聴開始日・終了日は、
　専用サイトにてご案内いたします。

※ご視聴の際の通信料はお客様負担と
　なります。

URL
lec-jp.com/gyousei/book/member/
torisetsu/2023.html

● 過去 10 年の出題傾向

■ 法学

項　目	12	13	14	15	16	17	18	19	20	21
法の分類・効力		●		●		●	●			●
法令用語	●		●	●	●					

■ 紛争解決の方法

項　目	12	13	14	15	16	17	18	19	20	21
紛争解決	●	●	●		●			●	●	

基礎法学の学習

　基礎法学は、択一式で２問出題されます。

　「法律の基礎知識」を学習することになりますが、配点が低いことや、先に憲法や民法などを学習してからのほうが理解しやすい面もあるため、本書では第５編として掲載しています。

学習のポイント

1　法学

　法学では、主に日本の法律の基礎知識を学習します。具体的には民法と商法のような「一般法と特別法」の関係や、法律をどう読むのかという法解釈などを学習します。

　理解できたとしても問題文の表現が難しいこともあるため、過去問チャレンジを参考しながら、知識を問題にあてはめる練習をしておきましょう。

2　紛争解決

　裁判員制度など、日本の裁判の仕組みについて学習します。

　このテーマについては、憲法の「司法権」や行政法の「行政事件訴訟法」の内容ともリンクしますので、ぜひ、そちらも合わせて学習してください。

本試験対策

■ 5肢択一式（2問出題：8点）

　例年2問出題されます。そして、行政書士試験の第1問・第2問が基礎法学となります。解きにくく感じる問題が出題されることがあるため、あえて基礎法学をあとまわしにして、ほかの問題から解くという戦略もあります。

　配点の低さを考えると普段の学習も手薄になりがちですが、Aランクの論点についてはこまめに本書を確認しておくと安心です。

法学

この章で学ぶこと

「法の基礎知識」

この章では、これまで学習してきた法がどのように分類されるのかについて学習します。

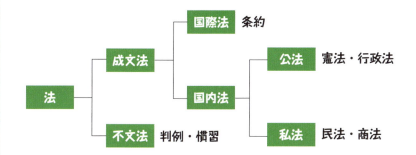

また、国会で制定された法律がいつ効力を生じるのかについても学習します。

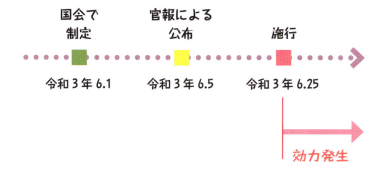

第 1 節　法の分類・効力

はじめに

この節では、法の分類・効力について学習します。実際には様々な分類がありますが、本書では行政書士試験の対策上、必要な範囲に絞って解説をしています。重要度が高いテーマを中心に確認するようにしてください。

1　法の分類

重要度 C

　一言で「法」といっても、様々な観点から分類することができます。

ナビゲーション

過去にあまり出題されていません。
本書の内容をひととおり理解しておく程度で十分です。

講義図解でおおまかに確認した後、表で具体的に押さえましょう。

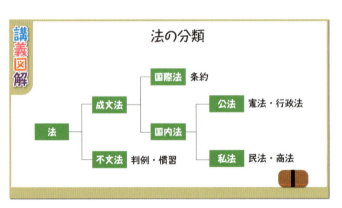

[成文法と不文法]

成文法	文書で書き表され、一定の手続と形式によって内容が決められた法 　例：日本国憲法・民法・政令・条約など
不文法	一定の手続によって制定されるわけではないが、社会生活の中で現実に使用されている法 　例：判例法・慣習法など★1

★1 ワンポイント

村の井戸の利用について暗黙のルールがある場合、それが「慣習法」として認められます。

ここが ポイント 判例法

- 同種の事件について**裁判所が同様の判断を繰り返すこと**によって、法と同じような**拘束力**を持つに至った**規範**のこと。
- 判決のうち、結論を導くうえで必要な部分を「判決**理由（レイシオ・デシデンダイ）**」といい、判例法の**拘束力**が認められる。★2

★2
ワンポイント
判決理由のうち、判決理由以外の部分は「**傍論（オビタ・ディクタム）**」といい、この部分に判決の**拘束力**は認められません。

過去問チャレンジ

英米法系の国では、判決のうち、結論を導く上で必要な部分を「主文（レイシオ・デシデンダイ）」、他の部分を「判決理由」と呼び、後者には判例法としての拘束力を認めない。[12-1-2]

×：判決文で示された「判決理由」のうち、結論を導くうえで必要な部分を「判決理由（レイシオ・デシデンダイ）」といい、判例法の拘束力が認められますが、ほかの部分は「傍論（オビタ・ディクタム）」といい、判例法としての拘束力が認められません。

［公法と私法］

公法	国家・公共団体と私人の関係、国家と国家（国家と公共団体）の関係を規律する法 例：憲法・行政法
私法	私人と私人の間の権利義務を定めた法 例：民法・商法

2 法の優劣

1 日本の法秩序

　法令相互の内容が矛盾・衝突する場合、憲法を頂点として上位の法令が下位の法令に優先して適用されます。

ナビゲーション

基礎法学の中ではよく出題されているテーマです。新法優先の原則や特別法優先の原則を押さえましょう。

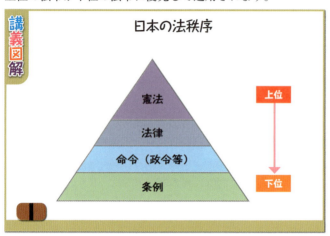

2 新法優先の原則

　2つの法令の規定が、**相互に矛盾する内容である場合、新しく制定された法令の規定が旧法の規定に優先して適用**されます。★1

★1
ワンポイント

新法・旧法は法令の成立時期の前後によって判断されます。

3 特別法優先の原則

　同じ事柄について、**一般的に規定したルールを一般法といい、特例を規定したルールを特別法といい、この2つの内容に矛盾が見られる場合は特別法が優先**します。

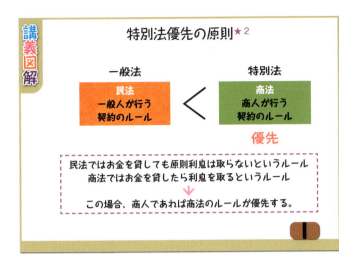

講義図解

特別法優先の原則 ★2

一般法		特別法
民法 一般人が行う 契約のルール	**＜**	**商法** 商人が行う 契約のルール
		優先

民法ではお金を貸しても原則利息は取らないというルール
商法ではお金を貸したら利息を取るというルール
↓
この場合、商人であれば商法のルールが優先する。

★2
野畑の スパッと解説

旧法の特別法（商法）と、新法の一般法（改正された新民法）の規定が矛盾する場合、**旧法の特別法**が優先します。

過去問チャレンジ

法律と法律、条例と条例など、形式的な効力が同等の法規の間に矛盾抵触が生じる場合は、一般に、「特別法は一般法に優先する」「後法は前法に優先する」という法原則に従って処理されることになる。[09-1-イ]

〇：その通り。

---

3 法の解釈　重要度 B

例えば、「公園内への車の乗り入れを禁止する」というルールがあったとします。

この場合、自動車がダメなのはわかりますが、車いすやバイクはどうでしょうか。この点について、様々な考え方があります。

ナビゲーション

頻出というわけではありませんが、本書を何度か確認しておきましょう。

[法の解釈]

拡張 解釈	法文の意味を**普通より拡張して解釈**する。 　例：自転車や一輪車も「車」に含める。
縮小 解釈	法文の意味を**普通より狭く解釈**する。 　例：「車」には四輪車のみ含め、二輪車は含めない。
類推 解釈	ある事項については規定があるが、**類似する事項については規定がない場合、ある事項の規定を適用する。★1** 　例：ホバークラフトも車と似ているので、「車」に含める。

★1
あとまわしOK

刑法では、**拡張解釈**は許されても、**類推解釈**は許されません。

反対解釈	ある事項について規定がある（ない）場合、**それ以外についてはない（ある）と考える。** 例：「車」しかダメと書いていないため、「車」以外はすべて通行できると考える。

4 法の効力

重要度 **C**

日本で制定した法律は、どの範囲で効力を有するのかが問題となります。法の効力については、大きく分けて①**場所に対する効力**と、②**人に対する効力**、③**時に関する効力**を考える必要があります。

ナビゲーション

過去にあまり出題されていないテーマです。軽く確認しておく程度で十分です。

1 場所に対する効力

例えば、**日本で制定した法律の効力は、日本の領域（領土・領海・領空）でのみ効力を有します。** ★1

また、**地方公共団体の条例は、その地方公共団体の区域内**でのみ効力を有します。

★1
ワンポイント

日本の船舶、航空機、外国にある公館は、外国の領土内にあっても日本の法律が適用されます。

過去問チャレンジ

> わが国の法令は、原則としてわが国の領域内でのみ効力を有するが、わが国に属する船舶および航空機内では、外国の領域内や公海においても効力を有することがある。[08-1-1]
>
> **○**：その通り。

❷ 人に対する効力

人に関する法の効力については、①**属地主義**と、②**属人主義**という2つの考え方があります。

[人に対する効力]

属地主義 （原則）	法律の適用範囲を**国内に限定する**という考え方。 　例：日本の刑法は日本国内でのみ適用される（刑法1条1項）。★2★3
属人主義	自国民には**国外でも日本の法律を適用する**という考え方。 　例：放火・殺人・傷害等の重大犯罪について、国外でも日本の刑法が適用される（刑法3条）。

日本人が海外で殺害した場合だけでなく、海外で外国人が日本人を殺害した場合にも日本の刑法が適用されます。日本人留学生が海外で殺害される事件が多発したため、平成15年に追加されました。

★2

ワンポイント

原則は**属地**主義とされています。

★3

野畑の ズバッと解説

外国人でも、日本で罪を犯せば**日本の刑法**が適用されるということです。

過去問チャレンジ

わが国の法律は基本的には属人主義をとっており、法律によって日本国民以外の者に権利を付与することはできない。[11-1-1]

×：日本の法律は、原則として属地主義をとっている。

❸ 時に関する効力

法律は、**国会で制定された後、国民に知らせるために公布**され、**施行期日**が到来したときにはじめて効力を生じます。

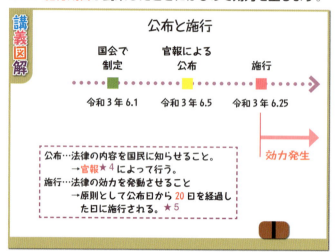

★4
用語の**意味**

官報
国の機関紙のこと。

★5
ワンポイント

民法の改正など、国民生活に大きな影響を与える場合は、「公布の日から2年を超えない期間内に施行」といった形になります。

過去問チャレンジ

法律は、その法律または他の法令に定められた日から施行されるが、施行期日の定めのない場合には、公布の日から20日を経過した日から施行される。[08-1-3]

○：その通り。

問題を解く順番

講師をしていて、よく受ける相談の1つが「問題を解く順番」です。どの科目から解き始めても自由なのですが、1問目の基礎法学から解く受験生は少ないように感じます。
やはり、「最初の1問」が解けるかどうかで気分はだいぶ変わります。解きにくい問題の多い基礎法学や憲法よりも、行政法や民法から解き始めるメリットはそんなところにあります。
ただ、その場合は「マークミス」に注意してくださいね。

第2節 法令用語

はじめに

この節では、法令用語について学習します。基礎法学で出題されますが、意識して条文を読むことで理解が深まったり知識が定着したりすることもあるので、しっかり理解しておきましょう。

1 法令用語

重要度 **A**

　法律の世界では、日常生活ではあまり使わない独特な表現をすることがあります。

　ここでは、条文などで多用されている法令用語について学習します。

ナビゲーション

法令用語についてはよく出題されています。難しく感じるかもしれませんが、これまでに学習してきた条文を読む際にも役に立つので頑張って習得しましょう。

1 「又は」と「若しくは」

　ある事柄のうち、**どちらか一方を選択する場合**に用いられます。

　選択の関係が何段階か重なっている場合、**一番大きな段階のみ「又は」**を使い、それより小さな段階は**「若しくは」**を使います。

ここが ポイント 又は・若しくは

＜段階がないとき（単なる選択）＞

● A又はB

　例：**詐欺又は強迫**による意思表示は、取り消すことができる（民法96条1項）。

＜段階があるとき＞

● A若しくはB又はC

　例：相続の**承認若しくは放棄又は**遺産の分割をすること（民法13条1項6号）。★1

★1

野畑の スパッと解説

小さな2つの選択として「承認するか放棄するか」があり、大きな選択として「承認でも放棄でもなく遺産分割するか」があります。

「又は」と「若しくは」は、いずれも前後の語句を選択的に連結する接続語であり、選択される語句に段階がある場合には、一番大きな選択的連結にだけ「又は」を用い、他の小さな選択的連結には全て「若しくは」を用いる。[14-2-2]

○：その通り。

2 「並びに」と「及び」

2つ以上の事柄を並列する場合に用いられます。

並列の関係が何段階か重なっている場合、**一番小さな段階のみ「及び」を使い、それより大きな段階には「並びに」を使います。**

ここが ポイント　並びに・及び

＜段階がないとき（単なる並列）＞
● A及びB
　例：債務の履行**及び**本人があらかじめ許諾した行為（民法108条1項）。

＜段階があるとき＞
● A及びB並びにC
　例：両議院は、〜証人の出頭**及び**証言**並びに**記録の提出を要求することができる（憲法62条）。★2

★2
野畑の スパッと解説

小さな2つの並列として、「出頭することと証言すること」があり、大きな並列として「出頭と証言に加えて、記録の提出」の要求があります。

「及び」と「並びに」は、いずれもその前後の語句を並列させる接続語であり、並列される語句に段階がある場合には、一番小さな並列的連結にだけ「及び」を用い、他の大きな並列的連結には全て「並びに」を用いる。[14-2-1]

○：その通り。

❸ 「適用」と「準用」

適用とは、**Aという事項について規定される法令を、その
ままAにあてはめること**をいいます。

準用とは、**本来Aという事項について規定される法令を、
Aに類似している事項にあてはめること**をいいます。★3

★3
ワンポイント
民法304条の先取特
権の物上代位の規定
は、民法372条によ
り抵当権に準用され
ています。

過去問チャレンジ

「適用」とは、ある事項に関する法令の規定をそれと本質の異なる事項に対して、当然必要な
若干の変更を加えつつ、当てはめることをいう。[98-47-5]

×：この記述は、「準用」の説明である。

❹ 「みなす」と「推定する」

「みなす」と「推定する」は、**どちらも本来Aとは性質を
異にするBについて、一定の場合に限り、Aと同じと考える
こと**をいいます。

ここがポイント　みなす・推定する

- 「みなす」
  →**Aでないという反証を許さない。**
  例：胎児は、相続については、既に生まれたものとみな
  　す（民法886条1項）。
- 「推定する」
  →**Aでないという反証を許す。**★4
  例：妻が婚姻中に懐胎した子は、夫の子と推定する（民
  　法772条1項）。

★4
**野畑の
スパッと解説**
「この子は自分の子で
はない」という証拠
を挙げれば、民法上
自分の子でないと認
められます。

ある事物と性質を異にする他の事物を、一定の法律関係につき、その事物と同一視して、その ある事物について生ずる法律効果をその他の事物に生じさせることを「推定」といい、同一の 事物でないということの反証を許さないところに特色がある。[98-47-1]

× ：この記述は、「みなす」の説明である。

5 「遅滞なく」と「直ちに」と「速やかに」

時を表す言葉としては、「遅滞なく」、「直ちに」、「速やかに」 の3つがあります。★5

★5
ワンポイント
①直ちに→②速やか に→③遅滞なくの順 に時間的な即時性が 強いとされます。

ここが ポイント 「遅滞なく」と「直ちに」と「速やかに」

- 「直ちに」
  →即時性が最も**強く**、一切の遅滞が許されないという意味。
- 「速やかに」
  →「直ちに」よりは即時性が弱く、「遅滞なく」よりは強い。
- 「遅滞なく」
  →即時性が最も**弱く**、相当の期間内に行えばよいという意 味。

過去問チャレンジ

「遅滞なく」、「直ちに」、「速やかに」のうち、時間的即時性が最も強いのは「直ちに」であり、 その次が「遅滞なく」である。これらのうち、時間的即時性が最も弱いのは「速やかに」であ る。[14-2-5]

× ：時間的即時性が最も強い順に①「直ちに」、②「速やかに」、③「遅滞なく」の順である。

第2章

紛争解決の方法

この章で学ぶこと

「裁判の仕組み」

この章では、日本ではどのような裁判所があるのか、紛争が起こった際にどの裁判所に訴えればいいのかなどについて学習します。

日本の裁判所の形態

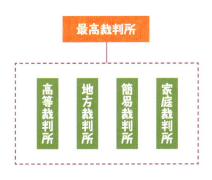

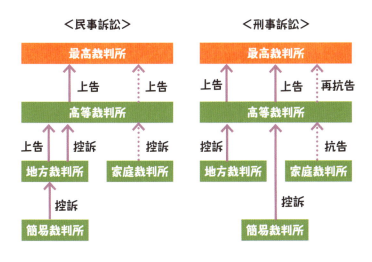

第1節 紛争解決

はじめに
この節では、わが国の紛争解決手段を学習します。裁判上の紛争解決については、憲法で学習した裁判所の知識も必要になってきますので、これを機に憲法の復習をしておくと理解が深まるでしょう。

1 裁判上の紛争解決

　私たちの間に何か紛争があった場合、法を使って解決することになります。紛争に対して、裁判所が法を適用して解決を図るのが最も確実です。

1 裁判所の系列

　憲法でも学習しましたが、裁判所は最高裁判所を頂点とし、その下に下級裁判所が属するという仕組みになっています。
★1★2

講義図解

裁判所の系列

```
          最高裁判所
  ┌──────┬──────┬──────┐
  高等    地方    簡易    家庭
  裁判所  裁判所  裁判所  裁判所
```

ナビゲーション
基礎法学の中ではよく出題されています。憲法の裁判所の知識も合わせて確認しておくとよいでしょう。

★1 ワンポイント
裁判所は**民事**事件・**刑事**事件・**行政**事件すべてを取り扱います。

★2 ワンポイント
そのほかにも「裁判外紛争処理（ADR）」といったシステムがあり、現実に活用されています。

2 訴訟の種類

訴訟は、事件の種類によって、①民事訴訟、②刑事訴訟、③行政事件訴訟に分けられます。

[訴訟の種類]

民事訴訟	個人対個人など、**私人間の争いを解決する**手続
刑事訴訟	ある人の行為が**犯罪となるかを認定**し、どのような**刑罰を科すのかを決定する**手続
行政事件訴訟	**違法な行政処分の取消しなどを求める**手続

[民事訴訟の類型]

給付訴訟	金銭の給付や物の引渡し、登記の移転など、被告の作為・不作為を求める訴訟 例：相手方に対して土地の明渡しを求める訴訟
確認訴訟	一定の権利が存在すること、またはしないことを前提としてその確認を求める訴訟 例：金銭債務がないことの確認を求める訴訟
形成訴訟	原告と被告との間の法律関係の変動を求める訴訟 例：不貞行為を理由に離婚を主張する訴訟

3 三審制

裁判所の裁判は**三審制が原則**となっていて、①**第一審に対する不服があれば**控訴**でき**、②**第二審の判決に不服があれば**上告**できる**ようになっています。

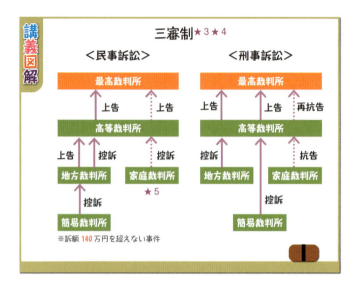

★3
ワンポイント
行政事件訴訟については、基本的に民事訴訟と同じだと押さえておきましょう（ただし、行政事件訴訟において簡易裁判所に提起することはできないため、第一審は原則として地方裁判所となります）。

★4
あとまわしOK
法律の規定により、第一審が高等裁判所になることもあります。

★5
ワンポイント
家庭裁判所は、家庭に関する事件の審判、少年事件の審判、離婚訴訟などを扱います。

ここが ポイント　第一審裁判所

民事訴訟の場合、簡易裁判所が第一審であれば、控訴裁判所は地方裁判所となるが、**刑事訴訟**の場合、簡易裁判所が第一審でも、控訴裁判所は高等裁判所となる。

過去問チャレンジ

民事訴訟または刑事訴訟のいずれであっても、第一審裁判所が簡易裁判所である場合には、控訴裁判所は地方裁判所となり、上告裁判所は高等裁判所となる。[11-2-2]

×：刑事訴訟においては、第一審が簡易裁判所である場合、控訴裁判所は高等裁判所となり、上告裁判所は最高裁判所となる。

4 最高裁判所

　最高裁判所は、**上告に対して判断を下す終審裁判所**で、**最高裁判所長官1名**と、**最高裁判事14名の計15名で構成**されます（憲法79条1項・裁判所法5条）。

　最高裁判所の裁判は、**5名で行う小法廷**と、**15名全員で行う大法廷**があります。

［大法廷と小法廷］

原則	事件を大法廷または小法廷のいずれで行うかについては、**最高裁判所の定める**規則による（裁判所法10条）。
必ず大法廷で行う場合	①法律、命令、規則または処分が憲法に適合するかしないかを判断するとき。 ②憲法その他の法令の解釈適用について、意見が前に**最高裁判所**のした裁判に反するとき。★6

★6
野畑の
ズバッと解説

過去の判例を変更する際には、**大法廷**を開く必要があるということです。

過去問チャレンジ

最高裁判所が、法令の解釈適用に関して、自ら過去の判例を変更する際には、大法廷を開く必要がある。［12-1-5］

○：その通り。

次に憲法の復習をする際に、「重要判例」の年月日を見てみるとイメージしやすいと思います。

5 裁判の原則

民事・刑事・行政事件訴訟に共通する裁判の原則があります。

［裁判の原則］

訴えの提起	裁判所の職権により裁判が開始されず、**訴えの提起**により裁判が開始される。★7
訴訟の審理	【当事者主義】 　訴訟当事者の**主張・立証**を基本に裁判所が審理する。 【弁論主義】 　判決をするのに**必要な資料の収集・提出を当事者の責任と権能**とする。★8 【自由心証主義】 　事実認定や証拠の評価などについては、裁判官の自由な判断に委ねられる。
裁判の公開	公正な裁判を実現するため、**裁判（特に**判決**）は公開**とする（憲法82条）。

★7
ワンポイント

刑事訴訟の場合、**検察官**による公訴提起によってのみ訴訟が開始されます。

★8
ワンポイント

行政事件訴訟の場合、原告である国民が証拠を集めるのが困難であるため、**裁判官が職権で証拠を調べる**こともできます（行政事件訴訟法24条）。

6 判決・決定・命令

　裁判所または裁判官の判断の種類には、「判決」「決定」「命令」といった区分があります。

それぞれ、どのような点が異なるのかを確認しておきましょう。

[判決・決定・命令]

判決	裁判所が行う重要な事項についての判断であり、口頭弁論を行う必要がある。
決定	迅速な解決を必要とする事項、付随的事項等について裁判所が行う判断であり、口頭弁論を行う必要はない。★9★10
命令	迅速な解決を必要とする事項、付随的事項等について裁判官が行う判断であり、口頭弁論を行う必要はない。★10★11

★9
ワンポイント
具体例として、取消訴訟における執行停止の決定や、義務付け訴訟における仮の義務付けの決定があります。

★10
あとまわしOK
決定・命令に対して不服がある場合は、控訴・上告ではなく「抗告」「再抗告」を行います。

★11
ワンポイント
命令は、判決や決定と違い裁判官1人で行うことができます。

過去問チャレンジ

　「命令」は、「決定」と同じく、「判決」よりも簡易な方式で行われる裁判であるが、裁判所ではなく個々の裁判官が機関としてする裁判であり、口頭弁論を経ることを要しない。[15-2-2]

　○：その通り。

2　裁判員制度　　　　　　　　　　　　　重要度 C

1 裁判員制度とは

　裁判員制度とは、司法制度改革の一環として、**一定の刑事裁判の第一審において国民から選ばれた裁判員と裁判官が協力して、①被告人が有罪かどうか、②有罪の場合どのような刑を科すか**を決める制度です。

ナビゲーション
2009年に裁判員制度が導入された当初は出題されていましたが、最近はあまり出題されていません。

ここが ポイント 裁判員裁判

- 殺人罪・強盗致死罪・放火罪など、法定刑に**死刑**または**無期懲役・無期禁錮**がある罪にあたる**刑事**事件の第一審。
- 原則として、裁判官**3**名と裁判員**6**名で構成される。

2 裁判員制度の概要

国民が裁判員に選ばれるまでの流れは次の通りです。

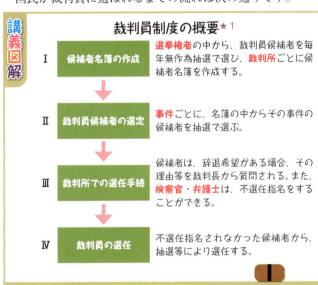

講義図解

裁判員制度の概要 ★1

I	候補者名簿の作成	**選挙権者**の中から、裁判員候補者を毎年無作為抽選で選び、**裁判所**ごとに候補者名簿を作成する。
II	裁判員候補者の選定	**事件**ごとに、名簿の中からその事件の候補者を抽選で選ぶ。
III	裁判所での選任手続	候補者は、辞退希望がある場合、その理由等を裁判長から質問される。また、**検察官・弁護士**は、不選任指名をすることができる。
IV	裁判員の選任	不選任指名されなかった候補者から、抽選等により選任する。

★1

あとまわしOK

少し細かいので、時間がない方は飛ばしてしまってもかまいません。

過去問チャレンジ

わが国においては、2009年から国民の中から選任された裁判員が裁判官と共に刑事訴訟手続に関与する裁判員制度が導入されている。[14-1-オ改題]

○：その通り。

3 裁判外の紛争解決

 重要度 C

紛争解決の手段は、裁判だけに限られません。

裁判よりも簡易迅速に、かつ低コストで紛争解決を目指す「裁判外の紛争処理（ADR）」という制度があります。★1

裁判外の紛争処理には**主に①和解、②調停、③仲裁**があります。

1 和解

和解とは、**争っている当事者が互いに譲歩してその間に存在する争いをやめること**をいいます。★2

[和解の種類]

裁判外の和解（示談）	裁判所を使わずに、当事者またはその代理人が話し合い、争いをやめる契約をすること。
裁判上の和解（即決和解）	裁判所に対して和解の申立てをし、当事者の和解の陳述をすること。

過去問チャレンジ

契約上の紛争で訴訟開始前に簡易裁判所に和解の申立てを行い、話し合って合意した内容が調書に記載されると、その記載は確定判決と同じ効力を生ずる。[03-2-3]

○：その通り。

2 調停

調停とは、**裁判所に当事者が出頭し、お互いの主張を折り合わせて紛争の解決を図る方法**です。★3

ここがポイント 調停

民間の調停委員2人が裁判官とともに調停委員会を組織し、非公開で当事者の主張を折り合わせて、紛争の解決を導く。

ナビゲーション

あまり出題されていません。和解を中心に一読しておく程度で大丈夫です。

★1 ワンポイント

ADRを促進させるために、裁判外紛争解決手続の利用の促進に関する法律（ADR法）が制定されています。

★2 ワンポイント

和解調書が作成されたときに、裁判が確定した場合と同じ効力を持つことになります（民事訴訟法267条）。

★3 ワンポイント

離婚など家庭に関する事件などは、裁判の前に調停を行わなければなりません（調停前置主義といいます）。調停調書が作成されたときに、調停の効力が生じます（民事訴訟法267条）。

---

❸ 仲裁

仲裁とは、**当事者が紛争の解決を第三者（仲裁人）に委ね、仲裁人の判断によって示された事項に従い紛争の解決を図る方法**です。★4

★4
ワンポイント

仲裁判断書が作成されたときに、仲裁の効力が生じます（仲裁法39条、45条）。

ここが ポイント　仲裁

仲裁人の判断に当事者は拘束**される**。

4　司法制度改革　　重要度 C

国民が利用しやすい司法制度にすることを目的として、1999年に司法制度改革審議会が設置され、提出された意見書に基づき**様々な制度改革が実現されました**。

ナビゲーション

裁判員制度以外の司法制度改革は、過去にあまり出題されていません。法テラスの役割を一読しておく程度で十分です。

> 様々な改革がなされましたが、その一環として設置された法テラスについて確認しておきましょう。

❶ 日本司法支援センター（法テラス）の設置

法による紛争の解決に必要な情報やサービス提供が受けられる社会の実現を基本理念とした**「総合法律支援法」**に基づき、**2006年に日本司法支援センター（法テラス）が設立**されました。

［法テラスの業務］ ★1

★1
ワンポイント

このほかにも、大規模災害の被災者援助なども法テラスの業務とされています。

情報提供業務	弁護士会法律相談窓口の案内等
民事法律扶助業務	無料法律相談、弁護士費用の立替等
司法過疎対策業務	司法過疎地域の解消のための取組み
犯罪被害者支援業務	被害者に対して損害・苦痛の回復のための法制度に関する情報を提供
国選弁護等関連業務	国選弁護人等との契約締結等

日本司法支援センター（法テラス）が設立され、情報提供活動、民事法律扶助、国選弁護の態勢確保、いわゆる司法過疎地での法律サービスの提供および犯罪被害者の支援等の業務を行うこととなった。[13-2-オ]

○：その通り。

基礎法学、お疲れ様でした！

ここまでで、基礎法学の学習は終了です。お疲れ様でした！
みなさんはまだ気づいていないかもしれませんが、最初に憲法の学習を始めた頃よりも理解度や知識量は大幅にアップしているはずです。「問題が解ける！」という実感に変わるまではまだ少しかかるかもしれませんが、その土台は固まったと思いますので、この調子で学習を続けていきましょう。

第6編 一般知識

著者の**野畑講師**が解説！

書籍購入者限定
無料講義動画

QRコード
からの
アクセスは
こちら

本書の中から重要ポイントをピックアップして講義しています。

※動画の視聴開始日・終了日は、
　専用サイトにてご案内いたします。

※ご視聴の際の通信料はお客様負担と
　なります。

URL
lec-jp.com/gyousei/book/member/
torisetsu/2023.html

過去10年の出題傾向

■政治

項　目	12	13	14	15	16	17	18	19	20	21
政治思想									●	
国内政治	●	●	●	●	●	●	●	●		●
国際政治			●	●				●		●

■経済

項　目	12	13	14	15	16	17	18	19	20	21
経済用語	●	●		●				●		
財政	●		●		●				●	●
金融（日本銀行）			●							
戦後日本経済史	●	●			●				●	
国際経済			●							

■社会

項　目	12	13	14	15	16	17	18	19	20	21
雇用・労働問題	●	●					●	●		
社会保障				●		●				
少子高齢化				●	●					
環境問題								●		

■情報通信・個人情報保護

項　目	12	13	14	15	16	17	18	19	20	21
民間の個人情報保護	●	●	●	●			●			
行政機関の個人情報保護	●	●		●		●			●	●
情報通信用語	●	●		●	●			●	●	●

■ 文章理解

項　目	11	12	13	14	15	16	17	18	19	20
空欄補充	●	●	●	●	●	●	●	●	●	●
並べ替え	●	●	●	●	●	●	●	●	●	
要旨把握										

● 一般知識の学習法

　一般知識科目から全部で **14 問**出題されます。例年、「政治・経済・社会」から **7 ～ 8 問**、「情報通信・個人情報保護」から **3 ～ 4 問**、「文章理解」から **3 問**出題されます。

　14 問中 6 問正解しないとそれだけで不合格となってしまうため、法令科目ほど時間はかけられないとしても、基本知識の習得が必要となります。

　「政治・経済・社会」については毎年出題傾向が異なり対策が難しくなっていますが、「情報通信・個人情報保護」については**近年改正された個人情報保護法からの出題が予想される**ので、条文を中心に対策をしておくことが重要です。

● 学習のポイント

1　政治・経済・社会

　毎年のように出題傾向が変わり、**近年では時事的な問題も出題**されています。まずは本書に記載されている基本事項を押さえ、ニュースでそれに関する内容が扱われていたらこまめにチェックしておくとよいでしょう。

　また、「常識」で判断できる問題も出題されていますので、「知らない＝諦める」のではなく、少しでも**正解に近づけるように問題と向き合う**ことも大切です。

2　情報通信

　情報通信に関する法律は近年出題が少ないため掲載を省略しましたが、少なくとも**身近な通信用語を押さえておく**必要があるでしょう。

3　個人情報保護

　以前は様々な法律が出題されていましたが、2022年施行の法改定により一本化された個人情報保護法が出題の中心となります。

　行政手続法と同じように、**条文の正確な知識が要求されます**が、得点源となるように何度も本書を確認するようにしてください。

4　文章理解

　例年3問の出題となっていますが、一般知識の基準点突破（6問以上正解）のために、この3問が非常に大きな意味を持ちます。近年では要旨把握（長文読解）が出題されず、空欄補充と並べ替えのみの出題であるため、短時間で正解するためのコツを学んだ後は**どんどん問題を解く**ようにしましょう。

● 本試験対策

■ 5肢択一式（14問出題：56点）

　5肢択一式のみの出題です。

　法令科目と異なり、すべての選択肢について○×の判断をするのは難しいかもしれませんが、「**4つわからないけれど1つだけわかり、それが正解肢**」ということがよくあります。悩んだとしても諦めずに答えを出すようにしましょう。

第1章

政治

「選挙制度と世界の政治体制」

政治分野は、大きく国内政治と国際政治に分かれます。

国内政治については選挙制度を中心に、国際政治については各国の政治体制を中心に学習します。

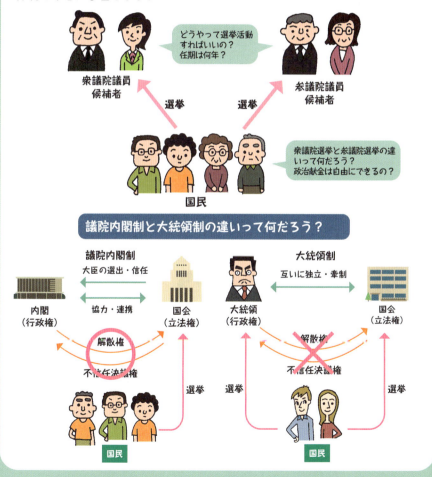

第 1 節 政治思想

はじめに
この節では、政治思想について学習します。近年は出題されていませんが、ホッブズ・ロック・ルソーの思想について確認しておくと安心です。

1 政治思想

重要度 **C**

国王が権力を握っていた中世から、民主主義が登場する近世にかけて活躍した政治思想家として、**社会契約説を唱えた①ホッブズ、②ロック、③ルソーの３人**が有名です。

まずは、社会契約説の考え方について理解しておきましょう。

最近は出題されていませんが、出題された場合は得点しやすいので、社会契約説を唱えた３人の思想を押さえておきましょう。

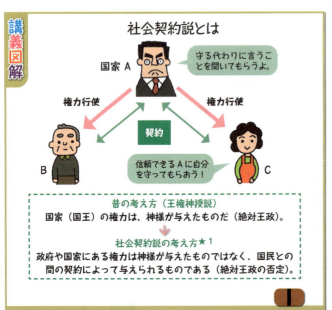

講義図解

社会契約説とは

国家 A
守る代わりに言うことを聞いてもらうよ。

権力行使　　　権力行使

契約

B　　　C
信頼できる A に自分を守ってもらおう！

昔の考え方（王権神授説）
国家（国王）の権力は、神様が与えたものだ（絶対王政）。
↓
社会契約説の考え方★1
政府や国家にある権力は神様が与えたものではなく、国民との間の契約によって与えられるものである（絶対王政の否定）。

★1 野畑のズバッと解説
社会契約説は、近代憲法の基礎となる考え方です。

［ホッブズ・ロック・ルソーの思想］

ホッブズ	著書：「リヴァイアサン」 自然状態：「万人の万人に対する闘争」状態 解決方法：権力者との間で、自然権★2を譲渡する社会契約を結ぶ（抵抗権なし）。 理想の政治体制：絶対君主制★3
ロック	著書：「市民政府二論」 自然状態：一応平和だが、不安定。 解決方法：自然権を信託する社会契約を結ぶ（抵抗権あり）。★4 理想の政治体制：間接民主制
ルソー	著書：「社会契約論」 自然状態：自由で平等な社会だが、現実にはそれが失われている。 解決方法：国民全員が常に社会全体のことを考えるという「一般意志」に基づいた社会契約を結ぶ。 理想の政治体制：直接民主制

間接民主制＝代表者を選んで代わりに政治を行ってもらう
直接民主制＝国民全員が政治に参加する
ということです。

★2
用語の意味

自然権
国家に侵されることのない権利（人権と同じような意味）。

★3

野畑のスパッと解説

ホッブズの考え方では、結果的に絶対王政を肯定してしまうことになります。

★4

野畑のスパッと解説

「信託＝信じて託す」ので、国家が悪政を行った場合、自然権を返してもらう（＝抵抗する）ことができるということになります。

過去問チャレンジ

イギリスの政治思想家ロックは、『市民政府二論』において、自然権を保障するため人びとは契約を結び国家をつくると考え、政府が自然権を守らないとき人民は抵抗権をもつとし、イギリス名誉革命を擁護した。［08-47-3］

○：その通り。

第2節 国内政治

はじめに

この節では、国内政治について学習します。日本の選挙制度や近年の公職選挙法改正など、選挙に関する基本事項を押さえることが重要です。また、過去に行われた中央省庁再編についても確認しておきましょう。

1 日本の選挙制度

重要度 **A**

1 衆議院議員総選挙

衆議院議員選挙では **1994年に公職選挙法が改正**され、**小選挙区比例代表並立制**が導入されています。 **★1**

小選挙区制と比例代表制の仕組みについて理解しておきましょう。

小選挙区制

東京1区(1議席)	愛知3区(1議席)	鳥取2区(1議席)
候補者	候補者	候補者
A B C	D E F	G H I
↑投票	↑投票	↑投票
有権者	有権者	有権者

- 定数 **465**議席のうち、**289**議席を小選挙区制で選出する。
- 有権者は各選挙区で候補者個人に投票し、得票数が最も多い者が **1人**当選する。

ナビゲーション

日本の選挙制度は試験でも頻出です。衆議院議員選挙・参議院議員選挙の違いについて押さえておきましょう。

★1
ワンポイント

衆議院議員の**任期は4年**ですが、解散制度があるため任期満了前に総選挙が行われることがほとんどです。

比例代表制（衆議院）

北関東ブロック（19議席）

A党　B党　C党

投票

有権者

四国ブロック（6議席）

A党　B党　C党

投票

有権者

- 定数 465 議席のうち、176 議席を比例代表で選出する。
- 有権者は全国 11 ブロックに分かれた選挙区で政党に投票し、ブロックごとに割り当てられた議席数を政党の得票率に応じて配分される。
- あらかじめ政党から提出された名簿の記載順に議席が割り振られ、当選者が決まる（拘束名簿式）。★2 ★3

日本の比例代表制では、次のような「ドント式」により議席が配分されます。

［議席配分（ドント式）］（議席数が6議席の場合）

	A党	B党	C党
得票数（政党名）	20,000	13,000	7,000
得票数÷1	①20,000	②13,000	④7,000
得票数÷2	③10,000	⑥6,500	3,500
得票数÷3	⑤6,666.6	4,333.3	2,333.3
獲得議席	3議席	2議席	1議席
名簿（拘束名簿式）★4	1.野畑 2.田中 3.佐藤 4.三宅　当選	1.大橋 2.奥田 3.長谷川 4.工藤　当選	1.福島 2.金原 3.山田 4.宮川　当選

※各政党の得票数を÷1、÷2、÷3…というように整数で割っていき、得られた数の大きい順に議席を割り当てる（ドント式）。

★2
ワンポイント

小選挙区と比例代表の両方に立候補することができます（重複立候補）。そして、小選挙区で落選しても、比例代表で名簿順位が上位であれば原則として当選可能です（復活当選）。

★3
ワンポイント

小選挙区の候補者が有効投票総数の10分の1未満で落選した場合には、比例代表で復活当選することができません。

★4

野畑のズバッと解説

拘束名簿式を採用すると、政党の中で力を持っている者が名簿の上位になりやすく、**有権者が当選させたいと考えている者が当選できないというデメリット**があります。

衆議院議員総選挙は、衆議院議員の4年の任期満了時と、衆議院の解散がなされた場合に行われる。[15-48-1]

○：その通り。

❷ 参議院議員通常選挙

参議院では衆議院と異なり、選挙区比例代表並立制が採用されています。★5

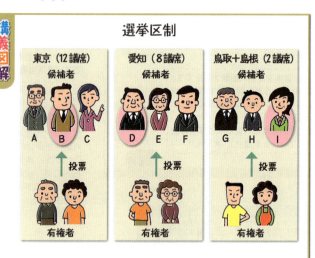

選挙区制

東京（12議席）　愛知（8議席）　鳥取＋島根（2議席）
候補者　　　候補者　　　候補者

A B C　　　D E F　　　G H I

↑投票　　　↑投票　　　↑投票

有権者　　　有権者　　　有権者

- 定数248議席のうち、148議席を選挙区制で選出する。
- 原則として都道府県単位で選挙区が構成され（合区あり）、有権者は候補者個人に投票し、得票数が多い者から順に当選する。★6

★5
ワンポイント
参議院議員の任期は6年で、3年ごとに半数を入れ替える形で選挙が行われます。また、衆議院と異なり解散制度はありません。

★6
ワンポイント
衆議院と異なり、選挙区と比例代表区での重複立候補は認められていません。

比例代表制（参議院）

全国（100議席）

A党　　B党　　C党

↑
投票

有権者

- 定数248議席のうち、100議席を比例代表制で選出する。
- 有権者は全国を1つのブロックとした選挙区で政党もしくは候補者に投票し、議席が政党の得票率に応じて配分される。
- 各政党はあらかじめ順位の記載のない名簿を提出し、個人での得票数の多い順に当選者が決まる（非拘束名簿式）。

衆議院選挙と異なり、①個人名でも投票できること、②非拘束名簿式であることに注意しましょう。

[議席配分（ドント式）]（議席数が6議席の場合）

	A党	B党	C党
得票数 （個人名＋政党名）	20,000	13,000	7,000
得票数÷1	①20,000	②13,000	④7,000
得票数÷2	③10,000	⑥6,500	3,500
得票数÷3	⑤6,666.6	4,333.3	2,333.3
獲得議席	3議席	2議席	1議席
名簿 （非拘束名簿式） ★7★8	野畑（得票数No1） 田中 佐藤（得票数No2） 三宅（得票数No3） ※野畑・佐藤・三宅が当選	大橋 奥田（得票数No1） 長谷川 工藤（得票数No2） ※奥田・工藤が当選	福島 金原（得票数No1） 山田 宮川 ※金原が当選

★7

野畑の ズバッと解説

非拘束名簿式（個人名の得票＝政党の得票）であることを逆手にとって、**有名なタレントやスポーツ選手を候補者とする**ことがあります。

★8

ワンポイント

政党の中で、どうしても当選させたい者がいる場合、その者を名簿の「特定枠」に記載することによって、優先的に当選させることができる制度が、2018年の公職選挙法改正により認められています（特定枠制度）。

［日本の選挙制度まとめ］

	衆議院		参議院	
選挙権	18歳以上		18歳以上	
被選挙権	25歳以上		30歳以上	
任期	4年 （解散あり）		6年 （3年ごとに半数改選）	
選挙方法	小選挙区比例代表並立制		選挙区比例代表並立制	
議員定数	465人		248人	
	小選挙区： 289人	比例代表： 176人 （全国11 ブロック）	選挙区： 148人	比例代表： 100人 （全国1ブ ロック）
投票方法	個人名を 自書	政党名を 自書	個人名を 自書	個人名または 政党名を自書
重複立候補	可		不可	

過去問チャレンジ

参議院議員選挙では、都道府県を単位とする選挙区選挙と比例代表制選挙がとられており、比例代表制選挙では各政党の得票数によって議席数を決め、各政党が作成した名簿上の順位によって当選者を決めることとされている。[09-47-エ]

× : 参議院の比例代表選挙では、候補者名簿に順位をつけない非拘束名簿式がとられています。

2 公職選挙法

重要度 A

選挙に関する事項は公職選挙法に定められ、時代にあわせて現在までに数多くの改正がされています。

ナビゲーション

公職選挙法は試験でも頻出のテーマです。選挙制度と合わせてしっかり押さえておきましょう。

重要な公職選挙法の改正事項について押さえておきましょう。

[主な公職選挙法の改正]

年	改正内容
1950年	公職選挙法公布・施行
1998年	衆議院・参議院の比例代表選挙で在外投票制度を導入
2003年	期日前投票制度を導入★1
2006年	衆議院・参議院の選挙区選挙においても在外投票制度を導入 国外での不在者投票制度創設
2013年	インターネット選挙運動解禁 成年被後見人の選挙権回復
2015年	選挙権年齢を18歳に引き下げ 参議院選挙区において、合区の設置 （鳥取＋島根で1区、徳島＋高知で1区とする）
2016年	共通投票所制度の導入★2 衆議院の定数配分へのアダムズ方式の導入★3 衆議院の定数削減（475→465議席に）
2018年	参議院の定数増加（242→248議席に） ※参議院の定数増加は、1970年以来。 参議院比例代表選挙に特定枠制度を導入

ここがポイント　インターネット選挙運動

- 有権者や候補者・政党等はwebサイトやSNS、動画サイトを利用して選挙運動をすることが可能となった。★4
- 候補者や政党等は、電子メールを利用した選挙運動も可能となった。
  - ※有権者が電子メールを使って特定の候補者への投票を促すことは禁止されている。

過去問チャレンジ

一般の有権者が、電子メールを送信することによる選挙運動を行うことは可能である。[14-55-3]

× : 電子メールを送信することによる選挙運動は、候補者・政党等に限り認められます。

★1
ワンポイント
期日前投票制度とは、選挙期日に投票できない有権者が、公示日または告示日の翌日から選挙期日の前日までの期間に、選挙人名簿に登録されている市区町村と同じ市区町村において投票できる制度です。

★2
ワンポイント
共通投票所制度とは、選挙日当日に、駅構内やショッピングセンターに設置された投票場で投票できる制度です。

★3
ワンポイント
アダムズ方式とは、人口をある定数で割って得られた数の小数点以下を切り上げて議席数とする議席配分方法で、2020年の国勢調査の結果を基準とし、2022年以降の選挙で導入されます。

★4
ワンポイント
インターネット選挙運動は、公示日・告示日から投票日の前日までしか認められていません。Webサイト上の選挙運動用記事（ホームページなど）は当日も残しておけますが、更新はできません。

ちょっと一息　総務省のホームページを活用しよう

私が資料を作成したり、講義で話をしたりする際に参考にしているものとして、総務省のホームページがあります。地方自治や、選挙システムなど、行政書士の試験で出題される内容がわかりやすく掲載されているので、みなさんもぜひ活用してくださいね。

3 政党と政治資金

重要度 **B**

民主政治において欠かせないのが政党の存在です。

政党が公明・公正な政治活動をしているかどうかをチェックするため、**1948年に政治資金規正法が制定されました。**

政治資金規正法の制定・改正について簡単に確認しておきましょう。

ナビゲーション

政治資金規正法と政党助成法の内容について出題されたことがあります。
寄付の制限と国からの政党助成金の交付要件を確認しておきましょう。

[政治資金規正法の制定・改正]

年	内容
1948年	政治資金規正法制定 　政治資金を受けた政治団体等に収支報告義務を課す。
1975年	企業献金の上限を定める総量規制を導入
1994年	企業から政治家個人への寄付を禁止
1999年	企業から資金管理団体★1への寄付も禁止
2005年	個々の政治団体（政党・政治資金団体★2を除く）間の寄付の制限
2007年	国会議員関係政治団体のすべての支出についての領収書公開

★1★2
用語の意味

資金管理団体
公職の候補者みずからが代表者を務める政治団体のうちから、1つの政治団体をその者のために政治資金の拠出を受けるべき政治団体として指定したもの。

政治資金団体
政党のために資金を援助することを目的として、政党が指定したもの。

企業から政治家個人・資金管理団体への寄付は禁止されているが、政党・政治資金団体への寄付は認められている。

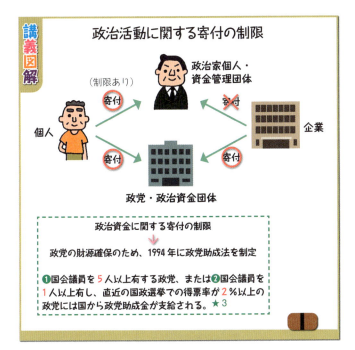

政治活動に関する寄付の制限

（制限あり）

政治家個人・資金管理団体

個人 ─寄付→

寄付 ✕ ←企業

個人 ─寄付→ 政党・政治資金団体 ←寄付─ 企業

政党・政治資金団体

政治資金に関する寄付の制限

政党の財源確保のため、1994年に政党助成法を制定

❶国会議員を**5**人以上有する政党、または❷国会議員を**1**人以上有し、直近の国政選挙での得票率が**2**％以上の政党には国から政党助成金が支給される。★3

★3

ワンポイント

直近の国勢調査人口に250円を乗じた額を総額として、所属議員数、得票率に応じて政党交付金が各政党へ分配されます。

過去問チャレンジ

政党への公的助成である政党交付金の総額は、人口に250円を乗じて得た額を基準として予算で定めることができる。[14-47-1]

○：その通り。

4　省庁再編

重要度 **B**

　戦後の日本では行政の役割が多様化し、様々な省庁がつくられました。

　ところが、**各省庁間の連携不足（縦割り行政）、業務の非効率化**などの問題を抱えることになったため、森喜朗内閣時代の2001年に中央省庁の再編が行われました。★1

ナビゲーション

中央省庁の再編については、20年近く経った今でも出題されています。
また、近年に設置・昇格した省庁についても出題されていますので、本書で確認しておきましょう。

2001年中央省庁の再編

総理府	→	内閣府
沖縄開発庁		
経済企画庁		
金融再生委員会		
防衛庁		防衛庁
国家公安委員会		国家公安委員会
総務庁	→	総務省
自治省		
郵政省		
法務省		法務省
外務省		外務省
大蔵省	→	財務省
文部省	→	文部科学省
科学技術庁		
労働省	→	厚生労働省
厚生省		
農林水産省		農林水産省
通商産業省		経済産業省
環境庁	→	環境省
北海道開発庁	→	国土交通省
国土庁		
運輸省		
建設省		

> 1府 **22** 省庁制 → 1府 **12** 省庁制へ変更

★1

ワンポイント

1990年代後半に、**橋本龍太郎内閣**のもとで行政改革会議が設置され、省庁再編や内閣機能の強化、民営化等により政府組織をスリム化することとなりました。

ここがポイント 民営化

● 三公社の民営化
　→**中曽根**内閣のもとで、1985～1987年に日本電信電話公社（→民営化後NTT）・日本専売公社（→民営化後JT）・日本国有鉄道（→民営化後JR）の三公社が民営化された。

● 郵政民営化
　→**小泉**内閣のもとで、郵政民営化が実施され、2007年に郵政公社が日本郵政となった。★2

★2

ワンポイント

郵政民営化は**中曽根**内閣時代ではないことに注意してください。

現在の省庁がどうなっているかも
確認しておきましょう。

★3
ワンポイント
内閣府や各省のもとに、**委員会**や**庁**が置かれています。
これらは、主任大臣の統括のもとにありながら、組織的には**省の内部部局（内局）とは異なる独立性**があります（外局といいます）。

★4
ワンポイント
2021年9月、**内閣**のもとにデジタル庁が設置されました。

★5
ワンポイント
内閣府の外局として、2020年1月にカジノ管理委員会が設置されました。

★6
ワンポイント
内閣府の外局として、2023年4月からこども家庭庁が設置される予定です。

★7
ワンポイント
法務省の外局として、2019年4月に出入国在留管理庁が設置されました。

講義図解

国の行政組織 ★3

- ■内閣
  - ■内閣官房
  - ■内閣法制局
  - ■国家安全保障会議
  - ■人事院
  - ■内閣府
  - ■復興庁
  - ■デジタル庁 ★4
    - ■宮内庁
    - ■公正取引委員会
    - ■国家公安委員会──警察庁
    - ■個人情報保護委員会
    - ■金融庁
    - ■消費者庁
    - ■カジノ管理委員会 ★5
    - ■こども家庭庁 ★6
  - ■総務省
    - ■公害等調整委員会
    - ■消防庁
  - ■法務省
    - ■公安審査委員会
    - ■公安調査庁
  - ■外務省
    - ■出入国在留管理庁 ★7
  - ■財務省
    - ■国税庁
  - ■文部科学省
    - ■スポーツ庁
    - ■文化庁
  - ■厚生労働省
    - ■中央労働委員会
  - ■農林水産省
    - ■林野庁
    - ■水産庁
  - ■経済産業省
    - ■資源エネルギー庁
    - ■特許庁
    - ■中小企業庁
  - ■国土交通省
    - ■観光庁
    - ■気象庁
    - ■運輸安全委員会
    - ■海上保安庁
  - ■環境省
    - ■原子力規制委員会
  - ■防衛省
    - ■防衛装備庁
- ■会計検査院

過去問チャレンジ

2015年、文部科学省にスポーツ庁が置かれた。[16-49-ア改題]

○：その通り。

第 3 節 国際政治

はじめに

この節では、国際政治について学習します。主要国の政治制度やEU、核軍縮などテーマは多岐にわたりますが、本書に記載されている内容を押さえておけば得点源とすることも可能です。

1 議院内閣制と大統領制　重要度 **B**

　世界には様々な国がありますが、**政治体制としては大きく**①**議院内閣制**と、②**大統領制に分けることができます。**

1 議院内閣制

　議院内閣制とは、**国会の信任にもとづいて内閣がつくられ、内閣が国会に対して責任を負う制度**です。★1★2

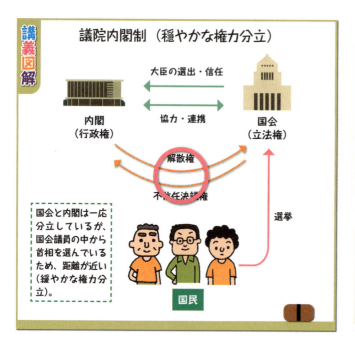

議院内閣制（穏やかな権力分立）

大臣の選出・信任

内閣（行政権）　協力・連携　国会（立法権）

解散権

不信任決議権

選挙

国会と内閣は一応分立しているが、国会議員の中から首相を選んでいるため、距離が近い（緩やかな権力分立）。

国民

ナビゲーション

試験で直接問われる可能性は低いのですが、各国の政治体制を学ぶ前提として必要な知識となります。

★1
野畑のズバッと解説

原則として国会議員の中から首相が選ばれるため、通常は国会と内閣は仲がよいはずですが、仲が悪くなり**修復不能状態**になってしまった場合は、**内閣不信任決議**権や**解散**権を行使することになります。

★2
ワンポイント

議院内閣制の場合、原則として内閣は法案を提出したり、大臣が議会に出席して意見を述べたりすることができます。

❷ 大統領制

　大統領制とは、**行政府の長である大統領**を、議会とは無関係に、国民の選挙によって直接選出する制度です。★3

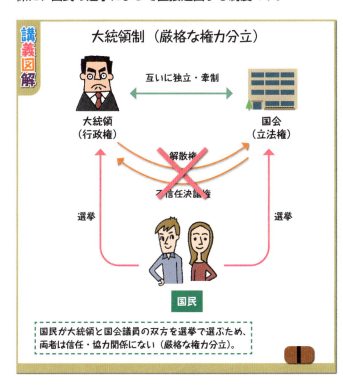

大統領制（厳格な権力分立）

互いに独立・牽制

大統領
（行政権）

国会
（立法権）

解散権

不信任決議権

選挙　　　選挙

国民

国民が大統領と国会議員の双方を選挙で選ぶため、両者は信任・協力関係にない（厳格な権力分立）。

★3
野畑の ズバッと解説

大統領制の場合、国会（立法担当）と大統領（行政担当）は信頼関係になく、独立して牽制し合う関係です。
よって、原則として大統領が国会に出席したり、法案を提出したりすることはできません。

各国の政治体制を学習する前に、議院内閣制と大統領制の大枠をしっかり押さえておきましょう。

ここでは、イギリスやアメリカをはじめとする主要国の政治体制を学習します。

［イギリス・アメリカの政治体制］

イギリス	● 議院内閣制 ・首相と大臣はすべて国会議員から選出される。★1 ・議会は二院制で、特権階級で構成される上院（貴族院）と選挙によって選ばれた議院で構成される下院（庶民院）がある。 ● 下院優越の原則 ・首相には下院第一党（与党）党首が任命され、内閣不信任決議権や議会の解散も下院のみが対象となる。★2
アメリカ	● 大統領制 ・大統領は任期4年で三選は禁止。 ・大統領は議会に法案を提出する権限はない。 ・大統領は議会の議決した法案を拒否できる（拒否権）。★3 ・議会は大統領を不信任とすることができず、大統領も議会を解散できない。 ・議会は二院制で、共和党と民主党の（事実上の）二大政党制

大統領は議会に対して法案や予算の提出権を持ちませんが、「教書」という形式で、議会に対して意見や希望を述べることができます。

ナビゲーション

各国の政治体制は、国際政治の中で最重要テーマとなります。イギリス・アメリカを中心に、その他の国の制度も押さえておきましょう。

★1

ワンポイント

日本では、首相は国会議員から選出されますが、大臣は国会議員以外からも選出できます。

★2

野畑の ズバッと解説

選挙により国民の意思が反映されている下院のほうに強い権限が与えられているということです。

★3

あとまわしOK

この場合でも、議会（上院・下院）が再可決すると大統領の署名なしで法律として成立します（オーバーライドと呼ばれます）。

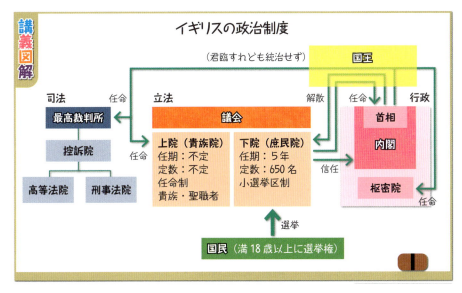

イギリスの政治制度

（君臨すれども統治せず）

国王

司法　任命　立法　解散　任命　行政

最高裁判所

控訴院

高等法院　刑事法院

議会

上院（貴族院）
任期：不定
定数：不定
任命制
貴族・聖職者

下院（庶民院）
任期：5年
定数：650名
小選挙区制

首相

内閣

枢密院

任命

信任

任命

国民（満18歳以上に選挙権）　選挙

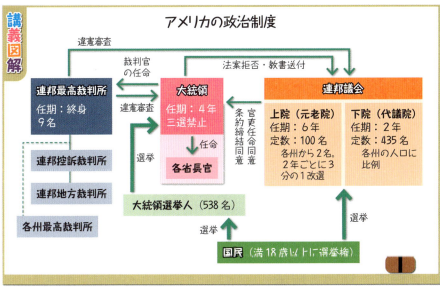

アメリカの政治制度

違憲審査

裁判官の任命　　法案拒否・教書送付

連邦最高裁判所
任期：終身
9名

連邦控訴裁判所

連邦地方裁判所

各州最高裁判所

大統領
任期：4年
三選禁止
↓任命
各省長官

違憲審査

選挙

官吏任命同意
条約締結同意

連邦議会

上院（元老院）
任期：6年
定数：100名
各州から2名。
2年ごとに3分の1改選

下院（代議院）
任期：2年
定数：435名
各州の人口に比例

大統領選挙人（538名）

選挙

選挙

国民（満18歳以上に選挙権）

アメリカ大統領は間接選挙（大統領を選ぶ人を国民が選ぶ）で選出されます。

過去問チャレンジ

アメリカでは大統領制がとられ、大統領と議会は権力分立の原則が貫かれているため、議会は大統領の不信任を議決することができないし、大統領は議会の解散権、法案の提出権、議会が可決した法案の拒否権のいずれも有していない。[11-47-イ]

× ： 大統領は、議会が可決した法案の拒否権を有しています。

［各国の政治体制］

ドイツ	● 大統領と首相の併存 ・大統領と首相が併存するが、**大統領**の権限は形式的なもので、政治の実権は**首相**にある（実質的な議院内閣制）。★4 ・議会は二院制。
フランス	● 大統領と首相の併存 ・議院内閣制と大統領制を折衷した**半大統領制**が確立しており、**大統領**の権限が非常に強い。★4 ・議会は二院制。
ロシア	● 大統領と首相の併存 ・議院内閣制と大統領制を折衷した**半大統領制**が確立しており、**大統領**の権限が非常に強い。★4 ・議会は二院制
中国	● 国家主席と国務総理 ・大統領に相当する国家主席と、首相に相当する国務総理が存在するが、**国家主席**の権限が強い。★5 ・事実上、**中国共産**党の一党制。 ・議会は**一院**制で、**全国人民代表大会**が最高権力を持つ。

★4
野畑の **ズバッと解説**
ドイツは首相の権限が強く、フランス・ロシアは大統領の権限が強いという違いを押さえましょう。

★5
あとまわしOK
2018年の憲法改正で、国家主席の任期規定が廃止されています。

ニュースでアメリカやイギリスに関する話が出てきたら耳を傾けるようにしましょう。時事対策として有用です。

3 領土・領海・領空

重要度 **B**

　国家の統治権は、**領土・領海・領空**に及びます。日本の領土は約38万平方キロメートルですが、**領海を含めた排他的経済水域（EEZ）★1を合わせた面積では、約447万平方キロメートルとなり、世界第6位**となります。

ナビゲーション
過去の出題は少ないですが、日本の領土に関する基礎知識を確認しておきましょう。

領土・領海・領空などの定義を、
視覚的に押さえておきましょう。

★1
ワンポイント

排他的経済水域（EEZ）
では、天然資源の探
査、人工島・施設の
設置などが認められ
ています。

講義図解

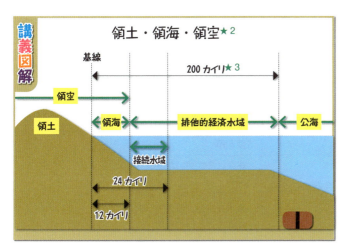

領土・領海・領空★2

★2
ワンポイント

領土・領海の上空を
領空といいますが、宇
宙空間は領空に含ま
れません。

★3
用語の意味

カイリ（海里）
1カイリ＝約1.8km

ここがポイント 日本の島（東西南北の端）

- 日本の最北端 択捉島
- 日本の最東端 南鳥島
- 日本の最南端 沖ノ鳥島
- 日本の最西端 与那国島

4 国際連合

重要度 **B**

1 国際連合とは

　国際連合は、世界の国々が参加する国際平和のための組織
で、**第二次世界大戦後の1945年10月に設立されました。**

第二次世界大戦前につくられた国際連
盟との違いを確認しておきましょう。

ナビゲーション

過去には国際連盟と
の比較問題が出題さ
れたことがあります
が、国際連合の組織
について学習してお
くことが重要です。

[国際連盟と国際連合の比較] ★1

	国際連盟	国際連合
本 部	スイスのジュネーヴ	アメリカの**ニューヨーク**
加盟国	原加盟国42カ国。**アメリカ**は不参加。 1933年に**日本**と**ドイツ**、1937年に**イタリア**が脱退。	原加盟国51カ国。**アメリカ・イギリス・フランス、ソ連、中国**の五大国（常任理事国）が参加。 2021年3月現在、193カ国が加盟。
主要機関	総会、理事会、事務局、常設国際司法裁判所	総会、安全保障理事会、経済社会理事会、信託統治理事会、事務局、国際司法裁判所
表決手段	総会・理事会ともに全会一致制	・総会は多数決制を原則とする ・安全保障理事会は、手続事項を除き、五大国（常任理事国）の一致制
戦争禁止	国際裁判か連盟理事会の審査に付し、その判決・報告後3カ月間は戦争を禁止	安全保障理事会による軍事行動あるいは加盟国の自衛権の行使以外は武力行使を禁止
制裁制度	一切の通商上、金融上、交通上の関係を断絶（経済封鎖）	経済封鎖のほか、安全保障理事会は**軍事的制裁措置**をとることも可能

過去問チャレンジ

国際連合では制裁手段は経済制裁に限られているが、国際連盟では制裁手段として経済制裁と並んで軍事制裁も位置づけられていた。[15-47-5改題]

×：国際連盟において、軍事制裁は存在していませんでした。それに対して、国際連合においては軍事制裁も存在しています（問題の説明は国際連盟と国際連合が逆になっています）。

2 国際連合の組織

　国際連合の主要機関として①**総会**、②**安全保障理事会**、③**経済社会理事会**、④**信託統治理事会**、⑤**国際司法裁判所**、⑥**事務局**があります。

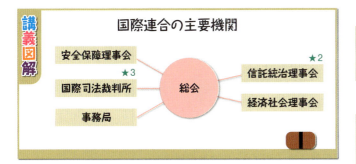

講義図解

国際連合の主要機関

安全保障理事会
★3
国際司法裁判所
事務局

総会

★2
信託統治理事会
経済社会理事会

この中では、総会と安全保障理事会が重要です。

ここが ポイント 総会

- **全加盟国**で構成される、国連の中心機関。★4
- **1**国**1**票の投票権を持ち、原則として単純多数決だが、重要事項については**3**分の**2**以上の賛成が必要。
- 総会の決議は、**勧告**的効力にとどまる（法的拘束力**なし**）。

ここが ポイント 安全保障理事会

- **5**カ国の常任理事国（**アメリカ・イギリス・フランス・ロシア・中国**）と、**10**カ国の非常任理事国（**2**年ごとに改選）の**15**カ国で構成される。★5★6
- 加盟国を**拘束**する決定を行う権限を持つ唯一の機関で、安全保障問題に対して**総会**に優越した権限を有する。
- 経済制裁、外交関係の断絶などの**非軍事的強制**措置のみならず、国連憲章に基づく国連軍による**軍事的制裁**を決定する強い権限を持つ。

★2
ワンポイント
信託統治理事会は現在、活動停止状態です。

★3
ワンポイント
国際司法裁判所は、**オランダのハーグ**に本部があります。

★4
あとまわしOK
総会が設置した機関として、国連児童基金（UNICEF）、国連難民高等弁務官事務所（UNHCR）などがあります。

★5
ワンポイント
常任理事国は「**拒否権**」を持っていて、例えば**アメリカ以外の14カ国が決議に賛成しても、アメリカが反対すれば決議が通りません。**

★6
野畑の ズバッと解説
第二次世界大戦の戦勝国が常任理事国となっています（日本・ドイツ・イタリアは敗戦国です）。

5 EU

重要度 A

1 EUとは

EU（欧州連合）は、政治的にも経済的にも「1つのヨーロッパ」を目指し、1993年のマーストリヒト条約発効により発足しました。

ナビゲーション

イギリスのEU離脱問題によって注目が高まっています。EUの歴史と取組みを確認しておきましょう。

EUができるまでの歴史を簡単に確認しておきましょう。

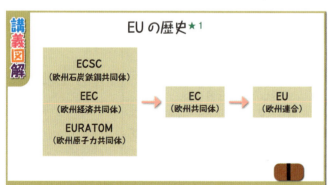

EUの歴史 ★1

★1

野畑の スパッと解説

最初は経済連携を中心とした共同体でしたが、EC、EUとなるにつれて政治的な共同体を目指すようになりました。

2 EUの取組み

「1つのヨーロッパ」を目指すため、EUでは様々な取組みが行われています。★2★3

ここが ポイント　EUの取組み

● 単一通貨ユーロの導入
　→1999年から共通通貨ユーロの決済が開始され、2002年から流通開始。
● シェンゲン協定
　→協定加盟国間において、審査なしで国境を越えることが認められている。
● リスボン条約
　→欧州理事会議長（EU大統領）などを設置。★4

★2
ワンポイント
EU加盟国は2020年9月現在で27カ国です。イギリスは離脱しました。

★3
ワンポイント
永世中立国であるスイスや、イスラム圏にあるトルコはEUに加盟していないことに注意してください。

★4
ワンポイント
「EU憲法」というものは存在しないことに注意してください。

6　核軍縮

第二次世界大戦後、数多くの核実験が行われてきましたが、それを制限するための取組みも行われています。

主な核軍縮に関する条約について確認しておきましょう。

ナビゲーション
核に関する問題は、過去に何度も出題されています。特にNPTと核兵器禁止条約について内容を押さえておきましょう。

[核軍縮に関する条約]

1963年 （発効済）	PTBT （部分的核実験禁止条約）	アメリカ・イギリス・ソ連の間で締結された条約で、**大気圏内、宇宙空間、および水中における核実験を禁止する**ことを定めた条約。★1
1968年 （発効済）	NPT （核拡散防止条約）	核兵器を保有できる国を**アメリカ・ソ連・イギリス・フランス・中国**の5カ国に限定し、非核保有国が核兵器を新たに保有することや、保有国が非保有国に核兵器を供与することを禁止する条約。★2
1987年 （2019年失効）	INF （中距離核戦力全廃条約）	アメリカ・ソ連の間で締結された、中距離弾道ミサイルをすべて廃棄する条約。2019年に失効した。
1996年 （未発効）	CTBT （包括的核実験禁止条約）	**地下核実験**も含め、**あらゆる空間での核兵器の核実験による爆発、その他の核爆発を禁止**する条約。★3
2017年 （発効済）	核兵器禁止条約	加盟国に核兵器の開発、保有、実験、使用だけでなく、核兵器を使用すると威嚇する行為も禁止する条約。 ※NPT加盟国の**アメリカ・イギリス・フランス・中国・ロシア**に加えて、**日本**も署名していない。

過去問チャレンジ

核兵器非保有国への核兵器移譲や核兵器非保有国の核兵器製造を禁止する核拡散防止条約（NPT）では、米露英仏中の5ヵ国が核兵器保有国と規定されている。[14-51-エ]

○：その通り。

第2章

経済

経済

この章で学ぶこと

「国家財政と貿易体制」

経済分野は、大きく国内経済と国際経済に分かれます。

国内経済については日本国の経済活動である財政を、国際経済は世界の貿易体制を中心に学習します。

> 国家予算って1年でどれくらいなんだろう？
> 借金はどれくらいしているの？

歳出
106 兆 6,097 億円
〈内訳〉
一般歳出：
66 兆 9,020 億円
国債費：
23 兆 7,588 億円
地方交付税交付金等：
15 兆 9,489 億円

歳入
106 兆 6,097 億円
〈内訳〉
租税および印紙収入：
57 兆 4,480 億円
公債金：
43 兆 5,970 億円
その他収入：
5 兆 5,647 億円

> 経済連携って関税の撤廃だけなの？
> 日本はどの国と経済連携をしているの？

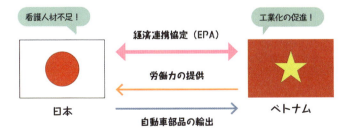

看護人材不足！ 工業化の促進！

経済連携協定（EPA）

労働力の提供

日本　　　　ベトナム

自動車部品の輸出

第 1 節 経済用語

はじめに

この節では、経済の基本用語について学習します。インフレ・デフレや GDP といった言葉は、ニュースでよく耳にすることがあると思います。意味を理解しておくと時事的な情報を覚えやすくなりますので、本書で確認しておきましょう。

1 経済用語

重要度 **B**

1 インフレとデフレ

私たちの生活の中で、物価が上がったり下がったりすることがあります。

物価の上昇や下落は、インフレやデフレといった言葉で表されます。

[インフレーション]

意味	**物価が持続的に上昇する状態（通貨の価値は下がる）。** ★1 例：リンゴ1個50円→100円に値上がりする。
インフレの原因による分類	①**ディマンドプル・インフレ（需要インフレ）** 生産物の供給量よりも需要量のほうが多いために生じるインフレ★2 ②**コストプッシュ・インフレ（費用インフレ）** 人件費や原材料費の高騰によって生じるインフレ
インフレの程度による分類	①**ハイパーインフレ**★3 物価が**短期間で急激に上昇する**インフレ ②**ギャロッピングインフレ** 物価が**年10%を超えて上昇する**インフレ ③**クリーピングインフレ** 物価が**年数%程度で緩やかに上昇する**インフレ

ナビゲーション

経済用語がそのまま試験に出題されることもあります。
本書に記載されている内容をしっかり押さえておきましょう。

★1
ワンポイント

インフレは一般的に企業の収益を増やし、賃金増加につながるため、好景気の際に起こりやすいのですが、景気が停滞しているにもかかわらずインフレが起こる「スタグフレーション」という現象もあります。

★2
野畑のズバッと解説

簡単にいえば、欲しい人が多い分、物の価値が上がるために起こる物価上昇のことです。

[デフレーション]

意味	物価が持続的に下落していく状態（通貨の価値は上がる）。★4 例：リンゴ1個100円→50円に値下がりする。
デフレスパイラルとは	デフレで物価が下落して企業の生産が鈍り、売上げの減少が所得の減少を招いて、**さらなる需要減少と物価下落に陥る悪循環**をいう。

世の中に出回る通貨の量を増やせば、デフレを抑えてインフレを誘導し、景気を浮上させることができると考えられます。

2 GDP（国内総生産）

国の豊かさを示す経済指標の1つとして、GDP（国内総生産）があります。★5★6

ここが ポイント　GDP（国内総生産）

国内総生産（GDP）とは、国内において、一定期間（1年間）に生産されたすべての財・サービスの付加価値を合計したもの。
　※GDPは、国民によるものであれ外国人によるものであれ、国内で生産された付加価値の合計として計上される。

3 寡占と独占

市場が少数の企業によって構成される状態を寡占といい、1社のみによって構成される状態を独占といいます。

寡占や独占状態を防ぐために、独占禁止法が制定されています。

寡占や独占の状態は、消費者が買いたい物の値段がつり上げられてしまう可能性があるため、規制する必要があります。

★3
野畑の ズバッと解説
通貨を発行しすぎると、通貨の価値が下がってハイパーインフレが起こります。

★4
ワンポイント
デフレは一般的に企業の収益を減らし、賃金低下につながるため、**不景気**の際に起こりやすいのです。日本でもバブル崩壊後の1991年から続いたいわゆる「失われた20年」においてデフレが進行し続けた経緯があります。

★5
ワンポイント
物価上昇分を含むものを名目GDP、物価上昇分を除いたものを実質GDPといいます。

★6
ワンポイント
2020年の日本の名目GDPは約540兆円でした。ちなみに、リーマンショック後の2009年は約490兆円でした。

[独占の形態]

カルテル （企業連合）	同一産業部門の複数の企業が、高い利潤を確保するために価格や生産量、販路などについて協定を結ぶことにより、市場を支配することをいう。カルテルは、独占禁止法により禁止されている。
トラスト （企業合同）	同一産業部門の複数の企業が1つに合併し、市場を支配することをいう。合併は原則として自由に行えるが、競争を実質的に制限する場合は独占禁止法で禁止されている。
コンツェルン （企業連携）	親会社（**持株会社**）がいろいろな産業分野の子会社（孫会社）を、株式保有を通じて傘下におさめて形成される企業集団のことである。第二次世界大戦前の三井・三菱・住友などの**財閥**がこれに近い。★7

★7
ワンポイント

持株会社は独占禁止法により禁止されていましたが、**国際競争力の強化のため1997年の改正により解禁**されました。
ちなみにカルテルは現在でも禁止されています。

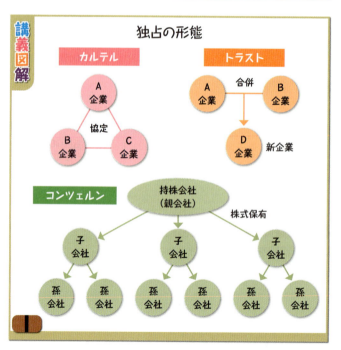

講義図解

独占の形態

カルテル

A企業

協定

B企業　　C企業

トラスト

A企業　合併　B企業

↓

D企業　新企業

コンツェルン

持株会社（親会社）

株式保有

子会社　　子会社　　子会社

孫会社　孫会社　　孫会社　孫会社　　孫会社　孫会社

過去問**チャレンジ**

独占禁止法により、持ち株会社の設立は当初禁止されていたが、その後の法改正により、その設立は解禁された。[12-51-エ]

○：その通り。

第2節 財政

はじめに

この節では、国の経済活動である財政について学習します。一般知識でしか問われない知識もありますが、憲法の財政規定と共通する話も登場しますので、これを機に憲法の復習をしておくと理解が深まるでしょう。

1 財政の機能　重要度 C

　国や地方公共団体の経済活動のことを財政といいます。財政には①資源配分機能、②所得の再分配機能、③経済安定化機能の3つの機能があります。

[財政の機能]

資源配分機能	政府が税金を使い、公共財を供給したり社会資本の整備を行ったりすること。 例：国防・警察・消防・道路・上下水道・公園
所得の再分配機能	累進課税★1制度や社会保障制度を用いて、所得格差を是正すること。 例：高所得者から所得税を多く取り、低所得者へは生活保護を行う。
経済安定化機能（ビルトイン・スタビライザー）	累進課税制度と社会保障制度を導入しておくと、自動的に景気調整を行い、経済を安定する機能を持つようになること。★2

「経済安定化機能」については、次の図で理解していきましょう。

ナビゲーション

近年は出題されていませんが、財政の機能3つについては学習しておくことをオススメします。

★1
用語の意味

累進課税
高所得になるほど税率が増える仕組みのこと。
所得税や法人税が累進課税の典型例。

★2
ワンポイント

経済安定化機能は、あくまで補助的なものでしかなく、景気対策には積極的な財政政策（フィスカル・ポリシー）が必要です。

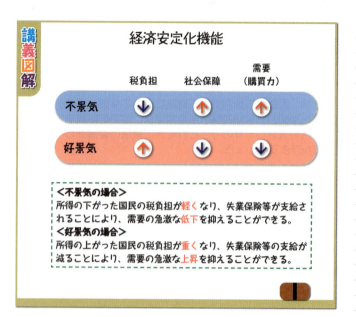

経済安定化機能

	税負担	社会保障	需要（購買力）
不景気	↓	↑	↑
好景気	↑	↓	↓

＜不景気の場合＞
所得の下がった国民の税負担が**軽く**なり、失業保険等が支給されることにより、需要の急激な**低下**を抑えることができる。

＜好景気の場合＞
所得の上がった国民の税負担が**重く**なり、失業保険等の支給が減ることにより、需要の急激な**上昇**を抑えることができる。

2 国の財政

重要度 **B**

1 財政と予算

　国の財政は、1年を会計年度（4月1日～翌年3月31日）とし、予算に基づいて行われます。

　予算には、①**一般会計予算**、②**特別会計予算**などがあります。

[国の予算]

一般会計予算	国の一般の歳入歳出を経理し、**税金などの財源を受け入れて、社会保障や教育といった国の基本経費をまかなうための予算**。★1
特別会計予算	一般会計と区別して経理する会計で、**特定の事業を実施する**場合などに、一般の歳入歳出と区別して処理する必要のある**場合に限り**、法律により設けられる予算。★2

ナビゲーション

とっつきにくいテーマではありますが、租税や国債など、過去によく出題されています。
繰り返し本書を確認して慣れていきましょう。

★1

ワンポイント

2021年度の一般会計当初予算は106兆6,097億円で、3年連続で100兆円を超えました。

講義図解

一般会計予算（2021年度当初予算を例に）

歳出	歳入
106兆6,097億円	106兆6,097億円
〈内訳〉	〈内訳〉
一般歳出：	租税および印紙収入：★3
66兆9,020億円	57兆4,480億円
国債費：	公債金：
23兆7,588億円	43兆5,970億円
地方交付税交付金等：	その他収入：
15兆9,489億円	5兆5,647億円

歳入のうち、約**41%**が公債（借金）となっている。★4
歳出のうち、約22%が国債費（借金返済）となっている。

数値はおおまかに押さえて
おけば大丈夫です。

★2
ワンポイント
特別会計には、食料安定供給・特許・自動車安全・外国為替資金などがありますが、**近年、特別会計の種類は減少**傾向です。

★3
ワンポイント
以前は租税のうち、所得税の割合が最も高かったですが、2021年度は消費税の割合が最も高くなりました。

★4
ワンポイント
リーマンショックが起こった翌年の**2009**年度の公債依存度は**50**%を超えていました。

2 暫定予算・補正予算

　会計年度ごとに作成した予算（本予算）とは別に、**暫定予算や補正予算が組まれることがあります。**

［暫定予算と補正予算］

暫定予算	予算が会計年度開始前に成立しなかった場合に、必要な経費の支出のために作成される予算（財政法30条）。暫定予算は、予算成立までの必要最小限の経費に限定される。**本予算が成立すれば、暫定予算は失効し、本予算に吸収される。**
補正予算	予算作成後に生じた自然災害、経済情勢の変化等の予見し難い事態に対応するために作成される予算（財政法29条）。財政民主主義から、予算以上の支出は、原則として許されない（**超過支出禁止の原則**）。そこで、予見し難い事態に対応するため、**本予算を超える支出が必要となった場合、補正予算を組まなければならない。**

補正予算は年に数回組まれる
ことがあります。

③ 国税

歳入の中心となる国税については、次のようなものがあります。

[おもな国税の種類] ★5

	直接税★6	間接税★7
国税	所得税・法人税・相続税・贈与税など	消費税・酒税・たばこ税・関税など
	直接税と間接税の割合（直間比率）＝ 7：3 日本では、戦後アメリカ主導のシャウプ税制勧告により直接税中心主義がとられてきた。	

★5
ワンポイント

2018年度の税制改革によって、日本からの出国に対する税金として「国際観光旅客税」が創設されました。

★6★7
用語の**意味**

直接税
納税義務者と税負担者が同じ税のこと。
間接税
納税義務者と税負担者が別の税のこと。

過去問チャレンジ

近年の税収構造をみると、所得税や法人税などの直接税と、消費税や酒税などの間接税の税収の比率は、おおよそ1：1となっている。[09-52-イ]

× : 直接税と間接税の割合はおおよそ 7:3 となっています。

④ 国債の種類

国債とは、公共事業を行う場合や、**税収が不足した場合に財源を確保する目的**で発行されます。

[主な国債の種類] ★8

建設国債	公共事業を行うための財源を調達する目的で発行する国債。
赤字（特例）国債	一般会計の歳入不足を補う目的で発行する国債。

また、国債を日本銀行に直接引き受けさせるとインフレを引き起こす危険があるため、財政法により**日本銀行の国債引受けを原則として禁止しています**（市中消化の原則）。

★8
野畑の
スバッと解説

財政法では建設国債の発行しか認めていませんが、赤字国債は財政特例法に基づき特別に発行しています。
現在では建設国債よりも赤字国債の発行が圧倒的に多くなっています。

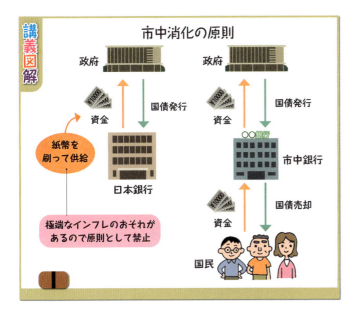

市中消化の原則

政府 — 国債発行 → 日本銀行
資金 ← 国債発行
紙幣を刷って供給
極端なインフレのおそれがあるので原則として禁止

政府 — 国債発行 → ○○銀行 市中銀行
資金
国債売却
資金
国民

5 プライマリーバランス（基礎的財政収支）

　プライマリーバランスとは、**国債の返済に必要な歳出と国債の発行による歳入を除いた収支の差**のことです。 ★9 ★10

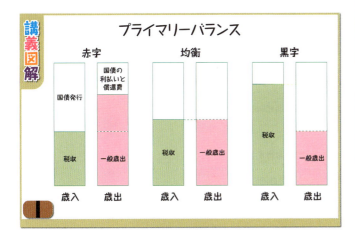

プライマリーバランス

赤字　　　均衡　　　黒字

赤字		均衡		黒字	
国債発行	国債の利払いと償還費				
税収	一般歳出	税収	一般歳出	税収	一般歳出
歳入	歳出	歳入	歳出	歳入	歳出

★9
ワンポイント
プライマリーバランスが赤字の場合、将来の国民が国債（借金）の負担を背負うことになります。

★10
ワンポイント
2021年度一般会計当初予算におけるプライマリーバランスは約20兆円の赤字です。

歳入と歳出の中から、「国債」を無視して計算したものがプライマリーバランスです。

6 財政投融資

　財政投融資とは、**税負担**によることなく、国債の一種である財投債の発行などにより調達した資金を財源として、民間では対応が困難な低金利の資金供給や大規模プロジェクトの実施を可能とするための活動のことです。★11

★11

野畑の
スパッと解説

学生向けの低金利の奨学金制度やリニア鉄道の建設に財政投融資が活用されています。

★12

ワンポイント

以前は郵便貯金や年金積立金を財源とする預託制度が採用されていましたが、現在では**廃止**され、財投機関は市場から資金を調達する制度となっています。

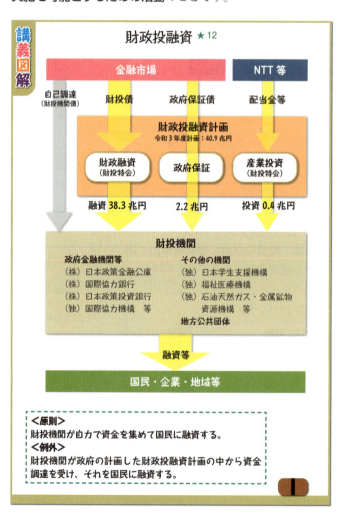

財政投融資 ★12

金融市場	NTT 等

自己調達（財投機関債）　財投債　政府保証債　配当金等

財政投融資計画
令和3年度計画：40.9兆円

財政融資（財投特会）	政府保証	産業投資（財投特会）

融資 38.3 兆円　　2.2 兆円　　投資 0.4 兆円

財投機関

政府金融機関等
(株) 日本政策金融公庫
(株) 国際協力銀行
(株) 日本政策投資銀行
(独) 国際協力機構　等

その他の機関
(独) 日本学生支援機構
(独) 福祉医療機構
(独) 石油天然ガス・金属鉱物
　　　資源機構　等

地方公共団体

融資等

国民・企業・地域等

＜原則＞
財投機関が自力で資金を集めて国民に融資する。
＜例外＞
財投機関が政府の計画した財政投融資計画の中から資金調達を受け、それを国民に融資する。

3 地方財政

重要度 B

1 地方財政の概要

　地方自治を実現するため、また地域住民への行政サービス提供のため、地方財政も重要な役割を担っています。

> 地方財政については、地方税の種類や地方債が重要です。

2 地方税の種類

　地方税は、地方公共団体が賦課徴収する税金です。

　地方税による収入は自治体によって異なりますが、**平均して総収入の3〜4割しかない**ことから、「**3割自治**」といわれることがあります。★1

[地方税の種類]

	直接税	間接税
道府県税 都 税	道府県民税・都民税・自動車税・事業税など	地方消費税・道府県たばこ税など
市町村税 特別区税	市町村民税・特別区民税・固定資産税・軽自動車税など	市町村たばこ税・入湯税など

3 地方交付税

　地方交付税は、**地方公共団体間の財源の不均衡を調整**し、どの地域に住む住民にも一定の行政サービスを提供できるように、国から必要な資金が提供される制度です。★2 ★3

ナビゲーション

地方交付税や地方債について出題実績があります。いきなりすべて覚えようとせず、少しずつ広げる形で学習をしてください。

★1
ワンポイント

税収不足の自治体は、国から国庫支出金や地方交付税交付金をもらったり、地方債を発行したりするなどして対応しています。

★2
ワンポイント

地方交付税を国からもらっていない地方公共団体（不交付団体）は、2022年度は73団体で、**都道府県では東京都のみが不交付団体**です。

★3
あとまわしOK

地方交付税は、その多くが**使途を制限されない一般財源として交付**されます（同じように国から交付される国庫支出金は、**使途が制限される特定財源**です）。

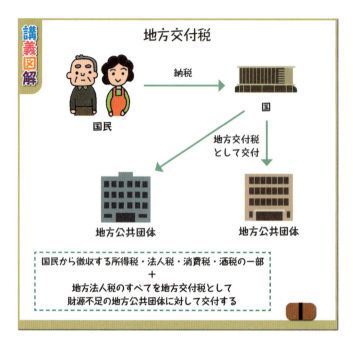

講義図解

地方交付税

納税 → 国

地方交付税として交付

国民

地方公共団体　　　地方公共団体

国民から徴収する所得税・法人税・消費税・酒税の一部
＋
地方法人税のすべてを地方交付税として
財源不足の地方公共団体に対して交付する

❹ 地方債

　地方債は、**地方公共団体が資金調達のために発行する債券**です。

　地方債の発行については、以前は都道府県では総務大臣の**許可**が、市町村では都道府県知事の**許可**が必要でしたが、現在では原則として事前**協議**や事前の**届出**で発行できるようになっています。

許可制より届出制のほうがより自由に地方債を発行することができます。

過去問チャレンジ

都道府県や市区町村が地方債発行により財源を調達する際には、当該地方議会の議決に加えて、国の許可を受けることが義務づけられている。[14-50-エ]

× : 地方債は原則として事前協議や事前の届出で発行できます。

ちょっと一息

ふるさと納税は税金？

昨今話題となっているふるさと納税ですが、実際は税金ではなく、応援したい自治体に寄付ができる制度のことなので注意しましょう。 手続をすると、所得税や住民税の還付・控除が受けられるので、活用している方も多いのではないでしょうか。

第3節 金融（日本銀行）

はじめに

この節では、金融について学習します。具体的には日本銀行の役割について学習しますが、不景気の際にどのような政策をとるのかという視点を持つと理解が深まります。

1 日本銀行

重要度 **A**

1 日本銀行の役割

日本銀行は、日本の中央銀行として、①**発券銀行**、②**政府の銀行**、③**銀行の銀行**といった役割を担っています。

[日本銀行の役割] ★1

発券銀行	**銀行券**（紙幣）**を発行**する唯一の銀行
銀行の銀行	**民間金融機関**を相手に、当座預金の受入れや資金の貸出を行う。
政府の銀行	国（政府）の資金である**国庫金に関する事務**（税金や社会保険料の受入れ、年金や公共事業費の支払い等）を行っているほか、**国債に関する事務**（国債の発行、国債元利金の支払い等）や**外国為替市場における為替介入事務**など、国の事務を取り扱っている。

2 金融政策

金融政策とは、物価や景気を安定させるために通貨量を調節することをいいます。

主な金融政策手段として、①**公開市場操作**、②**金利政策**、③**預金準備率操作**の3つがあります。

どのような政策なのか、確認しておきましょう。特に公開市場操作が重要です。

ナビゲーション

日本銀行の金融政策は過去にも出題されています。「不景気の際にどのような政策を行うか」を中心に押さえておきましょう。

★1
ワンポイント

このほかにも日本銀行は、市中銀行の監督として、立入調査を行う「**考査**」と、立入調査を行わない「**オフサイト・モニタリング**」を行ったり、円相場の安定のために、**財務大臣**の判断により為替操作を行ったりすることがあります。

[金融政策]

公開市場 操作★2	日本銀行が金融機関を相手に**国債などの有価証券**の売買を行い、市中の通貨量を調整する。 　不景気の場合：日本銀行が有価証券を**買う**（**買いオペ**） 　好景気の場合：日本銀行が有価証券を**売る**（**売りオペ**）	
金利政策 ★3	日本銀行が民間金融機関に対し直接資金を貸し出すときの金利を調整することによって、間接的に市中銀行の貸出金利等に影響を与え経済を調整する。 　不景気の場合：貸出利率（金利）を**下げる** 　好景気の場合：貸出利率（金利）を**上げる**	
預金準備率 操作★4	金融機関が、日本銀行に対して預金の一定比率を預け入れることを義務づける。 　不景気の場合：預金準備率（支払準備率）を**下げる** 　好景気の場合：預金準備率（支払準備率）を**上げる**	

講義図解

公開市場操作（不景気の場合）

❶国債等の購入　　❷貸出量増加

（買いオペ）

日本銀行　　¥　　民間銀行　　¥　　国民

日本銀行が民間銀行の国債を買うと、
代金として大量のお金が民間銀行に支払われる。

民間銀行が国民にそのお金を低い金利で貸し出すことによって、
国民が使えるお金の量が増える。

景気回復を促す！

ここがポイント　マイナス金利の導入★5

マイナス金利とは、**民間の金融機関が日本銀行に預けている預金金利をマイナスにする**こと。日本では2016年2月から実施。
　→民間銀行は日本銀行に預けていると利息を取られる形となるため、預金を引き出して企業等に融資するなど、経済の活性化が期待されている。

★2
ワンポイント
現在の日本の金融政策の中心は公開市場操作です。

★3
ワンポイント
以前は金利政策を採用していましたが、1994年に民間金融機関の預金金利が完全自由化された結果、1996年以降、日本銀行は金利政策を金融政策手段として用いていません。

★4
ワンポイント
1991年以降、日本銀行は、預金準備率操作を行っていません。

★5
ワンポイント
日本銀行が民間金融機関にお金を貸し出す金利（貸出金利）とは違うことに注意してください。

日本銀行は「国内政策の銀行」として、公開市場操作、預金準備率操作などの金融政策を行う。しかし、「円売りドル買い」などの外国為替市場への介入は行わない。[11-49-オ]

× : 財務大臣の判断により為替市場へ介入することがあります。

第 4 節 戦後日本経済史

はじめに

この節では、戦後の日本経済史を学習します。戦後復興期から高度経済成長期までのおおまかな流れと、時代ごとの「キーワード」を覚えることで得点源とすることができます。

1 戦後日本経済

重要度 **B**

第二次世界大戦後、敗戦国だった日本はどのように経済復興を遂げ、先進国の仲間入りをしたのでしょうか。

[戦後復興期] 1945 〜 1954 年

キーワード	内容
経済の民主化	GHQの主導で、 ①**財閥**の解体 ②**農地改革** ③**労働組合**の育成 という三大改革が行われた。
ハイパーインフレ	極度の物資不足と通貨の増発によって、**ハイパーインフレ**が発生した（復金インフレ）。
傾斜生産方式	**石炭・鉄鋼・電力事業等**に資金を大量投下する**傾斜生産方式**★1によって**インフレが継続**した。★2
ドッジライン	アメリカによる経済安定計画として、 ①支出の**削減**と課税**強化**（**シャウプ**勧告） ②政府による補助金の**削減** ③１ドル＝**360**円の単一為替レートの設定 が実施された。
朝鮮特需	1950年に始まった**朝鮮戦争**により、衣料調達・武器補修の需要が高まり、戦後の不況から脱却した。

ナビゲーション

過去によく出題されていたテーマになります。キーワードと内容を押さえることが重要です。

★1
用語の意味

傾斜生産方式
当時の主要産業に集中して資金を注入して経済復興を進める政策。

★2

野畑のズバッと解説

お金が世の中に出回りすぎているのがインフレの要因であったため、**政府支出を減らしたり、増税をしたりすることで対応しました**。

ドッジラインにより、景気回復に向けて国債発行を通じた積極的な公共事業が各地で実施されるとともに、賃金・物価統制を通じて、インフレの収束が図られた。[16-51-2]

× : 積極的な公共事業は世の中に出回るお金の量を増やしてしまい、さらなるインフレが発生してしまうため、国債を発行しませんでした。

［高度経済成長期］1954〜1973年

キーワード	内容
○○景気	①神武景気（1954〜1957年） ②岩戸景気（1958〜1961年） ※池田内閣の「所得倍増計画」をきっかけに設備投資が活発化 ③オリンピック景気（1962〜1964年） ※1964年にOECD（経済協力開発機構）に加盟★3 ④いざなぎ景気（1965〜1970年） ※アメリカに次ぐ世界第2位の経済大国となる。★4
第一次石油危機（オイルショック）	1973年に中東で発生した第一次オイルショックにより、高度経済成長は終了した。 ※「狂乱物価」とよばれる急激なインフレが発生。 （不況下でのインフレ：スタグフレーション）

★3
野畑のズバッと解説
OECDは別名「先進国クラブ」とよばれ、加盟が実現＝先進国の仲間入りという意味があります。

★4
ワンポイント
現在は、アメリカ・中国に次ぐ世界第3位の経済大国です。

オリンピック景気といざなぎ景気の間、1年だけ不況だったことがあります（昭和40年不況）。

第一次石油危機による原油価格の暴騰などにより、狂乱物価と呼ばれる激しいインフレが発生した。[12-50-3改題]

○ : その通り。

第5節 国際経済

はじめに

この節では、国際経済について学習します。以前は GATT や WTO など、多国間の貿易交渉がメインでしたが、最近では EPA とよばれる経済連携協定が注目されています。それぞれの特徴を押さえておきましょう。

1 現在の貿易体制

重要度 **B**

1 概要

国内で自由な取引が推奨されるように、各国間の取引である貿易も自由に行われる必要があります。

そのため、**WTO（世界貿易機関）**という国際組織や、**FTA（自由貿易協定）**という協定により、**貿易の自由化**を目指しています。★1

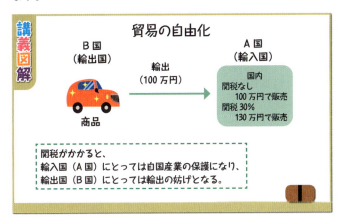

講義図解

貿易の自由化

B国
（輸出国）

輸出
（100万円）

A国
（輸入国）

国内
関税なし
　100万円で販売
関税30%
　130万円で販売

商品

関税がかかると、
輸入国（A国）にとっては自国産業の保護になり、
輸出国（B国）にとっては輸出の妨げとなる。

ナビゲーション

過去に何度か出題されているテーマです。最近ではTPPなど時事的な問題も出題されていますので、日頃からニュースをチェックしておくことも重要です。

★1
野畑のズバッと解説

関税をかけて自国の産業を守ることを保護貿易といいますが、過去には極端な保護貿易政策が第二次世界大戦を起こすきっかけとなってしまいました。

2 GATTからWTOへ

戦後は、各国がGATT（関税および貿易に関する一般協定）という条約を締結することで自由貿易を推進していましたが、**1995年に国際機関としてWTO（世界貿易機関）が設立**され、GATTは発展的に解消されました。★2

[GATTとWTOの違い]

	GATT	WTO
範囲	基本的に「モノ」の移動	サービス・知的財産権も含む
紛争解決	コンセンサス方式 （1カ国でも反対すると対抗措置不可）	ネガティブコンセンサス方式 （全会一致の反対でなければ対抗措置をとることが可能）

3 FTAとEPA

GATTやWTOは、より多くの国が貿易自由化を目指して交渉を重ねるという形をとりますが、**FTA（自由貿易協定）は、締約国同士がお互いに関税を撤廃したりすることで貿易拡大を図る協定**です。★3

[FTAとEPAの違い]

	FTA（自由貿易協定）	EPA（経済連携協定）
範囲	基本的に貿易の自由化を図る。	貿易の自由化だけでなく、経済協力や労働市場の開放の推進も行う。

ここがポイント 日本の発効済・署名済EPAの現状（2022年6月現在）

シンガポール、メキシコ、マレーシア、チリ、タイ、インドネシア、ブルネイ、ASEAN全体、フィリピン、スイス、ベトナム、インド、ペルー、オーストラリア、モンゴル、TPP12（署名のみ・未発効）、TPP11、日EU・EPA、アメリカ、イギリス、RCEP★4

★2
野畑のスパッと解説
1980年代以降、モノ以外のサービス貿易や、知的財産権に関する国際問題などが起こったりしたことから、それらに対応する組織をつくる必要がありました。

★3
ワンポイント
日本は2002年に初のEPAをシンガポールと締結しました。最近では当初参加を予定していたアメリカを除く11カ国で締結したTPP11や、EUと締結したEPAが話題となりました。

★4
野畑のスパッと解説
RCEP（東アジア地域包括的経済連携）は、ASEAN10か国（ブルネイ、カンボジア、インドネシア、ラオス、マレーシア、ミャンマー、フィリピン、シンガポール、タイ、ベトナム）、日本、中国、韓国、オーストラリアおよびニュージーランドが参加するEPAです。当初はインドが交渉に参加していましたが、署名には至りませんでした。

第3章

社会

この章で学ぶこと

「労働問題と社会保障」

社会分野の出題は多岐にわたりますが、主に労働問題と社会保障について学習します。

1階部分	厚生年金		2階部分
国民年金（基礎年金）			
自営業者など	民間被用者	公務員等	第2号被保険者の被扶養配偶者
[第1号被保険者]	[第2号被保険者等]		[第3号被保険者]

年金や介護保険の仕組みってどうなっているの？

日本で働くための新しい在留資格って何？

第1節 雇用・労働問題

はじめに

この節では、日本の雇用・労働問題について扱います。非正規雇用や女性・外国人の労働問題を押さえたうえで、それを解決するために制定された法律の内容を押さえておきましょう。

1 現代の労働問題

重要度 A

1 雇用環境の変化

　高度経済成長を支えた日本型の雇用形態は、①**終身雇用**、②**年功序列賃金**、③**企業別組合**でしたが、バブル経済の崩壊による長引く不況によって、**企業はリストラを行い、正規労働者に代わり派遣社員やパートタイマーなどの非正規労働者を増やして経費の削減**を図りました。★1

> いわゆる「格差社会」につながる問題が発生しました。そのため、正規労働者と非正規労働者の格差を是正する法改正がされています。

2 派遣労働者問題

　日本では1985年に労働者派遣法が制定されました。制定当時は専門的な知識や能力を社会全体で共有するという考えから、**通訳等の専門職の派遣しか認めていませんでしたが、度重なる改正により対象業務が拡大していきました**。

ナビゲーション

近年は外国人の労働問題に関する出題が増えていますが、非正規雇用・女性労働問題も出題されているので、しっかり学習しておきましょう。

★1
ワンポイント

非正規労働者の数は2010年以降、増加が続いていましたが、2020年、2021年は連続で減少しました。

[労働者派遣法の改正] ★2

1999年改正	派遣対象業務を**港湾運送・建設・警備・医療・製造以外**に拡大（労働者派遣をしてはいけない業務を列挙する「**ネガティブリスト方式**」を採用）。
2003年改正	**製造業**の労働者派遣を解禁。
2008年	**リーマンショック**の影響で大量の派遣切りが発生。
2012年改正	・ 30日以内の「**日雇い派遣**」の原則禁止。 ・ 違法な派遣と知りつつ受け入れているときは派遣先が直接雇用したものとみなす「**みなし雇用**」制度を導入。

★2
ワンポイント

これ以前は、労働者派遣をしてもいい業務を列挙する「**ポジティブリスト**方式」が採用されていました。

2015年改正により、以前は届出制と許可制の2種類あった労働者派遣事業が許可制に一本化されました。

過去問チャレンジ

労働者派遣法の改正により、派遣対象業務の制限が撤廃され、すべての業務について派遣労働が認められることとなったことから、2000年以降、派遣労働者数は急速に増加した。[10-52-4]

✕：港湾運送・建設・警備・医療業務は労働者派遣が認められていません。

ちょっと一息

「じっくり読み」と「ざっくり読み」を使い分けよう

みなさんは、本書を読む際にじっくり時間をかけて読んでいますか？　それとも、ざっと流し読みをしていますか？

いつもじっくり読んでいるとなかなか読み進められませんし、流し読みではなかなか知識が定着しません。なので、問題を解いてみて間違えた箇所についてはじっくり読み、忘れないように確認したいときはざっくり読むようにするなど、読み方を使い分けるようにしてください。

3 女性労働問題

労働における女性差別の解消を目的として、**男女雇用機会均等法をはじめとする法律が整備されました。**

[女性労働問題に関する法律]

1985年 男女雇用機会均等法制定	**女子差別撤廃**条約（1981年発効）を批准したことを受け、国内法として男女雇用機会均等法が制定された。
1991年 育児休業法制定	**1**歳未満の子を養育するために男女問わず休職が認められた。
1995年 育児休業法を育児・介護休業法に改称	育児休業とともに**介護**休業の制度を導入。
1997年 男女雇用機会均等法改正	**事業主に女性に対するセクハラの防止について配慮することを義務づけた。** **募集、採用、配置、昇進などの女性差別を禁止。** 是正勧告に従わない企業は企業名を公表されることとなった。
1997年 労働基準法改正	**女性労働者に対する時間外労働・休日労働・深夜労働の規制が解消された。**
2006年 男女雇用機会均等法改正	男女を対象とする差別の禁止に拡大。 事業主に男女を対象とするセクハラの防止のために必要な措置を講ずることを義務づけた。実質的に性別を理由とする差別となるおそれがある間接差別の禁止、働く女性が妊娠や出産をした場合に産休や簡易業務への転換を求めたことを理由に解雇・降格・減給などの不利益な取扱いをすること（いわゆる**マタハラ**）の禁止が定められた。★3
2015年 女性活躍推進法制定	国・地方公共団体・従業員301名以上の企業に女性活躍のための行動計画等の策定を義務づけ（2022年4月1日からは従業員**101**人以上の企業に拡大）。★4

★3
ワンポイント
2019年の改正では、職場における**セクハラ**について、**事業主に相談したことを理由とする不利益な取扱いが禁止**されました。

★4
ワンポイント
従業員300人以下（2022年4月1日からは従業員100人以下）の企業については、女性活躍のための行動計画等の策定について**努力**義務が課せられています。

女性活躍推進への取組みの実施状況が優良である企業は、「えるぼし認定」「プラチナえるぼし認定」を受けることができます（認定マークを商品などに付けることができます）。

過去問チャレンジ

男女雇用機会均等法その他関連労働法規の改正により、女性労働者についての時間外労働、休日労働、深夜労働の制限が撤廃され、女性の働く機会が大幅に増大した。[10-52-3]

〇：その通り。

4 外国人の労働問題

　外国人が日本で働くためには、法務大臣から在留資格（就労資格）取得許可を得なければなりません。★5

　以前は、高度な専門知識を持った者にのみ就労資格が与えられていましたが、**人材を確保することが困難な分野について外国人を受け入れるための新たな在留資格が創設**されました（2019年4月施行）。

［新たな在留資格］★6

	特定技能1号	特定技能2号
技能水準	相当程度の知識または経験を必要とする技能	熟練した技能
日本語能力水準	ある程度日常会話ができ、生活に支障がない程度を基本とし、業務上必要な日本語能力	―
在留期間	通算で5年を上限	在留期間の更新が必要
家族の帯同	基本的に**不可**	**可能**

特定技能1号の対象となるのは、介護業・建設業・外食業など14分野です。

過去問チャレンジ

途上国から人材を受け入れ、技術を学んでもらうことを目的とした外国人技能実習制度があるが、実習生を低賃金労働者として扱うなどの問題が生じている。［16-52-オ］

〇：その通り。

5 長時間労働の是正

　過酷な残業など、働き方に関する諸問題に対応するため、2018年に働き方改革関連法が制定され、労働基準法の改正など、様々な取組みが行われました。

［長時間労働の是正（労働基準法改正等）］

内容	**残業時間**の上限規制。 勤務間インターバル制度★7の導入。 年**5日**、時季を指定し年次有給休暇を取得させるよう**企業**に義務づけ。

★5
ワンポイント

開発途上国等の外国人を一定期間に限り受け入れ、技能を移転する外国人技能実習制度が1993年に創設されましたが、**技能実習生を低賃金労働者として扱うなどの問題が生じていた**ため、2016年に技能実習法が制定されました。

★6
野畑のスパッと解説

特定技能2号は、外国から家族を呼び寄せることが可能となるなど、日本で生活しやすくなります。

★7
用語の意味

勤務間インターバル制度
1日の勤務終了後、翌日の出社までの間に一定時間以上の休息時間を確保する仕組み。

第2節 社会保障

はじめに

この節では、社会保障について学習します。年金や介護保険などがよく出題されていますが、私たちにも身近なものなので、興味を持って学習しましょう。

1 社会保障制度

重要度 **B**

1 社会保障制度とは

社会保障制度は、**病気やケガなどによる生活不安に対して、国が現金や医療サービスを給付する制度**です。

社会保障制度は、①**社会保険**、②**公的扶助**、③**社会福祉**、④**公衆衛生**の**4つを柱**としています。

> 試験でもよく問われる年金制度・介護保険制度について確認しておきましょう。

2 年金制度

公的年金制度は、**いま働いている世代（現役世代）が支払った保険料を仕送りのように高齢者などの年金給付に充てるという賦課方式を基本**として運営されています。★1★2

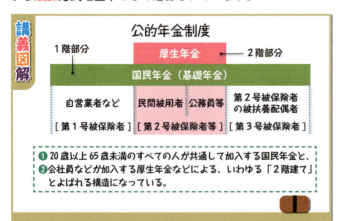

講義図解

公的年金制度

| | 2階部分 |
| 1階部分 | 厚生年金 |

| 国民年金（基礎年金） |
| 自営業者など | 民間被用者 | 公務員等 | 第2号被保険者の被扶養配偶者 |
| [第1号被保険者] | [第2号被保険者等] | | [第3号被保険者] |

❶ 20歳以上65歳未満のすべての人が共通して加入する国民年金と、
❷ 会社員などが加入する厚生年金などによる、いわゆる「2階建て」とよばれる構造になっている。

ナビゲーション

年金制度や介護保険制度の基本事項が出題されます。
日頃のニュースで流れる情報をキャッチしておくと時事的な問題が出題されても安心です。

★1 ワンポイント

1959年にすべての国民が何らかの年金と医療保険に加入する国民皆年金、国民皆保険の制度が整備されました。

★2 ワンポイント

国民年金の財源は**保険料のほか国庫負担**も行われています。国庫負担の割合は**2009年度以降3分の1から2分の1に引き上げ**られています。

❸ 介護保険制度

高齢化の進展に伴い、1997年に介護保険法が制定され、**高齢者の介護を社会全体で支えあう制度である介護保険制度が2000年からスタート**しました。

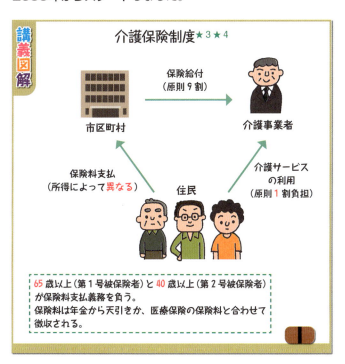

介護保険制度 ★3 ★4

保険給付
（原則9割）

市区町村 → 介護事業者

保険料支払
（所得によって**異なる**）

住民

介護サービス
の利用
（原則1割負担）

65歳以上（第1号被保険者）と40歳以上（第2号被保険者）が保険料支払義務を負う。
保険料は年金から天引きか、医療保険の保険料と合わせて徴収される。

★3
ワンポイント
介護保険の保険者は**市区町村**です。国ではないので気をつけてください。

★4
ワンポイント
一定以上の所得がある者は**2**割負担、現役並みの所得がある者は**3**割負担となります。

4 生活保護制度

生活保護制度は、**生活に困窮する者に対し、困窮の程度に応じて必要な保護を行い、健康で文化的な最低限度の生活を保障し、その自立を助長する**制度です。★5

生活保護制度については、①**居住地保護の原則**、②**世帯単位の原則**、③**補足性の原則**に基づいて運用されています。

[生活保護制度の原則] ★6

居住地保護の原則	生活保護は、**現在住んでいる場所**の自治体で受けることになる（住民登録とは関係がない）。
世帯単位の原則	生活保護は、原則として**世帯全体**で保護が必要かどうかを判断する。同じ世帯にいるのに、1人だけ生活保護を受けることは基本的にできない。
補足性の原則	収入、資産、能力その他あらゆるものを生活のために活用して、それでも最低限度の生活費（**最低生活費**）に足りない場合に、その**足りない部分を補う**。そのため、収入、資産については正しい届出が法律上義務づけられている。

過去問チャレンジ

生活保護法では、保護の認定や程度については、あくまでも個人を単位として判断されることとなっており、仮に同一世帯のなかに所得が高額な親族がいる場合であっても、特定の個人が生活困窮状態にある場合には、保護の対象となる。[11-53-1]

×：保護の認定や程度については、世帯を単位として判断されます。

★5

ワンポイント

生活保護制度は、1946年に制定された生活保護法に基づいています。

★6

ワンポイント

生活保護に至る前の段階の自立支援策の強化を図るため、**2013年に生活困窮者自立支援法が制定**されました（2015年4月施行）。

第3節 少子高齢化

はじめに

この節では、少子高齢化について学習します。出生率や高齢化率などの数字が登場しますが、正確に覚える必要はありません。おおまかな数字を押さえておきましょう。

1 少子高齢化

重要度 **B**

現在、**日本では高齢化率（総人口に占める65歳以上の割合）が28％を超える**超高齢社会を迎えています。★1

これは平均寿命が増加しただけでなく、**合計特殊出生率（1人の女性が一生の間に出産する子どもの数の平均）が減り、少子化が進行している**ことが大きな要因です。★2

[高齢化率の推移]

1950	1960	1970	1980	1994	2000	2010	2020	2021
4.9	5.7	7.1	9.1	14.1	17.4	23.0	28.8	29.1

[合計特殊出生率の推移]

1947	1966	1973	1989	1996	2001	2005	2011	2018	2019	2020	2021
4.54	1.58	2.14	1.57	1.43	1.33	1.26	1.39	1.42	1.36	1.33	1.30

合計特殊出生率が2.08未満になると人口が減少するといわれています。

ナビゲーション

日本の高齢化率について出題されたことがあります。高齢化率や出生率がどのように推移しているのかをおおまかに確認しておきましょう。

★1

ワンポイント

高齢化率が7％を超えると高齢化社会、14％を超えると高齢社会といいます。

★2

ワンポイント

欧米で日本と同様に少子高齢化問題を抱えている国は、**ドイツ**と**イタリア**です。アジアは全体的に少子化が進んでいますが、高齢化率は、まだそれほど高くありません。

過去問チャレンジ

令和元年（2019年）9月15日現在の高齢者人口（推計）は、人口全体の4分の1を超えている。[15-53-ア改題]

○：その通り（高齢化率は28.4％）。

第4節 環境問題

はじめに

この節では、環境問題について学習します。日本における環境対策だけでなく、世界規模での環境対策についても押さえておきましょう。

1 日本の公害・環境問題

重要度 **B**

1 日本の公害と対策

日本で公害が社会問題となったのは、高度経済成長期に発生した、①**イタイイタイ病**、②**水俣病**、③**新潟水俣病**、④**四日市ぜんそく**の四大公害事件です。

この事件の後、国は本格的な公害対策に取り組むこととなりました。

ナビゲーション

最近はあまり出題されていませんが、環境庁発足や環境省へ格上げされるまでのおおまかな流れを押さえておくと安心です。

[公害と対策の歴史] ★1

1891	足尾銅山（栃木県）の鉱毒被害が広がる（**足尾銅山鉱毒事件**）
1955	富山県神通川流域の**イタイイタイ病**鉱毒説発表
1956	熊本県水俣湾周辺で有機水銀中毒表面化（**水俣病**）
1961	三重県四日市でぜんそく症状が多発（**四日市ぜんそく**）
1965	新潟県阿賀野川流域の有機水銀中毒表面化（**新潟水俣病**）
1967	**公害対策基本法**制定
1968	大気汚染防止法制定
1970	公害国会で公害関係14法成立
1971	**環境庁**発足

★1
野畑の スバッと解説

四大公害の発生→公害対策基本法→環境庁発足の流れを押さえておきましょう。

2 公害問題から環境問題へ

1990年代になり、**公害問題だけでなく地球環境保全に取り組むための環境基本法が制定**されました。★2

★2
野畑の スバッと解説

公害対策はマイナスからゼロへ、環境保全はゼロからプラスへ、よりよい環境にするというイメージです。

[環境保全への取組み]

1972	自然環境保全法制定
1993	環境基本法施行（※公害対策基本法は廃止）
1997	環境影響評価法（環境アセスメント法）制定★3
2000	循環型社会形成推進基本法制定
2001	環境庁を環境省に格上げ（中央省庁再編）
2006	石綿健康被害救済法（アスベスト新法）制定

国の環境影響評価法に先駆けて、1976年に神奈川県川崎市で環境アセスメント条例が制定されています。

★3
ワンポイント

環境アセスメントとは、大規模な開発事業の内容を決めるにあたり、環境に及ぼす影響をあらかじめ事業者みずからが調査・予測・評価を行い、その結果を公表して住民や地方公共団体等から意見を聴き、それらを踏まえて環境によりよい事業計画をつくり上げていこうという制度です。

2 地球環境問題

重要度 **B**

第二次世界大戦後、**石油・石炭などの化石燃料を中心としたエネルギーの大量消費により、地球規模の環境問題が発生**しました。★1

そこで、国家の枠組みを超えた地球環境保護の取組みが行われるようになりました。

ナビゲーション

地球環境問題も、最近は出題されています。最低限パリ協定など新しい取組みについては押さえるようにしましょう。

[地球環境問題への取組み]

1972年 国連人間環境会議	「かけがえのない地球」をスローガンに、人間環境宣言の採択とともに、環境問題に取り組む国連環境計画（UNEP）を設立。
1973年 ワシントン条約	絶滅のおそれのある野生動植物の国際取引に関する条約を採択。
1985年 オゾン層保護のためのウィーン条約	オゾン層保護のための国際的な枠組みを定めた条約を採択。
1989年 バーゼル条約	有害廃棄物の越境移動や処分の規制に関する条約を採択。
1992年 地球サミット★2	環境保全と開発が両立するという「持続可能な開発」をスローガンに、地球温暖化を防ぐための「気候変動枠組条約」、多種多様な動植物を保護するための「生物多様性条約」などを採択。

＊次ページへ続く。

★1
ワンポイント

地球環境問題として、地球の温暖化、オゾン層の破壊、酸性雨、砂漠化、熱帯雨林の破壊、野生生物種の減少などがあります。

★2
ワンポイント

地球社会における環境保全のあり方を示す原則を掲げた「環境と開発に関するリオ宣言」、地球環境保護のための具体的な行動計画である「アジェンダ21」も採択されました。

1997年 京都議定書★3	**先進国**に対し二酸化炭素などの温室効果ガスの排出量の削減を義務づける「京都議定書」を採択。
2015年 パリ協定	世界197の国および地域の**すべて**が温室効果ガス削減を約束するパリ協定を採択。★4

★3

野畑の**ズバッと解説**

京都議定書は、**アメリカの離脱**や発展途上国が参加しない等、問題を抱えていました。

★4

ワンポイント

アメリカは2020年11月にパリ協定から離脱しましたが、2021年2月に復帰しています。

近年採択された、パリ協定について確認しておきましょう。

ここが**ポイント** パリ協定

- 世界共通の長期目標として、産業革命前からの平均気温の上昇を2℃より低く抑えることを目標とする。
- 先進国・途上国を問わずそれぞれ2020年以降の削減目標を申告し、5年ごとに見直しを行うが、法的拘束力は**ない**。

ここが**ポイント** SDGs（持続可能な開発目標）

- 2001年に策定されたミレニアム開発目標（MDGs）の後継として、**2015年9月の国連サミット**で採択された2016年から2030年までの国際目標のこと。
- 貧困の根絶・飢餓ゼロなど、**17**の大きな目標が掲げられている。

SDGs目標14「海の豊かさを守ろう」を実現するために、世界で海洋プラスチック問題に関する取組みが行われています。

第4章

情報通信・個人情報保護

「個人情報の活用と保護」

　情報通信・個人情報保護の分野では、主に個人情報保護法について学習します。

　個人情報は、営業ツールとして有用ですが、一方で不正利用や流失が懸念されます。

営業のために個人情報
を活用したい！

個人情報の流出が心配……

事業主

顧客

個人情報を持っているとどんな
義務が課せられるの？

個人情報の利用を停止
してもらいたい！

第1節 個人情報保護法

はじめに

この節では、個人情報保護法について学習します。個人情報保護法は、対策の立てづらい一般知識の中では得点源にすべき分野となります。「目的」「定義」「義務」など、条文の言葉を正確に押さえることが重要です。

1 個人情報保護法制の歩み

重要度 C

1 個人情報保護関連法の制定

　個人情報保護への関心は、1970年代に欧米で高まりました。
　そして、日本でも個人情報の漏えいが社会問題化したため、**2003年に個人情報保護関連法が制定**されました。

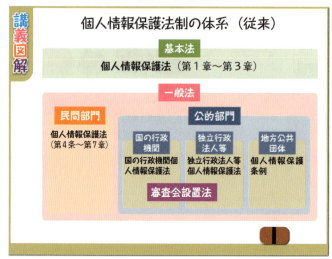

個人情報保護法制の体系（従来）

個人情報に関連する法律は、2021年に大きく改正されました。2021年5月19日に公布された改正法は、2022年4月1日に施行されました（地方公共団体に適用される規定は2023年4月1日施行）。

2 個人情報保護制度の見直し

　日本の個人情報保護制度は、民間事業者を対象とした「個人情報保護法」や、国等の行政機関を対象とした「行政機関個人情報保護法」など、いくつかの法律に分かれていましたが、以前から複雑であると指摘されていました。そこで、

2021年の法改正より、「個人情報保護法」に一本化されることとなりました。

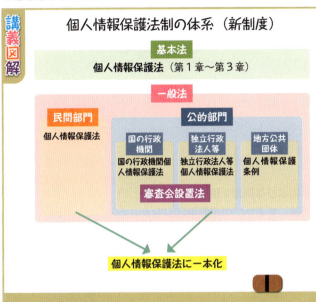

2 目的・定義

重要度 A

1 個人情報保護法の目的（1条）★1

　この法律は、デジタル社会の進展に伴い個人情報の利用が著しく拡大していることに鑑み、個人情報の適正な取扱いに関し、基本理念および政府による基本方針の作成その他の個人情報の保護に関する施策の基本となる事項を定め、国および地方公共団体の責務等を明らかにし、個人情報を取り扱う事業者および行政機関等についてこれらの特性に応じて遵守すべき義務等を定めるとともに、個人情報保護委員会を設置することにより、行政機関等の事務および事業の適正かつ円滑な運営を図り、ならびに個人情報の適正かつ効果的な活用が新たな産業の創出ならびに活力ある経済社会および豊かな国民生活の実現に資するものであることその他の個人情報の有用性に配慮しつつ、個人の権利利益を保護することを目的とします（1条）。

ナビゲーション

目的と定義は試験でも頻出です。繰り返し本書を確認して知識を定着させましょう。

★1

ワンポイント

「プライバシー」という言葉が明記されていないことに注意しましょう。

目的条文は重要です。繰り返し確認するようにしましょう。

過去問 **チャレンジ**

個人情報保護法は、個人情報の有用性に配慮しつつ、個人の権利利益を保護することを目的とする旨を明文で定めている。[10-56-イ改題]

◯：その通り（1条）。

② 定義

　個人情報保護法には、**どのような情報を持っている者がどのような義務を負うか等を明確にするための定義規定**がおかれています。

［個人情報（2条1項）］

個人情報とは	**生存する個人**に関する情報で、下記①か②に該当するもの ①当該情報に含まれる氏名、生年月日その他の記述等により**特定の個人**を識別することができるもの（ほかの情報と**容易**に照合することができ、それにより**特定の個人**を識別することができることとなるものを含む）。 ②**個人識別符号**が含まれるもの。 ★2

★2
野畑の **ズバッと解説**

個人の指紋データやマイナンバー等の**個人識別符号**を含む情報も個人情報に含まれます。

ここが **ポイント** 条文解説（2条1項）

- **死者**の情報は「個人情報」にあたらないが、相続される預金情報等、それが同時に**生存**する遺族の個人の情報でもある場合には、「個人情報」にあたる。
- **映像や音声**であっても、それによって特定の個人が識別できる場合には、「個人情報」にあたる。
- 単なる記号や数字からなる文字列で構成されるメールアドレスや社員番号等は、それのみでは「個人情報」にあたらないが、別の名簿等と**容易**に照合して特定の個人を識別できるものは「個人情報」にあたる。

個人情報保護法は、原則として生存者の個人情報を守るものであるが、死者の情報であっても、それが同時にその遺族の個人情報でもある場合には、個人情報に含まれると解している。[12-55-1]

○：その通り（2条1項）。

3 個人識別符号（2条2項）

［個人識別符号］

個人識別符号とは★3	①特定の個人の身体の一部の特徴を電子計算機の用に供するために変換した文字、番号、記号その他の符号であって、当該特定の個人を識別することができるもの。 ②個人に提供される役務の利用もしくは個人に販売される商品の購入に関し割り当てられ、または個人に発行されるカードその他の書類に記載され、もしくは電磁的方式により記録された文字、番号、記号その他の符号であって、その利用者もしくは購入者または発行を受ける者ごとに異なるものとなるように割り当てられ、または記載され、もしくは記録されることにより、特定の利用者もしくは購入者または発行を受ける者を識別することができるもの。

★3 ワンポイント
条文が複雑なので、先に具体例を押さえた後に軽く条文を確認しておけば十分です。

ここがポイント 条文解説（2条2項）

● ①の例：顔認識データ、指紋認証データ、発声の際の声帯データ等
● ②の例：マイナンバー、パスポート番号、自動車運転免許証の番号等★4

★4 ワンポイント
クレジットカード番号は個人識別符号には含まれません。

過去問チャレンジ

クレジットカード番号や指紋データは、「個人識別符号」に含まれる。[18-57改題]

×：クレジットカード番号は個人識別符号に含まれません（2条2項）。

❹ 要配慮個人情報（2条3項）

［要配慮個人情報］

要配慮個人情報とは★5	本人の人種、信条、社会的身分、病歴、犯罪の経歴、犯罪により害を被った事実その他本人に対する不当な差別、偏見その他の不利益が生じないようにその**取扱いに特に配慮を要するものを含む個人情報。**

★5
ワンポイント

要配慮個人情報は、「**センシティブ情報**」ともよばれます。

個人情報と要配慮個人情報の関係について確認しておきましょう。

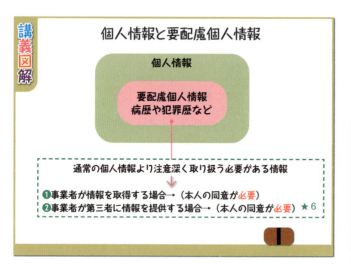

講義図解

個人情報と要配慮個人情報

個人情報

要配慮個人情報
病歴や犯罪歴など

通常の個人情報より注意深く取り扱う必要がある情報

❶事業者が情報を取得する場合→（本人の同意が**必要**）
❷事業者が第三者に情報を提供する場合→（本人の同意が**必要**）★6

★6
野畑の
スパッと解説

通常の個人情報であれば、❶の場合は**適正な取得**であれば本人の同意は不要であり、❷の場合も**オプトアウト**という仕組み（P.163で学習します）を採用すれば本人の同意は不要です。

過去問チャレンジ

個人情報保護法では、思想や病歴などに関する個人情報は、いわゆるセンシティブ情報として、他の個人情報に比べて特に慎重な取り扱いをする規定をおいている。[12-55-3]

○：その通り（出題当時は✕でしたが、現在では○となります／2条3項）。

5 仮名加工情報（2条5項）

仮名加工情報とは	他の情報と照合しない限り特定の個人を識別することができないように個人情報を加工して得られる個人に関する情報のこと。 ①個人情報に含まれる記述等の一部を削除する。 ②個人情報に含まれる個人識別符号の全部を削除する。

6 匿名加工情報（2条6項）

匿名加工情報とは	特定の個人を識別することができないように個人情報を加工して得られる個人に関する情報のこと。 ①個人情報に含まれる記述等の一部を削除する。 ②個人情報に含まれる個人識別符号の全部を削除する。

上記2つは紛らわしいですが、下記のような違いがあります。

[仮名加工情報と匿名加工情報] ★7★8

	仮名加工情報	匿名加工情報
主な違い	加工前の個人情報が復元可能でもよい。	加工前の個人情報が復元不可能でなければならない。
用途	内部利用を想定	内部利用のほか、外部への提供も想定
取扱いに際して	規制が少ない（41条・42条参照）	規制が多い（43〜46条参照）

★7

ワンポイント

仮名加工情報や、匿名加工情報をデータベース化したものを事業の用に供している者を「仮名加工情報取扱事業者」「匿名加工情報取扱事業者」といいます（16条5項・6項）。

★8

野畑のスパッと解説

仮名加工情報は、企業内部でのみ利用することが想定されているため、規制が少ないですが、匿名加工情報は、多くのマーケティング情報を外部へ提供することが想定されているため、規制が多くなっています。

匿名加工情報の例

[加工前の個人情報]

氏名	住所	年齢	性別	購入商品	購入日	購入店
X	○○市××1 - 2 - 3	25	女	商品A	2019/1/18	△△店

⬇ 加工

[匿名加工情報]

仮番号	住所	年齢	性別	購入商品	購入日	購入店
0001	○○市	20代	女	商品A	2019/1/18	△△店

「匿名加工情報」になれば、「個人情報」にも「個人データ」にも「保有個人データ」にもあたらない。

↓

本人の同意なく情報を提供することができる等、事業者にとってメリットが大きく、データ分析などの様々な用途で利用が可能となる。

❼ 個人関連情報（2条7項）★9

個人関連情報とは	生存する個人に関する情報であって、個人情報、仮名加工情報および匿名加工情報のいずれにも該当しないもの。 例：氏名と結びついていないwebサイトの閲覧履歴や位置情報

個人関連情報の取扱いについても、一定のルールがあります（31条参照）。

★9
ワンポイント
個人関連情報をデータベース化したものを事業の用に供している者を「個人関連情報取扱事業者」といいます（16条7項）。

❽ 行政機関（2条8項）★10

行政機関とは	内閣府や人事院、各省庁、会計検査院等のこと。

★10
ワンポイント
行政機関「等」とされている場合は、独立行政法人や地方公共団体の機関も含まれます。

3 個人情報取扱事業者の義務等

重要度 A

　企業が個人情報を取り扱う際は、より使いやすいようにデータベース上で管理され、実際に利活用されることが多いでしょう。しかし、**一度データが漏えいすると大変危険であるため、取扱いや取得に際して様々な義務が課せられています**。

ナビゲーション

過去に何度か出題されています。第三者提供については少し難しいですが、理解を深めておきましょう。

> まずは、使われる用語の意味を確認しましょう。

1 個人情報データベース等（16条1項）

[個人情報データベース等]

| 個人情報データベース等とは★1 | 個人情報を含む情報の集合物で、①特定の個人情報を電子計算機を用いて**検索することができるように体系的に構成**したもの。②上記①のほか、特定の個人情報を**容易に検索することができるように体系的に構成**したもの。 |

★1
野畑の スパッと解説

個人情報が検索しやすくなっていれば、**パソコンで管理していなくても個人情報データベース等に該当**します。

ここが ポイント 条文解説（16条1項）

- ①の例：メールアドレスと氏名を記録したパソコン内のアドレス帳
- ②の例：メールアドレスと氏名を記載した紙を50音順にファイリングしたもの。

2 個人情報取扱事業者（16条2項）

[個人情報取扱事業者]

| 個人情報取扱事業者とは | **個人情報データベース等**を事業の用に供している者※国の機関・地方公共団体・独立行政法人等を除く。 |

ここが ポイント 条文解説（16条2項）

- 営利事業だけでなく、非営利事業を行う**NPO法人**や**行政書士会**等も個人情報取扱事業者となる。
- 扱う個人情報の数にかかわらず、個人情報取扱事業者となる。★2

過去問チャレンジ

行政書士会、税理士会などの士業の団体は、営利事業を営むものではないので、個人情報保護法にいう「個人情報取扱事業者」に該当することはない。[09-54-5改題]

× : 行政書士会等の士業団体は「個人情報取扱事業者」にあたります（16条2項）。

❸ 個人データ・保有個人データ（16条3項・4項）

[個人データ・保有個人データ]

個人データ とは	**個人情報データベース**等を構成する個人情報のこと。
保有個人データとは	**個人データ**のうち、個人情報取扱事業者が、開示、内容の訂正、追加または削除、利用の停止、消去および第三者への提供の停止を行うことのできる権限を有するもの。 ※その存否が明らかになることにより公益その他の利益が害されるものとして政令で定めるものを除く。

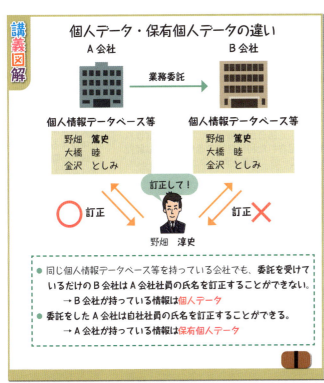

個人データ・保有個人データの違い

- 同じ個人情報データベース等を持っている会社でも、**委託を受けているだけのB会社はA会社社員の氏名を訂正することができない。**
  → B会社が持っている情報は個人データ
- **委託をしたA会社は自社社員の氏名を訂正することができる。**
  → A会社が持っている情報は保有個人データ

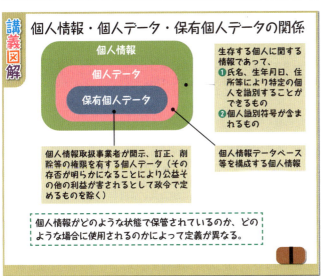

個人情報・個人データ・保有個人データの関係

個人情報がどのような状態で保管されているのか、どのような場合に使用されるのかによって定義が異なる。

4 個人情報取扱事業者に課せられる義務

[個人情報に関する義務]

利用目的の特定 （17条）	・個人情報を取り扱うにあたっては、**利用目的**をできる限り**特定**しなければならない。 ・利用目的を変更する場合には、**変更前の利用目的と関連性**を有すると合理的に認められる範囲を超えて行ってはならない。
利用目的による制限 （18条）	・原則としてあらかじめ**本人の同意**を得なければ、特定された利用目的の達成に必要な範囲を超えて、個人情報を取り扱ってはならない。★3
不適正な利用の禁止 （19条）	・**違法**又は**不当**な行為を助長し、又は**誘発**するおそれがある方法により個人情報を利用してはならない。★4
適正な取得（20条）	・**偽り**その他**不正**の手段により個人情報を取得してはならない。 ・**要配慮個人情報**は、原則として**本人の同意**がなければ取得することができない。
利用目的の通知等 （21条）	・原則として、個人情報を取得した場合は、あらかじめその利用目的を**公表**している場合を除き、速やかに、その利用目的を、本人に通知し、または公表しなければならない。★5
苦情の処理（40条）	・個人情報の取扱いに関する**苦情の適切かつ迅速な処理に努めなければならない**。 ・適切かつ迅速な処理を達成するために、**必要な体制の整備に努めなければならない**。

[個人データに関する義務]

データ内容の正確性の確保等（22条）	・利用目的の達成に必要な範囲内において、**個人データを正確かつ最新の内容に保つ**とともに、利用する必要がなくなったときは、当該**個人データを遅滞なく消去するよう努めなければならない**。
安全管理措置 （23条）	・取り扱う個人データの漏えい、滅失または毀損の防止その他の**個人データの安全管理のために必要かつ適切な措置を講じなければならない**。
従業者の監督 （24条）	・従業者に個人データを取り扱わせるにあたっては、当該個人データの安全管理が図られるよう、当該従業者に対する**必要**かつ**適切**な**監督を行わなければならない**。★6
委託先の監督 （25条）	・個人データの取扱いの全部または一部を委託する場合は、その取扱いを委託された個人データの安全管理が図られるよう、**委託を受けた者に対する必要**かつ**適切**な**監督を行わなければならない**。

★3
ワンポイント

例えば、個人情報取扱事業者が学術研究機関等である場合に、個人情報を学術研究で使用する目的で取り扱う必要があるときは、本人の同意は不要です（18条3項5号／20条2項5号）。

★4
野畑の
ズバッと解説

例えば、破産者の住所地を地図上に表示する「破産者マップ」の作成が挙げられます。

★5
ワンポイント

利用目的を通知・公表することにより本人または第三者の生命、身体、財産その他の権利利益を害するおそれがある場合等は、通知・公表は不要です。

★6
ワンポイント

「従業者」には、正社員のみならず、非常勤社員、派遣社員等も含まれます。

漏えい等の報告等 （26条）	・原則としてその取り扱う個人データの漏えい、滅失、毀損その他の個人データの安全の確保に係る事態であって個人の権利利益を害するおそれが大きいものとして個人情報保護委員会規則で定めるものが生じたときは、当該事態が生じた旨を個人情報保護委員会に報告しなければならない。

このほかに、個人データについては第三者提供の制限に関する規定があります（27条）。

［第三者提供の制限（27条）］

原則	あらかじめ本人の同意を得ないで、個人データを第三者に提供してはならない（27条1項）
例外	①適用除外にあたる場合（27条1項各号）★7 ②いわゆる「オプトアウト手続」がとられている場合（27条2項） ③提供先が「第三者」にあたらないとされる場合（27条5項）★8

講義図解

オプトアウトの採用 ★9

本人同意なく第三者提供しますが、望まなければ停止を申し出てください（オプトアウト）。

事業者　　本人

オプトアウトに関する一定事項

個人情報保護委員会

ただし、「要配慮個人情報」や「不正取得された個人データ」については、オプトアウトを採用することができず、第三者提供には本人の同意が必要！

★7

ワンポイント

例えば、個人情報取扱事業者が学術研究機関等である場合であって、個人データの提供が学術研究の成果の公表または教授のためにやむを得ないときは、本人の同意なく個人データを第三者に提供することができます（27条1項5号）。

★8

ワンポイント

例えば、個人データの提供先が合併先の企業の場合、「第三者」にあたらず、本人の同意なく提供することができます（27条5項2号）。

★9

ワンポイント

オプトアウトを採用するには、①第三者提供について、あらかじめ本人に通知したり、本人が容易に知り得たりする状態であって、本人が第三者提供を望まない際にはこれを停止することができるとしている場合で、②あらかじめ個人情報保護委員会に届け出ることが必要です。

交通事故によって意識不明の者の個人情報を病院に伝える場合、あらかじめ本人の同意を得る必要がある。[13-56-2改題]

✕：「人の生命、身体または財産の保護のために必要がある場合であって、本人の同意を得ることが困難であるとき」にあたるため、本人の同意は不要です（27条1項2号）。

第三者提供時だけでなく、提供後にも一定の義務が課せられています。

[第三者提供後の義務（29条・30条）] ★10

第三者提供をした事業者	第三者提供を受けた事業者
原則として個人データを提供した年月日、第三者の氏名または名称などに関する記録を作成し、一定期間この記録を保存しなければならない（29条）。	原則として提供者がその個人データをどのように取得したのかという取得の経緯等を確認し、その記録を作成して一定期間保存しなければならない（30条）。

このほかに、個人関連情報を第三者に提供する場合の規制もあります（31条）。余裕があれば六法で条文を確認しておきましょう。

[保有個人データに関する義務（本人の権利）]

保有個人データに関する事項の公表等（32条）	・保有個人データに関し、保有個人データの利用目的等を本人の知り得る状態に置かなければならない。
開示請求への対応（33条）	・本人から開示請求を受けたときは、原則として遅滞なく、当該保有個人データを開示しなければならない。★11
訂正等の請求への対応（34条）	・本人から請求を受けた場合には、利用目的の達成に必要な範囲内において、遅滞なく必要な調査を行い、その結果に基づき、当該保有個人データの内容の訂正等を行わなければならない。

★10 野畑のスパッと解説

データが漏えいし、名簿業者に転売されてしまったような場合に、その流出過程を把握するためなど、トレーサビリティ（追跡性）を確保するためにこれらの規定が設けられています。

★11 ワンポイント

個人情報取扱事業者は、保有個人データの内容の全部若しくは一部について訂正等を行ったとき、または訂正等を行わない旨の決定をしたときは、本人に対し、遅滞なく、その旨を通知する必要があります（34条3項）。

| 利用停止・消去請求への対応（35条） | 本人から請求を受けた場合であって、その請求に理由があることが判明したときは、**原則として違反を是正するために必要な限度で、遅滞なく、当該保有個人データの利用停止等を行わなければならない。★12**
※本人が利用停止や消去請求ができるのは、事業者が①**適正取得**に違反して取得した場合、②**利用目的**を超えて使用した場合、③**不適正な利用**をした場合、第三者への提供の停止を請求できるのは、**第三者提供**の制限規定に違反した場合等である。 |

★12
野畑の
ズバッと解説

保有個人データは、事業者が営業活動をする際に重要なツールとなるため、個人情報保護法では特に理由もなく利用停止請求をすることを認めていません。

上記以外に、保有個人データを事業者が利用することがなくなった場合にも、利用停止や消去を求めることができます。

4 適用除外

重要度 **A**

個人情報取扱事業者と個人関連情報取扱事業者のうち、次の①～④に掲げる者については、その**個人情報等を取り扱う目的の全部または一部がそれぞれ次の目的であるときは、「個人情報取扱事業者等の義務等」の規定は適用しない**ものとされています（57条1項）。

[適用除外] ★1★2

①**放送機関、新聞社、通信社その他の報道機関（報道を業として行う個人を含む）**	報道の用に供する目的
②**著述を業として行う者**	著述の用に供する目的
③**宗教団体**	宗教活動（これに付随する活動を含む）の用に供する目的
④**政治団体**	政治活動（これに付随する活動を含む）の用に供する目的

ナビゲーション

適用除外は、試験でも頻出です。覚えるポイントも限られているので得点源とすることができます。

★1
ワンポイント

適用除外にあたる場合でも、個人情報の保護について必要な措置を自ら講じ、かつ、当該措置の内容を公表するよう**努めなければならない**とされています（57条3項）。

★2
あとまわしOK

個人情報取扱事業者である学術研究機関等にも、★1ワンポイントと同様の努力義務が課せられています（個人関連情報取扱事業者である学術研究機関等は含まないことに注意してください）。

過去問チャレンジ

個人情報保護法には、政治団体が政治活動の用に供する目的で、個人情報を取扱う場合、個人情報取扱事業者の義務規定の適用が除外されることが定められている。[14-57-5改題]

○：その通り（57条1項4号）。

5 行政機関等の義務

これまでは民間事業者が個人情報等を扱う際に課せられる義務について学習してきましたが、ここからは、行政機関等 ★1 が個人情報等を扱う際に課せられる義務について学習します。

まずは、使われる用語の意味を確認しましょう。

ナビゲーション

以前は「行政機関個人情報保護法」に規定がありましたが、改正により個人情報保護法に規定されることとなりました。
定義を中心に押さえておきましょう。

1 保有個人情報（60条1項）

保有個人情報とは	行政機関等の**職員**が**職務**上作成し、または取得した個人情報であって、当該行政機関等の**職員**が**組織**的に利用するものとして、当該行政機関等が保有しているもの。★1 ※**行政文書**に記録されているものに限る。

★1
ワンポイント

組織的に利用されていれば、ホームページ等で公表されているかどうかに関係なく保有個人情報となります。

ここが ポイント 条文解説（60条1項）

有償の刊行物（官報、白書など）は**行政文書**ではないため、そこに記載されている個人情報は、「保有個人情報」にあたらない。

2 個人情報ファイル（60条2項）

個人情報 ファイルとは ★2	保有個人情報を含む情報の集合物で、 ①一定の事務の目的を達成するために特定の保有個人情報を電子計算機を用いて検索することができるように体系的に構成したもの。 ②そのほか、一定の事務の目的を達成するために氏名、生年月日、その他の記述等により特定の保有個人情報を容易に検索することができるように体系的に構成したもの。

★2
ワンポイント

個人情報ファイルを構成する保有個人情報を加工して得られる匿名加工情報は、「行政機関等匿名加工情報」とよばれます（60条3項）。

ここが ポイント 条文解説（60条2項）

「**個人情報データベース等**」（16条1項）とほぼ同じ意味である。

❸ 条例要配慮個人情報（60条5項）

条例要配慮個人情報とは	地方公共団体の機関又は地方独立行政法人が保有する個人情報（要配慮個人情報を除く。）のうち、**地域の特性その他の事情に応じて、本人に対する不当な差別、偏見その他の不利益が生じないようにその取扱いに特に配慮を要するもの**として地方公共団体が条例で定める記述等が含まれる個人情報。

6 行政機関等における個人情報の取扱い　重要度 C

　行政機関等における個人情報の取扱いについて、次のような義務が課せられています。

[行政機関等における個人情報の取扱い]

個人情報の保有制限等（61条）	・個人情報を保有するにあたっては、法令の定める所掌事務を遂行するため必要な場合に限り、かつ、**その利用の目的をできる限り特定しなければならない**。 ・利用目的の達成に**必要な範囲を超えて、個人情報を保有してはならない**。 ・利用目的を変更する場合には、**変更前の利用目的**と相当の関連性を有すると合理的に認められる範囲を超えて行ってはならない。
利用目的の明示（62条）	・本人から直接書面に記録された当該本人の個人情報を取得するときは、**原則としてあらかじめ本人に対し、その利用目的を明示しなければならない**。★1
不適正な利用の禁止（63条）	・違法または不当な行為を助長し、または誘発するおそれがある方法により個人情報を利用してはならない。
適正な取得（64条）	・偽りその他不正の手段により個人情報を取得してはならない。
従事者の義務（67条）	・行政機関等の職員や職員であった者は、その業務に関して知り得た個人情報の内容をみだりに他人に知らせ、または不当な目的に利用してはならない。★2

ナビゲーション

少し細かい内容です。より出題可能性の高い「個人情報取扱事業者の義務等」を先に学習しておくとよいでしょう。

★1
ワンポイント

人の生命、身体または財産の保護のために緊急に必要があるときや、本人または第三者の生命、身体、財産その他の権利利益を害するおそれがあるとき等は、利用目的の明示は不要です。

★2
ワンポイント

派遣労働者や、派遣労働者であった者も従事者に含まれます。

[行政機関等における保有個人情報の取扱い]

正確性の確保 (65条)	・利用目的の達成に必要な範囲内で、保有個人情報が**過去または現在の事実と合致するよう努めなければならない**。
安全管理措置 (66条)	・保有個人情報の漏えい等の防止その他の保有個人情報の**安全管理のために必要かつ適切な措置を講じなければならない**。
漏えい等の報告等（68条）	・原則としてその取り扱う保有個人データの**漏えい、滅失、毀損その他の保有個人データの安全の確保に係る事態であって個人の権利利益を害するおそれが大きい**ものとして個人情報保護委員会規則で定めるものが生じたときは、当該事態が生じた旨を**個人情報保護委員会**に報告しなければならない。
利用・提供の制限（69条）	・原則として、**利用目的以外の目的のために保有個人情報を自ら利用し、または提供してはならない**。

過去問チャレンジ

行政機関は、個人情報を保有するにあたっては、利用の目的をできる限り特定しなければならず、また最初に個人情報を保有した目的を変更してはならない。[06-57-2]

×：変更前の利用目的と相当の関連性を有すると合理的に認められる範囲内であれば、利用目的を変更することができます（61条3項）。

7 保有個人情報の開示請求等　重要度 B

　個人情報保護法では、①**保有個人情報の開示を請求する権利（76条1項）**、②**訂正等を請求する権利（90条1項）**、③**利用停止等を請求する権利（98条1項）**が認められています。

ナビゲーション

目的や定義ほどではありませんが、過去に出題実績があります。開示請求の手続を中心に学習しておきましょう。

★1
ワンポイント

開示請求を先にしておかないと、訂正請求や利用停止請求ができません（開示請求前置主義）。

講義図解

保有個人情報の開示請求等の流れ

	30日以内	90日以内	原則 30日以内
本人	開示請求書提出★1	開示の実施方法等申出書	訂正請求書・利用停止書の提出	
行政		開示決定の通知	開示の実施	訂正決定・利用停止の決定の通知

行政機関の長の各決定または不作為に不服がある場合、審査請求ができる。
審査請求があった場合には、裁決をすべき行政機関の長は、原則として、情報公開・個人情報保護審査会に諮問しなければならない（105条1項）。

全体の流れを確認した後は、開示請求について学習しておきましょう。

[開示請求]

誰ができるか	・何人でも開示請求できる（76条1項）。★2
どのように請求するか	・一定事項を記載した**開示請求書**を行政機関の長等に対して**請求**する（77条1項）。 ・開示請求に係る**保有個人情報の本人**であることを示す書類を提示し、または提出する（77条2項）。 ・**手数料**を納める（89条1項）。★3
行政の対応	・原則として開示請求があった日から30日以内に開示をするかしないかを決定しなければならない（83条）。 ・開示請求に係る保有個人情報に不開示情報が含まれている場合を除き、開示請求者に対し、当該保有個人情報を開示しなければならない（78条）。★4 ※**不開示情報**が含まれている場合であっても、個人の権利利益を保護するため**特に必要がある**と認めるときは、開示請求者に対し、当該保有個人情報を開示することができる（80条）。 開示請求に対し、当該開示請求に係る保有個人情報が**存在しているか否か**を答えるだけで、不開示情報を開示することとなるときは、当該保有個人情報の**存否を明らかにしないで**、当該開示請求を拒否することができる（81条）。

★2

ワンポイント

未成年者も単独で開示請求ができますが、親権者が代理して請求することも可能です。

★3

ワンポイント

訂正請求や**利用停止**請求の場合、手数料は必要ありません。

★4

ワンポイント

開示請求者の生命、健康、生活または財産を害するおそれがある情報や、開示請求者以外の第三者に関する情報が含まれている場合は、開示されないことがあります。

過去問チャレンジ

個人は成人にならなくとも、行政機関の長に対し、当該行政機関の保有する自己を本人とする保有個人情報の開示を請求することはできる。[15-56-ウ]

○：その通り（「何人も」とあるため／76条1項）。

8　個人情報保護委員会　　　重要度 **B**

　個人情報保護委員会は、①**行政機関等の事務および事業の適正かつ円滑な運営を図る**②**個人情報の有用性に配慮しつつ、個人情報の適正な取扱いの確保を図る**ことを任務としています（131条）。

　これを達成するために、①**報告徴収・立入検査（146条）**、②**指導・助言（147条）**、③**勧告・命令（148条）**の権限を持っています。★1

ナビゲーション

個人情報保護委員会の権限について押さえておきましょう。

★1

ワンポイント

個人情報保護委員会は、内閣府の外局として設置されています。

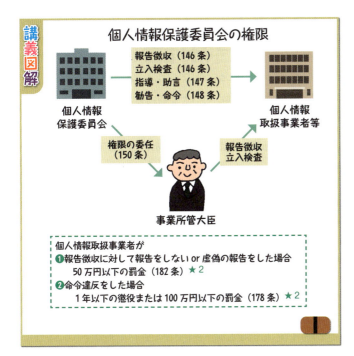

講義図解

個人情報保護委員会の権限

個人情報
保護委員会
→ 報告徴収（146条）
立入検査（146条）
指導・助言（147条）
勧告・命令（148条）
→ 個人情報
取扱事業者等

権限の委任
（150条）

報告徴収
立入検査

事業所管大臣

個人情報取扱事業者が
❶報告徴収に対して報告をしない or 虚偽の報告をした場合
　50万円以下の罰金（182条）★2
❷命令違反をした場合
　1年以下の懲役または100万円以下の罰金（178条）★2

★2
ワンポイント
違反者だけでなく、その者が属する事業者（会社）にも罰則が科せられます（両罰規定／184条）。

過去問チャレンジ

個人情報取扱事業者が、あらかじめ本人の同意を得ることなく利用目的の範囲を超えて個人情報を取り扱った場合に、当該行為について発せられた個人情報保護委員会の命令に違反したときは、処罰の対象になる。[12-54-3改題]

〇：その通り（178条）。

第2節 情報通信用語

はじめに

この節では、情報通信用語について学習します。インターネット関連用語や情報セキュリティ用語などから幅広く出題されるため対策が難しいですが、まずは本書の記載内容を確認し、知らなかったものから押さえるようにしておけば十分です。

1 情報通信用語

重要度 **B**

4K	現行のハイビジョンの4倍の解像度の映像のこと。水平方向の画素数が約4千であることから、4Kとよばれる。
5G	「超高速」だけでなく、「多数接続」「超低遅延」といった特徴を持つ次世代の移動通信システムのこと。2019年4月に周波数割当を実施し、2020年3月から商用利用が開始された。LTE（いわゆる4G）と比べて100倍の接続機器数、100倍の通信速度などが要求条件とされており、ITU（国際電気通信連合）をはじめ、世界各国でも実現に向けた取組みが本格化している。
8K	現行のハイビジョンの16倍の解像度の映像のこと。水平方向の画素数が約8千であることから、8Kとよばれる。
AR（拡張現実）	Augmented Realityの略で、現実の環境にコンピュータを用いて情報を付加することにより人工的な現実感を作り出す技術の総称。情報を付加された環境そのものを示すこともある。
Bluetooth	無線LANのようにデータの送受信を行うための無線通信の規格。最大通信距離が無線LANより短い半面、消費電力が少ないという利点があり、ウェアラブルデバイス、ワイヤレスイヤホン等の機器に使用される。
ICT	情報通信技術（Information & Communications Technology）のこと。それまで使われていたIT（Information Technology／情報技術）に代わって、通信ネットワークによって情報が流通することの重要性を意識して使用される。

ナビゲーション

用語の数が多いので対策が難しいですが、1つ1つをしっかり覚えるよりも、「なんとなくこんな意味」程度で押さえておけば解ける問題もよく出題されています。

IoT	Internet of Thingsの略で、「モノのインターネット」とよばれる。 自動車、家電、ロボット、施設などあらゆるモノがインターネットにつながり、情報のやり取りをすることで、モノのデータ化やそれに基づく自動化等が進展し、新たな付加価値を生み出すことをいう。
Society 5.0	サイバー空間（仮想空間）とフィジカル空間（現実空間）を高度に融合させることにより、地域、年齢、性別、言語等による格差なく、多様なニーズ、潜在的なニーズにきめ細やかに対応したモノやサービスを提供することで経済的発展と社会課題の解決を両立し、人々が快適で活力に満ちた質の高い生活を送ることのできる、人間中心の社会。狩猟社会（Society 1.0）、農耕社会（Society 2.0）、工業社会（Society 3.0）、情報社会（Society 4.0）に続く、新たな社会を指すもので、第5期科学技術基本計画においてわが国が目指すべき未来社会の姿として初めて提唱された。
アクセスポイント	ノートパソコンやスマートフォンなどの無線LAN接続機能を備えた端末を、相互に接続したり、有線LANなどほかのネットワークに接続したりするための機器のこと。通常は、無線LANアクセスポイントを指す。「親機」、「基地局」、「ステーション」などともよばれる。
アプリ	アプリケーションの略。OS上で作業の目的に応じて使うソフトウェア。スマートフォンが普及して以降、スマートフォンやタブレット向けに多種多様なアプリが提供され利用が広がるとともに、「アプリケーション」よりも「アプリ」等の略称が一般的となっている。
位置情報	人や機器などがいま存在している場所に関する情報のこと。 例えば、携帯電話やスマートフォンなどの機能として、GPS（全地球測位システム）を用いた位置情報サービスがある。
コネクテッドカー	ICT端末としての機能を有する自動車のこと。車両の状態や周囲の道路状況などの様々なデータをセンサーにより取得し、ネットワークを介して集積・分析する。
スマートホーム	住宅とICTが融合して、エネルギーの需給量を調整し、省エネ・節電を実現したり、センサー等による住宅内の見守りや防犯、住宅内の家電等の遠隔制御などを可能とした快適な暮らしを実現したりできる住まい。

＊次ページへ続く。

タイムスタンプ	電子文書が作成された時刻を証明する技術。作成した電子文書が作成された時刻だけでなく、その時点からいかなる人にも改ざんされていないことを証明するもの。
テザリング	スマートフォン等をモデムの代わりにして、パソコンなどをスマートフォン等に接続してネットワークに接続すること。
デジタル・デバイド	インターネットやパソコン等の情報通信技術を利用できる者と利用できない者の間に生じる格差。
テレワーク	ICTを活用して、場所と時間を有効に活用できる柔軟な働き方。企業等に勤務する被雇用者が行う雇用型テレワーク（例：住宅勤務、モバイルワーク、サテライトオフィス等での勤務）と、個人事業者・小規模事業者等が行う自営型テレワーク（例：SOHO、住宅ワーク）に大別される。
電子署名	電子データに付け加えられる電磁的な署名情報で、本人により作成されたこと、改ざんが行われていないことを確認できるもの。紙文書の印鑑やサインの役割を果たす。
電子透かし	動画、静止画、文書、音楽などのデジタルコンテンツに著作権情報等の特定の情報を埋め込む技術のことであり、電子情報の著作権保護のために用いられる。
ビッグデータ	利用者が急激に拡大しているソーシャルメディア内のテキストデータ、携帯電話・スマートフォンに組み込まれたGPS（全地球測位システム）から発生する位置情報、時々刻々と生成されるセンサーデータなど、ボリュームが膨大であるとともに、構造が複雑化することで、従来の技術では管理や処理が困難なデータ群。
フィルタリング	データをふるい分けること（情報濾過）を表す語。見せたくない内容、与えたくない情報を含むサイトを閲覧できないようにする機能のこと。情報濾過としては、未成年者に対する成人サイトや有害情報サイトからの保護などが代表的な例である。

過去問チャレンジ

IoTとは、様々な「モノ」をインターネット上で理解したり学習したりする環境という意味である。［16-55-2改題］

× ：IoTは、あらゆるモノがインターネットにつながり、情報のやり取りをすることで、モノのデータ化やそれに基づく自動化等が進展し、新たな付加価値を生み出すという意味です。

第5章

文章理解

この章で学ぶこと

「文章理解を解くテクニック」

文章理解の問題は、「パズル的要素」の強いものとなります。ここでは空欄補充問題などを早く正確に解くコツを学習します。

	ア	イ	ウ	エ
1.				
2.				
3.				
4.				
5.				

短時間で解くコツは？
早く解くコツは？

文章理解

第1節 文章理解（空欄補充・並べ替え・要旨把握）

はじめに

この節では、文章理解について学習します。文章理解といっても、短時間で正解を出すパズル的な要素のある問題なので、本書でコツを確認した後はどんどん問題を解いて慣れるようにしましょう。

1 空欄補充型

重要度 **A**

空欄補充問題は、文章中の空欄に適切な語句を入れて正しい文章を完成させるものです。

ここが ポイント 空欄補充問題を解くコツ

- 埋めやすそうな箇所から考える。
   ※文章の一番最初の空欄から埋める必要はない。
- 文章全部を読むのではなく、空欄の前後の文章から読む。
   ※空欄の前後の文章にヒントがあることが多い。
- 消去法を活用する。
   ※「この語句が入る」だけでなく、「入らない語句」を削ることで答えが出ることも多い。

ナビゲーション

近年では毎年のように出題されていますが、やさしい問題が多いので得点源となるように練習を重ねておきましょう。

2 並べ替え型

重要度 **A**

　並べ替え型は、文を並べ替えて正しい文章を完成させるものです。

ここが ポイント　並べ替え問題を解くコツ

- 接続語や指示語に注目する。
  ※例えば、「しかし、今日は雨だ。」という文章の前にくるのはこの文章と逆の内容（「昨日は晴れだった。」）が推測できる。
- 同じ言葉が使われている文章同士、同じ意味になる文章同士をグルーピングする。
  ※これらの文章はつながる可能性が高い。

ナビゲーション

並べ替え型も、近年では毎年のように出題されています。
文章の内容を理解しようとするのではなく、パズルを解く感覚で「こことここがつながるのではないか」という意識で文章を「見る」ことが大切です。

3 要旨把握型

重要度 **B**

　要旨把握型は、選択肢の中から本文内容と一致し、かつ筆者の主張として最も適切な選択肢を選ぶというものです。

ここが ポイント　並べ替え問題を解くコツ

- 選択肢から確認し、本文で登場しそうなキーワードをチェックしておく。
  ※本文を読む際に、「この文章の内容は選択肢にあった」と気づくことができれば、正誤を判断しやすくなる。
- 本文に書いていない内容の選択肢は答えではない。
  ※感覚的に「戦争はよくない」と思ったとしても、本文で「戦争すべきだ」と書いてあれば、その選択肢は誤りとなる。
- 本文中の具体例は正解にならないことが多い。
  ※筆者が伝えたいのは具体例ではないから。具体例は、伝えたいことが伝わりにくい場合に挙げるものである。

ナビゲーション

要旨把握型は近年では出題されていません。
今後出題が復活することも考えられますが、まずは空欄補充型と並べ替え型の問題に慣れておきましょう。

●語句索引

MEMO

MEMO

分野別セパレート本の使い方

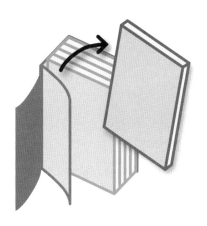

各分冊を取り外して、手軽に持ち運びできます！

①白い厚紙を本体に残し、色紙のついた冊子だけを手でつかんでください。
②冊子をしっかりとつかんだまま手前に引っ張って、取り外してください。

※この白い厚紙と色紙のついた冊子は、のりで接着されていますので、丁寧に取り外してください。
　なお、取り外しの際の破損等による返品・交換には応じられませんのでご注意ください。

2023年版 イチから身につく

行政書士

合格の

トリセツ

基本テキスト

第5分冊

行政書士試験六法

LEC東京リーガルマインド

行政書士試験六法

日本国憲法

(昭和21年11月3日)

日本国民は、正当に選挙された国会における代表者を通じて行動し、われらとわれらの子孫のために、諸国民との協和による成果と、わが国全土にわたつて自由のもたらす恵沢を確保し、政府の行為によつて再び戦争の惨禍が起ることのないやうにすることを決意し、ここに主権が国民に存することを宣言し、この憲法を確定する。そもそも国政は、国民の厳粛な信託によるものであつて、その権威は国民に由来し、その権力は国民の代表者がこれを行使し、その福利は国民がこれを享受する。これは人類普遍の原理であり、この憲法は、かかる原理に基くものである。われらは、これに反する一切の憲法、法令及び詔勅を排除する。

日本国民は、恒久の平和を念願し、人間相互の関係を支配する崇高な理想を深く自覚するのであつて、平和を愛する諸国民の公正と信義に信頼して、われらの安全と生存を保持しようと決意した。われらは、平和を維持し、専制と隷従、圧迫と偏狭を地上から永遠に除去しようと努めてゐる国際社会において、名誉ある地位を占めたいと思ふ。われらは、全世界の国民が、ひとしく恐怖と欠乏から免かれ、平和のうちに生存する権利を有することを確認する。

われらは、いづれの国家も、自国のことのみに専念して他国を無視してはならないのであつて、政治道徳の法則は、普遍的なものであり、この法則に従ふことは、自国の主権を維持し、他国と対等関係に立たうとする各国の責務であると信ずる。

日本国民は、国家の名誉にかけ、全力をあげてこの崇高な理想と目的を達成することを誓ふ。

第1章　天皇

第1条　天皇は、日本国の象徴であり日本国民統合の象徴であつて、この地位は、主権の存する日本国民の総意に基く。

第2条　皇位は、世襲のものであつて、国会の議決した皇室典範の定めるところにより、これを継承する。

第3条　天皇の国事に関するすべての行為には、内閣の助言と承認を必要とし、内閣が、その責任を負ふ。

第4条　天皇は、この憲法の定める国事に関する行為のみを行ひ、国政に関する権能を有しない。

2　天皇は、法律の定めるところにより、その国事に関する行為を委任することができる。

第5条　皇室典範の定めるところにより摂政を置くときは、摂政は、天皇の名でその国事に関する行為を行ふ。この場合には、前条第1項の規定を準用する。

第6条　天皇は、国会の指名に基いて、内閣総理大臣を任命する。

2　天皇は、内閣の指名に基いて、最高裁判所の長たる裁判官を任命する。

第7条　天皇は、内閣の助言と承認により、国民のために、左の国事に関する行為を行ふ。

一　憲法改正、法律、政令及び条約を公布すること。

二　国会を召集すること。

三　衆議院を解散すること。

四　国会議員の総選挙の施行を公示すること。

五　国務大臣及び法律の定めるその他の官吏の任免並びに全権委任状及び大使及び公使の信任状を認証すること。

六　大赦、特赦、減刑、刑の執行の免除及び復権を認証すること。

七　栄典を授与すること。

八　批准書及び法律の定めるその他の外交文書を認証すること。

九　外国の大使及び公使を接受すること。

十　儀式を行ふこと。

第8条　皇室に財産を譲り渡し、又は皇室が、財産を譲り受け、若しくは賜与することは、国会の議決に基かなければならない。

第2章　戦争の放棄

第9条　日本国民は、正義と秩序を基調とする国際平和を誠実に希求し、国権の発動たる戦争と、武力による威嚇又は武力の行使は、国際紛争を解決する手段としては、永久にこれを放棄する。

2　前項の目的を達するため、陸海空軍その他の戦力は、これを保持しない。国の交戦権は、これを認めない。

第3章　国民の権利及び義務

第10条　日本国民たる要件は、法律でこれを定める。

第11条　国民は、すべての基本的人権の享有を妨げられない。この憲法が国民に保障する基本的人権は、侵すことのできない永久の権利として、現在及び将来の国民に与へられる。

第12条　この憲法が国民に保障する自由及び権利は、国民の不断の努力によつて、これを保持しなければならない。又、国民は、これを濫用

してはならないのであつて、常に公共の福祉のためにこれを利用する責任を負ふ。

第13条 すべて国民は、個人として尊重される。生命、自由及び幸福追求に対する国民の権利については、公共の福祉に反しない限り、立法その他の国政の上で、最大の尊重を必要とする。

第14条 すべて国民は、法の下に平等であつて、人種、信条、性別、社会的身分又は門地により、政治的、経済的又は社会的関係において、差別されない。

2 華族その他の貴族の制度は、これを認めない。

3 栄誉、勲章その他の栄典の授与は、いかなる特権も伴はない。栄典の授与は、現にこれを有し、又は将来これを受ける者の一代に限り、その効力を有する。

第15条 公務員を選定し、及びこれを罷免することは、国民固有の権利である。

2 すべて公務員は、全体の奉仕者であつて、一部の奉仕者ではない。

3 公務員の選挙については、成年者による普通選挙を保障する。

4 すべて選挙における投票の秘密は、これを侵してはならない。選挙人は、その選択に関し公的にも私的にも責任を問はれない。

第16条 何人も、損害の救済、公務員の罷免、法律、命令又は規則の制定、廃止又は改正その他の事項に関し、平穏に請願する権利を有し、何人も、かかる請願をしたためにいかなる差別待遇も受けない。

第17条 何人も、公務員の不法行為により、損害を受けたときは、法律の定めるところにより、国又は公共団体に、その賠償を求めることができる。

第18条 何人も、いかなる奴隷的拘束も受けない。又、犯罪に因る処罰の場合を除いては、その意に反する苦役に服させられない。

第19条 思想及び良心の自由は、これを侵してはならない。

第20条 信教の自由は、何人に対してもこれを保障する。いかなる宗教団体も、国から特権を受け、又は政治上の権力を行使してはならない。

2 何人も、宗教上の行為、祝典、儀式又は行事に参加することを強制されない。

3 国及びその機関は、宗教教育その他いかなる宗教的活動もしてはならない。

第21条 集会、結社及び言論、出版その他一切の表現の自由は、これを保障する。

2 検閲は、これをしてはならない。通信の秘密は、これを侵してはならない。

第22条 何人も、公共の福祉に反しない限り、居住、移転及び職業選択の自由を有する。

2 何人も、外国に移住し、又は国籍を離脱する自由を侵されない。

第23条 学問の自由は、これを保障する。

第24条 婚姻は、両性の合意のみに基いて成立し、夫婦が同等の権利を有することを基本として、相互の協力により、維持されなければならない。

2 配偶者の選択、財産権、相続、住居の選定、離婚並びに婚姻及び家族に関するその他の事項に関しては、法律は、個人の尊厳と両性の本質的平等に立脚して、制定されなければならない。

第25条 すべて国民は、健康で文化的な最低限度の生活を営む権利を有する。

2 国は、すべての生活部面について、社会福祉、社会保障及び公衆衛生の向上及び増進に努めなければならない。

第26条 すべて国民は、法律の定めるところにより、その能力に応じて、ひとしく教育を受ける権利を有する。

2 すべて国民は、法律の定めるところにより、その保護する子女に普通教育を受けさせる義務を負ふ。義務教育は、これを無償とする。

第27条 すべて国民は、勤労の権利を有し、義務を負ふ。

2 賃金、就業時間、休息その他の勤労条件に関する基準は、法律でこれを定める。

3 児童は、これを酷使してはならない。

第28条 勤労者の団結する権利及び団体交渉その他の団体行動をする権利は、これを保障する。

第29条 財産権は、これを侵してはならない。

2 財産権の内容は、公共の福祉に適合するやうに、法律でこれを定める。

3 私有財産は、正当な補償の下に、これを公共のために用ひることができる。

第30条 国民は、法律の定めるところにより、納税の義務を負ふ。

第31条 何人も、法律の定める手続によらなければ、その生命若しくは自由を奪はれ、又はその他の刑罰を科せられない。

第32条 何人も、裁判所において裁判を受ける権利を奪はれない。

第33条 何人も、現行犯として逮捕される場合を除いては、権限を有する司法官憲が発し、且つ理由となつてゐる犯罪を明示する令状によらなければ、逮捕されない。

第34条 何人も、理由を直ちに告げられ、且つ、直ちに弁護人に依頼する権利を与へられなければ、抑留又は拘禁されない。又、何人も、正当な理由がなければ、拘禁されず、要求があれば、

その理由は、直ちに本人及びその弁護人の出席する公開の法廷で示されなければならない。

第35条 何人も、その住居、書類及び所持品について、侵入、捜索及び押収を受けることのない権利は、第33条の場合を除いては、正当な理由に基いて発せられ、且つ捜索する場所及び押収する物を明示する令状がなければ、侵されない。

2 捜索又は押収は、権限を有する司法官憲が発する各別の令状により、これを行ふ。

第36条 公務員による拷問及び残虐な刑罰は、絶対にこれを禁ずる。

第37条 すべて刑事事件においては、被告人は、公平な裁判所の迅速な公開裁判を受ける権利を有する。

2 刑事被告人は、すべての証人に対して審問する機会を充分に与へられ、又、公費で自己のために強制的手続により証人を求める権利を有する。

3 刑事被告人は、いかなる場合にも、資格を有する弁護人を依頼することができる。被告人が自らこれを依頼することができないときは、国でこれを附する。

第38条 何人も、自己に不利益な供述を強要されない。

2 強制、拷問若しくは脅迫による自白又は不当に長く抑留若しくは拘禁された後の自白は、これを証拠とすることができない。

3 何人も、自己に不利益な唯一の証拠が本人の自白である場合には、有罪とされ、又は刑罰を科せられない。

第39条 何人も、実行の時に適法であつた行為又は既に無罪とされた行為については、刑事上の責任を問はれない。又、同一の犯罪について、重ねて刑事上の責任を問はれない。

第40条 何人も、抑留又は拘禁された後、無罪の裁判を受けたときは、法律の定めるところにより、国にその補償を求めることができる。

第4章　国会

第41条 国会は、国権の最高機関であつて、国の唯一の立法機関である。

第42条 国会は、衆議院及び参議院の両議院でこれを構成する。

第43条 両議院は、全国民を代表する選挙された議員でこれを組織する。

2 両議院の議員の定数は、法律でこれを定める。

第44条 両議院の議員及びその選挙人の資格は、法律でこれを定める。但し、人種、信条、

性別、社会的身分、門地、教育、財産又は収入によつて差別してはならない。

第45条 衆議院議員の任期は、4年とする。但し、衆議院解散の場合には、その期間満了前に終了する。

第46条 参議院議員の任期は、6年とし、3年ごとに議員の半数を改選する。

第47条 選挙区、投票の方法その他両議院の議員の選挙に関する事項は、法律でこれを定める。

第48条 何人も、同時に両議院の議員たることはできない。

第49条 両議院の議員は、法律の定めるところにより、国庫から相当額の歳費を受ける。

第50条 両議院の議員は、法律の定める場合を除いては、国会の会期中逮捕されず、会期前に逮捕された議員は、その議院の要求があれば、会期中これを釈放しなければならない。

第51条 両議院の議員は、議院で行つた演説、討論又は表決について、院外で責任を問はれない。

第52条 国会の常会は、毎年1回これを召集する。

第53条 内閣は、国会の臨時会の召集を決定することができる。いづれかの議院の総議員の4分の1以上の要求があれば、内閣は、その召集を決定しなければならない。

第54条 衆議院が解散されたときは、解散の日から40日以内に、衆議院議員の総選挙を行ひ、その選挙の日から30日以内に、国会を召集しなければならない。

2 衆議院が解散されたときは、参議院は、同時に閉会となる。但し、内閣は、国に緊急の必要があるときは、参議院の緊急集会を求めることができる。

3 前項但書の緊急集会において採られた措置は、臨時のものであつて、次の国会開会の後10日以内に、衆議院の同意がない場合には、その効力を失ふ。

第55条 両議院は、各々その議員の資格に関する争訟を裁判する。但し、議員の議席を失はせるには、出席議員の3分の2以上の多数による議決を必要とする。

第56条 両議院は、各々その総議員の3分の1以上の出席がなければ、議事を開き議決することができない。

2 両議院の議事は、この憲法に特別の定のある場合を除いては、出席議員の過半数でこれを決し、可否同数のときは、議長の決するところによる。

第57条 両議院の会議は、公開とする。但し、

3

出席議員の3分の2以上の多数で議決したとき
は、秘密会を開くことができる。

2　両議院は、各々その会議の記録を保存し、秘
密会の記録の中で特に秘密を要すると認められ
るもの以外は、これを公表し、且つ一般に頒布
しなければならない。

3　出席議員の5分の1以上の要求があれば、各
議員の表決は、これを会議録に記載しなければ
ならない。

第58条　両議院は、各々その議長その他の役員
を選任する。

2　両議院は、各々その会議その他の手続及び内
部の規律に関する規則を定め、又、院内の秩序
をみだした議員を懲罰することができる。但し、
議員を除名するには、出席議員の3分の2以上
の多数による議決を必要とする。

第59条　法律案は、この憲法に特別の定のある
場合を除いては、両議院で可決したとき法律と
なる。

2　衆議院で可決し、参議院でこれと異なつた議
決をした法律案は、衆議院で出席議員の3分の
2以上の多数で再び可決したときは、法律とな
る。

3　前項の規定は、法律の定めるところにより、
衆議院が、両議院の協議会を開くことを求める
ことを妨げない。

4　参議院が、衆議院の可決した法律案を受け取
つた後、国会休会中の期間を除いて60日以内に、
議決しないときは、衆議院は、参議院がその法
律案を否決したものとみなすことができる。

第60条　予算は、さきに衆議院に提出しなけれ
ばならない。

2　予算について、参議院で衆議院と異なつた議
決をした場合に、法律の定めるところにより、
両議院の協議会を開いても意見が一致しないと
き、又は参議院が、衆議院の可決した予算を受
け取つた後、国会休会中の期間を除いて30日以
内に、議決しないときは、衆議院の議決を国会
の議決とする。

第61条　条約の締結に必要な国会の承認につい
ては、前条第2項の規定を準用する。

第62条　両議院は、各々国政に関する調査を行
ひ、これに関して、証人の出頭及び証言並びに
記録の提出を要求することができる。

第63条　内閣総理大臣その他の国務大臣は、両
議院の一に議席を有すると有しないとにかかは
らず、何時でも議案について発言するため議院
に出席することができる。又、答弁又は説明の
ため出席を求められたときは、出席しなければ
ならない。

第64条　国会は、罷免の訴追を受けた裁判官を
裁判するため、両議院の議員で組織する弾劾裁
判所を設ける。

2　弾劾に関する事項は、法律でこれを定める。

第5章　内閣

第65条　行政権は、内閣に属する。

第66条　内閣は、法律の定めるところにより、そ
の首長たる内閣総理大臣及びその他の国務大臣
でこれを組織する。

2　内閣総理大臣その他の国務大臣は、文民でな
ければならない。

3　内閣は、行政権の行使について、国会に対し
連帯して責任を負ふ。

第67条　内閣総理大臣は、国会議員の中から国
会の議決で、これを指名する。この指名は、他
のすべての案件に先だつて、これを行ふ。

2　衆議院と参議院とが異なつた指名の議決をし
た場合に、法律の定めるところにより、両議院
の協議会を開いても意見が一致しないとき、又
は衆議院が指名の議決をした後、国会休会中の
期間を除いて10日以内に、参議院が、指名の議
決をしないときは、衆議院の議決を国会の議決
とする。

第68条　内閣総理大臣は、国務大臣を任命する。
但し、その過半数は、国会議員の中から選ばれ
なければならない。

2　内閣総理大臣は、任意に国務大臣を罷免する
ことができる。

第69条　内閣は、衆議院で不信任の決議案を可
決し、又は信任の決議案を否決したときは、10
日以内に衆議院が解散されない限り、総辞職を
しなければならない。

第70条　内閣総理大臣が欠けたとき、又は衆議
院議員総選挙の後に初めて国会の召集があつた
ときは、内閣は、総辞職をしなければならない。

第71条　前二条の場合には、内閣は、あらたに
内閣総理大臣が任命されるまで引き続きその職
務を行ふ。

第72条　内閣総理大臣は、内閣を代表して議案
を国会に提出し、一般国務及び外交関係につい
て国会に報告し、並びに行政各部を指揮監督す
る。

第73条　内閣は、他の一般行政事務の外、左の
事務を行ふ。

一　法律を誠実に執行し、国務を総理すること。

二　外交関係を処理すること。

三　条約を締結すること。但し、事前に、時宜
によつては事後に、国会の承認を経ることを

必要とする。

四　法律の定める基準に従ひ、官吏に関する事務を掌理すること。

五　予算を作成して国会に提出すること。

六　この憲法及び法律の規定を実施するために、政令を制定すること。但し、政令には、特にその法律の委任がある場合を除いては、罰則を設けることができない。

七　大赦、特赦、減刑、刑の執行の免除及び復権を決定すること。

第74条　法律及び政令には、すべて主任の国務大臣が署名し、内閣総理大臣が連署することを必要とする。

第75条　国務大臣は、その在任中、内閣総理大臣の同意がなければ、訴追されない。但し、これがため、訴追の権利は、害されない。

第6章　司法

第76条　すべて司法権は、最高裁判所及び法律の定めるところにより設置する下級裁判所に属する。

2　特別裁判所は、これを設置することができない。行政機関は、終審として裁判を行ふことができない。

3　すべて裁判官は、その良心に従ひ独立してその職権を行ひ、この憲法及び法律にのみ拘束される。

第77条　最高裁判所は、訴訟に関する手続、弁護士、裁判所の内部規律及び司法事務処理に関する事項について、規則を定める権限を有する。

2　検察官は、最高裁判所の定める規則に従はなければならない。

3　最高裁判所は、下級裁判所に関する規則を定める権限を、下級裁判所に委任することができる。

第78条　裁判官は、裁判により、心身の故障のために職務を執ることができないと決定された場合を除いては、公の弾劾によらなければ罷免されない。裁判官の懲戒処分は、行政機関がこれを行ふことはできない。

第79条　最高裁判所は、その長たる裁判官及び法律の定める員数のその他の裁判官でこれを構成し、その長たる裁判官以外の裁判官は、内閣でこれを任命する。

2　最高裁判所の裁判官の任命は、その任命後初めて行はれる衆議院議員総選挙の際国民の審査に付し、その後10年を経過した後初めて行はれる衆議院議員総選挙の際更に審査に付し、その

後も同様とする。

3　前項の場合において、投票者の多数が裁判官の罷免を可とするときは、その裁判官は、罷免される。

4　審査に関する事項は、法律でこれを定める。

5　最高裁判所の裁判官は、法律の定める年齢に達した時に退官する。

6　最高裁判所の裁判官は、すべて定期に相当額の報酬を受ける。この報酬は、在任中、これを減額することができない。

第80条　下級裁判所の裁判官は、最高裁判所の指名した者の名簿によつて、内閣でこれを任命する。その裁判官は、任期を10年とし、再任されることができる。但し、法律の定める年齢に達した時には退官する。

2　下級裁判所の裁判官は、すべて定期に相当額の報酬を受ける。この報酬は、在任中、これを減額することができない。

第81条　最高裁判所は、一切の法律、命令、規則又は処分が憲法に適合するかしないかを決定する権限を有する終審裁判所である。

第82条　裁判の対審及び判決は、公開法廷でこれを行ふ。

2　裁判所が、裁判官の全員一致で、公の秩序又は善良の風俗を害する虞があると決した場合には、対審は、公開しないでこれを行ふことができる。但し、政治犯罪、出版に関する犯罪又はこの憲法第3章で保障する国民の権利が問題となつてゐる事件の対審は、常にこれを公開しなければならない。

第7章　財政

第83条　国の財政を処理する権限は、国会の議決に基いて、これを行使しなければならない。

第84条　あらたに租税を課し、又は現行の租税を変更するには、法律又は法律の定める条件によることを必要とする。

第85条　国費を支出し、又は国が債務を負担するには、国会の議決に基くことを必要とする。

第86条　内閣は、毎会計年度の予算を作成し、国会に提出して、その審議を受け議決を経なければならない。

第87条　予見し難い予算の不足に充てるため、国会の議決に基いて予備費を設け、内閣の責任でこれを支出することができる。

2　すべて予備費の支出については、内閣は、事後に国会の承諾を得なければならない。

第88条　すべて皇室財産は、国に属する。すべて皇室の費用は、予算に計上して国会の議決を

経なければならない。

第89条 公金その他の公の財産は、宗教上の組織若しくは団体の使用、便益若しくは維持のため、又は公の支配に属しない慈善、教育若しくは博愛の事業に対し、これを支出し、又はその利用に供してはならない。

第90条 国の収入支出の決算は、すべて毎年会計検査院がこれを検査し、内閣は、次の年度に、その検査報告とともに、これを国会に提出しなければならない。

2　会計検査院の組織及び権限は、法律でこれを定める。

第91条 内閣は、国会及び国民に対し、定期に、少くとも毎年1回、国の財政状況について報告しなければならない。

第8章　地方自治

第92条 地方公共団体の組織及び運営に関する事項は、地方自治の本旨に基いて、法律でこれを定める。

第93条 地方公共団体には、法律の定めるところにより、その議事機関として議会を設置する。

2　地方公共団体の長、その議会の議員及び法律の定めるその他の吏員は、その地方公共団体の住民が、直接これを選挙する。

第94条 地方公共団体は、その財産を管理し、事務を処理し、及び行政を執行する権能を有し、法律の範囲内で条例を制定することができる。

第95条 一の地方公共団体のみに適用される特別法は、法律の定めるところにより、その地方公共団体の住民の投票においてその過半数の同意を得なければ、国会は、これを制定することができない。

第9章　改正

第96条 この憲法の改正は、各議院の総議員の3分の2以上の賛成で、国会が、これを発議し、国民に提案してその承認を経なければならない。この承認には、特別の国民投票又は国会の定める選挙の際行はれる投票において、その過半数の賛成を必要とする。

2　憲法改正について前項の承認を経たときは、天皇は、国民の名で、この憲法と一体を成すものとして、直ちにこれを公布する。

第10章　最高法規

第97条 この憲法が日本国民に保障する基本的

人権は、人類の多年にわたる自由獲得の努力の成果であつて、これらの権利は、過去幾多の試錬に堪へ、現在及び将来の国民に対し、侵すことのできない永久の権利として信託されたものである。

第98条 この憲法は、国の最高法規であつて、その条規に反する法律、命令、詔勅及び国務に関するその他の行為の全部又は一部は、その効力を有しない。

2　日本国が締結した条約及び確立された国際法規は、これを誠実に遵守することを必要とする。

第99条 天皇又は摂政及び国務大臣、国会議員、裁判官その他の公務員は、この憲法を尊重し擁護する義務を負ふ。

第11章　補則

第100条 この憲法は、公布の日から起算して6箇月を経過した日から、これを施行する。

2　この憲法を施行するために必要な法律の制定、参議院議員の選挙及び国会召集の手続並びにこの憲法を施行するために必要な準備手続は、前項の期日よりも前に、これを行ふことができる。

第101条 この憲法施行の際、参議院がまだ成立してゐないときは、その成立するまでの間、衆議院は、国会としての権限を行ふ。

第102条 この憲法による第1期の参議院議員のうち、その半数の者の任期は、これを3年とする。その議員は、法律の定めるところにより、これを定める。

第103条 この憲法施行の際現に在職する国務大臣、衆議院議員及び裁判官並びにその他の公務員で、その地位に相応する地位がこの憲法で認められてゐる者は、法律で特別の定をした場合を除いては、この憲法施行のため、当然にはその地位を失ふことはない。但し、この憲法によつて、後任者が選挙又は任命されたときは、当然その地位を失ふ。

民法

（明治29年4月27日法律第89号）

第1編　総則

第1章　通則

（基本原則）
第1条　私権は、公共の福祉に適合しなければ
　ならない。
2　権利の行使及び義務の履行は、信義に従い誠
　実に行わなければならない。
3　権利の濫用は、これを許さない。
（解釈の基準）
第2条　この法律は、個人の尊厳と両性の本質的
　平等を旨として、解釈しなければならない。

第2章　人

第1節　権利能力

第3条　私権の享有は、出生に始まる。
2　外国人は、法令又は条約の規定により禁止さ
　れる場合を除き、私権を享有する。

第2節　意思能力

第3条の2　法律行為の当事者が意思表示をした
　時に意思能力を有しなかったときは、その法律
　行為は、無効とする。

第3節　行為能力

（成年）
第4条　年齢18歳をもって、成年とする。
（未成年者の法律行為）
第5条　未成年者が法律行為をするには、その
　法定代理人の同意を得なければならない。ただ
　し、単に権利を得、又は義務を免れる法律行為
　については、この限りでない。
2　前項の規定に反する法律行為は、取り消すこ
　とができる。
3　第1項の規定にかかわらず、法定代理人が目
　的を定めて処分を許した財産は、その目的の範
　囲内において、未成年者が自由に処分すること
　ができる。目的を定めないで処分を許した財産
　を処分するときも、同様とする。
（未成年者の営業の許可）
第6条　一種又は数種の営業を許された未成年

者は、その営業に関しては、成年者と同一の行
　為能力を有する。
2　前項の場合において、未成年者がその営業に
　堪えることができない事由があるときは、その法
　定代理人は、第4編（親族）の規定に従い、そ
　の許可を取り消し、又はこれを制限することがで
　きる。
（後見開始の審判）
第7条　精神上の障害により事理を弁識する能力
　を欠く常況にある者については、家庭裁判所は、
　本人、配偶者、4親等内の親族、未成年後見人、
　未成年後見監督人、保佐人、保佐監督人、補
　助人、補助監督人又は検察官の請求により、後
　見開始の審判をすることができる。
（成年被後見人及び成年後見人）
第8条　後見開始の審判を受けた者は、成年被
　後見人とし、これに成年後見人を付する。
（成年被後見人の法律行為）
第9条　成年被後見人の法律行為は、取り消す
　ことができる。ただし、日用品の購入その他日
　常生活に関する行為については、この限りでな
　い。
（後見開始の審判の取消し）
第10条　第7条に規定する原因が消滅したとき
　は、家庭裁判所は、本人、配偶者、4親等内の
　親族、後見人（未成年後見人及び成年後見人
　をいう。以下同じ。）、後見監督人（未成年後見
　監督人及び成年後見監督人をいう。以下同じ。）
　又は検察官の請求により、後見開始の審判を取
　り消さなければならない。
（保佐開始の審判）
第11条　精神上の障害により事理を弁識する能
　力が著しく不十分である者については、家庭裁
　判所は、本人、配偶者、4親等内の親族、後見
　人、後見監督人、補助人、補助監督人又は検
　察官の請求により、保佐開始の審判をすること
　ができる。ただし、第7条に規定する原因があ
　る者については、この限りでない。
（被保佐人及び保佐人）
第12条　保佐開始の審判を受けた者は、被保佐
　人とし、これに保佐人を付する。
（保佐人の同意を要する行為等）
第13条　被保佐人が次に掲げる行為をするに
　は、その保佐人の同意を得なければならない。
　ただし、第9条ただし書に規定する行為につい
　ては、この限りでない。
一　元本を領収し、又は利用すること。
二　借財又は保証をすること。
三　不動産その他重要な財産に関する権利の得
　　喪を目的とする行為をすること。

四　訴訟行為をすること。

　　五　贈与、和解又は仲裁合意（仲裁法（平成15年法律第138号）第2条第1項に規定する仲裁合意をいう。）をすること。

　　六　相続の承認若しくは放棄又は遺産の分割をすること。

　　七　贈与の申込みを拒絶し、遺贈を放棄し、負担付贈与の申込みを承諾し、又は負担付遺贈を承認すること。

　　八　新築、改築、増築又は大修繕をすること。

　　九　第602条に定める期間を超える賃貸借をすること。

　　十　前各号に掲げる行為を制限行為能力者（未成年者、成年被後見人、被保佐人及び第17条第1項の審判を受けた被補助人をいう。以下同じ。）の法定代理人としてすること。

2　家庭裁判所は、第11条本文に規定する者又は保佐人若しくは保佐監督人の請求により、被保佐人が前項各号に掲げる行為以外の行為をする場合であってもその保佐人の同意を得なければならない旨の審判をすることができる。ただし、第9条ただし書に規定する行為については、この限りでない。

3　保佐人の同意を得なければならない行為について、保佐人が被保佐人の利益を害するおそれがないにもかかわらず同意をしないときは、家庭裁判所は、被保佐人の請求により、保佐人の同意に代わる許可を与えることができる。

4　保佐人の同意を得なければならない行為であって、その同意又はこれに代わる許可を得ないでしたものは、取り消すことができる。

（保佐開始の審判等の取消し）

第14条　第11条本文に規定する原因が消滅したときは、家庭裁判所は、本人、配偶者、4親等内の親族、未成年後見人、未成年後見監督人、保佐人、保佐監督人又は検察官の請求により、保佐開始の審判を取り消さなければならない。

2　家庭裁判所は、前項に規定する者の請求により、前条第2項の審判の全部又は一部を取り消すことができる。

（補助開始の審判）

第15条　精神上の障害により事理を弁識する能力が不十分である者については、家庭裁判所は、本人、配偶者、4親等内の親族、後見人、後見監督人、保佐人、保佐監督人又は検察官の請求により、補助開始の審判をすることができる。ただし、第7条又は第11条本文に規定する原因がある者については、この限りでない。

2　本人以外の者の請求により補助開始の審判をするには、本人の同意がなければならない。

3　補助開始の審判は、第17条第1項の審判又は第876条の9第1項の審判とともにしなければならない。

（被補助人及び補助人）

第16条　補助開始の審判を受けた者は、被補助人とし、これに補助人を付する。

（補助人の同意を要する旨の審判等）

第17条　家庭裁判所は、第15条第1項本文に規定する者又は補助人若しくは補助監督人の請求により、被補助人が特定の法律行為をするにはその補助人の同意を得なければならない旨の審判をすることができる。ただし、その審判によりその同意を得なければならないものとすることができる行為は、第13条第1項に規定する行為の一部に限る。

2　本人以外の者の請求により前項の審判をするには、本人の同意がなければならない。

3　補助人の同意を得なければならない行為について、補助人が被補助人の利益を害するおそれがないにもかかわらず同意をしないときは、家庭裁判所は、被補助人の請求により、補助人の同意に代わる許可を与えることができる。

4　補助人の同意を得なければならない行為であって、その同意又はこれに代わる許可を得ないでしたものは、取り消すことができる。

（補助開始の審判等の取消し）

第18条　第15条第1項本文に規定する原因が消滅したときは、家庭裁判所は、本人、配偶者、4親等内の親族、未成年後見人、未成年後見監督人、補助人、補助監督人又は検察官の請求により、補助開始の審判を取り消さなければならない。

2　家庭裁判所は、前項に規定する者の請求により、前条第1項の審判の全部又は一部を取り消すことができる。

3　前条第1項の審判及び第876条の9第1項の審判をすべて取り消す場合には、家庭裁判所は、補助開始の審判を取り消さなければならない。

（審判相互の関係）

第19条　後見開始の審判をする場合において、本人が被保佐人又は被補助人であるときは、家庭裁判所は、その本人に係る保佐開始又は補助開始の審判を取り消さなければならない。

2　前項の規定は、保佐開始の審判をする場合において本人が成年被後見人若しくは被補助人であるとき、又は補助開始の審判をする場合において本人が成年被後見人若しくは被保佐人であるときについて準用する。

（制限行為能力者の相手方の催告権）

第20条　制限行為能力者の相手方は、その制限

行為能力者が行為能力者（行為能力の制限を受けない者をいう。以下同じ。）となった後、その者に対し、1箇月以上の期間を定めて、その期間内にその取り消すことができる行為を追認するかどうかを確答すべき旨の催告をすることができる。この場合において、その者がその期間内に確答を発しないときは、その行為を追認したものとみなす。

2　制限行為能力者の相手方が、制限行為能力者が行為能力者とならない間に、その法定代理人、保佐人又は補助人に対し、その権限内の行為について前項に規定する催告をした場合において、これらの者が同項の期間内に確答を発しないときも、同項後段と同様とする。

3　特別の方式を要する行為については、前二項の期間内にその方式を具備した旨の通知を発しないときは、その行為を取り消したものとみなす。

4　制限行為能力者の相手方は、被保佐人又は第17条第1項の審判を受けた被補助人に対しては、第1項の期間内にその保佐人又は補助人の追認を得るべき旨の催告をすることができる。この場合において、その被保佐人又は被補助人がその期間内にその追認を得た旨の通知を発しないときは、その行為を取り消したものとみなす。

（制限行為能力者の詐術）

第21条　制限行為能力者が行為能力者であることを信じさせるため詐術を用いたときは、その行為を取り消すことができない。

第4節　住所

（住所）

第22条　各人の生活の本拠をその者の住所とする。

（居所）

第23条　住所が知れない場合には、居所を住所とみなす。

2　日本に住所を有しない者は、その者が日本人又は外国人のいずれであるかを問わず、日本における居所をその者の住所とみなす。ただし、準拠法を定める法律に従いその者の住所地法によるべき場合は、この限りでない。

（仮住所）

第24条　ある行為について仮住所を選定したときは、その行為に関しては、その仮住所を住所とみなす。

第5節　不在者の財産の管理及び失踪の宣告

（不在者の財産の管理）

第25条　従来の住所又は居所を去った者（以下「不在者」という。）がその財産の管理人（以下この節において単に「管理人」という。）を置かなかったときは、家庭裁判所は、利害関係人又は検察官の請求により、その財産の管理について必要な処分を命ずることができる。本人の不在中に管理人の権限が消滅したときも、同様とする。

2　前項の規定による命令後、本人が管理人を置いたときは、家庭裁判所は、その管理人、利害関係人又は検察官の請求により、その命令を取り消さなければならない。

（管理人の改任）

第26条　不在者が管理人を置いた場合において、その不在者の生死が明らかでないときは、家庭裁判所は、利害関係人又は検察官の請求により、管理人を改任することができる。

（管理人の職務）

第27条　前二条の規定により家庭裁判所が選任した管理人は、その管理すべき財産の目録を作成しなければならない。この場合において、その費用は、不在者の財産の中から支弁する。

2　不在者の生死が明らかでない場合において、利害関係人又は検察官の請求があるときは、家庭裁判所は、不在者が置いた管理人にも、前項の目録の作成を命ずることができる。

3　前二項に定めるもののほか、家庭裁判所は、管理人に対し、不在者の財産の保存に必要と認める処分を命ずることができる。

（管理人の権限）

第28条　管理人は、第103条に規定する権限を超える行為を必要とするときは、家庭裁判所の許可を得て、その行為をすることができる。不在者の生死が明らかでない場合において、その管理人が不在者が定めた権限を超える行為を必要とするときも、同様とする。

（管理人の担保提供及び報酬）

第29条　家庭裁判所は、管理人に財産の管理及び返還について相当の担保を立てさせることができる。

2　家庭裁判所は、管理人と不在者との関係その他の事情により、不在者の財産の中から、相当な報酬を管理人に与えることができる。

（失踪の宣告）

第30条　不在者の生死が7年間明らかでないときは、家庭裁判所は、利害関係人の請求により、失踪の宣告をすることができる。

2　戦地に臨んだ者、沈没した船舶の中に在った者その他死亡の原因となるべき危難に遭遇した者の生死が、それぞれ、戦争が止んだ後、船舶

が沈没した後又はその他の危難が去った後1年間明らかでないときも、前項と同様とする。

（失踪の宣告の効力）

第31条　前条第1項の規定により失踪の宣告を受けた者は同項の期間が満了した時に、同条第2項の規定により失踪の宣告を受けた者はその危難が去った時に、死亡したものとみなす。

（失踪の宣告の取消し）

第32条　失踪者が生存すること又は前条に規定する時と異なる時に死亡したことの証明があったときは、家庭裁判所は、本人又は利害関係人の請求により、失踪の宣告を取り消さなければならない。この場合において、その取消しは、失踪の宣告後その取消し前に善意でした行為の効力に影響を及ぼさない。

2　失踪の宣告によって財産を得た者は、その取消しによって権利を失う。ただし、現に利益を受けている限度においてのみ、その財産を返還する義務を負う。

第6節　同時死亡の推定

第32条の2　数人の者が死亡した場合において、そのうちの1人が他の者の死亡後になお生存していたことが明らかでないときは、これらの者は、同時に死亡したものと推定する。

第3章　法人

（法人の成立等）

第33条　法人は、この法律その他の法律の規定によらなければ、成立しない。

2　学術、技芸、慈善、祭祀し、宗教その他の公益を目的とする法人、営利事業を営むことを目的とする法人その他の法人の設立、組織、運営及び管理については、この法律その他の法律の定めるところによる。

（法人の能力）

第34条　法人は、法令の規定に従い、定款その他の基本約款で定められた目的の範囲内において、権利を有し、義務を負う。

（外国法人）

第35条　外国法人は、国、国の行政区画及び外国会社を除き、その成立を認許しない。ただし、法律又は条約の規定により認許された外国法人は、この限りでない。

2　前項の規定により認許された外国法人は、日本において成立する同種の法人と同一の私権を有する。ただし、外国人が享有することのできない権利及び法律又は条約中に特別の規定がある権利については、この限りでない。

（登記）

第36条　法人及び外国法人は、この法律その他の法令の定めるところにより、登記をするものとする。

（外国法人の登記）

第37条　外国法人（第35条第1項ただし書に規定する外国法人に限る。以下この条において同じ。）が日本に事務所を設けたときは、3週間以内に、その事務所の所在地において、次に掲げる事項を登記しなければならない。

　一　外国法人の設立の準拠法
　二　目的
　三　名称
　四　事務所の所在場所
　五　存続期間を定めたときは、その定め
　六　代表者の氏名及び住所

2　前項各号に掲げる事項に変更を生じたときは、3週間以内に、変更の登記をしなければならない。この場合において、登記前にあっては、その変更をもって第三者に対抗することができない。

3　代表者の職務の執行を停止し、若しくはその職務を代行する者を選任する仮処分命令又はその仮処分命令を変更し、若しくは取り消す決定がされたときは、その登記をしなければならない。この場合においては、前項後段の規定を準用する。

4　前二項の規定により登記すべき事項が外国において生じたときは、登記の期間は、その通知が到達した日から起算する。

5　外国法人が初めて日本に事務所を設けたときは、その事務所の所在地において登記するまでは、第三者は、その法人の成立を否認することができる。

6　外国法人が事務所を移転したときは、旧所在地においては3週間以内に移転の登記をし、新所在地においては4週間以内に第1項各号に掲げる事項を登記しなければならない。

7　同一の登記所の管轄区域内において事務所を移転したときは、その移転を登記すれば足りる。

8　外国法人の代表者が、この条に規定する登記を怠ったときは、50万円以下の過料に処する。

第38条から第84条まで　削除

第4章　物

（定義）

第85条　この法律において「物」とは、有体物をいう。

（不動産及び動産）

第86条 土地及びその定着物は、不動産とする。

2 不動産以外の物は、すべて動産とする。

（主物及び従物）

第87条 物の所有者が、その物の常用に供するため、自己の所有に属する他の物をこれに附属させたときは、その附属させた物を従物とする。

2 従物は、主物の処分に従う。

（天然果実及び法定果実）

第88条 物の用法に従い収取する産出物を天然果実とする。

2 物の使用の対価として受けるべき金銭その他の物を法定果実とする。

（果実の帰属）

第89条 天然果実は、その元物から分離する時に、これを収取する権利を有する者に帰属する。

2 法定果実は、これを収取する権利の存続期間に応じて、日割計算によりこれを取得する。

第5章 法律行為

第1節 総則

（公序良俗）

第90条 公の秩序又は善良の風俗に反する法律行為は、無効とする。

（任意規定と異なる意思表示）

第91条 法律行為の当事者が法令中の公の秩序に関しない規定と異なる意思を表示したときは、その意思に従う。

（任意規定と異なる慣習）

第92条 法令中の公の秩序に関しない規定と異なる慣習がある場合において、法律行為の当事者がその慣習による意思を有しているものと認められるときは、その慣習に従う。

第2節 意思表示

（心裡留保）

第93条 意思表示は、表意者がその真意ではないことを知ってしたときであっても、そのためにその効力を妨げられない。ただし、相手方が表意者の真意ではないことを知り、又は知ることができたときは、その意思表示は、無効とする。

2 前項ただし書の規定による意思表示の無効は、善意の第三者に対抗することができない。

（虚偽表示）

第94条 相手方と通じてした虚偽の意思表示は、無効とする。

2 前項の規定による意思表示の無効は、善意の

第三者に対抗することができない。

（錯誤）

第95条 意思表示は、次に掲げる錯誤に基づくものであって、その錯誤が法律行為の目的及び取引上の社会通念に照らして重要なものであるときは、取り消すことができる。

一 意思表示に対応する意思を欠く錯誤

二 表意者が法律行為の基礎とした事情についてのその認識が真実に反する錯誤

2 前項第2号の規定による意思表示の取消しは、その事情が法律行為の基礎とされていることが表示されていたときに限り、することができる。

3 錯誤が表意者の重大な過失によるものであった場合には、次に掲げる場合を除き、第1項の規定による意思表示の取消しをすることができない。

一 相手方が表意者に錯誤があることを知り、又は重大な過失によって知らなかったとき。

二 相手方が表意者と同一の錯誤に陥っていたとき。

4 第1項の規定による意思表示の取消しは、善意でかつ過失がない第三者に対抗することができない。

（詐欺又は強迫）

第96条 詐欺又は強迫による意思表示は、取り消すことができる。

2 相手方に対する意思表示について第三者が詐欺を行った場合においては、相手方がその事実を知り、又は知ることができたときに限り、その意思表示を取り消すことができる。

3 前二項の規定による詐欺による意思表示の取消しは、善意でかつ過失がない第三者に対抗することができない。

（意思表示の効力発生時期等）

第97条 意思表示は、その通知が相手方に到達した時からその効力を生ずる。

2 相手方が正当な理由なく意思表示の通知が到達することを妨げたときは、その通知は、通常到達すべきであった時に到達したものとみなす。

3 意思表示は、表意者が通知を発した後に死亡し、意思能力を喪失し、又は行為能力の制限を受けたときであっても、そのためにその効力を妨げられない。

（公示による意思表示）

第98条 意思表示は、表意者が相手方を知ることができず、又はその所在を知ることができないときは、公示の方法によってすることができる。

2 前項の公示は、公示送達に関する民事訴訟法

（平成8年法律第109号）の規定に従い、裁判所の掲示場に掲示し、かつ、その掲示があったことを官報に少なくとも一回掲載して行う。ただし、裁判所は、相当と認めるときは、官報への掲載に代えて、市役所、区役所、町村役場又はこれらに準ずる施設の掲示場に掲示すべきことを命ずることができる。

3　公示による意思表示は、最後に官報に掲載した日又はその掲載に代わる掲示を始めた日から2週間を経過した時に、相手方に到達したものとみなす。ただし、表意者が相手方を知らないこと又はその所在を知らないことについて過失があったときは、到達の効力を生じない。

4　公示に関する手続は、相手方を知ることができない場合には表意者の住所地の、相手方の所在を知ることができない場合には相手方の最後の住所地の簡易裁判所の管轄に属する。

5　裁判所は、表意者に、公示に関する費用を予納させなければならない。

（意思表示の受領能力）

第98条の2　意思表示の相手方がその意思表示を受けた時に意思能力を有しなかったとき又は未成年者若しくは成年被後見人であったときは、その意思表示をもってその相手方に対抗することができない。ただし、次に掲げる者がその意思表示を知った後は、この限りでない。

一　相手方の法定代理人

二　意思能力を回復し、又は行為能力者となった相手方

第3節　代理

（代理行為の要件及び効果）

第99条　代理人がその権限内において本人のためにすることを示してした意思表示は、本人に対して直接にその効力を生ずる。

2　前項の規定は、第三者が代理人に対してした意思表示について準用する。

（本人のためにすることを示さない意思表示）

第100条　代理人が本人のためにすることを示さないでした意思表示は、自己のためにしたものとみなす。ただし、相手方が、代理人が本人のためにすることを知り、又は知ることができたときは、前条第1項の規定を準用する。

（代理行為の瑕疵）

第101条　代理人が相手方に対してした意思表示の効力が意思の不存在、錯誤、詐欺、強迫又はある事情を知っていたこと若しくは知らなかったことにつき過失があったことによって影響を受けるべき場合には、その事実の有無は、代

理人について決するものとする。

2　相手方が代理人に対してした意思表示の効力が意思表示を受けた者がある事情を知っていたこと又は知らなかったことにつき過失があったことによって影響を受けるべき場合には、その事実の有無は、代理人について決するものとする。

3　特定の法律行為をすることを委託された代理人がその行為をしたときは、本人は、自ら知っていた事情について代理人が知らなかったことを主張することができない。本人が過失によって知らなかった事情についても、同様とする。

（代理人の行為能力）

第102条　制限行為能力者が代理人としてした行為は、行為能力の制限によっては取り消すことができない。ただし、制限行為能力者が他の制限行為能力者の法定代理人としてした行為については、この限りでない。

（権限の定めのない代理人の権限）

第103条　権限の定めのない代理人は、次に掲げる行為のみをする権限を有する。

一　保存行為

二　代理の目的である物又は権利の性質を変えない範囲内において、その利用又は改良を目的とする行為

（任意代理人による復代理人の選任）

第104条　委任による代理人は、本人の許諾を得たとき、又はやむを得ない事由があるときでなければ、復代理人を選任することができない。

（法定代理人による復代理人の選任）

第105条　法定代理人は、自己の責任で復代理人を選任することができる。この場合において、やむを得ない事由があるときは、本人に対してその選任及び監督についての責任のみを負う。

（復代理人の権限等）

第106条　復代理人は、その権限内の行為について、本人を代表する。

2　復代理人は、本人及び第三者に対して、その権限の範囲内において、代理人と同一の権利を有し、義務を負う。

（代理権の濫用）

第107条　代理人が自己又は第三者の利益を図る目的で代理権の範囲内の行為をした場合において、相手方がその目的を知り、又は知ることができたときは、その行為は、代理権を有しない者がした行為とみなす。

（自己契約及び双方代理等）

第108条　同一の法律行為について、相手方の代理人として、又は当事者双方の代理人としてした行為は、代理権を有しない者がした行為とみなす。ただし、債務の履行及び本人があらか

じめ許諾した行為については、この限りでない。

2　前項本文に規定するもののほか、代理人と本人との利益が相反する行為については、代理権を有しない者がした行為とみなす。ただし、本人があらかじめ許諾した行為については、この限りでない。

（代理権授与の表示による表見代理等）

第109条　第三者に対して他人に代理権を与えた旨を表示した者は、その代理権の範囲内においてその他人が第三者との間でした行為について、その責任を負う。ただし、第三者が、その他人が代理権を与えられていないことを知り、又は過失によって知らなかったときは、この限りでない。

2　第三者に対して他人に代理権を与えた旨を表示した者は、その代理権の範囲内においてその他人が第三者との間で行為をしたとすれば前項の規定によりその責任を負うべき場合において、その他人が第三者との間でその代理権の範囲外の行為をしたときは、第三者がその行為についてその他人の代理権があると信ずべき正当な理由があるときに限り、その行為についての責任を負う。

（権限外の行為の表見代理）

第110条　前条第1項本文の規定は、代理人がその権限外の行為をした場合において、第三者が代理人の権限があると信ずべき正当な理由があるときについて準用する。

（代理権の消滅事由）

第111条　代理権は、次に掲げる事由によって消滅する。

一　本人の死亡

二　代理人の死亡又は代理人が破産手続開始の決定若しくは後見開始の審判を受けたこと。

2　委任による代理権は、前項各号に掲げる事由のほか、委任の終了によって消滅する。

（代理権消滅後の表見代理等）

第112条　他人に代理権を与えた者は、代理権の消滅後にその代理権の範囲内においてその他人が第三者との間でした行為について、代理権の消滅の事実を知らなかった第三者に対してその責任を負う。ただし、第三者が過失によってその事実を知らなかったときは、この限りでない。

2　他人に代理権を与えた者は、代理権の消滅後に、その代理権の範囲内においてその他人が第三者との間で行為をしたとすれば前項の規定によりその責任を負うべき場合において、その他人が第三者との間でその代理権の範囲外の行為をしたときは、第三者がその行為についてその

他人の代理権があると信ずべき正当な理由があるときに限り、その行為についての責任を負う。

（無権代理）

第113条　代理権を有しない者が他人の代理人としてした契約は、本人がその追認をしなければ、本人に対してその効力を生じない。

2　追認又はその拒絶は、相手方に対してしなければ、その相手方に対抗することができない。ただし、相手方がその事実を知ったときは、この限りでない。

（無権代理の相手方の催告権）

第114条　前条の場合において、相手方は、本人に対し、相当の期間を定めて、その期間内に追認をするかどうかを確答すべき旨の催告をすることができる。この場合において、本人がその期間内に確答をしないときは、追認を拒絶したものとみなす。

（無権代理の相手方の取消権）

第115条　代理権を有しない者がした契約は、本人が追認をしない間は、相手方が取り消すことができる。ただし、契約の時において代理権を有しないことを相手方が知っていたときは、この限りでない。

（無権代理行為の追認）

第116条　追認は、別段の意思表示がないときは、契約の時にさかのぼってその効力を生ずる。ただし、第三者の権利を害することはできない。

（無権代理人の責任）

第117条　他人の代理人として契約をした者は、自己の代理権を証明したとき、又は本人の追認を得たときを除き、相手方の選択に従い、相手方に対して履行又は損害賠償の責任を負う。

2　前項の規定は、次に掲げる場合には、適用しない。

一　他人の代理人として契約をした者が代理権を有しないことを相手方が知っていたとき。

二　他人の代理人として契約をした者が代理権を有しないことを相手方が過失によって知らなかったとき。ただし、他人の代理人として契約をした者が自己に代理権がないことを知っていたときは、この限りでない。

三　他人の代理人として契約をした者が行為能力の制限を受けていたとき。

（単独行為の無権代理）

第118条　単独行為については、その行為の時において、相手方が、代理人と称する者が代理権を有しないで行為をすることに同意し、又はその代理権を争わなかったときに限り、第113条から前条までの規定を準用する。代理権を有しない者に対しその同意を得て単独行為をしたときも、

同様とする。

第4節　無効及び取消し

（無効な行為の追認）

第119条　無効な行為は、追認によっても、その効力を生じない。ただし、当事者がその行為の無効であることを知って追認をしたときは、新たな行為をしたものとみなす。

（取消権者）

第120条　行為能力の制限によって取り消すことができる行為は、制限行為能力者（他の制限行為能力者の法定代理人としてした行為にあっては、当該他の制限行為能力者を含む。）又はその代理人、承継人若しくは同意をすることができる者に限り、取り消すことができる。

2　錯誤、詐欺又は強迫によって取り消すことができる行為は、瑕疵ある意思表示をした者又はその代理人若しくは承継人に限り、取り消すことができる。

（取消しの効果）

第121条　取り消された行為は、初めから無効であったものとみなす。

（原状回復の義務）

第121条の2　無効な行為に基づく債務の履行として給付を受けた者は、相手方を原状に復させる義務を負う。

2　前項の規定にかかわらず、無効な無償行為に基づく債務の履行として給付を受けた者は、給付を受けた当時その行為が無効であること（給付を受けた後に前条の規定により初めから無効であったものとみなされた行為にあっては、給付を受けた当時その行為が取り消すことができるものであること）を知らなかったときは、その行為によって現に利益を受けている限度において、返還の義務を負う。

3　第1項の規定にかかわらず、行為の時に意思能力を有しなかった者は、その行為によって現に利益を受けている限度において、返還の義務を負う。行為の時に制限行為能力者であった者についても、同様とする。

（取り消すことができる行為の追認）

第122条　取り消すことができる行為は、第120条に規定する者が追認したときは、以後、取り消すことができない。

（取消し及び追認の方法）

第123条　取り消すことができる行為の相手方が確定している場合には、その取消し又は追認は、相手方に対する意思表示によってする。

（追認の要件）

第124条　取り消すことができる行為の追認は、取消しの原因となっていた状況が消滅し、かつ、取消権を有することを知った後にしなければ、その効力を生じない。

2　次に掲げる場合には、前項の追認は、取消しの原因となっていた状況が消滅した後にすることを要しない。

一　法定代理人又は制限行為能力者の保佐人若しくは補助人が追認をするとき。

二　制限行為能力者（成年被後見人を除く。）が法定代理人、保佐人又は補助人の同意を得て追認をするとき。

（法定追認）

第125条　追認をすることができる時以後に、取り消すことができる行為について次に掲げる事実があったときは、追認をしたものとみなす。ただし、異議をとどめたときは、この限りでない。

一　全部又は一部の履行

二　履行の請求

三　更改

四　担保の供与

五　取り消すことができる行為によって取得した権利の全部又は一部の譲渡

六　強制執行

（取消権の期間の制限）

第126条　取消権は、追認をすることができる時から5年間行使しないときは、時効によって消滅する。行為の時から20年を経過したときも、同様とする。

第5節　条件及び期限

（条件が成就した場合の効果）

第127条　停止条件付法律行為は、停止条件が成就した時からその効力を生ずる。

2　解除条件付法律行為は、解除条件が成就した時からその効力を失う。

3　当事者が条件が成就した場合の効果をその成就した時以前にさかのぼらせる意思を表示したときは、その意思に従う。

（条件の成否未定の間における相手方の利益の侵害の禁止）

第128条　条件付法律行為の各当事者は、条件の成否が未定である間は、条件が成就した場合にその法律行為から生ずべき相手方の利益を害することができない。

（条件の成否未定の間における権利の処分等）

第129条　条件の成否が未定である間における当事者の権利義務は、一般の規定に従い、処分し、相続し、若しくは保存し、又はそのために

担保を供することができる。

（条件の成就の妨害等）

第130条　条件が成就することによって不利益を受ける当事者が故意にその条件の成就を妨げたときは、相手方は、その条件が成就したものとみなすことができる。

2　条件が成就することによって利益を受ける当事者が不正にその条件を成就させたときは、相手方は、その条件が成就しなかったものとみなすことができる。

（既成条件）

第131条　条件が法律行為の時に既に成就していた場合において、その条件が停止条件であるときはその法律行為は無条件とし、その条件が解除条件であるときはその法律行為は無効とする。

2　条件が成就しないことが法律行為の時に既に確定していた場合において、その条件が停止条件であるときはその法律行為は無効とし、その条件が解除条件であるときはその法律行為は無条件とする。

3　前二項に規定する場合において、当事者が条件が成就したこと又は成就しなかったことを知らない間は、第128条及び第129条の規定を準用する。

（不法条件）

第132条　不法な条件を付した法律行為は、無効とする。不法な行為をしないことを条件とするものも、同様とする。

（不能条件）

第133条　不能の停止条件を付した法律行為は、無効とする。

2　不能の解除条件を付した法律行為は、無条件とする。

（随意条件）

第134条　停止条件付法律行為は、その条件が単に債務者の意思のみに係るときは、無効とする。

（期限の到来の効果）

第135条　法律行為に始期を付したときは、その法律行為の履行は、期限が到来するまで、これを請求することができない。

2　法律行為に終期を付したときは、その法律行為の効力は、期限が到来した時に消滅する。

（期限の利益及びその放棄）

第136条　期限は、債務者の利益のために定めたものと推定する。

2　期限の利益は、放棄することができる。ただし、これによって相手方の利益を害することはできない。

（期限の利益の喪失）

第137条　次に掲げる場合には、債務者は、期限の利益を主張することができない。

一　債務者が破産手続開始の決定を受けたとき。

二　債務者が担保を滅失させ、損傷させ、又は減少させたとき。

三　債務者が担保を供する義務を負う場合において、これを供しないとき。

第6章　期間の計算

（期間の計算の通則）

第138条　期間の計算方法は、法令若しくは裁判上の命令に特別の定めがある場合又は法律行為に別段の定めがある場合を除き、この章の規定に従う。

（期間の起算）

第139条　時間によって期間を定めたときは、その期間は、即時から起算する。

第140条　日、週、月又は年によって期間を定めたときは、期間の初日は、算入しない。ただし、その期間が午前零時から始まるときは、この限りでない。

（期間の満了）

第141条　前条の場合には、期間は、その末日の終了をもって満了する。

第142条　期間の末日が日曜日、国民の祝日に関する法律（昭和23年法律第178号）に規定する休日その他の休日に当たるときは、その日に取引をしない慣習がある場合に限り、期間は、その翌日に満了する。

（暦による期間の計算）

第143条　週、月又は年によって期間を定めたときは、その期間は、暦に従って計算する。

2　週、月又は年の初めから期間を起算しないときは、その期間は、最後の週、月又は年においてその起算日に応当する日の前日に満了する。ただし、月又は年によって期間を定めた場合において、最後の月に応当する日がないときは、その月の末日に満了する。

第7章　時効

第1節　総則

（時効の効力）

第144条　時効の効力は、その起算日にさかのぼる。

（時効の援用）

第145条　時効は、当事者（消滅時効にあって

15

は、保証人、物上保証人、第三取得者その他権利の消滅について正当な利益を有する者を含む。）が援用しなければ、裁判所がこれによって裁判をすることができない。

（時効の利益の放棄）

第146条　時効の利益は、あらかじめ放棄することができない。

（裁判上の請求等による時効の完成猶予及び更新）

第147条　次に掲げる事由がある場合には、その事由が終了する（確定判決又は確定判決と同一の効力を有するものによって権利が確定することなくその事由が終了した場合にあっては、その終了の時から6箇月を経過する）までの間は、時効は、完成しない。

一　裁判上の請求

二　支払督促

三　民事訴訟法第275条第1項の和解又は民事調停法（昭和26年法律第222号）若しくは家事事件手続法（平成23年法律第52号）による調停

四　破産手続参加、再生手続参加又は更生手続参加

2　前項の場合において、確定判決又は確定判決と同一の効力を有するものによって権利が確定したときは、時効は、同項各号に掲げる事由が終了した時から新たにその進行を始める。

（強制執行等による時効の完成猶予及び更新）

第148条　次に掲げる事由がある場合には、その事由が終了する（申立ての取下げ又は法律の規定に従わないことによる取消しによってその事由が終了した場合にあっては、その終了の時から6箇月を経過する）までの間は、時効は、完成しない。

一　強制執行

二　担保権の実行

三　民事執行法（昭和54年法律第4号）第195条に規定する担保権の実行としての競売の例による競売

四　民事執行法第196条に規定する財産開示手続又は同法204条に規定する第三者からの情報取得手続

2　前項の場合には、時効は、同項各号に掲げる事由が終了した時から新たにその進行を始める。ただし、申立ての取下げ又は法律の規定に従わないことによる取消しによってその事由が終了した場合は、この限りでない。

（仮差押え等による時効の完成猶予）

第149条　次に掲げる事由がある場合には、その事由が終了した時から6箇月を経過するまで

の間は、時効は、完成しない。

一　仮差押え

二　仮処分

（催告による時効の完成猶予）

第150条　催告があったときは、その時から6箇月を経過するまでの間は、時効は、完成しない。

2　催告によって時効の完成が猶予されている間にされた再度の催告は、前項の規定による時効の完成猶予の効力を有しない。

（協議を行う旨の合意による時効の完成猶予）

第151条　権利についての協議を行う旨の合意が書面でされたときは、次に掲げる時のいずれか早い時までの間は、時効は、完成しない。

一　その合意があった時から1年を経過した時

二　その合意において当事者が協議を行う期間（1年に満たないものに限る。）を定めたときは、その期間を経過した時

三　当事者の一方から相手方に対して協議の続行を拒絶する旨の通知が書面でされたときは、その通知の時から6箇月を経過した時

2　前項の規定により時効の完成が猶予されている間にされた再度の同項の合意は、同項の規定による時効の完成猶予の効力を有する。ただし、その効力は、時効の完成が猶予されなかったとすれば時効が完成すべき時から通じて5年を超えることができない。

3　催告によって時効の完成が猶予されている間にされた第1項の合意は、同項の規定による時効の完成猶予の効力を有しない。同項の規定により時効の完成が猶予されている間にされた催告についても、同様とする。

4　第1項の合意がその内容を記録した電磁的記録（電子的方式、磁気的方式その他人の知覚によっては認識することができない方式で作られる記録であって、電子計算機による情報処理の用に供されるものをいう。以下同じ。）によってされたときは、その合意は、書面によってされたものとみなして、前三項の規定を適用する。

5　前項の規定は、第1項第3号の通知について準用する。

（承認による時効の更新）

第152条　時効は、権利の承認があったときは、その時から新たにその進行を始める。

2　前項の承認をするには、相手方の権利についての処分につき行為能力の制限を受けていないこと又は権限があることを要しない。

（時効の完成猶予又は更新の効力が及ぶ者の範囲）

第153条　第147条又は第148条の規定による時効の完成猶予又は更新は、完成猶予又は更新の

事由が生じた当事者及びその承継人の間においてのみ、その効力を有する。

2　第149条から第151条までの規定による時効の完成猶予は、完成猶予の事由が生じた当事者及びその承継人の間においてのみ、その効力を有する。

3　前条の規定による時効の更新は、更新の事由が生じた当事者及びその承継人の間においてのみ、その効力を有する。

第154条　第148条第1項各号又は第149条各号に掲げる事由に係る手続は、時効の利益を受ける者に対してしないときは、その者に通知をした後でなければ、第148条又は第149条の規定による時効の完成猶予又は更新の効力を生じない。

第155条から第157条まで　削除

（未成年者又は成年被後見人と時効の完成猶予）

第158条　時効の期間の満了前6箇月以内の間に未成年者又は成年被後見人に法定代理人がないときは、その未成年者若しくは成年被後見人が行為能力者となった時又は法定代理人が就職した時から6箇月を経過するまでの間は、その未成年者又は成年被後見人に対して、時効は、完成しない。

2　未成年者又は成年被後見人がその財産を管理する父、母又は後見人に対して権利を有するときは、その未成年者若しくは成年被後見人が行為能力者となった時又は後任の法定代理人が就職した時から6箇月を経過するまでの間は、その権利について、時効は、完成しない。

（夫婦間の権利の時効の停止の完成猶予）

第159条　夫婦の一方が他の一方に対して有する権利については、婚姻の解消の時から6箇月を経過するまでの間は、時効は、完成しない。

（相続財産に関する時効の停止の完成猶予）

第160条　相続財産に関しては、相続人が確定した時、管理人が選任された時又は破産手続開始の決定があった時から6箇月を経過するまでの間は、時効は、完成しない。

（天災等による時効の完成猶予）

第161条　時効の期間の満了の時に当たり、天災その他避けることのできない事変のため第147条第1項各号又は第148条第1項各号に掲げる事由に係る手続を行うことができないときは、その障害が消滅した時から3箇月を経過するまでの間は、時効は、完成しない。

第2節　取得時効

（所有権の取得時効）

第162条　20年間、所有の意思をもって、平穏に、かつ、公然と他人の物を占有した者は、その所有権を取得する。

2　10年間、所有の意思をもって、平穏に、かつ、公然と他人の物を占有した者は、その占有の開始の時に、善意であり、かつ、過失がなかったときは、その所有権を取得する。

（所有権以外の財産権の取得時効）

第163条　所有権以外の財産権を、自己のためにする意思をもって、平穏に、かつ、公然と行使する者は、前条の区別に従い20年又は10年を経過した後、その権利を取得する。

（占有の中止等による取得時効の中断）

第164条　第162条の規定による時効は、占有者が任意にその占有を中止し、又は他人によってその占有を奪われたときは、中断する。

第165条　前条の規定は、第163条の場合について準用する。

第3節　消滅時効

（債権等の消滅時効）

第166条　債権は、次に掲げる場合には、時効によって消滅する。

一　債権者が権利を行使することができることを知った時から5年間行使しないとき。

二　権利を行使することができる時から10年間行使しないとき。

2　債権又は所有権以外の財産権は、権利を行使することができる時から20年間行使しないときは、時効によって消滅する。

3　前二項の規定は、始期付権利又は停止条件付権利の目的物を占有する第三者のために、その占有の開始の時から取得時効が進行することを妨げない。ただし、権利者は、その時効を更新するため、いつでも占有者の承認を求めることができる。

（人の生命又は身体の侵害による損害賠償請求権の消滅時効）

第107条　人の生命又は身体の侵害による損害賠償請求権の消滅時効についての前条第1項第2号の規定の適用については、同号中「10年間」とあるのは、「20年間」とする。

（定期金債権の消滅時効）

第168条　定期金の債権は、次に掲げる場合には、時効によって消滅する。

一　債権者が定期金の債権から生ずる金銭その他の物の給付を目的とする各債権を行使することができることを知った時から10年間行使しないとき。

二　前号に規定する各債権を行使することができる時から20年間行使しないとき。

2　定期金の債権者は、時効の更新の証拠を得るため、いつでも、その債務者に対して承認書の交付を求めることができる。

（判決で確定した権利の消滅時効）

第169条　確定判決又は確定判決と同一の効力を有するものによって確定した権利については、10年より短い時効期間の定めがあるものであっても、その時効期間は、10年とする。

2　前項の規定は、確定の時に弁済期の到来していない債権については、適用しない。

第170条から第174条まで　削除

第2編　物権

第1章　総則

（物権の創設）

第175条　物権は、この法律その他の法律に定めるもののほか、創設することができない。

（物権の設定及び移転）

第176条　物権の設定及び移転は、当事者の意思表示のみによって、その効力を生ずる。

（不動産に関する物権の変動の対抗要件）

第177条　不動産に関する物権の得喪及び変更は、不動産登記法（平成16年法律第123号）その他の登記に関する法律の定めるところに従いその登記をしなければ、第三者に対抗することができない。

（動産に関する物権の譲渡の対抗要件）

第178条　動産に関する物権の譲渡は、その動産の引渡しがなければ、第三者に対抗することができない。

（混同）

第179条　同一物について所有権及び他の物権が同一人に帰属したときは、当該他の物権は、消滅する。ただし、その物又は当該他の物権が第三者の権利の目的であるときは、この限りでない。

2　所有権以外の物権及びこれを目的とする他の権利が同一人に帰属したときは、当該他の権利は、消滅する。この場合においては、前項ただし書の規定を準用する。

3　前二項の規定は、占有権については、適用しない。

第2章　占有権

第1節　占有権の取得

（占有権の取得）

第180条　占有権は、自己のためにする意思をもって物を所持することによって取得する。

（代理占有）

第181条　占有権は、代理人によって取得することができる。

（現実の引渡し及び簡易の引渡し）

第182条　占有権の譲渡は、占有物の引渡しによってする。

2　譲受人又はその代理人が現に占有物を所持する場合には、占有権の譲渡は、当事者の意思表示のみによってすることができる。

（占有改定）

第183条　代理人が自己の占有物を以後本人のために占有する意思を表示したときは、本人は、これによって占有権を取得する。

（指図による占有移転）

第184条　代理人によって占有をする場合において、本人がその代理人に対して以後第三者のためにその物を占有することを命じ、その第三者がこれを承諾したときは、その第三者は、占有権を取得する。

（占有の性質の変更）

第185条　権原の性質上占有者に所有の意思がないものとされる場合には、その占有者が、自己に占有をさせた者に対して所有の意思があることを表示し、又は新たな権原により更に所有の意思をもって占有を始めるのでなければ、占有の性質は、変わらない。

（占有の態様等に関する推定）

第186条　占有者は、所有の意思をもって、善意で、平穏に、かつ、公然と占有をするものと推定する。

2　前後の両時点において占有をした証拠があるときは、占有は、その間継続したものと推定する。

（占有の承継）

第187条　占有者の承継人は、その選択に従い、自己の占有のみを主張し、又は自己の占有に前の占有者の占有を併せて主張することができる。

2　前の占有者の占有を併せて主張する場合には、その瑕疵をも承継する。

第2節　占有権の効力

（占有物について行使する権利の適法の推定）

第188条　占有者が占有物について行使する権利は、適法に有するものと推定する。

（善意の占有者による果実の取得等）

第189条　善意の占有者は、占有物から生ずる果実を取得する。

2　善意の占有者が本権の訴えにおいて敗訴したときは、その訴えの提起の時から悪意の占有者とみなす。

（悪意の占有者による果実の返還等）

第190条　悪意の占有者は、果実を返還し、かつ、既に消費し、過失によって損傷し、又は収取を怠った果実の代価を償還する義務を負う。

2　前項の規定は、暴行若しくは強迫又は隠匿によって占有をしている者について準用する。

（占有者による損害賠償）

第191条　占有物が占有者の責めに帰すべき事由によって滅失し、又は損傷したときは、その回復者に対し、悪意の占有者はその損害の全部の賠償をする義務を負い、善意の占有者はその滅失又は損傷によって現に利益を受けている限度において賠償をする義務を負う。ただし、所有の意思のない占有者は、善意であるときであっても、全部の賠償をしなければならない。

（即時取得）

第192条　取引行為によって、平穏に、かつ、公然と動産の占有を始めた者は、善意であり、かつ、過失がないときは、即時にその動産について行使する権利を取得する。

（盗品又は遺失物の回復）

第193条　前条の場合において、占有物が盗品又は遺失物であるときは、被害者又は遺失者は、盗難又は遺失の時から2年間、占有者に対してその物の回復を請求することができる。

第194条　占有者が、盗品又は遺失物を、競売若しくは公の市場において、又はその物と同種の物を販売する商人から、善意で買い受けたときは、被害者又は遺失者は、占有者が支払った代価を弁償しなければ、その物を回復することができない。

（動物の占有による権利の取得）

第195条　家畜以外の動物で他人が飼育していたものを占有する者は、その占有の開始の時に善意であり、かつ、その動物が飼主の占有を離れた時から1箇月以内に飼主から回復の請求を受けなかったときは、その動物について行使する権利を取得する。

（占有者による費用の償還請求）

第196条　占有者が占有物を返還する場合には、その物の保存のために支出した金額その他の必要費を回復者から償還させることができる。ただし、占有者が果実を取得したときは、通常の必要費は、占有者の負担に帰する。

2　占有者が占有物の改良のために支出した金額その他の有益費については、その価格の増加が現存する場合に限り、回復者の選択に従い、その支出した金額又は増価額を償還させることができる。ただし、悪意の占有者に対しては、裁判所は、回復者の請求により、その償還について相当の期限を許与することができる。

（占有の訴え）

第197条　占有者は、次条から第202条までの規定に従い、占有の訴えを提起することができる。他人のために占有をする者も、同様とする。

（占有保持の訴え）

第198条　占有者がその占有を妨害されたときは、占有保持の訴えにより、その妨害の停止及び損害の賠償を請求することができる。

（占有保全の訴え）

第199条　占有者がその占有を妨害されるおそれがあるときは、占有保全の訴えにより、その妨害の予防又は損害賠償の担保を請求することができる。

（占有回収の訴え）

第200条　占有者がその占有を奪われたときは、占有回収の訴えにより、その物の返還及び損害の賠償を請求することができる。

2　占有回収の訴えは、占有を侵奪した者の特定承継人に対して提起することができない。ただし、その承継人が侵奪の事実を知っていたときは、この限りでない。

（占有の訴えの提起期間）

第201条　占有保持の訴えは、妨害の存する間又はその消滅した後1年以内に提起しなければならない。ただし、工事により占有物に損害を生じた場合において、その工事に着手した時から1年を経過し、又はその工事が完成したときは、これを提起することができない。

2　占有保全の訴えは、妨害の危険の存する間は、提起することができる。この場合において、工事により占有物に損害を生ずるおそれがあるときは、前項ただし書の規定を準用する。

3　占有回収の訴えは、占有を奪われた時から1年以内に提起しなければならない。

（本権の訴えとの関係）

第202条　占有の訴えは本権の訴えを妨げず、また、本権の訴えは占有の訴えを妨げない。

2　占有の訴えについては、本権に関する理由に基づいて裁判をすることができない。

第3節　占有権の消滅

（占有権の消滅事由）

第203条　占有権は、占有者が占有の意思を放棄し、又は占有物の所持を失うことによって消滅する。ただし、占有者が占有回収の訴えを提

19

起したときは、この限りでない。

（代理占有権の消滅事由）

第204条 代理人によって占有をする場合には、占有権は、次に掲げる事由によって消滅する。

一 本人が代理人に占有をさせる意思を放棄したこと。

二 代理人が本人に対して以後自己又は第三者のために占有物を所持する意思を表示したこと。

三 代理人が占有物の所持を失ったこと。

2 占有権は、代理権の消滅のみによっては、消滅しない。

第4節　準占有

第205条 この章の規定は、自己のためにする意思をもって財産権の行使をする場合について準用する。

第3章　所有権

第1節　所有権の限界

第1款　所有権の内容及び範囲

（所有権の内容）

第206条 所有者は、法令の制限内において、自由にその所有物の使用、収益及び処分をする権利を有する。

（土地所有権の範囲）

第207条 土地の所有権は、法令の制限内において、その土地の上下に及ぶ。

第208条 削除

第2款　相隣関係

（隣地の使用）

第209条 土地の所有者は、次に掲げる目的のため必要な範囲内で、隣地を使用することができる。ただし、住家については、その居住者の承諾がなければ、立ち入ることはできない。

一 境界又はその付近における障壁、建物その他の工作物の築造、収去又は修繕

二 境界標の調査又は境界に関する測量

三 第233条第3項の規定による枝の切取り

2 前項の場合には、使用の日時、場所及び方法は、隣地の所有者及び隣地を現に使用している者（以下この条において「隣地使用者」という。）のために損害が最も少ないものを選ばなければならない。

3 第1項の規定により隣地を使用する者は、あらかじめ、その目的、日時、場所及び方法を隣地の所有者及び隣地使用者に通知しなければならない。ただし、あらかじめ通知することが困難なときは、使用を開始した後、遅滞なく、通知することをもって足りる。

4 第1項の場合において、隣地の所有者又は隣地使用者が損害を受けたときは、その償金を請求することができる。

（公道に至るための他の土地の通行権）

第210条 他の土地に囲まれて公道に通じない土地の所有者は、公道に至るため、その土地を囲んでいる他の土地を通行することができる。

2 池沼、河川、水路若しくは海を通らなければ公道に至ることができないとき、又は崖があって土地と公道とに著しい高低差があるときも、前項と同様とする。

第211条 前条の場合には、通行の場所及び方法は、同条の規定による通行権を有する者のために必要であり、かつ、他の土地のために損害が最も少ないものを選ばなければならない。

2 前条の規定による通行権を有する者は、必要があるときは、通路を開設することができる。

第212条 第210条の規定による通行権を有する者は、その通行する他の土地の損害に対して償金を支払わなければならない。ただし、通路の開設のために生じた損害に対するものを除き、1年ごとにその償金を支払うことができる。

第213条 分割によって公道に通じない土地が生じたときは、その土地の所有者は、公道に至るため、他の分割者の所有地のみを通行することができる。この場合においては、償金を支払うことを要しない。

2 前項の規定は、土地の所有者がその土地の一部を譲り渡した場合について準用する。

（継続的給付を受けるための設備の設置権等）

第213条の2 土地の所有者は、他の土地に設備を設置し、又は他人が所有する設備を使用しなければ電気、ガス又は水道水の供給その他これらに類する継続的給付（以下この項及び次条第1項において「継続的給付」という。）を受けることができないときは、継続的給付を受けるため必要な範囲内で、他の土地に設備を設置し、又は他人が所有する設備を使用することができる。

2 前項の場合には、設備の設置又は使用の場所及び方法は、他の土地又は他人が所有する設備（次項において「他の土地等」という。）のために損害が最も少ないものを選ばなければならない。

3　第1項の規定により他の土地に設備を設置し、又は他人が所有する設備を使用する者は、あらかじめ、その目的、場所及び方法を他の土地等の所有者及び他の土地を現に使用している者に通知しなければならない。

4　第1項の規定による権利を有する者は、同項の規定により他の土地に設備を設置し、又は他人が所有する設備を使用するために当該他の土地又は当該他人が所有する設備がある土地を使用することができる。この場合においては、第209条第1項ただし書及び第2項から第4項までの規定を準用する。

5　第1項の規定により他の土地に設備を設置する者は、その土地の損害（前項において準用する第209条第4項に規定する損害を除く。）に対して償金を支払わなければならない。ただし、1年ごとにその償金を支払うことができる。

6　第1項の規定により他人が所有する設備を使用する者は、その設備の使用を開始するために生じた損害に対して償金を支払わなければならない。

7　第1項の規定により他人が所有する設備を使用する者は、その利益を受ける割合に応じて、その設置、改築、修繕及び維持に要する費用を負担しなければならない。

第213条の3　分割によって他の土地に設備を設置しなければ継続的給付を受けることができない土地が生じたときは、その土地の所有者は、継続的給付を受けるため、他の分割者の所有地のみに設備を設置することができる。この場合においては、前条第5項の規定は、適用しない。

2　前項の規定は、土地の所有者がその土地の一部を譲り渡した場合について準用する。

（自然水流に対する妨害の禁止）

第214条　土地の所有者は、隣地から水が自然に流れて来るのを妨げてはならない。

（水流の障害の除去）

第215条　水流が天災その他避けることのできない事変により低地において閉塞したときは、高地の所有者は、自己の費用で、水流の障害を除去するため必要な工事をすることができる。

（水流に関する工作物の修繕等）

第216条　他の土地に貯水、排水又は引水のために設けられた工作物の破壊又は閉塞により、自己の土地に損害が及び、又は及ぶおそれがある場合には、その土地の所有者は、当該他の土地の所有者に、工作物の修繕若しくは障害の除去をさせ、又は必要があるときは予防工事をさせることができる。

（費用の負担についての慣習）

第217条　前二条の場合において、費用の負担について別段の慣習があるときは、その慣習に従う。

（雨水を隣地に注ぐ工作物の設置の禁止）

第218条　土地の所有者は、直接に雨水を隣地に注ぐ構造の屋根その他の工作物を設けてはならない。

（水流の変更）

第219条　溝、堀その他の水流地の所有者は、対岸の土地が他人の所有に属するときは、その水路又は幅員を変更してはならない。

2　両岸の土地が水流地の所有者に属するときは、その所有者は、水路及び幅員を変更することができる。ただし、水流が隣地と交わる地点において、自然の水路に戻さなければならない。

3　前二項の規定と異なる慣習があるときは、その慣習に従う。

（排水のための低地の通水）

第220条　高地の所有者は、その高地が浸水した場合にこれを乾かすため、又は自家用若しくは農工業用の余水を排出するため、公の水流又は下水道に至るまで、低地に水を通過させることができる。この場合においては、低地のために損害が最も少ない場所及び方法を選ばなければならない。

（通水用工作物の使用）

第221条　土地の所有者は、その所有地の水を通過させるため、高地又は低地の所有者が設けた工作物を使用することができる。

2　前項の場合には、他人の工作物を使用する者は、その利益を受ける割合に応じて、工作物の設置及び保存の費用を分担しなければならない。

（堰の設置及び使用）

第222条　水流地の所有者は、堰を設ける必要がある場合には、対岸の土地が他人の所有に属するときであっても、その堰を対岸に付着させて設けることができる。ただし、これによって生じた損害に対して償金を支払わなければならない。

2　対岸の土地の所有者は、水流地の一部がその所有に属するときは、前項の堰を使用することができる。

3　前条第2項の規定は、前項の場合について準用する。

（境界標の設置）

第223条　土地の所有者は、隣地の所有者と共同の費用で、境界標を設けることができる。

（境界標の設置及び保存の費用）

第224条　境界標の設置及び保存の費用は、相

21

隣者が等しい割合で負担する。ただし、測量の費用は、その土地の広狭に応じて分担する。

（囲障の設置）

第225条　2棟の建物がその所有者を異にし、かつ、その間に空地があるときは、各所有者は、他の所有者と共同の費用で、その境界に囲障を設けることができる。

2　当事者間に協議が調わないときは、前項の囲障は、板塀又は竹垣その他これらに類する材料のものであって、かつ、高さ2メートルのものでなければならない。

（囲障の設置及び保存の費用）

第226条　前条の囲障の設置及び保存の費用は、相隣者が等しい割合で負担する。

（相隣者の1人による囲障の設置）

第227条　相隣者の1人は、第225条第2項に規定する材料より良好なものを用い、又は同項に規定する高さを増して囲障を設けることができる。ただし、これによって生ずる費用の増加額を負担しなければならない。

（囲障の設置等に関する慣習）

第228条　前三条の規定と異なる慣習があるときは、その慣習に従う。

（境界標等の共有の推定）

第229条　境界線上に設けた境界標、囲障、障壁、溝及び堀は、相隣者の共有に属するものと推定する。

第230条　1棟の建物の一部を構成する境界線上の障壁については、前条の規定は、適用しない。

2　高さの異なる2棟の隣接する建物を隔てる障壁の高さが、低い建物の高さを超えるときは、その障壁のうち低い建物を超える部分については、前項と同様とする。ただし、防火障壁については、この限りでない。

（共有の障壁の高さを増す工事）

第231条　相隣者の1人は、共有の障壁の高さを増すことができる。ただし、その障壁がその工事に耐えないときは、自己の費用で、必要な工作を加え、又はその障壁を改築しなければならない。

2　前項の規定により障壁の高さを増したときは、その高さを増した部分は、その工事をした者の単独の所有に属する。

第232条　前条の場合において、隣人が損害を受けたときは、その償金を請求することができる。

（竹木の枝の切除及び根の切取り）

第233条　土地の所有者は、隣地の竹木の枝が境界線を越えるときは、その竹木の所有者に、その枝を切除させることができる。

2　前項の場合において、竹木が数人の共有に属するときは、各共有者は、その枝を切り取ることができる。

3　第1項の場合において、次に掲げるときは、土地の所有者は、その枝を切り取ることができる。

一　竹木の所有者に枝を切除するよう催告したにもかかわらず、竹木の所有者が相当の期間内に切除しないとき。

二　竹木の所有者を知ることができず、又はその所在を知ることができないとき。

三　急迫の事情があるとき。

4　隣地の竹木の根が境界線を越えるときは、その根を切り取ることができる。

（境界線付近の建築の制限）

第234条　建物を築造するには、境界線から50センチメートル以上の距離を保たなければならない。

2　前項の規定に違反して建築をしようとする者があるときは、隣地の所有者は、その建築を中止させ、又は変更させることができる。ただし、建築に着手した時から1年を経過し、又はその建物が完成した後は、損害賠償の請求のみをすることができる。

第235条　境界線から1メートル未満の距離において他人の宅地を見通すことのできる窓又は縁側（ベランダを含む。次項において同じ。）を設ける者は、目隠しを付けなければならない。

2　前項の距離は、窓又は縁側の最も隣地に近い点から垂直線によって境界線に至るまでを測定して算出する。

（境界線付近の建築に関する慣習）

第236条　前二条の規定と異なる慣習があるときは、その慣習に従う。

（境界線付近の掘削の制限）

第237条　井戸、用水だめ、下水だめ又は肥料だめを掘るには境界線から2メートル以上、池、穴蔵又はし尿だめを掘るには境界線から1メートル以上の距離を保たなければならない。

2　導水管を埋め、又は溝若しくは堀を掘るには、境界線からその深さの2分の1以上の距離を保たなければならない。ただし、1メートルを超えることを要しない。

（境界線付近の掘削に関する注意義務）

第238条　境界線の付近において前条の工事をするときは、土砂の崩壊又は水若しくは汚液の漏出を防ぐため必要な注意をしなければならない。

第2節　所有権の取得

（無主物の帰属）

第239条 所有者のない動産は、所有の意思をもって占有することによって、その所有権を取得する。

2 所有者のない不動産は、国庫に帰属する。

（遺失物の拾得）

第240条 遺失物は、遺失物法（平成18年法律第73号）の定めるところに従い公告をした後3箇月以内にその所有者が判明しないときは、これを拾得した者がその所有権を取得する。

（埋蔵物の発見）

第241条 埋蔵物は、遺失物法の定めるところに従い公告をした後6箇月以内にその所有者が判明しないときは、これを発見した者がその所有権を取得する。ただし、他人の所有する物の中から発見された埋蔵物については、これを発見した者及びその他人が等しい割合でその所有権を取得する。

（不動産の付合）

第242条 不動産の所有者は、その不動産に従として付合した物の所有権を取得する。ただし、権原によってその物を附属させた他人の権利を妨げない。

（動産の付合）

第243条 所有者を異にする数個の動産が、付合により、損傷しなければ分離することができなくなったときは、その合成物の所有権は、主たる動産の所有者に帰属する。分離するのに過分の費用を要するときも、同様とする。

第244条 付合した動産について主従の区別をすることができないときは、各動産の所有者は、その付合の時における価格の割合に応じてその合成物を共有する。

（混和）

第245条 前二条の規定は、所有者を異にする物が混和して識別することができなくなった場合について準用する。

（加工）

第246条 他人の動産に工作を加えた者（以下この条において「加工者」という。）があるときは、その加工物の所有権は、材料の所有者に帰属する。ただし、工作によって生じた価格が材料の価格を著しく超えるときは、加工者がその加工物の所有権を取得する。

2 前項に規定する場合において、加工者が材料の一部を供したときは、その価格に工作によって生じた価格を加えたものが他人の材料の価格を超えるときに限り、加工者がその加工物の所有権を取得する。

（付合、混和又は加工の効果）

第247条 第242条から前条までの規定により物の所有権が消滅したときは、その物について存する他の権利も、消滅する。

2 前項に規定する場合において、物の所有者が、合成物、混和物又は加工物（以下この項において「合成物等」という。）の単独所有者となったときは、その物について存する他の権利は以後その合成物等について存し、物の所有者が合成物等の共有者となったときは、その物について存する他の権利は以後その持分について存する。

（付合、混和又は加工に伴う償金の請求）

第248条 第242条から前条までの規定の適用によって損失を受けた者は、第703条及び第704条の規定に従い、その償金を請求することができる。

第3節 共有

（共有物の使用）

第249条 各共有者は、共有物の全部について、その持分に応じた使用をすることができる。

2 共有物を使用する共有者は、別段の合意がある場合を除き、他の共有者に対し、自己の持分を超える使用の対価を償還する義務を負う。

3 共有者は、善良な管理者の注意をもって、共有物の使用をしなければならない。

（共有持分の割合の推定）

第250条 各共有者の持分は、相等しいものと推定する。

（共有物の変更）

第251条 各共有者は、他の共有者の同意を得なければ、共有物に変更（その形状又は効用の著しい変更を伴わないものを除く。次項において同じ。）を加えることができない。

2 共有者が他の共有者を知ることができず、又はその所在を知ることができないときは、裁判所は、共有者の請求により、当該他の共有者以外の他の共有者の同意を得て共有物に変更を加えることができる旨の裁判をすることができる。

（共有物の管理）

第252条 共有物の管理に関する事項（次条第1項に規定する共有物の管理者の選任及び解任を含み、共有物に前条第1項に規定する変更を加えるものを除く。次項において同じ。）は、各共有者の持分の価格に従い、その過半数で決する。共有物を使用する共有者があるときも、同様とする。

2 裁判所は、次の各号に掲げるときは、当該各号に規定する他の共有者以外の共有者の請求に

より、当該他の共有者以外の共有者の持分の価格に従い、その過半数で共有物の管理に関する事項を決することができる旨の裁判をすることができる。

　一　共有者が他の共有者を知ることができず、又はその所在を知ることができないとき。

　二　共有者が他の共有者に対し相当の期間を定めて共有物の管理に関する事項を決することについて賛否を明らかにすべき旨を催告した場合において、当該他の共有者がその期間内に賛否を明らかにしないとき。

3　前二項の規定による決定が、共有者間の決定に基づいて共有物を使用する共有者に特別の影響を及ぼすべきときは、その承諾を得なければならない。

4　共有者は、前三項の規定により、共有物に、次の各号に掲げる賃借権その他の使用及び収益を目的とする権利（以下この項において「賃借権等」という。）であって、当該各号に定める期間を超えないものを設定することができる。

　一　樹木の栽植又は伐採を目的とする山林の賃借権等　10年

　二　前号に掲げる賃借権等以外の土地の賃借権等　5年

　三　建物の賃借権等　3年

　四　動産の賃借権等　6箇月

5　各共有者は、前各項の規定にかかわらず、保存行為をすることができる。

（共有物の管理者）

第252条の2　共有物の管理者は、共有物の管理に関する行為をすることができる。ただし、共有者の全員の同意を得なければ、共有物に変更（その形状又は効用の著しい変更を伴わないものを除く。次項において同じ。）を加えることができない。

2　共有物の管理者が共有者を知ることができず、又はその所在を知ることができないときは、裁判所は、共有物の管理者の請求により、当該共有者以外の共有者の同意を得て共有物に変更を加えることができる旨の裁判をすることができる。

3　共有物の管理者は、共有者が共有物の管理に関する事項を決した場合には、これに従ってその職務を行わなければならない。

4　前項の規定に違反して行った共有物の管理者の行為は、共有者に対してその効力を生じない。ただし、共有者は、これをもって善意の第三者に対抗することができない。

（共有物に関する負担）

第253条　各共有者は、その持分に応じ、管理の費用を支払い、その他共有物に関する負担を負う。

2　共有者が1年以内に前項の義務を履行しないときは、他の共有者は、相当の償金を支払ってその者の持分を取得することができる。

（共有物についての債権）

第254条　共有者の1人が共有物について他の共有者に対して有する債権は、その特定承継人に対しても行使することができる。

（持分の放棄及び共有者の死亡）

第255条　共有者の1人が、その持分を放棄したとき、又は死亡して相続人がないときは、その持分は、他の共有者に帰属する。

（共有物の分割請求）

第256条　各共有者は、いつでも共有物の分割を請求することができる。ただし、5年を超えない期間内は分割をしない旨の契約をすることを妨げない。

2　前項ただし書の契約は、更新することができる。ただし、その期間は、更新の時から5年を超えることができない。

第257条　前条の規定は、第229条に規定する共有物については、適用しない。

（裁判による共有物の分割）

第258条　共有物の分割について共有者間に協議が調わないとき、又は協議をすることができないときは、その分割を裁判所に請求することができる。

2　裁判所は、次に掲げる方法により、共有物の分割を命ずることができる。

　一　共有物の現物を分割する方法

　二　共有者に債務を負担させて、他の共有者の持分の全部又は一部を取得させる方法

3　前項に規定する方法により共有物を分割することができないとき、又は分割によってその価格を著しく減少させるおそれがあるときは、裁判所は、その競売を命ずることができる。

4　裁判所は、共有物の分割の裁判において、当事者に対して、金銭の支払、物の引渡し、登記義務の履行その他の給付を命ずることができる。

第258条の2　共有物の全部又はその持分が相続財産に属する場合において、共同相続人間で当該共有物の全部又はその持分について遺産の分割をすべきときは、当該共有物又はその持分について前条の規定による分割をすることができない。

2　共有物の持分が相続財産に属する場合において、相続開始の時から10年を経過したときは、前項の規定にかかわらず、相続財産に属する共

有物の持分について前条の規定による分割をすることができる。ただし、当該共有物の持分について遺産の分割の請求があった場合において、相続人が当該共有物の持分について同条の規定による分割をすることに異議の申出をしたときは、この限りでない。

3 相続人が前項ただし書の申出をする場合には、当該申出は、当該相続人が前条第1項の規定による請求を受けた裁判所から当該請求があった旨の通知を受けた日から2箇月以内に当該裁判所にしなければならない。

（共有に関する債権の弁済）

第259条 共有者の1人が他の共有者に対して共有に関する債権を有するときは、分割に際し、債務者に帰属すべき共有物の部分をもって、その弁済に充てることができる。

2 債権者は、前項の弁済を受けるため債務者に帰属すべき共有物の部分を売却する必要があるときは、その売却を請求することができる。

（共有物の分割への参加）

第260条 共有物について権利を有する者及び各共有者の債権者は、自己の費用で、分割に参加することができる。

2 前項の規定による参加の請求があったにもかかわらず、その請求をした者を参加させないで分割をしたときは、その分割は、その請求をした者に対抗することができない。

（分割における共有者の担保責任）

第261条 各共有者は、他の共有者が分割によって取得した物について、売主と同じく、その持分に応じて担保の責任を負う。

（共有物に関する証書）

第262条 分割が完了したときは、各分割者は、その取得した物に関する証書を保存しなければならない。

2 共有者の全員又はそのうちの数人に分割した物に関する証書は、その物の最大の部分を取得した者が保存しなければならない。

3 前項の場合において、最大の部分を取得した者がないときは、分割者間の協議で証書の保存者を定める。協議が調わないときは、裁判所が、これを指定する。

4 証書の保存者は、他の分割者の請求に応じて、その証書を使用させなければならない。

（所在等不明共有者の持分の取得）

第262条の2 不動産が数人の共有に属する場合において、共有者が他の共有者を知ることができず、又はその所在を知ることができないときは、裁判所は、共有者の請求により、その共有者に、当該他の共有者（以下この条において

「所在等不明共有者」という。）の持分を取得させる旨の裁判をすることができる。この場合において、請求をした共有者が2人以上あるときは、請求をした各共有者に、所在等不明共有者の持分を、請求をした各共有者の持分の割合で按分してそれぞれ取得させる。

2 前項の請求があった持分に係る不動産について第258条第1項の規定による請求又は遺産の分割の請求があり、かつ、所在等不明共有者以外の共有者が前項の請求を受けた裁判所に同項の裁判をすることについて異議がある旨の届出をしたときは、裁判所は、同項の裁判をすることができない。

3 所在等不明共有者の持分が相続財産に属する場合（共同相続人間で遺産の分割をすべき場合に限る。）において、相続開始の時から10年を経過していないときは、裁判所は、第1項の裁判をすることができない。

4 第1項の規定により共有者が所在等不明共有者の持分を取得したときは、所在等不明共有者は、当該共有者に対し、当該共有者が取得した持分の時価相当額の支払を請求することができる。

5 前各項の規定は、不動産の使用又は収益をする権利（所有権を除く。）が数人の共有に属する場合について準用する。

（所在等不明共有者の持分の譲渡）

第262条の3 不動産が数人の共有に属する場合において、共有者が他の共有者を知ることができず、又はその所在を知ることができないときは、裁判所は、共有者の請求により、その共有者に、当該他の共有者（以下この条において「所在等不明共有者」という。）以外の共有者の全員が特定の者に対してその有する持分の全部を譲渡することを停止条件として所在等不明共有者の持分を当該特定の者に譲渡する権限を付与する旨の裁判をすることができる。

2 所在等不明共有者の持分が相続財産に属する場合（共同相続人間で遺産の分割をすべき場合に限る。）において、相続開始の時から10年を経過していないときは、裁判所は、前項の裁判をすることができない。

3 第1項の裁判により付与された権限に基づき共有者が所在等不明共有者の持分を第三者に譲渡したときは、所在等不明共有者は、当該譲渡をした共有者に対し、不動産の時価相当額を所在等不明共有者の持分に応じて按分して得た額の支払を請求することができる。

4 前三項の規定は、不動産の使用又は収益をする権利（所有権を除く。）が数人の共有に属す

る場合について準用する。

（共有の性質を有する入会権）

第263条 共有の性質を有する入会権については、各地方の慣習に従うほか、この節の規定を適用する。

（準共有）

第264条 この節（第262条の2及び第262条の3を除く。）の規定は、数人で所有権以外の財産権を有する場合について準用する。ただし、法令に特別の定めがあるときは、この限りでない。

第4節 所有者不明土地管理命令及び所有者不明建物管理命令

（所有者不明土地管理命令）

第264条の2 裁判所は、所有者を知ることができず、又はその所在を知ることができない土地（土地が数人の共有に属する場合にあっては、共有者を知ることができず、又はその所在を知ることができない土地の共有持分）について、必要があると認めるときは、利害関係人の請求により、その請求に係る土地又は共有持分を対象として、所有者不明土地管理人（第4項に規定する所有者不明土地管理人をいう。以下同じ。）による管理を命ずる処分（以下「所有者不明土地管理命令」という。）をすることができる。

2 所有者不明土地管理命令の効力は、当該所有者不明土地管理命令の対象とされた土地（共有持分を対象として所有者不明土地管理命令が発せられた場合にあっては、共有物である土地）にある動産（当該所有者不明土地管理命令の対象とされた土地の所有者又は共有持分を有する者が所有するものに限る。）に及ぶ。

3 所有者不明土地管理命令は、所有者不明土地管理命令が発せられた後に当該所有者不明土地管理命令が取り消された場合において、当該所有者不明土地管理命令の対象とされた土地又は共有持分及び当該所有者不明土地管理命令の効力が及ぶ動産の管理、処分その他の事由により所有者不明土地管理人が得た財産について、必要があると認めるときも、することができる。

4 裁判所は、所有者不明土地管理命令をする場合には、当該所有者不明土地管理命令において、所有者不明土地管理人を選任しなければならない。

（所有者不明土地管理人の権限）

第264条の3 前条第4項の規定により所有者

不明土地管理人が選任された場合には、所有者不明土地管理命令の対象とされた土地又は共有持分及び所有者不明土地管理命令の効力が及ぶ動産並びにその管理、処分その他の事由により所有者不明土地管理人が得た財産（以下「所有者不明土地等」という。）の管理及び処分をする権利は、所有者不明土地管理人に専属する。

2 所有者不明土地管理人が次に掲げる行為の範囲を超える行為をするには、裁判所の許可を得なければならない。ただし、この許可がないことをもって善意の第三者に対抗することはできない。

一 保存行為

二 所有者不明土地等の性質を変えない範囲内において、その利用又は改良を目的とする行為

（所有者不明土地等に関する訴えの取扱い）

第264条の4 所有者不明土地管理命令が発せられた場合には、所有者不明土地等に関する訴えについては、所有者不明土地管理人を原告又は被告とする。

（所有者不明土地管理人の義務）

第264条の5 所有者不明土地管理人は、所有者不明土地等の所有者（その共有持分を有する者を含む。）のために、善良な管理者の注意をもって、その権限を行使しなければならない。

2 数人の者の共有持分を対象として所有者不明土地管理命令が発せられたときは、所有者不明土地管理人は、当該所有者不明土地管理命令の対象とされた共有持分を有する者全員のために、誠実かつ公平にその権限を行使しなければならない。

（所有者不明土地管理人の解任及び辞任）

第264条の6 所有者不明土地管理人がその任務に違反して所有者不明土地等に著しい損害を与えたことその他重要な事由があるときは、裁判所は、利害関係人の請求により、所有者不明土地管理人を解任することができる。

2 所有者不明土地管理人は、正当な事由があるときは、裁判所の許可を得て、辞任することができる。

（所有者不明土地管理人の報酬等）

第264条の7 所有者不明土地管理人は、所有者不明土地等から裁判所が定める額の費用の前払及び報酬を受けることができる。

2 所有者不明土地管理人による所有者不明土地等の管理に必要な費用及び報酬は、所有者不明土地等の所有者（その共有持分を有する者を含む。）の負担とする。

（所有者不明建物管理命令）

第264条の8　裁判所は、所有者を知ることができず、又はその所在を知ることができない建物（建物が数人の共有に属する場合にあっては、共有者を知ることができず、又はその所在を知ることができない建物の共有持分）について、必要があると認めるときは、利害関係人の請求により、その請求に係る建物又は共有持分を対象として、所有者不明建物管理人（第4項に規定する所有者不明建物管理人をいう。以下この条において同じ。）による管理を命ずる処分（以下この条において「所有者不明建物管理命令」という。）をすることができる。

2　所有者不明建物管理命令の効力は、当該所有者不明建物管理命令の対象とされた建物（共有持分を対象として所有者不明建物管理命令が発せられた場合にあっては、共有物である建物）にある動産（当該所有者不明建物管理命令の対象とされた建物の所有者又は共有持分を有する者が所有するものに限る。）及び当該建物を所有し、又は当該建物の共有持分を有するための建物の敷地に関する権利（賃借権その他の使用及び収益を目的とする権利（所有権を除く。）であって、当該所有者不明建物管理命令の対象とされた建物の所有者又は共有持分を有する者が有するものに限る。）に及ぶ。

3　所有者不明建物管理命令は、所有者不明建物管理命令が発せられた後に当該所有者不明建物管理命令が取り消された場合において、当該所有者不明建物管理命令の対象とされた建物又は共有持分並びに当該所有者不明建物管理命令の効力が及ぶ動産及び建物の敷地に関する権利の管理、処分その他の事由により所有者不明建物管理人が得た財産について、必要があると認めるときも、することができる。

4　裁判所は、所有者不明建物管理命令をする場合には、当該所有者不明建物管理命令において、所有者不明建物管理人を選任しなければならない。

5　第264条の3から前条までの規定は、所有者不明建物管理命令及び所有者不明建物管理人について準用する。

第5節　管理不全土地管理命令及び管理不全建物管理命令

（管理不全土地管理命令）

第264条の9　裁判所は、所有者による土地の管理が不適当であることによって他人の権利又は法律上保護される利益が侵害され、又は侵害されるおそれがある場合において、必要があると認めるときは、利害関係人の請求により、当該土地を対象として、管理不全土地管理人（第3項に規定する管理不全土地管理人をいう。以下同じ。）による管理を命ずる処分（以下「管理不全土地管理命令」という。）をすることができる。

2　管理不全土地管理命令の効力は、当該管理不全土地管理命令の対象とされた土地にある動産（当該管理不全土地管理命令の対象とされた土地の所有者又はその共有持分を有する者が所有するものに限る。）に及ぶ。

3　裁判所は、管理不全土地管理命令をする場合には、当該管理不全土地管理命令において、管理不全土地管理人を選任しなければならない。

（管理不全土地管理人の権限）

第264条の10　管理不全土地管理人は、管理不全土地管理命令の対象とされた土地及び管理不全土地管理命令の効力が及ぶ動産並びにその管理、処分その他の事由により管理不全土地管理人が得た財産（以下「管理不全土地等」という。）の管理及び処分をする権限を有する。

2　管理不全土地管理人が次に掲げる行為の範囲を超える行為をするには、裁判所の許可を得なければならない。ただし、この許可がないことをもって善意でかつ過失がない第三者に対抗することはできない。

一　保存行為

二　管理不全土地等の性質を変えない範囲内において、その利用又は改良を目的とする行為

3　管理不全土地管理命令の対象とされた土地の処分についての前項の許可をするには、その所有者の同意がなければならない。

（管理不全土地管理人の義務）

第264条の11　管理不全土地管理人は、管理不全土地等の所有者のために、善良な管理者の注意をもって、その権限を行使しなければならない。

2　管理不全土地等が数人の共有に属する場合には、管理不全土地管理人は、その共有持分を有する者全員のために、誠実かつ公平にその権限を行使しなければならない。

（管理不全土地管理人の解任及び辞任）

第264条の12　管理不全土地管理人がその任務に違反して管理不全土地等に著しい損害を与えたことその他重要な事由があるときは、裁判所は、利害関係人の請求により、管理不全土地管理人を解任することができる。

2　管理不全土地管理人は、正当な事由があるときは、裁判所の許可を得て、辞任することがで

きる。

（管理不全土地管理人の報酬等）

第264条の13 管理不全土地管理人は、管理不全土地等から裁判所が定める額の費用の前払及び報酬を受けることができる。

2 管理不全土地管理人による管理不全土地等の管理に必要な費用及び報酬は、管理不全土地等の所有者の負担とする。

（管理不全建物管理命令）

第264条の14 裁判所は、所有者による建物の管理が不適当であることによって他人の権利又は法律上保護される利益が侵害され、又は侵害されるおそれがある場合において、必要があると認めるときは、利害関係人の請求により、当該建物を対象として、管理不全建物管理人（第3項に規定する管理不全建物管理人をいう。第4項において同じ。）による管理を命ずる処分（以下この条において「管理不全建物管理命令」という。）をすることができる。

2 管理不全建物管理命令は、当該管理不全建物管理命令の対象とされた建物にある動産（当該管理不全建物管理命令の対象とされた建物の所有者又はその共有持分を有する者が所有するものに限る。）及び当該建物を所有するための建物の敷地に関する権利（賃借権その他の使用及び収益を目的とする権利（所有権を除く。）であって、当該管理不全建物管理命令の対象とされた建物の所有者又はその共有持分を有する者が有するものに限る。）に及ぶ。

3 裁判所は、管理不全建物管理命令をする場合には、当該管理不全建物管理命令において、管理不全建物管理人を選任しなければならない。

4 第264条の10から前条までの規定は、管理不全建物管理命令及び管理不全建物管理人について準用する。

第4章　地上権

（地上権の内容）

第265条 地上権者は、他人の土地において工作物又は竹木を所有するため、その土地を使用する権利を有する。

（地代）

第266条 第274条から第276条までの規定は、地上権者が土地の所有者に定期の地代を支払わなければならない場合について準用する。

2 地代については、前項に規定するもののほか、その性質に反しない限り、賃貸借に関する規定を準用する。

（相隣関係の規定の準用）

第267条 前章第1節第2款（相隣関係）の規定は、地上権者間又は地上権者と土地の所有者との間について準用する。ただし、第229条の規定は、境界線上の工作物が地上権の設定後に設けられた場合に限り、地上権者について準用する。

（地上権の存続期間）

第268条 設定行為で地上権の存続期間を定めなかった場合において、別段の慣習がないときは、地上権者は、いつでもその権利を放棄することができる。ただし、地代を支払うべきときは、1年前に予告をし、又は期限の到来していない1年分の地代を支払わなければならない。

2 地上権者が前項の規定によりその権利を放棄しないときは、裁判所は、当事者の請求により、20年以上50年以下の範囲内において、工作物又は竹木の種類及び状況その他地上権の設定当時の事情を考慮して、その存続期間を定める。

（工作物等の収去等）

第269条 地上権者は、その権利が消滅した時に、土地を原状に復してその工作物及び竹木を収去することができる。ただし、土地の所有者が時価相当額を提供してこれを買い取る旨を通知したときは、地上権者は、正当な理由がなければ、これを拒むことができない。

2 前項の規定と異なる慣習があるときは、その慣習に従う。

（地下又は空間を目的とする地上権）

第269条の2 地下又は空間は、工作物を所有するため、上下の範囲を定めて地上権の目的とすることができる。この場合においては、設定行為で、地上権の行使のためにその土地の使用に制限を加えることができる。

2 前項の地上権は、第三者がその土地の使用又は収益をする権利を有する場合においても、その権利又はこれを目的とする権利を有するすべての者の承諾があるときは、設定することができる。この場合において、土地の使用又は収益をする権利を有する者は、その地上権の行使を妨げることができない。

第5章　永小作権

（永小作権の内容）

第270条 永小作人は、小作料を支払って他人の土地において耕作又は牧畜をする権利を有する。

（永小作人による土地の変更の制限）

第271条 永小作人は、土地に対して、回復することのできない損害を生ずべき変更を加えることができない。

（永小作権の譲渡又は土地の賃貸）

第272条 永小作人は、その権利を他人に譲り渡し、又はその権利の存続期間内において耕作若しくは牧畜のため土地を賃貸することができる。ただし、設定行為で禁じたときは、この限りでない。

（賃貸借に関する規定の準用）

第273条 永小作人の義務については、この章の規定及び設定行為で定めるもののほか、その性質に反しない限り、賃貸借に関する規定を準用する。

（小作料の減免）

第274条 永小作人は、不可抗力により収益について損失を受けたときであっても、小作料の免除又は減額を請求することができない。

（永小作権の放棄）

第275条 永小作人は、不可抗力によって、引き続き3年以上全く収益を得ず、又は5年以上小作料より少ない収益を得たときは、その権利を放棄することができる。

（永小作権の消滅請求）

第276条 永小作人が引き続き2年以上小作料の支払を怠ったときは、土地の所有者は、永小作権の消滅を請求することができる。

（永小作権に関する慣習）

第277条 第271条から前条までの規定と異なる慣習があるときは、その慣習に従う。

（永小作権の存続期間）

第278条 永小作権の存続期間は、20年以上50年以下とする。設定行為で50年より長い期間を定めたときであっても、その期間は、50年とする。

2 永小作権の設定は、更新することができる。ただし、その存続期間は、更新の時から50年を超えることができない。

3 設定行為で永小作権の存続期間を定めなかったときは、その期間は、別段の慣習がある場合を除き、30年とする。

（工作物等の収去等）

第279条 第269条の規定は、永小作権について準用する。

第6章 地役権

（地役権の内容）

第280条 地役権者は、設定行為で定めた目的に従い、他人の土地を自己の土地の便益に供する権利を有する。ただし、第3章第1節（所有権の限界）の規定（公の秩序に関するものに限る。）に違反しないものでなければならない。

（地役権の付従性）

第281条 地役権は、要役地（地役権者の土地であって、他人の土地から便益を受けるものをいう。以下同じ。）の所有権に従たるものとして、その所有権とともに移転し、又は要役地について存する他の権利の目的となるものとする。ただし、設定行為に別段の定めがあるときは、この限りでない。

2 地役権は、要役地から分離して譲り渡し、又は他の権利の目的とすることができない。

（地役権の不可分性）

第282条 土地の共有者の1人は、その持分につき、その土地のために又はその土地について存する地役権を消滅させることができない。

2 土地の分割又はその一部の譲渡の場合には、地役権は、その各部のために又はその各部について存する。ただし、地役権がその性質により土地の一部のみに関するときは、この限りでない。

（地役権の時効取得）

第283条 地役権は、継続的に行使され、かつ、外形上認識することができるものに限り、時効によって取得することができる。

第284条 土地の共有者の1人が時効によって地役権を取得したときは、他の共有者も、これを取得する。

2 共有者に対する時効の更新は、地役権を行使する各共有者に対してしなければ、その効力を生じない。

3 地役権を行使する共有者が数人ある場合には、その1人について時効の完成猶予の事由があっても、時効は、各共有者のために進行する

（用水地役権）

第285条 用水地役権の承役地（地役権者以外の者の土地であって、要役地の便益に供されるものをいう。以下同じ。）において、水が要役地及び承役地の需要に比して不足するときは、その各土地の需要に応じて、まずこれを生活用に供し、その残余を他の用途に供するものとする。ただし、設定行為に別段の定めがあるときは、この限りでない。

2 同一の承役地について数個の用水地役権を設定したときは、後の地役権者は、前の地役権者の水の使用を妨げてはならない。

（承役地の所有者の工作物の設置義務等）

第286条 設定行為又は設定後の契約により、承役地の所有者が自己の費用で地役権の行使のために工作物を設け、又はその修繕をする義務を負担したときは、承役地の所有者の特定承継人も、その義務を負担する。

第287条　承役地の所有者は、いつでも、地役権に必要な土地の部分の所有権を放棄して地役権者に移転し、これにより前条の義務を免れることができる。

（承役地の所有者の工作物の使用）
第288条　承役地の所有者は、地役権の行使を妨げない範囲内において、その行使のために承役地の上に設けられた工作物を使用することができる。
2　前項の場合には、承役地の所有者は、その利益を受ける割合に応じて、工作物の設置及び保存の費用を分担しなければならない。

（承役地の時効取得による地役権の消滅）
第289条　承役地の占有者が取得時効に必要な要件を具備する占有をしたときは、地役権は、これによって消滅する。
第290条　前条の規定による地役権の消滅時効は、地役権者がその権利を行使することによって中断する。

（地役権の消滅時効）
第291条　第166条第2項に規定する消滅時効の期間は、継続的でなく行使される地役権については最後の行使の時から起算し、継続的に行使される地役権についてはその行使を妨げる事実が生じた時から起算する。
第292条　要役地が数人の共有に属する場合において、その1人のために時効の完成猶予又は更新があるときは、その完成猶予又は更新は、他の共有者のためにも、その効力を生ずる。
第293条　地役権者がその権利の一部を行使しないときは、その部分のみが時効によって消滅する。

（共有の性質を有しない入会権）
第294条　共有の性質を有しない入会権については、各地方の慣習に従うほか、この章の規定を準用する。

第7章　留置権

（留置権の内容）
第295条　他人の物の占有者は、その物に関して生じた債権を有するときは、その債権の弁済を受けるまで、その物を留置することができる。ただし、その債権が弁済期にないときは、この限りでない。
2　前項の規定は、占有が不法行為によって始まった場合には、適用しない。

（留置権の不可分性）
第296条　留置権者は、債権の全部の弁済を受けるまでは、留置物の全部についてその権利を行使することができる。

（留置権者による果実の収取）
第297条　留置権者は、留置物から生ずる果実を収取し、他の債権者に先立って、これを自己の債権の弁済に充当することができる。
2　前項の果実は、まず債権の利息に充当し、なお残余があるときは元本に充当しなければならない。

（留置権者による留置物の保管等）
第298条　留置権者は、善良な管理者の注意をもって、留置物を占有しなければならない。
2　留置権者は、債務者の承諾を得なければ、留置物を使用し、賃貸し、又は担保に供することができない。ただし、その物の保存に必要な使用をすることは、この限りでない。
3　留置権者が前二項の規定に違反したときは、債務者は、留置権の消滅を請求することができる。

（留置権者による費用の償還請求）
第299条　留置権者は、留置物について必要費を支出したときは、所有者にその償還をさせることができる。
2　留置権者は、留置物について有益費を支出したときは、これによる価格の増加が現存する場合に限り、所有者の選択に従い、その支出した金額又は増価額を償還させることができる。ただし、裁判所は、所有者の請求により、その償還について相当の期限を許与することができる。

（留置権の行使と債権の消滅時効）
第300条　留置権の行使は、債権の消滅時効の進行を妨げない。

（担保の供与による留置権の消滅）
第301条　債務者は、相当の担保を供して、留置権の消滅を請求することができる。

（占有の喪失による留置権の消滅）
第302条　留置権は、留置権者が留置物の占有を失うことによって、消滅する。ただし、第298条第2項の規定により留置物を賃貸し、又は質権の目的としたときは、この限りでない。

第8章　先取特権

第1節　総則

（先取特権の内容）
第303条　先取特権者は、この法律その他の法律の規定に従い、その債務者の財産について、他の債権者に先立って自己の債権の弁済を受ける権利を有する。

（物上代位）

第304条　先取特権は、その目的物の売却、賃貸、減失又は損傷によって債務者が受けるべき金銭その他の物に対しても、行使することができる。ただし、先取特権者は、その払渡し又は引渡しの前に差押えをしなければならない。

2　債務者が先取特権の目的物につき設定した物権の対価についても、前項と同様とする。

（先取特権の不可分性）

第305条　第296条の規定は、先取特権について準用する。

第2節　先取特権の種類

第1款　一般の先取特権

（一般の先取特権）

第306条　次に掲げる原因によって生じた債権を有する者は、債務者の総財産について先取特権を有する。

一　共益の費用
二　雇用関係
三　葬式の費用
四　日用品の供給

（共益費用の先取特権）

第307条　共益の費用の先取特権は、各債権者の共同の利益のためにされた債務者の財産の保存、清算又は配当に関する費用について存在する。

2　前項の費用のうちすべての債権者に有益でなかったものについては、先取特権は、その費用によって利益を受けた債権者に対してのみ存在する。

（雇用関係の先取特権）

第308条　雇用関係の先取特権は、給料その他債務者と使用人との間の雇用関係に基づいて生じた債権について存在する。

（葬式費用の先取特権）

第309条　葬式の費用の先取特権は、債務者のためにされた葬式の費用のうち相当な額について存在する。

2　前項の先取特権は、債務者がその扶養すべき親族のためにした葬式の費用のうち相当な額についても存在する。

（日用品供給の先取特権）

第310条　日用品の供給の先取特権は、債務者又はその扶養すべき同居の親族及びその家事使用人の生活に必要な最後の6箇月間の飲食料品、燃料及び電気の供給について存在する。

第2款　動産の先取特権

（動産の先取特権）

第311条　次に掲げる原因によって生じた債権を有する者は、債務者の特定の動産について先取特権を有する。

一　不動産の賃貸借
二　旅館の宿泊
三　旅客又は荷物の運輸
四　動産の保存
五　動産の売買
六　種苗又は肥料（蚕種又は蚕の飼養に供した桑葉を含む。以下同じ。）の供給
七　農業の労務
八　工業の労務

（不動産賃貸の先取特権）

第312条　不動産の賃貸の先取特権は、その不動産の賃料その他の賃貸借関係から生じた賃借人の債務に関し、賃借人の動産について存在する。

（不動産賃貸の先取特権の目的物の範囲）

第313条　土地の賃貸人の先取特権は、その土地又はその利用のための建物に備え付けられた動産、その土地の利用に供された動産及び賃借人が占有するその土地の果実について存在する。

2　建物の賃貸人の先取特権は、賃借人がその建物に備え付けた動産について存在する。

第314条　賃借権の譲渡又は転貸の場合には、賃貸人の先取特権は、譲受人又は転借人の動産にも及ぶ。譲渡人又は転貸人が受けるべき金銭についても、同様とする。

（不動産賃貸の先取特権の被担保債権の範囲）

第315条　賃借人の財産のすべてを清算する場合には、賃貸人の先取特権は、前期、当期及び次期の賃料その他の債務並びに前期及び当期に生じた損害の賠償債務についてのみ存在する。

第316条　賃貸人は、第622条の2第1項に規定する敷金を受け取っている場合には、その敷金で弁済を受けない債権の部分についてのみ先取特権を有する。

（旅館宿泊の先取特権）

第317条　旅館の宿泊の先取特権は、宿泊客が負担すべき宿泊料及び飲食料に関し、その旅館に在るその宿泊客の手荷物について存在する。

（運輸の先取特権）

第318条　運輸の先取特権は、旅客又は荷物の運送賃及び付随の費用に関し、運送人の占有する荷物について存在する。

（即時取得の規定の準用）

第319条　第192条から第195条までの規定は、第312条から前条までの規定による先取特権に

ついて準用する。

（動産保存の先取特権）

第320条　動産の保存の先取特権は、動産の保存のために要した費用又は動産に関する権利の保存、承認若しくは実行のために要した費用に関し、その動産について存在する。

（動産売買の先取特権）

第321条　動産の売買の先取特権は、動産の代価及びその利息に関し、その動産について存在する。

（種苗又は肥料の供給の先取特権）

第322条　種苗又は肥料の供給の先取特権は、種苗又は肥料の代価及びその利息に関し、その種苗又は肥料を用いた後1年以内にこれを用いた土地から生じた果実（蚕種又は蚕の飼養に供した桑葉の使用によって生じた物を含む。）について存在する。

（農業労務の先取特権）

第323条　農業の労務の先取特権は、その労務に従事する者の最後の1年間の賃金に関し、その労務によって生じた果実について存在する。

（工業労務の先取特権）

第324条　工業の労務の先取特権は、その労務に従事する者の最後の3箇月間の賃金に関し、その労務によって生じた製作物について存在する。

第3款　不動産の先取特権

（不動産の先取特権）

第325条　次に掲げる原因によって生じた債権を有する者は、債務者の特定の不動産について先取特権を有する。

一　不動産の保存

二　不動産の工事

三　不動産の売買

（不動産保存の先取特権）

第326条　不動産の保存の先取特権は、不動産の保存のために要した費用又は不動産に関する権利の保存、承認若しくは実行のために要した費用に関し、その不動産について存在する。

（不動産工事の先取特権）

第327条　不動産の工事の先取特権は、工事の設計、施工又は監理をする者が債務者の不動産に関してした工事の費用に関し、その不動産について存在する。

2　前項の先取特権は、工事によって生じた不動産の価格の増加が現存する場合に限り、その増価額についてのみ存在する。

（不動産売買の先取特権）

第328条　不動産の売買の先取特権は、不動産の代価及びその利息に関し、その不動産について存在する。

第3節　先取特権の順位

（一般の先取特権の順位）

第329条　一般の先取特権が互いに競合する場合には、その優先権の順位は、第306条各号に掲げる順序に従う。

2　一般の先取特権と特別の先取特権とが競合する場合には、特別の先取特権は、一般の先取特権に優先する。ただし、共益の費用の先取特権は、その利益を受けたすべての債権者に対して優先する効力を有する。

（動産の先取特権の順位）

第330条　同一の動産について特別の先取特権が互いに競合する場合には、その優先権の順位は、次に掲げる順序に従う。この場合において、第2号に掲げる動産の保存の先取特権について数人の保存者があるときは、後の保存者が前の保存者に優先する。

一　不動産の賃貸、旅館の宿泊及び運輸の先取特権

二　動産の保存の先取特権

三　動産の売買、種苗又は肥料の供給、農業の労務及び工業の労務の先取特権

2　前項の場合において、第1順位の先取特権者は、その債権取得の時において第2順位又は第3順位の先取特権者があることを知っていたときは、これらの者に対して優先権を行使することができない。第1順位の先取特権者のために物を保存した者に対しても、同様とする。

3　果実に関しては、第1の順位は農業の労務に従事する者に、第2の順位は種苗又は肥料の供給者に、第3の順位は土地の賃貸人に属する。

（不動産の先取特権の順位）

第331条　同一の不動産について特別の先取特権が互いに競合する場合には、その優先権の順位は、第325条各号に掲げる順序に従う。

2　同一の不動産について売買が順次された場合には、売主相互間における不動産売買の先取特権の優先権の順位は、売買の前後による。

（同一順位の先取特権）

第332条　同一の目的物について同一順位の先取特権者が数人あるときは、各先取特権者は、その債権額の割合に応じて弁済を受ける。

第4節　先取特権の効力

（先取特権と第三取得者）

第333条　先取特権は、債務者がその目的である動産をその第三取得者に引き渡した後は、その動産について行使することができない。

（先取特権と動産質権との競合）

第334条　先取特権と動産質権とが競合する場合には、動産質権者は、第330条の規定による第1順位の先取特権者と同一の権利を有する。

（一般の先取特権の効力）

第335条　一般の先取特権者は、まず不動産以外の財産から弁済を受け、なお不足があるのでなければ、不動産から弁済を受けることができない。

2　一般の先取特権者は、不動産については、まず特別担保の目的とされていないものから弁済を受けなければならない。

3　一般の先取特権者は、前二項の規定に従って配当に加入することを怠ったときは、その配当加入をしたならば弁済を受けることができた額については、登記をした第三者に対してその先取特権を行使することができない。

4　前三項の規定は、不動産以外の財産の代価に先立って不動産の代価を配当し、又は他の不動産の代価に先立って特別担保の目的である不動産の代価を配当する場合には、適用しない。

（一般の先取特権の対抗力）

第336条　一般の先取特権は、不動産について登記をしなくても、特別担保を有しない債権者に対抗することができる。ただし、登記をした第三者に対しては、この限りでない。

（不動産保存の先取特権の登記）

第337条　不動産の保存の先取特権の効力を保存するためには、保存行為が完了した後直ちに登記をしなければならない。

（不動産工事の先取特権の登記）

第338条　不動産の工事の先取特権の効力を保存するためには、工事を始める前にその費用の予算額を登記しなければならない。この場合において、工事の費用が予算額を超えるときは、先取特権は、その超過額については存在しない。

2　工事によって生じた不動産の増価額は、配当加入の時に、裁判所が選任した鑑定人に評価させなければならない。

（登記をした不動産保存又は不動産工事の先取特権）

第339条　前二条の規定に従って登記をした先取特権は、抵当権に先立って行使することができる。

（不動産売買の先取特権の登記）

第340条　不動産の売買の先取特権の効力を保

存するためには、売買契約と同時に、不動産の代価又はその利息の弁済がされていない旨を登記しなければならない。

（抵当権に関する規定の準用）

第341条　先取特権の効力については、この節に定めるもののほか、その性質に反しない限り、抵当権に関する規定を準用する。

第9章　質権

第1節　総則

（質権の内容）

第342条　質権者は、その債権の担保として債務者又は第三者から受け取った物を占有し、かつ、その物について他の債権者に先立って自己の債権の弁済を受ける権利を有する。

（質権の目的）

第343条　質権は、譲り渡すことができない物をその目的とすることができない。

（質権の設定）

第344条　質権の設定は、債権者にその目的物を引き渡すことによって、その効力を生ずる。

（質権設定者による代理占有の禁止）

第345条　質権者は、質権設定者に、自己に代わって質物の占有をさせることができない。

（質権の被担保債権の範囲）

第346条　質権は、元本、利息、違約金、質権の実行の費用、質物の保存の費用及び債務の不履行又は質物の隠れた瑕疵によって生じた損害の賠償を担保する。ただし、設定行為に別段の定めがあるときは、この限りでない。

（質物の留置）

第347条　質権者は、前条に規定する債権の弁済を受けるまでは、質物を留置することができる。ただし、この権利は、自己に対して優先権を有する債権者に対抗することができない。

（転質）

第348条　質権者は、その権利の存続期間内において、自己の責任で、質物について、転質をすることができる。この場合において、転質をしたことによって生じた損失については、不可抗力によるものであっても、その責任を負う。

（契約による質物の処分の禁止）

第349条　質権設定者は、設定行為又は債務の弁済期前の契約において、質権者に弁済として質物の所有権を取得させ、その他法律に定める方法によらないで質物を処分させることを約することができない。

（留置権及び先取特権の規定の準用）

第350条　第296条から第300条まで及び第304条の規定は、質権について準用する。

（物上保証人の求償権）

第351条　他人の債務を担保するため質権を設定した者は、その債務を弁済し、又は質権の実行によって質物の所有権を失ったときは、保証債務に関する規定に従い、債務者に対して求償権を有する。

第2節　動産質

（動産質の対抗要件）

第352条　動産質権者は、継続して質物を占有しなければ、その質権をもって第三者に対抗することができない。

（質物の占有の回復）

第353条　動産質権者は、質物の占有を奪われたときは、占有回収の訴えによってのみ、その質物を回復することができる。

（動産質権の実行）

第354条　動産質権者は、その債権の弁済を受けないときは、正当な理由がある場合に限り、鑑定人の評価に従い質物をもって直ちに弁済に充てることを裁判所に請求することができる。この場合において、動産質権者は、あらかじめ、その請求をする旨を債務者に通知しなければならない。

（動産質権の順位）

第355条　同一の動産について数個の質権が設定されたときは、その質権の順位は、設定の前後による。

第3節　不動産質

（不動産質権者による使用及び収益）

第356条　不動産質権者は、質権の目的である不動産の用法に従い、その使用及び収益をすることができる。

（不動産質権者による管理の費用等の負担）

第357条　不動産質権者は、管理の費用を支払い、その他不動産に関する負担を負う。

（不動産質権者による利息の請求の禁止）

第358条　不動産質権者は、その債権の利息を請求することができない。

（設定行為に別段の定めがある場合等）

第359条　前三条の規定は、設定行為に別段の定めがあるとき、又は担保不動産収益執行（民事執行法第180条第2号に規定する担保不動産収益執行をいう。以下同じ。）の開始があったときは、適用しない。

（不動産質権の存続期間）

第360条　不動産質権の存続期間は、10年を超えることができない。設定行為でこれより長い期間を定めたときであっても、その期間は、10年とする。

2　不動産質権の設定は、更新することができる。ただし、その存続期間は、更新の時から10年を超えることができない。

（抵当権の規定の準用）

第361条　不動産質権については、この節に定めるもののほか、その性質に反しない限り、次章（抵当権）の規定を準用する。

第4節　権利質

（権利質の目的等）

第362条　質権は、財産権をその目的とすることができる。

2　前項の質権については、この節に定めるもののほか、その性質に反しない限り、前三節（総則、動産質及び不動産質）の規定を準用する。

第363条　削除

（債権を目的とする質権の対抗要件）

第364条　債権を目的とする質権の設定（現に発生していない債権を目的とするものを含む。）は、第467条の規定に従い、第三債務者にその質権の設定を通知し、又は第三債務者がこれを承諾しなければ、これをもって第三債務者その他の第三者に対抗することができない。

第365条　削除

（質権者による債権の取立て等）

第366条　質権者は、質権の目的である債権を直接に取り立てることができる。

2　債権の目的物が金銭であるときは、質権者は、自己の債権額に対応する部分に限り、これを取り立てることができる。

3　前項の債権の弁済期が質権者の債権の弁済期前に到来したときは、質権者は、第三債務者にその弁済をすべき金額を供託させることができる。この場合において、質権は、その供託金について存在する。

4　債権の目的物が金銭でないときは、質権者は、弁済として受けた物について質権を有する。

第367条および第368条　削除

第10章　抵当権

第1節　総則

（抵当権の内容）

第369条　抵当権者は、債務者又は第三者が占

有を移転しないで債務の担保に供した不動産について、他の債権者に先立って自己の債権の弁済を受ける権利を有する。

2　地上権及び永小作権も、抵当権の目的とすることができる。この場合においては、この章の規定を準用する。

（抵当権の効力の及ぶ範囲）

第370条　抵当権は、抵当地の上に存する建物を除き、その目的である不動産（以下「抵当不動産」という。）に付加して一体となっている物に及ぶ。ただし、設定行為に別段の定めがある場合及び債務者の行為について第424条第3項に規定する詐害行為取消請求をすることができる場合は、この限りでない。

第371条　抵当権は、その担保する債権について不履行があったときは、その後に生じた抵当不動産の果実に及ぶ。

（留置権等の規定の準用）

第372条　第296条、第304条及び第351条の規定は、抵当権について準用する。

第2節　抵当権の効力

（抵当権の順位）

第373条　同一の不動産について数個の抵当権が設定されたときは、その抵当権の順位は、登記の前後による。

（抵当権の順位の変更）

第374条　抵当権の順位は、各抵当権者の合意によって変更することができる。ただし、利害関係を有する者があるときは、その承諾を得なければならない。

2　前項の規定による順位の変更は、その登記をしなければ、その効力を生じない。

（抵当権の被担保債権の範囲）

第375条　抵当権者は、利息その他の定期金を請求する権利を有するときは、その満期となった最後の2年分についてのみ、その抵当権を行使することができる。ただし、それ以前の定期金についても、満期後に特別の登記をしたときは、その登記の時からその抵当権を行使することを妨げない。

2　前項の規定は、抵当権者が債務の不履行によって生じた損害の賠償を請求する権利を有する場合におけるその最後の2年分についても適用する。ただし、利息その他の定期金と通算して2年分を超えることができない。

（抵当権の処分）

第376条　抵当権者は、その抵当権を他の債権の担保とし、又は同一の債務者に対する他の債

権者の利益のためにその抵当権若しくはその順位を譲渡し、若しくは放棄することができる。

2　前項の場合において、抵当権者が数人のためにその抵当権の処分をしたときは、その処分の利益を受ける者の権利の順位は、抵当権の登記にした付記の前後による。

（抵当権の処分の対抗要件）

第377条　前条の場合には、第467条の規定に従い、主たる債務者に抵当権の処分を通知し、又は主たる債務者がこれを承諾しなければ、これをもって主たる債務者、保証人、抵当権設定者及びこれらの者の承継人に対抗することができない。

2　主たる債務者が前項の規定により通知を受け、又は承諾をしたときは、抵当権の処分の利益を受ける者の承諾を得ないでした弁済は、その受益者に対抗することができない。

（代価弁済）

第378条　抵当不動産について所有権又は地上権を買い受けた第三者が、抵当権者の請求に応じてその抵当権者にその代価を弁済したときは、抵当権は、その第三者のために消滅する。

（抵当権消滅請求）

第379条　抵当不動産の第三取得者は、第383条の定めるところにより、抵当権消滅請求をすることができる。

第380条　主たる債務者、保証人及びこれらの者の承継人は、抵当権消滅請求をすることができない。

第381条　抵当不動産の停止条件付第三取得者は、その停止条件の成否が未定である間は、抵当権消滅請求をすることができない。

（抵当権消滅請求の時期）

第382条　抵当不動産の第三取得者は、抵当権の実行としての競売による差押えの効力が発生する前に、抵当権消滅請求をしなければならない。

（抵当権消滅請求の手続）

第383条　抵当不動産の第三取得者は、抵当権消滅請求をするときは、登記をした各債権者に対し、次に掲げる書面を送付しなければならない。

一　取得の原因及び年月日、譲渡人及び取得者の氏名及び住所並びに抵当不動産の性質、所在及び代価その他取得者の負担を記載した書面

二　抵当不動産に関する登記事項証明書（現に効力を有する登記事項のすべてを証明したものに限る。）

三　債権者が2箇月以内に抵当権を実行して競売の申立てをしないときは、抵当不動産の第三取得者が第1号に規定する代価又は特に指

定した金額を債権の順位に従って弁済し又は
供託すべき旨を記載した書面
（債権者のみなし承諾）
第384条　次に掲げる場合には、前条各号に掲
げる書面の送付を受けた債権者は、抵当不動産
の第三取得者が同条第3号に掲げる書面に記載
したところにより提供した同号の代価又は金額
を承諾したものとみなす。
一　その債権者が前条各号に掲げる書面の送
付を受けた後2箇月以内に抵当権を実行して
競売の申立てをしないとき。
二　その債権者が前号の申立てを取り下げたと
き。
三　第1号の申立てを却下する旨の決定が確定
したとき。
四　第1号の申立てに基づく競売の手続を取り
消す旨の決定（民事執行法第188条において
準用する同法第63条第3項若しくは第68条の
3第3項の規定又は同法第183条第1項第5号
の謄本が提出された場合における同条第2項
の規定による決定を除く。）が確定したとき。
（競売の申立ての通知）
第385条　第383条各号に掲げる書面の送付を受
けた債権者は、前条第1号の申立てをするときは、
同号の期間内に、債務者及び抵当不動産の譲渡
人にその旨を通知しなければならない。
（抵当権消滅請求の効果）
第386条　登記をしたすべての債権者が抵当不
動産の第三取得者の提供した代価又は金額を
承諾し、かつ、抵当不動産の第三取得者がその
承諾を得た代価又は金額を払い渡し又は供託し
たときは、抵当権は、消滅する。
**（抵当権者の同意の登記がある場合の賃貸借の
対抗力）**
第387条　登記をした賃貸借は、その登記前に
登記をした抵当権を有するすべての者が同意を
し、かつ、その同意の登記があるときは、その
同意をした抵当権者に対抗することができる。
2　抵当権者が前項の同意をするには、その抵当
権を目的とする権利を有する者その他抵当権者
の同意によって不利益を受けるべき者の承諾を
得なければならない。
（法定地上権）
第388条　土地及びその上に存する建物が同一の
所有者に属する場合において、その土地又は建
物につき抵当権が設定され、その実行により所有
者を異にするに至ったときは、その建物について、
地上権が設定されたものとみなす。この場合にお
いて、地代は、当事者の請求により、裁判所が定
める。

（抵当地の上の建物の競売）
第389条　抵当権の設定後に抵当地に建物が築
造されたときは、抵当権者は、土地とともにその
建物を競売することができる。ただし、その優
先権は、土地の代価についてのみ行使すること
ができる。
2　前項の規定は、その建物の所有者が抵当地を
占有するについて抵当権者に対抗することがで
きる権利を有する場合には、適用しない。
（抵当不動産の第三取得者による買受け）
第390条　抵当不動産の第三取得者は、その競
売において買受人となることができる。
**（抵当不動産の第三取得者による費用の償還請
求）**
第391条　抵当不動産の第三取得者は、抵当不
動産について必要費又は有益費を支出したとき
は、第196条の区別に従い、抵当不動産の代価
から、他の債権者より先にその償還を受けるこ
とができる。
（共同抵当における代価の配当）
第392条　債権者が同一の債権の担保として数
個の不動産につき抵当権を有する場合におい
て、同時にその代価を配当すべきときは、その
各不動産の価額に応じて、その債権の負担を按
分する。
2　債権者が同一の債権の担保として数個の不動
産につき抵当権を有する場合において、ある不
動産の代価のみを配当すべきときは、抵当権者
は、その代価から債権の全部の弁済を受けるこ
とができる。この場合において、次順位の抵当
権者は、その弁済を受ける抵当権者が前項の規
定に従い他の不動産の代価から弁済を受けるべ
き金額を限度として、その抵当権者に代位して
抵当権を行使することができる。
（共同抵当における代位の付記登記）
第393条　前条第2項後段の規定により代位に
よって抵当権を行使する者は、その抵当権の登
記にその代位を付記することができる。
（抵当不動産以外の財産からの弁済）
第394条　抵当権者は、抵当不動産の代価から
弁済を受けない債権の部分についてのみ、他の
財産から弁済を受けることができる。
2　前項の規定は、抵当不動産の代価に先立って
他の財産の代価を配当すべき場合には、適用し
ない。この場合において、他の各債権者は、抵
当権者に同項の規定による弁済を受けさせるた
め、抵当権者に配当すべき金額の供託を請求す
ることができる。
（抵当建物使用者の引渡しの猶予）
第395条　抵当権者に対抗することができない

賃貸借により抵当権の目的である建物の使用又は収益をする者であって次に掲げるもの（次項において「抵当建物使用者」という。）は、その建物の競売における買受人の買受けの時から6箇月を経過するまでは、その建物を買受人に引き渡すことを要しない。

一　競売手続の開始前から使用又は収益をする者

二　強制管理又は担保不動産収益執行の管理人が競売手続の開始後にした賃貸借により使用又は収益をする者

2　前項の規定は、買受人の買受けの時より後に同項の建物の使用をしたことの対価について、買受人が抵当建物使用者に対し相当の期間を定めてその1箇月分以上の支払の催告をし、その相当の期間内に履行がない場合には、適用しない。

第3節　抵当権の消滅

（抵当権の消滅時効）
第396条　抵当権は、債務者及び抵当権設定者に対しては、その担保する債権と同時でなければ、時効によって消滅しない。

（抵当不動産の時効取得による抵当権の消滅）
第397条　債務者又は抵当権設定者でない者が抵当不動産について取得時効に必要な要件を具備する占有をしたときは、抵当権は、これによって消滅する。

（抵当権の目的である地上権等の放棄）
第398条　地上権又は永小作権を抵当権の目的とした地上権者又は永小作人は、その権利を放棄しても、これをもって抵当権者に対抗することができない。

第4節　根抵当

（根抵当権）
第398条の2　抵当権は、設定行為で定めるところにより、一定の範囲に属する不特定の債権を極度額の限度において担保するためにも設定することができる。

2　前項の規定による抵当権（以下「根抵当権」という。）の担保すべき不特定の債権の範囲は、債務者との特定の継続的取引契約によって生ずるものその他債務者との一定の種類の取引によって生ずるものに限定して、定めなければならない。

3　特定の原因に基づいて債務者との間に継続して生ずる債権、手形上若しくは小切手上の請求権又は電子記録債権（電子記録債権法（平成19年法律第102号）第2条第1項に規定する電子記録債権をいう。次条第2項において同じ。）は、前項の規定にかかわらず、根抵当権の担保すべき債権とすることができる。

（根抵当権の被担保債権の範囲）
第398条の3　根抵当権者は、確定した元本並びに利息その他の定期金及び債務の不履行によって生じた損害の賠償の全部について、極度額を限度として、その根抵当権を行使することができる。

2　債務者との取引によらないで取得する手形上若しくは小切手上の請求権又は電子記録債権を根抵当権の担保すべき債権とした場合において、次に掲げる事由があったときは、その前に取得したものについてのみ、その根抵当権を行使することができる。ただし、その後に取得したものであっても、その事由を知らないで取得したものについては、これを行使することを妨げない。

一　債務者の支払の停止

二　債務者についての破産手続開始、再生手続開始、更生手続開始又は特別清算開始の申立て

三　抵当不動産に対する競売の申立て又は滞納処分による差押え

（根抵当権の被担保債権の範囲及び債務者の変更）
第398条の4　元本の確定前においては、根抵当権の担保すべき債権の範囲の変更をすることができる。債務者の変更についても、同様とする。

2　前項の変更をするには、後順位の抵当権者その他の第三者の承諾を得ることを要しない。

3　第1項の変更について元本の確定前に登記をしなかったときは、その変更をしなかったものとみなす。

（根抵当権の極度額の変更）
第398条の5　根抵当権の極度額の変更は、利害関係を有する者の承諾を得なければ、することができない。

（根抵当権の元本確定期日の定め）
第398条の6　根抵当権の担保すべき元本については、その確定すべき期日を定め又は変更することができる。

2　第398条の4第2項の規定は、前項の場合について準用する。

3　第1項の期日は、これを定め又は変更した日から5年以内でなければならない。

4　第1項の期日の変更についてその変更前の期日より前に登記をしなかったときは、担保すべき元本は、その変更前の期日に確定する。

（根抵当権の被担保債権の譲渡等）

第398条の7 元本の確定前に根抵当権者から債権を取得した者は、その債権について根抵当権を行使することができない。元本の確定前に債務者のために又は債務者に代わって弁済をした者も、同様とする。

2 元本の確定前に債務の引受けがあったときは、根抵当権者は、引受人の債務について、その根抵当権を行使することができない。

3 元本の確定前に免責的債務引受があった場合における債権者は、第472条の4第1項の規定にかかわらず、根抵当権を引受人が負担する債務に移すことができない。

4 元本の確定前に債権者の交替による更改があった場合における更改前の債権者は、第518条第1項の規定にかかわらず、根抵当権を更改後の債務に移すことができない。元本の確定前に債務者の交替による更改があった場合における債権者も、同様とする。

（根抵当権者又は債務者の相続）

第398条の8 元本の確定前に根抵当権者について相続が開始したときは、根抵当権は、相続開始の時に存する債権のほか、相続人と根抵当権設定者との合意により定めた相続人が相続の開始後に取得する債権を担保する。

2 元本の確定前にその債務者について相続が開始したときは、根抵当権は、相続開始の時に存する債務のほか、根抵当権者と根抵当権設定者との合意により定めた相続人が相続の開始後に負担する債務を担保する。

3 第398条の4第2項の規定は、前二項の合意をする場合について準用する。

4 第1項及び第2項の合意について相続の開始後6箇月以内に登記をしないときは、担保すべき元本は、相続開始の時に確定したものとみなす。

（根抵当権者又は債務者の合併）

第398条の9 元本の確定前に根抵当権者について合併があったときは、根抵当権は、合併の時に存する債権のほか、合併後存続する法人又は合併によって設立された法人が合併後に取得する債権を担保する。

2 元本の確定前にその債務者について合併があったときは、根抵当権は、合併の時に存する債務のほか、合併後存続する法人又は合併によって設立された法人が合併後に負担する債務を担保する。

3 前二項の場合には、根抵当権設定者は、担保すべき元本の確定を請求することができる。ただし、前項の場合において、その債務者が根抵

当権設定者であるときは、この限りでない。

4 前項の規定による請求があったときは、担保すべき元本は、合併の時に確定したものとみなす。

5 第3項の規定による請求は、根抵当権設定者が合併のあったことを知った日から2週間を経過したときは、することができない。合併の日から1箇月を経過したときも、同様とする。

（根抵当権者又は債務者の会社分割）

第398条の10 元本の確定前に根抵当権者を分割をする会社とする分割があったときは、根抵当権は、分割の時に存する債権のほか、分割をした会社及び分割により設立された会社又は当該分割をした会社がその事業に関して有する権利義務の全部又は一部を当該会社から承継した会社が分割後に取得する債権を担保する。

2 元本の確定前にその債務者を分割をする会社とする分割があったときは、根抵当権は、分割の時に存する債務のほか、分割をした会社及び分割により設立された会社又は当該分割をした会社がその事業に関して有する権利義務の全部又は一部を当該会社から承継した会社が分割後に負担する債務を担保する。

3 前条第3項から第5項までの規定は、前二項の場合について準用する。

（根抵当権の処分）

第398条の11 元本の確定前においては、根抵当権者は、第376条第1項の規定による根抵当権の処分をすることができない。ただし、その根抵当権を他の債権の担保とすることを妨げない。

2 第377条第2項の規定は、前項ただし書の場合において元本の確定前にした弁済については、適用しない。

（根抵当権の譲渡）

第398条の12 元本の確定前においては、根抵当権者は、根抵当権設定者の承諾を得て、その根抵当権を譲り渡すことができる。

2 根抵当権者は、その根抵当権を2個の根抵当権に分割して、その一方を前項の規定により譲り渡すことができる。この場合において、その根抵当権を目的とする権利は、譲り渡した根抵当権について消滅する。

3 前項の規定による譲渡をするには、その根抵当権を目的とする権利を有する者の承諾を得なければならない。

（根抵当権の一部譲渡）

第398条の13 元本の確定前においては、根抵当権者は、根抵当権設定者の承諾を得て、その根抵当権の一部譲渡（譲渡人が譲受人と根抵当

権を共有するため、これを分割しないで譲り渡すことをいう。以下この節において同じ。）をすることができる。

（根抵当権の共有）
第398条の14　根抵当権の共有者は、それぞれその債権額の割合に応じて弁済を受ける。ただし、元本の確定前に、これと異なる割合を定め、又はある者が他の者に先立って弁済を受けるべきことを定めたときは、その定めに従う。
2　根抵当権の共有者は、他の共有者の同意を得て、第398条の12第1項の規定によりその権利を譲り渡すことができる。

（抵当権の順位の譲渡又は放棄と根抵当権の譲渡又は一部譲渡）
第398条の15　抵当権の順位の譲渡又は放棄を受けた根抵当権者が、その根抵当権の譲渡又は一部譲渡をしたときは、譲受人は、その順位の譲渡又は放棄の利益を受ける。

（共同根抵当）
第398条の16　第392条及び第393条の規定は、根抵当権については、その設定と同時に同一の債権の担保として数個の不動産につき根抵当権が設定された旨の登記をした場合に限り、適用する。

（共同根抵当の変更等）
第398条の17　前条の登記がされている根抵当権の担保すべき債権の範囲、債務者若しくは極度額の変更又はその譲渡若しくは一部譲渡は、その根抵当権が設定されているすべての不動産について登記をしなければ、その効力を生じない。
2　前条の登記がされている根抵当権の担保すべき元本は、1個の不動産についてのみ確定すべき事由が生じた場合においても、確定する。

（累積根抵当）
第398条の18　数個の不動産につき根抵当権を有する者は、第398条の16の場合を除き、各不動産の代価について、各極度額に至るまで優先権を行使することができる。

（根抵当権の元本の確定請求）
第398条の19　根抵当権設定者は、根抵当権の設定の時から3年を経過したときは、担保すべき元本の確定を請求することができる。この場合において、担保すべき元本は、その請求の時から2週間を経過することによって確定する。
2　根抵当権者は、いつでも、担保すべき元本の確定を請求することができる。この場合において、担保すべき元本は、その請求の時に確定する。
3　前二項の規定は、担保すべき元本の確定すべ

き期日の定めがあるときは、適用しない。

（根抵当権の元本の確定事由）
第398条の20　次に掲げる場合には、根抵当権の担保すべき元本は、確定する。
一　根抵当権者が抵当不動産について競売若しくは担保不動産収益執行又は第372条において準用する第304条の規定による差押えを申し立てたとき。ただし、競売手続若しくは担保不動産収益執行手続の開始又は差押えがあったときに限る。
二　根抵当権者が抵当不動産に対して滞納処分による差押えをしたとき。
三　根抵当権者が抵当不動産に対する競売手続の開始又は滞納処分による差押えがあったことを知った時から2週間を経過したとき。
四　債務者又は根抵当権設定者が破産手続開始の決定を受けたとき。
2　前項第3号の競売手続の開始若しくは差押え又は同項第4号の破産手続開始の決定の効力が消滅したときは、担保すべき元本は、確定しなかったものとみなす。ただし、元本が確定したものとしてその根抵当権又はこれを目的とする権利を取得した者があるときは、この限りでない。

（根抵当権の極度額の減額請求）
第398条の21　元本の確定後においては、根抵当権設定者は、その根抵当権の極度額を、現に存する債務の額と以後2年間に生ずべき利息その他の定期金及び債務の不履行による損害賠償の額とを加えた額に減額することを請求することができる。
2　第398条の16の登記がされている根抵当権の極度額の減額については、前項の規定による請求は、そのうちの1個の不動産についてすれば足りる。

（根抵当権の消滅請求）
第398条の22　元本の確定後において現に存する債務の額が根抵当権の極度額を超えるときは、他人の債務を担保するためその根抵当権を設定した者又は抵当不動産について所有権、地上権、永小作権若しくは第三者に対抗することができる賃借権を取得した第三者は、その極度額に相当する金額を払い渡し又は供託して、その根抵当権の消滅請求をすることができる。この場合において、その払渡し又は供託は、弁済の効力を有する。
2　第398条の16の登記がされている根抵当権は、1個の不動産について前項の消滅請求があったときは、消滅する。
3　第380条及び第381条の規定は、第1項の消滅

請求について準用する。

第3編　債権

第1章　総則

第1節　債権の目的

（債権の目的）
第399条　債権は、金銭に見積もることができないものであっても、その目的とすることができる。

（特定物の引渡しの場合の注意義務）
第400条　債権の目的が特定物の引渡しであるときは、債務者は、その引渡しをするまで、契約その他の債権の発生原因及び取引上の社会通念に照らして定まる善良な管理者の注意をもって、その物を保存しなければならない。

（種類債権）
第401条　債権の目的物を種類のみで指定した場合において、法律行為の性質又は当事者の意思によってその品質を定めることができないときは、債務者は、中等の品質を有する物を給付しなければならない。
2　前項の場合において、債務者が物の給付をするのに必要な行為を完了し、又は債権者の同意を得てその給付すべき物を指定したときは、以後その物を債権の目的物とする。

（金銭債権）
第402条　債権の目的物が金銭であるときは、債務者は、その選択に従い、各種の通貨で弁済をすることができる。ただし、特定の種類の通貨の給付を債権の目的としたときは、この限りでない。
2　債権の目的物である特定の種類の通貨が弁済期に強制通用の効力を失っているときは、債務者は、他の通貨で弁済をしなければならない。
3　前二項の規定は、外国の通貨の給付を債権の目的とした場合について準用する。
第403条　外国の通貨で債権額を指定したときは、債務者は、履行地における為替相場により、日本の通貨で弁済をすることができる。

（法定利率）
第404条　利息を生ずべき債権について別段の意思表示がないときは、その利率は、その利息が生じた最初の時点における法定利率による。
2　法定利率は、年3パーセントとする。
3　前項の規定にかかわらず、法定利率は、法務省令で定めるところにより、3年を1期とし、1期ごとに、次項の規定により変動するものとす

る。
4　各期における法定利率は、この項の規定により法定利率に変動があった期のうち直近のもの（以下この項において「直近変動期」という。）における基準割合と当期における基準割合との差に相当する割合（その割合に1パーセント未満の端数があるときは、これを切り捨てる。）を直近変動期における法定利率に加算し、又は減算した割合とする。
5　前項に規定する「基準割合」とは、法務省令で定めるところにより、各期の初日の属する年の6年前の年の1月から前々年の12月までの各月における短期貸付けの平均利率（当該各月において銀行が新たに行った貸付け（貸付期間が1年未満のものに限る。）に係る利率の平均をいう。）の合計を60で除して計算した割合（その割合に0.1パーセント未満の端数があるときは、これを切り捨てる。）として法務大臣が告示するものをいう。

（利息の元本への組入れ）
第405条　利息の支払が1年分以上延滞した場合において、債権者が催告をしても、債務者がその利息を支払わないときは、債権者は、これを元本に組み入れることができる。

（選択債権における選択権の帰属）
第406条　債権の目的が数個の給付の中から選択によって定まるときは、その選択権は、債務者に属する。

（選択権の行使）
第407条　前条の選択権は、相手方に対する意思表示によって行使する。
2　前項の意思表示は、相手方の承諾を得なければ、撤回することができない。

（選択権の移転）
第408条　債権が弁済期にある場合において、相手方から相当の期間を定めて催告をしても、選択権を有する当事者がその期間内に選択をしないときは、その選択権は、相手方に移転する。

（第三者の選択権）
第409条　第三者が選択をすべき場合には、その選択は、債権者又は債務者に対する意思表示によってする。
2　前項に規定する場合において、第三者が選択をすることができず、又は選択をする意思を有しないときは、選択権は、債務者に移転する。

（不能による選択債権の特定）
第410条　債権の目的である給付の中に不能のものがある場合において、その不能が選択権を有する者の過失によるものであるときは、債権は、その残存するものについて存在する。

（選択の効力）

第411条 選択は、債権の発生の時にさかのぼってその効力を生ずる。ただし、第三者の権利を害することはできない。

第2節 債権の効力

第1款 債務不履行の責任等

（履行期と履行遅滞）

第412条 債務の履行について確定期限があるときは、債務者は、その期限の到来した時から遅滞の責任を負う。

2 債務の履行について不確定期限があるときは、債務者は、その期限の到来した後に履行の請求を受けた時又はその期限の到来したことを知った時のいずれか早い時から遅滞の責任を負う。

3 債務の履行について期限を定めなかったときは、債務者は、履行の請求を受けた時から遅滞の責任を負う。

（履行不能）

第412条の2 債務の履行が契約その他の債務の発生原因及び取引上の社会通念に照らして不能であるときは、債権者は、その債務の履行を請求することができない。

2 契約に基づく債務の履行がその契約の成立の時に不能であったことは、第415条の規定によりその履行の不能によって生じた損害の賠償を請求することを妨げない。

（受領遅滞）

第413条 債権者が債務の履行を受けることを拒み、又は受けることができない場合において、その債務の目的が特定物の引渡しであるときは、債務者は、履行の提供をした時からその引渡しをするまで、自己の財産に対するのと同一の注意をもって、その物を保存すれば足りる。

2 債権者が債務の履行を受けることを拒み、又は受けることができないことによって、その履行の費用が増加したときは、その増加額は、債権者の負担とする。

（履行遅滞中又は受領遅滞中の履行不能と帰責事由）

第413条の2 債務者がその債務について遅滞の責任を負っている間に当事者双方の責めに帰することができない事由によってその債務の履行が不能となったときは、その履行の不能は、債務者の責めに帰すべき事由によるものとみなす。

2 債権者が債務の履行を受けることを拒み、又は受けることができない場合において、履行の提供があった時以後に当事者双方の責めに帰することができない事由によってその債務の履行が不能となったときは、その履行の不能は、債権者の責めに帰すべき事由によるものとみなす

（履行の強制）

第414条 債務者が任意に債務の履行をしないときは、債権者は、民事執行法その他強制執行の手続に関する法令の規定に従い、直接強制、代替執行、間接強制その他の方法による履行の強制を裁判所に請求することができる。ただし、債務の性質がこれを許さないときは、この限りでない。

2 前項の規定は、損害賠償の請求を妨げない。

（債務不履行による損害賠償）

第415条 債務者がその債務の本旨に従った履行をしないとき又は債務の履行が不能であるときは、債権者は、これによって生じた損害の賠償を請求することができる。ただし、その債務の不履行が契約その他の債務の発生原因及び取引上の社会通念に照らして債務者の責めに帰することができない事由によるものであるときは、この限りでない。

2 前項の規定により損害賠償の請求をすることができる場合において、債権者は、次に掲げるときは、債務の履行に代わる損害賠償の請求をすることができる。

一 債務の履行が不能であるとき。

二 債務者がその債務の履行を拒絶する意思を明確に表示したとき。

三 債務が契約によって生じたものである場合において、その契約が解除され、又は債務の不履行による契約の解除権が発生したとき。

（損害賠償の範囲）

第416条 債務の不履行に対する損害賠償の請求は、これによって通常生ずべき損害の賠償をさせることをその目的とする。

2 特別の事情によって生じた損害であっても、当事者がその事情を予見すべきであったときは、債権者は、その賠償を請求することができる。

（損害賠償の方法）

第417条 損害賠償は、別段の意思表示がないときは、金銭をもってその額を定める。

（中間利息の控除）

第417条の2 将来において取得すべき利益についての損害賠償の額を定める場合において、その利益を取得すべき時までの利息相当額を控除するときは、その損害賠償の請求権が生じた時点における法定利率により、これをする。

2 将来において負担すべき費用についての損害

賠償の額を定める場合において、その費用を負担すべき時までの利息相当額を控除するときも、前項と同様とする。

（過失相殺）

第418条　債務の不履行又はこれによる損害の発生若しくは拡大に関して債権者に過失があったときは、裁判所は、これを考慮して、損害賠償の責任及びその額を定める。

（金銭債務の特則）

第419条　金銭の給付を目的とする債務の不履行については、その損害賠償の額は、債務者が遅滞の責任を負った最初の時点における法定利率によって定める。ただし、約定利率が法定利率を超えるときは、約定利率による。

2　前項の損害賠償については、債権者は、損害の証明をすることを要しない。

3　第1項の損害賠償については、債務者は、不可抗力をもって抗弁とすることができない。

（賠償額の予定）

第420条　当事者は、債務の不履行について損害賠償の額を予定することができる。

2　賠償額の予定は、履行の請求又は解除権の行使を妨げない。

3　違約金は、賠償額の予定と推定する。

第421条　前条の規定は、当事者が金銭でないものを損害の賠償に充てるべき旨を予定した場合について準用する。

（損害賠償による代位）

第422条　債権者が、損害賠償として、その債権の目的である物又は権利の価額の全部の支払を受けたときは、債務者は、その物又は権利について当然に債権者に代位する。

（代償請求権）

第422条の2　債務者が、その債務の履行が不能となったのと同一の原因により債務の目的物の代償である権利又は利益を取得したときは、債権者は、その受けた損害の額の限度において、債務者に対し、その権利の移転又はその利益の償還を請求することができる。

第2款　債権者代位権

（債権者代位権の要件）

第423条　債権者は、自己の債権を保全するため必要があるときは、債務者に属する権利（以下「被代位権利」という。）を行使することができる。ただし、債務者の一身に専属する権利及び差押えを禁じられた権利は、この限りでない。

2　債権者は、その債権の期限が到来しない間は、被代位権利を行使することができない。ただし、

保存行為は、この限りでない。

3　債権者は、その債権が強制執行により実現することのできないものであるときは、被代位権利を行使することができない。

（代位行使の範囲）

第423条の2　債権者は、被代位権利を行使する場合において、被代位権利の目的が可分であるときは、自己の債権の額の限度においてのみ、被代位権利を行使することができる。

（債権者への支払又は引渡し）

第423条の3　債権者は、被代位権利を行使する場合において、被代位権利が金銭の支払又は動産の引渡しを目的とするものであるときは、相手方に対し、その支払又は引渡しを自己に対してすることを求めることができる。この場合において、相手方が債権者に対してその支払又は引渡しをしたときは、被代位権利は、これによって消滅する。

（相手方の抗弁）

第423条の4　債権者が被代位権利を行使したときは、相手方は、債務者に対して主張することができる抗弁をもって、債権者に対抗することができる。

（債務者の取立てその他の処分の権限等）

第423条の5　債権者が被代位権利を行使した場合であっても、債務者は、被代位権利について、自ら取立てその他の処分をすることを妨げられない。この場合においては、相手方も、被代位権利について、債務者に対して履行をすることを妨げられない。

（被代位権利の行使に係る訴えを提起した場合の訴訟告知）

第423条の6　債権者は、被代位権利の行使に係る訴えを提起したときは、遅滞なく、債務者に対し、訴訟告知をしなければならない。

（登記又は登録の請求権を保全するための債権者代位権）

第423条の7　登記又は登録をしなければ権利の得喪及び変更を第三者に対抗することができない財産を譲り受けた者は、その譲渡人が第三者に対して有する登記手続又は登録手続をすべきことを請求する権利を行使しないときは、その権利を行使することができる。この場合においては、前三条の規定を準用する。

第3款　詐害行為取消権

第1目　詐害行為取消権の要件

（詐害行為取消請求）

第424条 債権者は、債務者が債権者を害することを知ってした行為の取消しを裁判所に請求することができる。ただし、その行為によって利益を受けた者（以下この款において「受益者」という。）がその行為の時において債権者を害することを知らなかったときは、この限りでない。

2 前項の規定は、財産権を目的としない行為については、適用しない。

3 債権者は、その債権が第1項に規定する行為の前の原因に基づいて生じたものである場合に限り、同項の規定による請求（以下「詐害行為取消請求」という。）をすることができる。

4 債権者は、その債権が強制執行により実現することのできないものであるときは、詐害行為取消請求をすることができない。

（相当の対価を得てした財産の処分行為の特則）
第424条の2 債務者が、その有する財産を処分する行為をした場合において、受益者から相当の対価を取得しているときは、債権者は、次に掲げる要件のいずれにも該当する場合に限り、その行為について、詐害行為取消請求をすることができる。

一 その行為が、不動産の金銭への換価その他の当該処分による財産の種類の変更により、債務者において隠匿、無償の供与その他の債権者を害することとなる処分（以下この条において「隠匿等の処分」という。）をするおそれを現に生じさせるものであること。

二 債務者が、その行為の当時、対価として取得した金銭その他の財産について、隠匿等の処分をする意思を有していたこと。

三 受益者が、その行為の当時、債務者が隠匿等の処分をする意思を有していたことを知っていたこと。

（特定の債権者に対する担保の供与等の特則）
第424条の3 債務者がした既存の債務についての担保の供与又は債務の消滅に関する行為について、債権者は、次に掲げる要件のいずれにも該当する場合に限り、詐害行為取消請求をすることができる。

一 その行為が、債務者が支払不能（債務者が、支払能力を欠くために、その債務のうち弁済期にあるものにつき、一般的かつ継続的に弁済することができない状態をいう。次項第1号において同じ。）の時に行われたものであること。

二 その行為が、債務者と受益者とが通謀して他の債権者を害する意図をもって行われたものであること。

2 前項に規定する行為が、債務者の義務に属せ

ず、又はその時期が債務者の義務に属しないものである場合において、次に掲げる要件のいずれにも該当するときは、債権者は、同項の規定にかかわらず、その行為について、詐害行為取消請求をすることができる。

一 その行為が、債務者が支払不能になる前30日以内に行われたものであること。

二 その行為が、債務者と受益者とが通謀して他の債権者を害する意図をもって行われたものであること。

（過大な代物弁済等の特則）
第424条の4 債務者がした債務の消滅に関する行為であって、受益者の受けた給付の価額がその行為によって消滅した債務の額より過大であるものについて、第424条に規定する要件に該当するときは、債権者は、前条第1項の規定にかかわらず、その消滅した債務の額に相当する部分以外の部分については、詐害行為取消請求をすることができる。

（転得者に対する詐害行為取消請求）
第424条の5 債権者は、受益者に対して詐害行為取消請求をすることができる場合において、受益者に移転した財産を転得した者があるときは、次の各号に掲げる区分に応じ、それぞれ当該各号に定める場合に限り、その転得者に対しても、詐害行為取消請求をすることができる。

一 その転得者が受益者から転得した者である場合 その転得者が、転得の当時、債務者がした行為が債権者を害することを知っていたとき。

二 その転得者が他の転得者から転得した者である場合 その転得者及びその前に転得した全ての転得者が、それぞれの転得の当時、債務者がした行為が債権者を害することを知っていたとき。

第2目 詐害行為取消権の行使の方法等

（財産の返還又は価額の償還の請求）
第424条の6 債権者は、受益者に対する詐害行為取消請求において、債務者がした行為の取消しとともに、その行為によって受益者に移転した財産の返還を請求することができる。受益者がその財産の返還をすることが困難であるときは、債権者は、その価額の償還を請求することができる。

2 債権者は、転得者に対する詐害行為取消請求において、債務者がした行為の取消しとともに、転得者が転得した財産の返還を請求することができる。転得者がその財産の返還をすることが

困難であるときは、債権者は、その価額の償還を請求することができる。

（被告及び訴訟告知）

第424条の7 詐害行為取消請求に係る訴えについては、次の各号に掲げる区分に応じ、それぞれ当該各号に定める者を被告とする。

一 受益者に対する詐害行為取消請求に係る訴え 受益者

二 転得者に対する詐害行為取消請求に係る訴え その詐害行為取消請求の相手方である転得者

2 債権者は、詐害行為取消請求に係る訴えを提起したときは、遅滞なく、債務者に対し、訴訟告知をしなければならない。

（詐害行為の取消しの範囲）

第424条の8 債権者は、詐害行為取消請求をする場合において、債務者がした行為の目的が可分であるときは、自己の債権の額の限度においてのみ、その行為の取消しを請求することができる。

2 債権者が第424条の6第1項後段又は第2項後段の規定により価額の償還を請求する場合についても、前項と同様とする。

（債権者への支払又は引渡し）

第424条の9 債権者は、第424条の6第1項前段又は第2項前段の規定により受益者又は転得者に対して財産の返還を請求する場合において、その返還の請求が金銭の支払又は動産の引渡しを求めるものであるときは、受益者に対してその支払又は引渡しを、転得者に対してその引渡しを、自己に対してすることを求めることができる。この場合において、受益者又は転得者は、債権者に対してその支払又は引渡しをしたときは、債務者に対してその支払又は引渡しをすることを要しない。

2 債権者が第424条の6第1項後段又は第2項後段の規定により受益者又は転得者に対して価額の償還を請求する場合についても、前項と同様とする。

第3目 詐害行為取消権の行使の効果

（認容判決の効力が及ぶ者の範囲）

第425条 詐害行為取消請求を認容する確定判決は、債務者及びその全ての債権者に対してもその効力を有する。

（債務者の受けた反対給付に関する受益者の権利）

第425条の2 債務者がした財産の処分に関する行為（債務の消滅に関する行為を除く。）が取り消されたときは、受益者は、債務者に対し、その財産を取得するためにした反対給付の返還を請求することができる。債務者がその反対給付の返還をすることが困難であるときは、受益者は、その価額の償還を請求することができる。

（受益者の債権の回復）

第425条の3 債務者がした債務の消滅に関する行為が取り消された場合（第424条の4の規定により取り消された場合を除く。）において、受益者が債務者から受けた給付を返還し、又はその価額を償還したときは、受益者の債務者に対する債権は、これによって原状に復する。

（詐害行為取消請求を受けた転得者の権利）

第425条の4 債務者がした行為が転得者に対する詐害行為取消請求によって取り消されたときは、その転得者は、次の各号に掲げる区分に応じ、それぞれ当該各号に定める権利を行使することができる。ただし、その転得者がその前者から財産を取得するためにした反対給付又はその前者から財産を取得することによって消滅した債権の価額を限度とする。

一 第425条の2に規定する行為が取り消された場合 その行為が受益者に対する詐害行為取消請求によって取り消されたとすれば同条の規定により生ずべき受益者の債務者に対する反対給付の返還請求権又はその価額の償還請求権

二 前条に規定する行為が取り消された場合（第424条の4の規定により取り消された場合を除く。） その行為が受益者に対する詐害行為取消請求によって取り消されたとすれば前条の規定により回復すべき受益者の債務者に対する債権

第4目 詐害行為取消権の期間の制限

第426条 詐害行為取消請求に係る訴えは、債務者が債権者を害することを知って行為をしたことを債権者が知った時から2年を経過したときは、提起することができない。行為の時から10年を経過したときも、同様とする。

第3節 多数当事者の債権及び債務

第1款 総則

（分割債権及び分割債務）

第427条 数人の債権者又は債務者がある場合において、別段の意思表示がないときは、各債権者又は各債務者は、それぞれ等しい割合で権

利を有し、又は義務を負う。

第2款 不可分債権及び不可分債務

（不可分債権）

第428条 次款（連帯債権）の規定（第433条及び第435条の規定を除く。）は、債権の目的がその性質上不可分である場合において、数人の債権者があるときについて準用する。

（不可分債権者の1人との間の更改又は免除）

第429条 不可分債権者の1人と債務者との間に更改又は免除があった場合においても、他の不可分債権者は、債務の全部の履行を請求することができる。この場合においては、その1人の不可分債権者がその権利を失わなければ分与されるべき利益を債務者に償還しなければならない。

（不可分債務）

第430条 第4款（連帯債務）の規定（第440条の規定を除く。）は、債務の目的がその性質上不可分である場合において、数人の債務者があるときについて準用する。

（可分債権又は可分債務への変更）

第431条 不可分債権が可分債権となったときは、各債権者は自己が権利を有する部分についてのみ履行を請求することができ、不可分債務が可分債務となったときは、各債務者はその負担部分についてのみ履行の責任を負う。

第3款 連帯債権

（連帯債権者による履行の請求等）

第432条 債権の目的がその性質上可分である場合において、法令の規定又は当事者の意思表示によって数人が連帯して債権を有するときは、各債権者は、全ての債権者のために全部又は一部の履行を請求することができ、債務者は、全ての債権者のために各債権者に対して履行をすることができる。

（連帯債権者の1人との間の更改又は免除）

第433条 連帯債権者の1人と債務者との間に更改又は免除があったときは、その連帯債権者がその権利を失わなければ分与されるべき利益に係る部分については、他の連帯債権者は、履行を請求することができない。

（連帯債権者の1人との間の相殺）

第434条 債務者が連帯債権者の1人に対して債権を有する場合において、その債務者が相殺を援用したときは、その相殺は、他の連帯債権者に対しても、その効力を生ずる。

（連帯債権者の1人との間の混同）

第435条 連帯債権者の1人と債務者との間に混同があったときは、債務者は、弁済をしたものとみなす。

（相対的効力の原則）

第435条の2 第432条から前条までに規定する場合を除き、連帯債権者の1人の行為又は1人について生じた事由は、他の連帯債権者に対してその効力を生じない。ただし、他の連帯債権者の1人及び債務者が別段の意思を表示したときは、当該他の連帯債権者に対する効力は、その意思に従う。

第4款 連帯債務

（連帯債務者に対する履行の請求）

第436条 債務の目的がその性質上可分である場合において、法令の規定又は当事者の意思表示によって数人が連帯して債務を負担するときは、債権者は、その連帯債務者の1人に対し、又は同時に若しくは順次に全ての連帯債務者に対し、全部又は一部の履行を請求することができる。

（連帯債務者の1人についての法律行為の無効等）

第437条 連帯債務者の1人について法律行為の無効又は取消しの原因があっても、他の連帯債務者の債務は、その効力を妨げられない。

（連帯債務者の1人との間の更改）

第438条 連帯債務者の1人と債権者との間に更改があったときは、債権は、全ての連帯債務者の利益のために消滅する。

（連帯債務者の1人による相殺等）

第439条 連帯債務者の1人が債権者に対して債権を有する場合において、その連帯債務者が相殺を援用したときは、債権は、全ての連帯債務者の利益のために消滅する。

2　前項の債権を有する連帯債務者が相殺を援用しない間は、その連帯債務者の負担部分の限度において、他の連帯債務者は、債権者に対して債務の履行を拒むことができる。

（連帯債務者の1人との間の混同）

第440条 連帯債務者の1人と債権者との間に混同があったときは、その連帯債務者は、弁済をしたものとみなす。

（相対的効力の原則）

第441条 第438条、第439条第1項及び前条に規定する場合を除き、連帯債務者の1人について生じた事由は、他の連帯債務者に対してその効力を生じない。ただし、債権者及び他の連帯債務者の1人が別段の意思を表示したときは、

当該他の連帯債務者に対する効力は、その意思に従う。

（連帯債務者間の求償権）

第442条　連帯債務者の１人が弁済をし、その他自己の財産をもって共同の免責を得たときは、その連帯債務者は、その免責を得た額が自己の負担部分を超えるかどうかにかかわらず、他の連帯債務者に対し、その免責を得るために支出した財産の額（その財産の額が共同の免責を得た額を超える場合にあっては、その免責を得た額）のうち各自の負担部分に応じた額の求償権を有する。

２　前項の規定による求償は、弁済その他免責があった日以後の法定利息及び避けることができなかった費用その他の損害の賠償を包含する。

（通知を怠った連帯債務者の求償の制限）

第443条　他の連帯債務者があることを知りながら、連帯債務者の１人が共同の免責を得ることを他の連帯債務者に通知しないで弁済をし、その他自己の財産をもって共同の免責を得た場合において、他の連帯債務者は、債権者に対抗することができる事由を有していたときは、その負担部分について、その事由をもってその免責を得た連帯債務者に対抗することができる。この場合において、相殺をもってその免責を得た連帯債務者に対抗したときは、その連帯債務者は、債権者に対し、相殺によって消滅すべきであった債務の履行を請求することができる。

２　弁済をし、その他自己の財産をもって共同の免責を得た連帯債務者が、他の連帯債務者があることを知りながらその免責を得たことを他の連帯債務者に通知することを怠ったため、他の連帯債務者が善意で弁済その他自己の財産をもって免責を得るための行為をしたときは、当該他の連帯債務者は、その免責を得るための行為を有効であったものとみなすことができる。

（償還をする資力のない者の負担部分の分担）

第444条　連帯債務者の中に償還をする資力のない者があるときは、その償還をすることができない部分は、求償者及び他の資力のある者の間で、各自の負担部分に応じて分割して負担する。

２　前項に規定する場合において、求償者及び他の資力のある者がいずれも負担部分を有しない者であるときは、その償還をすることができない部分は、求償者及び他の資力のある者の間で、等しい割合で分割して負担する。

３　前二項の規定にかかわらず、償還を受けることができないことについて求償者に過失があるときは、他の連帯債務者に対して分担を請求することができない

（連帯債務者の１人との間の免除等と求償権）

第445条　連帯債務者の１人に対して債務の免除がされ、又は連帯債務者の１人のために時効が完成した場合においても、他の連帯債務者は、その１人の連帯債務者に対し、第442条第１項の求償権を行使することができる。

第５款　保証債務

第１目　総則

（保証人の責任等）

第446条　保証人は、主たる債務者がその債務を履行しないときに、その履行をする責任を負う。

２　保証契約は、書面でしなければ、その効力を生じない。

３　保証契約がその内容を記録した電磁的記録によってされたときは、その保証契約は、書面によってされたものとみなして、前項の規定を適用する。

（保証債務の範囲）

第447条　保証債務は、主たる債務に関する利息、違約金、損害賠償その他その債務に従たるすべてのものを包含する。

２　保証人は、その保証債務についてのみ、違約金又は損害賠償の額を約定することができる。

（保証人の負担と主たる債務の目的又は態様）

第448条　保証人の負担が債務の目的又は態様において主たる債務より重いときは、これを主たる債務の限度に減縮する。

２　主たる債務の目的又は態様が保証契約の締結後に加重されたときであっても、保証人の負担は加重されない。

（取り消すことができる債務の保証）

第449条　行為能力の制限によって取り消すことができる債務を保証した者は、保証契約の時においてその取消しの原因を知っていたときは、主たる債務の不履行の場合又はその債務の取消しの場合においてこれと同一の目的を有する独立の債務を負担したものと推定する。

（保証人の要件）

第450条　債務者が保証人を立てる義務を負う場合には、その保証人は、次に掲げる要件を具備する者でなければならない。

一　行為能力者であること。

二　弁済をする資力を有すること。

２　保証人が前項第２号に掲げる要件を欠くに至ったときは、債権者は、同項各号に掲げる要件を具備する者をもってこれに代えることを請求

することができる。

3　前二項の規定は、債権者が保証人を指名した場合には、適用しない。

（他の担保の供与）

第451条　債務者は、前条第1項各号に掲げる要件を具備する保証人を立てることができないときは、他の担保を供してこれに代えることができる。

（催告の抗弁）

第452条　債権者が保証人に債務の履行を請求したときは、保証人は、まず主たる債務者に催告をすべき旨を請求することができる。ただし、主たる債務者が破産手続開始の決定を受けたとき、又はその行方が知れないときは、この限りでない。

（検索の抗弁）

第453条　債権者が前条の規定に従い主たる債務者に催告をした後であっても、保証人が主たる債務者に弁済をする資力があり、かつ、執行が容易であることを証明したときは、債権者は、まず主たる債務者の財産について執行をしなければならない。

（連帯保証の場合の特則）

第454条　保証人は、主たる債務者と連帯して債務を負担したときは、前二条の権利を有しない。

（催告の抗弁及び検索の抗弁の効果）

第455条　第452条又は第453条の規定により保証人の請求又は証明があったにもかかわらず、債権者が催告又は執行をすることを怠ったために主たる債務者から全部の弁済を得られなかったときは、保証人は、債権者が直ちに催告又は執行をすれば弁済を得ることができた限度において、その義務を免れる。

（数人の保証人がある場合）

第456条　数人の保証人がある場合には、それらの保証人が各別の行為により債務を負担したときであっても、第427条の規定を適用する。

（主たる債務者について生じた事由の効力）

第457条　主たる債務者に対する履行の請求その他の事由による時効の完成猶予及び更新は、保証人に対しても、その効力を生ずる。

2　保証人は、主たる債務者が主張することができる抗弁をもって債権者に対抗することができる。

3　主たる債務者が債権者に対して相殺権、取消権又は解除権を有するときは、これらの権利の行使によって主たる債務者がその債務を免れるべき限度において、保証人は、債権者に対して債務の履行を拒むことができる。

（連帯保証人について生じた事由の効力）

第458条　第438条、第439条第1項、第440条及び第441条の規定は、主たる債務者と連帯して債務を負担する保証人について生じた事由について準用する。

（主たる債務の履行状況に関する情報の提供義務）

第458条の2　保証人が主たる債務者の委託を受けて保証をした場合において、保証人の請求があったときは、債権者は、保証人に対し、遅滞なく、主たる債務の元本及び主たる債務に関する利息、違約金、損害賠償その他その債務に従たる全てのものについての不履行の有無並びにこれらの残額及びそのうち弁済期が到来しているものの額に関する情報を提供しなければならない。

（主たる債務者が期限の利益を喪失した場合における情報の提供義務）

第458条の3　主たる債務者が期限の利益を有する場合において、その利益を喪失したときは、債権者は、保証人に対し、その利益の喪失を知った時から2箇月以内に、その旨を通知しなければならない。

2　前項の期間内に同項の通知をしなかったときは、債権者は、保証人に対し、主たる債務者が期限の利益を喪失した時から同項の通知を現にするまでに生じた遅延損害金（期限の利益を喪失しなかったとしても生ずべきものを除く。）に係る保証債務の履行を請求することができない。

3　前二項の規定は、保証人が法人である場合には、適用しない。

（委託を受けた保証人の求償権）

第459条　保証人が主たる債務者の委託を受けて保証をした場合において、主たる債務者に代わって弁済その他自己の財産をもって債務を消滅させる行為（以下「債務の消滅行為」という。）をしたときは、その保証人は、主たる債務者に対し、そのために支出した財産の額（その財産の額がその債務の消滅行為によって消滅した主たる債務の額を超える場合にあっては、その消滅した額）の求償権を有する。

2　第442条第2項の規定は、前項の場合について準用する。

（委託を受けた保証人が弁済期前に弁済等をした場合の求償権）

第459条の2　保証人が主たる債務者の委託を受けて保証をした場合において、主たる債務の弁済期前に債務の消滅行為をしたときは、その保証人は、主たる債務者に対し、主たる債務者がその当時利益を受けた限度において求償権を有する。この場合において、主たる債務者が債

務の消滅行為の日以前に相殺の原因を有していたことを主張するときは、保証人は、債権者に対し、その相殺によって消滅すべきであった債務の履行を請求することができる。

2 前項の規定による求償は、主たる債務の弁済期以後の法定利息及びその弁済期以後に債務の消滅行為をしたとしても避けることができなかった費用その他の損害の賠償を包含する。

3 第1項の求償権は、主たる債務の弁済期以後でなければ、これを行使することができない。

（委託を受けた保証人の事前の求償権）

第460条　保証人は、主たる債務者の委託を受けて保証をした場合において、次に掲げるときは、主たる債務者に対して、あらかじめ、求償権を行使することができる。

一　主たる債務者が破産手続開始の決定を受け、かつ、債権者がその破産財団の配当に加入しないとき。

二　債務が弁済期にあるとき。ただし、保証契約の後に債権者が主たる債務者に許与した期限は、保証人に対抗することができない。

三　保証人が過失なく債権者に弁済をすべき旨の裁判の言渡しを受けたとき。

（主たる債務者が保証人に対して償還をする場合）

第461条　前条の規定により主たる債務者が保証人に対して償還をする場合において、債権者が全部の弁済を受けない間は、主たる債務者は、保証人に担保を供させ、又は保証人に対して自己に免責を得させることを請求することができる。

2 前項に規定する場合において、主たる債務者は、供託をし、担保を供し、又は保証人に免責を得させて、その償還の義務を免れることができる。

（委託を受けない保証人の求償権）

第462条　第459条の2第1項の規定は、主たる債務者の委託を受けないで保証をした者が債務の消滅行為をした場合について準用する。

2 主たる債務者の意思に反して保証をした者は、主たる債務者が現に利益を受けている限度においてのみ求償権を有する。この場合において、主たる債務者が求償の日以前に相殺の原因を有していたことを主張するときは、保証人は、債権者に対し、その相殺によって消滅すべきであった債務の履行を請求することができる。

3 第459条の2第3項の規定は、前二項に規定する保証人が主たる債務の弁済期前に債務の消滅行為をした場合における求償権の行使について準用する。

（通知を怠った保証人の求償の制限等）

第463条　保証人が主たる債務者の委託を受けて保証をした場合において、主たる債務者にあらかじめ通知しないで債務の消滅行為をしたときは、主たる債務者は、債権者に対抗することができた事由をもってその保証人に対抗することができる。この場合において、相殺をもってその保証人に対抗したときは、その保証人は、債権者に対し、相殺によって消滅すべきであった債務の履行を請求することができる。

2 保証人が主たる債務者の委託を受けて保証をした場合において、主たる債務者が債務の消滅行為をしたことを保証人に通知することを怠ったため、その保証人が善意で債務の消滅行為をしたときは、その保証人は、その債務の消滅行為を有効であったものとみなすことができる。

3 保証人が債務の消滅行為をした後に主たる債務者が債務の消滅行為をした場合においては、保証人が主たる債務者の意思に反して保証をしたときのほか、保証人が債務の消滅行為をしたことを主たる債務者に通知することを怠ったため、主たる債務者が善意で債務の消滅行為をしたときも、主たる債務者は、その債務の消滅行為を有効であったものとみなすことができる。

（連帯債務又は不可分債務の保証人の求償権）

第464条　連帯債務者又は不可分債務者の1人のために保証をした者は、他の債務者に対し、その負担部分のみについて求償権を有する。

（共同保証人間の求償権）

第465条　第442条から第444条までの規定は、数人の保証人がある場合において、そのうちの1人の保証人が、主たる債務が不可分であるため又は各保証人が全額を弁済すべき旨の特約があるため、その全額又は自己の負担部分を超える額を弁済したときについて準用する。

2 第462条の規定は、前項に規定する場合を除き、互いに連帯しない保証人の1人が全額又は自己の負担部分を超える額を弁済したときについて準用する。

第2目　個人根保証契約

（個人根保証契約の保証人の責任等）

第465条の2　一定の範囲に属する不特定の債務を主たる債務とする保証契約（以下「根保証契約」という。）であって保証人が法人でないもの（以下「個人根保証契約」という。）の保証人は、主たる債務の元本、主たる債務に関する利息、違約金、損害賠償その他その債務に従たる全てのもの及びその保証債務について約定され

た違約金又は損害賠償の額について、その全部に係る極度額を限度として、その履行をする責任を負う。

2 個人根保証契約は、前項に規定する極度額を定めなければ、その効力を生じない。

3 第446条第2項及び第3項の規定は、個人根保証契約における第1項に規定する極度額の定めについて準用する。

（個人貸金等根保証契約の元本確定期日）

第465条の3 個人根保証契約であってその主たる債務の範囲に金銭の貸渡し又は手形の割引を受けることによって負担する債務（以下「貸金等債務」という。）が含まれるもの（以下「個人貸金等根保証契約」という。）において主たる債務の元本の確定すべき期日（以下「元本確定期日」という。）の定めがある場合において、その元本確定期日がその個人貸金等根保証契約の締結の日から5年を経過する日より後の日と定められているときは、その元本確定期日の定めは、その効力を生じない。

2 個人貸金等根保証契約において元本確定期日の定めがない場合（前項の規定により元本確定期日の定めがその効力を生じない場合を含む。）には、その元本確定期日は、その個人貸金等根保証契約の締結の日から3年を経過する日とする。

3 個人貸金等根保証契約における元本確定期日の変更をする場合において、変更後の元本確定期日がその変更をした日から5年を経過する日より後の日となるときは、その元本確定期日の変更は、その効力を生じない。ただし、元本確定期日の前2箇月以内に元本確定期日の変更をする場合において、変更後の元本確定期日が変更前の元本確定期日から5年以内の日となるときは、この限りでない。

4 第446条第2項及び第3項の規定は、個人貸金等根保証契約における元本確定期日の定め及びその変更（その個人貸金等根保証契約の締結の日から3年以内の日を元本確定期日とする旨の定め及び元本確定期日より前の日を変更後の元本確定期日とする変更を除く。）について準用する。

（個人根保証契約の元本の確定事由）

第465条の4 次に掲げる場合には、個人根保証契約における主たる債務の元本は、確定する。ただし、第1号に掲げる場合にあっては、強制執行又は担保権の実行の手続の開始があったときに限る。

一 債権者が、保証人の財産について、金銭の支払を目的とする債権についての強制執行又は担保権の実行を申し立てたとき。

二 保証人が破産手続開始の決定を受けたとき。

三 主たる債務者又は保証人が死亡したとき。

2 前項に規定する場合のほか、個人貸金等根保証契約における主たる債務の元本は、次に掲げる場合にも確定する。ただし、第1号に掲げる場合にあっては、強制執行又は担保権の実行の手続の開始があったときに限る。

一 債権者が、主たる債務者の財産について、金銭の支払を目的とする債権についての強制執行又は担保権の実行を申し立てたとき。

二 主たる債務者が破産手続開始の決定を受けたとき。

（保証人が法人である根保証契約の求償権）

第465条の5 保証人が法人である根保証契約において、第465条の2第1項に規定する極度額の定めがないときは、その根保証契約の保証人の主たる債務者に対する求償権に係る債務を主たる債務とする保証契約は、その効力を生じない。

2 保証人が法人である根保証契約であってその主たる債務の範囲に貸金等債務が含まれるものにおいて、元本確定期日の定めがないとき、又は元本確定期日の定め若しくはその変更が第465条の3第1項若しくは第3項の規定を適用するとすればその効力を生じないものであるときは、その根保証契約の保証人の主たる債務者に対する求償権に係る債務を主たる債務とする保証契約は、その効力を生じない。主たる債務の範囲にその求償権に係る債務が含まれる根保証契約も、同様とする。

3 前二項の規定は、求償権に係る債務を主たる債務とする保証契約又は主たる債務の範囲に求償権に係る債務が含まれる根保証契約の保証人が法人である場合には、適用しない。

第3目 事業に係る債務についての保証契約の特則

（公正証書の作成と保証の効力）

第465条の6 事業のために負担した貸金等債務を主たる債務とする保証契約又は主たる債務の範囲に事業のために負担する貸金等債務が含まれる根保証契約は、その契約の締結に先立ち、その締結の日前1箇月以内に作成された公正証書で保証人になろうとする者が保証債務を履行する意思を表示していなければ、その効力を生じない。

2 前項の公正証書を作成するには、次に掲げる方式に従わなければならない。

一　保証人になろうとする者が、次のイ又はロに掲げる契約の区分に応じ、それぞれ当該イ又はロに定める事項を公証人に口授すること。
　　イ　保証契約（ロに掲げるものを除く。）　主たる債務の債権者及び債務者、主たる債務の元本、主たる債務に関する利息、違約金、損害賠償その他その債務に従たる全てのものの定めの有無及びその内容並びに主たる債務者がその債務を履行しないときには、その債務の全額について履行する意思（保証人になろうとする者が主たる債務者と連帯して債務を負担しようとするものである場合には、債権者が主たる債務者に対して催告をしたかどうか、主たる債務者がその債務を履行することができるかどうか、又は他に保証人があるかどうかにかかわらず、その全額について履行する意思）を有していること。
　　ロ　根保証契約　主たる債務の債権者及び債務者、主たる債務の範囲、根保証契約における極度額、元本確定期日の定めの有無及びその内容並びに主たる債務者がその債務を履行しないときには、極度額の限度において元本確定期日又は第465条の4第1項各号若しくは第2項各号に掲げる事由その他の元本を確定すべき事由が生ずる時までに生ずべき主たる債務の元本及び主たる債務に関する利息、違約金、損害賠償その他その債務に従たる全てのものの全額について履行する意思（保証人になろうとする者が主たる債務者と連帯して債務を負担しようとするものである場合には、債権者が主たる債務者に対して催告をしたかどうか、主たる債務者がその債務を履行することができるかどうか、又は他に保証人があるかどうかにかかわらず、その全額について履行する意思）を有していること。
二　公証人が、保証人になろうとする者の口述を筆記し、これを保証人になろうとする者に読み聞かせ、又は閲覧させること。
三　保証人になろうとする者が、筆記の正確なことを承認した後、署名し、印を押すこと。ただし、保証人になろうとする者が署名することができない場合は、公証人がその事由を付記して、署名に代えることができる。
四　公証人が、その証書は前三号に掲げる方式に従って作ったものである旨を付記して、これに署名し、印を押すこと。
3　前二項の規定は、保証人になろうとする者が法人である場合には、適用しない。

（保証に係る公正証書の方式の特則）
第465条の7　前条第1項の保証契約又は根保証契約の保証人になろうとする者が口がきけない者である場合には、公証人の前で、同条第2項第1号イ又はロに掲げる契約の区分に応じ、それぞれ当該イ又はロに定める事項を通訳人の通訳により申述し、又は自書して、同号の口授に代えなければならない。この場合における同項第2号の規定の適用については、同号中「口述」とあるのは、「通訳人の通訳による申述又は自書」とする。
2　前条第1項の保証契約又は根保証契約の保証人になろうとする者が耳が聞こえない者である場合には、公証人は、同条第2項第2号に規定する筆記した内容を通訳人の通訳により保証人になろうとする者に伝えて、同号の読み聞かせに代えることができる。
3　公証人は、前二項に定める方式に従って公正証書を作ったときは、その旨をその証書に付記しなければならない。

（公正証書の作成と求償権についての保証の効力）
第465条の8　第465条の6第1項及び第2項並びに前条の規定は、事業のために負担した貸金等債務を主たる債務とする保証契約又は主たる債務の範囲に事業のために負担する貸金等債務が含まれる根保証契約の保証人の主たる債務者に対する求償権に係る債務を主たる債務とする保証契約について準用する。主たる債務の範囲にその求償権に係る債務が含まれる根保証契約も、同様とする。
2　前項の規定は、保証人になろうとする者が法人である場合には、適用しない。

（公正証書の作成と保証の効力に関する規定の適用除外）
第465条の9　前三条の規定は、保証人になろうとする者が次に掲げる者である保証契約については、適用しない。
一　主たる債務者が法人である場合のその理事、取締役、執行役又はこれらに準ずる者
二　主たる債務者が法人である場合の次に掲げる者
　　イ　主たる債務者の総株主の議決権（株主総会において決議をすることができる事項の全部につき議決権を行使することができない株式についての議決権を除く。以下この号において同じ。）の過半数を有する者
　　ロ　主たる債務者の総株主の議決権の過半数を他の株式会社が有する場合における当該他の株式会社の総株主の議決権の過半数を有する者

ハ　主たる債務者の総株主の議決権の過半
数を他の株式会社及び当該他の株式会社の
総株主の議決権の過半数を有する者が有す
る場合における当該他の株式会社の総株主
の議決権の過半数を有する者
ニ　株式会社以外の法人が主たる債務者で
ある場合におけるイ、ロ又はハに掲げる者
に準ずる者
三　主たる債務者（法人であるものを除く。以
下この号において同じ。）と共同して事業を行
う者又は主たる債務者が行う事業に現に従事
している主たる債務者の配偶者

（契約締結時の情報の提供義務）
第465条の10　主たる債務者は、事業のために
負担する債務を主たる債務とする保証又は主
たる債務の範囲に事業のために負担する債務が含
まれる根保証の委託をするときは、委託を受け
る者に対し、次に掲げる事項に関する情報を提
供しなければならない。
一　財産及び収支の状況
二　主たる債務以外に負担している債務の有無
並びにその額及び履行状況
三　主たる債務の担保として他に提供し、又は
提供しようとするものがあるときは、その旨及
びその内容
2　主たる債務者が前項各号に掲げる事項に関し
て情報を提供せず、又は事実と異なる情報を提
供したために委託を受けた者がその事項につい
て誤認をし、それによって保証契約の申込み又
はその承諾の意思表示をした場合において、主
たる債務者がその事項に関して情報を提供せず
又は事実と異なる情報を提供したことを債権者
が知り又は知ることができたときは、保証人は、
保証契約を取り消すことができる。
3　前二項の規定は、保証をする者が法人である
場合には、適用しない。

第4節　債権の譲渡

（債権の譲渡性）
第466条　債権は、譲り渡すことができる。ただ
し、その性質がこれを許さないときは、この限
りでない。
2　当事者が債権の譲渡を禁止し、又は制限する
旨の意思表示（以下「譲渡制限の意思表示」と
いう。）をしたときであっても、債権の譲渡は、
その効力を妨げられない。
3　前項に規定する場合には、譲渡制限の意思表
示がされたことを知り、又は重大な過失によって
知らなかった譲受人その他の第三者に対しては、

債務者は、その債務の履行を拒むことができ、か
つ、譲渡人に対する弁済その他の債務を消滅さ
せる事由をもってその第三者に対抗することがで
きる。
4　前項の規定は、債務者が債務を履行しない場
合において、同項に規定する第三者が相当の期
間を定めて譲渡人への履行の催告をし、その期
間内に履行がないときは、その債務者について
は、適用しない。

**（譲渡制限の意思表示がされた債権に係る債務
者の供託）**
第466条の2　債務者は、譲渡制限の意思表示
がされた金銭の給付を目的とする債権が譲渡
されたときは、その債権の全額に相当する金銭を
債務の履行地（債務の履行地が債権者の現在
の住所により定まる場合にあっては、譲渡人の
現在の住所を含む。次条において同じ。）の供
託所に供託することができる。
2　前項の規定により供託をした債務者は、遅滞
なく、譲渡人及び譲受人に供託の通知をしなけ
ればならない。
3　第1項の規定により供託をした金銭は、譲受
人に限り、還付を請求することができる。
第466条の3　前条第1項に規定する場合にお
いて、譲渡人について破産手続開始の決定があ
ったときは、譲受人（同項の債権の全額を譲り
受けた者であって、その債権の譲渡を債務者そ
の他の第三者に対抗することができるものに限
る。）は、譲渡制限の意思表示がされたことを知
り、又は重大な過失によって知らなかったとき
であっても、債務者にその債権の全額に相当す
る金銭を債務の履行地の供託所に供託させるこ
とができる。この場合において、同条第2項
及び第3項の規定を準用する。

（譲渡制限の意思表示がされた債権の差押え）
第466条の4　第466条第3項の規定は、譲渡制
限の意思表示がされた債権に対する強制執行を
した差押債権者に対しては、適用しない。
2　前項の規定にかかわらず、譲受人その他の第
三者が譲渡制限の意思表示がされたことを知
り、又は重大な過失によって知らなかった場合
において、その債権者が同項の債権に対する強
制執行をしたときは、債務者は、その債務の履
行を拒むことができ、かつ、譲渡人に対する弁
済その他の債務を消滅させる事由をもって差押
債権者に対抗することができる。

**（預金債権又は貯金債権に係る譲渡制限の意思
表示の効力）**
第466条の5　預金口座又は貯金口座に係る預
金又は貯金に係る債権（以下「預貯金債権」と

いう。）について当事者がした譲渡制限の意思表
示は、第466条第2項の規定にかかわらず、その
譲渡制限の意思表示がされたことを知り、又は
重大な過失によって知らなかった譲受人その他
の第三者に対抗することができる。

2　前項の規定は、譲渡制限の意思表示がされた
預貯金債権に対する強制執行をした差押債権者
に対しては、適用しない。

（将来債権の譲渡性）
第466条の6　債権の譲渡は、その意思表示の
時に債権が現に発生していることを要しない。

2　債権が譲渡された場合において、その意思表
示の時に債権が現に発生していないときは、譲
受人は、発生した債権を当然に取得する。

3　前項に規定する場合において、譲渡人が次条
の規定による通知をし、又は債務者が同条の規
定による承諾をした時（以下「対抗要件具備時」
という。）までに譲渡制限の意思表示がされたと
きは、譲受人その他の第三者がそのことを知っ
ていたものとみなして、第466条第3項（譲渡制
限の意思表示がされた債権が預貯金債権の場合
にあっては、前条第1項）の規定を適用する。

（債権の譲渡の対抗要件）
第467条　債権の譲渡（現に発生していない債
権の譲渡を含む。）は、譲渡人が債務者に通知
をし、又は債務者が承諾をしなければ、債務者
その他の第三者に対抗することができない

2　前項の通知又は承諾は、確定日付のある証書
によってしなければ、債務者以外の第三者に対
抗することができない。

（債権の譲渡における債務者の抗弁）
第468条　債務者は、対抗要件具備時までに譲
渡人に対して生じた事由をもって譲受人に対抗
することができる。

2　第466条第4項の場合における前項の規定の
適用については、同項中「対抗要件具備時」と
あるのは、「第466条第4項の相当の期間を経過
した時」とし、第466条の3の場合における同項
の規定の適用については、同項中「対抗要件具
備時」とあるのは、「第466条の3の規定により
同条の譲受人から供託の請求を受けた時」とす
る。

（債権の譲渡における相殺権）
第469条　債務者は、対抗要件具備時より前に
取得した譲渡人に対する債権による相殺をもっ
て譲受人に対抗することができる。

2　債務者が対抗要件具備時より後に取得した譲
渡人に対する債権であっても、その債権が次に
掲げるものであるときは、前項と同様とする。
ただし、債務者が対抗要件具備時より後に他人

の債権を取得したときは、この限りでない。
一　対抗要件具備時より前の原因に基づいて生
じた債権
二　前号に掲げるもののほか、譲受人の取得し
た債権の発生原因である契約に基づいて生じ
た債権

3　第466条第4項の場合における前二項の規定
の適用については、これらの規定中「対抗要件
具備時」とあるのは、「第466条第4項の相当の
期間を経過した時」とし、第466条の3の場合に
おけるこれらの規定の適用については、これら
の規定中「対抗要件具備時」とあるのは、「第
466条の3の規定により同条の譲受人から供託
の請求を受けた時」とする。

第5節　債務の引受け

第1款　併存的債務引受

（併存的債務引受の要件及び効果）
第470条　併存的債務引受の引受人は、債務者
と連帯して、債務者が債権者に対して負担する
債務と同一の内容の債務を負担する。

2　併存的債務引受は、債権者と引受人となる者
との契約によってすることができる。

3　併存的債務引受は、債務者と引受人となる者
との契約によってもすることができる。この場合
において、併存的債務引受は、債権者が引受人
となる者に対して承諾をした時に、その効力を
生ずる。

4　前項の規定によってする併存的債務引受は、
第三者のためにする契約に関する規定に従う。

（併存的債務引受における引受人の抗弁等）
第471条　引受人は、併存的債務引受により負
担した自己の債務について、その効力が生じた
時に債務者が主張することができた抗弁をもっ
て債権者に対抗することができる。

2　債務者が債権者に対して取消権又は解除権を
有するときは、引受人は、これらの権利の行使
によって債務者がその債務を免れるべき限度にお
いて、債権者に対して債務の履行を拒むことがで
きる。

第2款　免責的債務引受

（免責的債務引受の要件及び効果）
第472条　免責的債務引受の引受人は債務者が
債権者に対して負担する債務と同一の内容の債
務を負担し、債務者は自己の債務を免れる。

2　免責的債務引受は、債権者と引受人となる者

との契約によってすることができる。この場合において、免責的債務引受は、債権者が債務者に対してその契約をした旨を通知した時に、その効力を生ずる。

3　免責的債務引受は、債務者と引受人となる者が契約をし、債権者が引受人となる者に対して承諾をすることによってもすることができる。

（免責的債務引受における引受人の抗弁等）
第472条の2　引受人は、免責的債務引受により負担した自己の債務について、その効力が生じた時に債務者が主張することができた抗弁をもって債権者に対抗することができる。

2　債務者が債権者に対して取消権又は解除権を有するときは、引受人は、免責的債務引受がなければこれらの権利の行使によって債務者がその債務を免れることができた限度において、債権者に対して債務の履行を拒むことができる。

（免責的債務引受における引受人の求償権）
第472条の3　免責的債務引受の引受人は、債務者に対して求償権を取得しない。

（免責的債務引受による担保の移転）
第472条の4　債権者は、第472条第1項の規定により債務者が免れる債務の担保として設定された担保権を引受人が負担する債務に移すことができる。ただし、引受人以外の者がこれを設定した場合には、その承諾を得なければならない。

2　前項の規定による担保権の移転は、あらかじめ又は同時に引受人に対してする意思表示によってしなければならない。

3　前二項の規定は、第472条第1項の規定により債務者が免れる債務の保証をした者があるときについて準用する。

4　前項の場合において、同項において準用する第1項の承諾は、書面でしなければ、その効力を生じない。

5　前項の承諾がその内容を記録した電磁的記録によってされたときは、その承諾は、書面によってされたものとみなして、同項の規定を適用する。

第6節　債権の消滅

第1款　弁済

第1目　総則

（弁済）
第473条　債務者が債権者に対して債務の弁済

をしたときは、その債権は、消滅する。

（第三者の弁済）
第474条　債務の弁済は、第三者もすることができる。

2　弁済をするについて正当な利益を有する者でない第三者は、債務者の意思に反して弁済をすることができない。ただし、債務者の意思に反することを債権者が知らなかったときは、この限りでない。

3　前項に規定する第三者は、債権者の意思に反して弁済をすることができない。ただし、その第三者が債務者の委託を受けて弁済をする場合において、そのことを債権者が知っていたときは、この限りでない。

4　前三項の規定は、その債務の性質が第三者の弁済を許さないとき、又は当事者が第三者の弁済を禁止し、若しくは制限する旨の意思表示をしたときは、適用しない。

（弁済として引き渡した物の取戻し）
第475条　弁済をした者が弁済として他人の物を引き渡したときは、その弁済をした者は、更に有効な弁済をしなければ、その物を取り戻すことができない。

（弁済として引き渡した物の消費又は譲渡がされた場合の弁済の効力等）
第476条　前条の場合において、債権者が弁済として受領した物を善意で消費し、又は譲り渡したときは、その弁済は、有効とする。この場合において、債権者が第三者から賠償の請求を受けたときは、弁済をした者に対して求償をすることを妨げない。

（預金又は貯金の口座に対する払込みによる弁済）
第477条　債権者の預金又は貯金の口座に対する払込みによってする弁済は、債権者がその預金又は貯金に係る債権の債務者に対してその払込みに係る金額の払戻しを請求する権利を取得した時に、その効力を生ずる。

（受領権者としての外観を有する者に対する弁済）
第478条　受領権者（債権者及び法令の規定又は当事者の意思表示によって弁済を受領する権限を付与された第三者をいう。以下同じ。）以外の者であって取引上の社会通念に照らして受領権者としての外観を有するものに対してした弁済は、その弁済をした者が善意であり、かつ、過失がなかったときに限り、その効力を有する。

（受領権者以外の者に対する弁済）
第479条　前条の場合を除き、受領権者以外の者に対してした弁済は、債権者がこれによって

利益を受けた限度においてのみ、その効力を有する。

第480条　削除

（差押えを受けた債権の第三債務者の弁済）

第481条　差押えを受けた債権の第三債務者が自己の債権者に弁済をしたときは、差押債権者は、その受けた損害の限度において更に弁済をすべき旨を第三債務者に請求することができる。

2　前項の規定は、第三債務者からその債権者に対する求償権の行使を妨げない。

（代物弁済）

第482条　弁済をすることができる者（以下「弁済者」という。）が、債権者との間で、債務者の負担した給付に代えて他の給付をすることにより債務を消滅させる旨の契約をした場合において、その弁済者が当該他の給付をしたときは、その給付は、弁済と同一の効力を有する。

（特定物の現状による引渡し）

第483条　債権の目的が特定物の引渡しである場合において、契約その他の債権の発生原因及び取引上の社会通念に照らしてその引渡しをすべき時の品質を定めることができないときは、弁済をする者は、その引渡しをすべき時の現状でその物を引き渡さなければならない。

（弁済の場所及び時間）

第484条　弁済をすべき場所について別段の意思表示がないときは、特定物の引渡しは債権発生の時にその物が存在した場所において、その他の弁済は債権者の現在の住所において、それぞれしなければならない。

2　法令又は慣習により取引時間の定めがあるときは、その取引時間内に限り、弁済をし、又は弁済の請求をすることができる。

（弁済の費用）

第485条　弁済の費用について別段の意思表示がないときは、その費用は、債務者の負担とする。ただし、債権者が住所の移転その他の行為によって弁済の費用を増加させたときは、その増加額は、債権者の負担とする。

（受取証書の交付請求等）

第486条　弁済をする者は、弁済と引換えに、弁済を受領する者に対して受取証書の交付を請求することができる。

2　弁済をする者は、前項の受取証書の交付に代えて、その内容を記録した電磁的記録の提供を請求することができる。ただし、弁済を受領する者に不相当な負担を課するものであるときは、この限りでない。

（債権証書の返還請求）

第487条　債権に関する証書がある場合において、弁済をした者が全部の弁済をしたときは、その証書の返還を請求することができる。

（同種の給付を目的とする数個の債務がある場合の充当）

第488条　債務者が同一の債権者に対して同種の給付を目的とする数個の債務を負担する場合において、弁済として提供した給付が全ての債務を消滅させるのに足りないとき（次条第1項に規定する場合を除く。）は、弁済をする者は、給付の時に、その弁済を充当すべき債務を指定することができる。

2　弁済をする者が前項の規定による指定をしないときは、弁済を受領する者は、その受領の時に、その弁済を充当すべき債務を指定することができる。ただし、弁済をする者がその充当に対して直ちに異議を述べたときは、この限りでない。

3　前二項の場合における弁済の充当の指定は、相手方に対する意思表示によってする。

4　弁済をする者及び弁済を受領する者がいずれも第1項又は第2項の規定による指定をしないときは、次の各号の定めるところに従い、その弁済を充当する。

一　債務の中に弁済期にあるものと弁済期にないものとがあるときは、弁済期にあるものに先に充当する。

二　全ての債務が弁済期にあるとき、又は弁済期にないときは、債務者のために弁済の利益が多いものに先に充当する。

三　債務者のために弁済の利益が相等しいときは、弁済期が先に到来したもの又は先に到来すべきものに先に充当する。

四　前二号に掲げる事項が相等しい債務の弁済は、各債務の額に応じて充当する。

（元本、利息及び費用を支払うべき場合の充当）

第489条　債務者が1個又は数個の債務について元本のほか利息及び費用を支払うべき場合（債務者が数個の債務を負担する場合にあっては、同一の債権者に対して同種の給付を目的とする数個の債務を負担するときに限る。）において、弁済をする者がその債務の全部を消滅させるのに足りない給付をしたときは、これを順次に費用、利息及び元本に充当しなければならない。

2　前条の規定は、前項の場合において、費用、利息又は元本のいずれかの全てを消滅させるのに足りない給付をしたときについて準用する。

（合意による弁済の充当）

第490条　前二条の規定にかかわらず、弁済をする者と弁済を受領する者との間に弁済の充当の順序に関する合意があるときは、その順序に

従い、その弁済を充当する。

（数個の給付をすべき場合の充当）

第491条 1個の債務の弁済として数個の給付をすべき場合において、弁済をする者がその債務の全部を消滅させるのに足りない給付をしたときは、前三条の規定を準用する。

（弁済の提供の効果）

第492条 債務者は、弁済の提供の時から、債務を履行しないことによって生ずべき責任を免れる。

（弁済の提供の方法）

第493条 弁済の提供は、債務の本旨に従って現実にしなければならない。ただし、債権者があらかじめその受領を拒み、又は債務の履行について債権者の行為を要するときは、弁済の準備をしたことを通知してその受領の催告をすれば足りる。

第2目　弁済の目的物の供託

（供託）

第494条 弁済者は、次に掲げる場合には、債権者のために弁済の目的物を供託することができる。この場合においては、弁済者が供託をした時に、その債権は、消滅する。

　一　弁済の提供をした場合において、債権者がその受領を拒んだとき。

　二　債権者が弁済を受領することができないとき。

2　弁済者が債権者を確知することができないときも、前項と同様とする。ただし、弁済者に過失があるときは、この限りでない。

（供託の方法）

第495条 前条の規定による供託は、債務の履行地の供託所にしなければならない。

2　供託所について法令に特別の定めがない場合には、裁判所は、弁済者の請求により、供託所の指定及び供託物の保管者の選任をしなければならない。

3　前条の規定により供託をした者は、遅滞なく、債権者に供託の通知をしなければならない。

（供託物の取戻し）

第496条 債権者が供託を受諾せず、又は供託を有効と宣告した判決が確定しない間は、弁済者は、供託物を取り戻すことができる。この場合においては、供託をしなかったものとみなす。

2　前項の規定は、供託によって質権又は抵当権が消滅した場合には、適用しない。

（供託に適しない物等）

第497条 弁済者は、次に掲げる場合には、裁判所の許可を得て、弁済の目的物を競売に付し、その代金を供託することができる。

　一　その物が供託に適しないとき。

　二　その物について滅失、損傷その他の事由による価格の低落のおそれがあるとき。

　三　その物の保存について過分の費用を要するとき。

　四　前三号に掲げる場合のほか、その物を供託することが困難な事情があるとき。

（供託物の還付請求等）

第498条 弁済の目的物又は前条の代金が供託された場合には、債権者は、供託物の還付を請求することができる。

2　債務者が債権者の給付に対して弁済をすべき場合には、債権者は、その給付をしなければ、供託物を受け取ることができない。

第3目　弁済による代位

（弁済による代位の要件）

第499条 債務者のために弁済をした者は、債権者に代位する。

第500条 第467条の規定は、前条の場合（弁済をするについて正当な利益を有する者が債権者に代位する場合を除く。）について準用する。

（弁済による代位の効果）

第501条 前二条の規定により債権者に代位した者は、債権の効力及び担保としてその債権者が有していた一切の権利を行使することができる。

2　前項の規定による権利の行使は、債権者に代位した者が自己の権利に基づいて債務者に対して求償をすることができる範囲内（保証人の1人が他の保証人に対して債権者に代位する場合には、自己の権利に基づいて当該他の保証人に対して求償をすることができる範囲内）に限り、することができる。

3　第1項の場合には、前項の規定によるほか、次に掲げるところによる。

　一　第二取得者（債務者から担保の目的となっている財産を譲り受けた者をいう。以下この項において同じ。）は、保証人及び物上保証人に対して債権者に代位しない。

　二　第三取得者の1人は、各財産の価格に応じて、他の第三取得者に対して債権者に代位する。

　三　前号の規定は、物上保証人の1人が他の物上保証人に対して債権者に代位する場合について準用する。

　四　保証人と物上保証人との間においては、そ

の数に応じて、債権者に代位する。ただし、物上保証人が数人あるときは、保証人の負担部分を除いた残額について、各財産の価格に応じて、債権者に代位する。

　五　第三取得者から担保の目的となっている財産を譲り受けた者は、第三取得者とみなして第1号及び第2号の規定を適用し、物上保証人から担保の目的となっている財産を譲り受けた者は、物上保証人とみなして第1号、第3号及び前号の規定を適用する。

（一部弁済による代位）

第502条　債権の一部について代位弁済があったときは、代位者は、債権者の同意を得て、その弁済をした価額に応じて、債権者とともにその権利を行使することができる。

２　前項の場合であっても、債権者は、単独でその権利を行使することができる。

３　前二項の場合に債権者が行使する権利は、その債権の担保の目的となっている財産の売却代金その他の当該権利の行使によって得られる金銭について、代位者が行使する権利に優先する。

４　第1項の場合において、債務の不履行による契約の解除は、債権者のみがすることができる。この場合においては、代位者に対し、その弁済をした価額及びその利息を償還しなければならない。

（債権者による債権証書の交付等）

第503条　代位弁済によって全部の弁済を受けた債権者は、債権に関する証書及び自己の占有する担保物を代位者に交付しなければならない。

２　債権の一部について代位弁済があった場合には、債権者は、債権に関する証書にその代位を記入し、かつ、自己の占有する担保物の保存を代位者に監督させなければならない。

（債権者による担保の喪失等）

第504条　弁済をするについて正当な利益を有する者（以下この項において「代位権者」という。）がある場合において、債権者が故意又は過失によってその担保を喪失し、又は減少させたときは、その代位権者は、代位をするに当たって担保の喪失又は減少によって償還を受けることができなくなる限度において、その責任を免れる。その代位権者が物上保証人である場合において、その代位権者から担保の目的となっている財産を譲り受けた第三者及びその特定承継人についても、同様とする。

２　前項の規定は、債権者が担保を喪失し、又は減少させたことについて取引上の社会通念に照らして合理的な理由があると認められるときは、適用しない。

第2款　相殺

（相殺の要件等）

第505条　2人が互いに同種の目的を有する債務を負担する場合において、双方の債務が弁済期にあるときは、各債務者は、その対当額について相殺によってその債務を免れることができる。ただし、債務の性質がこれを許さないときは、この限りでない。

２　前項の規定にかかわらず、当事者が相殺を禁止し、又は制限する旨の意思表示をした場合には、その意思表示は、第三者がこれを知り、又は重大な過失によって知らなかったときに限り、その第三者に対抗することができる。

（相殺の方法及び効力）

第506条　相殺は、当事者の一方から相手方に対する意思表示によってする。この場合において、その意思表示には、条件又は期限を付することができない。

２　前項の意思表示は、双方の債務が互いに相殺に適するようになった時にさかのぼってその効力を生ずる。

（履行地の異なる債務の相殺）

第507条　相殺は、双方の債務の履行地が異なるときであっても、することができる。この場合において、相殺をする当事者は、相手方に対し、これによって生じた損害を賠償しなければならない。

（時効により消滅した債権を自働債権とする相殺）

第508条　時効によって消滅した債権がその消滅以前に相殺に適するようになっていた場合には、その債権者は、相殺をすることができる。

（不法行為等により生じた債権を受働債権とする相殺の禁止）

第509条　次に掲げる債務の債務者は、相殺をもって債権者に対抗することができない。ただし、その債権者がその債務に係る債権を他人から譲り受けたときは、この限りでない。

　一　悪意による不法行為に基づく損害賠償の債務

　二　人の生命又は身体の侵害による損害賠償の債務（前号に掲げるものを除く。）

（差押禁止債権を受働債権とする相殺の禁止）

第510条　債権が差押えを禁じたものであるときは、その債務者は、相殺をもって債権者に対抗することができない。

（差押えを受けた債権を受働債権とする相殺の禁止）

第511条 差押えを受けた債権の第三債務者は、差押え後に取得した債権による相殺をもって差押債権者に対抗することはできないが、差押え前に取得した債権による相殺をもって対抗することができる。

2 前項の規定にかかわらず、差押え後に取得した債権が差押え前の原因に基づいて生じたものであるときは、その第三債務者は、その債権による相殺をもって差押債権者に対抗することができる。ただし、第三債務者が差押え後に他人の債権を取得したときは、この限りでない。

（相殺の充当）

第512条 債権者が債務者に対して有する1個又は数個の債権と、債権者が債務者に対して負担する1個又は数個の債務について、債権者が相殺の意思表示をした場合において、当事者が別段の合意をしなかったときは、債権者の有する債権とその負担する債務は、相殺に適するようになった時期の順序に従って、その対当額について相殺によって消滅する。

2 前項の場合において、相殺をする債権者の有する債権がその負担する債務の全部を消滅させるのに足りないときであって、当事者が別段の合意をしなかったときは、次に掲げるところによる。

　一 債権者が数個の債務を負担するとき（次号に規定する場合を除く。）は、第488条第4項第2号から第4号までの規定を準用する。

　二 債権者が負担する1個又は数個の債務について元本のほか利息及び費用を支払うべきときは、第489条の規定を準用する。この場合において、同条第2項中「前条」とあるのは、「前条第4項第2号から第4号まで」と読み替えるものとする。

3 第1項の場合において、相殺をする債権者の負担する債務がその有する債権の全部を消滅させるのに足りないときは、前項の規定を準用する。

第512条の2 債権者が債務者に対して有する債権に、1個の債権の弁済として数個の給付をすべきものがある場合における相殺については、前条の規定を準用する。債権者が債務者に対して負担する債務に、1個の債権の弁済として数個の給付をすべきものがある場合における相殺についても、同様とする。

第3款 更改

（更改）

第513条 当事者が従前の債務に代えて、新たな債務であって次に掲げるものを発生させる契約をしたときは、従前の債務は、更改によって消滅する。

　一 従前の給付の内容について重要な変更をするもの

　二 従前の債務者が第三者と交替するもの

　三 従前の債権者が第三者と交替するもの

（債務者の交替による更改）

第514条 債務者の交替による更改は、債権者と更改後に債務者となる者との契約によってすることができる。この場合において、更改は、債権者が更改前の債務者に対してその契約をした旨を通知した時に、その効力を生ずる。

2 債務者の交替による更改後の債務者は、更改前の債務者に対して求償権を取得しない

（債権者の交替による更改）

第515条 債権者の交替による更改は、更改前の債権者、更改後に債権者となる者及び債務者の契約によってすることができる。

2 債権者の交替による更改は、確定日付のある証書によってしなければ、第三者に対抗することができない。

第516条及び第517条 削除

（更改後の債務への担保の移転）

第518条 債権者（債権者の交替による更改にあっては、更改前の債権者）は、更改前の債務の目的の限度において、その債務の担保として設定された質権又は抵当権を更改後の債務に移すことができる。ただし、第三者がこれを設定した場合には、その承諾を得なければならない。

2 前項の質権又は抵当権の移転は、あらかじめ又は同時に更改の相手方（債権者の交替による更改にあっては、債務者）に対してする意思表示によってしなければならない。

第4款 免除

第510条 債権者が債務者に対して債務を免除する意思を表示したときは、その債権は、消滅する。

第5款 混同

第520条 債権及び債務が同一人に帰属したときは、その債権は、消滅する。ただし、その債権が第三者の権利の目的であるときは、この限りでない。

民法

第7節　有価証券

第1款　指図証券

（指図証券の譲渡）
第520条の2　指図証券の譲渡は、その証券に譲渡の裏書をして譲受人に交付しなければ、その効力を生じない。
（指図証券の裏書の方式）
第520条の3　指図証券の譲渡については、その指図証券の性質に応じ、手形法（昭和7年法律第20号）中裏書の方式に関する規定を準用する。
（指図証券の所持人の権利の推定）
第520条の4　指図証券の所持人が裏書の連続によりその権利を証明するときは、その所持人は、証券上の権利を適法に有するものと推定する。
（指図証券の善意取得）
第520条の5　何らかの事由により指図証券の占有を失った者がある場合において、その所持人が前条の規定によりその権利を証明するときは、その所持人は、その証券を返還する義務を負わない。ただし、その所持人が悪意又は重大な過失によりその証券を取得したときは、この限りでない。
（指図証券の譲渡における債務者の抗弁の制限）
第520条の6　指図証券の債務者は、その証券に記載した事項及びその証券の性質から当然に生ずる結果を除き、その証券の譲渡前の債権者に対抗することができた事由をもって善意の譲受人に対抗することができない。
（指図証券の質入れ）
第520条の7　第520条の2から前条までの規定は、指図証券を目的とする質権の設定について準用する。
（指図証券の弁済の場所）
第520条の8　指図証券の弁済は、債務者の現在の住所においてしなければならない。
（指図証券の提示と履行遅滞）
第520条の9　指図証券の債務者は、その債務の履行について期限の定めがあるときであっても、その期限が到来した後に所持人がその証券を提示してその履行の請求をした時から遅滞の責任を負う。
（指図証券の債務者の調査の権利等）
第520条の10　指図証券の債務者は、その証券の所持人並びにその署名及び押印の真偽を調査する権利を有するが、その義務を負わない。ただし、債務者に悪意又は重大な過失があるときは、その弁済は、無効とする。
（指図証券の喪失）
第520条の11　指図証券は、非訟事件手続法（平成23年法律第51号）第100条に規定する公示催告手続によって無効とすることができる。
（指図証券喪失の場合の権利行使方法）
第520条の12　金銭その他の物又は有価証券の給付を目的とする指図証券の所持人がその指図証券を喪失した場合において、非訟事件手続法第114条に規定する公示催告の申立てをしたときは、その債務者に、その債務の目的物を供託させ、又は相当の担保を供してその指図証券の趣旨に従い履行をさせることができる。

第2款　記名式所持人払証券

（記名式所持人払証券の譲渡）
第520条の13　記名式所持人払証券（債権者を指名する記載がされている証券であって、その所持人に弁済をすべき旨が付記されているものをいう。以下同じ。）の譲渡は、その証券を交付しなければ、その効力を生じない。
（記名式所持人払証券の所持人の権利の推定）
第520条の14　記名式所持人払証券の所持人は、証券上の権利を適法に有するものと推定する。
（記名式所持人払証券の善意取得）
第520条の15　何らかの事由により記名式所持人払証券の占有を失った者がある場合において、その所持人が前条の規定によりその権利を証明するときは、その所持人は、その証券を返還する義務を負わない。ただし、その所持人が悪意又は重大な過失によりその証券を取得したときは、この限りでない。
（記名式所持人払証券の譲渡における債務者の抗弁の制限）
第520条の16　記名式所持人払証券の債務者は、その証券に記載した事項及びその証券の性質から当然に生ずる結果を除き、その証券の譲渡前の債権者に対抗することができた事由をもって善意の譲受人に対抗することができない。
（記名式所持人払証券の質入れ）
第520条の17　第520条の13から前条までの規定は、記名式所持人払証券を目的とする質権の設定について準用する。
（指図証券の規定の準用）
第520条の18　第520条の8から第520条の12までの規定は、記名式所持人払証券について準用する。

第3款　その他の記名証券

第520条の19 債権者を指名する記載がされている証券であって指図証券及び記名式所持人払証券以外のものは、債権の譲渡又はこれを目的とする質権の設定に関する方式に従い、かつ、その効力をもってのみ、譲渡し、又は質権の目的とすることができる。

2 第520条の11及び第520条の12の規定は、前項の証券について準用する。

第4款 無記名証券

第520条の20 第2款（記名式所持人払証券）の規定は、無記名証券について準用する。

第2章 契約

第1節 総則

第1款 契約の成立

（契約の締結及び内容の自由）
第521条 何人も、法令に特別の定めがある場合を除き、契約をするかどうかを自由に決定することができる。

2 契約の当事者は、法令の制限内において、契約の内容を自由に決定することができる。

（契約の成立と方式）
第522条 契約は、契約の内容を示してその締結を申し入れる意思表示（以下「申込み」という。）に対して相手方が承諾をしたときに成立する。

2 契約の成立には、法令に特別の定めがある場合を除き、書面の作成その他の方式を具備することを要しない。

（承諾の期間の定めのある申込み）
第523条 承諾の期間を定めてした申込みは、撤回することができない。ただし、申込者が撤回をする権利を留保したときは、この限りでない。

2 申込者が前項の申込みに対して同項の期間内に承諾の通知を受けなかったときは、その申込みは、その効力を失う。

（遅延した承諾の効力）
第524条 申込者は、遅延した承諾を新たな申込みとみなすことができる。

（承諾の期間の定めのない申込み）
第525条 承諾の期間を定めないでした申込みは、申込者が承諾の通知を受けるのに相当な期間を経過するまでは、撤回することができない。ただし、申込者が撤回をする権利を留保したときは、この限りでない。

2 対話者に対してした前項の申込みは、同項の

規定にかかわらず、その対話が継続している間は、いつでも撤回することができる。

3 対話者に対してした第1項の申込みに対して対話が継続している間に申込者が承諾の通知を受けなかったときは、その申込みは、その効力を失う。ただし、申込者が対話の終了後もその申込みが効力を失わない旨を表示したときは、この限りでない。

（申込者の死亡等）
第526条 申込者が申込みの通知を発した後に死亡し、意思能力を有しない常況にある者となり、又は行為能力の制限を受けた場合において、申込者がその事実が生じたとすればその申込みは効力を有しない旨の意思を表示していたとき、又はその相手方が承諾の通知を発するまでにその事実が生じたことを知ったときは、その申込みは、その効力を有しない。

（承諾の通知を必要としない場合における契約の成立時期）
第527条 申込者の意思表示又は取引上の慣習により承諾の通知を必要としない場合には、契約は、承諾の意思表示と認めるべき事実があった時に成立する。

（申込みに変更を加えた承諾）
第528条 承諾者が、申込みに条件を付し、その他変更を加えてこれを承諾したときは、その申込みの拒絶とともに新たな申込みをしたものとみなす。

（懸賞広告）
第529条 ある行為をした者に一定の報酬を与える旨を広告した者（以下「懸賞広告者」という。）は、その行為をした者がその広告を知っていたかどうかにかかわらず、その者に対してその報酬を与える義務を負う。

（指定した行為をする期間の定めのある懸賞広告）
第529条の2 懸賞広告者は、その指定した行為をする期間を定めてした広告を撤回することができない。ただし、その広告において撤回をする権利を留保したときは、この限りでない。

2 前項の広告は、その期間内に指定した行為を完了する者がないときは、その効力を失う。

（指定した行為をする期間の定めのない懸賞広告）
第529条の3 懸賞広告者は、その指定した行為を完了する者がない間は、その指定した行為をする期間を定めないでした広告を撤回することができる。ただし、その広告中に撤回をしない旨を表示したときは、この限りでない。

（懸賞広告の撤回の方法）

第530条　前の広告と同一の方法による広告の撤回は、これを知らない者に対しても、その効力を有する。

2　広告の撤回は、前の広告と異なる方法によっても、することができる。ただし、その撤回は、これを知った者に対してのみ、その効力を有する。

（懸賞広告の報酬を受ける権利）

第531条　広告に定めた行為をした者が数人あるときは、最初にその行為をした者のみが報酬を受ける権利を有する。

2　数人が同時に前項の行為をした場合には、各自が等しい割合で報酬を受ける権利を有する。ただし、報酬がその性質上分割に適しないとき、又は広告において1人のみがこれを受けるものとしたときは、抽選でこれを受ける者を定める。

3　前二項の規定は、広告中にこれと異なる意思を表示したときは、適用しない。

（優等懸賞広告）

第532条　広告に定めた行為をした者が数人ある場合において、その優等者のみに報酬を与えるべきときは、その広告は、応募の期間を定めたときに限り、その効力を有する。

2　前項の場合において、応募者中いずれの者の行為が優等であるかは、広告中に定めた者が判定し、広告中に判定をする者を定めなかったときは懸賞広告者が判定する。

3　応募者は、前項の判定に対して異議を述べることができない。

4　前条第2項の規定は、数人の行為が同等と判定された場合について準用する。

第2款　契約の効力

（同時履行の抗弁）

第533条　双務契約の当事者の一方は、相手方がその債務の履行（債務の履行に代わる損害賠償の債務の履行を含む。）を提供するまでは、自己の債務の履行を拒むことができる。ただし、相手方の債務が弁済期にないときは、この限りでない。

第534条及び第535条　削除

（債務者の危険負担等）

第536条　当事者双方の責めに帰することができない事由によって債務を履行することができなくなったときは、債権者は、反対給付の履行を拒むことができる。

2　債権者の責めに帰すべき事由によって債務を履行することができなくなったときは、債権者は、反対給付の履行を拒むことができない。この場合において、債務者は、自己の債務を免れたことによって利益を得たときは、これを債権者に償還しなければならない。

（第三者のためにする契約）

第537条　契約により当事者の一方が第三者に対してある給付をすることを約したときは、その第三者は、債務者に対して直接にその給付を請求する権利を有する。

2　前項の契約は、その成立の時に第三者が現に存しない場合又は第三者が特定していない場合であっても、そのためにその効力を妨げられない。

3　第1項の場合において、第三者の権利は、その第三者が債務者に対して同項の契約の利益を享受する意思を表示した時に発生する。

（第三者の権利の確定）

第538条　前条の規定により第三者の権利が発生した後は、当事者は、これを変更し、又は消滅させることができない。

2　前条の規定により第三者の権利が発生した後に、債務者がその第三者に対する債務を履行しない場合には、同条第1項の契約の相手方は、その第三者の承諾を得なければ、契約を解除することができない。

（債務者の抗弁）

第539条　債務者は、第537条第1項の契約に基づく抗弁をもって、その契約の利益を受ける第三者に対抗することができる。

第3款　契約上の地位の移転

第539条の2　契約の当事者の一方が第三者との間で契約上の地位を譲渡する旨の合意をした場合において、その契約の相手方がその譲渡を承諾したときは、契約上の地位は、その第三者に移転する。

第4款　契約の解除

（解除権の行使）

第540条　契約又は法律の規定により当事者の一方が解除権を有するときは、その解除は、相手方に対する意思表示によってする。

2　前項の意思表示は、撤回することができない。

（催告による解除）

第541条　当事者の一方がその債務を履行しない場合において、相手方が相当の期間を定めてその履行の催告をし、その期間内に履行がないときは、相手方は、契約の解除をすることができる。ただし、その期間を経過した時における

債務の不履行がその契約及び取引上の社会通念に照らして軽微であるときは、この限りでない。

（催告によらない解除）

第542条 次に掲げる場合には、債権者は、前条の催告をすることなく、直ちに契約の解除をすることができる。

一 債務の全部の履行が不能であるとき。

二 債務者がその債務の全部の履行を拒絶する意思を明確に表示したとき。

三 債務の一部の履行が不能である場合又は債務者がその債務の一部の履行を拒絶する意思を明確に表示した場合において、残存する部分のみでは契約をした目的を達することができないとき。

四 契約の性質又は当事者の意思表示により、特定の日時又は一定の期間内に履行をしなければ契約をした目的を達することができない場合において、債務者が履行をしないでその時期を経過したとき。

五 前各号に掲げる場合のほか、債務者がその債務の履行をせず、債権者が前条の催告をしても契約をした目的を達するのに足りる履行がされる見込みがないことが明らかであるとき。

2 次に掲げる場合には、債権者は、前条の催告をすることなく、直ちに契約の一部の解除をすることができる。

一 債務の一部の履行が不能であるとき。

二 債務者がその債務の一部の履行を拒絶する意思を明確に表示したとき。

（債権者の責めに帰すべき事由による場合）

第543条 債務の不履行が債権者の責めに帰すべき事由によるものであるときは、債権者は、前二条の規定による契約の解除をすることができない。

（解除権の不可分性）

第544条 当事者の一方が数人ある場合には、契約の解除は、その全員から又はその全員に対してのみ、することができる。

2 前項の場合において、解除権が当事者のうちの1人について消滅したときは、他の者についても消滅する。

（解除の効果）

第545条 当事者の一方がその解除権を行使したときは、各当事者は、その相手方を原状に復させる義務を負う。ただし、第三者の権利を害することはできない。

2 前項本文の場合において、金銭を返還するときは、その受領の時から利息を付さなければならない。

3 第1項本文の場合において、金銭以外の物を返還するときは、その受領の時以後に生じた果実をも返還しなければならない。

4 解除権の行使は、損害賠償の請求を妨げない。

（契約の解除と同時履行）

第546条 第533条の規定は、前条の場合について準用する。

（催告による解除権の消滅）

第547条 解除権の行使について期間の定めがないときは、相手方は、解除権を有する者に対し、相当の期間を定めて、その期間内に解除をするかどうかを確答すべき旨の催告をすることができる。この場合において、その期間内に解除の通知を受けないときは、解除権は、消滅する。

（解除権者の故意による目的物の損傷等による解除権の消滅）

第548条 解除権を有する者が故意若しくは過失によって契約の目的物を著しく損傷し、若しくは返還することができなくなったとき、又は加工若しくは改造によってこれを他の種類の物に変えたときは、解除権は、消滅する。ただし、解除権を有する者がその解除権を有することを知らなかったときは、この限りでない。

第5款 定型約款

（定型約款の合意）

第548条の2 定型取引（ある特定の者が不特定多数の者を相手方として行う取引であって、その内容の全部又は一部が画一的であることがその双方にとって合理的なものをいう。以下同じ。）を行うことの合意（次条において「定型取引合意」という。）をした者は、次に掲げる場合には、定型約款（定型取引において、契約の内容とすることを目的としてその特定の者により準備された条項の総体をいう。以下同じ。）の個別の条項についても合意をしたものとみなす。

一 定型約款を契約の内容とする旨の合意をしたとき。

二 定型約款を準備した者（以下「定型約款準備者」という。）があらかじめその定型約款を契約の内容とする旨を相手方に表示していたとき。

2 前項の規定にかかわらず、同項の条項のうち、相手方の権利を制限し、又は相手方の義務を加重する条項であって、その定型取引の態様及びその実情並びに取引上の社会通念に照らして第1条第2項に規定する基本原則に反して相手方

の利益を一方的に害すると認められるものについては、合意をしなかったものとみなす。

（定型約款の内容の表示）

第548条の3　定型取引を行い、又は行おうとする定型約款準備者は、定型取引合意の前又は定型取引合意の後相当の期間内に相手方から請求があった場合には、遅滞なく、相当な方法でその定型約款の内容を示さなければならない。ただし、定型約款準備者が既に相手方に対して定型約款を記載した書面を交付し、又はこれを記録した電磁的記録を提供していたときは、この限りでない。

2　定型約款準備者が定型取引合意の前において前項の請求を拒んだときは、前条の規定は、適用しない。ただし、一時的な通信障害が発生した場合その他正当な事由がある場合は、この限りでない。

（定型約款の変更）

第548条の4　定型約款準備者は、次に掲げる場合には、定型約款の変更をすることにより、変更後の定型約款の条項について合意があったものとみなし、個別に相手方と合意をすることなく契約の内容を変更することができる。

一　定型約款の変更が、相手方の一般の利益に適合するとき

二　定型約款の変更が、契約をした目的に反せず、かつ、変更の必要性、変更後の内容の相当性、この条の規定により定型約款の変更をすることがある旨の定めの有無及びその内容その他の変更に係る事情に照らして合理的なものであるとき

2　定型約款準備者は、前項の規定による定型約款の変更をするときは、その効力発生時期を定め、かつ、定型約款を変更する旨及び変更後の定型約款の内容並びにその効力発生時期をインターネットの利用その他の適切な方法により周知しなければならない。

3　第1項第2号の規定による定型約款の変更は、前項の効力発生時期が到来するまでに同項の規定による周知をしなければ、その効力を生じない。

4　第548条の2第2項の規定は、第1項の規定による定型約款の変更については、適用しない。

第2節　贈与

（贈与）

第549条　贈与は、当事者の一方がある財産を無償で相手方に与える意思を表示し、相手方が受諾をすることによって、その効力を生ずる。

（書面によらない贈与の解除）

第550条　書面によらない贈与は、各当事者が解除をすることができる。ただし、履行の終わった部分については、この限りでない。

（贈与者の引渡義務等）

第551条　贈与者は、贈与の目的である物又は権利を、贈与の目的として特定した時の状態で引き渡し、又は移転することを約したものと推定する。

2　負担付贈与については、贈与者は、その負担の限度において、売主と同じく担保の責任を負う。

（定期贈与）

第552条　定期の給付を目的とする贈与は、贈与者又は受贈者の死亡によって、その効力を失う。

（負担付贈与）

第553条　負担付贈与については、この節に定めるもののほか、その性質に反しない限り、双務契約に関する規定を準用する。

（死因贈与）

第554条　贈与者の死亡によって効力を生ずる贈与については、その性質に反しない限り、遺贈に関する規定を準用する。

第3節　売買

第1款　総則

（売買）

第555条　売買は、当事者の一方がある財産権を相手方に移転することを約し、相手方がこれに対してその代金を支払うことを約することによって、その効力を生ずる。

（売買の一方の予約）

第556条　売買の一方の予約は、相手方が売買を完結する意思を表示した時から、売買の効力を生ずる。

2　前項の意思表示について期間を定めなかったときは、予約者は、相手方に対し、相当の期間を定めて、その期間内に売買を完結するかどうかを確答すべき旨の催告をすることができる。この場合において、相手方がその期間内に確答をしないときは、売買の一方の予約は、その効力を失う。

（手付）

第557条　買主が売主に手付を交付したときは、買主はその手付を放棄し、売主はその倍額を現実に提供して、契約の解除をすることができる。ただし、その相手方が契約の履行に着手した後

は、この限りでない。

2 第545条第4項の規定は、前項の場合には、適用しない。

（売買契約に関する費用）
第558条 売買契約に関する費用は、当事者双方が等しい割合で負担する。

（有償契約への準用）
第559条 この節の規定は、売買以外の有償契約について準用する。ただし、その有償契約の性質がこれを許さないときは、この限りでない。

第2款 売買の効力

（権利移転の対抗要件に係る売主の義務）
第560条 売主は、買主に対し、登記、登録その他の売買の目的である権利の移転についての対抗要件を備えさせる義務を負う。

（他人の権利の売買における売主の義務）
第561条 他人の権利（権利の一部が他人に属する場合におけるその権利の一部を含む。）を売買の目的としたときは、売主は、その権利を取得して買主に移転する義務を負う。

（買主の追完請求権）
第562条 引き渡された目的物が種類、品質又は数量に関して契約の内容に適合しないものであるときは、買主は、売主に対し、目的物の修補、代替物の引渡し又は不足分の引渡しによる履行の追完を請求することができる。ただし、売主は、買主に不相当な負担を課するものでないときは、買主が請求した方法と異なる方法による履行の追完をすることができる。

2 前項の不適合が買主の責めに帰すべき事由によるものであるときは、買主は、同項の規定による履行の追完の請求をすることができない。

（買主の代金減額請求権）
第563条 前条第1項本文に規定する場合において、買主が相当の期間を定めて履行の追完の催告をし、その期間内に履行の追完がないときは、買主は、その不適合の程度に応じて代金の減額を請求することができる。

2 前項の規定にかかわらず、次に掲げる場合には、買主は、同項の催告をすることなく、直ちに代金の減額を請求することができる。

一 履行の追完が不能であるとき。

二 売主が履行の追完を拒絶する意思を明確に表示したとき。

三 契約の性質又は当事者の意思表示により、特定の日時又は一定の期間内に履行をしなければ契約をした目的を達することができない場合において、売主が履行の追完をしないで

その時期を経過したとき。

四 前三号に掲げる場合のほか、買主が前項の催告をしても履行の追完を受ける見込みがないことが明らかであるとき。

3 第1項の不適合が買主の責めに帰すべき事由によるものであるときは、買主は、前二項の規定による代金の減額の請求をすることができない。

（買主の損害賠償請求及び解除権の行使）
第564条 前二条の規定は、第415条の規定による損害賠償の請求並びに第541条及び第542条の規定による解除権の行使を妨げない。

（移転した権利が契約の内容に適合しない場合における売主の担保責任）
第565条 前三条の規定は、売主が買主に移転した権利が契約の内容に適合しないものである場合（権利の一部が他人に属する場合においてその権利の一部を移転しないときを含む。）について準用する。

（目的物の種類又は品質に関する担保責任の期間の制限）
第566条 売主が種類又は品質に関して契約の内容に適合しない目的物を買主に引き渡した場合において、買主がその不適合を知った時から1年以内にその旨を売主に通知しないときは、買主は、その不適合を理由として、履行の追完の請求、代金の減額の請求、損害賠償の請求及び契約の解除をすることができない。ただし、売主が引渡しの時にその不適合を知り、又は重大な過失によって知らなかったときは、この限りでない。

（目的物の滅失等についての危険の移転）
第567条 売主が買主に目的物（売買の目的として特定したものに限る。以下この条において同じ。）を引き渡した場合において、その引渡しがあった時以後にその目的物が当事者双方の責めに帰することができない事由によって滅失し、又は損傷したときは、買主は、その滅失又は損傷を理由として、履行の追完の請求、代金の減額の請求、損害賠償の請求及び契約の解除をすることができない。この場合において、買主は、代金の支払を拒むことができない。

2 売主が契約の内容に適合する目的物をもって、その引渡しの債務の履行を提供したにもかかわらず、買主がその履行を受けることを拒み、又は受けることができない場合において、その履行の提供があった時以後に当事者双方の責めに帰することができない事由によってその目的物が滅失し、又は損傷したときも、前項と同様とする。

（競売における担保責任等）

第568条　民事執行法その他の法律の規定に基づく競売（以下この条において単に「競売」という。）における買受人は、第541条及び第542条の規定並びに第563条（第565条において準用する場合を含む。）の規定により、債務者に対し、契約の解除をし、又は代金の減額を請求することができる。

2　前項の場合において、債務者が無資力であるときは、買受人は、代金の配当を受けた債権者に対し、その代金の全部又は一部の返還を請求することができる。

3　前二項の場合において、債務者が物若しくは権利の不存在を知りながら申し出なかったとき、又は債権者がこれを知りながら競売を請求したときは、買受人は、これらの者に対し、損害賠償の請求をすることができる。

4　前三項の規定は、競売の目的物の種類又は品質に関する不適合については、適用しない。

（債権の売主の担保責任）

第569条　債権の売主が債務者の資力を担保したときは、契約の時における資力を担保したものと推定する。

2　弁済期に至らない債権の売主が債務者の将来の資力を担保したときは、弁済期における資力を担保したものと推定する。

（抵当権等がある場合の買主による費用の償還請求）

第570条　買い受けた不動産について契約の内容に適合しない先取特権、質権又は抵当権が存していた場合において、買主が費用を支出してその不動産の所有権を保存したときは、買主は、売主に対し、その費用の償還を請求することができる。

第571条　削除

（担保責任を負わない旨の特約）

第572条　売主は、第562条第1項本文又は第565条に規定する場合における担保の責任を負わない旨の特約をしたときであっても、知りながら告げなかった事実及び自ら第三者のために設定し又は第三者に譲り渡した権利については、その責任を免れることができない。

（代金の支払期限）

第573条　売買の目的物の引渡しについて期限があるときは、代金の支払についても同一の期限を付したものと推定する。

（代金の支払場所）

第574条　売買の目的物の引渡しと同時に代金を支払うべきときは、その引渡しの場所において支払わなければならない。

（果実の帰属及び代金の利息の支払）

第575条　まだ引き渡されていない売買の目的物が果実を生じたときは、その果実は、売主に帰属する。

2　買主は、引渡しの日から、代金の利息を支払う義務を負う。ただし、代金の支払について期限があるときは、その期限が到来するまでは、利息を支払うことを要しない。

（権利を取得することができない等のおそれがある場合の買主による代金の支払の拒絶）

第576条　売買の目的について権利を主張する者があることその他の事由により、買主がその買い受けた権利の全部若しくは一部を取得することができず、又は失うおそれがあるときは、買主は、その危険の程度に応じて、代金の全部又は一部の支払を拒むことができる。ただし、売主が相当の担保を供したときは、この限りでない。

（抵当権等の登記がある場合の買主による代金の支払の拒絶）

第577条　買い受けた不動産について契約の内容に適合しない抵当権の登記があるときは、買主は、抵当権消滅請求の手続が終わるまで、その代金の支払を拒むことができる。この場合において、売主は、買主に対し、遅滞なく抵当権消滅請求をすべき旨を請求することができる。

2　前項の規定は、買い受けた不動産について契約の内容に適合しない先取特権又は質権の登記がある場合について準用する。

（売主による代金の供託の請求）

第578条　前二条の場合においては、売主は、買主に対して代金の供託を請求することができる。

第3款　買戻し

（買戻しの特約）

第579条　不動産の売主は、売買契約と同時にした買戻しの特約により、買主が支払った代金（別段の合意をした場合にあっては、その合意により定めた金額。第583条第1項において同じ。）及び契約の費用を返還して、売買の解除をすることができる。この場合において、当事者が別段の意思を表示しなかったときは、不動産の果実と代金の利息とは相殺したものとみなす。

（買戻しの期間）

第580条　買戻しの期間は、10年を超えることができない。特約でこれより長い期間を定めたときは、その期間は、10年とする。

2　買戻しについて期間を定めたときは、その後にこれを伸長することができない。

3　買戻しについて期間を定めなかったときは、5年以内に買戻しをしなければならない。

（買戻しの特約の対抗力）

第581条　売買契約と同時に買戻しの特約を登記したときは、買戻しは、第三者に対抗することができる。

2　前項の登記がされた後に第605条の2第1項に規定する対抗要件を備えた賃借人の権利は、その残存期間中1年を超えない期間に限り、売主に対抗することができる。ただし、売主を害する目的で賃貸借をしたときは、この限りでない。

（買戻権の代位行使）

第582条　売主の債権者が第423条の規定により売主に代わって買戻しをしようとするときは、買主は、裁判所において選任した鑑定人の評価に従い、不動産の現在の価額から売主が返還すべき金額を控除した残額に達するまで売主の債務を弁済し、なお残余があるときはこれを売主に返還して、買戻権を消滅させることができる。

（買戻しの実行）

第583条　売主は、第580条に規定する期間内に代金及び契約の費用を提供しなければ、買戻しをすることができない。

2　買主又は転得者が不動産について費用を支出したときは、売主は、第196条の規定に従い、その償還をしなければならない。ただし、有益費については、裁判所は、売主の請求により、その償還について相当の期限を許与することができる。

（共有持分の買戻特約付売買）

第584条　不動産の共有者の1人が買戻しの特約を付してその持分を売却した後に、その不動産の分割又は競売があったときは、売主は、買主が受け、若しくは受けるべき部分又は代金について、買戻しをすることができる。ただし、売主に通知をしないでした分割及び競売は、売主に対抗することができない。

第585条　前条の場合において、買主が不動産の競売における買受人となったときは、売主は、競売の代金及び第583条に規定する費用を支払って買戻しをすることができる。この場合において、売主は、その不動産の全部の所有権を取得する。

2　他の共有者が分割を請求したことにより買主が競売における買受人となったときは、売主は、その持分のみについて買戻しをすることはできない。

第4節　交換

第586条　交換は、当事者が互いに金銭の所有権以外の財産権を移転することを約することによって、その効力を生ずる。

2　当事者の一方が他の権利とともに金銭の所有権を移転することを約した場合におけるその金銭については、売買の代金に関する規定を準用する。

第5節　消費貸借

（消費貸借）

第587条　消費貸借は、当事者の一方が種類、品質及び数量の同じ物をもって返還をすることを約して相手方から金銭その他の物を受け取ることによって、その効力を生ずる。

（書面でする消費貸借等）

第587条の2　前条の規定にかかわらず、書面でする消費貸借は、当事者の一方が金銭その他の物を引き渡すことを約し、相手方がその受け取った物と種類、品質及び数量の同じ物をもって返還をすることを約することによって、その効力を生ずる。

2　書面でする消費貸借の借主は、貸主から金銭その他の物を受け取るまで、契約の解除をすることができる。この場合において、貸主は、その契約の解除によって損害を受けたときは、借主に対し、その賠償を請求することができる。

3　書面でする消費貸借は、借主が貸主から金銭その他の物を受け取る前に当事者の一方が破産手続開始の決定を受けたときは、その効力を失う。

4　消費貸借がその内容を記録した電磁的記録によってされたときは、その消費貸借は、書面によってされたものとみなして、前三項の規定を適用する。

（準消費貸借）

第588条　金銭その他の物を給付する義務を負う者がある場合において、当事者がその物を消費貸借の目的とすることを約したときは、消費貸借は、これによって成立したものとみなす。

（利息）

第589条　貸主は、特約がなければ、借主に対して利息を請求することができない。

2　前項の特約があるときは、貸主は、借主が金銭その他の物を受け取った日以後の利息を請求することができる。

（貸主の引渡義務等）

第590条　第551条の規定は、前条第1項の特約のない消費貸借について準用する。

2　前条第1項の特約の有無にかかわらず、貸主から引き渡された物が種類又は品質に関して契

約の内容に適合しないものであるときは、借主は、その物の価額を返還することができる。

（返還の時期）

第591条　当事者が返還の時期を定めなかったときは、貸主は、相当の期間を定めて返還の催告をすることができる。

2　借主は、返還の時期の定めの有無にかかわらず、いつでも返還をすることができる。

3　当事者が返還の時期を定めた場合において、貸主は、借主がその時期の前に返還をしたことによって損害を受けたときは、借主に対し、その賠償を請求することができる。

（価額の償還）

第592条　借主が貸主から受け取った物と種類、品質及び数量の同じ物をもって返還をすることができなくなったときは、その時における物の価額を償還しなければならない。ただし、第402条第2項に規定する場合は、この限りでない。

第6節　使用貸借

（使用貸借）

第593条　使用貸借は、当事者の一方がある物を引き渡すことを約し、相手方がその受け取った物について無償で使用及び収益をして契約が終了したときに返還をすることを約することによって、その効力を生ずる。

（借用物受取り前の貸主による使用貸借の解除）

第593条の2　貸主は、借主が借用物を受け取るまで、契約の解除をすることができる。ただし、書面による使用貸借については、この限りでない。

（借主による使用及び収益）

第594条　借主は、契約又はその目的物の性質によって定まった用法に従い、その物の使用及び収益をしなければならない。

2　借主は、貸主の承諾を得なければ、第三者に借用物の使用又は収益をさせることができない。

3　借主が前二項の規定に違反して使用又は収益をしたときは、貸主は、契約の解除をすることができる。

（借用物の費用の負担）

第595条　借主は、借用物の通常の必要費を負担する。

2　第583条第2項の規定は、前項の通常の必要費以外の費用について準用する。

（貸主の引渡義務等）

第596条　第551条の規定は、使用貸借について準用する。

（期間満了等による使用貸借の終了）

第597条　当事者が使用貸借の期間を定めたときは、使用貸借は、その期間が満了することによって終了する。

2　当事者が使用貸借の期間を定めなかった場合において、使用及び収益の目的を定めたときは、使用貸借は、借主がその目的に従い使用及び収益を終えることによって終了する。

3　使用貸借は、借主の死亡によって終了する。

（使用貸借の解除）

第598条　貸主は、前条第2項に規定する場合において、同項の目的に従い借主が使用及び収益をするのに足りる期間を経過したときは、契約の解除をすることができる。

2　当事者が使用貸借の期間並びに使用及び収益の目的を定めなかったときは、貸主は、いつでも契約の解除をすることができる。

3　借主は、いつでも契約の解除をすることができる。

（借主による収去等）

第599条　借主は、借用物を受け取った後にこれに附属させた物がある場合において、使用貸借が終了したときは、その附属させた物を収去する義務を負う。ただし、借用物から分離することができない物又は分離するのに過分の費用を要する物については、この限りでない。

2　借主は、借用物を受け取った後にこれに附属させた物を収去することができる。

3　借主は、借用物を受け取った後にこれに生じた損傷がある場合において、使用貸借が終了したときは、その損傷を原状に復する義務を負う。ただし、その損傷が借主の責めに帰することができない事由によるものであるときは、この限りでない。

（損害賠償及び費用の償還の請求権についての期間の制限）

第600条　契約の本旨に反する使用又は収益によって生じた損害の賠償及び借主が支出した費用の償還は、貸主が返還を受けた時から1年以内に請求しなければならない。

2　前項の損害賠償の請求権については、貸主が返還を受けた時から1年を経過するまでの間は、時効は、完成しない。

第7節　賃貸借

第1款　総則

（賃貸借）

第601条　賃貸借は、当事者の一方がある物の

使用及び収益を相手方にさせることを約し、相手方がこれに対してその賃料を支払うこと及び引渡しを受けた物を契約が終了したときに返還することを約することによって、その効力を生ずる。

（短期賃貸借）

第602条 処分の権限を有しない者が賃貸借をする場合には、次の各号に掲げる賃貸借は、それぞれ当該各号に定める期間を超えることができない。契約でこれより長い期間を定めたときであっても、その期間は、当該各号に定める期間とする。

一　樹木の栽植又は伐採を目的とする山林の賃貸借　10年

二　前号に掲げる賃貸借以外の土地の賃貸借　5年

三　建物の賃貸借　3年

四　動産の賃貸借　6箇月

（短期賃貸借の更新）

第603条 前条に定める期間は、更新することができる。ただし、その期間満了前、土地については1年以内、建物については3箇月以内、動産については1箇月以内に、その更新をしなければならない。

（賃貸借の存続期間）

第604条 賃貸借の存続期間は、50年を超えることができない。契約でこれより長い期間を定めたときであっても、その期間は、50年とする。

2　賃貸借の存続期間は、更新することができる。ただし、その期間は、更新の時から50年を超えることができない。

第2款　賃貸借の効力

（不動産賃貸借の対抗力）

第605条 不動産の賃貸借は、これを登記したときは、その不動産について物権を取得した者その他の第三者に対抗することができる。

（不動産の賃貸人たる地位の移転）

第605条の2 前条、借地借家法（平成3年法律第90号）第10条又は第31条その他の法令の規定による賃貸借の対抗要件を備えた場合において、その不動産が譲渡されたときは、その不動産の賃貸人たる地位は、その譲受人に移転する。

2　前項の規定にかかわらず、不動産の譲渡人及び譲受人が、賃貸人たる地位を譲渡人に留保する旨及びその不動産を譲受人が譲渡人に賃貸する旨の合意をしたときは、賃貸人たる地位は、譲受人に移転しない。この場合において、譲渡人と譲受人又はその承継人との間の賃貸借が終

了したときは、譲渡人に留保されていた賃貸人たる地位は、譲受人又はその承継人に移転する。

3　第1項又は前項後段の規定による賃貸人たる地位の移転は、賃貸物である不動産について所有権の移転の登記をしなければ、賃借人に対抗することができない。

4　第1項又は第2項後段の規定により賃貸人たる地位が譲受人又はその承継人に移転したときは、第608条の規定による費用の償還に係る債務及び第622条の2第1項の規定による同項に規定する敷金の返還に係る債務は、譲受人又はその承継人が承継する。

（合意による不動産の賃貸人たる地位の移転）

第605条の3 不動産の譲渡人が賃貸人であるときは、その賃貸人たる地位は、賃借人の承諾を要しないで、譲渡人と譲受人との合意により、譲受人に移転させることができる。この場合においては、前条第3項及び第4項の規定を準用する。

（不動産の賃借人による妨害の停止の請求等）

第605条の4 不動産の賃借人は、第605条の2第1項に規定する対抗要件を備えた場合において、次の各号に掲げるときは、それぞれ当該各号に定める請求をすることができる。

一　その不動産の占有を第三者が妨害しているとき　その第三者に対する妨害の停止の請求

二　その不動産を第三者が占有しているとき　その第三者に対する返還の請求

（賃貸人による修繕等）

第606条 賃貸人は、賃貸物の使用及び収益に必要な修繕をする義務を負う。ただし、賃借人の責めに帰すべき事由によってその修繕が必要となったときは、この限りでない。

2　賃貸人が賃貸物の保存に必要な行為をしようとするときは、賃借人は、これを拒むことができない。

（賃借人の意思に反する保存行為）

第607条 賃貸人が賃借人の意思に反して保存行為をしようとする場合において、そのために賃借人が賃借をした目的を達することができなくなるときは、賃借人は、契約の解除をすることができる。

（賃借人による修繕）

第607条の2 賃貸物の修繕が必要である場合において、次に掲げるときは、賃借人は、その修繕をすることができる。

一　賃借人が賃貸人に修繕が必要である旨を通知し、又は賃貸人がその旨を知ったにもかかわらず、賃貸人が相当の期間内に必要な修繕をしないとき。

二　急迫の事情があるとき。

（賃借人による費用の償還請求）

第608条　賃借人は、賃借物について賃貸人の負担に属する必要費を支出したときは、賃貸人に対し、直ちにその償還を請求することができる。

2　賃借人が賃借物について有益費を支出したときは、賃貸人は、賃貸借の終了の時に、第196条第2項の規定に従い、その償還をしなければならない。ただし、裁判所は、賃貸人の請求により、その償還について相当の期限を許与することができる。

（減収による賃料の減額請求）

第609条　耕作又は牧畜を目的とする土地の賃借人は、不可抗力によって賃料より少ない収益を得たときは、その収益の額に至るまで、賃料の減額を請求することができる。

（減収による解除）

第610条　前条の場合において、同条の賃借人は、不可抗力によって引き続き2年以上賃料より少ない収益を得たときは、契約の解除をすることができる。

（賃借物の一部滅失等による賃料の減額等）

第611条　賃借物の一部が滅失その他の事由により使用及び収益をすることができなくなった場合において、それが賃借人の責めに帰することができない事由によるものであるときは、賃料は、その使用及び収益をすることができなくなった部分の割合に応じて、減額される。

2　賃借物の一部が滅失その他の事由により使用及び収益をすることができなくなった場合において、残存する部分のみでは賃借人が賃借をした目的を達することができないときは、賃借人は、契約の解除をすることができる。

（賃借権の譲渡及び転貸の制限）

第612条　賃借人は、賃貸人の承諾を得なければ、その賃借権を譲り渡し、又は賃借物を転貸することができない。

2　賃借人が前項の規定に違反して第三者に賃借物の使用又は収益をさせたときは、賃貸人は、契約の解除をすることができる。

（転貸の効果）

第613条　賃借人が適法に賃借物を転貸したときは、転借人は、賃貸人と賃借人との間の賃貸借に基づく賃借人の債務の範囲を限度として、賃貸人に対して転貸借に基づく債務を直接履行する義務を負う。この場合においては、賃料の前払をもって賃貸人に対抗することができない。

2　前項の規定は、賃貸人が賃借人に対してその権利を行使することを妨げない。

3　賃借人が適法に賃借物を転貸した場合には、賃貸人は、賃借人との間の賃貸借を合意により解除したことをもって転借人に対抗することができない。ただし、その解除の当時、賃貸人が賃借人の債務不履行による解除権を有していたときは、この限りでない。

（賃料の支払時期）

第614条　賃料は、動産、建物及び宅地については毎月末に、その他の土地については毎年末に、支払わなければならない。ただし、収穫の季節があるものについては、その季節の後に遅滞なく支払わなければならない。

（賃借人の通知義務）

第615条　賃借物が修繕を要し、又は賃借物について権利を主張する者があるときは、賃借人は、遅滞なくその旨を賃貸人に通知しなければならない。ただし、賃貸人が既にこれを知っているときは、この限りでない。

（賃借人による使用及び収益）

第616条　第594条第1項の規定は、賃貸借について準用する。

第3款　賃貸借の終了

（賃借物の全部滅失等による賃貸借の終了）

第616条の2　賃借物の全部が滅失その他の事由により使用及び収益をすることができなくなった場合には、賃貸借は、これによって終了する。

（期間の定めのない賃貸借の解約の申入れ）

第617条　当事者が賃貸借の期間を定めなかったときは、各当事者は、いつでも解約の申入れをすることができる。この場合においては、次の各号に掲げる賃貸借は、解約の申入れの日からそれぞれ当該各号に定める期間を経過することによって終了する。

一　土地の賃貸借　　1年

二　建物の賃貸借　　3箇月

三　動産及び貸席の賃貸借　1日

2　収穫の季節がある土地の賃貸借については、その季節の後次の耕作に着手する前に、解約の申入れをしなければならない。

（期間の定めのある賃貸借の解約をする権利の留保）

第618条　当事者が賃貸借の期間を定めた場合であっても、その一方又は双方がその期間内に解約をする権利を留保したときは、前条の規定を準用する。

（賃貸借の更新の推定等）

第619条　賃貸借の期間が満了した後賃借人が賃借物の使用又は収益を継続する場合において、

賃貸人がこれを知りながら異議を述べないとき
は、従前の賃貸借と同一の条件で更に賃貸借を
したものと推定する。この場合において、各当事
者は、第617条の規定により解約の申入れをする
ことができる。

2　従前の賃貸借について当事者が担保を供して
いたときは、その担保は、期間の満了によって
消滅する。ただし、第622条の2第1項に規定す
る敷金については、この限りでない。

（賃貸借の解除の効力）
第620条　賃貸借の解除をした場合には、その
解除は、将来に向かってのみその効力を生ずる。
この場合においては、損害賠償の請求を妨げな
い。

（賃借人の原状回復義務）
第621条　賃借人は、賃借物を受け取った後に
これに生じた損傷（通常の使用及び収益によっ
て生じた賃借物の損耗並びに賃借物の経年変化
を除く。以下この条において同じ。）がある場合
において、賃貸借が終了したときは、その損傷
を原状に復する義務を負う。ただし、その損傷
が賃借人の責めに帰することができない事由に
よるものであるときは、この限りでない。

（使用貸借の規定の準用）
第622条　第597条第1項、第599条第1項及び第
2項並びに第600条の規定は、賃貸借について準
用する。

第4款　敷金

第622条の2　賃貸人は、敷金（いかなる名目
によるかを問わず、賃料債務その他の賃貸借に
基づいて生ずる賃借人の賃貸人に対する金銭の
給付を目的とする債務を担保する目的で、賃借
人が賃貸人に交付する金銭をいう。以下この条
において同じ。）を受け取っている場合において、
次に掲げるときは、賃借人に対し、その受け取
った敷金の額から賃貸借に基づいて生じた賃借
人の賃貸人に対する金銭の給付を目的とする債
務の額を控除した残額を返還しなければならな
い。

一　賃貸借が終了し、かつ、賃貸物の返還を受
けたとき。

二　賃借人が適法に賃借権を譲り渡したとき。

2　賃貸人は、賃借人が賃貸借に基づいて生じた
金銭の給付を目的とする債務を履行しないとき
は、敷金をその債務の弁済に充てることができ
る。この場合において、賃借人は、賃貸人に対
し、敷金をその債務の弁済に充てることを請求
することができない。

第8節　雇用

（雇用）
第623条　雇用は、当事者の一方が相手方に対
して労働に従事することを約し、相手方がこれ
に対してその報酬を与えることを約することに
よって、その効力を生ずる。

（報酬の支払時期）
第624条　労働者は、その約した労働を終わっ
た後でなければ、報酬を請求することができな
い。

2　期間によって定めた報酬は、その期間を経過
した後に、請求することができる。

（履行の割合に応じた報酬）
第624条の2　労働者は、次に掲げる場合には、
既にした履行の割合に応じて報酬を請求するこ
とができる。

一　使用者の責めに帰することができない事由
によって労働に従事することができなくなっ
たとき。

二　雇用が履行の中途で終了したとき。

（使用者の権利の譲渡の制限等）
第625条　使用者は、労働者の承諾を得なけれ
ば、その権利を第三者に譲り渡すことができな
い。

2　労働者は、使用者の承諾を得なければ、自己
に代わって第三者を労働に従事させることがで
きない。

3　労働者が前項の規定に違反して第三者を労働
に従事させたときは、使用者は、契約の解除を
することができる。

（期間の定めのある雇用の解除）
第626条　雇用の期間が5年を超え、又はその
終期が不確定であるときは、当事者の一方は、
5年を経過した後、いつでも契約の解除をする
ことができる。

2　前項の規定により契約の解除をしようとする
者は、それが使用者であるときは3箇月前、労
働者であるときは2週間前に、その予告をしな
ければならない。

（期間の定めのない雇用の解約の申入れ）
第627条　当事者が雇用の期間を定めなかった
ときは、各当事者は、いつでも解約の申入れを
することができる。この場合において、雇用は、
解約の申入れの日から2週間を経過することに
よって終了する。

2　期間によって報酬を定めた場合には、使用者
からの解約の申入れは、次期以後についてする
ことができる。ただし、その解約の申入れは、
当期の前半にしなければならない。

3 6箇月以上の期間によって報酬を定めた場合には、前項の解約の申入れは、3箇月前にしなければならない。

（やむを得ない事由による雇用の解除）

第628条 当事者が雇用の期間を定めた場合であっても、やむを得ない事由があるときは、各当事者は、直ちに契約の解除をすることができる。この場合において、その事由が当事者の一方の過失によって生じたものであるときは、相手方に対して損害賠償の責任を負う。

（雇用の更新の推定等）

第629条 雇用の期間が満了した後労働者が引き続きその労働に従事する場合において、使用者がこれを知りながら異議を述べないときは、従前の雇用と同一の条件で更に雇用をしたものと推定する。この場合において、各当事者は、第627条の規定により解約の申入れをすることができる。

2 従前の雇用について当事者が担保を供していたときは、その担保は、期間の満了によって消滅する。ただし、身元保証金については、この限りでない。

（雇用の解除の効力）

第630条 第620条の規定は、雇用について準用する。

（使用者についての破産手続の開始による解約の申入れ）

第631条 使用者が破産手続開始の決定を受けた場合には、雇用に期間の定めがあるときであっても、労働者又は破産管財人は、第627条の規定により解約の申入れをすることができる。この場合において、各当事者は、相手方に対し、解約によって生じた損害の賠償を請求することができない。

第9節　請負

（請負）

第632条 請負は、当事者の一方がある仕事を完成することを約し、相手方がその仕事の結果に対してその報酬を支払うことを約することによって、その効力を生ずる。

（報酬の支払時期）

第633条 報酬は、仕事の目的物の引渡しと同時に、支払わなければならない。ただし、物の引渡しを要しないときは、第624条第1項の規定を準用する。

（注文者が受ける利益の割合に応じた報酬）

第634条 次に掲げる場合において、請負人が既にした仕事の結果のうち可分な部分の給付に

よって注文者が利益を受けるときは、その部分を仕事の完成とみなす。この場合において、請負人は、注文者が受ける利益の割合に応じて報酬を請求することができる。

一　注文者の責めに帰することができない事由によって仕事を完成することができなくなったとき。

二　請負が仕事の完成前に解除されたとき。

第635条　削除

（請負人の担保責任の制限）

第636条 請負人が種類又は品質に関して契約の内容に適合しない仕事の目的物を注文者に引き渡したとき（その引渡しを要しない場合にあっては、仕事が終了した時に仕事の目的物が種類又は品質に関して契約の内容に適合しないとき）は、注文者は、注文者の供した材料の性質又は注文者の与えた指図によって生じた不適合を理由として、履行の追完の請求、報酬の減額の請求、損害賠償の請求及び契約の解除をすることができない。ただし、請負人がその材料又は指図が不適当であることを知りながら告げなかったときは、この限りでない。

（目的物の種類又は品質に関する担保責任の期間の制限）

第637条 前条本文に規定する場合において、注文者がその不適合を知った時から1年以内にその旨を請負人に通知しないときは、注文者は、その不適合を理由として、履行の追完の請求、報酬の減額の請求、損害賠償の請求及び契約の解除をすることができない。

2 前項の規定は、仕事の目的物を注文者に引き渡した時（その引渡しを要しない場合にあっては、仕事が終了した時）において、請負人が同項の不適合を知り、又は重大な過失によって知らなかったときは、適用しない。

第638条から第640条まで　削除

（注文者による契約の解除）

第641条 請負人が仕事を完成しない間は、注文者は、いつでも損害を賠償して契約の解除をすることができる。

（注文者についての破産手続の開始による解除）

第642条 注文者が破産手続開始の決定を受けたときは、請負人又は破産管財人は、契約の解除をすることができる。ただし、請負人による契約の解除については、仕事を完成した後は、この限りでない。

2 前項に規定する場合において、請負人は、既にした仕事の報酬及びその中に含まれていない費用について、破産財団の配当に加入することができる。

3 第1項の場合には、契約の解除によって生じた損害の賠償は、破産管財人が契約の解除をした場合における請負人に限り、請求することができる。この場合において、請負人は、その損害賠償について、破産財団の配当に加入する。

第10節 委任

（委任）
第643条 委任は、当事者の一方が法律行為をすることを相手方に委託し、相手方がこれを承諾することによって、その効力を生ずる。

（受任者の注意義務）
第644条 受任者は、委任の本旨に従い、善良な管理者の注意をもって、委任事務を処理する義務を負う。

（復受任者の選任等）
第644条の2 受任者は、委任者の許諾を得たとき、又はやむを得ない事由があるときでなければ、復受任者を選任することができない。
2 代理権を付与する委任において、受任者が代理権を有する復受任者を選任したときは、復受任者は、委任者に対して、その権限の範囲内において、受任者と同一の権利を有し、義務を負う。

（受任者による報告）
第645条 受任者は、委任者の請求があるときは、いつでも委任事務の処理の状況を報告し、委任が終了した後は、遅滞なくその経過及び結果を報告しなければならない。

（受任者による受取物の引渡し等）
第646条 受任者は、委任事務を処理するに当たって受け取った金銭その他の物を委任者に引き渡さなければならない。その収取した果実についても、同様とする。
2 受任者は、委任者のために自己の名で取得した権利を委任者に移転しなければならない。

（受任者の金銭の消費についての責任）
第647条 受任者は、委任者に引き渡すべき金額又はその利益のために用いるべき金額を自己のために消費したときは、その消費した日以後の利息を支払わなければならない。この場合において、なお損害があるときは、その賠償の責任を負う。

（受任者の報酬）
第648条 受任者は、特約がなければ、委任者に対して報酬を請求することができない。
2 受任者は、報酬を受けるべき場合には、委任事務を履行した後でなければ、これを請求することができない。ただし、期間によって報酬を定め

たときは、第624条第2項の規定を準用する。
3 受任者は、次に掲げる場合には、既にした履行の割合に応じて報酬を請求することができる。
一 委任者の責めに帰することができない事由によって委任事務の履行をすることができなくなったとき。
二 委任が履行の中途で終了したとき。

（成果等に対する報酬）
第648条の2 委任事務の履行により得られる成果に対して報酬を支払うことを約した場合において、その成果が引渡しを要するときは、報酬は、その成果の引渡しと同時に、支払わなければならない。
2 第634条の規定は、委任事務の履行により得られる成果に対して報酬を支払うことを約した場合について準用する。

（受任者による費用の前払請求）
第649条 委任事務を処理するについて費用を要するときは、委任者は、受任者の請求により、その前払をしなければならない。

（受任者による費用等の償還請求等）
第650条 受任者は、委任事務を処理するのに必要と認められる費用を支出したときは、委任者に対し、その費用及び支出の日以後におけるその利息の償還を請求することができる。
2 受任者は、委任事務を処理するのに必要と認められる債務を負担したときは、委任者に対し、自己に代わってその弁済をすることを請求することができる。この場合において、その債務が弁済期にないときは、委任者に対し、相当の担保を供させることができる。
3 受任者は、委任事務を処理するため自己に過失なく損害を受けたときは、委任者に対し、その賠償を請求することができる。

（委任の解除）
第651条 委任は、各当事者がいつでもその解除をすることができる。
2 前項の規定により委任の解除をした者は、次に掲げる場合には、相手方の損害を賠償しなければならない。ただし、やむを得ない事由があったときは、この限りでない。
一 相手方に不利な時期に委任を解除したとき。
二 委任者が受任者の利益（専ら報酬を得ることによるものを除く。）をも目的とする委任を解除したとき。

（委任の解除の効力）
第652条 第620条の規定は、委任について準用する。

（委任の終了事由）

第653条　委任は、次に掲げる事由によって終了する。
一　委任者又は受任者の死亡
二　委任者又は受任者が破産手続開始の決定を受けたこと。
三　受任者が後見開始の審判を受けたこと。
（委任の終了後の処分）
第654条　委任が終了した場合において、急迫の事情があるときは、受任者又はその相続人若しくは法定代理人は、委任者又はその相続人若しくは法定代理人が委任事務を処理することができるに至るまで、必要な処分をしなければならない。
（委任の終了の対抗要件）
第655条　委任の終了事由は、これを相手方に通知したとき、又は相手方がこれを知っていたときでなければ、これをもってその相手方に対抗することができない。
（準委任）
第656条　この節の規定は、法律行為でない事務の委託について準用する。

第11節　寄託

（寄託）
第657条　寄託は、当事者の一方がある物を保管することを相手方に委託し、相手方がこれを承諾することによって、その効力を生ずる。
（寄託物受取り前の寄託者による寄託の解除等）
第657条の2　寄託者は、受寄者が寄託物を受け取るまで、契約の解除をすることができる。この場合において、受寄者は、その契約の解除によって損害を受けたときは、寄託者に対し、その賠償を請求することができる。
2　無報酬の受寄者は、寄託物を受け取るまで、契約の解除をすることができる。ただし、書面による寄託については、この限りでない。
3　受寄者（無報酬で寄託を受けた場合にあっては、書面による寄託の受寄者に限る。）は、寄託物を受け取るべき時期を経過したにもかかわらず、寄託者が寄託物を引き渡さない場合において、相当の期間を定めてその引渡しの催告をし、その期間内に引渡しがないときは、契約の解除をすることができる。
（寄託物の使用及び第三者による保管）
第658条　受寄者は、寄託者の承諾を得なければ、寄託物を使用することができない。
2　受寄者は、寄託者の承諾を得たとき、又はやむを得ない事由があるときでなければ、寄託物を第三者に保管させることができない。

3　再受寄者は、寄託者に対して、その権限の範囲内において、受寄者と同一の権利を有し、義務を負う。
（無報酬の受寄者の注意義務）
第659条　無報酬の受寄者は、自己の財産に対するのと同一の注意をもって、寄託物を保管する義務を負う。
（受寄者の通知義務等）
第660条　寄託物について権利を主張する第三者が受寄者に対して訴えを提起し、又は差押え、仮差押え若しくは仮処分をしたときは、受寄者は、遅滞なくその事実を寄託者に通知しなければならない。ただし、寄託者が既にこれを知っているときは、この限りでない。
2　第三者が寄託物について権利を主張する場合であっても、受寄者は、寄託者の指図がない限り、寄託者に対しその寄託物を返還しなければならない。ただし、受寄者が前項の通知をした場合又は同項ただし書の規定によりその通知を要しない場合において、その寄託物をその第三者に引き渡すべき旨を命ずる確定判決（確定判決と同一の効力を有するものを含む。）があったときであって、その第三者にその寄託物を引き渡したときは、この限りでない。
3　受寄者は、前項の規定により寄託者に対して寄託物を返還しなければならない場合には、寄託者にその寄託物を引き渡したことによって第三者に損害が生じたときであっても、その賠償の責任を負わない。
（寄託者による損害賠償）
第661条　寄託者は、寄託物の性質又は瑕疵によって生じた損害を受寄者に賠償しなければならない。ただし、寄託者が過失なくその性質若しくは瑕疵を知らなかったとき、又は受寄者がこれを知っていたときは、この限りでない。
（寄託者による返還請求等）
第662条　当事者が寄託物の返還の時期を定めたときであっても、寄託者は、いつでもその返還を請求することができる。
2　前項に規定する場合において、受寄者は、寄託者がその時期の前に返還を請求したことによって損害を受けたときは、寄託者に対し、その賠償を請求することができる。
（寄託物の返還の時期）
第663条　当事者が寄託物の返還の時期を定めなかったときは、受寄者は、いつでもその返還をすることができる。
2　返還の時期の定めがあるときは、受寄者は、やむを得ない事由がなければ、その期限前に返還をすることができない。

（寄託物の返還の場所）

第664条　寄託物の返還は、その保管をすべき場所でしなければならない。ただし、受寄者が正当な事由によってその物を保管する場所を変更したときは、その現在の場所で返還をすることができる。

（損害賠償及び費用の償還の請求権についての期間の制限）

第664条の2　寄託物の一部滅失又は損傷によって生じた損害の賠償及び受寄者が支出した費用の償還は、寄託者が返還を受けた時から1年以内に請求しなければならない。

2　前項の損害賠償の請求権については、寄託者が返還を受けた時から1年を経過するまでの間は、時効は、完成しない。

（委任の規定の準用）

第665条　第646条から第648条まで、第649条並びに第650条第1項及び第2項の規定は、寄託について準用する。

（混合寄託）

第665条の2　複数の者が寄託した物の種類及び品質が同一である場合には、受寄者は、各寄託者の承諾を得たときに限り、これらを混合して保管することができる。

2　前項の規定に基づき受寄者が複数の寄託者からの寄託物を混合して保管したときは、寄託者は、その寄託した物と同じ数量の物の返還を請求することができる。

3　前項に規定する場合において、寄託物の一部が滅失したときは、寄託者は、混合して保管されている総寄託物に対するその寄託した物の割合に応じた数量の物の返還を請求することができる。この場合においては、損害賠償の請求を妨げない。

（消費寄託）

第666条　受寄者が契約により寄託物を消費することができる場合には、受寄者は、寄託された物と種類、品質及び数量の同じ物をもって返還しなければならない。

2　第590条及び第592条の規定は、前項に規定する場合について準用する。

3　第591条第2項及び第3項の規定は、預金又は貯金に係る契約により金銭を寄託した場合について準用する。

第12節　組合

（組合契約）

第667条　組合契約は、各当事者が出資をして共同の事業を営むことを約することによって、その効力を生ずる。

2　出資は、労務をその目的とすることができる。

（他の組合員の債務不履行）

第667条の2　第533条及び第536条の規定は、組合契約については、適用しない。

2　組合員は、他の組合員が組合契約に基づく債務の履行をしないことを理由として、組合契約を解除することができない。

（組合員の1人についての意思表示の無効等）

第667条の3　組合員の1人について意思表示の無効又は取消しの原因があっても、他の組合員の間においては、組合契約は、その効力を妨げられない。

（組合財産の共有）

第668条　各組合員の出資その他の組合財産は、総組合員の共有に属する。

（金銭出資の不履行の責任）

第669条　金銭を出資の目的とした場合において、組合員がその出資をすることを怠ったときは、その利息を支払うほか、損害の賠償をしなければならない。

（業務の決定及び執行の方法）

第670条　組合の業務は、組合員の過半数をもって決定し、各組合員がこれを執行する。

2　組合の業務の決定及び執行は、組合契約の定めるところにより、1人又は数人の組合員又は第三者に委任することができる。

3　前項の委任を受けた者（以下「業務執行者」という。）は、組合の業務を決定し、これを執行する。この場合において、業務執行者が数人あるときは、組合の業務は、業務執行者の過半数をもって決定し、各業務執行者がこれを執行する。

4　前項の規定にかかわらず、組合の業務については、総組合員の同意によって決定し、又は総組合員が執行することを妨げない。

5　組合の常務は、前各項の規定にかかわらず、各組合員又は各業務執行者が単独で行うことができる。ただし、その完了前に他の組合員又は業務執行者が異議を述べたときは、この限りでない。

（組合の代理）

第670条の2　各組合員は、組合の業務を執行する場合において、組合員の過半数の同意を得たときは、他の組合員を代理することができる。

2　前項の規定にかかわらず、業務執行者があるときは、業務執行者のみが組合員を代理することができる。この場合において、業務執行者が数人あるときは、各業務執行者は、業務執行者の過半数の同意を得たときに限り、組合員を代

理することができる。

3 前二項の規定にかかわらず、各組合員又は各業務執行者は、組合の常務を行うときは、単独で組合員を代理することができる。

（委任の規定の準用）

第671条 第644条から第650条までの規定は、組合の業務を決定し、又は執行する組合員について準用する。

（業務執行組合員の辞任及び解任）

第672条 組合契約の定めるところにより1人又は数人の組合員に業務の決定及び執行を委任したときは、その組合員は、正当な事由がなければ、辞任することができない。

2 前項の組合員は、正当な事由がある場合に限り、他の組合員の一致によって解任することができる。

（組合員の組合の業務及び財産状況に関する検査）

第673条 各組合員は、組合の業務の決定及び執行をする権利を有しないときであっても、その業務及び組合財産の状況を検査することができる。

（組合員の損益分配の割合）

第674条 当事者が損益分配の割合を定めなかったときは、その割合は、各組合員の出資の価額に応じて定める。

2 利益又は損失についてのみ分配の割合を定めたときは、その割合は、利益及び損失に共通であるものと推定する。

（組合の債権者の権利の行使）

第675条 組合の債権者は、組合財産についてその権利を行使することができる。

2 組合の債権者は、その選択に従い、各組合員に対して損失分担の割合又は等しい割合でその権利を行使することができる。ただし、組合の債権者がその債権の発生の時に各組合員の損失分担の割合を知っていたときは、その割合による。

（組合員の持分の処分及び組合財産の分割）

第676条 組合員は、組合財産についてその持分を処分したときは、その処分をもって組合及び組合と取引をした第三者に対抗することができない。

2 組合員は、組合財産である債権について、その持分についての権利を単独で行使することができない。

3 組合員は、清算前に組合財産の分割を求めることができない。

（組合財産に対する組合員の債権者の権利の行使の禁止）

第677条 組合員の債権者は、組合財産についてその権利を行使することができない。

（組合員の加入）

第677条の2 組合員は、その全員の同意によって、又は組合契約の定めるところにより、新たに組合員を加入させることができる。

2 前項の規定により組合の成立後に加入した組合員は、その加入前に生じた組合の債務については、これを弁済する責任を負わない。

（組合員の脱退）

第678条 組合契約で組合の存続期間を定めなかったとき、又はある組合員の終身の間組合が存続すべきことを定めたときは、各組合員は、いつでも脱退することができる。ただし、やむを得ない事由がある場合を除き、組合に不利な時期に脱退することができない。

2 組合の存続期間を定めた場合であっても、各組合員は、やむを得ない事由があるときは、脱退することができる。

第679条 前条の場合のほか、組合員は、次に掲げる事由によって脱退する。
一 死亡
二 破産手続開始の決定を受けたこと。
三 後見開始の審判を受けたこと。
四 除名

（組合員の除名）

第680条 組合員の除名は、正当な事由がある場合に限り、他の組合員の一致によってすることができる。ただし、除名した組合員にその旨を通知しなければ、これをもってその組合員に対抗することができない。

（脱退した組合員の責任等）

第680条の2 脱退した組合員は、その脱退前に生じた組合の債務について、従前の責任の範囲内でこれを弁済する責任を負う。この場合において、債権者が全部の弁済を受けない間は、脱退した組合員は、組合に担保を供させ、又は組合に対して自己に免責を得させることを請求することができる。

2 脱退した組合員は、前項に規定する組合の債務を弁済したときは、組合に対して求償権を有する。

（脱退した組合員の持分の払戻し）

第681条 脱退した組合員と他の組合員との間の計算は、脱退の時における組合財産の状況に従ってしなければならない。

2 脱退した組合員の持分は、その出資の種類を問わず、金銭で払い戻すことができる。

3 脱退の時にまだ完了していない事項については、その完了後に計算をすることができる。

（組合の解散事由）

第682条 組合は、次に掲げる事由によって解散する。

 一　組合の目的である事業の成功又はその成功の不能

 二　組合契約で定めた存続期間の満了

 三　組合契約で定めた解散の事由の発生

 四　総組合員の同意

（組合の解散の請求）

第683条 やむを得ない事由があるときは、各組合員は、組合の解散を請求することができる。

（組合契約の解除の効力）

第684条 第620条の規定は、組合契約について準用する。

（組合の清算及び清算人の選任）

第685条 組合が解散したときは、清算は、総組合員が共同して、又はその選任した清算人がこれをする。

2　清算人の選任は、組合員の過半数で決する。

（清算人の業務の決定及び執行の方法）

第686条 第670条第3項から第5項まで並びに第670条の2第2項及び第3項の規定は、清算人について準用する。

（組合員である清算人の辞任及び解任）

第687条 第672条の規定は、組合契約の定めるところにより組合員の中から清算人を選任した場合について準用する。

（清算人の職務及び権限並びに残余財産の分割方法）

第688条 清算人の職務は、次のとおりとする。

 一　現務の結了

 二　債権の取立て及び債務の弁済

 三　残余財産の引渡し

2　清算人は、前項各号に掲げる職務を行うために必要な一切の行為をすることができる。

3　残余財産は、各組合員の出資の価額に応じて分割する。

第13節　終身定期金

（終身定期金契約）

第689条 終身定期金契約は、当事者の一方が、自己、相手方又は第三者の死亡に至るまで、定期に金銭その他の物を相手方又は第三者に給付することを約することによって、その効力を生ずる。

（終身定期金の計算）

第690条 終身定期金は、日割りで計算する。

（終身定期金契約の解除）

第691条 終身定期金債務者が終身定期金の元本を受領した場合において、その終身定期金の給付を怠り、又はその他の義務を履行しないときは、相手方は、元本の返還を請求することができる。この場合において、相手方は、既に受け取った終身定期金の中からその元本の利息を控除した残額を終身定期金債務者に返還しなければならない。

2　前項の規定は、損害賠償の請求を妨げない。

（終身定期金契約の解除と同時履行）

第692条 第533条の規定は、前条の場合について準用する。

（終身定期金債権の存続の宣告）

第693条 終身定期金債務者の責めに帰すべき事由によって第689条に規定する死亡が生じたときは、裁判所は、終身定期金債権者又はその相続人の請求により、終身定期金債権が相当の期間存続することを宣告することができる。

2　前項の規定は、第691条の権利の行使を妨げない。

（終身定期金の遺贈）

第694条 この節の規定は、終身定期金の遺贈について準用する。

第14節　和解

（和解）

第695条 和解は、当事者が互いに譲歩をしてその間に存する争いをやめることを約することによって、その効力を生ずる。

（和解の効力）

第696条 当事者の一方が和解によって争いの目的である権利を有するものと認められ、又は相手方がこれを有しないものと認められた場合において、その当事者の一方が従来その権利を有していなかった旨の確認又は相手方がこれを有していた旨の確証が得られたときは、その権利は、和解によってその当事者の一方に移転し、又は消滅したものとする。

第3章　事務管理

（事務管理）

第697条 義務なく他人のために事務の管理を始めた者（以下この章において「管理者」という。）は、その事務の性質に従い、最も本人の利益に適合する方法によって、その事務の管理（以下「事務管理」という。）をしなければならない。

2　管理者は、本人の意思を知っているとき、又はこれを推知することができるときは、その意思に従って事務管理をしなければならない。

（緊急事務管理）

第698条　管理者は、本人の身体、名誉又は財産に対する急迫の危害を免れさせるために事務管理をしたときは、悪意又は重大な過失があるのでなければ、これによって生じた損害を賠償する責任を負わない。

（管理者の通知義務）

第699条　管理者は、事務管理を始めたことを遅滞なく本人に通知しなければならない。ただし、本人が既にこれを知っているときは、この限りでない。

（管理者による事務管理の継続）

第700条　管理者は、本人又はその相続人若しくは法定代理人が管理をすることができるに至るまで、事務管理を継続しなければならない。ただし、事務管理の継続が本人の意思に反し、又は本人に不利であることが明らかであるときは、この限りでない。

（委任の規定の準用）

第701条　第645条から第647条までの規定は、事務管理について準用する。

（管理者による費用の償還請求等）

第702条　管理者は、本人のために有益な費用を支出したときは、本人に対し、その償還を請求することができる。

2　第650条第2項の規定は、管理者が本人のために有益な債務を負担した場合について準用する。

3　管理者が本人の意思に反して事務管理をしたときは、本人が現に利益を受けている限度においてのみ、前二項の規定を適用する。

第4章　不当利得

（不当利得の返還義務）

第703条　法律上の原因なく他人の財産又は労務によって利益を受け、そのために他人に損失を及ぼした者（以下この章において「受益者」という。）は、その利益の存する限度において、これを返還する義務を負う。

（悪意の受益者の返還義務等）

第704条　悪意の受益者は、その受けた利益に利息を付して返還しなければならない。この場合において、なお損害があるときは、その賠償の責任を負う。

（債務の不存在を知ってした弁済）

第705条　債務の弁済として給付をした者は、その時において債務の存在しないことを知っていたときは、その給付したものの返還を請求することができない。

（期限前の弁済）

第706条　債務者は、弁済期にない債務の弁済として給付をしたときは、その給付したものの返還を請求することができない。ただし、債務者が錯誤によってその給付をしたときは、債権者は、これによって得た利益を返還しなければならない。

（他人の債務の弁済）

第707条　債務者でない者が錯誤によって債務の弁済をした場合において、債権者が善意で証書を滅失させ若しくは損傷し、担保を放棄し、又は時効によってその債権を失ったときは、その弁済をした者は、返還の請求をすることができない。

2　前項の規定は、弁済をした者から債務者に対する求償権の行使を妨げない。

（不法原因給付）

第708条　不法な原因のために給付をした者は、その給付したものの返還を請求することができない。ただし、不法な原因が受益者についてのみ存したときは、この限りでない。

第5章　不法行為

（不法行為による損害賠償）

第709条　故意又は過失によって他人の権利又は法律上保護される利益を侵害した者は、これによって生じた損害を賠償する責任を負う。

（財産以外の損害の賠償）

第710条　他人の身体、自由若しくは名誉を侵害した場合又は他人の財産権を侵害した場合のいずれであるかを問わず、前条の規定により損害賠償の責任を負う者は、財産以外の損害に対しても、その賠償をしなければならない。

（近親者に対する損害の賠償）

第711条　他人の生命を侵害した者は、被害者の父母、配偶者及び子に対しては、その財産権が侵害されなかった場合においても、損害の賠償をしなければならない。

（責任能力）

第712条　未成年者は、他人に損害を加えた場合において、自己の行為の責任を弁識するに足りる知能を備えていなかったときは、その行為について賠償の責任を負わない。

第713条　精神上の障害により自己の行為の責任を弁識する能力を欠く状態にある間に他人に損害を加えた者は、その賠償の責任を負わない。ただし、故意又は過失によって一時的にその状態を招いたときは、この限りでない。

（責任無能力者の監督義務者等の責任）

第714条　前二条の規定により責任無能力者が
　その責任を負わない場合において、その責任無
　能力者を監督する法定の義務を負う者は、その
　責任無能力者が第三者に加えた損害を賠償する
　責任を負う。ただし、監督義務者がその義務を
　怠らなかったとき、又はその義務を怠らなくても
　損害が生ずべきであったときは、この限りでな
　い。
2　監督義務者に代わって責任無能力者を監督す
　る者も、前項の責任を負う。
（使用者等の責任）
第715条　ある事業のために他人を使用する者
　は、被用者がその事業の執行について第三者に
　加えた損害を賠償する責任を負う。ただし、使
　用者が被用者の選任及びその事業の監督につい
　て相当の注意をしたとき、又は相当の注意をし
　ても損害が生ずべきであったときは、この限りで
　ない。
2　使用者に代わって事業を監督する者も、前項
　の責任を負う。
3　前二項の規定は、使用者又は監督者から被用
　者に対する求償権の行使を妨げない。
（注文者の責任）
第716条　注文者は、請負人がその仕事につい
　て第三者に加えた損害を賠償する責任を負わな
　い。ただし、注文又は指図についてその注文者
　に過失があったときは、この限りでない。
（土地の工作物等の占有者及び所有者の責任）
第717条　土地の工作物の設置又は保存に瑕疵
　があることによって他人に損害を生じたときは、
　その工作物の占有者は、被害者に対してその損
　害を賠償する責任を負う。ただし、占有者が損
　害の発生を防止するのに必要な注意をしたとき
　は、所有者がその損害を賠償しなければならな
　い。
2　前項の規定は、竹木の栽植又は支持に瑕疵が
　ある場合について準用する。
3　前二項の場合において、損害の原因について
　他にその責任を負う者があるときは、占有者又
　は所有者は、その者に対して求償権を行使する
　ことができる。
（動物の占有者等の責任）
第718条　動物の占有者は、その動物が他人に
　加えた損害を賠償する責任を負う。ただし、動
　物の種類及び性質に従い相当の注意をもってそ
　の管理をしたときは、この限りでない。
2　占有者に代わって動物を管理する者も、前項
　の責任を負う。
（共同不法行為者の責任）
第719条　数人が共同の不法行為によって他人

に損害を加えたときは、各自が連帯してその損
　害を賠償する責任を負う。共同行為者のうちい
　ずれの者がその損害を加えたかを知ることがで
　きないときも、同様とする。
2　行為者を教唆した者及び幇ほう　助した者は、
　共同行為者とみなして、前項の規定を適用する。
（正当防衛及び緊急避難）
第720条　他人の不法行為に対し、自己又は第
　三者の権利又は法律上保護される利益を防衛す
　るため、やむを得ず加害行為をした者は、損害
　賠償の責任を負わない。ただし、被害者から不
　法行為をした者に対する損害賠償の請求を妨げ
　ない。
2　前項の規定は、他人の物から生じた急迫の危
　難を避けるためその物を損傷した場合について
　準用する。
（損害賠償請求権に関する胎児の権利能力）
第721条　胎児は、損害賠償の請求権について
　は、既に生まれたものとみなす。
（損害賠償の方法、中間利息の控除及び過失相
殺）
第722条　第417条及び第417条の2の規定は、
　不法行為による損害賠償について準用する。
2　被害者に過失があったときは、裁判所は、これ
　を考慮して、損害賠償の額を定めることができ
　る。
（名誉毀損における原状回復）
第723条　他人の名誉を毀損した者に対しては、
　裁判所は、被害者の請求により、損害賠償に代
　えて、又は損害賠償とともに、名誉を回復する
　のに適当な処分を命ずることができる。
（不法行為による損害賠償請求権の消滅時効）
第724条　不法行為による損害賠償の請求権は、
　次に掲げる場合には、時効によって消滅する。
　一　被害者又はその法定代理人が損害及び加
　　害者を知った時から3年間行使しないとき。
　二　不法行為の時から20年間行使しないとき。
（人の生命又は身体を害する不法行為による損
害賠償請求権の消滅時効）
第724条の2　人の生命又は身体を害する不法
　行為による損害賠償請求権の消滅時効について
　の前条第1号の規定の適用については、同号中
　「3年間」とあるのは、「5年間」とする。

第4編　親族

第1章　総則

（親族の範囲）
第725条　次に掲げる者は、親族とする。

一　6親等内の血族

二　配偶者

三　3親等内の姻族

（親等の計算）

第726条　親等は、親族間の世代数を数えて、これを定める。

2　傍系親族の親等を定めるには、その1人又はその配偶者から同一の祖先にさかのぼり、その祖先から他の1人に下るまでの世代数による。

（縁組による親族関係の発生）

第727条　養子と養親及びその血族との間においては、養子縁組の日から、血族間におけるのと同一の親族関係を生ずる。

（離婚等による姻族関係の終了）

第728条　姻族関係は、離婚によって終了する。

2　夫婦の一方が死亡した場合において、生存配偶者が姻族関係を終了させる意思を表示したときも、前項と同様とする。

（離縁による親族関係の終了）

第729条　養子及びその配偶者並びに養子の直系卑属及びその配偶者と養親及びその血族との親族関係は、離縁によって終了する。

（親族間の扶け合い）

第730条　直系血族及び同居の親族は、互いに扶け合わなければならない。

第2章　婚姻

第1節　婚姻の成立

第1款　婚姻の要件

（婚姻適齢）

第731条　婚姻は、18歳にならなければ、することができない。

（重婚の禁止）

第732条　配偶者のある者は、重ねて婚姻をすることができない。

（再婚禁止期間）

第733条　女は、前婚の解消又は取消しの日から起算して100日を経過した後でなければ、再婚をすることができない。

2　前項の規定は、次に掲げる場合には、適用しない。

一　女が前婚の解消又は取消しの時に懐胎していなかった場合

二　女が前婚の解消又は取消しの後に出産した場合

（近親者間の婚姻の禁止）

第734条　直系血族又は3親等内の傍系血族の

間では、婚姻をすることができない。ただし、養子と養方の傍系血族との間では、この限りでない。

2　第817条の9の規定により親族関係が終了した後も、前項と同様とする。

（直系姻族間の婚姻の禁止）

第735条　直系姻族の間では、婚姻をすることができない。第728条又は第817条の9の規定により姻族関係が終了した後も、同様とする。

（養親子等の間の婚姻の禁止）

第736条　養子若しくはその配偶者又は養子の直系卑属若しくはその配偶者と養親又はその直系尊属との間では、第729条の規定により親族関係が終了した後でも、婚姻をすることができない。

第737条　削除

（成年被後見人の婚姻）

第738条　成年被後見人が婚姻をするには、その成年後見人の同意を要しない。

（婚姻の届出）

第739条　婚姻は、戸籍法（昭和22年法律第224号）の定めるところにより届け出ることによって、その効力を生ずる。

2　前項の届出は、当事者双方及び成年の証人2人以上が署名した書面で、又はこれらの者から口頭で、しなければならない。

（婚姻の届出の受理）

第740条　婚姻の届出は、その婚姻が第731条から第736条まで及び前条第2項の規定その他の法令の規定に違反しないことを認めた後でなければ、受理することができない。

（外国に在る日本人間の婚姻の方式）

第741条　外国に在る日本人間で婚姻をしようとするときは、その国に駐在する日本の大使、公使又は領事にその届出をすることができる。この場合においては、前二条の規定を準用する。

第2款　婚姻の無効及び取消し

（婚姻の無効）

第742条　婚姻は、次に掲げる場合に限り、無効とする。

一　人違いその他の事由によって当事者間に婚姻をする意思がないとき。

二　当事者が婚姻の届出をしないとき。ただし、その届出が第739条第2項に定める方式を欠くだけであるときは、婚姻は、そのためにその効力を妨げられない。

（婚姻の取消し）

第743条　婚姻は、次条から第747条までの規定

によらなければ、取り消すことができない。

（不適法な婚姻の取消し）

第744条　第731条から第736条までの規定に違反した婚姻は、各当事者、その親族又は検察官から、その取消しを家庭裁判所に請求することができる。ただし、検察官は、当事者の一方が死亡した後は、これを請求することができない。

2　第732条又は第733条の規定に違反した婚姻については、当事者の配偶者又は前配偶者も、その取消しを請求することができる。

（不適齢者の婚姻の取消し）

第745条　第731条の規定に違反した婚姻は、不適齢者が適齢に達したときは、その取消しを請求することができない。

2　不適齢者は、適齢に達した後、なお3箇月間は、その婚姻の取消しを請求することができる。ただし、適齢に達した後に追認をしたときは、この限りでない。

（再婚禁止期間内にした婚姻の取消し）

第746条　第733条の規定に違反した婚姻は、前婚の解消若しくは取消しの日から起算して100日を経過し、又は女が再婚後に出産したときは、その取消しを請求することができない。

（詐欺又は強迫による婚姻の取消し）

第747条　詐欺又は強迫によって婚姻をした者は、その婚姻の取消しを家庭裁判所に請求することができる。

2　前項の規定による取消権は、当事者が、詐欺を発見し、若しくは強迫を免れた後3箇月を経過し、又は追認をしたときは、消滅する。

（婚姻の取消しの効力）

第748条　婚姻の取消しは、将来に向かってのみその効力を生ずる。

2　婚姻の時においてその取消しの原因があることを知らなかった当事者が、婚姻によって財産を得たときは、現に利益を受けている限度において、その返還をしなければならない。

3　婚姻の時においてその取消しの原因があることを知っていた当事者は、婚姻によって得た利益の全部を返還しなければならない。この場合において、相手方が善意であったときは、これに対して損害を賠償する責任を負う。

（離婚の規定の準用）

第749条　第728条第1項、第766条から第769条まで、第790条第1項ただし書並びに第819条第2項、第3項、第5項及び第6項の規定は、婚姻の取消しについて準用する。

第2節　婚姻の効力

（夫婦の氏）

第750条　夫婦は、婚姻の際に定めるところに従い、夫又は妻の氏を称する。

（生存配偶者の復氏等）

第751条　夫婦の一方が死亡したときは、生存配偶者は、婚姻前の氏に復することができる。

2　第769条の規定は、前項及び第728条第2項の場合について準用する。

（同居、協力及び扶助の義務）

第752条　夫婦は同居し、互いに協力し扶助しなければならない。

第753条　削除

（夫婦間の契約の取消権）

第754条　夫婦間でした契約は、婚姻中、いつでも、夫婦の一方からこれを取り消すことができる。ただし、第三者の権利を害することはできない。

第3節　夫婦財産制

第1款　総則

（夫婦の財産関係）

第755条　夫婦が、婚姻の届出前に、その財産について別段の契約をしなかったときは、その財産関係は、次款に定めるところによる。

（夫婦財産契約の対抗要件）

第756条　夫婦が法定財産制と異なる契約をしたときは、婚姻の届出までにその登記をしなければ、これを夫婦の承継人及び第三者に対抗することができない。

第757条　削除

（夫婦の財産関係の変更の制限等）

第758条　夫婦の財産関係は、婚姻の届出後は、変更することができない。

2　夫婦の一方が、他の一方の財産を管理する場合において、管理が失当であったことによってその財産を危うくしたときは、他の一方は、自らその管理をすることを家庭裁判所に請求することができる。

3　共有財産については、前項の請求とともに、その分割を請求することができる。

（財産の管理者の変更及び共有財産の分割の対抗要件）

第759条　前条の規定又は第755条の契約の結果により、財産の管理者を変更し、又は共有財産の分割をしたときは、その登記をしなければ、これを夫婦の承継人及び第三者に対抗することができない。

第2款　法定財産制

（婚姻費用の分担）
第760条　夫婦は、その資産、収入その他一切の事情を考慮して、婚姻から生ずる費用を分担する。
（日常の家事に関する債務の連帯責任）
第761条　夫婦の一方が日常の家事に関して第三者と法律行為をしたときは、他の一方は、これによって生じた債務について、連帯してその責任を負う。ただし、第三者に対し責任を負わない旨を予告した場合は、この限りでない。
（夫婦間における財産の帰属）
第762条　夫婦の一方が婚姻前から有する財産及び婚姻中自己の名で得た財産は、その特有財産（夫婦の一方が単独で有する財産をいう。）とする。
2　夫婦のいずれに属するか明らかでない財産は、その共有に属するものと推定する。

第4節　離婚

第1款　協議上の離婚

（協議上の離婚）
第763条　夫婦は、その協議で、離婚をすることができる。
（婚姻の規定の準用）
第764条　第738条、第739条及び第747条の規定は、協議上の離婚について準用する。
（離婚の届出の受理）
第765条　離婚の届出は、その離婚が前条において準用する第739条第2項の規定及び第819条第1項の規定その他の法令の規定に違反しないことを認めた後でなければ、受理することができない。
2　離婚の届出が前項の規定に違反して受理されたときであっても、離婚は、そのためにその効力を妨げられない。
（離婚後の子の監護に関する事項の定め等）
第766条　父母が協議上の離婚をするときは、子の監護をすべき者、父又は母と子との面会及びその他の交流、子の監護に要する費用の分担その他の子の監護について必要な事項は、その協議で定める。この場合においては、子の利益を最も優先して考慮しなければならない。
2　前項の協議が調わないとき、又は協議をすることができないときは、家庭裁判所が、同項の事項を定める。
3　家庭裁判所は、必要があると認めるときは、

前二項の規定による定めを変更し、その他子の監護について相当な処分を命ずることができる。
4　前三項の規定によっては、監護の範囲外では、父母の権利義務に変更を生じない。
（離婚による復氏等）
第767条　婚姻によって氏を改めた夫又は妻は、協議上の離婚によって婚姻前の氏に復する。
2　前項の規定により婚姻前の氏に復した夫又は妻は、離婚の日から3箇月以内に戸籍法の定めるところにより届け出ることによって、離婚の際に称していた氏を称することができる。
（財産分与）
第768条　協議上の離婚をした者の一方は、相手方に対して財産の分与を請求することができる。
2　前項の規定による財産の分与について、当事者間に協議が調わないとき、又は協議をすることができないときは、当事者は、家庭裁判所に対して協議に代わる処分を請求することができる。ただし、離婚の時から2年を経過したときは、この限りでない。
3　前項の場合には、家庭裁判所は、当事者双方がその協力によって得た財産の額その他一切の事情を考慮して、分与をさせるべきかどうか並びに分与の額及び方法を定める。
（離婚による復氏の際の権利の承継）
第769条　婚姻によって氏を改めた夫又は妻が、第897条第1項の権利を承継した後、協議上の離婚をしたときは、当事者その他の関係人の協議で、その権利を承継すべき者を定めなければならない。
2　前項の協議が調わないとき、又は協議をすることができないときは、同項の権利を承継すべき者は、家庭裁判所がこれを定める。

第2款　裁判上の離婚

（裁判上の離婚）
第770条　夫婦の一方は、次に掲げる場合に限り、離婚の訴えを提起することができる。
　一　配偶者に不貞な行為があったとき。
　二　配偶者から悪意で遺棄されたとき。
　三　配偶者の生死が3年以上明らかでないとき。
　四　配偶者が強度の精神病にかかり、回復の見込みがないとき。
　五　その他婚姻を継続し難い重大な事由があるとき。
2　裁判所は、前項第1号から第4号までに掲げる事由がある場合であっても、一切の事情を考

慮して婚姻の継続を相当と認めるときは、離婚の請求を棄却することができる。

（協議上の離婚の規定の準用）
第771条 第766条から第769条までの規定は、裁判上の離婚について準用する。

第3章 親子

第1節 実子

（嫡出の推定）
第772条 妻が婚姻中に懐胎した子は、夫の子と推定する。
2 婚姻の成立の日から200日を経過した後又は婚姻の解消若しくは取消しの日から300日以内に生まれた子は、婚姻中に懐胎したものと推定する。

（父を定めることを目的とする訴え）
第773条 第733条第1項の規定に違反して再婚をした女が出産した場合において、前条の規定によりその子の父を定めることができないときは、裁判所が、これを定める。

（嫡出の否認）
第774条 第772条の場合において、夫は、子が嫡出であることを否認することができる。

（嫡出否認の訴え）
第775条 前条の規定による否認権は、子又は親権を行う母に対する嫡出否認の訴えによって行う。親権を行う母がないときは、家庭裁判所は、特別代理人を選任しなければならない。

（嫡出の承認）
第776条 夫は、子の出生後において、その嫡出であることを承認したときは、その否認権を失う。

（嫡出否認の訴えの出訴期間）
第777条 嫡出否認の訴えは、夫が子の出生を知った時から1年以内に提起しなければならない。
第778条 夫が成年被後見人であるときは、前条の期間は、後見開始の審判の取消しがあった後夫が子の出生を知った時から起算する。

（認知）
第779条 嫡出でない子は、その父又は母がこれを認知することができる。

（認知能力）
第780条 認知をするには、父又は母が未成年者又は成年被後見人であるときであっても、その法定代理人の同意を要しない。

（認知の方式）
第781条 認知は、戸籍法の定めるところにより届け出ることによってする。

2 認知は、遺言によっても、することができる。

（成年の子の認知）
第782条 成年の子は、その承諾がなければ、これを認知することができない。

（胎児又は死亡した子の認知）
第783条 父は、胎内に在る子でも、認知することができる。この場合においては、母の承諾を得なければならない。
2 父又は母は、死亡した子でも、その直系卑属があるときに限り、認知することができる。この場合において、その直系卑属が成年者であるときは、その承諾を得なければならない。

（認知の効力）
第784条 認知は、出生の時にさかのぼってその効力を生ずる。ただし、第三者が既に取得した権利を害することはできない。

（認知の取消しの禁止）
第785条 認知をした父又は母は、その認知を取り消すことができない。

（認知に対する反対の事実の主張）
第786条 子その他の利害関係人は、認知に対して反対の事実を主張することができる。

（認知の訴え）
第787条 子、その直系卑属又はこれらの者の法定代理人は、認知の訴えを提起することができる。ただし、父又は母の死亡の日から3年を経過したときは、この限りでない。

（認知後の子の監護に関する事項の定め等）
第788条 第766条の規定は、父が認知する場合について準用する。

（準正）
第789条 父が認知した子は、その父母の婚姻によって嫡出子の身分を取得する。
2 婚姻中父母が認知した子は、その認知の時から、嫡出子の身分を取得する。
3 前二項の規定は、子が既に死亡していた場合について準用する。

（子の氏）
第790条 嫡出である子は、父母の氏を称する。ただし、子の出生前に父母が離婚したときは、離婚の際における父母の氏を称する。
2 嫡出でない子は、母の氏を称する。

（子の氏の変更）
第791条 子が父又は母と氏を異にする場合には、子は、家庭裁判所の許可を得て、戸籍法の定めるところにより届け出ることによって、その父又は母の氏を称することができる。
2 父又は母が氏を改めたことにより子が父母と氏を異にする場合には、子は、父母の婚姻中に限り、前項の許可を得ないで、戸籍法の定める

ところにより届け出ることによって、その父母の
氏を称することができる。

3　子が15歳未満であるときは、その法定代理人
が、これに代わって、前二項の行為をすること
ができる。

4　前三項の規定により氏を改めた未成年の子
は、成年に達した時から1年以内に戸籍法の定
めるところにより届け出ることによって、従前の
氏に復することができる。

第2節　養子

第1款　縁組の要件

（養親となる者の年齢）
第792条　20歳に達した者は、養子をすること
ができる。

（尊属又は年長者を養子とすることの禁止）
第793条　尊属又は年長者は、これを養子とす
ることができない。

（後見人が被後見人を養子とする縁組）
第794条　後見人が被後見人（未成年被後見人
及び成年被後見人をいう。以下同じ。）を養子
とするには、家庭裁判所の許可を得なければな
らない。後見人の任務が終了した後、まだその
管理の計算が終わらない間も、同様とする。

（配偶者のある者が未成年者を養子とする縁組）
第795条　配偶者のある者が未成年者を養子と
するには、配偶者とともにしなければならない。
ただし、配偶者の嫡出である子を養子とする場
合又は配偶者がその意思を表示することができ
ない場合は、この限りでない。

（配偶者のある者の縁組）
第796条　配偶者のある者が縁組をするには、
その配偶者の同意を得なければならない。ただ
し、配偶者とともに縁組をする場合又は配偶者
がその意思を表示することができない場合は、
この限りでない。

（15歳未満の者を養子とする縁組）
第797条　養子となる者が15歳未満であるとき
は、その法定代理人が、これに代わって、縁組
の承諾をすることができる。

2　法定代理人が前項の承諾をするには、養子と
なる者の父母でその監護をすべき者であるもの
が他にあるときは、その同意を得なければなら
ない。養子となる者の父母で親権を停止されて
いるものがあるときも、同様とする。

（未成年者を養子とする縁組）
第798条　未成年者を養子とするには、家庭裁
判所の許可を得なければならない。ただし、自

己又は配偶者の直系卑属を養子とする場合は、
この限りでない。

（婚姻の規定の準用）
第799条　第738条及び第739条の規定は、縁組
について準用する。

（縁組の届出の受理）
第800条　縁組の届出は、その縁組が第792条か
ら前条までの規定その他の法令の規定に違反し
ないことを認めた後でなければ、受理すること
ができない。

（外国に在る日本人間の縁組の方式）
第801条　外国に在る日本人間で縁組をしよう
とするときは、その国に駐在する日本の大使、公使
又は領事にその届出をすることができる。この場
合においては、第799条において準用する第739条
の規定及び前条の規定を準用する。

第2款　縁組の無効及び取消し

（縁組の無効）
第802条　縁組は、次に掲げる場合に限り、無
効とする。

一　人違いその他の事由によって当事者間に縁
組をする意思がないとき。

二　当事者が縁組の届出をしないとき。ただし、
その届出が第799条において準用する第739条
第2項に定める方式を欠くだけであるときは、
縁組は、そのためにその効力を妨げられない。

（縁組の取消し）
第803条　縁組は、次条から第808条までの規定
によらなければ、取り消すことができない。

**（養親が20歳未満の者である場合の縁組の取消
し）**
第804条　第792条の規定に違反した縁組は、養
親又はその法定代理人から、その取消しを家庭
裁判所に請求することができる。ただし、養親
が、20歳に達した後6箇月を経過し、又は追認
をしたときは、この限りでない。

**（養子が尊属又は年長者である場合の縁組の取消
し）**
第805条　第793条の規定に違反した縁組は、各
当事者又はその親族から、その取消しを家庭裁
判所に請求することができる。

**（後見人と被後見人との間の無許可縁組の取消
し）**
第806条　第794条の規定に違反した縁組は、養
子又はその実方の親族から、その取消しを家庭
裁判所に請求することができる。ただし、管理
の計算が終わった後、養子が追認をし、又は6
箇月を経過したときは、この限りでない。

2 前項ただし書の追認は、養子が、成年に達し、又は行為能力を回復した後にしなければ、その効力を生じない。

3 養子が、成年に達せず、又は行為能力を回復しない間に、管理の計算が終わった場合には、第1項ただし書の期間は、養子が、成年に達し、又は行為能力を回復した時から起算する。

（配偶者の同意のない縁組等の取消し）

第806条の2 第796条の規定に違反した縁組は、縁組の同意をしていない者から、その取消しを家庭裁判所に請求することができる。ただし、その者が、縁組を知った後6箇月を経過し、又は追認をしたときは、この限りでない。

2 詐欺又は強迫によって第796条の同意をした者は、その縁組の取消しを家庭裁判所に請求することができる。ただし、その者が、詐欺を発見し、若しくは強迫を免れた後6箇月を経過し、又は追認をしたときは、この限りでない。

（子の監護をすべき者の同意のない縁組等の取消し）

第806条の3 第797条第2項の規定に違反した縁組は、縁組の同意をしていない者から、その取消しを家庭裁判所に請求することができる。ただし、その者が追認をしたとき、又は養子が15歳に達した後6箇月を経過し、若しくは追認をしたときは、この限りでない。

2 前条第2項の規定は、詐欺又は強迫によって第797条第2項の同意をした者について準用する。

（養子が未成年者である場合の無許可縁組の取消し）

第807条 第798条の規定に違反した縁組は、養子、その実方の親族又は養子に代わって縁組の承諾をした者から、その取消しを家庭裁判所に請求することができる。ただし、養子が、成年に達した後6箇月を経過し、又は追認をしたときは、この限りでない。

（婚姻の取消し等の規定の準用）

第808条 第747条及び第748条の規定は、縁組について準用する。この場合において、第747条第2項中「3箇月」とあるのは、「6箇月」と読み替えるものとする。

2 第769条及び第816条の規定は、縁組の取消しについて準用する。

第3款 縁組の効力

（嫡出子の身分の取得）

第809条 養子は、縁組の日から、養親の嫡出子の身分を取得する。

（養子の氏）

第810条 養子は、養親の氏を称する。ただし、婚姻によって氏を改めた者については、婚姻の際に定めた氏を称すべき間は、この限りでない。

第4款 離縁

（協議上の離縁等）

第811条 縁組の当事者は、その協議で、離縁をすることができる。

2 養子が15歳未満であるときは、その離縁は、養親と養子の離縁後にその法定代理人となるべき者との協議でこれをする。

3 前項の場合において、養子の父母が離婚しているときは、その協議で、その一方を養子の離縁後にその親権者となるべき者と定めなければならない。

4 前項の協議が調わないとき、又は協議をすることができないときは、家庭裁判所は、同項の父若しくは母又は養親の請求によって、協議に代わる審判をすることができる。

5 第2項の法定代理人となるべき者がないときは、家庭裁判所は、養子の親族その他の利害関係人の請求によって、養子の離縁後にその未成年後見人となるべき者を選任する。

6 縁組の当事者の一方が死亡した後に生存当事者が離縁をしようとするときは、家庭裁判所の許可を得て、これをすることができる。

（夫婦である養親と未成年者との離縁）

第811条の2 養親が夫婦である場合において未成年者と離縁をするには、夫婦が共にしなければならない。ただし、夫婦の一方がその意思を表示することができないときは、この限りでない。

（婚姻の規定の準用）

第812条 第738条、第739条及び第747条の規定は、協議上の離縁について準用する。この場合において、同条第2項中「3箇月」とあるのは、「6箇月」と読み替えるものとする。

（離縁の届出の受理）

第813条 離縁の届出は、その離縁が前条において準用する第739条第2項の規定並びに第811条及び第811条の2の規定その他の法令の規定に違反しないことを認めた後でなければ、受理することができない。

2 離縁の届出が前項の規定に違反して受理されたときであっても、離縁は、そのためにその効力を妨げられない。

（裁判上の離縁）

第814条 縁組の当事者の一方は、次に掲げる場

合に限り、離縁の訴えを提起することができる。
一　他の一方から悪意で遺棄されたとき。
二　他の一方の生死が3年以上明らかでないとき。
三　その他縁組を継続し難い重大な事由があるとき。
2　第770条第2項の規定は、前項第1号及び第2号に掲げる場合について準用する。

（養子が15歳未満である場合の離縁の訴えの当事者）
第815条　養子が15歳に達しない間は、第811条の規定により養親と離縁の協議をすることができる者から、又はこれに対して、離縁の訴えを提起することができる。

（離縁による復氏等）
第816条　養子は、離縁によって縁組前の氏に復する。ただし、配偶者とともに養子をした養親の一方のみと離縁をした場合は、この限りでない。
2　縁組の日から7年を経過した後に前項の規定により縁組前の氏に復した者は、離縁の日から3箇月以内に戸籍法の定めるところにより届け出ることによって、離縁の際に称していた氏を称することができる。

（離縁による復氏の際の権利の承継）
第817条　第769条の規定は、離縁について準用する。

第5款　特別養子

第817条の2　家庭裁判所は、次条から第817条の7までに定める要件があるときは、養親となる者の請求により、実方の血族との親族関係が終了する縁組（以下この款において「特別養子縁組」という。）を成立させることができる。
2　前項に規定する請求をするには、第794条又は第798条の許可を得ることを要しない。

（養親の夫婦共同縁組）
第817条の3　養親となる者は、配偶者のある者でなければならない。
2　夫婦の一方は、他の一方が養親とならないときは、養親となることができない。ただし、夫婦の一方が他の一方の嫡出である子（特別養子縁組以外の縁組による養子を除く。）の養親となる場合は、この限りでない。

（養親となる者の年齢）
第817条の4　25歳に達しない者は、養親となることができない。ただし、養親となる夫婦の一方が25歳に達していない場合においても、その者が20歳に達しているときは、この限りでない。

（養子となる者の年齢）
第817条の5　第817条の2に規定する請求の時に15歳に達している者は、養子となることができない。特別養子縁組が成立するまでに18歳に達した者についても、同様とする。
2　前項前段の規定は、養子となる者が15歳に達する前から引き続き養親となる者に監護されている場合において、15歳に達するまでに第817条の2に規定する請求がされなかったことについてやむを得ない事由があるときは、適用しない。
3　養子となる者が15歳に達している場合においては、特別養子縁組の成立には、その者の同意がなければならない。

（父母の同意）
第817条の6　特別養子縁組の成立には、養子となる者の父母の同意がなければならない。ただし、父母がその意思を表示することができない場合又は父母による虐待、悪意の遺棄その他養子となる者の利益を著しく害する事由がある場合は、この限りでない。

（子の利益のための特別の必要性）
第817条の7　特別養子縁組は、父母による養子となる者の監護が著しく困難又は不適当であることその他特別の事情がある場合において、子の利益のため特に必要があると認めるときに、これを成立させるものとする。

（監護の状況）
第817条の8　特別養子縁組を成立させるには、養親となる者が養子となる者を6箇月以上の期間監護した状況を考慮しなければならない。
2　前項の期間は、第817条の2に規定する請求の時から起算する。ただし、その請求前の監護の状況が明らかであるときは、この限りでない。

（実方との親族関係の終了）
第817条の9　養子と実方の父母及びその血族との親族関係は、特別養子縁組によって終了する。ただし、第817条の3第2項ただし書に規定する他の一方及びその血族との親族関係については、この限りでない。

（特別養子縁組の離縁）
第817条の10　次の各号のいずれにも該当する場合において、養子の利益のため特に必要があると認めるときは、家庭裁判所は、養子、実父母又は検察官の請求により、特別養子縁組の当事者を離縁させることができる。
一　養親による虐待、悪意の遺棄その他養子の利益を著しく害する事由があること。
二　実父母が相当の監護をすることができること。

2 離縁は、前項の規定による場合のほか、これをすることができない。

（離縁による実方との親族関係の回復）
第817条の11 養子と実父母及びその血族との間においては、離縁の日から、特別養子縁組によって終了した親族関係と同一の親族関係を生ずる。

第4章 親権

第1節 総則

（親権者）
第818条 成年に達しない子は、父母の親権に服する。
2 子が養子であるときは、養親の親権に服する。
3 親権は、父母の婚姻中は、父母が共同して行う。ただし、父母の一方が親権を行うことができないときは、他の一方が行う。

（離婚又は認知の場合の親権者）
第819条 父母が協議上の離婚をするときは、その協議で、その一方を親権者と定めなければならない。
2 裁判上の離婚の場合には、裁判所は、父母の一方を親権者と定める。
3 子の出生前に父母が離婚した場合には、親権は、母が行う。ただし、子の出生後に、父母の協議で、父を親権者と定めることができる。
4 父が認知した子に対する親権は、父母の協議で父を親権者と定めたときに限り、父が行う。
5 第1項、第3項又は前項の協議が調わないとき、又は協議をすることができないときは、家庭裁判所は、父又は母の請求によって、協議に代わる審判をすることができる。
6 子の利益のため必要があると認めるときは、家庭裁判所は、子の親族の請求によって、親権者を他の一方に変更することができる。

第2節 親権の効力

（監護及び教育の権利義務）
第820条 親権を行う者は、子の利益のために子の監護及び教育をする権利を有し、義務を負う。

（居所の指定）
第821条 子は、親権を行う者が指定した場所に、その居所を定めなければならない。

（懲戒）
第822条 親権を行う者は、第820条の規定による監護及び教育に必要な範囲内でその子を懲戒することができる。

（職業の許可）
第823条 子は、親権を行う者の許可を得なければ、職業を営むことができない。
2 親権を行う者は、第6条第2項の場合には、前項の許可を取り消し、又はこれを制限することができる。

（財産の管理及び代表）
第824条 親権を行う者は、子の財産を管理し、かつ、その財産に関する法律行為についてその子を代表する。ただし、その子の行為を目的とする債務を生ずべき場合には、本人の同意を得なければならない。

（父母の一方が共同の名義でした行為の効力）
第825条 父母が共同して親権を行う場合において、父母の一方が、共同の名義で、子に代わって法律行為をし又は子がこれをすることに同意したときは、その行為は、他の一方の意思に反したときであっても、そのためにその効力を妨げられない。ただし、相手方が悪意であったときは、この限りでない。

（利益相反行為）
第826条 親権を行う父又は母とその子との利益が相反する行為については、親権を行う者は、その子のために特別代理人を選任することを家庭裁判所に請求しなければならない。
2 親権を行う者が数人の子に対して親権を行う場合において、その1人と他の子との利益が相反する行為については、親権を行う者は、その一方のために特別代理人を選任することを家庭裁判所に請求しなければならない。

（財産の管理における注意義務）
第827条 親権を行う者は、自己のためにするのと同一の注意をもって、その管理権を行わなければならない。

（財産の管理の計算）
第828条 子が成年に達したときは、親権を行った者は、遅滞なくその管理の計算をしなければならない。ただし、その子の養育及び財産の管理の費用は、その子の財産の収益と相殺したものとみなす。

第829条 前条ただし書の規定は、無償で子に財産を与える第三者が反対の意思を表示したときは、その財産については、これを適用しない。

（第三者が無償で子に与えた財産の管理）
第830条 無償で子に財産を与える第三者が、親権を行う父又は母にこれを管理させない意思を表示したときは、その財産は、父又は母の管理に属しないものとする。
2 前項の財産につき父母が共に管理権を有しない場合において、第三者が管理者を指定しなか

ったときは、家庭裁判所は、子、その親族又は検察官の請求によって、その管理者を選任する。

3　第三者が管理者を指定したときであっても、その管理者の権限が消滅し、又はこれを改任する必要がある場合において、第三者が更に管理者を指定しないときも、前項と同様とする。

4　第27条から第29条までの規定は、前二項の場合について準用する。

（委任の規定の準用）

第831条　第654条及び第655条の規定は、親権を行う者が子の財産を管理する場合及び前条の場合について準用する。

（財産の管理について生じた親子間の債権の消滅時効）

第832条　親権を行った者とその子との間に財産の管理について生じた債権は、その管理権が消滅した時から5年間これを行使しないときは、時効によって消滅する。

2　子がまだ成年に達しない間に管理権が消滅した場合において子に法定代理人がないときは、前項の期間は、その子が成年に達し、又は後任の法定代理人が就職した時から起算する。

（子に代わる親権の行使）

第833条　親権を行う者は、その親権に服する子に代わって親権を行う。

第3節　親権の喪失

（親権喪失の審判）

第834条　父又は母による虐待又は悪意の遺棄があるときその他父又は母による親権の行使が著しく困難又は不適当であることにより子の利益を著しく害するときは、家庭裁判所は、子、その親族、未成年後見人、未成年後見監督人又は検察官の請求により、その父又は母について、親権喪失の審判をすることができる。ただし、2年以内にその原因が消滅する見込みがあるときは、この限りでない。

（親権停止の審判）

第834条の2　父又は母による親権の行使が困難又は不適当であることにより子の利益を害するときは、家庭裁判所は、子、その親族、未成年後見人、未成年後見監督人又は検察官の請求により、その父又は母について、親権停止の審判をすることができる。

2　家庭裁判所は、親権停止の審判をするときは、その原因が消滅するまでに要すると見込まれる期間、子の心身の状態及び生活の状況その他一切の事情を考慮して、2年を超えない範囲内で、親権を停止する期間を定める。

（管理権喪失の審判）

第835条　父又は母による管理権の行使が困難又は不適当であることにより子の利益を害するときは、家庭裁判所は、子、その親族、未成年後見人、未成年後見監督人又は検察官の請求により、その父又は母について、管理権喪失の審判をすることができる。

（親権喪失、親権停止又は管理権喪失の審判の取消し）

第836条　第834条本文、第834条の2第1項又は前条に規定する原因が消滅したときは、家庭裁判所は、本人又はその親族の請求によって、それぞれ親権喪失、親権停止又は管理権喪失の審判を取り消すことができる。

（親権又は管理権の辞任及び回復）

第837条　親権を行う父又は母は、やむを得ない事由があるときは、家庭裁判所の許可を得て、親権又は管理権を辞することができる。

2　前項の事由が消滅したときは、父又は母は、家庭裁判所の許可を得て、親権又は管理権を回復することができる。

第5章　後見

第1節　後見の開始

第838条　後見は、次に掲げる場合に開始する。

一　未成年者に対して親権を行う者がないとき、又は親権を行う者が管理権を有しないとき。

二　後見開始の審判があったとき。

第2節　後見の機関

第1款　後見人

（未成年後見人の指定）

第839条　未成年者に対して最後に親権を行う者は、遺言で、未成年後見人を指定することができる。ただし、管理権を有しない者は、この限りでない。

2　親権を行う父母の一方が管理権を有しないときは、他の一方は、前項の規定により未成年後見人の指定をすることができる。

（未成年後見人の選任）

第840条　前条の規定により未成年後見人となるべき者がないときは、家庭裁判所は、未成年被後見人又はその親族その他の利害関係人の請求によって、未成年後見人を選任する。未成年後見人が欠けたときも、同様とする。

2　未成年後見人がある場合においても、家庭裁判所は、必要があると認めるときは、前項に規定する者若しくは未成年後見人の請求により又は職権で、更に未成年後見人を選任することができる。

3　未成年後見人を選任するには、未成年被後見人の年齢、心身の状態並びに生活及び財産の状況、未成年後見人となる者の職業及び経歴並びに未成年被後見人との利害関係の有無（未成年後見人となる者が法人であるときは、その事業の種類及び内容並びにその法人及びその代表者と未成年被後見人との利害関係の有無）、未成年被後見人の意見その他一切の事情を考慮しなければならない。

（父母による未成年後見人の選任の請求）
第841条　父若しくは母が親権若しくは管理権を辞し、又は父若しくは母について親権喪失、親権停止若しくは管理権喪失の審判があったことによって未成年後見人を選任する必要が生じたときは、その父又は母は、遅滞なく未成年後見人の選任を家庭裁判所に請求しなければならない。

第842条　削除

（成年後見人の選任）
第843条　家庭裁判所は、後見開始の審判をするときは、職権で、成年後見人を選任する。

2　成年後見人が欠けたときは、家庭裁判所は、成年被後見人若しくはその親族その他の利害関係人の請求により又は職権で、成年後見人を選任する。

3　成年後見人が選任されている場合においても、家庭裁判所は、必要があると認めるときは、前項に規定する者若しくは成年後見人の請求により又は職権で、更に成年後見人を選任することができる。

4　成年後見人を選任するには、成年被後見人の心身の状態並びに生活及び財産の状況、成年後見人となる者の職業及び経歴並びに成年被後見人との利害関係の有無（成年後見人となる者が法人であるときは、その事業の種類及び内容並びにその法人及びその代表者と成年被後見人との利害関係の有無）、成年被後見人の意見その他一切の事情を考慮しなければならない。

（後見人の辞任）
第844条　後見人は、正当な事由があるときは、家庭裁判所の許可を得て、その任務を辞することができる。

（辞任した後見人による新たな後見人の選任の請求）
第845条　後見人がその任務を辞したことによって新たに後見人を選任する必要が生じたときは、その後見人は、遅滞なく新たな後見人の選任を家庭裁判所に請求しなければならない。

（後見人の解任）
第846条　後見人に不正な行為、著しい不行跡その他後見の任務に適しない事由があるときは、家庭裁判所は、後見監督人、被後見人若しくはその親族若しくは検察官の請求により又は職権で、これを解任することができる。

（後見人の欠格事由）
第847条　次に掲げる者は、後見人となることができない。
一　未成年者
二　家庭裁判所で免ぜられた法定代理人、保佐人又は補助人
三　破産者
四　被後見人に対して訴訟をし、又はした者並びにその配偶者及び直系血族
五　行方の知れない者

第2款　後見監督人

（未成年後見監督人の指定）
第848条　未成年後見人を指定することができる者は、遺言で、未成年後見監督人を指定することができる。

（後見監督人の選任）
第849条　家庭裁判所は、必要があると認めるときは、被後見人、その親族若しくは後見人の請求により又は職権で、後見監督人を選任することができる。

（後見監督人の欠格事由）
第850条　後見人の配偶者、直系血族及び兄弟姉妹は、後見監督人となることができない。

（後見監督人の職務）
第851条　後見監督人の職務は、次のとおりとする。
一　後見人の事務を監督すること。
二　後見人が欠けた場合に、遅滞なくその選任を家庭裁判所に請求すること。
三　急迫の事情がある場合に、必要な処分をすること。
四　後見人又はその代表する者と被後見人との利益が相反する行為について被後見人を代表すること。

（委任及び後見人の規定の準用）
第852条　第644条、第654条、第655条、第844条、第846条、第847条、第861条第2項及び第862条の規定は後見監督人について、第840条第3項及び第857条の2の規定は未成年後見監督人につい

て、第843条第4項、第859条の2及び第859条の3の規定は成年後見監督人について準用する。

第3節　後見の事務

（財産の調査及び目録の作成）
第853条　後見人は、遅滞なく被後見人の財産の調査に着手し、1箇月以内に、その調査を終わり、かつ、その目録を作成しなければならない。ただし、この期間は、家庭裁判所において伸長することができる。
2　財産の調査及びその目録の作成は、後見監督人があるときは、その立会いをもってしなければ、その効力を生じない。

（財産の目録の作成前の権限）
第854条　後見人は、財産の目録の作成を終わるまでは、急迫の必要がある行為のみをする権限を有する。ただし、これをもって善意の第三者に対抗することができない。

（後見人の被後見人に対する債権又は債務の申出義務）
第855条　後見人が、被後見人に対し、債権を有し、又は債務を負う場合において、後見監督人があるときは、財産の調査に着手する前に、これを後見監督人に申し出なければならない。
2　後見人が、被後見人に対し債権を有することを知ってこれを申し出ないときは、その債権を失う。

（被後見人が包括財産を取得した場合についての準用）
第856条　前三条の規定は、後見人が就職した後被後見人が包括財産を取得した場合について準用する。

（未成年被後見人の身上の監護に関する権利義務）
第857条　未成年後見人は、第820条から第823条までに規定する事項について、親権を行う者と同一の権利義務を有する。ただし、親権を行う者が定めた教育の方法及び居所を変更し、営業を許可し、その許可を取り消し、又はこれを制限するには、未成年後見監督人があるときは、その同意を得なければならない。

（未成年後見人が数人ある場合の権限の行使等）
第857条の2　未成年後見人が数人あるときは、共同してその権限を行使する。
2　未成年後見人が数人あるときは、家庭裁判所は、職権で、その一部の者について、財産に関する権限のみを行使すべきことを定めることができる。
3　未成年後見人が数人あるときは、家庭裁判所

は、職権で、財産に関する権限について、各未成年後見人が単独で又は数人の未成年後見人が事務を分掌して、その権限を行使すべきことを定めることができる。
4　家庭裁判所は、職権で、前二項の規定による定めを取り消すことができる。
5　未成年後見人が数人あるときは、第三者の意思表示は、その1人に対してすれば足りる。

（成年被後見人の意思の尊重及び身上の配慮）
第858条　成年後見人は、成年被後見人の生活、療養看護及び財産の管理に関する事務を行うに当たっては、成年被後見人の意思を尊重し、かつ、その心身の状態及び生活の状況に配慮しなければならない。

（財産の管理及び代表）
第859条　後見人は、被後見人の財産を管理し、かつ、その財産に関する法律行為について被後見人を代表する。
2　第824条ただし書の規定は、前項の場合について準用する。

（成年後見人が数人ある場合の権限の行使等）
第859条の2　成年後見人が数人あるときは、家庭裁判所は、職権で、数人の成年後見人が、共同して又は事務を分掌して、その権限を行使すべきことを定めることができる。
2　家庭裁判所は、職権で、前項の規定による定めを取り消すことができる。
3　成年後見人が数人あるときは、第三者の意思表示は、その1人に対してすれば足りる。

（成年被後見人の居住用不動産の処分についての許可）
第859条の3　成年後見人は、成年被後見人に代わって、その居住の用に供する建物又はその敷地について、売却、賃貸、賃貸借の解除又は抵当権の設定その他これらに準ずる処分をするには、家庭裁判所の許可を得なければならない。

（利益相反行為）
第860条　第826条の規定は、後見人について準用する。ただし、後見監督人がある場合は、この限りでない。

（成年後見人による郵便物等の管理）
第860条の2　家庭裁判所は、成年後見人がその事務を行うに当たって必要があると認めるときは、成年後見人の請求により、信書の送達の事業を行う者に対し、期間を定めて、成年被後見人に宛てた郵便物又は民間事業者による信書の送達に関する法律（平成14年法律第99号）第2条第3項に規定する信書便物（次条において「郵便物等」という。）を成年後見人に配達すべき旨を嘱託することができる。

2　前項に規定する嘱託の期間は、6箇月を超えることができない。

3　家庭裁判所は、第1項の規定による審判があった後事情に変更を生じたときは、成年被後見人、成年後見人若しくは成年後見監督人の請求により又は職権で、同項に規定する嘱託を取り消し、又は変更することができる。ただし、その変更の審判においては、同項の規定による審判において定められた期間を伸長することができない。

4　成年後見人の任務が終了したときは、家庭裁判所は、第1項に規定する嘱託を取り消さなければならない。

第860条の３　成年後見人は、成年被後見人に宛てた郵便物等を受け取ったときは、これを開いて見ることができる。

2　成年後見人は、その受け取った前項の郵便物等で成年後見人の事務に関しないものは、速やかに成年被後見人に交付しなければならない。

3　成年被後見人は、成年後見人に対し、成年後見人が受け取った第1項の郵便物等（前項の規定により成年被後見人に交付されたものを除く。）の閲覧を求めることができる。

（支出金額の予定及び後見の事務の費用）

第861条　後見人は、その就職の初めにおいて、被後見人の生活、教育又は療養看護及び財産の管理のために毎年支出すべき金額を予定しなければならない。

2　後見人が後見の事務を行うために必要な費用は、被後見人の財産の中から支弁する。

（後見人の報酬）

第862条　家庭裁判所は、後見人及び被後見人の資力その他の事情によって、被後見人の財産の中から、相当な報酬を後見人に与えることができる。

（後見の事務の監督）

第863条　後見監督人又は家庭裁判所は、いつでも、後見人に対し後見の事務の報告若しくは財産の目録の提出を求め、又は後見の事務若しくは被後見人の財産の状況を調査することができる。

2　家庭裁判所は、後見監督人、被後見人若しくはその親族その他の利害関係人の請求により又は職権で、被後見人の財産の管理その他後見の事務について必要な処分を命ずることができる。

（後見監督人の同意を要する行為）

第864条　後見人が、被後見人に代わって営業若しくは第13条第1項各号に掲げる行為をし、又は未成年被後見人がこれをすることに同意するには、後見監督人があるときは、その同意を

得なければならない。ただし、同項第1号に掲げる元本の領収については、この限りでない。

第865条　後見人が、前条の規定に違反してし又は同意を与えた行為は、被後見人又は後見人が取り消すことができる。この場合においては、第20条の規定を準用する。

2　前項の規定は、第121条から第126条までの規定の適用を妨げない。

（被後見人の財産等の譲受けの取消し）

第866条　後見人が被後見人の財産又は被後見人に対する第三者の権利を譲り受けたときは、被後見人は、これを取り消すことができる。この場合においては、第20条の規定を準用する。

2　前項の規定は、第121条から第126条までの規定の適用を妨げない。

（未成年被後見人に代わる親権の行使）

第867条　未成年後見人は、未成年被後見人に代わって親権を行う。

2　第853条から第857条まで及び第861条から前条までの規定は、前項の場合について準用する。

（財産に関する権限のみを有する未成年後見人）

第868条　親権を行う者が管理権を有しない場合には、未成年後見人は、財産に関する権限のみを有する。

（委任及び親権の規定の準用）

第869条　第644条及び第830条の規定は、後見について準用する。

第４節　後見の終了

（後見の計算）

第870条　後見人の任務が終了したときは、後見人又はその相続人は、2箇月以内にその管理の計算（以下「後見の計算」という。）をしなければならない。ただし、この期間は、家庭裁判所において伸長することができる。

第871条　後見の計算は、後見監督人があるときは、その立会いをもってしなければならない。

（未成年被後見人と未成年後見人等との間の契約等の取消し）

第872条　未成年被後見人が成年に達した後後見の計算の終了前に、その者と未成年後見人又はその相続人との間でした契約は、その者が取り消すことができる。その者が未成年後見人又はその相続人に対してした単独行為も、同様とする。

2　第20条及び第121条から第126条までの規定は、前項の場合について準用する。

（返還金に対する利息の支払等）

第873条　後見人が被後見人に返還すべき金額

及び被後見人が後見人に返還すべき金額には、後見の計算が終了した時から、利息を付さなければならない。

2 後見人は、自己のために被後見人の金銭を消費したときは、その消費の時から、これに利息を付さなければならない。この場合において、なお損害があるときは、その賠償の責任を負う。

（成年被後見人の死亡後の成年後見人の権限）

第873条の2 成年後見人は、成年被後見人が死亡した場合において、必要があるときは、成年被後見人の相続人の意思に反することが明らかなときを除き、相続人が相続財産を管理することができるに至るまで、次に掲げる行為をすることができる。ただし、第3号に掲げる行為をするには、家庭裁判所の許可を得なければならない。

一 相続財産に属する特定の財産の保存に必要な行為

二 相続財産に属する債務（弁済期が到来しているものに限る。）の弁済

三 その死体の火葬又は埋葬に関する契約の締結その他相続財産の保存に必要な行為（前二号に掲げる行為を除く。）

（委任の規定の準用）

第874条 第654条及び第655条の規定は、後見について準用する。

（後見に関して生じた債権の消滅時効）

第875条 第832条の規定は、後見人又は後見監督人と被後見人との間において後見に関して生じた債権の消滅時効について準用する。

2 前項の消滅時効は、第872条の規定により法律行為を取り消した場合には、その取消しの時から起算する。

第6章 保佐及び補助

第1節 保佐

（保佐の開始）

第876条 保佐は、保佐開始の審判によって開始する。

（保佐人及び臨時保佐人の選任等）

第876条の2 家庭裁判所は、保佐開始の審判をするときは、職権で、保佐人を選任する。

2 第843条第2項から第4項まで及び第844条から第847条までの規定は、保佐人について準用する。

3 保佐人又はその代表する者と被保佐人との利益が相反する行為については、保佐人は、臨時保佐人の選任を家庭裁判所に請求しなければな

らない。ただし、保佐監督人がある場合は、この限りでない。

（保佐監督人）

第876条の3 家庭裁判所は、必要があると認めるときは、被保佐人、その親族若しくは保佐人の請求により又は職権で、保佐監督人を選任することができる。

2 第644条、第654条、第655条、第843条第4項、第844条、第846条、第847条、第850条、第851条、第859条の2、第859条の3、第861条第2項及び第862条の規定は、保佐監督人について準用する。この場合において、第851条第4号中「被後見人を代表する」とあるのは、「被保佐人を代表し、又は被保佐人がこれをすることに同意する」と読み替えるものとする。

（保佐人に代理権を付与する旨の審判）

第876条の4 家庭裁判所は、第11条本文に規定する者又は保佐人若しくは保佐監督人の請求によって、被保佐人のために特定の法律行為について保佐人に代理権を付与する旨の審判をすることができる。

2 本人以外の者の請求によって前項の審判をするには、本人の同意がなければならない。

3 家庭裁判所は、第1項に規定する者の請求によって、同項の審判の全部又は一部を取り消すことができる。

（保佐の事務及び保佐人の任務の終了等）

第876条の5 保佐人は、保佐の事務を行うに当たっては、被保佐人の意思を尊重し、かつ、その心身の状態及び生活の状況に配慮しなければならない。

2 第644条、第859条の2、第859条の3、第861条第2項、第862条及び第863条の規定は保佐の事務について、第824条ただし書の規定は保佐人が前条第1項の代理権を付与する旨の審判に基づき被保佐人を代表する場合について準用する。

3 第654条、第655条、第870条、第871条及び第873条の規定は保佐人の任務が終了した場合について、第832条の規定は保佐人又は保佐監督人と被保佐人との間において保佐に関して生じた債権について準用する。

第2節 補助

（補助の開始）

第876条の6 補助は、補助開始の審判によって開始する。

（補助人及び臨時補助人の選任等）

第876条の7 家庭裁判所は、補助開始の審判

をするときは、職権で、補助人を選任する。

2　第843条第2項から第4項まで及び第844条から第847条までの規定は、補助人について準用する。

3　補助人又はその代表する者と被補助人との利益が相反する行為については、補助人は、臨時補助人の選任を家庭裁判所に請求しなければならない。ただし、補助監督人がある場合は、この限りでない。

（補助監督人）

第876条の8　家庭裁判所は、必要があると認めるときは、被補助人、その親族若しくは補助人の請求により又は職権で、補助監督人を選任することができる。

2　第644条、第654条、第655条、第843条第4項、第844条、第846条、第847条、第850条、第851条、第859条の2、第859条の3、第861条第2項及び第862条の規定は、補助監督人について準用する。この場合において、第851条第4号中「被後見人を代表する」とあるのは、「被補助人を代表し、又は被補助人がこれをすることに同意する」と読み替えるものとする。

（補助人に代理権を付与する旨の審判）

第876条の9　家庭裁判所は、第15条第1項本文に規定する者又は補助人若しくは補助監督人の請求によって、被補助人のために特定の法律行為について補助人に代理権を付与する旨の審判をすることができる。

2　第876条の4第2項及び第3項の規定は、前項の審判について準用する。

（補助の事務及び補助人の任務の終了等）

第876条の10　第644条、第859条の2、第859条の3、第861条第2項、第862条、第863条及び第876条の5第1項の規定は補助の事務について、第824条ただし書の規定は補助人が前条第1項の代理権を付与する旨の審判に基づき被補助人を代表する場合について準用する。

2　第654条、第655条、第870条、第871条及び第873条の規定は補助人の任務が終了した場合について、第832条の規定は補助人又は補助監督人と被補助人との間において補助に関して生じた債権について準用する。

第7章　扶養

（扶養義務者）

第877条　直系血族及び兄弟姉妹は、互いに扶養をする義務がある。

2　家庭裁判所は、特別の事情があるときは、前項に規定する場合のほか、3親等内の親族間に

おいても扶養の義務を負わせることができる。

3　前項の規定による審判があった後事情に変更を生じたときは、家庭裁判所は、その審判を取り消すことができる。

（扶養の順位）

第878条　扶養をする義務のある者が数人ある場合において、扶養をすべき者の順序について、当事者間に協議が調わないとき、又は協議をすることができないときは、家庭裁判所が、これを定める。扶養を受ける権利のある者が数人ある場合において、扶養義務者の資力がその全員を扶養するのに足りないときの扶養を受けるべき者の順序についても、同様とする。

（扶養の程度又は方法）

第879条　扶養の程度又は方法について、当事者間に協議が調わないとき、又は協議をすることができないときは、扶養権利者の需要、扶養義務者の資力その他一切の事情を考慮して、家庭裁判所が、これを定める。

（扶養に関する協議又は審判の変更又は取消し）

第880条　扶養をすべき者若しくは扶養を受けるべき者の順序又は扶養の程度若しくは方法について協議又は審判があった後事情に変更を生じたときは、家庭裁判所は、その協議又は審判の変更又は取消しをすることができる。

（扶養請求権の処分の禁止）

第881条　扶養を受ける権利は、処分することができない。

第5編　相続

第1章　総則

（相続開始の原因）

第882条　相続は、死亡によって開始する。

（相続開始の場所）

第883条　相続は、被相続人の住所において開始する。

（相続回復請求権）

第884条　相続回復の請求権は、相続人又はその法定代理人が相続権を侵害された事実を知った時から5年間行使しないときは、時効によって消滅する。相続開始の時から20年を経過したときも、同様とする。

（相続財産に関する費用）

第885条　相続財産に関する費用は、その財産の中から支弁する。ただし、相続人の過失によるものは、この限りでない。

第2章　相続人

（相続に関する胎児の権利能力）

第886条 胎児は、相続については、既に生まれたものとみなす。

2 前項の規定は、胎児が死体で生まれたときは、適用しない。

（子及びその代襲者等の相続権）

第887条 被相続人の子は、相続人となる。

2 被相続人の子が、相続の開始以前に死亡したとき、又は第891条の規定に該当し、若しくは廃除によって、その相続権を失ったときは、その者の子がこれを代襲して相続人となる。ただし、被相続人の直系卑属でない者は、この限りでない。

3 前項の規定は、代襲者が、相続の開始以前に死亡し、又は第891条の規定に該当し、若しくは廃除によって、その代襲相続権を失った場合について準用する。

第888条 削除

（直系尊属及び兄弟姉妹の相続権）

第889条 次に掲げる者は、第887条の規定により相続人となるべき者がない場合には、次に掲げる順序の順位に従って相続人となる。

一 被相続人の直系尊属。ただし、親等の異なる者の間では、その近い者を先にする。

二 被相続人の兄弟姉妹

2 第887条第2項の規定は、前項第2号の場合について準用する。

（配偶者の相続権）

第890条 被相続人の配偶者は、常に相続人となる。この場合において、第887条又は前条の規定により相続人となるべき者があるときは、その者と同順位とする。

（相続人の欠格事由）

第891条 次に掲げる者は、相続人となることができない。

一 故意に被相続人又は相続について先順位若しくは同順位にある者を死亡するに至らせ、又は至らせようとしたために、刑に処せられた者

二 被相続人の殺害されたことを知って、これを告発せず、又は告訴しなかった者。ただし、その者に是非の弁別がないとき、又は殺害者が自己の配偶者若しくは直系血族であったときは、この限りでない。

三 詐欺又は強迫によって、被相続人が相続に関する遺言をし、撤回し、取り消し、又は変更することを妨げた者

四 詐欺又は強迫によって、被相続人に相続に関する遺言をさせ、撤回させ、取り消させ、又は変更させた者

五 相続に関する被相続人の遺言書を偽造し、変造し、破棄し、又は隠匿した者

（推定相続人の廃除）

第892条 遺留分を有する推定相続人（相続が開始した場合に相続人となるべき者をいう。以下同じ。）が、被相続人に対して虐待をし、若しくはこれに重大な侮辱を加えたとき、又は推定相続人にその他の著しい非行があったときは、被相続人は、その推定相続人の廃除を家庭裁判所に請求することができる。

（遺言による推定相続人の廃除）

第893条 被相続人が遺言で推定相続人を廃除する意思を表示したときは、遺言執行者は、その遺言が効力を生じた後、遅滞なく、その推定相続人の廃除を家庭裁判所に請求しなければならない。この場合において、その推定相続人の廃除は、被相続人の死亡の時にさかのぼってその効力を生ずる。

（推定相続人の廃除の取消し）

第894条 被相続人は、いつでも、推定相続人の廃除の取消しを家庭裁判所に請求することができる。

2 前条の規定は、推定相続人の廃除の取消しについて準用する。

（推定相続人の廃除に関する審判確定前の遺産の管理）

第895条 推定相続人の廃除又はその取消しの請求があった後その審判が確定する前に相続が開始したときは、家庭裁判所は、親族、利害関係人又は検察官の請求によって、遺産の管理について必要な処分を命ずることができる。推定相続人の廃除の遺言があったときも、同様とする。

2 第27条から第29条までの規定は、前項の規定により家庭裁判所が遺産の管理人を選任した場合について準用する。

第3章 相続の効力

第1節 総則

（相続の一般的効力）

第896条 相続人は、相続開始の時から、被相続人の財産に属した一切の権利義務を承継する。ただし、被相続人の一身に専属したものは、この限りでない。

（祭祀に関する権利の承継）

第897条 系譜、祭具及び墳墓の所有権は、前条の規定にかかわらず、慣習に従って祖先の祭祀を主宰すべき者が承継する。ただし、被相続人の指定に従って祖先の祭祀を主宰すべき者が

あるときは、その者が承継する。

2　前項本文の場合において慣習が明らかでないときは、同項の権利を承継すべき者は、家庭裁判所が定める。

（相続財産の保存）

第897条の2　家庭裁判所は、利害関係人又は検察官の請求によって、いつでも、相続財産の管理人の選任その他の相続財産の保存に必要な処分を命ずることができる。ただし、相続人が1人である場合においてその相続人が相続の単純承認をしたとき、相続人が数人ある場合において遺産の全部の分割がされたとき、又は第952条第1項の規定により相続財産の清算人が選任されているときは、この限りでない。

2　第27条から第29条までの規定は、前項の規定により家庭裁判所が相続財産の管理人を選任した場合について準用する。

（共同相続の効力）

第898条　相続人が数人あるときは、相続財産は、その共有に属する。

2　相続財産について共有に関する規定を適用するときは、第900条から第902条までの規定により算定した相続分をもって各相続人の共有持分とする。

第899条　各共同相続人は、その相続分に応じて被相続人の権利義務を承継する。

（共同相続における権利の承継の対抗要件）

第899条の2　相続による権利の承継は、遺産の分割によるものかどうかにかかわらず、次条及び第901条の規定により算定した相続分を超える部分については、登記、登録その他の対抗要件を備えなければ、第三者に対抗することができない。

2　前項の権利が債権である場合において、次条及び第901条の規定により算定した相続分を超えて当該債権を承継した共同相続人が当該債権に係る遺言の内容（遺産の分割により当該債権を承継した場合にあっては、当該債権に係る遺産の分割の内容）を明らかにして債務者にその承継の通知をしたときは、共同相続人の全員が債務者に通知をしたものとみなして、同項の規定を適用する。

第2節　相続分

（法定相続分）

第900条　同順位の相続人が数人あるときは、その相続分は、次の各号の定めるところによる。

一　子及び配偶者が相続人であるときは、子の相続分及び配偶者の相続分は、各2分の1と

する。

二　配偶者及び直系尊属が相続人であるときは、配偶者の相続分は、3分の2とし、直系尊属の相続分は、3分の1とする。

三　配偶者及び兄弟姉妹が相続人であるときは、配偶者の相続分は、4分の3とし、兄弟姉妹の相続分は、4分の1とする。

四　子、直系尊属又は兄弟姉妹が数人あるときは、各自の相続分は、相等しいものとする。ただし、父母の一方のみを同じくする兄弟姉妹の相続分は、父母の双方を同じくする兄弟姉妹の相続分の2分の1とする。

（代襲相続人の相続分）

第901条　第887条第2項又は第3項の規定により相続人となる直系卑属の相続分は、その直系尊属が受けるべきであったものと同じとする。ただし、直系卑属が数人あるときは、その各自の直系尊属が受けるべきであった部分について、前条の規定に従ってその相続分を定める。

2　前項の規定は、第889条第2項の規定により兄弟姉妹の子が相続人となる場合について準用する。

（遺言による相続分の指定）

第902条　被相続人は、前二条の規定にかかわらず、遺言で、共同相続人の相続分を定め、又はこれを定めることを第三者に委託することができる。

2　被相続人が、共同相続人中の1人若しくは数人の相続分のみを定め、又はこれを第三者に定めさせたときは、他の共同相続人の相続分は、前二条の規定により定める。

（相続分の指定がある場合の債権者の権利の行使）

第902条の2　被相続人が相続開始の時において有した債務の債権者は、前条の規定による相続分の指定がされた場合であっても、各共同相続人に対し、第900条及び第901条の規定により算定した相続分に応じてその権利を行使することができる。ただし、その債権者が共同相続人の1人に対してその指定された相続分に応じた債務の承継を承認したときは、この限りでない。

（特別受益者の相続分）

第903条　共同相続人中に、被相続人から、遺贈を受け、又は婚姻若しくは養子縁組のため若しくは生計の資本として贈与を受けた者があるときは、被相続人が相続開始の時において有した財産の価額にその贈与の価額を加えたものを相続財産とみなし、第900条から第902条までの規定により算定した相続分の中からその遺贈又は贈与の価額を控除した残額をもってその者の

相続分とする。

2　遺贈又は贈与の価額が、相続分の価額に等しく、又はこれを超えるときは、受遺者又は受贈者は、その相続分を受けることができない。

3　被相続人が前二項の規定と異なった意思を表示したときは、その意思に従う。

4　婚姻期間が20年以上の夫婦の一方である被相続人が、他の一方に対し、その居住の用に供する建物又はその敷地について遺贈又は贈与をしたときは、当該被相続人は、その遺贈又は贈与について第1項の規定を適用しない旨の意思を表示したものと推定する。

第904条　前条に規定する贈与の価額は、受贈者の行為によって、その目的である財産が滅失し、又はその価格の増減があったときであっても、相続開始の時においてなお原状のままであるものとみなしてこれを定める。

（寄与分）

第904条の2　共同相続人中に、被相続人の事業に関する労務の提供又は財産上の給付、被相続人の療養看護その他の方法により被相続人の財産の維持又は増加について特別の寄与をした者があるときは、被相続人が相続開始の時において有した財産の価額から共同相続人の協議で定めたその者の寄与分を控除したものを相続財産とみなし、第900条から第902条までの規定により算定した相続分に寄与分を加えた額をもってその者の相続分とする。

2　前項の協議が調わないとき、又は協議をすることができないときは、家庭裁判所は、同項に規定する寄与をした者の請求により、寄与の時期、方法及び程度、相続財産の額その他一切の事情を考慮して、寄与分を定める。

3　寄与分は、被相続人が相続開始の時において有した財産の価額から遺贈の価額を控除した残額を超えることができない。

4　第2項の請求は、第907条第2項の規定による請求があった場合又は第910条に規定する場合にすることができる。

（期間経過後の遺産の分割における相続分）

第904条の3　前三条の規定は、相続開始の時から10年を経過した後にする遺産の分割については、適用しない。ただし、次の各号のいずれかに該当するときは、この限りでない。

一　相続開始の時から10年を経過する前に、相続人が家庭裁判所に遺産の分割の請求をしたとき。

二　相続開始の時から始まる10年の期間の満了前6箇月以内の間に、遺産の分割を請求することができないやむを得ない事由が相続人に

あった場合において、その事由が消滅した時から6箇月を経過する前に、当該相続人が家庭裁判所に遺産の分割の請求をしたとき。

（相続分の取戻権）

第905条　共同相続人の1人が遺産の分割前にその相続分を第三者に譲り渡したときは、他の共同相続人は、その価額及び費用を償還して、その相続分を譲り受けることができる。

2　前項の権利は、1箇月以内に行使しなければならない。

第3節　遺産の分割

（遺産の分割の基準）

第906条　遺産の分割は、遺産に属する物又は権利の種類及び性質、各相続人の年齢、職業、心身の状態及び生活の状況その他一切の事情を考慮してこれをする。

（遺産の分割前に遺産に属する財産が処分された場合の遺産の範囲）

第906条の2　遺産の分割前に遺産に属する財産が処分された場合であっても、共同相続人は、その全員の同意により、当該処分された財産が遺産の分割時に遺産として存在するものとみなすことができる。

2　前項の規定にかかわらず、共同相続人の1人又は数人により同項の財産が処分されたときは、当該共同相続人については、同項の同意を得ることを要しない。

（遺産の分割の協議又は審判）

第907条　共同相続人は、次条第1項の規定により被相続人が遺言で禁じた場合又は同条第2項の規定により分割をしない旨の契約をした場合を除き、いつでも、その協議で、遺産の全部又は一部の分割をすることができる。

2　遺産の分割について、共同相続人間に協議が調わないとき、又は協議をすることができないときは、各共同相続人は、その全部又は一部の分割を家庭裁判所に請求することができる。ただし、遺産の一部を分割することにより他の共同相続人の利益を害するおそれがある場合におけるその一部の分割については、この限りでない。

（遺産の分割の方法の指定及び遺産の分割の禁止）

第908条　被相続人は、遺言で、遺産の分割の方法を定め、若しくはこれを定めることを第三者に委託し、又は相続開始の時から5年を超えない期間を定めて、遺産の分割を禁ずることができる。

2 共同相続人は、5年以内の期間を定めて、遺産の全部又は一部について、その分割をしない旨の契約をすることができる。ただし、その期間の終期は、相続開始の時から10年を超えることができない。

3 前項の契約は、5年以内の期間を定めて更新することができる。ただし、その期間の終期は、相続開始の時から10年を超えることができない。

4 前条第2項本文の場合において特別の事由があるときは、家庭裁判所は、5年以内の期間を定めて、遺産の全部又は一部について、その分割を禁ずることができる。ただし、その期間の終期は、相続開始の時から10年を超えることができない。

5 家庭裁判所は、5年以内の期間を定めて前項の期間を更新することができる。ただし、その期間の終期は、相続開始の時から10年を超えることができない。

（遺産の分割の効力）
第909条 遺産の分割は、相続開始の時にさかのぼってその効力を生ずる。ただし、第三者の権利を害することはできない。

（遺産の分割前における預貯金債権の行使）
第909条の2 各共同相続人は、遺産に属する預貯金債権のうち相続開始の時の債権額の3分の1に第900条及び第901条の規定により算定した当該共同相続人の相続分を乗じた額（標準的な当面の必要生計費、平均的な葬式の費用の額その他の事情を勘案して預貯金債権の債務者ごとに法務省令で定める額を限度とする。）については、単独でその権利を行使することができる。この場合において、当該権利の行使をした預貯金債権については、当該共同相続人が遺産の一部の分割によりこれを取得したものとみなす。

（相続の開始後に認知された者の価額の支払請求権）
第910条 相続の開始後認知によって相続人となった者が遺産の分割を請求しようとする場合において、他の共同相続人が既にその分割その他の処分をしたときは、価額のみによる支払の請求権を有する。

（共同相続人間の担保責任）
第911条 各共同相続人は、他の共同相続人に対して、売主と同じく、その相続分に応じて担保の責任を負う。

（遺産の分割によって受けた債権についての担保責任）
第912条 各共同相続人は、その相続分に応じ、他の共同相続人が遺産の分割によって受けた債権について、その分割の時における債務者の資

力を担保する。

2 弁済期に至らない債権及び停止条件付きの債権については、各共同相続人は、弁済をすべき時における債務者の資力を担保する。

（資力のない共同相続人がある場合の担保責任の分担）
第913条 担保の責任を負う共同相続人中に償還をする資力のない者があるときは、その償還することができない部分は、求償者及び他の資力のある者が、それぞれその相続分に応じて分担する。ただし、求償者に過失があるときは、他の共同相続人に対して分担を請求することができない。

（遺言による担保責任の定め）
第914条 前三条の規定は、被相続人が遺言で別段の意思を表示したときは、適用しない。

第4章 相続の承認及び放棄

第1節 総則

（相続の承認又は放棄をすべき期間）
第915条 相続人は、自己のために相続の開始があったことを知った時から3箇月以内に、相続について、単純若しくは限定の承認又は放棄をしなければならない。ただし、この期間は、利害関係人又は検察官の請求によって、家庭裁判所において伸長することができる。

2 相続人は、相続の承認又は放棄をする前に、相続財産の調査をすることができる。

第916条 相続人が相続の承認又は放棄をしないで死亡したときは、前条第1項の期間は、その者の相続人が自己のために相続の開始があったことを知った時から起算する。

第917条 相続人が未成年者又は成年被後見人であるときは、第915条第1項の期間は、その法定代理人が未成年者又は成年被後見人のために相続の開始があったことを知った時から起算する。

（相続人による管理）
第918条 相続人は、その固有財産におけるのと同一の注意をもって、相続財産を管理しなければならない。ただし、相続の承認又は放棄をしたときは、この限りでない。

（相続の承認及び放棄の撤回及び取消し）
第919条 相続の承認及び放棄は、第915条第1項の期間内でも、撤回することができない。

2 前項の規定は、第1編（総則）及び前編（親族）の規定により相続の承認又は放棄の取消しをすることを妨げない。

3 前項の取消権は、追認をすることができる時

から6箇月間行使しないときは、時効によって消滅する。相続の承認又は放棄の時から10年を経過したときも、同様とする。

4　第2項の規定により限定承認又は相続の放棄の取消しをしようとする者は、その旨を家庭裁判所に申述しなければならない。

第2節　相続の承認

第1款　単純承認

（単純承認の効力）
第920条　相続人は、単純承認をしたときは、無限に被相続人の権利義務を承継する。

（法定単純承認）
第921条　次に掲げる場合には、相続人は、単純承認をしたものとみなす。

一　相続人が相続財産の全部又は一部を処分したとき。ただし、保存行為及び第602条に定める期間を超えない賃貸をすることは、この限りでない。

二　相続人が第915条第1項の期間内に限定承認又は相続の放棄をしなかったとき。

三　相続人が、限定承認又は相続の放棄をした後であっても、相続財産の全部若しくは一部を隠匿し、私にこれを消費し、又は悪意でこれを相続財産の目録中に記載しなかったとき。ただし、その相続人が相続の放棄をしたことによって相続人となった者が相続の承認をした後は、この限りでない。

第2款　限定承認

（限定承認）
第922条　相続人は、相続によって得た財産の限度においてのみ被相続人の債務及び遺贈を弁済すべきことを留保して、相続の承認をすることができる。

（共同相続人の限定承認）
第923条　相続人が数人あるときは、限定承認は、共同相続人の全員が共同してのみこれをすることができる。

（限定承認の方式）
第924条　相続人は、限定承認をしようとするときは、第915条第1項の期間内に、相続財産の目録を作成して家庭裁判所に提出し、限定承認をする旨を申述しなければならない。

（限定承認をしたときの権利義務）
第925条　相続人が限定承認をしたときは、その被相続人に対して有した権利義務は、消滅しなかったものとみなす。

（限定承認者による管理）
第926条　限定承認者は、その固有財産におけるのと同一の注意をもって、相続財産の管理を継続しなければならない。

2　第645条、第646条並びに第650条第1項及び第2項の規定は、前項の場合について準用する。

（相続債権者及び受遺者に対する公告及び催告）
第927条　限定承認者は、限定承認をした後5日以内に、すべての相続債権者（相続財産に属する債務の債権者をいう。以下同じ。）及び受遺者に対し、限定承認をしたこと及び一定の期間内にその請求の申出をすべき旨を公告しなければならない。この場合において、その期間は、2箇月を下ることができない。

2　前項の規定による公告には、相続債権者及び受遺者がその期間内に申出をしないときは弁済から除斥されるべき旨を付記しなければならない。ただし、限定承認者は、知れている相続債権者及び受遺者を除斥することができない。

3　限定承認者は、知れている相続債権者及び受遺者には、各別にその申出の催告をしなければならない。

4　第1項の規定による公告は、官報に掲載してする。

（公告期間満了前の弁済の拒絶）
第928条　限定承認者は、前条第1項の期間の満了前には、相続債権者及び受遺者に対して弁済を拒むことができる。

（公告期間満了後の弁済）
第929条　第927条第1項の期間が満了した後は、限定承認者は、相続財産をもって、その期間内に同項の申出をした相続債権者その他知れている相続債権者に、それぞれその債権額の割合に応じて弁済をしなければならない。ただし、優先権を有する債権者の権利を害することはできない。

（期限前の債務等の弁済）
第930条　限定承認者は、弁済期に至らない債権であっても、前条の規定に従って弁済をしなければならない。

2　条件付きの債権又は存続期間の不確定な債権は、家庭裁判所が選任した鑑定人の評価に従って弁済をしなければならない。

（受遺者に対する弁済）
第931条　限定承認者は、前二条の規定に従って各相続債権者に弁済をした後でなければ、受遺者に弁済をすることができない。

（弁済のための相続財産の換価）
第932条　前三条の規定に従って弁済をするにつき相続財産を売却する必要があるときは、限

定承認者は、これを競売に付さなければならない。ただし、家庭裁判所が選任した鑑定人の評価に従い相続財産の全部又は一部の価額を弁済して、その競売を止めることができる。

（相続債権者及び受遺者の換価手続への参加）
第933条　相続債権者及び受遺者は、自己の費用で、相続財産の競売又は鑑定に参加することができる。この場合においては、第260条第2項の規定を準用する。

（不当な弁済をした限定承認者の責任等）
第934条　限定承認者は、第927条の公告若しくは催告をすることを怠り、又は同条第1項の期間内に相続債権者若しくは受遺者に弁済をしたことによって他の相続債権者若しくは受遺者に弁済をすることができなくなったときは、これによって生じた損害を賠償する責任を負う。第929条から第931条までの規定に違反して弁済をしたときも、同様とする。
2　前項の規定は、情を知って不当に弁済を受けた相続債権者又は受遺者に対する他の相続債権者又は受遺者の求償を妨げない。
3　第724条の規定は、前二項の場合について準用する。

（公告期間内に申出をしなかった相続債権者及び受遺者）
第935条　第927条第1項の期間内に同項の申出をしなかった相続債権者及び受遺者で限定承認者に知れなかったものは、残余財産についてのみその権利を行使することができる。ただし、相続財産について特別担保を有する者は、この限りでない。

（相続人が数人ある場合の相続財産の清算人）
第936条　相続人が数人ある場合には、家庭裁判所は、相続人の中から、相続財産の清算人を選任しなければならない。
2　前項の相続財産の清算人は、相続人のために、これに代わって、相続財産の管理及び債務の弁済に必要な一切の行為をする。
3　第926条から前条までの規定は、第1項の相続財産の清算人について準用する。この場合において、第927条第1項中「限定承認をした後5日以内」とあるのは、「その相続財産の清算人の選任があった後10日以内」と読み替えるものとする。

（法定単純承認の事由がある場合の相続債権者）
第937条　限定承認をした共同相続人の1人又は数人について第921条第1号又は第3号に掲げる事由があるときは、相続債権者は、相続財産をもって弁済を受けることができなかった債権額について、当該共同相続人に対し、その相続

分に応じて権利を行使することができる。

第3節　相続の放棄

（相続の放棄の方式）
第938条　相続の放棄をしようとする者は、その旨を家庭裁判所に申述しなければならない。

（相続の放棄の効力）
第939条　相続の放棄をした者は、その相続に関しては、初めから相続人とならなかったものとみなす。

（相続の放棄をした者による管理）
第940条　相続の放棄をした者は、その放棄の時に相続財産に属する財産を現に占有しているときは、相続人又は第952条第1項の相続財産の清算人に対して当該財産を引き渡すまでの間、自己の財産におけるのと同一の注意をもって、その財産を保存しなければならない。
2　第645条、第646条並びに第650条第1項及び第2項の規定は、前項の場合について準用する。

第5章　財産分離

（相続債権者又は受遺者の請求による財産分離）
第941条　相続債権者又は受遺者は、相続開始の時から3箇月以内に、相続人の財産の中から相続財産を分離することを家庭裁判所に請求することができる。相続財産が相続人の固有財産と混合しない間は、その期間の満了後も、同様とする。
2　家庭裁判所が前項の請求によって財産分離を命じたときは、その請求をした者は、5日以内に、他の相続債権者及び受遺者に対し、財産分離の命令があったこと及び一定の期間内に配当加入の申出をすべき旨を公告しなければならない。この場合において、その期間は、2箇月を下ることができない。
3　前項の規定による公告は、官報に掲載してする。

（財産分離の効力）
第942条　財産分離の請求をした者及び前条第2項の規定により配当加入の申出をした者は、相続財産について、相続人の債権者に先立って弁済を受ける。

（財産分離の請求後の相続財産の管理）
第943条　財産分離の請求があったときは、家庭裁判所は、相続財産の管理について必要な処分を命ずることができる。
2　第27条から第29条までの規定は、前項の規定により家庭裁判所が相続財産の管理人を選任した場合について準用する。

（財産分離の請求後の相続人による管理）

第944条　相続人は、単純承認をした後でも、財産分離の請求があったときは、以後、その固有財産におけるのと同一の注意をもって、相続財産の管理をしなければならない。ただし、家庭裁判所が相続財産の管理人を選任したときは、この限りでない。

2　第645条から第647条まで並びに第650条第1項及び第2項の規定は、前項の場合について準用する。

（不動産についての財産分離の対抗要件）

第945条　財産分離は、不動産については、その登記をしなければ、第三者に対抗することができない。

（物上代位の規定の準用）

第946条　第304条の規定は、財産分離の場合について準用する。

（相続債権者及び受遺者に対する弁済）

第947条　相続人は、第941条第1項及び第2項の期間の満了前には、相続債権者及び受遺者に対して弁済を拒むことができる。

2　財産分離の請求があったときは、相続人は、第941条第2項の期間の満了後に、相続財産をもって、財産分離の請求又は配当加入の申出をした相続債権者及び受遺者に、それぞれその債権額の割合に応じて弁済をしなければならない。ただし、優先権を有する債権者の権利を害することはできない。

3　第930条から第934条までの規定は、前項の場合について準用する。

（相続人の固有財産からの弁済）

第948条　財産分離の請求をした者及び配当加入の申出をした者は、相続財産をもって全部の弁済を受けることができなかった場合に限り、相続人の固有財産についてその権利を行使することができる。この場合においては、相続人の債権者は、その者に先立って弁済を受けることができる。

（財産分離の請求の防止等）

第949条　相続人は、その固有財産をもって相続債権者若しくは受遺者に弁済をし、又はこれに相当の担保を供して、財産分離の請求を防止し、又はその効力を消滅させることができる。ただし、相続人の債権者が、これによって損害を受けるべきことを証明して、異議を述べたときは、この限りでない。

（相続人の債権者の請求による財産分離）

第950条　相続人が限定承認をすることができる間又は相続財産が相続人の固有財産と混合しない間は、相続人の債権者は、家庭裁判所に対して財産分離の請求をすることができる。

2　第304条、第925条、第927条から第934条まで、第943条から第945条まで及び第948条の規定は、前項の場合について準用する。ただし、第927条の公告及び催告は、財産分離の請求をした債権者がしなければならない。

第6章　相続人の不存在

（相続財産法人の成立）

第951条　相続人のあることが明らかでないときは、相続財産は、法人とする。

（相続財産の清算人の選任）

第952条　前条の場合には、家庭裁判所は、利害関係人又は検察官の請求によって、相続財産の清算人を選任しなければならない。

2　前項の規定により相続財産の清算人を選任したときは、家庭裁判所は、遅滞なく、その旨及び相続人があるならば一定の期間内にその権利を主張すべき旨を公告しなければならない。この場合において、その期間は、6箇月を下ることができない。

（不在者の財産の管理人に関する規定の準用）

第953条　第27条から第29条までの規定は、前条第1項の相続財産の清算人（以下この章において単に「相続財産の清算人」という。）について準用する。

（相続財産の清算人の報告）

第954条　相続財産の清算人は、相続債権者又は受遺者の請求があるときは、その請求をした者に相続財産の状況を報告しなければならない。

（相続財産法人の不成立）

第955条　相続人のあることが明らかになったときは、第951条の法人は、成立しなかったものとみなす。ただし、相続財産の清算人がその権限内でした行為の効力を妨げない。

（相続財産の清算人の代理権の消滅）

第956条　相続財産の清算人の代理権は、相続人が相続の承認をした時に消滅する。

2　前項の場合には、相続財産の清算人は、遅滞なく相続人に対して清算に係る計算をしなければならない。

（相続債権者及び受遺者に対する弁済）

第957条　第952条第2項の公告があったときは、相続財産の清算人は、全ての相続債権者及び受遺者に対し、2箇月以上の期間を定めて、その期間内にその請求の申出をすべき旨を公告しなければならない。この場合において、その期間は、同項の規定により相続人が権利を主張すべき期間として家庭裁判所が公告した期間内

に満了するものでなければならない。

2　第927条第2項から第4項まで及び第928条から第935条まで（第932条ただし書を除く。）の規定は、前項の場合について準用する。

（権利を主張する者がない場合）
第958条　第952条第2項の期間内に相続人としての権利を主張する者がないときは、相続人並びに相続財産の清算人に知れなかった相続債権者及び受遺者は、その権利を行使することができない。

（特別縁故者に対する相続財産の分与）
第958条の2　前条の場合において、相当と認めるときは、家庭裁判所は、被相続人と生計を同じくしていた者、被相続人の療養看護に努めた者その他被相続人と特別の縁故があった者の請求によって、これらの者に、清算後残存すべき相続財産の全部又は一部を与えることができる。

2　前項の請求は、第952条第2項の期間の満了後3箇月以内にしなければならない。

（残余財産の国庫への帰属）
第959条　前条の規定により処分されなかった相続財産は、国庫に帰属する。この場合においては、第956条第2項の規定を準用する。

第7章　遺言

第1節　総則

（遺言の方式）
第960条　遺言は、この法律に定める方式に従わなければ、することができない。
（遺言能力）
第961条　15歳に達した者は、遺言をすることができる。
第962条　第5条、第9条、第13条及び第17条の規定は、遺言については、適用しない。
第963条　遺言者は、遺言をする時においてその能力を有しなければならない。
（包括遺贈及び特定遺贈）
第964条　遺言者は、包括又は特定の名義で、その財産の全部又は一部を処分することができる。
（相続人に関する規定の準用）
第965条　第886条及び第891条の規定は、受遺者について準用する。
（被後見人の遺言の制限）
第966条　被後見人が、後見の計算の終了前に、後見人又はその配偶者若しくは直系卑属の利益となるべき遺言をしたときは、その遺言は、無効

とする。

2　前項の規定は、直系血族、配偶者又は兄弟姉妹が後見人である場合には、適用しない。

第2節　遺言の方式

第1款　普通の方式

（普通の方式による遺言の種類）
第967条　遺言は、自筆証書、公正証書又は秘密証書によってしなければならない。ただし、特別の方式によることを許す場合は、この限りでない。

（自筆証書遺言）
第968条　自筆証書によって遺言をするには、遺言者が、その全文、日付及び氏名を自書し、これに印を押さなければならない。

2　前項の規定にかかわらず、自筆証書にこれと一体のものとして相続財産（第997条第1項に規定する場合における同項に規定する権利を含む。）の全部又は一部の目録を添付する場合には、その目録については、自書することを要しない。この場合において、遺言者は、その目録の毎葉（自書によらない記載がその両面にある場合にあっては、その両面）に署名し、印を押さなければならない。

3　自筆証書（前項の目録を含む。）中の加除その他の変更は、遺言者が、その場所を指示し、これを変更した旨を付記して特にこれに署名し、かつ、その変更の場所に印を押さなければ、その効力を生じない。

（公正証書遺言）
第969条　公正証書によって遺言をするには、次に掲げる方式に従わなければならない。
一　証人2人以上の立会いがあること。
二　遺言者が遺言の趣旨を公証人に口授すること。
三　公証人が、遺言者の口述を筆記し、これを遺言者及び証人に読み聞かせ、又は閲覧させること。
四　遺言者及び証人が、筆記の正確なことを承認した後、各自これに署名し、印を押すこと。ただし、遺言者が署名することができない場合は、公証人がその事由を付記して、署名に代えることができる。
五　公証人が、その証書は前各号に掲げる方式に従って作ったものである旨を付記して、これに署名し、印を押すこと。

（公正証書遺言の方式の特則）
第969条の2　口がきけない者が公正証書によっ

て遺言をする場合には、遺言者は、公証人及び証人の前で、遺言の趣旨を通訳人の通訳により申述し、又は自書して、前条第2号の口授に代えなければならない。この場合における同条第3号の規定の適用については、同号中「口述」とあるのは、「通訳人の通訳による申述又は自書」とする。

2　前条の遺言者又は証人が耳が聞こえない者である場合には、公証人は、同条第3号に規定する筆記した内容を通訳人の通訳により遺言者又は証人に伝えて、同号の読み聞かせに代えることができる。

3　公証人は、前二項に定める方式に従って公正証書を作ったときは、その旨をその証書に付記しなければならない。

（秘密証書遺言）

第970条　秘密証書によって遺言をするには、次に掲げる方式に従わなければならない。

一　遺言者が、その証書に署名し、印を押すこと。

二　遺言者が、その証書を封じ、証書に用いた印章をもってこれに封印すること。

三　遺言者が、公証人1人及び証人2人以上の前に封書を提出して、自己の遺言書である旨並びにその筆者の氏名及び住所を申述すること。

四　公証人が、その証書を提出した日付及び遺言者の申述を封紙に記載した後、遺言者及び証人とともにこれに署名し、印を押すこと。

2　第968条第3項の規定は、秘密証書による遺言について準用する。

（方式に欠ける秘密証書遺言の効力）

第971条　秘密証書による遺言は、前条に定める方式に欠けるものがあっても、第968条に定める方式を具備しているときは、自筆証書による遺言としてその効力を有する。

（秘密証書遺言の方式の特則）

第972条　口がきけない者が秘密証書によって遺言をする場合には、遺言者は、公証人及び証人の前で、その証書は自己の遺言書である旨並びにその筆者の氏名及び住所を通訳人の通訳により申述し、又は封紙に自書して、第970条第1項第3号の申述に代えなければならない。

2　前項の場合において、遺言者が通訳人の通訳により申述したときは、公証人は、その旨を封紙に記載しなければならない。

3　第1項の場合において、遺言者が封紙に自書したときは、公証人は、その旨を封紙に記載して、第970条第1項第4号に規定する申述の記載に代えなければならない。

（成年被後見人の遺言）

第973条　成年被後見人が事理を弁識する能力を一時回復した時において遺言をするには、医師2人以上の立会いがなければならない。

2　遺言に立ち会った医師は、遺言者が遺言をする時において精神上の障害により事理を弁識する能力を欠く状態になかった旨を遺言書に付記して、これに署名し、印を押さなければならない。ただし、秘密証書による遺言にあっては、その封紙にその旨の記載をし、署名し、印を押さなければならない。

（証人及び立会人の欠格事由）

第974条　次に掲げる者は、遺言の証人又は立会人となることができない。

一　未成年者

二　推定相続人及び受遺者並びにこれらの配偶者及び直系血族

三　公証人の配偶者、4親等内の親族、書記及び使用人

（共同遺言の禁止）

第975条　遺言は、2人以上の者が同一の証書ですることができない。

第2款　特別の方式

（死亡の危急に迫った者の遺言）

第976条　疾病その他の事由によって死亡の危急に迫った者が遺言をしようとするときは、証人3人以上の立会いをもって、その1人に遺言の趣旨を口授して、これをすることができる。この場合においては、その口授を受けた者が、これを筆記して、遺言者及び他の証人に読み聞かせ、又は閲覧させ、各証人がその筆記の正確なことを承認した後、これに署名し、印を押さなければならない。

2　口がきけない者が前項の規定により遺言をする場合には、遺言者は、証人の前で、遺言の趣旨を通訳人の通訳により申述して、同項の口授に代えなければならない。

3　第1項後段の遺言者又は他の証人が耳が聞こえない者である場合には、遺言の趣旨の口授又は申述を受けた者は、同項後段に規定する筆記した内容を通訳人の通訳によりその遺言者又は他の証人に伝えて、同項後段の読み聞かせに代えることができる。

4　前三項の規定によりした遺言は、遺言の日から20日以内に、証人の1人又は利害関係人から家庭裁判所に請求してその確認を得なければ、その効力を生じない。

5　家庭裁判所は、前項の遺言が遺言者の真意に出たものであるとの心証を得なければ、これを

確認することができない。

（伝染病隔離者の遺言）

第977条 伝染病のため行政処分によって交通を断たれた場所に在る者は、警察官１人及び証人１人以上の立会いをもって遺言書を作ることができる。

（在船者の遺言）

第978条 船舶中に在る者は、船長又は事務員１人及び証人２人以上の立会いをもって遺言書を作ることができる。

（船舶遭難者の遺言）

第979条 船舶が遭難した場合において、当該船舶中に在って死亡の危急に迫った者は、証人２人以上の立会いをもって口頭で遺言をすることができる。

2　口がきけない者が前項の規定により遺言をする場合には、遺言者は、通訳人の通訳によりこれをしなければならない。

3　前二項の規定に従ってした遺言は、証人が、その趣旨を筆記して、これに署名し、印を押し、かつ、証人の１人又は利害関係人から遅滞なく家庭裁判所に請求してその確認を得なければ、その効力を生じない。

4　第976条第５項の規定は、前項の場合について準用する。

（遺言関係者の署名及び押印）

第980条 第977条及び第978条の場合には、遺言者、筆者、立会人及び証人は、各自遺言書に署名し、印を押さなければならない。

（署名又は押印が不能の場合）

第981条 第977条から第979条までの場合において、署名又は印を押すことのできない者があるときは、立会人又は証人は、その事由を付記しなければならない。

（普通の方式による遺言の規定の準用）

第982条 第968条第３項及び第973条から第975条までの規定は、第976条から前条までの規定による遺言について準用する。

（特別の方式による遺言の効力）

第983条 第976条から前条までの規定によりした遺言は、遺言者が普通の方式によって遺言をすることができるようになった時から6箇月間生存するときは、その効力を生じない。

（外国に在る日本人の遺言の方式）

第984条 日本の領事の駐在する地に在る日本人が公正証書又は秘密証書によって遺言をしようとするときは、公証人の職務は、領事が行う。この場合においては、第969条第４号又は第970条第１項第４号の規定にかかわらず、遺言者及び証人は、第969条第４号又は第970条第１項第４号の印

を押すことを要しない。

第３節　遺言の効力

（遺言の効力の発生時期）

第985条 遺言は、遺言者の死亡の時からその効力を生ずる。

2　遺言に停止条件を付した場合において、その条件が遺言者の死亡後に成就したときは、遺言は、条件が成就した時からその効力を生ずる。

（遺贈の放棄）

第986条 受遺者は、遺言者の死亡後、いつでも、遺贈の放棄をすることができる。

2　遺贈の放棄は、遺言者の死亡の時にさかのぼってその効力を生ずる。

（受遺者に対する遺贈の承認又は放棄の催告）

第987条 遺贈義務者（遺贈の履行をする義務を負う者をいう。以下この節において同じ。）その他の利害関係人は、受遺者に対し、相当の期間を定めて、その期間内に遺贈の承認又は放棄をすべき旨の催告をすることができる。この場合において、受遺者がその期間内に遺贈義務者に対してその意思を表示しないときは、遺贈を承認したものとみなす。

（受遺者の相続人による遺贈の承認又は放棄）

第988条 受遺者が遺贈の承認又は放棄をしないで死亡したときは、その相続人は、自己の相続権の範囲内で、遺贈の承認又は放棄をすることができる。ただし、遺言者がその遺言に別段の意思を表示したときは、その意思に従う。

（遺贈の承認及び放棄の撤回及び取消し）

第989条 遺贈の承認及び放棄は、撤回することができない。

2　第919条第２項及び第３項の規定は、遺贈の承認及び放棄について準用する。

（包括受遺者の権利義務）

第990条 包括受遺者は、相続人と同一の権利義務を有する。

（受遺者による担保の請求）

第991条 受遺者は、遺贈が弁済期に至らない間は、遺贈義務者に対して相当の担保を請求することができる。停止条件付きの遺贈についてその条件の成否が未定である間も、同様とする。

（受遺者による果実の取得）

第992条 受遺者は、遺贈の履行を請求することができる時から果実を取得する。ただし、遺言者がその遺言に別段の意思を表示したときは、その意思に従う。

（遺贈義務者による費用の償還請求）

第993条 第299条の規定は、遺贈義務者が遺

言者の死亡後に遺贈の目的物について費用を支出した場合について準用する。

2　果実を収取するために支出した通常の必要費は、果実の価格を超えない限度で、その償還を請求することができる。

（受遺者の死亡による遺贈の失効）

第994条　遺贈は、遺言者の死亡以前に受遺者が死亡したときは、その効力を生じない。

2　停止条件付きの遺贈については、受遺者がその条件の成就前に死亡したときも、前項と同様とする。ただし、遺言者がその遺言に別段の意思を表示したときは、その意思に従う。

（遺贈の無効又は失効の場合の財産の帰属）

第995条　遺贈が、その効力を生じないとき、又は放棄によってその効力を失ったときは、受遺者が受けるべきであったものは、相続人に帰属する。ただし、遺言者がその遺言に別段の意思を表示したときは、その意思に従う。

（相続財産に属しない権利の遺贈）

第996条　遺贈は、その目的である権利が遺言者の死亡の時において相続財産に属しなかったときは、その効力を生じない。ただし、その権利が相続財産に属するかどうかにかかわらず、これを遺贈の目的としたものと認められるときは、この限りでない。

第997条　相続財産に属しない権利を目的とする遺贈が前条ただし書の規定により有効であるときは、遺贈義務者は、その権利を取得して受遺者に移転する義務を負う。

2　前項の場合において、同項に規定する権利を取得することができないとき、又はこれを取得するについて過分の費用を要するときは、遺贈義務者は、その価額を弁償しなければならない。ただし、遺言者がその遺言に別段の意思を表示したときは、その意思に従う。

（遺贈義務者の引渡義務）

第998条　遺贈義務者は、遺贈の目的である物又は権利を、相続開始の時（その後に当該物又は権利について遺贈の目的として特定した場合にあっては、その特定した時）の状態で引き渡し、又は移転する義務を負う。ただし、遺言者がその遺言に別段の意思を表示したときは、その意思に従う。

（遺贈の物上代位）

第999条　遺言者が、遺贈の目的物の滅失若しくは変造又はその占有の喪失によって第三者に対して償金を請求する権利を有するときは、その権利を遺贈の目的としたものと推定する。

2　遺贈の目的物が、他の物と付合し、又は混和した場合において、遺言者が第243条から第245条までの規定により合成物又は混和物の単独所有者又は共有者となったときは、その全部の所有権又は持分を遺贈の目的としたものと推定する。

第1000条　削除

（債権の遺贈の物上代位）

第1001条　債権を遺贈の目的とした場合において、遺言者が弁済を受け、かつ、その受け取った物がなお相続財産中に在るときは、その物を遺贈の目的としたものと推定する。

2　金銭を目的とする債権を遺贈の目的とした場合においては、相続財産中にその債権額に相当する金銭がないときであっても、その金額を遺贈の目的としたものと推定する。

（負担付遺贈）

第1002条　負担付遺贈を受けた者は、遺贈の目的の価額を超えない限度においてのみ、負担した義務を履行する責任を負う。

2　受遺者が遺贈の放棄をしたときは、負担の利益を受けるべき者は、自ら受遺者となることができる。ただし、遺言者がその遺言に別段の意思を表示したときは、その意思に従う。

（負担付遺贈の受遺者の免責）

第1003条　負担付遺贈の目的の価額が相続の限定承認又は遺留分回復の訴えによって減少したときは、受遺者は、その減少の割合に応じて、その負担した義務を免れる。ただし、遺言者がその遺言に別段の意思を表示したときは、その意思に従う。

第4節　遺言の執行

（遺言書の検認）

第1004条　遺言書の保管者は、相続の開始を知った後、遅滞なく、これを家庭裁判所に提出して、その検認を請求しなければならない。遺言書の保管者がない場合において、相続人が遺言書を発見した後も、同様とする。

2　前項の規定は、公正証書による遺言については、適用しない。

3　封印のある遺言書は、家庭裁判所において相続人又はその代理人の立会いがなければ、開封することができない。

（過料）

第1005条　前条の規定により遺言書を提出することを怠り、その検認を経ないで遺言を執行し、又は家庭裁判所外においてその開封をした者は、5万円以下の過料に処する。

（遺言執行者の指定）

第1006条　遺言者は、遺言で、1人又は数人

の遺言執行者を指定し、又はその指定を第三者に委託することができる。

2　遺言執行者の指定の委託を受けた者は、遅滞なく、その指定をして、これを相続人に通知しなければならない。

3　遺言執行者の指定の委託を受けた者がその委託を辞そうとするときは、遅滞なくその旨を相続人に通知しなければならない。

（遺言執行者の任務の開始）

第1007条　遺言執行者が就職を承諾したときは、直ちにその任務を行わなければならない。

2　遺言執行者は、その任務を開始したときは、遅滞なく、遺言の内容を相続人に通知しなければならない。

（遺言執行者に対する就職の催告）

第1008条　相続人その他の利害関係人は、遺言執行者に対し、相当の期間を定めて、その期間内に就職を承諾するかどうかを確答すべき旨の催告をすることができる。この場合において、遺言執行者が、その期間内に相続人に対して確答をしないときは、就職を承諾したものとみなす。

（遺言執行者の欠格事由）

第1009条　未成年者及び破産者は、遺言執行者となることができない。

（遺言執行者の選任）

第1010条　遺言執行者がないとき、又はなくなったときは、家庭裁判所は、利害関係人の請求によって、これを選任することができる。

（相続財産の目録の作成）

第1011条　遺言執行者は、遅滞なく、相続財産の目録を作成して、相続人に交付しなければならない。

2　遺言執行者は、相続人の請求があるときは、その立会いをもって相続財産の目録を作成し、又は公証人にこれを作成させなければならない。

（遺言執行者の権利義務）

第1012条　遺言執行者は、遺言の内容を実現するため、相続財産の管理その他遺言の執行に必要な一切の行為をする権利義務を有する。

2　遺言執行者がある場合には、遺贈の履行は、遺言執行者のみが行うことができる。

3　第644条、第645条から第647条まで及び第650条の規定は、遺言執行者について準用する。

（遺言の執行の妨害行為の禁止）

第1013条　遺言執行者がある場合には、相続人は、相続財産の処分その他遺言の執行を妨げるべき行為をすることができない。

2　前項の規定に違反してした行為は、無効とす

る。ただし、これをもって善意の第三者に対抗することができない。

3　前二項の規定は、相続人の債権者（相続債権者を含む。）が相続財産についてその権利を行使することを妨げない。

（特定財産に関する遺言の執行）

第1014条　前三条の規定は、遺言が相続財産のうち特定の財産に関する場合には、その財産についてのみ適用する。

2　遺産の分割の方法の指定として遺産に属する特定の財産を共同相続人の1人又は数人に承継させる旨の遺言（以下「特定財産承継遺言」という。）があったときは、遺言執行者は、当該共同相続人が第899条の2第1項に規定する対抗要件を備えるために必要な行為をすることができる。

3　前項の財産が預貯金債権である場合には、遺言執行者は、同項に規定する行為のほか、その預金又は貯金の払戻しの請求及びその預金又は貯金に係る契約の解約の申入れをすることができる。ただし、解約の申入れについては、その預貯金債権の全部が特定財産承継遺言の目的である場合に限る。

4　前二項の規定にかかわらず、被相続人が遺言で別段の意思を表示したときは、その意思に従う。

（遺言執行者の行為の効果）

第1015条　遺言執行者がその権限内において遺言執行者であることを示してした行為は、相続人に対して直接にその効力を生ずる。

（遺言執行者の復任権）

第1016条　遺言執行者は、自己の責任で第三者にその任務を行わせることができる。ただし、遺言者がその遺言に別段の意思を表示したときは、その意思に従う。

2　前項本文の場合において、第三者に任務を行わせることについてやむを得ない事由があるときは、遺言執行者は、相続人に対してその選任及び監督についての責任のみを負う。

（遺言執行者が数人ある場合の任務の執行）

第1017条　遺言執行者が数人ある場合には、その任務の執行は、過半数で決する。ただし、遺言者がその遺言に別段の意思を表示したときは、その意思に従う。

2　各遺言執行者は、前項の規定にかかわらず、保存行為をすることができる。

（遺言執行者の報酬）

第1018条　家庭裁判所は、相続財産の状況その他の事情によって遺言執行者の報酬を定めることができる。ただし、遺言者がその遺言に報

酬を定めたときは、この限りでない。

2 第648条第2項及び第3項並びに第648条の2の規定は、遺言執行者が報酬を受けるべき場合について準用する。

(遺言執行者の解任及び辞任)

第1019条 遺言執行者がその任務を怠ったときその他正当な事由があるときは、利害関係人は、その解任を家庭裁判所に請求することができる。

2 遺言執行者は、正当な事由があるときは、家庭裁判所の許可を得て、その任務を辞することができる。

(委任の規定の準用)

第1020条 第654条及び第655条の規定は、遺言執行者の任務が終了した場合について準用する。

(遺言の執行に関する費用の負担)

第1021条 遺言の執行に関する費用は、相続財産の負担とする。ただし、これによって遺留分を減ずることができない。

第5節 遺言の撤回及び取消し

(遺言の撤回)

第1022条 遺言者は、いつでも、遺言の方式に従って、その遺言の全部又は一部を撤回することができる。

(前の遺言と後の遺言との抵触等)

第1023条 前の遺言が後の遺言と抵触するときは、その抵触する部分については、後の遺言で前の遺言を撤回したものとみなす。

2 前項の規定は、遺言が遺言後の生前処分その他の法律行為と抵触する場合について準用する。

(遺言書又は遺贈の目的物の破棄)

第1024条 遺言者が故意に遺言書を破棄したときは、その破棄した部分については、遺言を撤回したものとみなす。遺言者が故意に遺贈の目的物を破棄したときも、同様とする。

(撤回された遺言の効力)

第1025条 前三条の規定により撤回された遺言は、その撤回の行為が、撤回され、取り消され、又は効力を生じなくなるに至ったときであっても、その効力を回復しない。ただし、その行為が錯誤、詐欺又は強迫による場合は、この限りでない。

(遺言の撤回権の放棄の禁止)

第1026条 遺言者は、その遺言を撤回する権利を放棄することができない。

(負担付遺贈に係る遺言の取消し)

第1027条 負担付遺贈を受けた者がその負担した義務を履行しないときは、相続人は、相当の期間を定めてその履行の催告をすることができる。この場合において、その期間内に履行がないときは、その負担付遺贈に係る遺言の取消しを家庭裁判所に請求することができる。

第8章 配偶者の居住の権利

第1節 配偶者居住権

(配偶者居住権)

第1028条 被相続人の配偶者(以下この章において単に「配偶者」という。)は、被相続人の財産に属した建物に相続開始の時に居住していた場合において、次の各号のいずれかに該当するときは、その居住していた建物(以下この節において「居住建物」という。)の全部について無償で使用及び収益をする権利(以下この章において「配偶者居住権」という。)を取得する。ただし、被相続人が相続開始の時に居住建物を配偶者以外の者と共有していた場合にあっては、この限りでない。

一 遺産の分割によって配偶者居住権を取得するものとされたとき。

二 配偶者居住権が遺贈の目的とされたとき。

2 居住建物が配偶者の財産に属することとなった場合であっても、他の者がその共有持分を有するときは、配偶者居住権は、消滅しない。

3 第903条第4項の規定は、配偶者居住権の遺贈について準用する。

(審判による配偶者居住権の取得)

第1029条 遺産の分割の請求を受けた家庭裁判所は、次に掲げる場合に限り、配偶者が配偶者居住権を取得する旨を定めることができる。

一 共同相続人間に配偶者が配偶者居住権を取得することについて合意が成立しているとき。

二 配偶者が家庭裁判所に対して配偶者居住権の取得を希望する旨を申し出た場合において、居住建物の所有者の受ける不利益の程度を考慮してもなお配偶者の生活を維持するために特に必要があると認めるとき(前号に掲げる場合を除く。)。

(配偶者居住権の存続期間)

第1030条 配偶者居住権の存続期間は、配偶者の終身の間とする。ただし、遺産の分割の協議若しくは遺言に別段の定めがあるとき、又は家庭裁判所が遺産の分割の審判において別段の定めをしたときは、その定めるところによる。

（配偶者居住権の登記等）

第1031条 居住建物の所有者は、配偶者（配偶者居住権を取得した配偶者に限る。以下この節において同じ。）に対し、配偶者居住権の設定の登記を備えさせる義務を負う。

2 第605条の規定は配偶者居住権について、第605条の4の規定は配偶者居住権の設定の登記を備えた場合について準用する。

（配偶者による使用及び収益）

第1032条 配偶者は、従前の用法に従い、善良な管理者の注意をもって、居住建物の使用及び収益をしなければならない。ただし、従前居住の用に供していなかった部分について、これを居住の用に供することを妨げない。

2 配偶者居住権は、譲渡することができない。

3 配偶者は、居住建物の所有者の承諾を得なければ、居住建物の改築若しくは増築をし、又は第三者に居住建物の使用若しくは収益をさせることができない。

4 配偶者が第1項又は前項の規定に違反した場合において、居住建物の所有者が相当の期間を定めてその是正の催告をし、その期間内に是正がされないときは、居住建物の所有者は、当該配偶者に対する意思表示によって配偶者居住権を消滅させることができる。

（居住建物の修繕等）

第1033条 配偶者は、居住建物の使用及び収益に必要な修繕をすることができる。

2 居住建物の修繕が必要である場合において、配偶者が相当の期間内に必要な修繕をしないときは、居住建物の所有者は、その修繕をすることができる。

3 居住建物が修繕を要するとき（第1項の規定により配偶者が自らその修繕をするときを除く。）、又は居住建物について権利を主張する者があるときは、配偶者は、居住建物の所有者に対し、遅滞なくその旨を通知しなければならない。ただし、居住建物の所有者が既にこれを知っているときは、この限りでない。

（居住建物の費用の負担）

第1034条 配偶者は、居住建物の通常の必要費を負担する。

2 第583条第2項の規定は、前項の通常の必要費以外の費用について準用する。

（居住建物の返還等）

第1035条 配偶者は、配偶者居住権が消滅したときは、居住建物の返還をしなければならない。ただし、配偶者が居住建物について共有持分を有する場合は、居住建物の所有者は、配偶者居住権が消滅したことを理由としては、居住

建物の返還を求めることができない。

2 第599条第1項及び第2項並びに第621条の規定は、前項本文の規定により配偶者が相続の開始後に附属させた物がある居住建物又は相続の開始後に生じた損傷がある居住建物の返還をする場合について準用する。

（使用貸借及び賃貸借の規定の準用）

第1036条 第597条第1項及び第3項、第600条、第613条並びに第616条の2の規定は、配偶者居住権について準用する。

第2節 配偶者短期居住権

（配偶者短期居住権）

第1037条 配偶者は、被相続人の財産に属した建物に相続開始の時に無償で居住していた場合には、次の各号に掲げる区分に応じてそれぞれ当該各号に定める日までの間、その居住していた建物（以下この節において「居住建物」という。）の所有権を相続又は遺贈により取得した者（以下この節において「居住建物取得者」という。）に対し、居住建物について無償で使用する権利（居住建物の一部のみを無償で使用していた場合にあっては、その部分について無償で使用する権利。以下この節において「配偶者短期居住権」という。）を有する。ただし、配偶者が、相続開始の時において居住建物に係る配偶者居住権を取得したとき、又は第891条の規定に該当し若しくは廃除によってその相続権を失ったときは、この限りでない。

一 居住建物について配偶者を含む共同相続人間で遺産の分割をすべき場合 遺産の分割により居住建物の帰属が確定した日又は相続開始の時から6箇月を経過する日のいずれか遅い日

二 前号に掲げる場合以外の場合 第3項の申入れの日から6箇月を経過する日

2 前項本文の場合においては、居住建物取得者は、第三者に対する居住建物の譲渡その他の方法により配偶者の居住建物の使用を妨げてはならない。

3 居住建物取得者は、第1項第1号に掲げる場合を除くほか、いつでも配偶者短期居住権の消滅の申入れをすることができる。

（配偶者による使用）

第1038条 配偶者（配偶者短期居住権を有する配偶者に限る。以下この節において同じ。）は、従前の用法に従い、善良な管理者の注意をもって、居住建物の使用をしなければならない。

2 配偶者は、居住建物取得者の承諾を得なけれ

ば、第三者に居住建物の使用をさせることができない。

3　配偶者が前二項の規定に違反したときは、居住建物取得者は、当該配偶者に対する意思表示によって配偶者短期居住権を消滅させることができる。

（配偶者居住権の取得による配偶者短期居住権の消滅）

第1039条　配偶者が居住建物に係る配偶者居住権を取得したときは、配偶者短期居住権は、消滅する。

（居住建物の返還等）

第1040条　配偶者は、前条に規定する場合を除き、配偶者短期居住権が消滅したときは、居住建物の返還をしなければならない。ただし、配偶者が居住建物について共有持分を有する場合は、居住建物取得者は、配偶者短期居住権が消滅したことを理由としては、居住建物の返還を求めることができない。

2　第599条第1項及び第2項並びに第621条の規定は、前項本文の規定により配偶者が相続の開始後に附属させた物がある居住建物又は相続の開始後に生じた損傷がある居住建物の返還をする場合について準用する。

（使用貸借等の規定の準用）

第1041条　第597条第3項、第600条、第616条の2、第1032条第2項、第1033条及び第1034条の規定は、配偶者短期居住権について準用する。

第9章　遺留分

（遺留分の帰属及びその割合）

第1042条　兄弟姉妹以外の相続人は、遺留分として、次条第1項に規定する遺留分を算定するための財産の価額に、次の各号に掲げる区分に応じてそれぞれ当該各号に定める割合を乗じた額を受ける。

一　直系尊属のみが相続人である場合　3分の1

二　前号に掲げる場合以外の場合　2分の1

2　相続人が数人ある場合には、前項各号に定める割合は、これらに第900条及び第901条の規定により算定したその各自の相続分を乗じた割合とする。

（遺留分を算定するための財産の価額）

第1043条　遺留分を算定するための財産の価額は、被相続人が相続開始の時において有した財産の価額にその贈与した財産の価額を加えた額から債務の全額を控除した額とする。

2　条件付きの権利又は存続期間の不確定な権利は、家庭裁判所が選任した鑑定人の評価に従って、その価格を定める。

第1044条　贈与は、相続開始前の1年間にしたものに限り、前条の規定によりその価額を算入する。当事者双方が遺留分権利者に損害を加えることを知って贈与をしたときは、1年前の日より前にしたものについても、同様とする。

2　第904条の規定は、前項に規定する贈与の価額について準用する。

3　相続人に対する贈与についての第1項の規定の適用については、同項中「1年」とあるのは「10年」と、「価額」とあるのは「価額（婚姻若しくは養子縁組のため又は生計の資本として受けた贈与の価額に限る。）」とする。

第1045条　負担付贈与がされた場合における第1043条第1項に規定する贈与した財産の価額は、その目的の価額から負担の価額を控除した額とする。

2　不相当な対価をもってした有償行為は、当事者双方が遺留分権利者に損害を加えることを知ってしたものに限り、当該対価を負担の価額とする負担付贈与とみなす。

（遺留分侵害額の請求）

第1046条　遺留分権利者及びその承継人は、受遺者（特定財産承継遺言により財産を承継し又は相続分の指定を受けた相続人を含む。以下この章において同じ。）又は受贈者に対し、遺留分侵害額に相当する金銭の支払を請求することができる。

2　遺留分侵害額は、第1042条の規定による遺留分から第1号及び第2号に掲げる額を控除し、これに第3号に掲げる額を加算して算定する。

一　遺留分権利者が受けた遺贈又は第903条第1項に規定する贈与の価額

二　第900条から第902条まで、第903条及び第904条の規定により算定した相続分に応じて遺留分権利者が取得すべき遺産の価額

三　被相続人が相続開始の時において有した債務のうち、第899条の規定により遺留分権利者が承継する債務（次条第3項において「遺留分権利者承継債務」という。）の額

（受遺者又は受贈者の負担額）

第1047条　受遺者又は受贈者は、次の各号の定めるところに従い、遺贈（特定財産承継遺言による財産の承継又は相続分の指定による遺産の取得を含む。以下この章において同じ。）又は贈与（遺留分を算定するための財産の価額に算入されるものに限る。以下この章において同じ。）の目的の価額（受遺者又は受贈者が相続

人である場合にあっては、当該価額から第1042条の規定による遺留分として当該相続人が受けるべき額を控除した額）を限度として、遺留分侵害額を負担する。

一　受遺者と受贈者とがあるときは、受遺者が先に負担する。

二　受遺者が複数あるとき、又は受贈者が複数ある場合においてその贈与が同時にされたものであるときは、受遺者又は受贈者がその目的の価額の割合に応じて負担する。ただし、遺言者がその遺言に別段の意思を表示したときは、その意思に従う。

三　受贈者が複数あるとき（前号に規定する場合を除く。）は、後の贈与に係る受贈者から順次前の贈与に係る受贈者が負担する。

2　第904条、第1043条第2項及び第1045条の規定は、前項に規定する遺贈又は贈与の目的の価額について準用する。

3　前条第1項の請求を受けた受遺者又は受贈者は、遺留分権利者承継債務について弁済その他の債務を消滅させる行為をしたときは、消滅した債務の額の限度において、遺留分権利者に対する意思表示によって第1項の規定により負担する債務を消滅させることができる。この場合において、当該行為によって遺留分権利者に対して取得した求償権は、消滅した当該債務の額の限度において消滅する。

4　受遺者又は受贈者の無資力によって生じた損失は、遺留分権利者の負担に帰する。

5　裁判所は、受遺者又は受贈者の請求により、第1項の規定により負担する債務の全部又は一部の支払につき相当の期限を許与することができる。

（遺留分侵害額請求権の期間の制限）

第1048条　遺留分侵害額の請求権は、遺留分権利者が、相続の開始及び遺留分を侵害する贈与又は遺贈があったことを知った時から1年間行使しないときは、時効によって消滅する。相続開始の時から10年を経過したときも、同様とする。

（遺留分の放棄）

第1049条　相続の開始前における遺留分の放棄は、家庭裁判所の許可を受けたときに限り、その効力を生ずる。

2　共同相続人の1人のした遺留分の放棄は、他の各共同相続人の遺留分に影響を及ぼさない。

第10章　特別の寄与

第1050条　被相続人に対して無償で療養看護

その他の労務の提供をしたことにより被相続人の財産の維持又は増加について特別の寄与をした被相続人の親族（相続人、相続の放棄をした者及び第891条の規定に該当し又は廃除によってその相続権を失った者を除く。以下この条において「特別寄与者」という。）は、相続の開始後、相続人に対し、特別寄与者の寄与に応じた額の金銭（以下この条において「特別寄与料」という。）の支払を請求することができる。

2　前項の規定による特別寄与料の支払について、当事者間に協議が調わないとき、又は協議をすることができないときは、特別寄与者は、家庭裁判所に対して協議に代わる処分を請求することができる。ただし、特別寄与者が相続の開始及び相続人を知った時から6箇月を経過したとき、又は相続開始の時から1年を経過したときは、この限りでない。

3　前項本文の場合には、家庭裁判所は、寄与の時期、方法及び程度、相続財産の額その他一切の事情を考慮して、特別寄与料の額を定める。

4　特別寄与料の額は、被相続人が相続開始の時において有した財産の価額から遺贈の価額を控除した残額を超えることができない。

5　相続人が数人ある場合には、各相続人は、特別寄与料の額に第900条から第902条までの規定により算定した当該相続人の相続分を乗じた額を負担する。

行政手続法

（平成5年11月12日法律第88号）

第1章　総則

（目的等）

第1条　この法律は、処分、行政指導及び届出に関する手続並びに命令等を定める手続に関し、共通する事項を定めることによって、行政運営における公正の確保と透明性（行政上の意思決定について、その内容及び過程が国民にとって明らかであることをいう。第46条において同じ。）の向上を図り、もって国民の権利利益の保護に資することを目的とする。

2　処分、行政指導及び届出に関する手続並びに命令等を定める手続に関しこの法律に規定する事項について、他の法律に特別の定めがある場合は、その定めるところによる。

（定義）

第2条　この法律において、次の各号に掲げる用語の意義は、当該各号に定めるところによる。

一　法令　法律、法律に基づく命令（告示を含む。）、条例及び地方公共団体の執行機関の規則（規程を含む。以下「規則」という。）をいう。

二　処分　行政庁の処分その他公権力の行使に当たる行為をいう。

三　申請　法令に基づき、行政庁の許可、認可、免許その他の自己に対し何らかの利益を付与する処分（以下「許認可等」という。）を求める行為であって、当該行為に対して行政庁が諾否の応答をすべきこととされているものをいう。

四　不利益処分　行政庁が、法令に基づき、特定の者を名あて人として、直接に、これに義務を課し、又はその権利を制限する処分をいう。ただし、次のいずれかに該当するものを除く。

　イ　事実上の行為及び事実上の行為をするに当たりその範囲、時期等を明らかにするために法令上必要とされている手続としての処分

　ロ　申請により求められた許認可等を拒否する処分その他申請に基づき当該申請をした者を名あて人としてされる処分

　ハ　名あて人となるべき者の同意の下にすることとされている処分

　ニ　許認可等の効力を失わせる処分であって、当該許認可等の基礎となった事実が消

滅した旨の届出があったことを理由としてされるもの

五　行政機関　次に掲げる機関をいう。

　イ　法律の規定に基づき内閣に置かれる機関若しくは内閣の所轄の下に置かれる機関、宮内庁、内閣府設置法（平成11年法律第89号）第49条第1項若しくは第2項に規定する機関、国家行政組織法（昭和23年法律第120号）第3条第2項に規定する機関、会計検査院若しくはこれらに置かれる機関又はこれらの機関の職員であって法律上独立に権限を行使することを認められた職員

　ロ　地方公共団体の機関（議会を除く。）

六　行政指導　行政機関がその任務又は所掌事務の範囲内において一定の行政目的を実現するため特定の者に一定の作為又は不作為を求める指導、勧告、助言その他の行為であって処分に該当しないものをいう。

七　届出　行政庁に対し一定の事項の通知をする行為（申請に該当するものを除く。）であって、法令により直接に当該通知が義務付けられているもの（自己の期待する一定の法律上の効果を発生させるためには当該通知をすべきこととされているものを含む。）をいう。

八　命令等　内閣又は行政機関が定める次に掲げるものをいう。

　イ　法律に基づく命令（処分の要件を定める告示を含む。次条第2項において単に「命令」という。）又は規則

　ロ　審査基準（申請により求められた許認可等をするかどうかをその法令の定めに従って判断するために必要とされる基準をいう。以下同じ。）

　ハ　処分基準（不利益処分をするかどうか又はどのような不利益処分とするかについてその法令の定めに従って判断するために必要とされる基準をいう。以下同じ。）

　ニ　行政指導指針（同一の行政目的を実現するため一定の条件に該当する複数の者に対し行政指導をしようとするときにこれらの行政指導に共通してその内容となるべき事項をいう。以下同じ。）

（適用除外）

第3条　次に掲げる処分及び行政指導については、次章から第4章の2までの規定は、適用しない。

一　国会の両院若しくは一院又は議会の議決によってされる処分

二　裁判所若しくは裁判官の裁判により、又は裁判の執行としてされる処分

三　国会の両院若しくは一院若しくは議会の議決を経て、又はこれらの同意若しくは承認を得た上でされるべきものとされている処分

四　検査官会議で決すべきものとされている処分及び会計検査の際にされる行政指導

五　刑事事件に関する法令に基づいて検察官、検察事務官又は司法警察職員がする処分及び行政指導

六　国税又は地方税の犯則事件に関する法令（他の法令において準用する場合を含む。）に基づいて国税庁長官、国税局長、税務署長、国税庁、国税局若しくは税務署の当該職員、税関長、税関職員又は徴税吏員（他の法令の規定に基づいてこれらの職員の職務を行う者を含む。）がする処分及び行政指導並びに金融商品取引の犯則事件に関する法令（他の法令において準用する場合を含む。）に基づいて証券取引等監視委員会、その職員（当該法令においてその職員とみなされる者を含む。）、財務局長又は財務支局長がする処分及び行政指導

七　学校、講習所、訓練所又は研修所において、教育、講習、訓練又は研修の目的を達成するために、学生、生徒、児童若しくは幼児若しくはこれらの保護者、講習生、訓練生又は研修生に対してされる処分及び行政指導

八　刑務所、少年刑務所、拘置所、留置施設、海上保安留置施設、少年院、少年鑑別所又は婦人補導院において、収容の目的を達成するためにされる処分及び行政指導

九　公務員（国家公務員法（昭和22年法律第120号）第2条第1項に規定する国家公務員及び地方公務員法（昭和25年法律第261号）第3条第1項に規定する地方公務員をいう。以下同じ。）又は公務員であった者に対してその職務又は身分に関してされる処分及び行政指導

十　外国人の出入国、難民の認定又は帰化に関する処分及び行政指導

十一　専ら人の学識技能に関する試験又は検定の結果についての処分

十二　相反する利害を有する者の間の利害の調整を目的として法令の規定に基づいてされる裁定その他の処分（その双方を名あて人とするものに限る。）及び行政指導

十三　公衆衛生、環境保全、防疫、保安その他の公益に関わる事象が発生し又は発生する可能性のある現場において警察官若しくは海上保安官又はこれらの公益を確保するために行使すべき権限を法律上直接に与えられたその他の職員によってされる処分及び行政指導

十四　報告又は物件の提出を命ずる処分その他その職務の遂行上必要な情報の収集を直接の目的としてされる処分及び行政指導

十五　審査請求、再調査の請求その他の不服申立てに対する行政庁の裁決、決定その他の処分

十六　前号に規定する処分の手続又は第3章に規定する聴聞若しくは弁明の機会の付与の手続その他の意見陳述のための手続において法令に基づいてされる処分及び行政指導

2　次に掲げる命令等を定める行為については、第6章の規定は、適用しない。

一　法律の施行期日について定める政令

二　恩赦に関する命令

三　命令又は規則を定める行為が処分に該当する場合における当該命令又は規則

四　法律の規定に基づき施設、区間、地域その他これらに類するものを指定する命令又は規則

五　公務員の給与、勤務時間その他の勤務条件について定める命令等

六　審査基準、処分基準又は行政指導指針であって、法令の規定により若しくは慣行として、又は命令等を定める機関の判断により公にされるもの以外のもの

3　第1項各号及び前項各号に掲げるもののほか、地方公共団体の機関がする処分（その根拠となる規定が条例又は規則に置かれているものに限る。）及び行政指導、地方公共団体の機関に対する届出（前条第7号の通知の根拠となる規定が条例又は規則に置かれているものに限る。）並びに地方公共団体の機関が命令等を定める行為については、次章から第6章までの規定は、適用しない。

（国の機関等に対する処分等の適用除外）

第4条　国の機関又は地方公共団体若しくはその機関に対する処分（これらの機関又は団体がその固有の資格において当該処分の名あて人となるものに限る。）及び行政指導並びにこれらの機関又は団体がする届出（これらの機関又は団体がその固有の資格においてすべきこととされているものに限る。）については、この法律の規定は、適用しない。

2　次の各号のいずれかに該当する法人に対する処分であって、当該法人の監督に関する法律の特別の規定に基づいてされるもの（当該法人の解散を命じ、若しくは設立に関する認可を取り消す処分又は当該法人の役員若しくは当該法人の業務に従事する者の解任を命ずる処分を除

く。）については、次章及び第3章の規定は、適用しない。

一　法律により直接に設立された法人又は特別の法律により特別の設立行為をもって設立された法人

二　特別の法律により設立され、かつ、その設立に関し行政庁の認可を要する法人のうち、その行う業務が国又は地方公共団体の行政運営と密接な関連を有するものとして政令で定める法人

3　行政庁が法律の規定に基づく試験、検査、検定、登録その他の行政上の事務について当該法律に基づきその全部又は一部を行わせる者を指定した場合において、その指定を受けた者（その者が法人である場合にあっては、その役員）又は職員その他の者が当該事務に従事することに関し公務に従事する職員とみなされるときは、その指定を受けた者に対し当該法律に基づいて当該事務に関し監督上される処分（当該指定を取り消す処分、その指定を受けた者が法人である場合におけるその役員の解任を命ずる処分又はその指定を受けた者の当該事務に従事する者の解任を命ずる処分を除く。）については、次章及び第3章の規定は、適用しない。

4　次に掲げる命令等を定める行為については、第6章の規定は、適用しない。

一　国又は地方公共団体の機関の設置、所掌事務の範囲その他の組織について定める命令等

二　皇室典範（昭和22年法律第3号）第26条の皇統譜について定める命令等

三　公務員の礼式、服制、研修、教育訓練、表彰及び報償並びに公務員の間における競争試験について定める命令等

四　国又は地方公共団体の予算、決算及び会計について定める命令等（入札の参加者の資格、入札保証金その他の国又は地方公共団体の契約の相手方又は相手方になろうとする者に係る事項を定める命令等を除く。）並びに国又は地方公共団体の財産及び物品の管理について定める命令等（国又は地方公共団体が財産及び物品を貸し付け、交換し、売り払い、譲与し、信託し、若しくは出資の目的とし、又はこれらに私権を設定することについて定める命令等であって、これらの行為の相手方又は相手方になろうとする者に係る事項を定めるものを除く。）

五　会計検査について定める命令等

六　国の機関相互間の関係について定める命令等並びに地方自治法（昭和22年法律第67号）第2編第11章に規定する国と普通地方公共団体との関係及び普通地方公共団体相互間の関係その他の国と地方公共団体との関係及び地方公共団体相互間の関係について定める命令等（第1項の規定によりこの法律の規定を適用しないこととされる処分に係る命令等を含む。）

七　第2項各号に規定する法人の役員及び職員、業務の範囲、財務及び会計その他の組織、運営及び管理について定める命令等（これらの法人に対する処分であって、これらの法人の解散を命じ、若しくは設立に関する認可を取り消す処分又はこれらの法人の役員若しくはこれらの法人の業務に従事する者の解任を命ずる処分に係る命令等を除く。）

第2章　申請に対する処分

（審査基準）

第5条　行政庁は、審査基準を定めるものとする。

2　行政庁は、審査基準を定めるに当たっては、許認可等の性質に照らしてできる限り具体的なものとしなければならない。

3　行政庁は、行政上特別の支障があるときを除き、法令により申請の提出先とされている機関の事務所における備付けその他の適当な方法により審査基準を公にしておかなければならない。

（標準処理期間）

第6条　行政庁は、申請がその事務所に到達してから当該申請に対する処分をするまでに通常要すべき標準的な期間（法令により当該行政庁と異なる機関が当該申請の提出先とされている場合は、併せて、当該申請が当該提出先とされている機関の事務所に到達してから当該行政庁の事務所に到達するまでに通常要すべき標準的な期間）を定めるよう努めるとともに、これを定めたときは、これらの当該申請の提出先とされている機関の事務所における備付けその他の適当な方法により公にしておかなければならない。

（申請に対する審査、応答）

第7条　行政庁は、申請がその事務所に到達したときは遅滞なく当該申請の審査を開始しなければならず、かつ、申請書の記載事項に不備がないこと、申請書に必要な書類が添付されていること、申請をすることができる期間内にされたものであることその他の法令に定められた申請の形式上の要件に適合しない申請については、速やかに、申請をした者（以下「申請者」という。）に対し相当の期間を定めて当該申請の補正を求め、又は当該申請により求められた許

認可等を拒否しなければならない。

（理由の提示）

第8条 行政庁は、申請により求められた許認可等を拒否する処分をする場合は、申請者に対し、同時に、当該処分の理由を示さなければならない。ただし、法令に定められた許認可等の要件又は公にされた審査基準が数量的指標その他の客観的指標により明確に定められている場合であって、当該申請がこれらに適合しないことが申請書の記載又は添付書類その他の申請の内容から明らかであるときは、申請者の求めがあったときにこれを示せば足りる。

2 前項本文に規定する処分を書面でするときは、同項の理由は、書面により示さなければならない。

（情報の提供）

第9条 行政庁は、申請者の求めに応じ、当該申請に係る審査の進行状況及び当該申請に対する処分の時期の見通しを示すよう努めなければならない。

2 行政庁は、申請をしようとする者又は申請者の求めに応じ、申請書の記載及び添付書類に関する事項その他の申請に必要な情報の提供に努めなければならない。

（公聴会の開催等）

第10条 行政庁は、申請に対する処分であって、申請者以外の者の利害を考慮すべきことが当該法令において許認可等の要件とされているものを行う場合には、必要に応じ、公聴会の開催その他の適当な方法により当該申請者以外の者の意見を聴く機会を設けるよう努めなければならない。

（複数の行政庁が関与する処分）

第11条 行政庁は、申請の処理をするに当たり、他の行政庁において同一の申請者からされた関連する申請が審査中であることをもって自らすべき許認可等をするかどうかについての審査又は判断を殊更に遅延させるようなことをしてはならない。

2 一の申請又は同一の申請者からされた相互に関連する複数の申請に対する処分について複数の行政庁が関与する場合においては、当該複数の行政庁は、必要に応じ、相互に連絡をとり、当該申請者からの説明の聴取を共同して行う等により審査の促進に努めるものとする。

第3章　不利益処分

第1節　通則

（処分の基準）

第12条 行政庁は、処分基準を定め、かつ、これを公にしておくよう努めなければならない。

2 行政庁は、処分基準を定めるに当たっては、不利益処分の性質に照らしてできる限り具体的なものとしなければならない。

（不利益処分をしようとする場合の手続）

第13条 行政庁は、不利益処分をしようとする場合には、次の各号の区分に従い、この章の定めるところにより、当該不利益処分の名あて人となるべき者について、当該各号に定める意見陳述のための手続を執らなければならない。

一　次のいずれかに該当するとき　聴聞

イ　許認可等を取り消す不利益処分をしようとするとき。

ロ　イに規定するもののほか、名あて人の資格又は地位を直接にはく奪する不利益処分をしようとするとき。

ハ　名あて人が法人である場合におけるその役員の解任を命ずる不利益処分、名あて人の業務に従事する者の解任を命ずる不利益処分又は名あて人の会員である者の除名を命ずる不利益処分をしようとするとき。

ニ　イからハまでに掲げる場合以外の場合であって行政庁が相当と認めるとき。

二　前号イからニまでのいずれにも該当しないとき　弁明の機会の付与

2 次の各号のいずれかに該当するときは、前項の規定は、適用しない。

一　公益上、緊急に不利益処分をする必要があるため、前項に規定する意見陳述のための手続を執ることができないとき。

二　法令上必要とされる資格がなかったこと又は失われるに至ったことが判明した場合に必ずすることとされている不利益処分であって、その資格の不存在又は喪失の事実が裁判所の判決書又は決定書、一定の職に就いたことを証する当該任命権者の書類その他の客観的な資料により直接証明されたものをしようとするとき。

三　施設若しくは設備の設置、維持若しくは管理又は物の製造、販売その他の取扱いについて遵守すべき事項が法令において技術的な基準をもって明確にされている場合において、専ら当該基準が充足されていないことを理由として当該基準に従うべきことを命ずる不利益処分であってその不充足の事実が計測、実験その他客観的な認定方法によって確認されたものをしようとするとき。

四　納付すべき金銭の額を確定し、一定の額の

金銭の納付を命じ、又は金銭の給付決定の取消しその他の金銭の給付を制限する不利益処分をしようとするとき。

五　当該不利益処分の性質上、それによって課される義務の内容が著しく軽微なものであるため名あて人となるべき者の意見をあらかじめ聴くことを要しないものとして政令で定める処分をしようとするとき。

（不利益処分の理由の提示）

第14条　行政庁は、不利益処分をする場合には、その名あて人に対し、同時に、当該不利益処分の理由を示さなければならない。ただし、当該理由を示さないで処分をすべき差し迫った必要がある場合は、この限りでない。

2　行政庁は、前項ただし書の場合においては、当該名あて人の所在が判明しなくなったときその他処分後において理由を示すことが困難な事情があるときを除き、処分後相当の期間内に、同項の理由を示さなければならない。

3　不利益処分を書面でするときは、前二項の理由は、書面により示さなければならない。

第2節　聴聞

（聴聞の通知の方式）

第15条　行政庁は、聴聞を行うに当たっては、聴聞を行うべき期日までに相当な期間をおいて、不利益処分の名あて人となるべき者に対し、次に掲げる事項を書面により通知しなければならない。

一　予定される不利益処分の内容及び根拠となる法令の条項

二　不利益処分の原因となる事実

三　聴聞の期日及び場所

四　聴聞に関する事務を所掌する組織の名称及び所在地

2　前項の書面においては、次に掲げる事項を教示しなければならない。

一　聴聞の期日に出頭して意見を述べ、及び証拠書類又は証拠物（以下「証拠書類等」という。）を提出し、又は聴聞の期日への出頭に代えて陳述書及び証拠書類等を提出することができること。

二　聴聞が終結する時までの間、当該不利益処分の原因となる事実を証する資料の閲覧を求めることができること。

3　行政庁は、不利益処分の名あて人となるべき者の所在が判明しない場合においては、第1項の規定による通知を、その者の氏名、同項第3号及び第4号に掲げる事項並びに当該行政庁が

同項各号に掲げる事項を記載した書面をいつでもその者に交付する旨を当該行政庁の事務所の掲示場に掲示することによって行うことができる。この場合においては、掲示を始めた日から2週間を経過したときに、当該通知がその者に到達したものとみなす。

（代理人）

第16条　前条第1項の通知を受けた者（同条第3項後段の規定により当該通知が到達したものとみなされる者を含む。以下「当事者」という。）は、代理人を選任することができる。

2　代理人は、各自、当事者のために、聴聞に関する一切の行為をすることができる。

3　代理人の資格は、書面で証明しなければならない。

4　代理人がその資格を失ったときは、当該代理人を選任した当事者は、書面でその旨を行政庁に届け出なければならない。

（参加人）

第17条　第19条の規定により聴聞を主宰する者（以下「主宰者」という。）は、必要があると認めるときは、当事者以外の者であって当該不利益処分の根拠となる法令に照らし当該不利益処分につき利害関係を有するものと認められる者（同条第2項第6号において「関係人」という。）に対し、当該聴聞に関する手続に参加することを求め、又は当該聴聞に関する手続に参加することを許可することができる。

2　前項の規定により当該聴聞に関する手続に参加する者（以下「参加人」という。）は、代理人を選任することができる。

3　前条第2項から第4項までの規定は、前項の代理人について準用する。この場合において、同条第2項及び第4項中「当事者」とあるのは、「参加人」と読み替えるものとする。

（文書等の閲覧）

第18条　当事者及び当該不利益処分がされた場合に自己の利益を害されることとなる参加人（以下この条及び第24条第3項において「当事者等」という。）は、聴聞の通知があった時から聴聞が終結する時までの間、行政庁に対し、当該事案についてした調査の結果に係る調書その他の当該不利益処分の原因となる事実を証する資料の閲覧を求めることができる。この場合において、行政庁は、第三者の利益を害するおそれがあるときその他正当な理由があるときでなければ、その閲覧を拒むことができない。

2　前項の規定は、当事者等が聴聞の期日における審理の進行に応じて必要となった資料の閲覧を更に求めることを妨げない。

3　行政庁は、前二項の閲覧について日時及び場所を指定することができる。

（聴聞の主宰）

第19条　聴聞は、行政庁が指名する職員その他政令で定める者が主宰する。

2　次の各号のいずれかに該当する者は、聴聞を主宰することができない。

一　当該聴聞の当事者又は参加人

二　前号に規定する者の配偶者、4親等内の親族又は同居の親族

三　第1号に規定する者の代理人又は次条第3項に規定する補佐人

四　前三号に規定する者であった者

五　第1号に規定する者の後見人、後見監督人、保佐人、保佐監督人、補助人又は補助監督人

六　参加人以外の関係人

（聴聞の期日における審理の方式）

第20条　主宰者は、最初の聴聞の期日の冒頭において、行政庁の職員に、予定される不利益処分の内容及び根拠となる法令の条項並びにその原因となる事実を聴聞の期日に出頭した者に対し説明させなければならない。

2　当事者又は参加人は、聴聞の期日に出頭して、意見を述べ、及び証拠書類等を提出し、並びに主宰者の許可を得て行政庁の職員に対し質問を発することができる。

3　前項の場合において、当事者又は参加人は、主宰者の許可を得て、補佐人とともに出頭することができる。

4　主宰者は、聴聞の期日において必要があると認めるときは、当事者若しくは参加人に対し質問を発し、意見の陳述若しくは証拠書類等の提出を促し、又は行政庁の職員に対し説明を求めることができる。

5　主宰者は、当事者又は参加人の一部が出頭しないときであっても、聴聞の期日における審理を行うことができる。

6　聴聞の期日における審理は、行政庁が公開することを相当と認めるときを除き、公開しない。

（陳述書等の提出）

第21条　当事者又は参加人は、聴聞の期日への出頭に代えて、主宰者に対し、聴聞の期日までに陳述書及び証拠書類等を提出することができる。

2　主宰者は、聴聞の期日に出頭した者に対し、その求めに応じて、前項の陳述書及び証拠書類等を示すことができる。

（続行期日の指定）

第22条　主宰者は、聴聞の期日における審理の結果、なお聴聞を続行する必要があると認めるときは、さらに新たな期日を定めることができる。

2　前項の場合においては、当事者及び参加人に対し、あらかじめ、次回の聴聞の期日及び場所を書面により通知しなければならない。ただし、聴聞の期日に出頭した当事者及び参加人に対しては、当該聴聞の期日においてこれを告知すれば足りる。

3　第15条第3項の規定は、前項本文の場合において、当事者又は参加人の所在が判明しないときにおける通知の方法について準用する。この場合において、同条第3項中「不利益処分の名あて人となるべき者」とあるのは「当事者又は参加人」と、「掲示を始めた日から2週間を経過したとき」とあるのは「掲示を始めた日から2週間を経過したとき（同一の当事者又は参加人に対する2回目以降の通知にあっては、掲示を始めた日の翌日）」と読み替えるものとする。

（当事者の不出頭等の場合における聴聞の終結）

第23条　主宰者は、当事者の全部若しくは一部が正当な理由なく聴聞の期日に出頭せず、かつ、第21条第1項に規定する陳述書若しくは証拠書類等を提出しない場合、又は参加人の全部若しくは一部が聴聞の期日に出頭しない場合には、これらの者に対し改めて意見を述べ、及び証拠書類等を提出する機会を与えることなく、聴聞を終結することができる。

2　主宰者は、前項に規定する場合のほか、当事者の全部又は一部が聴聞の期日に出頭せず、かつ、第21条第1項に規定する陳述書又は証拠書類等を提出しない場合において、これらの者の聴聞の期日への出頭が相当期間引き続き見込めないときは、これらの者に対し、期限を定めて陳述書及び証拠書類等の提出を求め、当該期限が到来したときに聴聞を終結することとすることができる。

（聴聞調書及び報告書）

第24条　主宰者は、聴聞の審理の経過を記載した調書を作成し、当該調書において、不利益処分の原因となる事実に対する当事者及び参加人の陳述の要旨を明らかにしておかなければならない。

2　前項の調書は、聴聞の期日における審理が行われた場合には各期日ごとに、当該審理が行われなかった場合には聴聞の終結後速やかに作成しなければならない。

3　主宰者は、聴聞の終結後速やかに、不利益処分の原因となる事実に対する当事者等の主張に理由があるかどうかについての意見を記載した

報告書を作成し、第1項の調書とともに行政庁に提出しなければならない。

4　当事者又は参加人は、第1項の調書及び前項の報告書の閲覧を求めることができる。

（聴聞の再開）

第25条　行政庁は、聴聞の終結後に生じた事情にかんがみ必要があると認めるときは、主宰者に対し、前条第3項の規定により提出された報告書を返戻して聴聞の再開を命ずることができる。第22条第2項本文及び第3項の規定は、この場合について準用する。

（聴聞を経てされる不利益処分の決定）

第26条　行政庁は、不利益処分の決定をするときは、第24条第1項の調書の内容及び同条第3項の報告書に記載された主宰者の意見を十分に参酌してこれをしなければならない。

（審査請求の制限）

第27条　この節の規定に基づく処分又はその不作為については、審査請求をすることができない。

（役員等の解任等を命ずる不利益処分をしようとする場合の聴聞等の特例）

第28条　第13条第1項第1号ハに該当する不利益処分に係る聴聞において第15条第1項の通知があった場合におけるこの節の規定の適用については、名あて人である法人の役員、名あて人の業務に従事する者又は名あて人の会員である者（当該処分において解任し又は除名すべきこととされている者に限る。）は、同項の通知を受けた者とみなす。

2　前項の不利益処分のうち名あて人である法人の役員又は名あて人の業務に従事する者（以下この項において「役員等」という。）の解任を命ずるものに係る聴聞が行われた場合においては、当該処分にその名あて人が従わないことを理由として法令の規定によりされる当該役員等を解任する不利益処分については、第13条第1項の規定にかかわらず、行政庁は、当該役員等について聴聞を行うことを要しない。

第3節　弁明の機会の付与

（弁明の機会の付与の方式）

第29条　弁明は、行政庁が口頭ですることを認めたときを除き、弁明を記載した書面（以下「弁明書」という。）を提出してするものとする。

2　弁明をするときは、証拠書類等を提出することができる。

（弁明の機会の付与の通知の方式）

第30条　行政庁は、弁明書の提出期限（口頭による弁明の機会の付与を行う場合には、その日時）までに相当な期間をおいて、不利益処分の名あて人となるべき者に対し、次に掲げる事項を書面により通知しなければならない。

一　予定される不利益処分の内容及び根拠となる法令の条項

二　不利益処分の原因となる事実

三　弁明書の提出先及び提出期限（口頭による弁明の機会の付与を行う場合には、その旨並びに出頭すべき日時及び場所）

（聴聞に関する手続の準用）

第31条　第15条第3項及び第16条の規定は、弁明の機会の付与について準用する。この場合において、第15条第3項中「第1項」とあるのは「第30条」と、「同項第3号及び第4号」とあるのは「同条第3号」と、第16条第1項中「前条第1項」とあるのは「第30条」と、「同条第3項後段」とあるのは「第31条において準用する第15条第3項後段」と読み替えるものとする。

第4章　行政指導

（行政指導の一般原則）

第32条　行政指導にあっては、行政指導に携わる者は、いやしくも当該行政機関の任務又は所掌事務の範囲を逸脱してはならないこと及び行政指導の内容があくまでも相手方の任意の協力によってのみ実現されるものであることに留意しなければならない。

2　行政指導に携わる者は、その相手方が行政指導に従わなかったことを理由として、不利益な取扱いをしてはならない。

（申請に関連する行政指導）

第33条　申請の取下げ又は内容の変更を求める行政指導にあっては、行政指導に携わる者は、申請者が当該行政指導に従う意思がない旨を表明したにもかかわらず当該行政指導を継続すること等により当該申請者の権利の行使を妨げるようなことをしてはならない。

（許認可等の権限に関連する行政指導）

第34条　許認可等をする権限又は許認可等に基づく処分をする権限を有する行政機関が、当該権限を行使することができない場合又は行使する意思がない場合においてする行政指導にあっては、行政指導に携わる者は、当該権限を行使し得る旨を殊更に示すことにより相手方に当該行政指導に従うことを余儀なくさせるようなことをしてはならない。

（行政指導の方式）

第35条　行政指導に携わる者は、その相手方に

対して、当該行政指導の趣旨及び内容並びに責任者を明確に示さなければならない。

2　行政指導に携わる者は、当該行政指導をする際に、行政機関が許認可等をする権限又は許認可等に基づく処分をする権限を行使し得る旨を示すときは、その相手方に対して、次に掲げる事項を示さなければならない。

一　当該権限を行使し得る根拠となる法令の条項

二　前号の条項に規定する要件

三　当該権限の行使が前号の要件に適合する理由

3　行政指導が口頭でされた場合において、その相手方から前二項に規定する事項を記載した書面の交付を求められたときは、当該行政指導に携わる者は、行政上特別の支障がない限り、これを交付しなければならない。

4　前項の規定は、次に掲げる行政指導については、適用しない。

一　相手方に対しその場において完了する行為を求めるもの

二　既に文書（前項の書面を含む。）又は電磁的記録（電子的方式、磁気的方式その他人の知覚によっては認識することができない方式で作られる記録であって、電子計算機による情報処理の用に供されるものをいう。）によりその相手方に通知されている事項と同一の内容を求めるもの

（複数の者を対象とする行政指導）

第36条　同一の行政目的を実現するため一定の条件に該当する複数の者に対し行政指導をしようとするときは、行政機関は、あらかじめ、事案に応じ、行政指導指針を定め、かつ、行政上特別の支障がない限り、これを公表しなければならない。

（行政指導の中止等の求め）

第36条の2　法令に違反する行為の是正を求める行政指導（その根拠となる規定が法律に置かれているものに限る。）の相手方は、当該行政指導が当該法律に規定する要件に適合しないと思料するときは、当該行政指導をした行政機関に対し、その旨を申し出て、当該行政指導の中止その他必要な措置をとることを求めることができる。ただし、当該行政指導がその相手方について弁明その他意見陳述のための手続を経てされたものであるときは、この限りでない。

2　前項の申出は、次に掲げる事項を記載した申出書を提出してしなければならない。

一　申出をする者の氏名又は名称及び住所又は居所

二　当該行政指導の内容

三　当該行政指導がその根拠とする法律の条項

四　前号の条項に規定する要件

五　当該行政指導が前号の要件に適合しないと思料する理由

六　その他参考となる事項

3　当該行政機関は、第1項の規定による申出があったときは、必要な調査を行い、当該行政指導が当該法律に規定する要件に適合しないと認めるときは、当該行政指導の中止その他必要な措置をとらなければならない。

第4章の2　処分等の求め

第36条の3　何人も、法令に違反する事実がある場合において、その是正のためにされるべき処分又は行政指導（その根拠となる規定が法律に置かれているものに限る。）がされていないと思料するときは、当該処分をする権限を有する行政庁又は当該行政指導をする権限を有する行政機関に対し、その旨を申し出て、当該処分又は行政指導をすることを求めることができる。

2　前項の申出は、次に掲げる事項を記載した申出書を提出してしなければならない。

一　申出をする者の氏名又は名称及び住所又は居所

二　法令に違反する事実の内容

三　当該処分又は行政指導の内容

四　当該処分又は行政指導の根拠となる法令の条項

五　当該処分又は行政指導がされるべきであると思料する理由

六　その他参考となる事項

3　当該行政庁又は行政機関は、第1項の規定による申出があったときは、必要な調査を行い、その結果に基づき必要があると認めるときは、当該処分又は行政指導をしなければならない。

第5章　届出

（届出）

第37条　届出が届出書の記載事項に不備がないこと、届出書に必要な書類が添付されていることその他の法令に定められた届出の形式上の要件に適合している場合は、当該届出が法令により当該届出の提出先とされている機関の事務所に到達したときに、当該届出をすべき手続上の義務が履行されたものとする。

第6章　意見公募手続等

（命令等を定める場合の一般原則）

第38条　命令等を定める機関（閣議の決定により命令等が定められる場合にあっては、当該命令等の立案をする各大臣。以下「命令等制定機関」という。）は、命令等を定めるに当たっては、当該命令等がこれを定める根拠となる法令の趣旨に適合するものとなるようにしなければならない。

2　命令等制定機関は、命令等を定めた後においても、当該命令等の規定の実施状況、社会経済情勢の変化等を勘案し、必要に応じ、当該命令等の内容について検討を加え、その適正を確保するよう努めなければならない。

（意見公募手続）

第39条　命令等制定機関は、命令等を定めようとする場合には、当該命令等の案（命令等で定めようとする内容を示すものをいう。以下同じ。）及びこれに関連する資料をあらかじめ公示し、意見（情報を含む。以下同じ。）の提出先及び意見の提出のための期間（以下「意見提出期間」という。）を定めて広く一般の意見を求めなければならない。

2　前項の規定により公示する命令等の案は、具体的かつ明確な内容のものであって、かつ、当該命令等の題名及び当該命令等を定める根拠となる法令の条項が明示されたものでなければならない。

3　第1項の規定により定める意見提出期間は、同項の公示の日から起算して30日以上でなければならない。

4　次の各号のいずれかに該当するときは、第1項の規定は、適用しない。

一　公益上、緊急に命令等を定める必要があるため、第1項の規定による手続（以下「意見公募手続」という。）を実施することが困難であるとき。

二　納付すべき金銭について定める法律の制定又は改正により必要となる当該金銭の額の算定の基礎となるべき金額及び率並びに算定方法についての命令等その他当該法律の施行に関し必要な事項を定める命令等を定めようとするとき。

三　予算の定めるところにより金銭の給付決定を行うために必要となる当該金銭の額の算定の基礎となるべき金額及び率並びに算定方法その他の事項を定める命令等を定めようとするとき。

四　法律の規定により、内閣府設置法第49条第1項若しくは第2項若しくは国家行政組織法第3条第2項に規定する委員会又は内閣府設置法第37条若しくは第54条若しくは国家行政組織法第8条に規定する機関（以下「委員会等」という。）の議を経て定めることとされている命令等であって、相反する利害を有する者の間の利害の調整を目的として、法律又は政令の規定により、これらの者及び公益をそれぞれ代表する委員をもって組織される委員会等において審議を行うこととされているものとして政令で定める命令等を定めようとするとき。

五　他の行政機関が意見公募手続を実施して定めた命令等と実質的に同一の命令等を定めようとするとき。

六　法律の規定に基づき法令の規定の適用又は準用について必要な技術的読替えを定める命令等を定めようとするとき。

七　命令等を定める根拠となる法令の規定の削除に伴い当然必要とされる当該命令等の廃止をしようとするとき。

八　他の法令の制定又は改廃に伴い当然必要とされる規定の整理その他の意見公募手続を実施することを要しない軽微な変更として政令で定めるものを内容とする命令等を定めようとするとき。

（意見公募手続の特例）

第40条　命令等制定機関は、命令等を定めようとする場合において、30日以上の意見提出期間を定めることができないやむを得ない理由があるときは、前条第3項の規定にかかわらず、30日を下回る意見提出期間を定めることができる。この場合においては、当該命令等の案の公示の際その理由を明らかにしなければならない。

2　命令等制定機関は、委員会等の議を経て命令等を定めようとする場合（前条第4項第4号に該当する場合を除く。）において、当該委員会等が意見公募手続に準じた手続を実施したときは、同条第1項の規定にかかわらず、自ら意見公募手続を実施することを要しない。

（意見公募手続の周知等）

第41条　命令等制定機関は、意見公募手続を実施して命令等を定めるに当たっては、必要に応じ、当該意見公募手続の実施について周知するよう努めるとともに、当該意見公募手続の実施に関連する情報の提供に努めるものとする。

（提出意見の考慮）

第42条　命令等制定機関は、意見公募手続を実施して命令等を定める場合には、意見提出期間内に当該命令等制定機関に対し提出された当該命令等の案についての意見（以下「提出意見」という。）を十分に考慮しなければならない。

（結果の公示等）

第43条　命令等制定機関は、意見公募手続を実施して命令等を定めた場合には、当該命令等の公布（公布をしないものにあっては、公にする行為。第5項において同じ。）と同時期に、次に掲げる事項を公示しなければならない。

一　命令等の題名

二　命令等の案の公示の日

三　提出意見（提出意見がなかった場合にあっては、その旨）

四　提出意見を考慮した結果（意見公募手続を実施した命令等の案と定めた命令等との差異を含む。）及びその理由

2　命令等制定機関は、前項の規定にかかわらず、必要に応じ、同項第3号の提出意見に代えて、当該提出意見を整理又は要約したものを公示することができる。この場合においては、当該公示の後遅滞なく、当該提出意見を当該命令等制定機関の事務所における備付けその他の適当な方法により公にしなければならない。

3　命令等制定機関は、前二項の規定により提出意見を公示し又は公にすることにより第三者の利益を害するおそれがあるとき、その他正当な理由があるときは、当該提出意見の全部又は一部を除くことができる。

4　命令等制定機関は、意見公募手続を実施したにもかかわらず命令等を定めないこととした場合には、その旨（別の命令等の案について改めて意見公募手続を実施しようとする場合にあっては、その旨を含む。）並びに第1項第1号及び第2号に掲げる事項を速やかに公示しなければならない。

5　命令等制定機関は、第39条第4項各号のいずれかに該当することにより意見公募手続を実施しないで命令等を定めた場合には、当該命令等の公布と同時期に、次に掲げる事項を公示しなければならない。ただし、第1号に掲げる事項のうち命令等の趣旨については、同項第1号から第4号までのいずれかに該当することにより意見公募手続を実施しなかった場合において、当該命令等自体から明らかでないときに限る。

一　命令等の題名及び趣旨

二　意見公募手続を実施しなかった旨及びその理由

（準用）

第44条　第42条の規定は第40条第2項に該当することにより命令等制定機関が自ら意見公募手続を実施しないで命令等を定める場合について、前条第1項から第3項までの規定は第40条第2項に該当することにより命令等制定機関が自ら意見公募手続を実施しないで命令等を定めた場合について、前条第4項の規定は第40条第2項に該当することにより命令等制定機関が自ら意見公募手続を実施しないこととした場合について準用する。この場合において、第42条中「当該命令等制定機関」とあるのは「委員会等」と、前条第1項第2号中「命令等の案の公示の日」とあるのは「委員会等が命令等の案について公示に準じた手続を実施した日」と、同項第4号中「意見公募手続を実施した」とあるのは「委員会等が意見公募手続に準じた手続を実施した」と読み替えるものとする。

（公示の方法）

第45条　第39条第1項並びに第43条第1項（前条において読み替えて準用する場合を含む。）、第4項（前条において準用する場合を含む。）及び第5項の規定による公示は、電子情報処理組織を使用する方法その他の情報通信の技術を利用する方法により行うものとする。

2　前項の公示に関し必要な事項は、総務大臣が定める。

第7章　補則

（地方公共団体の措置）

第46条　地方公共団体は、第3条第3項において第2章から前章までの規定を適用しないこととされた処分、行政指導及び届出並びに命令等を定める行為に関する手続について、この法律の規定の趣旨にのっとり、行政運営における公正の確保と透明性の向上を図るため必要な措置を講ずるよう努めなければならない。

行政代執行法

（昭和23年5月15日法律第43号）

第1条 行政上の義務の履行確保に関しては、別に法律で定めるものを除いては、この法律の定めるところによる。

第2条 法律（法律の委任に基く命令、規則及び条例を含む。以下同じ。）により直接に命ぜられ、又は法律に基き行政庁により命ぜられた行為（他人が代つてなすことのできる行為に限る。）について義務者がこれを履行しない場合、他の手段によつてその履行を確保することが困難であり、且つその不履行を放置することが著しく公益に反すると認められるときは、当該行政庁は、自ら義務者のなすべき行為をなし、又は第三者をしてこれをなさしめ、その費用を義務者から徴収することができる。

第3条 前条の規定による処分（代執行）をなすには、相当の履行期限を定め、その期限までに履行がなされないときは、代執行をなすべき旨を、予め文書で戒告しなければならない。

2 義務者が、前項の戒告を受けて、指定の期限までにその義務を履行しないときは、当該行政庁は、代執行令書をもつて、代執行をなすべき時期、代執行のために派遣する執行責任者の氏名及び代執行に要する費用の概算による見積額を義務者に通知する。

3 非常の場合又は危険切迫の場合において、当該行為の急速な実施について緊急の必要があり、前二項に規定する手続をとる暇がないときは、その手続を経ないで代執行をすることができる。

第4条 代執行のために現場に派遣される執行責任者は、その者が執行責任者たる本人であることを示すべき証票を携帯し、要求があるときは、何時でもこれを呈示しなければならない。

第5条 代執行に要した費用の徴収については、実際に要した費用の額及びその納期日を定め、義務者に対し、文書をもつてその納付を命じなければならない。

第6条 代執行に要した費用は、国税滞納処分の例により、これを徴収することができる。

2 代執行に要した費用については、行政庁は、国税及び地方税に次ぐ順位の先取特権を有する。

3 代執行に要した費用を徴収したときは、その徴収金は、事務費の所属に従い、国庫又は地方公共団体の経済の収入となる。

行政不服審査法

第1章　総則

（目的等）
第1条　この法律は、行政庁の違法又は不当な処分その他公権力の行使に当たる行為に関し、国民が簡易迅速かつ公正な手続の下で広く行政庁に対する不服申立てをすることができるための制度を定めることにより、国民の権利利益の救済を図るとともに、行政の適正な運営を確保することを目的とする。

2　行政庁の処分その他公権力の行使に当たる行為（以下単に「処分」という。）に関する不服申立てについては、他の法律に特別の定めがある場合を除くほか、この法律の定めるところによる。

（処分についての審査請求）
第2条　行政庁の処分に不服がある者は、第4条及び第5条第2項の定めるところにより、審査請求をすることができる。

（不作為についての審査請求）
第3条　法令に基づき行政庁に対して処分についての申請をした者は、当該申請から相当の期間が経過したにもかかわらず、行政庁の不作為（法令に基づく申請に対して何らの処分をもしないことをいう。以下同じ。）がある場合には、次条の定めるところにより、当該不作為についての審査請求をすることができる。

（審査請求をすべき行政庁）
第4条　審査請求は、法律（条例に基づく処分については、条例）に特別の定めがある場合を除くほか、次の各号に掲げる場合の区分に応じ、当該各号に定める行政庁に対してするものとする。

一　処分庁等（処分をした行政庁（以下「処分庁」という。）又は不作為に係る行政庁（以下「不作為庁」という。）をいう。以下同じ。）に上級行政庁がない場合又は処分庁等が主任の大臣若しくは宮内庁長官若しくは内閣府設置法（平成11年法律第89号）第49条第1項若しくは第2項若しくは国家行政組織法（昭和23年法律第120号）第3条第2項に規定する庁の長である場合　当該処分庁等

二　宮内庁長官又は内閣府設置法第49条第1項若しくは第2項若しくは国家行政組織法第3条第2項に規定する庁の長が処分庁等の上級行政庁である場合　宮内庁長官又は当該庁の長

三　主任の大臣が処分庁等の上級行政庁である場合（前二号に掲げる場合を除く。）　当該主任の大臣

四　前三号に掲げる場合以外の場合　当該処分庁等の最上級行政庁

（再調査の請求）
第5条　行政庁の処分につき処分庁以外の行政庁に対して審査請求をすることができる場合において、法律に再調査の請求をすることができる旨の定めがあるときは、当該処分に不服がある者は、処分庁に対して再調査の請求をすることができる。ただし、当該処分について第2条の規定により審査請求をしたときは、この限りでない。

2　前項本文の規定により再調査の請求をしたときは、当該再調査の請求についての決定を経た後でなければ、審査請求をすることができない。ただし、次の各号のいずれかに該当する場合は、この限りでない。

一　当該処分につき再調査の請求をした日（第61条において読み替えて準用する第23条の規定により不備を補正すべきことを命じられた場合にあっては、当該不備を補正した日）の翌日から起算して3月を経過しても、処分庁が当該再調査の請求につき決定をしない場合

二　その他再調査の請求についての決定を経ないことにつき正当な理由がある場合

（再審査請求）
第6条　行政庁の処分につき法律に再審査請求をすることができる旨の定めがある場合には、当該処分についての審査請求の裁決に不服がある者は、再審査請求をすることができる。

2　再審査請求は、原裁決（再審査請求をすることができる処分についての審査請求の裁決をいう。以下同じ。）又は当該処分（以下「原裁決等」という。）を対象として、前項の法律に定める行政庁に対してするものとする。

（適用除外）
第7条　次に掲げる処分及びその不作為については、第2条及び第3条の規定は、適用しない。

一　国会の両院若しくは一院又は議会の議決によってされる処分

二　裁判所若しくは裁判官の裁判により、又は裁判の執行としてされる処分

三　国会の両院若しくは一院若しくは議会の議決を経て、又はこれらの同意若しくは承認を得た上でされるべきものとされている処分

四　検査官会議で決すべきものとされている処分

五　当事者間の法律関係を確認し、又は形成する処分で、法令の規定により当該処分に関する訴えにおいてその法律関係の当事者の一方を被告とすべきものと定められているもの

六　刑事事件に関する法令に基づいて検察官、検察事務官又は司法警察職員がする処分

七　国税又は地方税の犯則事件に関する法令（他の法令において準用する場合を含む。）に基づいて国税庁長官、国税局長、税務署長、国税庁、国税局若しくは税務署の当該職員、税関長、税関職員又は徴税吏員（他の法令の規定に基づいてこれらの職員の職務を行う者を含む。）がする処分及び金融商品取引の犯則事件に関する法令（他の法令において準用する場合を含む。）に基づいて証券取引等監視委員会、その職員（当該法令においてその職員とみなされる者を含む。）、財務局長又は財務支局長がする処分

八　学校、講習所、訓練所又は研修所において、教育、講習、訓練又は研修の目的を達成するために、学生、生徒、児童若しくは幼児若しくはこれらの保護者、講習生、訓練生又は研修生に対してされる処分

九　刑務所、少年刑務所、拘置所、留置施設、海上保安留置施設、少年院、少年鑑別所又は婦人補導院において、収容の目的を達成するためにされる処分

十　外国人の出入国又は帰化に関する処分

十一　専ら人の学識技能に関する試験又は検定の結果についての処分

十二　この法律に基づく処分（第5章第1節第1款の規定に基づく処分を除く。）

2　国の機関又は地方公共団体その他の公共団体若しくはその機関に対する処分で、これらの機関又は団体がその固有の資格において当該処分の相手方となるもの及びその不作為については、この法律の規定は、適用しない。

（特別の不服申立ての制度）
第8条　前条の規定は、同条の規定により審査請求をすることができない処分又は不作為につき、別に法令で当該処分又は不作為の性質に応じた不服申立ての制度を設けることを妨げない。

第2章　審査請求

第1節　審査庁及び審理関係人

（審理員）
第9条　第4条又は他の法律若しくは条例の規定により審査請求がされた行政庁（第14条の規定により引継ぎを受けた行政庁を含む。以下「審査庁」という。）は、審査庁に所属する職員（第17条に規定する名簿を作成した場合にあっては、当該名簿に記載されている者）のうちから第3節に規定する審理手続（この節に規定する手続を含む。）を行う者を指名するとともに、その旨を審査請求人及び処分庁等（審査庁以外の処分庁等に限る。）に通知しなければならない。ただし、次の各号のいずれかに掲げる機関が審査庁である場合若しくは条例に基づく処分について条例に特別の定めがある場合又は第24条の規定により当該審査請求を却下する場合は、この限りでない。

一　内閣府設置法第49条第1項若しくは第2項又は国家行政組織法第3条第2項に規定する委員会

二　内閣府設置法第37条若しくは第54条又は国家行政組織法第8条に規定する機関

三　地方自治法（昭和22年法律第67号）第138条の4第1項に規定する委員会若しくは委員又は同条第3項に規定する機関

2　審査庁が前項の規定により指名する者は、次に掲げる者以外の者でなければならない。

一　審査請求に係る処分若しくは当該処分に係る再調査の請求についての決定に関与した者又は審査請求に係る不作為に係る処分に関与し、若しくは関与することとなる者

二　審査請求人

三　審査請求人の配偶者、4親等内の親族又は同居の親族

四　審査請求人の代理人

五　前二号に掲げる者であった者

六　審査請求人の後見人、後見監督人、保佐人、保佐監督人、補助人又は補助監督人

七　第13条第1項に規定する利害関係人

3　審査庁が第1項各号に掲げる機関である場合又は同項ただし書の特別の定めがある場合においては、別表第1の上欄に掲げる規定の適用については、これらの規定中同表の中欄に掲げる字句は、それぞれ同表の下欄に掲げる字句に読み替えるものとし、第17条、第40条、第42条及び第50条第2項の規定は、適用しない。

4　前項に規定する場合において、審査庁は、必要があると認めるときは、その職員（第2項各号（第1項各号に掲げる機関の構成員にあっては、第1号を除く。）に掲げる者以外の者に限る。）に、前項において読み替えて適用する第31条第1項の規定による審査請求人若しくは第13条第4項に規定する参加人の意見の陳述を聴かせ、前項において読み替えて適用する第34条の

規定による参考人の陳述を聴かせ、同項において読み替えて適用する第35条第1項の規定による検証をさせ、前項において読み替えて適用する第36条の規定による第28条に規定する審理関係人に対する質問をさせ、又は同項において読み替えて適用する第37条第1項若しくは第2項の規定による意見の聴取を行わせることができる。

（法人でない社団又は財団の審査請求）
第10条 法人でない社団又は財団で代表者又は管理人の定めがあるものは、その名で審査請求をすることができる。

（総代）
第11条 多数人が共同して審査請求をしようとするときは、3人を超えない総代を互選することができる。

2 共同審査請求人が総代を互選しない場合において、必要があると認めるときは、第9条第1項の規定により指名された者（以下「審理員」という。）は、総代の互選を命ずることができる。

3 総代は、各自、他の共同審査請求人のために、審査請求の取下げを除き、当該審査請求に関する一切の行為をすることができる。

4 総代が選任されたときは、共同審査請求人は、総代を通じてのみ、前項の行為をすることができる。

5 共同審査請求人に対する行政庁の通知その他の行為は、2人以上の総代が選任されている場合においても、1人の総代に対してすれば足りる。

6 共同審査請求人は、必要があると認める場合には、総代を解任することができる。

（代理人による審査請求）
第12条 審査請求は、代理人によってすることができる。

2 前項の代理人は、各自、審査請求人のために、当該審査請求に関する一切の行為をすることができる。ただし、審査請求の取下げは、特別の委任を受けた場合に限り、することができる。

（参加人）
第13条 利害関係人（審査請求人以外の者であって審査請求に係る処分又は不作為に係る処分の根拠となる法令に照らし当該処分につき利害関係を有するものと認められる者をいう。以下同じ。）は、審理員の許可を得て、当該審査請求に参加することができる。

2 審理員は、必要があると認める場合には、利害関係人に対し、当該審査請求に参加することを求めることができる。

3 審査請求への参加は、代理人によってすることができる。

4 前項の代理人は、各自、第1項又は第2項の規定により当該審査請求に参加する者（以下「参加人」という。）のために、当該審査請求への参加に関する一切の行為をすることができる。ただし、審査請求への参加の取下げは、特別の委任を受けた場合に限り、することができる。

（行政庁が裁決をする権限を有しなくなった場合の措置）
第14条 行政庁が審査請求がされた後法令の改廃により当該審査請求につき裁決をする権限を有しなくなったときは、当該行政庁は、第19条に規定する審査請求書又は第21条第2項に規定する審査請求録取書及び関係書類その他の物件を新たに当該審査請求につき裁決をする権限を有することとなった行政庁に引き継がなければならない。この場合において、その引継ぎを受けた行政庁は、速やかに、その旨を審査請求人及び参加人に通知しなければならない。

（審理手続の承継）
第15条 審査請求人が死亡したときは、相続人その他法令により審査請求の目的である処分に係る権利を承継した者は、審査請求人の地位を承継する。

2 審査請求人について合併又は分割（審査請求の目的である処分に係る権利を承継させるものに限る。）があったときは、合併後存続する法人その他の社団若しくは財団若しくは合併により設立された法人その他の社団若しくは財団又は分割により当該権利を承継した法人は、審査請求人の地位を承継する。

3 前二項の場合には、審査請求人の地位を承継した相続人その他の者又は法人その他の社団若しくは財団は、書面でその旨を審査庁に届け出なければならない。この場合には、届出書には、死亡若しくは分割による権利の承継又は合併の事実を証する書面を添付しなければならない。

4 第1項又は第2項の場合において、前項の規定による届出がされるまでの間において、死亡者又は合併前の法人その他の社団若しくは財団若しくは分割をした法人に宛ててされた通知が審査請求人の地位を承継した相続人その他の者又は合併後の法人その他の社団若しくは財団若しくは分割により審査請求人の地位を承継した法人に到達したときは、当該通知は、これらの者に対する通知としての効力を有する。

5 第1項の場合において、審査請求人の地位を承継した相続人その他の者が2人以上あるときは、その1人に対する通知その他の行為は、全員に対してされたものとみなす。

6 審査請求の目的である処分に係る権利を譲り受けた者は、審査庁の許可を得て、審査請求人の地位を承継することができる。

（標準審理期間）

第16条 第4条又は他の法律若しくは条例の規定により審査庁となるべき行政庁（以下「審査庁となるべき行政庁」という。）は、審査請求がその事務所に到達してから当該審査請求に対する裁決をするまでに通常要すべき標準的な期間を定めるよう努めるとともに、これを定めたときは、当該審査庁となるべき行政庁及び関係処分庁（当該審査請求の対象となるべき処分の権限を有する行政庁であって当該審査庁となるべき行政庁以外のものをいう。次条において同じ。）の事務所における備付けその他の適当な方法により公にしておかなければならない。

（審理員となるべき者の名簿）

第17条 審査庁となるべき行政庁は、審理員となるべき者の名簿を作成するよう努めるとともに、これを作成したときは、当該審査庁となるべき行政庁及び関係処分庁の事務所における備付けその他の適当な方法により公にしておかなければならない。

第2節　審査請求の手続

（審査請求期間）

第18条 処分についての審査請求は、処分があったことを知った日の翌日から起算して3月（当該処分について再調査の請求をしたときは、当該再調査の請求についての決定があったことを知った日の翌日から起算して1月）を経過したときは、することができない。ただし、正当な理由があるときは、この限りでない。

2 処分についての審査請求は、処分（当該処分について再調査の請求をしたときは、当該再調査の請求についての決定）があった日の翌日から起算して1年を経過したときは、することができない。ただし、正当な理由があるときは、この限りでない。

3 次条に規定する審査請求書を郵便又は民間事業者による信書の送達に関する法律（平成14年法律第99号）第2条第6項に規定する一般信書便事業者若しくは同条第9項に規定する特定信書便事業者による同条第2項に規定する信書便で提出した場合における前二項に規定する期間（以下「審査請求期間」という。）の計算については、送付に要した日数は、算入しない。

（審査請求書の提出）

第19条 審査請求は、他の法律（条例に基づく処分については、条例）に口頭ですることができる旨の定めがある場合を除き、政令で定めるところにより、審査請求書を提出してしなければならない。

2 処分についての審査請求書には、次に掲げる事項を記載しなければならない。

一 審査請求人の氏名又は名称及び住所又は居所

二 審査請求に係る処分の内容

三 審査請求に係る処分（当該処分について再調査の請求についての決定を経たときは、当該決定）があったことを知った年月日

四 審査請求の趣旨及び理由

五 処分庁の教示の有無及びその内容

六 審査請求の年月日

3 不作為についての審査請求書には、次に掲げる事項を記載しなければならない。

一 審査請求人の氏名又は名称及び住所又は居所

二 当該不作為に係る処分についての申請の内容及び年月日

三 審査請求の年月日

4 審査請求人が、法人その他の社団若しくは財団である場合、総代を互選した場合又は代理人によって審査請求をする場合には、審査請求書には、第2項各号又は前項各号に掲げる事項のほか、その代表者若しくは管理人、総代又は代理人の氏名及び住所又は居所を記載しなければならない。

5 処分についての審査請求書には、第2項及び前項に規定する事項のほか、次の各号に掲げる場合においては、当該各号に定める事項を記載しなければならない。

一 第5条第2項第1号の規定により再調査の請求についての決定を経ないで審査請求をする場合　再調査の請求をした年月日

二 第5条第2項第2号の規定により再調査の請求についての決定を経ないで審査請求をする場合　その決定を経ないことについての正当な理由

三 審査請求期間の経過後において審査請求をする場合　前条第1項ただし書又は第2項ただし書に規定する正当な理由

（口頭による審査請求）

第20条 口頭で審査請求をする場合には、前条第2項から第5項までに規定する事項を陳述しなければならない。この場合において、陳述を受けた行政庁は、その陳述の内容を録取し、これを陳述人に読み聞かせて誤りのないことを確認しなければならない。

（処分庁等を経由する審査請求）

第21条 審査請求をすべき行政庁が処分庁等と異なる場合における審査請求は、処分庁等を経由してすることができる。この場合において、審査請求人は、処分庁等に審査請求書を提出し、又は処分庁等に対し第19条第2項から第5項までに規定する事項を陳述するものとする。

2 前項の場合には、処分庁等は、直ちに、審査請求書又は審査請求録取書（前条後段の規定により陳述の内容を録取した書面をいう。第29条第1項及び第55条において同じ。）を審査庁となるべき行政庁に送付しなければならない。

3 第1項の場合における審査請求期間の計算については、処分庁に審査請求書を提出し、又は処分庁に対し当該事項を陳述した時に、処分についての審査請求があったものとみなす。

（誤った教示をした場合の救済）

第22条 審査請求をすることができる処分につき、処分庁が誤って審査請求をすべき行政庁でない行政庁を審査請求をすべき行政庁として教示した場合において、その教示された行政庁に書面で審査請求がされたときは、当該行政庁は、速やかに、審査請求書を処分庁又は審査庁となるべき行政庁に送付し、かつ、その旨を審査請求人に通知しなければならない。

2 前項の規定により処分庁に審査請求書が送付されたときは、処分庁は、速やかに、これを審査庁となるべき行政庁に送付し、かつ、その旨を審査請求人に通知しなければならない。

3 第1項の処分のうち、再調査の請求をすることができない処分につき、処分庁が誤って再調査の請求をすることができる旨を教示した場合において、当該処分庁に再調査の請求がされたときは、処分庁は、速やかに、再調査の請求書（第61条において読み替えて準用する第19条に規定する再調査の請求書をいう。以下この条において同じ。）又は再調査の請求録取書（第61条において準用する第20条後段の規定により陳述の内容を録取した書面をいう。以下この条において同じ。）を審査庁となるべき行政庁に送付し、かつ、その旨を再調査の請求人に通知しなければならない。

4 再調査の請求をすることができる処分につき、処分庁が誤って審査請求をすることができる旨を教示しなかった場合において、当該処分庁に再調査の請求がされた場合であって、再調査の請求人から申立てがあったときは、処分庁は、速やかに、再調査の請求書又は再調査の請求録取書及び関係書類その他の物件を審査庁となるべき行政庁に送付しなければならない。この場合において、その送付を受けた行政庁は、速やかに、その旨を再調査の請求人及び第61条において読み替えて準用する第13条第1項又は第2項の規定により当該再調査の請求に参加する者に通知しなければならない。

5 前各項の規定により審査請求書又は再調査の請求書若しくは再調査の請求録取書が審査庁となるべき行政庁に送付されたときは、初めから審査庁となるべき行政庁に審査請求がされたものとみなす。

（審査請求書の補正）

第23条 審査請求書が第19条の規定に違反する場合には、審査庁は、相当の期間を定め、その期間内に不備を補正すべきことを命じなければならない。

（審理手続を経ないでする却下裁決）

第24条 前条の場合において、審査請求人が同条の期間内に不備を補正しないときは、審査庁は、次節に規定する審理手続を経ないで、第45条第1項又は第49条第1項の規定に基づき、裁決で、当該審査請求を却下することができる。

2 審査請求が不適法であって補正することができないことが明らかなときも、前項と同様とする。

（執行停止）

第25条 審査請求は、処分の効力、処分の執行又は手続の続行を妨げない。

2 処分庁の上級行政庁又は処分庁である審査庁は、必要があると認める場合には、審査請求人の申立てにより又は職権で、処分の効力、処分の執行又は手続の続行の全部又は一部の停止その他の措置（以下「執行停止」という。）をとることができる。

3 処分庁の上級行政庁又は処分庁のいずれでもない審査庁は、必要があると認める場合には、審査請求人の申立てにより、処分庁の意見を聴取した上、執行停止をすることができる。ただし、処分の効力、処分の執行又は手続の続行の全部又は一部の停止以外の措置をとることはできない。

4 前二項の規定による審査請求人の申立てがあった場合において、処分、処分の執行又は手続の続行により生ずる重大な損害を避けるために緊急の必要があると認めるときは、審査庁は、執行停止をしなければならない。ただし、公共の福祉に重大な影響を及ぼすおそれがあるとき、又は本案について理由がないとみえるときは、この限りでない。

5 審査庁は、前項に規定する重大な損害を生ずるか否かを判断するに当たっては、損害の回復

の困難の程度を考慮するものとし、損害の性質及び程度並びに処分の内容及び性質をも勘案するものとする。

6　第2項から第4項までの場合において、処分の効力の停止は、処分の効力の停止以外の措置によって目的を達することができるときは、することができない。

7　執行停止の申立てがあったとき、又は審理員から第40条に規定する執行停止をすべき旨の意見書が提出されたときは、審査庁は、速やかに、執行停止をするかどうかを決定しなければならない。

（執行停止の取消し）

第26条　執行停止をした後において、執行停止が公共の福祉に重大な影響を及ぼすことが明らかとなったとき、その他事情が変更したときは、審査庁は、その執行停止を取り消すことができる。

（審査請求の取下げ）

第27条　審査請求人は、裁決があるまでは、いつでも審査請求を取り下げることができる。

2　審査請求の取下げは、書面でしなければならない。

第3節　審理手続

（審理手続の計画的進行）

第28条　審査請求人、参加人及び処分庁等（以下「審理関係人」という。）並びに審理員は、簡易迅速かつ公正な審理の実現のため、審理において、相互に協力するとともに、審理手続の計画的な進行を図らなければならない。

（弁明書の提出）

第29条　審理員は、審査庁から指名されたときは、直ちに、審査請求書又は審査請求録取書の写しを処分庁等に送付しなければならない。ただし、処分庁等が審査庁である場合には、この限りでない。

2　審理員は、相当の期間を定めて、処分庁等に対し、弁明書の提出を求めるものとする。

3　処分庁等は、前項の弁明書に、次の各号の区分に応じ、当該各号に定める事項を記載しなければならない。

　一　処分についての審査請求に対する弁明書
　　　処分の内容及び理由

　二　不作為についての審査請求に対する弁明書
　　　処分をしていない理由並びに予定される処分の時期、内容及び理由

4　処分庁等が次に掲げる書面を保有する場合には、前項第1号に掲げる弁明書にこれを添付するものとする。

　一　行政手続法（平成5年法律第88号）第24条第1項の調書及び同条第3項の報告書

　二　行政手続法第29条第1項に規定する弁明書

5　審理員は、処分庁等から弁明書の提出があったときは、これを審査請求人及び参加人に送付しなければならない。

（反論書等の提出）

第30条　審査請求人は、前条第5項の規定により送付された弁明書に記載された事項に対する反論を記載した書面（以下「反論書」という。）を提出することができる。この場合において、審理員が、反論書を提出すべき相当の期間を定めたときは、その期間内にこれを提出しなければならない。

2　参加人は、審査請求に係る事件に関する意見を記載した書面（第40条及び第42条第1項を除き、以下「意見書」という。）を提出することができる。この場合において、審理員が、意見書を提出すべき相当の期間を定めたときは、その期間内にこれを提出しなければならない。

3　審理員は、審査請求人から反論書の提出があったときはこれを参加人及び処分庁等に、参加人から意見書の提出があったときはこれを審査請求人及び処分庁等に、それぞれ送付しなければならない。

（口頭意見陳述）

第31条　審査請求人又は参加人の申立てがあった場合には、審理員は、当該申立てをした者（以下この条及び第41条第2項第2号において「申立人」という。）に口頭で審査請求に係る事件に関する意見を述べる機会を与えなければならない。ただし、当該申立人の所在その他の事情により当該意見を述べる機会を与えることが困難であると認められる場合には、この限りでない。

2　前項本文の規定による意見の陳述（以下「口頭意見陳述」という。）は、審理員が期日及び場所を指定し、全ての審理関係人を招集してさせるものとする。

3　口頭意見陳述において、申立人は、審理員の許可を得て、補佐人とともに出頭することができる。

4　口頭意見陳述において、審理員は、申立人のする陳述が事件に関係のない事項にわたる場合その他相当でない場合には、これを制限することができる。

5　口頭意見陳述に際し、申立人は、審理員の許可を得て、審査請求に係る事件に関し、処分庁等に対して、質問を発することができる。

（証拠書類等の提出）

第32条 審査請求人又は参加人は、証拠書類又は証拠物を提出することができる。

2 処分庁等は、当該処分の理由となる事実を証する書類その他の物件を提出することができる。

3 前二項の場合において、審査員が、証拠書類若しくは証拠物又は書類その他の物件を提出すべき相当の期間を定めたときは、その期間内にこれを提出しなければならない。

（物件の提出要求）

第33条 審理員は、審査請求人若しくは参加人の申立てにより又は職権で、書類その他の物件の所持人に対し、相当の期間を定めて、その物件の提出を求めることができる。この場合において、審理員は、その提出された物件を留め置くことができる。

（参考人の陳述及び鑑定の要求）

第34条 審理員は、審査請求人若しくは参加人の申立てにより又は職権で、適当と認める者に、参考人としてその知っている事実の陳述を求め、又は鑑定を求めることができる。

（検証）

第35条 審理員は、審査請求人若しくは参加人の申立てにより又は職権で、必要な場所につき、検証をすることができる。

2 審理員は、審査請求人又は参加人の申立てにより前項の検証をしようとするときは、あらかじめ、その日時及び場所を当該申立てをした者に通知し、これに立ち会う機会を与えなければならない。

（審理関係人への質問）

第36条 審理員は、審査請求人若しくは参加人の申立てにより又は職権で、審査請求に係る事件に関し、審理関係人に質問することができる。

（審理手続の計画的遂行）

第37条 審理員は、審査請求に係る事件について、審理すべき事項が多数であり又は錯綜しているなど事件が複雑であることその他の事情により、迅速かつ公正な審理を行うため、第31条から前条までに定める審理手続を計画的に遂行する必要があると認める場合には、期日及び場所を指定して、審理関係人を招集し、あらかじめ、これらの審理手続の申立てに関する意見の聴取を行うことができる。

2 審理員は、審理関係人が遠隔の地に居住している場合その他相当と認める場合には、政令で定めるところにより、審理員及び審理関係人が音声の送受信により通話をすることができる方法によって、前項に規定する意見の聴取を行うことができる。

3 審理員は、前二項の規定による意見の聴取を行ったときは、遅滞なく、第31条から前条までに定める審理手続の期日及び場所並びに第41条第1項の規定による審理手続の終結の予定時期を決定し、これらを審理関係人に通知するものとする。当該予定時期を変更したときも、同様とする。

（審査請求人等による提出書類等の閲覧等）

第38条 審査請求人又は参加人は、第41条第1項又は第2項の規定により審理手続が終結するまでの間、審理員に対し、提出書類等（第29条第4項各号に掲げる書面又は第32条第1項若しくは第2項若しくは第33条の規定により提出された書類その他の物件をいう。次項において同じ。）の閲覧（電磁的記録（電子的方式、磁気的方式その他人の知覚によっては認識することができない方式で作られる記録であって、電子計算機による情報処理の用に供されるものをいう。以下同じ。）にあっては、記録された事項を審査庁が定める方法により表示したものの閲覧）又は当該書面若しくは当該書類の写し若しくは当該電磁的記録に記録された事項を記載した書面の交付を求めることができる。この場合において、審理員は、第三者の利益を害するおそれがあると認めるとき、その他正当な理由があるときでなければ、その閲覧又は交付を拒むことができない。

2 審理員は、前項の規定による閲覧をさせ、又は同項の規定による交付をしようとするときは、当該閲覧又は交付に係る提出書類等の提出人の意見を聴かなければならない。ただし、審理員が、その必要がないと認めるときは、この限りでない。

3 審理員は、第1項の規定による閲覧について、日時及び場所を指定することができる。

4 第1項の規定による交付を受ける審査請求人又は参加人は、政令で定めるところにより、実費の範囲内において政令で定める額の手数料を納めなければならない。

5 審理員は、経済的困難その他特別の理由があると認めるときは、政令で定めるところにより、前項の手数料を減額し、又は免除することができる。

6 地方公共団体（都道府県、市町村及び特別区並びに地方公共団体の組合に限る。以下同じ。）に所属する行政庁が審査庁である場合における前二項の規定の適用については、これらの規定中「政令」とあるのは、「条例」とし、国又は地方公共団体に所属しない行政庁が審査庁である場合におけるこれらの規定の適用につ

いては、これらの規定中「政令で」とあるのは、「審査庁が」とする。

（審理手続の併合又は分離）

第39条 審理員は、必要があると認める場合には、数個の審査請求に係る審理手続を併合し、又は併合された数個の審査請求に係る審理手続を分離することができる。

（審理員による執行停止の意見書の提出）

第40条 審理員は、必要があると認める場合には、審査庁に対し、執行停止をすべき旨の意見書を提出することができる。

（審理手続の終結）

第41条 審理員は、必要な審理を終えたと認めるときは、審理手続を終結するものとする。

2 前項に定めるもののほか、審理員は、次の各号のいずれかに該当するときは、審理手続を終結することができる。

　一 次のイからホまでに掲げる規定の相当の期間内に、当該イからホまでに定める物件が提出されない場合において、更に一定の期間を示して、当該物件の提出を求めたにもかかわらず、当該提出期間内に当該物件が提出されなかったとき。

　　イ 第29条第2項 弁明書
　　ロ 第30条第1項後段 反論書
　　ハ 第30条第2項後段 意見書
　　ニ 第32条第3項 証拠書類若しくは証拠物又は書類その他の物件
　　ホ 第33条前段 書類その他の物件

　二 申立人が、正当な理由なく、口頭意見陳述に出頭しないとき。

3 審理員が前二項の規定により審理手続を終結したときは、速やかに、審理関係人に対し、審理手続を終結した旨並びに次条第1項に規定する審理員意見書及び事件記録（審査請求書、弁明書その他審査請求に係る事件に関する書類その他の物件のうち政令で定めるものをいう。同条第2項及び第43条第2項において同じ。）を審査庁に提出する予定時期を通知するものとする。当該予定時期を変更したときも、同様とする。

（審理員意見書）

第42条 審理員は、審理手続を終結したときは、遅滞なく、審査庁がすべき裁決に関する意見書（以下「審理員意見書」という。）を作成しなければならない。

2 審理員は、審理員意見書を作成したときは、速やかに、これを事件記録とともに、審査庁に提出しなければならない。

第4節 行政不服審査会等への諮問

第43条 審査庁は、審理員意見書の提出を受けたときは、次の各号のいずれかに該当する場合を除き、審査庁が主任の大臣又は宮内庁長官若しくは内閣府設置法第49条第1項若しくは第2項若しくは国家行政組織法第3条第2項に規定する庁の長である場合にあっては行政不服審査会に、審査庁が地方公共団体の長（地方公共団体の組合にあっては、長、管理者又は理事会）である場合にあっては第81条第1項又は第2項の機関に、それぞれ諮問しなければならない。

　一 審査請求に係る処分をしようとするときに他の法律又は政令（条例に基づく処分については、条例）に第9条第1項各号に掲げる機関若しくは地方公共団体の議会又はこれらの機関に類するものとして政令で定めるもの（以下「審議会等」という。）の議を経るべき旨又は経ることができる旨の定めがあり、かつ、当該議を経て当該処分がされた場合

　二 裁決をしようとするときに他の法律又は政令（条例に基づく処分については、条例）に第9条第1項各号に掲げる機関若しくは地方公共団体の議会又はこれらの機関に類するものとして政令で定めるものの議を経るべき旨又は経ることができる旨の定めがあり、かつ、当該議を経て裁決をしようとする場合

　三 第46条第3項又は第49条第4項の規定により審議会等の議を経て裁決をしようとする場合

　四 審査請求人から、行政不服審査会又は第81条第1項若しくは第2項の機関（以下「行政不服審査会等」という。）への諮問を希望しない旨の申出がされている場合（参加人から、行政不服審査会等に諮問しないことについて反対する旨の申出がされている場合を除く。）

　五 審査請求が、行政不服審査会等によって、国民の権利利益及び行政の運営に対する影響の程度その他当該事件の性質を勘案して、諮問を要しないものと認められたものである場合

　六 審査請求が不適法であり、却下する場合

　七 第46条第1項の規定により審査請求に係る処分（法令に基づく申請を却下し、又は棄却する処分及び事実上の行為を除く。）の全部を取り消し、又は第47条第1号若しくは第2号の規定により審査請求に係る事実上の行為の全部を撤廃すべき旨を命じ、若しくは撤廃することとする場合（当該処分の全部を取り

消すこと又は当該事実上の行為の全部を撤廃すべき旨を命じ、若しくは撤廃することについて反対する旨の意見書が提出されている場合及び口頭意見陳述においてその旨の意見が述べられている場合を除く。）

八　第46条第2項各号又は第49条第3項各号に定める措置（法令に基づく申請の全部を認容すべき旨を命じ、又は認容するものに限る。）をとることとする場合（当該申請の全部を認容することについて反対する旨の意見書が提出されている場合及び口頭意見陳述においてその旨の意見が述べられている場合を除く。）

2　前項の規定による諮問は、審理員意見書及び事件記録の写しを添えてしなければならない。

3　第1項の規定により諮問をした審査庁は、審理関係人（処分庁等が審査庁である場合にあっては、審査請求人及び参加人）に対し、当該諮問をした旨を通知するとともに、審理員意見書の写しを送付しなければならない。

第5節　裁決

（裁決の時期）

第44条　審査庁は、行政不服審査会等から諮問に対する答申を受けたとき（前条第1項の規定による諮問を要しない場合（同項第2号又は第3号に該当する場合を除く。）にあっては審理員意見書が提出されたとき、同項第2号又は第3号に該当する場合にあっては同項第2号又は第3号に規定する議を経たとき）は、遅滞なく、裁決をしなければならない。

（処分についての審査請求の却下又は棄却）

第45条　処分についての審査請求が法定の期間経過後にされたものである場合その他不適法である場合には、審査庁は、裁決で、当該審査請求を却下する。

2　処分についての審査請求が理由がない場合には、審査庁は、裁決で、当該審査請求を棄却する。

3　審査請求に係る処分が違法又は不当ではあるが、これを取り消し、又は撤廃することにより公の利益に著しい障害を生ずる場合において、審査請求人の受ける損害の程度、その損害の賠償又は防止の程度及び方法その他一切の事情を考慮した上、処分を取り消し、又は撤廃することが公共の福祉に適合しないと認めるときは、審査庁は、裁決で、当該審査請求を棄却することができる。この場合には、審査庁は、裁決の主文で、当該処分が違法又は不当であることを宣言しなければならない。

（処分についての審査請求の認容）

第46条　処分（事実上の行為を除く。以下この条及び第48条において同じ。）についての審査請求が理由がある場合（前条第3項の規定の適用がある場合を除く。）には、審査庁は、裁決で、当該処分の全部若しくは一部を取り消し、又はこれを変更する。ただし、審査庁が処分庁の上級行政庁又は処分庁のいずれでもない場合には、当該処分を変更することはできない。

2　前項の規定により法令に基づく申請を却下し、又は棄却する処分の全部又は一部を取り消す場合において、次の各号に掲げる審査庁は、当該申請に対して一定の処分をすべきものと認めるときは、当該各号に定める措置をとる。

一　処分庁の上級行政庁である審査庁　当該処分庁に対し、当該処分をすべき旨を命ずること。

二　処分庁である審査庁　当該処分をすること。

3　前項に規定する一定の処分に関し、第43条第1項第1号に規定する議を経るべき旨の定めがある場合において、審査庁が前項各号に定める措置をとるために必要があると認めるときは、審査庁は、当該定めに係る審議会等の議を経ることができる。

4　前項に規定する定めがある場合のほか、第2項に規定する一定の処分に関し、他の法令に関係行政機関との協議の実施その他の手続をとるべき旨の定めがある場合において、審査庁が同項各号に定める措置をとるために必要があると認めるときは、審査庁は、当該手続をとることができる。

第47条　事実上の行為についての審査請求が理由がある場合（第45条第3項の規定の適用がある場合を除く。）には、審査庁は、裁決で、当該事実上の行為が違法又は不当である旨を宣言するとともに、次の各号に掲げる審査庁の区分に応じ、当該各号に定める措置をとる。ただし、審査庁が処分庁の上級行政庁以外の審査庁である場合には、当該事実上の行為を変更すべき旨を命ずることはできない。

一　処分庁以外の審査庁　当該処分庁に対し、当該事実上の行為の全部若しくは一部を撤廃し、又はこれを変更すべき旨を命ずること。

二　処分庁である審査庁　当該事実上の行為の全部若しくは一部を撤廃し、又はこれを変更すること。

（不利益変更の禁止）

第48条　第46条第1項本文又は前条の場合において、審査庁は、審査請求人の不利益に当該処

分を変更し、又は当該事実上の行為を変更すべき旨を命じ、若しくはこれを変更することはできない。

（不作為についての審査請求の裁決）

第49条 不作為についての審査請求が当該不作為に係る処分についての申請から相当の期間が経過しないでされたものである場合その他不適法である場合には、審査庁は、裁決で、当該審査請求を却下する。

2 不作為についての審査請求が理由がない場合には、審査庁は、裁決で、当該審査請求を棄却する。

3 不作為についての審査請求が理由がある場合には、審査庁は、裁決で、当該不作為が違法又は不当である旨を宣言する。この場合において、次の各号に掲げる審査庁は、当該申請に対して一定の処分をすべきものと認めるときは、当該各号に定める措置をとる。

一 不作為庁の上級行政庁である審査庁 当該不作為庁に対し、当該処分をすべき旨を命ずること。

二 不作為庁である審査庁 当該処分をすること。

4 審査請求に係る不作為に係る処分に関し、第43条第1項第1号に規定する議を経るべき旨の定めがある場合において、審査庁が前項各号に定める措置をとるために必要があると認めるときは、審査庁は、当該定めに係る審議会等の議を経ることができる。

5 前項に規定する定めがある場合のほか、審査請求に係る不作為に係る処分に関し、他の法令に関係行政機関との協議の実施その他の手続をとるべき旨の定めがある場合において、審査庁が第3項各号に定める措置をとるために必要があると認めるときは、審査庁は、当該手続をとることができる。

（裁決の方式）

第50条 裁決は、次に掲げる事項を記載し、審査庁が記名押印した裁決書によりしなければならない。

一 主文

二 事案の概要

三 審理関係人の主張の要旨

四 理由（第1号の主文が審理員意見書又は行政不服審査会等若しくは審議会等の答申書と異なる内容である場合には、異なることとなった理由を含む。）

2 第43条第1項の規定による行政不服審査会への諮問を要しない場合には、前項の裁決書には、審理員意見書を添付しなければならない。

3 審査庁は、再審査請求をすることができる裁決をする場合には、裁決書に再審査請求をすることができる旨並びに再審査請求をすべき行政庁及び再審査請求期間（第62条に規定する期間をいう。）を記載して、これらを教示しなければならない。

（裁決の効力発生）

第51条 裁決は、審査請求人（当該審査請求が処分の相手方以外の者のしたものである場合における第46条第1項及び第47条の規定による裁決にあっては、審査請求人及び処分の相手方）に送達された時に、その効力を生ずる。

2 裁決の送達は、送達を受けるべき者に裁決書の謄本を送付することによってする。ただし、送達を受けるべき者の所在が知れない場合その他裁決書の謄本を送付することができない場合には、公示の方法によってすることができる。

3 公示の方法による送達は、審査庁が裁決書の謄本を保管し、いつでもその送達を受けるべき者に交付する旨を当該審査庁の掲示場に掲示し、かつ、その旨を官報その他の公報又は新聞紙に少なくとも1回掲載してするものとする。この場合において、その掲示を始めた日の翌日から起算して2週間を経過した時に裁決書の謄本の送付があったものとみなす。

4 審査庁は、裁決書の謄本を参加人及び処分庁等（審査庁以外の処分庁等に限る。）に送付しなければならない。

（裁決の拘束力）

第52条 裁決は、関係行政庁を拘束する。

2 申請に基づいてした処分が手続の違法若しくは不当を理由として裁決で取り消され、又は申請を却下し、若しくは棄却した処分が裁決で取り消された場合には、処分庁は、裁決の趣旨に従い、改めて申請に対する処分をしなければならない。

3 法令の規定により公示された処分が裁決で取り消され、又は変更された場合には、処分庁は、当該処分が取り消され、又は変更された旨を公示しなければならない。

4 法令の規定により処分の相手方以外の利害関係人に通知された処分が裁決で取り消され、又は変更された場合には、処分庁は、その通知を受けた者（審査請求人及び参加人を除く。）に、当該処分が取り消され、又は変更された旨を通知しなければならない。

（証拠書類等の返還）

第53条 審査庁は、裁決をしたときは、速やかに、第32条第1項又は第2項の規定により提出された証拠書類若しくは証拠物又は書類その他

の物件及び第33条の規定による提出要求に応じて提出された書類その他の物件をその提出人に返還しなければならない。

第3章　再調査の請求

（再調査の請求期間）
第54条　再調査の請求は、処分があったことを知った日の翌日から起算して3月を経過したときは、することができない。ただし、正当な理由があるときは、この限りでない。
2　再調査の請求は、処分があった日の翌日から起算して1年を経過したときは、することができない。ただし、正当な理由があるときは、この限りでない。

（誤った教示をした場合の救済）
第55条　再調査の請求をすることができる処分につき、処分庁が誤って再調査の請求をすることができる旨を教示しなかった場合において、審査請求がされた場合であって、審査請求人から申立てがあったときは、審査庁は、速やかに、審査請求書又は審査請求録取書を処分庁に送付しなければならない。ただし、審査請求人に対し弁明書が送付された後においては、この限りでない。
2　前項本文の規定により審査請求書又は審査請求録取書の送付を受けた処分庁は、速やかに、その旨を審査請求人及び参加人に通知しなければならない。
3　第1項本文の規定により審査請求書又は審査請求録取書が処分庁に送付されたときは、初めから処分庁に再調査の請求がされたものとみなす。

（再調査の請求についての決定を経ずに審査請求がされた場合）
第56条　第5条第2項ただし書の規定により審査請求がされたときは、同項の再調査の請求は、取り下げられたものとみなす。ただし、処分庁において当該審査請求がされた日以前に再調査の請求に係る処分（事実上の行為を除く。）を取り消す旨の第60条第1項の決定書の謄本を発している場合又は再調査の請求に係る事実上の行為を撤廃している場合は、当該審査請求（処分（事実上の行為を除く。）の一部を取り消す旨の第59条第1項の決定がされている場合又は事実上の行為の一部が撤廃されている場合にあっては、その部分に限る。）が取り下げられたものとみなす。

（3月後の教示）
第57条　処分庁は、再調査の請求がされた日

（第61条において読み替えて準用する第23条の規定により不備を補正すべきことを命じた場合にあっては、当該不備が補正された日）の翌日から起算して3月を経過しても当該再調査の請求が係属しているときは、遅滞なく、当該処分について直ちに審査請求をすることができる旨を書面でその再調査の請求人に教示しなければならない。

（再調査の請求の却下又は棄却の決定）
第58条　再調査の請求が法定の期間経過後にされたものである場合その他不適法である場合には、処分庁は、決定で、当該再調査の請求を却下する。
2　再調査の請求が理由がない場合には、処分庁は、決定で、当該再調査の請求を棄却する。

（再調査の請求の認容の決定）
第59条　処分（事実上の行為を除く。）についての再調査の請求が理由がある場合には、処分庁は、決定で、当該処分の全部若しくは一部を取り消し、又はこれを変更する。
2　事実上の行為についての再調査の請求が理由がある場合には、処分庁は、決定で、当該事実上の行為が違法又は不当である旨を宣言するとともに、当該事実上の行為の全部若しくは一部を撤廃し、又はこれを変更する。
3　処分庁は、前二項の場合において、再調査の請求人の不利益に当該処分又は当該事実上の行為を変更することはできない。

（決定の方式）
第60条　前二条の決定は、主文及び理由を記載し、処分庁が記名押印した決定書によりしなければならない。
2　処分庁は、前項の決定書（再調査の請求に係る処分の全部を取り消し、又は撤廃する決定に係るものを除く。）に、再調査の請求に係る処分につき審査請求をすることができる旨（却下の決定である場合にあっては、当該却下の決定が違法な場合に限り審査請求をすることができる旨）並びに審査請求をすべき行政庁及び審査請求期間を記載して、これらを教示しなければならない。

（審査請求に関する規定の準用）
第61条　第9条第4項、第10条から第16条まで、第18条第3項、第19条（第3項並びに第5項第1号及び第2号を除く。）、第20条、第23条、第24条、第25条（第3項を除く。）、第26条、第27条、第31条（第5項を除く。）、第32条（第2項を除く。）、第39条、第51条及び第53条の規定は、再調査の請求について準用する。この場合において、別表第2の上欄に掲げる規定中同表の中欄

に掲げる字句は、それぞれ同表の下欄に掲げる字句に読み替えるものとする。

第4章　再審査請求

（再審査請求期間）
第62条　再審査請求は、原裁決があったことを知った日の翌日から起算して1月を経過したときは、することができない。ただし、正当な理由があるときは、この限りでない。

2　再審査請求は、原裁決があった日の翌日から起算して1年を経過したときは、することができない。ただし、正当な理由があるときは、この限りでない。

（裁決書の送付）
第63条　第66条第1項において読み替えて準用する第11条第2項に規定する審理員又は第66条第1項において準用する第9条第1項各号に掲げる機関である再審査庁（他の法律の規定により再審査請求がされた行政庁（第66条第1項において読み替えて準用する第14条の規定により引継ぎを受けた行政庁を含む。）をいう。以下同じ。）は、原裁決をした行政庁に対し、原裁決に係る裁決書の送付を求めるものとする。

（再審査請求の却下又は棄却の裁決）
第64条　再審査請求が法定の期間経過後にされたものである場合その他不適法である場合には、再審査庁は、裁決で、当該再審査請求を却下する。

2　再審査請求が理由がない場合には、再審査庁は、裁決で、当該再審査請求を棄却する。

3　再審査請求に係る原裁決（審査請求を却下し、又は棄却したものに限る。）が違法又は不当である場合において、当該審査請求に係る処分が違法又は不当のいずれでもないときは、再審査庁は、裁決で、当該再審査請求を棄却する。

4　前項に規定する場合のほか、再審査請求に係る原裁決等が違法又は不当ではあるが、これを取り消し、又は撤廃することにより公の利益に著しい障害を生ずる場合において、再審査請求人の受ける損害の程度、その損害の賠償又は防止の程度及び方法その他一切の事情を考慮した上、原裁決等を取り消し、又は撤廃することが公共の福祉に適合しないと認めるときは、再審査庁は、裁決で、当該再審査請求を棄却することができる。この場合には、再審査庁は、裁決の主文で、当該原裁決等が違法又は不当であることを宣言しなければならない。

（再審査請求の認容の裁決）
第65条　原裁決等（事実上の行為を除く。）につ

いての再審査請求が理由がある場合（前条第3項に規定する場合及び同条第4項の規定の適用がある場合を除く。）には、再審査庁は、裁決で、当該原裁決等の全部又は一部を取り消す。

2　事実上の行為についての再審査請求が理由がある場合（前条第4項の規定の適用がある場合を除く。）には、裁決で、当該事実上の行為が違法又は不当である旨を宣言するとともに、処分庁に対し、当該事実上の行為の全部又は一部を撤廃すべき旨を命ずる。

（審査請求に関する規定の準用）
第66条　第2章（第9条第3項、第18条（第3項を除く。）、第19条第3項並びに第5項第1号及び第2号、第22条、第25条第2項、第29条（第1項を除く。）、第30条第1項、第41条第2項第1号イ及びロ、第4節、第45条から第49条まで並びに第50条第3項を除く。）の規定は、再審査請求について準用する。この場合において、別表第3の上欄に掲げる規定中同表の中欄に掲げる字句は、それぞれ同表の下欄に掲げる字句に読み替えるものとする。

2　再審査庁が前項において準用する第9条第1項各号に掲げる機関である場合には、前項において準用する第17条、第40条、第42条及び第50条第2項の規定は、適用しない。

第5章　行政不服審査会等

第1節　行政不服審査会

第1款　設置及び組織

（設置）
第67条　総務省に、行政不服審査会（以下「審査会」という。）を置く。

2　審査会は、この法律の規定によりその権限に属させられた事項を処理する。

（組織）
第68条　審査会は、委員9人をもって組織する。

2　委員は、非常勤とする。ただし、そのうち3人以内は、常勤とすることができる。

（委員）
第69条　委員は、審査会の権限に属する事項に関し公正な判断をすることができ、かつ、法律又は行政に関して優れた識見を有する者のうちから、両議院の同意を得て、総務大臣が任命する。

2　委員の任期が満了し、又は欠員を生じた場合において、国会の閉会又は衆議院の解散のために両議院の同意を得ることができないときは、

総務大臣は、前項の規定にかかわらず、同項に定める資格を有する者のうちから、委員を任命することができる。

3　前項の場合においては、任命後最初の国会で両議院の事後の承認を得なければならない。この場合において、両議院の事後の承認が得られないときは、総務大臣は、直ちにその委員を罷免しなければならない。

4　委員の任期は、3年とする。ただし、補欠の委員の任期は、前任者の残任期間とする。

5　委員は、再任されることができる。

6　委員の任期が満了したときは、当該委員は、後任者が任命されるまで引き続きその職務を行うものとする。

7　総務大臣は、委員が心身の故障のために職務の執行ができないと認める場合又は委員に職務上の義務違反その他委員たるに適しない非行があると認める場合には、両議院の同意を得て、その委員を罷免することができる。

8　委員は、職務上知ることができた秘密を漏らしてはならない。その職を退いた後も同様とする。

9　委員は、在任中、政党その他の政治的団体の役員となり、又は積極的に政治運動をしてはならない。

10　常勤の委員は、在任中、総務大臣の許可がある場合を除き、報酬を得て他の職務に従事し、又は営利事業を営み、その他金銭上の利益を目的とする業務を行ってはならない。

11　委員の給与は、別に法律で定める。

（会長）

第70条　審査会に、会長を置き、委員の互選により選任する。

2　会長は、会務を総理し、審査会を代表する。

3　会長に事故があるときは、あらかじめその指名する委員が、その職務を代理する。

（専門委員）

第71条　審査会に、専門の事項を調査させるため、専門委員を置くことができる。

2　専門委員は、学識経験のある者のうちから、総務大臣が任命する。

3　専門委員は、その者の任命に係る当該専門の事項に関する調査が終了したときは、解任されるものとする。

4　専門委員は、非常勤とする。

（合議体）

第72条　審査会は、委員のうちから、審査会が指名する者3人をもって構成する合議体で、審査請求に係る事件について調査審議する。

2　前項の規定にかかわらず、審査会が定める場合においては、委員の全員をもって構成する合議体で、審査請求に係る事件について調査審議する。

（事務局）

第73条　審査会の事務を処理させるため、審査会に事務局を置く。

2　事務局に、事務局長のほか、所要の職員を置く。

3　事務局長は、会長の命を受けて、局務を掌理する。

第2款　審査会の調査審議の手続

（審査会の調査権限）

第74条　審査会は、必要があると認める場合には、審査請求に係る事件に関し、審査請求人、参加人又は第43条第1項の規定により審査会に諮問をした審査庁（以下この款において「審査関係人」という。）にその主張を記載した書面（以下この款において「主張書面」という。）又は資料の提出を求めること、適当と認める者にその知っている事実の陳述又は鑑定を求めることとその他必要な調査をすることができる。

（意見の陳述）

第75条　審査会は、審査関係人の申立てがあった場合には、当該審査関係人に口頭で意見を述べる機会を与えなければならない。ただし、審査会が、その必要がないと認める場合には、この限りでない。

2　前項本文の場合において、審査請求人又は参加人は、審査会の許可を得て、補佐人とともに出頭することができる。

（主張書面等の提出）

第76条　審査関係人は、審査会に対し、主張書面又は資料を提出することができる。この場合において、審査会が、主張書面又は資料を提出すべき相当の期間を定めたときは、その期間内にこれを提出しなければならない。

（委員による調査手続）

第77条　審査会は、必要があると認める場合には、その指名する委員に、第74条の規定による調査をさせ、又は第75条第1項本文の規定による審査関係人の意見の陳述を聴かせることができる。

（提出資料の閲覧等）

第78条　審査関係人は、審査会に対し、審査会に提出された主張書面若しくは資料の閲覧（電磁的記録にあっては、記録された事項を審査会が定める方法により表示したものの閲覧）又は当該主張書面若しくは当該資料の写し若しくは

当該電磁的記録に記録された事項を記載した書面の交付を求めることができる。この場合において、審査会は、第三者の利益を害するおそれがあると認めるとき、その他正当な理由があるときでなければ、その閲覧又は交付を拒むことができない。

2　審査会は、前項の規定による閲覧をさせ、又は同項の規定による交付をしようとするときは、当該閲覧又は交付に係る主張書面又は資料の提出人の意見を聴かなければならない。ただし、審査会が、その必要がないと認めるときは、この限りでない。

3　審査会は、第1項の規定による閲覧について、日時及び場所を指定することができる。

4　第1項の規定による交付を受ける審査請求人又は参加人は、政令で定めるところにより、実費の範囲内において政令で定める額の手数料を納めなければならない。

5　審査会は、経済的困難その他特別の理由があると認めるときは、政令で定めるところにより、前項の手数料を減額し、又は免除することができる。

（答申書の送付等）
第79条　審査会は、諮問に対する答申をしたときは、答申書の写しを審査請求人及び参加人に送付するとともに、答申の内容を公表するものとする。

第3款　雑則

（政令への委任）
第80条　この法律に定めるもののほか、審査会に関し必要な事項は、政令で定める。

第2節　地方公共団体に置かれる機関

第81条　地方公共団体に、執行機関の附属機関として、この法律の規定によりその権限に属させられた事項を処理するための機関を置く。

2　前項の規定にかかわらず、地方公共団体は、当該地方公共団体における不服申立ての状況等に鑑み同項の機関を置くことが不適当又は困難であるときは、条例で定めるところにより、事件ごとに、執行機関の附属機関として、この法律の規定によりその権限に属させられた事項を処理するための機関を置くこととすることができる。

3　前節第2款の規定は、前二項の機関について準用する。この場合において、第78条第4項及び第5項中「政令」とあるのは、「条例」と読み

替えるものとする。

4　前三項に定めるもののほか、第1項又は第2項の機関の組織及び運営に関し必要な事項は、当該機関を置く地方公共団体の条例（地方自治法第252条の7第1項の規定により共同設置する機関にあっては、同項の規約）で定める。

第6章　補則

（不服申立てをすべき行政庁等の教示）
第82条　行政庁は、審査請求若しくは再調査の請求又は他の法令に基づく不服申立て（以下この条において「不服申立て」と総称する。）をすることができる処分をする場合には、処分の相手方に対し、当該処分につき不服申立てをすることができる旨並びに不服申立てをすべき行政庁及び不服申立てをすることができる期間を書面で教示しなければならない。ただし、当該処分を口頭でする場合は、この限りでない。

2　行政庁は、利害関係人から、当該処分が不服申立てをすることができる処分であるかどうか並びに当該処分が不服申立てをすることができるものである場合における不服申立てをすべき行政庁及び不服申立てをすることができる期間につき教示を求められたときは、当該事項を教示しなければならない。

3　前項の場合において、教示を求めた者が書面による教示を求めたときは、当該教示は、書面でしなければならない。

（教示をしなかった場合の不服申立て）
第83条　行政庁が前条の規定による教示をしなかった場合には、当該処分について不服がある者は、当該処分庁に不服申立書を提出することができる。

2　第19条（第5項第1号及び第2号を除く。）の規定は、前項の不服申立書について準用する。

3　第1項の規定により不服申立書の提出があった場合において、当該処分が処分庁以外の行政庁に対し審査請求をすることができる処分であるときは、処分庁は、速やかに、当該不服申立書を当該行政庁に送付しなければならない。当該処分が他の法令に基づき、処分庁以外の行政庁に不服申立てをすることができる処分であるときも、同様とする。

4　前項の規定により不服申立書が送付されたときは、初めから当該行政庁に審査請求又は当該法令に基づく不服申立てがされたものとみなす。

5　第3項の場合を除くほか、第1項の規定により不服申立書が提出されたときは、初めから当該処分庁に審査請求又は当該法令に基づく不服

申立てがされたものとみなす。

（情報の提供）

第84条　審査請求、再調査の請求若しくは再審査請求又は他の法令に基づく不服申立て（以下この条及び次条において「不服申立て」と総称する。）につき裁決、決定その他の処分（同条において「裁決等」という。）をする権限を有する行政庁は、不服申立てをしようとする者又は不服申立てをした者の求めに応じ、不服申立書の記載に関する事項その他の不服申立てに必要な情報の提供に努めなければならない。

（公表）

第85条　不服申立てにつき裁決等をする権限を有する行政庁は、当該行政庁がした裁決等の内容その他当該行政庁における不服申立ての処理状況について公表するよう努めなければならない。

（政令への委任）

第86条　この法律に定めるもののほか、この法律の実施のために必要な事項は、政令で定める。

（罰則）

第87条　第69条第8項の規定に違反して秘密を漏らした者は、1年以下の懲役又は50万円以下の罰金に処する。

行政不服審査法

行政事件訴訟法

（昭和37年5月16日法律第139号）

第1章 総則

（この法律の趣旨）
第1条 行政事件訴訟については、他の法律に特別の定めがある場合を除くほか、この法律の定めるところによる。

（行政事件訴訟）
第2条 この法律において「行政事件訴訟」とは、抗告訴訟、当事者訴訟、民衆訴訟及び機関訴訟をいう。

（抗告訴訟）
第3条 この法律において「抗告訴訟」とは、行政庁の公権力の行使に関する不服の訴訟をいう。

2 この法律において「処分の取消しの訴え」とは、行政庁の処分その他公権力の行使に当たる行為（次項に規定する裁決、決定その他の行為を除く。以下単に「処分」という。）の取消しを求める訴訟をいう。

3 この法律において「裁決の取消しの訴え」とは、審査請求その他の不服申立て（以下単に「審査請求」という。）に対する行政庁の裁決、決定その他の行為（以下単に「裁決」という。）の取消しを求める訴訟をいう。

4 この法律において「無効等確認の訴え」とは、処分若しくは裁決の存否又はその効力の有無の確認を求める訴訟をいう。

5 この法律において「不作為の違法確認の訴え」とは、行政庁が法令に基づく申請に対し、相当の期間内に何らかの処分又は裁決をすべきであるにかかわらず、これをしないことについての違法の確認を求める訴訟をいう。

6 この法律において「義務付けの訴え」とは、次に掲げる場合において、行政庁がその処分又は裁決をすべき旨を命ずることを求める訴訟をいう。

一 行政庁が一定の処分をすべきであるにかかわらずこれがされないとき（次号に掲げる場合を除く。）。

二 行政庁に対し一定の処分又は裁決を求める旨の法令に基づく申請又は審査請求がされた場合において、当該行政庁がその処分又は裁決をすべきであるにかかわらずこれがされないとき。

7 この法律において「差止めの訴え」とは、行政庁が一定の処分又は裁決をすべきでないにかかわらずこれがされようとしている場合において、行政庁がその処分又は裁決をしてはならない旨を命ずることを求める訴訟をいう。

（当事者訴訟）
第4条 この法律において「当事者訴訟」とは、当事者間の法律関係を確認し又は形成する処分又は裁決に関する訴訟で法令の規定によりその法律関係の当事者の一方を被告とするもの及び公法上の法律関係に関する確認の訴えその他の公法上の法律関係に関する訴訟をいう。

（民衆訴訟）
第5条 この法律において「民衆訴訟」とは、国又は公共団体の機関の法規に適合しない行為の是正を求める訴訟で、選挙人たる資格その他自己の法律上の利益にかかわらない資格で提起するものをいう。

（機関訴訟）
第6条 この法律において「機関訴訟」とは、国又は公共団体の機関相互間における権限の存否又はその行使に関する紛争についての訴訟をいう。

（この法律に定めがない事項）
第7条 行政事件訴訟に関し、この法律に定めがない事項については、民事訴訟の例による。

第2章 抗告訴訟

第1節 取消訴訟

（処分の取消しの訴えと審査請求との関係）
第8条 処分の取消しの訴えは、当該処分につき法令の規定により審査請求をすることができる場合においても、直ちに提起することを妨げない。ただし、法律に当該処分についての審査請求に対する裁決を経た後でなければ処分の取消しの訴えを提起することができない旨の定めがあるときは、この限りでない。

2 前項ただし書の場合においても、次の各号の一に該当するときは、裁決を経ないで、処分の取消しの訴えを提起することができる。

一 審査請求があつた日から3箇月を経過しても裁決がないとき。

二 処分、処分の執行又は手続の続行により生ずる著しい損害を避けるため緊急の必要があるとき。

三 その他裁決を経ないことにつき正当な理由があるとき。

3 第1項本文の場合において、当該処分につき審査請求がされているときは、裁判所は、その審査請求に対する裁決があるまで（審査請求が

あつた日から3箇月を経過しても裁決がないときは、その期間を経過するまで)、訴訟手続を中止することができる。

(原告適格)

第9条 処分の取消しの訴え及び裁決の取消しの訴え(以下「取消訴訟」という。)は、当該処分又は裁決の取消しを求めるにつき法律上の利益を有する者(処分又は裁決の効果が期間の経過その他の理由によりなくなつた後においてもなお処分又は裁決の取消しによつて回復すべき法律上の利益を有する者を含む。)に限り、提起することができる。

2 裁判所は、処分又は裁決の相手方以外の者について前項に規定する法律上の利益の有無を判断するに当たつては、当該処分又は裁決の根拠となる法令の規定の文言のみによることなく、当該法令の趣旨及び目的並びに当該処分において考慮されるべき利益の内容及び性質を考慮するものとする。この場合において、当該法令の趣旨及び目的を考慮するに当たつては、当該法令と目的を共通にする関係法令があるときはその趣旨及び目的をも参酌するものとし、当該利益の内容及び性質を考慮するに当たつては、当該処分又は裁決がその根拠となる法令に違反してされた場合に害されることとなる利益の内容及び性質並びにこれが害される態様及び程度をも勘案するものとする。

(取消しの理由の制限)

第10条 取消訴訟においては、自己の法律上の利益に関係のない違法を理由として取消しを求めることができない。

2 処分の取消しの訴えとその処分についての審査請求を棄却した裁決の取消しの訴えとを提起することができる場合には、裁決の取消しの訴えにおいては、処分の違法を理由として取消しを求めることができない。

(被告適格等)

第11条 処分又は裁決をした行政庁(処分又は裁決があつた後に当該行政庁の権限が他の行政庁に承継されたときは、当該他の行政庁。以下同じ。)が国又は公共団体に所属する場合には、取消訴訟は、次の各号に掲げる訴えの区分に応じてそれぞれ当該各号に定める者を被告として提起しなければならない。

一 処分の取消しの訴え 当該処分をした行政庁の所属する国又は公共団体

二 裁決の取消しの訴え 当該裁決をした行政庁の所属する国又は公共団体

2 処分又は裁決をした行政庁が国又は公共団体に所属しない場合には、取消訴訟は、当該行政庁を被告として提起しなければならない。

3 前二項の規定により被告とすべき国若しくは公共団体又は行政庁がない場合には、取消訴訟は、当該処分又は裁決に係る事務の帰属する国又は公共団体を被告として提起しなければならない。

4 第1項又は前項の規定により国又は公共団体を被告として取消訴訟を提起する場合には、訴状には、民事訴訟の例により記載すべき事項のほか、次の各号に掲げる訴えの区分に応じてそれぞれ当該各号に定める行政庁を記載するものとする。

一 処分の取消しの訴え 当該処分をした行政庁

二 裁決の取消しの訴え 当該裁決をした行政庁

5 第1項又は第3項の規定により国又は公共団体を被告として取消訴訟が提起された場合には、被告は、遅滞なく、裁判所に対し、前項各号に掲げる訴えの区分に応じてそれぞれ当該各号に定める行政庁を明らかにしなければならない。

6 処分又は裁決をした行政庁は、当該処分又は裁決に係る第1項の規定による国又は公共団体を被告とする訴訟について、裁判上の一切の行為をする権限を有する。

(管轄)

第12条 取消訴訟は、被告の普通裁判籍の所在地を管轄する裁判所又は処分若しくは裁決をした行政庁の所在地を管轄する裁判所の管轄に属する。

2 土地の収用、鉱業権の設定その他不動産又は特定の場所に係る処分又は裁決についての取消訴訟は、その不動産又は場所の所在地の裁判所にも、提起することができる。

3 取消訴訟は、当該処分又は裁決に関し事案の処理に当たつた下級行政機関の所在地の裁判所にも、提起することができる。

4 国又は独立行政法人通則法(平成11年法律第103号)第2条第1項に規定する独立行政法人若しくは別表に掲げる法人を被告とする取消訴訟は、原告の普通裁判籍の所在地を管轄する高等裁判所の所在地を管轄する地方裁判所(次項において「特定管轄裁判所」という。)にも、提起することができる。

5 前項の規定により特定管轄裁判所に同項の取消訴訟が提起された場合であつて、他の裁判所に事実上及び法律上同一の原因に基づいてされた処分又は裁決に係る抗告訴訟が係属している場合においては、当該特定管轄裁判所は、当事

者の住所又は所在地、尋問を受けるべき証人の住所、争点又は証拠の共通性その他の事情を考慮して、相当と認めるときは、申立てにより又は職権で、訴訟の全部又は一部について、当該他の裁判所又は第1項から第3項までに定める裁判所に移送することができる。

(関連請求に係る訴訟の移送)

第13条 取消訴訟と次の各号の一に該当する請求（以下「関連請求」という。）に係る訴訟とが各別の裁判所に係属する場合において、相当と認めるときは、関連請求に係る訴訟の係属する裁判所は、申立てにより又は職権で、その訴訟を取消訴訟の係属する裁判所に移送することができる。ただし、取消訴訟又は関連請求に係る訴訟の係属する裁判所が高等裁判所であるときは、この限りでない。

　一　当該処分又は裁決に関連する原状回復又は損害賠償の請求

　二　当該処分とともに一個の手続を構成する他の処分の取消しの請求

　三　当該処分に係る裁決の取消しの請求

　四　当該裁決に係る処分の取消しの請求

　五　当該処分又は裁決の取消しを求める他の請求

　六　その他当該処分又は裁決の取消しの請求と関連する請求

(出訴期間)

第14条 取消訴訟は、処分又は裁決があつたことを知つた日から6箇月を経過したときは、提起することができない。ただし、正当な理由があるときは、この限りでない。

2　取消訴訟は、処分又は裁決の日から1年を経過したときは、提起することができない。ただし、正当な理由があるときは、この限りでない。

3　処分又は裁決につき審査請求をすることができる場合又は行政庁が誤つて審査請求をすることができる旨を教示した場合において、審査請求があつたときは、処分又は裁決に係る取消訴訟は、その審査請求をした者については、前二項の規定にかかわらず、これに対する裁決があつたことを知つた日から6箇月を経過したとき又は当該裁決の日から1年を経過したときは、提起することができない。ただし、正当な理由があるときは、この限りでない。

(被告を誤つた訴えの救済)

第15条 取消訴訟において、原告が故意又は重大な過失によらないで被告とすべき者を誤つたときは、裁判所は、原告の申立てにより、決定をもつて、被告を変更することを許すことができる。

2　前項の決定は、書面でするものとし、その正本を新たな被告に送達しなければならない。

3　第1項の決定があつたときは、出訴期間の遵守については、新たな被告に対する訴えは、最初に訴えを提起した時に提起されたものとみなす。

4　第1項の決定があつたときは、従前の被告に対しては、訴えの取下げがあつたものとみなす。

5　第1項の決定に対しては、不服を申し立てることができない。

6　第1項の申立てを却下する決定に対しては、即時抗告をすることができる。

7　上訴審において第1項の決定をしたときは、裁判所は、その訴訟を管轄裁判所に移送しなければならない。

(請求の客観的併合)

第16条 取消訴訟には、関連請求に係る訴えを併合することができる。

2　前項の規定により訴えを併合する場合において、取消訴訟の第一審裁判所が高等裁判所であるときは、関連請求に係る訴えの被告の同意を得なければならない。被告が異議を述べないで、本案について弁論をし、又は弁論準備手続において申述をしたときは、同意したものとみなす。

(共同訴訟)

第17条 数人は、その数人の請求又はその数人に対する請求が処分又は裁決の取消しの請求と関連請求とである場合に限り、共同訴訟人として訴え、又は訴えられることができる。

2　前項の場合には、前条第2項の規定を準用する。

(第三者による請求の追加的併合)

第18条 第三者は、取消訴訟の口頭弁論の終結に至るまで、その訴訟の当事者の一方を被告として、関連請求に係る訴えをこれに併合して提起することができる。この場合において、当該取消訴訟が高等裁判所に係属しているときは、第16条第2項の規定を準用する。

(原告による請求の追加的併合)

第19条 原告は、取消訴訟の口頭弁論の終結に至るまで、関連請求に係る訴えをこれに併合して提起することができる。この場合において、当該取消訴訟が高等裁判所に係属しているときは、第16条第2項の規定を準用する。

2　前項の規定は、取消訴訟について民事訴訟法（平成8年法律第109号）第143条の規定の例によることを妨げない。

第20条 前条第1項前段の規定により、処分の取消しの訴えをその処分についての審査請求を棄却した裁決の取消しの訴えに併合して提起す

る場合には、同項後段において準用する第16条第2項の規定にかかわらず、処分の取消しの訴えの被告の同意を得ることを要せず、また、その提起があつたときは、出訴期間の遵守については、処分の取消しの訴えは、裁決の取消しの訴えを提起した時に提起されたものとみなす。

（国又は公共団体に対する請求への訴えの変更）
第21条 裁判所は、取消訴訟の目的たる請求を当該処分又は裁決に係る事務の帰属する国又は公共団体に対する損害賠償その他の請求に変更することが相当であると認めるときは、請求の基礎に変更がない限り、口頭弁論の終結に至るまで、原告の申立てにより、決定をもつて、訴えの変更を許すことができる。
2　前項の決定には、第15条第2項の規定を準用する。
3　裁判所は、第1項の規定により訴えの変更を許す決定をするには、あらかじめ、当事者及び損害賠償その他の請求に係る訴えの被告の意見をきかなければならない。
4　訴えの変更を許す決定に対しては、即時抗告をすることができる。
5　訴えの変更を許さない決定に対しては、不服を申し立てることができない。

（第三者の訴訟参加）
第22条 裁判所は、訴訟の結果により権利を害される第三者があるときは、当事者若しくはその第三者の申立てにより又は職権で、決定をもつて、その第三者を訴訟に参加させることができる。
2　裁判所は、前項の決定をするには、あらかじめ、当事者及び第三者の意見をきかなければならない。
3　第1項の申立てをした第三者は、その申立てを却下する決定に対して即時抗告をすることができる。
4　第1項の規定により訴訟に参加した第三者については、民事訴訟法第40条第1項から第3項までの規定を準用する。
5　第1項の規定により第三者が参加の申立てをした場合には、民事訴訟法第45条第3項及び第4項の規定を準用する。

（行政庁の訴訟参加）
第23条 裁判所は、処分又は裁決をした行政庁以外の行政庁を訴訟に参加させることが必要であると認めるときは、当事者若しくはその行政庁の申立てにより又は職権で、決定をもつて、その行政庁を訴訟に参加させることができる。
2　裁判所は、前項の決定をするには、あらかじめ、当事者及び当該行政庁の意見をきかなけれ

ばならない。
3　第1項の規定により訴訟に参加した行政庁については、民事訴訟法第45条第1項及び第2項の規定を準用する。

（釈明処分の特則）
第23条の2 裁判所は、訴訟関係を明瞭にするため、必要があると認めるときは、次に掲げる処分をすることができる。
　一　被告である国若しくは公共団体に所属する行政庁又は被告である行政庁に対し、処分又は裁決の内容、処分又は裁決の根拠となる法令の条項、処分又は裁決の原因となる事実その他処分又は裁決の理由を明らかにする資料（次項に規定する審査請求に係る事件の記録を除く。）であつて当該行政庁が保有するものの全部又は一部の提出を求めること。
　二　前号に規定する行政庁以外の行政庁に対し、同号に規定する資料であつて当該行政庁が保有するものの全部又は一部の送付を嘱託すること。
2　裁判所は、処分についての審査請求に対する裁決を経た後に取消訴訟の提起があつたときは、次に掲げる処分をすることができる。
　一　被告である国若しくは公共団体に所属する行政庁又は被告である行政庁に対し、当該審査請求に係る事件の記録であつて当該行政庁が保有するものの全部又は一部の提出を求めること。
　二　前号に規定する行政庁以外の行政庁に対し、同号に規定する事件の記録であつて当該行政庁が保有するものの全部又は一部の送付を嘱託すること。

（職権証拠調べ）
第24条 裁判所は、必要があると認めるときは、職権で、証拠調べをすることができる。ただし、その証拠調べの結果について、当事者の意見をきかなければならない。

（執行停止）
第25条 処分の取消しの訴えの提起は、処分の効力、処分の執行又は手続の続行を妨げない。
2　処分の取消しの訴えの提起があつた場合において、処分、処分の執行又は手続の続行により生ずる重大な損害を避けるため緊急の必要があるときは、裁判所は、申立てにより、決定をもつて、処分の効力、処分の執行又は手続の続行の全部又は一部の停止（以下「執行停止」という。）をすることができる。ただし、処分の効力の停止は、処分の執行又は手続の続行の停止によつて目的を達することができる場合には、することができない。

3　裁判所は、前項に規定する重大な損害を生ず
るか否かを判断するに当たつては、損害の回復
の困難の程度を考慮するものとし、損害の性質
及び程度並びに処分の内容及び性質をも勘案す
るものとする。
4　執行停止は、公共の福祉に重大な影響を及ぼ
すおそれがあるとき、又は本案について理由が
ないとみえるときは、することができない。
5　第2項の決定は、疎明に基づいてする。
6　第2項の決定は、口頭弁論を経ないですること
とができる。ただし、あらかじめ、当事者の意
見をきかなければならない。
7　第2項の申立てに対する決定に対しては、即
時抗告をすることができる。
8　第2項の決定に対する即時抗告は、その決定
の執行を停止する効力を有しない。

（事情変更による執行停止の取消し）

第26条　執行停止の決定が確定した後に、その
理由が消滅し、その他事情が変更したときは、
裁判所は、相手方の申立てにより、決定をもつ
て、執行停止の決定を取り消すことができる。
2　前項の申立てに対する決定及びこれに対する
不服については、前条第5項から第8項までの
規定を準用する。

（内閣総理大臣の異議）

第27条　第25条第2項の申立てがあつた場合に
は、内閣総理大臣は、裁判所に対し、異議を述
べることができる。執行停止の決定があつた後
においても、同様とする。
2　前項の異議には、理由を附さなければならな
い。
3　前項の異議の理由においては、内閣総理大臣
は、処分の効力を存続し、処分を執行し、又は
手続を続行しなければ、公共の福祉に重大な影
響を及ぼすおそれのある事情を示すものとす
る。
4　第1項の異議があつたときは、裁判所は、執
行停止をすることができず、また、すでに執行
停止の決定をしているときは、これを取り消さ
なければならない。
5　第1項後段の異議は、執行停止の決定をした
裁判所に対して述べなければならない。ただし、
その決定に対する抗告が抗告裁判所に係属して
いるときは、抗告裁判所に対して述べなければ
ならない。
6　内閣総理大臣は、やむをえない場合でなけれ
ば、第1項の異議を述べてはならず、また、異
議を述べたときは、次の常会において国会にこ
れを報告しなければならない。

（執行停止等の管轄裁判所）

第28条　執行停止又はその決定の取消しの申立

ての管轄裁判所は、本案の係属する裁判所とす
る。

（執行停止に関する規定の準用）

第29条　前四条の規定は、裁決の取消しの訴え
の提起があつた場合における執行停止に関する
事項について準用する。

（裁量処分の取消し）

第30条　行政庁の裁量処分については、裁量権
の範囲をこえ又はその濫用があつた場合に限
り、裁判所は、その処分を取り消すことができ
る。

（特別の事情による請求の棄却）

第31条　取消訴訟については、処分又は裁決が
違法ではあるが、これを取り消すことにより公
の利益に著しい障害を生ずる場合において、原
告の受ける損害の程度、その損害の賠償又は防
止の程度及び方法その他一切の事情を考慮した
うえ、処分又は裁決を取り消すことが公共の福
祉に適合しないと認めるときは、裁判所は、請
求を棄却することができる。この場合には、当
該判決の主文において、処分又は裁決が違法で
あることを宣言しなければならない。
2　裁判所は、相当と認めるときは、終局判決前
に、判決をもつて、処分又は裁決が違法である
ことを宣言することができる。
3　終局判決に事実及び理由を記載するには、前
項の判決を引用することができる。

（取消判決等の効力）

第32条　処分又は裁決を取り消す判決は、第三
者に対しても効力を有する。
2　前項の規定は、執行停止の決定又はこれを取
り消す決定に準用する。

第33条　処分又は裁決を取り消す判決は、その
事件について、処分又は裁決をした行政庁その
他の関係行政庁を拘束する。
2　申請を却下し若しくは棄却した処分又は審査
請求を却下し若しくは棄却した裁決が判決によ
り取り消されたときは、その処分又は裁決をし
た行政庁は、判決の趣旨に従い、改めて申請に
対する処分又は審査請求に対する裁決をしなけ
ればならない。
3　前項の規定は、申請に基づいてした処分又は
審査請求を認容した裁決が判決により手続に違
法があることを理由として取り消された場合に
準用する。
4　第1項の規定は、執行停止の決定に準用する。

（第三者の再審の訴え）

第34条　処分又は裁決を取り消す判決により権
利を害された第三者で、自己の責めに帰するこ
とができない理由により訴訟に参加すること が

できなかつたため判決に影響を及ぼすべき攻撃又は防御の方法を提出することができなかつたものは、これを理由として、確定の終局判決に対し、再審の訴えをもつて、不服の申立てをすることができる。

2　前項の訴えは、確定判決を知つた日から30日以内に提起しなければならない。

3　前項の期間は、不変期間とする。

4　第1項の訴えは、判決が確定した日から1年を経過したときは、提起することができない。

（訴訟費用の裁判の効力）

第35条　国又は公共団体に所属する行政庁が当事者又は参加人である訴訟における確定した訴訟費用の裁判は、当該行政庁が所属する国又は公共団体に対し、又はそれらの者のために、効力を有する。

第2節　その他の抗告訴訟

（無効等確認の訴えの原告適格）

第36条　無効等確認の訴えは、当該処分又は裁決に続く処分により損害を受けるおそれのある者その他当該処分又は裁決の無効等の確認を求めるにつき法律上の利益を有する者で、当該処分若しくは裁決の存否又はその効力の有無を前提とする現在の法律関係に関する訴えによつて目的を達することができないものに限り、提起することができる。

（不作為の違法確認の訴えの原告適格）

第37条　不作為の違法確認の訴えは、処分又は裁決についての申請をした者に限り、提起することができる。

（義務付けの訴えの要件等）

第37条の2　第3条第6項第1号に掲げる場合において、義務付けの訴えは、一定の処分がされないことにより重大な損害を生ずるおそれがあり、かつ、その損害を避けるため他に適当な方法がないときに限り、提起することができる。

2　裁判所は、前項に規定する重大な損害を生ずるか否かを判断するに当たつては、損害の回復の困難の程度を考慮するものとし、損害の性質及び程度並びに処分の内容及び性質をも勘案するものとする。

3　第1項の義務付けの訴えは、行政庁が一定の処分をすべき旨を命ずることを求めるにつき法律上の利益を有する者に限り、提起することができる。

4　前項に規定する法律上の利益の有無の判断については、第9条第2項の規定を準用する。

5　義務付けの訴えが第1項及び第3項に規定す

る要件に該当する場合において、その義務付けの訴えに係る処分につき、行政庁がその処分をすべきであることがその処分の根拠となる法令の規定から明らかであると認められ又は行政庁がその処分をしないことがその裁量権の範囲を超え若しくはその濫用となると認められるときは、裁判所は、行政庁がその処分をすべき旨を命ずる判決をする。

第37条の3　第3条第6項第2号に掲げる場合において、義務付けの訴えは、次の各号に掲げる要件のいずれかに該当するときに限り、提起することができる。

一　当該法令に基づく申請又は審査請求に対し相当の期間内に何らの処分又は裁決がされないこと。

二　当該法令に基づく申請又は審査請求を却下し又は棄却する旨の処分又は裁決がされた場合において、当該処分又は裁決が取り消されるべきものであり、又は無効若しくは不存在であること。

2　前項の義務付けの訴えは、同項各号に規定する法令に基づく申請又は審査請求をした者に限り、提起することができる。

3　第1項の義務付けの訴えを提起するときは、次の各号に掲げる区分に応じてそれぞれ当該各号に定める訴えをその義務付けの訴えに併合して提起しなければならない。この場合において、当該各号に定める訴えに係る訴訟の管轄について他の法律に特別の定めがあるときは、当該義務付けの訴えに係る訴訟の管轄は、第38条第1項において準用する第12条の規定にかかわらず、その定めに従う。

一　第1項第1号に掲げる要件に該当する場合同号に規定する処分又は裁決に係る不作為の違法確認の訴え

二　第1項第2号に掲げる要件に該当する場合同号に規定する処分又は裁決に係る取消訴訟又は無効等確認の訴え

4　前項の規定により併合して提起された義務付けの訴え及び同項各号に定める訴えに係る弁論及び裁判は、分離しないでしなければならない。

5　義務付けの訴えが第1項から第3項までに規定する要件に該当する場合において、同項各号に定める訴えに係る請求に理由があると認められ、かつ、その義務付けの訴えに係る処分又は裁決につき、行政庁がその処分若しくは裁決をすべきであることがその処分若しくは裁決の根拠となる法令の規定から明らかであると認められ又は行政庁がその処分若しくは裁決をしないことがその裁量権の範囲を超え若しくはその濫

用となると認められるときは、裁判所は、その義務付けの訴えに係る処分又は裁決をすべき旨を命ずる判決をする。

6 　第4項の規定にかかわらず、裁判所は、審理の状況その他の事情を考慮して、第3項各号に定める訴えについてのみ終局判決をすることがより迅速な争訟の解決に資すると認めるときは、当該訴えについてのみ終局判決をすることができる。この場合において、裁判所は、当該訴えについてのみ終局判決をしたときは、当事者の意見を聴いて、当該訴えに係る訴訟手続が完結するまでの間、義務付けの訴えに係る訴訟手続を中止することができる。

7 　第1項の義務付けの訴えのうち、行政庁が一定の裁決をすべき旨を命ずることを求めるものは、処分についての審査請求がされた場合において、当該処分に係る処分の取消しの訴え又は無効等確認の訴えを提起することができないときに限り、提起することができる。

（差止めの訴えの要件）

第37条の4 　差止めの訴えは、一定の処分又は裁決がされることにより重大な損害を生ずるおそれがある場合に限り、提起することができる。ただし、その損害を避けるため他に適当な方法があるときは、この限りでない。

2 　裁判所は、前項に規定する重大な損害を生ずるか否かを判断するに当たつては、損害の回復の困難の程度を考慮するものとし、損害の性質及び程度並びに処分又は裁決の内容及び性質をも勘案するものとする。

3 　差止めの訴えは、行政庁が一定の処分又は裁決をしてはならない旨を命ずることを求めるにつき法律上の利益を有する者に限り、提起することができる。

4 　前項に規定する法律上の利益の有無の判断については、第9条第2項の規定を準用する。

5 　差止めの訴えが第1項及び第3項に規定する要件に該当する場合において、その差止めの訴えに係る処分又は裁決につき、行政庁がその処分若しくは裁決をすべきでないことがその処分若しくは裁決の根拠となる法令の規定から明らかであると認められ又は行政庁がその処分若しくは裁決をすることがその裁量権の範囲を超え若しくはその濫用となると認められるときは、裁判所は、行政庁がその処分又は裁決をしてはならない旨を命ずる判決をする。

（仮の義務付け及び仮の差止め）

第37条の5 　義務付けの訴えの提起があつた場合において、その義務付けの訴えに係る処分又は裁決がされないことにより生ずる償うことの

できない損害を避けるため緊急の必要があり、かつ、本案について理由があるとみえるときは、裁判所は、申立てにより、決定をもつて、仮に行政庁がその処分又は裁決をすべき旨を命ずること（以下この条において「仮の義務付け」という。）ができる。

2 　差止めの訴えの提起があつた場合において、その差止めの訴えに係る処分又は裁決がされることにより生ずる償うことのできない損害を避けるため緊急の必要があり、かつ、本案について理由があるとみえるときは、裁判所は、申立てにより、決定をもつて、仮に行政庁がその処分又は裁決をしてはならない旨を命ずること（以下この条において「仮の差止め」という。）ができる。

3 　仮の義務付け又は仮の差止めは、公共の福祉に重大な影響を及ぼすおそれがあるときは、することができない。

4 　第25条第5項から第8項まで、第26条から第28条まで及び第33条第1項の規定は、仮の義務付け又は仮の差止めに関する事項について準用する。

5 　前項において準用する第25条第7項の即時抗告についての裁判又は前項において準用する第26条第1項の決定により仮の義務付けの決定が取り消されたときは、当該行政庁は、当該仮の義務付けの決定に基づいてした処分又は裁決を取り消さなければならない。

（取消訴訟に関する規定の準用）

第38条 　第11条から第13条まで、第16条から第19条まで、第21条から第23条まで、第24条、第33条及び第35条の規定は、取消訴訟以外の抗告訴訟について準用する。

2 　第10条第2項の規定は、処分の無効等確認の訴えとその処分についての審査請求を棄却した裁決に係る抗告訴訟とを提起することができる場合に、第20条の規定は、処分の無効等確認の訴えをその処分についての審査請求を棄却した裁決に係る抗告訴訟に併合して提起する場合に準用する。

3 　第23条の2、第25条から第29条まで及び第32条第2項の規定は、無効等確認の訴えについて準用する。

4 　第8条及び第10条第2項の規定は、不作為の違法確認の訴えに準用する。

第3章　当事者訴訟

（出訴の通知）

第39条 　当事者間の法律関係を確認し又は形成

する処分又は裁決に関する訴訟で、法令の規定によりその法律関係の当事者の一方を被告とするものが提起されたときは、裁判所は、当該処分又は裁決をした行政庁にその旨を通知するものとする。

（出訴期間の定めがある当事者訴訟）

第40条　法令に出訴期間の定めがある当事者訴訟は、その法令に別段の定めがある場合を除き、正当な理由があるときは、その期間を経過した後であつても、これを提起することができる。

2　第15条の規定は、法令に出訴期間の定めがある当事者訴訟について準用する。

（抗告訴訟に関する規定の準用）

第41条　第23条、第24条、第33条第1項及び第35条の規定は当事者訴訟について、第23条の2の規定は当事者訴訟における処分又は裁決の理由を明らかにする資料の提出について準用する。

2　第13条の規定は、当事者訴訟とその目的たる請求と関連請求の関係にある請求に係る訴訟とが各別の裁判所に係属する場合における移送に、第16条から第19条までの規定は、これらの訴えの併合について準用する。

第4章　民衆訴訟及び機関訴訟

（訴えの提起）

第42条　民衆訴訟及び機関訴訟は、法律に定める場合において、法律に定める者に限り、提起することができる。

（抗告訴訟又は当事者訴訟に関する規定の準用）

第43条　民衆訴訟又は機関訴訟で、処分又は裁決の取消しを求めるものについては、第9条及び第10条第1項の規定を除き、取消訴訟に関する規定を準用する。

2　民衆訴訟又は機関訴訟で、処分又は裁決の無効の確認を求めるものについては、第36条の規定を除き、無効等確認の訴えに関する規定を準用する。

3　民衆訴訟又は機関訴訟で、前二項に規定する訴訟以外のものについては、第39条及び第40条第1項の規定を除き、当事者訴訟に関する規定を準用する。

第5章　補則

（仮処分の排除）

第44条　行政庁の処分その他公権力の行使に当たる行為については、民事保全法（平成元年法律第91号）に規定する仮処分をすることができない。

（処分の効力等を争点とする訴訟）

第45条　私法上の法律関係に関する訴訟において、処分若しくは裁決の存否又はその効力の有無が争われている場合には、第23条第1項及び第2項並びに第39条の規定を準用する。

2　前項の規定により行政庁が訴訟に参加した場合には、民事訴訟法第45条第1項及び第2項の規定を準用する。ただし、攻撃又は防御の方法は、当該処分若しくは裁決の存否又はその効力の有無に関するものに限り、提出することができる。

3　第1項の規定により行政庁が訴訟に参加した後において、処分若しくは裁決の存否又はその効力の有無に関する争いがなくなつたときは、裁判所は、参加の決定を取り消すことができる。

4　第1項の場合には、当該争点について第23条の2及び第24条の規定を、訴訟費用の裁判について第35条の規定を準用する。

（取消訴訟等の提起に関する事項の教示）

第46条　行政庁は、取消訴訟を提起することができる処分又は裁決をする場合には、当該処分又は裁決の相手方に対し、次に掲げる事項を書面で教示しなければならない。ただし、当該処分を口頭でする場合は、この限りでない。

一　当該処分又は裁決に係る取消訴訟の被告とすべき者

二　当該処分又は裁決に係る取消訴訟の出訴期間

三　法律に当該処分についての審査請求に対する裁決を経た後でなければ処分の取消しの訴えを提起することができない旨の定めがあるときは、その旨

2　行政庁は、法律に処分についての審査請求に対する裁決に対してのみ取消訴訟を提起することができる旨の定めがある場合において、当該処分をするときは、当該処分の相手方に対し、法律にその定めがある旨を書面で教示しなければならない。ただし、当該処分を口頭でする場合は、この限りでない。

3　行政庁は、当事者間の法律関係を確認し又は形成する処分又は裁決に関する訴訟で法令の規定によりその法律関係の当事者の一方を被告とするものを提起することができる処分又は裁決をする場合には、当該処分又は裁決の相手方に対し、次に掲げる事項を書面で教示しなければならない。ただし、当該処分を口頭でする場合は、この限りでない。

一　当該訴訟の被告とすべき者

二　当該訴訟の出訴期間

国家賠償法

（昭和22年10月27日法律第125号）

第1条 国又は公共団体の公権力の行使に当る公務員が、その職務を行うについて、故意又は過失によつて違法に他人に損害を加えたときは、国又は公共団体が、これを賠償する責に任ずる。

2 前項の場合において、公務員に故意又は重大な過失があつたときは、国又は公共団体は、その公務員に対して求償権を有する。

第2条 道路、河川その他の公の営造物の設置又は管理に瑕疵があつたために他人に損害を生じたときは、国又は公共団体は、これを賠償する責に任ずる。

2 前項の場合において、他に損害の原因について責に任ずべき者があるときは、国又は公共団体は、これに対して求償権を有する。

第3条 前二条の規定によつて国又は公共団体が損害を賠償する責に任ずる場合において、公務員の選任若しくは監督又は公の営造物の設置若しくは管理に当る者と公務員の俸給、給与その他の費用又は公の営造物の設置若しくは管理の費用を負担する者とが異なるときは、費用を負担する者もまた、その損害を賠償する責に任ずる。

2 前項の場合において、損害を賠償した者は、内部関係でその損害を賠償する責任ある者に対して求償権を有する。

第4条 国又は公共団体の損害賠償の責任については、前三条の規定によるの外、民法の規定による。

第5条 国又は公共団体の損害賠償の責任について民法以外の他の法律に別段の定があるときは、その定めるところによる。

第6条 この法律は、外国人が被害者である場合には、相互の保証があるときに限り、これを適用する。

地方自治法（抄録）

（昭和22年4月17日法律第67号）

第1編　総則

第1条　この法律は、地方自治の本旨に基いて、地方公共団体の区分並びに地方公共団体の組織及び運営に関する事項の大綱を定め、併せて国と地方公共団体との間の基本的関係を確立することにより、地方公共団体における民主的にして能率的な行政の確保を図るとともに、地方公共団体の健全な発達を保障することを目的とする。

第1条の2　地方公共団体は、住民の福祉の増進を図ることを基本として、地域における行政を自主的かつ総合的に実施する役割を広く担うものとする。

2　国は、前項の規定の趣旨を達成するため、国においては国際社会における国家としての存立にかかわる事務、全国的に統一して定めることが望ましい国民の諸活動若しくは地方自治に関する基本的な準則に関する事務又は全国的な規模で若しくは全国的な視点に立つて行わなければならない施策及び事業の実施その他の国が本来果たすべき役割を重点的に担い、住民に身近な行政はできる限り地方公共団体にゆだねることを基本として、地方公共団体との間で適切に役割を分担するとともに、地方公共団体に関する制度の策定及び施策の実施に当たつて、地方公共団体の自主性及び自立性が十分に発揮されるようにしなければならない。

第1条の3　地方公共団体は、普通地方公共団体及び特別地方公共団体とする。

2　普通地方公共団体は、都道府県及び市町村とする。

3　特別地方公共団体は、特別区、地方公共団体の組合及び財産区とする。

第2条　地方公共団体は、法人とする。

2　普通地方公共団体は、地域における事務及びその他の事務で法律又はこれに基づく政令により処理することとされるものを処理する。

3　市町村は、基礎的な地方公共団体として、第5項において都道府県が処理するものとされているものを除き、一般的に、前項の事務を処理するものとする。

4　市町村は、前項の規定にかかわらず、次項に規定する事務のうち、その規模又は性質において一般の市町村が処理することが適当でないと認められるものについては、当該市町村の規模

及び能力に応じて、これを処理することができる。

5　都道府県は、市町村を包括する広域の地方公共団体として、第2項の事務で、広域にわたるもの、市町村に関する連絡調整に関するもの及びその規模又は性質において一般の市町村が処理することが適当でないと認められるものを処理するものとする。

6　都道府県及び市町村は、その事務を処理するに当つては、相互に競合しないようにしなければならない。

7　特別地方公共団体は、この法律の定めるところにより、その事務を処理する。

8　この法律において「自治事務」とは、地方公共団体が処理する事務のうち、法定受託事務以外のものをいう。

9　この法律において「法定受託事務」とは、次に掲げる事務をいう。

一　法律又はこれに基づく政令により都道府県、市町村又は特別区が処理することとされる事務のうち、国が本来果たすべき役割に係るものであつて、国においてその適正な処理を特に確保する必要があるものとして法律又はこれに基づく政令に特に定めるもの（以下「第1号法定受託事務」という。）

二　法律又はこれに基づく政令により市町村又は特別区が処理することとされる事務のうち、都道府県が本来果たすべき役割に係るものであつて、都道府県においてその適正な処理を特に確保する必要があるものとして法律又はこれに基づく政令に特に定めるもの（以下「第2号法定受託事務」という。）

10　この法律又はこれに基づく政令に規定するもののほか、法律に定める法定受託事務は第1号法定受託事務にあつては別表第1の上欄に掲げる法律についてそれぞれ同表の下欄に、第2号法定受託事務にあつては別表第2の上欄に掲げる法律についてそれぞれ同表の下欄に掲げるとおりであり、政令に定める法定受託事務はこの法律に基づく政令に示すとおりである。

11　地方公共団体に関する法令の規定は、地方自治の本旨に基づき、かつ、国と地方公共団体との適切な役割分担を踏まえたものでなければならない。

12　地方公共団体に関する法令の規定は、地方自治の本旨に基づいて、かつ、国と地方公共団体との適切な役割分担を踏まえて、これを解釈し、及び運用するようにしなければならない。この場合において、特別地方公共団体に関する法令の規定は、この法律に定める特別地方公共団体

の特性にも照応するように、これを解釈し、及び運用しなければならない。

13 法律又はこれに基づく政令により地方公共団体が処理することとされる事務が自治事務である場合においては、国は、地方公共団体が地域の特性に応じて当該事務を処理することができるよう特に配慮しなければならない。

14 地方公共団体は、その事務を処理するに当つては、住民の福祉の増進に努めるとともに、最少の経費で最大の効果を挙げるようにしなければならない。

15 地方公共団体は、常にその組織及び運営の合理化に努めるとともに、他の地方公共団体に協力を求めてその規模の適正化を図らなければならない。

16 地方公共団体は、法令に違反してその事務を処理してはならない。なお、市町村及び特別区は、当該都道府県の条例に違反してその事務を処理してはならない。

17 前項の規定に違反して行つた地方公共団体の行為は、これを無効とする。

第3条　（省略）

第4条　地方公共団体は、その事務所の位置を定め又はこれを変更しようとするときは、条例でこれを定めなければならない。

2　前項の事務所の位置を定め又はこれを変更するに当つては、住民の利用に最も便利であるように、交通の事情、他の官公署との関係等について適当な考慮を払わなければならない。

3　第1項の条例を制定し又は改廃しようとするときは、当該地方公共団体の議会において出席議員の3分の2以上の者の同意がなければならない。

第4条の2　（省略）

第2編　普通地方公共団体

第1章　通則

第5条　普通地方公共団体の区域は、従来の区域による。

2　都道府県は、市町村を包括する。

第6条　都道府県の廃置分合又は境界変更をしようとするときは、法律でこれを定める。

2　都道府県の境界にわたつて市町村の設置又は境界の変更があつたときは、都道府県の境界も、また、自ら変更する。従来地方公共団体の区域に属しなかつた地域を市町村の区域に編入したときも、また、同様とする。

3　前二項の場合において財産処分を必要とするときは、関係地方公共団体が協議してこれを定める。但し、法律に特別の定があるときは、この限りでない。

4　前項の協議については、関係地方公共団体の議会の議決を経なければならない。

第6条の2　前条第1項の規定によるほか、二以上の都道府県の廃止及びそれらの区域の全部による一の都道府県の設置又は都道府県の廃止及びその区域の全部の他の一の都道府県の区域への編入は、関係都道府県の申請に基づき、内閣が国会の承認を経てこれを定めることができる。

2　前項の申請については、関係都道府県の議会の議決を経なければならない。

3　第1項の申請は、総務大臣を経由して行うものとする。

4　第1項の規定による処分があつたときは、総務大臣は、直ちにその旨を告示しなければならない。

5　第1項の規定による処分は、前項の規定による告示によりその効力を生ずる。

第7条　市町村の廃置分合又は市町村の境界変更は、関係市町村の申請に基き、都道府県知事が当該都道府県の議会の議決を経てこれを定め、直ちにその旨を総務大臣に届け出なければならない。

2　前項の規定により市の廃置分合をしようとするときは、都道府県知事は、あらかじめ総務大臣に協議し、その同意を得なければならない。

3　都道府県の境界にわたる市町村の設置を伴う市町村の廃置分合又は市町村の境界の変更は、関係のある普通地方公共団体の申請に基づき、総務大臣がこれを定める。

4　前項の規定により都道府県の境界にわたる市町村の設置の処分を行う場合においては、当該市町村の属すべき都道府県について、関係のある普通地方公共団体の申請に基づき、総務大臣が当該処分と併せてこれを定める。

5　第1項及び第3項の場合において財産処分を必要とするときは、関係市町村が協議してこれを定める。

6　第1項及び前3項の申請又は協議については、関係のある普通地方公共団体の議会の議決を経なければならない。

7　第1項の規定による届出を受理したとき、又は第3項若しくは第4項の規定による処分をしたときは、総務大臣は、直ちにその旨を告示するとともに、これを国の関係行政機関の長に通知しなければならない。

8　第1項、第3項又は第4項の規定による処分は、前項の規定による告示によりその効力を生

ずる。

第7条の2 （省略）

第8条 市となるべき普通地方公共団体は、左に掲げる要件を具えていなければならない。

一　人口5万以上を有すること。

二　当該普通地方公共団体の中心の市街地を形成している区域内に在る戸数が、全戸数の6割以上であること。

三　商工業その他の都市的業態に従事する者及びその者と同一世帯に属する者の数が、全人口の6割以上であること。

四　前各号に定めるものの外、当該都道府県の条例で定める都市的施設その他の都市としての要件を具えていること。

2　町となるべき普通地方公共団体は、当該都道府県の条例で定める町としての要件を具えていなければならない。

3　町村を市とし又は市を町村とする処分は第7条第1項、第2項及び第6項から第8項までの例により、村を町とし又は町を村とする処分は同条第1項及び第6項から第8項までの例により、これを行うものとする。

第8条の2～第9条の5 （省略）

第2章　住民

第10条 市町村の区域内に住所を有する者は、当該市町村及びこれを包括する都道府県の住民とする。

2　住民は、法律の定めるところにより、その属する普通地方公共団体の役務の提供をひとしく受ける権利を有し、その負担を分任する義務を負う。

第11条 日本国民たる普通地方公共団体の住民は、この法律の定めるところにより、その属する普通地方公共団体の選挙に参与する権利を有する。

第12条 日本国民たる普通地方公共団体の住民は、この法律の定めるところにより、その属する普通地方公共団体の条例（地方税の賦課徴収並びに分担金、使用料及び手数料の徴収に関するものを除く。）の制定又は改廃を請求する権利を有する。

2　日本国民たる普通地方公共団体の住民は、この法律の定めるところにより、その属する普通地方公共団体の事務の監査を請求する権利を有する。

第13条 日本国民たる普通地方公共団体の住民は、この法律の定めるところにより、その属する普通地方公共団体の議会の解散を請求する権利を有する。

2　日本国民たる普通地方公共団体の住民は、この法律の定めるところにより、その属する普通地方公共団体の議会の議員、長、副知事若しくは副市町村長、第252条の19第1項に規定する指定都市の総合区長、選挙管理委員若しくは監査委員又は公安委員会の委員の解職を請求する権利を有する。

3　日本国民たる普通地方公共団体の住民は、法律の定めるところにより、その属する普通地方公共団体の教育委員会の教育長又は委員の解職を請求する権利を有する。

第13条の2 市町村は、別に法律の定めるところにより、その住民につき、住民たる地位に関する正確な記録を常に整備しておかなければならない。

第3章　条例及び規則

第14条 普通地方公共団体は、法令に違反しない限りにおいて第2条第2項の事務に関し、条例を制定することができる。

2　普通地方公共団体は、義務を課し、又は権利を制限するには、法令に特別の定めがある場合を除くほか、条例によらなければならない。

3　普通地方公共団体は、法令に特別の定めがあるものを除くほか、その条例中に、条例に違反した者に対し、2年以下の懲役若しくは禁錮、100万円以下の罰金、拘留、科料若しくは没収の刑又は5万円以下の過料を科する旨の規定を設けることができる。

第15条 普通地方公共団体の長は、法令に違反しない限りにおいて、その権限に属する事務に関し、規則を制定することができる。

2　普通地方公共団体の長は、法令に特別の定めがあるものを除くほか、普通地方公共団体の規則中に、規則に違反した者に対し、5万円以下の過料を科する旨の規定を設けることができる。

第16条 普通地方公共団体の議会の議長は、条例の制定又は改廃の議決があつたときは、その日から3日以内にこれを当該普通地方公共団体の長に送付しなければならない。

2　普通地方公共団体の長は、前項の規定により条例の送付を受けた場合は、その日から20日以内にこれを公布しなければならない。ただし、再議その他の措置を講じた場合は、この限りでない。

3　条例は、条例に特別の定があるものを除く外、公布の日から起算して10日を経過した日から、これを施行する。

4　当該普通地方公共団体の長の署名、施行期日の特例その他条例の公布に関し必要な事項は、条例でこれを定めなければならない。

5　前二項の規定は、普通地方公共団体の規則並びにその機関の定める規則及びその他の規程で公表を要するものにこれを準用する。但し、法令又は条例に特別の定があるときは、この限りでない。

第4章　選挙

第17条　普通地方公共団体の議会の議員及び長は、別に法律の定めるところにより、選挙人が投票によりこれを選挙する。

第18条　日本国民たる年齢満18年以上の者で引き続き3箇月以上市町村の区域内に住所を有するものは、別に法律の定めるところにより、その属する普通地方公共団体の議会の議員及び長の選挙権を有する。

第19条　普通地方公共団体の議会の議員の選挙権を有する者で年齢満25年以上のものは、別に法律の定めるところにより、普通地方公共団体の議会の議員の被選挙権を有する。

2　日本国民で年齢満30年以上のものは、別に法律の定めるところにより、都道府県知事の被選挙権を有する。

3　日本国民で年齢満25年以上のものは、別に法律の定めるところにより、市町村長の被選挙権を有する。

第20条から第73条まで　削除

第5章　直接請求

第1節　条例の制定及び監査の請求

第74条　普通地方公共団体の議会の議員及び長の選挙権を有する者（以下この編において「選挙権を有する者」という。）は、政令で定めるところにより、その総数の50分の1以上の者の連署をもつて、その代表者から、普通地方公共団体の長に対し、条例（地方税の賦課徴収並びに分担金、使用料及び手数料の徴収に関するものを除く。）の制定又は改廃の請求をすることができる。

2　前項の請求があつたときは、当該普通地方公共団体の長は、直ちに請求の要旨を公表しなければならない。

3　普通地方公共団体の長は、第1項の請求を受理した日から20日以内に議会を招集し、意見を付けてこれを議会に付議し、その結果を同項の

代表者（以下この条において「代表者」という。）に通知するとともに、これを公表しなければならない。

4　議会は、前項の規定により付議された事件の審議を行うに当つては、政令で定めるところにより、代表者に意見を述べる機会を与えなければならない。

5　第1項の選挙権を有する者とは、公職選挙法（昭和25年法律第100号）第22条第1項又は第3項の規定による選挙人名簿の登録が行われた日において選挙人名簿に登録されている者とし、その総数の50分の1の数は、当該普通地方公共団体の選挙管理委員会において、その登録が行われた日後直ちに告示しなければならない。

6　選挙権を有する者のうち次に掲げるものは、代表者となり、又は代表者であることができない。

一　公職選挙法第27条第1項又は第2項の規定により選挙人名簿にこれらの項の表示をされている者（都道府県に係る請求にあつては、同法第9条第3項の規定により当該都道府県の議会の議員及び長の選挙権を有するものとされた者（同法第11条第1項若しくは第252条又は政治資金規正法（昭和23年法律第194号）第28条の規定により選挙権を有しなくなつた旨の表示をされている者を除く。）を除く。）

二　前項の選挙人名簿の登録が行われた日以後に公職選挙法第28条の規定により選挙人名簿から抹消された者

三　第1項の請求に係る普通地方公共団体（当該普通地方公共団体が、都道府県である場合には当該都道府県の区域内の市町村並びに第252条の19第1項に規定する指定都市（以下この号において「指定都市」という。）の区及び総合区を含み、指定都市である場合には当該市の区及び総合区を含む。）の選挙管理委員会の委員又は職員である者

7　第1項の場合において、当該地方公共団体の区域内で衆議院議員、参議院議員又は地方公共団体の議会の議員若しくは長の選挙が行われることとなるときは、政令で定める期間、当該選挙が行われる区域内においては請求のための署名を求めることができない。

8　選挙権を有する者は、心身の故障その他の事由により条例の制定又は改廃の請求者の署名簿に署名することができないときは、その者の属する市町村の選挙権を有する者（代表者及び代表者の委任を受けて当該市町村の選挙権を有する者に対し当該署名簿に署名することを求める者を除く。）に委任して、自己の氏名（以下「請

求者の氏名」という。）を当該署名簿に記載させることができる。この場合において、委任を受けた者による当該請求者の氏名の記載は、第1項の規定による請求者の署名とみなす。

9　前項の規定により委任を受けた者（以下「氏名代筆者」という。）が請求者の氏名を条例の制定又は改廃の請求者の署名簿に記載する場合には、氏名代筆者は、当該署名簿に氏名代筆者としての署名をしなければならない。

第74条の2〜第74条の4　（省略）

第75条　選挙権を有する者（道の方面公安委員会については、当該方面公安委員会の管理する方面本部の管轄区域内において選挙権を有する者）は、政令で定めるところにより、その総数の50分の1以上の者の連署をもつて、その代表者から、普通地方公共団体の監査委員に対し、当該普通地方公共団体の事務の執行に関し、監査の請求をすることができる。

2　前項の請求があつたときは、監査委員は、直ちに当該請求の要旨を公表しなければならない。

3　監査委員は、第1項の請求に係る事項につき監査し、監査の結果に関する報告を決定し、これを同項の代表者（第5項及び第6項において「代表者」という。）に送付し、かつ、公表するとともに、これを当該普通地方公共団体の議会及び長並びに関係のある教育委員会、選挙管理委員会、人事委員会若しくは公平委員会、公安委員会、労働委員会、農業委員会その他法律に基づく委員会又は委員に提出しなければならない。

4　前項の規定による監査の結果に関する報告の決定は、監査委員の合議によるものとする。

5　監査委員は、第3項の規定による監査の結果に関する報告の決定について、各監査委員の意見が一致しないことにより、前項の合議により決定することができない事項がある場合には、その旨及び当該事項についての各監査委員の意見を代表者に送付し、かつ、公表するとともに、これらを当該普通地方公共団体の議会及び長並びに関係のある教育委員会、選挙管理委員会、人事委員会若しくは公平委員会、公安委員会、労働委員会、農業委員会その他法律に基づく委員会又は委員に提出しなければならない。

6　第74条第5項の規定は第1項の選挙権を有する者及びその総数の50分の1の数について、同条第6項の規定は代表者について、同条第7項から第9項まで及び第74条の2から前条までの規定は第1項の規定による請求者の署名について、それぞれ準用する。この場合において、第

74条第6項第3号中「区域内」とあるのは、「区域内（道の方面公安委員会に係る請求については、当該方面公安委員会の管理する方面本部の管轄区域内）」と読み替えるものとする。

第2節　解散及び解職の請求

第76条　選挙権を有する者は、政令の定めるところにより、その総数の3分の1（その総数が40万を超え80万以下の場合にあつてはその40万を超える数に6分の1を乗じて得た数と40万に3分の1を乗じて得た数とを合算して得た数、その総数が80万を超える場合にあつてはその80万を超える数に8分の1を乗じて得た数と40万に6分の1を乗じて得た数と40万に3分の1を乗じて得た数とを合算して得た数）以上の者の連署をもつて、その代表者から、普通地方公共団体の選挙管理委員会に対し、当該普通地方公共団体の議会の解散の請求をすることができる。

2　前項の請求があつたときは、委員会は、直ちに請求の要旨を公表しなければならない。

3　第1項の請求があつたとき、委員会は、これを選挙人の投票に付さなければならない。

4　第74条第5項の規定は第1項の選挙権を有する者及びその総数の3分の1の数（その総数が40万を超え80万以下の場合にあつてはその40万を超える数に6分の1を乗じて得た数と40万に3分の1を乗じて得た数とを合算して得た数、その総数が80万を超える場合にあつてはその80万を超える数に8分の1を乗じて得た数と40万に6分の1を乗じて得た数と40万に3分の1を乗じて得た数とを合算して得た数）について、同条第6項の規定は第1項の代表者について、同条第7項から第9項まで及び第74条の2から第74条の4までの規定は第1項の規定による請求者の署名について準用する。

第77条　解散の投票の結果が判明したときは、選挙管理委員会は、直ちにこれを前条第1項の代表者及び当該普通地方公共団体の議会の議長に通知し、かつ、これを公表するとともに、都道府県にあつては都道府県知事に、市町村にあつては市町村長に報告しなければならない。その投票の結果が確定したときも、また、同様とする。

第78条　普通地方公共団体の議会は、第76条第3項の規定による解散の投票において過半数の同意があつたときは、解散するものとする。

第79条　第76条第1項の規定による普通地方公共団体の議会の解散の請求は、その議会の議員

の一般選挙のあつた日から1年間及び同条第3項の規定による解散の投票のあつた日から1年間は、これをすることができない。

第80条 選挙権を有する者は、政令の定めるところにより、所属の選挙区におけるその総数の3分の1(その総数が40万を超え80万以下の場合にあつてはその40万を超える数に6分の1を乗じて得た数と40万に3分の1を乗じて得た数とを合算して得た数、その総数が80万を超える場合にあつてはその80万を超える数に8分の1を乗じて得た数と40万に6分の1を乗じて得た数と40万に3分の1を乗じて得た数とを合算して得た数)以上の者の連署をもつて、その代表者から、普通地方公共団体の選挙管理委員会に対し、当該選挙区に属する普通地方公共団体の議会の議員の解職の請求をすることができる。この場合において選挙区がないときは、選挙権を有する者の総数の3分の1(その総数が40万を超え80万以下の場合にあつてはその40万を超える数に6分の1を乗じて得た数と40万に3分の1を乗じて得た数とを合算して得た数、その総数が80万を超える場合にあつてはその80万を超える数に8分の1を乗じて得た数と40万に6分の1を乗じて得た数と40万に3分の1を乗じて得た数とを合算して得た数)以上の者の連署をもつて、議員の解職の請求をすることができる。

2 前項の請求があつたときは、委員会は、直ちに請求の要旨を関係区域内に公表しなければならない。

3 第1項の請求があつたときは、委員会は、これを当該選挙区の選挙人の投票に付さなければならない。この場合において選挙区がないときは、すべての選挙人の投票に付さなければならない。

4 第74条第5項の規定は第1項の選挙権を有する者及びその総数の3分の1の数(その総数が40万を超え80万以下の場合にあつてはその40万を超える数に6分の1を乗じて得た数と40万に3分の1を乗じて得た数とを合算して得た数、その総数が80万を超える場合にあつてはその80万を超える数に8分の1を乗じて得た数と40万に6分の1を乗じて得た数と40万に3分の1を乗じて得た数とを合算して得た数)について、同条第6項の規定は第1項の代表者について、同条第7項から第9項まで及び第74条の2から第74条の4までの規定は第1項の規定による請求者の署名について準用する。この場合において、第74条第6項第3号中「都道府県の区域内の」とあり、及び「市の」とあるのは、「選挙区

の区域の全部又は一部が含まれる」と読み替えるものとする。

第81条 選挙権を有する者は、政令の定めるところにより、その総数の3分の1(その総数が40万を超え80万以下の場合にあつてはその40万を超える数に6分の1を乗じて得た数と40万に3分の1を乗じて得た数とを合算して得た数、その総数が80万を超える場合にあつてはその80万を超える数に8分の1を乗じて得た数と40万に6分の1を乗じて得た数と40万に3分の1を乗じて得た数とを合算して得た数)以上の者の連署をもつて、その代表者から、普通地方公共団体の選挙管理委員会に対し、当該普通地方公共団体の長の解職の請求をすることができる。

2 第74条第5項の規定は前項の選挙権を有する者及びその総数の3分の1の数(その総数が40万を超え80万以下の場合にあつてはその40万を超える数に6分の1を乗じて得た数と40万に3分の1を乗じて得た数とを合算して得た数、その総数が80万を超える場合にあつてはその80万を超える数に8分の1を乗じて得た数と40万に6分の1を乗じて得た数と40万に3分の1を乗じて得た数とを合算して得た数)について、同条第6項の規定は前項の代表者について、同条第7項から第9項まで及び第74条の2から第74条の4までの規定は前項の規定による請求者の署名について、第76条第2項及び第3項の規定は前項の請求について準用する。

第82条 第80条第3項の規定による解職の投票の結果が判明したときは、普通地方公共団体の選挙管理委員会は、直ちにこれを同条第1項の代表者並びに当該普通地方公共団体の議会の関係議員及び議長に通知し、かつ、これを公表するとともに、都道府県にあつては都道府県知事に、市町村にあつては市町村長に報告しなければならない。その投票の結果が確定したときも、また、同様とする。

2 前条第2項の規定による解職の投票の結果が判明したときは、委員会は、直ちにこれを同条第1項の代表者並びに当該普通地方公共団体の長及び議会の議長に通知し、かつ、これを公表しなければならない。その投票の結果が確定したときも、また、同様とする。

第83条 普通地方公共団体の議会の議員又は長は、第80条第3項又は第81条第2項の規定による解職の投票において、過半数の同意があつたときは、その職を失う。

第84条 第80条第1項又は第81条第1項の規定による普通地方公共団体の議会の議員又は長の解職の請求は、その就職の日から1年間及び第

80条第3項又は第81条第2項の規定による解職の投票の日から1年間は、これをすることができない。ただし、公職選挙法第100条第6項の規定により当選人と定められ普通地方公共団体の議会の議員又は長となつた者に対する解職の請求は、その就職の日から1年以内においても、これをすることができる。

第85条 政令で特別の定をするものを除く外、公職選挙法中普通地方公共団体の選挙に関する規定は、第76条第3項の規定による解散の投票並びに第80条第3項及び第81条第2項の規定による解職の投票にこれを準用する。

2 前項の投票は、政令の定めるところにより、普通地方公共団体の選挙と同時にこれを行うことができる。

第86条 選挙権を有する者（第252条の19第1項に規定する指定都市（以下この項において「指定都市」という。）の総合区長については当該総合区の区域内において選挙権を有する者、指定都市の区又は総合区の選挙管理委員については当該区又は総合区の区域内において選挙権を有する者、道の方面公安委員会の委員については当該方面公安委員会の管理する方面本部の管轄区域内において選挙権を有する者）は、政令の定めるところにより、その総数の3分の1（その総数が40万を超え80万以下の場合にあつてはその40万を超える数に6分の1を乗じて得た数と40万に3分の1を乗じて得た数とを合算して得た数、その総数が80万を超える場合にあつてはその80万を超える数に8分の1を乗じて得た数と40万に6分の1を乗じて得た数と40万に3分の1を乗じて得た数とを合算して得た数）以上の者の連署をもつて、その代表者から、普通地方公共団体の長に対し、副知事若しくは副市町村長、指定都市の総合区長、選挙管理委員若しくは監査委員又は公安委員会の委員の解職の請求をすることができる。

2 前項の請求があつたときは、当該普通地方公共団体の長は、直ちに請求の要旨を公表しなければならない。

3 第1項の請求があつたときは、当該普通地方公共団体の長は、これを議会に付議し、その結果を同項の代表者及び関係者に通知し、かつ、これを公表しなければならない。

4 第74条第5項の規定は第1項の選挙権を有する者及びその総数の3分の1の数（その総数が40万を超え80万以下の場合にあつてはその40万を超える数に6分の1を乗じて得た数と40万に3分の1を乗じて得た数とを合算して得た数、その総数が80万を超える場合にあつてはその80万を超える数に8分の1を乗じて得た数と40万に6分の1を乗じて得た数と40万に3分の1を乗じて得た数とを合算して得た数）について、同条第6項の規定は第1項の代表者について、同条第7項から第9項まで及び第74条の2から第74条の4までの規定は第1項の規定による請求者の署名について準用する。この場合において、第74条第6項第3号中「区域内」とあるのは「区域内（道の方面公安委員会の委員に係る請求については、当該方面公安委員会の管理する方面本部の管轄区域内）」と、「市の区及び総合区」とあるのは「市の区及び総合区（総合区長に係る請求については当該総合区、区又は総合区の選挙管理委員に係る請求については当該区又は総合区に限る。）」と読み替えるものとする。

第87条 前条第1項に掲げる職に在る者は、同条第3項の場合において、当該普通地方公共団体の議会の議員の3分の2以上の者が出席し、その4分の3以上の者の同意があつたときは、その職を失う。

2 第118条第5項の規定は、前条第3項の規定による議決についてこれを準用する。

第88条 （省略）

第6章　議会

第1節　組織

第89条 普通地方公共団体に議会を置く。

第90条 都道府県の議会の議員の定数は、条例で定める。

2 前項の規定による議員の定数の変更は、一般選挙の場合でなければ、これを行うことができない。

3 第6条の2第1項の規定による処分により、著しく人口の増加があつた都道府県においては、前項の規定にかかわらず、議員の任期中においても、議員の定数を増加することができる。

4 第6条の2第1項の規定により都道府県の設置をしようとする場合において、その区域の全部が当該新たに設置される都道府県の区域の一部となる都道府県（以下本条において「設置関係都道府県」という。）は、その協議により、あらかじめ、新たに設置される都道府県の議会の議員の定数を定めなければならない。

5 前項の規定により新たに設置される都道府県の議会の議員の定数を定めたときは、設置関係都道府県は、直ちに当該定数を告示しなければならない。

6　前項の規定により告示された新たに設置される都道府県の議会の議員の定数は、第1項の規定に基づく当該都道府県の条例により定められたものとみなす。

7　第4項の協議については、設置関係都道府県の議会の議決を経なければならない。

第91条　市町村の議会の議員の定数は、条例で定める。

2　前項の規定による議員の定数の変更は、一般選挙の場合でなければ、これを行うことができない。

3　第7条第1項又は第3項の規定による処分により、著しく人口の増減があつた市町村においては、前項の規定にかかわらず、議員の任期中においても、議員の定数を増減することができる。

4　前項の規定により議員の任期中にその定数を減少した場合において当該市町村の議会の議員の職に在る者の数がその減少した定数を超えているときは、当該議員の任期中は、その数を以て定数とする。但し、議員に欠員を生じたときは、これに応じて、その定数は、当該定数に至るまで減少するものとする。

5　第7条第1項又は第3項の規定により市町村の設置を伴う市町村の廃置分合をしようとする場合において、その区域の全部又は一部が当該廃置分合により新たに設置される市町村の区域の全部又は一部となる市町村（以下本条において「設置関係市町村」という。）は、設置関係市町村が二以上のときは設置関係市町村の協議により、設置関係市町村が一のときは当該設置関係市町村の議会の議決を経て、あらかじめ、新たに設置される市町村の議会の議員の定数を定めなければならない。

6　前項の規定により新たに設置される市町村の議会の議員の定数を定めたときは、設置関係市町村は、直ちに当該定数を告示しなければならない。

7　前項の規定により告示された新たに設置される市町村の議会の議員の定数は、第1項の規定に基づく当該市町村の条例により定められたものとみなす。

8　第5項の協議については、設置関係市町村の議会の議決を経なければならない。

第92条　普通地方公共団体の議会の議員は、衆議院議員又は参議院議員と兼ねることができない。

2　普通地方公共団体の議会の議員は、地方公共団体の議会の議員並びに常勤の職員及び地方公務員法（昭和25年法律第261号）第28条の5第1項に規定する短時間勤務の職を占める職員（以下「短時間勤務職員」という。）と兼ねることができない。

第92条の2　普通地方公共団体の議会の議員は、当該普通地方公共団体に対し請負をする者及びその支配人又は主として同一の行為をする法人の無限責任社員、取締役、執行役若しくは監査役若しくはこれらに準ずべき者、支配人及び清算人たることができない。

第93条　普通地方公共団体の議会の議員の任期は、4年とする。

2　前項の任期の起算、補欠議員の在任期間及び議員の定数に異動を生じたためあらたに選挙された議員の在任期間については、公職選挙法第258条及び第260条の定めるところによる。

第94条　町村は、条例で、第89条の規定にかかわらず、議会を置かず、選挙権を有する者の総会を設けることができる。

第95条　前条の規定による町村総会に関しては、町村の議会に関する規定を準用する。

第2節　権限

第96条　普通地方公共団体の議会は、次に掲げる事件を議決しなければならない。

一　条例を設け又は改廃すること。

二　予算を定めること。

三　決算を認定すること。

四　法律又はこれに基づく政令に規定するものを除くほか、地方税の賦課徴収又は分担金、使用料、加入金若しくは手数料の徴収に関すること。

五　その種類及び金額について政令で定める基準に従い条例で定める契約を締結すること。

六　条例で定める場合を除くほか、財産を交換し、出資の目的とし、若しくは支払手段として使用し、又は適正な対価なくしてこれを譲渡し、若しくは貸し付けること。

七　不動産を信託すること。

八　前二号に定めるものを除くほか、その種類及び金額について政令で定める基準に従い条例で定める財産の取得又は処分をすること。

九　負担付きの寄附又は贈与を受けること。

十　法律若しくはこれに基づく政令又は条例に特別の定めがある場合を除くほか、権利を放棄すること。

十一　条例で定める重要な公の施設につき条例で定める長期かつ独占的な利用をさせること。

十二　普通地方公共団体がその当事者である審査請求その他の不服申立て、訴えの提起

（普通地方公共団体の行政庁の処分又は裁決（行政事件訴訟法第3条第2項に規定する処分又は同条第3項に規定する裁決をいう。以下この号、第105条の2、第192条及び第199条の3第3項において同じ。）に係る同法第11条第1項（同法第38条第1項（同法第43条第2項において準用する場合を含む。）又は同法第43条第1項において準用する場合を含む。）の規定による普通地方公共団体を被告とする訴訟（以下この号、第105条の2、第192条及び第199条の3第3項において「普通地方公共団体を被告とする訴訟」という。）に係るものを除く。）、和解（普通地方公共団体の行政庁の処分又は裁決に係る普通地方公共団体を被告とする訴訟に係るものを除く。）、あつせん、調停及び仲裁に関すること。

十三　法律上その義務に属する損害賠償の額を定めること。

十四　普通地方公共団体の区域内の公共的団体等の活動の総合調整に関すること。

十五　その他法律又はこれに基づく政令（これらに基づく条例を含む。）により議会の権限に属する事項

2　前項に定めるものを除くほか、普通地方公共団体は、条例で普通地方公共団体に関する事件（法定受託事務に係るものにあつては、国の安全に関することその他の事由により議会の議決すべきものとすることが適当でないものとして政令で定めるものを除く。）につき議会の議決すべきものを定めることができる。

第97条　普通地方公共団体の議会は、法律又はこれに基く政令によりその権限に属する選挙を行わなければならない。

2　議会は、予算について、増額してこれを議決することを妨げない。但し、普通地方公共団体の長の予算の提出の権限を侵すことはできない。

第98条　普通地方公共団体の議会は、当該普通地方公共団体の事務（自治事務にあつては労働委員会及び収用委員会の権限に属する事務で政令で定めるものを除き、法定受託事務にあつては国の安全を害するおそれがあることその他の事由により議会の検査の対象とすることが適当でないものとして政令で定めるものを除く。）に関する書類及び計算書を検閲し、当該普通地方公共団体の長、教育委員会、選挙管理委員会、人事委員会若しくは公平委員会、公安委員会、労働委員会、農業委員会又は監査委員その他法律に基づく委員会又は委員の報告を請求して、当該事務の管理、議決の執行及び出納を検査することができる。

2　議会は、監査委員に対し、当該普通地方公共団体の事務（自治事務にあつては労働委員会及び収用委員会の権限に属する事務で政令で定めるものを除き、法定受託事務にあつては国の安全を害するおそれがあることその他の事由により本項の監査の対象とすることが適当でないものとして政令で定めるものを除く。）に関する監査を求め、監査の結果に関する報告を請求することができる。この場合における監査の実施については、第199条第2項後段の規定を準用する。

第99条　普通地方公共団体の議会は、当該普通地方公共団体の公益に関する事件につき意見書を国会又は関係行政庁に提出することができる。

第100条　普通地方公共団体の議会は、当該普通地方公共団体の事務（自治事務にあつては労働委員会及び収用委員会の権限に属する事務で政令で定めるものを除き、法定受託事務にあつては国の安全を害するおそれがあることその他の事由により議会の調査の対象とすることが適当でないものとして政令で定めるものを除く。次項において同じ。）に関する調査を行うことができる。この場合において、当該調査を行うため特に必要があると認めるときは、選挙人その他の関係人の出頭及び証言並びに記録の提出を請求することができる。

2　民事訴訟に関する法令の規定中証人の訊問に関する規定は、この法律に特別の定めがあるものを除くほか、前項後段の規定により議会が当該普通地方公共団体の事務に関する調査のため選挙人その他の関係人の証言を請求する場合に、これを準用する。ただし、過料、罰金、拘留又は勾引に関する規定は、この限りでない。

3　第1項後段の規定により出頭又は記録の提出の請求を受けた選挙人その他の関係人が、正当の理由がないのに、議会に出頭せず若しくは記録を提出しないとき又は証言を拒んだときは、6箇月以下の禁錮又は10万円以下の罰金に処する。

4　議会は、選挙人その他の関係人が公務員たる地位において知り得た事実については、その者から職務上の秘密に属するものである旨の申立を受けたときは、当該官公署の承認がなければ、当該事実に関する証言又は記録の提出を請求することができない。この場合において当該官公署が承認を拒むときは、その理由を疏明しなければならない。

5　議会が前項の規定による疏明を理由がないと認めるときは、当該官公署に対し、当該証言又は記録の提出が公の利益を害する旨の声明を要

155

求することができる。

6　当該官公署が前項の規定による要求を受けた日から20日以内に声明をしないときは、選挙人その他の関係人は、証言又は記録の提出をしなければならない。

7　第2項において準用する民事訴訟に関する法令の規定により宣誓した選挙人その他の関係人が虚偽の陳述をしたときは、これを3箇月以上5年以下の禁錮に処する。

8　前項の罪を犯した者が議会において調査が終了した旨の議決がある前に自白したときは、その刑を減軽し又は免除することができる。

9　議会は、選挙人その他の関係人が、第3項又は第7項の罪を犯したものと認めるときは、告発しなければならない。但し、虚偽の陳述をした選挙人その他の関係人が、議会の調査が終了した旨の議決がある前に自白したときは、告発しないことができる。

10　議会が第1項の規定による調査を行うため当該普通地方公共団体の区域内の団体等に対し照会をし又は記録の送付を求めたときは、当該団体等は、その求めに応じなければならない。

11　議会は、第1項の規定による調査を行う場合においては、予め、予算の定額の範囲内において、当該調査のため要する経費の額を定めて置かなければならない。その額を超えて経費の支出を必要とするときは、更に議決を経なければならない。

12　議会は、会議規則の定めるところにより、議案の審査又は議会の運営に関し協議又は調整を行うための場を設けることができる。

13　議会は、議案の審査又は当該普通地方公共団体の事務に関する調査のためその他議会において必要があると認めるときは、会議規則の定めるところにより、議員を派遣することができる。

14　普通地方公共団体は、条例の定めるところにより、その議会の議員の調査研究その他の活動に資するため必要な経費の一部として、その議会における会派又は議員に対し、政務活動費を交付することができる。この場合において、当該政務活動費の交付の対象、額及び交付の方法並びに当該政務活動費を充てることができる経費の範囲は、条例で定めなければならない。

15　前項の政務活動費の交付を受けた会派又は議員は、条例の定めるところにより、当該政務活動費に係る収入及び支出の報告書を議長に提出するものとする。

16　議長は、第14項の政務活動費については、その使途の透明性の確保に努めるものとする。

17　政府は、都道府県の議会に官報及び政府の刊行物を、市町村の議会に官報及び市町村に特に関係があると認める政府の刊行物を送付しなければならない。

18　都道府県は、当該都道府県の区域内の市町村の議会及び他の都道府県の議会に、公報及び適当と認める刊行物を送付しなければならない。

19　議会は、議員の調査研究に資するため、図書室を附置し前二項の規定により送付を受けた官報、公報及び刊行物を保管して置かなければならない。

20　前項の図書室は、一般にこれを利用させることができる。

第100条の2　普通地方公共団体の議会は、議案の審査又は当該普通地方公共団体の事務に関する調査のために必要な専門的事項に係る調査を学識経験を有する者等にさせることができる。

第3節　招集及び会期

第101条　普通地方公共団体の議会は、普通地方公共団体の長がこれを招集する。

2　議長は、議会運営委員会の議決を経て、当該普通地方公共団体の長に対し、会議に付議すべき事件を示して臨時会の招集を請求することができる。

3　議員の定数の4分の1以上の者は、当該普通地方公共団体の長に対し、会議に付議すべき事件を示して臨時会の招集を請求することができる。

4　前二項の規定による請求があつたときは、当該普通地方公共団体の長は、請求のあつた日から20日以内に臨時会を招集しなければならない。

5　第2項の規定による請求のあつた日から20日以内に当該普通地方公共団体の長が臨時会を招集しないときは、第1項の規定にかかわらず、議長は、臨時会を招集することができる。

6　第3項の規定による請求のあつた日から20日以内に当該普通地方公共団体の長が臨時会を招集しないときは、第1項の規定にかかわらず、議長は、第3項の規定による請求をした者の申出に基づき、当該申出のあつた日から、都道府県及び市にあつては10日以内、町村にあつては6日以内に臨時会を招集しなければならない。

7　招集は、開会の日前、都道府県及び市にあつては7日、町村にあつては3日までにこれを告示しなければならない。ただし、緊急を要する場合は、この限りでない。

第102条　普通地方公共団体の議会は、定例会

及び臨時会とする。

2　定例会は、毎年、条例で定める回数これを招集しなければならない。

3　臨時会は、必要がある場合において、その事件に限りこれを招集する。

4　臨時会に付議すべき事件は、普通地方公共団体の長があらかじめこれを告示しなければならない。

5　前条第5項又は第6項の場合においては、前項の規定にかかわらず、議長が、同条第2項又は第3項の規定による請求において示された会議に付議すべき事件を臨時会に付議すべき事件として、あらかじめ告示しなければならない。

6　臨時会の開会中に緊急を要する事件があるときは、前三項の規定にかかわらず、直ちにこれを会議に付議することができる。

7　普通地方公共団体の議会の会期及びその延長並びにその開閉に関する事項は、議会がこれを定める。

第102条の2　普通地方公共団体の議会は、前条の規定にかかわらず、条例で定めるところにより、定例会及び臨時会とせず、毎年、条例で定める日から翌年の当該日の前日までを会期とすることができる。

2　前項の議会は、第4項の規定により招集しなければならないものとされる場合を除き、前項の条例で定める日の到来をもつて、普通地方公共団体の長が当該日にこれを招集したものとみなす。

3　第1項の会期中において、議員の任期が満了したとき、議会が解散されたとき又は議員が全てなくなつたときは、同項の規定にかかわらず、その任期満了の日、その解散の日又はその議員が全てなくなつた日をもつて、会期は終了するものとする。

4　前項の規定により会期が終了した場合には、普通地方公共団体の長は、同項に規定する事由により行われた一般選挙により選出された議員の任期が始まる日から30日以内に議会を招集しなければならない。この場合においては、その招集の日から同日後の最初の第1項の条例で定める日の前日までを会期とするものとする。

5　第3項の規定は、前項後段に規定する会期について準用する。

6　第1項の議会は、条例で、定期的に会議を開く日（以下「定例日」という。）を定めなければならない。

7　普通地方公共団体の長は、第1項の議会の議長に対し、会議に付議すべき事件を示して定例日以外の日において会議を開くことを請求する

ことができる。この場合において、議長は、当該請求のあつた日から、都道府県及び市にあつては7日以内、町村にあつては3日以内に会議を開かなければならない。

8　第1項の場合における第74条第3項、第121条第1項、第243条の3第2項及び第3項並びに第252条の39第4項の規定の適用については、第74条第3項中「20日以内に議会を招集し」とあるのは「20日以内に」と、第121条第1項中「議会の審議」とあるのは「定例日に開かれる会議の審議又は議案の審議」と、第243条の3第2項及び第3項中「次の議会」とあるのは「次の定例日に開かれる会議」と、第252条の39第4項中「20日以内に議会を招集し」とあるのは「20日以内に」とする。

第4節　議長及び副議長

第103条　普通地方公共団体の議会は、議員の中から議長及び副議長1人を選挙しなければならない。

2　議長及び副議長の任期は、議員の任期による。

第104条　普通地方公共団体の議会の議長は、議場の秩序を保持し、議事を整理し、議会の事務を統理し、議会を代表する。

第105条　普通地方公共団体の議会の議長は、委員会に出席し、発言することができる。

第105条の2　普通地方公共団体の議会又は議長の処分又は裁決に係る普通地方公共団体を被告とする訴訟については、議長が当該普通地方公共団体を代表する。

第106条　普通地方公共団体の議会の議長に事故があるとき、又は議長が欠けたときは、副議長が議長の職務を行う。

2　議長及び副議長にともに事故があるときは、仮議長を選挙し、議長の職務を行わせる。

3　議会は、仮議長の選任を議長に委任することができる。

第107条　第103条第1項及び前条第2項の規定による選挙を行う場合において、議長の職務を行う者がないときは、年長の議員が臨時に議長の職務を行う。

第108条　普通地方公共団体の議会の議長及び副議長は、議会の許可を得て辞職することができる。但し、副議長は、議会の閉会中においては、議長の許可を得て辞職することができる。

第5節　委員会

第109条　普通地方公共団体の議会は、条例で、

常任委員会、議会運営委員会及び特別委員会を置くことができる。

2 常任委員会は、その部門に属する当該普通地方公共団体の事務に関する調査を行い、議案、請願等を審査する。

3 議会運営委員会は、次に掲げる事項に関する調査を行い、議案、請願等を審査する。

一 議会の運営に関する事項

二 議会の会議規則、委員会に関する条例等に関する事項

三 議長の諮問に関する事項

4 特別委員会は、議会の議決により付議された事件を審査する。

5 第115条の2の規定は、委員会について準用する。

6 委員会は、議会の議決すべき事件のうちその部門に属する当該普通地方公共団体の事務に関するものにつき、議会に議案を提出することができる。ただし、予算については、この限りでない。

7 前項の規定による議案の提出は、文書をもつてしなければならない。

8 委員会は、議会の議決により付議された特定の事件については、閉会中も、なお、これを審査することができる。

9 前各項に定めるもののほか、委員の選任その他委員会に関し必要な事項は、条例で定める。

第110条及び第111条 削除

第6節　会議

第112条 普通地方公共団体の議会の議員は、議会の議決すべき事件につき、議会に議案を提出することができる。但し、予算については、この限りでない。

2 前項の規定により議案を提出するに当たつては、議員の定数の12分の1以上の者の賛成がなければならない。

3 第1項の規定による議案の提出は、文書を以てこれをしなければならない。

第113条 普通地方公共団体の議会は、議員の定数の半数以上の議員が出席しなければ、会議を開くことができない。但し、第117条の規定による除斥のため半数に達しないとき、同一の事件につき再度招集してもなお半数に達しないとき、又は招集に応じても出席議員が定数を欠き議長において出席を催告してもなお半数に達しないとき若しくは半数に達してもその後半数に達しなくなつたときは、この限りでない。

第114条 普通地方公共団体の議会の議員の定

数の半数以上の者から請求があるときは、議長は、その日の会議を開かなければならない。この場合において議長がなお会議を開かないときは、第106条第1項又は第2項の例による。

2 前項の規定により会議を開いたとき、又は議員中に異議があるときは、議長は、会議の議決によらない限り、その日の会議を閉じ又は中止することができない。

第115条 普通地方公共団体の議会の会議は、これを公開する。但し、議長又は議員3人以上の発議により、出席議員の3分の2以上の多数で議決したときは、秘密会を開くことができる。

2 前項但書の議長又は議員の発議は、討論を行わないでその可否を決しなければならない。

第115条の2 普通地方公共団体の議会は、会議において、予算その他重要な議案、請願等について公聴会を開き、真に利害関係を有する者又は学識経験を有する者等から意見を聴くことができる。

2 普通地方公共団体の議会は、会議において、当該普通地方公共団体の事務に関する調査又は審査のため必要があると認めるときは、参考人の出頭を求め、その意見を聴くことができる。

第115条の3 普通地方公共団体の議会が議案に対する修正の動議を議題とするに当たつては、議員の定数の12分の1以上の者の発議によらなければならない。

第116条 この法律に特別の定がある場合を除く外、普通地方公共団体の議会の議事は、出席議員の過半数でこれを決し、可否同数のときは、議長の決するところによる。

2 前項の場合においては、議長は、議員として議決に加わる権利を有しない。

第117条 普通地方公共団体の議会の議長及び議員は、自己若しくは父母、祖父母、配偶者、子、孫若しくは兄弟姉妹の一身上に関する事件又は自己若しくはこれらの者の従事する業務に直接の利害関係のある事件については、その議事に参与することができない。但し、議会の同意があつたときは、会議に出席し、発言することができる。

第118条 法律又はこれに基づく政令により普通地方公共団体の議会において行う選挙については、公職選挙法第46条第1項及び第4項、第47条、第48条、第68条第1項並びに普通地方公共団体の議会の議員の選挙に関する第95条の規定を準用する。その投票の効力に関し異議があるときは、議会がこれを決定する。

2 議会は、議員中に異議がないときは、前項の選挙につき指名推選の方法を用いることができ

る。

3　指名推選の方法を用いる場合においては、被指名人を以て当選人と定めるべきかどうかを会議に諮り、議員の全員の同意があつた者を以て当選人とする。

4　一の選挙を以て2人以上を選挙する場合においては、被指名人を区分して前項の規定を適用してはならない。

5　第1項の規定による決定に不服がある者は、決定があつた日から21日以内に、都道府県にあつては総務大臣、市町村にあつては都道府県知事に審査を申し立て、その裁決に不服がある者は、裁決のあつた日から21日以内に裁判所に出訴することができる。

6　第1項の規定による決定は、文書を以てし、その理由を附けてこれを本人に交付しなければならない。

第119条　会期中に議決に至らなかつた事件は、後会に継続しない。

第120条　普通地方公共団体の議会は、会議規則を設けなければならない。

第121条　普通地方公共団体の長、教育委員会の教育長、選挙管理委員会の委員長、人事委員会の委員長又は公平委員会の委員長、公安委員会の委員長、労働委員会の委員、農業委員会の会長及び監査委員その他法律に基づく委員会の代表者又は委員並びにその委任又は嘱託を受けた者は、議会の審議に必要な説明のため議長から出席を求められたときは、議場に出席しなければならない。ただし、出席すべき日時に議場に出席できないことについて正当な理由がある場合において、その旨を議長に届け出たときは、この限りでない。

2　第102条の2第1項の議会の議長は、前項本文の規定により議場への出席を求めるに当たつては、普通地方公共団体の執行機関の事務に支障を及ぼすことのないよう配慮しなければならない。

第122条　普通地方公共団体の長は、議会に、第211条第2項に規定する予算に関する説明書その他当該普通地方公共団体の事務に関する説明書を提出しなければならない。

第123条　議長は、事務局長又は書記長（書記長を置かない町村においては書記）に書面又は電磁的記録（電子的方式、磁気的方式その他人の知覚によつては認識することができない方式で作られる記録であつて、電子計算機による情報処理の用に供されるものをいう。以下この条及び第234条第5項において同じ。）により会議録を作成させ、並びに会議の次第及び出席議員

の氏名を記載させ、又は記録させなければならない。

2　会議録が書面をもつて作成されているときは、議長及び議会において定めた2人以上の議員がこれに署名しなければならない。

3　会議録が電磁的記録をもつて作成されているときは、議長及び議会において定めた2人以上の議員が当該電磁的記録に総務省令で定める署名に代わる措置をとらなければならない。

4　議長は、会議録が書面をもつて作成されているときはその写しを、会議録が電磁的記録をもつて作成されているときは当該電磁的記録に記録された事項を記載した書面又は当該事項を記録した磁気ディスク（これに準ずる方法により一定の事項を確実に記録することができる物を含む。）を添えて会議の結果を普通地方公共団体の長に報告しなければならない。

第7節　請願　（省略）

第8節　議員の辞職及び資格の決定

第126条　普通地方公共団体の議会の議員は、議会の許可を得て辞職することができる。但し、閉会中においては、議長の許可を得て辞職することができる。

第127条　普通地方公共団体の議会の議員が被選挙権を有しない者であるとき、又は第92条の2（第287条の2第7項において準用する場合を含む。以下この項において同じ。）の規定に該当するときは、その職を失う。その被選挙権の有無又は第92条の2の規定に該当するかどうかは、議員が公職選挙法第11条、第11条の2若しくは第252条又は政治資金規正法第28条の規定に該当するため被選挙権を有しない場合を除くほか、議会がこれを決定する。この場合においては、出席議員の3分の2以上の多数によりこれを決定しなければならない。

2　前項の場合においては、議員は、第117条の規定にかかわらず、その会議に出席して自己の資格に関し弁明することはできるが決定に加わることができない。

3　第118条第5項及び第6項の規定は、第1項の場合について準用する。

第128条　普通地方公共団体の議会の議員は、公職選挙法第202条第1項若しくは第206条第1項の規定による異議の申出、同法第202条第2項若しくは第206条第2項の規定による審査の申立て、同法第203条第1項、第207条第1項、第210条若しくは第211条の訴訟の提起に対する決

定、裁決又は判決が確定するまでの間（同法第210条第1項の規定による訴訟を提起することができる場合において、当該訴訟が提起されなかつたとき、当該訴訟についての訴えを却下し若しくは訴状を却下する裁判が確定したとき、又は当該訴訟が取り下げられたときは、それぞれ同項に規定する出訴期間が経過するまで、当該裁判が確定するまで又は当該取下げが行われるまでの間）は、その職を失わない。

第9節　紀律　（省略）

第10節　懲罰

第134条　普通地方公共団体の議会は、この法律並びに会議規則及び委員会に関する条例に違反した議員に対し、議決により懲罰を科することができる。

2　懲罰に関し必要な事項は、会議規則中にこれを定めなければならない。

第135条　懲罰は、左の通りとする。

一　公開の議場における戒告

二　公開の議場における陳謝

三　一定期間の出席停止

四　除名

2　懲罰の動議を議題とするに当つては、議員の定数の8分の1以上の者の発議によらなければならない。

3　第1項第4号の除名については、当該普通地方公共団体の議会の議員の3分の2以上の者が出席し、その4分の3以上の者の同意がなければならない。

第136条　普通地方公共団体の議会は、除名された議員で再び当選した議員を拒むことができない。

第137条　普通地方公共団体の議会の議員が正当な理由がなくて招集に応じないため、又は正当な理由がなくて会議に欠席したため、議長が、特に招状を発しても、なお故なく出席しない者は、議長において、議会の議決を経て、これに懲罰を科することができる。

第11節　議会の事務局及び事務局長、書記長、書記その他の職員　（省略）

第7章　執行機関

第1節　通則

第138条の2　普通地方公共団体の執行機関は、当該普通地方公共団体の条例、予算その他の議会の議決に基づく事務及び法令、規則その他の規程に基づく当該普通地方公共団体の事務を、自らの判断と責任において、誠実に管理し及び執行する義務を負う。

第138条の3　普通地方公共団体の執行機関の組織は、普通地方公共団体の長の所轄の下に、それぞれ明確な範囲の所掌事務と権限を有する執行機関によつて、系統的にこれを構成しなければならない。

2　普通地方公共団体の執行機関は、普通地方公共団体の長の所轄の下に、執行機関相互の連絡を図り、すべて、一体として、行政機能を発揮するようにしなければならない。

3　普通地方公共団体の長は、当該普通地方公共団体の執行機関相互の間にその権限につき疑義が生じたときは、これを調整するように努めなければならない。

第138条の4　普通地方公共団体にその執行機関として普通地方公共団体の長の外、法律の定めるところにより、委員会又は委員を置く。

2　普通地方公共団体の委員会は、法律の定めるところにより、法令又は普通地方公共団体の条例若しくは規則に違反しない限りにおいて、その権限に属する事務に関し、規則その他の規程を定めることができる。

3　普通地方公共団体は、法律又は条例の定めるところにより、執行機関の附属機関として自治紛争処理委員、審査会、審議会、調査会その他の調停、審査、諮問又は調査のための機関を置くことができる。ただし、政令で定める執行機関については、この限りでない。

第2節　普通地方公共団体の長

第1款　地位

第139条　都道府県に知事を置く。

2　市町村に市町村長を置く。

第140条　普通地方公共団体の長の任期は、4年とする。

2　前項の任期の起算については、公職選挙法第259条及び第259条の2の定めるところによる。

第141条　普通地方公共団体の長は、衆議院議員又は参議院議員と兼ねることができない。

2　普通地方公共団体の長は、地方公共団体の議会の議員並びに常勤の職員及び短時間勤務職員と兼ねることができない。

第142条　普通地方公共団体の長は、当該普通地方公共団体に対し請負をする者及びその支配

人又は主として同一の行為をする法人（当該普通地方公共団体が出資している法人で政令で定めるものを除く。）の無限責任社員、取締役、執行役若しくは監査役若しくはこれらに準ずべき者、支配人及び清算人たることができない。

第143条　普通地方公共団体の長が、被選挙権を有しなくなつたとき又は前条の規定に該当するときは、その職を失う。その被選挙権の有無又は同条の規定に該当するかどうかは、普通地方公共団体の長が公職選挙法第11条、第11条の2若しくは第252条又は政治資金規正法第28条の規定に該当するため被選挙権を有しない場合を除くほか、当該普通地方公共団体の選挙管理委員会がこれを決定しなければならない。

2　前項の規定による決定は、文書をもつてし、その理由をつけてこれを本人に交付しなければならない。

3　第1項の規定による決定についての審査請求は、都道府県にあつては総務大臣、市町村にあつては都道府県知事に対してするものとする。

4　前項の審査請求に関する行政不服審査法（平成26年法律第68号）第18条第1項本文の期間は、第1項の決定があつた日の翌日から起算して21日とする。

第144条〜第145条　（省略）

第146条　削除

第2款　権限

第147条　普通地方公共団体の長は、当該普通地方公共団体を統轄し、これを代表する。

第148条　普通地方公共団体の長は、当該普通地方公共団体の事務を管理し及びこれを執行する。

第149条　普通地方公共団体の長は、概ね左に掲げる事務を担任する。

一　普通地方公共団体の議会の議決を経べき事件につきその議案を提出すること。

二　予算を調製し、及びこれを執行すること。

三　地方税を賦課徴収し、分担金、使用料、加入金又は手数料を徴収し、及び過料を科すること。

四　決算を普通地方公共団体の議会の認定に付すること。

五　会計を監督すること。

六　財産を取得し、管理し、及び処分すること。

七　公の施設を設置し、管理し、及び廃止すること。

八　証書及び公文書類を保管すること。

九　前各号に定めるものを除く外、当該普通地

方公共団体の事務を執行すること。

第150条　都道府県知事及び第252条の19第1項に規定する指定都市（以下この条において「指定都市」という。）の市長は、その担任する事務のうち次に掲げるものの管理及び執行が法令に適合し、かつ、適正に行われることを確保するための方針を定め、及びこれに基づき必要な体制を整備しなければならない。

一　財務に関する事務その他総務省令で定める事務

二　前号に掲げるもののほか、その管理及び執行が法令に適合し、かつ、適正に行われることを特に確保する必要がある事務として当該都道府県知事又は指定都市の市長が認めるもの

2　市町村長（指定都市の市長を除く。第2号及び第4項において同じ。）は、その担任する事務のうち次に掲げるものの管理及び執行が法令に適合し、かつ、適正に行われることを確保するための方針を定め、及びこれに基づき必要な体制を整備するよう努めなければならない。

一　前項第1号に掲げる事務

二　前号に掲げるもののほか、その管理及び執行が法令に適合し、かつ、適正に行われることを特に確保する必要がある事務として当該市町村長が認めるもの

3　都道府県知事又は市町村長は、第1項若しくは前項の方針を定め、又はこれを変更したときは、遅滞なく、これを公表しなければならない。

4　都道府県知事、指定都市の市長及び第2項の方針を定めた市町村長（以下この条において「都道府県知事等」という。）は、毎会計年度少なくとも一回以上、総務省令で定めるところにより、第1項又は第2項の方針及びこれに基づき整備した体制について評価した報告書を作成しなければならない。

5　都道府県知事等は、前項の報告書を監査委員の審査に付さなければならない。

6　都道府県知事等は、前項の規定により監査委員の審査に付した報告書を監査委員の意見を付けて議会に提出しなければならない。

7　前項の規定による意見の決定は、監査委員の合議によるものとする。

8　都道府県知事等は、第6項の規定により議会に提出した報告書を公表しなければならない。

9　前各項に定めるもののほか、第1項又は第2項の方針及びこれに基づき整備する体制に関し必要な事項は、総務省令で定める。

第151条　削除

第152条　普通地方公共団体の長に事故がある

とき、又は長が欠けたときは、副知事又は副市町村長がその職務を代理する。この場合において副知事又は副市町村長が2人以上あるときは、あらかじめ当該普通地方公共団体の長が定めた順序、又はその定めがないときは席次の上下により、席次の上下が明らかでないときは年齢の多少により、年齢が同じであるときはくじにより定めた順序で、その職務を代理する。

2　副知事若しくは副市町村長にも事故があるとき若しくは副知事若しくは副市町村長も欠けたとき又は副知事若しくは副市町村長を置かない普通地方公共団体において当該普通地方公共団体の長に事故があるとき若しくは当該普通地方公共団体の長が欠けたときは、その補助機関である職員のうちから当該普通地方公共団体の長の指定する職員がその職務を代理する。

3　前項の場合において、同項の規定により普通地方公共団体の長の職務を代理する者がないときは、その補助機関である職員のうちから当該普通地方公共団体の規則で定めた上席の職員がその職務を代理する。

第153条　普通地方公共団体の長は、その権限に属する事務の一部をその補助機関である職員に委任し、又はこれに臨時に代理させることができる。

2　普通地方公共団体の長は、その権限に属する事務の一部をその管理に属する行政庁に委任することができる。

第154条　普通地方公共団体の長は、その補助機関である職員を指揮監督する。

第154条の2　普通地方公共団体の長は、その管理に属する行政庁の処分が法令、条例又は規則に違反すると認めるときは、その処分を取り消し、又は停止することができる。

第155条　普通地方公共団体の長は、その権限に属する事務を分掌させるため、条例で、必要な地に、都道府県にあつては支庁（道にあつては支庁出張所を含む。以下これに同じ。）及び地方事務所、市町村にあつては支所又は出張所を設けることができる。

2　支庁若しくは地方事務所又は支所若しくは出張所の位置、名称及び所管区域は、条例でこれを定めなければならない。

3　第4条第2項の規定は、前項の支庁若しくは地方事務所又は支所若しくは出張所の位置及び所管区域にこれを準用する。

第156条〜第157条　（省略）

第158条　普通地方公共団体の長は、その権限に属する事務を分掌させるため、必要な内部組織を設けることができる。この場合において、

当該普通地方公共団体の長の直近下位の内部組織の設置及びその分掌する事務については、条例で定めるものとする。

2　普通地方公共団体の長は、前項の内部組織の編成に当たつては、当該普通地方公共団体の事務及び事業の運営が簡素かつ効率的なものとなるよう十分配慮しなければならない。

第159条〜第160条　（省略）

第3款　補助機関

第161条　都道府県に副知事を、市町村に副市町村長を置く。ただし、条例で置かないことができる。

2　副知事及び副市町村長の定数は、条例で定める。

第162条　副知事及び副市町村長は、普通地方公共団体の長が議会の同意を得てこれを選任する。

第163条　副知事及び副市町村長の任期は、4年とする。ただし、普通地方公共団体の長は、任期中においてもこれを解職することができる。

第164条〜第166条　（省略）

第167条　副知事及び副市町村長は、普通地方公共団体の長を補佐し、普通地方公共団体の長の命を受け政策及び企画をつかさどり、その補助機関である職員の担任する事務を監督し、別に定めるところにより、普通地方公共団体の長の職務を代理する。

2　前項に定めるもののほか、副知事及び副市町村長は、普通地方公共団体の長の権限に属する事務の一部について、第153条第1項の規定により委任を受け、その事務を執行する。

3　前項の場合においては、普通地方公共団体の長は、直ちに、その旨を告示しなければならない。

第168条　普通地方公共団体に会計管理者1人を置く。

2　会計管理者は、普通地方公共団体の長の補助機関である職員のうちから、普通地方公共団体の長が命ずる。

第169条　普通地方公共団体の長、副知事若しくは副市町村長又は監査委員と親子、夫婦又は兄弟姉妹の関係にある者は、会計管理者となることができない。

2　会計管理者は、前項に規定する関係が生じたときは、その職を失う。

第170条　法律又はこれに基づく政令に特別の定めがあるものを除くほか、会計管理者は、当該普通地方公共団体の会計事務をつかさどる。

2　前項の会計事務を例示すると、おおむね次の
とおりである。
　一　現金（現金に代えて納付される証券及び基
　　金に属する現金を含む。）の出納及び保管を
　　行うこと。
　二　小切手を振り出すこと。
　三　有価証券（公有財産又は基金に属するもの
　　を含む。）の出納及び保管を行うこと。
　四　物品（基金に属する動産を含む。）の出納
　　及び保管（使用中の物品に係る保管を除く。）
　　を行うこと。
　五　現金及び財産の記録管理を行うこと。
　六　支出負担行為に関する確認を行うこと。
　七　決算を調製し、これを普通地方公共団体の
　　長に提出すること。
3　普通地方公共団体の長は、会計管理者に事
故がある場合において必要があるときは、当該
普通地方公共団体の長の補助機関である職員に
その事務を代理させることができる。
第171条　会計管理者の事務を補助させるため
出納員その他の会計職員を置く。ただし、町村
においては、出納員を置かないことができる。
2　出納員その他の会計職員は、普通地方公共団
体の長の補助機関である職員のうちから、普通
地方公共団体の長がこれを命ずる。
3　出納員は、会計管理者の命を受けて現金の出
納（小切手の振出しを含む。）若しくは保管又
は物品の出納若しくは保管の事務をつかさどり、
その他の会計職員は、上司の命を受けて当該普
通地方公共団体の会計事務をつかさどる。
4　普通地方公共団体の長は、会計管理者をして
その事務の一部を出納員に委任させ、又は当該
出納員をしてさらに当該委任を受けた事務の一
部を出納員以外の会計職員に委任させることが
できる。この場合においては、普通地方公共団
体の長は、直ちに、その旨を告示しなければな
らない。
5　普通地方公共団体の長は、会計管理者の権
限に属する事務を処理させるため、規則で、必
要な組織を設けることができる。
第172条　（省略）
第173条　削除
第174条～第175条　（省略）

第4款　議会との関係

第176条　普通地方公共団体の議会の議決につ
いて異議があるときは、当該普通地方公共団体
の長は、この法律に特別の定めがあるものを除
くほか、その議決の日（条例の制定若しくは改

廃又は予算に関する議決については、その送付
を受けた日）から10日以内に理由を示してこれ
を再議に付することができる。
2　前項の規定による議会の議決が再議に付され
た議決と同じ議決であるときは、その議決は、
確定する。
3　前項の規定による議決のうち条例の制定若し
くは改廃又は予算に関するものについては、出
席議員の3分の2以上の者の同意がなければな
らない。
4　普通地方公共団体の議会の議決又は選挙が
その権限を超え又は法令若しくは会議規則に違
反すると認めるときは、当該普通地方公共団体
の長は、理由を示してこれを再議に付し又は再
選挙を行わせなければならない。
5　前項の規定による議会の議決又は選挙がなお
その権限を超え又は法令若しくは会議規則に違
反すると認めるときは、都道府県知事にあつて
は総務大臣、市町村長にあつては都道府県知事
に対し、当該議決又は選挙があつた日から21日
以内に、審査を申し立てることができる。
6　前項の規定による申立てがあつた場合におい
て、総務大臣又は都道府県知事は、審査の結果、
議会の議決又は選挙がその権限を超え又は法令
若しくは会議規則に違反すると認めるときは、
当該議決又は選挙を取り消す旨の裁定をするこ
とができる。
7　前項の裁定に不服があるときは、普通地方公
共団体の議会又は長は、裁定のあつた日から60
日以内に、裁判所に出訴することができる。
8　前項の訴えのうち第4項の規定による議会の
議決又は選挙の取消しを求めるものは、当該議
会を被告として提起しなければならない。
第177条　普通地方公共団体の議会において次
に掲げる経費を削除し又は減額する議決をした
ときは、その経費及びこれに伴う収入について、
当該普通地方公共団体の長は、理由を示してこ
れを再議に付さなければならない。
　一　法令により負担する経費、法律の規定に基
　　づき当該行政庁の職権により命ずる経費その
　　他の普通地方公共団体の義務に属する経費
　二　非常の災害による応急若しくは復旧の施設
　　のために必要な経費又は感染症予防のために
　　必要な経費
2　前項第1号の場合において、議会の議決がな
お同号に掲げる経費を削除し又は減額したとき
は、当該普通地方公共団体の長は、その経費及
びこれに伴う収入を予算に計上してその経費を
支出することができる。
3　第1項第2号の場合において、議会の議決が

地方自治法

なお同号に掲げる経費を削除し又は減額したときは、当該普通地方公共団体の長は、その議決を不信任の議決とみなすことができる。

第178条 普通地方公共団体の議会において、当該普通地方公共団体の長の不信任の議決をしたときは、直ちに議長からその旨を当該普通地方公共団体の長に通知しなければならない。この場合においては、普通地方公共団体の長は、その通知を受けた日から10日以内に議会を解散することができる。

2 議会において当該普通地方公共団体の長の不信任の議決をした場合において、前項の期間内に議会を解散しないとき、又はその解散後初めて招集された議会において再び不信任の議決があり、議長から当該普通地方公共団体の長に対しその旨の通知があつたときは、普通地方公共団体の長は、同項の期間が経過した日又は議長から通知があつた日においてその職を失う。

3 前二項の規定による不信任の議決については、議員数の3分の2以上の者が出席し、第1項の場合においてはその4分の3以上の者の、前項の場合においてはその過半数の者の同意がなければならない。

第179条 普通地方公共団体の議会が成立しないとき、第113条ただし書の場合においてなお会議を開くことができないとき、普通地方公共団体の長において議会の議決すべき事件について特に緊急を要するため議会を招集する時間的余裕がないことが明らかであると認めるとき、又は議会において議決すべき事件を議決しないときは、当該普通地方公共団体の長は、その議決すべき事件を処分することができる。ただし、第162条の規定による副知事又は副市町村長の選任の同意及び第252条の20の2第4項の規定による第252条の19第1項に規定する指定都市の総合区長の選任の同意については、この限りでない。

2 議会の決定すべき事件に関しては、前項の例による。

3 前二項の規定による処置については、普通地方公共団体の長は、次の会議においてこれを議会に報告し、その承認を求めなければならない。

4 前項の場合において、条例の制定若しくは改廃又は予算に関する処置について承認を求める議案が否決されたときは、普通地方公共団体の長は、速やかに、当該処置に関して必要と認める措置を講ずるとともに、その旨を議会に報告しなければならない。

第180条 普通地方公共団体の議会の権限に属する軽易な事項で、その議決により特に指定したものは、普通地方公共団体の長において、これを専決処分にすることができる。

2 前項の規定により専決処分をしたときは、普通地方公共団体の長は、これを議会に報告しなければならない。

第5款 他の執行機関との関係

第180条の2 普通地方公共団体の長は、その権限に属する事務の一部を、当該普通地方公共団体の委員会又は委員と協議して、普通地方公共団体の委員会、委員会の委員長（教育委員会にあつては、教育長）、委員若しくはこれらの執行機関の事務を補助する職員若しくはこれらの執行機関の管理に属する機関の職員に委任し、又はこれらの執行機関の事務を補助する職員若しくはこれらの執行機関の管理に属する機関の職員をして補助執行させることができる。ただし、政令で定める普通地方公共団体の委員会又は委員については、この限りでない。

第180条の3～第180条の4 （省略）

第3節 委員会及び委員

第1款 通則

第180条の5 執行機関として法律の定めるところにより普通地方公共団体に置かなければならない委員会及び委員は、左の通りである。

一 教育委員会
二 選挙管理委員会
三 人事委員会又は人事委員会を置かない普通地方公共団体にあつては公平委員会
四 監査委員

2 前項に掲げるもののほか、執行機関として法律の定めるところにより都道府県に置かなければならない委員会は、次のとおりである。

一 公安委員会
二 労働委員会
三 収用委員会
四 海区漁業調整委員会
五 内水面漁場管理委員会

3 第1項に掲げるものの外、執行機関として法律の定めるところにより市町村に置かなければならない委員会は、左の通りである。

一 農業委員会
二 固定資産評価審査委員会

4 前三項の委員会若しくは委員の事務局又は委員会の管理に属する事務を掌る機関で法律により設けられなければならないものとされている

ものの組織を定めるに当たつては、当該普通地方公共団体の長が第158条第1項の規定により設けるその内部組織との間に権衡を失しないようにしなければならない。

5　普通地方公共団体の委員会の委員又は委員は、法律に特別の定があるものを除く外、非常勤とする。

6　普通地方公共団体の委員会の委員（教育委員会にあつては、教育長及び委員）又は委員は、当該普通地方公共団体に対しその職務に関し請負をする者及びその支配人又は主として同一の行為をする法人（当該普通地方公共団体が出資している法人で政令で定めるものを除く。）の無限責任社員、取締役、執行役若しくは監査役若しくはこれらに準ずべき者、支配人及び清算人たることができない。

7　法律に特別の定めがあるものを除くほか、普通地方公共団体の委員会の委員（教育委員会にあつては、教育長及び委員）又は委員が前項の規定に該当するときは、その職を失う。その同項の規定に該当するかどうかは、その選任権者がこれを決定しなければならない。

8　第143条第2項から第4項までの規定は、前項の場合にこれを準用する。

第180条の6　普通地方公共団体の委員会又は委員は、左に掲げる権限を有しない。但し、法律に特別の定があるものは、この限りでない。

一　普通地方公共団体の予算を調製し、及びこれを執行すること。

二　普通地方公共団体の議会の議決を経べき事件につきその議案を提出すること。

三　地方税を賦課徴収し、分担金若しくは加入金を徴収し、又は過料を科すること。

四　普通地方公共団体の決算を議会の認定に付すること。

第180条の7　（省略）

第2款　教育委員会　（省略）

第3款　公安委員会　（省略）

第4款　選挙管理委員会

第181条　普通地方公共団体に選挙管理委員会を置く。

2　選挙管理委員会は、4人の選挙管理委員を以てこれを組織する。

第182条　選挙管理委員は、選挙権を有する者で、人格が高潔で、政治及び選挙に関し公正な識見を有するもののうちから、普通地方公共団体の議会においてこれを選挙する。

2　議会は、前項の規定による選挙を行う場合においては、同時に、同項に規定する者のうちから委員と同数の補充員を選挙しなければならない。補充員がすべてなくなつたときも、また、同様とする。

3　委員中に欠員があるときは、選挙管理委員会の委員長は、補充員の中からこれを補欠する。その順序は、選挙の時が異なるときは選挙の前後により、選挙の時が同時であるときは得票数により、得票数が同じであるときはくじにより、これを定める。

4　法律の定めるところにより行なわれる選挙、投票又は国民審査に関する罪を犯し刑に処せられた者は、委員又は補充員となることができない。

5　委員又は補充員は、それぞれその中の2人が同時に同一の政党その他の政治団体に属する者となることとなつてはならない。

6　第1項又は第2項の規定による選挙において、同一の政党その他の政治団体に属する者が前項の制限を超えて選挙された場合及び第3項の規定により委員の補欠を行えば同一の政党その他の政治団体に属する委員の数が前項の制限を超える場合等に関し必要な事項は、政令でこれを定める。

7　委員は、地方公共団体の議会の議員及び長と兼ねることができない。

8　委員又は補充員の選挙を行うべき事由が生じたときは、選挙管理委員会の委員長は、直ちにその旨を当該普通地方公共団体の議会及び長に通知しなければならない。

第183条〜第194条　（省略）

第5款　監査委員

第195条　普通地方公共団体に監査委員を置く。

2　監査委員の定数は、都道府県及び政令で定める市にあつては4人とし、その他の市及び町村にあつては2人とする。ただし、条例でその定数を増加することができる。

第196条　監査委員は、普通地方公共団体の長が、議会の同意を得て、人格が高潔で、普通地方公共団体の財務管理、事業の経営管理その他行政運営に関し優れた識見を有する者（議員である者を除く。以下この款において「識見を有する者」という。）及び議員のうちから、これを選任する。ただし、条例で議員のうちから監査委員を選任しないことができる。

2　識見を有する者のうちから選任される監査委

員の数が2人以上である普通地方公共団体にあつては、少なくともその数から一を減じた人数以上は、当該普通地方公共団体の職員で政令で定めるものでなかつた者でなければならない。

3　監査委員は、地方公共団体の常勤の職員及び短時間勤務職員と兼ねることができない。

4　識見を有する者のうちから選任される監査委員は、常勤とすることができる。

5　都道府県及び政令で定める市にあつては、識見を有する者のうちから選任される監査委員のうち少なくとも1人以上は、常勤としなければならない。

6　議員のうちから選任される監査委員の数は、都道府県及び前条第2項の政令で定める市にあつては2人又は1人、その他の市及び町村にあつては1人とする。

第197条　監査委員の任期は、識見を有する者のうちから選任される者にあつては4年とし、議員のうちから選任される者にあつては議員の任期による。ただし、後任者が選任されるまでの間は、その職務を行うことを妨げない。

第197条の2　普通地方公共団体の長は、監査委員が心身の故障のため職務の遂行に堪えないと認めるとき、又は監査委員に職務上の義務違反その他監査委員たるに適しない非行があると認めるときは、議会の同意を得て、これを罷免することができる。この場合においては、議会の常任委員会又は特別委員会において公聴会を開かなければならない。

2　監査委員は、前項の規定による場合を除くほか、その意に反して罷免されることがない。

第198条　監査委員は、退職しようとするときは、普通地方公共団体の長の承認を得なければならない。

第198条の2　普通地方公共団体の長又は副知事若しくは副市町村長と親子、夫婦又は兄弟姉妹の関係にある者は、監査委員となることができない。

2　監査委員は、前項に規定する関係が生じたときは、その職を失う。

第198条の3　監査委員は、その職務を遂行するに当たつては、法令に特別の定めがある場合を除くほか、監査基準（法令の規定により監査委員が行うこととされている監査、検査、審査その他の行為（以下この項において「監査等」という。）の適切かつ有効な実施を図るための基準をいう。次条において同じ。）に従い、常に公正不偏の態度を保持して、監査等をしなければならない。

2　監査委員は、職務上知り得た秘密を漏らしてはならない。その職を退いた後も、同様とする。

第198条の4　監査基準は、監査委員が定めるものとする。

2　前項の規定による監査基準の策定は、監査委員の合議によるものとする。

3　監査委員は、監査基準を定めたときは、直ちに、これを普通地方公共団体の議会、長、教育委員会、選挙管理委員会、人事委員会又は公平委員会、公安委員会、労働委員会、農業委員会その他法律に基づく委員会及び委員に通知するとともに、これを公表しなければならない。

4　前二項の規定は、監査基準の変更について準用する。

5　総務大臣は、普通地方公共団体に対し、監査基準の策定又は変更について、指針を示すとともに、必要な助言を行うものとする。

第199条　監査委員は、普通地方公共団体の財務に関する事務の執行及び普通地方公共団体の経営に係る事業の管理を監査する。

2　監査委員は、前項に定めるもののほか、必要があると認めるときは、普通地方公共団体の事務（自治事務にあつては労働委員会及び収用委員会の権限に属する事務で政令で定めるものを除き、法定受託事務にあつては国の安全を害するおそれがあることその他の事由により監査委員の監査の対象とすることが適当でないものとして政令で定めるものを除く。）の執行について監査をすることができる。この場合において、当該監査の実施に関し必要な事項は、政令で定める。

3　監査委員は、第1項又は前項の規定による監査をするに当たつては、当該普通地方公共団体の財務に関する事務の執行及び当該普通地方公共団体の経営に係る事業の管理又は同項に規定する事務の執行が第2条第14項及び第15項の規定の趣旨にのつとつてなされているかどうかについて、特に、意を用いなければならない。

4　監査委員は、毎会計年度少なくとも1回以上期日を定めて第1項の規定による監査をしなければならない。

5　監査委員は、前項に定める場合のほか、必要があると認めるときは、いつでも第1項の規定による監査をすることができる。

6　監査委員は、当該普通地方公共団体の長から当該普通地方公共団体の事務の執行に関し監査の要求があつたときは、その要求に係る事項について監査をしなければならない。

7　監査委員は、必要があると認めるとき、又は普通地方公共団体の長の要求があるときは、当該普通地方公共団体が補助金、交付金、負担金、貸付金、損失補償、利子補給その他の財政的援

助を与えているものの出納その他の事務の執行で当該財政的援助に係るものを監査することができる。当該普通地方公共団体が出資しているもので政令で定めるもの、当該普通地方公共団体が借入金の元金又は利子の支払を保証しているもの、当該普通地方公共団体が受益権を有する信託で政令で定めるものの受託者及び当該普通地方公共団体が第244条の2第3項の規定に基づき公の施設の管理を行わせているものについても、同様とする。

8　監査委員は、監査のため必要があると認めるときは、関係人の出頭を求め、若しくは関係人について調査し、若しくは関係人に対し帳簿、書類その他の記録の提出を求め、又は学識経験を有する者等から意見を聴くことができる。

9　監査委員は、第98条第2項の請求若しくは第6項の要求に係る事項についての監査又は第1項、第2項若しくは第7項の規定による監査について、監査の結果に関する報告を決定し、これを普通地方公共団体の議会及び長並びに関係のある教育委員会、選挙管理委員会、人事委員会若しくは公平委員会、公安委員会、労働委員会、農業委員会その他法律に基づく委員会又は委員に提出するとともに、これを公表しなければならない。

10　監査委員は、監査の結果に基づいて必要があると認めるときは、当該普通地方公共団体の組織及び運営の合理化に資するため、第75条第3項又は前項の規定による監査の結果に関する報告に添えてその意見を提出することができる。この場合において、監査委員は、当該意見の内容を公表しなければならない。

11　監査委員は、第75条第3項の規定又は第9項の規定による監査の結果に関する報告のうち、普通地方公共団体の議会、長、教育委員会、選挙管理委員会、人事委員会若しくは公平委員会、公安委員会、労働委員会、農業委員会その他法律に基づく委員会又は委員において特に措置を講ずる必要があると認める事項については、その者に対し、理由を付して、必要な措置を講ずべきことを勧告することができる。この場合において、監査委員は、当該勧告の内容を公表しなければならない。

12　第9項の規定による監査の結果に関する報告の決定、第10項の規定による意見の決定又は前項の規定による勧告の決定は、監査委員の合議によるものとする。

13　監査委員は、第9項の規定による監査の結果に関する報告の決定について、各監査委員の意見が一致しないことにより、前項の合議により決

定することができない事項がある場合には、その旨及び当該事項についての各監査委員の意見を普通地方公共団体の議会及び長並びに関係のある教育委員会、選挙管理委員会、人事委員会若しくは公平委員会、公安委員会、労働委員会、農業委員会その他法律に基づく委員会又は委員に提出するとともに、これらを公表しなければならない。

14　監査委員から第75条第3項の規定又は第9項の規定による監査の結果に関する報告の提出があつた場合において、当該監査の結果に関する報告の提出を受けた普通地方公共団体の議会、長、教育委員会、選挙管理委員会、人事委員会若しくは公平委員会、公安委員会、労働委員会、農業委員会その他法律に基づく委員会又は委員は、当該監査の結果に基づき、又は当該監査の結果を参考として措置（次項に規定する措置を除く。以下この項において同じ。）を講じたときは、当該措置の内容を監査委員に通知しなければならない。この場合において、監査委員は、当該措置の内容を公表しなければならない。

15　監査委員から第11項の規定による勧告を受けた普通地方公共団体の議会、長、教育委員会、選挙管理委員会、人事委員会若しくは公平委員会、公安委員会、労働委員会、農業委員会その他法律に基づく委員会又は委員は、当該勧告に基づき必要な措置を講ずるとともに、当該措置の内容を監査委員に通知しなければならない。この場合において、監査委員は、当該措置の内容を公表しなければならない。

第199条の2〜第202条　（省略）

第6款　人事委員会、公平委員会、労働委員会、農業委員会その他の委員会（省略）

第7款　附属機関　（省略）

第4節　地域自治区

（地域自治区の設置）

第202条の4　市町村は、市町村長の権限に属する事務を分掌させ、及び地域の住民の意見を反映させつつこれを処理させるため、条例で、その区域を分けて定める区域ごとに地域自治区を設けることができる。

2　地域自治区に事務所を置くものとし、事務所の位置、名称及び所管区域は、条例で定める。

3　地域自治区の事務所の長は、当該普通地方公共団体の長の補助機関である職員をもつて充て

167

る。

4 第4条第2項の規定は第2項の地域自治区の事務所の位置及び所管区域について、第175条第2項の規定は前項の事務所の長について準用する。

(地域協議会の設置及び構成員)

第202条の5 地域自治区に、地域協議会を置く。

2 地域協議会の構成員は、地域自治区の区域内に住所を有する者のうちから、市町村長が選任する。

3 市町村長は、前項の規定による地域協議会の構成員の選任に当たつては、地域協議会の構成員の構成が、地域自治区の区域内に住所を有する者の多様な意見が適切に反映されるものとなるよう配慮しなければならない。

4 地域協議会の構成員の任期は、4年以内において条例で定める期間とする。

5 第203条の2第1項の規定にかかわらず、地域協議会の構成員には報酬を支給しないこととすることができる。

第202条の6〜第202条の9 （省略）

第8章 給与その他の給付 （省略）

第9章 財務

第1節 会計年度及び会計の区分

(会計年度及びその独立の原則)

第208条 普通地方公共団体の会計年度は、毎年4月1日に始まり、翌年3月31日に終わるものとする。

2 各会計年度における歳出は、その年度の歳入をもつて、これに充てなければならない。

(会計の区分)

第209条 普通地方公共団体の会計は、一般会計及び特別会計とする。

2 特別会計は、普通地方公共団体が特定の事業を行なう場合その他特定の歳入をもつて特定の歳出に充て一般の歳入歳出と区分して経理する必要がある場合において、条例でこれを設置することができる。

第2節 予算

(総計予算主義の原則)

第210条 一会計年度における一切の収入及び支出は、すべてこれを歳入歳出予算に編入しなければならない。

(予算の調製及び議決)

第211条 普通地方公共団体の長は、毎会計年度予算を調製し、年度開始前に、議会の議決を経なければならない。この場合において、普通地方公共団体の長は、遅くとも年度開始前、都道府県及び第252条の19第1項に規定する指定都市にあつては30日、その他の市及び町村にあつては20日までに当該予算を議会に提出するようにしなければならない。

2 普通地方公共団体の長は、予算を議会に提出するときは、政令で定める予算に関する説明書をあわせて提出しなければならない。

(継続費)

第212条 普通地方公共団体の経費をもつて支弁する事件でその履行に数年度を要するものについては、予算の定めるところにより、その経費の総額及び年割額を定め、数年度にわたつて支出することができる。

2 前項の規定により支出することができる経費は、これを継続費という。

(繰越明許費)

第213条 歳出予算の経費のうちその性質上又は予算成立後の事由に基づき年度内にその支出を終わらない見込みのあるものについては、予算の定めるところにより、翌年度に繰り越して使用することができる。

2 前項の規定により翌年度に繰り越して使用することができる経費は、これを繰越明許費という。

(債務負担行為)

第214条 歳出予算の金額、継続費の総額又は繰越明許費の金額の範囲内におけるものを除くほか、普通地方公共団体が債務を負担する行為をするには、予算で債務負担行為として定めておかなければならない。

(予算の内容)

第215条 予算は、次の各号に掲げる事項に関する定めから成るものとする。

一 歳入歳出予算

二 継続費

三 繰越明許費

四 債務負担行為

五 地方債

六 一時借入金

七 歳出予算の各項の経費の金額の流用

(歳入歳出予算の区分)

第216条 歳入歳出予算は、歳入にあつては、その性質に従つて款に大別し、かつ、各款中においてはこれを項に区分し、歳出にあつては、その目的に従つてこれを款項に区分しなければ

ならない。

（予備費）

第217条　予算外の支出又は予算超過の支出に
充てるため、歳入歳出予算に予備費を計上しな
ければならない。ただし、特別会計にあつては、
予備費を計上しないことができる。

2　予備費は、議会の否決した費途に充てること
ができない。

第218条〜第219条　（省略）

（予算の執行及び事故繰越し）

第220条　普通地方公共団体の長は、政令で定
める基準に従つて予算の執行に関する手続を定
め、これに従つて予算を執行しなければならな
い。

2　歳出予算の経費の金額は、各款の間又は各項
の間において相互にこれを流用することができ
ない。ただし、歳出予算の各項の経費の金額は、
予算の執行上必要がある場合に限り、予算の定
めるところにより、これを流用することができ
る。

3　繰越明許費の金額を除くほか、毎会計年度の
歳出予算の経費の金額は、これを翌年度におい
て使用することができない。ただし、歳出予算
の経費の金額のうち、年度内に支出負担行為を
し、避けがたい事故のため年度内に支出を終わ
らなかつたもの（当該支出負担行為に係る工事
その他の事業の遂行上の必要に基づきこれに関
連して支出を要する経費の金額を含む。）は、こ
れを翌年度に繰り越して使用することができる。

第221条〜第222条　（省略）

第3節　収入

（地方税）

第223条　普通地方公共団体は、法律の定める
ところにより、地方税を賦課徴収することがで
きる。

（分担金）

第224条　普通地方公共団体は、政令で定める
場合を除くほか、数人又は普通地方公共団体の
一部に対し利益のある事件に関し、その必要な
費用に充てるため、当該事件により特に利益を
受ける者から、その受益の限度において、分担
金を徴収することができる。

（使用料）

第225条　普通地方公共団体は、第238条の4第
7項の規定による許可を受けてする行政財産の
使用又は公の施設の利用につき使用料を徴収す
ることができる。

第226条〜第227条　（省略）

（分担金等に関する規制及び罰則）

第228条　分担金、使用料、加入金及び手数料
に関する事項については、条例でこれを定めな
ければならない。この場合において、手数料に
ついて全国的に統一して定めることが特に必要
と認められるものとして政令で定める事務（以
下本項において「標準事務」という。）につい
て手数料を徴収する場合においては、当該標準
事務に係る事務のうち政令で定めるものにつき、
政令で定める金額の手数料を徴収することを標
準として条例を定めなければならない。

2　分担金、使用料、加入金及び手数料の徴収
に関しては、次項に定めるものを除くほか、条
例で5万円以下の過料を科する規定を設けるこ
とができる。

3　詐欺その他不正の行為により、分担金、使用
料、加入金又は手数料の徴収を免れた者につい
ては、条例でその徴収を免れた金額の5倍に相
当する金額（当該5倍に相当する金額が5万円
を超えないときは、5万円とする。）以下の過料
を科する規定を設けることができる。

第229条　（省略）

（地方債）

第230条　普通地方公共団体は、別に法律で定
める場合において、予算の定めるところにより、
地方債を起こすことができる。

2　前項の場合において、地方債の起債の目的、
限度額、起債の方法、利率及び償還の方法は、
予算でこれを定めなければならない。

第231条〜第231条の3　（省略）

第4節　支出

（経費の支弁等）

第232条　普通地方公共団体は、当該普通地方
公共団体の事務を処理するために必要な経費そ
の他法律又はこれに基づく政令により当該普通
地方公共団体の負担に属する経費を支弁するも
のとする。

2　法律又はこれに基づく政令により普通地方公
共団体に対し事務の処理を義務付ける場合にお
いては、国は、そのために要する経費の財源に
つき必要な措置を講じなければならない。

（寄附又は補助）

第232条の2　普通地方公共団体は、その公益
上必要がある場合においては、寄附又は補助を
することができる。

第232条の3〜第232条の6　（省略）

第5節　決算

地方自治法

（決算）

第233条 会計管理者は、毎会計年度、政令で定めるところにより、決算を調製し、出納の閉鎖後3箇月以内に、証書類その他政令で定める書類と併せて、普通地方公共団体の長に提出しなければならない。

2　普通地方公共団体の長は、決算及び前項の書類を監査委員の審査に付さなければならない。

3　普通地方公共団体の長は、前項の規定により監査委員の審査に付した決算を監査委員の意見を付けて次の通常予算を議する会議までに議会の認定に付さなければならない。

4　前項の規定による意見の決定は、監査委員の合議によるものとする。

5　普通地方公共団体の長は、第3項の規定により決算を議会の認定に付するに当たつては、当該決算に係る会計年度における主要な施策の成果を説明する書類その他政令で定める書類を併せて提出しなければならない。

6　普通地方公共団体の長は、第3項の規定により議会の認定に付した決算の要領を住民に公表しなければならない。

7　普通地方公共団体の長は、第3項の規定による決算の認定に関する議案が否決された場合において、当該議決を踏まえて必要と認める措置を講じたときは、速やかに、当該措置の内容を議会に報告するとともに、これを公表しなければならない。

第233条の2　（省略）

第6節　契約

（契約の締結）

第234条 売買、貸借、請負その他の契約は、一般競争入札、指名競争入札、随意契約又はせり売りの方法により締結するものとする。

2　前項の指名競争入札、随意契約又はせり売りは、政令で定める場合に該当するときに限り、これによることができる。

3　普通地方公共団体は、一般競争入札又は指名競争入札（以下この条において「競争入札」という。）に付する場合においては、政令の定めるところにより、契約の目的に応じ、予定価格の制限の範囲内で最高又は最低の価格をもつて申込みをした者を契約の相手方とするものとする。ただし、普通地方公共団体の支出の原因となる契約については、政令の定めるところにより、予定価格の制限の範囲内の価格をもつて申込みをした者のうち最低の価格をもつて申込みをした者以外の者を契約の相手方とすることができる。

4　普通地方公共団体が競争入札につき入札保証金を納付させた場合において、落札者が契約を締結しないときは、その者の納付に係る入札保証金（政令の定めるところによりその納付に代えて提供された担保を含む。）は、当該普通地方公共団体に帰属するものとする。

5　普通地方公共団体が契約につき契約書又は契約内容を記録した電磁的記録を作成する場合においては、当該普通地方公共団体の長又はその委任を受けた者が契約の相手方とともに、契約書に記名押印し、又は契約内容を記録した電磁的記録に当該普通地方公共団体の長若しくはその委任を受けた者及び契約の相手方の作成に係るものであることを示すために講ずる措置であつて、当該電磁的記録が改変されているかどうかを確認することができる等これらの者の作成に係るものであることを確実に示すことができるものとして総務省令で定めるものを講じなければ、当該契約は、確定しないものとする。

6　競争入札に加わろうとする者に必要な資格、競争入札における公告又は指名の方法、随意契約及びせり売りの手続その他契約の締結の方法に関し必要な事項は、政令でこれを定める。

（契約の履行の確保）

第234条の2 普通地方公共団体が工事若しくは製造その他についての請負契約又は物件の買入れその他の契約を締結した場合においては、当該普通地方公共団体の職員は、政令の定めるところにより、契約の適正な履行を確保するため又はその受ける給付の完了の確認（給付の完了前に代価の一部を支払う必要がある場合において行なう工事若しくは製造の既済部分又は物件の既納部分の確認を含む。）をするため必要な監督又は検査をしなければならない。

2　普通地方公共団体が契約の相手方をして契約保証金を納付させた場合において、契約の相手方が契約上の義務を履行しないときは、その契約保証金（政令の定めるところによりその納付に代えて提供された担保を含む。）は、当該普通地方公共団体に帰属するものとする。ただし、損害の賠償又は違約金について契約で別段の定めをしたときは、その定めたところによるものとする。

（長期継続契約）

第234条の3 普通地方公共団体は、第214条の規定にかかわらず、翌年度以降にわたり、電気、ガス若しくは水の供給若しくは電気通信役務の提供を受ける契約又は不動産を借りる契約その他政令で定める契約を締結することができ

る。この場合においては、各年度におけるこれらの経費の予算の範囲内においてその給付を受けなければならない。

第7節　現金及び有価証券

（金融機関の指定）
第235条　都道府県は、政令の定めるところにより、金融機関を指定して、都道府県の公金の収納又は支払の事務を取り扱わせなければならない。
2　市町村は、政令の定めるところにより、金融機関を指定して、市町村の公金の収納又は支払の事務を取り扱わせることができる。
第235条の2〜第235条の3　（省略）
（現金及び有価証券の保管）
第235条の4　普通地方公共団体の歳入歳出に属する現金（以下「歳計現金」という。）は、政令の定めるところにより、最も確実かつ有利な方法によりこれを保管しなければならない。
2　債権の担保として徴するもののほか、普通地方公共団体の所有に属しない現金又は有価証券は、法律又は政令の規定によるのでなければ、これを保管することができない。
3　法令又は契約に特別の定めがあるものを除くほか、普通地方公共団体が保管する前項の現金（以下「歳入歳出外現金」という。）には、利子を付さない。
（出納の閉鎖）
第235条の5　普通地方公共団体の出納は、翌年度の5月31日をもつて閉鎖する。

第8節　時効

（金銭債権の消滅時効）
第236条　金銭の給付を目的とする普通地方公共団体の権利は、時効に関し他の法律に定めがあるものを除くほか、5年間これを行なわないときは、時効により消滅する。普通地方公共団体に対する権利で、金銭の給付を目的とするものについても、また同様とする。
2　金銭の給付を目的とする普通地方公共団体の権利の時効による消滅については、法律に特別の定めがある場合を除くほか、時効の援用を要せず、また、その利益を放棄することができないものとする。普通地方公共団体に対する権利で、金銭の給付を目的とするものについても、また同様とする。
3　金銭の給付を目的とする普通地方公共団体の権利について、消滅時効の中断、停止その他の

事項（前項に規定する事項を除く。）に関し、適用すべき法律の規定がないときは、民法（明治29年法律第89号）の規定を準用する。普通地方公共団体に対する権利で、金銭の給付を目的とするものについても、また同様とする。
4　法令の規定により普通地方公共団体がする納入の通知及び督促は、民法第153条（前項において準用する場合を含む。）の規定にかかわらず、時効中断の効力を有する。

第9節　財産

（財産の管理及び処分）
第237条　この法律において「財産」とは、公有財産、物品及び債権並びに基金をいう。
2　第238条の4第1項の規定の適用がある場合を除き、普通地方公共団体の財産は、条例又は議会の議決による場合でなければ、これを交換し、出資の目的とし、若しくは支払手段として使用し、又は適正な対価なくしてこれを譲渡し、若しくは貸し付けてはならない。
3　普通地方公共団体の財産は、第238条の5第2項の規定の適用がある場合で議会の議決によるとき又は同条第3項の規定の適用がある場合でなければ、これを信託してはならない。

第1款　公有財産

第238条〜第238条の3　（省略）
（行政財産の管理及び処分）
第238条の4　行政財産は、次項から第4項までに定めるものを除くほか、これを貸し付け、交換し、売り払い、譲与し、出資の目的とし、若しくは信託し、又はこれに私権を設定することができない。
2　行政財産は、次に掲げる場合には、その用途又は目的を妨げない限度において、貸し付け、又は私権を設定することができる。
一　当該普通地方公共団体以外の者が行政財産である土地の上に政令で定める堅固な建物その他の土地に定着する工作物であつて当該行政財産である土地の供用の目的を効果的に達成することに資すると認められるものを所有し、又は所有しようとする場合（当該普通地方公共団体と1棟の建物を区分して所有する場合を除く。）において、その者（当該行政財産を管理する普通地方公共団体が当該行政財産の適正な方法による管理を行う上で適当と認める者に限る。）に当該土地を貸し付けるとき。

二　普通地方公共団体が国、他の地方公共団体又は政令で定める法人と行政財産である土地の上に1棟の建物を区分して所有するためその者に当該土地を貸し付ける場合

三　普通地方公共団体が行政財産である土地及びその隣接地の上に当該普通地方公共団体以外の者と1棟の建物を区分して所有するためその者（当該建物のうち行政財産である部分を管理する普通地方公共団体が当該行政財産の適正な方法による管理を行う上で適当と認める者に限る。）に当該土地を貸し付ける場合

四　行政財産のうち庁舎その他の建物及びその附帯施設並びにこれらの敷地（以下この号において「庁舎等」という。）についてその床面積又は敷地に余裕がある場合として政令で定める場合において、当該普通地方公共団体以外の者（当該庁舎等を管理する普通地方公共団体が当該庁舎等の適正な方法による管理を行う上で適当と認める者に限る。）に当該余裕がある部分を貸し付けるとき（前三号に掲げる場合に該当する場合を除く。）。

五　行政財産である土地を国、他の地方公共団体又は政令で定める法人の経営する鉄道、道路その他政令で定める施設の用に供する場合において、その者のために当該土地に地上権を設定するとき。

六　行政財産である土地を国、他の地方公共団体又は政令で定める法人の使用する電線路その他政令で定める施設の用に供する場合において、その者のために当該土地に地役権を設定するとき。

3　前項第2号に掲げる場合において、当該行政財産である土地の貸付けを受けた者が当該土地の上に所有する1棟の建物の一部（以下この項及び次項において「特定施設」という。）を当該普通地方公共団体以外の者に譲渡しようとするときは、当該特定施設を譲り受けようとする者（当該行政財産を管理する普通地方公共団体が当該行政財産の適正な方法による管理を行う上で適当と認める者に限る。）に当該土地を貸し付けることができる。

4　前項の規定は、同項（この項において準用する場合を含む。）の規定により行政財産である土地の貸付けを受けた者が当該特定施設を譲渡しようとする場合について準用する。

5　前三項の場合においては、次条第4項及び第5項の規定を準用する。

6　第1項の規定に違反する行為は、これを無効とする。

7　行政財産は、その用途又は目的を妨げない限度においてその使用を許可することができる。

8　前項の規定による許可を受けてする行政財産の使用については、借地借家法（平成3年法律第90号）の規定は、これを適用しない。

9　第7項の規定により行政財産の使用を許可した場合において、公用若しくは公共用に供するため必要を生じたとき、又は許可の条件に違反する行為があると認めるときは、普通地方公共団体の長又は委員会は、その許可を取り消すことができる。

第238条の5～第238条の7　（省略）

第2款　物品　（省略）

第3款　債権　（省略）

第4款　基金　（省略）

第10節　住民による監査請求及び訴訟

（住民監査請求）

第242条　普通地方公共団体の住民は、当該普通地方公共団体の長若しくは委員会若しくは委員又は当該普通地方公共団体の職員について、違法若しくは不当な公金の支出、財産の取得、管理若しくは処分、契約の締結若しくは履行若しくは債務その他の義務の負担がある（当該行為がなされることが相当の確実さをもつて予測される場合を含む。）と認めるとき、又は違法若しくは不当に公金の賦課若しくは徴収若しくは財産の管理を怠る事実（以下「怠る事実」という。）があると認めるときは、これらを証する書面を添え、監査委員に対し、監査を求め、当該行為を防止し、若しくは是正し、若しくは当該怠る事実を改め、又は当該行為若しくは怠る事実によつて当該普通地方公共団体の被つた損害を補填するために必要な措置を講ずべきことを請求することができる。

2　前項の規定による請求は、当該行為のあつた日又は終わつた日から1年を経過したときは、これをすることができない。ただし、正当な理由があるときは、この限りでない。

3　第1項の規定による請求があつたときは、監査委員は、直ちに当該請求の要旨を当該普通地方公共団体の議会及び長に通知しなければならない。

4　第1項の規定による請求があつた場合において、当該行為が違法であると思料するに足りる相当な理由があり、当該行為により当該普通地

方公共団体に生ずる回復の困難な損害を避けるため緊急の必要があり、かつ、当該行為を停止することによつて人の生命又は身体に対する重大な危害の発生の防止その他公共の福祉を著しく阻害するおそれがないと認めるときは、監査委員は、当該普通地方公共団体の長その他の執行機関又は職員に対し、理由を付して次項の手続が終了するまでの間当該行為を停止すべきことを勧告することができる。この場合において、監査委員は、当該勧告の内容を第1項の規定による請求人（以下この条において「請求人」という。）に通知するとともに、これを公表しなければならない。

5　第1項の規定による請求があつた場合には、監査委員は、監査を行い、当該請求に理由がないと認めるときは、理由を付してその旨を書面により請求人に通知するとともに、これを公表し、当該請求に理由があると認めるときは、当該普通地方公共団体の議会、長その他の執行機関又は職員に対し期間を示して必要な措置を講ずべきことを勧告するとともに、当該勧告の内容を請求人に通知し、かつ、これを公表しなければならない。

6　前項の規定による監査委員の監査及び勧告は、第1項の規定による請求があつた日から60日以内に行わなければならない。

7　監査委員は、第5項の規定による監査を行うに当たつては、請求人に証拠の提出及び陳述の機会を与えなければならない。

8　監査委員は、前項の規定による陳述の聴取を行う場合又は関係のある当該普通地方公共団体の長その他の執行機関若しくは職員の陳述の聴取を行う場合において、必要があると認めるときは、関係のある当該普通地方公共団体の長その他の執行機関若しくは職員又は請求人を立ち会わせることができる。

9　第5項の規定による監査委員の勧告があつたときは、当該勧告を受けた議会、長その他の執行機関又は職員は、当該勧告に示された期間内に必要な措置を講ずるとともに、その旨を監査委員に通知しなければならない。この場合において、監査委員は、当該通知に係る事項を請求人に通知するとともに、これを公表しなければならない。

10　普通地方公共団体の議会は、第1項の規定による請求があつた後に、当該請求に係る行為又は怠る事実に関する損害賠償又は不当利得返還の請求権その他の権利の放棄に関する議決をしようとするときは、あらかじめ監査委員の意見を聴かなければならない。

11　第4項の規定による勧告、第5項の規定による監査及び勧告並びに前項の規定による意見についての決定は、監査委員の合議によるものとする。

（住民訴訟）
第242条の2　普通地方公共団体の住民は、前条第1項の規定による請求をした場合において、同条第5項の規定による監査委員の監査の結果若しくは勧告若しくは同条第9項の規定による普通地方公共団体の議会、長その他の執行機関若しくは職員の措置に不服があるとき、又は監査委員が同条第5項の規定による監査若しくは勧告を同条第6項の期間内に行わないとき、若しくは議会、長その他の執行機関若しくは職員が同条第9項の規定による措置を講じないときは、裁判所に対し、同条第1項の請求に係る違法な行為又は怠る事実につき、訴えをもつて次に掲げる請求をすることができる。

一　当該執行機関又は職員に対する当該行為の全部又は一部の差止めの請求

二　行政処分たる当該行為の取消し又は無効確認の請求

三　当該執行機関又は職員に対する当該怠る事実の違法確認の請求

四　当該職員又は当該行為若しくは怠る事実に係る相手方に損害賠償又は不当利得返還の請求をすることを当該普通地方公共団体の執行機関又は職員に対して求める請求。ただし、当該職員又は当該行為若しくは怠る事実に係る相手方が第243条の2の2第3項の規定による賠償の命令の対象となる者である場合には、当該賠償の命令をすることを求める請求

2　前項の規定による訴訟は、次の各号に掲げる場合の区分に応じ、当該各号に定める期間内に提起しなければならない。

一　監査委員の監査の結果又は勧告に不服がある場合　当該監査の結果又は当該勧告の内容の通知があつた日から30日以内

二　監査委員の勧告を受けた議会、長その他の執行機関又は職員の措置に不服がある場合　当該措置に係る監査委員の通知があつた日から30日以内

三　監査委員が請求をした日から60日を経過しても監査又は勧告を行わない場合　当該60日を経過した日から30日以内

四　監査委員の勧告を受けた議会、長その他の執行機関又は職員が措置を講じない場合　当該勧告に示された期間を経過した日から30日以内

3　前項の期間は、不変期間とする。

4　第1項の規定による訴訟が係属しているとき
は、当該普通地方公共団体の他の住民は、別訴
をもつて同一の請求をすることができない。

5　第1項の規定による訴訟は、当該普通地方公
共団体の事務所の所在地を管轄する地方裁判
所の管轄に専属する。

6　第1項第1号の規定による請求に基づく差止
めは、当該行為を差し止めることによつて人の
生命又は身体に対する重大な危害の発生の防止
その他公共の福祉を著しく阻害するおそれがあ
るときは、することができない。

7　第1項第4号の規定による訴訟が提起された
場合には、当該職員又は当該行為若しくは怠る
事実の相手方に対して、当該普通地方公共団体
の執行機関又は職員は、遅滞なく、その訴訟の
告知をしなければならない。

8　前項の訴訟告知があつたときは、第1項第4
号の規定による訴訟が終了した日から6月を経
過するまでの間は、当該訴訟に係る損害賠償又
は不当利得返還の請求権の時効は、完成しな
い。

9　民法第153条第2項の規定は、前項の規定に
よる時効の完成猶予について準用する。

10　第1項に規定する違法な行為又は怠る事実に
ついては、民事保全法（平成元年法律第91号）
に規定する仮処分をすることができない。

11　第2項から前項までに定めるもののほか、第
1項の規定による訴訟については、行政事件訴
訟法第43条の規定の適用があるものとする。

12　第1項の規定による訴訟を提起した者が勝訴
（一部勝訴を含む。）した場合において、弁護士又
は弁護士法人に報酬を支払うべきときは、当該普
通地方公共団体に対し、その報酬額の範囲内で
相当と認められる額の支払を請求することができ
る。

第242条の3　（省略）

第11節　雑則　（省略）

第10章　公の施設

（公の施設）

第244条　普通地方公共団体は、住民の福祉を
増進する目的をもつてその利用に供するための
施設（これを公の施設という。）を設けるものと
する。

2　普通地方公共団体（次条第3項に規定する指
定管理者を含む。次項において同じ。）は、正
当な理由がない限り、住民が公の施設を利用す
ることを拒んではならない。

3　普通地方公共団体は、住民が公の施設を利用
することについて、不当な差別的取扱いをして
はならない。

（公の施設の設置、管理及び廃止）

第244条の2　普通地方公共団体は、法律又は
これに基づく政令に特別の定めがあるものを除
くほか、公の施設の設置及びその管理に関する
事項は、条例でこれを定めなければならない。

2　普通地方公共団体は、条例で定める重要な公
の施設のうち条例で定める特に重要なものにつ
いて、これを廃止し、又は条例で定める長期か
つ独占的な利用をさせようとするときは、議会
において出席議員の3分の2以上の者の同意を
得なければならない。

3　普通地方公共団体は、公の施設の設置の目的
を効果的に達成するため必要があると認めると
きは、条例の定めるところにより、法人その他
の団体であつて当該普通地方公共団体が指定
するもの（以下本条及び第244条の4において
「指定管理者」という。）に、当該公の施設の管
理を行わせることができる。

4　前項の条例には、指定管理者の指定の手続、
指定管理者が行う管理の基準及び業務の範囲
その他必要な事項を定めるものとする。

5　指定管理者の指定は、期間を定めて行うもの
とする。

6　普通地方公共団体は、指定管理者の指定をし
ようとするときは、あらかじめ、当該普通地方
公共団体の議会の議決を経なければならない。

7　指定管理者は、毎年度終了後、その管理する
公の施設の管理の業務に関し事業報告書を作成
し、当該公の施設を設置する普通地方公共団体
に提出しなければならない。

8　普通地方公共団体は、適当と認めるときは、
指定管理者にその管理する公の施設の利用に係
る料金（次項において「利用料金」という。）を
当該指定管理者の収入として収受させることが
できる。

9　前項の場合における利用料金は、公益上必要
があると認める場合を除くほか、条例の定める
ところにより、指定管理者が定めるものとする。
この場合において、指定管理者は、あらかじめ
当該利用料金について当該普通地方公共団体の
承認を受けなければならない。

10　普通地方公共団体の長又は委員会は、指定
管理者の管理する公の施設の管理の適正を期す
るため、指定管理者に対して、当該管理の業務
又は経理の状況に関し報告を求め、実地につい
て調査し、又は必要な指示をすることができる。

11　普通地方公共団体は、指定管理者が前項の

指示に従わないときその他当該指定管理者による管理を継続することが適当でないと認めるときは、その指定を取り消し、又は期間を定めて管理の業務の全部又は一部の停止を命ずることができる。

(公の施設の区域外設置及び他の団体の公の施設の利用)

第244条の3 普通地方公共団体は、その区域外においても、また、関係普通地方公共団体との協議により、公の施設を設けることができる。

2 普通地方公共団体は、他の普通地方公共団体との協議により、当該他の普通地方公共団体の公の施設を自己の住民の利用に供させることができる。

3 前二項の協議については、関係普通地方公共団体の議会の議決を経なければならない。

(公の施設を利用する権利に関する処分についての審査請求)

第244条の4 普通地方公共団体の長以外の機関(指定管理者を含む。)がした公の施設を利用する権利に関する処分についての審査請求は、普通地方公共団体の長が当該機関の最上級行政庁でない場合においても、当該普通地方公共団体の長に対してするものとする。

2 普通地方公共団体の長は、公の施設を利用する権利に関する処分についての審査請求がされた場合には、当該審査請求が不適法であり、却下するときを除き、議会に諮問した上、当該審査請求に対する裁決をしなければならない。

3 議会は、前項の規定による諮問を受けた日から20日以内に意見を述べなければならない。

4 普通地方公共団体の長は、第2項の規定による諮問をしないで同項の審査請求を却下したときは、その旨を議会に報告しなければならない。

第11章 国と普通地方公共団体との関係及び普通地方公共団体相互間の関係

第1節 普通地方公共団体に対する国又は都道府県の関与等

第1款 普通地方公共団体に対する国又は都道府県の関与等

(関与の意義)

第245条 本章において「普通地方公共団体に対する国又は都道府県の関与」とは、普通地方公共団体の事務の処理に関し、国の行政機関(内閣府設置法(平成11年法律第89号)第4条

第3項に規定する事務をつかさどる機関たる内閣府、宮内庁、同法第49条第1項若しくは第2項に規定する機関、デジタル庁設置法(令和3年法律第36号)第4条第2項に規定する事務をつかさどる機関たるデジタル庁、国家行政組織法(昭和23年法律第120号)第3条第2項に規定する機関、法律の規定に基づき内閣の所轄の下に置かれる機関又はこれらに置かれる機関をいう。以下本章において同じ。)又は都道府県の機関が行う次に掲げる行為(普通地方公共団体がその固有の資格において当該行為の名あて人となるものに限り、国又は都道府県の普通地方公共団体に対する支出金の交付及び返還に係るものを除く。)をいう。

一 普通地方公共団体に対する次に掲げる行為
  イ 助言又は勧告
  ロ 資料の提出の要求
  ハ 是正の要求(普通地方公共団体の事務の処理が法令の規定に違反しているとき又は著しく適正を欠き、かつ、明らかに公益を害しているときに当該普通地方公共団体に対して行われる当該違反の是正又は改善のため必要な措置を講ずべきことの求めであつて、当該求めを受けた普通地方公共団体がその違反の是正又は改善のため必要な措置を講じなければならないものをいう。)
  ニ 同意
  ホ 許可、認可又は承認
  ヘ 指示
  ト 代執行(普通地方公共団体の事務の処理が法令の規定に違反しているとき又は当該普通地方公共団体がその事務の処理を怠つているときに、その是正のための措置を当該普通地方公共団体に代わつて行うことをいう。)
二 普通地方公共団体との協議
三 前二号に掲げる行為のほか、一定の行政目的を実現するため普通地方公共団体に対して具体的かつ個別的に関わる行為(相反する利害を有する者の間の利害の調整を目的としてされる裁定その他の行為(その双方を名あて人とするものに限る。)及び審査請求その他の不服申立てに対する裁決、決定その他の行為を除く。)

(関与の法定主義)

第245条の2 普通地方公共団体は、その事務の処理に関し、法律又はこれに基づく政令によらなければ、普通地方公共団体に対する国又は都道府県の関与を受け、又は要することとされることはない。

（関与の基本原則）

第245条の3 国は、普通地方公共団体が、その事務の処理に関し、普通地方公共団体に対する国又は都道府県の関与を受け、又は要することとする場合には、その目的を達成するために必要な最小限度のものとするとともに、普通地方公共団体の自主性及び自立性に配慮しなければならない。

2 国は、できる限り、普通地方公共団体が、自治事務の処理に関しては普通地方公共団体に対する国又は都道府県の関与のうち第245条第1号ト及び第3号に規定する行為を、法定受託事務の処理に関しては普通地方公共団体に対する国又は都道府県の関与のうち同号に規定する行為を受け、又は要することとすることのないようにしなければならない。

3 国は、国又は都道府県の計画と普通地方公共団体の計画との調和を保つ必要がある場合等国又は都道府県の施策と普通地方公共団体の施策との間の調整が必要な場合を除き、普通地方公共団体の事務の処理に関し、普通地方公共団体が、普通地方公共団体に対する国又は都道府県の関与のうち第245条第2号に規定する行為を要することとすることのないようにしなければならない。

4 国は、法令に基づき国がその内容について財政上又は税制上の特例措置を講ずるものとされている計画を普通地方公共団体が作成する場合等国又は都道府県の施策と普通地方公共団体の施策との整合性を確保しなければこれらの施策の実施に著しく支障が生ずると認められる場合を除き、自治事務の処理に関し、普通地方公共団体が、普通地方公共団体に対する国又は都道府県の関与のうち第245条第1号ニに規定する行為を要することとすることのないようにしなければならない。

5 国は、普通地方公共団体が特別の法律により法人を設立する場合等自治事務の処理について国の行政機関又は都道府県の機関の許可、認可又は承認を要することとすること以外の方法によつてその処理の適正を確保することが困難であると認められる場合を除き、自治事務の処理に関し、普通地方公共団体が、普通地方公共団体に対する国又は都道府県の関与のうち第245条第1号ホに規定する行為を要することとすることのないようにしなければならない。

6 国は、国民の生命、身体又は財産の保護のため緊急に自治事務の的確な処理を確保する必要がある場合等特に必要と認められる場合を除き、自治事務の処理に関し、普通地方公共団体が、普通地方公共団体に対する国又は都道府県の関与のうち第245条第1号ヘに規定する行為に従わなければならないこととすることのないようにしなければならない。

（技術的な助言及び勧告並びに資料の提出の要求）

第245条の4 各大臣（内閣府設置法第4条第3項若しくはデジタル庁設置法第4条第2項に規定する事務を分担管理する大臣たる内閣総理大臣又は国家行政組織法第5条第1項に規定する各省大臣をいう。以下本章、次章及び第14章において同じ。）又は都道府県知事その他の都道府県の執行機関は、その担任する事務に関し、普通地方公共団体に対し、普通地方公共団体の事務の運営その他の事項について適切と認める技術的な助言若しくは勧告をし、又は当該助言若しくは勧告をするため若しくは普通地方公共団体の事務の適正な処理に関する情報を提供するため必要な資料の提出を求めることができる。

2 各大臣は、その担任する事務に関し、都道府県知事その他の都道府県の執行機関に対し、前項の規定による市町村に対する助言若しくは勧告又は資料の提出の求めに関し、必要な指示をすることができる。

3 普通地方公共団体の長その他の執行機関は、各大臣又は都道府県知事その他の都道府県の執行機関に対し、その担任する事務の管理及び執行について技術的な助言若しくは勧告又は必要な情報の提供を求めることができる。

（是正の要求）

第245条の5 各大臣は、その担任する事務に関し、都道府県の自治事務の処理が法令の規定に違反していると認めるとき、又は著しく適正を欠き、かつ、明らかに公益を害していると認めるときは、当該都道府県に対し、当該自治事務の処理について違反の是正又は改善のため必要な措置を講ずべきことを求めることができる。

2 各大臣は、その担任する事務に関し、市町村の次の各号に掲げる事務の処理が法令の規定に違反していると認めるとき、又は著しく適正を欠き、かつ、明らかに公益を害していると認めるときは、当該各号に定める都道府県の執行機関に対し、当該事務の処理について違反の是正又は改善のため必要な措置を講ずべきことを当該市町村に求めるよう指示をすることができる。

一 市町村長その他の市町村の執行機関（教育委員会及び選挙管理委員会を除く。）の担任する事務（第1号法定受託事務を除く。次号及び第3号において同じ。） 都道府県知事

二 市町村教育委員会の担任する事務 都道

府県教育委員会

三　市町村選挙管理委員会の担任する事務
　都道府県選挙管理委員会

3　前項の指示を受けた都道府県の執行機関は、当該市町村に対し、当該事務の処理について違反の是正又は改善のため必要な措置を講ずべきことを求めなければならない。

4　各大臣は、第2項の規定によるほか、その担任する事務に関し、市町村の事務（第1号法定受託事務を除く。）の処理が法令の規定に違反していると認める場合、又は著しく適正を欠き、かつ、明らかに公益を害していると認める場合において、緊急を要するときその他特に必要があると認めるときは、自ら当該市町村に対し、当該事務の処理について違反の是正又は改善のため必要な措置を講ずべきことを求めることができる。

5　普通地方公共団体は、第1項、第3項又は前項の規定による求めを受けたときは、当該事務の処理について違反の是正又は改善のための必要な措置を講じなければならない。

（是正の勧告）

第245条の6　次の各号に掲げる都道府県の執行機関は、市町村の当該各号に定める自治事務の処理が法令の規定に違反していると認めるとき、又は著しく適正を欠き、かつ、明らかに公益を害していると認めるときは、当該市町村に対し、当該自治事務の処理について違反の是正又は改善のため必要な措置を講ずべきことを勧告することができる。

一　都道府県知事　市町村長その他の市町村の執行機関（教育委員会及び選挙管理委員会を除く。）の担任する自治事務

二　都道府県教育委員会　市町村教育委員会の担任する自治事務

三　都道府県選挙管理委員会　市町村選挙管理委員会の担任する自治事務

（是正の指示）

第245条の7　各大臣は、その所管する法律又はこれに基づく政令に係る都道府県の法定受託事務の処理が法令の規定に違反していると認めるとき、又は著しく適正を欠き、かつ、明らかに公益を害していると認めるときは、当該都道府県に対し、当該法定受託事務の処理について違反の是正又は改善のため講ずべき措置に関し、必要な指示をすることができる。

2　次の各号に掲げる都道府県の執行機関は、市町村の当該各号に定める法定受託事務の処理が法令の規定に違反していると認めるとき、又は著しく適正を欠き、かつ、明らかに公益を害

していると認めるときは、当該市町村に対し、当該法定受託事務の処理について違反の是正又は改善のため講ずべき措置に関し、必要な指示をすることができる。

一　都道府県知事　市町村長その他の市町村の執行機関（教育委員会及び選挙管理委員会を除く。）の担任する法定受託事務

二　都道府県教育委員会　市町村教育委員会の担任する法定受託事務

三　都道府県選挙管理委員会　市町村選挙管理委員会の担任する法定受託事務

3　各大臣は、その所管する法律又はこれに基づく政令に係る市町村の第1号法定受託事務の処理について、前項各号に掲げる都道府県の執行機関に対し、同項の規定による市町村に対する指示に関し、必要な指示をすることができる。

4　各大臣は、前項の規定によるほか、その所管する法律又はこれに基づく政令に係る市町村の第1号法定受託事務の処理が法令の規定に違反していると認める場合、又は著しく適正を欠き、かつ、明らかに公益を害していると認める場合において、緊急を要するときその他特に必要があると認めるときは、自ら当該市町村に対し、当該第1号法定受託事務の処理について違反の是正又は改善のため講ずべき措置に関し、必要な指示をすることができる。

（代執行等）

第245条の8　各大臣は、その所管する法律若しくはこれに基づく政令に係る都道府県知事の法定受託事務の管理若しくは執行が法令の規定若しくは当該各大臣の処分に違反するものがある場合又は当該法定受託事務の管理若しくは執行を怠るものがある場合において、本項から第8項までに規定する措置以外の方法によつてその是正を図ることが困難であり、かつ、それを放置することにより著しく公益を害することが明らかであるときは、文書により、当該都道府県知事に対して、その旨を指摘し、期限を定めて、当該違反を是正し、又は当該怠る法定受託事務の管理若しくは執行を改めるべきことを勧告することができる。

2　各大臣は、都道府県知事が前項の期限までに同項の規定による勧告に係る事項を行わないときは、文書により、当該都道府県知事に対し、期限を定めて当該事項を行うべきことを指示することができる。

3　各大臣は、都道府県知事が前項の期限までに当該事項を行わないときは、高等裁判所に対し、訴えをもつて、当該事項を行うべきことを命ずる旨の裁判を請求することができる。

4　各大臣は、高等裁判所に対し前項の規定により訴えを提起したときは、直ちに、文書により、その旨を当該都道府県知事に通告するとともに、当該高等裁判所に対し、その通告をした日時、場所及び方法を通知しなければならない。

5　当該高等裁判所は、第3項の規定により訴えが提起されたときは、速やかに口頭弁論の期日を定め、当事者を呼び出さなければならない。その期日は、同項の訴えの提起があつた日から15日以内の日とする。

6　当該高等裁判所は、各大臣の請求に理由があると認めるときは、当該都道府県知事に対し、期限を定めて当該事項を行うべきことを命ずる旨の裁判をしなければならない。

7　第3項の訴えは、当該都道府県の区域を管轄する高等裁判所の専属管轄とする。

8　各大臣は、都道府県知事が第6項の裁判に従い同項の期限までに、なお、当該事項を行わないときは、当該都道府県知事に代わつて当該事項を行うことができる。この場合においては、各大臣は、あらかじめ当該都道府県知事に対し、当該事項を行う日時、場所及び方法を通知しなければならない。

9　第3項の訴えに係る高等裁判所の判決に対する上告の期間は、1週間とする。

10　前項の上告は、執行停止の効力を有しない。

11　各大臣の請求に理由がない旨の判決が確定した場合において、既に第8項の規定に基づき第2項の規定による指示に係る事項が行われているときは、都道府県知事は、当該判決の確定後3月以内にその処分を取り消し、又は原状の回復その他必要な措置を執ることができる。

12　前各項の規定は、市町村長の法定受託事務の管理若しくは執行が法令の規定若しくは各大臣若しくは都道府県知事の処分に違反するものがある場合又は当該法定受託事務の管理若しくは執行を怠るものがある場合において、本項に規定する措置以外の方法によつてその是正を図ることが困難であり、かつ、それを放置することにより著しく公益を害することが明らかであるときについて準用する。この場合においては、前各項の規定中「各大臣」とあるのは「都道府県知事」と、「都道府県知事」とあるのは「市町村長」と、「当該都道府県の区域」とあるのは「当該市町村の区域」と読み替えるものとする。

13　各大臣は、その所管する法律又はこれに基づく政令に係る市町村長の第1号法定受託事務の管理又は執行について、都道府県知事に対し、前項において準用する第1項から第8項までの

規定による措置に関し、必要な指示をすることができる。

14　第3項（第12項において準用する場合を含む。次項において同じ。）の訴えについては、行政事件訴訟法第43条第3項の規定にかかわらず、同法第41条第2項の規定は、準用しない。

15　前各項に定めるもののほか、第3項の訴えについては、主張及び証拠の申出の時期の制限その他審理の促進に関し必要な事項は、最高裁判所規則で定める。

第245条の9　（省略）

第2款　普通地方公共団体に対する国又は都道府県の関与等の手続

第246条　（省略）

（助言等の方式等）

第247条　国の行政機関又は都道府県の機関は、普通地方公共団体に対し、助言、勧告その他これらに類する行為（以下本条及び第252条の17の3第2項において「助言等」という。）を書面によらないで行つた場合において、当該普通地方公共団体から当該助言等の趣旨及び内容を記載した書面の交付を求められたときは、これを交付しなければならない。

2　前項の規定は、次に掲げる助言等については、適用しない。

一　普通地方公共団体に対しその場において完了する行為を求めるもの

二　既に書面により当該普通地方公共団体に通知されている事項と同一の内容であるもの

3　国又は都道府県の職員は、普通地方公共団体が国の行政機関又は都道府県の機関が行つた助言等に従わなかつたことを理由として、不利益な取扱いをしてはならない。

（資料の提出の要求等の方式）

第248条　国の行政機関又は都道府県の機関は、普通地方公共団体に対し、資料の提出の要求その他これに類する行為（以下本条及び第252条の17の3第2項において「資料の提出の要求等」という。）を書面によらないで行つた場合において、当該普通地方公共団体から当該資料の提出の要求等の趣旨及び内容を記載した書面の交付を求められたときは、これを交付しなければならない。

（是正の要求等の方式）

第249条　国の行政機関又は都道府県の機関は、普通地方公共団体に対し、是正の要求、指示その他これらに類する行為（以下本条及び第252条の17の3第2項において「是正の要求等」と

いう。）をするときは、同時に、当該是正の要求等の内容及び理由を記載した書面を交付しなければならない。ただし、当該書面を交付しないで是正の要求等をすべき差し迫つた必要がある場合は、この限りでない。

2　前項ただし書の場合においては、国の行政機関又は都道府県の機関は、是正の要求等をした後相当の期間内に、同項の書面を交付しなければならない。

（協議の方式）

第250条　普通地方公共団体から国の行政機関又は都道府県の機関に対して協議の申出があつたときは、国の行政機関又は都道府県の機関及び普通地方公共団体は、誠実に協議を行うとともに、相当の期間内に当該協議が調うよう努めなければならない。

2　国の行政機関又は都道府県の機関は、普通地方公共団体の申出に基づく協議について意見を述べた場合において、当該普通地方公共団体から当該協議に関する意見の趣旨及び内容を記載した書面の交付を求められたときは、これを交付しなければならない。

第250条の2〜第250条の6　（省略）

第2節　国と普通地方公共団体との間並びに普通地方公共団体相互間及び普通地方公共団体の機関相互間の紛争処理

第1款　国地方係争処理委員会

（設置及び権限）

第250条の7　総務省に、国地方係争処理委員会（以下本節において「委員会」という。）を置く。

2　委員会は、普通地方公共団体に対する国又は都道府県の関与のうち国の行政機関が行うもの（以下本節において「国の関与」という。）に関する審査の申出につき、この法律の規定によりその権限に属させられた事項を処理する。

（組織）

第250条の8　委員会は、委員5人をもつて組織する。

2　委員は、非常勤とする。ただし、そのうち2人以内は、常勤とすることができる。

（委員）

第250条の9　委員は、優れた識見を有する者のうちから、両議院の同意を得て、総務大臣が任命する。

2　委員の任命については、そのうち3人以上が同一の政党その他の政治団体に属することとな

つてはならない。

3　委員の任期が満了し、又は欠員を生じた場合において、国会の閉会又は衆議院の解散のために両議院の同意を得ることができないときは、総務大臣は、第1項の規定にかかわらず、同項に定める資格を有する者のうちから、委員を任命することができる。

4　前項の場合においては、任命後最初の国会において両議院の事後の承認を得なければならない。この場合において、両議院の事後の承認が得られないときは、総務大臣は、直ちにその委員を罷免しなければならない。

5　委員の任期は、3年とする。ただし、補欠の委員の任期は、前任者の残任期間とする。

6　委員は、再任されることができる。

7　委員の任期が満了したときは、当該委員は、後任者が任命されるまで引き続きその職務を行うものとする。

8　総務大臣は、委員が破産手続開始の決定を受け、又は禁錮以上の刑に処せられたときは、その委員を罷免しなければならない。

9　総務大臣は、両議院の同意を得て、次に掲げる委員を罷免するものとする。

一　委員のうち何人も属していなかつた同一の政党その他の政治団体に新たに3人以上の委員が属するに至つた場合においては、これらの者のうち2人を超える員数の委員

二　委員のうち1人が既に属している政党その他の政治団体に新たに2人以上の委員が属するに至つた場合においては、これらの者のうち1人を超える員数の委員

10　総務大臣は、委員のうち2人が既に属している政党その他の政治団体に新たに属するに至つた委員を直ちに罷免するものとする。

11　総務大臣は、委員が心身の故障のため職務の執行ができないと認めるとき、又は委員に職務上の義務違反その他委員たるに適しない非行があると認めるときは、両議院の同意を得て、その委員を罷免することができる。

12　委員は、第4項後段及び第8項から前項までの規定による場合を除くほか、その意に反して罷免されることがない。

13　委員は、職務上知り得た秘密を漏らしてはならない。その職を退いた後も、同様とする。

14　委員は、在任中、政党その他の政治団体の役員となり、又は積極的に政治運動をしてはならない。

15　常勤の委員は、在任中、総務大臣の許可がある場合を除き、報酬を得て他の職務に従事し、又は営利事業を営み、その他金銭上の利益を目

的とする業務を行つてはならない。

16　委員は、自己に直接利害関係のある事件については、その議事に参与することができない。

17　委員の給与は、別に法律で定める。

第250条の10〜第250条の12　（省略）

第2款　国地方係争処理委員会による審査の手続

（国の関与に関する審査の申出）

第250条の13　普通地方公共団体の長その他の執行機関は、その担任する事務に関する国の関与のうち是正の要求、許可の拒否その他の処分その他公権力の行使に当たるもの（次に掲げるものを除く。）に不服があるときは、委員会に対し、当該国の関与を行つた国の行政庁を相手方として、文書で、審査の申出をすることができる。

一　第245条の8第2項及び第13項の規定による指示

二　第245条の8第8項の規定に基づき都道府県知事に代わつて同条第2項の規定による指示に係る事項を行うこと。

三　第252条の17の4第2項の規定により読み替えて適用する第245条の8第12項において準用する同条第2項の規定による指示

四　第252条の17の4第2項の規定により読み替えて適用する第245条の8第12項において準用する同条第8項の規定に基づき市町村長に代わつて前号の指示に係る事項を行うこと。

2　普通地方公共団体の長その他の執行機関は、その担任する事務に関する国の不作為（国の行政庁が、申請等が行われた場合において、相当の期間内に何らかの国の関与のうち許可その他の処分その他公権力の行使に当たるものをすべきにかかわらず、これをしないことをいう。以下本節において同じ。）に不服があるときは、委員会に対し、当該国の不作為に係る国の行政庁を相手方として、文書で、審査の申出をすることができる。

3　普通地方公共団体の長その他の執行機関は、その担任する事務に関する当該普通地方公共団体の法令に基づく協議の申出が国の行政庁に対して行われた場合において、当該協議に係る当該普通地方公共団体の義務を果たしたと認めるにもかかわらず当該協議が調わないときは、委員会に対し、当該協議の相手方である国の行政庁を相手方として、文書で、審査の申出をすることができる。

4　第1項の規定による審査の申出は、当該国の関与があつた日から30日以内にしなければならない。ただし、天災その他同項の規定による審査の申出をしなかつたことについてやむを得ない理由があるときは、この限りでない。

5　前項ただし書の場合における第1項の規定による審査の申出は、その理由がやんだ日から1週間以内にしなければならない。

6　第1項の規定による審査の申出に係る文書を郵便又は民間事業者による信書の送達に関する法律（平成14年法律第99号）第2条第6項に規定する一般信書便事業者若しくは同条第9項に規定する特定信書便事業者による同条第2項に規定する信書便（第260条の2第12項において「信書便」という。）で提出した場合における前2項の期間の計算については、送付に要した日数は、算入しない。

7　普通地方公共団体の長その他の執行機関は、第1項から第3項までの規定による審査の申出（以下本款において「国の関与に関する審査の申出」という。）をしようとするときは、相手方となるべき国の行政庁に対し、その旨をあらかじめ通知しなければならない。

（審査及び勧告）

第250条の14　委員会は、自治事務に関する国の関与について前条第1項の規定による審査の申出があつた場合においては、審査を行い、相手方である国の行政庁の行つた国の関与が違法でなく、かつ、普通地方公共団体の自主性及び自立性を尊重する観点から不当でないと認めるときは、理由を付してその旨を当該審査の申出をした普通地方公共団体の長その他の執行機関及び当該国の行政庁に通知するとともに、これを公表し、当該国の行政庁の行つた国の関与が違法又は普通地方公共団体の自主性及び自立性を尊重する観点から不当であると認めるときは、当該国の行政庁に対し、理由を付し、かつ、期間を示して、必要な措置を講ずべきことを勧告するとともに、当該勧告の内容を当該普通地方公共団体の長その他の執行機関に通知し、かつ、これを公表しなければならない。

2　委員会は、法定受託事務に関する国の関与について前条第1項の規定による審査の申出があつた場合においては、審査を行い、相手方である国の行政庁の行つた国の関与が違法でないと認めるときは、理由を付してその旨を当該審査の申出をした普通地方公共団体の長その他の執行機関及び当該国の行政庁に通知するとともに、これを公表し、当該国の行政庁の行つた国の関与が違法であると認めるときは、当該国の行政庁に対し、理由を付し、かつ、期間を示し

て、必要な措置を講ずべきことを勧告するとともに、当該勧告の内容を当該普通地方公共団体の長その他の執行機関に通知し、かつ、これを公表しなければならない。

3 委員会は、前条第2項の規定による審査の申出があつた場合においては、審査を行い、当該審査の申出に理由がないと認めるときは、理由を付してその旨を当該審査の申出をした普通地方公共団体の長その他の執行機関及び相手方である国の行政庁に通知するとともに、これを公表し、当該審査の申出に理由があると認めるときは、当該国の行政庁に対し、理由を付し、かつ、期間を示して、必要な措置を講ずべきことを勧告するとともに、当該勧告の内容を当該普通地方公共団体の長その他の執行機関に通知し、かつ、これを公表しなければならない。

4 委員会は、前条第3項の規定による審査の申出があつたときは、当該審査の申出に係る協議について当該協議に係る普通地方公共団体がその義務を果たしているかどうかを審査し、理由を付してその結果を当該審査の申出をした普通地方公共団体の長その他の執行機関及び相手方である国の行政庁に通知するとともに、これを公表しなければならない。

5 前各項の規定による審査及び勧告は、審査の申出があつた日から90日以内に行わなければならない。

第250条の15〜第250条の17 （省略）

（国の行政庁の措置等）

第250条の18 第250条の14第1項から第3項までの規定による委員会の勧告があつたときは、当該勧告を受けた国の行政庁は、当該勧告に示された期間内に、当該勧告に即して必要な措置を講ずるとともに、その旨を委員会に通知しなければならない。この場合において、委員会は、当該通知に係る事項を当該勧告に係る審査の申出をした普通地方公共団体の長その他の執行機関に通知し、かつ、これを公表しなければならない。

2 委員会は、前項の勧告を受けた国の行政庁に対し、同項の規定により講じた措置についての説明を求めることができる。

第250条の19〜第250条の20 （省略）

第3款 自治紛争処理委員

（自治紛争処理委員）

第251条 自治紛争処理委員は、この法律の定めるところにより、普通地方公共団体相互の間又は普通地方公共団体の機関相互の間の紛争の調停、普通地方公共団体に対する国又は都道府県の関与のうち都道府県の機関が行うもの（以下この節において「都道府県の関与」という。）に関する審査、第252条の2第1項に規定する連携協約に係る紛争を処理するための方策の提示及び第143条第3項（第180条の5第8項及び第184条第2項において準用する場合を含む。）の審査請求又はこの法律の規定による審査の申立て若しくは審決の申請に係る審理を処理する。

2 自治紛争処理委員は、3人とし、事件ごとに、優れた識見を有する者のうちから、総務大臣又は都道府県知事がそれぞれ任命する。この場合においては、総務大臣又は都道府県知事は、あらかじめ当該事件に関係のある事務を担任する各大臣又は都道府県の委員会若しくは委員に協議するものとする。

3 自治紛争処理委員は、非常勤とする。

4 自治紛争処理委員は、次の各号のいずれかに該当するときは、その職を失う。

一 当事者が次条第2項の規定により調停の申請を取り下げたとき。

二 自治紛争処理委員が次条第6項の規定により当事者に調停を打ち切つた旨を通知したとき。

三 総務大臣又は都道府県知事が次条第7項又は第251条の3第13項の規定により調停が成立した旨を当事者に通知したとき。

四 市町村長その他の市町村の執行機関が第251条の3第5項から第7項までにおいて準用する第250条の17の規定により自治紛争処理委員の審査に付することを求める旨の申出を取り下げたとき。

五 自治紛争処理委員が第251条の3第5項において準用する第250条の14第1項若しくは第2項若しくは第251条の3第6項において準用する第250条の14第3項の規定による審査の結果の通知若しくは勧告及び勧告の内容の通知又は第251条の3第7項において準用する第250条の11第4項の規定による審査の結果の通知をし、かつ、これらを公表したとき。

六 普通地方公共団体が第251条の3の2第2項の規定により同条第1項の処理方策の提示を求める旨の申請を取り下げたとき。

七 自治紛争処理委員が第251条の3の2第3項の規定により当事者である普通地方公共団体に同条第1項に規定する処理方策を提示するとともに、総務大臣又は都道府県知事にその旨及び当該処理方策を通知し、かつ、公表したとき。

八　第255条の５第１項の規定による審理に係る審査請求、審査の申立て又は審決の申請をした者が、当該審査請求、審査の申立て又は審決の申請を取り下げたとき。

九　第255条の５第１項の規定による審理を経て、総務大臣又は都道府県知事が審査請求に対する裁決をし、審査の申立てに対する裁決若しくは裁定をし、又は審決をしたとき。

5　総務大臣又は都道府県知事は、自治紛争処理委員が当該事件に直接利害関係を有することとなつたときは、当該自治紛争処理委員を罷免しなければならない。

6　第250条の９第２項、第８項、第９項（第２号を除く。）及び第10項から第14項までの規定は、自治紛争処理委員に準用する。この場合において、同条第２項中「３人以上」とあるのは「２人以上」と、同条第８項中「総務大臣」とあるのは「総務大臣又は都道府県知事」と、同条第９項中「総務大臣は、両議院の同意を得て」とあるのは「総務大臣又は都道府県知事は」と、「３人以上」とあるのは「２人以上」と、「２人」とあるのは「１人」と、同条第10項中「総務大臣」とあるのは「総務大臣又は都道府県知事」と、「２人」とあるのは「１人」と、同条第11項中「総務大臣」とあるのは「総務大臣又は都道府県知事」と、「両議院の同意を得て、その委員を」とあるのは「その自治紛争処理委員を」と、同条第12項中「第４項後段及び第８項から前項まで」とあるのは「第８項、第９項（第１号を除く。）、第10項及び前項並びに第251条第５項」と読み替えるものとする。

第４款　自治紛争処理委員による調停、審査及び処理方策の提示の手続

（調停）

第251条の２　普通地方公共団体相互の間又は普通地方公共団体の機関相互の間に紛争があるときは、この法律に特別の定めがあるものを除くほか、都道府県又は都道府県の機関が当事者となるものにあつては総務大臣、その他のものにあつては都道府県知事は、当事者の文書による申請に基づき又は職権により、紛争の解決のため、前条第２項の規定により自治紛争処理委員を任命し、その調停に付することができる。

2　当事者の申請に基づき開始された調停においては、当事者は、総務大臣又は都道府県知事の同意を得て、当該申請を取り下げることができる。

3　自治紛争処理委員は、調停案を作成して、こ

れを当事者に示し、その受諾を勧告するとともに、理由を付してその要旨を公表することができる。

4　自治紛争処理委員は、前項の規定により調停案を当事者に示し、その受諾を勧告したときは、直ちに調停案の写しを添えてその旨及び調停の経過を総務大臣又は都道府県知事に報告しなければならない。

5　自治紛争処理委員は、調停による解決の見込みがないと認めるときは、総務大臣又は都道府県知事の同意を得て、調停を打ち切り、事件の要点及び調停の経過を公表することができる。

6　自治紛争処理委員は、前項の規定により調停を打ち切つたときは、その旨を当事者に通知しなければならない。

7　第１項の調停は、当事者のすべてから、調停案を受諾した旨を記載した文書が総務大臣又は都道府県知事に提出されたときに成立するものとする。この場合においては、総務大臣又は都道府県知事は、直ちにその旨及び調停の要旨を公表するとともに、当事者に調停が成立した旨を通知しなければならない。

8　総務大臣又は都道府県知事は、前項の規定により当事者から文書の提出があつたときは、その旨を自治紛争処理委員に通知するものとする。

9　自治紛争処理委員は、第３項に規定する調停案を作成するため必要があると認めるときは、当事者及び関係人の出頭及び陳述を求め、又は当事者及び関係人並びに紛争に係る事件に関係のある者に対し、紛争の調停のため必要な記録の提出を求めることができる。

10　第３項の規定による調停案の作成及びその要旨の公表についての決定、第５項の規定による調停の打切りについての決定並びに事件の要点及び調停の経過の公表についての決定並びに前項の規定による出頭、陳述及び記録の提出の求めについての決定は、自治紛争処理委員の合議によるものとする。

（審査及び勧告）

第251条の３　総務大臣は、市町村長その他の市町村の執行機関が、その担任する事務に関する都道府県の関与のうち是正の要求、許可の拒否その他の処分その他公権力の行使に当たるもの（次に掲げるものを除く。）に不服があり、文書により、自治紛争処理委員の審査に付することを求める旨の申出をしたときは、速やかに、第251条第２項の規定により自治紛争処理委員を任命し、当該申出に係る事件をその審査に付さなければならない。

一　第245条の８第12項において準用する同条

第2項の規定による指示

二　第245条の8第12項において準用する同条第8項の規定に基づき市町村長に代わつて前号の指示に係る事項を行うこと。

2　総務大臣は、市町村長その他の市町村の執行機関が、その担任する事務に関する都道府県の不作為（都道府県の行政庁が、申請等が行われた場合において、相当の期間内に何らかの都道府県の関与のうち許可その他の処分その他公権力の行使に当たるものをすべきにかかわらず、これをしないことをいう。以下本節において同じ。）に不服があり、文書により、自治紛争処理委員の審査に付することを求める旨の申出をしたときは、速やかに、第251条第2項の規定により自治紛争処理委員を任命し、当該申出に係る事件をその審査に付さなければならない。

3　総務大臣は、市町村長その他の市町村の執行機関が、その担任する事務に関する当該市町村の法令に基づく協議の申出が都道府県の行政庁に対して行われた場合において、当該協議に係る当該市町村の義務を果たしたと認めるにもかかわらず当該協議が調わないことについて、文書により、自治紛争処理委員の審査に付することを求める旨の申出をしたときは、速やかに、第251条第2項の規定により自治紛争処理委員を任命し、当該申出に係る事件をその審査に付さなければならない。

4　前三項の規定による申出においては、次に掲げる者を相手方としなければならない。

一　第1項の規定による申出の場合は、当該申出に係る都道府県の関与を行つた都道府県の行政庁

二　第2項の規定による申出の場合は、当該申出に係る都道府県の不作為に係る都道府県の行政庁

三　前項の規定による申出の場合は、当該申出に係る協議の相手方である都道府県の行政庁

5　第250条の13第4項から第7項まで、第250条の14第1項、第2項及び第5項並びに第250条の15から第250条の17までの規定は、第1項の規定による申出について準用する。この場合において、これらの規定中「普通地方公共団体の長その他の執行機関」とあるのは「市町村長その他の市町村の執行機関」と、「国の行政庁」とあるのは「都道府県の行政庁」と、「委員会」とあるのは「自治紛争処理委員」と、第250条の13第4項並びに第250条の14第1項及び第2項中「国の関与」とあるのは「都道府県の関与」と、第250条の17第1項中「第250条の19第2項」とあるのは「第251条の3第13項」と読み替える

ものとする。

6　第250条の13第7項、第250条の14第3項及び第5項並びに第250条の15から第250条の17までの規定は、第2項の規定による申出について準用する。この場合において、これらの規定中「普通地方公共団体の長その他の執行機関」とあるのは「市町村長その他の市町村の執行機関」と、「国の行政庁」とあるのは「都道府県の行政庁」と、「委員会」とあるのは「自治紛争処理委員」と、第250条の17第1項中「第250条の19第2項」とあるのは「第251条の3第13項」と読み替えるものとする。

7　第250条の13第7項、第250条の14第4項及び第5項並びに第250条の15から第250条の17までの規定は、第3項の規定による申出について準用する。この場合において、これらの規定中「普通地方公共団体の長その他の執行機関」とあるのは「市町村長その他の市町村の執行機関」と、「国の行政庁」とあるのは「都道府県の行政庁」と、「委員会」とあるのは「自治紛争処理委員」と、第250条の14第4項中「当該協議に係る普通地方公共団体」とあるのは「当該協議に係る市町村」と、第250条の17第1項中「第250条の19第2項」とあるのは「第251条の3第13項」と読み替えるものとする。

8　自治紛争処理委員は、第5項において準用する第250条の14第1項若しくは第2項若しくは第6項において準用する第250条の14第3項の規定による審査の結果の通知若しくは勧告及び勧告の内容の通知又は前項において準用する第250条の14第4項の規定による審査の結果の通知をしたときは、直ちにその旨及び審査の結果又は勧告の内容を総務大臣に報告しなければならない。

9　第5項において準用する第250条の14第1項若しくは第2項又は第6項において準用する第250条の14第3項の規定による自治紛争処理委員の勧告があつたときは、当該勧告を受けた都道府県の行政庁は、当該勧告に示された期間内に、当該勧告に即して必要な措置を講ずるとともに、その旨を総務大臣に通知しなければならない。この場合においては、総務大臣は、当該通知に係る事項を当該勧告に係る第1項又は第2項の規定による申出をした市町村長その他の市町村の執行機関に通知し、かつ、これを公表しなければならない。

10　総務大臣は、前項の勧告を受けた都道府県の行政庁に対し、同項の規定により講じた措置についての説明を求めることができる。

11　自治紛争処理委員は、第5項において準用す

る第250条の14第1項若しくは第2項、第6項において準用する第250条の14第3項又は第7項において準用する第250条の14第4項の規定により審査をする場合において、相当であると認めるときは、職権により、調停案を作成して、これを第1項から第3項までの規定による申出をした市町村長その他の市町村の執行機関及び相手方である都道府県の行政庁に示し、その受諾を勧告するとともに、理由を付してその要旨を公表することができる。

12　自治紛争処理委員は、前項の規定により調停案を第1項から第3項までの規定による申出をした市町村長その他の市町村の執行機関及び相手方である都道府県の行政庁に示し、その受諾を勧告したときは、直ちに調停案の写しを添えてその旨及び調停の経過を総務大臣に報告しなければならない。

13　第11項の調停案に係る調停は、調停案を示された市町村長その他の市町村の執行機関及び都道府県の行政庁から、これを受諾した旨を記載した文書が総務大臣に提出されたときに成立するものとする。この場合においては、総務大臣は、直ちにその旨及び調停の要旨を公表するとともに、当該市町村長その他の市町村の執行機関及び都道府県の行政庁にその旨を通知しなければならない。

14　総務大臣は、前項の規定により市町村長その他の市町村の執行機関及び都道府県の行政庁から文書の提出があつたときは、その旨を自治紛争処理委員に通知するものとする。

15　次に掲げる事項は、自治紛争処理委員の合議によるものとする。

一　第5項において準用する第250条の14第1項の規定による都道府県の関与が違法又は普通地方公共団体の自主性及び自立性を尊重する観点から不当であるかどうかについての決定及び同項の規定による勧告の決定

二　第5項において準用する第250条の14第2項の規定による都道府県の関与が違法であるかどうかについての決定及び同項の規定による勧告の決定

三　第6項において準用する第250条の14第3項の規定による第2項の申出に理由があるかどうかについての決定及び第6項において準用する第250条の14第3項の規定による勧告の決定

四　第7項において準用する第250条の14第4項の規定による第3項の申出に係る協議について当該協議に係る市町村がその義務を果たしているかどうかについての決定

五　第5項から第7項までにおいて準用する第250条の15第1項の規定による関係行政機関の参加についての決定

六　第5項から第7項までにおいて準用する第250条の16第1項の規定による証拠調べの実施についての決定

七　第11項の規定による調停案の作成及びその要旨の公表についての決定

（処理方策の提示）

第251条の3の2　総務大臣又は都道府県知事は、第252条の2第7項の規定により普通地方公共団体から自治紛争処理委員による同条第1項に規定する連携協約に係る紛争を処理するための方策（以下この条において「処理方策」という。）の提示を求める旨の申請があつたときは、第251条第2項の規定により自治紛争処理委員を任命し、処理方策を定めさせなければならない。

2　前項の申請をした普通地方公共団体は、総務大臣又は都道府県知事の同意を得て、当該申請を取り下げることができる。

3　自治紛争処理委員は、処理方策を定めたときは、これを当事者である普通地方公共団体に提示するとともに、その旨及び当該処理方策を総務大臣又は都道府県知事に通知し、かつ、これらを公表しなければならない。

4　自治紛争処理委員は、処理方策を定めるため必要があると認めるときは、当事者及び関係人の出頭及び陳述を求め、又は当事者及び関係人並びに紛争に係る事件に関係のある者に対し、処理方策を定めるため必要な記録の提出を求めることができる。

5　第3項の規定による処理方策の決定並びに前項の規定による出頭、陳述及び記録の提出の求めについての決定は、自治紛争処理委員の合議によるものとする。

6　第3項の規定により処理方策の提示を受けたときは、当事者である普通地方公共団体は、これを尊重して必要な措置を執るようにしなければならない。

第251条の4　（省略）

第5款　普通地方公共団体に対する国又は都道府県の関与に関する訴え

（国の関与に関する訴えの提起）

第251条の5　第250条の13第1項又は第2項の規定による審査の申出をした普通地方公共団体の長その他の執行機関は、次の各号のいずれかに該当するときは、高等裁判所に対し、当該審

査の申出の相手方となつた国の行政庁（国の関与があつた後又は申請等が行われた後に当該行政庁の権限が他の行政庁に承継されたときは、当該他の行政庁）を被告として、訴えをもつて当該審査の申出に係る違法な国の関与の取消し又は当該審査の申出に係る国の不作為の違法の確認を求めることができる。ただし、違法な国の関与の取消しを求める訴えを提起する場合において、被告とすべき行政庁がないときは、当該訴えは、国を被告として提起しなければならない。

一　第250条の14第1項から第3項までの規定による委員会の審査の結果又は勧告に不服があるとき。

二　第250条の18第1項の規定による国の行政庁の措置に不服があるとき。

三　当該審査の申出をした日から90日を経過しても、委員会が第250条の14第1項から第3項までの規定による審査又は勧告を行わないとき。

四　国の行政庁が第250条の18第1項の規定による措置を講じないとき。

2　前項の訴えは、次に掲げる期間内に提起しなければならない。

一　前項第1号の場合は、第250条の14第1項から第3項までの規定による委員会の審査の結果又は勧告の内容の通知があつた日から30日以内

二　前項第2号の場合は、第250条の18第1項の規定による委員会の通知があつた日から30日以内

三　前項第3号の場合は、当該審査の申出をした日から90日を経過した日から30日以内

四　前項第4号の場合は、第250条の14第1項から第3項までの規定による委員会の勧告に示された期間を経過した日から30日以内

3　第1項の訴えは、当該普通地方公共団体の区域を管轄する高等裁判所の管轄に専属する。

4　原告は、第1項の訴えを提起したときは、直ちに、文書により、その旨を被告に通知するとともに、当該高等裁判所に対し、その通知をした日時、場所及び方法を通知しなければならない。

5　当該高等裁判所は、第1項の訴えが提起されたときは、速やかに口頭弁論の期日を指定し、当事者を呼び出さなければならない。その期日は、同項の訴えの提起があつた日から15日以内の日とする。

6　第1項の訴えに係る高等裁判所の判決に対する上告の期間は、1週間とする。

7　国の関与を取り消す判決は、関係行政機関に対しても効力を有する。

8　第1項の訴えのうち違法な国の関与の取消しを求めるものについては、行政事件訴訟法第43条第1項の規定にかかわらず、同法第8条第2項、第11条から第22条まで、第25条から第29条まで、第31条、第32条及び第34条の規定は、準用しない。

9　第1項の訴えのうち国の不作為の違法の確認を求めるものについては、行政事件訴訟法第43条第3項の規定にかかわらず、同法第40条第2項及び第41条第2項の規定は、準用しない。

10　前各項に定めるもののほか、第1項の訴えについては、主張及び証拠の申出の時期の制限その他審理の促進に関し必要な事項は、最高裁判所規則で定める。

（都道府県の関与に関する訴えの提起）

第251条の6　第251条の3第1項又は第2項の規定による申出をした市町村長その他の市町村の執行機関は、次の各号のいずれかに該当するときは、高等裁判所に対し、当該申出の相手方となつた都道府県の行政庁（都道府県の関与があつた後又は申請等が行われた後に当該行政庁の権限が他の行政庁に承継されたときは、当該他の行政庁）を被告として、訴えをもつて当該申出に係る違法な都道府県の関与の取消し又は当該申出に係る都道府県の不作為の違法の確認を求めることができる。ただし、違法な都道府県の関与の取消しを求める訴えを提起する場合において、被告とすべき行政庁がないときは、当該訴えは、当該都道府県を被告として提起しなければならない。

一　第251条の3第5項において準用する第250条の14第1項若しくは第2項又は第251条の3第6項において準用する第250条の14第3項の規定による自治紛争処理委員の審査の結果又は勧告に不服があるとき。

二　第251条の3第9項の規定による都道府県の行政庁の措置に不服があるとき。

三　当該申出をした日から90日を経過しても、自治紛争処理委員が第251条の3第5項において準用する第250条の14第1項若しくは第2項又は第251条の3第6項において準用する第250条の14第3項の規定による審査又は勧告を行わないとき。

四　都道府県の行政庁が第251条の3第9項の規定による措置を講じないとき。

2　前項の訴えは、次に掲げる期間内に提起しなければならない。

一　前項第1号の場合は、第251条の3第5項

185

において準用する第250条の14第1項若しくは第2項又は第251条の3第6項において準用する第250条の14第3項の規定による自治紛争処理委員の審査の結果又は勧告の内容の通知があつた日から30日以内

二　前項第2号の場合は、第251条の3第9項の規定による総務大臣の通知があつた日から30日以内

三　前項第3号の場合は、当該申出をした日から90日を経過した日から30日以内

四　前項第4号の場合は、第251条の3第5項において準用する第250条の14第1項若しくは第2項又は第251条の3第6項において準用する第250条の14第3項の規定による自治紛争処理委員の勧告に示された期間を経過した日から30日以内

3　前条第3項から第7項までの規定は、第1項の訴えに準用する。この場合において、同条第3項中「当該普通地方公共団体の区域」とあるのは「当該市町村の区域」と、同条第7項中「国の関与」とあるのは「都道府県の関与」と読み替えるものとする。

4　第1項の訴えのうち違法な都道府県の関与の取消しを求めるものについては、行政事件訴訟法第43条第1項の規定にかかわらず、同法第8条第2項、第11条から第22条まで、第25条から第29条まで、第31条、第32条及び第34条の規定は、準用しない。

5　第1項の訴えのうち都道府県の不作為の違法の確認を求めるものについては、行政事件訴訟法第43条第3項の規定にかかわらず、同法第40条第2項及び第41条第2項の規定は、準用しない。

6　前各項に定めるもののほか、第1項の訴えについては、主張及び証拠の申出の時期の制限その他審理の促進に関し必要な事項は、最高裁判所規則で定める。

（普通地方公共団体の不作為に関する国の訴えの提起）

第251条の7　第245条の5第1項若しくは第4項の規定による是正の要求又は第245条の7第1項若しくは第4項の規定による指示を行つた各大臣は、次の各号のいずれかに該当するときは、高等裁判所に対し、当該是正の要求又は指示を受けた普通地方公共団体の不作為（是正の要求又は指示を受けた普通地方公共団体の行政庁が、相当の期間内に是正の要求に応じた措置又は指示に係る措置を講じなければならないにもかかわらず、これを講じないことをいう。以下この項、次条及び第252条の17の4第3項

において同じ。）に係る普通地方公共団体の行政庁（当該是正の要求又は指示があつた後に当該行政庁の権限が他の行政庁に承継されたときは、当該他の行政庁）を被告として、訴えをもつて当該普通地方公共団体の不作為の違法の確認を求めることができる。

一　普通地方公共団体の長その他の執行機関が当該是正の要求又は指示に関する第250条の13第1項の規定による審査の申出をせず（審査の申出後に第250条の17第1項の規定により当該審査の申出が取り下げられた場合を含む。）、かつ、当該是正の要求に応じた措置又は指示に係る措置を講じないとき。

二　普通地方公共団体の長その他の執行機関が当該是正の要求又は指示に関する第250条の13第1項の規定による審査の申出をした場合において、次に掲げるとき。

イ　委員会が第250条の14第1項又は第2項の規定による審査の結果又は勧告の内容の通知をした場合において、当該普通地方公共団体の長その他の執行機関が第251条の5第1項の規定による当該是正の要求又は指示の取消しを求める訴えの提起をせず（訴えの提起後に当該訴えが取り下げられた場合を含む。ロにおいて同じ。）、かつ、当該是正の要求に応じた措置又は指示に係る措置を講じないとき。

ロ　委員会が当該審査の申出をした日から90日を経過しても第250条の14第1項又は第2項の規定による審査又は勧告を行わない場合において、当該普通地方公共団体の長その他の執行機関が第251条の5第1項の規定による当該是正の要求又は指示の取消しを求める訴えの提起をせず、かつ、当該是正の要求に応じた措置又は指示に係る措置を講じないとき。

2　前項の訴えは、次に掲げる期間が経過するまでは、提起することができない。

一　前項第1号の場合は、第250条の13第4項本文の期間

二　前項第2号イの場合は、第251条の5第2項第1号、第2号又は第4号に掲げる期間

三　前項第2号ロの場合は、第251条の5第2項第3号に掲げる期間

3　第251条の5第3項から第6項までの規定は、第1項の訴えについて準用する。

4　第1項の訴えについては、行政事件訴訟法第43条第3項の規定にかかわらず、同法第40条第2項及び第41条第2項の規定は、準用しない。

5　前各項に定めるもののほか、第1項の訴えに

ついては、主張及び証拠の申出の時期の制限その他審理の促進に関し必要な事項は、最高裁判所規則で定める。

（市町村の不作為に関する都道府県の訴えの提起）

第252条 第245条の5第2項の指示を行つた各大臣は、次の各号のいずれかに該当するときは、同条第3項の規定による是正の要求を行つた都道府県の執行機関に対し、高等裁判所に対し、当該是正の要求を受けた市町村の不作為に係る市町村の行政庁（当該是正の要求があつた後に当該行政庁の権限が他の行政庁に承継されたときは、当該他の行政庁。次項において同じ。）を被告として、訴えをもつて当該市町村の不作為の違法の確認を求めるよう指示をすることができる。

一　市町村長その他の市町村の執行機関が当該是正の要求に関する第251条の3第1項の規定による申出をせず（申出後に同条第5項において準用する第250条の17第1項の規定により当該申出が取り下げられた場合を含む。）、かつ、当該是正の要求に応じた措置を講じないとき。

二　市町村長その他の市町村の執行機関が当該是正の要求に関する第251条の3第1項の規定による申出をした場合において、次に掲げるとき。

イ　自治紛争処理委員が第251条の3第5項において準用する第250条の14第1項の規定による審査の結果又は勧告の内容の通知をした場合において、当該市町村長その他の市町村の執行機関が第251条の6第1項の規定による当該是正の要求の取消しを求める訴えの提起をせず（訴えの提起後に当該訴えが取り下げられた場合を含む。ロにおいて同じ。）、かつ、当該是正の要求に応じた措置を講じないとき。

ロ　自治紛争処理委員が当該申出をした日から90日を経過しても第251条の3第5項において準用する第250条の14第1項の規定による審査又は勧告を行わない場合において、当該市町村長その他の市町村の執行機関が第251条の6第1項の規定による当該是正の要求の取消しを求める訴えの提起をせず、かつ、当該是正の要求に応じた措置を講じないとき。

2　前項の指示を受けた都道府県の執行機関は、高等裁判所に対し、当該市町村の不作為に係る市町村の行政庁を被告として、訴えをもつて当該市町村の不作為の違法の確認を求めなければ

ならない。

3　第245条の7第2項の規定による指示を行つた都道府県の執行機関は、次の各号のいずれかに該当するときは、高等裁判所に対し、当該指示を受けた市町村の不作為に係る市町村の行政庁（当該指示があつた後に当該行政庁の権限が他の行政庁に承継されたときは、当該他の行政庁）を被告として、訴えをもつて当該市町村の不作為の違法の確認を求めることができる。

一　市町村長その他の市町村の執行機関が当該指示に関する第251条の3第1項の規定による申出をせず（申出後に同条第5項において準用する第250条の17第1項の規定により当該申出が取り下げられた場合を含む。）、かつ、当該指示に係る措置を講じないとき。

二　市町村長その他の市町村の執行機関が当該指示に関する第251条の3第1項の規定による申出をした場合において、次に掲げるとき。

イ　自治紛争処理委員が第251条の3第5項において準用する第250条の14第2項の規定による審査の結果又は勧告の内容の通知をした場合において、当該市町村長その他の市町村の執行機関が第251条の6第1項の規定による当該指示の取消しを求める訴えの提起をせず（訴えの提起後に当該訴えが取り下げられた場合を含む。ロにおいて同じ。）、かつ、当該指示に係る措置を講じないとき。

ロ　自治紛争処理委員が当該申出をした日から90日を経過しても第251条の3第5項において準用する第250条の14第2項の規定による審査又は勧告を行わない場合において、当該市町村長その他の市町村の執行機関が第251条の6第1項の規定による当該指示の取消しを求める訴えの提起をせず、かつ、当該指示に係る措置を講じないとき。

4　第245条の7第3項の指示を行つた各大臣は、前項の都道府県の執行機関に対し、同項の規定による訴えの提起に関し、必要な指示をすることができる。

5　第2項及び第3項の訴えは、次に掲げる期間が経過するまでは、提起することができない。

一　第1項第1号及び第3項第1号の場合は、第251条の3第5項において準用する第250条の13第4項本文の期間

二　第1項第2号イ及び第3項第2号イの場合は、第251条の6第2項第1号、第2号イ又は第4号に掲げる期間

三　第1項第2号ロ及び第3項第2号ロの場合は、第251条の6第2項第3号に掲げる期間

6　第251条の5第3項から第6項までの規定は、第2項及び第3項の訴えについて準用する。この場合において、同条第3項中「当該普通地方公共団体の区域」とあるのは、「当該市町村の区域」と読み替えるものとする。

7　第2項及び第3項の訴えについては、行政事件訴訟法第43条第3項の規定にかかわらず、同法第40条第2項及び第41条第2項の規定は、準用しない。

8　前各項に定めるもののほか、第2項及び第3項の訴えについては、主張及び証拠の申出の時期の制限その他審理の促進に関し必要な事項は、最高裁判所規則で定める。

第3節　普通地方公共団体相互間の協力

第1款　連携協約　（省略）

第2款　協議会　（省略）

第3款　機関等の共同設置　（省略）

第4款　事務の委託　（省略）

第5款　事務の代替執行　（省略）

第6款　職員の派遣　（省略）

第4節　条例による事務処理の特例

（条例による事務処理の特例）
第252条の17の2　都道府県は、都道府県知事の権限に属する事務の一部を、条例の定めるところにより、市町村が処理することとすることができる。この場合においては、当該市町村が処理することとされた事務は、当該市町村の長が管理し及び執行するものとする。

2　前項の条例（同項の規定により都道府県の規則に基づく事務を市町村が処理することとする場合で、同項の条例の定めるところにより、規則に委任して当該事務の範囲を定めるときは、当該規則を含む。以下本節において同じ。）を制定し又は改廃する場合においては、都道府県知事は、あらかじめ、その権限に属する事務の一部を処理し又は処理することとなる市町村の長に協議しなければならない。

3　市町村の長は、その議会の議決を経て、都道府県知事に対し、第1項の規定によりその権限に属する事務の一部を当該市町村が処理することとするよう要請することができる。

4　前項の規定による要請があつたときは、都道府県知事は、速やかに、当該市町村の長と協議しなければならない。

第252条の17の3～第252条の17の4　（省略）

第5節　雑則　（省略）

第12章　大都市等に関する特例

第1節　大都市に関する特例

（指定都市の権能）
第252条の19　政令で指定する人口50万以上の市（以下「指定都市」という。）は、次に掲げる事務のうち都道府県が法律又はこれに基づく政令の定めるところにより処理することとされているものの全部又は一部で政令で定めるものを、政令で定めるところにより、処理することができる。
一　児童福祉に関する事務
二　民生委員に関する事務
三　身体障害者の福祉に関する事務
四　生活保護に関する事務
五　行旅病人及び行旅死亡人の取扱に関する事務
五の二　社会福祉事業に関する事務
五の三　知的障害者の福祉に関する事務
六　母子家庭及び父子家庭並びに寡婦の福祉に関する事務
六の二　老人福祉に関する事務
七　母子保健に関する事務
七の二　介護保険に関する事務
八　障害者の自立支援に関する事務
八の二　生活困窮者の自立支援に関する事務
九　食品衛生に関する事務
九の二　医療に関する事務
十　精神保健及び精神障害者の福祉に関する事務
十一　結核の予防に関する事務
十一の二　難病の患者に対する医療等に関する事務
十二　土地区画整理事業に関する事務
十三　屋外広告物の規制に関する事務

2　指定都市がその事務を処理するに当たつて、法律又はこれに基づく政令の定めるところにより都道府県知事若しくは都道府県の委員会の許可、認可、承認その他これらに類する処分を要し、又はその事務の処理について都道府県知事若しくは都道府県の委員会の改善、停止、制限、

禁止その他これらに類する指示その他の命令を
受けるものとされている事項で政令で定めるも
のについては、政令の定めるところにより、こ
れらの許可、認可等の処分を要せず、若しくは
これらの指示その他の命令に関する法令の規定
を適用せず、又は都道府県知事若しくは都道府
県の委員会の許可、認可等の処分若しくは指示
その他の命令に代えて、各大臣の許可、認可等
の処分を要するものとし、若しくは各大臣の指
示その他の命令を受けるものとする。

(区の設置)
第252条の20 指定都市は、市長の権限に属
する事務を分掌させるため、条例で、その区域
を分けて区を設け、区の事務所又は必要がある
と認めるときはその出張所を置くものとする。
2 区の事務所又はその出張所の位置、名称及び
所管区域並びに区の事務所が分掌する事務は、
条例でこれを定めなければならない。
3 区にその事務所の長として区長を置く。
4 区長又は区の事務所の出張所の長は、当該普
通地方公共団体の長の補助機関である職員をも
つて充てる。
5 区に選挙管理委員会を置く。
6 第4条第2項の規定は第2項の区の事務所又
はその出張所の位置及び所管区域に、第175条
第2項の規定は区長又は第4項の区の事務所の
出張所の長に、第2編第7章第3節中市の選挙
管理委員会に関する規定は前項の選挙管理委員
会について、これを準用する。
7 指定都市は、必要と認めるときは、条例で、
区ごとに区地域協議会を置くことができる。こ
の場合において、その区域内に地域自治区が設
けられる区には、区地域協議会を設けないこと
ができる。
8 第202条の5第2項から第5項まで及び第202
条の6から第202条の9までの規定は、区地域協
議会に準用する。
9 指定都市は、地域自治区を設けるときは、そ
の区域は、区の区域を分けて定めなければなら
ない。
10 第7項の規定に基づき、区に区地域協議会を
置く指定都市は、第202条の4第1項の規定に
かかわらず、その一部の区の区域に地域自治区
を設けることができる。
11 前各項に定めるもののほか、指定都市の区に
関し必要な事項は、政令でこれを定める。

(総合区の設置)
第252条の20の2 指定都市は、その行政の
円滑な運営を確保するため必要があると認める
ときは、前条第1項の規定にかかわらず、市長

の権限に属する事務のうち特定の区の区域内に
関するものを第8項の規定により総合区長に執
行させるため、条例で、当該区に代えて総合区
を設け、総合区の事務所又は必要があると認め
るときはその出張所を置くことができる。
2 総合区の事務所又はその出張所の位置、名称
及び所管区域並びに総合区の事務所が分掌す
る事務は、条例でこれを定めなければならない。
3 総合区にその事務所の長として総合区長を置
く。
4 総合区長は、市長が議会の同意を得てこれを
選任する。
5 総合区長の任期は、4年とする。ただし、市
長は、任期中においてもこれを解職することが
できる。
6 総合区の事務所の職員のうち、総合区長があ
らかじめ指定する者は、総合区長に事故がある
とき又は総合区長が欠けたときは、その職務を
代理する。
7 第141条、第142条、第159条、第164条、第
165条第2項、第166条第1項及び第3項並びに
第175条第2項の規定は、総合区長について準
用する。
8 総合区長は、総合区の区域に係る政策及び企
画をつかさどるほか、法律若しくはこれに基づ
く政令又は条例により総合区長が執行すること
とされた事務及び市長の権限に属する事務のう
ち主として総合区の区域内に関するもので次に
掲げるものを執行し、これらの事務の執行につ
いて当該指定都市を代表する。ただし、法律又
はこれに基づく政令に特別の定めがある場合
は、この限りでない。
一 総合区の区域に住所を有する者の意見を反
映させて総合区の区域のまちづくりを推進す
る事務（法律若しくはこれに基づく政令又は
条例により市長が執行することとされたもの
を除く。）
二 総合区の区域に住所を有する者相互間の交
流を促進するための事務（法律若しくはこれ
に基づく政令又は条例により市長が執行する
こととされたものを除く。）
三 社会福祉及び保健衛生に関する事務のうち
総合区の区域に住所を有する者に対して直接
提供される役務に関する事務（法律若しくは
これに基づく政令又は条例により市長が執行
することとされたものを除く。）
四 前三号に掲げるもののほか、主として総合
区の区域内に関する事務で条例で定めるもの
9 総合区長は、総合区の事務所又はその出張所
の職員（政令で定めるものを除く。）を任免する。

189

ただし、指定都市の規則で定める主要な職員を任免する場合においては、あらかじめ、市長の同意を得なければならない。

10　総合区長は、歳入歳出予算のうち総合区長が執行する事務に係る部分に関し必要があると認めるときは、市長に対し意見を述べることができる。

11　総合区に選挙管理委員会を置く。

12　第4条第2項の規定は第2項の総合区の事務所又はその出張所の位置及び所管区域について、第175条第2項の規定は総合区の事務所の出張所の長について、第2編第7章第3節中市の選挙管理委員会に関する規定は前項の選挙管理委員会について準用する。

13　前条第7項から第10項までの規定は、総合区について準用する。

14　前各項に定めるもののほか、指定都市の総合区に関し必要な事項は、政令でこれを定める。

第252条の21〜第252条の21の5　（省略）

第2節　中核市に関する特例

（中核市の権能）

第252条の22　政令で指定する人口20万以上の市（以下「中核市」という。）は、第252条の19第1項の規定により指定都市が処理することができる事務のうち、都道府県がその区域にわたり一体的に処理することが中核市が処理することに比して効率的な事務その他の中核市において処理することが適当でない事務以外の事務で政令で定めるものを、政令で定めるところにより、処理することができる。

2　中核市がその事務を処理するに当たつて、法律又はこれに基づく政令の定めるところにより都道府県知事の改善、停止、制限、禁止その他これらに類する指示その他の命令を受けるものとされている事項で政令で定めるものについては、政令の定めるところにより、これらの指示その他の命令に関する法令の規定を適用せず、又は都道府県知事の指示その他の命令に代えて、各大臣の指示その他の命令を受けるものとする。

第252条の23　削除

（中核市の指定に係る手続）

第252条の24　総務大臣は、第252条の22第1項の中核市の指定に係る政令の立案をしようとするときは、関係市からの申出に基づき、これを行うものとする。

2　前項の規定による申出をしようとするときは、関係市は、あらかじめ、当該市の議会の議決を

経て、都道府県の同意を得なければならない。

3　前項の同意については、当該都道府県の議会の議決を経なければならない。

第252条の25〜第252条の26の2　（省略）

第13章　外部監査契約に基づく監査

第1節　通則

（外部監査契約）

第252条の27　この法律において「外部監査契約」とは、包括外部監査契約及び個別外部監査契約をいう。

2　この法律において「包括外部監査契約」とは、第252条の36第1項各号に掲げる普通地方公共団体及び同条第2項の条例を定めた同条第1項第2号に掲げる市以外の市又は町村が、第2条第14項及び第15項の規定の趣旨を達成するため、この法律の定めるところにより、次条第1項又は第2項に規定する者の監査を受けるとともに監査の結果に関する報告の提出を受けることを内容とする契約であつて、この法律の定めるところにより、当該監査を行う者と締結するものをいう。

3　この法律において「個別外部監査契約」とは、次の各号に掲げる普通地方公共団体が、当該各号に掲げる請求又は要求があつた場合において、この法律の定めるところにより、当該請求又は要求に係る事項について次条第1項又は第2項に規定する者の監査を受けるとともに監査の結果に関する報告の提出を受けることを内容とする契約であつて、この法律の定めるところにより、当該監査を行う者と締結するものをいう。

一　第252条の39第1項に規定する普通地方公共団体　第75条第1項の請求

二　第252条の40第1項に規定する普通地方公共団体　第98条第2項の請求

三　第252条の41第1項に規定する普通地方公共団体　第199条第6項の要求

四　第252条の42第1項に規定する普通地方公共団体　第199条第7項の要求

五　第252条の43第1項に規定する普通地方公共団体　第242条第1項の請求

第252条の28〜第252条の35　（省略）

第2節　包括外部監査契約に基づく監査（省略）

第3節　個別外部監査契約に基づく監査

（省略）

第4節　雑則　（省略）

第14章　補則　（省略）

第3編　特別地方公共団体

第1章　削除

第264条から第280条まで　削除

第2章　特別区

（特別区）
第281条　都の区は、これを特別区という。
2　特別区は、法律又はこれに基づく政令により都が処理することとされているものを除き、地域における事務並びにその他の事務で法律又はこれに基づく政令により市が処理することとされるもの及び法律又はこれに基づく政令により特別区が処理することとされるものを処理する。
第281条の2〜第283条　（省略）

第3章　地方公共団体の組合

第1節　総則

（組合の種類及び設置）
第284条　地方公共団体の組合は、一部事務組合及び広域連合とする。
2　普通地方公共団体及び特別区は、その事務の一部を共同処理するため、その協議により規約を定め、都道府県の加入するものにあつては総務大臣、その他のものにあつては都道府県知事の許可を得て、一部事務組合を設けることができる。この場合において、一部事務組合内の地方公共団体につきその執行機関の権限に属する事項がなくなつたときは、その執行機関は、一部事務組合の成立と同時に消滅する。
3　普通地方公共団体及び特別区は、その事務で広域にわたり処理することが適当であると認めるものに関し、広域にわたる総合的な計画（以下「広域計画」という。）を作成し、その事務の管理及び執行について広域計画の実施のために必要な連絡調整を図り、並びにその事務の一部を広域にわたり総合的かつ計画的に処理するため、その協議により規約を定め、前項の例により、総務大臣又は都道府県知事の許可を得て、広域連合を設けることができる。この場合にお

いては、同項後段の規定を準用する。
4　総務大臣は、前項の許可をしようとするときは、国の関係行政機関の長に協議しなければならない。
第285条　市町村及び特別区の事務に関し相互に関連するものを共同処理するための市町村及び特別区の一部事務組合については、市町村又は特別区の共同処理しようとする事務が他の市町村又は特別区の共同処理しようとする事務と同一の種類のものでない場合においても、これを設けることを妨げるものではない。
（設置の勧告等）
第285条の2　公益上必要がある場合においては、都道府県知事は、関係のある市町村及び特別区に対し、一部事務組合又は広域連合を設けるべきことを勧告することができる。
2　都道府県知事は、第284条第3項の許可をしたときは直ちにその旨を公表するとともに、総務大臣に報告しなければならない。
3　総務大臣は、第284条第3項の許可をしたときは直ちにその旨を告示するとともに、国の関係行政機関の長に通知し、前項の規定による報告を受けたときは直ちにその旨を国の関係行政機関の長に通知しなければならない。

第2節　一部事務組合

（組織、事務及び規約の変更）
第286条　一部事務組合は、これを組織する地方公共団体（以下この節において「構成団体」という。）の数を増減し若しくは共同処理する事務を変更し、又は一部事務組合の規約を変更しようとするときは、関係地方公共団体の協議によりこれを定め、都道府県の加入するものにあつては総務大臣、その他のものにあつては都道府県知事の許可を受けなければならない。ただし、第287条第1項第1号、第4号又は第7号に掲げる事項のみに係る一部事務組合の規約を変更しようとするときは、この限りでない。
2　一部事務組合は、第287条第1項第1号、第4号又は第7号に掲げる事項のみに係る一部事務組合の規約を変更しようとするときは、構成団体の協議によりこれを定め、前項本文の例により、直ちに総務大臣又は都道府県知事に届出をしなければならない。
第286条の2　（省略）
（規約等）
第287条　一部事務組合の規約には、次に掲げる事項につき規定を設けなければならない。
一　一部事務組合の名称

二　一部事務組合の構成団体
三　一部事務組合の共同処理する事務
四　一部事務組合の事務所の位置
五　一部事務組合の議会の組織及び議員の選挙の方法
六　一部事務組合の執行機関の組織及び選任の方法
七　一部事務組合の経費の支弁の方法
2　一部事務組合の議会の議員又は管理者（第287条の3第2項の規定により管理者に代えて理事会を置く第285条の一部事務組合にあつては、理事）その他の職員は、第92条第2項、第141条第2項及び第196条第3項（これらの規定を適用し又は準用する場合を含む。）の規定にかかわらず、当該一部事務組合の構成団体の議会の議員又は長その他の職員と兼ねることができる。

第287条の2～第291条　（省略）

第3節　広域連合

（広域連合による事務の処理等）
第291条の2　国は、その行政機関の長の権限に属する事務のうち広域連合の事務に関連するものを、別に法律又はこれに基づく政令の定めるところにより、当該広域連合が処理することとすることができる。
2　都道府県は、その執行機関の権限に属する事務のうち都道府県の加入しない広域連合の事務に関連するものを、条例の定めるところにより、当該広域連合が処理することとすることができる。
3　第252条の17の2第2項、第252条の17の3及び第252条の17の4の規定は、前項の規定により広域連合が都道府県の事務を処理する場合について準用する。
4　都道府県の加入する広域連合の長（第291条の13において準用する第287条の3第2項の規定により長に代えて理事会を置く広域連合にあつては、理事会。第291条の4第4項、第291条の5第2項、第291条の6第1項及び第291条の8第2項を除き、以下同じ。）は、その議会の議決を経て、国の行政機関の長に対し、当該広域連合の事務に密接に関連する国の行政機関の長の権限に属する事務の一部を当該広域連合が処理することとするよう要請することができる。
5　都道府県の加入しない広域連合の長は、その議会の議決を経て、都道府県に対し、当該広域連合の事務に密接に関連する都道府県の事務の一部を当該広域連合が処理することとするよう

要請することができる。
第291条の3～第291条の13　（省略）

第4節　雑則　（省略）

第4章　財産区

第294条　法律又はこれに基く政令に特別の定があるものを除く外、市町村及び特別区の一部で財産を有し若しくは公の施設を設けているもの又は市町村及び特別区の廃置分合若しくは境界変更の場合におけるこの法律若しくはこれに基く政令の定める財産処分に関する協議に基き市町村及び特別区の一部が財産を有し若しくは公の施設を設けるものとなるもの（これらを財産区という。）があるときは、その財産又は公の施設の管理及び処分又は廃止については、この法律中地方公共団体の財産又は公の施設の管理及び処分又は廃止に関する規定による。
2　前項の財産又は公の施設に関し特に要する経費は、財産区の負担とする。
3　前二項の場合においては、地方公共団体は、財産区の収入及び支出については会計を分別しなければならない。
第295条～第297条　（省略）

第4編　補則　（省略）

個人情報の保護に関する法律

（平成15年5月30日法律第57号）

第1章　総則

（目的）

第1条　この法律は、デジタル社会の進展に伴い個人情報の利用が著しく拡大していることに鑑み、個人情報の適正な取扱いに関し、基本理念及び政府による基本方針の作成その他の個人情報の保護に関する施策の基本となる事項を定め、国及び地方公共団体の責務等を明らかにし、個人情報を取り扱う事業者及び行政機関等についてこれらの特性に応じて遵守すべき義務等を定めるとともに、個人情報保護委員会を設置することにより、行政機関等の事務及び事業の適正かつ円滑な運営を図り、並びに個人情報の適正かつ効果的な活用が新たな産業の創出並びに活力ある経済社会及び豊かな国民生活の実現に資するものであることその他の個人情報の有用性に配慮しつつ、個人の権利利益を保護することを目的とする。

（定義）

第2条　この法律において「個人情報」とは、生存する個人に関する情報であって、次の各号のいずれかに該当するものをいう。

一　当該情報に含まれる氏名、生年月日その他の記述等（文書、図画若しくは電磁的記録（電磁的方式（電子的方式、磁気的方式その他人の知覚によっては認識することができない方式をいう。次項第2号において同じ。）で作られる記録をいう。以下同じ。）に記載され、若しくは記録され、又は音声、動作その他の方法を用いて表された一切の事項（個人識別符号を除く。）をいう。以下同じ。）により特定の個人を識別することができるもの（他の情報と容易に照合することができ、それにより特定の個人を識別することができることとなるものを含む。）

二　個人識別符号が含まれるもの

2　この法律において「個人識別符号」とは、次の各号のいずれかに該当する文字、番号、記号その他の符号のうち、政令で定めるものをいう。

一　特定の個人の身体の一部の特徴を電子計算機の用に供するために変換した文字、番号、記号その他の符号であって、当該特定の個人を識別することができるもの

二　個人に提供される役務の利用若しくは個人に販売される商品の購入に関し割り当てられ、又は個人に発行されるカードその他の書類に記載され、若しくは電磁的方式により記録された文字、番号、記号その他の符号であって、その利用者若しくは購入者又は発行を受ける者ごとに異なるものとなるように割り当てられ、又は記載され、若しくは記録されることにより、特定の利用者若しくは購入者又は発行を受ける者を識別することができるもの

3　この法律において「要配慮個人情報」とは、本人の人種、信条、社会的身分、病歴、犯罪の経歴、犯罪により害を被った事実その他本人に対する不当な差別、偏見その他の不利益が生じないようにその取扱いに特に配慮を要するものとして政令で定める記述等が含まれる個人情報をいう。

4　この法律において個人情報について「本人」とは、個人情報によって識別される特定の個人をいう。

5　この法律において「仮名加工情報」とは、次の各号に掲げる個人情報の区分に応じて当該各号に定める措置を講じて他の情報と照合しない限り特定の個人を識別することができないように個人情報を加工して得られる個人に関する情報をいう。

一　第1項第1号に該当する個人情報当該個人情報に含まれる記述等の一部を削除すること（当該一部の記述等を復元することのできる規則性を有しない方法により他の記述等に置き換えることを含む。）。

二　第1項第2号に該当する個人情報当該個人情報に含まれる個人識別符号の全部を削除すること（当該個人識別符号を復元することのできる規則性を有しない方法により他の記述等に置き換えることを含む。）。

6　この法律において「匿名加工情報」とは、次の各号に掲げる個人情報の区分に応じて当該各号に定める措置を講じて特定の個人を識別することができないように個人情報を加工して得られる個人に関する情報であって、当該個人情報を復元することができないようにしたものをいう。

一　第1項第1号に該当する個人情報当該個人情報に含まれる記述等の一部を削除すること（当該一部の記述等を復元することのできる規則性を有しない方法により他の記述等に置き換えることを含む。）。

二　第1項第2号に該当する個人情報当該個人情報に含まれる個人識別符号の全部を削除すること（当該個人識別符号を復元することのできる規則性を有しない方法により他の記述等に置き換えることを含む。）。

7　この法律において「個人関連情報」とは、生存

する個人に関する情報であって、個人情報、仮名加工情報及び匿名加工情報のいずれにも該当しないものをいう。

8　この法律において「行政機関」とは、次に掲げる機関をいう。

一　法律の規定に基づき内閣に置かれる機関（内閣府を除く。）及び内閣の所轄の下に置かれる機関

二　内閣府、宮内庁並びに内閣府設置法（平成11年法律第89号）第49条第1項及び第2項に規定する機関（これらの機関のうち第4号の政令で定める機関が置かれる機関にあっては、当該政令で定める機関を除く。）

三　国家行政組織法（昭和23年法律第120号）第3条第2項に規定する機関（第5号の政令で定める機関が置かれる機関にあっては、当該政令で定める機関を除く。）

四　内閣府設置法第39条及び第55条並びに宮内庁法（昭和22年法律第70号）第16条第2項の機関並びに内閣府設置法第40条及び第56条（宮内庁法第18条第1項において準用する場合を含む。）の特別の機関で、政令で定めるもの

五　国家行政組織法第8条の2の施設等機関及び同法第8条の3の特別の機関で、政令で定めるもの

六　会計検査院

9　この法律において「独立行政法人等」とは、独立行政法人通則法（平成11年法律第103号）第2条第1項に規定する独立行政法人及び別表第1に掲げる法人をいう。

10　この法律において「地方独立行政法人」とは、地方独立行政法人法（平成15年法律第118号）第2条第1項に規定する地方独立行政法人をいう。

11　この法律において「行政機関等」とは、次に掲げる機関をいう。

一　行政機関

二　地方公共団体の機関（議会を除く。次章、第3章及び第69条第2項第3号を除き、以下同じ。）

三　独立行政法人等（別表第2に掲げる法人を除く。第16条第2項第3号、第63条、第78条第1項第7号イ及びロ、第89条第4項から第6項まで、第119条第5項から第7項まで並びに第125条第2項において同じ。）

四　地方独立行政法人（地方独立行政法人法第21条第1号に掲げる業務を主たる目的とするもの又は同条第2号若しくは第3号（チに係る部分に限る。）に掲げる業務を目的とするものを除く。第16条第2項第4号、第63条、第78条第1項第7号イ及びロ、第89条第7項

から第9項まで、第119条第8項から第10項まで並びに第125条第2項において同じ。）

（基本理念）

第3条　個人情報は、個人の人格尊重の理念の下に慎重に取り扱われるべきものであることに鑑み、その適正な取扱いが図られなければならない。

第2章　国及び地方公共団体の責務等

（国の責務）

第4条　国は、この法律の趣旨にのっとり、国の機関、地方公共団体の機関、独立行政法人等、地方独立行政法人及び事業者等による個人情報の適正な取扱いを確保するために必要な施策を総合的に策定し、及びこれを実施する責務を有する。

（地方公共団体の責務）

第5条　地方公共団体は、この法律の趣旨にのっとり、国の施策との整合性に配慮しつつ、その地方公共団体の区域の特性に応じて、地方公共団体の機関、地方独立行政法人及び当該区域内の事業者等による個人情報の適正な取扱いを確保するために必要な施策を策定し、及びこれを実施する責務を有する。

（法制上の措置等）

第6条　政府は、個人情報の性質及び利用方法に鑑み、個人の権利利益の一層の保護を図るため特にその適正な取扱いの厳格な実施を確保する必要がある個人情報について、保護のための格別の措置が講じられるよう必要な法制上の措置その他の措置を講ずるとともに、国際機関その他の国際的な枠組みへの協力を通じて、各国政府と共同して国際的に整合のとれた個人情報に係る制度を構築するために必要な措置を講ずるものとする。

第3章　個人情報の保護に関する施策等

第1節　個人情報の保護に関する基本方針

第7条　政府は、個人情報の保護に関する施策の総合的かつ一体的な推進を図るため、個人情報の保護に関する基本方針（以下「基本方針」という。）を定めなければならない。

2　基本方針は、次に掲げる事項について定めるものとする。

一　個人情報の保護に関する施策の推進に関する基本的な方向

二　国が講ずべき個人情報の保護のための措置
に関する事項

三　地方公共団体が講ずべき個人情報の保護の
ための措置に関する基本的な事項

四　独立行政法人等が講ずべき個人情報の保護
のための措置に関する基本的な事項

五　地方独立行政法人が講ずべき個人情報の保
護のための措置に関する基本的な事項

六　第16条第2項に規定する個人情報取扱事業
者、同条第5項に規定する仮名加工情報取扱
事業者及び同条第6項に規定する匿名加工情
報取扱事業者並びに第51条第1項に規定する
認定個人情報保護団体が講ずべき個人情報の
保護のための措置に関する基本的な事項

七　個人情報の取扱いに関する苦情の円滑な処
理に関する事項

八　その他個人情報の保護に関する施策の推進
に関する重要事項

3　内閣総理大臣は、個人情報保護委員会が作成
した基本方針の案について閣議の決定を求めな
ければならない。

4　内閣総理大臣は、前項の規定による閣議の決
定があったときは、遅滞なく、基本方針を公表し
なければならない。

5　前二項の規定は、基本方針の変更について準
用する。

第2節　国の施策

（国の機関等が保有する個人情報の保護）
第8条　国は、その機関が保有する個人情報の適
正な取扱いが確保されるよう必要な措置を講ずる
ものとする。

2　国は、独立行政法人等について、その保有す
る個人情報の適正な取扱いが確保されるよう必
要な措置を講ずるものとする。

（地方公共団体等への支援）
第9条　国は、地方公共団体が策定し、又は実
施する個人情報の保護に関する施策及び国民又
は事業者等が個人情報の適正な取扱いの確保
に関して行う活動を支援するため、情報の提供、
地方公共団体又は事業者等が講ずべき措置の
適切かつ有効な実施を図るための指針の策定そ
の他の必要な措置を講ずるものとする。

（苦情処理のための措置）
第10条　国は、個人情報の取扱いに関し事業者
と本人との間に生じた苦情の適切かつ迅速な処
理を図るために必要な措置を講ずるものとする。

**（個人情報の適正な取扱いを確保するための措
置）**

第11条　国は、地方公共団体との適切な役割分
担を通じ、次章に規定する個人情報取扱事業者
による個人情報の適正な取扱いを確保するため
に必要な措置を講ずるものとする。

2　国は、第5章に規定する地方公共団体及び地
方独立行政法人による個人情報の適正な取扱い
を確保するために必要な措置を講ずるものとす
る。

第3節　地方公共団体の施策

**（地方公共団体の機関等が保有する個人情報の
保護）**
第12条　地方公共団体は、その機関が保有する
個人情報の適正な取扱いが確保されるよう必要
な措置を講ずるものとする。

2　地方公共団体は、その設立に係る地方独立行
政法人について、その保有する個人情報の適正
な取扱いが確保されるよう必要な措置を講ずる
ものとする。

（区域内の事業者等への支援）
第13条　地方公共団体は、個人情報の適正な取
扱いを確保するため、その区域内の事業者及び
住民に対する支援に必要な措置を講ずるよう努め
なければならない。

（苦情の処理のあっせん等）
第14条　地方公共団体は、個人情報の取扱いに関
し事業者と本人との間に生じた苦情が適切かつ
迅速に処理されるようにするため、苦情の処理の
あっせんその他必要な措置を講ずるよう努めなけ
ればならない。

第4節　国及び地方公共団体の協力

第15条　国及び地方公共団体は、個人情報の保
護に関する施策を講ずるにつき、相協力するもの
とする。

第4章　個人情報取扱事業者等の義務等

第1節　総則

（定義）
第16条　この章及び第8章において「個人情報デー
タベース等」とは、個人情報を含む情報の集
合物であって、次に掲げるもの（利用方法からみ
て個人の権利利益を害するおそれが少ないものと
して政令で定めるものを除く。）をいう。

一　特定の個人情報を電子計算機を用いて検索

195

することができるように体系的に構成したもの

二　前号に掲げるもののほか、特定の個人情報を容易に検索することができるように体系的に構成したものとして政令で定めるもの

2　この章及び第6章から第8章までにおいて「個人情報取扱事業者」とは、個人情報データベース等を事業の用に供している者をいう。ただし、次に掲げる者を除く。

一　国の機関

二　地方公共団体

三　独立行政法人等

四　地方独立行政法人

3　この章において「個人データ」とは、個人情報データベース等を構成する個人情報をいう。

4　この章において「保有個人データ」とは、個人情報取扱事業者が、開示、内容の訂正、追加又は削除、利用の停止、消去及び第三者への提供の停止を行うことのできる権限を有する個人データであって、その存否が明らかになることにより公益その他の利益が害されるものとして政令で定めるもの以外のものをいう。

5　この章、第6章及び第7章において「仮名加工情報取扱事業者」とは、仮名加工情報を含む情報の集合物であって、特定の仮名加工情報を電子計算機を用いて検索することができるように体系的に構成したものその他特定の仮名加工情報を容易に検索することができるように体系的に構成したものとして政令で定めるもの（第41条第1項において「仮名加工情報データベース等」という。）を事業の用に供している者をいう。ただし、第2項各号に掲げる者を除く。

6　この章、第6章及び第7章において「匿名加工情報取扱事業者」とは、匿名加工情報を含む情報の集合物であって、特定の匿名加工情報を電子計算機を用いて検索することができるように体系的に構成したものその他特定の匿名加工情報を容易に検索することができるように体系的に構成したものとして政令で定めるもの（第43条第1項において「匿名加工情報データベース等」という。）を事業の用に供している者をいう。ただし、第2項各号に掲げる者を除く。

7　この章、第6章及び第7章において「個人関連情報取扱事業者」とは、個人関連情報を含む情報の集合物であって、特定の個人関連情報を電子計算機を用いて検索することができるように体系的に構成したものその他特定の個人関連情報を容易に検索することができるように体系的に構成したものとして政令で定めるもの（第31条第1項において「個人関連情報データベース等」という。）を事業の用に供している者をいう。ただし、

第2項各号に掲げる者を除く。

8　この章において「学術研究機関等」とは、大学その他の学術研究を目的とする機関若しくは団体又はそれらに属する者をいう。

第2節　個人情報取扱事業者及び個人関連情報取扱事業者の義務

（利用目的の特定）

第17条　個人情報取扱事業者は、個人情報を取り扱うに当たっては、その利用の目的（以下「利用目的」という。）をできる限り特定しなければならない。

2　個人情報取扱事業者は、利用目的を変更する場合には、変更前の利用目的と関連性を有すると合理的に認められる範囲を超えて行ってはならない。

（利用目的による制限）

第18条　個人情報取扱事業者は、あらかじめ本人の同意を得ないで、前条の規定により特定された利用目的の達成に必要な範囲を超えて、個人情報を取り扱ってはならない。

2　個人情報取扱事業者は、合併その他の事由により他の個人情報取扱事業者から事業を承継することに伴って個人情報を取得した場合は、あらかじめ本人の同意を得ないで、承継前における当該個人情報の利用目的の達成に必要な範囲を超えて、当該個人情報を取り扱ってはならない。

3　前二項の規定は、次に掲げる場合については、適用しない。

一　法令（条例を含む。以下この章において同じ。）に基づく場合

二　人の生命、身体又は財産の保護のために必要がある場合であって、本人の同意を得ることが困難であるとき。

三　公衆衛生の向上又は児童の健全な育成の推進のために特に必要がある場合であって、本人の同意を得ることが困難であるとき。

四　国の機関若しくは地方公共団体又はその委託を受けた者が法令の定める事務を遂行することに対して協力する必要がある場合であって、本人の同意を得ることにより当該事務の遂行に支障を及ぼすおそれがあるとき。

五　当該個人情報取扱事業者が学術研究機関等である場合であって、当該個人情報を学術研究の用に供する目的（以下この章において「学術研究目的」という。）で取り扱う必要があるとき（当該個人情報を取り扱う目的の一部が学術研究目的である場合を含み、個人の権利利益を不当に侵害するおそれがある場合を除

く。）。

六　学術研究機関等に個人データを提供する場合であって、当該学術研究機関等が当該個人データを学術研究目的で取り扱う必要があるとき（当該個人データを取り扱う目的の一部が学術研究目的である場合を含み、個人の権利利益を不当に侵害するおそれがある場合を除く。）。

（不適正な利用の禁止）
第19条　個人情報取扱事業者は、違法又は不当な行為を助長し、又は誘発するおそれがある方法により個人情報を利用してはならない。

（適正な取得）
第20条　個人情報取扱事業者は、偽りその他不正の手段により個人情報を取得してはならない。
2　個人情報取扱事業者は、次に掲げる場合を除くほか、あらかじめ本人の同意を得ないで、要配慮個人情報を取得してはならない。
一　法令に基づく場合
二　人の生命、身体又は財産の保護のために必要がある場合であって、本人の同意を得ることが困難であるとき。
三　公衆衛生の向上又は児童の健全な育成の推進のために特に必要がある場合であって、本人の同意を得ることが困難であるとき。
四　国の機関若しくは地方公共団体又はその委託を受けた者が法令の定める事務を遂行することに対して協力する必要がある場合であって、本人の同意を得ることにより当該事務の遂行に支障を及ぼすおそれがあるとき。
五　当該個人情報取扱事業者が学術研究機関等である場合であって、当該要配慮個人情報を学術研究目的で取り扱う必要があるとき（当該要配慮個人情報を取り扱う目的の一部が学術研究目的である場合を含み、個人の権利利益を不当に侵害するおそれがある場合を除く。）。
六　学術研究機関等から当該要配慮個人情報を取得する場合であって、当該要配慮個人情報を学術研究目的で取得する必要があるとき（当該要配慮個人情報を取得する目的の一部が学術研究目的である場合を含み、個人の権利利益を不当に侵害するおそれがある場合を除く。）（当該個人情報取扱事業者と当該学術研究機関等が共同して学術研究を行う場合に限る。）。
七　当該要配慮個人情報が、本人、国の機関、地方公共団体、学術研究機関等、第57条第1項各号に掲げる者その他個人情報保護委員会規則で定める者により公開されている場合
八　その他前各号に掲げる場合に準ずるものとして政令で定める場合

（取得に際しての利用目的の通知等）
第21条　個人情報取扱事業者は、個人情報を取得した場合は、あらかじめその利用目的を公表している場合を除き、速やかに、その利用目的を、本人に通知し、又は公表しなければならない。
2　個人情報取扱事業者は、前項の規定にかかわらず、本人との間で契約を締結することに伴って契約書その他の書面（電磁的記録を含む。以下この項において同じ。）に記載された当該本人の個人情報を取得する場合その他本人から直接書面に記載された当該本人の個人情報を取得する場合は、あらかじめ、本人に対し、その利用目的を明示しなければならない。ただし、人の生命、身体又は財産の保護のために緊急に必要がある場合は、この限りでない。
3　個人情報取扱事業者は、利用目的を変更した場合は、変更された利用目的について、本人に通知し、又は公表しなければならない。
4　前三項の規定は、次に掲げる場合については、適用しない。
一　利用目的を本人に通知し、又は公表することにより本人又は第三者の生命、身体、財産その他の権利利益を害するおそれがある場合
二　利用目的を本人に通知し、又は公表することにより当該個人情報取扱事業者の権利又は正当な利益を害するおそれがある場合
三　国の機関又は地方公共団体が法令の定める事務を遂行することに対して協力する必要がある場合であって、利用目的を本人に通知し、又は公表することにより当該事務の遂行に支障を及ぼすおそれがあるとき。
四　取得の状況からみて利用目的が明らかであると認められる場合

（データ内容の正確性の確保等）
第22条　個人情報取扱事業者は、利用目的の達成に必要な範囲内において、個人データを正確かつ最新の内容に保つとともに、利用する必要がなくなったときは、当該個人データを遅滞なく消去するよう努めなければならない。

（安全管理措置）
第23条　個人情報取扱事業者は、その取り扱う個人データの漏えい、滅失又は毀損の防止その他の個人データの安全管理のために必要かつ適切な措置を講じなければならない。

（従業者の監督）
第24条　個人情報取扱事業者は、その従業者に個人データを取り扱わせるに当たっては、当該個人データの安全管理が図られるよう、当該従業者に対する必要かつ適切な監督を行わなければならない。

197

（委託先の監督）

第25条 個人情報取扱事業者は、個人データの取扱いの全部又は一部を委託する場合は、その取扱いを委託された個人データの安全管理が図られるよう、委託を受けた者に対する必要かつ適切な監督を行わなければならない。

（漏えい等の報告等）

第26条 個人情報取扱事業者は、その取り扱う個人データの漏えい、滅失、毀損その他の個人データの安全の確保に係る事態であって個人の権利利益を害するおそれが大きいものとして個人情報保護委員会規則で定めるものが生じたときは、個人情報保護委員会規則で定めるところにより、当該事態が生じた旨を個人情報保護委員会に報告しなければならない。ただし、当該個人情報取扱事業者が、他の個人情報取扱事業者又は行政機関等から当該個人データの取扱いの全部又は一部の委託を受けた場合であって、個人情報保護委員会規則で定めるところにより、当該事態が生じた旨を当該他の個人情報取扱事業者又は行政機関等に通知したときは、この限りでない。

2 前項に規定する場合には、個人情報取扱事業者（同項ただし書の規定による通知をした者を除く。）は、本人に対し、個人情報保護委員会規則で定めるところにより、当該事態が生じた旨を通知しなければならない。ただし、本人への通知が困難な場合であって、本人の権利利益を保護するため必要なこれに代わるべき措置をとるときは、この限りでない。

（第三者提供の制限）

第27条 個人情報取扱事業者は、次に掲げる場合を除くほか、あらかじめ本人の同意を得ないで、個人データを第三者に提供してはならない。

一　法令に基づく場合

二　人の生命、身体又は財産の保護のために必要がある場合であって、本人の同意を得ることが困難であるとき。

三　公衆衛生の向上又は児童の健全な育成の推進のために特に必要がある場合であって、本人の同意を得ることが困難であるとき。

四　国の機関若しくは地方公共団体又はその委託を受けた者が法令の定める事務を遂行することに対して協力する必要がある場合であって、本人の同意を得ることにより当該事務の遂行に支障を及ぼすおそれがあるとき。

五　当該個人情報取扱事業者が学術研究機関等である場合であって、当該個人データの提供が学術研究の成果の公表又は教授のためやむを得ないとき（個人の権利利益を不当に侵害するおそれがある場合を除く。）。

六　当該個人情報取扱事業者が学術研究機関等である場合であって、当該個人データを学術研究目的で提供する必要があるとき（当該個人データを提供する目的の一部が学術研究目的である場合を含み、個人の権利利益を不当に侵害するおそれがある場合を除く。）（当該個人情報取扱事業者と当該第三者が共同して学術研究を行う場合に限る。）。

七　当該第三者が学術研究機関等である場合であって、当該第三者が当該個人データを学術研究目的で取り扱う必要があるとき（当該個人データを取り扱う目的の一部が学術研究目的である場合を含み、個人の権利利益を不当に侵害するおそれがある場合を除く。）。

2 個人情報取扱事業者は、第三者に提供される個人データについて、本人の求めに応じて当該本人が識別される個人データの第三者への提供を停止することとしている場合であって、次に掲げる事項について、個人情報保護委員会規則で定めるところにより、あらかじめ、本人に通知し、又は本人が容易に知り得る状態に置くとともに、個人情報保護委員会に届け出たときは、前項の規定にかかわらず、当該個人データを第三者に提供することができる。ただし、第三者に提供される個人データが要配慮個人情報又は第20条第1項の規定に違反して取得されたもの若しくは他の個人情報取扱事業者からこの項本文の規定により提供されたもの（その全部又は一部を複製し、又は加工したものを含む。）である場合は、この限りでない。

一　第三者への提供を行う個人情報取扱事業者の氏名又は名称及び住所並びに法人にあっては、その代表者（法人でない団体で代表者又は管理人の定めのあるものにあっては、その代表者又は管理人。以下この条、第30条第1項第1号及び第32条第1項第1号において同じ。）の氏名

二　第三者への提供を利用目的とすること。

三　第三者に提供される個人データの項目

四　第三者に提供される個人データの取得の方法

五　第三者への提供の方法

六　本人の求めに応じて当該本人が識別される個人データの第三者への提供を停止すること。

七　本人の求めを受け付ける方法

八　その他個人の権利利益を保護するために必要なものとして個人情報保護委員会規則で定める事項

3 個人情報取扱事業者は、前項第1号に掲げる事項に変更があったとき又は同項の規定による個

人データの提供をやめたときは遅滞なく、同項第
3号から第5号まで、第7号又は第8号に掲げる
事項を変更しようとするときはあらかじめ、その
旨について、個人情報保護委員会規則で定める
ところにより、本人に通知し、又は本人が容易に
知り得る状態に置くとともに、個人情報保護委員
会に届け出なければならない。

4　個人情報保護委員会は、第2項の規定による
届出があったときは、個人情報保護委員会規則
で定めるところにより、当該届出に係る事項を公
表しなければならない。前項の規定による届出が
あったときも、同様とする。

5　次に掲げる場合において、当該個人データの提
供を受ける者は、前各項の規定の適用について
は、第三者に該当しないものとする。

一　個人情報取扱事業者が利用目的の達成に必
要な範囲内において個人データの取扱いの全
部又は一部を委託することに伴って当該個人デ
ータが提供される場合

二　合併その他の事由による事業の承継に伴っ
て個人データが提供される場合

三　特定の者との間で共同して利用される個人
データが当該特定の者に提供される場合であ
って、その旨並びに共同して利用される個人デ
ータの項目、共同して利用する者の範囲、利用
する者の利用目的並びに当該個人データの管
理について責任を有する者の氏名又は名称及
び住所並びに法人にあっては、その代表者の
氏名について、あらかじめ、本人に通知し、又
は本人が容易に知り得る状態に置いていると
き。

6　個人情報取扱事業者は、前項第3号に規定す
る個人データの管理について責任を有する者の氏
名、名称若しくは住所又は法人にあっては、その
代表者の氏名に変更があったときは遅滞なく、同
号に規定する利用する者の利用目的又は当該責
任を有する者を変更しようとするときはあらかじ
め、その旨について、本人に通知し、又は本人が
容易に知り得る状態に置かなければならない。

（外国にある第三者への提供の制限）

第28条　個人情報取扱事業者は、外国（本邦の
域外にある国又は地域をいう。以下この条及び第
31条第1項第2号において同じ。）（個人の権利利
益を保護する上で我が国と同等の水準にあると認
められる個人情報の保護に関する制度を有してい
る外国として個人情報保護委員会規則で定める
ものを除く。以下この条及び同号において同じ。）
にある第三者（個人データの取扱いについてこの
節の規定により個人情報取扱事業者が講ずべき
こととされている措置に相当する措置（第3項に

おいて「相当措置」という。）を継続的に講ずる
ために必要なものとして個人情報保護委員会規
則で定める基準に適合する体制を整備している
者を除く。以下この項及び次項並びに同号におい
て同じ。）に個人データを提供する場合には、前
条第1項各号に掲げる場合を除くほか、あらかじ
め外国にある第三者への提供を認める旨の本人
の同意を得なければならない。この場合において
は、同条の規定は、適用しない。

2　個人情報取扱事業者は、前項の規定により本
人の同意を得ようとする場合には、個人情報保護
委員会規則で定めるところにより、あらかじめ、
当該外国における個人情報の保護に関する制度、
当該第三者が講ずる個人情報の保護のための措
置その他当該本人に参考となるべき情報を当該
本人に提供しなければならない。

3　個人情報取扱事業者は、個人データを外国に
ある第三者（第1項に規定する体制を整備してい
る者に限る。）に提供した場合には、個人情報保
護委員会規則で定めるところにより、当該第三者
による相当措置の継続的な実施を確保するために
必要な措置を講ずるとともに、本人の求めに応じ
て当該必要な措置に関する情報を当該本人に提
供しなければならない。

（第三者提供に係る記録の作成等）

第29条　個人情報取扱事業者は、個人データを第
三者（第16条第2項各号に掲げる者を除く。以下
この条及び次条（第31条第3項において読み替え
て準用する場合を含む。）において同じ。）に提供
したときは、個人情報保護委員会規則で定めると
ころにより、当該個人データを提供した年月日、
当該第三者の氏名又は名称その他の個人情報保
護委員会規則で定める事項に関する記録を作成
しなければならない。ただし、当該個人データの
提供が第27条第1項各号又は第5項各号のいず
れか（前条第1項の規定による個人データの提供
にあっては、第27条第1項各号のいずれか）に該
当する場合は、この限りでない。

2　個人情報取扱事業者は、前項の記録を、当該
記録を作成した日から個人情報保護委員会規則
で定める期間保存しなければならない。

（第三者提供を受ける際の確認等）

第30条　個人情報取扱事業者は、第三者から個
人データの提供を受けるに際しては、個人情報保
護委員会規則で定めるところにより、次に掲げる
事項の確認を行わなければならない。ただし、当
該個人データの提供が第27条第1項各号又は第
5項各号のいずれかに該当する場合は、この限り
でない。

一　当該第三者の氏名又は名称及び住所並びに

法人にあっては、その代表者の氏名

二　当該第三者による当該個人データの取得の
経緯

2　前項の第三者は、個人情報取扱事業者が同項
の規定による確認を行う場合において、当該個人
情報取扱事業者に対して、当該確認に係る事項
を偽ってはならない。

3　個人情報取扱事業者は、第1項の規定による
確認を行ったときは、個人情報保護委員会規則
で定めるところにより、当該個人データの提供を
受けた年月日、当該確認に係る事項その他の個人
情報保護委員会規則で定める事項に関する記録
を作成しなければならない。

4　個人情報取扱事業者は、前項の記録を、当該
記録を作成した日から個人情報保護委員会規則
で定める期間保存しなければならない。

（個人関連情報の第三者提供の制限等）

第31条　個人関連情報取扱事業者は、第三者が
個人関連情報（個人関連情報データベース等を
構成するものに限る。以下この章及び第6章にお
いて同じ。）を個人データとして取得することが
想定されるときは、第27条第1項各号に掲げる場
合を除くほか、次に掲げる事項について、あらか
じめ個人情報保護委員会規則で定めるところに
より確認することをしないで、当該個人関連情報を
当該第三者に提供してはならない。

一　当該第三者が個人関連情報取扱事業者から
個人関連情報の提供を受けて本人が識別され
る個人データとして取得することを認める旨の
当該本人の同意が得られていること。

二　外国にある第三者への提供にあっては、前
号の本人の同意を得ようとする場合において、
個人情報保護委員会規則で定めるところによ
り、あらかじめ、当該外国における個人情報の
保護に関する制度、当該第三者が講ずる個人
情報の保護のための措置その他当該本人に参
考となるべき情報が当該本人に提供されている
こと。

2　第28条第3項の規定は、前項の規定により個人
関連情報取扱事業者が個人関連情報を提供する
場合について準用する。この場合において、同条
第3項中「講ずるとともに、本人の求めに応じて
当該必要な措置に関する情報を当該本人に提供
し」とあるのは、「講じ」と読み替えるものとする。

3　前条第2項から第4項までの規定は、第1項の
規定により個人関連情報取扱事業者が確認する
場合について準用する。この場合において、同条
第3項中「の提供を受けた」とあるのは、「を提
供した」と読み替えるものとする。

（保有個人データに関する事項の公表等）

第32条　個人情報取扱事業者は、保有個人デー
タに関し、次に掲げる事項について、本人の知り
得る状態（本人の求めに応じて遅滞なく回答する
場合を含む。）に置かなければならない。

一　当該個人情報取扱事業者の氏名又は名称及
び住所並びに法人にあっては、その代表者の
氏名

二　全ての保有個人データの利用目的（第21条
第4項第1号から第3号までに該当する場合を
除く。）

三　次項の規定による求め又は次条第1項（同条
第5項において準用する場合を含む。）、第34条
第1項若しくは第35条第1項、第3項若しくは
第5項の規定による請求に応じる手続（第38条
第2項の規定により手数料の額を定めたとき
は、その手数料の額を含む。）

四　前三号に掲げるもののほか、保有個人データ
の適正な取扱いの確保に関し必要な事項とし
て政令で定めるもの

2　個人情報取扱事業者は、本人から、当該本人
が識別される保有個人データの利用目的の通知を
求められたときは、本人に対し、遅滞なく、これ
を通知しなければならない。ただし、次の各号の
いずれかに該当する場合は、この限りでない。

一　前項の規定により当該本人が識別される保
有個人データの利用目的が明らかな場合

二　第21条第4項第1号から第3号までに該当す
る場合

3　個人情報取扱事業者は、前項の規定に基づき
求められた保有個人データの利用目的を通知しな
い旨の決定をしたときは、本人に対し、遅滞なく、
その旨を通知しなければならない。

（開示）

第33条　本人は、個人情報取扱事業者に対し、当
該本人が識別される保有個人データの電磁的記
録の提供による方法その他の個人情報保護委員
会規則で定める方法による開示を請求することが
できる。

2　個人情報取扱事業者は、前項の規定による請
求を受けたときは、本人に対し、同項の規定によ
り当該本人が請求した方法（当該方法による開示
に多額の費用を要する場合その他の当該方法に
よる開示が困難である場合にあっては、書面の交
付による方法）により、遅滞なく、当該保有個人
データを開示しなければならない。ただし、開示
することにより次の各号のいずれかに該当する場
合は、その全部又は一部を開示しないことができ
る。

一　本人又は第三者の生命、身体、財産その他
の権利利益を害するおそれがある場合

二　当該個人情報取扱事業者の業務の適正な実施に著しい支障を及ぼすおそれがある場合

三　他の法令に違反することとなる場合

3　個人情報取扱事業者は、第1項の規定による請求に係る保有個人データの全部若しくは一部について開示しない旨の決定をしたとき、当該保有個人データが存在しないとき、又は同項の規定により本人が請求した方法による開示が困難であるときは、本人に対し、遅滞なく、その旨を通知しなければならない。

4　他の法令の規定により、本人に対し第2項本文に規定する方法に相当する方法により当該本人が識別される保有個人データの全部又は一部を開示することとされている場合には、当該全部又は一部の保有個人データについては、第1項及び第2項の規定は、適用しない。

5　第1項から第3項までの規定は、当該本人が識別される個人データに係る第29条第1項及び第30条第3項の記録（その存否が明らかになることにより公益その他の利益が害されるものとして政令で定めるものを除く。第37条第2項において「第三者提供記録」という。）について準用する。

（訂正等）

第34条　本人は、個人情報取扱事業者に対し、当該本人が識別される保有個人データの内容が事実でないときは、当該保有個人データの内容の訂正、追加又は削除（以下この条において「訂正等」という。）を請求することができる。

2　個人情報取扱事業者は、前項の規定による請求を受けた場合には、その内容の訂正等に関して他の法令の規定により特別の手続が定められている場合を除き、利用目的の達成に必要な範囲内において、遅滞なく必要な調査を行い、その結果に基づき、当該保有個人データの内容の訂正等を行わなければならない。

3　個人情報取扱事業者は、第1項の規定による請求に係る保有個人データの内容の全部若しくは一部について訂正等を行ったとき、又は訂正等を行わない旨の決定をしたときは、本人に対し、遅滞なく、その旨（訂正等を行ったときは、その内容を含む。）を通知しなければならない。

（利用停止等）

第35条　本人は、個人情報取扱事業者に対し、当該本人が識別される保有個人データが第18条若しくは第19条の規定に違反して取り扱われているとき、又は第20条の規定に違反して取得されたものであるときは、当該保有個人データの利用の停止又は消去（以下この条において「利用停止等」という。）を請求することができる。

2　個人情報取扱事業者は、前項の規定による請

求を受けた場合であって、その請求に理由があることが判明したときは、違反を是正するために必要な限度で、遅滞なく、当該保有個人データの利用停止等を行わなければならない。ただし、当該保有個人データの利用停止等に多額の費用を要する場合その他の利用停止等を行うことが困難な場合であって、本人の権利利益を保護するため必要なこれに代わるべき措置をとるときは、この限りでない。

3　本人は、個人情報取扱事業者に対し、当該本人が識別される保有個人データが第27条第1項又は第28条の規定に違反して第三者に提供されているときは、当該保有個人データの第三者への提供の停止を請求することができる。

4　個人情報取扱事業者は、前項の規定による請求を受けた場合であって、その請求に理由があることが判明したときは、遅滞なく、当該保有個人データの第三者への提供を停止しなければならない。ただし、当該保有個人データの第三者への提供の停止に多額の費用を要する場合その他の第三者への提供を停止することが困難な場合であって、本人の権利利益を保護するため必要なこれに代わるべき措置をとるときは、この限りでない。

5　本人は、個人情報取扱事業者に対し、当該本人が識別される保有個人データを当該個人情報取扱事業者が利用する必要がなくなった場合、当該本人が識別される保有個人データに係る第26条第1項本文に規定する事態が生じた場合その他当該本人が識別される保有個人データの取扱いにより当該本人の権利又は正当な利益が害されるおそれがある場合には、当該保有個人データの利用停止等又は第三者への提供の停止を請求することができる。

6　個人情報取扱事業者は、前項の規定による請求を受けた場合であって、その請求に理由があることが判明したときは、本人の権利利益の侵害を防止するために必要な限度で、遅滞なく、当該保有個人データの利用停止等又は第三者への提供の停止を行わなければならない。ただし、当該保有個人データの利用停止等又は第三者への提供の停止に多額の費用を要する場合その他の利用停止等又は第三者への提供の停止を行うことが困難な場合であって、本人の権利利益を保護するため必要なこれに代わるべき措置をとるときは、この限りでない。

7　個人情報取扱事業者は、第1項若しくは第5項の規定による請求に係る保有個人データの全部若しくは一部について利用停止等を行ったとき若しくは利用停止等を行わない旨の決定をしたと

き、又は第3項若しくは第5項の規定による請求
に係る保有個人データの全部若しくは一部につい
て第三者への提供を停止したとき若しくは第三者
への提供を停止しない旨の決定をしたときは、本
人に対し、遅滞なく、その旨を通知しなければな
らない。

（理由の説明）

第36条　個人情報取扱事業者は、第32条第3項、
第33条第3項（同条第5項において準用する場合
を含む。）、第34条第3項又は前条第7項の規定に
より、本人から求められ、又は請求された措置の
全部又は一部について、その措置をとらない旨を
通知する場合又はその措置と異なる措置をとる旨
を通知する場合には、本人に対し、その理由を説
明するよう努めなければならない。

（開示等の請求等に応じる手続）

第37条　個人情報取扱事業者は、第32条第2項の
規定による求め又は第33条第1項（同条第5項に
おいて準用する場合を含む。次条第1項及び第39
条において同じ。）、第34条第1項若しくは第35条
第1項、第3項若しくは第5項の規定による請求
（以下この条及び第54条第1項において「開示等
の請求等」という。）に関し、政令で定めるとこ
ろにより、その求め又は請求を受け付ける方法を
定めることができる。この場合において、本人は、
当該方法に従って、開示等の請求等を行わなけ
ればならない。

2　個人情報取扱事業者は、本人に対し、開示等
の請求等に関し、その対象となる保有個人データ
又は第三者提供記録を特定するに足りる事項の
提示を求めることができる。この場合において、
個人情報取扱事業者は、本人が容易かつ的確に
開示等の請求等をすることができるよう、当該保
有個人データ又は当該第三者提供記録の特定に
資する情報の提供その他本人の利便を考慮した
適切な措置をとらなければならない。

3　開示等の請求等は、政令で定めるところにより、
代理人によってすることができる。

4　個人情報取扱事業者は、前三項の規定に基づ
き開示等の請求等に応じる手続を定めるに当たっ
ては、本人に過重な負担を課するものとならない
よう配慮しなければならない。

（手数料）

第38条　個人情報取扱事業者は、第32条第2項の
規定による利用目的の通知を求められたとき又は
第33条第1項の規定による開示の請求を受けたと
きは、当該措置の実施に関し、手数料を徴収する
ことができる。

2　個人情報取扱事業者は、前項の規定により手
数料を徴収する場合は、実費を勘案して合理的

であると認められる範囲内において、その手数料
の額を定めなければならない。

（事前の請求）

第39条　本人は、第33条第1項、第34条第1項又
は第35条第1項、第3項若しくは第5項の規定に
よる請求に係る訴えを提起しようとするときは、
その訴えの被告となるべき者に対し、あらかじ
め、当該請求を行い、かつ、その到達した日から
2週間を経過した後でなければ、その訴えを提起
することができない。ただし、当該訴えの被告と
なるべき者がその請求を拒んだときは、この限り
でない。

2　前項の請求は、その請求が通常到達すべきで
あった時に、到達したものとみなす。

3　前二項の規定は、第33条第1項、第34条第1項
又は第35条第1項、第3項若しくは第5項の規定
による請求に係る仮処分命令の申立てについて
準用する。

（個人情報取扱事業者による苦情の処理）

第40条　個人情報取扱事業者は、個人情報の取
扱いに関する苦情の適切かつ迅速な処理に努め
なければならない。

2　個人情報取扱事業者は、前項の目的を達成す
るために必要な体制の整備に努めなければなら
ない。

第3節　仮名加工情報取扱事業者等の義務

（仮名加工情報の作成等）

第41条　個人情報取扱事業者は、仮名加工情報
（仮名加工情報データベース等を構成するものに
限る。以下この章及び第6章において同じ。）を
作成するときは、他の情報と照合しない限り特定
の個人を識別することができないようにするため
に必要なものとして個人情報保護委員会規則で
定める基準に従い、個人情報を加工しなければ
ならない。

2　個人情報取扱事業者は、仮名加工情報を作成
したとき、又は仮名加工情報及び当該仮名加工
情報に係る削除情報等（仮名加工情報の作成に
用いられた個人情報から削除された記述等及び
個人識別符号並びに前項の規定により行われた
加工の方法に関する情報をいう。以下この条及び
次条第3項において読み替えて準用する第7項に
おいて同じ。）を取得したときは、削除情報等の
漏えいを防止するために必要なものとして個人情
報保護委員会規則で定める基準に従い、削除情
報等の安全管理のための措置を講じなければな
らない。

3　仮名加工情報取扱事業者（個人情報取扱事業

者である者に限る。以下この条において同じ。）は、第18条の規定にかかわらず、法令に基づく場合を除くほか、第17条第1項の規定により特定された利用目的の達成に必要な範囲を超えて、仮名加工情報（個人情報であるものに限る。以下この条において同じ。）を取り扱ってはならない。

4　仮名加工情報についての第21条の規定の適用については、同条第1項及び第3項中「、本人に通知し、又は公表し」とあるのは「公表し」と、同条第4項第1号から第3号までの規定中「本人に通知し、又は公表する」とあるのは「公表する」とする。

5　仮名加工情報取扱事業者は、仮名加工情報である個人データ及び削除情報等を利用する必要がなくなったときは、当該個人データ及び削除情報等を遅滞なく消去するよう努めなければならない。この場合においては、第22条の規定は、適用しない。

6　仮名加工情報取扱事業者は、第27条第1項及び第2項並びに第28条第1項の規定にかかわらず、法令に基づく場合を除くほか、仮名加工情報である個人データを第三者に提供してはならない。この場合において、第27条第5項中「前各項」とあるのは「第41条第6項」と、同項第3号中「、本人に通知し、又は本人が容易に知り得る状態に置いて」とあるのは「公表して」と、同条第6項中「、本人に通知し、又は本人が容易に知り得る状態に置かなければ」とあるのは「公表しなければ」と、第29条第1項ただし書中「第27条第1項各号又は第5項各号のいずれか（前条第1項の規定による個人データの提供にあっては、第27条第1項各号のいずれか）」とあり、及び第30条第1項ただし書中「第27条第1項各号又は第5項各号のいずれか」とあるのは「法令に基づく場合又は第27条第5項各号のいずれか」とする。

7　仮名加工情報取扱事業者は、仮名加工情報を取り扱うに当たっては、当該仮名加工情報の作成に用いられた個人情報に係る本人を識別するために、当該仮名加工情報を他の情報と照合してはならない。

8　仮名加工情報取扱事業者は、仮名加工情報を取り扱うに当たっては、電話をかけ、郵便若しくは民間事業者による信書の送達に関する法律（平成14年法律第99号）第2条第6項に規定する一般信書便事業者若しくは同条第9項に規定する特定信書便事業者による同条第2項に規定する信書便により送付し、電報を送達し、ファクシミリ装置若しくは電磁的方法（電子情報処理組織を使用する方法その他の情報通信の技術を利用する方法であって個人情報保護委員会規則で定め

るものをいう。）を用いて送信し、又は住居を訪問するために、当該仮名加工情報に含まれる連絡先その他の情報を利用してはならない。

9　仮名加工情報、仮名加工情報である個人データ及び仮名加工情報である保有個人データについては、第17条第2項、第26条及び第32条から第39条までの規定は、適用しない。

（仮名加工情報の第三者提供の制限等）

第42条　仮名加工情報取扱事業者は、法令に基づく場合を除くほか、仮名加工情報（個人情報であるものを除く。次項及び第3項において同じ。）を第三者に提供してはならない。

2　第27条第5項及び第6項の規定は、仮名加工情報の提供を受ける者について準用する。この場合において、同条第5項中「前各項」とあるのは「第42条第1項」と、同項第1号中「個人情報取扱事業者」とあるのは「仮名加工情報取扱事業者」と、同項第3号中「、本人に通知し、又は本人が容易に知り得る状態に置いて」とあるのは「公表して」と、同条第6項中「個人情報取扱事業者」とあるのは「仮名加工情報取扱事業者」と、「、本人に通知し、又は本人が容易に知り得る状態に置かなければ」とあるのは「公表しなければ」と読み替えるものとする。

3　第23条から第25条まで、第40条並びに前条第7項及び第8項の規定は、仮名加工情報取扱事業者による仮名加工情報の取扱いについて準用する。この場合において、第23条中「漏えい、滅失又は毀損」とあるのは「漏えい」と、前条第7項中「ために、」とあるのは「ために、削除情報等を取得し、又は」と読み替えるものとする。

第4節　匿名加工情報取扱事業者等の義務

（匿名加工情報の作成等）

第43条　個人情報取扱事業者は、匿名加工情報（匿名加工情報データベース等を構成するものに限る。以下この章及び第6章において同じ。）を作成するときは、特定の個人を識別すること及びその作成に用いる個人情報を復元することができないようにするために必要なものとして個人情報保護委員会規則で定める基準に従い、当該個人情報を加工しなければならない。

2　個人情報取扱事業者は、匿名加工情報を作成したときは、その作成に用いた個人情報から削除した記述等及び個人識別符号並びに前項の規定により行った加工の方法に関する情報の漏えいを防止するために必要なものとして個人情報保護委員会規則で定める基準に従い、これらの情報の安全管理のための措置を講じなければならない。

3　個人情報取扱事業者は、匿名加工情報を作成
したときは、個人情報保護委員会規則で定めると
ころにより、当該匿名加工情報に含まれる個人に
関する情報の項目を公表しなければならない。

4　個人情報取扱事業者は、匿名加工情報を作成
して当該匿名加工情報を第三者に提供するとき
は、個人情報保護委員会規則で定めるところによ
り、あらかじめ、第三者に提供される匿名加工情
報に含まれる個人に関する情報の項目及びその
提供の方法について公表するとともに、当該第三
者に対して、当該提供に係る情報が匿名加工情
報である旨を明示しなければならない。

5　個人情報取扱事業者は、匿名加工情報を作成
して自ら当該匿名加工情報を取り扱うに当たって
は、当該匿名加工情報の作成に用いられた個人
情報に係る本人を識別するために、当該匿名加
工情報を他の情報と照合してはならない。

6　個人情報取扱事業者は、匿名加工情報を作成
したときは、当該匿名加工情報の安全管理のため
に必要かつ適切な措置、当該匿名加工情報の作
成その他の取扱いに関する苦情の処理その他の
当該匿名加工情報の適正な取扱いを確保するた
めに必要な措置を自ら講じ、かつ、当該措置の内
容を公表するよう努めなければならない。

（匿名加工情報の提供）

第44条　匿名加工情報取扱事業者は、匿名加工
情報（自ら個人情報を加工して作成したものを除
く。以下この節において同じ。）を第三者に提供
するときは、個人情報保護委員会規則で定めると
ころにより、あらかじめ、第三者に提供される匿
名加工情報に含まれる個人に関する情報の項目
及びその提供の方法について公表するとともに、
当該第三者に対して、当該提供に係る情報が匿
名加工情報である旨を明示しなければならない。

（識別行為の禁止）

第45条　匿名加工情報取扱事業者は、匿名加工
情報を取り扱うに当たっては、当該匿名加工情
報の作成に用いられた個人情報に係る本人を識
別するために、当該個人情報から削除された記
述等若しくは個人識別符号若しくは第43条第1
項若しくは第116条第1項（同条第2項において
準用する場合を含む。）の規定により行われた
加工の方法に関する情報を取得し、又は当該匿
名加工情報を他の情報と照合してはならない。

（安全管理措置等）

第46条　匿名加工情報取扱事業者は、匿名加工
情報の安全管理のために必要かつ適切な措置、
匿名加工情報の取扱いに関する苦情の処理その
他の匿名加工情報の適正な取扱いを確保するた
めに必要な措置を自ら講じ、かつ、当該措置の内

容を公表するよう努めなければならない。

**第5節　民間団体による個人情報の保護の推
　　　進**

（認定）

第47条　個人情報取扱事業者、仮名加工情報取
扱事業者又は匿名加工情報取扱事業者（以下こ
の章において「個人情報取扱事業者等」という。）
の個人情報、仮名加工情報又は匿名加工情報（以
下この章において「個人情報等」という。）の適
正な取扱いの確保を目的として次に掲げる業務を
行おうとする法人（法人でない団体で代表者又は
管理人の定めのあるものを含む。次条第3号ロに
おいて同じ。）は、個人情報保護委員会の認定を
受けることができる。

一　業務の対象となる個人情報取扱事業者等
（以下この節において「対象事業者」という。）
の個人情報等の取扱いに関する第53条の規定
による苦情の処理

二　個人情報等の適正な取扱いの確保に寄与す
る事項についての対象事業者に対する情報の
提供

三　前二号に掲げるもののほか、対象事業者の
個人情報等の適正な取扱いの確保に関し必要
な業務

2　前項の認定は、対象とする個人情報取扱事業
者等の事業の種類その他の業務の範囲を限定し
て行うことができる。

3　第1項の認定を受けようとする者は、政令で定
めるところにより、個人情報保護委員会に申請し
なければならない。

4　個人情報保護委員会は、第1項の認定をしたと
きは、その旨（第2項の規定により業務の範囲を
限定する認定にあっては、その認定に係る業務の
範囲を含む。）を公示しなければならない。

（欠格条項）

第48条　次の各号のいずれかに該当する者は、
前条第1項の認定を受けることができない。

一　この法律の規定により刑に処せられ、その
執行を終わり、又は執行を受けることがなく
なった日から2年を経過しない者

二　第155条第1項の規定により認定を取り消さ
れ、その取消しの日から2年を経過しない者

三　その業務を行う役員（法人でない団体で代
表者又は管理人の定めのあるものの代表者又
は管理人を含む。以下この条において同じ。）
のうちに、次のいずれかに該当する者がある
もの

イ　禁錮以上の刑に処せられ、又はこの法律

の規定により刑に処せられ、その執行を終わり、又は執行を受けることがなくなった日から２年を経過しない者

ロ　第155条第１項の規定により認定を取り消された法人において、その取消しの日前30日以内にその役員であった者でその取消しの日から２年を経過しない者

（認定の基準）

第49条　個人情報保護委員会は、第47条第１項の認定の申請が次の各号のいずれにも適合していると認めるときでなければ、その認定をしてはならない。

一　第47条第１項各号に掲げる業務を適正かつ確実に行うに必要な業務の実施の方法が定められているものであること。

二　第47条第１項各号に掲げる業務を適正かつ確実に行うに足りる知識及び能力並びに経理的基礎を有するものであること。

三　第47条第１項各号に掲げる業務以外の業務を行っている場合には、その業務を行うことによって同項各号に掲げる業務が不公正になるおそれがないものであること。

（変更の認定等）

第50条　第47条第１項の認定（同条第２項の規定により業務の範囲を限定する認定を含む。次条第１項及び第155条第１項第５号において同じ。）を受けた者は、その認定に係る業務の範囲を変更しようとするときは、個人情報保護委員会の認定を受けなければならない。ただし、個人情報保護委員会規則で定める軽微な変更については、この限りでない。

２　第47条第３項及び第４項並びに前条の規定は、前項の変更の認定について準用する。

（廃止の届出）

第51条　第47条第１項の認定（前条第１項の変更の認定を含む。）を受けた者（以下この節及び第６章において「認定個人情報保護団体」という。）は、その認定に係る業務（以下この節及び第６章において「認定業務」という。）を廃止しようとするときは、政令で定めるところにより、あらかじめ、その旨を個人情報保護委員会に届け出なければならない。

２　個人情報保護委員会は、前項の規定による届出があったときは、その旨を公示しなければならない。

（対象事業者）

第52条　認定個人情報保護団体は、認定業務の対象となることについて同意を得た個人情報取扱事業者等を対象事業者としなければならない。この場合において、第54条第４項の規定による措置をとったにもかかわらず、対象事業者が同条第１項に規定する個人情報保護指針を遵守しないときは、当該対象事業者を認定業務の対象から除外することができる。

２　認定個人情報保護団体は、対象事業者の氏名又は名称を公表しなければならない。

（苦情の処理）

第53条　認定個人情報保護団体は、本人その他の関係者から対象事業者の個人情報等の取扱いに関する苦情について解決の申出があったときは、その相談に応じ、申出人に必要な助言をし、その苦情に係る事情を調査するとともに、当該対象事業者に対し、その苦情の内容を通知してその迅速な解決を求めなければならない。

２　認定個人情報保護団体は、前項の申出に係る苦情の解決について必要があると認めるときは、当該対象事業者に対し、文書若しくは口頭による説明を求め、又は資料の提出を求めることができる。

３　対象事業者は、認定個人情報保護団体から前項の規定による求めがあったときは、正当な理由がないのに、これを拒んではならない。

（個人情報保護指針）

第54条　認定個人情報保護団体は、対象事業者の個人情報等の適正な取扱いの確保のために、個人情報に係る利用目的の特定、安全管理のための措置、開示等の請求等に応じる手続その他の事項又は仮名加工情報若しくは匿名加工情報に係る作成の方法、その情報の安全管理のための措置その他の事項に関し、消費者の意見を代表する者その他の関係者の意見を聴いて、この法律の規定の趣旨に沿った指針（以下この節及び第６章において「個人情報保護指針」という。）を作成するよう努めなければならない。

２　認定個人情報保護団体は、前項の規定により個人情報保護指針を作成したときは、個人情報保護委員会規則で定めるところにより、遅滞なく、当該個人情報保護指針を個人情報保護委員会に届け出なければならない。これを変更したときも、同様とする。

３　個人情報保護委員会は、前項の規定による個人情報保護指針の届出があったときは、個人情報保護委員会規則で定めるところにより、当該個人情報保護指針を公表しなければならない。

４　認定個人情報保護団体は、前項の規定により個人情報保護指針が公表されたときは、対象事業者に対し、当該個人情報保護指針を遵守させるため必要な指導、勧告その他の措置をとらなければならない。

（目的外利用の禁止）

第55条　認定個人情報保護団体は、認定業務の実施に際して知り得た情報を認定業務の用に供する目的以外に利用してはならない。

（名称の使用制限）

第56条　認定個人情報保護団体でない者は、認定個人情報保護団体という名称又はこれに紛らわしい名称を用いてはならない。

第6節　雑則

（適用除外）

第57条　個人情報取扱事業者等及び個人関連情報取扱事業者のうち次の各号に掲げる者については、その個人情報等及び個人関連情報を取り扱う目的の全部又は一部がそれぞれ当該各号に規定する目的であるときは、この章の規定は、適用しない。

一　放送機関、新聞社、通信社その他の報道機関（報道を業として行う個人を含む。）報道の用に供する目的

二　著述を業として行う者　著述の用に供する目的

三　宗教団体　宗教活動（これに付随する活動を含む。）の用に供する目的

四　政治団体　政治活動（これに付随する活動を含む。）の用に供する目的

2　前項第1号に規定する「報道」とは、不特定かつ多数の者に対して客観的事実を事実として知らせること（これに基づいて意見又は見解を述べることを含む。）をいう。

3　第1項各号に掲げる個人情報取扱事業者等は、個人データ、仮名加工情報又は匿名加工情報の安全管理のために必要かつ適切な措置、個人情報等の取扱いに関する苦情の処理その他の個人情報等の適正な取扱いを確保するために必要な措置を自ら講じ、かつ、当該措置の内容を公表するよう努めなければならない。

（適用の特例）

第58条　個人情報取扱事業者又は匿名加工情報取扱事業者のうち次に掲げる者については、第32条から第39条まで及び第4節の規定は、適用しない。

一　別表第2に掲げる法人

二　地方独立行政法人のうち地方独立行政法人法第21条第1号に掲げる業務を主たる目的とするもの又は同条第2号若しくは第3号（チに係る部分に限る。）に掲げる業務を目的とするもの

2　次の各号に掲げる者が行う当該各号に定める業務における個人情報、仮名加工情報又は個人

関連情報の取扱いについては、個人情報取扱事業者、仮名加工情報取扱事業者又は個人関連情報取扱事業者による個人情報、仮名加工情報又は個人関連情報の取扱いとみなして、この章（第32条から第39条まで及び第4節を除く。）及び第6章から第8章までの規定を適用する。

一　地方公共団体の機関　医療法（昭和23年法律第205号）第1条の5第1項に規定する病院（次号において「病院」という。）及び同条第2項に規定する診療所並びに学校教育法（昭和22年法律第26号）第1条に規定する大学の運営

二　独立行政法人労働者健康安全機構　病院の運営

（学術研究機関等の責務）

第59条　個人情報取扱事業者である学術研究機関等は、学術研究目的で行う個人情報の取扱いについて、この法律の規定を遵守するとともに、その適正を確保するために必要な措置を自ら講じ、かつ、当該措置の内容を公表するよう努めなければならない。

第5章　行政機関等の義務等

第1節　総則

（定義）

第60条　この章及び第8章において「保有個人情報」とは、行政機関等の職員（独立行政法人等及び地方独立行政法人にあっては、その役員を含む。以下この章及び第8章において同じ。）が職務上作成し、又は取得した個人情報であって、当該行政機関等の職員が組織的に利用するものとして、当該行政機関等が保有しているものをいう。ただし、行政文書（行政機関の保有する情報の公開に関する法律（平成11年法律第42号。以下この章において「行政機関情報公開法」という。）第2条第2項に規定する行政文書をいう。）、法人文書（独立行政法人等の保有する情報の公開に関する法律（平成13年法律第140号。以下この章において「独立行政法人等情報公開法」という。）第2条第2項に規定する法人文書（同項第4号に掲げるものを含む。）をいう。）又は地方公共団体等行政文書（地方公共団体の機関又は地方独立行政法人の職員が職務上作成し、又は取得した文書、図画及び電磁的記録であって、当該地方公共団体の機関又は地方独立行政法人の職員が組織的に用いるものとして、当該地方公共団体の機関又は地方独立行政法人が保有しているもの（行政機関情報

公開法第2条第2項各号に掲げるものに相当するものとして政令で定めるものを除く。）をいう。）（以下この章において「行政文書等」という。）に記録されているものに限る。

2 この章及び第8章において「個人情報ファイル」とは、保有個人情報を含む情報の集合物であって、次に掲げるものをいう。

一 一定の事務の目的を達成するために特定の保有個人情報を電子計算機を用いて検索することができるように体系的に構成したもの

二 前号に掲げるもののほか、一定の事務の目的を達成するために氏名、生年月日、その他の記述等により特定の保有個人情報を容易に検索することができるように体系的に構成したもの

3 この章において「行政機関等匿名加工情報」とは、次の各号のいずれにも該当する個人情報ファイルを構成する保有個人情報の全部又は一部（これらの一部に行政機関情報公開法第5条に規定する不開示情報（同条第1号に掲げる情報を除き、同条第2号ただし書に規定する情報を含む。以下この項において同じ。）、独立行政法人等情報公開法第5条に規定する不開示情報（同条第1号に掲げる情報を除き、同条第2号ただし書に規定する情報を含む。）又は地方公共団体の情報公開条例（地方公共団体の機関又は地方独立行政法人の保有する情報の公開を請求する住民等の権利について定める地方公共団体の条例をいう。以下この章において同じ。）に規定する不開示情報（行政機関情報公開法第5条に規定する不開示情報に相当するものをいう。）が含まれているときは、これらの不開示情報に該当する部分を除く。）を加工して得られる匿名加工情報をいう。

一 第75条第2項各号のいずれかに該当するもの又は同条第3項の規定により同条第1項に規定する個人情報ファイル簿に掲載しないこととされるものでないこと。

二 行政機関情報公開法第3条に規定する行政機関の長、独立行政法人等情報公開法第2条第1項に規定する独立行政法人等、地方公共団体の機関又は地方独立行政法人に対し、当該個人情報ファイルを構成する保有個人情報が記録されている行政文書等の開示の請求（行政機関情報公開法第3条、独立行政法人等情報公開法第3条又は情報公開条例の規定による開示の請求をいう。）があったとしたならば、これらの者が次のいずれかを行うこととなるものであること。

イ 当該行政文書等に記録されている保有個

人情報の全部又は一部を開示する旨の決定をすること。

ロ 行政機関情報公開法第13条第1項若しくは第2項、独立行政法人等情報公開法第14条第1項若しくは第2項又は情報公開条例（行政機関情報公開法第13条第1項又は第2項の規定に相当する規定を設けているものに限る。）の規定により意見書の提出の機会を与えること。

三 行政機関等の事務及び事業の適正かつ円滑な運営に支障のない範囲内で、第116条第1項の基準に従い、当該個人情報ファイルを構成する保有個人情報を加工して匿名加工情報を作成することができるものであること。

4 この章において「行政機関等匿名加工情報ファイル」とは、行政機関等匿名加工情報を含む情報の集合物であって、次に掲げるものをいう。

一 特定の行政機関等匿名加工情報を電子計算機を用いて検索することができるように体系的に構成したもの

二 前号に掲げるもののほか、特定の行政機関等匿名加工情報を容易に検索することができるように体系的に構成したものとして政令で定めるもの

5 この章において「条例要配慮個人情報」とは、地方公共団体の機関又は地方独立行政法人が保有する個人情報（要配慮個人情報を除く。）のうち、地域の特性その他の事情に応じて、本人に対する不当な差別、偏見その他の不利益が生じないようにその取扱いに特に配慮を要するものとして地方公共団体が条例で定める記述等が含まれる個人情報をいう。

第2節 行政機関等における個人情報等の取扱い

（個人情報の保有の制限等）

第61条 行政機関等は、個人情報を保有するに当たっては、法令（条例を含む。第66条第2項第3号及び第4号、第69条第2項第2号及び第3号並びに第4節において同じ。）の定める所掌事務又は業務を遂行するため必要な場合に限り、かつ、その利用目的をできる限り特定しなければならない。

2 行政機関等は、前項の規定により特定された利用目的の達成に必要な範囲を超えて、個人情報を保有してはならない。

3 行政機関等は、利用目的を変更する場合には、変更前の利用目的と相当の関連性を有すると合理的に認められる範囲を超えて行ってはならな

い。

（利用目的の明示）

第62条　行政機関等は、本人から直接書面（電磁的記録を含む。）に記録された当該本人の個人情報を取得するときは、次に掲げる場合を除き、あらかじめ、本人に対し、その利用目的を明示しなければならない。

一　人の生命、身体又は財産の保護のために緊急に必要があるとき。

二　利用目的を本人に明示することにより、本人又は第三者の生命、身体、財産その他の権利利益を害するおそれがあるとき。

三　利用目的を本人に明示することにより、国の機関、独立行政法人等、地方公共団体又は地方独立行政法人が行う事務又は事業の適正な遂行に支障を及ぼすおそれがあるとき。

四　取得の状況からみて利用目的が明らかであると認められるとき。

（不適正な利用の禁止）

第63条　行政機関の長（第2条第8項第4号及び第5号の政令で定める機関にあっては、その機関ごとに政令で定める者をいう。以下この章及び第174条において同じ。）、地方公共団体の機関、独立行政法人等及び地方独立行政法人（以下この章及び次章において「行政機関の長等」という。）は、違法又は不当な行為を助長し、又は誘発するおそれがある方法により個人情報を利用してはならない。

（適正な取得）

第64条　行政機関の長等は、偽りその他不正の手段により個人情報を取得してはならない。

（正確性の確保）

第65条　行政機関の長等は、利用目的の達成に必要な範囲内で、保有個人情報が過去又は現在の事実と合致するよう努めなければならない。

（安全管理措置）

第66条　行政機関の長等は、保有個人情報の漏えい、滅失又は毀損の防止その他の保有個人情報の安全管理のために必要かつ適切な措置を講じなければならない。

2　前項の規定は、次の各号に掲げる者が当該各号に定める業務を行う場合における個人情報の取扱いについて準用する。

一　行政機関等から個人情報の取扱いの委託を受けた者　当該委託を受けた業務

二　指定管理者（地方自治法（昭和22年法律第67号）第244条の2第3項に規定する指定管理者をいう。）　公の施設（同法第244条第1項に規定する公の施設をいう。）の管理の業務

三　第58条第1項各号に掲げる者　法令に基づき行う業務であって政令で定めるもの

四　第58条第2項各号に掲げる者　同項各号に定める業務のうち法令に基づき行う業務であって政令で定めるもの

五　前各号に掲げる者から当該各号に定める業務の委託（二以上の段階にわたる委託を含む。）を受けた者　当該委託を受けた業務

（従事者の義務）

第67条　個人情報の取扱いに従事する行政機関等の職員若しくは職員であった者、前条第2項各号に定める業務に従事している者若しくは従事していた者又は行政機関等において個人情報の取扱いに従事している派遣労働者（労働者派遣事業の適正な運営の確保及び派遣労働者の保護等に関する法律（昭和60年法律第88号）第2条第2号に規定する派遣労働者をいう。以下この章及び第176条において同じ。）若しくは従事していた派遣労働者は、その業務に関して知り得た個人情報の内容をみだりに他人に知らせ、又は不当な目的に利用してはならない。

（漏えい等の報告等）

第68条　行政機関の長等は、保有個人情報の漏えい、滅失、毀損その他の保有個人情報の安全の確保に係る事態であって個人の権利利益を害するおそれが大きいものとして個人情報保護委員会規則で定めるものが生じたときは、個人情報保護委員会規則で定めるところにより、当該事態が生じた旨を個人情報保護委員会に報告しなければならない。

2　前項に規定する場合には、行政機関の長等は、本人に対し、個人情報保護委員会規則で定めるところにより、当該事態が生じた旨を通知しなければならない。ただし、次の各号のいずれかに該当するときは、この限りでない。

一　本人への通知が困難な場合であって、本人の権利利益を保護するため必要なこれに代わるべき措置をとるとき。

二　当該保有個人情報に第78条第1項各号に掲げる情報のいずれかが含まれるとき。

（利用及び提供の制限）

第69条　行政機関の長等は、法令に基づく場合を除き、利用目的以外の目的のために保有個人情報を自ら利用し、又は提供してはならない。

2　前項の規定にかかわらず、行政機関の長等は、次の各号のいずれかに該当すると認めるときは、利用目的以外の目的のために保有個人情報を自ら利用し、又は提供することができる。ただし、保有個人情報を利用目的以外の目的のために自ら利用し、又は提供することによって、本人又

は第三者の権利利益を不当に侵害するおそれが
あると認められるときは、この限りでない。

一　本人の同意があるとき、又は本人に提供す
るとき。

二　行政機関等が法令の定める所掌事務又は
業務の遂行に必要な限度で保有個人情報を内
部で利用する場合であって、当該保有個人情
報を利用することについて相当の理由がある
とき。

三　他の行政機関、独立行政法人等、地方公
共団体の機関又は地方独立行政法人に保有
個人情報を提供する場合において、保有個人
情報の提供を受ける者が、法令の定める事務
又は業務の遂行に必要な限度で提供に係る個
人情報を利用し、かつ、当該個人情報を利用
することについて相当の理由があるとき。

四　前三号に掲げる場合のほか、専ら統計の作
成又は学術研究の目的のために保有個人情報
を提供するとき、本人以外の者に提供するこ
とが明らかに本人の利益になるとき、その他
保有個人情報を提供することについて特別の
理由があるとき。

3　前項の規定は、保有個人情報の利用又は提供
を制限する他の法令の規定の適用を妨げるもの
ではない。

4　行政機関の長等は、個人の権利利益を保護す
るため特に必要があると認めるときは、保有個
人情報の利用目的以外の目的のための行政機関
等の内部における利用を特定の部局若しくは機
関又は職員に限るものとする。

（保有個人情報の提供を受ける者に対する措置要求）

第70条　行政機関の長等は、利用目的のために又
は前条第2項第3号若しくは第4号の規定に基づ
き、保有個人情報を提供する場合において、必
要があると認めるときは、保有個人情報の提供を
受ける者に対し、提供に係る個人情報について、
その利用の目的若しくは方法の制限その他必要な
制限を付し、又はその漏えいの防止その他の個人
情報の適切な管理のために必要な措置を講ずる
ことを求めるものとする。

（外国にある第三者への提供の制限）

第71条　行政機関の長等は、外国（本邦の域外に
ある国又は地域をいう。以下この条において同
じ。）（個人の権利利益を保護する上で我が国と同
等の水準にあると認められる個人情報の保護に関
する制度を有している外国として個人情報保護
委員会規則で定めるものを除く。以下この条にお
いて同じ。）にある第三者（第16条第3項に規定
する個人データの取扱いについて前章第2節の規

定により同条第2項に規定する個人情報取扱事
業者が講ずべきこととされている措置に相当する
措置（第3項において「相当措置」という。）を
継続的に講ずるために必要なものとして個人情報
保護委員会規則で定める基準に適合する体制を
整備している者を除く。以下この項及び次項にお
いて同じ。）に利用目的以外の目的のために保有
個人情報を提供する場合には、法令に基づく場
合及び第69条第2項第4号に掲げる場合を除くほ
か、あらかじめ外国にある第三者への提供を認め
る旨の本人の同意を得なければならない。

2　行政機関の長等は、前項の規定により本人の同
意を得ようとする場合には、個人情報保護委員会
規則で定めるところにより、あらかじめ、当該外
国における個人情報の保護に関する制度、当該
第三者が講ずる個人情報の保護のための措置そ
の他当該本人に参考となるべき情報を当該本人
に提供しなければならない。

3　行政機関の長等は、保有個人情報を外国にあ
る第三者（第1項に規定する体制を整備している
者に限る。）に利用目的以外の目的のために提供
した場合には、法令に基づく場合及び第69条第2
項第4号に掲げる場合を除くほか、個人情報保護
委員会規則で定めるところにより、当該第三者に
よる相当措置の継続的な実施を確保するために
必要な措置を講ずるとともに、本人の求めに応じ
て当該必要な措置に関する情報を当該本人に提
供しなければならない。

（個人関連情報の提供を受ける者に対する措置要求）

第72条　行政機関の長等は、第三者に個人関連情
報を提供する場合（当該第三者が当該個人関連
情報を個人情報として取得することが想定される
場合に限る。）において、必要があると認めると
きは、当該第三者に対し、提供に係る個人関連情
報について、その利用の目的若しくは方法の制限
その他必要な制限を付し、又はその漏えいの防止
その他の個人関連情報の適切な管理のために必
要な措置を講ずることを求めるものとする。

（仮名加工情報の取扱いに係る義務）

第73条　行政機関の長等は、法令に基づく場合
を除くほか、仮名加工情報（個人情報であるも
のを除く。以下この条及び第128条において同
じ。）を第三者（当該仮名加工情報の取扱いの
委託を受けた者を除く。）に提供してはならな
い。

2　行政機関の長等は、その取り扱う仮名加工情
報の漏えいの防止その他仮名加工情報の安全
管理のために必要かつ適切な措置を講じなけれ
ばならない。

3 行政機関の長等は、仮名加工情報を取り扱う
に当たっては、法令に基づく場合を除き、当該
仮名加工情報の作成に用いられた個人情報に係
る本人を識別するために、削除情報等（仮名加
工情報の作成に用いられた個人情報から削除さ
れた記述等及び個人識別符号並びに第41条第1
項の規定により行われた加工の方法に関する情
報をいう。）を取得し、又は当該仮名加工情報
を他の情報と照合してはならない。

4 行政機関の長等は、仮名加工情報を取り扱う
に当たっては、法令に基づく場合を除き、電話
をかけ、郵便若しくは民間事業者による信書の
送達に関する法律第2条第6項に規定する一般
信書便事業者若しくは同条第9項に規定する特
定信書便事業者による同条第2項に規定する信
書便により送付し、電報を送達し、ファクシミ
リ装置若しくは電磁的方法（電子情報処理組織
を使用する方法その他の情報通信の技術を利用
する方法であって個人情報保護委員会規則で定
めるものをいう。）を用いて送信し、又は住居を
訪問するために、当該仮名加工情報に含まれる
連絡先その他の情報を利用してはならない。

5 前各項の規定は、行政機関の長等から仮名加
工情報の取扱いの委託（二以上の段階にわたる
委託を含む。）を受けた者が受託した業務を行
う場合について準用する。

第3節　個人情報ファイル

（個人情報ファイルの保有等に関する事前通知）

第74条 行政機関（会計検査院を除く。以下この
条において同じ。）が個人情報ファイルを保有し
ようとするときは、当該行政機関の長は、あらか
じめ、個人情報保護委員会に対し、次に掲げる
事項を通知しなければならない。通知した事項を
変更しようとするときも、同様とする。

一　個人情報ファイルの名称

二　当該機関の名称及び個人情報ファイルが利
用に供される事務をつかさどる組織の名称

三　個人情報ファイルの利用目的

四　個人情報ファイルに記録される項目（以下こ
の節において「記録項目」という。）及び本人
（他の個人の氏名、生年月日その他の記述等に
よらないで検索し得る者に限る。次項第9号に
おいて同じ。）として個人情報ファイルに記録
される個人の範囲（以下この節において「記録
範囲」という。）

五　個人情報ファイルに記録される個人情報（以
下この節において「記録情報」という。）の収
集方法

六　記録情報に要配慮個人情報が含まれるとき
は、その旨

七　記録情報を当該機関以外の者に経常的に提
供する場合には、その提供先

八　次条第3項の規定に基づき、記録項目の一
部若しくは第5号若しくは前号に掲げる事項を
次条第1項に規定する個人情報ファイル簿に記
載しないこととするとき、又は個人情報ファイ
ルを同項に規定する個人情報ファイル簿に掲載
しないこととするときは、その旨

九　第76条第1項、第90条第1項又は第98条第1
項の規定による請求を受理する組織の名称及
び所在地

十　第90条第1項ただし書又は第98条第1項ただ
し書に該当するときは、その旨

十一　その他政令で定める事項

2 前項の規定は、次に掲げる個人情報ファイルに
ついては、適用しない。

一　国の安全、外交上の秘密その他の国の重大
な利益に関する事項を記録する個人情報ファイ
ル

二　犯罪の捜査、租税に関する法律の規定に基
づく犯則事件の調査又は公訴の提起若しくは
維持のために作成し、又は取得する個人情報
ファイル

三　当該機関の職員又は職員であった者に係る
個人情報ファイルであって、専らその人事、給
与若しくは福利厚生に関する事項又はこれらに
準ずる事項を記録するもの（当該機関が行う職
員の採用試験に関する個人情報ファイルを含
む。）

四　専ら試験的な電子計算機処理の用に供する
ための個人情報ファイル

五　前項の規定による通知に係る個人情報ファイ
ルに記録されている記録情報の全部又は一部
を記録した個人情報ファイルであって、その利
用目的、記録項目及び記録範囲が当該通知に
係るこれらの事項の範囲内のもの

六　1年以内に消去することとなる記録情報のみ
を記録する個人情報ファイル

七　資料その他の物品若しくは金銭の送付又は
業務上必要な連絡のために利用する記録情報
を記録した個人情報ファイルであって、送付又
は連絡の相手方の氏名、住所その他の送付又
は連絡に必要な事項のみを記録するもの

八　職員が学術研究の用に供するためその発意
に基づき作成し、又は取得する個人情報ファイ
ルであって、記録情報を専ら当該学術研究の目
的のために利用するもの

九　本人の数が政令で定める数に満たない個人

情報ファイル

十　第3号から前号までに掲げる個人情報ファイルに準ずるものとして政令で定める個人情報ファイル

十一　第60条第2項第2号に係る個人情報ファイル

3　行政機関の長は、第1項に規定する事項を通知した個人情報ファイルについて、当該行政機関がその保有をやめたとき、又はその個人情報ファイルが前項第9号に該当するに至ったときは、遅滞なく、個人情報保護委員会に対しその旨を通知しなければならない。

（個人情報ファイル簿の作成及び公表）
第75条　行政機関の長等は、政令で定めるところにより、当該行政機関の長等の属する行政機関等が保有している個人情報ファイルについて、それぞれ前条第1項第1号から第7号まで、第9号及び第10号に掲げる事項その他政令で定める事項を記載した帳簿（以下この章において「個人情報ファイル簿」という。）を作成し、公表しなければならない。

2　前項の規定は、次に掲げる個人情報ファイルについては、適用しない。

一　前条第2項第1号から第10号までに掲げる個人情報ファイル

二　前項の規定による公表に係る個人情報ファイルに記録されている記録情報の全部又は一部を記録した個人情報ファイルであって、その利用目的、記録項目及び記録範囲が当該公表に係るこれらの事項の範囲内のもの

三　前号に掲げる個人情報ファイルに準ずるものとして政令で定める個人情報ファイル

3　第1項の規定にかかわらず、行政機関の長等は、記録項目の一部若しくは前条第1項第5号若しくは第7号に掲げる事項を個人情報ファイル簿に記載し、又は個人情報ファイルを個人情報ファイル簿に掲載することにより、利用目的に係る事務又は事業の性質上、当該事務又は事業の適正な遂行に著しい支障を及ぼすおそれがあると認めるときは、その記録項目の一部若しくは事項を記載せず、又はその個人情報ファイルを個人情報ファイル簿に掲載しないことができる。

4　地方公共団体の機関又は地方独立行政法人についての第1項の規定の適用については、同項中「定める事項」とあるのは、「定める事項並びに記録情報に条例要配慮個人情報が含まれているときは、その旨」とする。

5　前各項の規定は、地方公共団体の機関又は地方独立行政法人が、条例で定めるところにより、

個人情報ファイル簿とは別の個人情報の保有の状況に関する事項を記載した帳簿を作成し、公表することを妨げるものではない。

第4節　開示、訂正及び利用停止

第1款　開示

（開示請求権）
第76条　何人も、この法律の定めるところにより、行政機関の長等に対し、当該行政機関の長等の属する行政機関等の保有する自己を本人とする保有個人情報の開示を請求することができる。

2　未成年者若しくは成年被後見人の法定代理人又は本人の委任による代理人（以下この節において「代理人」と総称する。）は、本人に代わって前項の規定による開示の請求（以下この節及び第127条において「開示請求」という。）をすることができる。

（開示請求の手続）
第77条　開示請求は、次に掲げる事項を記載した書面（第3項において「開示請求書」という。）を行政機関の長等に提出してしなければならない。

一　開示請求をする者の氏名及び住所又は居所

二　開示請求に係る保有個人情報が記録されている行政文書等の名称その他の開示請求に係る保有個人情報を特定するに足りる事項

2　前項の場合において、開示請求をする者は、政令で定めるところにより、開示請求に係る保有個人情報の本人であること（前条第2項の規定による開示請求にあっては、開示請求に係る保有個人情報の本人の代理人であること）を示す書類を提示し、又は提出しなければならない。

3　行政機関の長等は、開示請求書に形式上の不備があると認めるときは、開示請求をした者（以下この節において「開示請求者」という。）に対し、相当の期間を定めて、その補正を求めることができる。この場合において、行政機関の長等は、開示請求者に対し、補正の参考となる情報を提供するよう努めなければならない。

（保有個人情報の開示義務）
第78条　行政機関の長等は、開示請求があったときは、開示請求に係る保有個人情報に次の各号に掲げる情報（以下この節において「不開示情報」という。）のいずれかが含まれている場合を除き、開示請求者に対し、当該保有個人情報を開示しなければならない。

一　開示請求者（第76条第2項の規定により代

211

理人が本人に代わって開示請求をする場合にあっては、当該本人をいう。次号及び第3号、次条第2項並びに第86条第1項において同じ。）の生命、健康、生活又は財産を害するおそれがある情報

二　開示請求者以外の個人に関する情報（事業を営む個人の当該事業に関する情報を除く。）であって、当該情報に含まれる氏名、生年月日その他の記述等により開示請求者以外の特定の個人を識別することができるもの（他の情報と照合することにより、開示請求者以外の特定の個人を識別することができることとなるものを含む。）若しくは個人識別符号が含まれるもの又は開示請求者以外の特定の個人を識別することはできないが、開示することにより、なお開示請求者以外の個人の権利利益を害するおそれがあるもの。ただし、次に掲げる情報を除く。

イ　法令の規定により又は慣行として開示請求者が知ることができ、又は知ることが予定されている情報

ロ　人の生命、健康、生活又は財産を保護するため、開示することが必要であると認められる情報

ハ　当該個人が公務員等（国家公務員法（昭和22年法律第120号）第2条第1項に規定する国家公務員（独立行政法人通則法第2条第4項に規定する行政執行法人の職員を除く。）、独立行政法人等の職員、地方公務員法（昭和25年法律第261号）第2条に規定する地方公務員及び地方独立行政法人の職員をいう。）である場合において、当該情報がその職務の遂行に係る情報であるときは、当該情報のうち、当該公務員等の職及び当該職務遂行の内容に係る部分

三　法人その他の団体（国、独立行政法人等、地方公共団体及び地方独立行政法人を除く。以下この号において「法人等」という。）に関する情報又は開示請求者以外の事業を営む個人の当該事業に関する情報であって、次に掲げるもの。ただし、人の生命、健康、生活又は財産を保護するため、開示することが必要であると認められる情報を除く。

イ　開示することにより、当該法人等又は当該個人の権利、競争上の地位その他正当な利益を害するおそれがあるもの

ロ　行政機関等の要請を受けて、開示しないとの条件で任意に提供されたものであって、法人等又は個人における通例として開示しないこととされているものその他の当該条件を付することが当該情報の性質、当時の状況等に照らして合理的であると認められるもの

四　行政機関の長が第82条各項の決定（以下この節において「開示決定等」という。）をする場合において、開示することにより、国の安全が害されるおそれ、他国若しくは国際機関との信頼関係が損なわれるおそれ又は他国若しくは国際機関との交渉上不利益を被るおそれがあると当該行政機関の長が認めることにつき相当の理由がある情報

五　行政機関の長又は地方公共団体の機関（都道府県の機関に限る。）が開示決定等をする場合において、開示することにより、犯罪の予防、鎮圧又は捜査、公訴の維持、刑の執行その他の公共の安全と秩序の維持に支障を及ぼすおそれがあると当該行政機関の長又は地方公共団体の機関が認めることにつき相当の理由がある情報

六　国の機関、独立行政法人等、地方公共団体及び地方独立行政法人の内部又は相互間における審議、検討又は協議に関する情報であって、開示することにより、率直な意見の交換若しくは意思決定の中立性が不当に損なわれるおそれ、不当に国民の間に混乱を生じさせるおそれ又は特定の者に不当に利益を与え若しくは不利益を及ぼすおそれがあるもの

七　国の機関、独立行政法人等、地方公共団体又は地方独立行政法人が行う事務又は事業に関する情報であって、開示することにより、次に掲げるおそれその他当該事務又は事業の性質上、当該事務又は事業の適正な遂行に支障を及ぼすおそれがあるもの

イ　独立行政法人等、地方公共団体の機関又は地方独立行政法人が開示決定等をする場合において、国の安全が害されるおそれ、他国若しくは国際機関との信頼関係が損なわれるおそれ又は他国若しくは国際機関との交渉上不利益を被るおそれ

ロ　独立行政法人等、地方公共団体の機関（都道府県の機関を除く。）又は地方独立行政法人が開示決定等をする場合において、犯罪の予防、鎮圧又は捜査その他の公共の安全と秩序の維持に支障を及ぼすおそれ

ハ　監査、検査、取締り、試験又は租税の賦課若しくは徴収に係る事務に関し、正確な事実の把握を困難にするおそれ又は違法若しくは不当な行為を容易にし、若しくはその発見を困難にするおそれ

ニ　契約、交渉又は争訟に係る事務に関し、

国、独立行政法人等、地方公共団体又は地方独立行政法人の財産上の利益又は当事者としての地位を不当に害するおそれ

　ホ　調査研究に係る事務に関し、その公正かつ能率的な遂行を不当に阻害するおそれ

　ヘ　人事管理に係る事務に関し、公正かつ円滑な人事の確保に支障を及ぼすおそれ

　ト　独立行政法人等、地方公共団体が経営する企業又は地方独立行政法人に係る事業に関し、その企業経営上の正当な利益を害するおそれ

2　地方公共団体の機関又は地方独立行政法人についての前項の規定の適用については、同項中「掲げる情報（」とあるのは、「掲げる情報（情報公開条例の規定により開示することとされている情報として条例で定めるものを除く。）又は行政機関情報公開法第5条に規定する不開示情報に準ずる情報であって情報公開条例において開示しないこととされているもののうち当該情報公開条例との整合性を確保するために不開示とする必要があるものとして条例で定めるもの（」とする。

（部分開示）

第79条　行政機関の長等は、開示請求に係る保有個人情報に不開示情報が含まれている場合において、不開示情報に該当する部分を容易に区分して除くことができるときは、開示請求者に対し、当該部分を除いた部分につき開示しなければならない。

2　開示請求に係る保有個人情報に前条第1項第2号の情報（開示請求者以外の特定の個人を識別することができるものに限る。）が含まれている場合において、当該情報のうち、氏名、生年月日その他の開示請求者以外の特定の個人を識別することができることとなる記述等及び個人識別符号の部分を除くことにより、開示しても、開示請求者以外の個人の権利利益が害されるおそれがないと認められるときは、当該部分を除いた部分は、同号の情報に含まれないものとみなして、前項の規定を適用する。

（裁量的開示）

第80条　行政機関の長等は、開示請求に係る保有個人情報に不開示情報が含まれている場合であっても、個人の権利利益を保護するため特に必要があると認めるときは、開示請求者に対し、当該保有個人情報を開示することができる。

（保有個人情報の存否に関する情報）

第81条　開示請求に対し、当該開示請求に係る保有個人情報が存在しているか否かを答えるだけで、不開示情報を開示することとなるときは、行政機関の長等は、当該保有個人情報の存否を明らかにしないで、当該開示請求を拒否することができる。

（開示請求に対する措置）

第82条　行政機関の長等は、開示請求に係る保有個人情報の全部又は一部を開示するときは、その旨の決定をし、開示請求者に対し、その旨、開示する保有個人情報の利用目的及び開示の実施に関し政令で定める事項を書面により通知しなければならない。ただし、第62条第2号又は第3号に該当する場合における当該利用目的については、この限りでない。

2　行政機関の長等は、開示請求に係る保有個人情報の全部を開示しないとき（前条の規定により開示請求を拒否するとき、及び開示請求に係る保有個人情報を保有していないときを含む。）は、開示をしない旨の決定をし、開示請求者に対し、その旨を書面により通知しなければならない。

（開示決定等の期限）

第83条　開示決定等は、開示請求があった日から30日以内にしなければならない。ただし、第77条第3項の規定により補正を求めた場合にあっては、当該補正に要した日数は、当該期間に算入しない。

2　前項の規定にかかわらず、行政機関の長等は、事務処理上の困難その他正当な理由があるときは、同項に規定する期間を30日以内に限り延長することができる。この場合において、行政機関の長等は、開示請求者に対し、遅滞なく、延長後の期間及び延長の理由を書面により通知しなければならない。

（開示決定等の期限の特例）

第84条　開示請求に係る保有個人情報が著しく大量であるため、開示請求があった日から60日以内にその全てについて開示決定等をすることにより事務の遂行に著しい支障が生ずるおそれがある場合には、前条の規定にかかわらず、行政機関の長等は、開示請求に係る保有個人情報のうちの相当の部分につき当該期間内に開示決定等をし、残りの保有個人情報については相当の期間内に開示決定等をすれば足りる。この場合において、行政機関の長等は、同条第1項に規定する期間内に、開示請求者に対し、次に掲げる事項を書面により通知しなければならない。

一　この条の規定を適用する旨及びその理由

二　残りの保有個人情報について開示決定等をする期限

（事案の移送）

第85条　行政機関の長等は、開示請求に係る保有

213

個人情報が当該行政機関の長等が属する行政機関等以外の行政機関等から提供されたものであるとき、その他他の行政機関の長等において開示決定等をすることにつき正当な理由があるときは、当該他の行政機関の長等と協議の上、当該他の行政機関の長等に対し、事案を移送することができる。この場合においては、移送をした行政機関の長等は、開示請求者に対し、事案を移送した旨を書面により通知しなければならない。

2　前項の規定により事案が移送されたときは、移送を受けた行政機関の長等において、当該開示請求についての開示決定等をしなければならない。この場合において、移送をした行政機関の長等が移送前にした行為は、移送を受けた行政機関の長等がしたものとみなす。

3　前項の場合において、移送を受けた行政機関の長等が第82条第1項の決定（以下この節において「開示決定」という。）をしたときは、当該行政機関の長等は、開示の実施をしなければならない。この場合において、移送をした行政機関の長等は、当該開示の実施に必要な協力をしなければならない。

（第三者に対する意見書提出の機会の付与等）

第86条　開示請求に係る保有個人情報に国、独立行政法人等、地方公共団体、地方独立行政法人及び開示請求者以外の者（以下この条、第105条第2項第3号及び第107条第1項において「第三者」という。）に関する情報が含まれているときは、行政機関の長等は、開示決定等をするに当たって、当該情報に係る第三者に対し、政令で定めるところにより、当該第三者に関する情報の内容その他政令で定める事項を通知して、意見書を提出する機会を与えることができる。

2　行政機関の長等は、次の各号のいずれかに該当するときは、開示決定に先立ち、当該第三者に対し、政令で定めるところにより、開示請求に係る当該第三者に関する情報の内容その他政令で定める事項を書面により通知して、意見書を提出する機会を与えなければならない。ただし、当該第三者の所在が判明しない場合は、この限りでない。

　一　第三者に関する情報が含まれている保有個人情報を開示しようとする場合であって、当該第三者に関する情報が第78条第1項第2号ロ又は同項第3号ただし書に規定する情報に該当すると認められるとき。

　二　第三者に関する情報が含まれている保有個人情報を第80条の規定により開示しようとするとき。

3　行政機関の長等は、前二項の規定により意見書の提出の機会を与えられた第三者が当該第三者に関する情報の開示に反対の意思を表示した意見書を提出した場合において、開示決定をするときは、開示決定の日と開示を実施する日との間に少なくとも2週間を置かなければならない。この場合において、行政機関の長等は、開示決定後直ちに、当該意見書（第105条において「反対意見書」という。）を提出した第三者に対し、開示決定をした旨及びその理由並びに開示を実施する日を書面により通知しなければならない。

（開示の実施）

第87条　保有個人情報の開示は、当該保有個人情報が、文書又は図画に記録されているときは閲覧又は写しの交付により、電磁的記録に記録されているときはその種別、情報化の進展状況等を勘案して行政機関等が定める方法により行う。ただし、閲覧の方法による保有個人情報の開示にあっては、行政機関の長等は、当該保有個人情報が記録されている文書又は図画の保存に支障を生ずるおそれがあると認めるとき、その他正当な理由があるときは、その写しにより、これを行うことができる。

2　行政機関等は、前項の規定に基づく電磁的記録についての開示の方法に関する定めを一般の閲覧に供しなければならない。

3　開示決定に基づき保有個人情報の開示を受ける者は、政令で定めるところにより、当該開示決定をした行政機関の長等に対し、その求める開示の実施の方法その他の政令で定める事項を申し出なければならない。

4　前項の規定による申出は、第82条第1項に規定する通知があった日から30日以内にしなければならない。ただし、当該期間内に当該申出をすることができないことにつき正当な理由があるときは、この限りでない。

（他の法令による開示の実施との調整）

第88条　行政機関の長等は、他の法令の規定により、開示請求者に対し開示請求に係る保有個人情報が前条第1項本文に規定する方法と同一の方法で開示することとされている場合（開示の期間が定められている場合にあっては、当該期間内に限る。）には、同項本文の規定にかかわらず、当該保有個人情報については、当該同一の方法による開示を行わない。ただし、当該他の法令の規定に一定の場合には開示をしない旨の定めがあるときは、この限りでない。

2　他の法令の規定に定める開示の方法が縦覧であるときは、当該縦覧を前条第1項本文の閲覧と

みなして、前項の規定を適用する。

（手数料）

第89条 行政機関の長に対し開示請求をする者は、政令で定めるところにより、実費の範囲内において政令で定める額の手数料を納めなければならない。

2 地方公共団体の機関に対し開示請求をする者は、条例で定めるところにより、実費の範囲内において条例で定める額の手数料を納めなければならない。

3 前二項の手数料の額を定めるに当たっては、できる限り利用しやすい額とするよう配慮しなければならない。

4 独立行政法人等に対し開示請求をする者は、独立行政法人等の定めるところにより、手数料を納めなければならない。

5 前項の手数料の額は、実費の範囲内において、かつ、第1項の手数料の額を参酌して、独立行政法人等が定める。

6 独立行政法人等は、前二項の規定による定めを一般の閲覧に供しなければならない。

7 地方独立行政法人に対し開示請求をする者は、地方独立行政法人の定めるところにより、手数料を納めなければならない。

8 前項の手数料の額は、実費の範囲内において、かつ、第2項の条例で定める手数料の額を参酌して、地方独立行政法人が定める。

9 地方独立行政法人は、前二項の規定による定めを一般の閲覧に供しなければならない。

第2款 訂正

（訂正請求権）

第90条 何人も、自己を本人とする保有個人情報（次に掲げるものに限る。第98条第1項において同じ。）の内容が事実でないと思料するときは、この法律の定めるところにより、当該保有個人情報を保有する行政機関の長等に対し、当該保有個人情報の訂正（追加又は削除を含む。以下この節において同じ。）を請求することができる。ただし、当該保有個人情報の訂正に関して他の法令の規定により特別の手続が定められているときは、この限りでない。

一 開示決定に基づき開示を受けた保有個人情報

二 開示決定に係る保有個人情報であって、第88条第1項の他の法令の規定により開示を受けたもの

2 代理人は、本人に代わって前項の規定による訂正の請求（以下この節及び第127条において

「訂正請求」という。）をすることができる。

3 訂正請求は、保有個人情報の開示を受けた日から90日以内にしなければならない。

（訂正請求の手続）

第91条 訂正請求は、次に掲げる事項を記載した書面（第3項において「訂正請求書」という。）を行政機関の長等に提出してしなければならない。

一 訂正請求をする者の氏名及び住所又は居所

二 訂正請求に係る保有個人情報の開示を受けた日その他当該保有個人情報を特定するに足りる事項

三 訂正請求の趣旨及び理由

2 前項の場合において、訂正請求をする者は、政令で定めるところにより、訂正請求に係る保有個人情報の本人であること（前条第2項の規定による訂正請求にあっては、訂正請求に係る保有個人情報の本人の代理人であること）を示す書類を提示し、又は提出しなければならない。

3 行政機関の長等は、訂正請求書に形式上の不備があると認めるときは、訂正請求をした者（以下この節において「訂正請求者」という。）に対し、相当の期間を定めて、その補正を求めることができる。

（保有個人情報の訂正義務）

第92条 行政機関の長等は、訂正請求があった場合において、当該訂正請求に理由があると認めるときは、当該訂正請求に係る保有個人情報の利用目的の達成に必要な範囲内で、当該保有個人情報の訂正をしなければならない。

（訂正請求に対する措置）

第93条 行政機関の長等は、訂正請求に係る保有個人情報の訂正をするときは、その旨の決定をし、訂正請求者に対し、その旨を書面により通知しなければならない。

2 行政機関の長等は、訂正請求に係る保有個人情報の訂正をしないときは、その旨の決定をし、訂正請求者に対し、その旨を書面により通知しなければならない。

（訂正決定等の期限）

第94条 前条各項の決定（以下この節において「訂正決定等」という。）は、訂正請求があった日から30日以内にしなければならない。ただし、第91条第3項の規定により補正を求めた場合にあっては、当該補正に要した日数は、当該期間に算入しない。

2 前項の規定にかかわらず、行政機関の長等は、事務処理上の困難その他正当な理由があるときは、同項に規定する期間を30日以内に限り延長することができる。この場合において、行政機関の

長等は、訂正請求者に対し、遅滞なく、延長後の期間及び延長の理由を書面により通知しなければならない。

（訂正決定等の期限の特例）

第95条 行政機関の長等は、訂正決定等に特に長期間を要すると認めるときは、前条の規定にかかわらず、相当の期間内に訂正決定等をすれば足りる。この場合において、行政機関の長等は、同条第1項に規定する期間内に、訂正請求者に対し、次に掲げる事項を書面により通知しなければならない。

一　この条の規定を適用する旨及びその理由

二　訂正決定等をする期限

（事案の移送）

第96条 行政機関の長等は、訂正請求に係る保有個人情報が第85条第3項の規定に基づく開示に係るものであるとき、その他他の行政機関の長等において訂正決定等をすることにつき正当な理由があるときは、当該他の行政機関の長等と協議の上、当該他の行政機関の長等に対し、事案を移送することができる。この場合においては、移送をした行政機関の長等は、訂正請求者に対し、事案を移送した旨を書面により通知しなければならない。

2　前項の規定により事案が移送されたときは、移送を受けた行政機関の長等において、当該訂正請求についての訂正決定等をしなければならない。この場合において、移送をした行政機関の長等が移送前にした行為は、移送を受けた行政機関の長等がしたものとみなす。

3　前項の場合において、移送を受けた行政機関の長等が第93条第1項の決定（以下この項及び次条において「訂正決定」という。）をしたときは、移送をした行政機関の長等は、当該訂正決定に基づき訂正の実施をしなければならない。

（保有個人情報の提供先への通知）

第97条 行政機関の長等は、訂正決定に基づく保有個人情報の訂正の実施をした場合において、必要があると認めるときは、当該保有個人情報の提供先に対し、遅滞なく、その旨を書面により通知するものとする。

第3款　利用停止

（利用停止請求権）

第98条 何人も、自己を本人とする保有個人情報が次の各号のいずれかに該当すると思料するときは、この法律の定めるところにより、当該保有個人情報を保有する行政機関の長等に対し、当該各号に定める措置を請求することがで

きる。ただし、当該保有個人情報の利用の停止、消去又は提供の停止（以下この節において「利用停止」という。）に関して他の法令の規定により特別の手続が定められているときは、この限りでない。

一　第61条第2項の規定に違反して保有されているとき、第63条の規定に違反して取り扱われているとき、第64条の規定に違反して取得されたものであるとき、又は第69条第1項及び第2項の規定に違反して利用されているとき　当該保有個人情報の利用の停止又は消去

二　第69条第1項及び第2項又は第71条第1項の規定に違反して提供されているとき　当該保有個人情報の提供の停止

2　代理人は、本人に代わって前項の規定による利用停止の請求（以下この節及び第127条において「利用停止請求」という。）をすることができる。

3　利用停止請求は、保有個人情報の開示を受けた日から90日以内にしなければならない。

（利用停止請求の手続）

第99条 利用停止請求は、次に掲げる事項を記載した書面（第3項において「利用停止請求書」という。）を行政機関の長等に提出してしなければならない。

一　利用停止請求をする者の氏名及び住所又は居所

二　利用停止請求に係る保有個人情報の開示を受けた日その他当該保有個人情報を特定するに足りる事項

三　利用停止請求の趣旨及び理由

2　前項の場合において、利用停止請求をする者は、政令で定めるところにより、利用停止請求に係る保有個人情報の本人であること（前条第2項の規定による利用停止請求にあっては、利用停止請求に係る保有個人情報の本人の代理人であること）を示す書類を提示し、又は提出しなければならない。

3　行政機関の長等は、利用停止請求書に形式上の不備があると認めるときは、利用停止請求をした者（以下この節において「利用停止請求者」という。）に対し、相当の期間を定めて、その補正を求めることができる。

（保有個人情報の利用停止義務）

第100条 行政機関の長等は、利用停止請求があった場合において、当該利用停止請求に理由があると認めるときは、当該行政機関の長等の属する行政機関等における個人情報の適正な取扱いを確保するために必要な限度で、当該利用停止請求に係る保有個人情報の利用停止をしなけれ

ばならない。ただし、当該保有個人情報の利用停止をすることにより、当該保有個人情報の利用目的に係る事務又は事業の性質上、当該事務又は事業の適正な遂行に著しい支障を及ぼすおそれがあると認められるときは、この限りでない。

（利用停止請求に対する措置）
第101条 行政機関の長等は、利用停止請求に係る保有個人情報の利用停止をするときは、その旨の決定をし、利用停止請求者に対し、その旨を書面により通知しなければならない。

2 行政機関の長等は、利用停止請求に係る保有個人情報の利用停止をしないときは、その旨の決定をし、利用停止請求者に対し、その旨を書面により通知しなければならない。

（利用停止決定等の期限）
第102条 前条各項の決定（以下この節において「利用停止決定等」という。）は、利用停止請求があった日から30日以内にしなければならない。ただし、第99条第3項の規定により補正を求めた場合にあっては、当該補正に要した日数は、当該期間に算入しない。

2 前項の規定にかかわらず、行政機関の長等は、事務処理上の困難その他正当な理由があるときは、同項に規定する期間を30日以内に限り延長することができる。この場合において、行政機関の長等は、利用停止請求者に対し、遅滞なく、延長後の期間及び延長の理由を書面により通知しなければならない。

（利用停止決定等の期限の特例）
第103条 行政機関の長等は、利用停止決定等に特に長期間を要すると認めるときは、前条の規定にかかわらず、相当の期間内に利用停止決定等をすれば足りる。この場合において、行政機関の長等は、同条第1項に規定する期間内に、利用停止請求者に対し、次に掲げる事項を書面により通知しなければならない。
一 この条の規定を適用する旨及びその理由
二 利用停止決定等をする期限

第4款 審査請求

（審理員による審理手続に関する規定の適用除外等）
第104条 行政機関の長等（地方公共団体の機関又は地方独立行政法人を除く。次項及び次条において同じ。）に対する開示決定等、訂正決定等、利用停止決定等又は開示請求、訂正請求若しくは利用停止請求に係る不作為に係る審査請求については、行政不服審査法（平成26年法律第68号）第9条、第17条、第24条、第2章

第3節及び第4節並びに第50条第2項の規定は、適用しない。

2 行政機関の長等に対する開示決定等、訂正決定等、利用停止決定等又は開示請求、訂正請求若しくは利用停止請求に係る不作為に係る審査請求についての行政不服審査法第2章の規定の適用については、同法第11条第2項中「第9条第1項の規定により指名された者（以下「審理員」という。）」とあるのは「第4条（個人情報の保護に関する法律（平成15年法律第57号）第107条第2項の規定に基づく政令を含む。）の規定により審査請求がされた行政庁（第14条の規定により引継ぎを受けた行政庁を含む。以下「審査庁」という。）」と、同法第13条第1項及び第2項中「審理員」とあるのは「審査庁」と、同法第25条第7項中「あったとき、又は審理員から第40条に規定する執行停止をすべき旨の意見書が提出されたとき」とあるのは「あったとき」と、同法第44条中「行政不服審査会等」とあるのは「情報公開・個人情報保護審査会（審査庁が会計検査院長である場合にあっては、別に法律で定める審査会。第50条第1項第4号において同じ。）」と、「受けたとき（前条第1項の規定による諮問を要しない場合（同項第2号又は第3号に該当する場合を除く。）にあっては審理員意見書が提出されたとき、同項第2号又は第3号に該当する場合にあっては同項第2号又は第3号に規定する議を経たとき）」とあるのは「受けたとき」と、同法第50条第1項第4号中「審理員意見書又は行政不服審査会等若しくは審議会等」とあるのは「情報公開・個人情報保護審査会」とする。

（審査会への諮問）
第105条 開示決定等、訂正決定等、利用停止決定等又は開示請求、訂正請求若しくは利用停止請求に係る不作為について審査請求があったときは、当該審査請求に対する裁決をすべき行政機関の長等は、次の各号のいずれかに該当する場合を除き、情報公開・個人情報保護審査会（審査請求に対する裁決をすべき行政機関の長等が会計検査院長である場合にあっては、別に法律で定める審査会）に諮問しなければならない。
一 審査請求が不適法であり、却下する場合
二 裁決で、審査請求の全部を認容し、当該審査請求に係る保有個人情報の全部を開示することとする場合（当該保有個人情報の開示について反対意見書が提出されている場合を除く。）
三 裁決で、審査請求の全部を認容し、当該審

査請求に係る保有個人情報の訂正をすること
とする場合
四　裁決で、審査請求の全部を認容し、当該審
査請求に係る保有個人情報の利用停止をする
こととする場合
2　前項の規定により諮問をした行政機関の長等
は、次に掲げる者に対し、諮問をした旨を通知
しなければならない。
一　審査請求人及び参加人（行政不服審査法
第13条第4項に規定する参加人をいう。以下
この項及び第107条第1項第2号において同
じ。）
二　開示請求者、訂正請求者又は利用停止請
求者（これらの者が審査請求人又は参加人で
ある場合を除く。）
三　当該審査請求に係る保有個人情報の開示に
ついて反対意見書を提出した第三者（当該第
三者が審査請求人又は参加人である場合を除
く。）
3　前二項の規定は、地方公共団体の機関又は地
方独立行政法人について準用する。この場合に
おいて、第1項中「情報公開・個人情報保護審
査会（審査請求に対する裁決をすべき行政機関
の長等が会計検査院長である場合にあっては、
別に法律で定める審査会）」とあるのは、「行政
不服審査法第81条第1項又は第2項の機関」と
読み替えるものとする。

**（地方公共団体の機関等における審理員による
審理手続に関する規定の適用除外等）**
第106条　地方公共団体の機関又は地方独立行
政法人に対する開示決定等、訂正決定等、利用
停止決定等又は開示請求、訂正請求若しくは利
用停止請求に係る不作為に係る審査請求につい
ては、行政不服審査法第9条第1項から第3項
まで、第17条、第40条、第42条、第2章第4節
及び第50条第2項の規定は、適用しない。
2　地方公共団体の機関又は地方独立行政法人
に対する開示決定等、訂正決定等、利用停止決
定等又は開示請求、訂正請求若しくは利用停止
請求に係る不作為に係る審査請求についての次
の表の上欄に掲げる行政不服審査法の規定の
適用については、これらの規定中同表の中欄に
掲げる字句は、それぞれ同表の下欄に掲げる字
句とするほか、必要な技術的読替えは、政令で
定める。
（省略）
**（第三者からの審査請求を棄却する場合等にお
ける手続等）**
第107条　第86条第3項の規定は、次の各号の
いずれかに該当する裁決をする場合について準

用する。
一　開示決定に対する第三者からの審査請求を
却下し、又は棄却する裁決
二　審査請求に係る開示決定等（開示請求に係
る保有個人情報の全部を開示する旨の決定を
除く。）を変更し、当該審査請求に係る保有
個人情報を開示する旨の裁決（第三者である
参加人が当該第三者に関する情報の開示に反
対の意思を表示している場合に限る。）
2　開示決定等、訂正決定等、利用停止決定等
又は開示請求、訂正請求若しくは利用停止請求
に係る不作為についての審査請求については、
政令（地方公共団体の機関又は地方独立行政
法人にあっては、条例）で定めるところにより、
行政不服審査法第4条の規定の特例を設けるこ
とができる。

第5款　条例との関係

第108条　この節の規定は、地方公共団体が、
保有個人情報の開示、訂正及び利用停止の手
続並びに審査請求の手続に関する事項につい
て、この節の規定に反しない限り、条例で必要
な規定を定めることを妨げるものではない。

第5節　行政機関等匿名加工情報の提供等

（行政機関等匿名加工情報の作成及び提供等）
第109条　行政機関の長等は、この節の規定に従
い、行政機関等匿名加工情報（行政機関等匿名
加工情報ファイルを構成するものに限る。以下こ
の節において同じ。）を作成することができる。
2　行政機関の長等は、次の各号のいずれかに該
当する場合を除き、行政機関等匿名加工情報を
提供してはならない。
一　法令に基づく場合（この節の規定に従う場
合を含む。）
二　保有個人情報を利用目的のために第三者に
提供することができる場合において、当該保有
個人情報を加工して作成した行政機関等匿名
加工情報を当該第三者に提供するとき。
3　第69条の規定にかかわらず、行政機関の長等
は、法令に基づく場合を除き、利用目的以外の目
的のために削除情報（保有個人情報に該当する
ものに限る。）を自ら利用し、又は提供してはなら
ない。
4　前項の「削除情報」とは、行政機関等匿名加
工情報の作成に用いた保有個人情報から削除し
た記述等及び個人識別符号をいう。

（提案の募集に関する事項の個人情報ファイル

簿への記載）

第110条　行政機関の長等は、当該行政機関の長等の属する行政機関等が保有している個人情報ファイルが第60条第3項各号のいずれにも該当すると認めるときは、当該個人情報ファイルについては、個人情報ファイル簿に次に掲げる事項を記載しなければならない。この場合における当該個人情報ファイルについての第75条第1項の規定の適用については、同項中「第10号」とあるのは、「第10号並びに第110条各号」とする。

一　第112条第1項の提案の募集をする個人情報ファイルである旨

二　第112条第1項の提案を受ける組織の名称及び所在地

（提案の募集）

第111条　行政機関の長等は、個人情報保護委員会規則で定めるところにより、定期的に、当該行政機関の長等の属する行政機関等が保有している個人情報ファイル（個人情報ファイル簿に前条第1号に掲げる事項の記載があるものに限る。以下この節において同じ。）について、次条第1項の提案を募集するものとする。

（行政機関等匿名加工情報をその用に供して行う事業に関する提案）

第112条　前条の規定による募集に応じて個人情報ファイルを構成する保有個人情報を加工して作成する行政機関等匿名加工情報をその事業の用に供しようとする者は、行政機関の長等に対し、当該事業に関する提案をすることができる。

2　前項の提案は、個人情報保護委員会規則で定めるところにより、次に掲げる事項を記載した書面を行政機関の長等に提出してしなければならない。

一　提案をする者の氏名又は名称及び住所又は居所並びに法人その他の団体にあっては、その代表者の氏名

二　提案に係る個人情報ファイルの名称

三　提案に係る行政機関等匿名加工情報の本人の数

四　前号に掲げるもののほか、提案に係る行政機関等匿名加工情報の作成に用いる第116条第1項の規定による加工の方法を特定するに足りる事項

五　提案に係る行政機関等匿名加工情報の利用の目的及び方法その他当該行政機関等匿名加工情報がその用に供される事業の内容

六　提案に係る行政機関等匿名加工情報を前号の事業の用に供しようとする期間

七　提案に係る行政機関等匿名加工情報の漏えいの防止その他当該行政機関等匿名加工情報の適切な管理のために講ずる措置

八　前各号に掲げるもののほか、個人情報保護委員会規則で定める事項

3　前項の書面には、次に掲げる書面その他個人情報保護委員会規則で定める書類を添付しなければならない。

一　第1項の提案をする者が次条各号のいずれにも該当しないことを誓約する書面

二　前項第5号の事業が新たな産業の創出又は活力ある経済社会若しくは豊かな国民生活の実現に資するものであることを明らかにする書面

（欠格事由）

第113条　次の各号のいずれかに該当する者は、前条第1項の提案をすることができない。

一　未成年者

二　心身の故障により前条第1項の提案に係る行政機関等匿名加工情報をその用に供して行う事業を適正に行うことができない者として個人情報保護委員会規則で定めるもの

三　破産手続開始の決定を受けて復権を得ない者

四　禁錮以上の刑に処せられ、又はこの法律の規定により刑に処せられ、その執行を終わり、又は執行を受けることがなくなった日から起算して2年を経過しない者

五　第120条の規定により行政機関等匿名加工情報の利用に関する契約を解除され、その解除の日から起算して2年を経過しない者

六　法人その他の団体であって、その役員のうちに前各号のいずれかに該当する者があるもの

（提案の審査等）

第114条　行政機関の長等は、第112条第1項の提案があったときは、当該提案が次に掲げる基準に適合するかどうかを審査しなければならない。

一　第112条第1項の提案をした者が前条各号のいずれにも該当しないこと。

二　第112条第2項第3号の提案に係る行政機関等匿名加工情報の本人の数が、行政機関等匿名加工情報の効果的な活用の観点からみて個人情報保護委員会規則で定める数以上であり、かつ、提案に係る個人情報ファイルを構成する保有個人情報の本人の数以下であること。

三　第112条第2項第3号及び第4号に掲げる事項により特定される加工の方法が第116条

219

第1項の基準に適合するものであること。

四　第112条第2項第5号の事業が新たな産業の創出又は活力ある経済社会若しくは豊かな国民生活の実現に資するものであること。

五　第112条第2項第6号の期間が行政機関等匿名加工情報の効果的な活用の観点からみて個人情報保護委員会規則で定める期間を超えないものであること。

六　第112条第2項第5号の提案に係る行政機関等匿名加工情報の利用の目的及び方法並びに同項第7号の措置が当該行政機関等匿名加工情報の本人の権利利益を保護するために適切なものであること。

七　前各号に掲げるもののほか、個人情報保護委員会規則で定める基準に適合するものであること。

2　行政機関の長等は、前項の規定により審査した結果、第112条第1項の提案が前項各号に掲げる基準のいずれにも適合すると認めるときは、個人情報保護委員会規則で定めるところにより、当該提案をした者に対し、次に掲げる事項を通知するものとする。

一　次条の規定により行政機関の長等との間で行政機関等匿名加工情報の利用に関する契約を締結することができる旨

二　前号に掲げるもののほか、個人情報保護委員会規則で定める事項

3　行政機関の長等は、第1項の規定により審査した結果、第112条第1項の提案が第1項各号に掲げる基準のいずれかに適合しないと認めるときは、個人情報保護委員会規則で定めるところにより、当該提案をした者に対し、理由を付して、その旨を通知するものとする。

（行政機関等匿名加工情報の利用に関する契約の締結）

第115条　前条第2項の規定による通知を受けた者は、個人情報保護委員会規則で定めるところにより、行政機関の長等との間で、行政機関等匿名加工情報の利用に関する契約を締結することができる。

（行政機関等匿名加工情報の作成等）

第116条　行政機関の長等は、行政機関等匿名加工情報を作成するときは、特定の個人を識別することができないように及びその作成に用いる保有個人情報を復元することができないようにするために必要なものとして個人情報保護委員会規則で定める基準に従い、当該保有個人情報を加工しなければならない。

2　前項の規定は、行政機関等から行政機関等匿名加工情報の作成の委託（二以上の段階にわた

る委託を含む。）を受けた者が受託した業務を行う場合について準用する。

（行政機関等匿名加工情報に関する事項の個人情報ファイル簿への記載）

第117条　行政機関の長等は、行政機関等匿名加工情報を作成したときは、当該行政機関等匿名加工情報の作成に用いた保有個人情報を含む個人情報ファイルについては、個人情報ファイル簿に次に掲げる事項を記載しなければならない。この場合における当該個人情報ファイルについての第110条の規定により読み替えて適用する第75条第1項の規定の適用については、同項中「並びに第110条各号」とあるのは、「、第110条各号並びに第117条各号」とする。

一　行政機関等匿名加工情報の概要として個人情報保護委員会規則で定める事項

二　次条第1項の提案を受ける組織の名称及び所在地

三　次条第1項の提案をすることができる期間

（作成された行政機関等匿名加工情報をその用に供して行う事業に関する提案等）

第118条　前条の規定により個人情報ファイル簿に同条第1号に掲げる事項が記載された行政機関等匿名加工情報をその事業の用に供しようとする者は、行政機関の長等に対し、当該事業に関する提案をすることができる。当該行政機関等匿名加工情報について第115条の規定により行政機関等匿名加工情報の利用に関する契約を締結した者が、当該行政機関等匿名加工情報をその用に供する事業を変更しようとするときも、同様とする。

2　第112条第2項及び第3項並びに第113条から第115条までの規定は、前項の提案について準用する。この場合において、第112条第2項中「次に」とあるのは「第1号及び第4号から第8号までに」と、同項第4号中「前号に掲げるもののほか、提案」とあるのは「提案」と、「の作成に用いる第116条第1項の規定による加工の方法を特定する」とあるのは「を特定する」と、同項第8号中「前各号」とあるのは「第1号及び第4号から前号まで」と、第114条第1項中「次に」とあるのは「第1号及び第4号から第7号までに」と、同項第7号中「前各号」とあるのは「第1号及び前3号」と、同条第2項中「前項各号」とあるのは「前項第1号及び第4号から第7号まで」と、同条第3項中「第1項各号」とあるのは「第1項第1号及び第4号から第7号まで」と読み替えるものとする。

（手数料）

第119条　第115条の規定により行政機関等匿名

加工情報の利用に関する契約を行政機関の長と締結する者は、政令で定めるところにより、実費を勘案して政令で定める額の手数料を納めなければならない。

2 前条第2項において準用する第115条の規定により行政機関等匿名加工情報の利用に関する契約を行政機関の長と締結する者は、政令で定めるところにより、前項の政令で定める額を参酌して政令で定める額の手数料を納めなければならない。

3 第115条の規定により行政機関等匿名加工情報の利用に関する契約を地方公共団体の機関と締結する者は、条例で定めるところにより、実費を勘案して政令で定める額を標準として条例で定める額の手数料を納めなければならない。

4 前条第2項において準用する第115条の規定により行政機関等匿名加工情報の利用に関する契約を地方公共団体の機関と締結する者は、条例で定めるところにより、前項の政令で定める額を参酌して政令で定める額を標準として条例で定める額の手数料を納めなければならない。

5 第115条の規定（前条第2項において準用する場合を含む。第8項及び次条において同じ。）により行政機関等匿名加工情報の利用に関する契約を独立行政法人等と締結する者は、独立行政法人等の定めるところにより、利用料を納めなければならない。

6 前項の利用料の額は、実費を勘案して合理的であると認められる範囲内において、独立行政法人等が定める。

7 独立行政法人等は、前二項の規定による定めを一般の閲覧に供しなければならない。

8 第115条の規定により行政機関等匿名加工情報の利用に関する契約を地方独立行政法人と締結する者は、地方独立行政法人の定めるところにより、手数料を納めなければならない。

9 前項の手数料の額は、実費を勘案し、かつ、第3項又は第4項の条例で定める手数料の額を参酌して、地方独立行政法人が定める。

10 地方独立行政法人は、前二項の規定による定めを一般の閲覧に供しなければならない。

（行政機関等匿名加工情報の利用に関する契約の解除）

第120条 行政機関の長等は、第115条の規定により行政機関等匿名加工情報の利用に関する契約を締結した者が次の各号のいずれかに該当するときは、当該契約を解除することができる。

一 偽りその他不正の手段により当該契約を締結したとき。

二 第113条各号（第118条第2項において準用

する場合を含む。）のいずれかに該当することとなったとき。

三 当該契約において定められた事項について重大な違反があったとき。

（識別行為の禁止等）

第121条 行政機関の長等は、行政機関等匿名加工情報を取り扱うに当たっては、法令に基づく場合を除き、当該行政機関等匿名加工情報の作成に用いられた個人情報に係る本人を識別するために、当該行政機関等匿名加工情報を他の情報と照合してはならない。

2 行政機関の長等は、行政機関等匿名加工情報、第109条第4項に規定する削除情報及び第116条第1項の規定により行った加工の方法に関する情報（以下この条及び次条において「行政機関等匿名加工情報等」という。）の漏えいを防止するために必要なものとして個人情報保護委員会規則で定める基準に従い、行政機関等匿名加工情報等の適切な管理のために必要な措置を講じなければならない。

3 前二項の規定は、行政機関等から行政機関等匿名加工情報等の取扱いの委託（二以上の段階にわたる委託を含む。）を受けた者が受託した業務を行う場合について準用する。

（従事者の義務）

第122条 行政機関等匿名加工情報等の取扱いに従事する行政機関等の職員若しくは職員であった者、前条第3項の委託を受けた業務に従事している者若しくは従事していた者又は行政機関等において行政機関等匿名加工情報等の取扱いに従事している派遣労働者若しくは従事していた派遣労働者は、その業務に関して知り得た行政機関等匿名加工情報等の内容をみだりに他人に知らせ、又は不当な目的に利用してはならない。

（匿名加工情報の取扱いに係る義務）

第123条 行政機関等は、匿名加工情報（行政機関等匿名加工情報を除く。以下この条において同じ。）を第三者に提供するときは、法令に基づく場合を除き、個人情報保護委員会規則で定めるところにより、あらかじめ、第三者に提供される匿名加工情報に含まれる個人に関する情報の項目及びその提供の方法について公表するとともに、当該第三者に対して、当該提供に係る情報が匿名加工情報である旨を明示しなければならない。

2 行政機関等は、匿名加工情報を取り扱うに当たっては、法令に基づく場合を除き、当該匿名加工情報の作成に用いられた個人情報に係る本人を識別するために、当該個人情報から削除された記述等若しくは個人識別符号若しくは第43条第1項

の規定により行われた加工の方法に関する情報を取得し、又は当該匿名加工情報を他の情報と照合してはならない。

3　行政機関等は、匿名加工情報の漏えいを防止するために必要なものとして個人情報保護委員会規則で定める基準に従い、匿名加工情報の適切な管理のために必要な措置を講じなければならない。

4　前二項の規定は、行政機関等から匿名加工情報の取扱いの委託（二以上の段階にわたる委託を含む。）を受けた者が受託した業務を行う場合について準用する。

第6節　雑則

（適用除外等）
第124条　第4節の規定は、刑事事件若しくは少年の保護事件に係る裁判、検察官、検察事務官若しくは司法警察職員が行う処分、刑若しくは保護処分の執行、更生緊急保護又は恩赦に係る保有個人情報（当該裁判、処分若しくは執行を受けた者、更生緊急保護の申出をした者又は恩赦の上申があった者に係るものに限る。）については、適用しない。

2　保有個人情報（行政機関情報公開法第5条、独立行政法人等情報公開法第5条又は情報公開条例に規定する不開示情報を専ら記録する行政文書等に記録されているものに限る。）のうち、まだ分類その他の整理が行われていないもので、同一の利用目的に係るものが著しく大量にあるためその中から特定の保有個人情報を検索することが著しく困難であるものは、第4節（第4款を除く。）の規定の適用については、行政機関等に保有されていないものとみなす。

（適用の特例）
第125条　第58条第2項各号に掲げる者が行う当該各号に定める業務における個人情報、仮名加工情報又は個人関連情報の取扱いについては、この章（第1節、第66条第2項（第4号及び第5号（同項第4号に係る部分に限る。）に係る部分に限る。）において準用する同条第1項、第75条、前2節、前条第2項及び第127条を除く。）の規定、第176条及び第180条の規定（これらの規定のうち第66条第2項第4号及び第5号（同項第4号に係る部分に限る。）に定める業務に係る部分を除く。）並びに第181条の規定は、適用しない。

2　第58条第1項各号に掲げる者による個人情報又は匿名加工情報の取扱いについては、同項第1号に掲げる者を独立行政法人等と、同項第2号に掲げる者を地方独立行政法人と、それぞれみなして、第1節、第75条、前二節、前条第2項、第127条及び次章から第8章まで（第176条、第180条及び第181条を除く。）の規定を適用する。

3　第58条第1項各号及び第2項各号に掲げる者（同項各号に定める業務を行う場合に限る。）についての第98条の規定の適用については、同条第1項第1号中「第61条第2項の規定に違反して保有されているとき、第63条の規定に違反して取り扱われているとき、第64条の規定に違反して取得されたものであるとき、又は第69条第1項及び第2項の規定に違反して利用されているとき」とあるのは「第18条若しくは第19条の規定に違反して取り扱われているとき、又は第20条の規定に違反して取得されたものであるとき」と、同項第2号中「第69条第1項及び第2項又は第71条第1項」とあるのは「第27条第1項又は第28条」とする。

（権限又は事務の委任）
第126条　行政機関の長は、政令（内閣の所轄の下に置かれる機関及び会計検査院にあっては、当該機関の命令）で定めるところにより、第2節から前節まで（第74条及び第4節第4款を除く。）に定める権限又は事務を当該行政機関の職員に委任することができる。

（開示請求等をしようとする者に対する情報の提供等）
第127条　行政機関の長等は、開示請求、訂正請求若しくは利用停止請求又は第112条第1項若しくは第118条第1項の提案（以下この条において「開示請求等」という。）をしようとする者がそれぞれ容易かつ的確に開示請求等をすることができるよう、当該行政機関の長等の属する行政機関等が保有する保有個人情報の特定又は当該提案に資する情報の提供その他開示請求等をしようとする者の利便を考慮した適切な措置を講ずるものとする。

（行政機関等における個人情報等の取扱いに関する苦情処理）
第128条　行政機関の長等は、行政機関等における個人情報、仮名加工情報又は匿名加工情報の取扱いに関する苦情の適切かつ迅速な処理に努めなければならない。

（地方公共団体に置く審議会等への諮問）
第129条　地方公共団体の機関は、条例で定めるところにより、第3章第3節の施策を講ずる場合その他の場合において、個人情報の適正な取扱いを確保するため専門的な知見に基づく意見を聴くことが特に必要であると認めるときは、審議会その他の合議制の機関に諮問することが

できる。

第6章　個人情報保護委員会

第1節　設置等

（設置）

第130条　内閣府設置法第49条第3項の規定に基づいて、個人情報保護委員会（以下「委員会」という。）を置く。

2　委員会は、内閣総理大臣の所轄に属する。

（任務）

第131条　委員会は、行政機関等の事務及び事業の適正かつ円滑な運営を図り、並びに個人情報の適正かつ効果的な活用が新たな産業の創出並びに活力ある経済社会及び豊かな国民生活の実現に資するものであることその他の個人情報の有用性に配慮しつつ、個人の権利利益を保護するため、個人情報の適正な取扱いの確保を図ること（個人番号利用事務等実施者（行政手続における特定の個人を識別するための番号の利用等に関する法律（平成25年法律第27号。以下「番号利用法」という。）第12条に規定する個人番号利用事務等実施者をいう。）に対する指導及び助言その他の措置を講ずることを含む。）を任務とする。

（所掌事務）

第132条　委員会は、前条の任務を達成するため、次に掲げる事務をつかさどる。

一　基本方針の策定及び推進に関すること。

二　個人情報取扱事業者における個人情報の取扱い、個人情報取扱事業者及び仮名加工情報取扱事業者における仮名加工情報の取扱い、個人情報取扱事業者及び匿名加工情報取扱事業者における匿名加工情報の取扱い並びに個人関連情報取扱事業者における個人関連情報の取扱いに関する監督、行政機関等における個人情報、仮名加工情報、匿名加工情報及び個人関連情報の取扱いに関する監視並びに個人情報、仮名加工情報及び匿名加工情報の取扱いに関する苦情の申出についての必要なあっせん及びその処理を行う事業者への協力に関すること（第4号に掲げるものを除く。）。

三　認定個人情報保護団体に関すること。

四　特定個人情報（番号利用法第2条第8項に規定する特定個人情報をいう。）の取扱いに関する監視又は監督並びに苦情の申出についての必要なあっせん及びその処理を行う事業者への協力に関すること。

五　特定個人情報保護評価（番号利用法第27条第1項に規定する特定個人情報保護評価をい

う。）に関すること。

六　個人情報の保護及び適正かつ効果的な活用についての広報及び啓発に関すること。

七　前各号に掲げる事務を行うために必要な調査及び研究に関すること。

八　所掌事務に係る国際協力に関すること。

九　前各号に掲げるもののほか、法律（法律に基づく命令を含む。）に基づき委員会に属させられた事務

（職権行使の独立性）

第133条　委員会の委員長及び委員は、独立してその職権を行う。

（組織等）

第134条　委員会は、委員長及び委員8人をもって組織する。

2　委員のうち4人は、非常勤とする。

3　委員長及び委員は、人格が高潔で識見の高い者のうちから、両議院の同意を得て、内閣総理大臣が任命する。

4　委員長及び委員には、個人情報の保護及び適正かつ効果的な活用に関する学識経験のある者、消費者の保護に関して十分な知識と経験を有する者、情報処理技術に関する学識経験のある者、行政分野に関する学識経験のある者、民間企業の実務に関して十分な知識と経験を有する者並びに連合組織（地方自治法第263条の3第1項の連合組織で同項の規定による届出をしたものをいう。）の推薦する者が含まれるものとする。

（任期等）

第135条　委員長及び委員の任期は、5年とする。ただし、補欠の委員長又は委員の任期は、前任者の残任期間とする。

2　委員長及び委員は、再任されることができる。

3　委員長及び委員の任期が満了したときは、当該委員長及び委員は、後任者が任命されるまで引き続きその職務を行うものとする。

4　委員長又は委員の任期が満了し、又は欠員を生じた場合において、国会の閉会又は衆議院の解散のために両議院の同意を得ることができないときは、内閣総理大臣は、前条第3項の規定にかかわらず、同項に定める資格を有する者のうちから、委員長又は委員を任命することができる。

5　前項の場合においては、任命後最初の国会において両議院の事後の承認を得なければならない。この場合において、両議院の事後の承認が得られないときは、内閣総理大臣は、直ちに、その委員長又は委員を罷免しなければならない。

（身分保障）

第136条　委員長及び委員は、次の各号のいずれ

かに該当する場合を除いては、在任中、その意に反して罷免されることがない。

一　破産手続開始の決定を受けたとき。

二　この法律又は番号利用法の規定に違反して刑に処せられたとき。

三　禁錮以上の刑に処せられたとき。

四　委員会により、心身の故障のため職務を執行することができないと認められたとき、又は職務上の義務違反その他委員長若しくは委員たるに適しない非行があると認められたとき。

(罷免)

第137条　内閣総理大臣は、委員長又は委員が前条各号のいずれかに該当するときは、その委員長又は委員を罷免しなければならない。

(委員長)

第138条　委員長は、委員会の会務を総理し、委員会を代表する。

2　委員会は、あらかじめ常勤の委員のうちから、委員長に事故がある場合に委員長を代理する者を定めておかなければならない。

(会議)

第139条　委員会の会議は、委員長が招集する。

2　委員会は、委員長及び4人以上の委員の出席がなければ、会議を開き、議決をすることができない。

3　委員会の議事は、出席者の過半数でこれを決し、可否同数のときは、委員長の決するところによる。

4　第136条第4号の規定による認定をするには、前項の規定にかかわらず、本人を除く全員の一致がなければならない。

5　委員長に事故がある場合の第2項の規定の適用については、前条第2項に規定する委員長を代理する者は、委員長とみなす。

(専門委員)

第140条　委員会に、専門の事項を調査させるため、専門委員を置くことができる。

2　専門委員は、委員会の申出に基づいて内閣総理大臣が任命する。

3　専門委員は、当該専門の事項に関する調査が終了したときは、解任されるものとする。

4　専門委員は、非常勤とする。

(事務局)

第141条　委員会の事務を処理させるため、委員会に事務局を置く。

2　事務局に、事務局長その他の職員を置く。

3　事務局長は、委員長の命を受けて、局務を掌理する。

(政治運動等の禁止)

第142条　委員長及び委員は、在任中、政党その他の政治団体の役員となり、又は積極的に政治運動をしてはならない。

2　委員長及び常勤の委員は、在任中、内閣総理大臣の許可のある場合を除くほか、報酬を得て他の職務に従事し、又は営利事業を営み、その他金銭上の利益を目的とする業務を行ってはならない。

(秘密保持義務)

第143条　委員長、委員、専門委員及び事務局の職員は、職務上知ることのできた秘密を漏らし、又は盗用してはならない。その職務を退いた後も、同様とする。

(給与)

第144条　委員長及び委員の給与は、別に法律で定める。

(規則の制定)

第145条　委員会は、その所掌事務について、法律若しくは政令を実施するため、又は法律若しくは政令の特別の委任に基づいて、個人情報保護委員会規則を制定することができる。

第2節　監督及び監視

第1款　個人情報取扱事業者等の監督

(報告及び立入検査)

第146条　委員会は、第4章（第5節を除く。次条及び第151条において同じ。）の規定の施行に必要な限度において、個人情報取扱事業者、仮名加工情報取扱事業者、匿名加工情報取扱事業者又は個人関連情報取扱事業者（以下この款において「個人情報取扱事業者等」という。）その他の関係者に対し、個人情報、仮名加工情報、匿名加工情報又は個人関連情報（以下この款及び第3款において「個人情報等」という。）の取扱いに関し、必要な報告若しくは資料の提出を求め、又はその職員に、当該個人情報取扱事業者等その他の関係者の事務所その他必要な場所に立ち入らせ、個人情報等の取扱いに関し質問させ、若しくは帳簿書類その他の物件を検査させることができる。

2　前項の規定により立入検査をする職員は、その身分を示す証明書を携帯し、関係人の請求があったときは、これを提示しなければならない。

3　第1項の規定による立入検査の権限は、犯罪捜査のために認められたものと解釈してはならない。

(指導及び助言)

第147条　委員会は、第4章の規定の施行に必要な限度において、個人情報取扱事業者等に対し、

個人情報等の取扱いに関し必要な指導及び助言をすることができる。

（勧告及び命令）

第148条　委員会は、個人情報取扱事業者が第18条から第20条まで、第21条（第1項、第3項及び第4項の規定を第41条第4項の規定により読み替えて適用する場合を含む。）、第23条から第26条まで、第27条（第4項を除き、第5項及び第6項の規定を第41条第6項の規定により読み替えて適用する場合を含む。）、第28条、第29条（第1項ただし書の規定を第41条第6項の規定により読み替えて適用する場合を含む。）、第30条（第2項を除き、第1項ただし書の規定を第41条第6項の規定により読み替えて適用する場合を含む。）、第32条、第33条（第1項（第5項において準用する場合を含む。）を除く。）、第34条第2項若しくは第3項、第35条（第1項、第3項及び第5項を除く。）、第38条第2項、第41条（第4項及び第5項を除く。）若しくは第43条（第6項を除く。）の規定に違反した場合、個人関連情報取扱事業者が第31条第1項、同条第2項において読み替えて準用する第28条第3項若しくは第31条第3項において読み替えて準用する第30条第3項若しくは第4項の規定に違反した場合、仮名加工情報取扱事業者が第42条第1項、同条第2項において読み替えて準用する第27条第5項若しくは第6項若しくは第42条第3項において読み替えて準用する第23条から第25条まで若しくは第41条第7項若しくは第8項の規定に違反した場合又は匿名加工情報取扱事業者が第44条若しくは第45条の規定に違反した場合において個人の権利利益を保護するため必要があると認めるときは、当該個人情報取扱事業者等に対し、当該違反行為の中止その他違反を是止するために必要な措置をとるべき旨を勧告することができる。

2　委員会は、前項の規定による勧告を受けた個人情報取扱事業者等が正当な理由がなくてその勧告に係る措置をとらなかった場合において個人の重大な権利利益の侵害が切迫していると認めるときは、当該個人情報取扱事業者等に対し、その勧告に係る措置をとるべきことを命ずることができる。

3　委員会は、前二項の規定にかかわらず、個人情報取扱事業者が第18条から第20条まで、第23条から第26条まで、第27条第1項、第28条第1項若しくは第3項、第41条第1項から第3項まで若しくは第6項から第8項まで若しくは第43条第1項、第2項若しくは第5項の規定に違反した場合、個人関連情報取扱事業者が第31条第1項若しくは同条第2項において読み替えて準用する第28条

第3項の規定に違反した場合、仮名加工情報取扱事業者が第42条第1項若しくは同条第3項において読み替えて準用する第23条から第25条まで若しくは第41条第7項若しくは第8項の規定に違反した場合又は匿名加工情報取扱事業者が第45条の規定に違反した場合において個人の重大な権利利益を害する事実があるため緊急に措置をとる必要があると認めるときは、当該個人情報取扱事業者等に対し、当該違反行為の中止その他違反を是正するために必要な措置をとるべきことを命ずることができる。

4　委員会は、前二項の規定による命令をした場合において、その命令を受けた個人情報取扱事業者等がその命令に違反したときは、その旨を公表することができる。

（委員会の権限の行使の制限）

第149条　委員会は、前三条の規定により個人情報取扱事業者等に対し報告若しくは資料の提出の要求、立入検査、指導、助言、勧告又は命令を行うに当たっては、表現の自由、学問の自由、信教の自由及び政治活動の自由を妨げてはならない。

2　前項の規定の趣旨に照らし、委員会は、個人情報取扱事業者等が第57条第1項各号に掲げる者（それぞれ当該各号に定める目的で個人情報等を取り扱う場合に限る。）に対して個人情報等を提供する行為については、その権限を行使しないものとする。

（権限の委任）

第150条　委員会は、緊急かつ重点的に個人情報等の適正な取扱いの確保を図る必要があることその他の政令で定める事情があるため、個人情報取扱事業者等に対し、第148条第1項の規定による勧告又は同条第2項若しくは第3項の規定による命令を効果的に行う上で必要があると認めるときは、政令で定めるところにより、第26条第1項、第146条第1項、第162条において読み替えて準用する民事訴訟法（平成8年法律第109号）第99条、第101条、第103条、第105条、第106条、第108条及び第109条、第163条並びに第164条の規定による権限を事業所管大臣に委任することができる。

2　事業所管大臣は、前項の規定により委任された権限を行使したときは、政令で定めるところにより、その結果について委員会に報告するものとする。

3　事業所管大臣は、政令で定めるところにより、第1項の規定により委任された権限及び前項の規定による権限について、その全部又は一部を内閣府設置法第43条の地方支分部局その他の

政令で定める部局又は機関の長に委任すること
ができる。

4 内閣総理大臣は、第1項の規定により委任された権限及び第2項の規定による権限（金融庁の所掌に係るものに限り、政令で定めるものを除く。）を金融庁長官に委任する。

5 金融庁長官は、政令で定めるところにより、前項の規定により委任された権限について、その一部を証券取引等監視委員会に委任することができる。

6 金融庁長官は、政令で定めるところにより、第4項の規定により委任された権限（前項の規定により証券取引等監視委員会に委任されたものを除く。）の一部を財務局長又は財務支局長に委任することができる。

7 証券取引等監視委員会は、政令で定めるところにより、第5項の規定により委任された権限の一部を財務局長又は財務支局長に委任することができる。

8 前項の規定により財務局長又は財務支局長に委任された権限に係る事務に関しては、証券取引等監視委員会が財務局長又は財務支局長を指揮監督する。

9 第5項の場合において、証券取引等監視委員会が行う報告又は資料の提出の要求（第7項の規定により財務局長又は財務支局長が行う場合を含む。）についての審査請求は、証券取引等監視委員会に対してのみ行うことができる。

（事業所管大臣の請求）
第151条 事業所管大臣は、個人情報取扱事業者等に第4章の規定に違反する行為があると認めるときその他個人情報取扱事業者等による個人情報等の適正な取扱いを確保するために必要があると認めるときは、委員会に対し、この法律の規定に従い適当な措置をとるべきことを求めることができる。

（事業所管大臣）
第152条 この款の規定における事業所管大臣は、次のとおりとする。
　一　個人情報取扱事業者等が行う個人情報等の取扱いのうち雇用管理に関するものについては、厚生労働大臣（船員の雇用管理に関するものについては、国土交通大臣）及び当該個人情報取扱事業者等が行う事業を所管する大臣、国家公安委員会又はカジノ管理委員会（次号において「大臣等」という。）
　二　個人情報取扱事業者等が行う個人情報等の取扱いのうち前号に掲げるもの以外のものについては、当該個人情報取扱事業者等が行う事業を所管する大臣等

第2款　認定個人情報保護団体の監督

（報告の徴収）
第153条 委員会は、第4章第5節の規定の施行に必要な限度において、認定個人情報保護団体に対し、認定業務に関し報告をさせることができる。

（命令）
第154条 委員会は、第4章第5節の規定の施行に必要な限度において、認定個人情報保護団体に対し、認定業務の実施の方法の改善、個人情報保護指針の変更その他の必要な措置をとるべき旨を命ずることができる。

（認定の取消し）
第155条 委員会は、認定個人情報保護団体が次の各号のいずれかに該当するときは、その認定を取り消すことができる。
　一　第48条第1号又は第3号に該当するに至ったとき。
　二　第49条各号のいずれかに適合しなくなったとき。
　三　第55条の規定に違反したとき。
　四　前条の命令に従わないとき。
　五　不正の手段により第47条第1項の認定又は第50条第1項の変更の認定を受けたとき。
2 委員会は、前項の規定により認定を取り消したときは、その旨を公示しなければならない。

第3款　行政機関等の監視

（資料の提出の要求及び実地調査）
第156条 委員会は、前章の規定の円滑な運用を確保するため必要があると認めるときは、行政機関の長等（会計検査院長を除く。以下この款において同じ。）に対し、行政機関等における個人情報等の取扱いに関する事務の実施状況について、資料の提出及び説明を求め、又はその職員に実地調査をさせることができる。

（指導及び助言）
第157条 委員会は、前章の規定の円滑な運用を確保するため必要があると認めるときは、行政機関の長等に対し、行政機関等における個人情報等の取扱いについて、必要な指導及び助言をすることができる。

（勧告）
第158条 委員会は、前章の規定の円滑な運用を確保するため必要があると認めるときは、行政機関の長等に対し、行政機関等における個人情報等の取扱いについて勧告をすることができる。

（勧告に基づいてとった措置についての報告の要

求)
第159条　委員会は、前条の規定により行政機関の長等に対し勧告をしたときは、当該行政機関の長等に対し、その勧告に基づいてとった措置について報告を求めることができる。

(委員会の権限の行使の制限)
第160条　第149条第1項の規定の趣旨に照らし、委員会は、行政機関の長等が第57条第1項各号に掲げる者（それぞれ当該各号に定める目的で個人情報等を取り扱う場合に限る。）に対して個人情報等を提供する行為については、その権限を行使しないものとする。

第3節　送達

(送達すべき書類)
第161条　第146条第1項の規定による報告若しくは資料の提出の要求、第148条第1項の規定による勧告若しくは同条第2項若しくは第3項の規定による命令、第153条の規定による報告の徴収、第154条の規定による命令又は第155条第1項の規定による取消しは、個人情報保護委員会規則で定める書類を送達して行う。

2　第148条第2項若しくは第3項若しくは第154条の規定による命令又は第155条第1項の規定による取消しに係る行政手続法（平成5年法律第88号）第15条第1項又は第30条の通知は、同法第15条第1項及び第2項又は第30条の書類を送達して行う。この場合において、同法第15条第3項（同法第31条において読み替えて準用する場合を含む。）の規定は、適用しない。

(送達に関する民事訴訟法の準用)
第162条　前条の規定による送達については、民事訴訟法第99条、第101条、第103条、第105条、第106条、第108条及び第109条の規定を準用する。この場合において、同法第99条第1項中「執行官」とあるのは「個人情報保護委員会の職員」と、同法第108条中「裁判長」とあり、及び同法第109条中「裁判所」とあるのは「個人情報保護委員会」と読み替えるものとする。

(公示送達)
第163条　委員会は、次に掲げる場合には、公示送達をすることができる。
一　送達を受けるべき者の住所、居所その他送達をすべき場所が知れない場合
二　外国（本邦の域外にある国又は地域をいう。以下同じ。）においてすべき送達について、前条において読み替えて準用する民事訴訟法第108条の規定によることができず、又はこれによっても送達をすることができないと認めるべ

き場合
三　前条において読み替えて準用する民事訴訟法第108条の規定により外国の管轄官庁に嘱託を発した後6月を経過してもその送達を証する書面の送付がない場合

2　公示送達は、送達をすべき書類を送達を受けるべき者にいつでも交付すべき旨を委員会の掲示場に掲示することにより行う。

3　公示送達は、前項の規定による掲示を始めた日から2週間を経過することによって、その効力を生ずる。

4　外国においてすべき送達についてした公示送達にあっては、前項の期間は、6週間とする。

(電子情報処理組織の使用)
第164条　委員会の職員が、情報通信技術を活用した行政の推進等に関する法律（平成14年法律第151号）第3条第9号に規定する処分通知等であって第161条の規定により書類を送達して行うこととしているものに関する事務を、同法第7条第1項の規定により同法第6条第1項に規定する電子情報処理組織を使用して行ったときは、第162条において読み替えて準用する民事訴訟法第109条の規定による送達に関する事項を記載した書面の作成及び提出に代えて、当該事項を当該電子情報処理組織を使用して委員会の使用に係る電子計算機（入出力装置を含む。）に備えられたファイルに記録しなければならない。

第4節　雑則

(施行の状況の公表)
第165条　委員会は、行政機関の長等に対し、この法律の施行の状況について報告を求めることができる。

2　委員会は、毎年度、前項の報告を取りまとめ、その概要を公表するものとする。

(地方公共団体による必要な情報の提供等の求め)
第166条　地方公共団体は、地方公共団体の機関、地方独立行政法人及び事業者等による個人情報の適正な取扱いを確保するために必要があると認めるときは、委員会に対し、必要な情報の提供又は技術的な助言を求めることができる。

2　委員会は、前項の規定による求めがあったときは、必要な情報の提供又は技術的な助言を行うものとする。

(条例を定めたときの届出)
第167条　地方公共団体の長は、この法律の規

定に基づき個人情報の保護に関する条例を定めたときは、遅滞なく、個人情報保護委員会規則で定めるところにより、その旨及びその内容を委員会に届け出なければならない。

2 委員会は、前項の規定による届出があったときは、当該届出に係る事項をインターネットの利用その他適切な方法により公表しなければならない。

3 前二項の規定は、第1項の規定による届出に係る事項の変更について準用する。

(国会に対する報告)

第168条 委員会は、毎年、内閣総理大臣を経由して国会に対し所掌事務の処理状況を報告するとともに、その概要を公表しなければならない。

(案内所の整備)

第169条 委員会は、この法律の円滑な運用を確保するため、総合的な案内所を整備するものとする。

(地方公共団体が処理する事務)

第170条 この法律に規定する委員会の権限及び第150条第1項又は第4項の規定により事業所管大臣又は金融庁長官に委任された権限に属する事務は、政令で定めるところにより、地方公共団体の長その他の執行機関が行うこととすることができる。

第7章 雑則

(適用範囲)

第171条 この法律は、個人情報取扱事業者、仮名加工情報取扱事業者、匿名加工情報取扱事業者又は個人関連情報取扱事業者が、国内にある者に対する物品又は役務の提供に関連して、国内にある者を本人とする個人情報、当該個人情報として取得されることとなる個人関連情報又は当該個人情報を用いて作成された仮名加工情報若しくは匿名加工情報を、外国において取り扱う場合についても、適用する。

(外国執行当局への情報提供)

第172条 委員会は、この法律に相当する外国の法令を執行する外国の当局(以下この条において「外国執行当局」という。)に対し、その職務(この法律に規定する委員会の職務に相当するものに限る。次項において同じ。)の遂行に資すると認める情報の提供を行うことができる。

2 前項の規定による情報の提供については、当該情報が当該外国執行当局の職務の遂行以外に使用されず、かつ、次項の規定による同意がなければ外国の刑事事件の捜査(その対象たる犯罪事実が特定された後のものに限る。)又は審判(同

項において「捜査等」という。)に使用されないよう適切な措置がとられなければならない。

3 委員会は、外国執行当局からの要請があったときは、次の各号のいずれかに該当する場合を除き、第1項の規定により提供した情報を当該要請に係る外国の刑事事件の捜査等に使用することについて同意をすることができる。

一 当該要請に係る刑事事件の捜査等の対象とされている犯罪が政治犯罪であるとき、又は当該要請が政治犯罪について捜査等を行う目的で行われたものと認められるとき。

二 当該要請に係る刑事事件の捜査等の対象とされている犯罪に係る行為が日本国内において行われたとした場合において、その行為が日本国の法令によれば罪に当たるものでないとき。

三 日本国が行う同種の要請に応ずる旨の要請国の保証がないとき。

4 委員会は、前項の同意をする場合においては、あらかじめ、同項第1号及び第2号に該当しないことについて法務大臣の確認を、同項第3号に該当しないことについて外務大臣の確認を、それぞれ受けなければならない。

(国際約束の誠実な履行等)

第173条 この法律の施行に当たっては、我が国が締結した条約その他の国際約束の誠実な履行を妨げることがないよう留意するとともに、確立された国際法規を遵守しなければならない。

(連絡及び協力)

第174条 内閣総理大臣及びこの法律の施行に関係する行政機関の長(会計検査院長を除く。)は、相互に緊密に連絡し、及び協力しなければならない。

(政令への委任)

第175条 この法律に定めるもののほか、この法律の実施のため必要な事項は、政令で定める。

第8章 罰則

第176条 行政機関等の職員若しくは職員であった者、第66条第2項各号に定める業務若しくは第73条第5項若しくは第121条第3項の委託を受けた業務に従事している者若しくは従事していた者又は行政機関等において個人情報、仮名加工情報若しくは匿名加工情報の取扱いに従事している派遣労働者若しくは従事していた派遣労働者が、正当な理由がないのに、個人の秘密に属する事項が記録された第60条第2項第1号に係る個人情報ファイル(その全部又は一部を複製し、又は加工したものを含む。)を提供したときは、2年以下の懲役又は100万円以下の罰

金に処する。

第177条 第143条の規定に違反して秘密を漏らし、又は盗用した者は、2年以下の懲役又は100万円以下の罰金に処する。

第178条 第148条第2項又は第3項の規定による命令に違反した場合には、当該違反行為をした者は、1年以下の懲役又は100万円以下の罰金に処する。

第179条 個人情報取扱事業者(その者が法人(法人でない団体で代表者又は管理人の定めのあるものを含む。第184条第1項において同じ。)である場合にあっては、その役員、代表者又は管理人)若しくはその従業者又はこれらであった者が、その業務に関して取り扱った個人情報データベース等(その全部又は一部を複製し、又は加工したものを含む。)を自己若しくは第三者の不正な利益を図る目的で提供し、又は盗用したときは、1年以下の懲役又は50万円以下の罰金に処する。

第180条 第176条に規定する者が、その業務に関して知り得た保有個人情報を自己若しくは第三者の不正な利益を図る目的で提供し、又は盗用したときは、1年以下の懲役又は50万円以下の罰金に処する。

第181条 行政機関等の職員がその職権を濫用して、専らその職務の用以外の用に供する目的で個人の秘密に属する事項が記録された文書、図画又は電磁的記録を収集したときは、1年以下の懲役又は50万円以下の罰金に処する。

第182条 次の各号のいずれかに該当する場合には、当該違反行為をした者は、50万円以下の罰金に処する。

一　第146条第1項の規定による報告若しくは資料の提出をせず、若しくは虚偽の報告をし、若しくは虚偽の資料を提出し、又は当該職員の質問に対して答弁をせず、若しくは虚偽の答弁をし、若しくは検査を拒み、妨げ、若しくは忌避したとき。

二　第153条の規定による報告をせず、又は虚偽の報告をしたとき。

第183条 第176条、第177条及び第179条から第181条までの規定は、日本国外においてこれらの条の罪を犯した者にも適用する。

第184条 法人の代表者又は法人若しくは人の代理人、使用人その他の従業者が、その法人又は人の業務に関して、次の各号に掲げる違反行為をしたときは、行為者を罰するほか、その法人に対して当該各号に定める罰金刑を、その人に対して各本条の罰金刑を科する。

一　第178条及び第179条　1億円以下の罰金刑

二　第182条　同条の罰金刑

2　法人でない団体について前項の規定の適用がある場合には、その代表者又は管理人が、その訴訟行為につき法人でない団体を代表するほか、法人を被告人又は被疑者とする場合の刑事訴訟に関する法律の規定を準用する。

第185条 次の各号のいずれかに該当する者は、10万円以下の過料に処する。

一　第30条第2項(第31条第3項において準用する場合を含む。)又は第56条の規定に違反した者

二　第51条第1項の規定による届出をせず、又は虚偽の届出をした者

三　偽りその他不正の手段により、第85条第3項に規定する開示決定に基づく保有個人情報の開示を受けた者